CATIA Basic MDM 예제집

V5-6R 2017까지 호환 가능

저자 | 김동주 김정성 양길진

인터넷 CATIA 동호회 다음 카페 ASCATI
카페지기(cafe.daum.net/ASCATI)에서 예제 파일

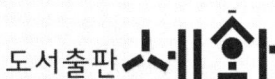

Preface

기계설계 분야에서 CATIA를 모르는 사람은 이제 드물 것입니다. 국내 모든 자동차 설계 회사를 비롯하여 이미 많은 제조업 분야에서 CATIA를 실무에 적용하고 있으며 이에 대한 준비 과정으로 대학 및 기타 직업학교 등에서 이 프로그램을 배우고자 하는 열기는 가히 매우 뜨겁다 할 수 있습니다. 이러한 열기에 더불어 앞으로 CATIA에 대한 수요는 급증할 것으로 예상되며 단순히 제품 디자인에서 그치지 않고 제품의 전체 공정 및 개발 주기를 비롯한 생산관리에서부터 개발단계에 해석 모델에 이르기까지 CATIA의 쓰임새는 무한하다고 할 수 있습니다.

이번에 CATIA Basic Mechanical Design Master 예제집을 출간하게 된 계기는 CATIA라는 프로그램을 처음 접한 분들을 위해 실제로 단계별로 실습을 해보면서 몸으로 익힐 수 있는 계기를 마련하기 위해서입니다. 처음 프로그램을 접하는 상태에서 이론만을 설명하면 이것들을 어디에 사용해야할지 몰라 이론은 충실히 알면서도 막막해 하는 경우가 많습니다. 따라서 이 책을 통해 엄선된 예제들을 바탕으로 각 Workbench에서 할 수 있는 작업의 예들을 경험할 수 있을 것입니다. 또한 이러한 예들을 바탕으로 실제 작업에 있어서 응용할 수 있으리라 생각합니다.

이 책은 크게 두 개의 부분으로 나누어지며 앞의 Main Step에서는 일반적인 CATIA의 기본적인 Workbench에서의 작업을 설명할 것입니다. CATIA Mechanical Design의 가장 기본이 되는 5개의 Workbench란 Sketcher, Part Design, GSD, Assembly Design, Drafting으로 기계 설계를 한다고 할 경우 알고 있어야 할 부분입니다. Sketcher Workbench에서는 3차원 형상을 만들기 위해 필요한 단면의 형상이나 가이드 형상을 그려줄 경우에 사용됩니다. 2차원 프로파일 형상을 그리는 연습을 충실히 수행해야 나중에 이것을 통해 3차원 형상으로의 자유로운 전이가 가능할 것입니다. 그리고 Sketcher Workbench 연습이 마무리될 무렵에는 하나의 Part 도큐먼트를 구성하는데 있어 여러 개의 스케치가 사용될 수 있다는 점과 이들 스케치들의 기준면의 정의에 대해서 깊이 있게 생각해 보기 권합니다. 마지막으로 Sketcher에서 이전 작업과 연관성 있는 설계를 위해 사용하는 Positioned Sketch에 대해서 확실히 개념을 잡아 두기 바랍니다. Part Design에서는 3차원 솔리드 형상을 만드는 방법을 공부하게 됩니다. 여기서의 3차원 솔리드 형상은 외부 형상의 모습과 함께 내부도 꽉 차있는 형상을 의미합니다. 일반적인 기계 설계에서 기초 형상 요소가 됩니다. 솔리드 모델링에서는 두 가지 작업 방식을 사용하여 형상을 만들어내는데 하나는 하나의 기준면에 단면 프로파일을 생성한 후 치수를 주어 3차원으로 만들어낸 후 또 다시 새로운 프로파일을 일정 기준면에 작업하고 이를 3차원 형상으로 만들어 냅니다. 이러한 적층 작업 방식을 통해 간단한 형상에서부터 복잡한 형상에 이르기까지 일정 수준의 작업을 수행할 수 있습니다. 다음으로 Boolean Operations을 통하여 하나의 형상을 구성하는 Part들을 여러 개 사용하여 각 Part들 끼리의 합 또는 차와 같은 연산을 통한 최종 형상의 구현이 가능합니다. GSD Workbench에서는 CATIA에서 자랑하는 서피스를 이용한 형상 모델링을 구현할 수 있습니다. 서피스 모델링 방식은 프로파일과 가이드 커브를 사용하여 형상의 윤곽을 구성하며 이렇게 만들어진 각각의 서피스들을 서로를 기준으로 절단, 잇기 등의 작업을 통하여 형상을 완성합니다. 서피스 모델링은 일종의 종이와 가위, 풀을 이용한 작업이라 생각하면 이해하기 좋을 것입니다. 서피스 모델링에 있어 중요한 개념으로는 Axis의 사용과 Geometrical Set을 이용한 형상 모델링 작업의 정리입니다. Assembly Design에서는 이제 형상 모델링 단계를 넘어 각 단품 형상들을 조립하여 하나의 완성품을 만드는 Workbench로 소개할 수 있습니다. 각각의 Part 도큐먼트들이나 앞서 만들어진 Assembly Product를 불러와 현재의 구성품을 가지고 그 상위 조립 단계를 구현할 수 있습니다. 이와 같이 각 단품 Part들을 구성한 후에 그 상위 Product로 접근하는 방법을 Bottom-Up 방식이라 합니다. 마지막 단계로 완성한 단품 형상이나 조립품의 형상을 2차원 도면으로 내리는 작업을 Drafting에서 작업하게 됩니다. 앞으로의 추세는 이러한 2차원 도면이 없는 3차원 형상 그대로의 데이터 교환을 예상할 수 있지만 아직까지는 이러한 작업에 비해 2차원 도면을 생성해야 하는 경우가 많은 경우라 Drafting에서의 작업을 반드시 알고 있어야 합니다. Drafting은 형상을 구현한다는 개념에서 벗어나 형상을 다른 작업자가 인식할 수 있도록 도면을 만드는 연습이 필요합니다.

그리고 Extra Step에서는 추가적으로 CATIA로 할 수 있는 응용 작업들을 소개하였습니다. 따라서 이 두 개의 Step을 통해서 기본적인 형상 모델링 능력을 벗어나 형상을 유지 관리하고 렌더링을 통한 양질의 작업 이미지를 얻는 방법을 공부할 수 있을 것입니다. Power Copy와 Catalog Editor에서는 형상을 단순히 만드는 것에 그치지 않고 이러한 형상을 관리하고 복사하여 새로 사용하는 방법에 대해 설명할 것입니다. 이 두 부분은 Proficient User를 위한 기술이라 불립니다. 또한 Photo Studio를 통해서는 형상을 멋지게 꾸며 제품의 형상을 보다 효과적으로 소개할 수 있는 이미지 렌더링에 대해서 공부하게 될 것입니다.

앞서 출간된 CATIA Basic 교재를 통하여 충분한 이론 공부를 마친 후에 이 책을 통하여 실습해 보는 것도 좋은 학습 단계가 될 수 있을 것입니다.(기타 기본서를 가지고 있는 경우라면 이것을 통한 이론을 공부한 후에 실습해 보기를 권합니다.) 물론 이 책은 CATIA Basic 교재가 없는 상태에서도 기본적인 기능을 알고 있는 상태라면 쉽게 따라할 수 있도록 수준을 조절하였습니다. 그러나 이론으로 공부한 것과 실제로 사용하면서 배우는 것이 다르다는점을 명심하기 바랍니다. 또한 작업에 사용되는 도면이나 예제 파일들은 필자가 자랑하는 온라인 최대의 커뮤니티 'ASCATI'를 통하여 다운로드할 수 있으며 작업 도움을 받을 수 있을 것입니다.(cafe.daum.net/ASCATI)

모든 작업에 대한 예제 설명을 공부하면서 여러분들은 반드시 기억해야할 한 가지가 있습니다. 여기에 제시된 작업 순서와 방법이 반드시 정해가 아니라는 것입니다. 어떤 형상을 만든다고 했을 때 하나의 방법이 반드시 정답이 될 수 없습니다. 오직 더 효율적이거나 빨리 결과에 도달할 수 있는 방법만이 존재할 뿐입니다. 하나의 예제를 따라하면서 그 형상을 완성한 경우에 반드시 또 다른 방법으로 형상을 완성해 보기 바랍니다.

이제 직접 경험을 통해 얻는 CATIA Mechanical Design의 세계에 빠져 보시기 바랍니다.

저자일동

개정에 즈음하여

처음 본 서적을 출간하고 꾀 많은 시간이 지났습니다. 그럼에도 예제집에 대한 수요는 꾸준히 요청되고 있습니다. 보다 많은 연습만이 숙련도를 향상시키고 실무 현장에서 큰 도움을 주기 때문입니다. 실제로 CATIA를 학습하는 기초서들은 시중에서 많이 확인할 수 있습니다. 그리고 교육을 통하여 명령어들을 사용하는 방법은 충분한 숙지가 가능합니다. 그러나 실제로 도면이 주어졌을 때 이를 해결할 수 있는지는 개개인의 도면에 대한 이해도와 Tool에 대한 숙련도에 따라서 달라질 것입니다.

이번 개정판에서는 본문 내용의 수정과 함께 실습 능력에 도움이 될 수 있는 내용을 추가하였습니다. 실습에 필요한 도면이나 예제 파일은 저자들의 커뮤니티인 다음 카페 ASCATI를 찾아주시기 바랍니다.

필자 일동

Contents

Main Step	9
1장. CATIA Start	9
1. 사용 환경	10
2. 기본 설정	11
(1) Customize	11
① 구동 언어	11
② 워크벤치 빠른 시작 메뉴 및 단축키	11
③ 아이콘 단축키	12
(2) Options	14
① Data save	15
② Stack size	15
③ Accuracy	15
④ Visualization	16
⑤ Compatibility	16
⑥ Units	17
⑦ Part Infrastructure	17
⑧ Cache & Cgr	18
⑨ Assembly	18
⑩ Sketcher	19
⑪ Drafting	19
3. 마우스 조작법	20
(1) Translate/Pan	20
(2) Rotate	21
(3) Zoom In /Out	22
2장. Sketcher	25
1. Sketch vs. Positioned Sketch	26
(1) Sketch	26
(2) Positioned Sketch	27
2. Constraints	29
(1) Constraints Color	29
(2) Dimensional Constraints vs. Geometrical Constraints	31
(3) Internal Constrains vs. External Constraints	31
3. Planes and Axis	32
(1) Planes	32
(2) Axis systems	33
4. Sketch Exercise	33
(1) Exercise 1-Three Circle	33
(2) Exercise 2-Circle & Corner	41
(3) Exercise 3-No trim & Bi-tangent Line	54
(4) Exercise 4-Mirror	68
(5) Exercise 5-Tangent Arc	80
(6) Exercise 6-Ellipse & Arc Center	92
(7) Exercise 7-Break	104
(8) Exercise 8-Rotate & Symmetry	114
(9) Exercise 9-Concentricity	128
(10) Exercise 10-Cylindrical Elongated Hole	136
(11) Exercise 11-Equivalent Dimension	144
(12) Exercise 12-Formula	158
(13) Exercise 13-Planes & Positioned Sketch	169
(14) Exercise 14-Plane & Profile	179
(15) Exercise 15-Spline & Positioned Sketch	184
3장. Part Design	195
1. Solid Modeling	196
2. Body란?	196
3. Part Design Exercise	197
(1) Exercise 1-Part Design 1	197
(2) Exercise 2-Part Design 2	209
(3) Exercise 3-Part Design 3	222
(4) Exercise 4-Part Design 4	238
(5) Exercise 5-Part Design 5	252
(6) Exercise 6-Part Design 6	261
(7) Exercise 7-Part Design 7	276
(8) Exercise 8-Part Design 8	287
(9) Exercise 9-Part Design 9	301
(10) Exercise 10-Part Design 10	327
(11) Exercise 11-Part Design 11	343
(12) Exercise 12-Part Design 12	355
(13) Exercise 13-Part Design 13	367

(14) Exercise 14-Part Design 14 381

4장. Generative Shape Design 395
1. Surface Modeling 396
2. Geometric Set이란? 396
3. GSD Exercise 405
    (1) Exercise 1-GSD Exercise 1 405
    (2) Exercise 2-GSD Exercise 2 424
    (3) Exercise 3-GSD Exercise 3 434
    (4) Exercise 4-GSD Exercise 4 444
    (5) Exercise 5-GSD Exercise 5 452
    (6) Exercise 6-GSD Exercise 6 468
    (7) Exercise 7-GSD Exercise 7 484
    (8) Exercise 8-GSD Exercise 8 494
4. Hybrid Design 511
5. Hybrid Design Exercise 512
    (1) Exercise 1-Hybrid Exercise 512
    (2) Exercise 2-Hybrid Design Exercise 524

5장. Assembly Design 533
1. Product Structure 534
2. Move & Constraints 534
3. Assembly Design Exercise 535
    (1) Exercise 1 535
    (2) Exercise 2 546
    (3) Exercise 3 554
    (4) Exercise 4 566
    (5) Exercise 5 574
    (6) Exercise 6 580
    (7) Exercise 7 599
4. Bill Of Material 615
    (1) Exercise 615

6장. Drafting 627
1. Drafting 628
2. Drafting Exercise 628

    (1) Exercise 1 628
    (2) Exercise 2 646
    (3) Exercise 3 659
    (4) Exercise 4 675
    (5) Exercise 5 687
    (6) Exercise 6 695
    (7) Exercise 7 703
    (8) Exercise 8 712

Extra Exercise 726

7장. Power Copy 726
1. Power Copy란? 726
2. Power Copy 만들기 727
3. Power Copy 사용하기 731
4. Power Copy Exercise 736
    (1) Exercise 1 736
    (2) Exercise 2 743
5. User Features 749
    (1) User Feature란? 749
    (2) Exercise 749

8장. Catalog Editor 751
1. Catalog란? 752
2. Catalog 만들기 752
3. Catalog Exercise 753
    (1) Catalog Exercise 1 753

9장. Photo Studio 767
1. Materials 768
2. 사용자 정의 재질 만들기 769
3. Photo Studio 774
4. Rendering Exercise 775
    (1) Photo Studio Exercise 1 775

Part 01
CATIA Start

Main Step

Main Step에서는 CATIA 기본 설정과 Mechanical Design의 기본 Workbench의 사용 능력을 익히기 위한 예제와 그에 대한 간단한 언급으로 구성되어 있습니다. 형상 모델링과 조립, 도면 작업과 같은 가장 기본이 되는 과정을 배우게 될 것입니다.

강좌로 나와 있는 설명을 하기에 앞서 먼저 도면이나 형상을 보고 작업의 Tree를 생각해 보기를 권합니다. 또한 강좌를 따라한 후에는 다른 방법으로 같은 결과를 얻을 수 있는지 직접 탐구하는 자세가 필요합니다. 하나의 형상을 작업하는데 있어 어떠한 방식이 반드시 정답이 될 수 없다는 점을 명심하기 바라며 보다 많은 방법을 익혀서 필요한 경우에 맞게 사용하는 것을 목표로 공부하시기 바랍니다.

1. CATIA Start

1. 사용 환경

CATIA V5는 윈도우 기반의 설계 프로그램으로 3차원 인터페이스 상에서 아이콘을 이용한 명령어 체계를 가지고 있습니다. 따라서 작업자는 설계에 필요한 작업 명령어를 일일이 명령어 창에 입력하지 않고 아이콘을 사용해 명령을 지시합니다. 또한 직접 명령을 드래그 하여 형상에 드롭하는 방식으로의 명령 실행도 가능합니다. CATIA는 같은 작업 목적에 속하는 명령어들끼리는 하나의 Toolbar를 구성하여 묶여 있습니다. 이 각각의 Toolbar들은 위치 이동이 자유로우며 수평 또는 수직으로 정렬시키는 것도 가능합니다. 또한 필요에 따라 원하는 Toolbar를 화면에 제거시키거나 출력하게 하는 일이 가능합니다. 또한 Toolbar의 구성 명령을 작업자가 직접 수정하는 것 또한 가능합니다. 물론 직접 값을 입력하거나 명령을 실행하는 Dialog box를 통해서 또는 풀다운 메뉴를 통해서 명령을 실행시키는 것 또한 가능하며 고수준의 작업을 할 경우에는 스크립트 방식으로 명령을 실행하는 방법 또한 사용하게 됩니다.

또한 CATIA는 특정 작업을 위한 각각의 고유한 작업 영역(Workbench)을 가지고 있습니다. 따라서 원하는 작업에 따라 이러한 Workbench를 이동해 가면서 형상에 필요한 작업을 진행합니다. 이것은 우리가 실제 어떠한 형상을 만든다고 하였을 때 작업 공정에 따라 제품을 이동해 가면서 단계를 거치는 것과 유사하다고 생각하시면 됩니다. 이번 MDM 예제집에서 사용한 Workbench는 Sketcher , Part Design , Generative Shape Design , Assembly Design , Drafting 입니다. 이 각각의 Workbench는 저마다 작업하는 내용이 다르기 때문에 작업자가 이들 Workbench에서 무엇을 작업하는지를 파악하고 필요에 맞게 현재 Workbench를 이동하면서 작업을 해야 합니다. 원하는 작업을 하려면 그 기능을 사용할 수 있는 Workbench로 가야한다는 것을 필히 기억하시기 바랍니다.

이러한 Workbench의 개념과 함께 도큐먼트라는 개념이 함께 등장하게 되는데 도큐먼트란 CATIA에서 작업을 하는 고유의 파일 형식이라고 생각하면 됩니다. 즉, Part Design에서 작업을 하면서 나중에 저장하게 되는 CATPart 라는 파일이 도큐먼트가 되는 것입니다. CATIA에서는 Workbench에 따라서 사용하는 도큐먼트의 종류가 다릅니다. 같은 도큐먼트를 사용하는 Workbench들 끼리는 Workbench를 이동해 가면서 현재 열린 도큐먼트에 각 Workbench 마다의 작업을 해줄 수 있습니다. 다른 도큐먼트를 사용하는 Workbench에서 작업을 하고자 할 경우에는 새로운 도큐먼트가 열리게 됩니다. 기본적으로 Mechanical Design에서 3차원 형상을 만드는데 사용되는 도큐먼트에는 Part 도큐먼트가 있으며 Assembly Design과 같이 형상들 사이에 구속을 하거나 기타 응용 작업을 하는 데에는 Product 도큐먼트를 사용합니다. 그리고 2차원 도면을 생성하는 Drafting에서는 Drawing 도큐먼트를 사용합니다. 따라서 작업자는 이러한 Workbench와 도큐먼트에 대한 개념을 확실히 인지하고 작업에 임하시기 바랍니다.

2. 기본 설정

(1) Customize

기본적으로 CATIA를 설치하고 나면 기본 값 이외에 아무런 설정이 되어있지 않습니다. CATIA 자체가 범용 설계 프로그램이기 때문에 설정을 하지 않고 사용할 경우에는 그 만큼 불필요하거나 번거로운 작업 단계를 거치게 됩니다. 따라서 작업자는 자신의 필요에 맞게 사용자 설정을 해주어야합니다. 다음의 설정 방법을 숙지하여 작업 조건에 맞는 설성을 해보시기 바랍니다.

① 구동 언어

풀다운 메뉴에서 도구(Tools) ⇨ 사용자 정의(Customize) ⇨ 옵션(Options)을 찾아 들어가 User Interface language에 있는 언어를 원하는 값으로 바꿔줍니다. 일반적으로 영문을 사용하기를 권장합니다. 이유는 아직 한국어로 번역한 명령어 체계가 매끄럽지 못하기 때문입니다.

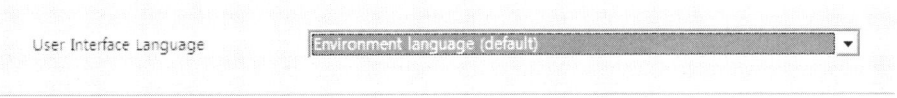

② Workbench 빠른 시작 메뉴 및 단축키

CATIA는 통합 CAD/CAM 소프트웨어임을 자랑하듯 수많은 Workbench가 존재합니다. 이 때문에 원하는 Workbench를 시작 메뉴에서 이동하려면 몇 차례 클릭한 후에야 이동이 가능합니다. 이러한 불편을 없애기 위해서 CATIA는 자주 사용하는 Workbench를 빠른 시작 메뉴에 등록하여 단축키로 적용할 수 있습니다. 빠른 시작 메뉴의 등록은 풀다운 메뉴에서 도구(Tools) ⇨ 사용자 정의(Customize) ⇨ Start

Menu에서 원하는 Workbench를 좌측의 목록에서 선택해 오른쪽으로 이동을 시킵니다. Dialog box의 가운데 보이는 화살표를 이동하면 빠른 시작 메뉴에 추가 삭제가 가능합니다.

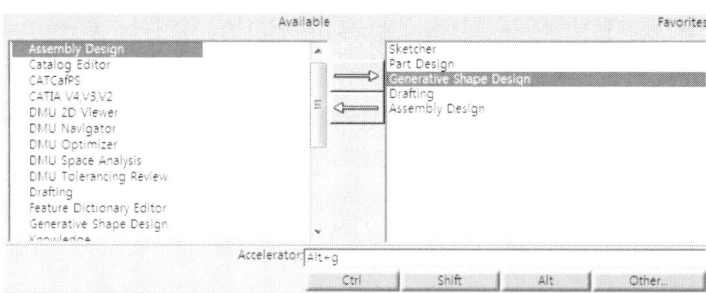

이렇게 선택한 빠른 시작 메뉴의 Workbench들은 아래의 Accelerator에 단축 명령을 입력할 수 있습니다. 다음은 간단한 빠른 시작 메뉴의 단축키 설정 예입니다.

Sketcher	Alt + s
Part Design	Alt + p
Generative Shape Design	Alt + g
Drafting	Alt + d
Assembly Design	Alt + a

이렇게 단축키 까지 설정된 Workbench들은 이제 작업자의 간단한 키 값 입력만으로도 Workbench를 자유롭게 이동할 수 있는 편의를 제공합니다.

③ 아이콘 단축키

CATIA에는 일반적인 윈도우 단축키를 제외하고는 모든 명령 또는 Workbench에 대해서 단축키가 설정되어 있지 않습니다. 이것에 대해 불편함을 호소하는 작업자들도 많이 있으나 사실 CATIA의 단축키는 사용자 스스로가 직접 단축키를 지정할 수 있도록 되어 있습니다. 따라서 작업자가 자신의 작업의 필요에 맞게 원하는 명령어와 단축키를 지정하여 사용하는 방법을 설명하도록 하겠습니다.

우선은 단축키를 입력하고자하는 명령어가 있는 Workbench로 이동합니다. 그 다음 풀다운 메뉴의 도구(Tools) ⇨ 사용자 정의(Customize) ⇨ Commands로 이동합니다. 여기서 좌측에서 하단의 All Commands를 선택합니다. 그러면 오른쪽에 현재 Workbench에 관련된 모든 명령어가 나타날 것입니다. 여기서 현재 Workbench 작업에 필요한 명령어들을 찾아서 각각 Accelerator에 단축키를 입력하도록 합니다.

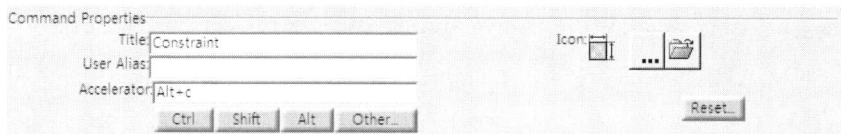

다음은 각 Workbench별로 단축키 입력에 관한 예입니다.

◐ Sketcher

Positioned Sketch	Alt + e
Construction/Standard Elements	F2
Constraints	Alt + c
Constraints defined in dialog box	Alt + x
Normal View	Alt + n

Workbench 별로 단축키의 지정은 모두가 일괄적일 수는 없습니다. 작업자의 작업 목적에 따라서 같은 Workbench에 라도 충분히 다른 작업이 가능하기 때문입니다. 따라서 너무 많은 명령어에 단축키를 지정하지 않기를 권합니다.

한 가지 Tip으로 명령어의 이름을 알고 있다면 굳이 단축키를 지정하지 않고도 명령을 실행시키는 것이 가능합니다. 다음과 같이 오른쪽 하단의 Commands window에 원하는 명령을 다음과 같은 방식으로 입력해 주면 단축키를 실행시키는 것과 비슷한 효과를 줍니다.

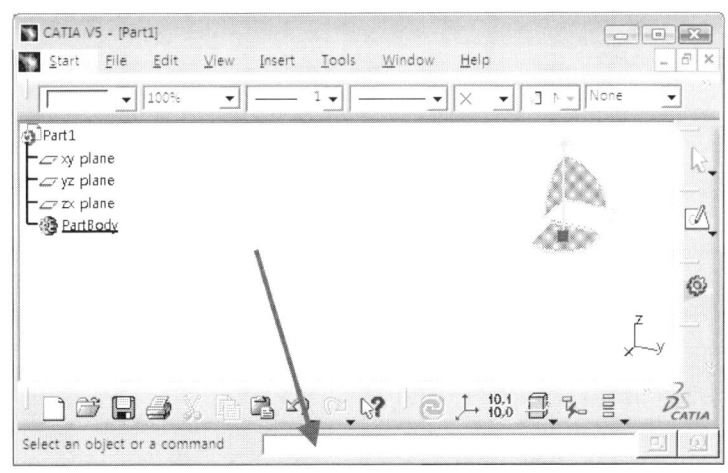

C:명령어 이름

이 방법을 사용하게 되면 간단한 명령 하나를 실행시키기 위해 Workbench를 이동하는 대신에 명령어 하나를 입력시키는 것으로 간단히 작업을 현 Workbench에서 수행하는 것이 가능합니다.

예) Pad를 Command Window를 이용해서 실행시키고자 할 경우 다음과 같이 간단한 스케치 형상을 그리고 창 아래 Command Window에 c:pad라 입력하고 엔터(Enter)를 누릅니다.

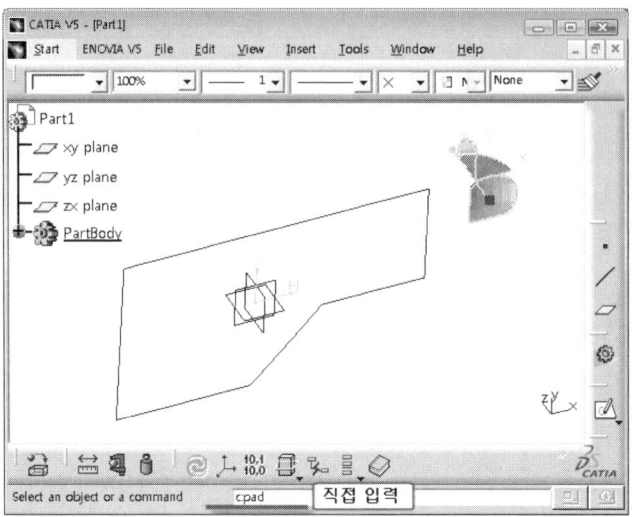

그럼 다음과 같이 Pad가 실행되는 것을 확인할 수 있습니다.

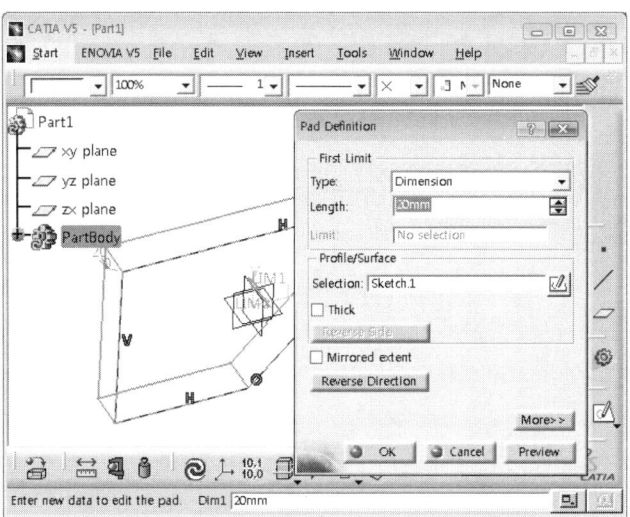

(2) Options

Options에서는 CATIA의 작업 환경을 변경할 수 있습니다. 앞서 Customize가 일반적으로 CATIA 설치 후 시작 단계에 관련된 설정이라고 한다면 Options에는 CATIA를 사용하면서 필요한 전체 또는 각 Workbench에 대한 설정을 할 수 있습니다. Options에서는 기본적으로 다음과 같은 설정을 알아두어야 합니다.

① **Data save**

풀다운 메뉴의 도구(Tools) ⇨ Options ⇨ General에 가면 정해진 시간 간격으로 데이터를 자동으로 저장하는 기능이 나타납니다. 만약에 프로그램이 무응답 상태가 되어 종료해야 하는 상황이 되어도 이 시간 내에 자동 저장된 부분은 파일을 저장하지 않고도 살아남아 있습니다. 그러나 정해진 시간 간격마다 약간 컴퓨터가 느려지는 게 느껴지실 텐데요. 바로 자동 저장으로 인해서입니다. 따라서 적절한 시간 간격으로 시간을 맞추시거나 또는 이 기능을 사용하지 않을 수도 있습니다. 중요한 작업을 하시거나 작업에 아직 익숙하지 않으신 분들은 이 기능을 섣불리 해제하지 않으시기 바랍니다.

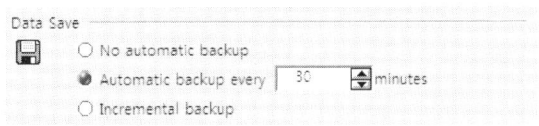

② **Stack size**

CATIA에서 작업을 실행하다가 취소하고자 할 경우에 Ctrl+z를 눌러 작업을 이전으로 되돌릴 수 있습니다. 이것은 이전 작업만큼을 컴퓨터가 메모리에 저장하고 있기 때문인데요. 따라서 많은 작업을 동시에 하거나 큰 용량의 파일을 다루는 경우는 컴퓨터가 많이 느려지게 됩니다. 이런 경우에 이 Stack size를 줄여서 작업에 사용되는 메모리양을 줄일 수 있습니다.

풀다운 메뉴의 도구(Tools) ⇨ Options ⇨ General에서 Performances 탭에 가면 이 Stack size를 조절할 수 있습니다. 다만 너무 적에 할 경우에 작업을 되돌릴 수 있다는 점을 기억하시기 바랍니다.

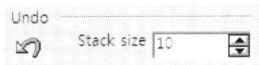

③ **Accuracy**

CATIA를 처음 설치하고 바로 작업을 하다 보면 원이나 구 형상을 그렸을 때 완전히 둥글지 않고 다각형처럼 보이는 경우를 발견하실 것입니다. 이것은 정밀도의 문제인데요. 처음 설치 후에는 반드시 이 정밀도를 적절하게 변경해 주어야 합니다.

풀다운 메뉴의 도구(Tools) ⇨ Options ⇨ Performances를 선택하여 들어가면 3D Accuracy와 2D Accuracy가 보일 것 입니다. 여기서 두 값을 모두 0.01로 변경해 줍니다.

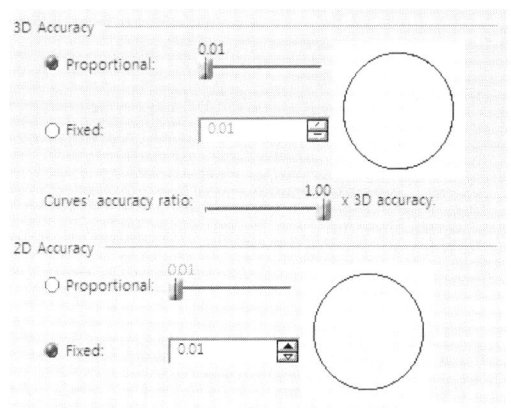

이후에 다시 원형이나 구 형상을 만들게 되면 완전히 둥근 형상을 지니는 것을 확인할 수 있을 것입니다. 때에 따라서 이 정밀도를 변경해야할 필요가 생기는데 STL 파일의 삼각형의 수를 조절하고자 할 경우에는 이 정밀도를 낮추어주면 그만큼 적은 수로 형상을 표현할 수 있을 것입니다. 정밀도가 올라가는 만큼 컴퓨터 자체는 더 많은 정보를 처리해야 하므로 작동이 다소 느려질 수는 있습니다.

④ Visualization

풀다운 메뉴의 도구(Tools) ⇨ Options ⇨ Display의 Visualization 탭에 가면 CATIA의 시각 환경을 설정해줄 수 있습니다. 여기서 모든 메뉴를 건드려야 할 필요는 없으며 잘못 건드릴 경우 불편이 더하므로 Background와 Surface' Boundaries정도를 변경해주도록 합니다.

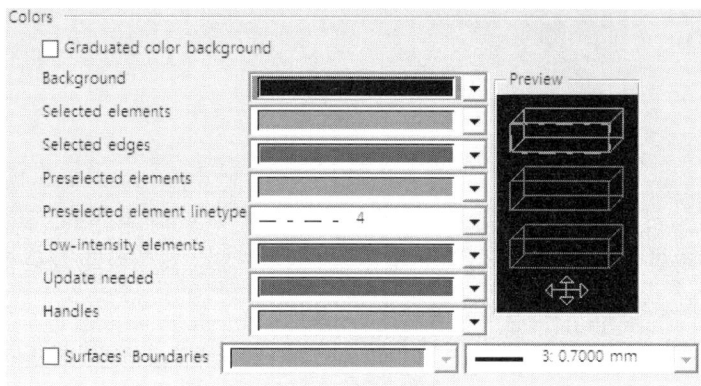

필자의 경우에는 배경(background)을 검은색으로 바꾸어 두고 위의 'Graduated color background'를 해제하여 검은 색상으로 작업을 합니다.

⑤ Compatibility

실무나 또는 연구 분야에서 협업으로 작업을 하다 보면 서로 다른 파일 형식의 모델링 파일을 주고 받는 일이 많습니다. 모두 같은 프로그램을 사용하지 않기 때문입니다.
따라서 각 CAD 프로그램에서는 이러한 다른 형식의 파일에 대한 변환 설정을 반드시 구비해 두고 있습니다.
풀다운 메뉴의 도구(Tools) ⇨ Options ⇨ Compatibility에 가면 각 파일명에 대한 호환 설정을 해줄 수 있습니다.
여기서 작업자들이 일반적으로 알고 있어야 하는 파일 형식에는 V4 데이터, 3D XML, DXF, IGES, STEP, VRML 정도가 될 것입니다. 특히 이중에서 중립파일 형식인 IGES와 STEP는 형상 데이터를 각각 서피스와 솔리드 형상으로 모든 CAD/CAM/CAE 프로그램과 호환하여 사용할 수 있는 파일 형식입니다. 물론 작업에 대한 과정이나 순서를 알 수는 없으며 Spec Tree까지는 전달되지 않습니다.

⑥ Units

풀다운 메뉴의 도구(Tools) ⇨ Options ⇨ Parameter and Measure의 Units 탭에 들어가면 CATIA의 치수 단위를 설정할 수 있습니다.

Magnitudes	Units	Symbols
Length	Millimeter	mm
Angle	Degree	deg
Time	Second	s
Mass	Kilogram	kg
Volume	Cubic meter	m3
Density	Kilogram per m3	kg_m3

Length	Millimeter (mm)

작업하는 경우에 따라서 반드시 mm로 작업을 하는 경우만 있는 것이 아니기 때문에 자신이 작업하는 단위를 설정할 수 있는 것은 굉장히 중요합니다. 단위를 무시한 채 작업하거나 단위를 일일이 변환하여 입력하는 방식은 반드시 지양해야 합니다.

⑦ Part Infrastructure

풀다운 메뉴의 도구(Tools) ⇨ Options ⇨ Infrastructure ⇨ Part Infrastructure에 들어가면 Part 도큐먼트에 대한 일반적인 설정을 해줄 수 있습니다. General 탭에서 외부 참조 형상에 대한 링크 설정이나 업데이트에 대한 설정을 변경할 수 있으며 Display 탭에서는 Spec Tree에 표시할 값이나 Plane, Axis의 크기 조절(일반적으로 15), 그리고 Body의 이름이 중복인지 체크하는 등의 기능 설정을 할 수 있습니다.

Part Document 탭에서는 Part 도큐먼트를 시작할 때 도큐먼트에 첨부할 대상을 선택할 수 있으며 Hybrid Design 모드를 사용할지 안할지에 대한 설정도 할 수 있습니다. 일반적으로 Part Design의 경우라면 Part Document 탭의 모든 값을 해제하고 사용하여도 무방합니다. 그러나 Body 단위로 복사하여 다른 도큐먼트에 붙여넣기 하는 일이 많은 작업자의 경우라면 Hybrid Design을 체크하여 사용하시는

게 좋습니다. 또한 서피스 모델링을 하는 경우라면 When Creating Part에서 'Create an axis system'과 'Create a geometrical set'을 체크합니다. 서피스 모델링에서 이 둘은 반드시 필요합니다.

⑧ Cache & Cgr

Product를 사용하는 경우 대량의 많은 도큐먼트들과 링크된 경우에 일반 PC의 성능이 많이 따라오지 못하는 경우가 있습니다. 이런 경우에 CATIA의 실제의 도큐먼트들을 일일이 불러오지 않고 도큐먼트들의 형상을 Cgr이라는 파일 형식으로 변환하여 만들어내어 이것을 불러낼 수 있습니다. 이런 경우 실제 도큐먼트를 불러오는 것 보다 훨씬 빠른 속도와 작업을 진행할 수 있습니다.

물론 수정을 위해서는 수정하고자 하는 도큐먼트만을 Design mode로 불러올 수 있습니다.

풀다운 메뉴의 도구(Tools) ⇨ Options ⇨ Infrastructure ⇨ Product Structure를 선택하면 Cache Activation을 할 수 있습니다. 그리고 그 아래에는 Cgr 파일이 만들어져 저장되는 위치가 표시되며 최대 Cache의 크기를 조절할 수 있습니다.

Cache(Visualization mode)로의 작업은 현재 열린 CATIA를 종료한 이후부터 유효합니다. 이제 다시 CATIA를 실행시키면 Product 도큐먼트들은 항상 Cgr 파일로 변환되어 열릴 것입니다.

Cgr 파일에 대한 설정은 위 Options의 동일 위치에서 Cgr Management 탭에서 할 수 있습니다.

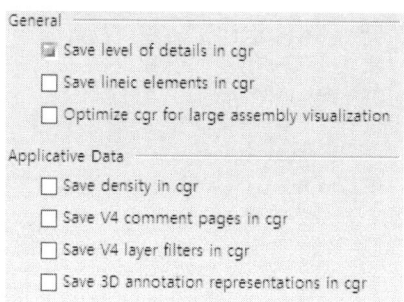

⑨ Assembly

Assembly Design에 대한 설정은 풀다운 메뉴의 도구(Tools) ⇨ Options ⇨ Mechanical Design ⇨ Assembly Design에서 할 수 있습니다. General 탭에서는 Assembly 상에서 구속에 의한 업데이트를 자동으로 할 것인지 수동으로 할 것인지의 변경이 가능하며 Fix 구속을 사용할 경우에 Component들의 이 동시 묶여진 모든 Component들을 동시에 이동시킬 것인지도 설정할 수 있습니다.

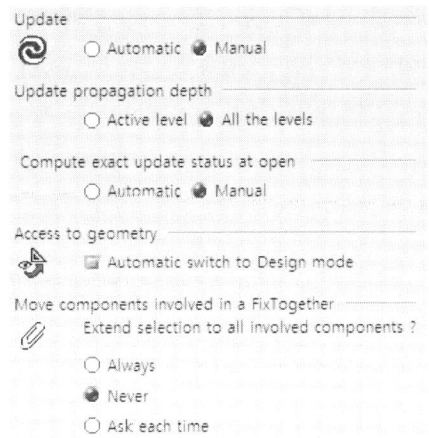

Constraints 탭에서는 Component들을 복사하고 붙여넣기 할 때 이들에 관련된 구속이 함께 이동될 것인지 아닌지를 결정할 수 있으며 구속을 생성할 때 반드시 Published 된 것만을 이용해서 할 수 있게 또는 모든 Geometry를 사용하여 구속을 하게 할 수 있는지를 설정할 수 있습니다.

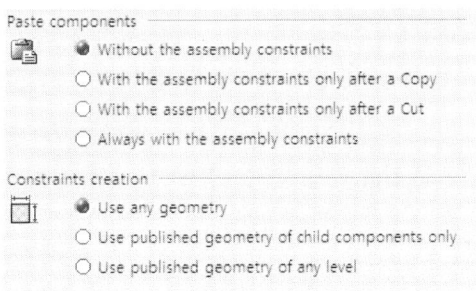

⑩ Sketcher

2차원 단면 프로파일을 생성하는 Sketcher의 Workbench에 대한 설정은 풀다운 메뉴의 도구(Tools) ⇨ Options ⇨ Mechanical Design ⇨ Sketcher에서 이루어집니다. 이곳에서 Sketcher의 Grid의 간격은 물론 스케치에서 그려지는 geometry의 선 색상을 변경할 수 있으며 구속에 대한 형상 요소의 구속 상태를 알려주는 'Visualization of diagnosis'를 활성/비활성화할 수 있습니다.

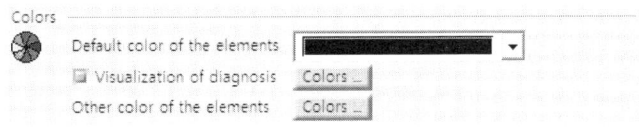

⑪ Drafting

도면을 생성하는 Drafting Workbench의 설정은 풀다운 메뉴의 도구(Tools) ⇨ Options ⇨ Mechanical

Design ⇨ Drafting에서 이루어집니다. General 탭에서는 일반적인 Sheet의 배경과 인터페이스에 대한 설정을 해줍니다. View 탭에서는 2차원 View를 생성할 때 3차원 형상으로부터 가져오는 형상의 값을 조절할 수 있습니다. 만약에 작업자가 3차원 형상에 표시된 포인트나 스케치, 와이어 프레임 요소 등을 View에 가져오고 싶다면 'Project 3D wireframe', 'Project 3D Points'를 체크해주어야 합니다. Thread를 표시하고자 하는 경우에는 'generate threads'를 체크하고 View를 생성해주어야 합니다. (이는 각각의 Sheet의 View에서 설정이 가능합니다.)

Geometry 탭에서는 Drafting상에서 직접 그려주는 2차원 요소에 대해서 설정을 해주게 됩니다. 2차원 형상을 직접 그린 경우에는 Sketcher와 비슷한 구속 관련 기능을 사용할 수 있습니다. Manipulators에서는 치수를 만들고 이들을 이동시키는 단계에서 필요한 보조 도구를 설정할 수 있습니다. 필자의 경우에는 'Modification'에 있는 모든 값을 켜 놓고 사용합니다.

3. 마우스 조작법

CATIA는 마우스를 이용한 GUI 기반의 프로그램입니다. 때문에 CATIA를 실행하면 마우스를 다루는 시간이 전체 작업 시간의 90% 이상을 차지합니다. CATIA의 마우스 조작법은 기본적으로 3가지 동작이 있으며 이 동작을 통하여 전체 작업을 모두 진행할 수 있습니다. 따라서 이 3가지 조작법에 익숙해지는 것이 CATIA를 배우는 시발점이라 할 수 있습니다.

(1) Translate/Pan

CATIA를 실행시키고 작업하고자 하는 도큐먼트 상에서 대상의 위치를 이동시키고자 할 경우 마우스 가운데 버튼(MB2)을 클릭한 상태에서 화면을 움직이면 됩니다. 버튼을 계속 누르고 있는 상태에서만 움직이는 것이 가능하며 View Toolbar에 Pan이라는 명령어를 실행했을 경우와 같습니다. 3차원 상에서 형상을 이리저리 이동시키면서 작업하는 경우가 상당히 많기 때문에 익숙하게 사용하도록 연습하시기 바랍니다. 아래 그림에서 보이듯 마우스 가운데 버튼을 누르게 되면 주황색 십자 표시가 생기는 것을 확인할 수 있습니다.

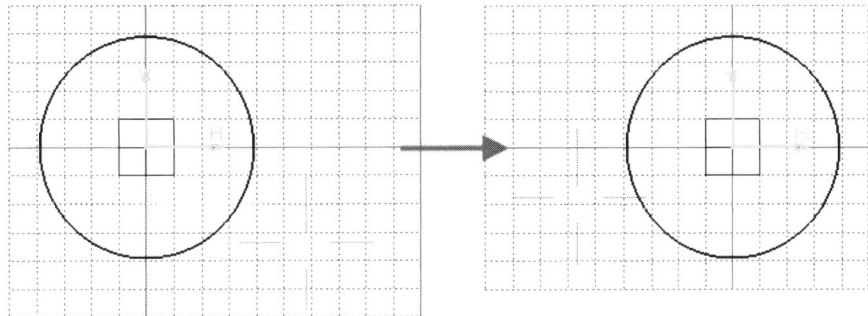

(2) Rotate

CATIA를 실행시키고 작업하고자 하는 형상을 회전시켜보고자 할 경우에는 마우스 가운데 버튼(MB2)과 오른쪽 버튼(MB3)을 동시에 누르도록 합니다. 이 두 개의 버튼을 동시에 누른 상태에서 마우스를 움직여 보면 화면이 회전하는 것을 확인할 수 있습니다.

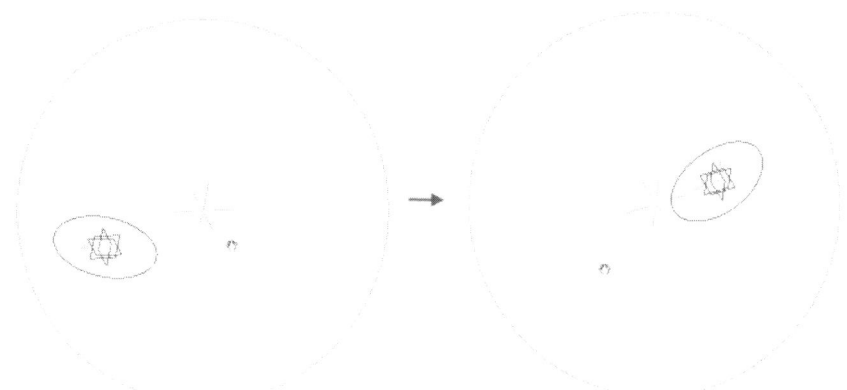

여기서 회전의 중심부에 나타나는 십자 표시를 확인할 수 있을 것입니다. 바로 여기가 현재 도큐먼트에서 회전하는 중심을 가리키는데요. 만약에 임의의 위치에 중심을 잡고 그곳을 기준으로 회전하고자 한다면 마우스 가운데 버튼(MB2)를 누른 상태에서 화면의 가운데 위치로 형상을 이동시키도록 합니다. 이렇게 형상을 이동시킨 뒤에 다시 회전을 시켜보면 중심의 위치가 변경된 것을 확인할 수 있습니다.

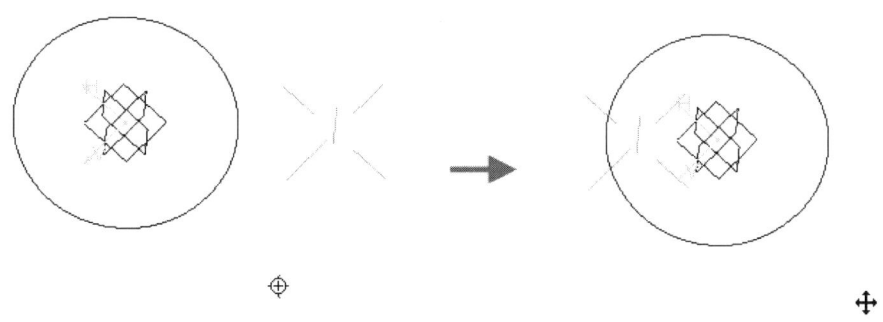

(3) Zoom In 🔍 /Out 🔍

3차원 상에서 작업을 하다보면 화면의 이동과 회전과 더불어 확대 축소 작업의 빈도가 상당히 높습니다. CATIA에서 마우스 조작을 이용한 형상의 확대 축소 방법은 다음과 같습니다. 마우스 가운데 버튼(MB2)을 누른 상태에서 오른쪽 버튼(MB3)을 한번 클릭합니다. 여기서 가운데 버튼은 계속 누르고 있는 상태입니다. 이제 마우스를 이동시키면 형상이 확대 또는 축소되는 것을 확인할 수 있을 것입니다.

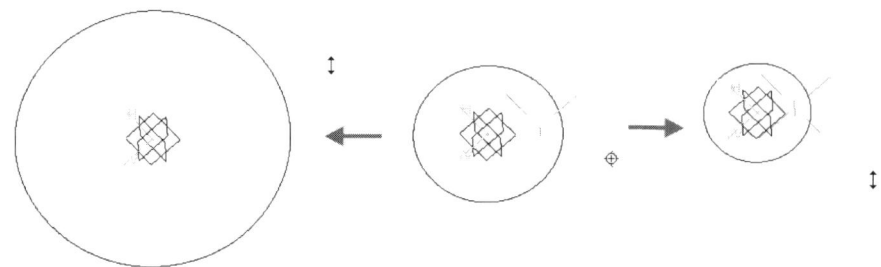

여기서 한 가지 기억할 것은 왼쪽 상단의 Spec Tree 역시 위와 같은 마우스 조작법을 이용하여 크기나 위치를 조절할 수 있습니다. 현재 화면 상에서 Spec Tree의 트리 선을 클릭하거나 또는 오른쪽 하단의 작은 방위표시를 클릭합니다. 그러면 화면이 약간 어두워지면서 형상은 더 이상 움직여지지 않고 마우스 동작에 따라 Spec Tree가 이동하는 것을 확인할 수 있습니다. 다시 작업을 위해 Spec Tree의 조절을 마치고자 한다면 Spec Tree의 선 부분을 다시 클릭해줍니다. 또는 오른쪽 하단의 것을 클릭해주어도 됩니다. 단, Spec Tree는 회전은 시킬 수 없다는 것을 기억하시기 바랍니다.

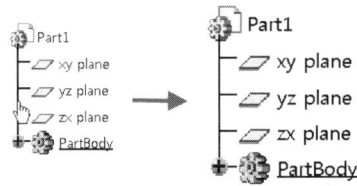

다음은 추가적으로 CATIA를 사용하면서 반드시 알아두어야 할 View 관련 명령들입니다.

◐ Fit All In

화면 크기에 맞게 현재 열린 도큐먼트의 대상의 크기를 조절하여 보여주는 명령어로 작업을 하다가 형상의 위치를 찾을 수 없거나 너무 크게 확대하였다가 단번에 전체 형상을 보고자 할 경우에 유용합니다.

◐ Zoom Area

형상을 확대하여 보고자 할 때 마우스로 드래그한 영역만을 확대하여 볼 수 있는 명령입니다. 풀다운 메뉴의 View에 들어가면 선택해 줄 수 있습니다. 풀다운 메뉴의 View를 선택하면 이 명령을 사용할 수 있습니다. View Toolbar에는 따로 표시가 안 되어 있으므로 단축키를 정해서 사용하기를 권합니다.

● Hide/Show

하나의 도큐먼트 상에서 작업을 하다보면 삭제시켜서는 안 되지만 현재 작업상에선 필요하지 않은 형상이 있는 경우에 CATIA는 이러한 형상 요소들을 숨기기(Hide)할 수 있습니다. 이렇게 숨겨진 형상 요소는 단지 화면상에서만 나타나지 않을 뿐 Spec Tree 상에서 확인이 가능하며 다시 보이게 할 수도 있습니다.

● Swap visible space

앞서 Hide/Show 기능과 병행하여 사용할 수 있는 명령으로 현재 도큐먼트의 작업 화면과 숨기기로 현재 작업 창에 나타나지 않는 형상 요소들을 따로 탐색할 수 있게 하는 명령입니다. 즉, 작업을 하는 도중에 현재 화면아 나타나지 않은 형상 요소를 참조하고자 할 경우에 숨겨진 형상 요소들만을 화면에 출력시켜 작업자가 현재 숨겨진 요소들을 파악할 수 있게 해주는 기능을 합니다.

● Depth Effect

이 명령을 사용하면 3차원 상에서 작업한 형상을 절단하여 내부를 관찰할 수 있도록 하는 명령입니다. 내부까지 복잡한 형상을 작업하는 경우에 (또는 어셈블리 상에서) 유용하게 사용할 수 있습니다. 풀다운 메뉴의 View에서 선택하여 사용이 가능합니다.

● Quick View

이 Toolbar에서는 현재 작업 화면을 마우스 조작이 아닌 정면도와 측면도와 같이 이미 정해진 View 방향으로 화면을 바로잡아줍니다. 또한 Multi-View 기능을 제공하여 화면을 4분할하여 형상을 한 번에 다각도에서 관찰할 수도 있습니다. View Toolbar를 이용하여 직접 화면의 변화를 살펴보기 바랍니다.

● View modes

작업을 하는 과정에서 필요에 따라 형상의 View Style을 다르게 해주어야 할 경우에 이 Toolbar에서 설정을 해줍니다. 간단히 Shade와 Edge에 대한 효과를 주는 것은 물론 형상의 재질 부여에 관한 설정도 가능합니다.

● Parallel view/Perspective view

CATIA에서 형상을 보는 방식에는 두 가지가 있는데 하나는 형상을 화면에 평행하게 보는 방식이고 다른 한 가지는 형상을 원근감을 주어서 보는 방식입니다. 원근감을 주어 형상을 보게 되면 화면에 가까운

쪽은 커 보이고 먼 쪽은 작아 보이는 형상의 왜곡이 나타나 일반적으로 작업을 하는데 에서는 Parallel view로 하여 형상을 평행하게 보는 방식을 사용합니다. 풀다운 메뉴의 View 메뉴에서 View Style에서 설정 가능합니다.

Part
02
Sketcher

2. Sketcher

1. Sketch vs. Positioned Sketch
(1) Sketch
CATIA에서 Part Design, GSD에서 모델링을 할 경우나 Assembly Design, DMU 등에서 구성 단품들을 구속하거나 메커니즘을 구동하기 위해 작업자가 프로파일을 그려야 할 경우에 반드시 사용하게 되는 것이 Sketcher Workbench입니다. 이 Workbench에서의 주 작업은 구현하고자 하는 3차원 형상의 단면 프로파일이나 가이드를 작성해 주는 일을 합니다. 따라서 자신이 작업하려는 대상에 대해서 정확히 표현할 수 있어야 합니다. 추가적으로 Sketcher Workbench를 이용하면 DWG와 같은 2차원 도면 파일 형식의 데이터를 3차원 모델링에 직접 사용할 수도 있습니다.

Sketcher Workbench에 들어가 스케치 작업을 하기위해서는 반드시 필요한 것이 있는데 바로 기준 요소(Reference element)입니다. 하나하나의 스케치 작업은 2차원 상에서의 작업이기 때문에 작업하고자 하는 적절한 기준 면을 선택해주는 것이 스케치 작업의 첫 번째 순서가 됩니다. 스키치 작업에 사용할 수 있는 기본적인 기준 요소는 다음과 같습니다.

◐ Plane

가장 일반적으로 사용되는 CATIA의 평면 요소입니다. 여러 가지 방식으로 평면을 생성할 수 있어 목적에 따라 거의 모든 원하는 기준 면을 만들어 낼 수 있습니다.

◐ Face

적층 방식으로 모델링을 하는 경우에 사용할 수 있는 기준 면으로 바로 솔리드나 서피스 형상의 면을 말합니다. 형상을 모델링하면서 생기는 형상 자체의 면을 이용하여 다른 스케치 작업의 기준 면으로의 작업이 가능한 것은 매우 유용하다고 할 수 있습니다. 물론 곡면을 직접적으로 스케치 면으로 사용할 수는 없습니다.

형상의 면 요소를 스케치의 기준 면으로 사용할 경우에는 스케치가 선택된 면에 종속이 되기 때문에 면이 사라지거나 수정되는 것에 따라 스케치 또한 함께 변한다는 것을 감안해야 합니다.

◐ Axis system의 평면요소

CATIA에는 V4시절에서부터 Axis라고 하는 기준 요소가 있습니다. 이 Axis 요소의 장점은 한 개의 Axis에 1개의 원점과 3개의 축, 그리고 3개의 면요소를 사용할 수 있다는 것인데요. 작업자가 원하는 지점에 Axis를 생성하여 사용하는 것은 Plane에서와 동일하다고 할 수 있습니다. 그러나 Axis의 경우에는 서피스 모델링 시에 많이 사용되는 편입니다. 여기서 Axis의 면 요소를 사용하여 스케치의 기준 면으로 작업을 수행하는 것 역시 Plane으로 스케치 작업을 하는 것과 동일합니다.

(2) Positioned Sketch

CATIA에서 Sketcher 명령을 선택하고 기준 면을 선택하면 항상 현재 파트 도큐먼트의 원점을 기준으로 스케치 작업을 수행하게 됩니다. 그런데 때에 따라서는 임의의 기준에서의 스케치 작업이 더욱 효율적이게 됩니다. 따라서 작업자가 원하는 임의의 기준을 잡아서 스케치 작업을 하는 Positioned Sketch를 종종 사용하실 것입니다. 이 Positioned Sketch는 스케치를 위한 작업에 앞서 기준 면을 선택하는 것 외에 스케치 원점의 위치와 수직, 수평 축의 방향을 선택할 수 있습니다. 기준 면 선택 후 바로 스케치 작업에 들어가 작업을 하던 분들에게는 다소 번거롭게 여길 수 있지만 확실한 기준과 위치를 잡을 수 있어 스케치에 들어가서는 일반 Sketch 명령 보다 한결 수월하게 작업을 할 수 있습니다.

Positioned Sketch는 다음과 같은 경우에 유용하게 사용할 수 있습니다.

- 평면상에 그려진 원형 형상 요소의 중심을 스케치의 기준으로 삼고자 할 경우
- 두 직선이나 곡선이 교차하는 지점을 스케치의 중심으로 삼고자 할 경우
- 원기둥 형상의 중심을 스케치 중심으로 삼고자 할 경우

스케치의 형상을 그리는데 있어 중심의 위치가 중요한 이유는 중심의 위치가 어디이냐에 따라 쉽게 프로파일을 작성할 수 있기 때문입니다. Sketch의 중심에는 원점과 H, V 축이 나타나는데 이 기준 요소를 이용하여 스케치 작업을 하는 것이 정석입니다.

다음은 간단한 Positioned Sketch의 과정에 대한 설명입니다.

처음 Positioned Sketch를 사용해 보는 분들을 위하여 간단히 명령의 사용 방법에 대해서 설명하도록 하겠습니다.

우선 간편한 작업을 위해 Positioned Sketch의 단축키를 설정해 놓도록 하겠습니다. 저는 여기서 'Alt + e'를 사용하도록 할 것입니다.

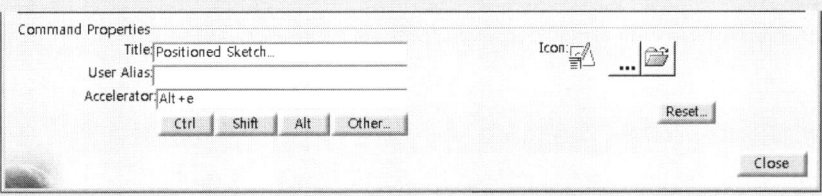

Positioned Sketch는 다음과 같은 순서로 프로파일의 기준을 잡습니다.
1. 기준면 선택
2. 프로파일 원점 선택
3. 프로파일 원점의 수평, 수직 중 방향 결정

여기서 2번의 프로파일의 원점을 잡아주는 일이 가장 중요합니다. 파트의 기준이 아닌 현재의 프로파일 제작의 목적에 맞게 기준을 잡아줌으로서 작업자는 보다 쉽게 그리고 능동적으로 형상의 변경과 수정이 가능합니다. Positioned Sketch를 실행시키면 다음과 같은 Dialog box가 나타납니다.

여기서 Type에서는 Positioned와 Sliding 두 가지가 있는데 Sliding은 Positioned Sketch가 아닌 일반 스케치를 의미하는 것이고 Positioned로 선택을 해야 작업자가 위치를 선택할 수 있습니다. 반드시 Positioned로 설정을 합니다. Positioned로 선택을 한 후에 기준면을 삼고자하는 평면 요소나 형상의 면을 선택합니다. 다음으로 Origin에서는 프로파일의 원점의 위치를 잡아주게 됩니다. Origin의 Type은 다음과 같습니다.

* Implicit
* Part origin : Part의 원점을 그대로 파트의 원점으로 사용합니다.
* Projection point : 형상의 Vortex와 같은 포인트로 인식할 수 있는 요소를 선택하여 선택한 포인트 요소가 기준 면으로 투영되어 원점으로 사용합니다.
* Intersection between 2 lines : 두 개의 직선 요소의 교차하는 지점을 원점으로 사용할 수 있습니다.
* Curve intersection : 두 개의 곡선 요소의 교차하는 지점을 원점으로 사용할 수 있습니다.
* Middle point : 선택한 대상의 이등분 지점을 원점으로 정의할 수 있습니다. 또는 원통형 형상의 중점을 원점으로 정의하는데 사용할 수 있습니다.
* Barycenter : 원형이나 반원형 형상의 면 중심을 원점으로 정의할 수 있습니다.

다음으로 프로파일의 기준면을 선택하기 위해서 추가적인 기준 방향을 잡아줄 수 있습니다. 수평 수직선의 기준 방향을 잡아주는 것이 반드시 필요한 것은 아닙니다. 기준 방향을 잡아주지 않았을 경우에는 디폴트 상태로 정의가 됩니다.

다음은 기준 방향을 잡기위한 Type들입니다. 여기서 Type을 선택해 주면서 동시에 수평 방향(H Direction)을 잡을 것인지 또는 수직 방향(V Direction)을 잡을 것인지를 선택해주여야 합니다. 또한 각 방향의 양과 음의 방향을 반전(Reverse) 시키는 것 또한 가능합니다.

* Implicit
* X Axis
* Y Axis
* Z Axis
* Components
* Through point
* Parallel to line : 선택한 직선 요소에 평행하게 선택한 수평 또는 수직 방향을 잡아줍니다.
* Intersection plane
* Normal to surface : 선택한 면 요소의 수직한 방향으로 수평 또는 수직 방향을 잡아줍니다.

이와 같은 Positioned Sketch 과정이 다소 번거롭거나 불편하게 느껴질 수 있습니다. 그러나 이러한 프로파일 선정과정을 통하여 작업자는 유용한 작업 과정의 결과를 추후 데이터 변경이나 수정에 있어서 경험할 수 있을 것입니다.

처음에는 번거로울 수 있습니다. 또는 Workbench 개념 단위로 작업을 하는 동안 Sketcher로 사용하는 습관이 너무 깊이 자리 잡을 수 있습니다. 그러나 기본적인 모델링 단계를 넘어 보다 넓은 안목으로 작업을 하려면 Positioned Sketch의 사용을 충분히 습관화하기 바랍니다.

2. Constraints

(1) Constraints Color

Sketcher에서 형상 요소를 그리고 구속 작업을 하는 경우에 구속 상태에 따라 구속 선 및 형상의 색상이 변경되는 것을 확인할 수 있습니다. 이러한 구속의 상태의 색상 변경은 작업자로 하여금 현재 구속의 상태를 쉽게 파악할 수 있도록 하는 조치입니다. 만약에 구속이 빠지거나 중첩되어 잘못 구속을 한 경우가 있다면 이를 바로 잡아야 하므로 구속선의 색상에 대한 구별을 반드시 알아두어야 합니다.

Sketcher에서 구속에 따른 색상은 다음과 같습니다.

◐ 흰색(디폴트)

> 스케치 상에서 형상 요소를 그릴 경우에 나타나는 색입니다. Options에서 변경하지 않았다면 흰색으로 나타나게 되며 설정을 변경해 주면 변경 이후부터 그려지는 형상 요소는 변경된 색상으로 나타나며 이전의 형상 요소의 색은 변경되지 않습니다.

◐ 녹색

> 형상 요소에 대해서 구속이 바르게 잡힌 경우에 나타납니다. 완전히 구속이 된 경우에 형상은 더 이상 마우스로 움직이려 해도 움직여지지 않습니다. 여기서 한 가지 주의할 것은 Arc 형상은 각도에 대한 구속이 빠진 경우에도 중점과 반경이 정해지면 녹색으로 변해지곤 하는데 반드시 호의 경우에는 각도 구속을 해주어야 합니다.

◐ 보라색

> 구속에 중복이 일어난 경우에 형상 요소 및 중복을 일으키는 구속선의 색이 보라색으로 변합니다. 이 경우에 반드시 중복이 되는 구속 요소를 찾아서 삭제해주어야 합니다. 중복 구속이 나타난 것은 에러 중에 하나이므로 반드시 처리해야 합니다.

◐ 빨간색

> 형상을 구속하는 단계에서 잘못된 구속을 적용 시킨 경우에 나타는 색상으로 구속에 대한 에러 중에 심각한 문제에 해당합니다. 빨간색을 나타낼 경우 현재 구속 중에 잘못된 구속이 있는 경우이므로 해당 구속을 찾아서 삭제해주어야 합니다.

◐ 갈색

> 형상에 구속을 주고 치수 값을 변경해 주었지만 다른 요소들의 구속으로 인해 형상이 변하지 않은 경우를 뜻합니다. 즉 숫자는 바뀌었지만 형상은 구속하기 전과 동일하다는 뜻이 됩니다. 따라서 이 역시 문제되는 구속을 삭제해 주어야 합니다.

이와 같은 구속에 대한 색상 표시는 Options의 Sketcher의 Visualization of diagnosis에 의해서 나타나면 이것을 체크 해제하면 구속에 의한 색상 표시가 사라지게 되니 유의하기 바랍니다.

(2) Dimensional Constraints vs. Geometrical Constraints

Sketcher에서 2차원 프로파일 형상을 그리는데 있어 가장 중요한 것이 바로 구속입니다. 형상을 아무리 능숙하게 묘사한다 해도 기계 설계에 있어 치수가 없는 형상이란 단순한 모사에 지나지 않습니다. 따라서 구속에 대한 개념도 확실히 알고 작업을 하는 게 좋습니다. 더욱이 CATIA의 2차원 형상의 구속 방법이 일반 CAD에서 방식과 다르기 때문에 처음 배우는 단계에서 구속에 대한 개념을 확실히 하는 게 중요하기도 합니다.

일반적으로 Sketcher에서는 두 가지 구속 종류가 있습니다. 하나는 수치 값으로 표현되는 Dimensional Constraints 이고 다른 하나는 문자 기호로 표현되는 Geometrical Constrains입니다. 이 두 가지 구속 모두 2차원 형상을 구속한다는 것에는 공통점이 있습니다. 그러나 Dimensional Constrains는 형상 요소를 구속할 때 수치화된 구속을 사용하기 때문에 우리가 직접 데이터를 입력하는 구속에 많이 사용됩니다. 형상 요소의 길이와 지름(반지름) 또는 요소들 간의 거리나 각도 등이 이러한 Dimensional Constrains에 해당합니다.

이에 반해 Geometrical Constrains는 형상 요소들 자체가 가질 수 있는 구속을 문자 형태로 표현합니다. 즉, 형상 요소 자체 또는 형상 요소들 간의 형상에 의해 나타날 수 있는 구속을 만들어줍니다. 직선 요소의 수평, 수직 조건이나 직선 요소들 간의 평행, 직교, 일치 조건이나 원 요소들 간의 중심점 일치와 같은 문자화된 구속이 그 대표적인 예라고 할 수 있습니다. 이러한 Geometrical Constraints는 수치를 사용하지 않기 때문에 형상을 보고 직관적으로 구속을 부여할 수 있는 장점이 있습니다. 단순히 수치로만 모든 구속을 부여할 경우 복잡하고 번거로운 구속의 사용을 한결 간결하게 해줄 수 있습니다.

이 두 가지 구속 종류를 적절히 조화시켜 사용하는 것이 스케치에서 구속 작업의 큰 관건입니다.

Dimensional Constrains는 일반적으로 Constrains 명령을 사용하여 입력하며 Geometrical Constrains는 Constraints defined in dialog box 명령이나 Contact Constrains를 사용하여 입력해줍니다.

(3) Internal Constrains vs. External Constraints

Sketcher 상에서 구속을 하면서 생각해야 할 두 번째 구속 개념은 내부 구속과 외부 구속입니다 이 두 가지 구속의 종류는 도큐먼트 상의 원점 즉 기준점 때문에 구분할 수 있습니다. 형상을 그리고 이 형상에 대한 치수를 입력하는 것이 내부 구속에 대한 작업이라 한다면 원점 또는 기준 요소 또는 외부 형상들과의 구속을 잡는 것이 외부 구속이라 할 수 있습니다.

Sketcher에서 간단히 사각형 하나를 그렸다고 했을 때 가로 세로의 두 길이와 각 선 요소들의 수평 수직 조건을 넣어주면 형상 자체는 완성이 됩니다. 그러나 마우스를 이용하여 이 사각형을 잡아당기면 형상은 변하지 않으면서 화면을 이동해 다니는 것을 확인할 수 있을 것입니다. 이것은 사각형 요소의 내부 구속만이 잡힌 상태로 기준 요소와 관계가 정의 되지 않을 것을 의미합니다. 우리가 작업을 하면서 원점에 대해서 신경을 써야 하는 이유가 바로 여기에 있습니다. 완전한 형상의 구속을 위해서는 형상 자체의 모양을 결정

짓는 구속도 필요하지만 원점에서부터 거리는 얼마이며 어떠한 상태인지를 알려주는 외부 구속 또한 필요하다는 것을 작업하는 동안 완전히 적용해야 합니다.

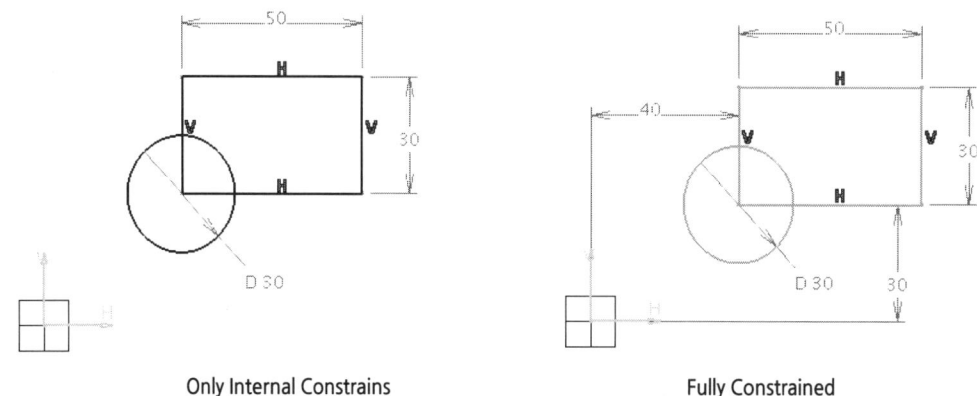

Only Internal Constrains   Fully Constrained

3. Planes and Axis
(1) Planes

CATIA에서 Plane이란 기준면의 역할을 합니다. 빈 Part 도큐먼트에서 처음 작업 시작 시부터 나타나는 이러한 Plane은 단순히 스케치 기준면뿐만 아니라 3차원 형상을 만드는데 있어 치수 대신의 기준면에서 기준면까지로 값 입력이 가능하며 형상을 절단하거나 교차시킨다고 했을 때도 Plane을 사용할 수 있습니다. 또한 Mirror와 같은 기능을 사용한다고 할 때도 대칭의 기준으로 Plane을 선택할 수 있으며 Assembly Design에서 Symmetry로 대칭인 형상을 만든다고 할 때도 기준 요소로 사용할 수 있는 것이 Plane입니다. Plane은 다음과 같이 다양한 방식으로 만들어줄 수 있습니다.

◐ Offset from plane

> 선택한 평면 또는 형상의 면으로부터 일정 거리만큼 떨어진 평면을 만들 때 사용합니다. Reference로 면을 선택하고 거리 값을 입력해줍니다.

◐ Parallel through point

> 기준이 되는 평면을 임의의 포인트의 위치로 가져올 때 사용합니다. 이 방식을 사용할 경우에 나중에 선택하는 포인트의 위치로 Reference의 평면과 같은 방향을 취하는 평면이 만들어집니다.

◐ Angle/Normal to plane

> 임의의 평면을 Reference 평면으로부터 일정한 각을 가지거나 수직한 상태로 새로운 평면을 만들고자 할 경우에 사용하는 방법입니다. 이 방법을 사용하기 위해서는 기준이 되는 평면과 함께 회전의 중심이 될 축 요소가 필요합니다.

◐ Normal to curve

> 곡선이나 일반적으로 3축 좌표에 일치하지 않는 선 요소에 수직인 평면을 만들 때 사용합니다. Rib나 Slot, Multi-sectioned Solid/Surface들의 작업을 하는 경우에 유용하게 사용할 수 있는 방식입니다.

◐ Mean through points

> 이 방식은 3개 이상의 포인트 요소를 이용하여 하나의 평면을 만들어내는 방식입니다. 3개의 포인트를 이용하여 평면을 만들어 내는 방식도 있지만 이 방식은 3개 이상의 포인트를 이용하여 이들의 중간 위치에 평면을 만들어줍니다.

(2) Axis systems

Axis라 함은 V4 시절부터 존재하던 Part 도큐먼트의 기준 요소 중에 하나입니다. 하나의 Axis에는 한 개의 원점과 3개의 축 그리고 3개의 평면을 가지고 있습니다. 여러 개의 Axis를 만들고 이 Axis를 사용하여 작업할 경우에 각각의 Axis들은 상대 좌표계처럼 생각하고 작업하면 편리합니다. 즉 어느 Axis를 선택하나 선택한 Axis가 현재의 작업에서는 기준이 되기 때문입니다. Axis는 Spec Tree에 따로 분류되어 나타납니다.

이러한 Axis 요소는 스케치 작업은 물론 솔리드 모델링과 서피스 모델링에 두루 사용할 수 있습니다. Axis의 사용은 서피스 모델링에서 가장 빛을 발하게 되는데 이는 간편하게 만들 수 있으면서도 한 지점에 필요로 하는 여러 개의 기준 요소를 동시에 만들 수 있기 때문입니다. 다만 Axis를 이용하여 작업을 하는 경우에는 복사하여 다른 도큐먼트로 붙여 넣기로 할 경우 Axis가 함께 이동하지 않기 때문에 문제가 발생할 수 있으므로 주의해야 합니다.

4. Sketch Exercise
(1) Exercise 1 - Three Circle

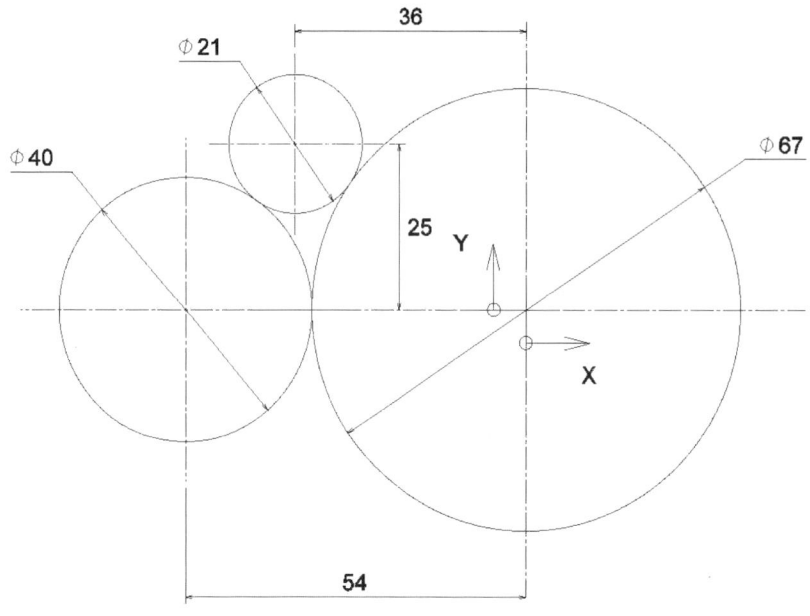

> 작업 Workbench : Sketcher
> 사용 명령어 : Circle ⊙ , Constraints

Sketcher Workbench에서 첫 번째 작업은 위와 같은 단순한 원 형상을 그려주고 이 형상을 구속 짓는 구속을 넣어주는 도면입니다. CATIA에서 3차원 형상을 모델링하는데 있어 가장 기본이 되는 부분이 바로 2차원 단면 프로파일을 생성하는 것이기 때문에 이 부분에 대해서 능숙히 다룰 수 있어야만 3차원 모델링 작업에서도 큰 어려움이 없을 것입니다.

스케치 작업을 시작하기 위해서는 우선 원점의 위치를 결정하는 것이 중요합니다. 여기서는 우측의 지름 67mm의 원의 중심을 원점으로 하여 작업을 수행하게 될 것입니다. 이번 작업을 통해서는 Sketcher에서 형상을 그리는 작업을 하면서 반드시 필요한 Profile과 Constraints의 개념에 대해서 알아보는 시간이 되기 바랍니다.

01. CATIA를 실행시킨 뒤 프로그램이 실행되면 다음과 같이 Start ⇨ Mechanical Design ⇨ Sketcher를 선택합니다. 또는 Sketch 명령을 실행시켜도 됩니다.

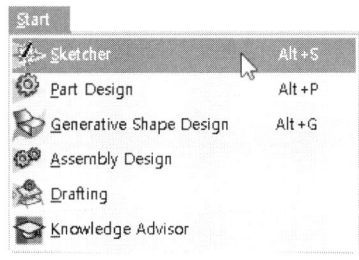

02. Sketcher가 실행되려면 반드시 작업하려는 2차원 기준면을 선택해주어야 합니다. Sketcher 아이콘이 활성화된 상태인 것을 확인할 수 있을 것입니다. 여기서 화면상에서 좌측의 Spec Tree에서 XY 평면을 선택하거나 또는 가운데 3개의 평면 중에서 XY 평면을 선택합니다.

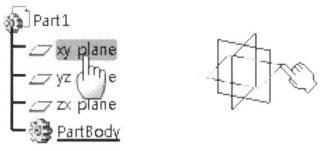

03. 그럼 다음과 같이 XY평면에 대해서 Sketcher Workbench에 들어온 것을 확인할 수 있을 것입니다. 이제 위 도면을 그리는 작업을 시작하도록 할 것입니다.

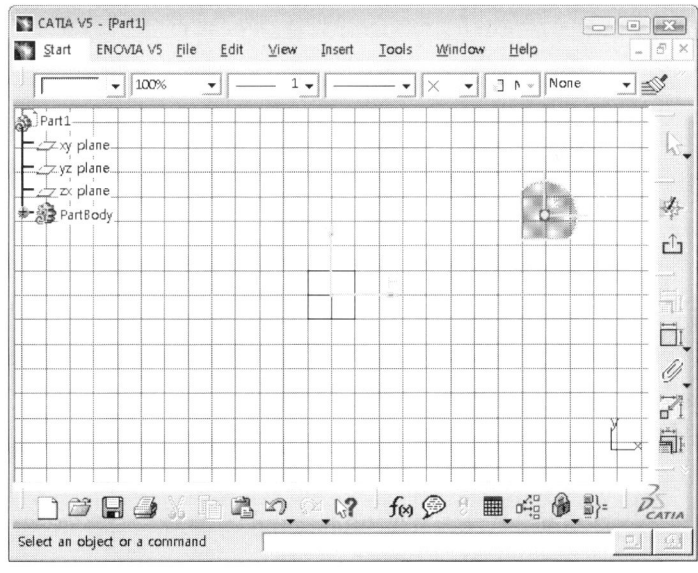

04. 도면을 볼 때는 어떠한 요소부터 그릴 것인지 정해야 하는데 시간을 충분히 가지고 도면을 읽는 연습을 하시기 권합니다. 여기서는 오른쪽에 원점 표시가 있는 지름 67mm의 원을 기준으로 그리기로 하

겠습니다. Profile Toolbar에서 Circle ⊙ 명령을 실행하여 원점을 기준으로 원을 그려줍니다. Circle 을 사용하는 방법은 간단히 원의 중점을 클릭하고 반경을 클릭하는 순서입니다.

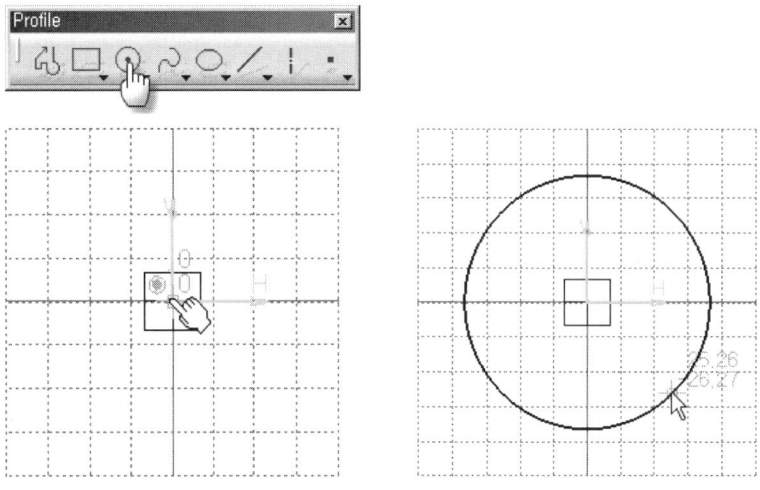

05. 이렇게 만들어진 원은 수치상의 구속이 되어 있지 않은 상태입니다. 따라서 스케치의 디폴트 색상인 하얀색으로 표시되며 원을 마우스로 잡고 Drag하면 움직일 것입니다. 이 상태에서 원이 수치, 위치상 으로 움직이지 않게 하기위해서는 구속조건을 주어야 합니다.

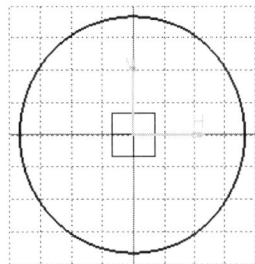

> CATIA에서 2차원 형상을 만들 경우에는 형상과 구속을 별개로 작업해야 합니다. 형상을 만들었다고 해서 작업이 끝나는 것이 아니며 반드시 수치나 문자화된 구속을 해주어야 합니다.

06. 위치상의 구속은 처음에 원점을 중심으로 원을 그렸으므로 이미 잡혀있고, 원의 지름은 Constraint ⊟ 명령을 사용하여 직접 입력해야 합니다. Constraint ⊟을 클릭한 후 구속하고자 하는 원을 선택하면 현재의 치수에 대해서 치수 값이 나타납니다. (이 때 원의 색상이 녹색으로 변하게 되는데 이는 Iso-Constraints된 경우로 바른 구속이 잡힌 상태를 나타냅니다.)

 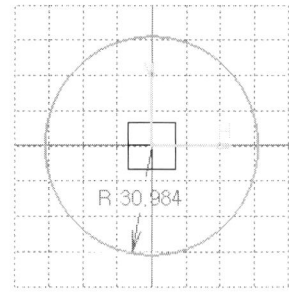

07. 이 치수 값을 더블 클릭하면 다음과 같이 치수 값을 입력할 수 있는 Constraints Definition 창이 나타납니다. 여기에 67mm의 수치를 입력합니다.(mm의 단위까지 입력하지 않아도 됩니다.) 치수를 입력할 때 Dimension이 Diameter인지 확인합니다. Radius로 된 경우에는 반지름 값을 입력하거나 Diameter로 변경하여 값을 입력해줍니다.

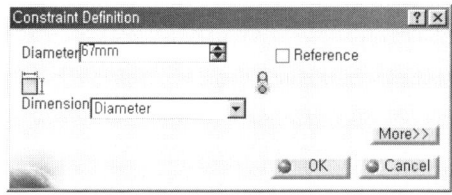

08. 다음으로 왼쪽편의 원을 그리기 위해서, 앞에서와 같은 방법으로 Circle ⊙ 을 선택한 후 H(horizontal) 축 상에 중심을 잡은 원을 그립니다. H축에 일치하게 원을 그리는 것에 유의해야 합니다.

 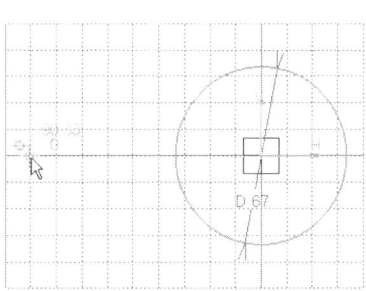

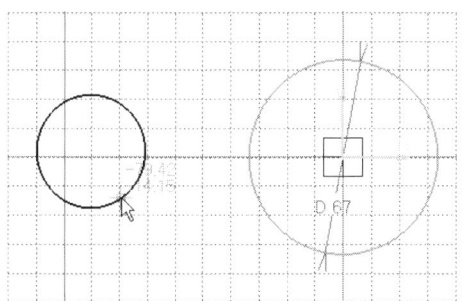 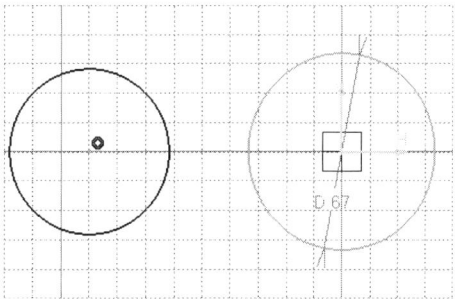

09. 이제 Constrains 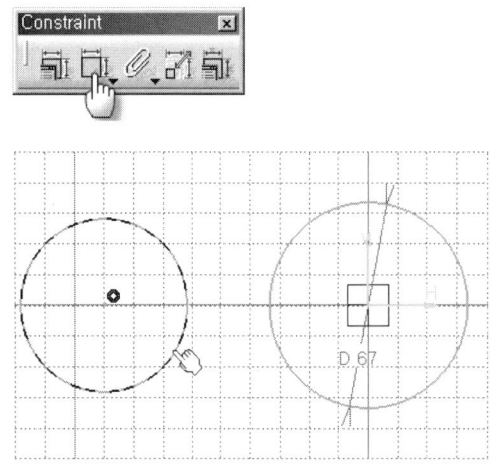를 사용하여 지름 40mm을 입력해 구속해줍니다.

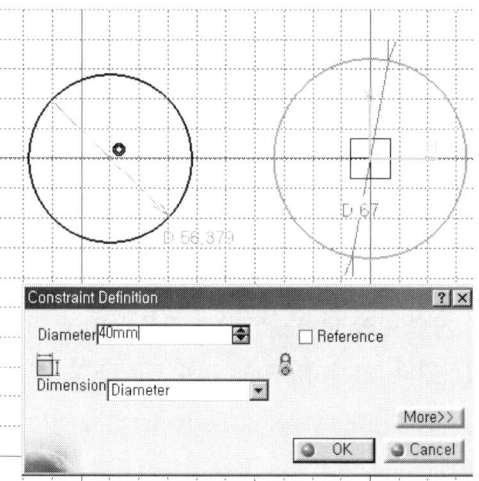

10. 이제 수치상의 구속도 되었고 V(vertical)축 방향으로도 움직이지 않지만, H축 방향으로는 움직이게 되어 완전히 구속된 상태는 아닙니다. 이 상태에서 완전히 구속하기 위해서는 오른쪽 원의 중심과(또는 V축) 왼쪽 원의 중심사이의 거리가 54mm라는 구속조건을 사용하면 됩니다. Constraint 를 실행하고 왼쪽원의 중심과 오른쪽원의 중심을 순서대로 선택하면 다음과 같이 두 원의 중심 사이의 거리가 나타납니다. 현재 두 점사이의 거리를 나타내는 거리 값을 더블 클릭하여 Value에 54(mm)를 쓴 후 OK를 누르면 두 점 사이의 거리는 54mm로 완전히 구속됩니다.

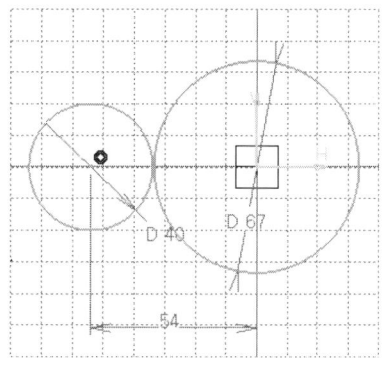

11. 이제 두 원 사이의 위쪽에 Circle 을 사용해 원을 한 개 더 그립니다.

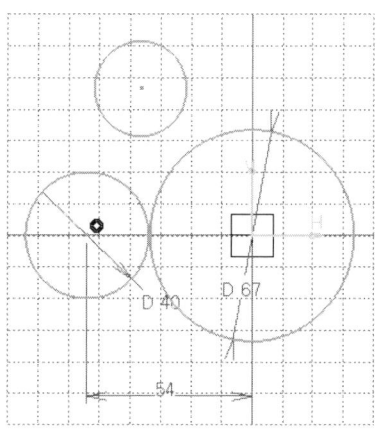

12. 이 원의 지름을 Constraints ⬜를 사용하여 21mm로 구속해줍니다.

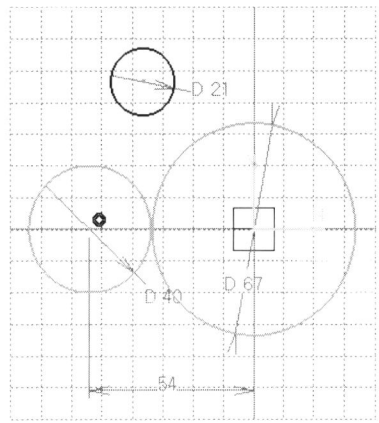

13. 이제 이 원은 지름만 구속되어 있는 상태이고 위치 구속은 아직 잡혀있지 않습니다. 이제 이원의 중심과 왼쪽 원 중심의 수직거리가 25mm라는 것과, 오른쪽 원 중심과의 수평거리가 36mm이라는 구속을 주면 됩니다. 이 구속 역시 Constraint를 사용하면 됩니다. 그러나 여기서 두 점을 선택한 후 Constraint ⬜를 실행하면 도면에서 나와 있는 수직(or 수평) 거리가 아닌 순수한 두 점 사이의 최단 거리의 수치가 나올 것입니다.

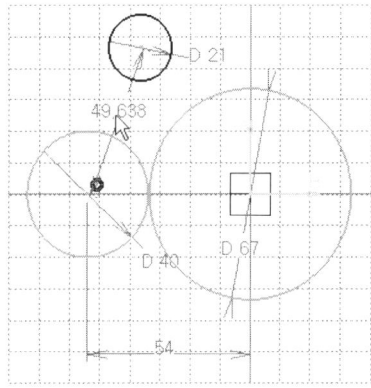

14. 이 때 마우스 왼쪽을 클릭하지 말고 마우스 오른쪽을 클릭한 후 Contextual Menu에서 Vertical Measure Direction을 선택하면 현재의 최단 거리가 수직거리로 바뀝니다.

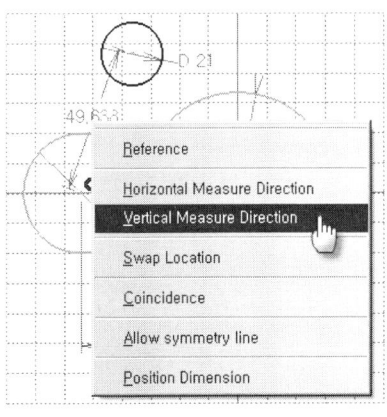 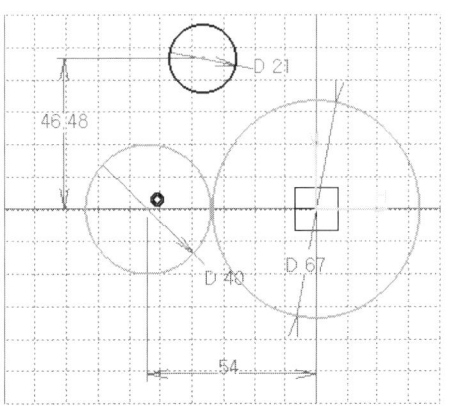

그리고 나서 이 수치를 더블클릭하여 현재 수치를 25mm로 입력합니다.

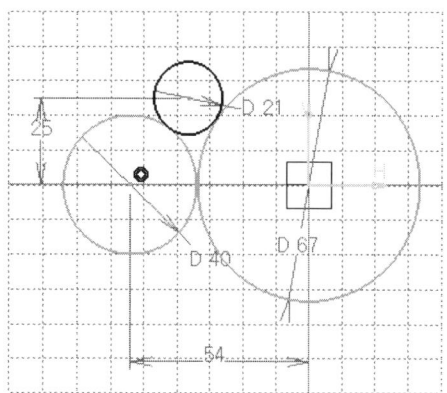

15. 마찬가지 방법을 사용하여 다시 한 번 Constraints 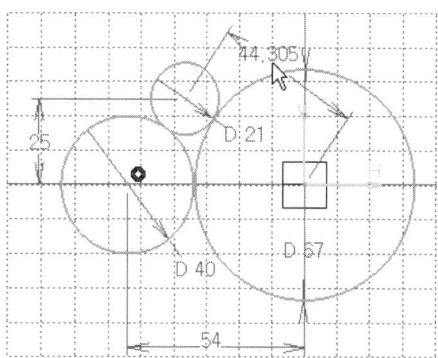를 실행하여 두 점사이의 최단 거리를 수평거리로 바꾸고자 할 경우 Contextual Menu에서 Horizontal Measure Direction을 선택합니다. 이 구속까지 부여하게 되면 도면의 형상을 구현하는데 필요한 모든 형상 요소와 구속 요소는 모두 다 사용하였습니다.

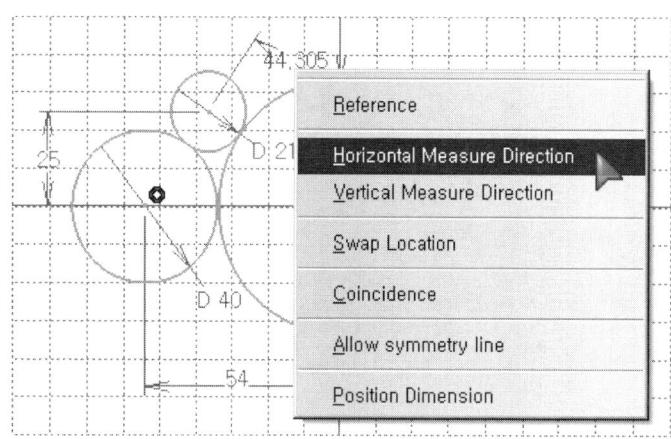

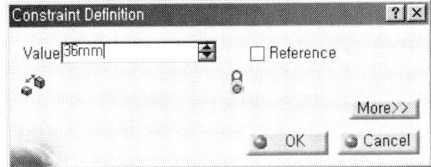

16. 완성된 스케치는 다음과 같습니다. 스케치 색상이 녹색으로 나타나는지 반드시 확인하기 바랍니다.

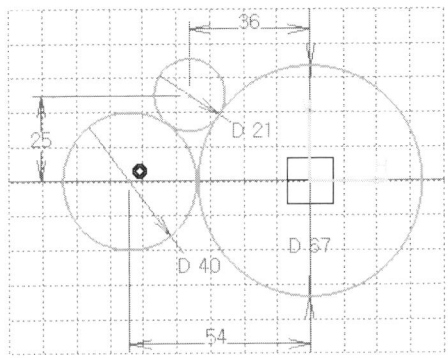

(2) Exercise 2 - Circle & Corner

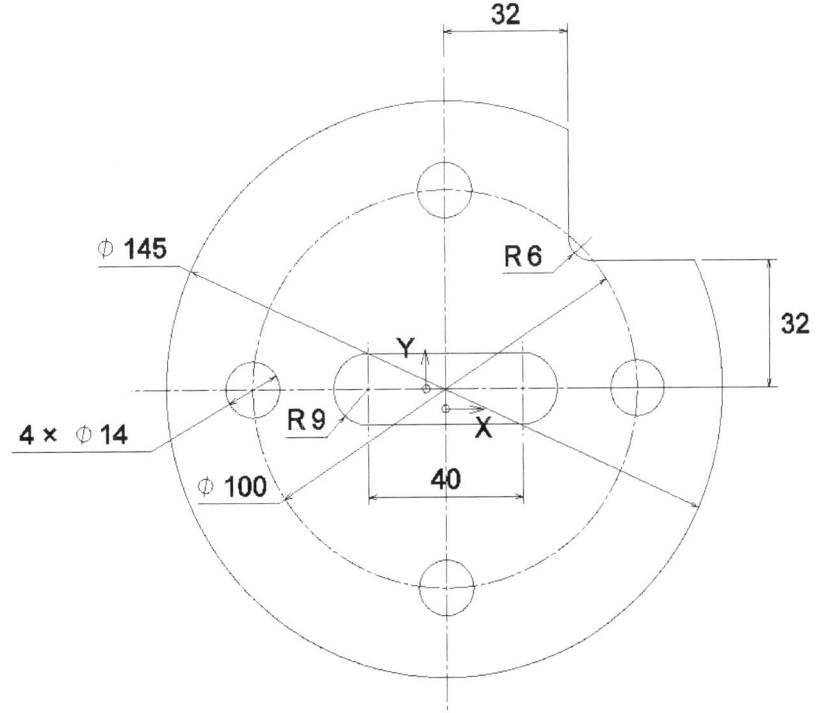

작업 Workbench : Sketcher
사용 명령어 : Circle ⊙, Elongated Hole ⊙⊙, Line ╱, Corner ⌒, Rotate ⟳,
Constraints ▣, Construction/Standard Element ✺, Quick Trim ⌫

Sketcher Workbench에서 연습해볼 두 번째 형상은 위와 같습니다. 이번 도면에서도 마찬가지로 원점을 중심으로 하여 작업을 진행하게 됩니다. 기본적인 몇 가지 Profile 형상을 이용하여 구성한 뒤에 Corner 명령을 사용하여 단순 Profile을 수정하는 방법을 배우게 될 것입니다.

1번부터 4번까지의 과정은 스케치를 만드는데 있어 공통적으로 적용되는 부분으로 이번 설명 이후부터는 간단히만 언급하도록 할 것입니다.

01. CATIA를 실행시킨 뒤 프로그램이 실행되면 다음과 같이 Start ➪ Mechanical Design ➪ Sketcher를 선택합니다.

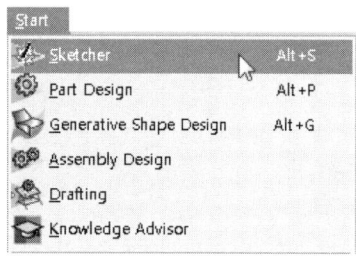

02. Sketcher가 실행되려면 반드시 작업하려는 2차원 평면을 선택해주어야 합니다. Sketcher 아이콘이 활성화된 상태인 것을 확인할 수 있을 것입니다.

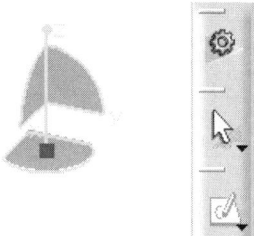

03. 여기서 화면상에서 좌측의 Spec Tree에서 XY 평면을 선택하거나 또는 가운데 3개의 평면 중에서 XY 평면을 선택합니다.

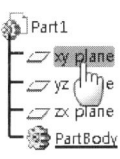 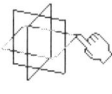

04. 그럼 다음과 같이 XY평면에 대해서 Sketcher Workbench에 들어온 것을 확인할 수 있을 것입니다. 이제 위 도면을 그리는 작업을 시작도록 할 것입니다.

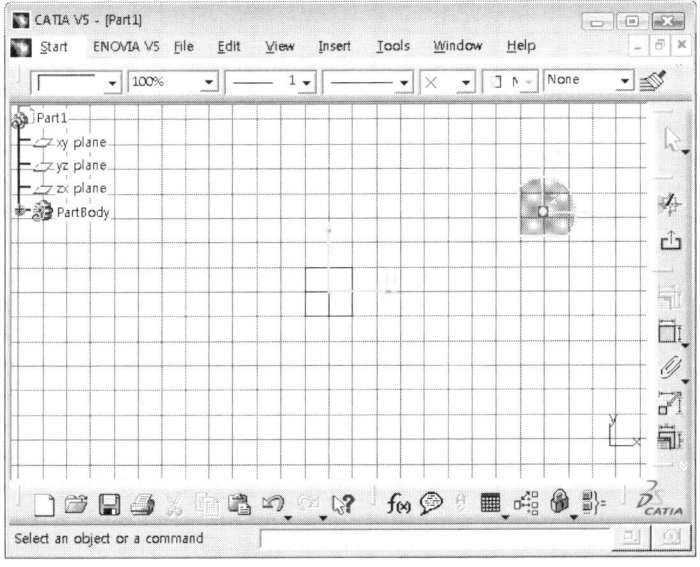

05. 작업을 시작하기 전에 도면을 살펴보면, 우측 위에 네모 낮게 파여 있는 부분을 제외하면 전체적으로 원의 형상을 하고 있는 것을 알 수 있습니다. 이런 도면을 살펴본 후에는 작업 순서를 간단히 생각해 보는 것이 좋습니다. 일반적인 작업 단계는 단순한 것에서 복잡한 순서로 가는 게 좋습니다. 따라서 원 형상을 먼저 그린 후 잘려나간 부위를 수정해주면 됩니다.

> 스케치 작업은 단순한 것에서 복잡한 순서로 형상을 그려나가고 마지막으로 구속을 넣어주는 것이 일반 적입니다.

06. 스케치의 원점을 중심으로 Circle ⊙ 을 사용하여 원을 그립니다.

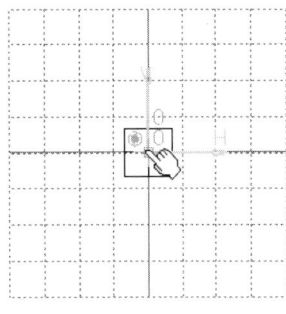 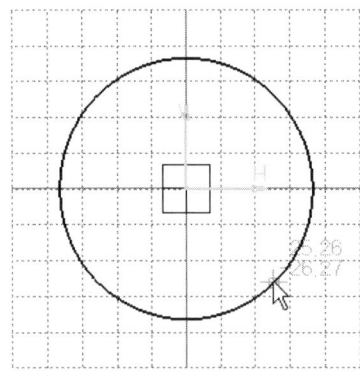

07. Constraints 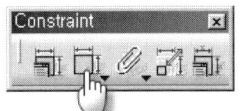를 사용하여 지름 145mm를 입력합니다.

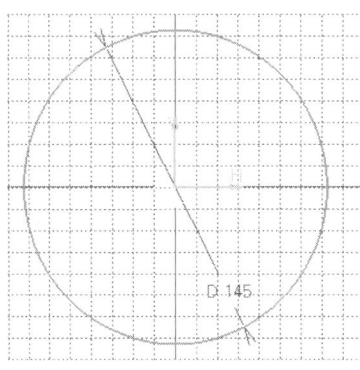

08. 다음으로 중앙에 있는 형상을 그리도록 하겠습니다. 이 형상은 Sketcher의 Elongated Hole 형상을 지니고 있습니다. 이렇게 미리 정의된 몇 가지 주요 형상을 이용하면 작업의 효율을 높일 수 있습니다. Elongated Hole 을 실행시키고 스케치의 H축 상에 수평하게 Elongated Hole의 중심선을 그립니다.

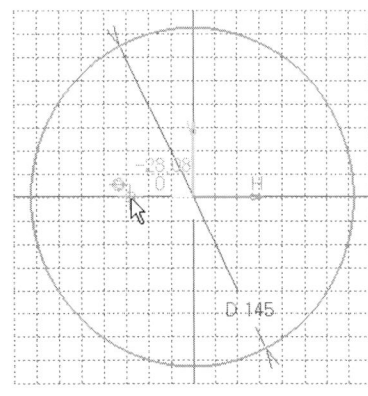 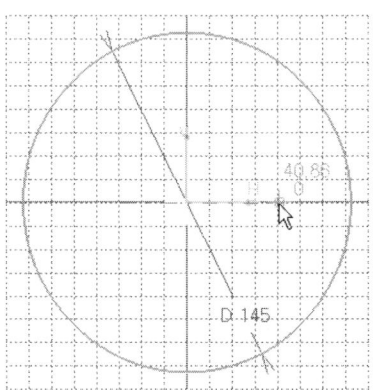

09. 다음으로 Elongated Hole의 반경을 잡아주면 형상이 완성됩니다.

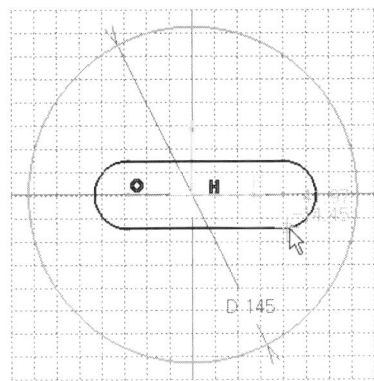

10. Elongated Hole 형상은 만들어지면서 자동적으로 반경에 대한 수치 구속이 나타나게 됩니다. 따라서 따로 반지름 값을 Constraints 를 사용하여 만들 필요없이 그 값을 더블 클릭하여 변경해주면 됩니다. 여기서는 9mm로 변경해주면 됩니다.

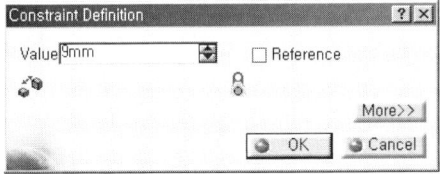
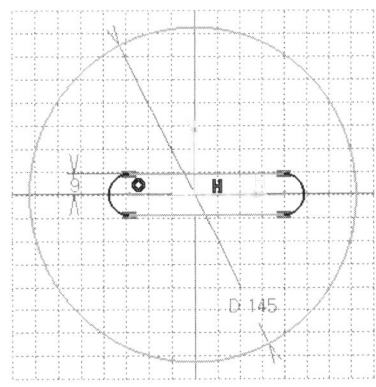

11. 다음으로 Elongated Hole의 중심선 길이를 구속해주도록 합니다. Constraints 를 사용하여 Elongated Hole의 중심선의 길이를 40mm로 변경해줍니다.

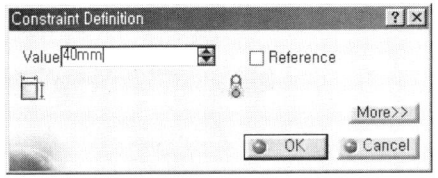
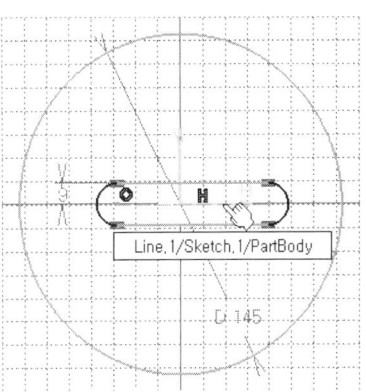

2. Sketcher **45**

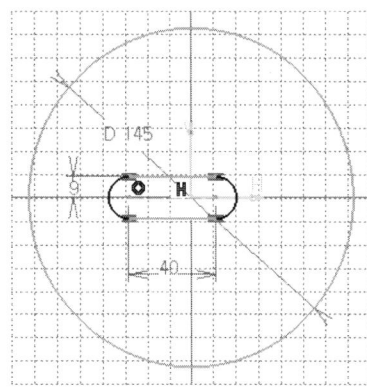

12. 여기서 Elongated Hole 형상은 도면에서 따로 명시되지는 않았지만 수직축에 대해서 대칭인 조건을 가지게 됩니다. 따라서 추가적으로 구속 조건을 이용하여 대칭을 시키도록 하겠습니다. Constraints 를 실행해 Elongated Hole의 두 반원의 중점을 각각 선택해줍니다.

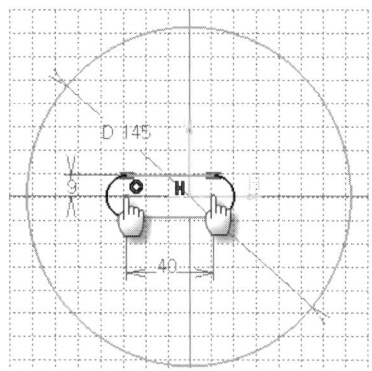

13. 두 개의 중점을 선택한 경우 구속선의 색깔이 보라색으로 변할 것입니다. 이때 마우스 왼쪽을 클릭하지 말고 오른쪽을 클릭하여 Contextual Menu에서 'llow symmetry line'을 선택해줍니다.

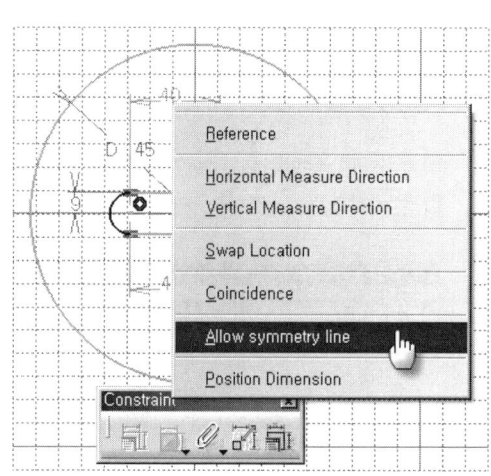

14. 방금 선택한 Allow symmetry line은 앞서 두 중점에 대해서 대칭 구속을 주기위해 중심축을 선택할 수 있게 한다는 뜻이 됩니다. 여기서 스케치 중심에 있는 V축을 선택해줍니다.

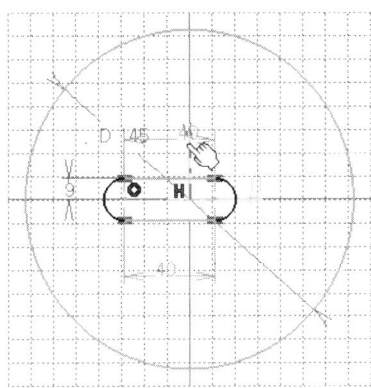

15. 그럼 아래 그림과 같이 보라색 구속 선으로 나타났던 선이 사라지고 대칭을 나타내는 ⊕ 표시가 생기는 것을 관찰할 수 있을 것입니다.

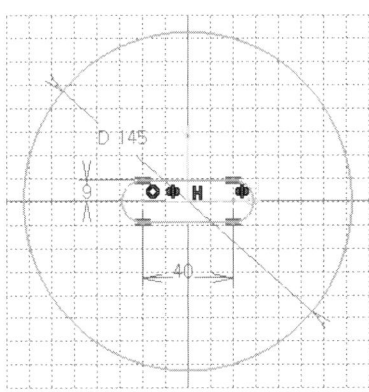

16. 이제 다음으로 4개의 작은 원을 그리기 위한 보조선으로 지름 100mm의 원을 만들어줍니다. Circle을 사용하여 스케치의 중점에 원을 그리도록 합니다.

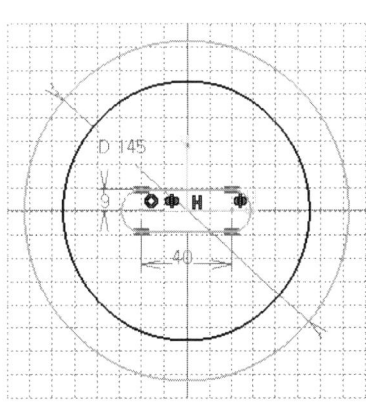

17. 치수는 Constraints 를 이용하여 지름 100mm를 입력해줍니다.

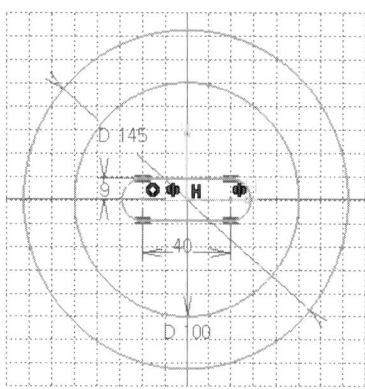

18. 여기서 한 가지 더 해주어야 할 작업이 있습니다. 도면에서 보이는 대로 지름 100mm의 원은 보조선의 개념으로 점선으로 나타나 있습니다. 따라서 Sketcher에서도 동일하게 보조선으로 만들어 주어야 합니다. Tools Toolbar에 있는 Construction/Standard Element 명령이 바로 이와 같은 작업을 해줍니다. 앞서 그린 지름 100mm의 원을 선택하고 Construction/Standard Element 아이콘을 눌러줍니다. 그러면 선택한 원이 실선이 아닌 점선으로 변하는 것을 확인할 수 있을 것입니다. 이렇게 원이 점선으로 표현된 것을 확인하고 다시 한 번 Construction/Standard Element 명령을 실행시켜 앞으로 작업에서 모든 작업이 점선으로 나타나지 않도록 합니다.

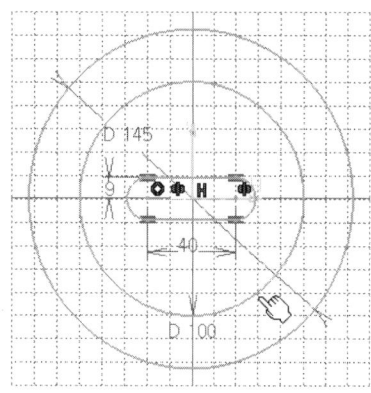

> Construction/Standard Element 명령은 형상 요소를 2차원 상에서만 기능을 하게하거나 또는 2차원 스케치와 3차원 모두에서 사용할 수 있도록 하게 바꾸어줄 수 있습니다. 일반적으로 스케치와 3차원 명령에서 모두 사용 가능한 실선이 Standard Element이고 점선으로 나타나 2차원 스케치에서만 제 기능을 다하는 요소가 Construction Element입니다. 주로 Construction Element는 2차원 형상을 그리는데 보조 도구로 그 기능을 합니다. 기억할 것은 Construction Element는 절대 3차원 상에 나타나지 않는다는 것입니다.

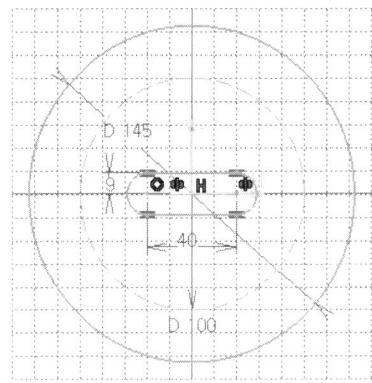

19. 이제 이 100mm의 원과 수직 축을 이용하여 작은 원을 그리도록 할 것입니다. 작은 원을 그리기 위해 지름 100mm원을 그린 것은 작은 원의 중심이 이 100mm의 원의 둘레와 일치하게 하기 위함입니다. 이렇게 하게 되면 자동적으로 작은 원은 스케치 중심으로부터 50mm만큼 떨어지도록 구속이 되는 것입니다. 작은 원을 그릴 때 100mm의 원의 반경과 수직 축이 교차하는 지점을 정확히 클릭하여 그려줍니다. 이 두 개의 교차 부위는 Smart Picking에 의하여 표시가 나타날 것입니다.

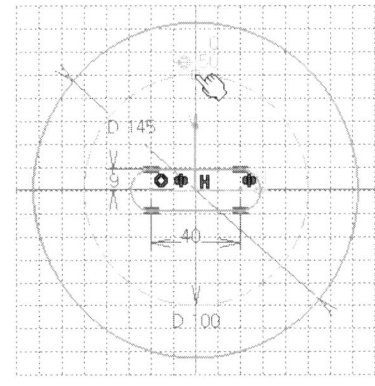 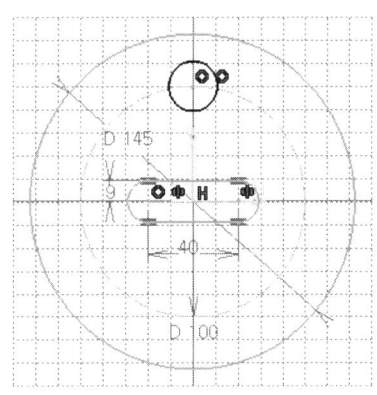

20. 작은 원의 지름을 14mm로 입력합니다.

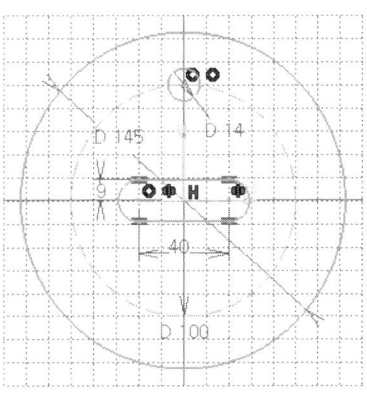

2. Sketcher **49**

21. 다음으로 나머지 3개의 원을 그려주어야 하는데 이것을 일일이 그려줄 필요 없이 Rotate 기능을 이용하여 선택한 형상을 회전 중심을 기준으로 복사하는 방법을 사용하도록 할 것입니다. 회전 복사하고자 하는 작은 원을 선택하고 Operations Toolbar에 있는 Rotate 명령을 실행해줍니다.

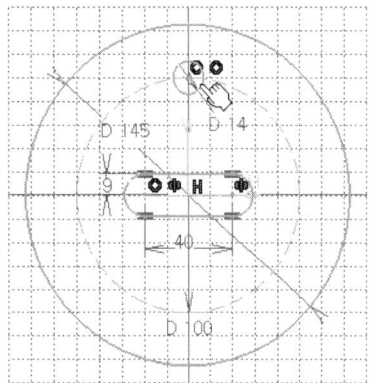

22. 그럼 다음과 같은 창이 나타나게 되는데 여기서 우선 'Duplicate mode'를 체크해줍니다. 또한 그 아래의 'Conservation of the constraints'를 함께 체크해줍니다. 현재 선택한 형상이 가지고 있는 구속이 함께 보존되어 복사되도록 하는 옵션입니다.(그러나 완전히 구속이 옮겨지는 것은 아닙니다. 현장 자체에 대한 구속만 보존될 뿐 외부 형상들과의 구속은 사라지게 됩니다.)

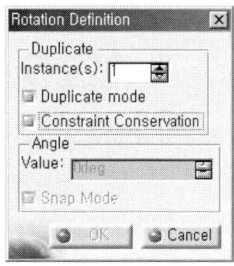

23. 그리고 복사하고자 하는 수량을 Instance(s)에 입력합니다. 자기 자신을 제외하고 3개가 더 필요하기 때문에 3을 입력합니다.

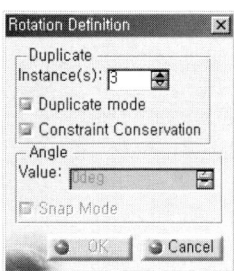

24. 다음으로 회전시키고자 하는 중심을 스케치 상에서 선택해줍니다. 물론 여기서는 스케치의 중심입니다. 반드시 중심(0,0)인 것을 확인하고 클릭하기 바랍니다.

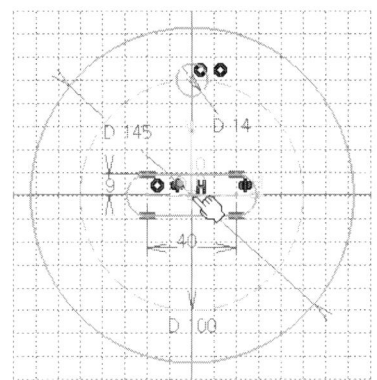 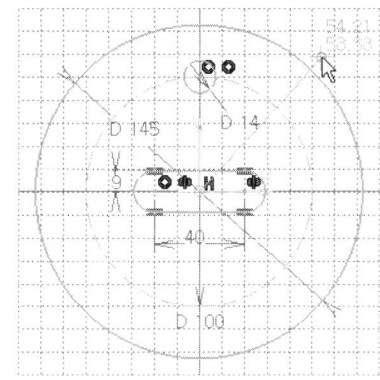

25. 다음으로 Angle란에 90도를 입력합니다. 그리고 Enter키를 칩니다.

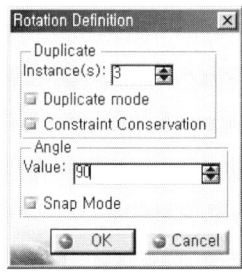

26. 그럼 다음과 같이 작은 원 형상이 복사되는 것을 확인할 수 있을 것입니다.

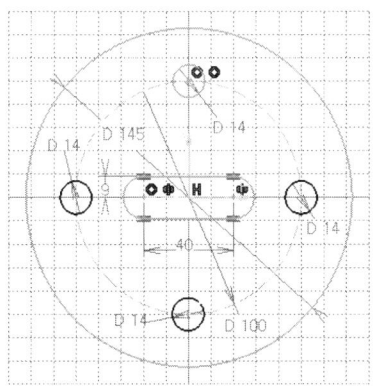

27. 이제 우측의 'ㄴ' 형태로 파인 부분이 남았습니다. 이 부분을 만들기 위해 우선 다음과 같이 Line 명령을 이용하여 두 개의 직선을 각각 수직, 수평인 상태에서 교차하도록 그려줍니다.

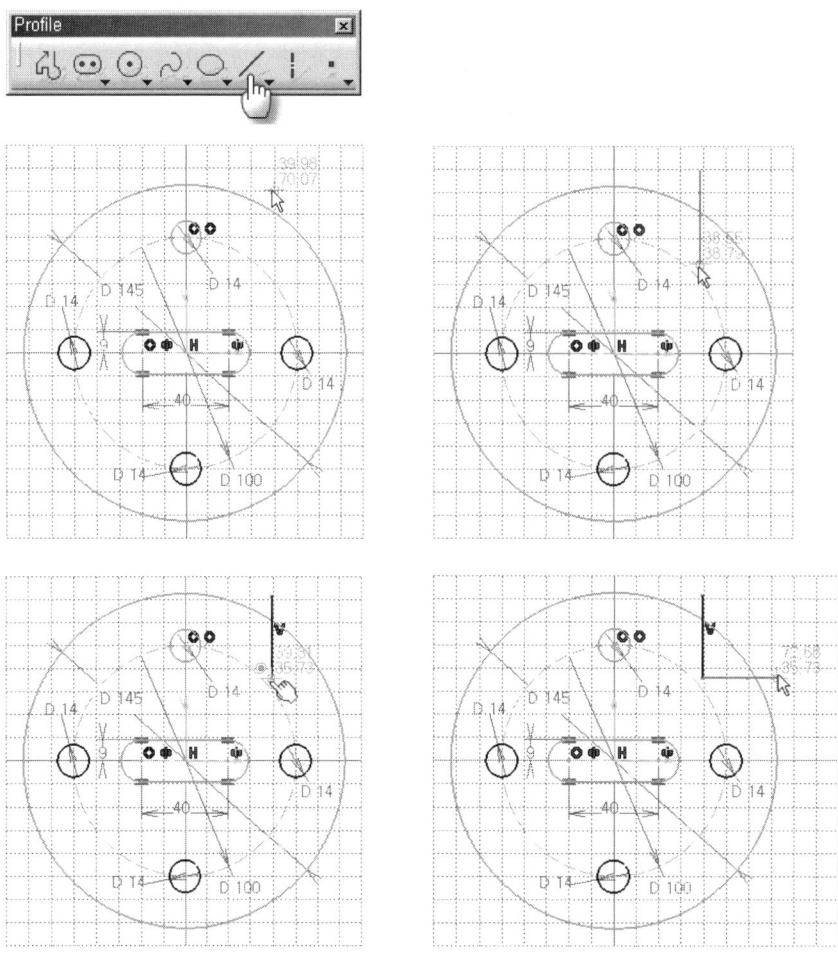

Profile을 사용하여 한 번에 형상을 만들어줄 수 도 있습니다. 다음번에는 이 방법을 사용해 보기 바랍니다.

28. 그리고 이 직선 요소에 대해서 Constraints를 사용해 구속을 해줍니다. 각각 수평 수직 축으로부터 32mm만큼 떨어져 있습니다.

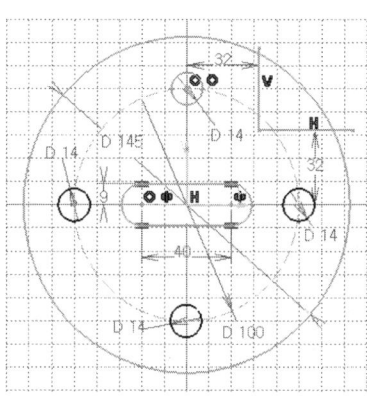

29. 다음으로 이렇게 만들어진 형상에서 불필요한 부분을 제거해줄 것입니다. Operations Toolbar에 Quick Trim ⌀ 을 이용하여 다음과 같이 불필요한 부분을 클릭해 제거해줍니다.(Quick Trim ⌀ 을 사용할 경우 따로 설정을 하지 않는 한 선택한 부분이 교차되는 부분을 기준으로 제거되는 것을 기억하시기 바랍니다.) Quick Trim ⌀ 명령을 사용할 때 매번 명령을 실행시키는 것이 번거롭기 때문에 명령을 더블 클릭합니다. 더블 클릭한 명령은 무한 반복되며 명령을 다시 한 번 클릭하거나 Esc 키를 누르기 전까지 그 기능이 살아 있습니다.

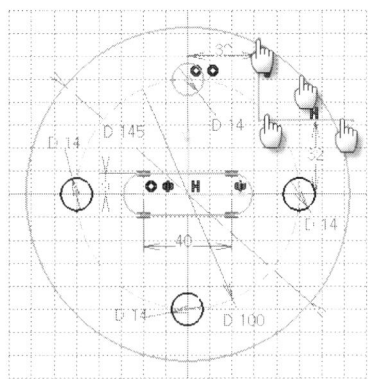 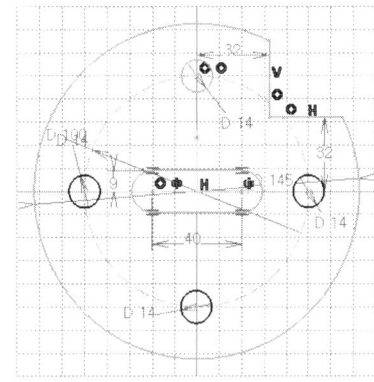

30. 마지막으로 두 직선 사이에 Corner ⌒ 를 이용하여 라운드 처리해 줍니다. Corner 값은 6mm로 해줍니다.

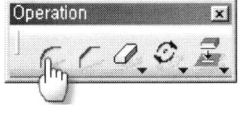 

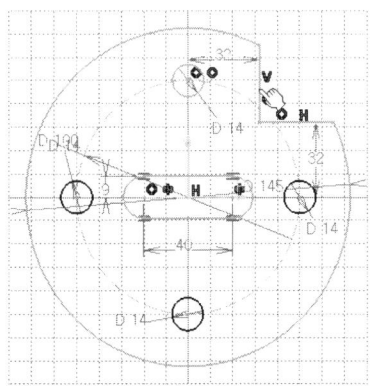 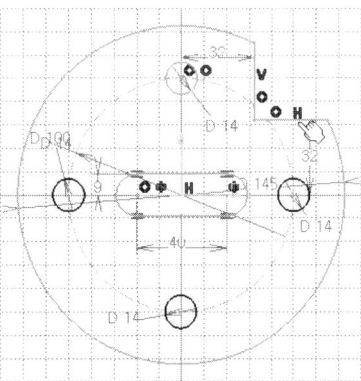

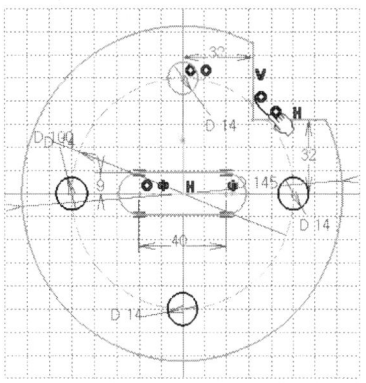 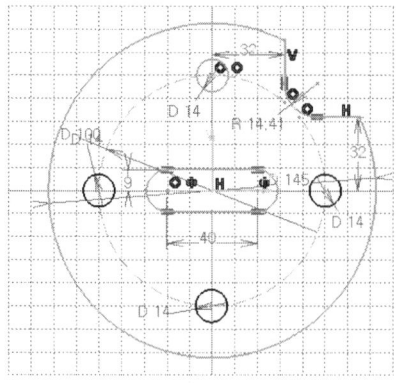

31. 이와 같은 과정을 거치면 다음과 같이 형상이 완성됩니다. 여기서 Rotate를 사용해서 복사한 구속 안 된 형상을 구속하려면 Fix Together 나 Auto Constraints 등의 방법을 사용할 수 있습니다.

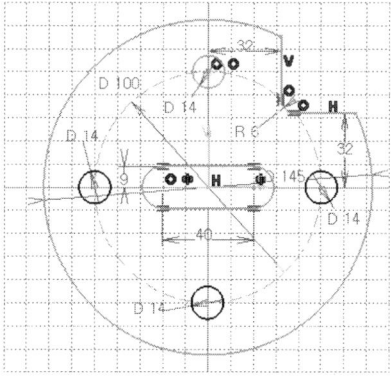

(3) Exercise 3 - No trim & Bi-tangent Line

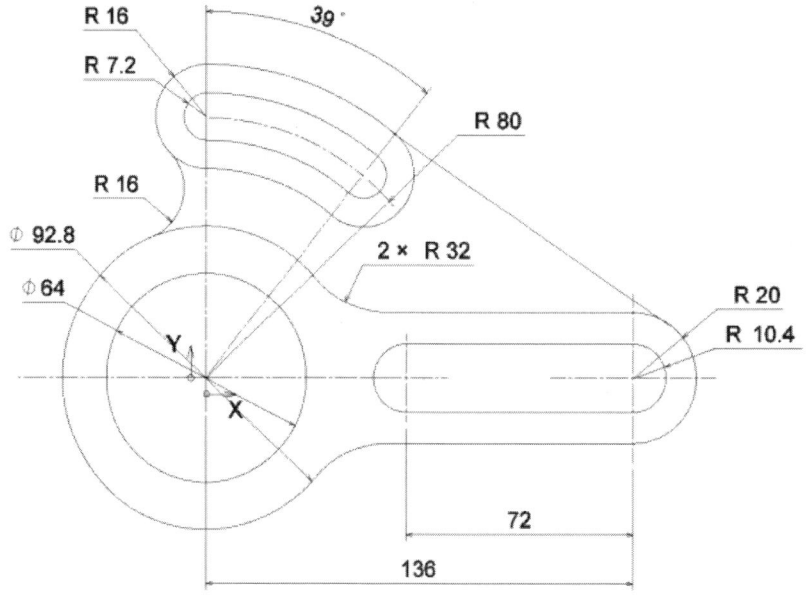

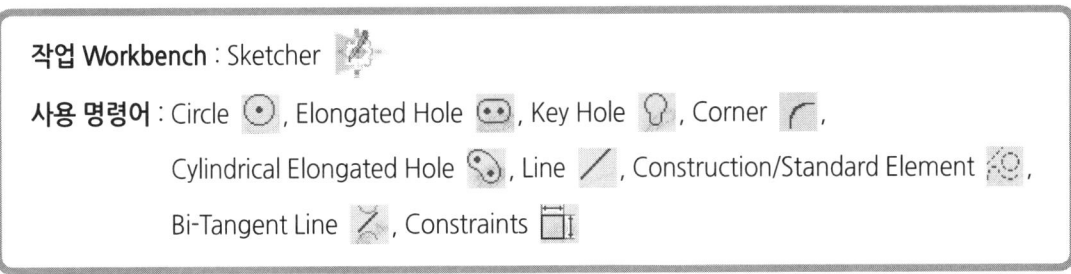

작업 **Workbench** : Sketcher
사용 명령어 : Circle , Elongated Hole , Key Hole , Corner ,
Cylindrical Elongated Hole , Line , Construction/Standard Element ,
Bi-Tangent Line , Constraints

이번 형상도 마찬가지로, 원점에 있는 원을 처음으로 그린 후 이를 기준으로 주위 형상을 그려보도록 합니다. 이번 도면에서는 이전 도면에서 다루어 보았던 Elongated Hole 의 약간의 변형된 형태의 Cylindrical Elongated Hole 를 그리게 됩니다. 또한 Corner 를 사용할 때 곡선 바깥의 요소들을 남겨두는 No Trim Type 에 대해 알아봅니다. 또한 Curve 사이를 접하게 이어주는 선을 그릴 때 각 요소를 구속하는 방법 대신 Bi-Tangent Line 이라는 아이콘을 사용하여 간편하게 작업하는 방법에 대해 배우게 됩니다.

01. Sketch 명령을 실행한 후 작업하고자 하는 평면을 선택합니다.(XY 평면)

02. 먼저 원점을 중심으로 Circle 을 사용하여 원을 그립니다. 이 원은 다른 요소들에 대한 기준을 잡아줄 기준 요소가 됩니다.

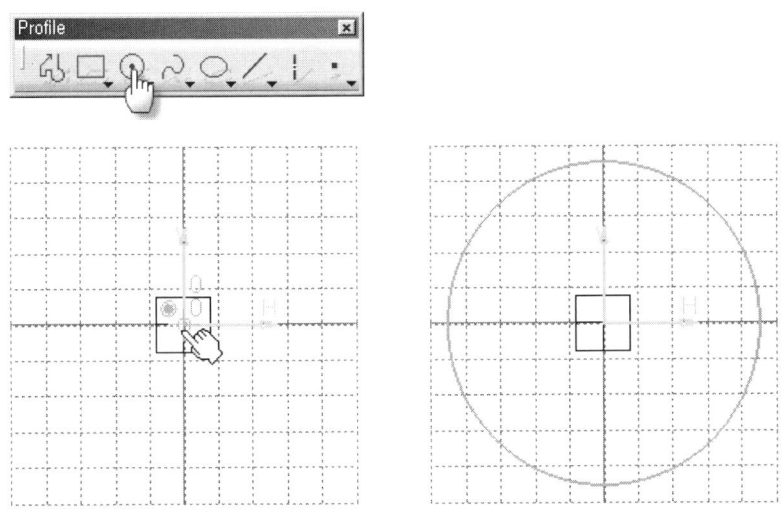

03. Constraints 를 사용하여 지름 64mm를 입력합니다.

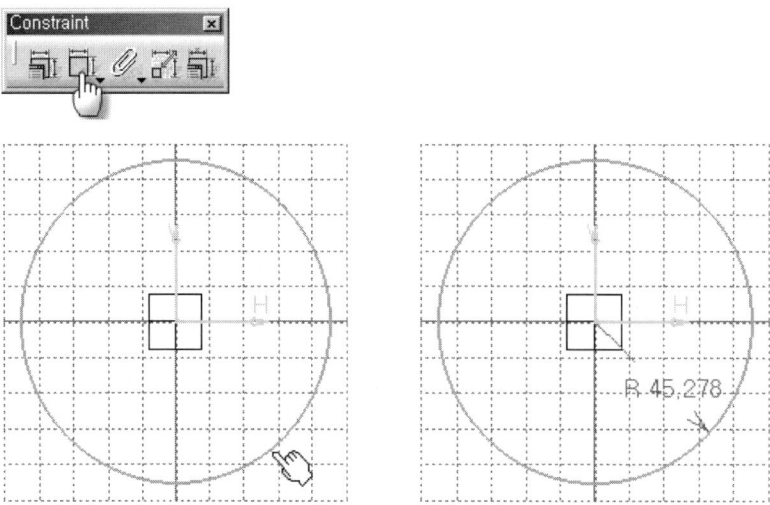

현재 수치를 더블클릭 하여 지름(Diameter) 64mm를 입력합니다.

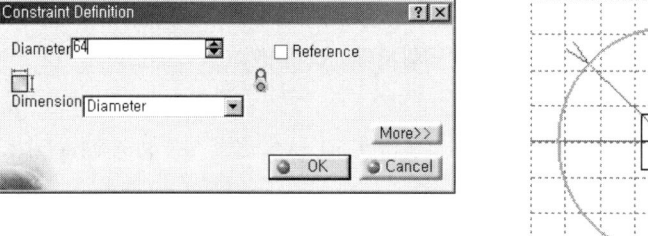

04. 이제 오른쪽에 있는 Elongated Hole 을 그립니다. 도면에서 보는 것과 같이 이 때 두 기준점을 잇는 선은 H축 위에 있습니다. Elongated Hole 을 그릴 때는 두 기준점을 순서대로 찍은 후 반경을 만들어주면 됩니다.

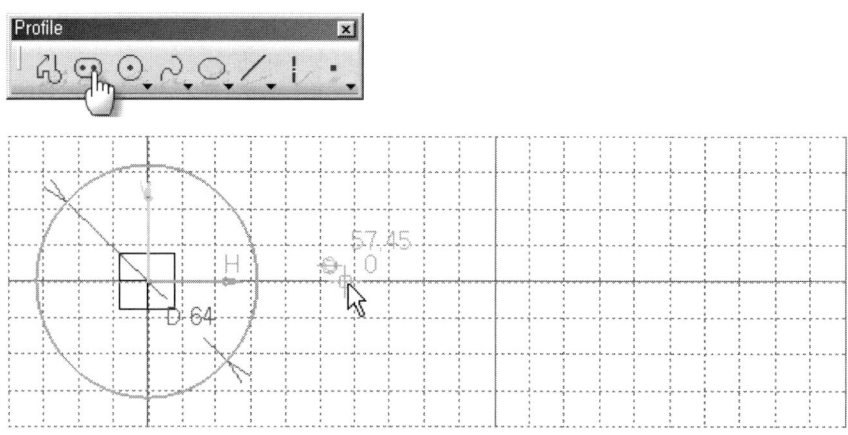

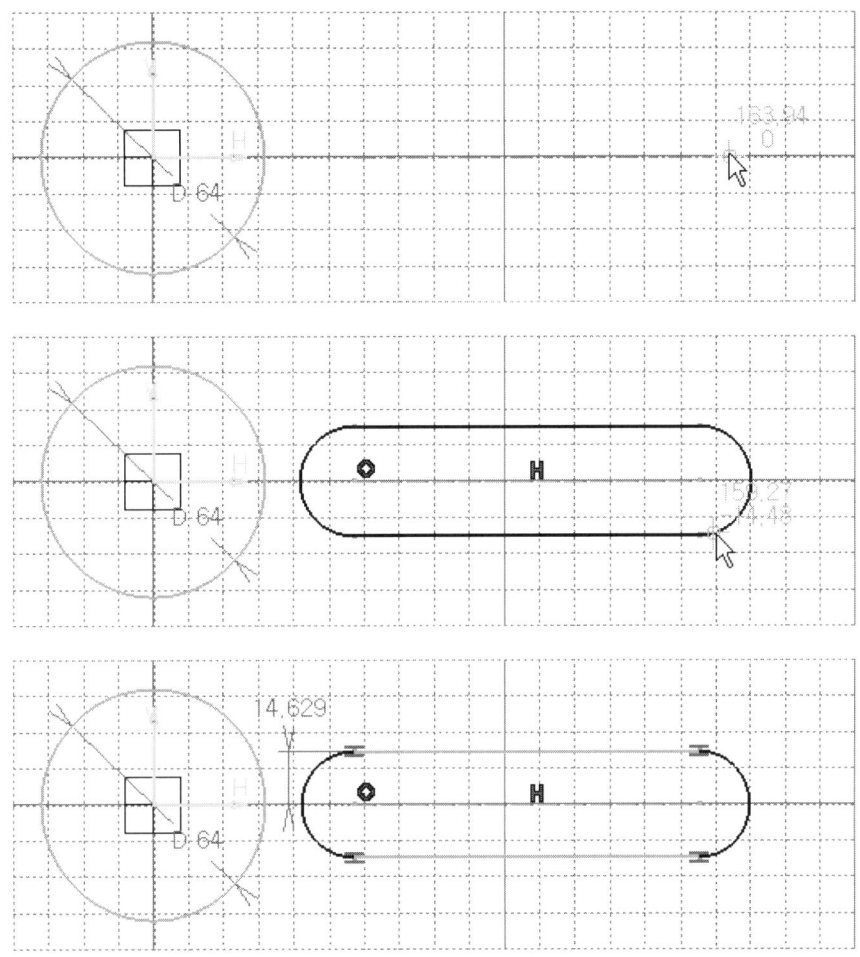

05. 다음으로 Elongated Hole ⊙을 구속해줍니다. 반경에 대한 구속은 그리는 과정에서 잡혀 있으므로 더블클릭하여 반지름 10.4mm로 바꾸어주고, 두 기준점을 Ctrl키를 사용하여 동시에 선택한 후 Constraints 📐를 사용하여 72mm로 바꾸어줍니다.

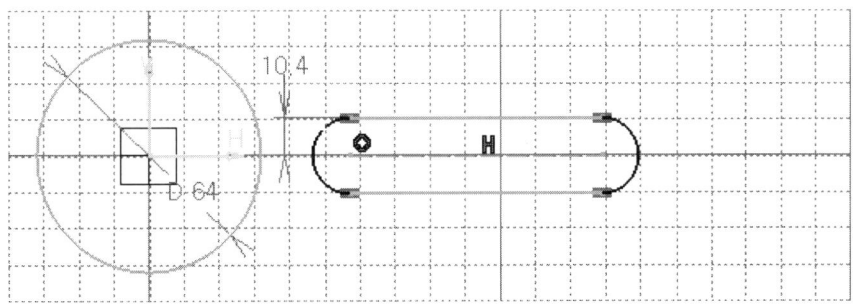

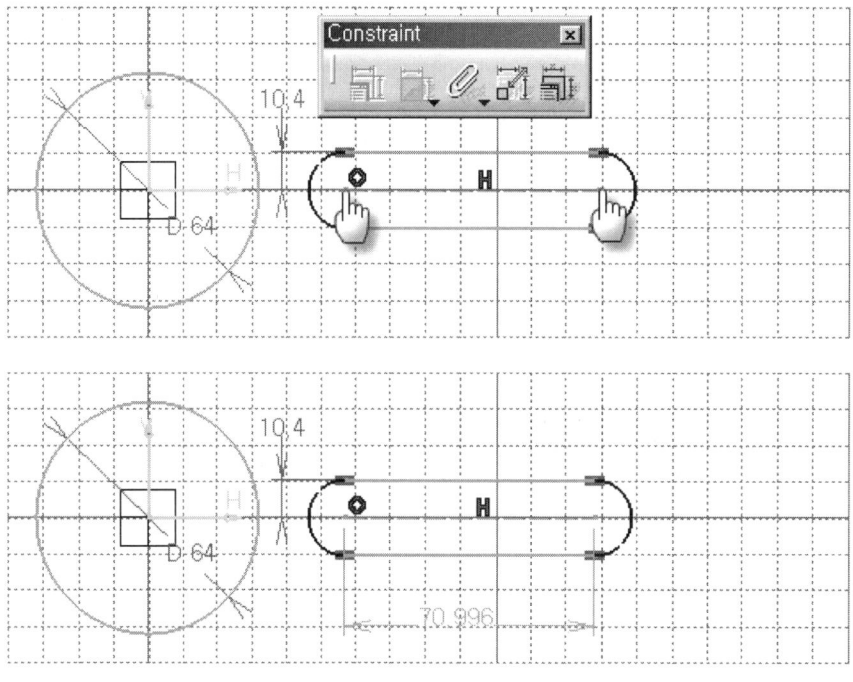

현재 수치를 더블클릭하여 72mm로 바꾸어줍니다.

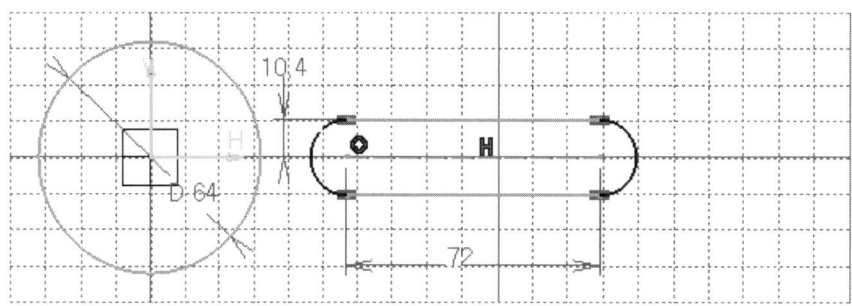

06. Elongated Hole ⬮ 는 Internal Constraint는 성립되었지만 아직 External Constraints가 되지 않았으므로, Constraints 🔲를 이용하여 원점과 오른쪽 기준점과의 거리를 136mm로 구속해줍니다.

- Internal Constraint : 어떠한 형상을 구성하는 데에 대한 구속입니다. Rectangle □의 경우 가로, 세로의 길이가 Internal Constraint가 됩니다.
- External Constraint : 형상의 위치를 나타내는 구속입니다. 원점, 수직축, 수평축과의 거리, 각도가 되며 이미 External Constraint가 만족된 다른 형상을 기준으로 하여도 됩니다.

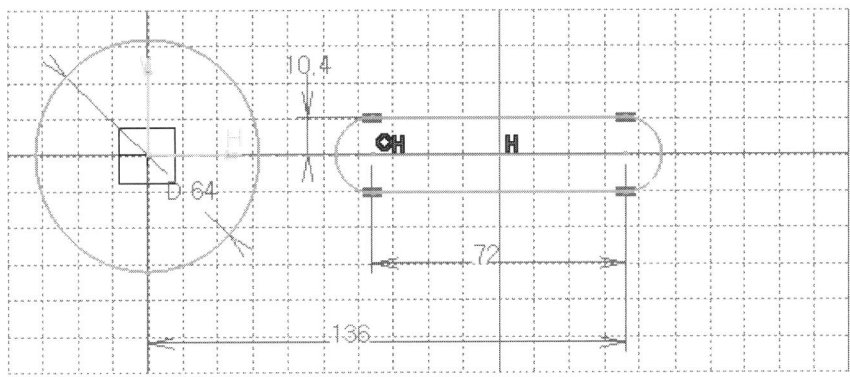

07. 이제 Elongated Hole 과 Circle ⊙을 둘러싸고 있는 모양을 그리기 위해 Key Hole ♀을 이용합니다. 이 명령 역시 Rectangle이 기본으로 나와 있는 Predefined profile Toolbar에 속해 있습니다. 우선 Key Hole ♀ 명령을 실행시킵니다.

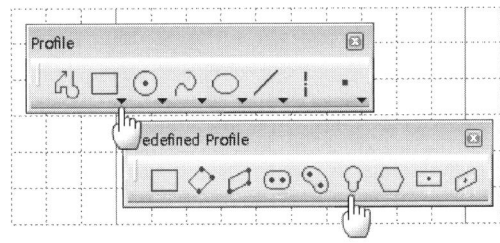

08. Key Hole ♀도 Elongated Hole ⊙과 마찬가지로 두 개의 기준점을 가지고 그려집니다. Elongated Hole ⊙이 원이 양쪽으로 늘여져 양쪽 두 반원의 중점이 기준점들을 이루는 것과 마찬가지로 Key Hole ♀도 양쪽의 반원 형태의 중점이 기준점들을 이룹니다. 여기서는 왼쪽 원의 중점과 Elongated Hole ⊙의 오른쪽 반원의 중점이 기준점들을 이루며 그릴 때에는 Elongated Hole ⊙의 경우와 마찬가지로 각 기준점들을 차례대로 클릭한 후 크고 작은 두 개의 반경을 만들면 됩니다.

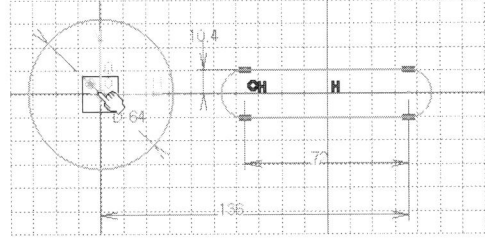 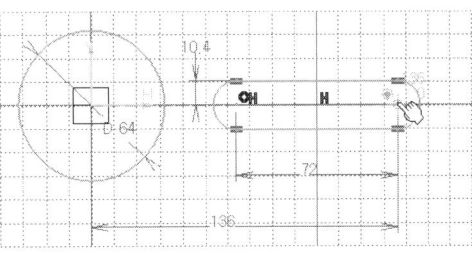

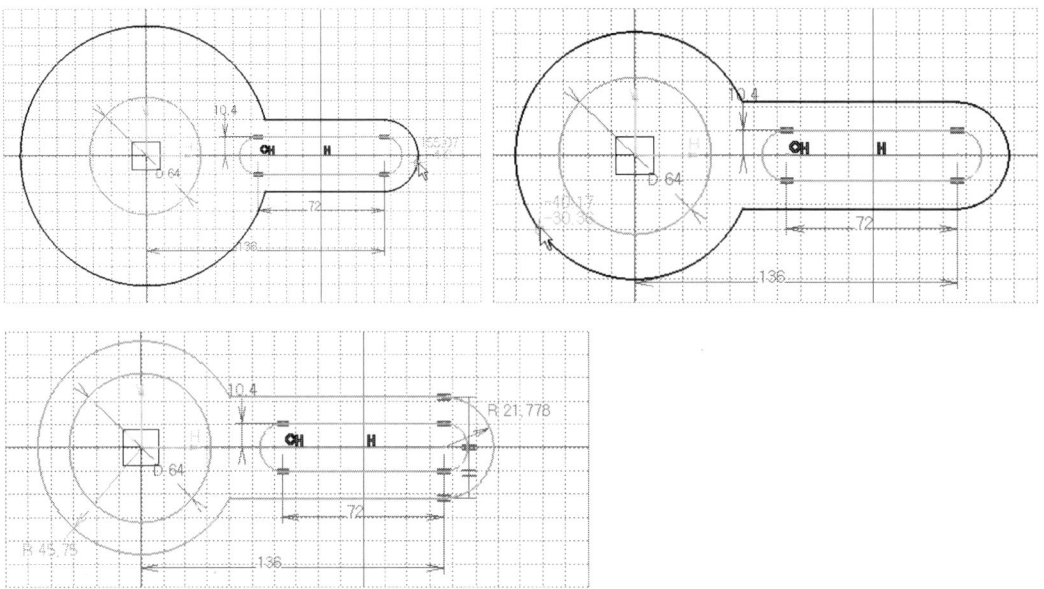

09. Key Hole 을 생성하고 나면 왼쪽의 큰 원부분과 오른쪽의 작은 반원부분의 곡률 값이 현재 그려진 상태로 구속되어 있게 됩니다. 각 값들을 더블클릭하여 큰 원 부분은 지름 92.8mm로, 작은 반원부분은 반지름 20mm로 바꾸어줍니다.

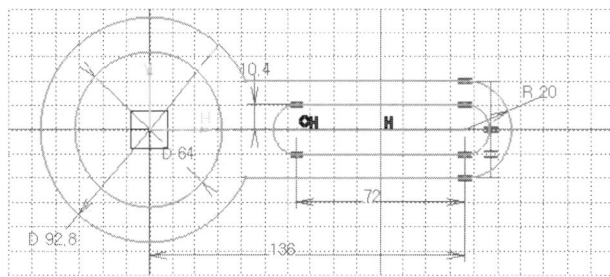

10. 도면을 보면 원점의 원과 Elongated Hole 사이의 Key Hole 부분이 매끄럽게 라운드 처리 되어 있는 것을 관찰할 수 있습니다. 이 부분을 만들어주기 위해서 Corner 를 사용하여 각각 반지름 32mm로 만들어줍니다.

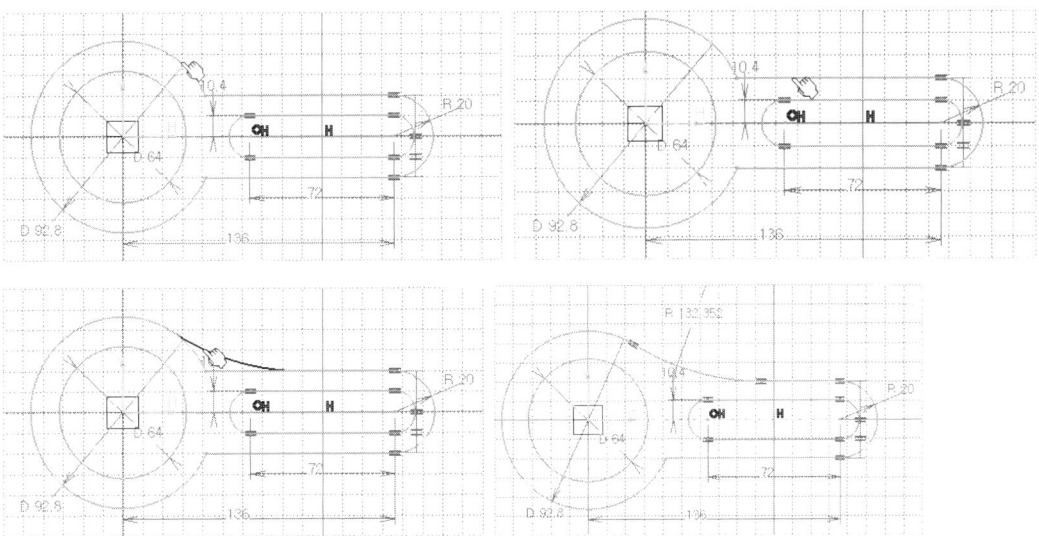

현재의 곡률 값을 더블클릭하여 R32mm로 바꾸어줍니다. 아래 부분도 마찬가지로 작업합니다.

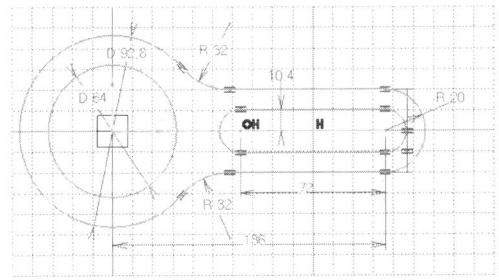

11. 이제 윗부분의 Cylindrical Elongated Hole  을 그립니다. Elongated Hole 의 기준점들이 직선위에 놓여 있다면, 이 형상의 두 기준점은 임의의 원점을 가지는 호의 위에 놓여 있습니다. 따라서 Cylindrical Elongated Hole 을 그릴 때는 먼저 호의 중심점을 찍고 두 기준점을 순서대로 클릭한 후 반경을 만들면 됩니다. 먼저 명령을 실행한 후 원점을 호의 중점으로 하고, 왼쪽의 기준점은 V축의 연장선위에 놓이게 형상을 그려줍니다.

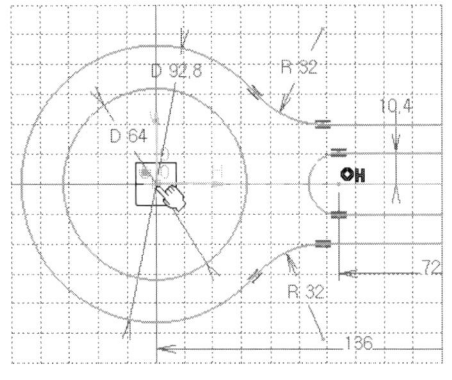
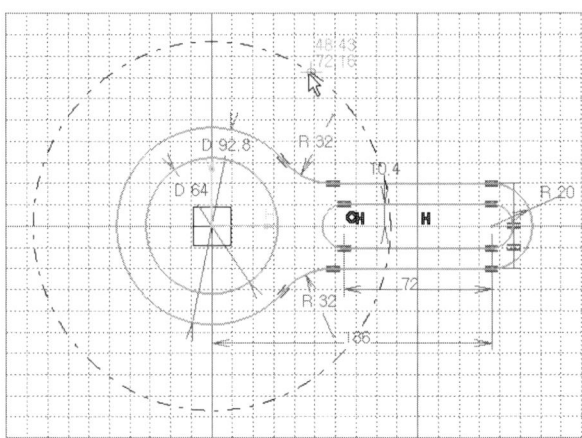
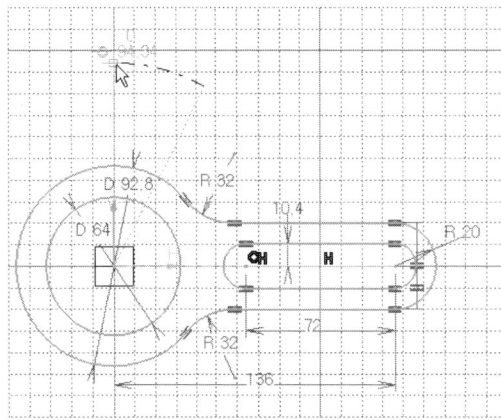
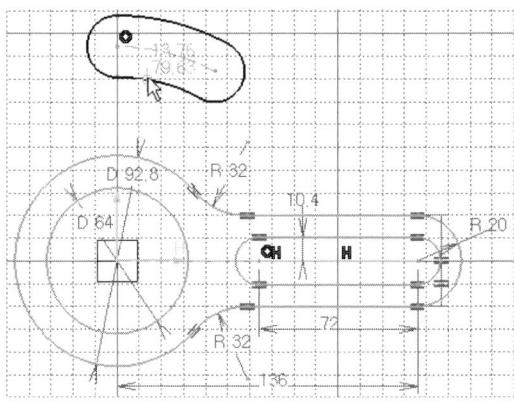
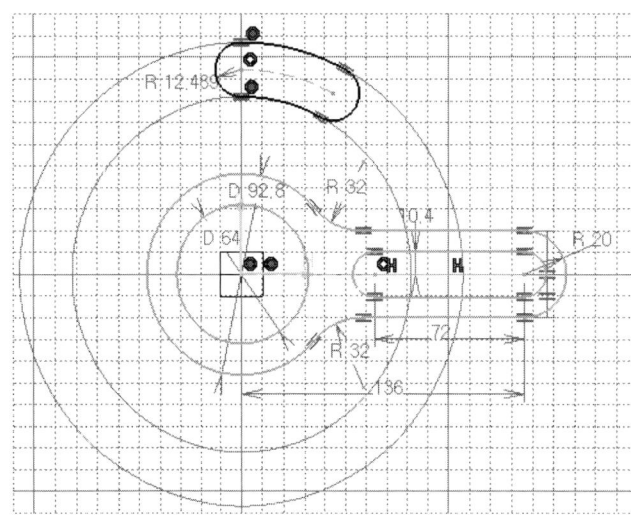

12. 바깥을 둘러싸고 있는 Cylindrical Elongated Hole 을 위의 형상과 두 기준점을 같이하여 그려줍니다.

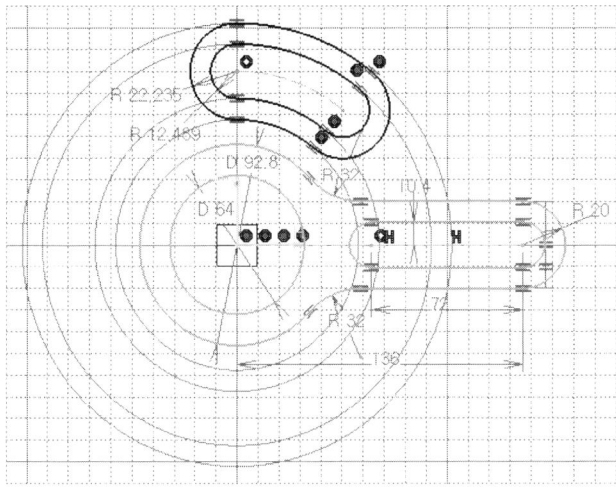

13. 형성된 Cylindrical Elongated Hole 은 반경만 구속되어 있는 상태입니다. 우선 이 값들을 더블클릭하여 R7.2mm, R16mm로 바꾸어줍니다.

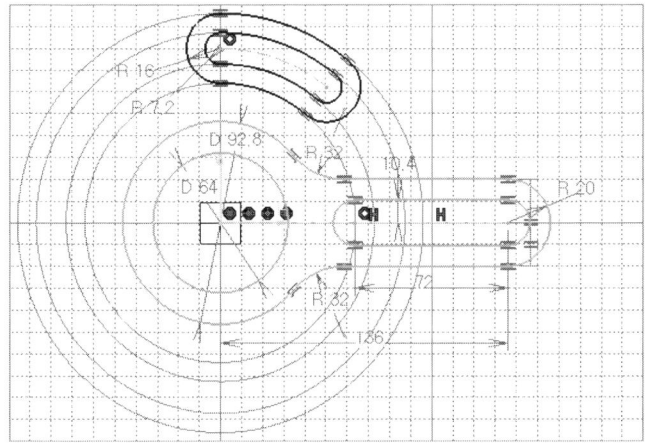

14. Cylindrical Elongated Hole 를 완전히 구속시키기 위해서는 두 기준점이 놓여 있는 호의 반경과 두 기준점 사이의 각도를 구속해주어야 합니다. 우선 Constraints 로 호의 반경을 80mm로 구속합니다.

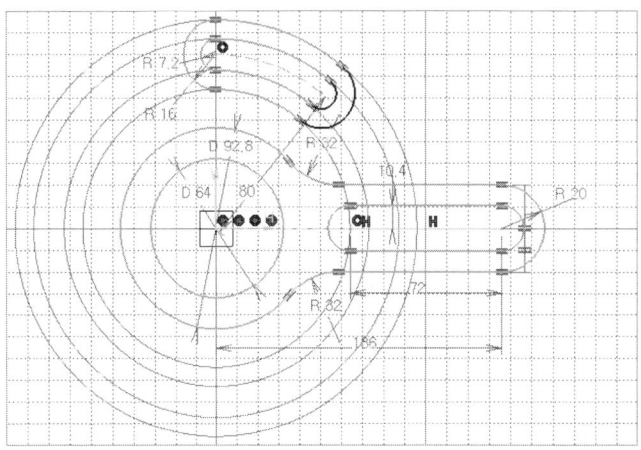

15. 두 기준점에 의한 호의 각도를 구속해주기 위해서 보조선을 하나 그어주어야 합니다. 먼저 Line 으로 원점과 오른쪽의 기준점을 잇는 선을 그립니다.

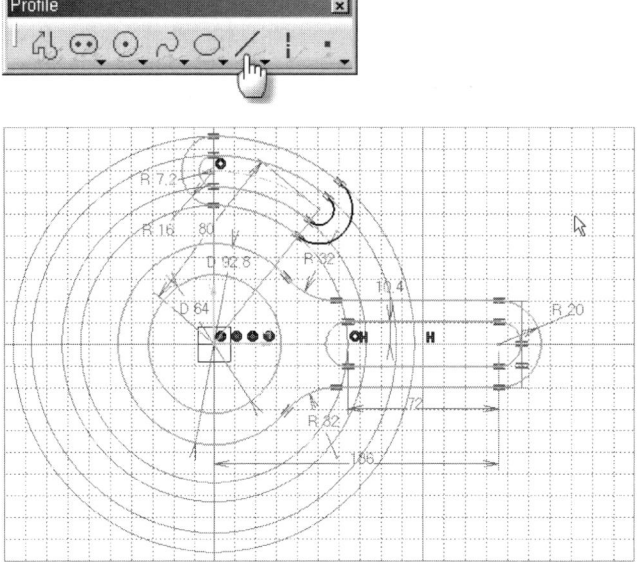

16. Construction / Standard Element 를 클릭하여 점선으로 만들어줍니다. 이 기능을 사용한 다음에는 Line의 선택을 해제한 후 다시 한 번 클릭하여 다음 작업에 지장이 없도록 합니다.

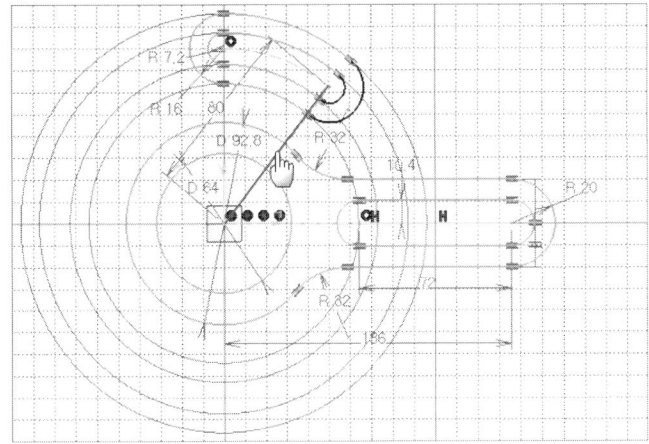

17. 방금그린 보조선과 V축을 Ctrl 키를 이용하여 동시에 선택한 후 Constraint 를 클릭합니다. 그런 다음 보조선과 V축 사이에 마우스를 갖다 대고 클릭하면 현재의 각도가 나옵니다. 이를 더블클릭하여 39°로 입력해줍니다.

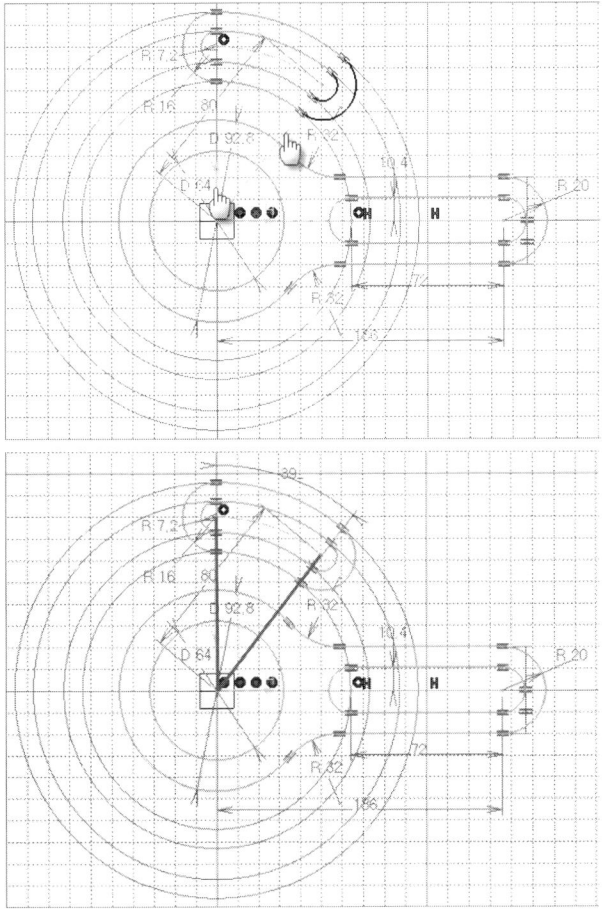

18. Cylindrical Elongated Hole 과 Key Hole 의 큰 원 부분 사이의 라운드 처리를 해줍니다. 이 때 Corner 를 사용하는데, 이 기능을 선택했을 때에 Sketch Tools Toolbar의 오른쪽에 생기는 여러 Type 중에 No Trim 을 선택합니다. 지금의 경우 라운드 처리되는 곡선의 바깥쪽을 유지시켜야 하기 때문입니다.

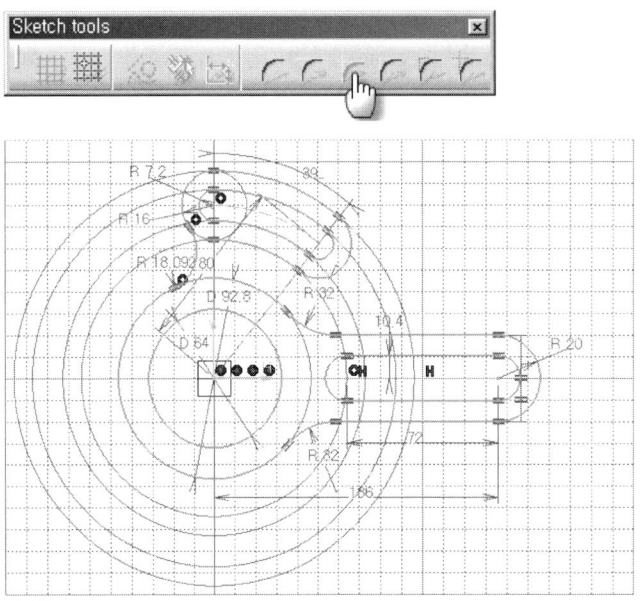

19. 수치를 더블클릭하여 R16mm를 입력합니다.

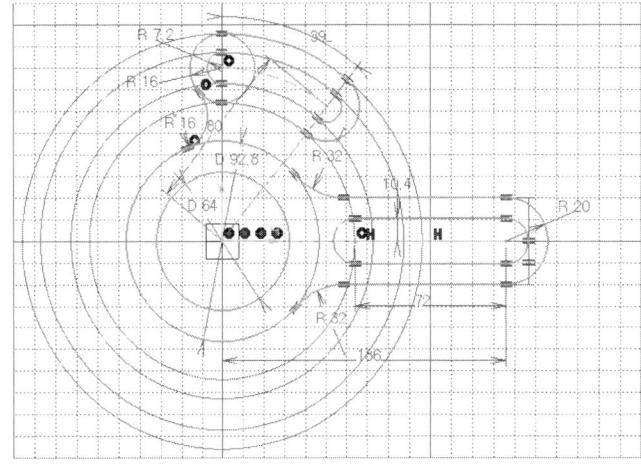

20. Cylindrical Elongated Hole 과 Key Hole 의 오른쪽 반원부분을 이어주는 선을 그립니다. 이 선은 각 반원에 접하게 연결되어 있는데, 이 때 그냥 Line 을 사용한다면 Tangency하게 구속조건

을 주어야 됩니다. 이런 경우 앞서 소개한 Bi-Tangent Line 이라는 기능을 사용합니다. 이 아이콘을 클릭한 후 두 반원을 차례로 클릭하면 이에 접하는 직선이 만들어집니다.

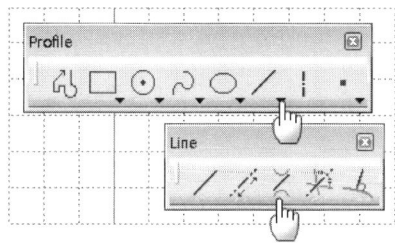

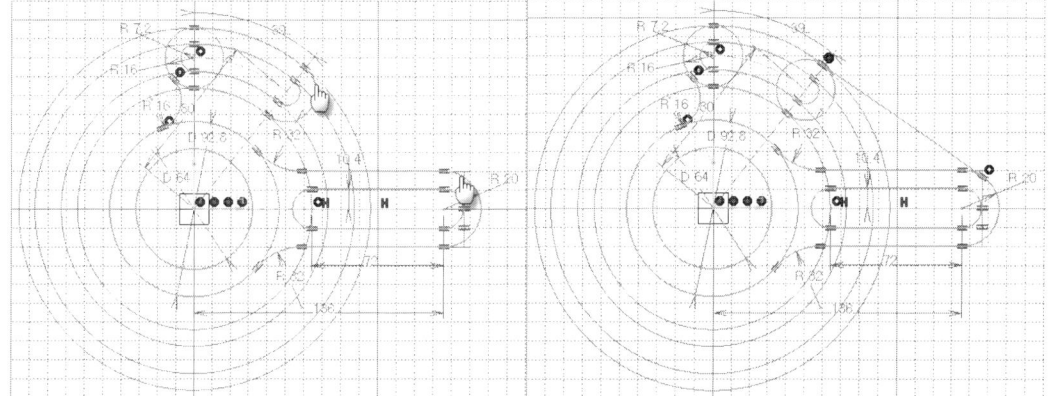

21. 완성된 형상은 다음과 같습니다. 이 때 구속조건 때문에 지저분해 보인다고 지우면 구속이 흐트러질 수 있으므로 주의해야 합니다.

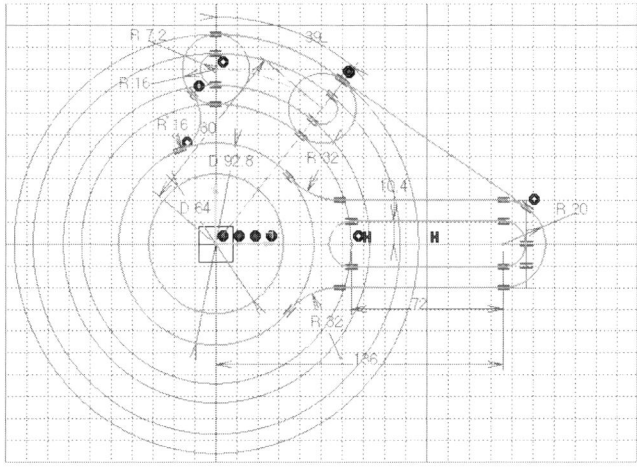

Bi-Tangent line 을 사용할 때, 지금처럼 바로 옆쪽의 원부분과 접하게 할 수도 있지만 아래의 Example의 경우처럼 반대편의 원부분과도 접하게 할 수 있습니다. 즉, 선택하는 방향에 따라서 Bi-Tangent Line은 다른 방향으로 만들어질 수 있습니다.

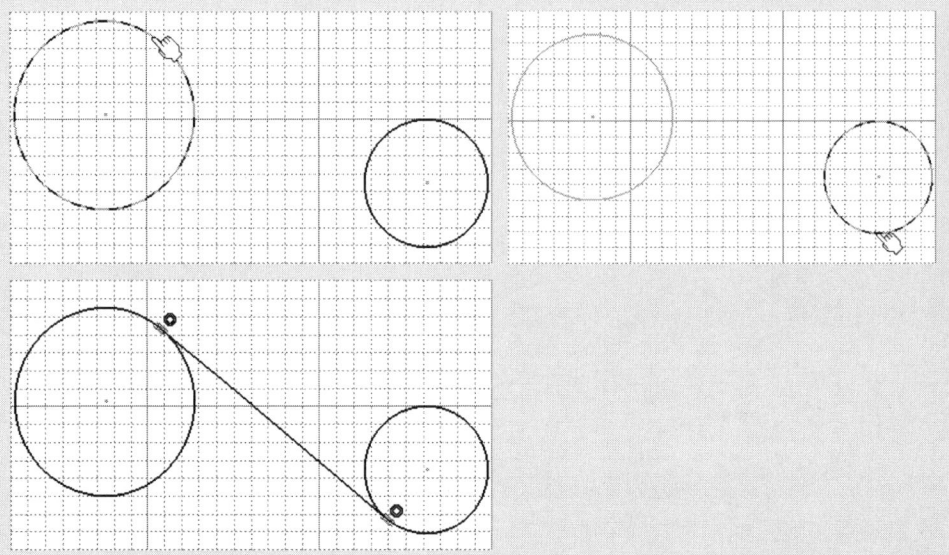

대부분 CATIA 내에서 구현하는 작업은 방향에 대한 성질을 가지고 있다는 점을 기억해 두기 바랍니다. 방향성은 매우 중요한 개념입니다.

(4) Exercise 4 - Mirror

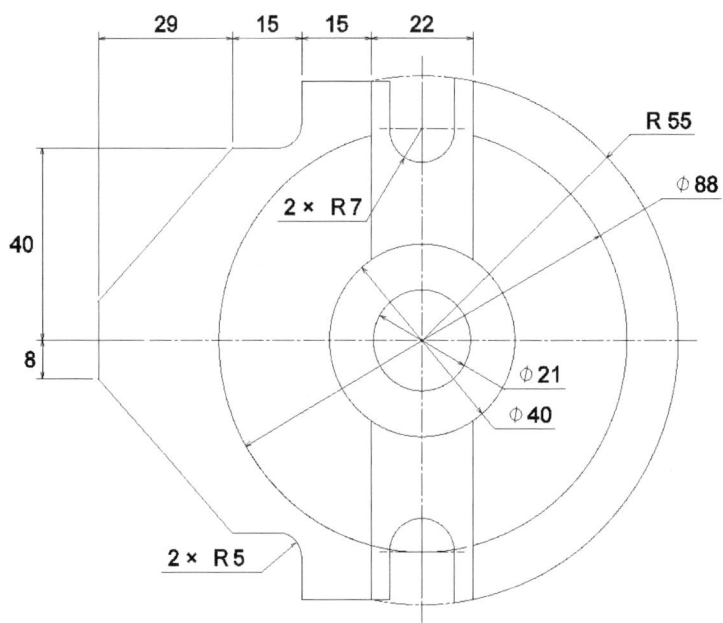

> **작업 Workbench** : Sketcher
> **사용 명령어** : Circle ⊙, Profile, Arc, Corner, Constraints, Mirror,
> Quick Trim

네 번째로 Sketcher Workbench에서 연습해볼 도면은 위와 같습니다. 작업하기 전 어떤 형상을 기준으로 작업할건지를 생각하고 대략적인 작업 순서를 생각해봅니다. 여기서는 지름 21mm의 원의 중점을 원점으로 놓아 이를 기준으로 작업하도록 하겠습니다. 원의 바깥쪽을 둘러싸고 있는 형상을 보면, 한번에 Predefined Toolbar의 기능으로 그려지는 모양이 아니고 몇 번의 작업을 거쳐야 만들어질 것으로 보입니다. 하지만 H축(수평축)에 대해 위아래가 대칭을 이루고 있는데 이러한 경우 작업을 좀 더 간편하게 하기 위해 Mirror 라는 기능을 사용합니다. 이번 도면에서는 Mirror 를 쓰는 방법에 대해 다루게 될 것입니다.

01. Sketch 명령을 실행시키고 XY 평면을 선택합니다.

02. Circle ⊙ 을 이용하여, 지름 21mm, 40mm, 88mm의 원을 그립니다. 이 때 세 개의 원의 중점은 원점으로 동일합니다. 같은 명령을 여러 번 사용하는 경우이므로 아이콘을 더블클릭하여 사용하면 사용자가 기능을 그만 쓰고자 할 때까지 무한정 쓸 수 있어서 편리합니다. 기능을 다 사용하면 ESC키를 두 번 누르거나 아이콘을 한번 클릭해주면 됩니다.

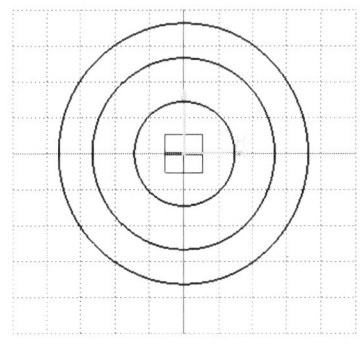

03. Constraints 를 사용하여 각 원의 지름을 21mm, 40mm, 88mm로 구속합니다.

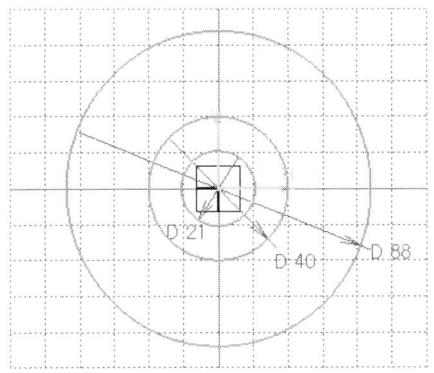

04. 이제부터는 H축 윗부분의 형상만 그리도록 하겠습니다. 아랫부분은 윗부분을 H축에 대해 Mirror 를 이용하여 대칭시키는 방법으로 작업하기 위함입니다. 우선 Arc 를 이용하여 오른쪽 부분의 반지름 55mm의 호를 그리도록 하겠습니다. 호의 중점은 원점이 되고, 양 끝점은 각각 H축, V축의 연장선상에 놓여 있습니다.

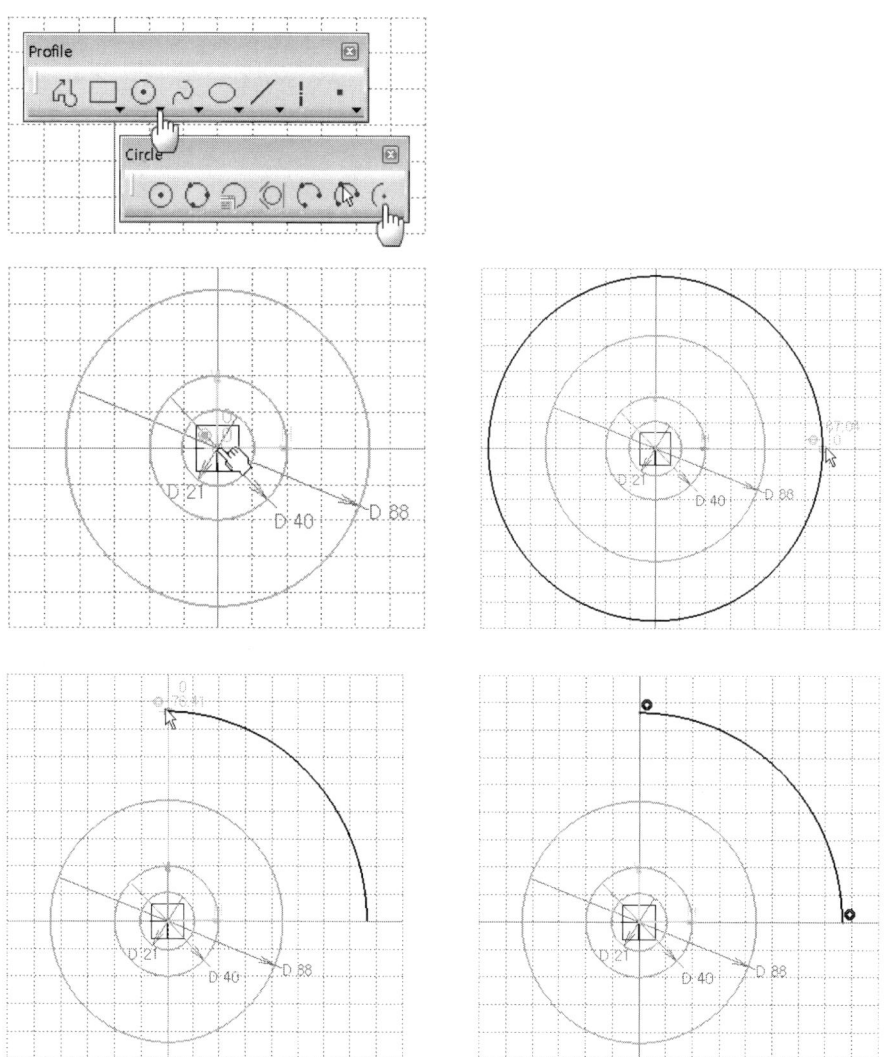

05. Constraints 를 선택한 후, 방금 그린 호를 클릭하여 반지름 55mm로 구속합니다.

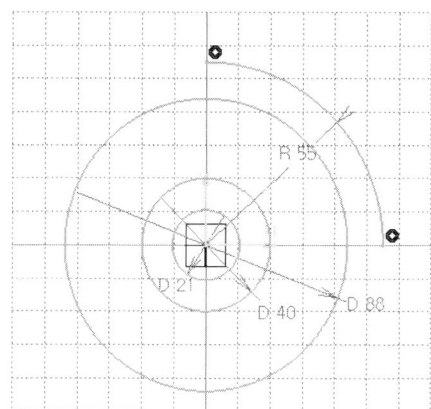

06. 이제 가운데 부분의 형상을 그리도록 하겠습니다. 그리기에 앞서 도면을 살펴보면 이 형상은 V축에 대해 대칭임을 알 수 있습니다. 따라서 오른쪽 부분만 그린 후 V축에 대해 Mirror  시키도록 하겠습니다. 먼저 line  을 이용하여 수직선을 하나 그립니다. 양 끝점은 각각 반지름 55mm의 호의 원주와, 지름 40mm원의 원주에 일치하게 그려야 합니다. 올바르게 그려진 수직선은 선 옆에 V 표시가 나타납니다.

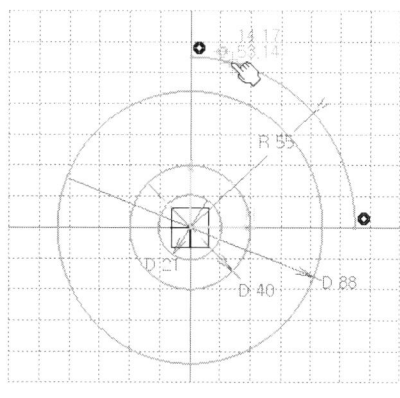

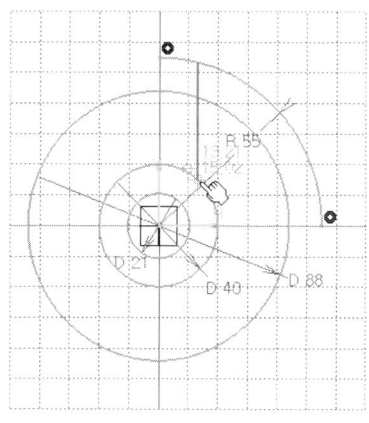

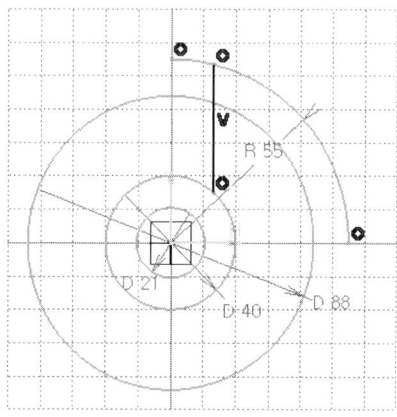

07. 그런 다음 Profile 을 이용하여 나머지 형상을 그리겠습니다. Profile을 실행시키면 Sketch Tools Toolbar의 오른쪽 끝에 3가지 Type이 생깁니다. Line, Tangent Arc, Three point Arc가 그것입니다. Profile은 이 3가지 Type으로 필요에 따라 바꿔가면서 한 번의 명령으로 Line과 Curve 조합의 연장선을 그릴 수 있는 명령입니다. 작업을 하다 기능을 끝내고 싶으면 아이콘을 다시 한 번 누르거나 Esc 키를 두 번 눌러주면 됩니다. 또는 화면에서 선이 끝나는 지점에서 더블 클릭합니다. 혹은 Profile이 Closed될 경우에는 자동적으로 기능이 끝납니다.

이번 작업에서 사용할 Profile Type은 Line과 Tangent Arc입니다. 먼저 Profile 을 클릭합니다.

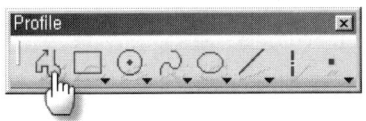

08. Profile 을 실행했을 때 기본적으로 선택되어있는 Type은 Line입니다. 이를 이용하여 Line의 양 끝점이 반지름 55mm의 호의 원주와 지름 88mm 원의 원주에 놓여있도록 그린 후 끝점을 찍은 상태에서 왼쪽으로 드래그 했다가 놓으면 Tangent Arc로 기능이 바뀝니다. 그런 다음 Arc의 끝점을 V축의 연장선상에 놓여있도록 합니다. (만약 Tangent Arc가 잘 그려지지 않는다면 Sketch Tools Toolbar에서 기능을 바꾸어 주어도 됩니다.) 이 형상은 Closed Path가 아니므로 Profile 아이콘을 눌러주거나 Esc키를 두 번 눌러주어 기능을 종료시킵니다.

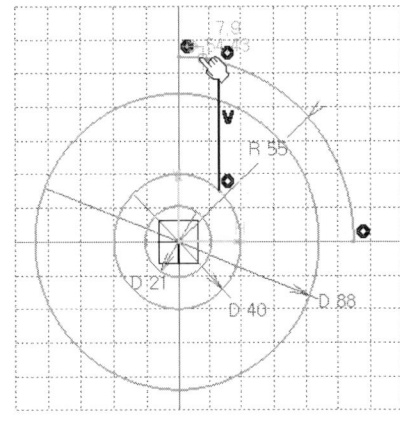 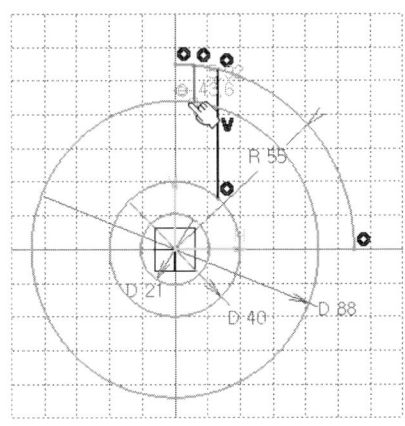

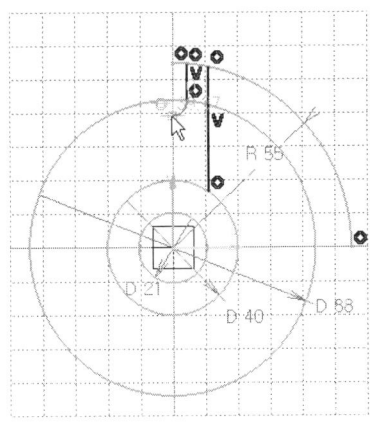
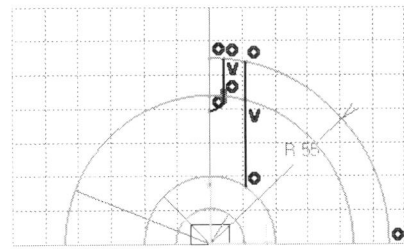

09. Constraints ![icon]를 사용하여 오른쪽 직선과 V축과의 거리 11mm, Tangent Arc의 반지름 7mm, V축과 왼쪽 수직선과의 거리 7mm를 구속해줍니다.

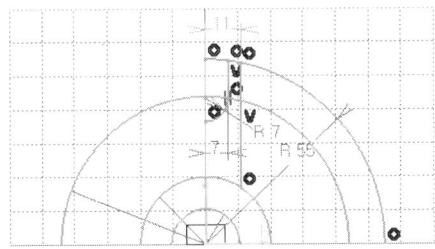

10. 방금그린 형상을 Mirror ![icon]를 사용하여 V축에 대해 대칭시키겠습니다. 먼저, 방금 그린 요소들을 동시에 선택한 후 Mirror ![icon] 명령을 실행합니다.

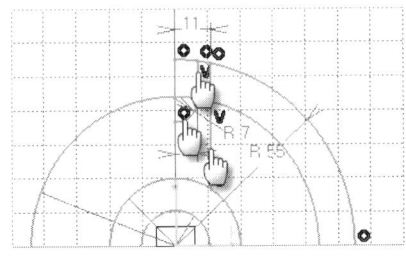

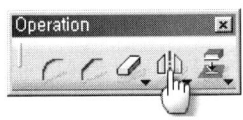

11. 대칭시킬 축인 V축을 클릭합니다.

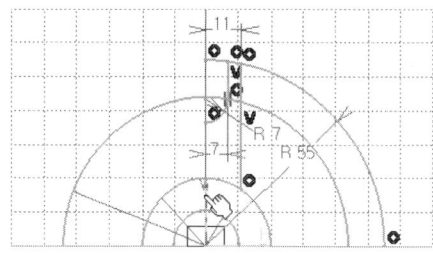 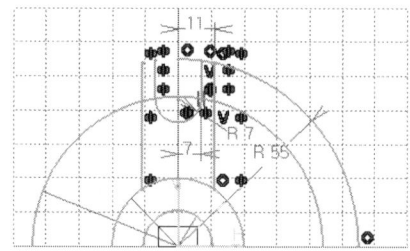

12. 다음으로 왼쪽부분의 형상을 Profile ![icon] 을 사용하여 대략적인 모양을 그립니다. 아래 그림은 위에서 대칭시킨 부분의 형상을 확대한 부분인데, 다음과 같이 짧은 쪽에 수평이 되도록 선을 그어 도면과 같게 합니다. (화면을 확대하기 위해서는 마우스 가운데 버튼을 누르고 있는 가운데 오른쪽 버튼을 눌렀다 뗀 후 위쪽으로 움직이면 됩니다. 반대로 축소하기 위해서는 같은 방법에 아래쪽으로 움직이면 됩니다.)

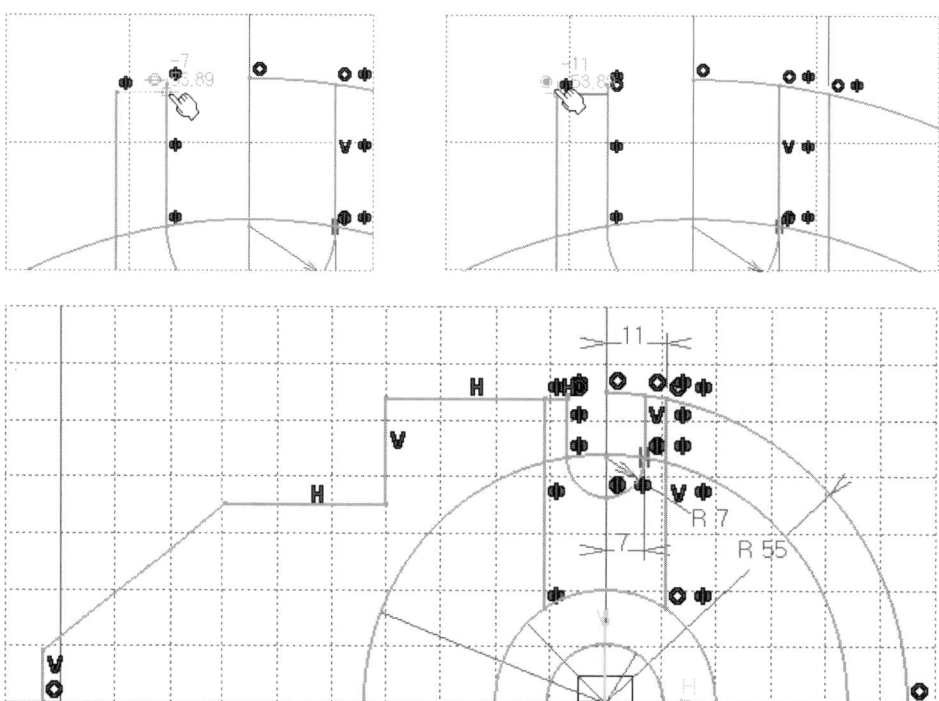

13. Constraints ![icon] 를 사용하여 방금 그린 Profile의 길이를 구속합니다. 단, 대각선의 경우에는 순수한 대각선의 길이로 구속이 잡힐 것입니다. 이 때 아래와 같이 현재 길이가 나왔을 때 클릭하지 말고 마우스 오른쪽 버튼을 눌러서 수평거리를 원할 경우 Horizontal Measure Direction, 수직거리를 원할 경우 Vertical Measure Direction을 선택하여준 후 클릭하면 됩니다.

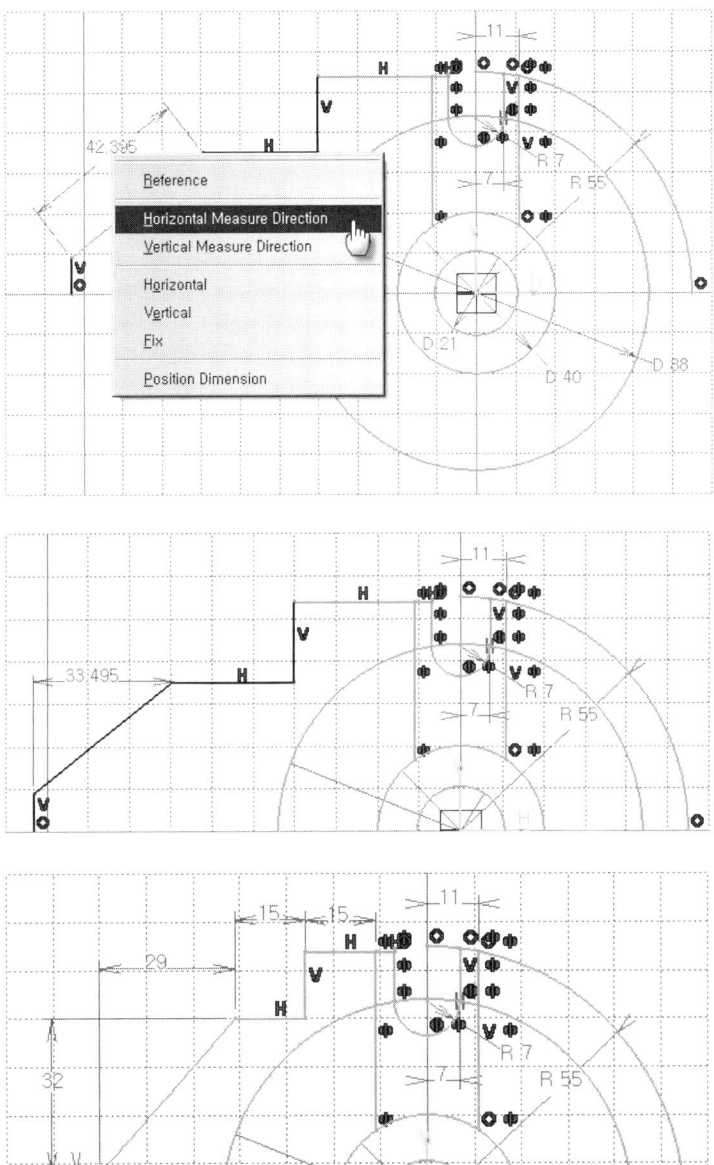

14. Corner ⌒를 사용하여 라운드 처리를 해준 후, 수치를 더블클릭하여 R5mm로 입력합니다. 이 때 다음과 같은 창이 나타나는데 예(Y)를 클릭해줍니다.

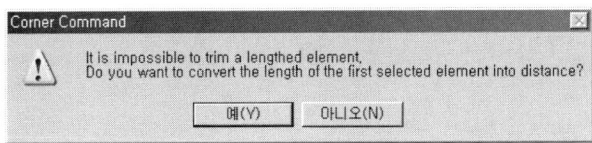

2. Sketcher **75**

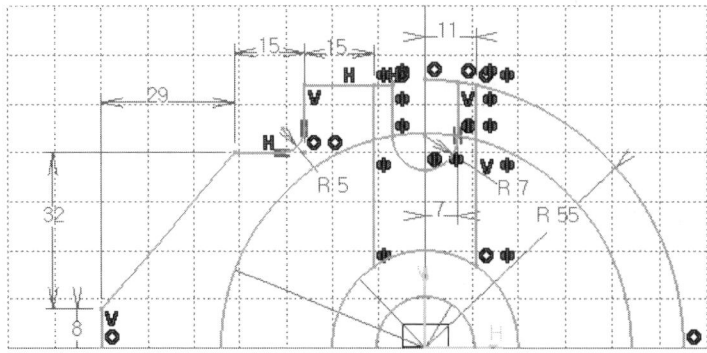

15. Quick Trim ![] 의 명령을 사용해서 필요 없는 요소들을 지워줍니다. 첫 번째 그림의 경우 위에서 확대하여 수평선을 그린 부분인데 지우려는 요소가 너무 작아 정확히 클릭하기 어려우므로 화면을 확대하여 작업하면 좋습니다.

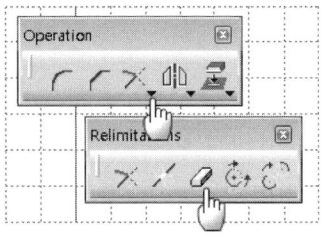

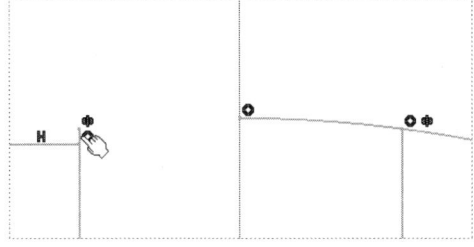

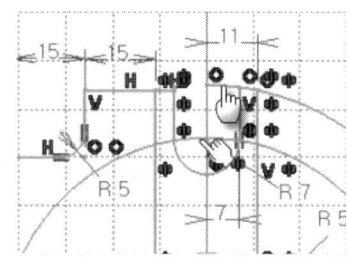

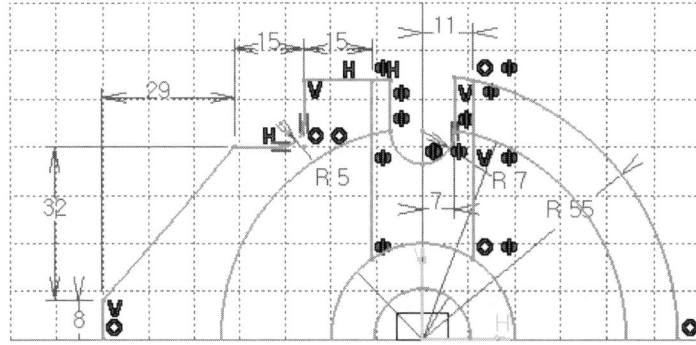

16. 이제 대칭시킬 요소들을 선택한 후 Mirror 를 사용하여 H축에 대해 대칭시킵니다. 이 때 선택해야 할 요소들이 많아 Ctrl을 누르고 하나하나 선택하기에는 번거로울 수 있는데, 이 때 Auto Search라는 기능을 이용하면 편리합니다. 이 기능은 선택한 요소에 이어져 있는 모든 요소들을 한꺼번에 선택해주는 기능입니다. 사용하기 위해서는 먼저 임의의 요소를 선택한 후 마우스 오른쪽 버튼을 눌러 Line. x object에서 Auto Search 를 클릭해주면 됩니다. (방금 그린 형상은 이 기능을 사용해서 한꺼번에는 선택되지 않을 것입니다. 그렇다고 Ctrl키를 누른 후 다른 곳에 Auto Search 기능을 사용하면 이전에 선택되었던 것이 없어지므로, Auto Search 기능을 쓴 후 Ctrl키를 눌러서 나머지 요소들을 각각 클릭해도 되고 각각 따로 Auto Search 기능으로 선택한 후 Mirror로 대칭시키는 방법을 반복해도 되지만 여기서는 한꺼번에 선택한 후 대칭시키겠습니다.)

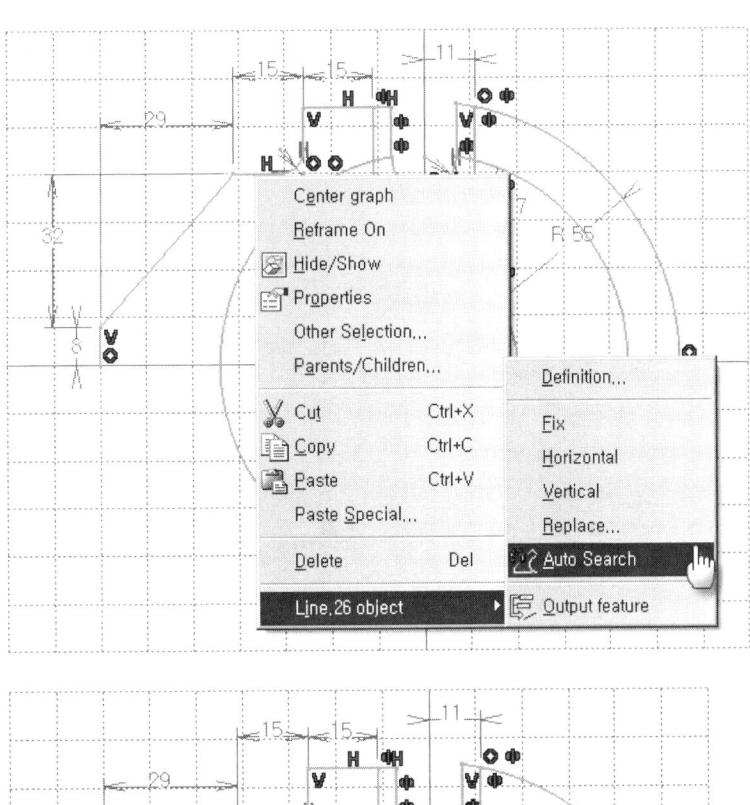

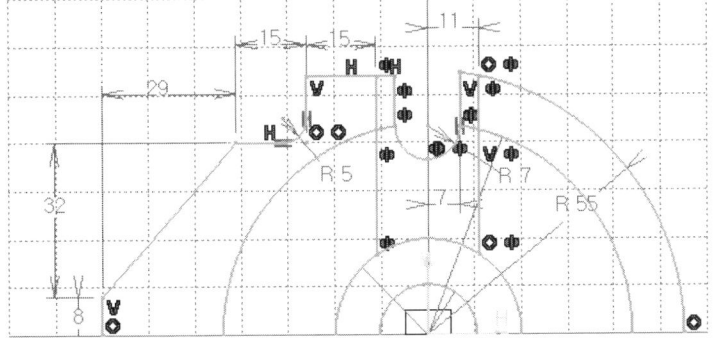

17. Mirror 기능을 실행 시킨 후 H축을 클릭하여 줍니다.

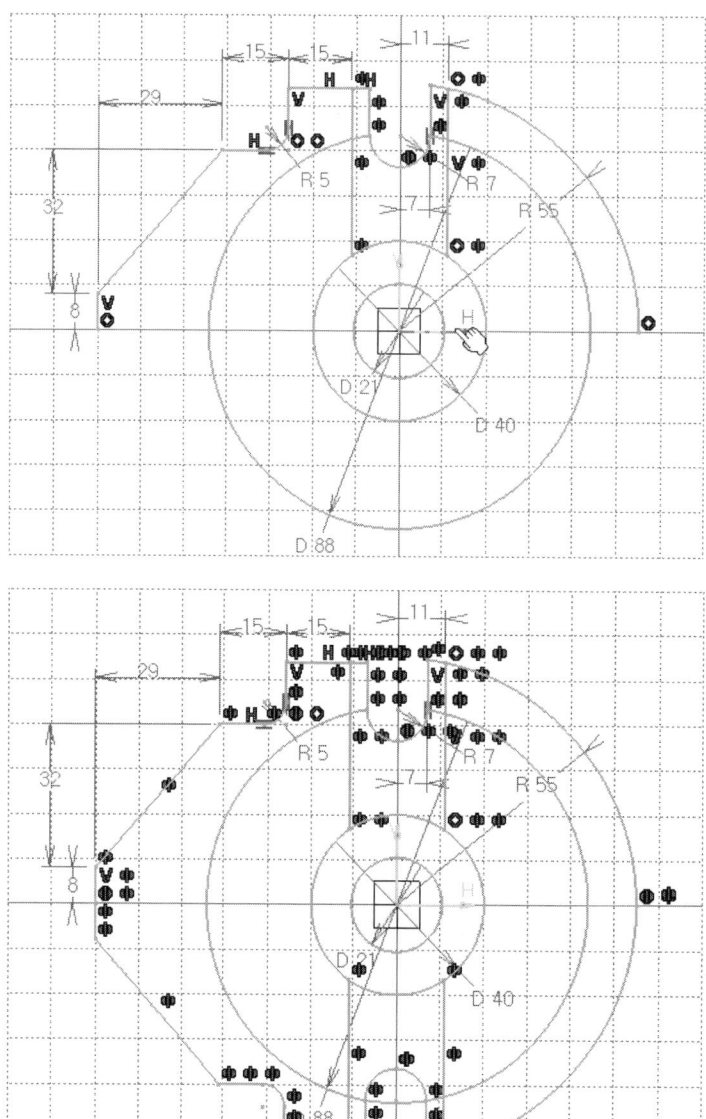

18. Quick Trim 을 사용하여 필요 없는 요소를 제거합니다.

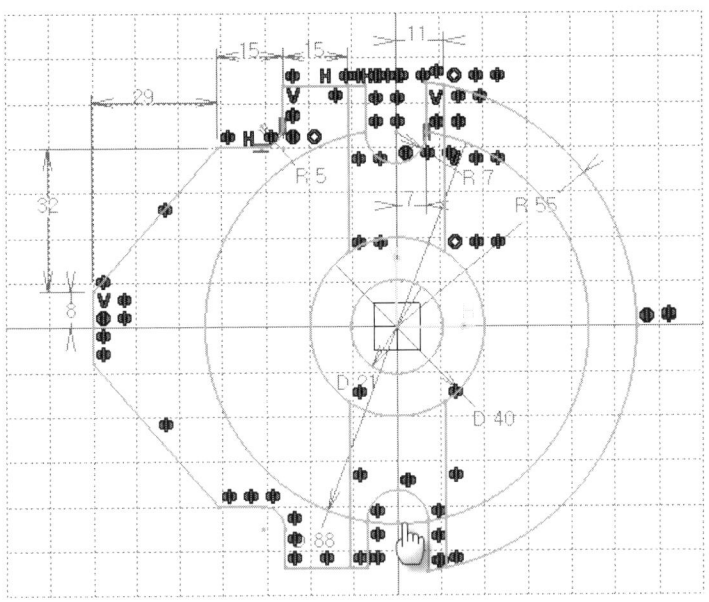

19. 완성된 형상은 다음과 같습니다.

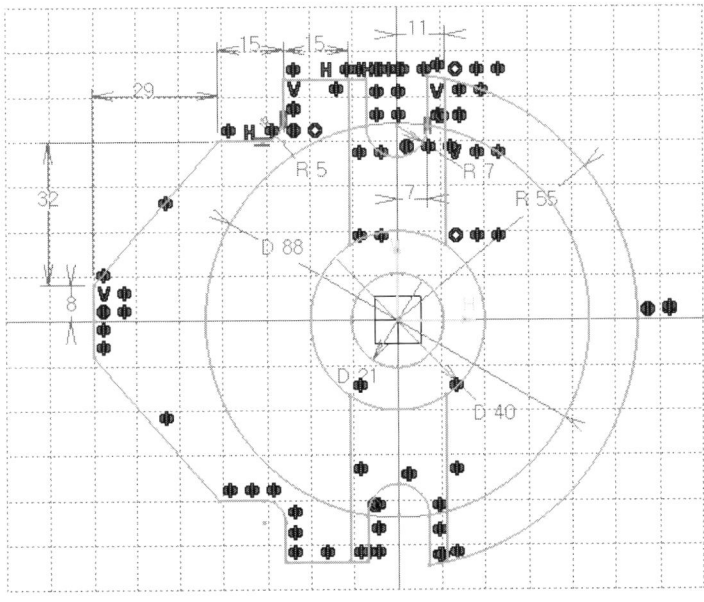

(5) Exercise 5 - Tangent Arc

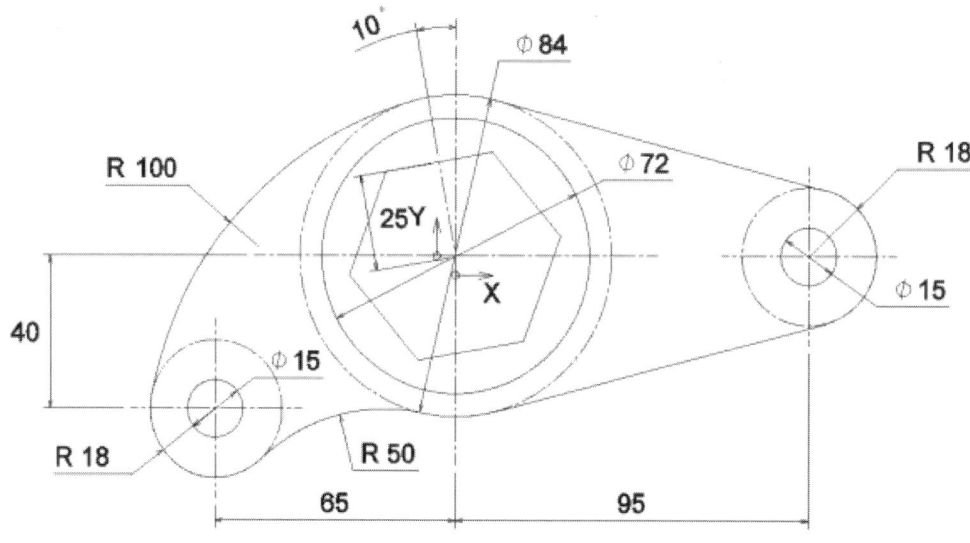

> **작업 Workbench** : Sketcher
>
> **사용 명령어** : Hexagon , Line , Construction/Standard Elements ,
> Circle , Bi-Tangent Line , Arc , Corner , Constraints ,
> Constraints Defined in Dialog Box

Sketcher Workbench에서 다섯 번째로 연습해볼 도면입니다. 원점에 있는 육각형을 그리기 위해 Hexagon 의 명령을 다루는 것으로 작업을 시작할 것입니다. 나머지 요소들은 앞에서 다루었던 기능을 이용하여 작업함으로써 각 기능을 사용하는데 익숙해지도록 합니다. 또한 왼쪽 부분의 라운드 처리를 하는 데에 있어 Constraints Defined in Dialog Box 를 사용해 문자적인 구속(Geometrical Constraints)을 하는 방법을 배우게 될 것입니다.

01. Sketch 명령을 실행시킨 후 작업하고자 하는 XY평면을 선택합니다.

02. 먼저 Hexagon 을 이용하여 원점을 중심으로 육각형의 형상을 그립니다. 이 때 도면에서 보면 왼쪽으로 10° 기울어져 있으므로 H축과 평행하게 그리지 않도록 합니다. 만약 평행하게 그린다면 위치적으로 구속이 되어버리기 때문입니다. Hexagon 의 경우 그리고 나면 Construction Line이 다른 형상들보다는 많이 생깁니다. 지저분해 보인다고 이들 중 하나라도 지우면 현재의 육각형 모양이 유지되지 않습니다.

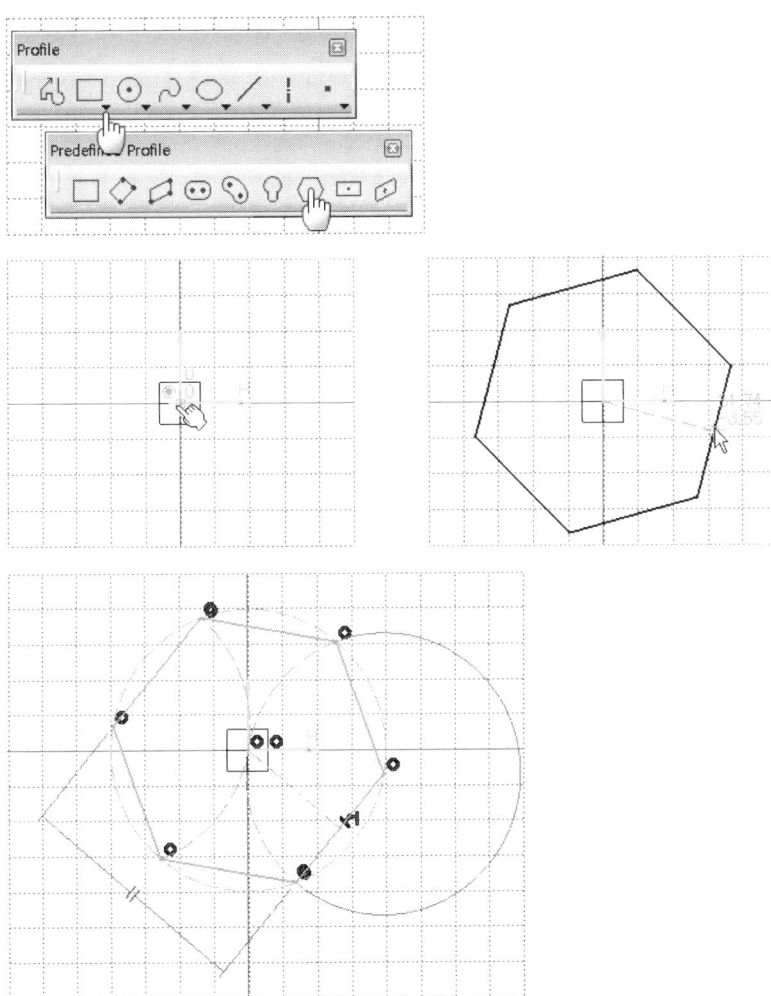

03. V축과 육각형의 한 변이 10°를 이룬다는 구속을 하기 위해, Line 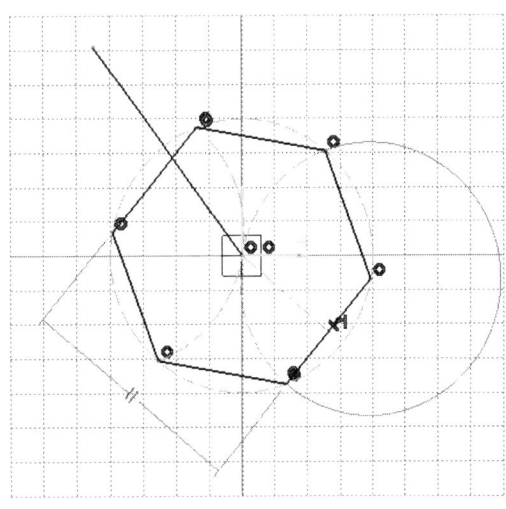 을 이용하여 원점에서 시작하여 한 변을 지나는 직선을 그립니다.

04. 이 직선이 육각형이 기울어진 각도를 나타내기 위해서는, 가로지른 변과 직각을 이루어야 합니다. 이를 위해 Constraints Defined in Dialog Box 를 사용합니다. 이 기능은 요소의 Geometrical Constraints를 잡아줍니다. 이 아이콘은 Constraints 와 달리 아무것도 선택되어 있지 않으면 활성화되지 않습니다. 따라서 직각으로 만들고자 하는 두 요소를 Ctrl을 이용하여 동시에 선택한 후 아이콘을 눌러줍니다. 그럼 Constraints Definition 창이 나타나는데 여기서 직각을 나타내는 Perpendicular를 체크한 후 OK를 누르면 두 요소가 직각으로 구속된 것을 볼 수 있습니다.

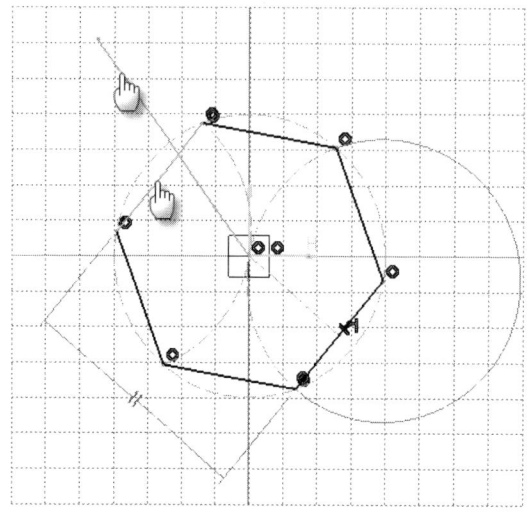

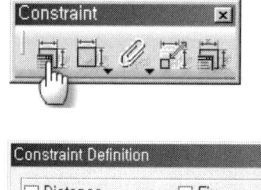

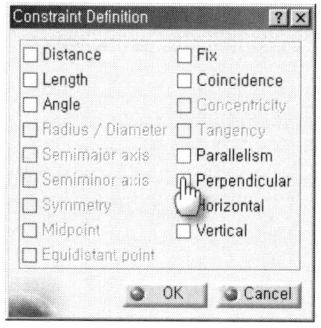

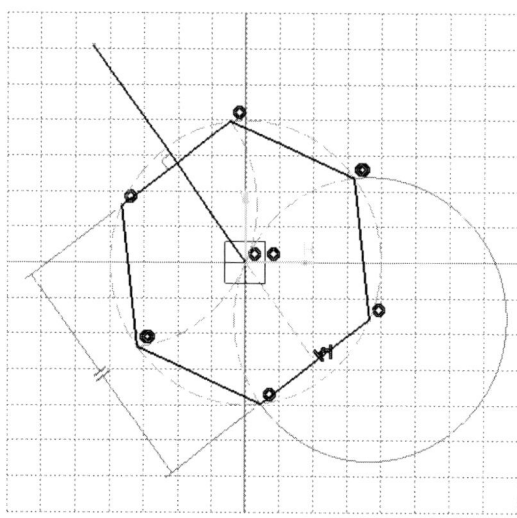

05. 변에 수직한 직선은 보조선이므로 Construction/Standard Elements 를 이용하여 점선으로 만들어줍니다.

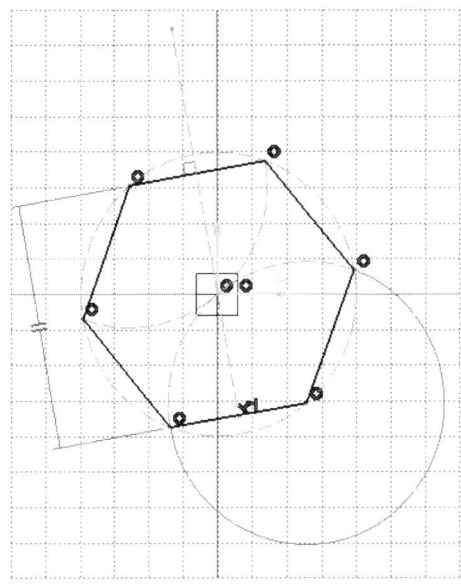

06. Constraints 를 이용해서 변에 수직한 직선과 V축과의 각도를 10°로, 마주보는 두 변 사이의 거리를 50mm로 구속합니다.

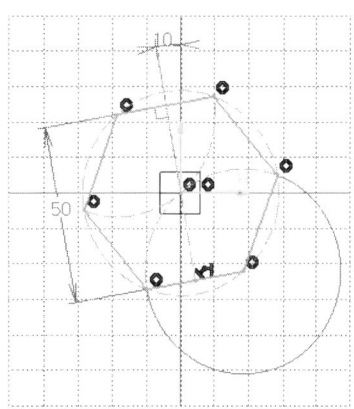

07. Circle 을 이용하여 원점을 중심으로 한 두 개의 원을 그린 후 Constraints 를 이용하여 각각을 지름 72mm, 84mm로 구속합니다.

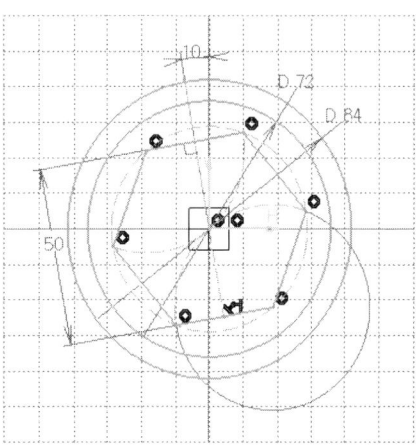

● 원을 그릴 때에 아래와 같이 육각형의 보조선과 접하여 그리게 되면 자동적으로 Tangency의 구속이 잡혀버려 원하는 수치를 넣으면 Error가 발생하게 되므로 주의해야 합니다.

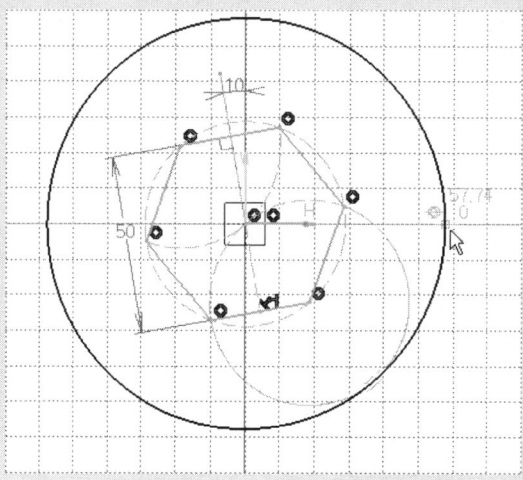

08. 지금까지 그린 형상의 오른쪽으로 Circle ⊙ 을 이용하여 H축의 연장선상에 중심을 동일하게 가지는 두 원을 그립니다. 그런 다음 Constraints 를 이용하여 각각 지름 15mm, 반지름 18mm로 구속합니다.

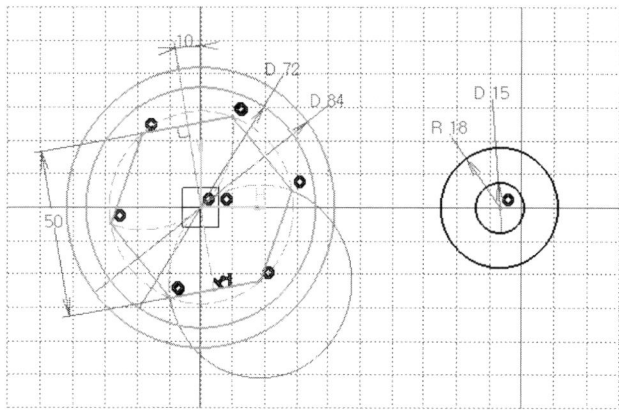

09. Constraints 를 이용하여 방금그린 원의 중심과 원점 사이의 거리를 95mm로 구속합니다.

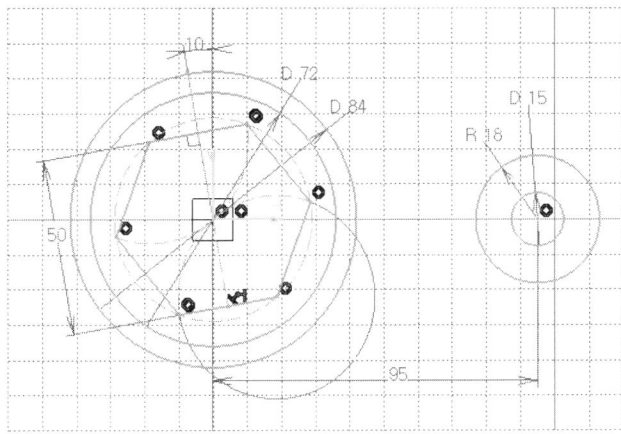

10. Bi-Tangent Line ![icon]을 이용하여 연결하고자 하는 요소를 차례로 클릭하여 도면에서와 같이 두 형상을 접하게 연결합니다.

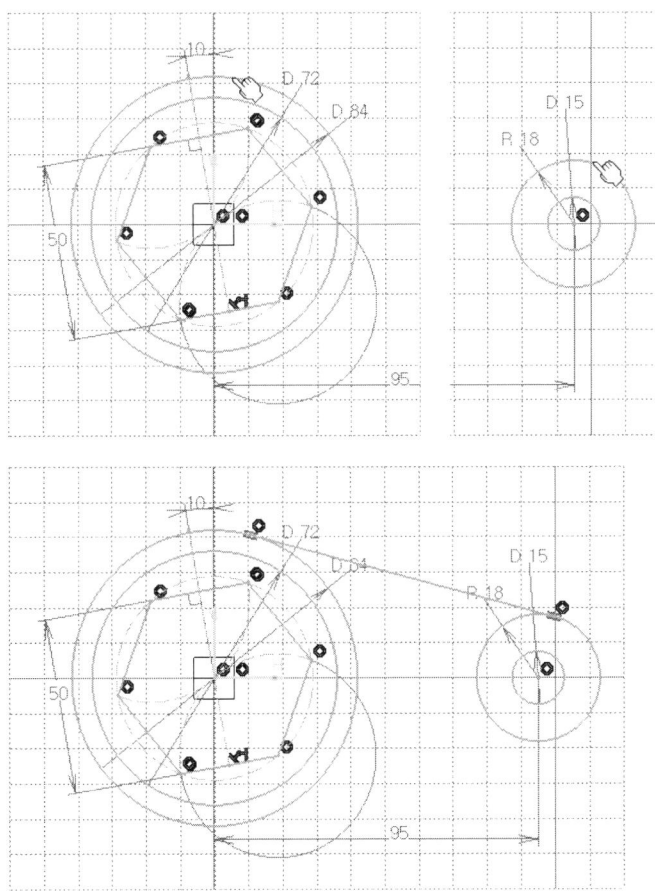

아랫부분도 마찬가지로 작업합니다.

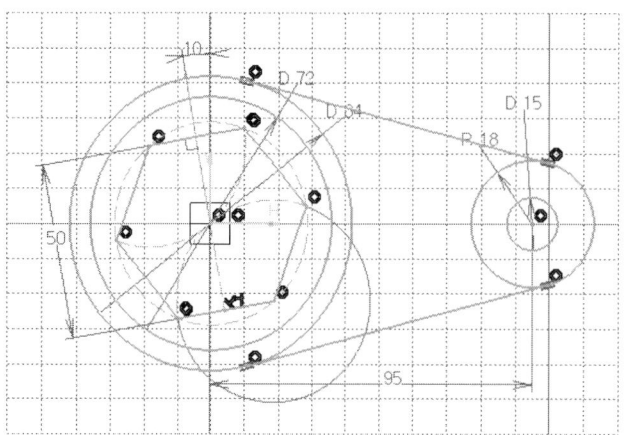

11. Circle ⊙ 과 Constraints 를 이용하여 원점의 형상 왼편 아래쪽으로 중점을 같이 하는 지름 15mm, 반지름 18mm의 원을 그립니다.

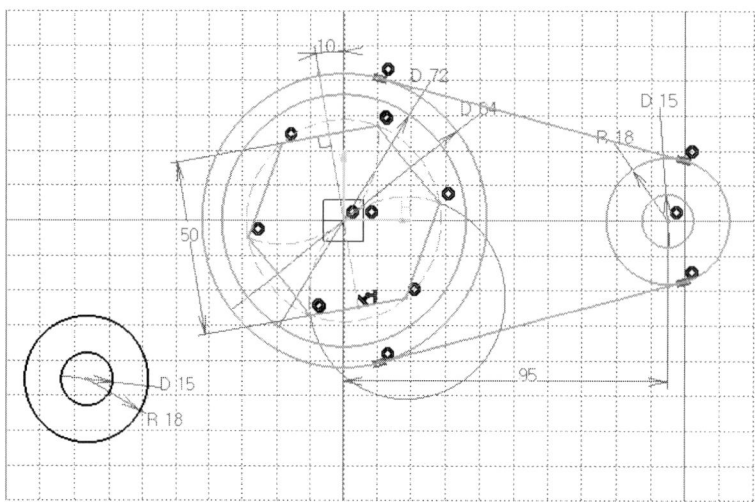

12. Constraints 를 이용하여 방금 그린 원의 중점과 원점 가로거리 65mm, 세로거리 40mm로 구속합니다. 이전 도면의 경우와 같이 이번에도 원점과 중점을 선택하면 우리가 원하는 가로 세로 거리가 아닌 두 점사이의 거리가 나옵니다. 따라서 마우스 오른쪽 버튼을 눌러 Horizontal Measure Direction/Vertical Measure Direction으로 바꾸어준 뒤 작업합니다.

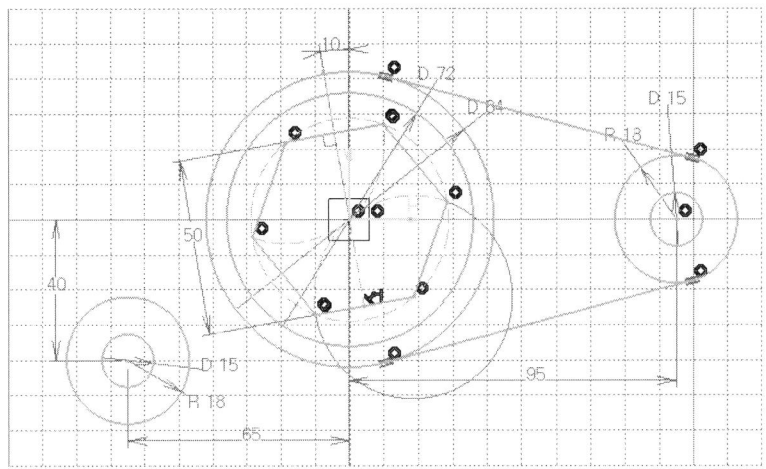

13. Corner ⌒를 선택한 후 Sketch Tools Toolbar에서 No Trim ⌒ Type을 선택하여 아래쪽의 라운드 처리를 해줍니다.

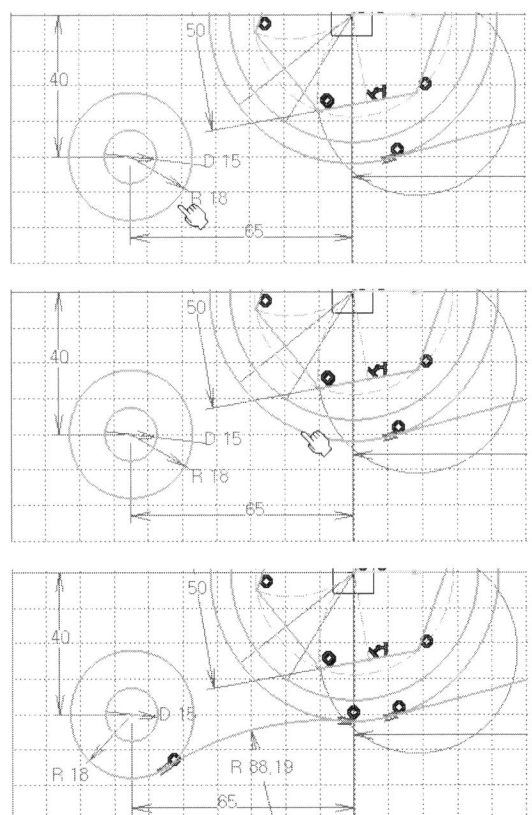

14. 현재 수치(R88.19mm)를 더블클릭하여 R50mm로 바꿔줍니다.

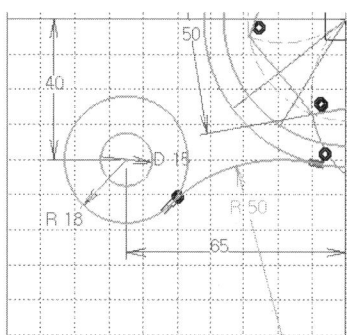

15. Arc를 사용하여 윗부분의 라운드 처리를 해줍니다. 먼저 아이콘을 클릭한 후 대략적인 호를 하나 그립니다. 이 때 중심은 어떤 곳에 놓이든 상관없습니다.

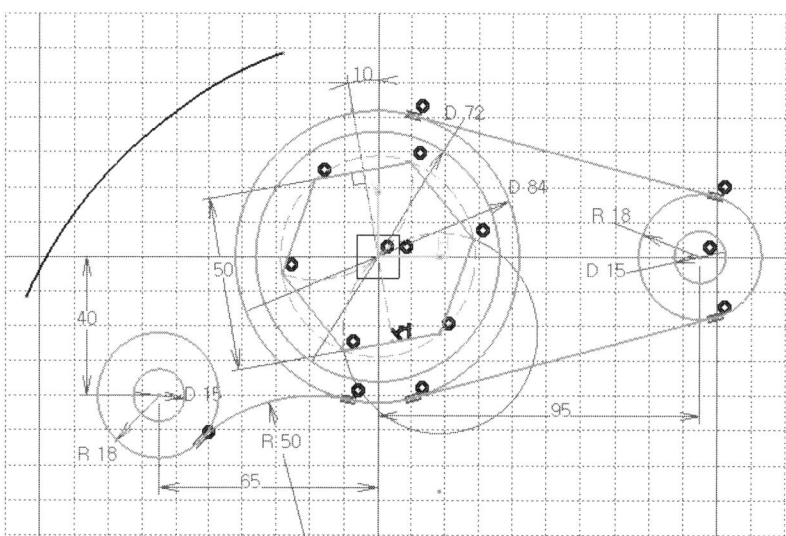

- 만약 호를 그렸을 때 아래와 같이 된다면 어디선가 다른 요소에 구속이 되어 있다는 것이므로 다시 그리거나 구속되어있는 요소를 찾아서 제거해야 합니다. 이 경우에는 화살표가 가리키는 부분에서 원과 호의 Construction Elements가 접해 있는 경우입니다.

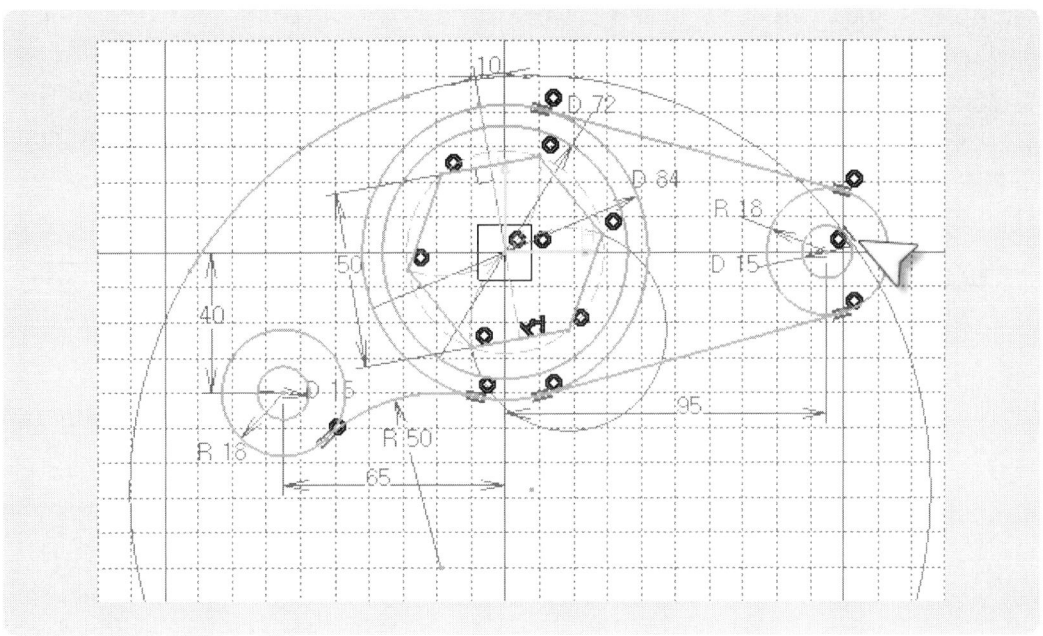

16. Constraints ![icon] 를 이용하여 호의 반지름을 100mm로 구속합니다.

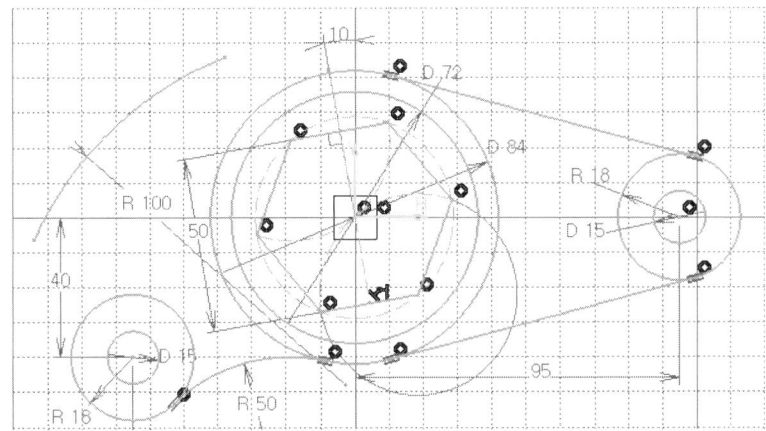

17. 호의 각 끝점과 연결해야 하는 원호를 Ctrl을 이용해 동시에 선택한 후 Constraints Defined in Dialog Box ![icon] 를 클릭합니다. Constraint Define 창이 나오면 Coincidence를 선택합니다.

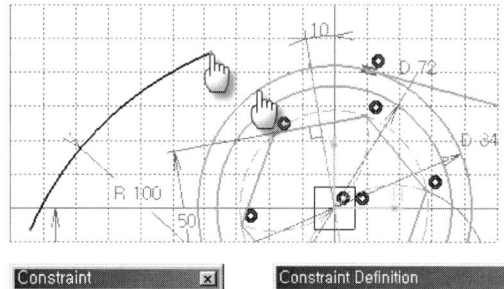
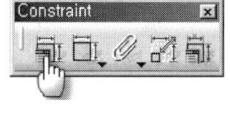
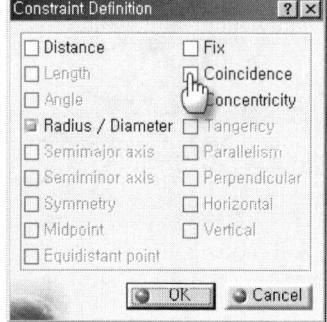
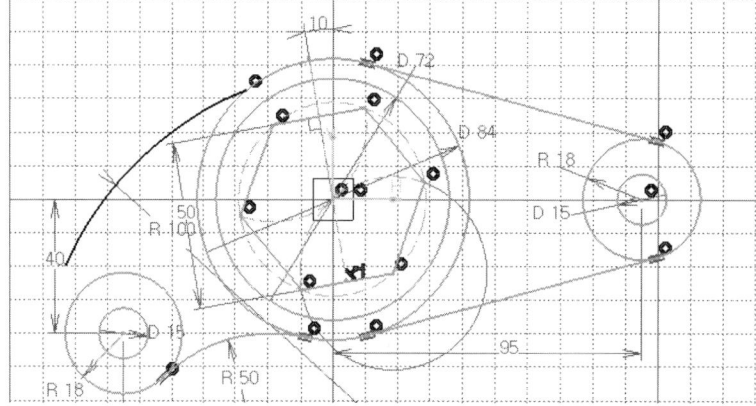

나머지 한쪽도 위와 같이 작업하면 아래와 같이 나옵니다.

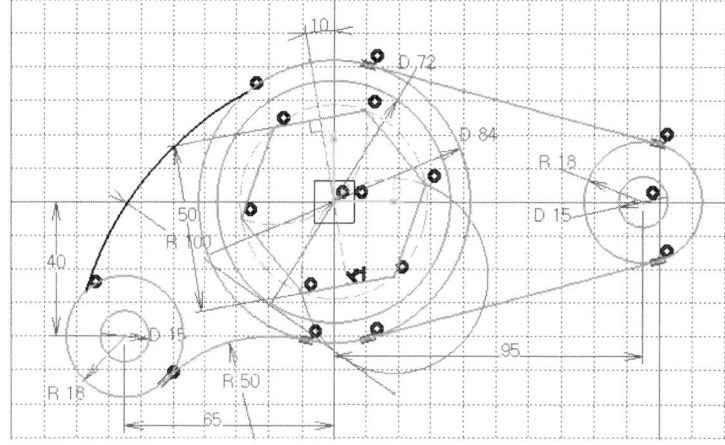

18. 이번에는 호의 끝점이 아닌 호 전체와 연결해야 하는 원호를 Ctrl을 이용해 동시에 선택한 후 Constraints Defined in Dialog Box 를 클릭합니다. Constraint Definition 창에서 Tangency를 체크해줍니다.

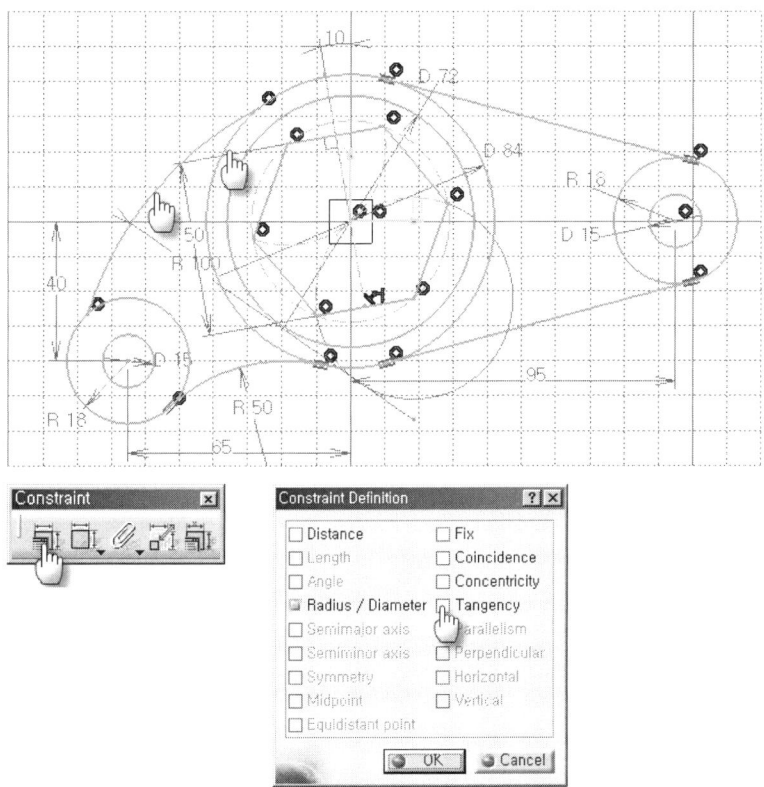

아래쪽도 위와 같이 작업합니다.

19. 완성된 도면은 다음과 같습니다.

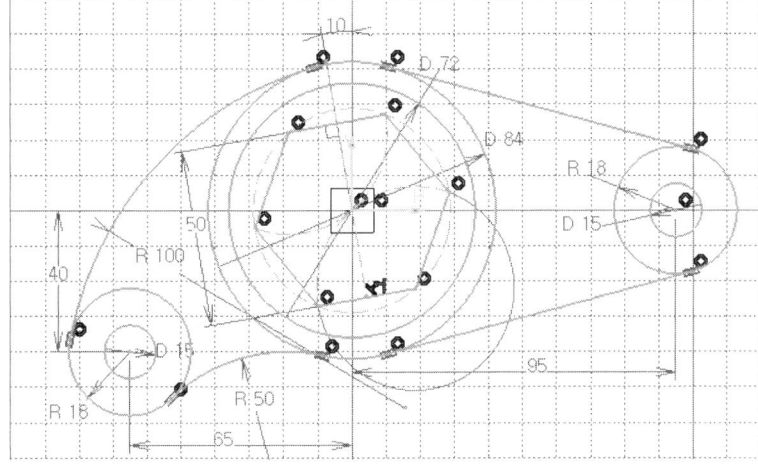

(6) Exercise 6 - Ellipse & Arc Center

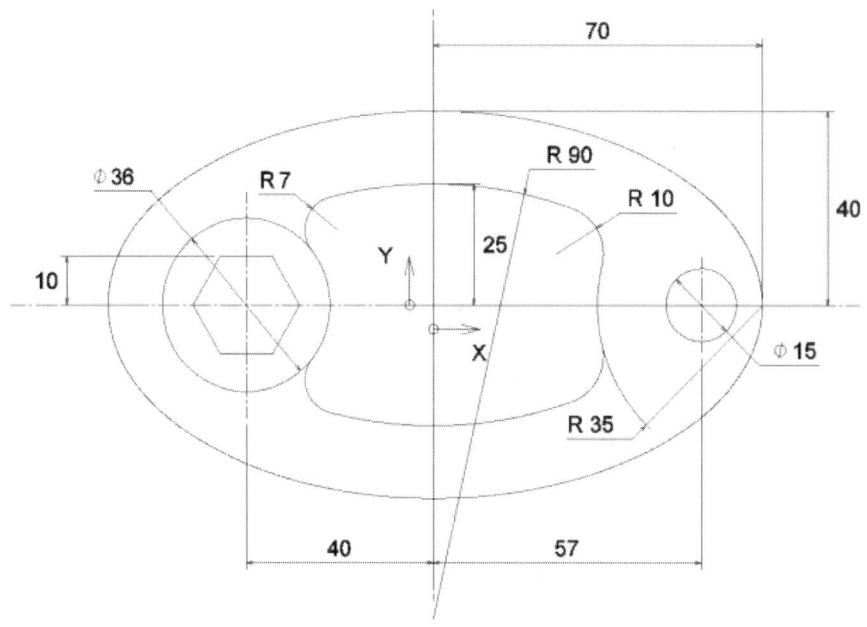

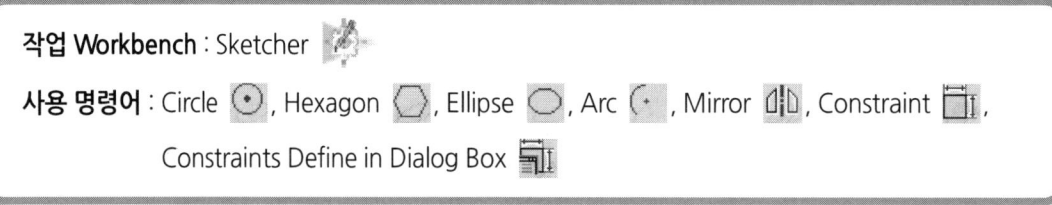

작업 Workbench : Sketcher

사용 명령어 : Circle ⊙, Hexagon ⬡, Ellipse ○, Arc ⌒, Mirror ⫴, Constraint ⊓,
Constraints Define in Dialog Box

Sketch Workbench에서 6번째로 연습해볼 도면입니다. 이번 도면에서는 우선 형상들을 둘러싸고 있는 타원의 형태를 Ellipse ○로 그리는 방법을 배우게 됩니다. 또한 도면을 살펴보면 가운데 부분의 곡선들이 그리기 쉬운 형태는 아니라는 걸 볼 수 있는데, 이 형상은 다행히도 H축에 대해 대칭입니다. 따라서 이 부분에서는 Mirror ⫴의 기능을 사용하여 작업하게 될 것입니다. 또한 이 복잡해 보이는 부분들을 살펴보면 각각 4개의 곡률이 지정되어 있습니다. 이는 Arc ⌒를 사용해 형상을 그리고 Constraints Define in Dialog Box 로 문자적인 구속을 주어 만들게 됩니다.

01. Sketcher Workbench에 들어간 후 작업하고자 하는 평면을 선택합니다.

02. 먼저 Ellipse ○을 이용하여 원점을 중심으로 한 타원을 그립니다. 그릴 때에는 먼저 중점을 찍은 후 장축, 단축의 끝점을 클릭해줍니다. 이 도면에서는 장축의 끝점은 H축 연장선상에, 단축의 끝점은 V축 연장선상에 있습니다.

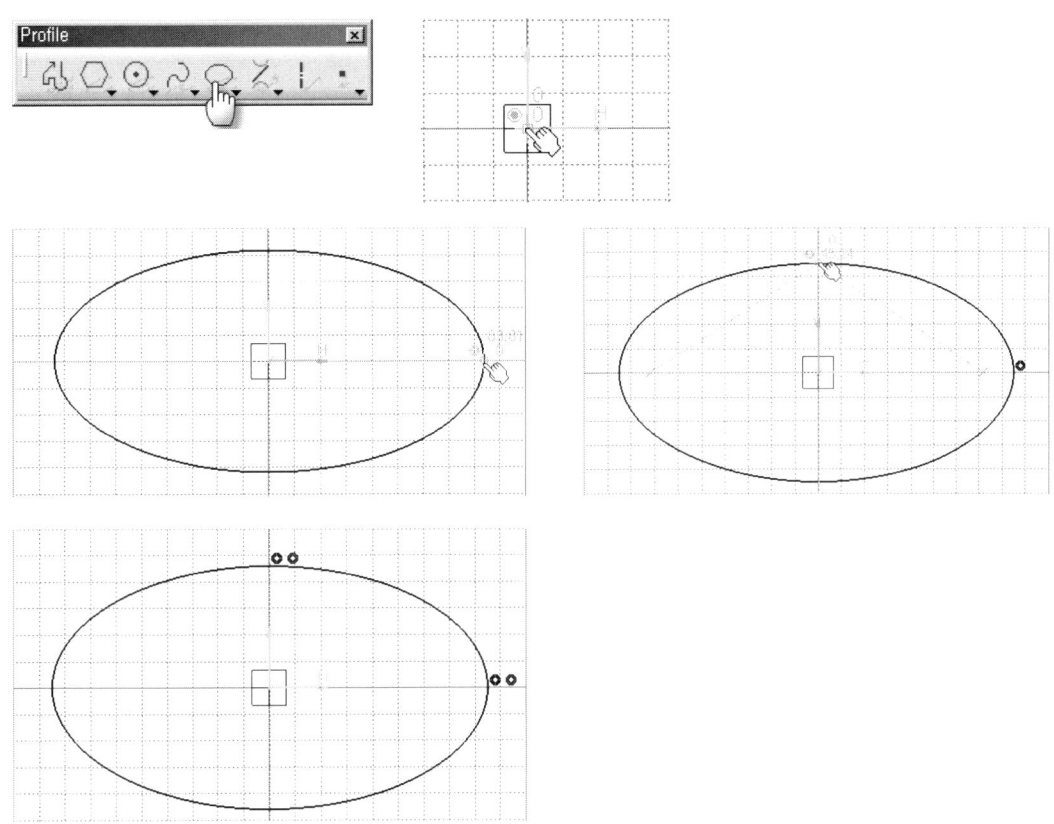

03. Constraints ![icon]를 이용하여 타원의 장축을 70mm, 단축을 40mm로 구속해줍니다. 장축의 길이를 구속할 때에는 원점과 장축의 끝점을 Ctrl을 이용하여 동시에 잡으면 되며 단축의 경우도 마찬가지입니다.

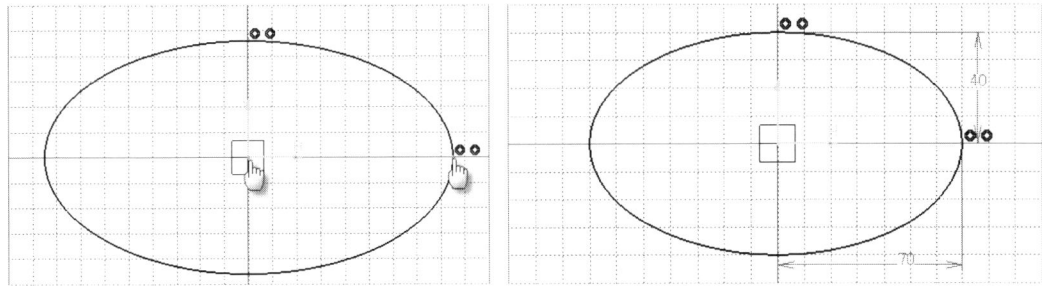

장축과 단축의 길이를 다 구속해 주어도 위의 경우와 같이 타원은 완전히 구속되지 않아 연두색 Line으로 변하지 않습니다. 타원의 경우에는 전체 장축의 길이 혹은 전체 단축의 길이를 한 번 더 구속해 주어야 완전히 구속됩니다. 다음의 경우에는 장축의 길이를 한 번 더 구속해준 것으로 완전히 구속되었습니다.

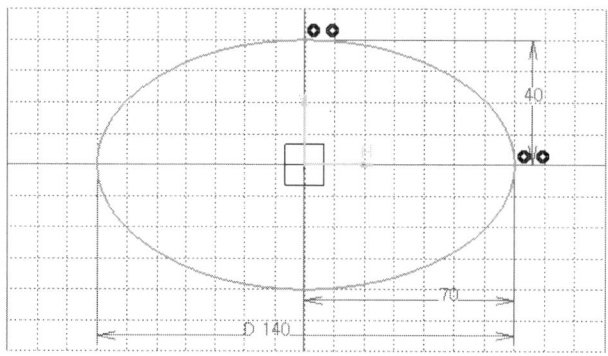

04. 중심축에서 왼편에 Circle ⊙ 을 이용하여 H축의 연장선상에 중점을 가지는 원을 그린 후 Constraints
▥ 를 이용하여 지름 36mm로 구속합니다.

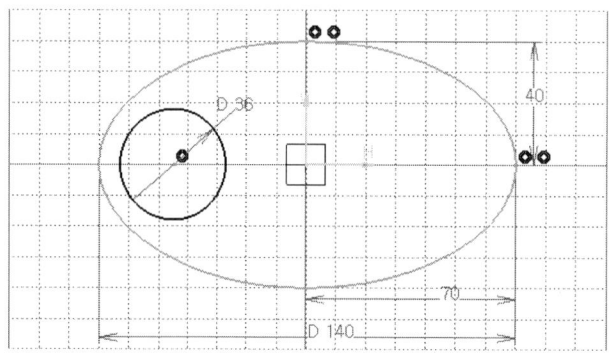

05. Hexagon ⬢ 을 이용하여 방금 그린 원과 중점을 동일하게 가지는 육각형을 그립니다. 이 때 육각형
의 변은 H축과 평행합니다.

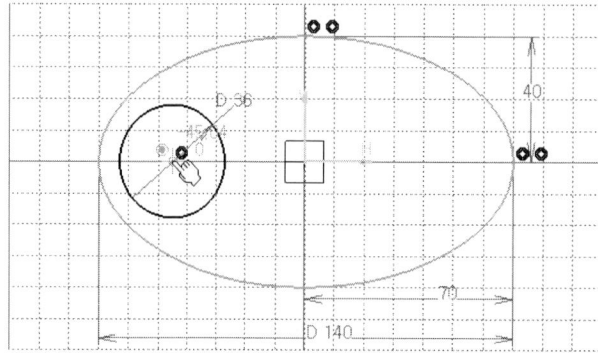

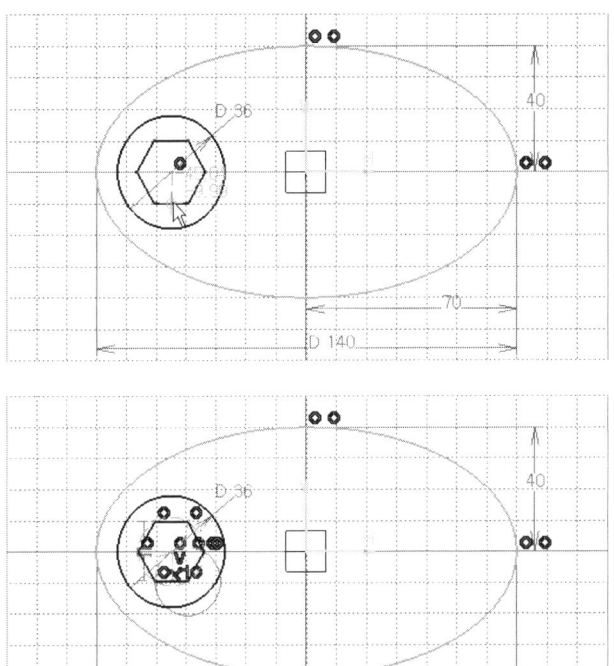

06. Constraints 를 사용하여 H축과 육각형의 한 변사이의 거리를 10mm로 구속합니다.

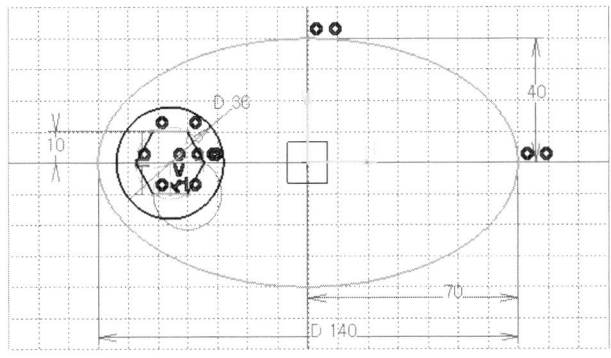

07. Constraints 를 사용하여 육각형과 원의 중심과 원점과의 거리를 40mm로 구속합니다.

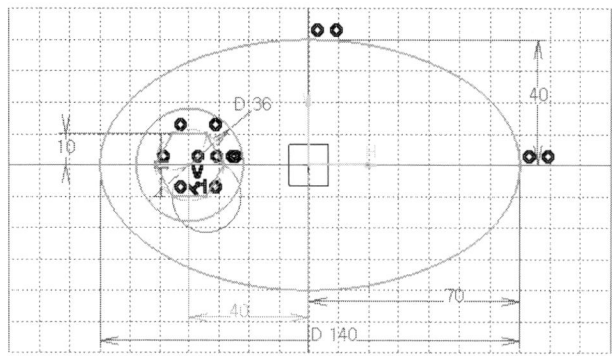

08. 중심축의 오른쪽에 Circle 을 이용하여 중점이 H축의 연장선상에 놓여있는 원을 그립니다. 그런 다음 Constraints 를 이용하여 원의 지름을 15mm로, 원의 중점과 원점사이의 거리를 57mm로 구속합니다.

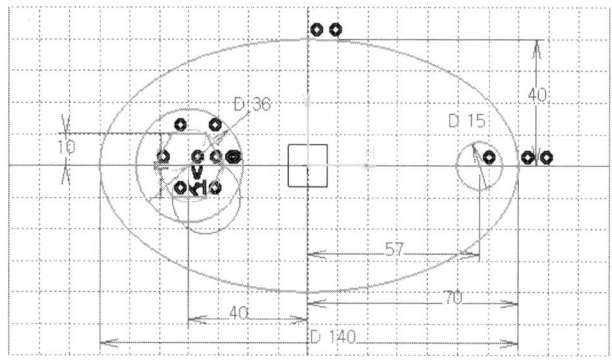

09. 이제 가운데의 형상의 H축 윗부분을 그리도록 하겠습니다. 먼저 Arc 를 이용하여 중심점을 V축의 연장선상에 놓여있는 R90mm의 호를 그립니다. 현재 그려져 있는 형상들로 인해 다른 요소들과 구속이 계속 잡혀서 불편하면 그릴 때에 Shift키를 누르면서 작업하면, 누르고 있는 순간에는 Smart Pick 기능이 적용되지 않아 편리하게 작업할 수 있습니다.

> • Smart Pick 기능이란 스케치 과정에서 CATIA 스스로가 다른 형상 요소들과 위치 관계를 잡아주는 것 입니다.
> (Apply) Support lines and circles, Alignment, Parallelism, Perpendicularity, Tangency, Horizontal and Vertical

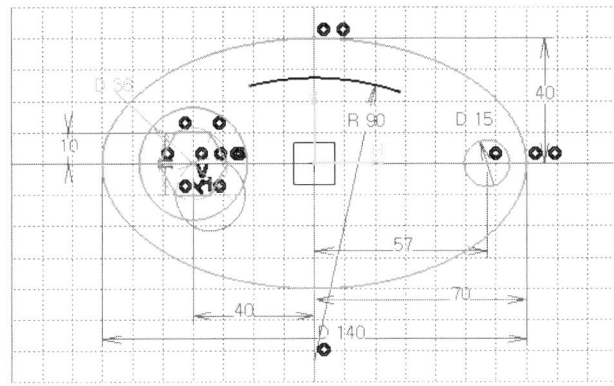

10. Constraints ▭를 클릭한 후 방금 그린 호와 원점을 Ctrl을 동시에 선택하여 호와 중심축과의 높이를 25mm로 구속합니다.

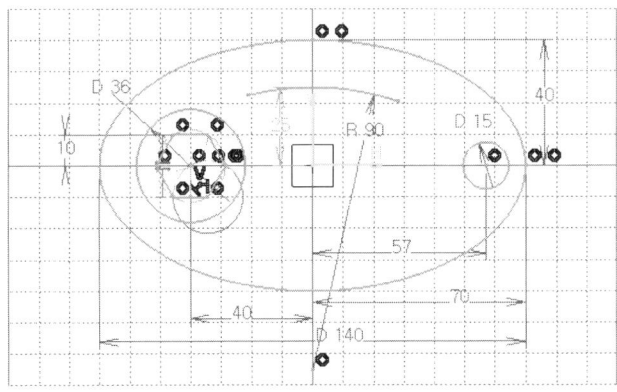

11. Arc ⌒를 이용하여 타원의 오른쪽 장축 끝점에 중점을 둔 R35mm의 호를 그립니다. 이 때 호의 한쪽 끝은 H축의 연장선상에 있습니다.

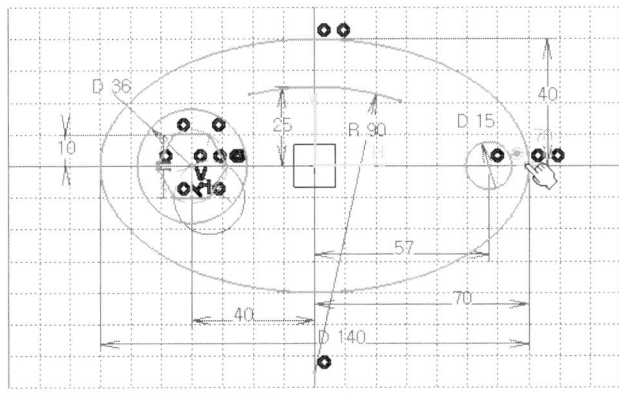

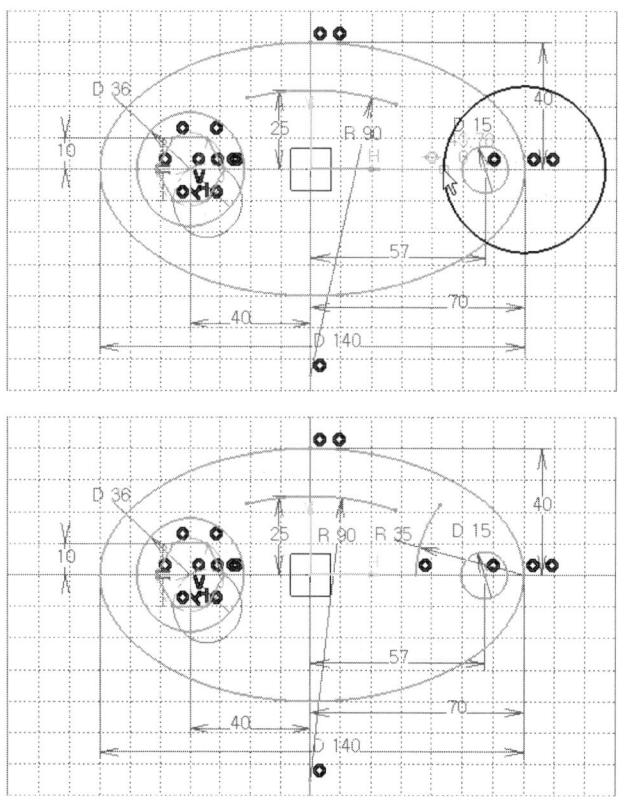

12. R90mm, R35mm 호 사이에 R10mm의 호를 그립니다.

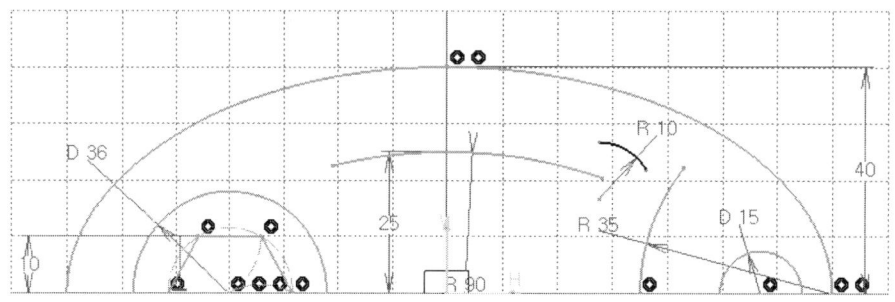

13. R10mm 호의 끝점과 R35mm의 끝점을 Ctrl을 이용하여 동시에 선택한 후 Constraints Define in Dialog Box 를 선택합니다. Constraint Define창이 나타나면 Coincidence를 체크한 후 OK를 누릅니다.

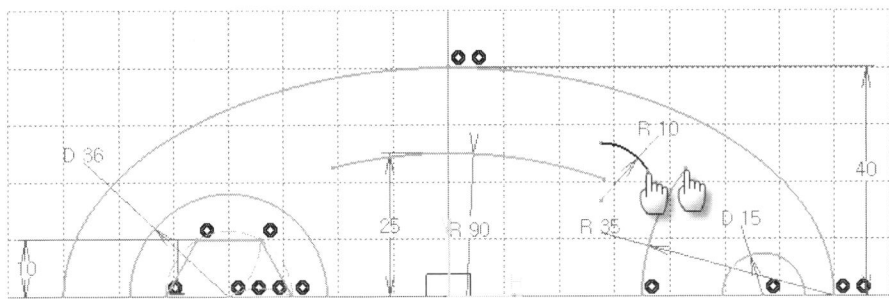

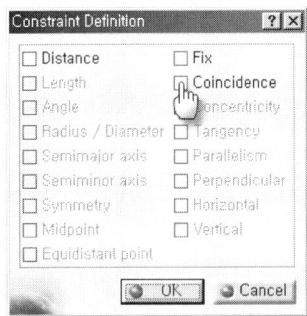

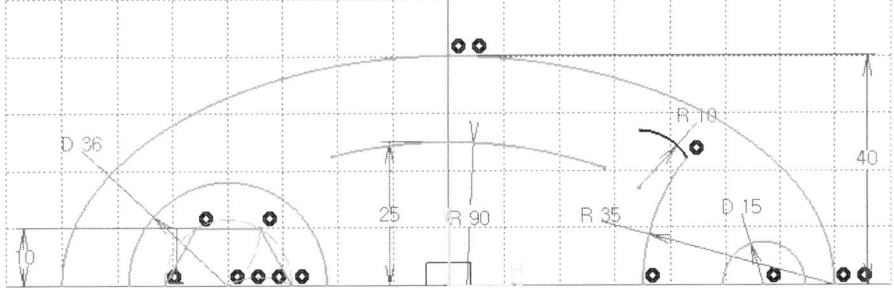

14. R10mm의 호와 R35mm 호를 Ctrl을 이용해 동시에 선택한 후 Constraints Define in Dialog Box 를 선택합니다. Constraint Define창이 나타나면 Tangency를 체크한 후 OK를 누릅니다.

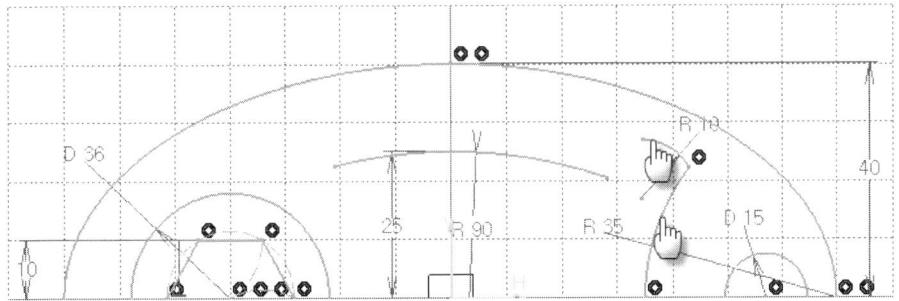

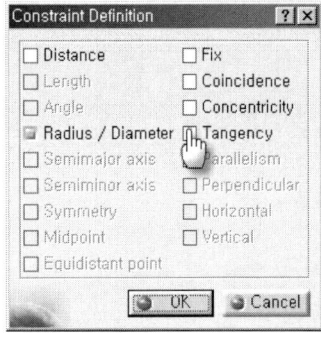

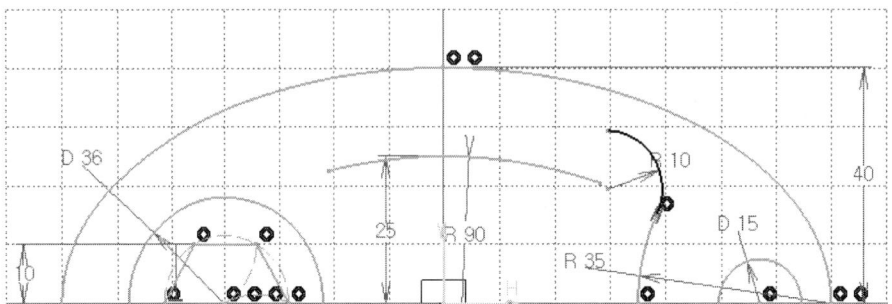

15. R90mm 호와 R10mm 호의 경우도 13, 14번과 같이 작업합니다.

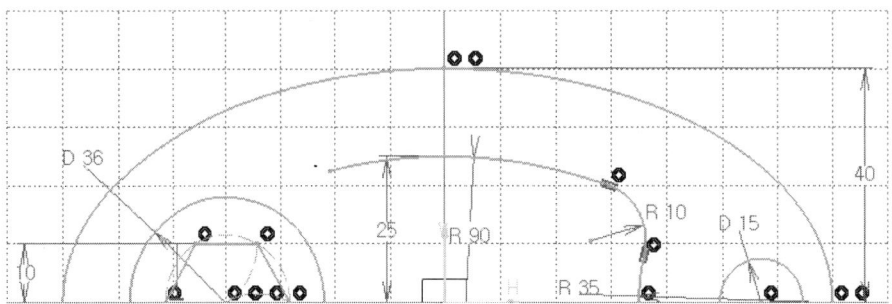

16. 지름 36mm의 원과 R90mm호의 사이에 R7mm의 호를 그립니다.

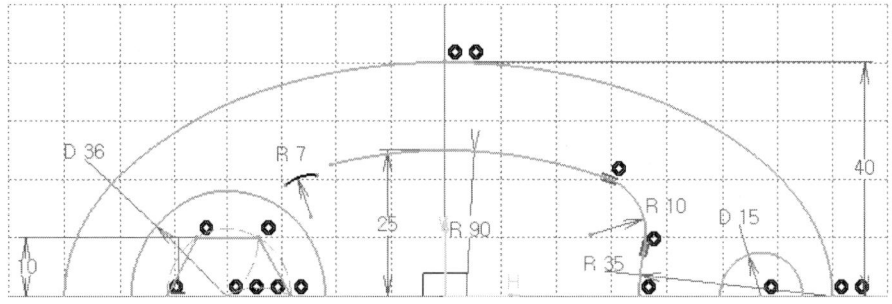

17. R7mm의 끝점과 지름 36mm의 원을 Ctrl을 이용하여 동시에 선택한 후 Constraints Define in Dialog Box 를 선택합니다. Constraint Define창이 나타나면 Coincidence를 체크한 후 OK를 누릅니다.

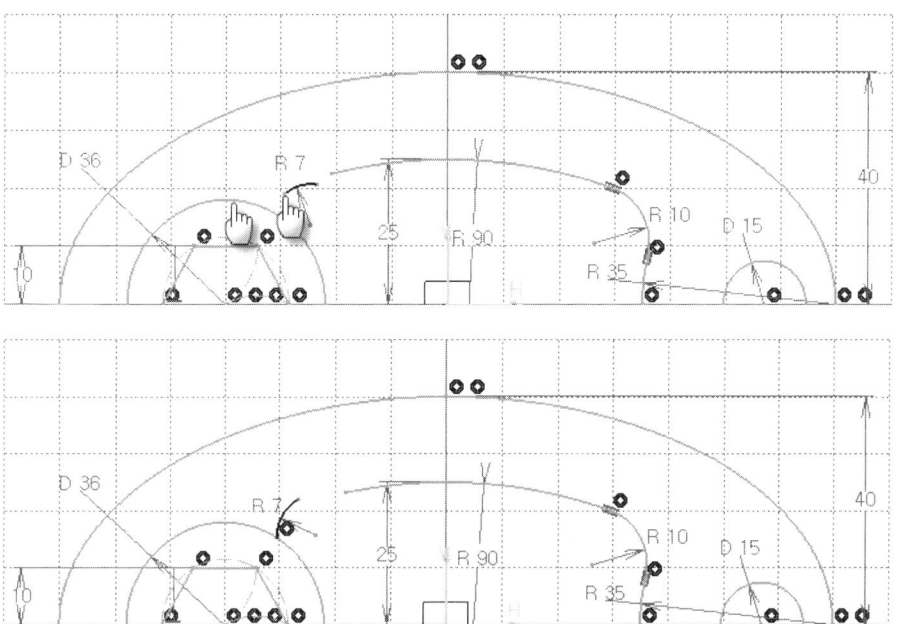

18. 현재 반지름 7mm의 호의 길이가 너무 짧다면 Coincidence되지 않은 끝점을 마우스로 드래그 하여 길이를 늘인 다음 작업을 합니다. Tangency의 명령을 할 때 너무 짧으면 원하는 방향으로 접하지 않을 수 있기 때문입니다. R7mm의 호와 지름 36mm의 원을 Ctrl을 이용해 동시에 선택한 후 Constraints Define in Dialog Box 를 선택합니다. Constraint Define창이 나타나면 Tangency를 체크한 후 OK를 누릅니다.

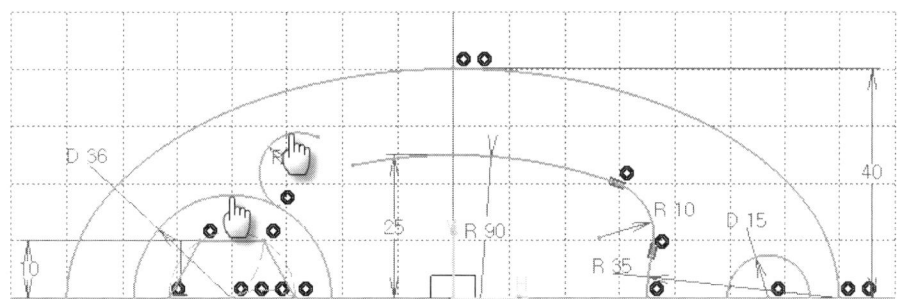

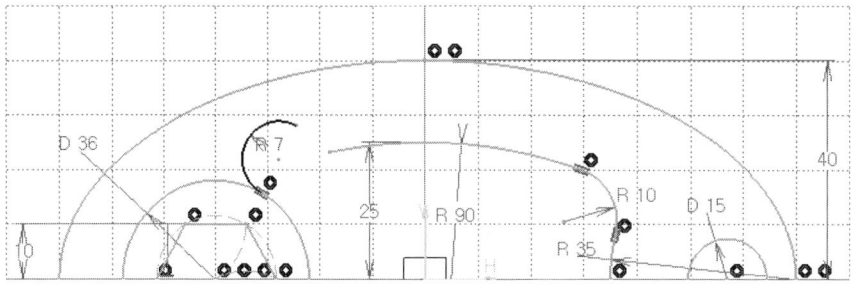

19. R90mm의 호와 R7mm의 호의 경우도 위와 같이 작업합니다.

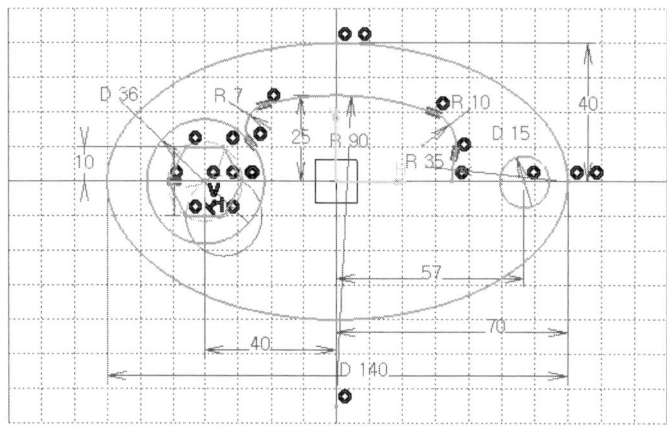

20. 방금그린 4개의 Arc 연결 요소 중 한 부분에 대고 마우스 오른쪽 버튼을 대고 누릅니다. 맨 끝에 Line x. object에서 Auto Search를 클릭합니다. 그림 H축에 대칭시키고자 하는 요소들이 한꺼번에 선택이 됩니다.

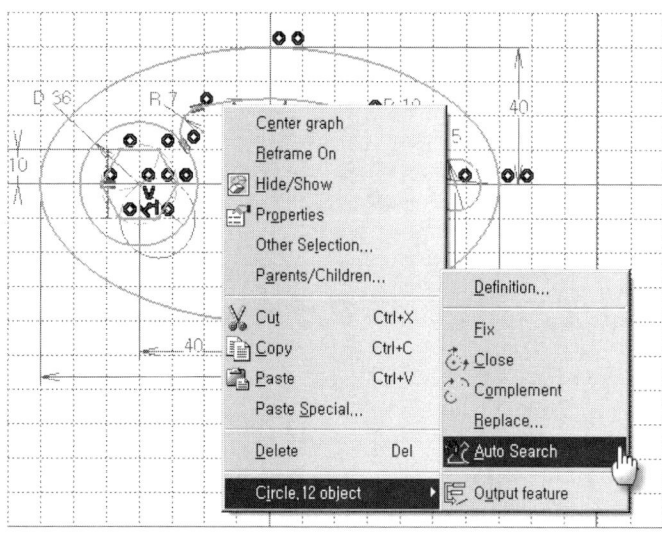

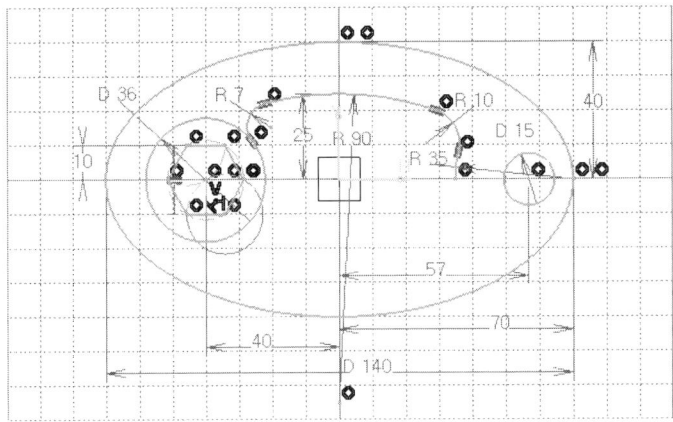

21. 대칭시킬 대상이 선택된 상태에서 Mirror 를 실행시킨 후 H축을 클릭합니다.

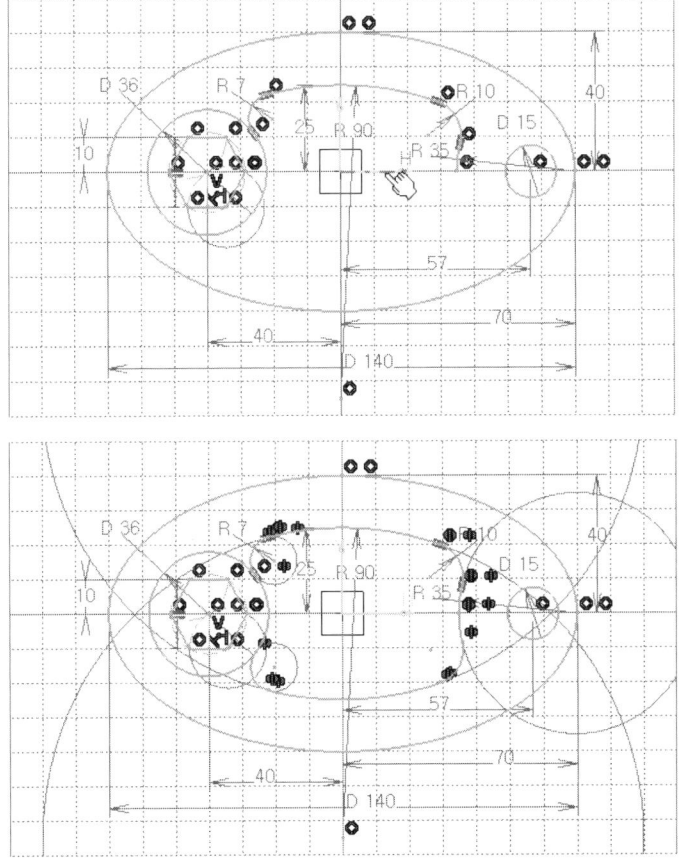

22. 완성된 도면은 다음과 같습니다. (구속 조건을 숨긴 형상입니다.)

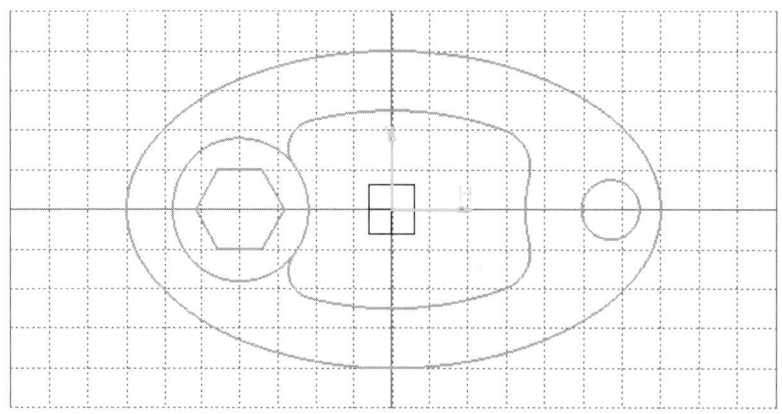

(7) Exercise 7 - Break

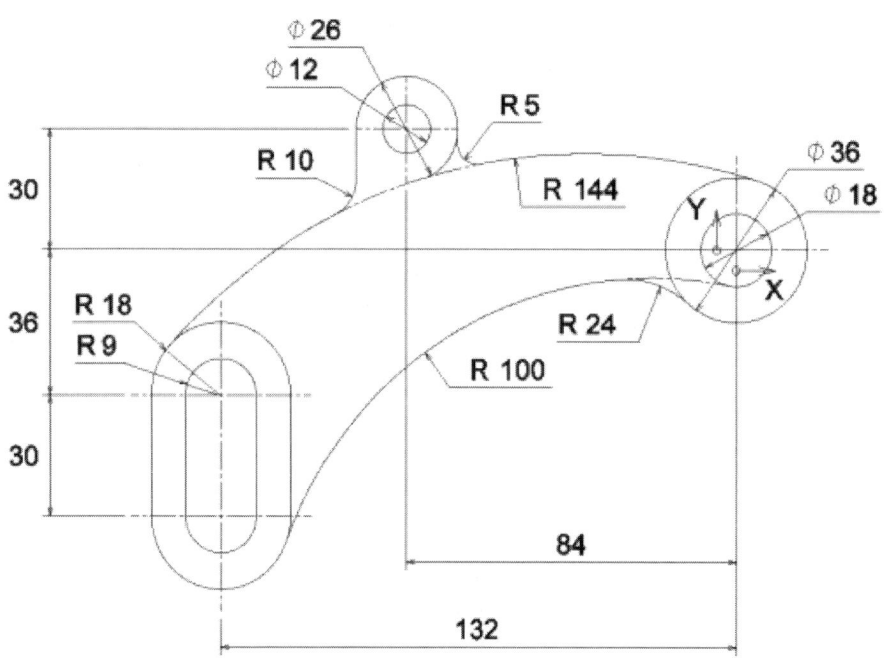

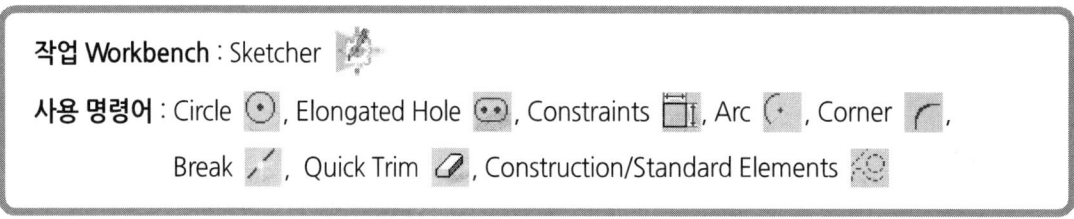

작업 Workbench : Sketcher

사용 명령어 : Circle , Elongated Hole , Constraints , Arc , Corner , Break , Quick Trim , Construction/Standard Elements

Sketcher Workbench에서의 7번째 작업에서는 Break의 기능에 대해 배우게 됩니다. Break 는 직선이나 곡선 등의 하나의 요소를 어떤 기준에 따라 둘로 혹은 그 이상으로 나눌 수 있게 합니다. 여기서는

R100mm의 호를 R24mm의 기준으로 양쪽으로 나누는데 이 기능을 사용할 것입니다. 일단 작업하기 전에 전체적으로 도면을 살펴보면 X, Y축이 표시되어 있는 오른쪽의 지름 18mm, 36mm의 원을 원점을 중심으로 그려 작업을 시작할 것입니다. 다음으로는 위쪽 두 개의 원 , 두 개의 Elongated Hole을 그리고 원점과의 구속을 잡아준 후 각 요소들을 연결하는 세부 작업을 하게 될 것입니다.

01. 먼저 Circle ⊙과 Constraints 🗗를 이용하여 원점을 중심으로 한 지름18mm, 36mm의 두 개의 원을 그리고 수치를 구속합니다.

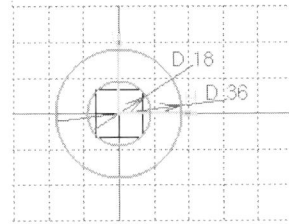

02. 다음으로 왼쪽 아랫부분에 두 개의 Elongated Hole ⚬⚬을 그립니다. 이 때 두 기준선은 수직선을 이뤄야 하므로 V표시가 나타나도록 그립니다. 바깥 Elongated Hole을 그릴 때에는 안쪽 Elongated Hole과 두 개의 기준점이 일치해야 하므로 일치(Coincidence)한다는 ⊙ 표시를 확인하고 그립니다.

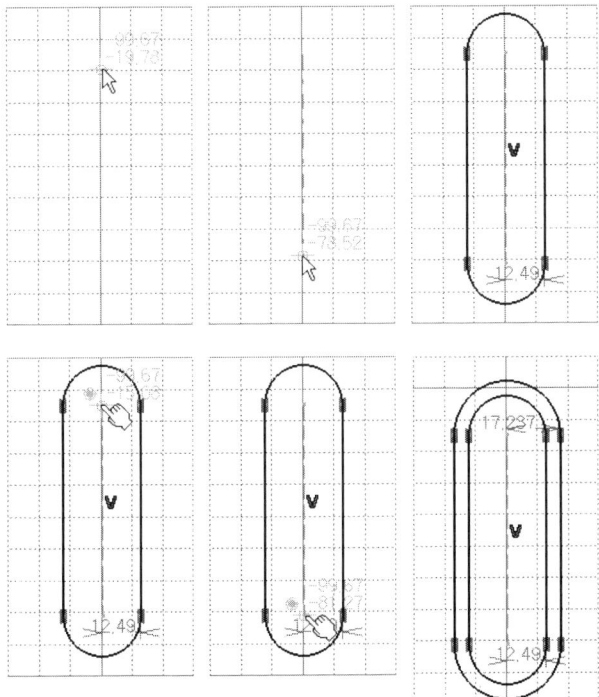

03. 두 개의 Elongated Hole 형상이 완성되면 현재의 수치를 더블클릭하여 각각의 반지름을 9mm, 18mm로 구속하고, Constraints 를 이용해서 두 기준점 사이의 거리를 30mm로 구속합니다. 위에서 두 기준점을 일치시켜 그렸으므로, 두 점 사이의 거리를 구속하면 두 개의 Elongated Hole은 같이 움직이게 됩니다. 하지만, 아직 External Constraint가 잡히지 않았으므로 연두색 선으로 표시되지는 않습니다.

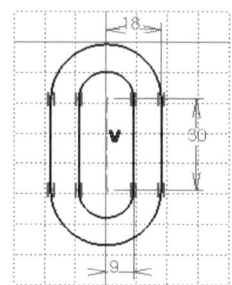

04. 이제 Elongated Hole 의 External Constraint를 잡아주기 위해서 위쪽 기준점과 원점의 수직거리를 36mm, 수평거리를 132mm로 Constraint 를 구속합니다. 이 때 두 점사이의 거리는 대각선의 길이로 나타나므로 마우스 왼쪽 버튼을 누르지 말고 마우스 오른쪽 버튼을 눌러 수평거리의 경우 Horizontal Measure Direction으로, 수직거리의 경우 Vertical Measure Direction으로 바꾸어 작업합니다.

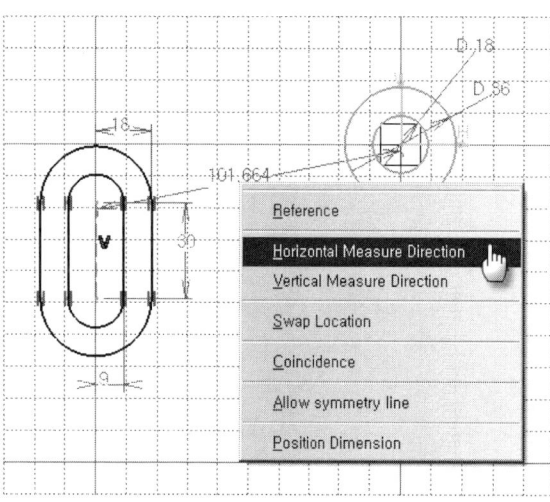

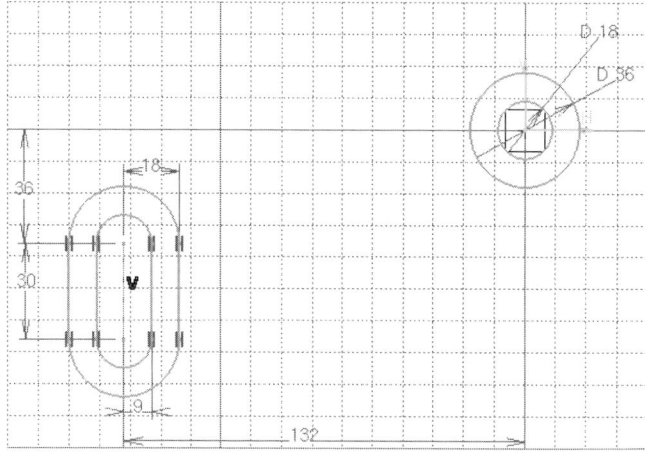

05. 다음으로 Elongated Hole과 원점의 원 사이의 위쪽에 Circle ⊙ 사용해서 중점을 동일하게 가지는 두 개의 원을 그립니다. 그런 다음 Constraint 로 두 원의 지름을 각각 12mm, 26mm로 구속합니다.

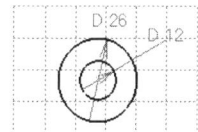

06. Constraint 를 사용해 원의 중점과 원점 사이의 수평거리를 84mm, 수직거리를 30mm로 구속합니다. 이때에도 마우스 오른쪽 버튼을 눌러 대각선 길이를 수평, 수직거리로 바꾸어주어야 합니다.

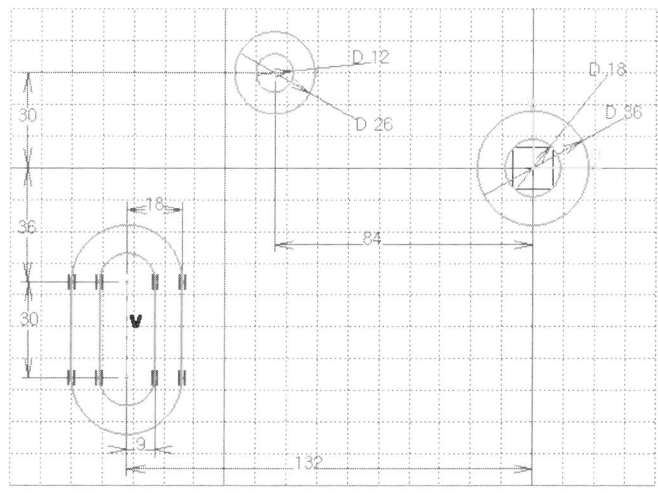

07. 이제 원점의 작은 원과 바깥쪽 Elongated Hole 이 이루고 있는 곡선을 그립니다. 곡선은 Corner를 통해 그려도 되고, Arc 를 통해 그려도 되지만 여기서는 Corner 를 사용하겠습니다. 여기서는 곡선의 바깥 요소들이 지워지면 안 되므로 Corner 아이콘을 클릭한 후 Sketch Tools Toolbar에서 No Trim Type 을 선택하여 원점의 작은 원과 Elongated Hole 의 바깥쪽 원을 클릭해서 작업하고, 반지름은 R100mm로 입력해줍니다.

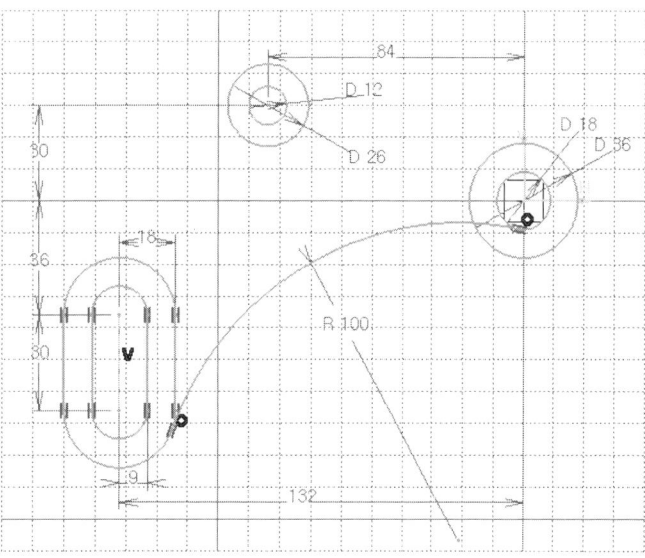

2. Sketcher **107**

08. 이제 방금 그린 R100mm의 곡선과 원점의 바깥원이 이루는 곡선을 그립니다. 방금 한 것과 같이, Corner ⌐ 에서 No Trim Type ⌐ 으로 작업한 후 반지름을 R24mm로 입력해줍니다.

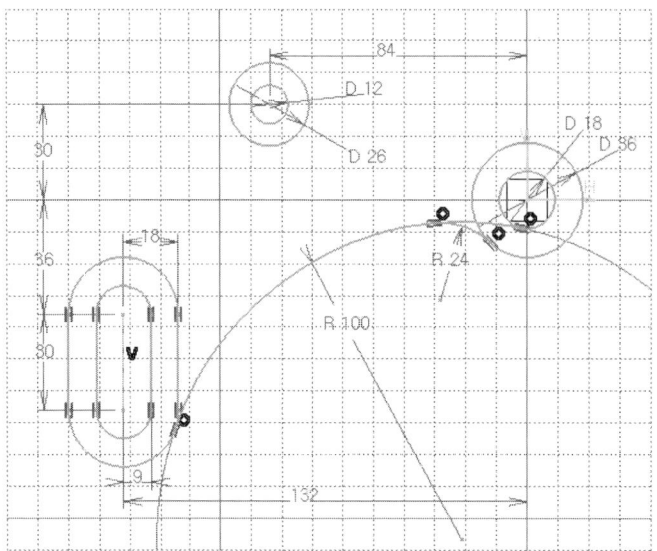

09. 도면에서 보면 R100mm의 곡선과 R24mm곡선의 교차점을 기준으로 오른쪽부분은 점선으로 나타나 있는 것을 볼 수 있습니다. 점선으로 표현하기 위해서는 Construction/Standard Element 를 사용했었는데, 우리가 점선으로 바꾸고자 하는 부분만 선택되지 않고 R100mm곡선 전체가 선택됩니다. 이럴 때 Break 라는 기능을 사용합니다. Break는 지금처럼 하나의 요소를 임의의 기준에 대해 끊어주는 명령입니다. 먼저, Break 를 실행합니다.

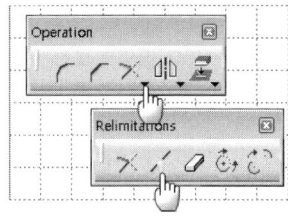

10. 먼저 나누고자 하는 R100mm의 곡선을 클릭한 후, 기준이 되는 R24mm의 곡선을 클릭합니다. 그럼 R24mm의 곡선을 기준으로 R100mm의 곡선은 따로따로 선택이 됩니다.

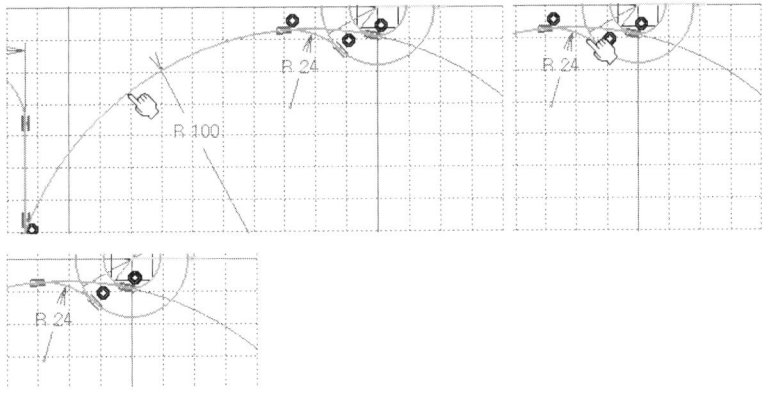

11. Construction/Standard Element ![icon] 를 이용하여 R100mm 곡선의 교차점 오른쪽 부분을 점선으로 만들어줍니다.

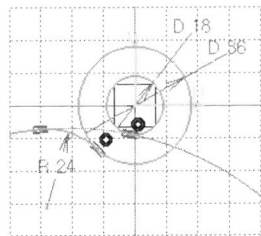

12. 이제 위쪽의 R144mm의 곡선을 그리는데 Arc ![icon] 를 사용합니다. 임의로 한 점을 호의 중심으로 잡고 곡선을 그린 후 먼저 Constraints ![icon] 를 이용해 반지름 144mm로 구속해줍니다.

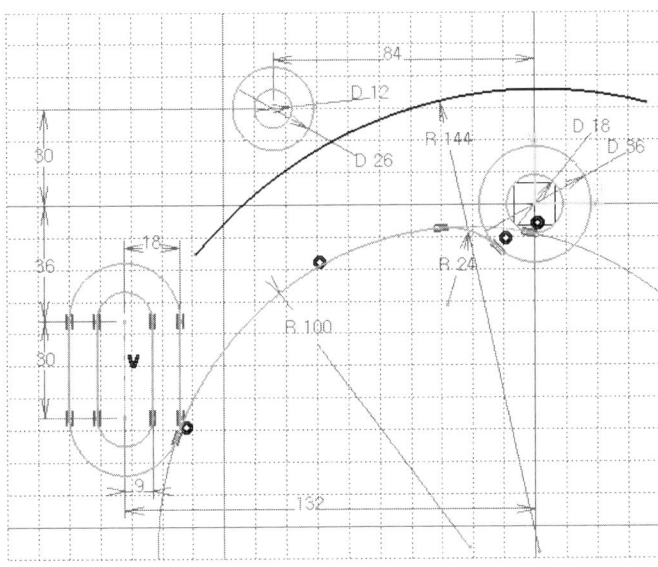

13. 그런 다음 Constraint Defined in Dialog Box 를 이용하여 Elongated Hole의 윗부분 반원과 R144mm호의 끝점, 원점의 바깥 원과 호의 끝점을 일치시킵니다.

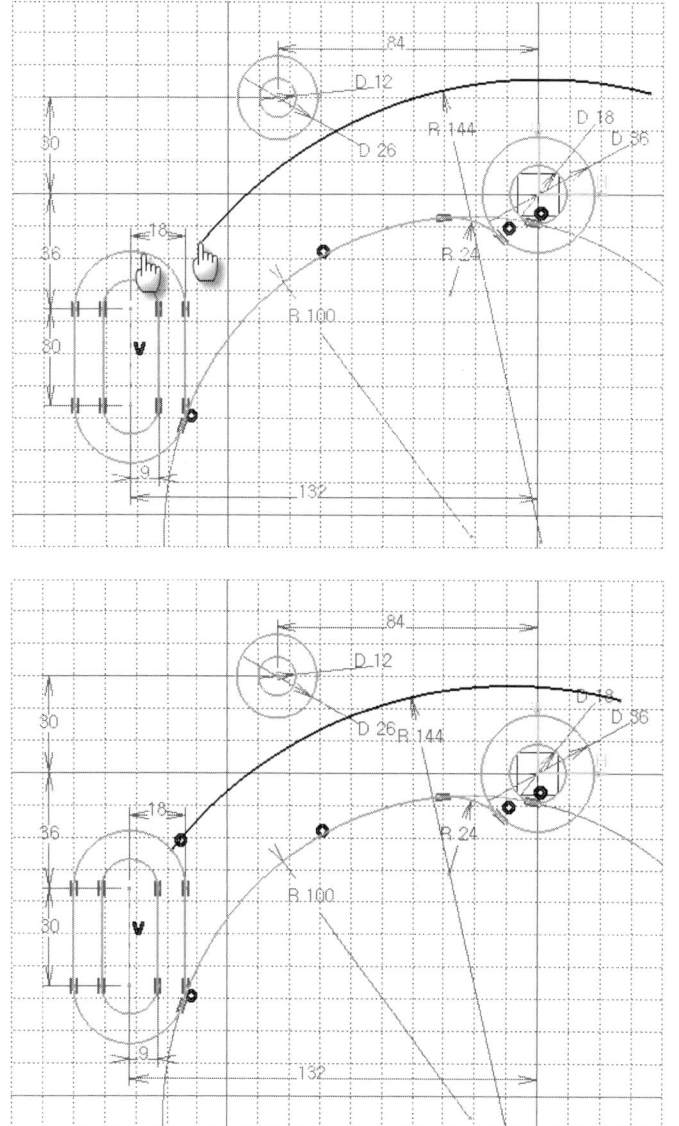

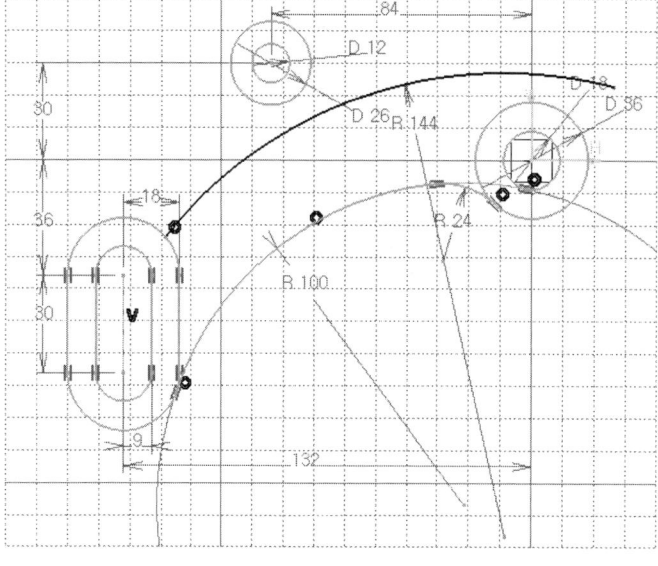

호의 반대쪽도 마찬가지 방법으로 작업합니다.

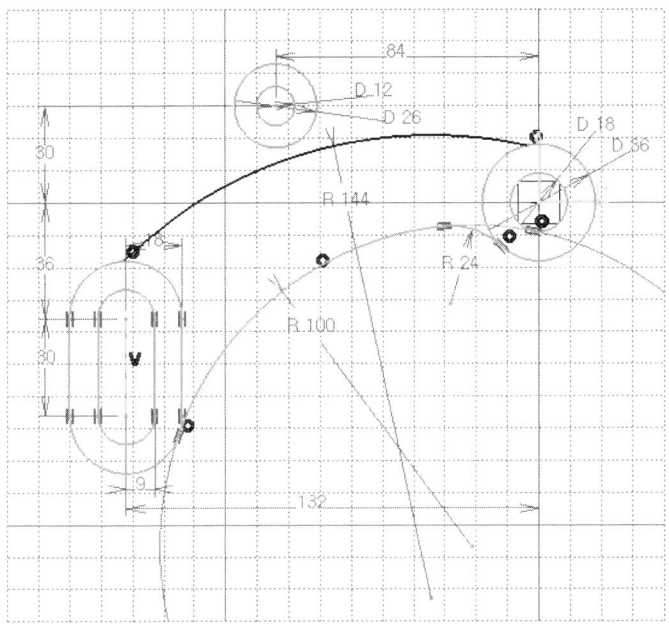

14. 다음으로 Elongated Hole의 바깥 원과 R144mm의 호를 동시에 선택한 후 Constraint Defined in Dialog Box 를 클릭하여 Constraint Definition 창이 나타나면 Tangency를 체크해줍니다.

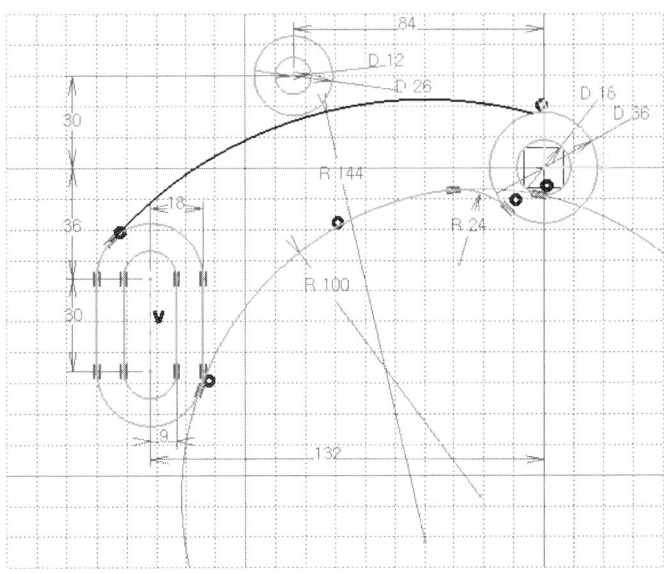

15. R144mm의 호와 원점의 바깥 원과도 14번과 같이 작업합니다.

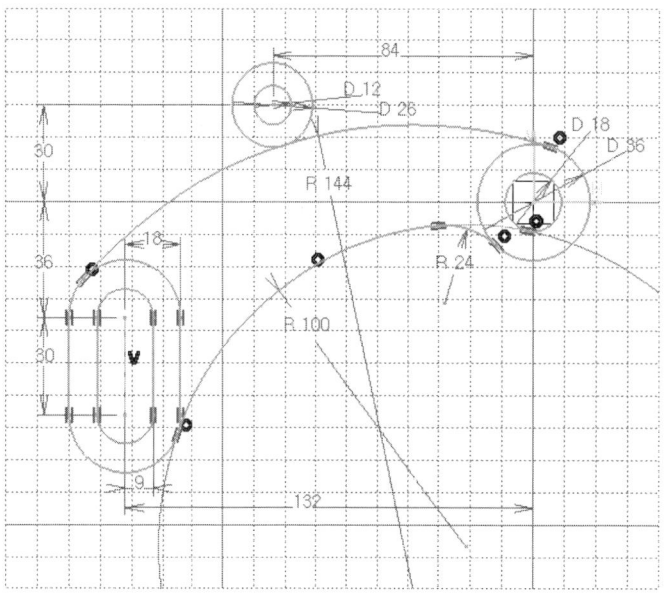

16. 지름 26mm의 원과 R144mm의 호가 만나는 부분으로 왼쪽에는 R10mm 오른쪽에는 R5mm로 Corner 를 이용하여 라운드처리 해줍니다. 이 때 Corner가 되는 곡선의 바깥부분의 요소들은 없어지면 안 되므로 No Trim Type 을 사용합니다.

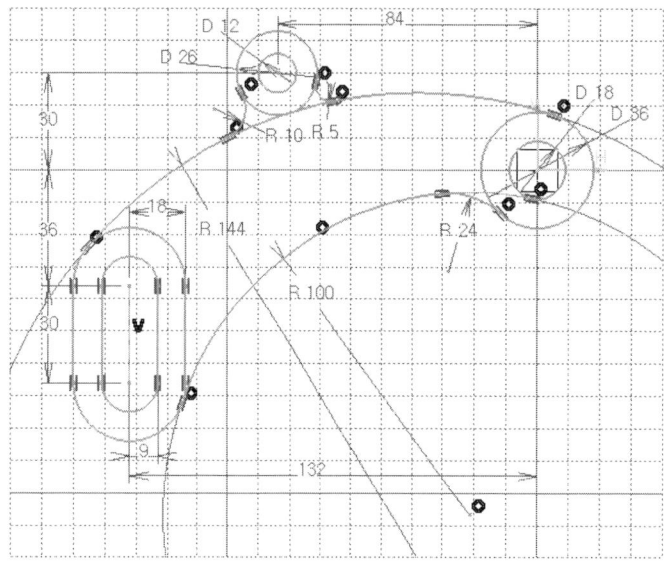

17. 마지막으로 Quick Trim 을 이용하여 불필요한 요소들을 모두 지워줍니다. 이 때 지울 선이 여러 개이므로 아이콘을 더블클릭하여 기능을 계속 사용할 수 있도록 하면 편리합니다.

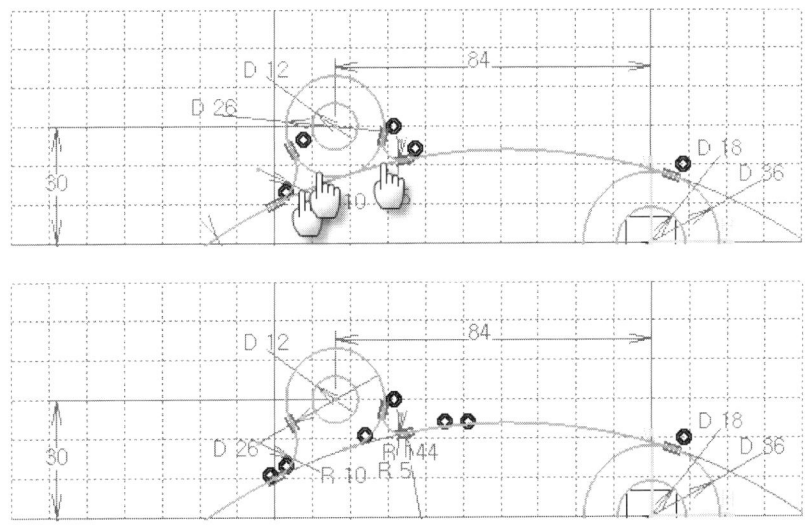

18. 완성된 도면은 다음과 같습니다. (구속을 숨긴 모습입니다.)

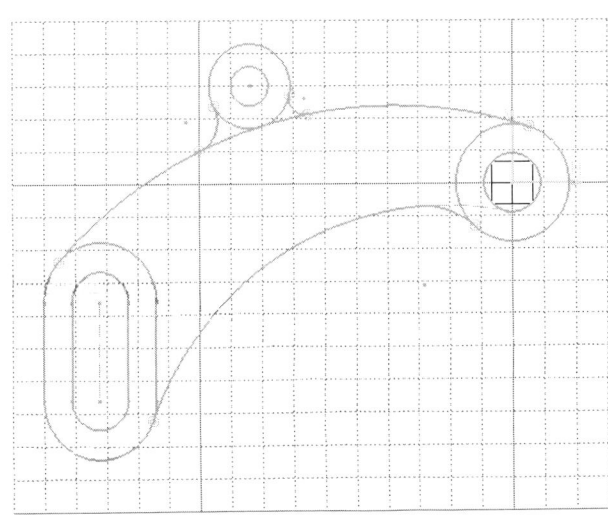

(8) Exercise 8 - Rotate & Symmetry

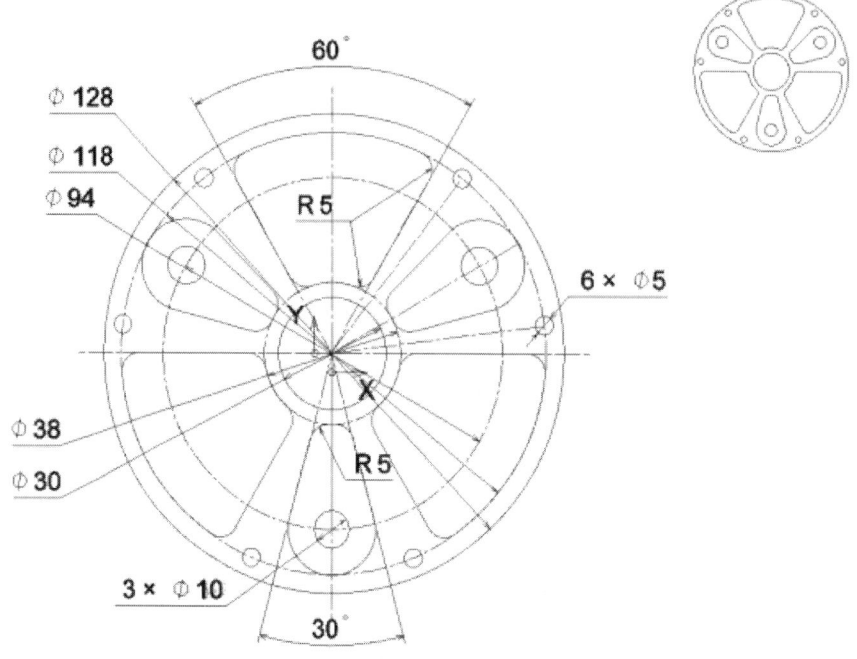

작업 **Workbench** : Sketcher
사용 명령어 : Circle , Constraint , Edit Multi-Constraint ,
Construction/Standard Element , line , Corner , Mirror , Arc ,
Quick Trim , Rotate

작업하기에 앞서 도면을 살펴보면, 똑같은 형상이 Circle안에 세 개가 있는 것을 볼 수 있습니다. 따라서 이 경우에는 Rotate 라는 기능을 사용해서 작업하면 편리합니다. 앞에서 사용한 Mirror 의 기능이 같은 형상이 일정한 축에 대해 대칭을 시켜주어 작업의 효율성을 높여준다면, Rotate 기능은 반복되는 형상이 일정한 각도에 대해 규칙성을 가지고 배열되어 있을 때 한 형상만 그린 후 나머지 형상들의 각도를 잡아주어 효율성을 높여줍니다. 예를 들면, 위에서는 한 형상이 3번 반복되고 각 형상은 120°를 이루고 있습니다. 이러한 경우 3개 중 하나의 형상만 그린 후 이 형상을 돌릴 기준선을 하나 정하고- 예를 들면 H 축- 각 형상이 이루고 있는 120°를 지정해주면 간단히 작업을 마칠 수 있습니다. 자세한 설명은 뒤에서 하겠지만 대략적인 기능을 숙지한 후 작업을 시작하면 더욱 도움이 될 것입니다.

01. 먼저 Circle ⊙ 을 이용하여 원점을 중심으로 하는 다섯 개의 원을 그립니다. 같은 기능을 여러 번 반복하는 경우이므로 아이콘을 더블클릭하여 사용하면 편리합니다.

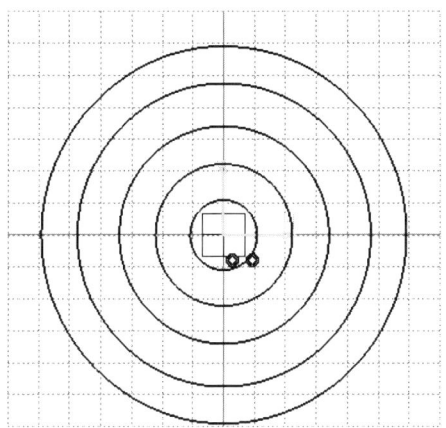

02. 이제 각 원의 수치를 구속해 보도록 하겠습니다. 여태까지의 과정에서는 수치를 구속할 하나의 요소를 선택하고 Constraint 🔲 Icon을 선택하여 나오는 현재 상태의 수치를 더블클릭하여 바꾸는 방법으로 구속을 해왔습니다. 이번 도면에서는 Edit Multi-Constraint 🔲 라는 기능을 소개할 겸 사용해보도록 하겠습니다. 원래 이 기능은 구속을 하는 기능이 아닌 이미 구속이 다 되어 있는 값들을 고칠 경우에 편리하게 사용 하는 기능입니다. 이번 경우에 적용해 보면 먼저, Constraint 🔲 를 더블클릭하여 기능이 계속 유지되도록 한 후 다섯 개의 원을 한번 씩 클릭해주어 현재 그려져 있는 수치를 나타나게 합니다. 기능을 다 사용하고 나서 Esc나 아이콘을 한번 다시 눌러주는 것을 잊지 않도록 합니다.

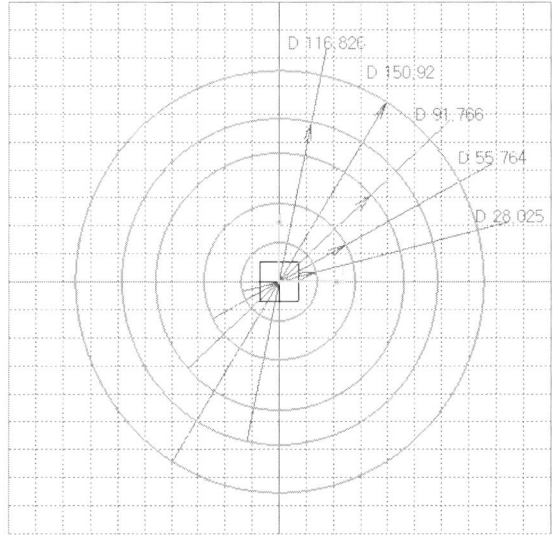

03. 다음으로 Edit Multi-Constraint 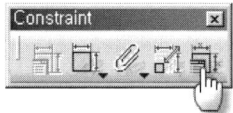 Icon을 클릭하면 아래쪽과 같은 창이 나타납니다.

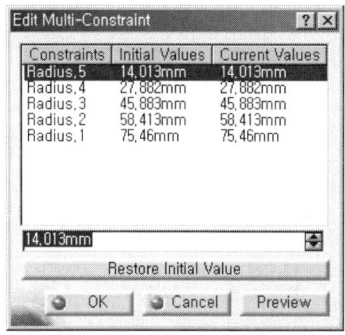

04. 이 창에서 하나하나의 값들을 우리가 원하는 값으로 바꿔줍니다. 예를 들어 위 그림에서 선택되어 있는 값은 맨 바깥쪽의 D28.025mm(R14.013mm)의 원입니다. 그 값을 아래의 창처럼 우리가 원하는 값인 R15mm(D30mm)로 바꿔 입력해준 후 Enter키를 누릅니다. 다른 값들도 모두 바꾸어준 후 OK버튼을 클릭하면 모든 수치가 한꺼번에 우리가 원하는 값으로 바뀌어 구속된 것을 볼 수 있습니다.

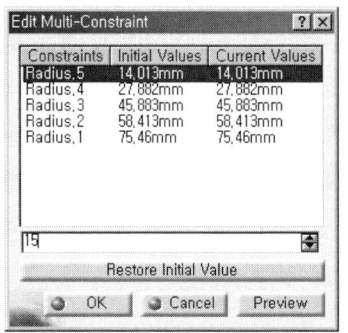 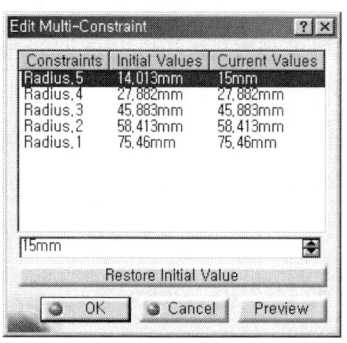

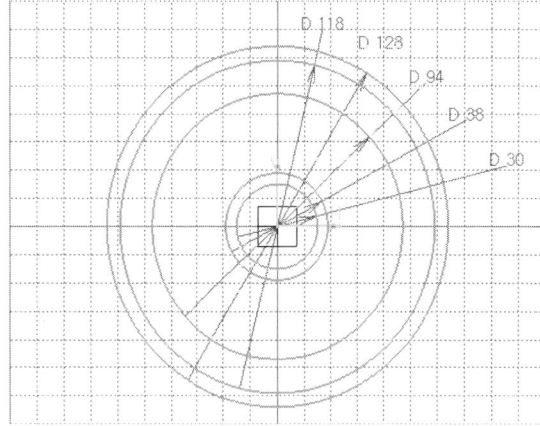

05. 이제 보조선인 R94mm의 원을 점선으로 만들어주어야 합니다. 이를 위해 먼저 R94mm인 원을 클릭한 후 Construction/Standard Element 를 클릭합니다. 그럼 점선으로 변한 보조선이 선택되어 있고, Construction/Standard Element 아이콘도 주황색으로 활성화 된 상태입니다. 이 상태에서 아이콘을 끄지 않으면 앞으로 그리는 모든 선도 점선으로 그려지므로 아이콘을 한 번 더 눌러서 꺼야 하는데, 현재 점선이 선택되어 있는 상태이므로 그냥 끄면 점선이 다시 실선으로 변할 것입니다. 따라서 보조선 이외의 다른 곳을 한번 클릭해서 선택을 해제한 후 아이콘을 끄도록 합니다.

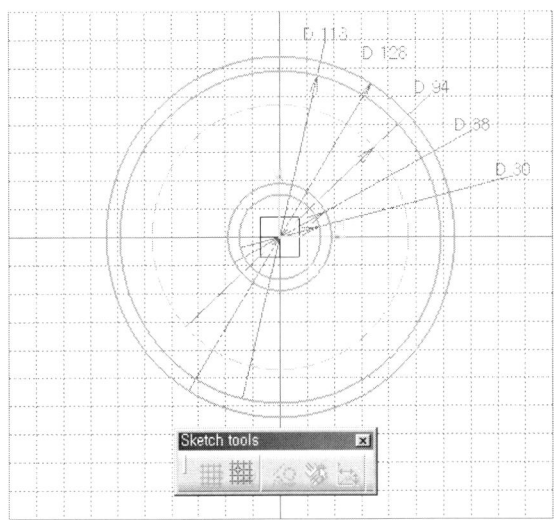

06. 다음으로 3번 반복되는 형상 중 Rotate 기능을 사용할 때 기준이 되는 형상 한 개를 그립니다. 여기서는 오른쪽 아래 부분의 형상을 그리도록 하겠습니다. 먼저 구역을 나누기 위해 Line 을 사용하여 다음 그림과 같이 직선 두 개를 그립니다. 단, 처음에 그리는 선은 H축의 연장선과 동일선상에 있어야 하고, 두선 모두 끝점이 R118mm의 원과 만나게 그립니다.

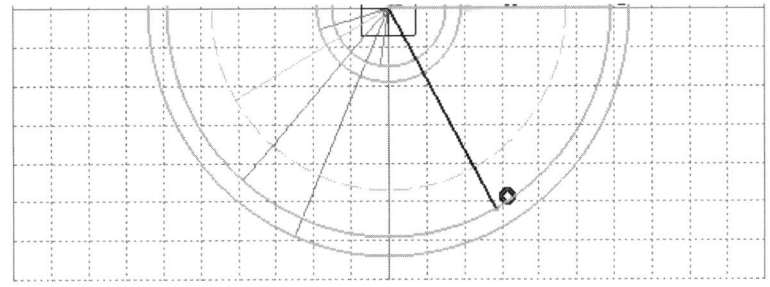

07. 다음으로 Constraint 를 이용하여 두 선 사이를 60°로 구속합니다.

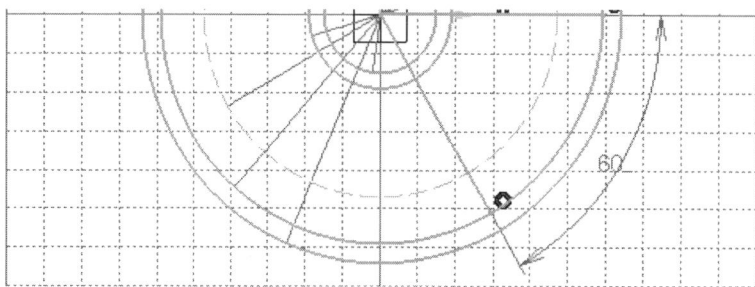

08. 다음으로 형상 안쪽의 구체적인 모양을 만듭니다. 먼저 방금 그린 두 선 사이의 구역을 살펴보면 4개의 모서리가 R5mm로 라운드 처리 되어 있는 것을 볼 수 있습니다. 이를 위해 먼저 Corner 아이콘을 선택한 후(이 때도 더블클릭하여 사용하면 편리합니다.) Sketch tools에서 첫 번째 All Elements Trim Type으로 작업합니다. 지금 그리는 형상이 곡선의 바깥부분이 필요 없는 모양이기 때문입니다. 4개의 모서리 모두 Corner작업을 해줍니다.

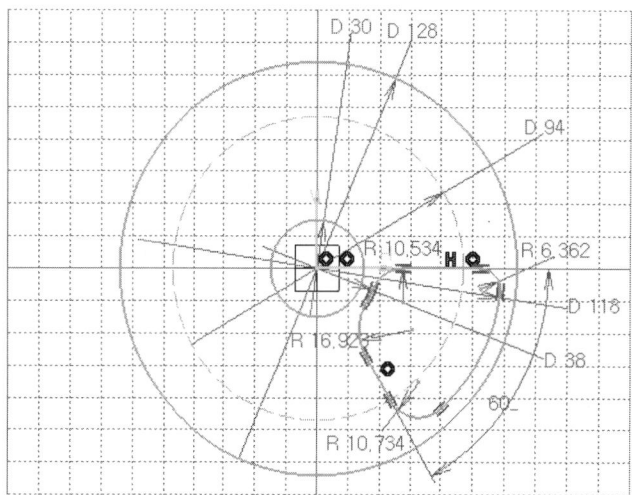

09. 이제 각각의 수치를 클릭해서 R5mm로 바꿔주는데, 이런 경우 앞에서 설명한 Edit Multi-Constraint 를 사용하면 편리합니다. 아까보다 구속이 많아졌지만 다른 구속은 바꾸지 않을 것이므로 맨 위부터 4번째까지의 수치만 5mm로 바꿔주면 됩니다.

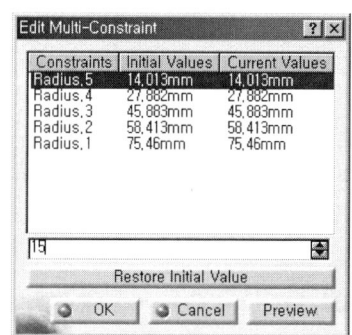

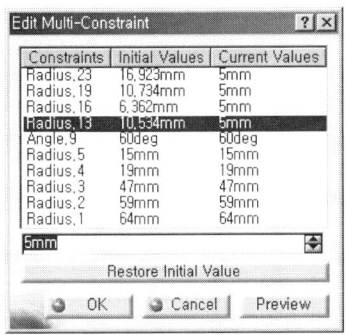
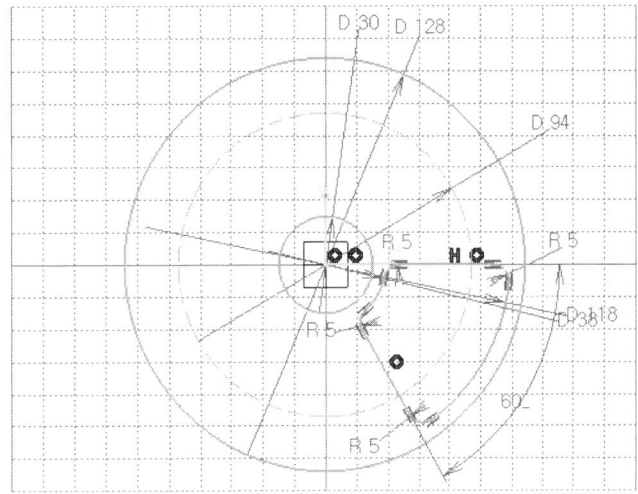

10. 이제 왼쪽 부분의 형상을 만들도록 하겠습니다. 이 형상을 보면 V축의 연장선상에 대칭인 것을 알 수 있으므로 반쪽(여기서는 오른쪽)만 그린 후 Mirror 를 사용하도록 하겠습니다. 먼저 오른쪽 부분에서도 구역이 두 개로 나눠지므로 Line 을 사용하여 원점과 지름 118mm의 원을 잇는 직선을 그립니다. 현재 지름 118mm의 원은 All Elements Corner에 의해 지워진 상태지만 다음과 같이 원이 있었던 부분에 마우스를 갖다 대면 Smart Pick에 의해 알아서 위치를 잡아줍니다.

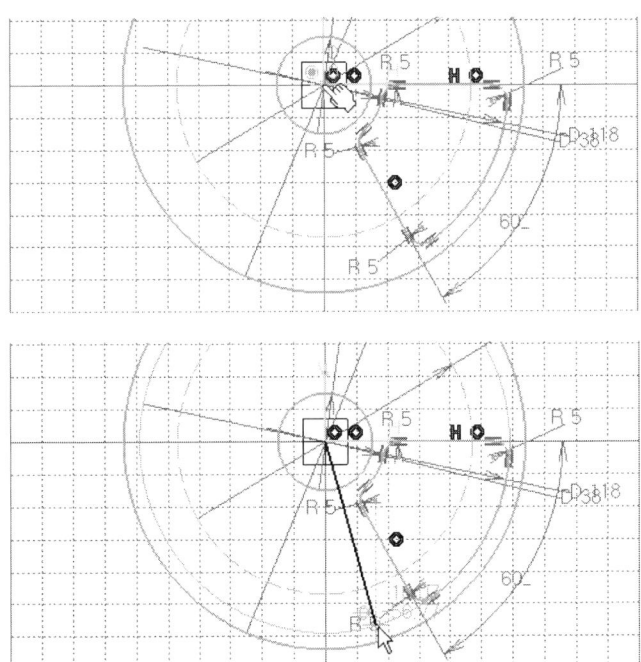

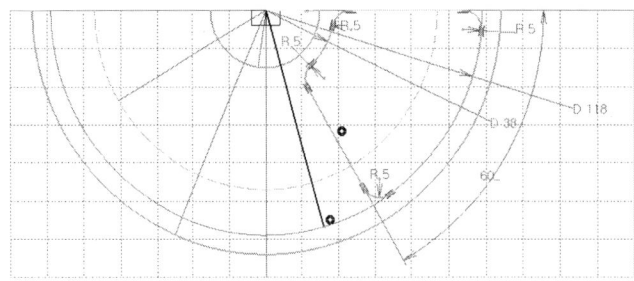

11. 그런 다음 Constraint 를 이용하여 방금 그린 직선과 오른쪽 직선 사이를 15°로 구속합니다.

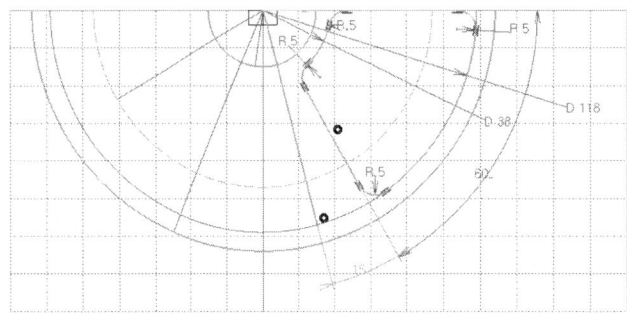

12. 방금 그린 선의 오른쪽 구역을 다시 반으로 나누는 보조선을 하나 그립니다. 먼저 Line 을 사용해서 원점에서부터 출발하는 선을 하나 그린 후 Construction/Standard Element 을 눌러줍니다.

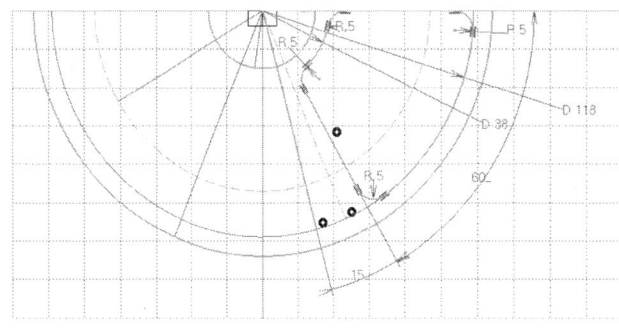

13. Constraint 를 사용해서 보조선과 오른쪽 선과의 각도를 7.5°로 구속해줍니다.

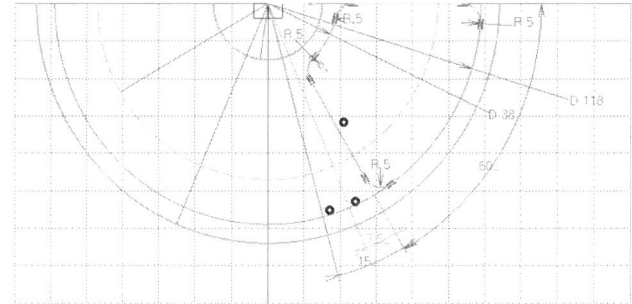

14. 이제 Circle ⊙을 이용하여 방금 그린 보조선과 R118mm의 보조원의 교점에 중심을 가지는 원을 그린 후 Constraint 를 이용하여 지름 5mm로 구속합니다.

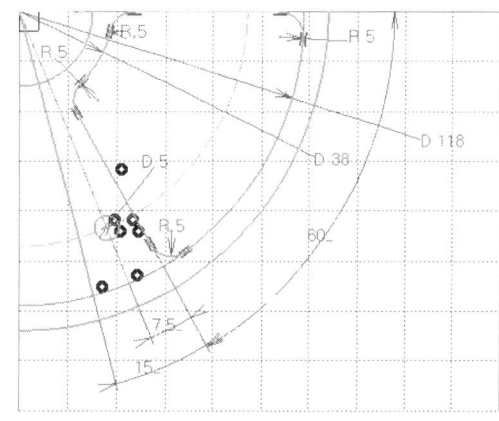

15. 다음으로 왼쪽 구역에 있는 형상을 그리겠습니다. 먼저 Arc 를 이용해서 아래쪽의 원모양을 그립니다. V축에 대해 대칭시키기 위해 오른쪽부분만 작업하고 있으므로 이 원은 V축의 연장선상과 지름 94mm의 보조원의 교점에 중점을 가지는 반원이 됩니다. 그런 다음 Constraint 를 이용하여 지름 10mm로 구속해줍니다.

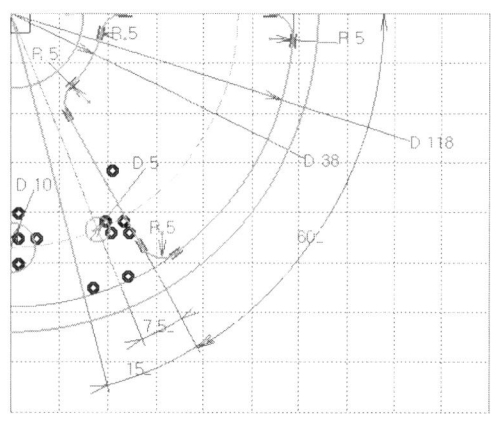

16. 다음으로 Arc 를 사용하여 맨 아랫부분의 반원을 그립니다. 이 요소 역시 오른쪽 부분만 작업하므로 ¼원이 됩니다. 이 사분원 역시 위의 원과 동일한 중점에서 그려집니다. 중점을 맞춘 후 다음 그림과 같이 오른쪽 Line, R118mm의 원과 일치하도록 합니다. 이 Arc 는 양 끝점이 구속되었으므로 별도의 수치구속 없이도 연두색 Line으로 변합니다.

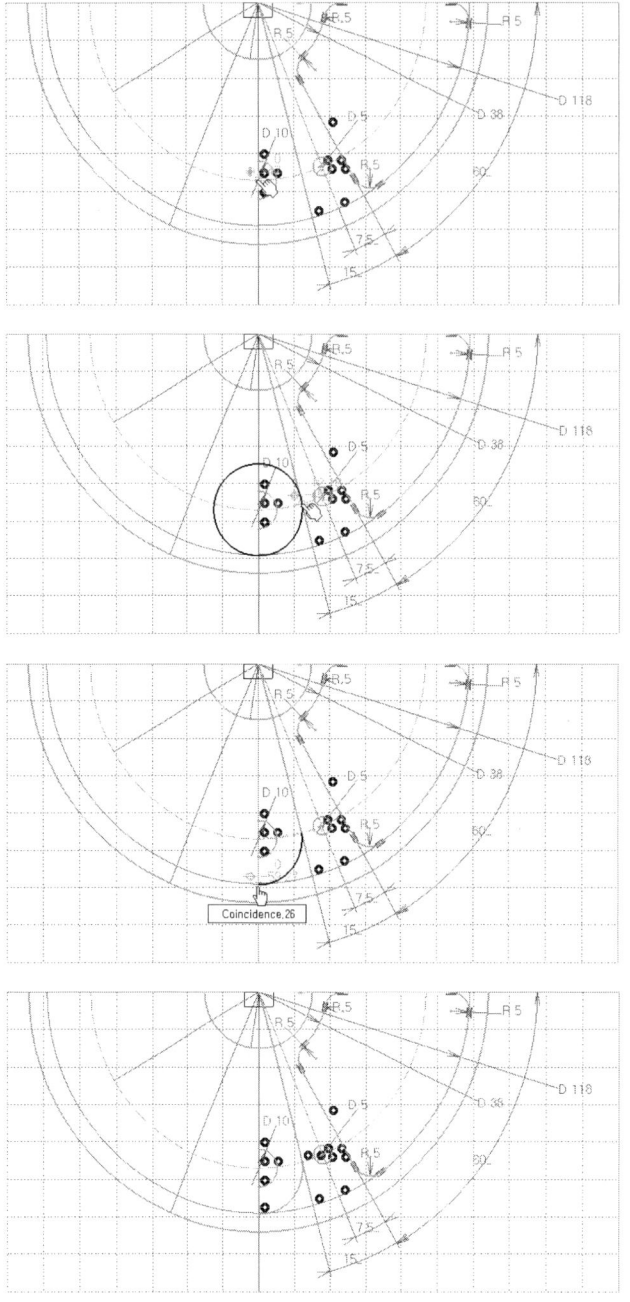

17. 이제 Corner ⌒를 사용하여 윗부분의 라운드 처리를 해줍니다. 이 경우에도 곡선 바깥쪽의 선이 필요 없는 경우이므로 All Element Trim을 선택한 후 작업을 합니다. 라운드 처리를 해준 후 R5mm로 수치를 입력합니다.

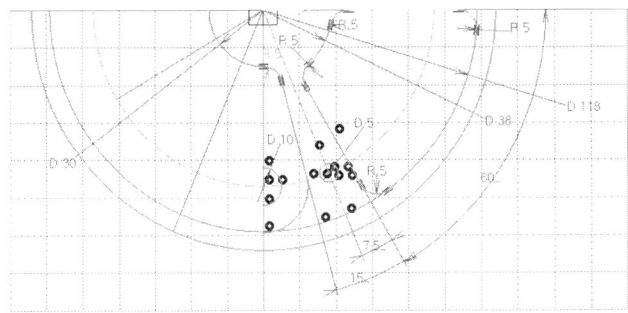

18. 대칭시키기 전 Quick Trim 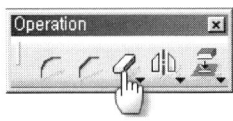을 이용하여 필요 없는 요소를 제거합니다.

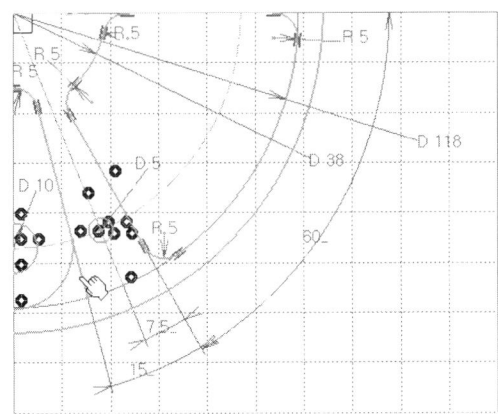
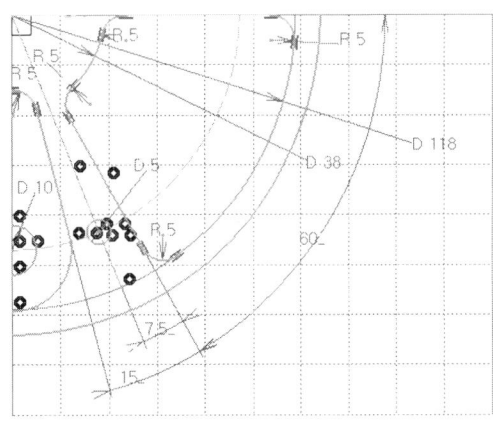

19. 이제 대칭시킬 형상이 완성되었으므로, Ctrl을 이용하여 대칭시킬 요소들을 동시에 선택한 후 Mirror 아이콘을 실행시키고 대칭시킬 축인 V축을 클릭합니다.

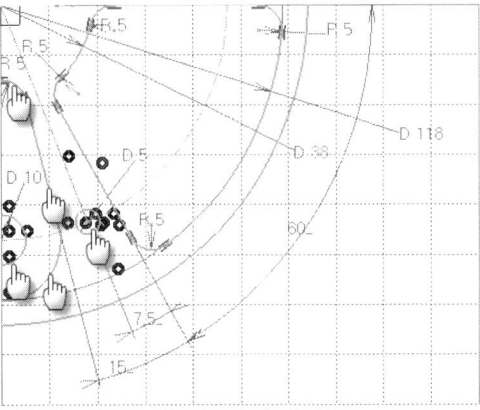

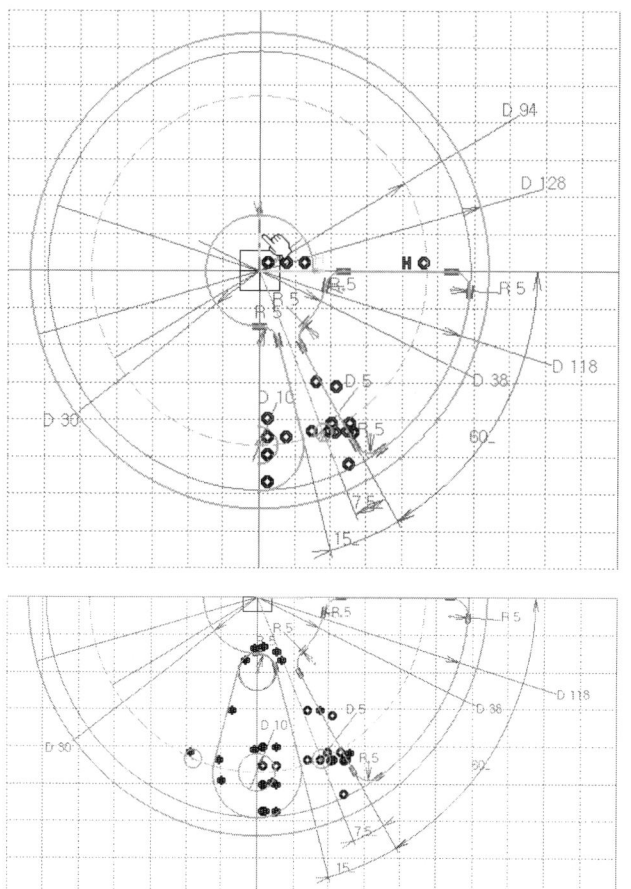

20. 이제 Rotate 를 하기에 앞서, 가운데 있는 원형의 필요 없는 부분을 Quick Trim 을 이용하여 삭제하겠습니다.

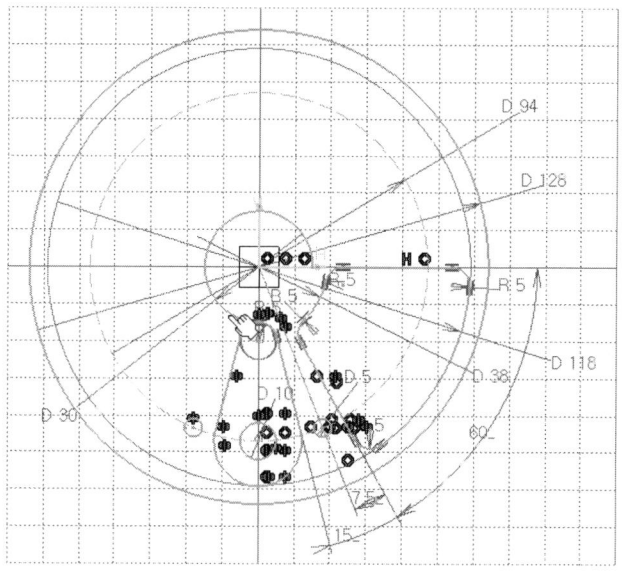

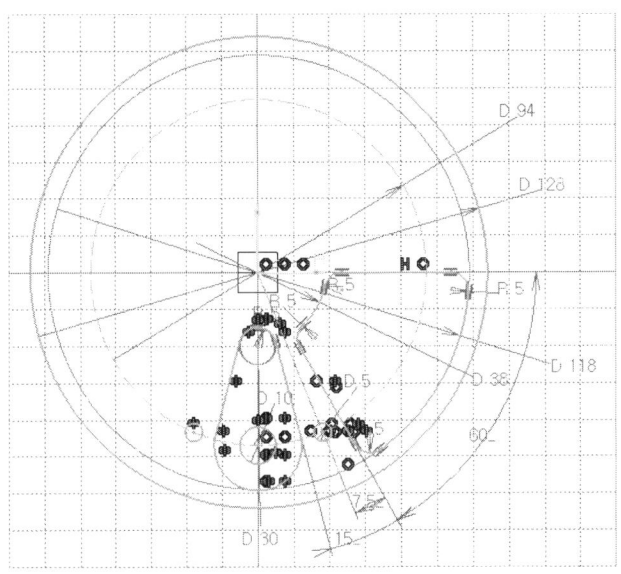

21. 이제 Rotate ⟳ 할 요소들을 선택합니다. 이 때 폐곡선을 이루고 있는 부분은 그 중 한 변을 선택한 후 마우스 오른쪽을 누르고 Auto Search를 클릭하면 폐곡선 전체가 한꺼번에 선택되어 훨씬 수월하게 작업할 수 있습니다. 하지만 한 폐곡선에 Auto Search를 사용한 후 Ctrl을 누른 후 다른 폐곡선에 Auto Search를 사용하면 이전의 선택된 것이 없어집니다. 따라서 Rotate할 때 각 폐곡선을 따로 120°씩 돌려도 되지만 여기서는 오른쪽의 폐곡선만 Auto Search로 한꺼번에 잡은 후 나머지는 Ctrl키를 이용하여 각 변을 클릭하는 방법으로 Rotate할 요소를 모두 선택한 뒤 한번에 Rotate하도록 하겠습니다.

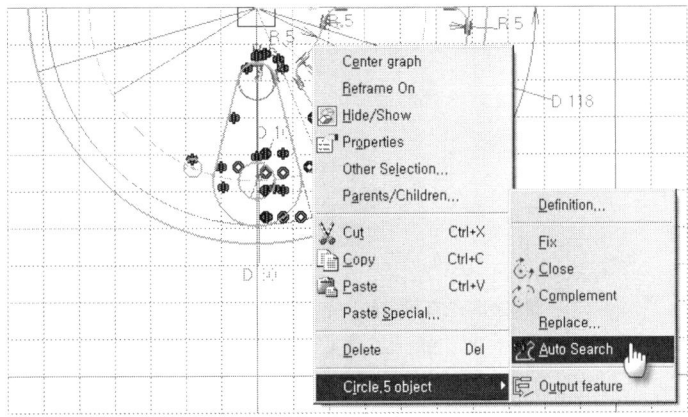

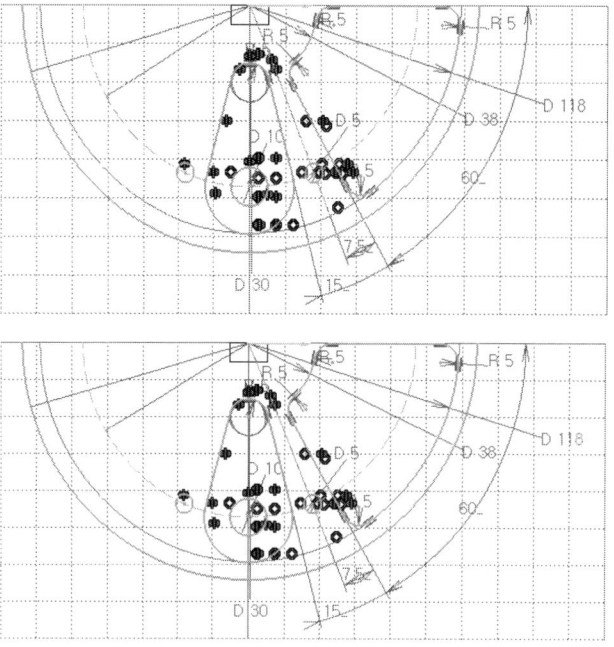

22. 이제 Operation 메뉴에서 Rotate 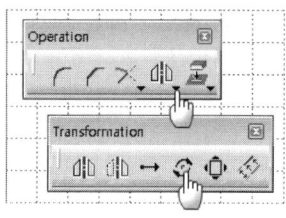 를 선택합니다. Rotate Definition이라는 창이 나타나면 Instance에 두 개의 같은 형상을 더 만들 것이므로 2라고 쓰고 기준이 되는 형상을 어떤 선에 맞춰 돌릴지에 대한 기준선을 그립니다. 이 기준선은 원점을 시작으로 끝점이 어느 곳에 오던 상관이 없습니다.

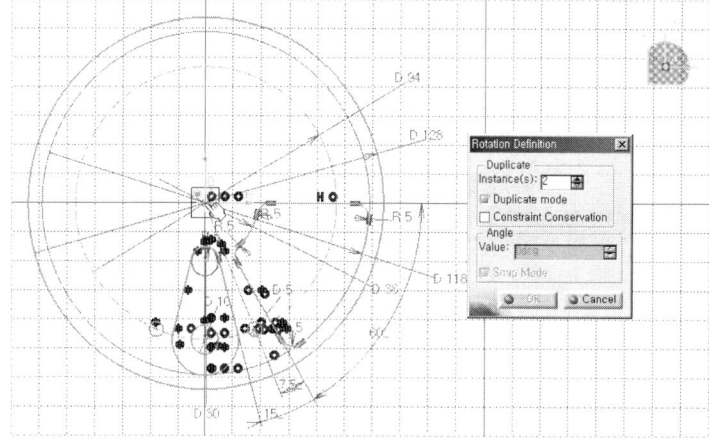

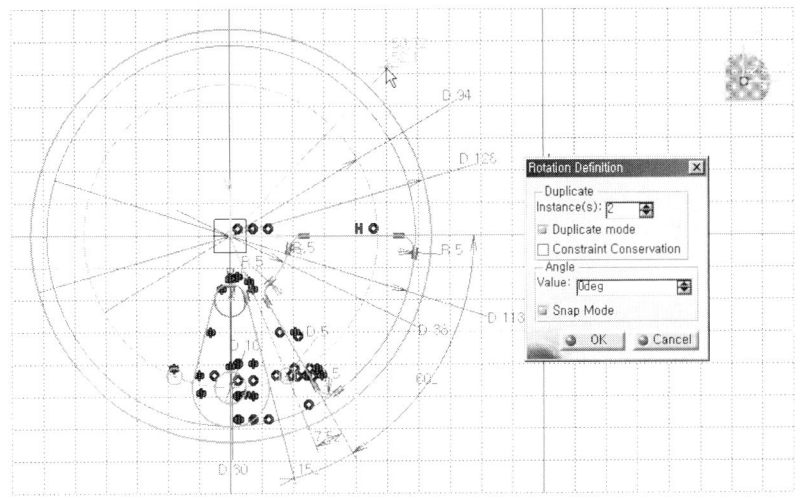

23. 기준선이 그려졌으면 한 형상이 이룰 각도는 120deg이므로 Angle-Value에 120의 수치를 입력한 후 OK를 누릅니다.

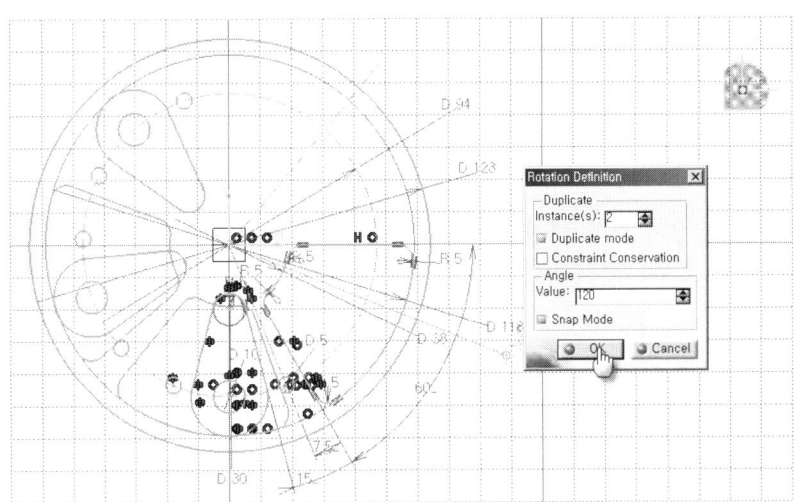

24. 도면의 완성된 모습입니다. Rotate 기능은 구속이 유지되지 않아 처음에 구속을 일일이 잡아 작업한 형상 한 개 외에 나머지 두 개는 연두색 선으로 표시되지 않습니다.

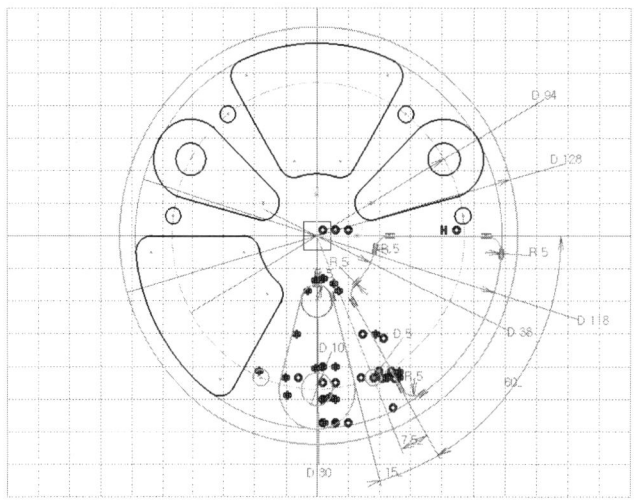

(9) Exercise 9 - Concentricity

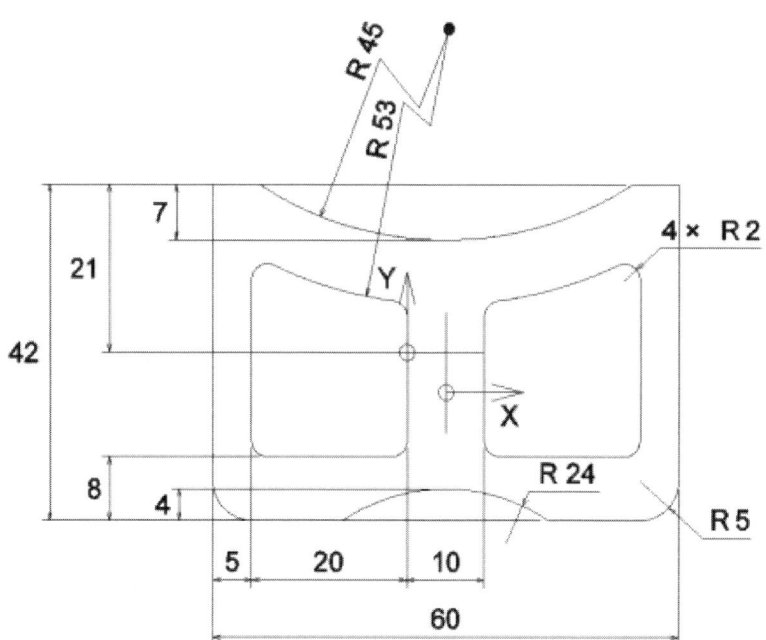

작업 Workbench : Sketcher

사용 명령어 : Centered Rectangle , Arc , profile , Corner , Mirror , Quick Trim , Constraint

Sketcher Workbench에서 9번째로 연습해볼 도면입니다. 이 도면에서는 중심을 이용하여 사각형을 그리는 Centered Rectangle 의 기능에 대해 알아보게 됩니다. 작업에 들어가기 전 도면을 살펴보면 전체적으로 V축에 대해 대칭이라는 걸 알 수 있습니다. 따라서 한쪽 부분만 그린 후 Mirror 를 사용해서 대칭시켜 작업하도록 하겠습니다.

01. Sketch 명령을 실행한 후 작업하고자 하는 평면을 선택합니다.

02. 우선 도면을 살펴보면 가로 60, 세로 42의 직사각형이 전체적인 틀을 이루고 있는 것을 알 수 있습니다. 따라서 먼저 Centered Rectangle 을 이용하여 직사각형을 그립니다. 을 사용하는 것은 그릴 때 Line을 기준으로 그리는 Rectangle 를 사용하면 직사각형 자체 수치구속 뿐만이 아니라 위치 또한 구속시켜 주어야 하는 반면 Point를 기준으로 그리는 Centered Rectangle 로 원점을 잡고 그리면 수치적인 구속만 해주면 되서 더 편리하기 때문입니다.

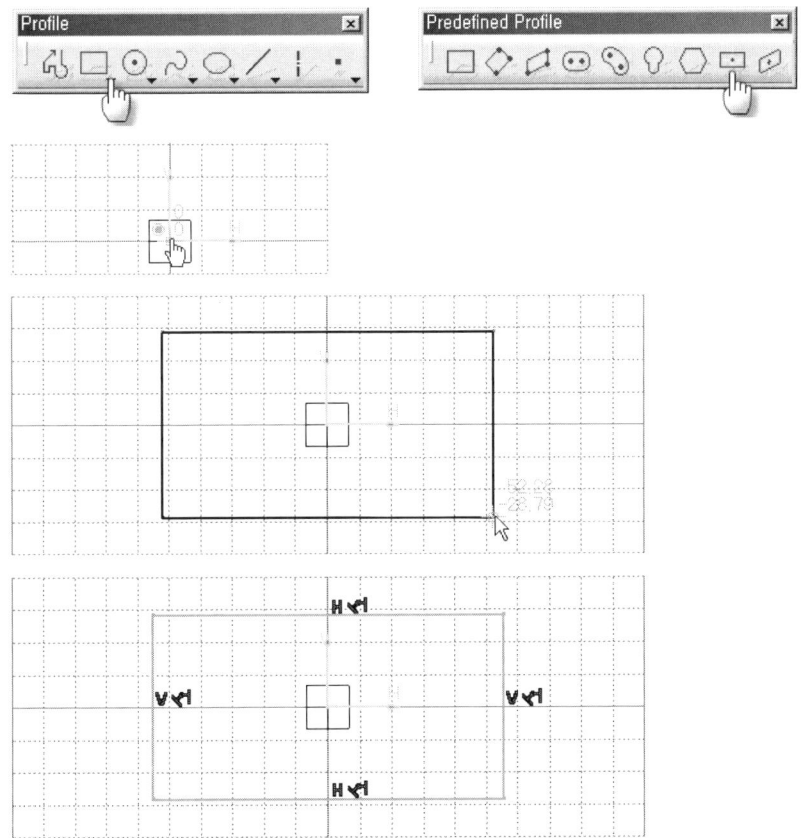

03. Constraint 를 이용하여 직사각형의 가로길이 60mm, 세로길이 40mm로 구속해줍니다.

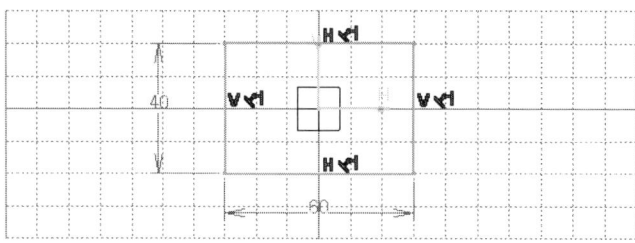

04. 이제 전체적인 직사각형 틀 안의 형상을 그려야 하는데, 도면을 보면 원점의 수직축에 대하여 대칭인 것을 알 수 있습니다. 따라서 여기서는 수직축의 한 쪽만 그려서 Mirror 기능을 사용할 것입니다. 먼저 Arc 를 이용해서 반지름 45mm의 호를 그립니다. 이 때 중심이 되는 점은 V축의 연장선상에 있고 호의 한 끝점은 V축 위에, 한 끝점은 직사각형의 윗변에 있어야 합니다.

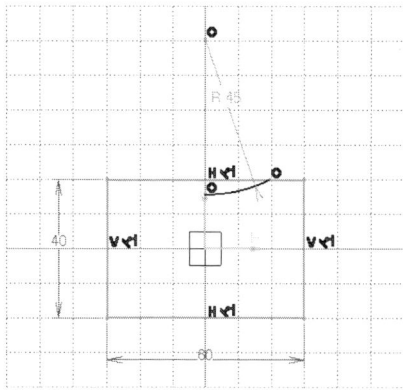

05. 역시 Arc 를 이용해서 반지름 45mm의 호와 중심을 동일하게 가지는 반지름 53mm의 호를 그립니다. 이 때 호의 한 끝점은 V축 위에 있고, 한 끝점은 직사각형의 옆 변에 놓여 있습니다.

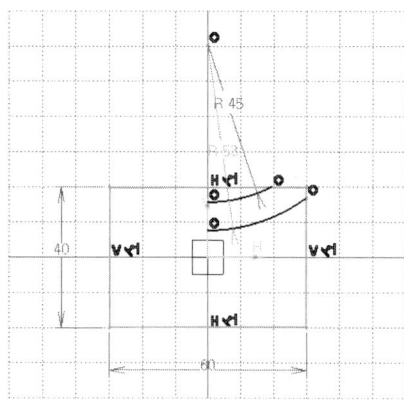

06. Constraint 를 이용하여 위쪽의 R45mm의 호와 직사각형의 윗변과의 거리를 7mm로 구속합니다. 이로 인해 위쪽의 호가 완전히 구속되어 연두색 line으로 바뀌고, 이와 중심점을 함께 하는 아래쪽의 R53mm의 호도 함께 연두색 Line으로 바뀝니다.

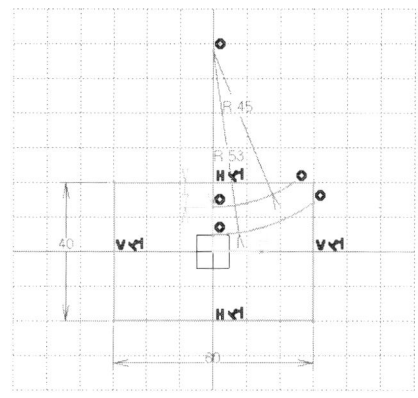

07. 다음으로 R53mm의 Arc를 한 변으로 이루는 사다리꼴형의 형태를 그리기로 하겠습니다. 우선은 연속된 직선을 방향을 바꿔가며 그릴 수 있는 Profile 을 이용하여 나머지 세 변의 형태를 대략적으로 그립니다. 다 그린 후에는 Esc키를 두 번 누르거나 Icon을 한 번 더 누르면 기능이 없어집니다.

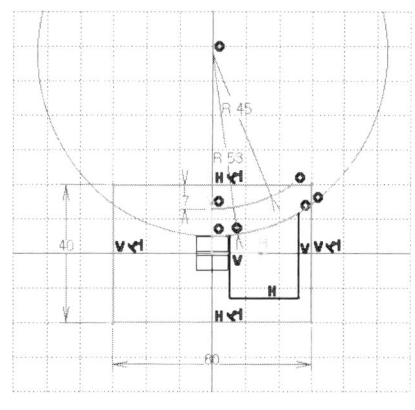

08. 그런 다음 Constraint 를 이용하여 도면에 나타난 대로 수치를 구속시킵니다. 가운데는 거리가 10mm로 되어 있는데 이 형상은 대칭이므로 원점의 수직축과 사다리꼴형상의 왼쪽부분과의 거리는 5mm로 구속하면 되겠습니다.

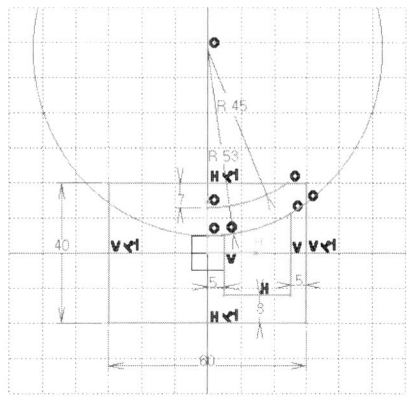

09. Quick Trim 을 이용하여 필요 없는 요소를 제거합니다.

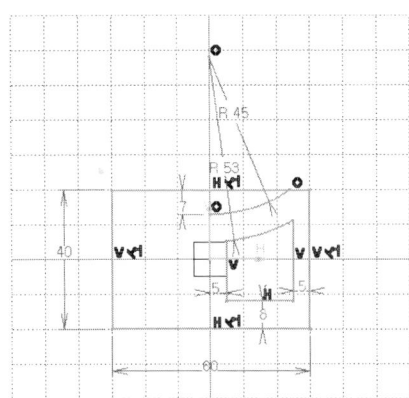

10. 사다리꼴 형상의 각 모서리에 R2mm의 Corner 를 줍니다. 이 때 곡률이 같으므로 한꺼번에 라운드 처리해주면 간편합니다. 먼저 사다리꼴 형상을 포함하게 드래그 하여 네 변이 모두 선택되도록 한 뒤 Corner 아이콘을 누릅니다. 그런 다음 Corner의 Type이 나타나는 Sketch Tools Toolbar의 오른쪽 끝에 Radius라는 창에 2mm를 입력해 준 후 Enter 키를 치면 다음과 같이 한꺼번에 라운드처리가 됩니다. (이때는 곡선의 바깥요소들은 없어야 하므로 All Elements Trim을 사용합니다.) 이 때 4개의 모서리는 한꺼번에 값을 주었기 때문에 f(x)라는 표시가 곡률 값 옆에 나타나게 됩니다. f(x)라는 표시가 없는 값을 더블클릭하여 값을 변경한다면 나머지 값들도 같이 변하게 됩니다.

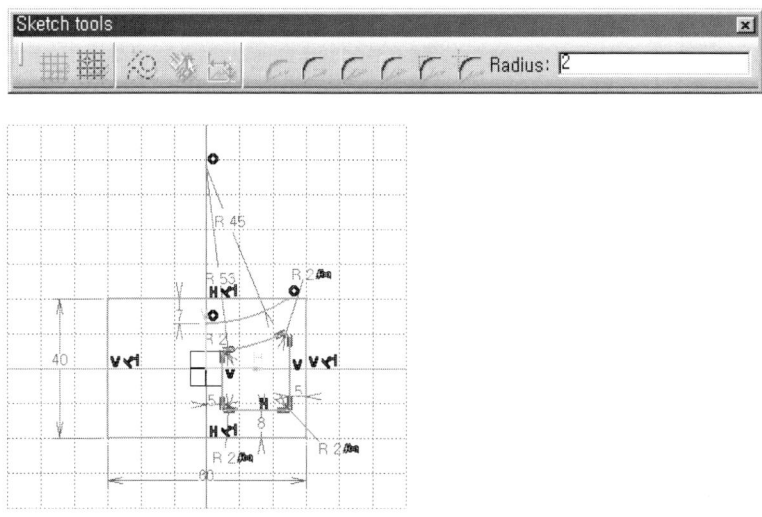

11. Arc 를 이용하여 아래쪽의 R24mm의 호를 그립니다. 이 때 중점은 V축의 연장선상에 놓입니다.

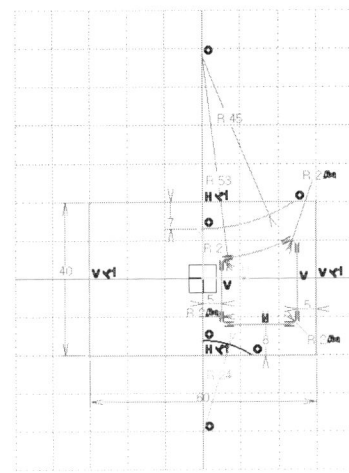

12. Constraint ![icon]를 이용하여 R24mm의 호와 직사각형의 아랫변 사이의 거리를 4mm로 구속시킵니다.

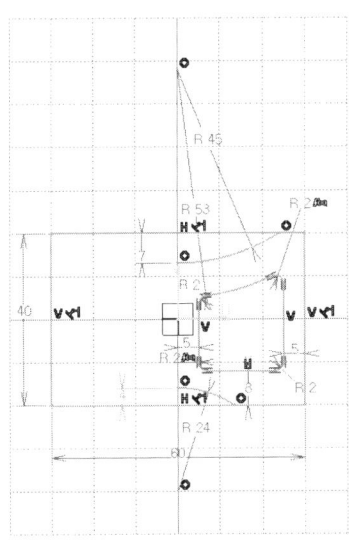

13. 직사각형의 오른쪽 아래 모서리에 Corner ![icon]를 사용하여 R5mm의 라운드처리를 해줍니다. 이번 Corner의 경우에도 바깥 요소들이 없으므로 All Elements Trim을 사용합니다. 이 때 다음과 같은 창이 나오면 예(Y)를 선택합니다.

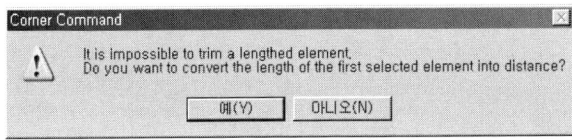

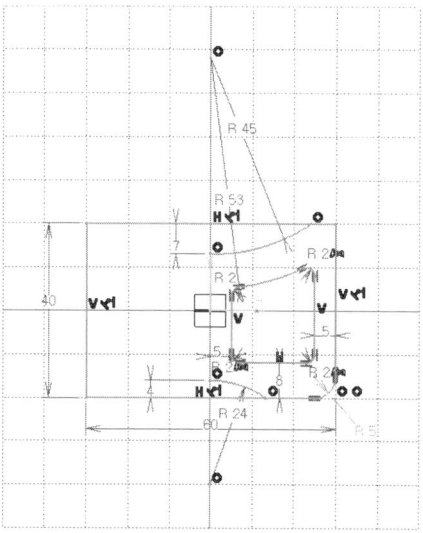

14. 이제 대칭시키고자 하는 요소들을 동시에 선택한 뒤에 Mirror 를 실행시키고, 대칭시키고자 하는 축인 V축을 클릭합니다. 요소들을 선택할 때에 가운데 사다리꼴형상은 Auto Search를 이용하여 한꺼번에 선택한 후 Ctrl키를 누르면서 다른 요소들을 클릭해 주면 편리합니다.

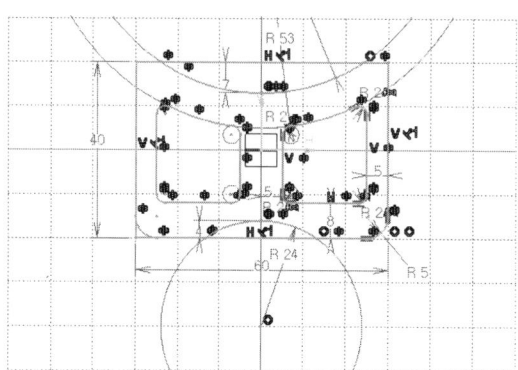

15. 마지막으로 직사각형의 왼쪽 아래 모서리의 불필요한 요소들을 Quick Trim 을 이용하여 지워줍니다.

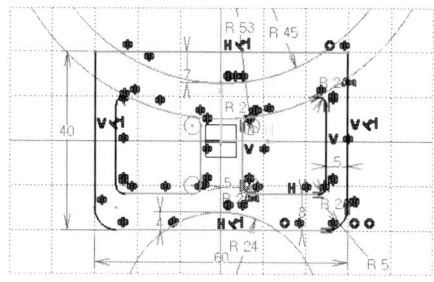

16. 이 선을 지우면 직사각형의 가로길이의 구속이 깨져 다음과 같이 일부가 하얀색 선으로 변하는데 이때는 Constraint ![] 를 이용하여 하얀색으로 변한 직사각형의 양쪽 변을 동시에 잡은 후 가로길이 60mm를 다시 한 번 구속해 주면 됩니다. 아래 그림에서 아래쪽의 수치가 새롭게 구속한 수치로, 이전에 구속했던 위쪽의 60은 효력은 없지만 표시는 남아있어서 같은 수치가 두 번 나타나있는 것을 볼 수 있습니다.

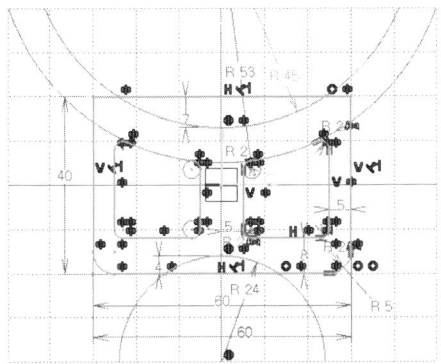

17. 완성된 도면은 다음과 같습니다.

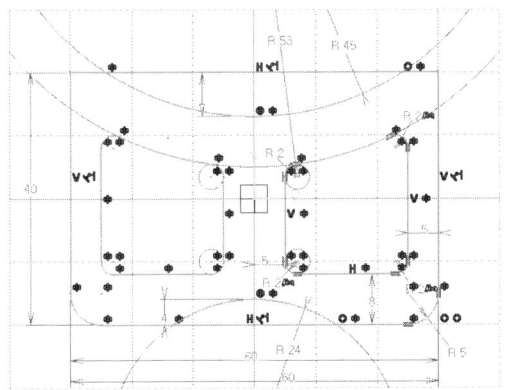

(10) Exercise 10 - Cylindrical Elongated Hole

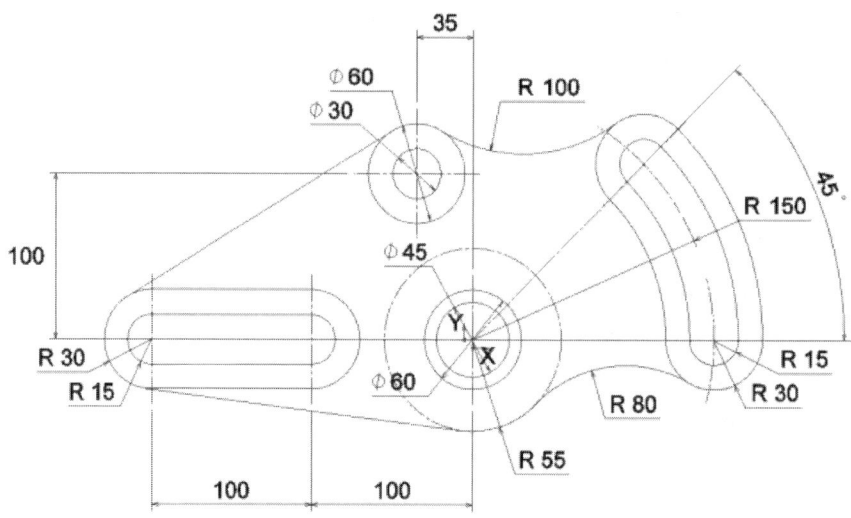

작업 Workbench : Sketcher

사용 명령어 : Circle , Elongated Hole , Cylindrical Elongated Hole ,
Bi-Tangent Line , Constraint , Construction/Standard Element ,
Corner

Sketcher Workbench에서 연습해볼 10번째 도면입니다. 작업하기 전 도면을 살펴보면 익숙한 형상들로 이루어져 있는 것을 볼 수 있을 것입니다. 이번 작업에서는 앞에서 다루었던 Predefined Toolbar안의 Elongated Hole , Cylindrical Elongated Hole 을 다시 한 번 다루어 보아 그리는 방법을 완전히 숙지할 수 있도록 합니다. 전체적으로 이번 도면은 앞에서 배운 것들을 정리해보는 작업이라고 할 수 있겠습니다.

01. Sketch 명령을 실행한 후 작업하고자 하는 평면을 선택합니다.

02. 먼저 Circle 을 이용하여 원점을 중심으로 가지는 3개의 원을 그린 후 Constraint 를 이용하여 지름45mm, 60mm, 반지름 55mm로 각각 구속합니다.

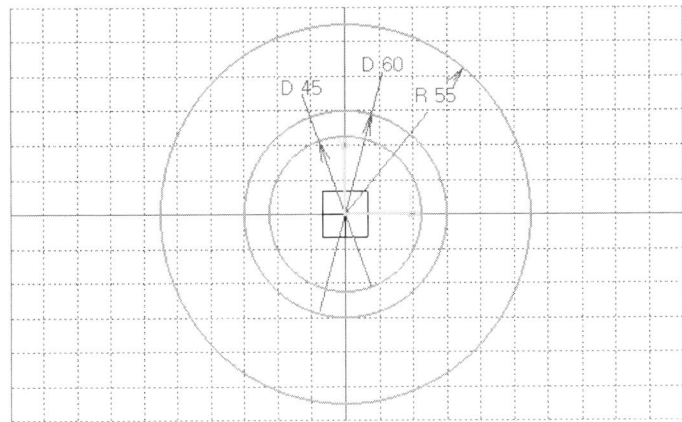

03. H축의 왼쪽 연장선상 위에 두 개의 Elongated Hole 을 그립니다. 이 때, 두 형상의 기준점들이 일치하도록 그립니다.

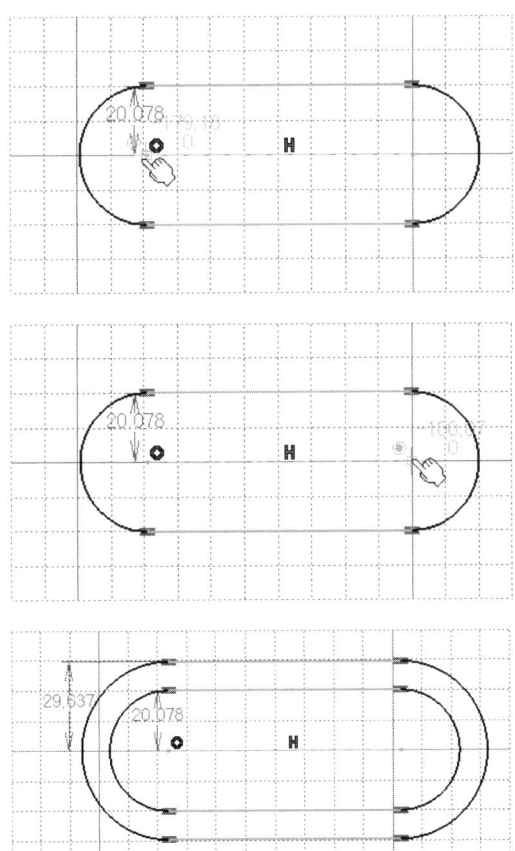

04. 현재의 수치를 더블클릭하여 각각의 반지름을 15mm, 30mm로 구속하고, Constraint 를 이용하여 두 기준점 사이를 100mm로 구속합니다. 두 개의 Elongated Hole 은 External Constraint가 잡히지 않은 상태이므로 부분적으로만 연두색 선으로 이루어져 있습니다.

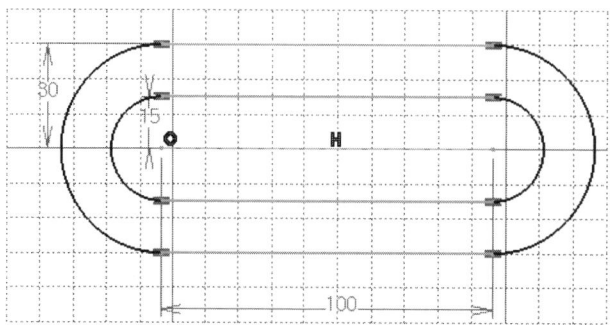

05. Constraint 를 사용하여 Elongated Hole 의 오른쪽 기준점과 원점사이의 거리를 100mm로 구속합니다.

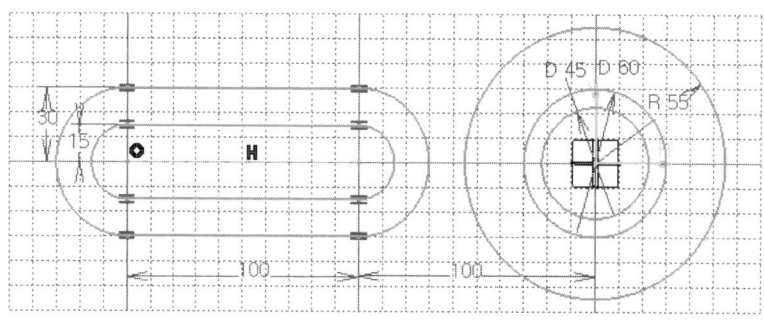

06. 다음으로 원점에 있는 원의 위쪽에 Circle 을 이용하여 중심을 동일하게 가지는 두 개의 원을 그립니다. 그런 다음 Constraints 를 이용하여 각각 지름 30mm, 60mm로 구속합니다.

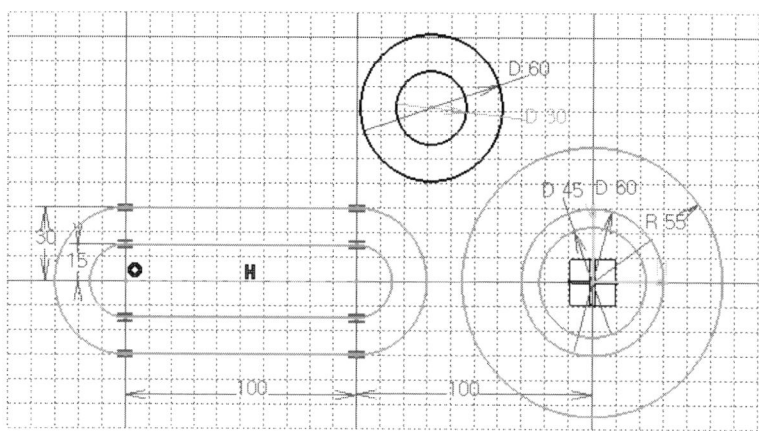

07. Constraints 를 이용하여 방금 그린 두 개의 원의 중심과 원점 사이의 거리를 도면에서와 같이 가로 35mm, 세로 100mm로 구속합니다.

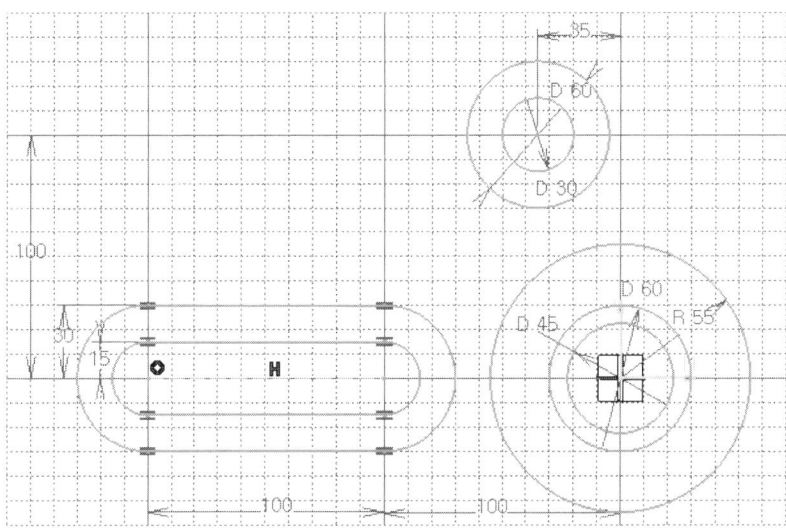

08. 이제 오른편에 있는 Cylindrical Elongated Hole 을 그립니다. 그릴 때에 두 개의 기준점이 이루는 호의 중심점은 원점이 되겠고 두 기준점 중 아래쪽에 있는 점은 H축의 연장선상에 놓이게 됩니다.

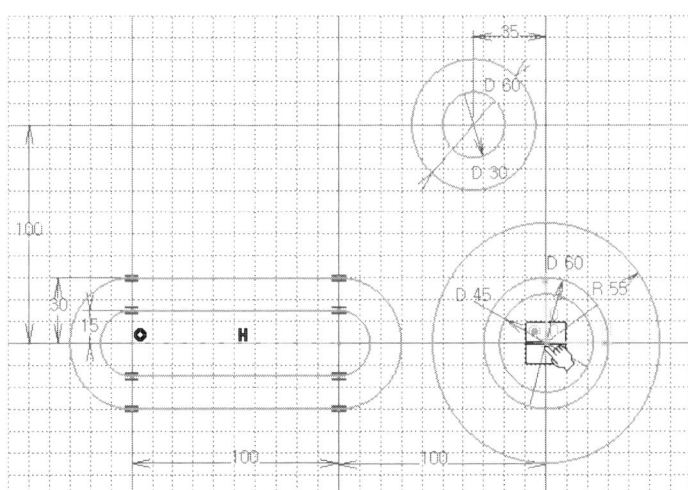

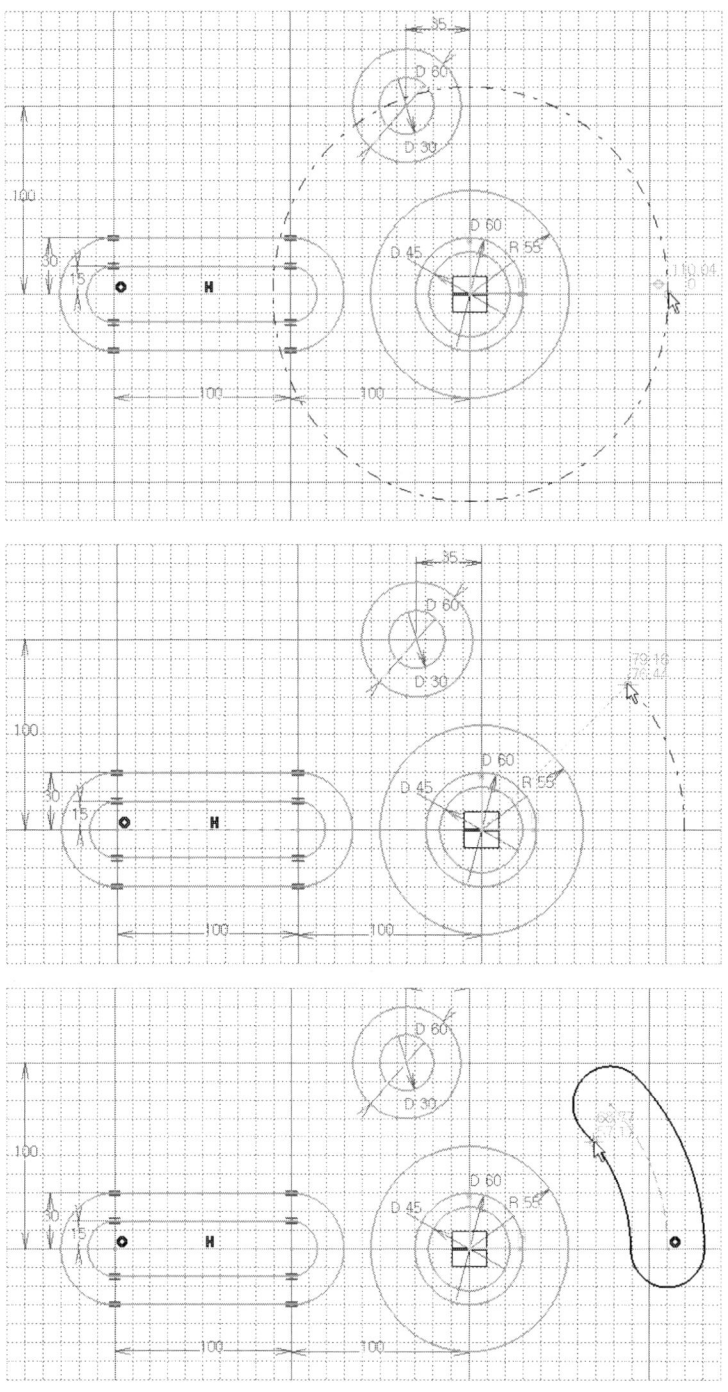

09. 이제 바깥쪽 Cylindrical Elongated Hole 도 위와 같은 방법으로 그립니다. 이 때 안쪽 형상의 두 기준점과 일치되도록 그립니다. 두 기준점이 일치되었다면 각각의 점에 라는 Coincidence 표시가 나타납니다.

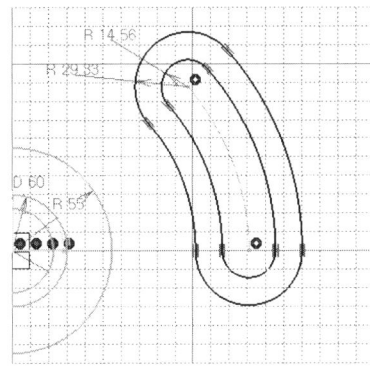

10. 각 Cylindrical Elongated Hole 의 반지름을 15mm, 30mm로 구속해줍니다.

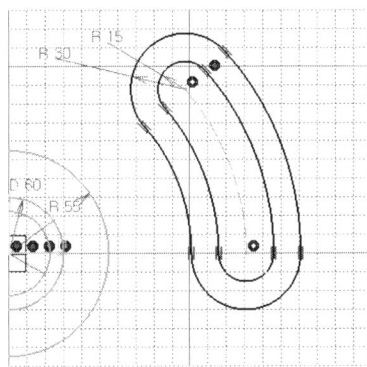

11. 다음으로 Constraint 를 통해 원점으로부터 기준점들을 잇는 원호까지의 길이 R150mm를 구속합니다. 여기까지 작업을 하면 다음과 같은 형상이 나오며, 아직 윗부분의 반원은 구속이 되지 않았다는 것을 알 수 있습니다.

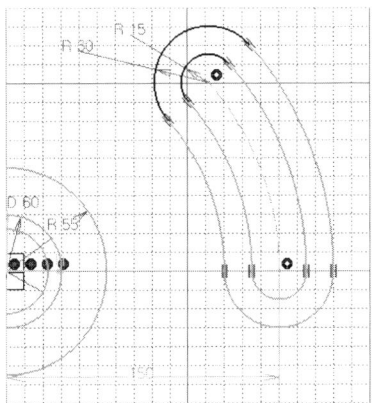

12. Cylindrical Elongated Hole ![] 윗부분의 반원을 구속시키기 위해서 두 기준점 사이의 각도가 45°라는 것을 이용합니다. 아래 기준점은 H축을 잡으면 되지만, 위쪽 기준점은 그 위치를 나타내줄 선이 없으므로 원점으로부터 시작하는 보조선을 하나 그어줍니다. 보조선을 그리기 위해서 Line ![] 으로 일반 실선을 그린 후 Construction/Standard Elements ![] 아이콘을 클릭합니다.

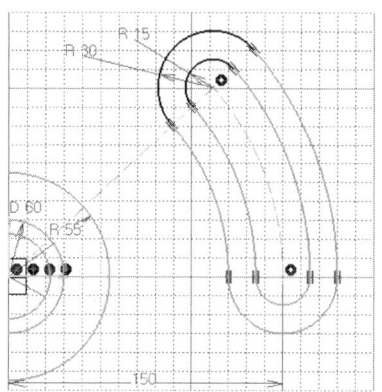

13. 보조선과 수평축을 Ctrl을 사용해 동시에 선택한 후 Constraint ![]를 이용해 다음과 같이 45°로 구속을 합니다.

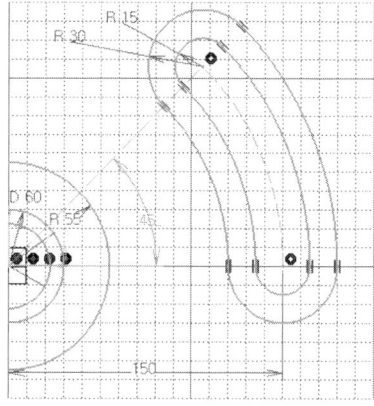

14. Bi-Tangent Line ![]을 이용하여 왼쪽편의 Elongated Hole ![]과 원점의 원, 위쪽의 원에 각각 접하고 있는 직선을 그리겠습니다. 먼저 Bi-Tangent Line ![] 아이콘을 클릭한 후 접하고자 하는 요소를 차례로 클릭합니다.

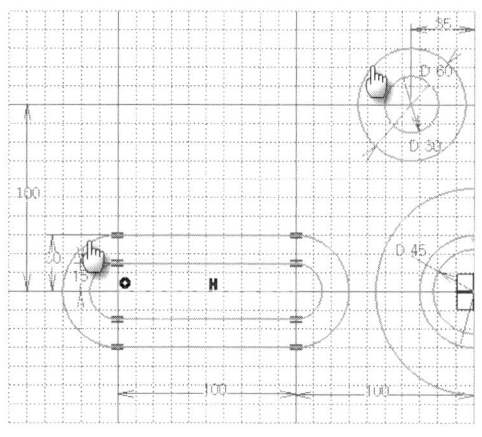 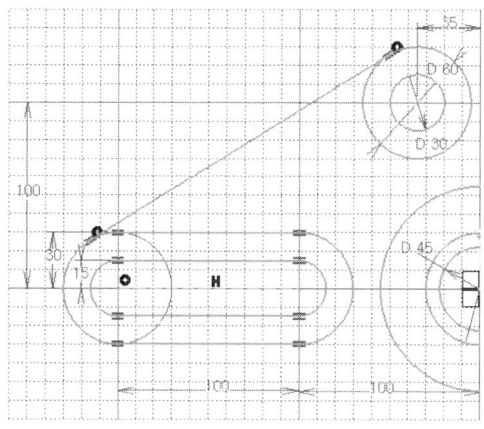

아래쪽도 마찬가지로 작업합니다.

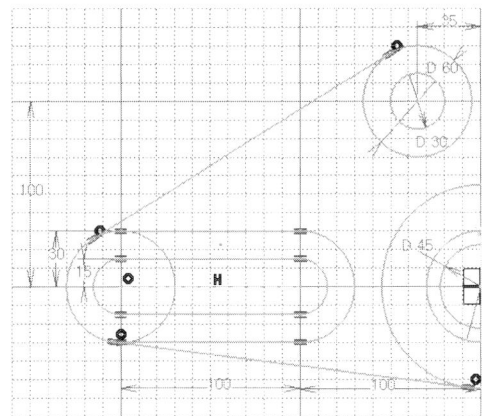

15. 다음으로 오른편의 Cylindrical Elongated Hole과 원점의 원, 위쪽의 원에 각각 연결되어 있는 R100mm, R80mm의 곡선을 그리겠습니다. 이 곡선을 그리기 위해서 Corner 를 사용합니다. 이번 경우는 곡선 바깥의 요소가 필요한 경우이므로 No Trim Type 으로 작업합니다. 임의로 나온 수치를 더블클릭하여 원하는 수치로 바꿉니다.

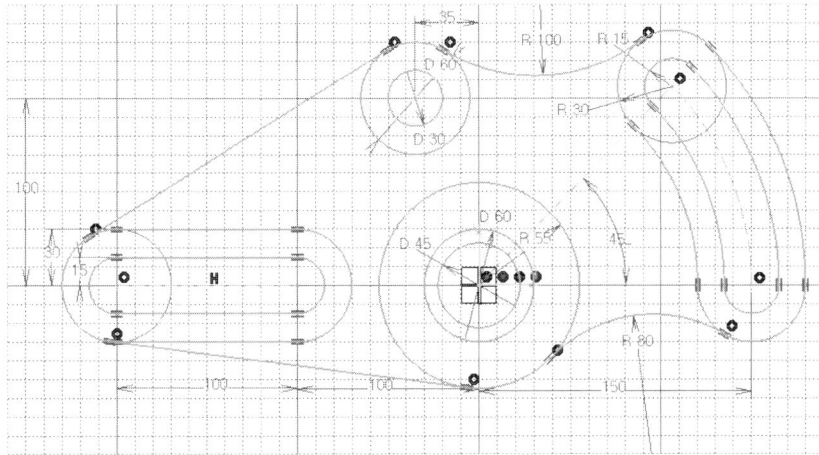

16. 완성된 도면은 다음의 모습과 같습니다.

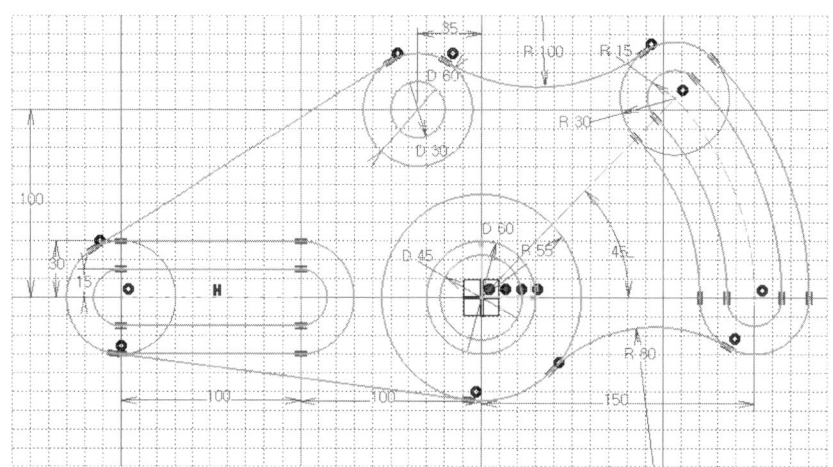

(11) Exercise 11 - Equivalent Dimension

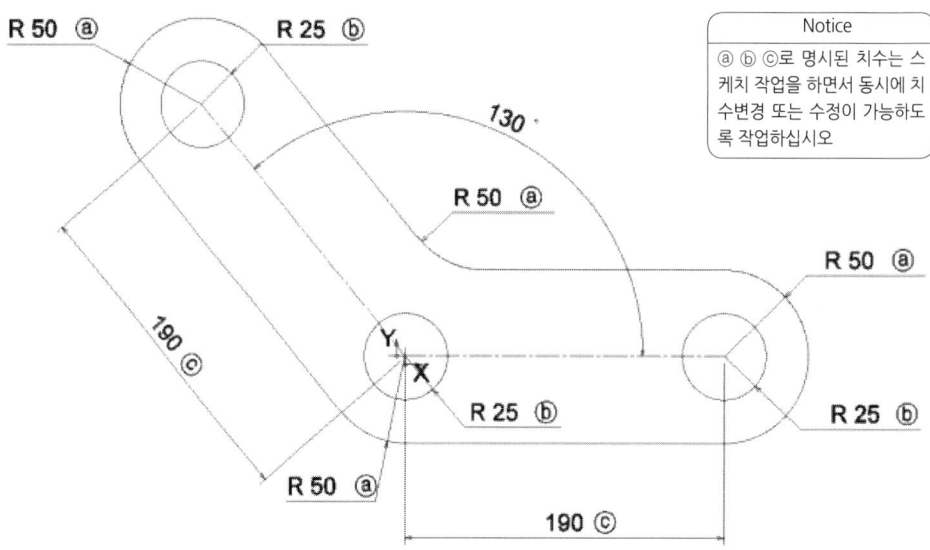

Notice
ⓐ ⓑ ⓒ로 명시된 치수는 스케치 작업을 하면서 동시에 치수변경 또는 수정이 가능하도록 작업하십시오

작업 **Workbench** : Sketcher

사용 명령어 : Circle ⊙ , Bi-Tangent Line , Line ,
Construction/Standard Elements , Corner , Quick Trim ,
Constraints , Equivalent Dimensions

이번 도면은 각각 ⓐ, ⓑ, ⓒ로 그룹 지어진 수치들 중 하나만 바꾸면 같은 그룹 내의 나머지 수치도 바뀔 수 있도록 하는 Equivalent Dimensions 의 기능에 대해 알아보겠습니다. 이 기능의 예를 들자면 ⓐ그룹안의 3개원의 지름이 처음에 R40mm, R70mm, R80mm라고 했을 때, 이 기능을 사용하면 3개의 원의 지름이 지정하는 값에 따라 동일하게 변할 수 있습니다. 이 기능을 사용하기에 앞서 설정해야 할 것이 있습니다. 먼저 윗부분에 있는 풀다운 메뉴에서 Tools ⇨ Options을 클릭합니다.

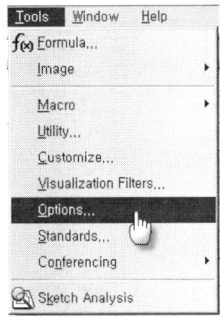

다음과 같은 창이 나타나면 왼쪽 Part 창에서 Parameters and Measure를 클릭한 후 오른쪽 창의 윗부분에 Knowledge를 선택한 후 위에서 3개를 모두 체크합니다.(With value, With formula, Surrounding by the symbol)

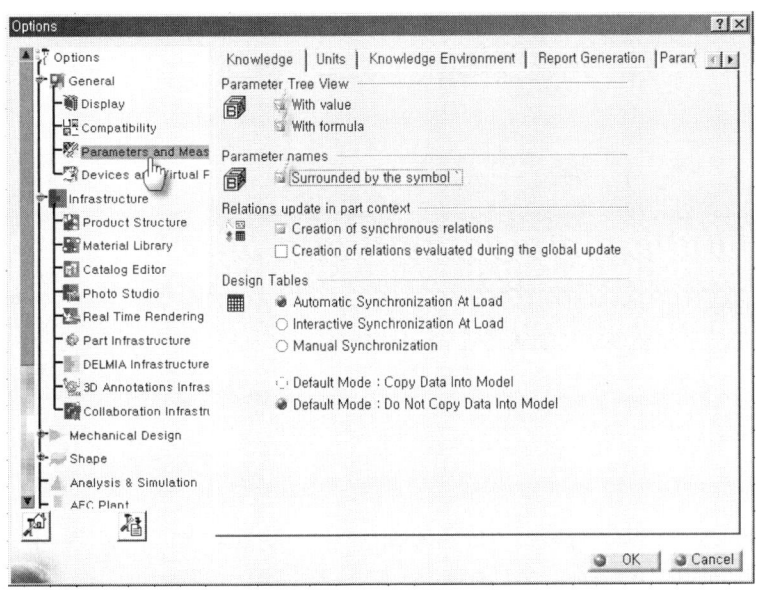

그런 다음 왼쪽 Part창에서 Infrastructure ⇨ Part Infrastructure을 클릭한 후 오른쪽 창의 윗부분에서 두 번째인 Display를 클릭합니다. 거기서 아래 그림에서와 같이 Parameter와 Relation을 체크한 후 OK를 누릅니다.

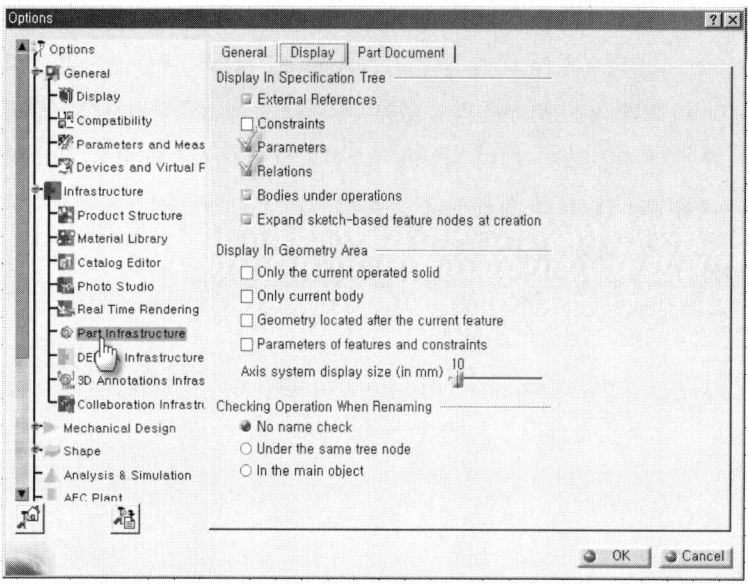

이제 대략적인 기능 설명과 옵션 설정이 끝났으므로 본격적인 작업과정에 들어가도록 하겠습니다.

01. 먼저 Circle ⊙ 을 이용하여, 각각의 중심을 원점, H축의 연장선상, 원점을 기준으로 2사 분면 위에 놓고 그립니다.

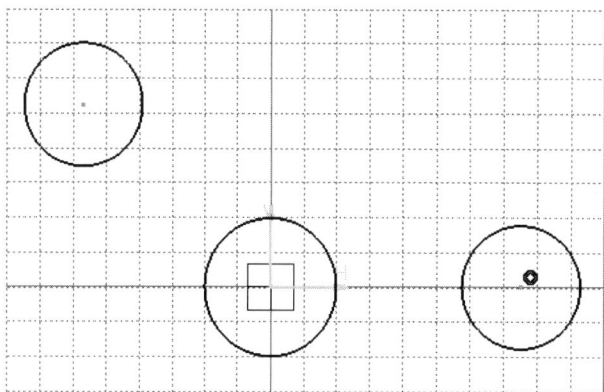

02. Constraint 를 이용해서 ⓑ그룹으로 묶여있는 세원의 수치를 임의로 구속합니다. 세 개의 수치가 같아도 되고 두 개만 같거나 다 달라도 상관없지만 여기서는 Equivalent Dimensions 의 기능을 효과적으로 설명하기 위해 각각 다른 수치를 입력하겠습니다.(수치는 왼쪽 원부터 R35mm, R30mm, R25mm)

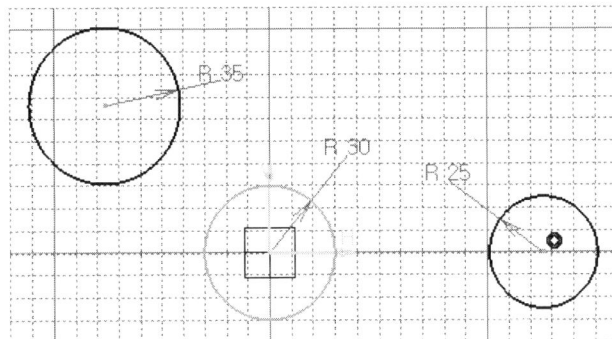

03. 이제 ⓒ그룹으로 묶여 있는 각 원 사이의 거리를 구속하겠습니다. Constraint 를 사용해서 구속을 하는데, 이번에도 각 원 사이의 거리는 다르게 구속하겠습니다.(왼쪽부터 110mm, 170mm)

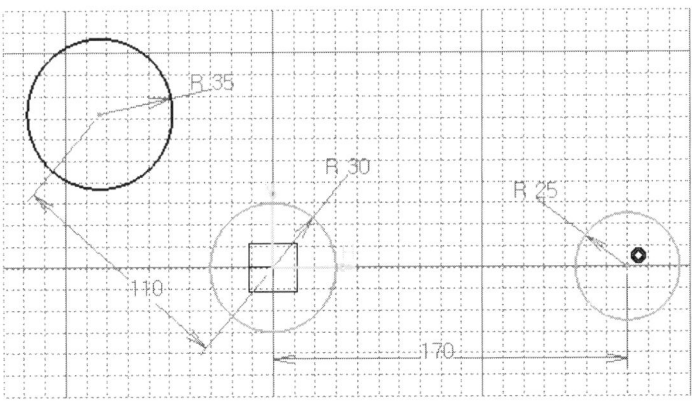

04. 왼쪽 원과 오른쪽 원이 이루는 각도를 Constraint 를 이용해 130°로 구속합니다. 이 때 왼쪽 원과 원점에 있는 원을 있는 거리를 나타낼 선이 없으므로 임의로 보조선을 그려주어야 합니다. Line 을 선택한 후 두 점을 클릭하여 선을 하나 만듭니다.

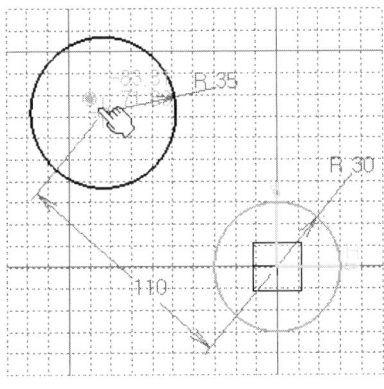 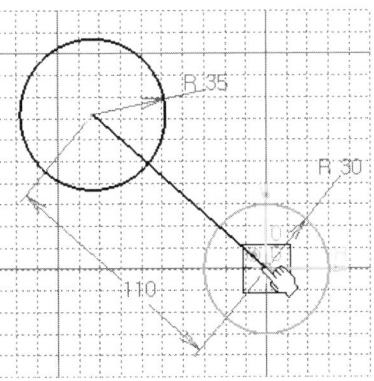

05. 이 선은 보조선이므로 점선으로 나타내주어야 합니다. 이를 위해 Construction- tandard Element 를 사용합니다. 점선으로 바꿀 선을 선택한 후 아이콘을 눌러주면 됩니다.

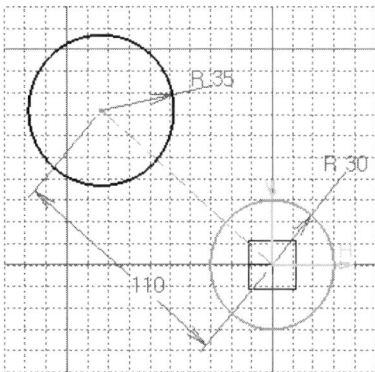

06. 방금 그린 보조선과 H축을 Ctrl을 이용하여 동시에 선택한 후 Constraint 를 클릭한 후 마우스를 두 선 사이에 갖다 대고 클릭합니다. 그럼 현재상태의 각도가 나오는데 이 수치를 더블클릭하여 우리가 원하는 값인 130°로 바꿔줍니다. 이제 세 원이 모두 구속 되어 연두색 Line으로 나타납니다.

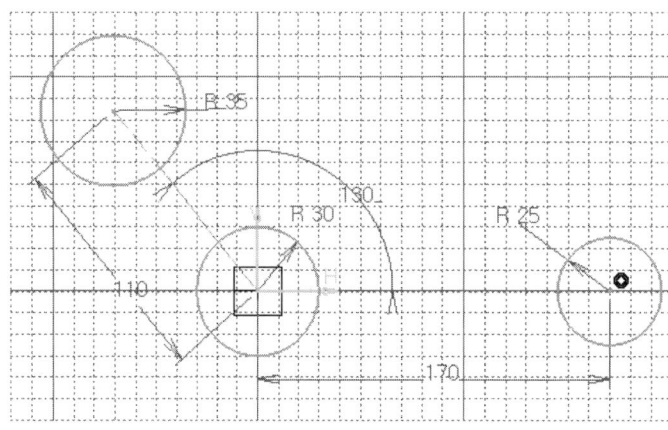

07. 방금 그린 세 개의 원과 중점을 같이 하는 동심원들을 각각 그려줍니다. 지금 그리는 원들은 바깥을 둘러싸고 있는 부분의 반원 부분, 중점에서는 위, 아래쪽의 곡선이 될 것입니다.

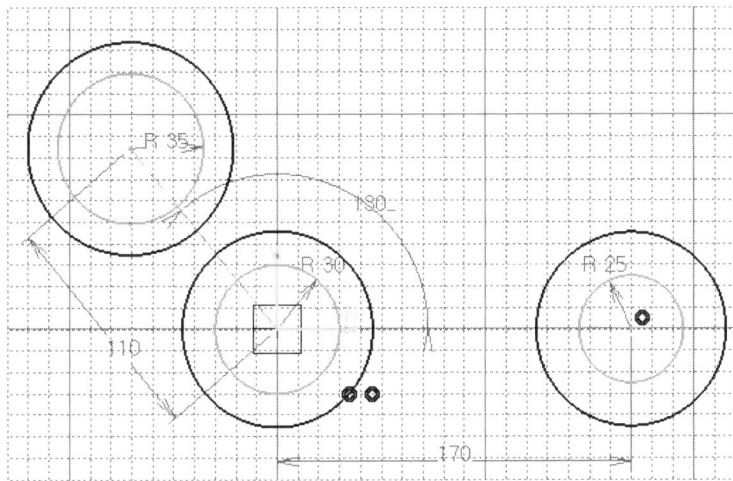

08. 이제 ⓐ그룹으로 묶여있는 각 원의 수치를 Constraint ![icon] 를 이용해 구속합니다. 여기서도 세원의 수치를 각각 다르게 입력하겠습니다. (왼쪽부터 R60mm, R45mm, R40mm)

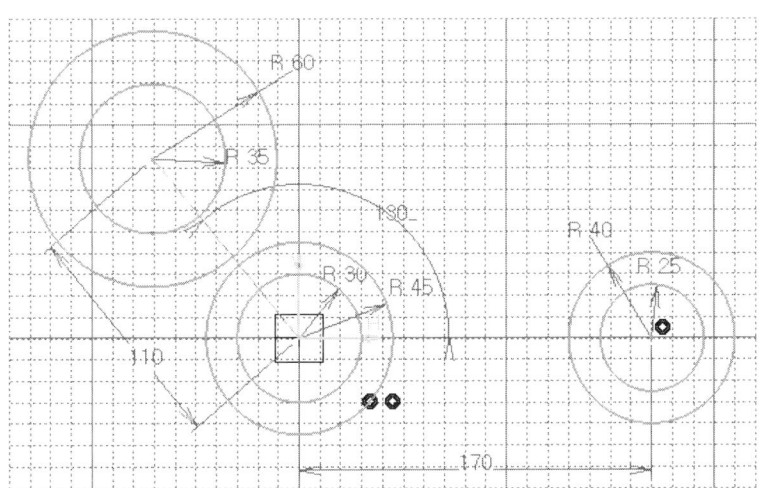

09. 이제 Bi-Tangent line ![icon] 을 클릭합니다. 여러 번 사용하는 경우이므로 더블클릭하는 것이 더 편리합니다. 그런 다음 접하도록 연결하고자 하는 두 곡선을 클릭하면 아래와 같이, 각각의 원에 접하는 직선이 만들어집니다.

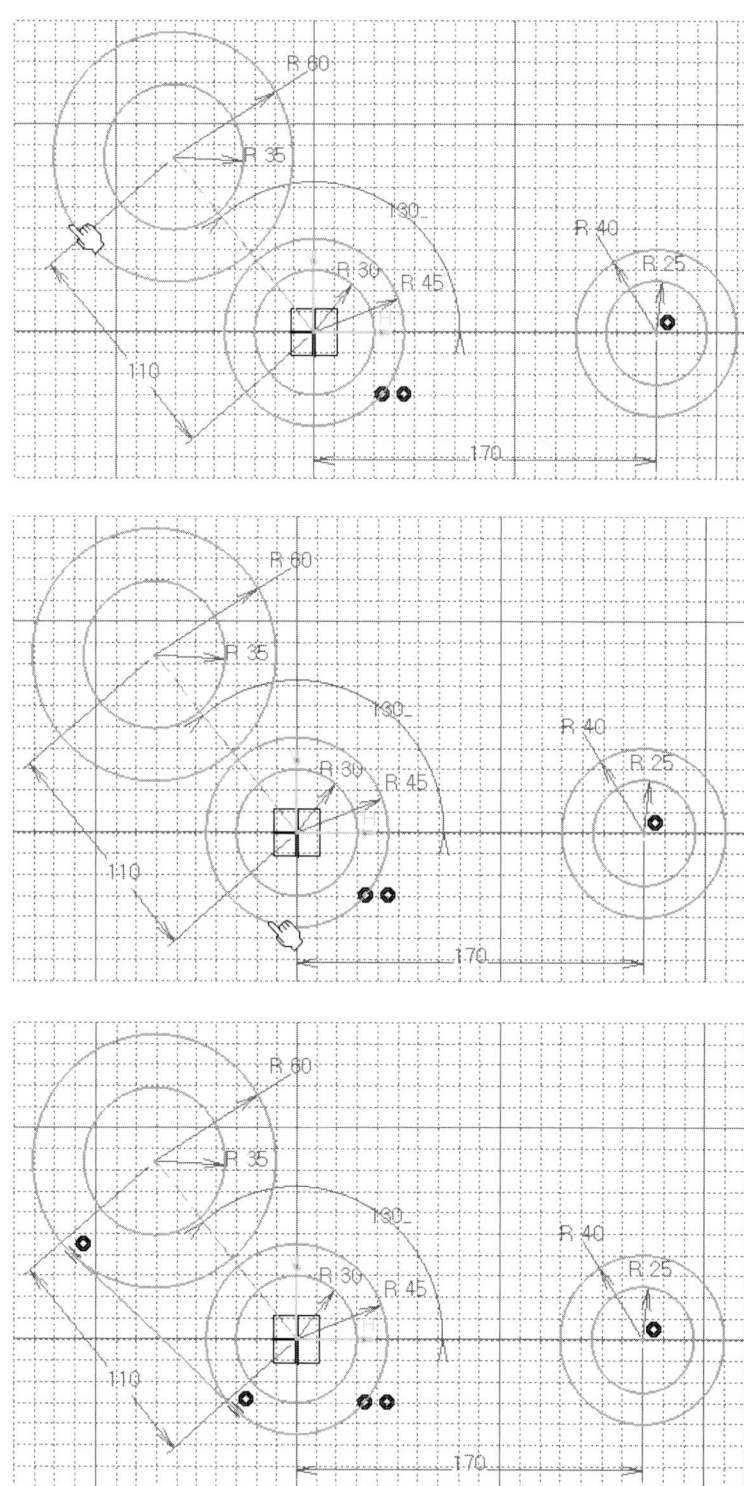

나머지 부분도 이와 같이 작업합니다.

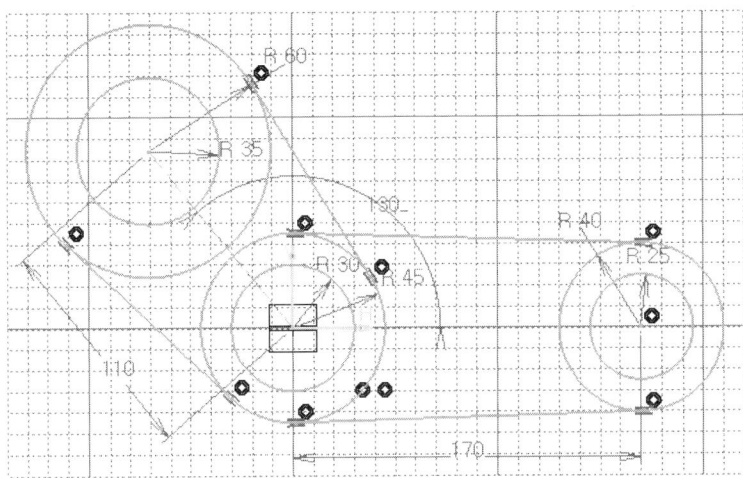

10. 여기서 ⓐ그룹에 해당하는 요소 중 빠진 하나를 만들어 주어야 합니다. 꺾어지는 부분의 안쪽의 모서리를 곡선으로 만들어주는 것입니다. 이 작업에는 Corner 를 사용하며 곡선 바깥부분들은 필요 없으므로 All Elements Trim을 선택합니다. Corner 아이콘을 누르고 두 변을 각각 클릭한 뒤 사이에 대고 클릭합니다.

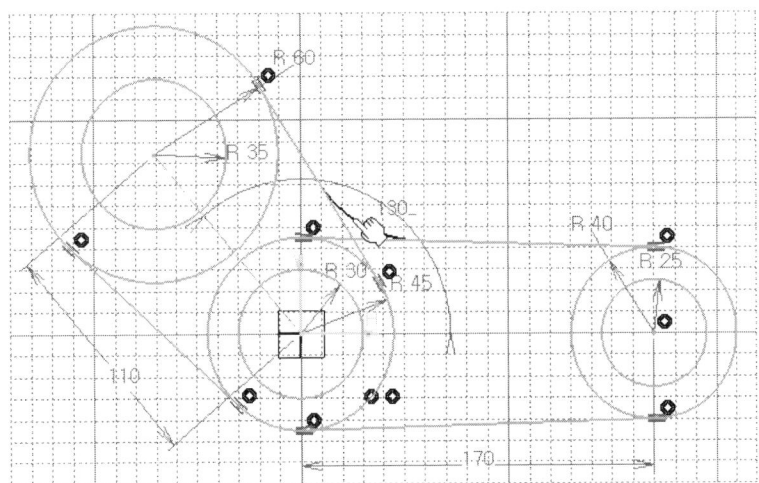

11. 이 요소의 수치 또한 ⓐ그룹 내의 다른 수치들과 다르게 입력해보도록 하겠습니다.(여기서는 R55mm로 입력하겠습니다.) 더블클릭하여 현재의 수치를 바꿉니다.

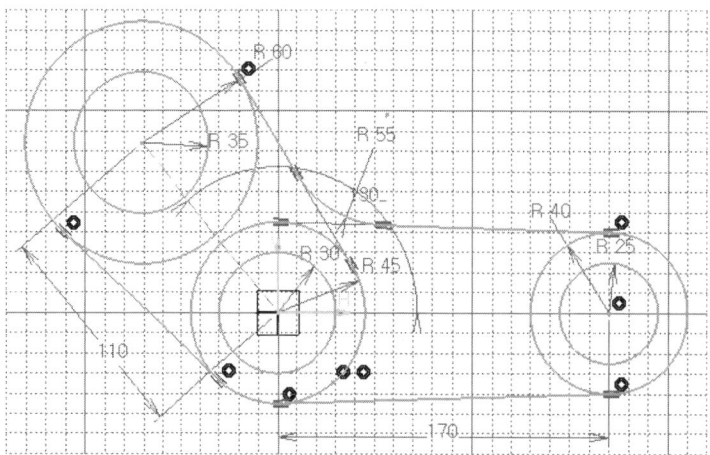

12. 이제 Quick Trim 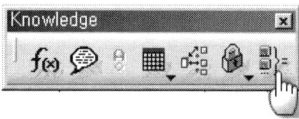 을 사용해서 필요 없는 요소들을 클릭하여 지웁니다. 여러 번 사용하는 경우이므로 이 경우에도 더블 클릭하여 사용합니다.

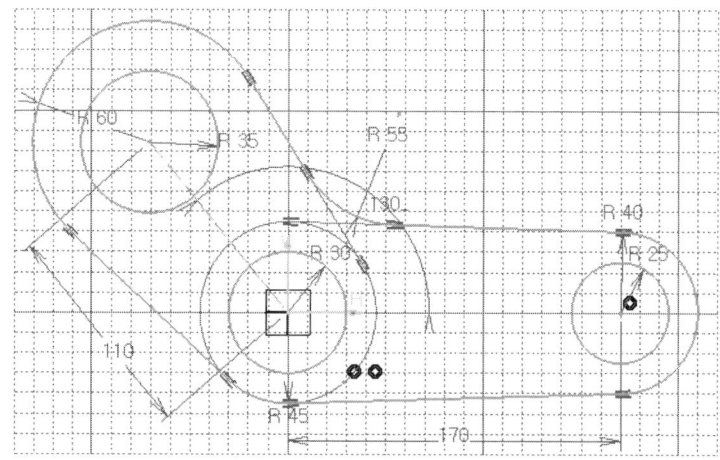

13. 이제 Equivalent Dimension 의 기능을 사용해 보도록 하겠습니다. 이 아이콘은 창 아래쪽의 메뉴 중 Knowledge라는 Toolbar안에 들어 있습니다. 이 아이콘을 실행시켜 보면 다음과 같은 창이 나타나는데, 여기서 오른쪽 위의 Edit List를 클릭합니다.

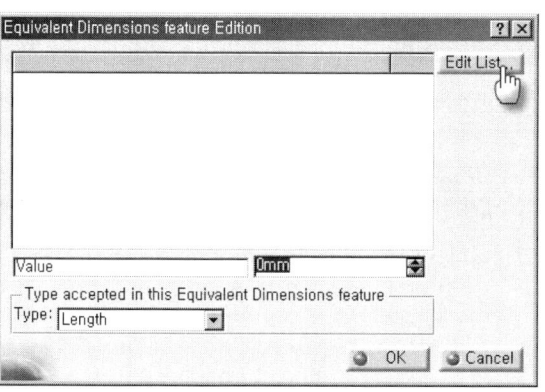

14. 그럼 다음과 같은 창이 나타납니다. 여기서 같은 그룹 내의 수치들을 화살표를 클릭해서 오른쪽 창으로 이동시킨 후 OK를 누릅니다. 하지만 Parameters 창 안의 목록들을 보면 어떤 항목이 어떤 수치를 가리키는지 알기 힘듭니다.

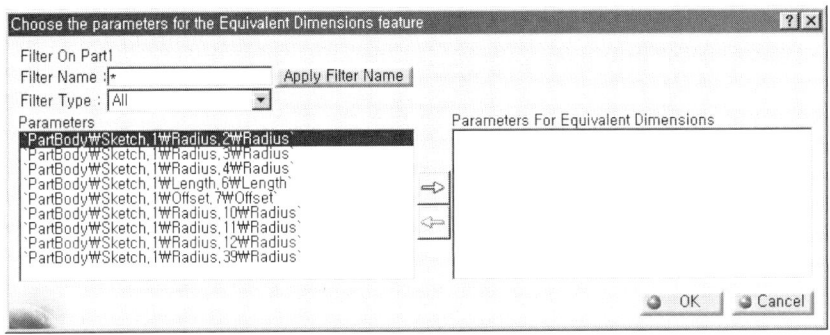

그 때 다음과 같이, 화면상에서 원하는 수치를 클릭하면, Parameters 창에서 그 수치가 어떤 목록을 나타내는지 표시해줍니다. 우리는 이 목록이 표시된 상태에서 오른쪽방향의 화살표를 클릭해주면 됩니다.

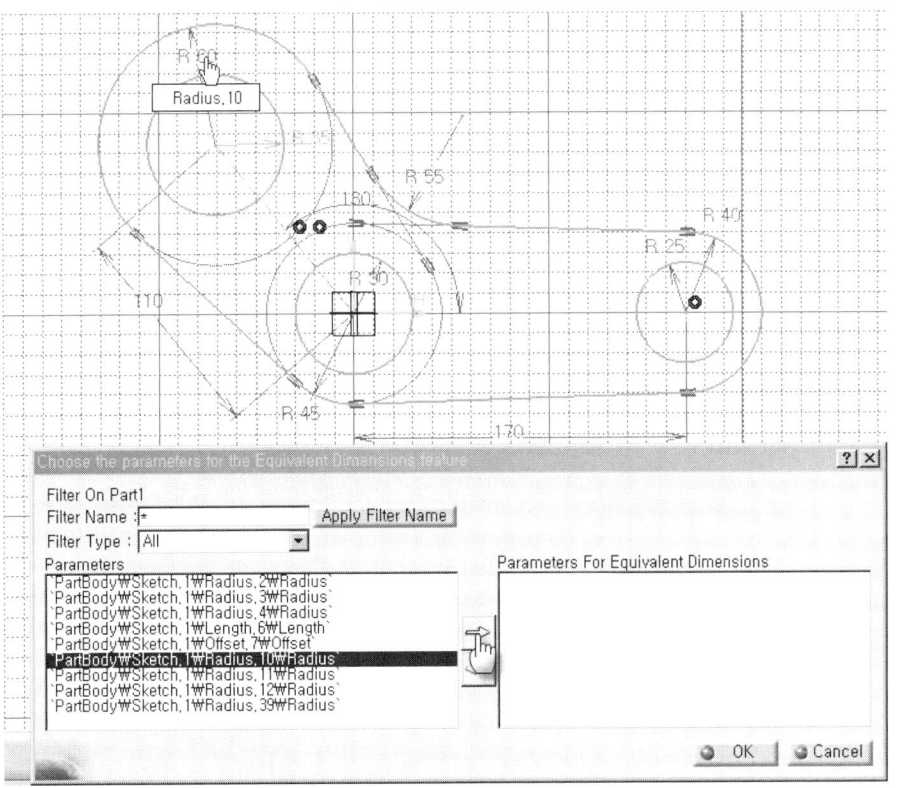

우선 방금 클릭한 수치가 ⓐ그룹 내의 수치이므로 나머지 ⓐ그룹 내의 수치들도 오른쪽 창으로 옮겨보도록 하겠습니다. 방법은 위에서 설명한 것과 같습니다. 우리가 작업한 것에서는 방금 옮긴 R60mm, 원점에 중점을 두고 있는 원의 R45mm, 이 원의 Corner를 이루고 있는 R55mm, 오른쪽 끝의 원 R40mm가 되겠습니다. 다 옮긴 후 OK를 클릭합니다.

15. 그럼 처음에 나왔던, 아래와 같은 창이 나올 것입니다. 여기서 우리는 이 4개의 수치 값을 50mm로 바꾸고자 하므로 Value 오른쪽의 창에 50mm를 입력한 후 OK를 누릅니다.

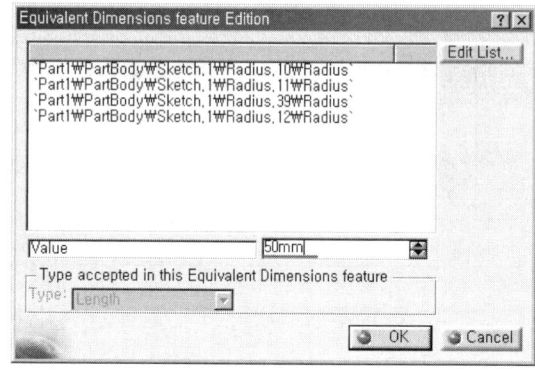

16. 그럼 이제 다음과 같이 형상이 바뀝니다. 방금 지정한 ⓐ그룹 내의 수치들이 모두 R50mm로 바뀐 것을 볼 수 있습니다.

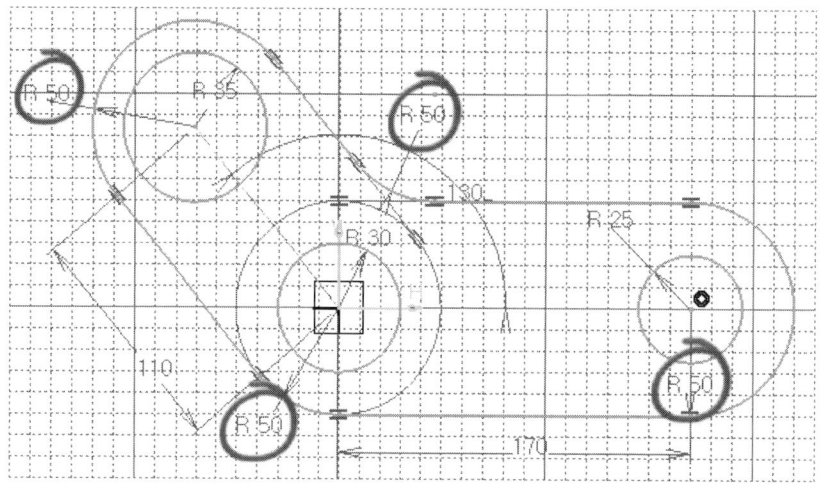

17. 또, 작업 Tree에는 다음과 같이 Relation이라는 항목이 생깁니다. 이 항목을 열어보면 방금 우리가 작업한 Equivalent Dimension1이 있고 Value50mm까지 나옵니다.

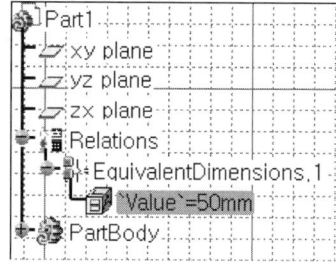

18. ⓑ와 ⓒ 그룹도 작업해보겠습니다. 먼저 ⓑ의 경우를 보면 안쪽의 세 원의 수치입니다. 위 경우와 마찬가지로 Equivalent Dimension 을 클릭한 후 Edit List까지 누릅니다. 아까와 같은 방법으로 세 원의 수치들을 오른쪽 창으로 불러오면 다음과 같이 됩니다. 이제 OK를 누릅니다.

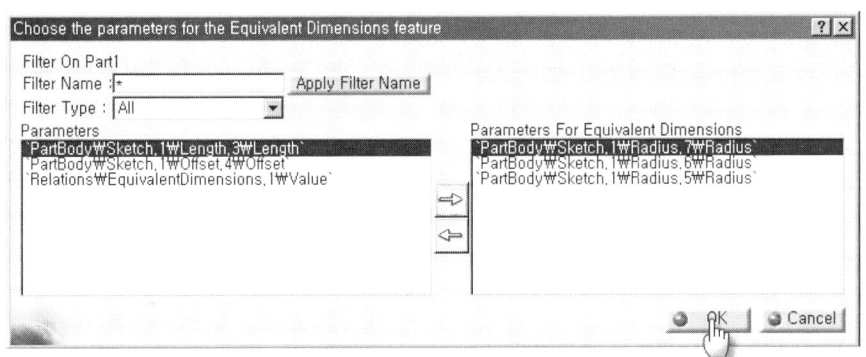

ⓑ그룹 내의 수치는 25mm로 바꾸고자 하므로 Value 옆 칸에 25mm를 입력하고 OK를 누릅니다.

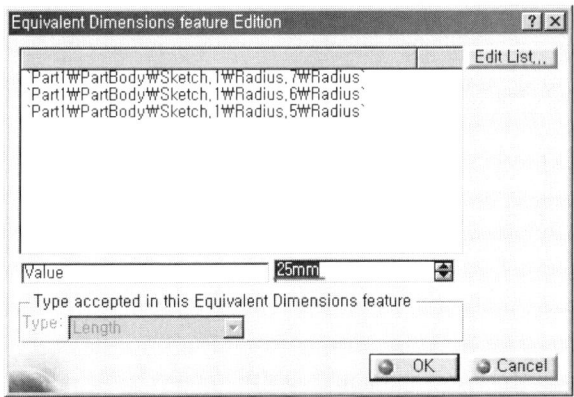

이제 형상은 다음과 같이 바뀌었고 Tree에 방금 작업한 항목 하나가 더 추가되었습니다.

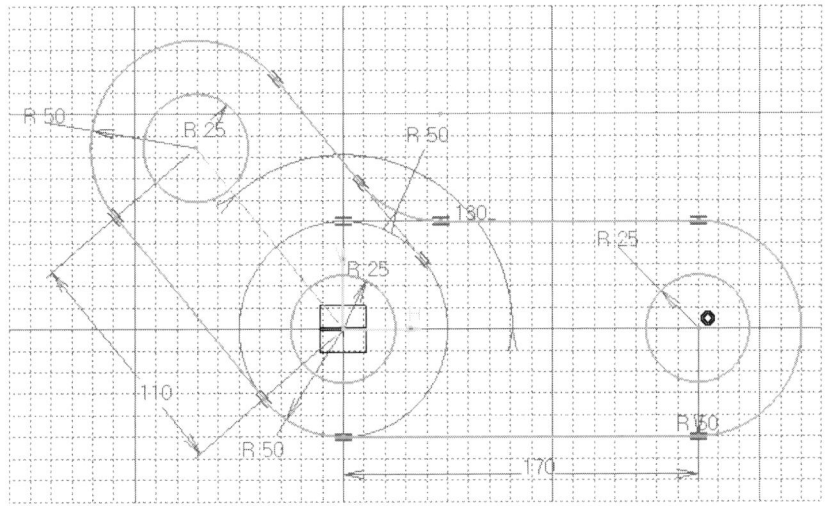

2. Sketcher **155**

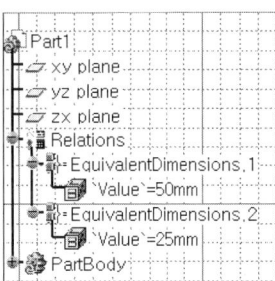

19. 마지막으로 ⓒ그룹의 수치들을 작업하도록 하겠습니다. ⓒ그룹의 수치는 각 원 사이의 거리를 나타냅니다. 마찬가지로 Equivalent Dimension 을 실행하고 나오는 창에서 Edit List를 누릅니다. Parameters의 목록에서 우리가 원하는 수치들을 찾아내기 위해 작업한 화면에서 각 수치들을 클릭하여 오른쪽 창으로 옮기면 다음과 같은 모습이 됩니다.

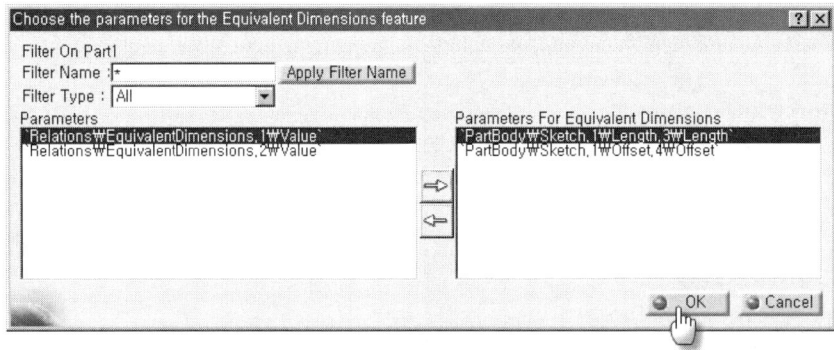

ⓒ그룹 내의 수치들은 190mm이므로 Value 오른쪽 칸에 190mm를 입력하고 OK를 누릅니다.

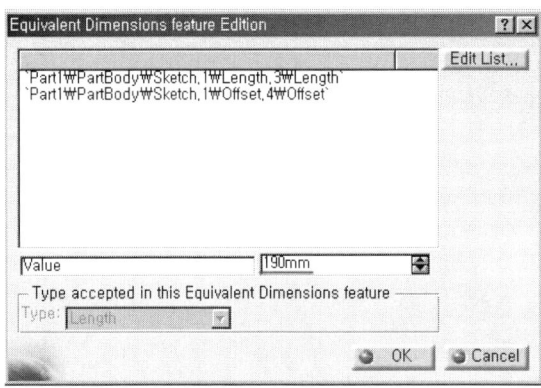

20. 3개 그룹의 Equivalent Dimension 을 마친 상태는 다음과 같이 되며, 작업 Tree에도 다음과 같이 표시됩니다.

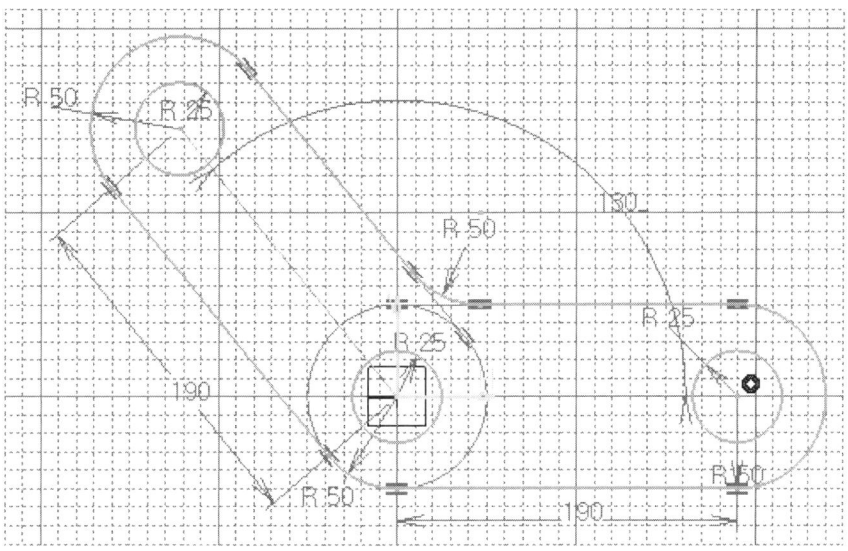

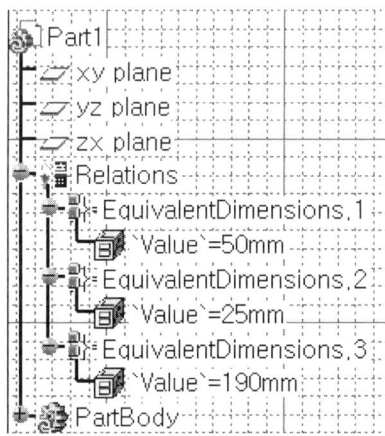

(12) Exercise 12 - Formula

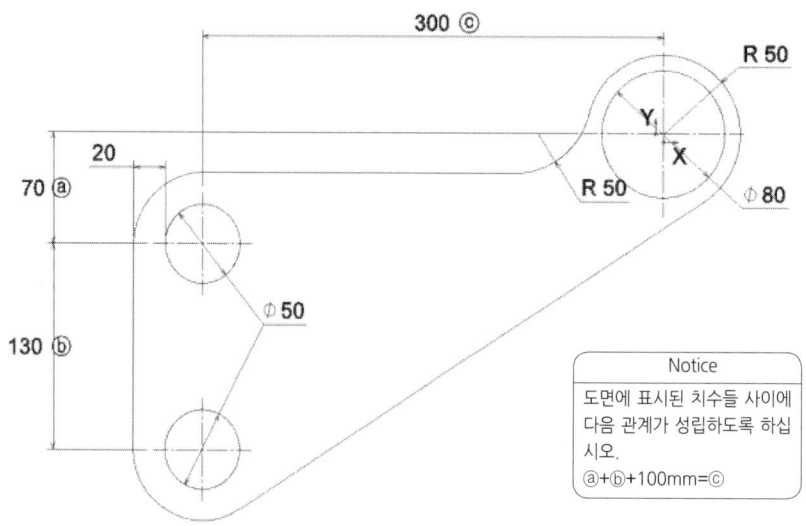

작업 Workbench : Sketcher

사용 명령어 : Circle , Constraints , Bi-Tangent line , Arc ,
Constraints Defined in Dialog Box , line , Quick Trim , Formula $f_{(x)}$

Sketcher Workbench에서 연습해 볼 12번째 도면입니다. 이번 도면에서는 Formula $f_{(x)}$의 기능에 대해 중점적으로 다루게 됩니다. 이는 수치를 구속할 때에 단순히 숫자를 집어넣는 것이 아닌, 한 형상 안에서 여러 요소들 간의 구속에 대해 연관성을 가지게 해주게 됩니다. 예를 들어 도면에서는 ⓐ라고 표시되어 있는 값인 70mm, ⓑ라고 표시되어 있는 130mm의 값에 100mm를 더했을 때 ⓒ의 값인 300mm가 나오도록 하게 되어 있습니다. 이 때 Constraints 를 이용하여 구속을 할 때 단순한 수치 대신 미리 정해둔 Parameter라는 값을 넣게 됩니다. Formula를 사용하기 전에 만들어 두여야 할 것이 Parameter이며, 이를 만드는 작업부터 시작하게 됩니다. 여기서의 설정은 앞서 11번 도면과 같은 옵션을 해주면 됩니다.

01. 먼저 기본적으로 CATIA의 아랫부분 메뉴에 있는 Knowledge Toolbar에서 Formula $f_{(x)}$를 실행시킵니다.

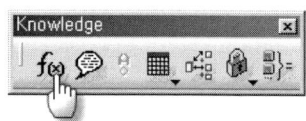

02. 그럼 다음과 같은 창이 나타납니다. 여기서 창 왼쪽 아랫부분의 New Parameter of type을 클릭한 후 바로 오른쪽 창에서 Length로 바꾸어주면 가운데부분의 큰 창에 Parameter는 Length1, Value는 0mm로 표시됩니다.

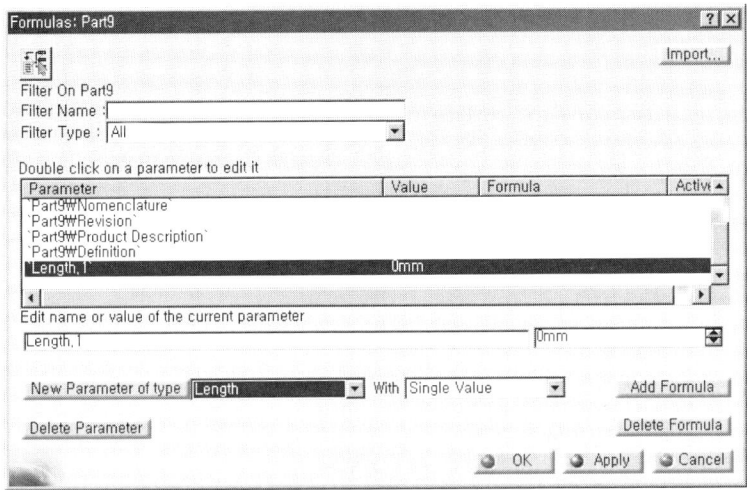

04. 위의 그림과 같이 Length1이 선택되어 있는 상태에서 Edit name or value of the current parameter 라고 쓰여 있는 바로 아래 창 두 개에 왼쪽은 a, 오른쪽에는 70mm를 입력한 뒤 Apply 버튼을 클릭합니다.

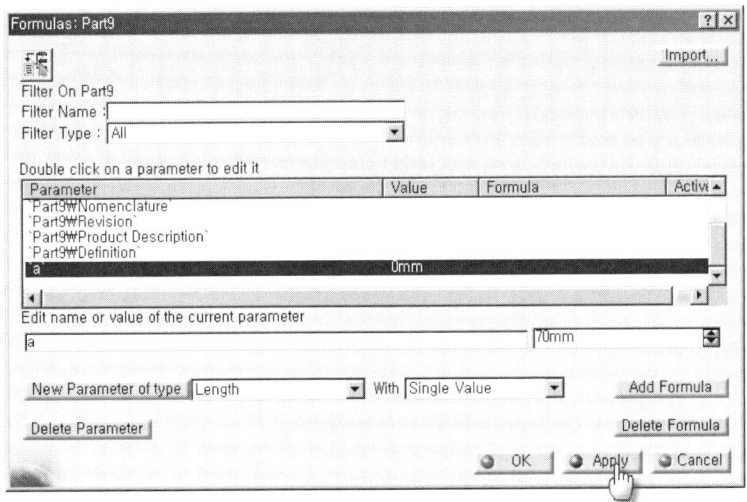

05. 그럼 다음과 같이 Specification Tree에 Parameters가 생겼고, 그 안에는 'a' 라는 것은 70mm라고 값이 만들어진 것을 볼 수 있습니다.

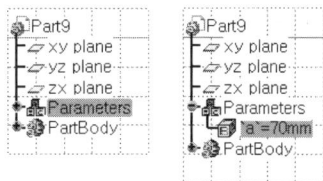

05. 이제 다시 New Parameter of Type을 클릭하고 Length로 선택합니다. 그럼 다음과 같이 Length2가 나타나게 됩니다.

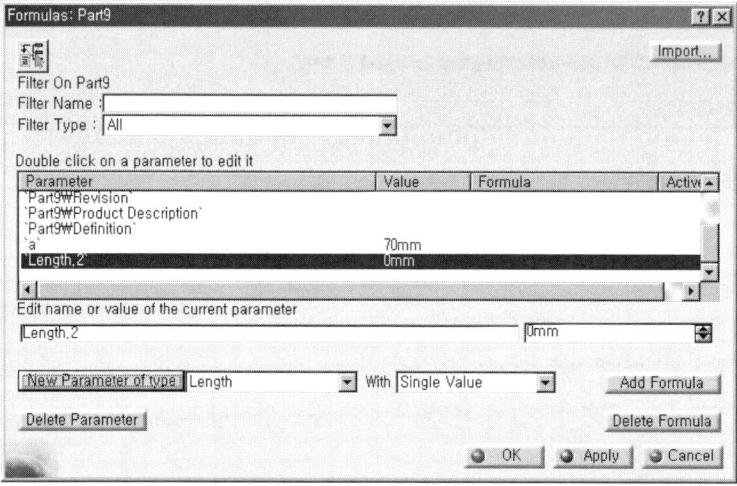

06. 마찬가지로 Length2라고 쓰여 있는 것을 b로 바꾸어주고 그 값을 130mm로 입력해준 후 Apply를 클릭합니다.

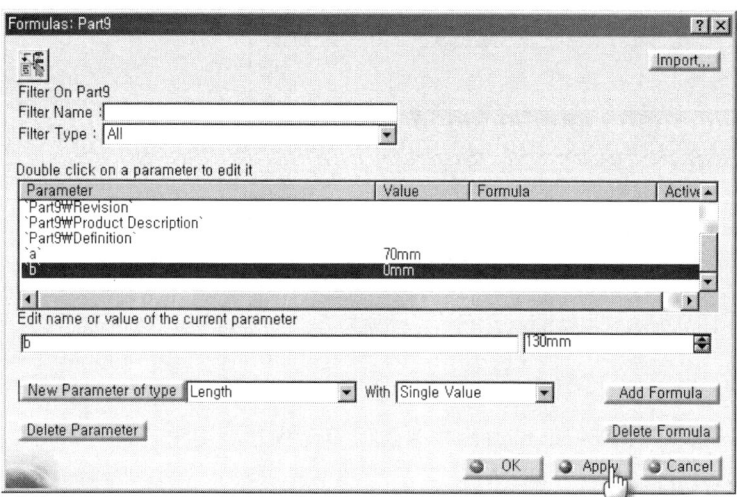

07. 그런 다음 Specification Tree를 확인해보면 'a'에 이어서 'b'의 값도 130mm로 정해져 있는 것을 볼 수 있습니다.

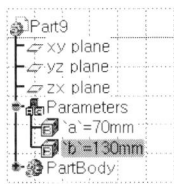

08. 마지막으로 'c'에 대해 설정하여 줍니다. 마찬가지로 New Parameter of type으로 Length3을 만들어 준 다음, 이번에는 값은 0mm로 놔두고 이름만 'c'로 바꾼 채 OK를 클릭합니다.

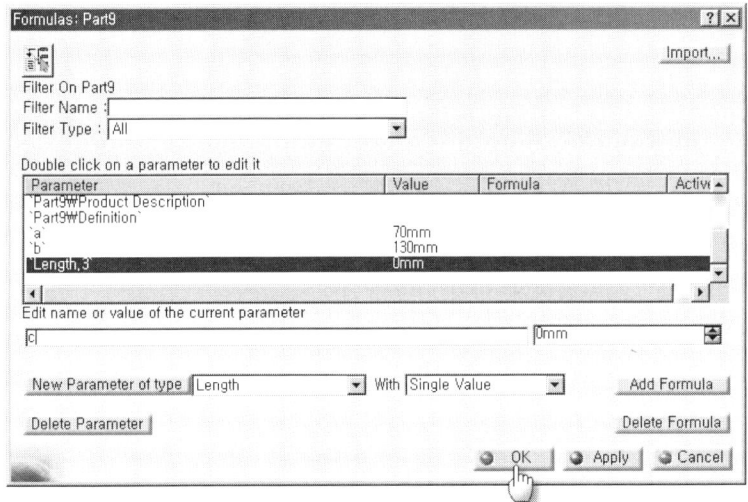

09. 화면에는 별 다른 변화가 없지만 Specification Tree에는 이제 'a'부터 'c'까지의 Value가 정의되어 있습니다.

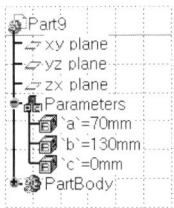

10. 이제 'c'의 값이 'a'와 'b' 값을 합한 것에서 100mm를 더한 것이라는 식을 설정해주어야 합니다. 이를 위해 Specification Tree에서 'c'=0mm라고 되어 있는 것을 더블클릭합니다. 그럼 다음과 같이 Edit Parameter라는 창이 나타납니다.

11. Edit Parameter의 창에서 오른쪽에 0mm라고 되어 있는 부분에 대고 마우스 오른쪽 버튼을 클릭한 후 Edit Formula를 클릭합니다.

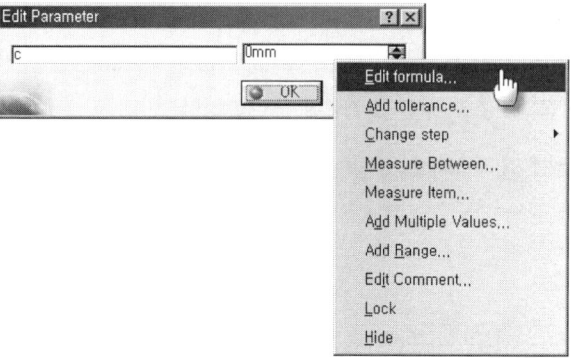

12. 그럼 Formula Editor: 'c'라는 창이 나타납니다. 여기서 다음 그림과 같이 회색으로 되어 있는 'c =' 이라는 부분의 아래 창에 'a + b + 100mm'라고 입력해준 후 OK를 클릭합니다(반드시 mm를 써 주어야 합니다.)

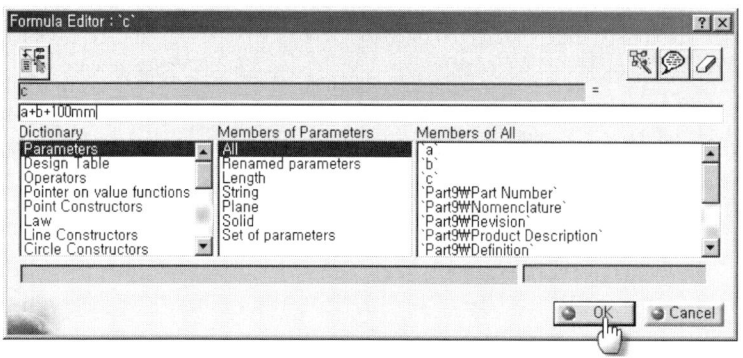

13. 그럼 다시 Edit Parameter 창으로 돌아옵니다. c라고 쓰여 있는 오른쪽 창에는 0mm이었던 것이 300mm로 되어있고 고칠 수 없다는 표시로 회색 창으로 표시됩니다. 대신 옆쪽에 Formula를 표기하는 f(x) 표시가 생깁니다. 나중에 식을 바꾸고자 한다면 이 버튼을 누르고 수정하면 됩니다. 일단 지금은 맞게 입력하였으므로 OK를 클릭합니다.

14. 이제 Parameter는 모두 만들어졌습니다. Specification Tree에는 다음과 같이 표시됩니다.

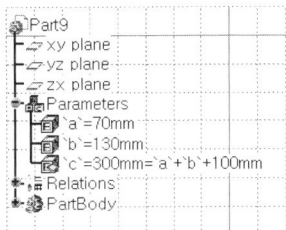

15. 이제 지금까지 만든 Parameter를 적용할 도면과 같은 형상을 만듭니다. 먼저 Circle ⊙ 과 Constraints 🔲 를 사용하여 원점을 기준으로 지름이 80mm인 원을 그립니다.

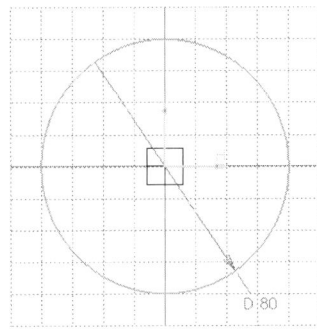

16. 방금 그린 원의 왼쪽 H축 아래쪽으로, 각각 지름 50mm인 두 개의 원을 더 그립니다.

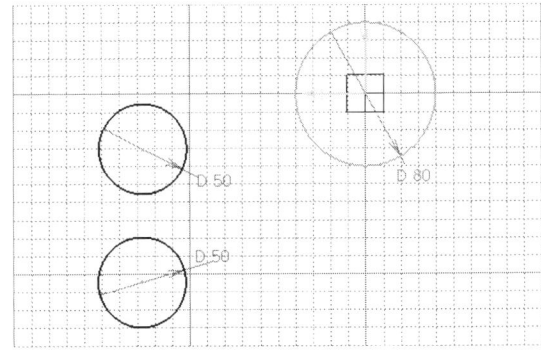

17. 이제 두 원을 위치적으로 구속해주어야 합니다. 이 때 원점의 원과 왼쪽 원들의 중심과의 거리 c, 왼쪽의 위쪽 원과 원점의 원의 중심 사이의 수직거리 a, 왼쪽 원들 중심의 수직거리 b를 앞서 설정한 Parameter를 이용합니다. 먼저 Constraints 🔲 를 사용하여 왼쪽 위쪽 원과 원점 원과의 수직거리를 구속합니다. 이 때 대각선거리를 수직거리로 바꾸기 위해 마우스 오른쪽- Vertical Measure Direction 을 사용합니다. 그림 다음과 같이 현재의 수치(30.398mm)가 표시됩니다.

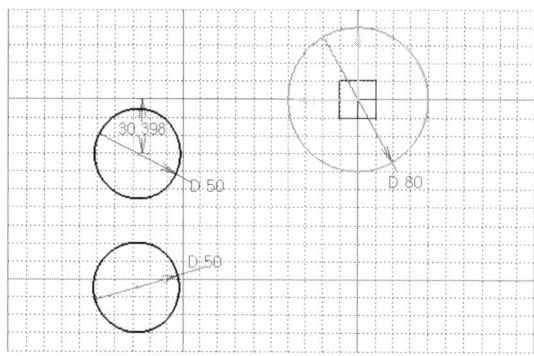

18. 현재 수치를 더블클릭하여 Constraint Definition 창이 나타나면 현재 수치가 입력되어 있는 Value 창에 마우스를 대고 오른쪽 버튼을 누른 다음 Edit formula를 클릭합니다.

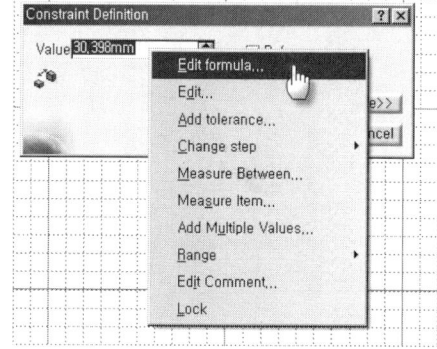

19. 그럼 다음과 같이 Formula Editor라는 창이 나옵니다. 여기서 = 의 좌변에 있는 것은 방금 우리가 선택한 왼편 위쪽 원과 원점 원의 중심 간의 수직거리가 되고 우리가 설정해야 할 것은 ' = '의 우변입니다. 이 값을 아까 설정해둔 a로 표시하기 위해서 다음 그림과 같이 Specification Tree에서 'a' = 70mm로 되어있는 것을 클릭합니다.

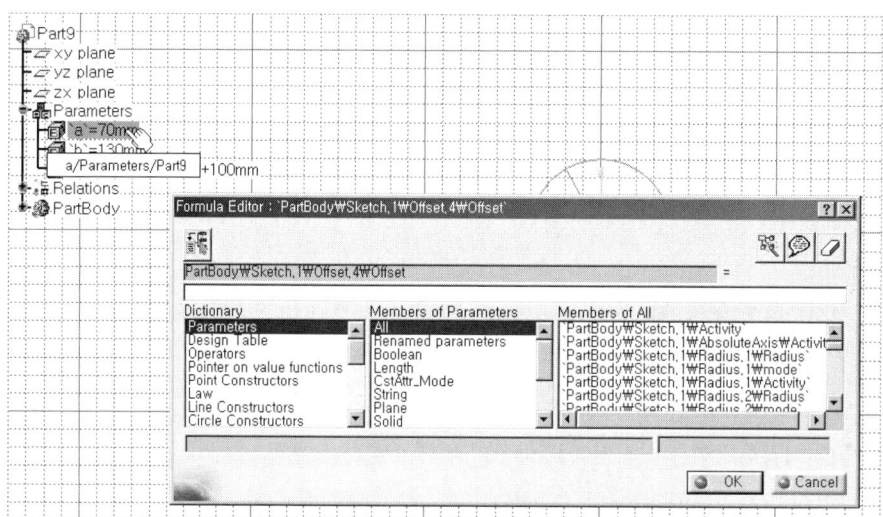

20. 그럼 다음과 같이 창이 변하고 여기서 OK를 눌러줍니다.

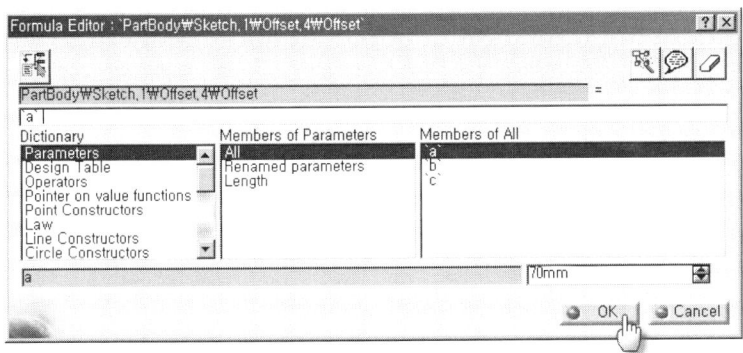

21. 다시 Constraint Definition창이 나타나고 아까와 달리 Value창은 70mm로 되어있긴 하지만 회색 창으로 비활성화 되어 있고 옆에 f(x) 표시가 나타나 있습니다. 이 구속을 고치기 위해서는 이 버튼을 클릭하여 수정할 수 있습니다. 일단 여기서는 a에 대한 구속이 잘 되었으므로 OK를 누릅니다.

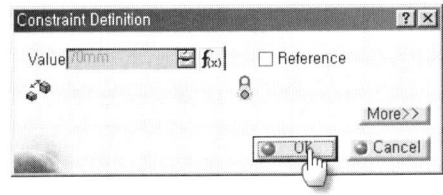

22. 이제 a의 부분은 다음과 같이 70mm로 구속되었습니다. 70옆에 f(x)의 표시는 Formula를 이용했다는 표시입니다.

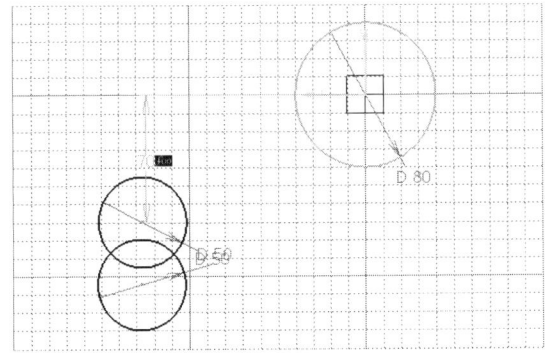

23. 나머지 b와 c부분도 위와 같이 작업해 봅니다. 이 때 c는 왼편 위쪽 원과 원점의 원, 왼편 아래쪽 원과 원점의 원 사이의 수평 중점거리에 두 번 사용됩니다.

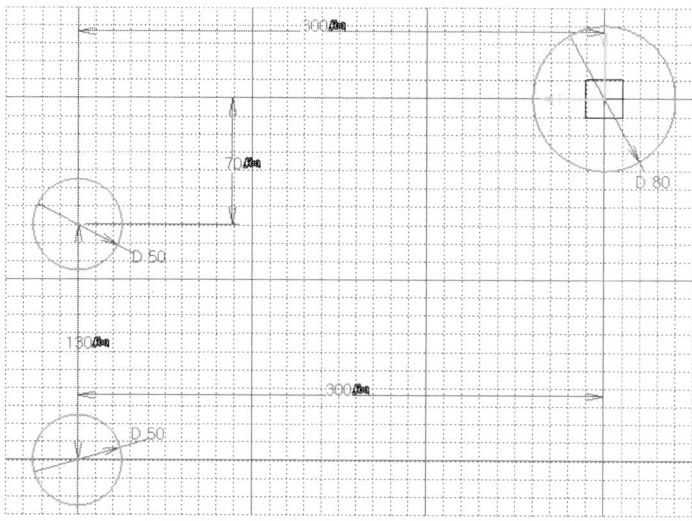

24. 이제 Formula를 사용하는 부분은 끝났습니다. 나머지 세 원을 둘러싸고 있는 형상을 그립니다. 이를 위해 각 원의 중점과 중심을 함께하는 원들을 그린 후 Bi-Tangent line 을 이용해서 연결할 것입니다. 먼저 각 원들과 중점을 일치시킨 원을 그린 후 원점에 위치하는 경우 R50mm로 구속하고, 왼쪽의 두 원들은 R45mm로 구속합니다. 도면에서 보면 안쪽 원의 반지름이 25mm이고 왼쪽 원 둘레와 둘러싸고 있는 형상과의 거리가 20mm이기 때문입니다. Formula를 이용하여 구속한 경우와 달리 그냥 구속하였으므로 수치 옆에 아무 표시도 나타나지 않습니다.

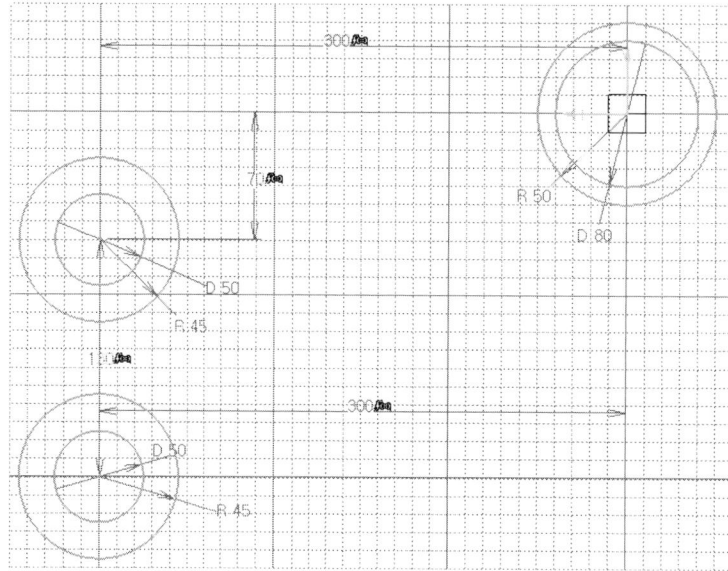

25. Bi-Tangent line 을 실행시킨 후, 접하게 연결할 원들을 클릭하여 다음과 같이 만듭니다.

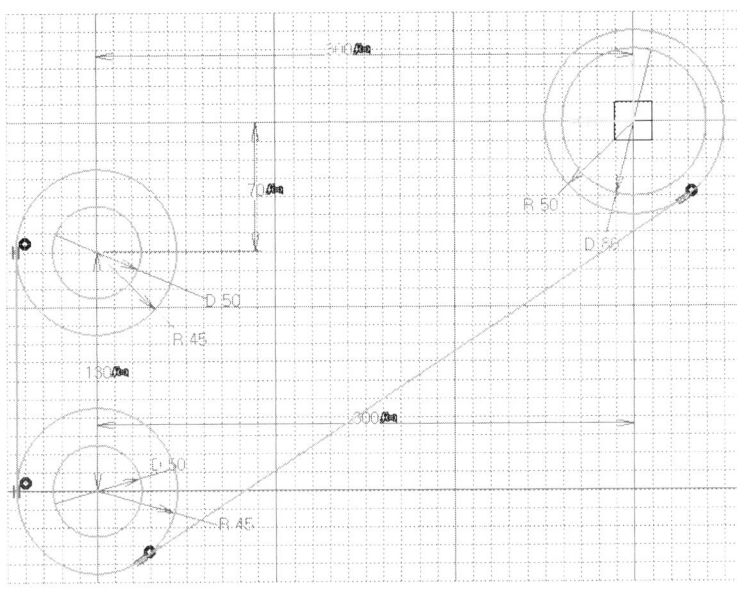

26. 윗부분의 형상 중에서 원점에 위치한 원과 접하는 곡선을 그리기 위해 Arc 와 Constraints 를 이용하여 R50mm인 호를 만듭니다.

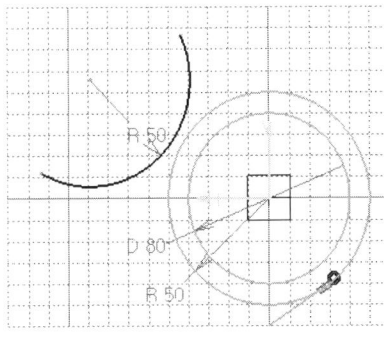

27. 방금 그린 호와 원점의 바깥 원을 동시에 선택한 후 Constraints Defined in Dialog Box 를 실행시켜 Tangency를 클릭합니다.

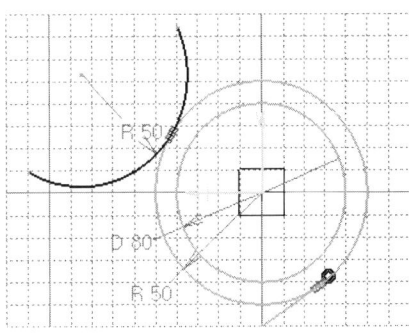

2. Sketcher **167**

28. 이번에는 호의 위쪽 끝점과 원점의 바깥 원을 동시에 선택한 후 Constraints Defined in Dialog Box 를 실행시켜 Coincidence에 체크합니다.

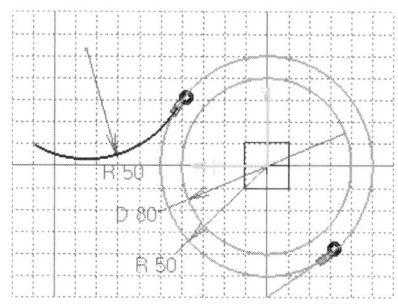

29. 그런 다음 Line 을 이용하여 다음의 위치에 수평선을 하나 그립니다.

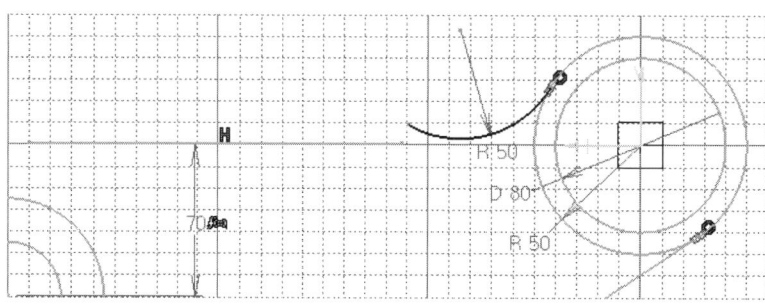

30. 수평선과 왼편 위쪽의 원을 동시에 선택한 후 Constraints Defined in Dialog Box 를 실행시킨 후 Tangency에 체크합니다. 그런 다음 수평선의 왼쪽 끝점과 왼편 위쪽의 원을 동시에 선택한 후 같은 기능을 선택하여 Coincidence에 체크합니다.

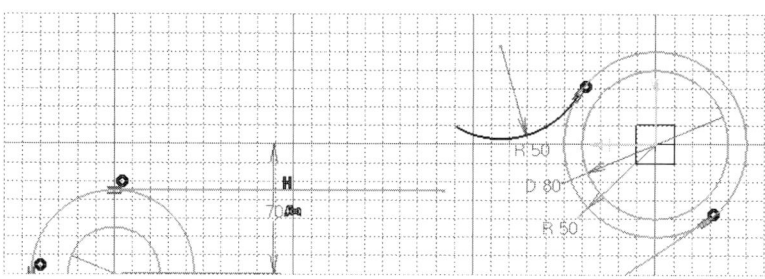

31. 30번과 같은 방법으로 수평선의 오른쪽 부분과 R50mm의 호를 Tangency, Coincidence하게 구속합니다.

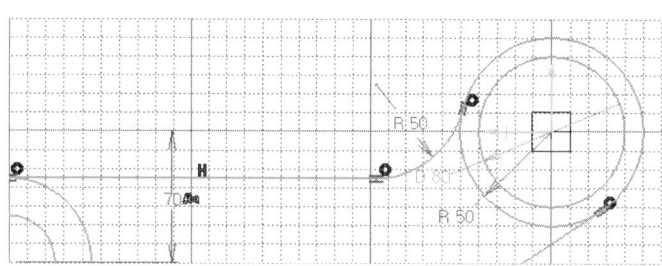

32. 그럼 다음 Quick Trim을 이용하여 불필요한 부분을 제거하면 다음과 같이 형상이 완성됩니다.

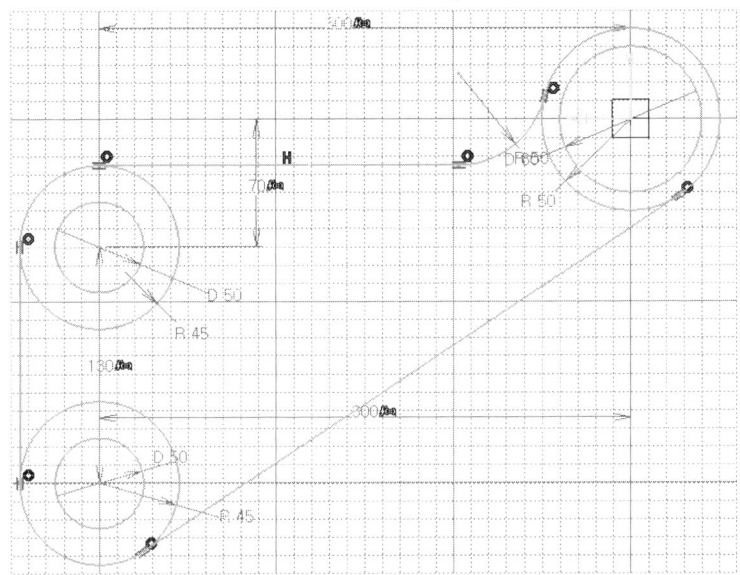

(13) Exercise 13 - Planes & Positioned Sketch

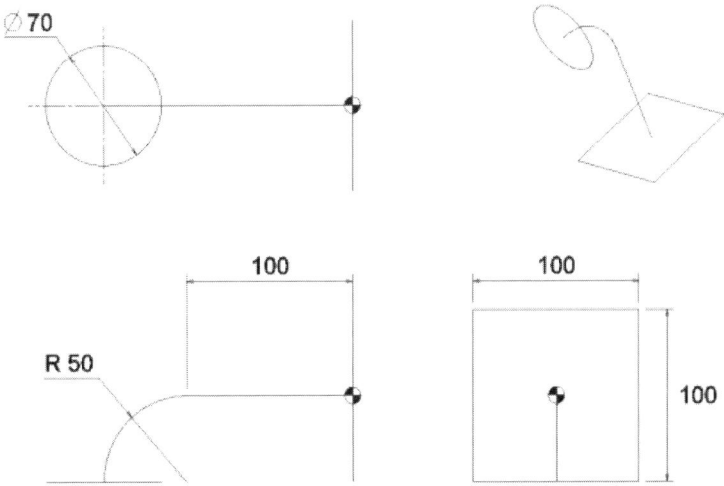

작업 **Workbench** : Sketcher

사용 명령어 : Circle, Centered Rectangle, Profile, Constraints, Exit Workbench, Plane, Sketch, Positioned Sketch

이번 도면은 Sketch이긴 하나, 여태까지 같은 평면에서만 작업했던 것과는 달리 각각 다른 평면에서 작업하며 그에 따라 2차원의 작업공간에서 3차원의 작업공간으로 나가 작업하고자 하는 평면을 바꾸는 방법을 익힐 것입니다. 이는 앞으로 3차원 형상을 만드는 데에 있어서 기본적인 바탕이 될 것이므로 잘 익히도록 해야겠습니다.

도면을 관찰해 보면, 크게 가로 세로 100mm의 정사각형, 100mm의 직선과 반지름 50mm의 사분원이 연결되어 있는 Profile , 지름 70mm의 원으로 이루어져 있는 것을 알 수 있으며 이 3개의 요소는 각각 다른 평면에 그려지게 됩니다. 작업은 원점 표시가 되어 있는 정사각형으로부터 시작하는데, 시작은 여태까지의 경우와 마찬가지로 XY 평면, YZ 평면, XZ 평면 중 한 평면에서부터 시작합니다. 여기서는 XY 평면을 선택하여 정사각형을 그리게 될 것이고, 다른 평면으로 이동하기 위해 Exit Workbench 라는 아이콘을 사용하게 됩니다. 이는 정말 빈번하게 쓰이는 아이콘이므로 잘 숙지해 두어야 하겠습니다. 다음으로 이에 따라 Profile 은 이에 수직은 YZ 평면이나 XZ 평면에 그려지게 되고, 원은 알맞은 평면이 존재하지 않으므로 Plane 이라는 명령을 사용하여 새로운 평면을 만들어 그 위에 작업하게 됩니다. 이 때 새로운 평면 위에 원을 그리기 위해 사용하는 명령이 Positioned Sketch 입니다. 이번 작업을 통해 앞으로 Part Design, GSD 작업의 기초가 될 Plane 과 Positioned Sketch 의 기능에 친숙해지길 바랍니다.

01. CATIA를 실행시킨 뒤 프로그램이 실행되면 다음과 같이 Start ⇨ Mechanical Design ⇨ Part Design 을 선택합니다.

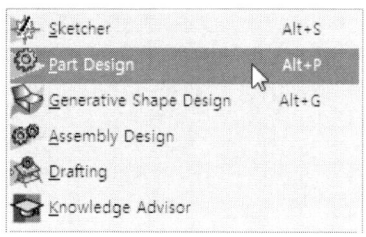

02. 그럼 다음과 같은 화면이 나오는 걸 확인할 수 있습니다. Sketcher Workbench로 들어왔을 때 Sketch 아이콘이 활성화되어 있고 평면을 선택했던 화면과 동일합니다. 단 여기서는 Sketch 아이콘은 활성화되어 있지 않습니다.

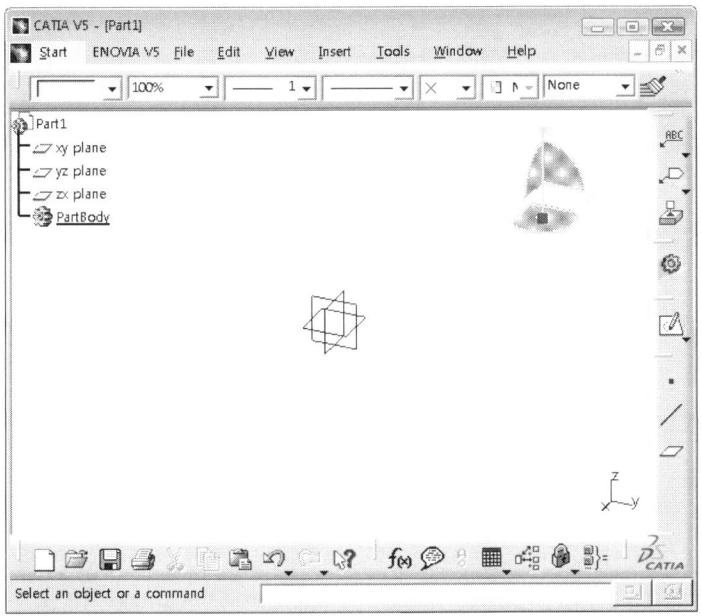

03. 몇 개의 평면을 사용하던 일단 Sketch를 하기 위해 평면을 하나 선택합니다. 여기서는 XY 평면을 선택하도록 하겠습니다. 앞부분에서와 동일하게 Specification Tree에서 XY plane을 선택하든가, 가운데 3개 평면에서 XY 평면을 선택한 후 오른쪽 윗부분의 Sketch 아이콘을 클릭합니다.

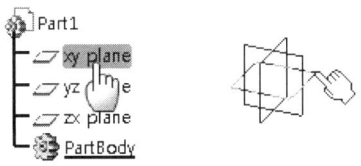

04. 그럼 다음과 같이 XY 평면에 대해서 Sketcher Workbench에 들어온 것을 확인할 수 있을 것입니다. 이제 위 도면을 그리는 작업을 시작도록 할 것입니다.

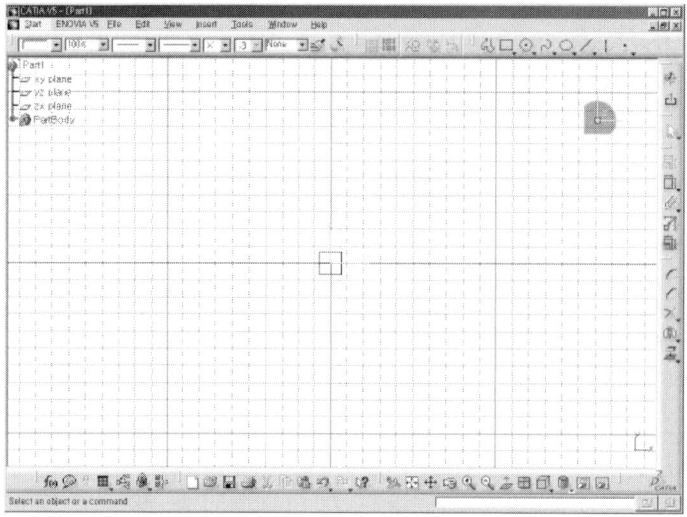

05. 앞에서도 언급했듯이 XY 평면에는 정사각형을 그립니다. 따라서 Centered Rectangle 을 실행시킨 후 원점을 중심으로 사각형을 그립니다.

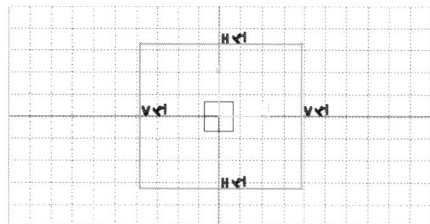

06. Constraints 를 사용하여 각 변을 각각 100mm로 구속합니다.

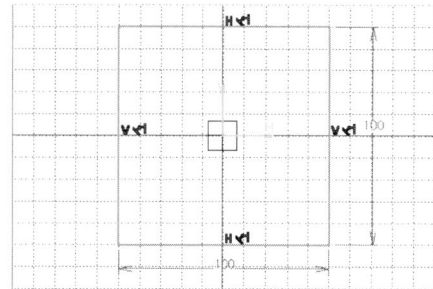

07. 이제 XY 평면에서 필요한 스케치는 끝났으므로 다른 평면으로 이동해야 합니다. 다른 평면으로 이동하기 위해서는 일단 아까 스케치할 평면을 선택했던 3차원 공간으로 다시 나가야 하는데 이 명령이 바로 Exit Workbench 입니다. 명령을 실행시켜 봅니다.

08. 그럼 다음과 같이 XY 평면에 방금 그린 정사각형이 그려져 있는 모습이 나타납니다. 다음으로 Profile 을 그릴 정사각형에 수직인 평면을 선택합니다. 여기서는 YZ 평면을 선택하겠습니다. Spec Tree에서 클릭하던가, 다음과 같이 3개의 평면 중 YZ 평면을 선택한 다음 Sketch 아이콘을 클릭합니다.

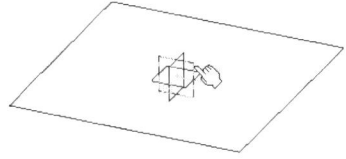

09. 그럼 이제 다음과 같이 YZ 평면으로 들어왔습니다. 여기서 H축 위에 일직선으로 보이는 정사각형 위에 Profile 을 이용하여 100mm의 직선과 반지름 50mm가 연결되어 있는 요소를 그릴 것입니다.

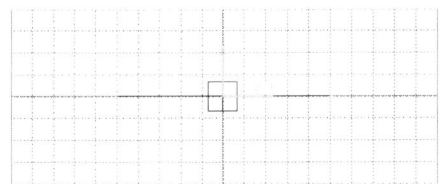

10. Profile 명령을 실행하여 원점에서 시작하여 V축선 상에 끝점을 두는 직선을 하나 그립니다.

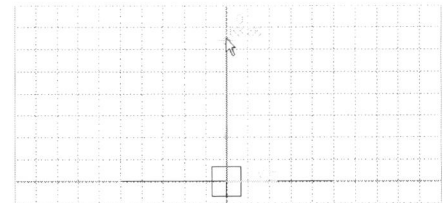

11. 끝점에서 왼쪽으로 드래그하여 직선에 접하는 사분원을 그립니다. 사분원이 되는 지점에서는 Smart Pick에 의해 하늘색으로 변하므로 그릴 때 참고하도록 합니다. 지금의 경우 Profile을 이용해 그린 형상이 폐곡선이 아니기 때문에, Esc키를 두 번 누르거나 Profile 아이콘을 한 번 눌러서 명령을 해제해야 합니다.

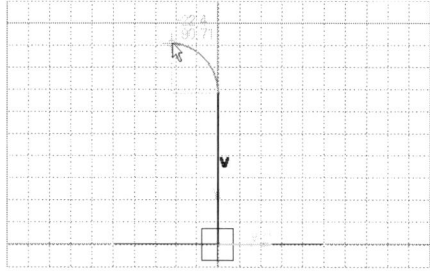

12. Constraints 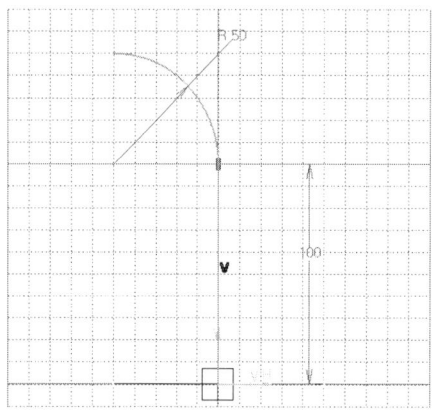 를 이용하여 직선을 100mm, 사분원을 반지름 50mm로 구속합니다.

13. 이제 YZ 평면에서 그리고자 하는 형상은 다 그렸으므로, 평면을 바꾸기 위해 Exit Workbench 기능을 이용하여 3차원 화면으로 나갑니다.

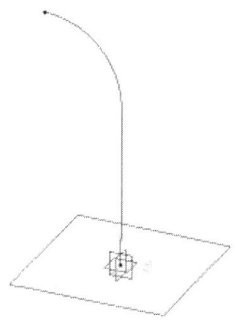

14. 이제 마지막으로 방금그린 Curve에 수직하는 지름 70mm의 원을 그려야 합니다. 하지만 현재 존재하는 3개의 평면 위에 그리기에는 위치가 맞지 않습니다. 따라서 이러한 경우 우리가 원하는 위치에 평면을 만들 수 있는 Plane 이라는 명령이 있습니다. 먼저 다음과 같이 아이콘을 클릭합니다.

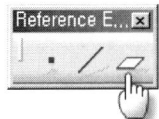

15. 그럼 다음과 같이 Plane Definition이라는 창이 나타납니다. Plane Type에는 여러 가지 종류가 있는데, 지금 우리는 Profile로 그린 형상에 수직한 평면을 만들고자 함으로 Normal to curve를 선택합니다. 자주 쓰이는 다른 Type에 대해서는 앞으로 적절한 예제를 통해 설명하도록 하겠습니다. 그런 다음 아래쪽의 Profile로 그린 형상을 클릭해줍니다.

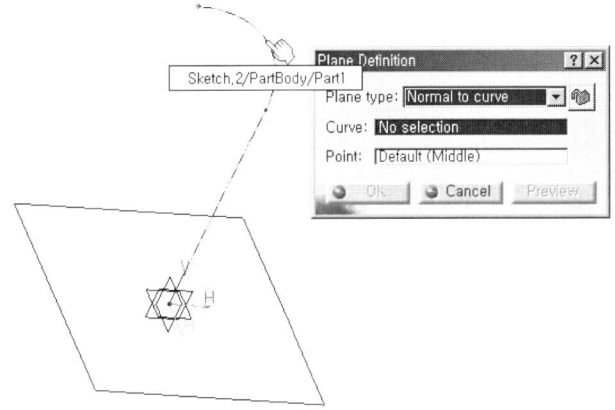

16. 그럼 다음과 같이 직선과 사분원이 만나는 부분에 평면이 생긴다는 표시가 나타나게 되는데, 사분원의 반대쪽 끝점을 원점으로 평면을 만들기 위해 그 점을 클릭하여 줍니다.

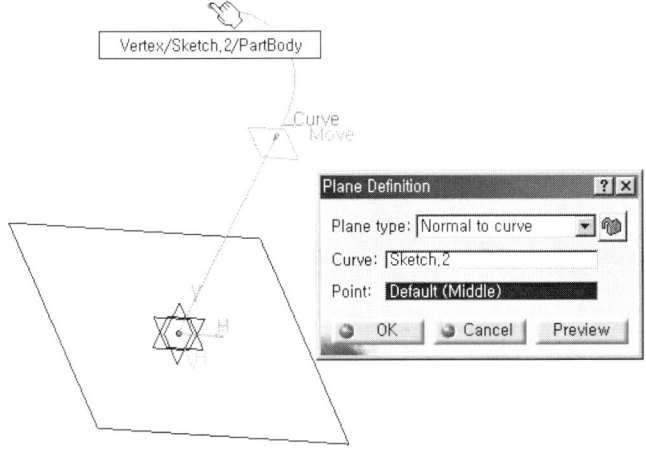

17. 그럼 우리가 원하는 위치에 평면이 보이게 되고 OK 버튼을 누릅니다.

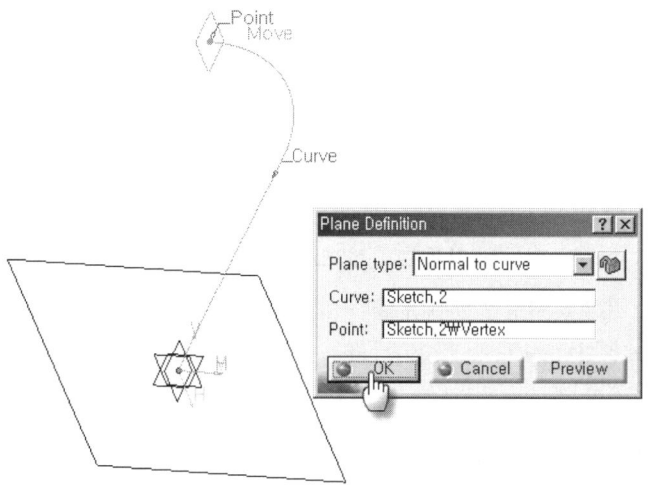

18. 이제 방금 그린 평면 위에 지름 70mm의 원을 그려야 합니다. 이 때, 평면을 클릭한 후 Sketch 아이콘을 클릭할 수도 있지만 그렇게 되면 원점의 위치가 선택한 평면의 원점이 아닌, 3개 평면이 교차하고 있는 원래의 원점으로 나타나게 됩니다. 이렇게 되지 않게 하기 위해서 Positioned Sketch 라는 명령을 실행시킵니다. 지금의 작업에서는 선택한 평면의 원점을 스케치 할 때의 원점으로 꼭 나타내야 하는지에 대한 필요성을 못 느낄 수도 있지만 앞으로 Part Design 작업을 하면서 자주 쓰이는 명령이므로 잘 숙지하도록 합니다.

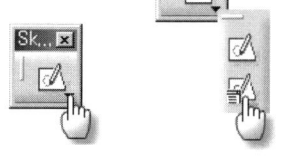

19. 그럼 Sketch Positioning이라는 창이 나타납니다. 여기서 Type은 Positioned으로 놔둔 채 기준 평면이 될 방금 그린 평면을 클릭합니다.

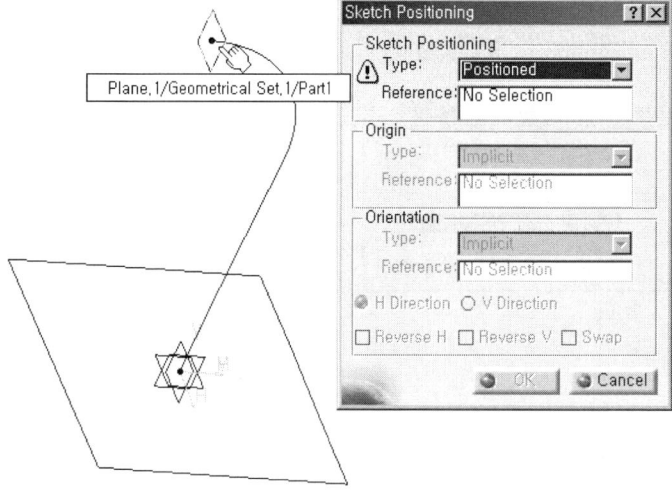

20. 그럼 Reference 창에 선택한 평면이 표시되고, 새로운 V, H축이 평면 위에 놓여 있습니다. 하지만 기준면이 새로 만든 평면으로 선택되어 왼쪽으로(그림 상에서) 이동되었을 뿐 새로운 원점은 여전히 원래 원점이 놓여 있는 정사각형 위에 놓여있습니다. 새로운 원점을 새로 만든 평면의 원점으로 바꾸기 위해 Origin에서 Type을 Projection Point로 바꿔준 다음 새로운 평면의 원점을 클릭해줍니다. Projection Point는 직접 클릭한 점을 원점으로 만들어주는 Type입니다.

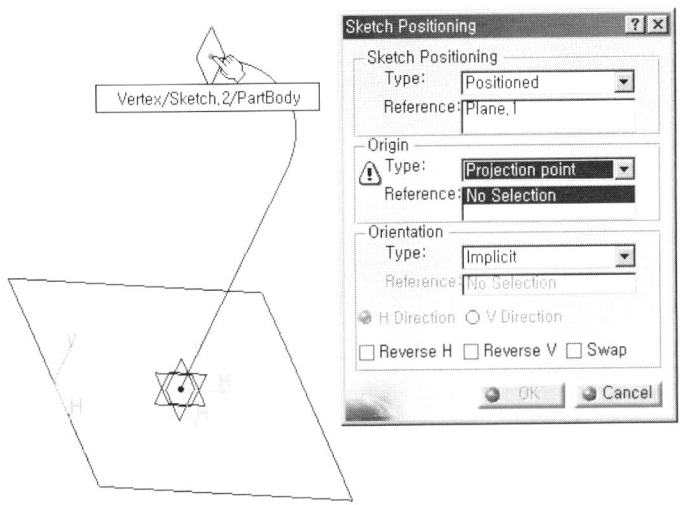

21. 이제 원점과 V, H축이 원하는 위치로 이동하였으므로 OK를 누릅니다.

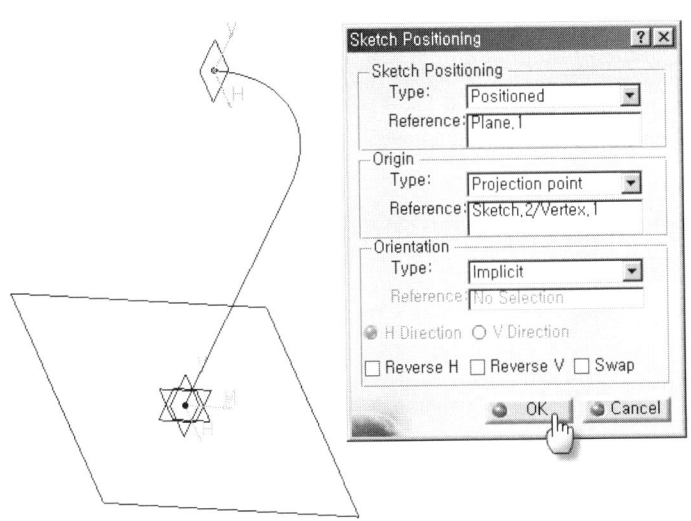

22. 이제 새로운 평면 위 2차원 화면으로 들어왔고, 원래 원점이 아닌 새로운 원점에서 Sketch를 할 수 있습니다. 아래 그림에서 보면 위쪽의 원점이 우리가 지정한 새로운 원점이므로 이 2차원 공간에서는 이 점이 원점입니다. 아래쪽에 원래의 원점은 표시는 되지만 이 공간에서는 원점의 역할을 하지 않습니다.

23. Circle ⊙ 과 Constraints 를 이용하여 새로운 원점을 중심으로 한 지름 70mm의 원을 그린 후, Exit Workbench 를 이용하여 3차원 화면으로 나갑니다.

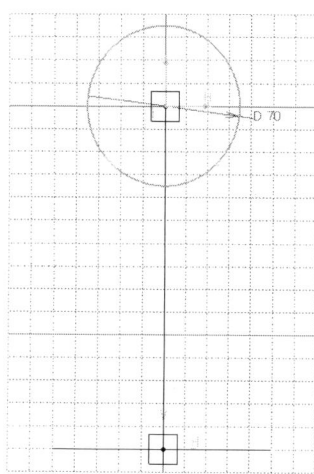

24. 완성된 형상은 다음과 같습니다.

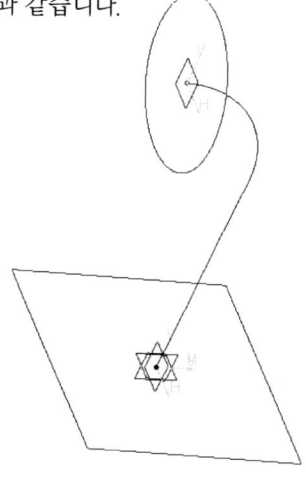

(14) Exercise 14 - Plane & Profile

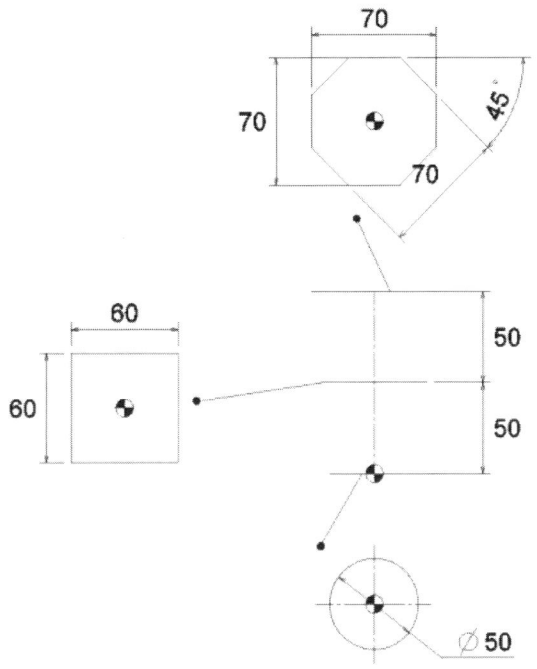

작업 Workbench : Sketcher

사용 명령어 : Circle ⊙ , Centered Rectangle , Profile , Constraints ,
Exit Workbench , Plane , Sketch

이번 도면은 원래 정의되어 있는 3개의 평면 중 하나의 평면에, 원점표시가 되어 있는 지름 50mm의 원을 그린 후 이를 기준으로 50mm떨어져 있는 새로운 평면을 만들어 그 위해 각 변이 60mm인 정사각형을 그리게 됩니다. 그런 다음 새롭게 만들어진 평면을 기준으로 50mm떨어져 있는 새로운 평면을 만들어 네 귀퉁이가 잘려진 형상의 사각형 스케치를 하게 됩니다.

여기서는 Plane 의 명령을 사용할 때 어떠한 평면으로부터 떨어진 거리를 입력하여 새로운 평면을 만드는 Offset from plane이라는 Type을 사용하는 것에 대해 알아볼 것입니다.

01. CATIA를 실행시킨 뒤 프로그램이 실행되면 다음과 같이 Start ⇨ Mechanical Design ⇨ Part Design 을 선택합니다.

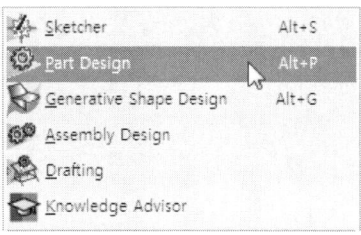

02. 맨 처음으로 다른 평면을 만들 때 기준면이 될, 지름 50mm의 원을 그릴 평면을 선택합니다. 여기서는 XY 평면을 선택하여 스케치하겠습니다.

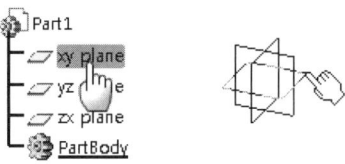

03. XY 평면에 들어왔으면, Circle 과 Constraints 를 이용하여 원점을 중심으로 한 지름 50mm의 원을 그립니다.

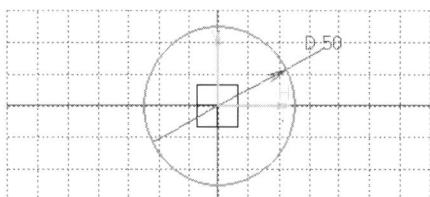

04. Exit Workbench 를 클릭하여 3차원 공간으로 돌아갑니다.

 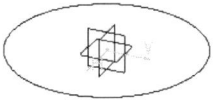

05. 이제 XY 평면으로부터 50mm떨어진 새로운 평면을 만들기 위해 Plane 명령을 실행시킵니다.

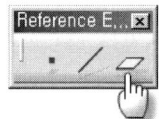

06. Plane Definition 창이 나타나면 Plane type은 어떤 기준으로부터 지정하는 거리만큼 떨어진 평면을 만들어주는 Offset from plane으로 둔 채 기준면을 지정하는 Reference에 XY 평면을 클릭해줍니다.

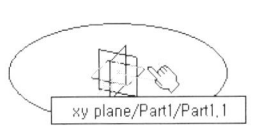 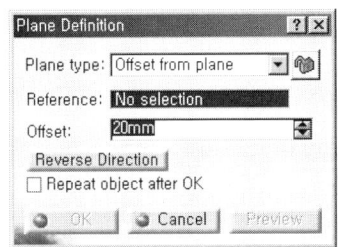

07. 그런 다음 XY 평면으로부터 떨어진 거리인 50mm를 Offset 창에 입력해준 후 OK를 클릭합니다. 그럼 새로운 평면이 만들어집니다.

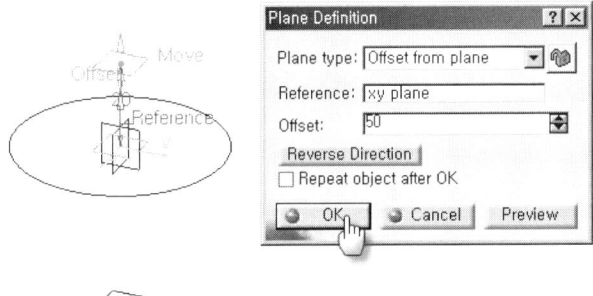

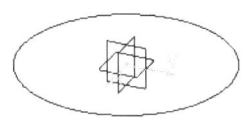

08. 다음으로 방금 만든 평면을 클릭한 후 Sketch 를 클릭하여 2차원 스케치 공간으로 들어옵니다. XY 평면에 그린 원의 스케치 선은 보이지만 현재 들어온 평면은 다른 평면이므로, 원의 수치를 변경한 다던가 하는 수정은 할 수 없습니다.

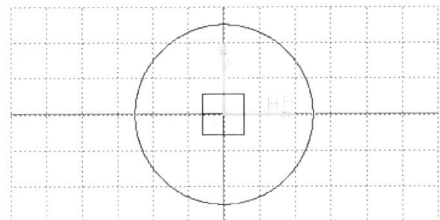

09. Centered Rectangle 과 Constraints 를 이용하여 원점을 중심으로 한 각 변 60mm의 정사각형을 그립니다.

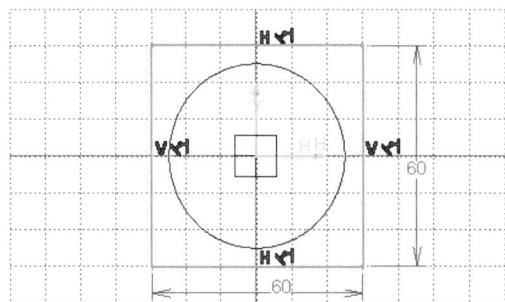

10. Exit Workbench 을 이용하여 3차원 공간으로 나갑니다.

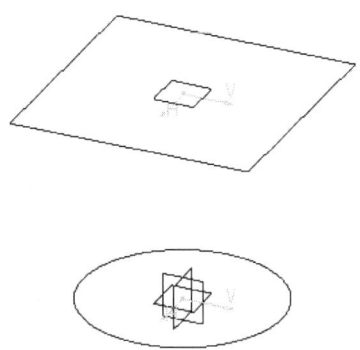

11. 방금 작업한 평면으로부터 50mm떨어진 새로운 평면을 만들기 위해 Plane 을 실행시킵니다. Plane Definition창이 나타나면 앞부분의 경우와 같이 Offset from plane type을 선택한 후 Reference 창에 기준이 될 방금 그린 평면을 클릭합니다.(만약 XY 평면을 클릭한다면 Offset에 100mm를 입력해 주면 될 것입니다.)

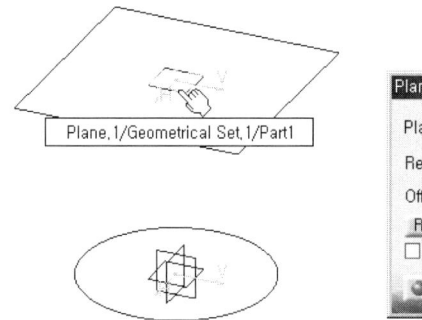 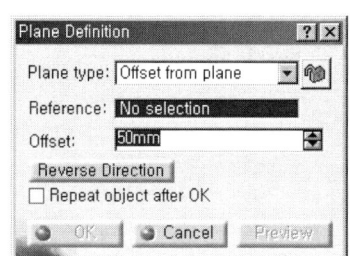

13. Offset 창에 50mm를 입력해준 후 OK를 클릭합니다.

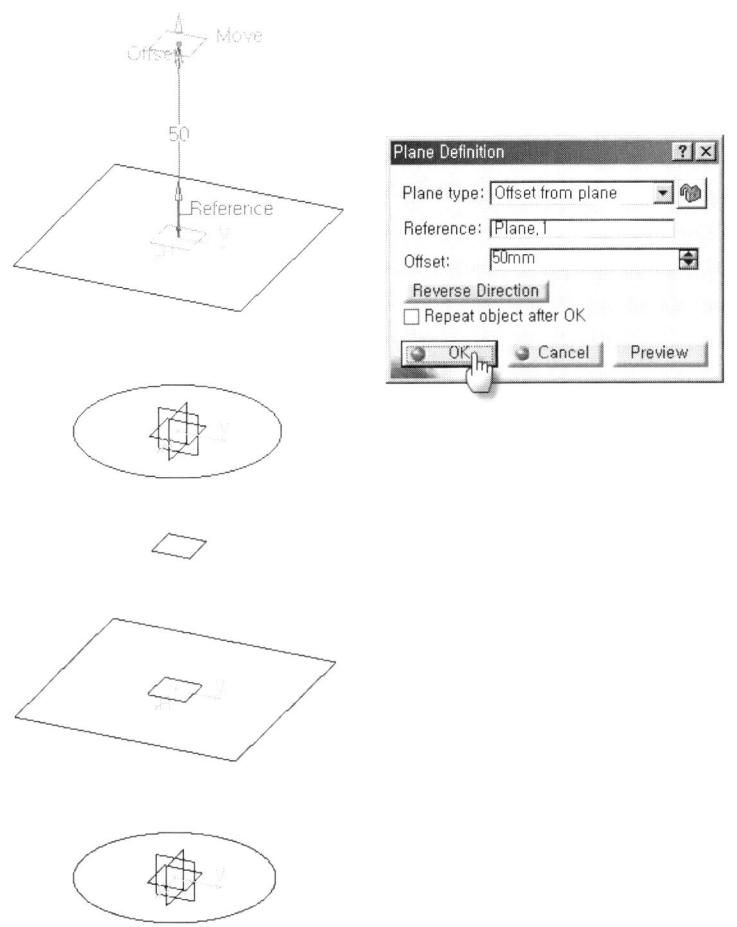

14. 방금 그린 평면을 클릭한 후 Sketch 아이콘을 클릭하여 2차원 스케치 공간으로 들어옵니다. 앞의 경우와 마찬가지로 다른 평면의 스케치가 보이지만 수정할 수는 없습니다.

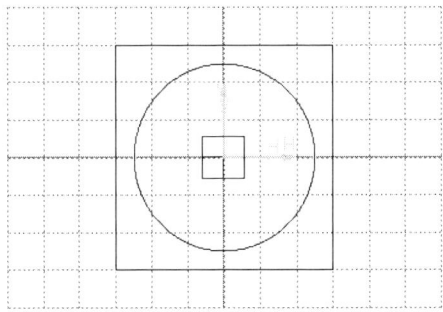

(15) Exercise 15 - Spline & Positioned Sketch

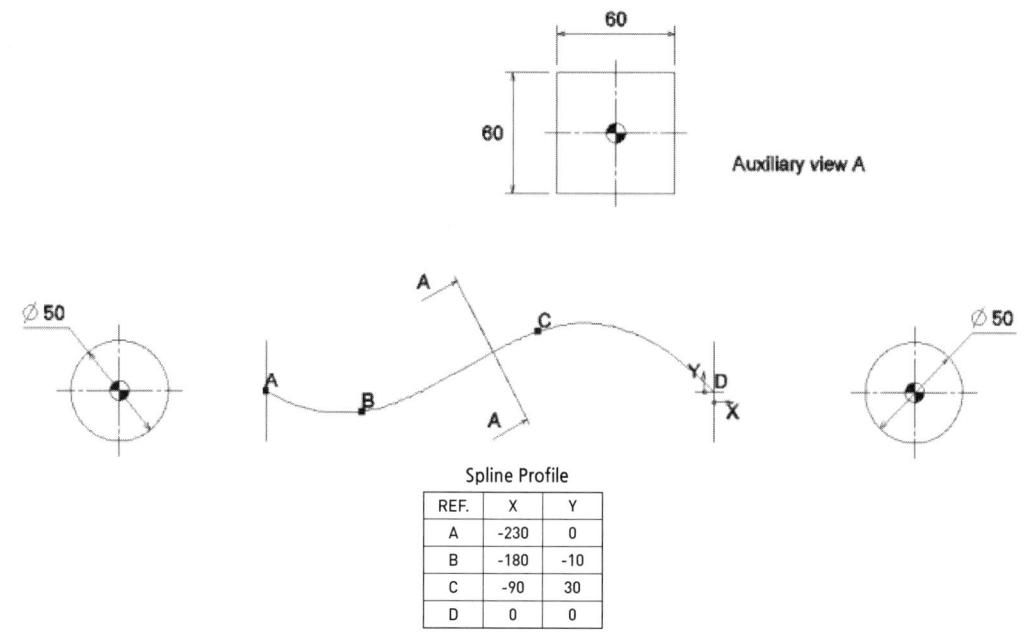

REF.	X	Y
A	-230	0
B	-180	-10
C	-90	30
D	0	0

작업 Workbench : Sketcher

사용 명령어 : Circle , Spline , Centered-Rectangle , Constraints , Exit Workbenche , Plane , Sketch , Positioned Sketch

이번 Sketch는 도면 오른쪽의 X, Y축 표시가 되어 있는 원점 부분에 지름 50mm의 원을 그린 후 이에 수직인 평면을 선택하여 A, B, C, D 네 개의 점으로 이루어진 곡선을 Spine 명령을 이용하여 작업합니다. 이 곡선은 나머지 스케치들이 위치할 평면을 만드는데 Guide Line이 될 것입니다.

여기서는 두 개의 평면을 만들게 되는데 곡선의 중앙에 위치한 평면은 앞서 13번 도면에서 작업한 Plane 명령에서 Normal to Curve Type을 사용하되, 원점을 Curve의 중앙에 위치하도록 작업하는 방법을 익히게 될 것이고, Curve의 끝에 위치한 평면은 곡선의 끝점이 원점이 되기는 하지만 원래 기준이 되었던 평면과 평행하게 위치하므로 Offset from plane type을 이용하여 작업하도록 할 것입니다.

01. CATIA를 실행 시킨 뒤 프로그램이 실행되면 Start ⇨ Mechanical Design ⇨ Part Design을 선택합니다.

02. XZ 평면으로 들어가서, Circle 과 Constraints 를 이용하여 지름 50mm의 원을 그립니다.

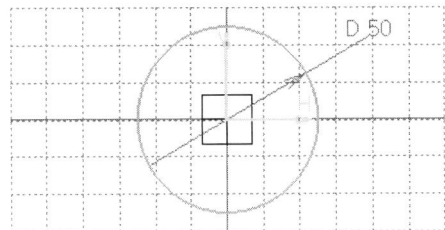

03. Exit Workbench 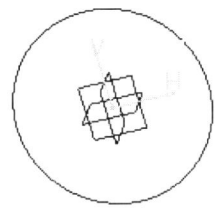 명령을 사용하여 3차원 공간으로 나옵니다.

04. 곡선을 그리기 위해, XZ 평면에 수직한 YZ 평면을 클릭한 후 Sketch 아이콘을 클릭하여 2차원 스케치 평면으로 들어갑니다. XZ 평면에 그린 원의 형상이 V축을 따라서 있는것을 볼 수 있습니다.

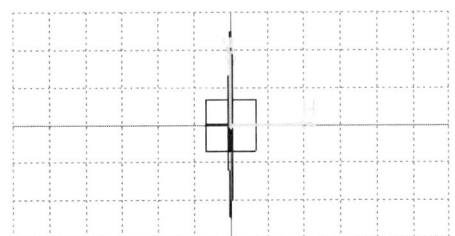

05. 곡선을 그리기 위해 Spline 명령을 실행시킵니다.

06. 4개의 점을 찍어 대략적으로 곡선의 형상을 만듭니다. 4개의 점을 다 찍은 후에는 Esc키를 두 번 누르거나, Spline 아이콘을 클릭하여 명령을 종료시켜 주어야 합니다.

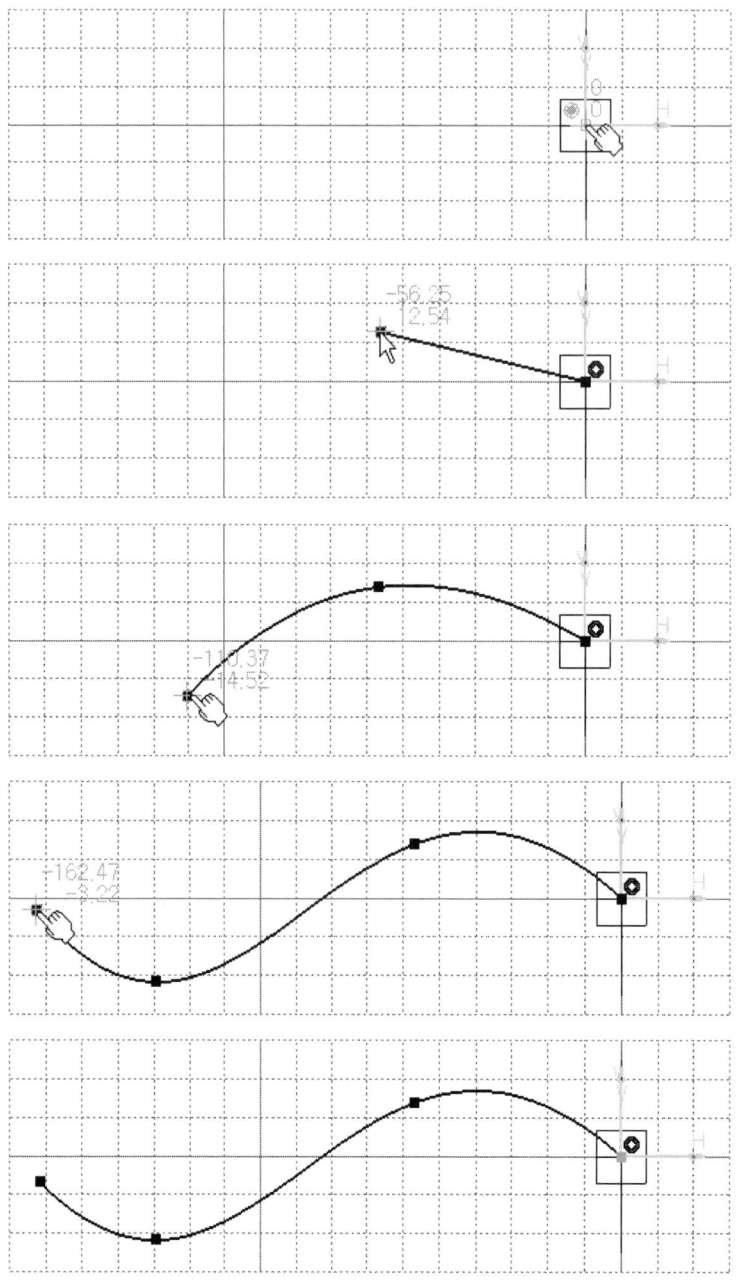

07. 이제 도면에 나와 있는 좌표대로 각 점을 구속시켜 줍니다.

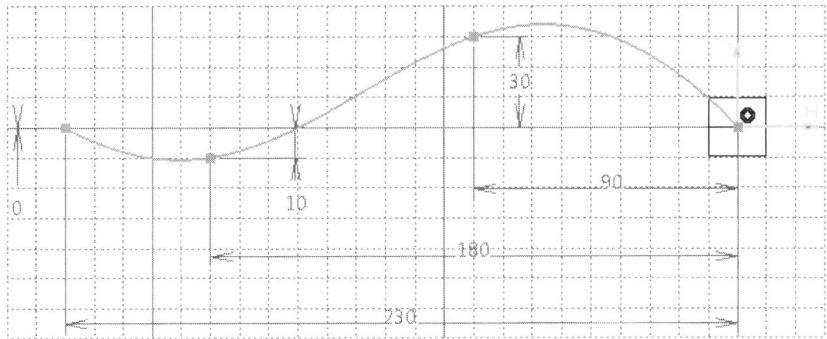

08. Exit Workbench 를 이용하여 3차원 공간으로 나갑니다.

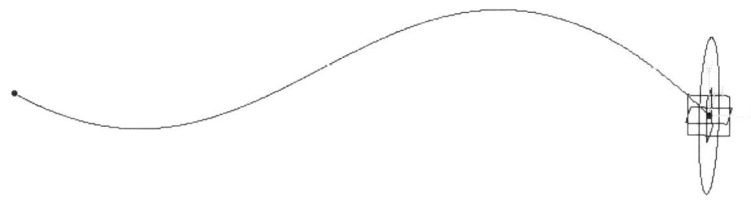

09. 다음으로 Plane 명령을 실행합니다. Plane Type은 Curve에 수직하는 평면을 만들 것이므로 Normal to Curve를 선택합니다. 그런 다음 방금 그린 곡선을 클릭해줍니다.

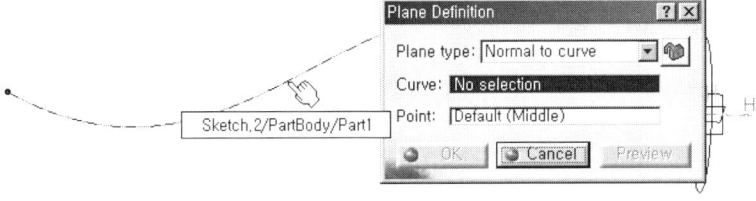

10. 먼저, 곡선의 중앙에 수직하게 있는 평면을 만들기 위해, Point는 Default(Middle)로 놔둔 채 OK를 클릭합니다.

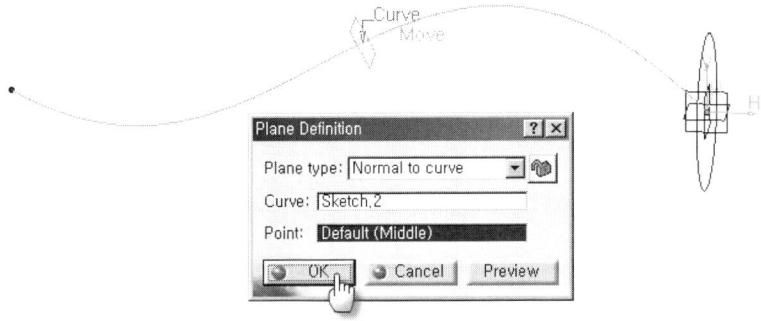

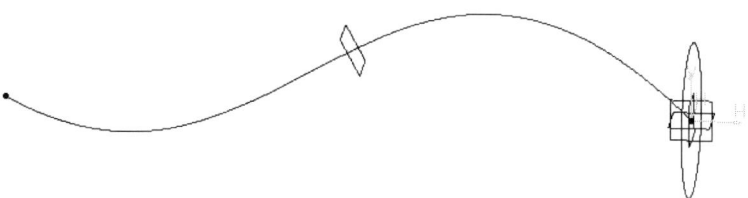

11. 방금 작업한 평면에 정사각형을 스케치해야 하는데, 그냥 Sketch  를 이용할 경우 원점이 원래 정의되어 있던 원점으로 나타납니다. 이 때 방금 작업한 평면의 원점을 원점으로 표시하고자 하므로 Positioned Sketch 을 선택합니다.

12. Sketch Positioning 창이 나타나면 먼저 Reference 창에 기준이 되는 평면인 방금 작업한 평면을 클릭해 줍니다.

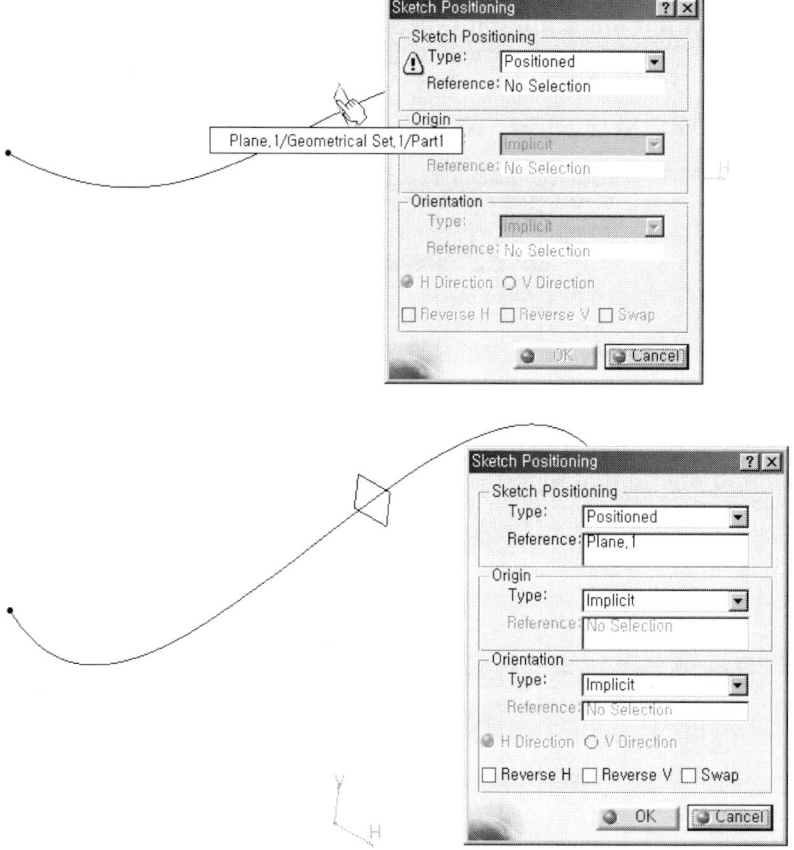

13. 이제 원점을 정의해 주어야 하는데, 13번 도면의 경우처럼 Origin Type을 Projection Point를 사용하기에는, 평면을 만들 때 임의의 점을 찍어서 만든 것이 아니므로 입력할 점이 없습니다. 이러한 경우 아까 평면을 만들 때 곡선의 중앙에 만든 것이므로 원점도 곡선의 중점이면 우리가 원하는 위치가 될 것입니다. 따라서 Origin type은 Middle point를 선택한 후 곡선을 클릭해줍니다.

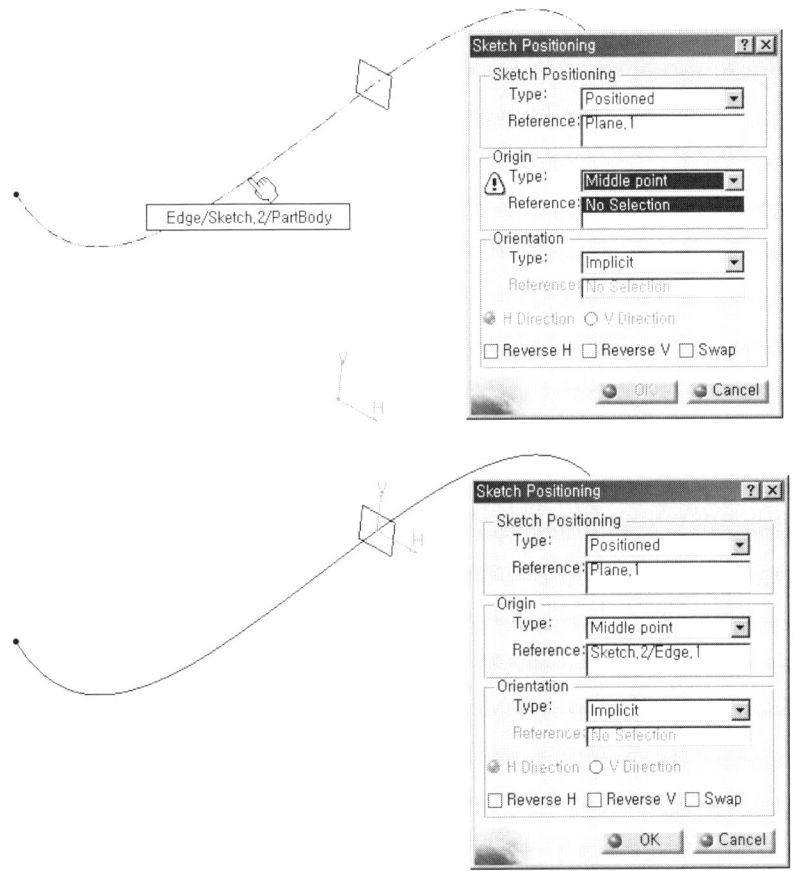

14. OK를 클릭해주면 다음과 같이 2차원 스케치 평면으로 들어옵니다. 원점은 물론 방금 Sketch Positioning 창에서 설정한 대로 새로 만든 평면의 중점이 되고, 원래의 원점은 아래쪽에 보입니다.

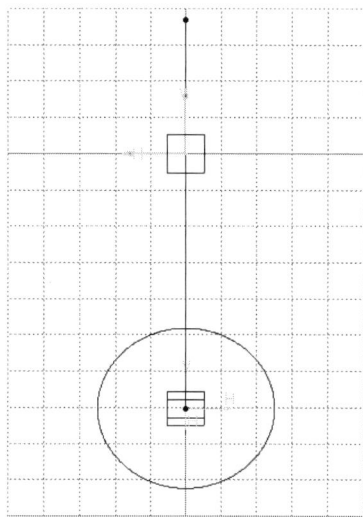

15. Centered-Rectangle ⊞ , Constraints 📐 를 이용해서 가로 세로 60mm의 정사각형을 만듭니다.

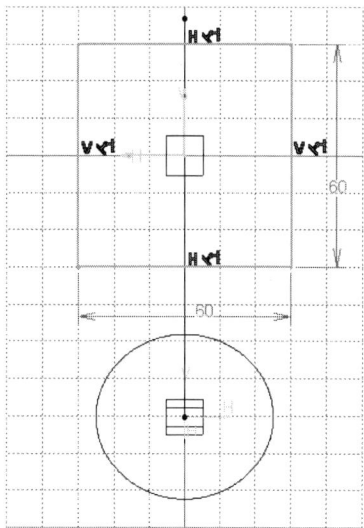

16. Exit Workbench ⬆ 를 클릭하여 3차원 공간으로 나갑니다.

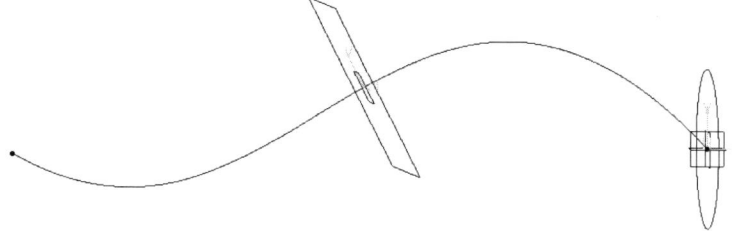

17. 곡선의 끝점에 원점을 가지는 평면을 생성하기 위해 Plane을 클릭합니다. Plane Definition 창이 나타나면 Offset from plane을 선택해줍니다.(Normal to curve type을 선택하게 되면 도면에서처럼 XZ 평면에 평행하지 않고, 곡선에 수직해 기울어지기 때문입니다.) 그런 다음 기준이 될 XZ 평면을 클릭해줍니다.

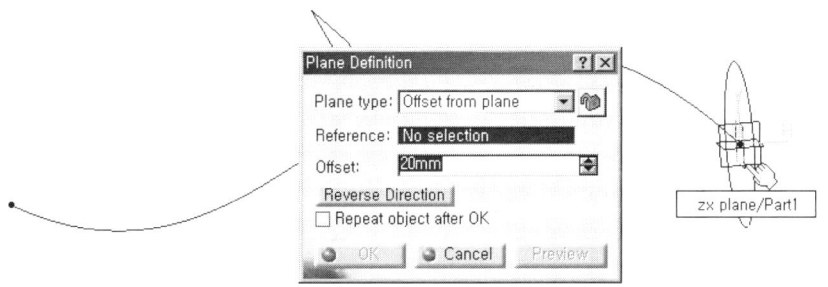

18. 그럼 만들어질 평면의 모습이 나타나는데 우리가 원하는 방향이 아니므로 Reverse Direction을 클릭하여 방향을 반대로 바꾸어줍니다.

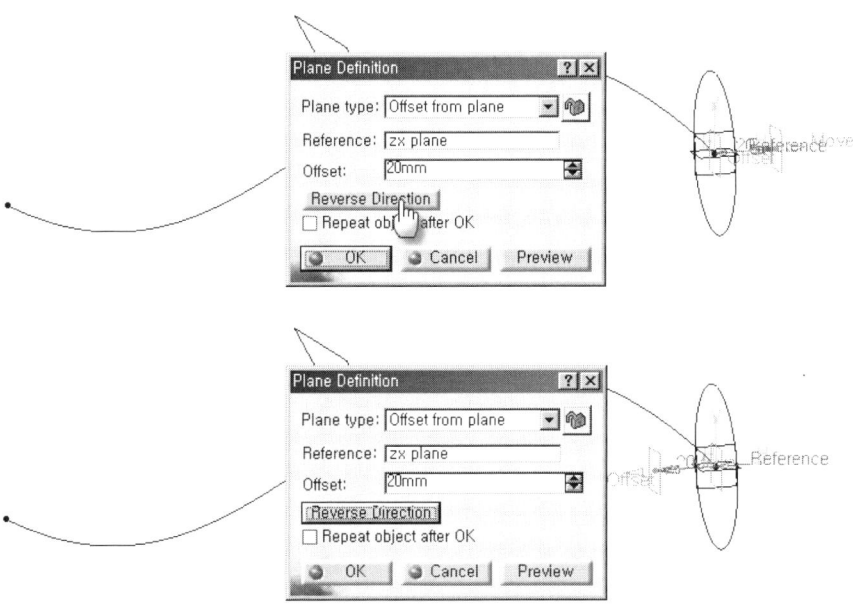

19. Offset에 XZ 평면과 떨어진 거리 230mm를 입력한 다음 OK를 클릭합니다.

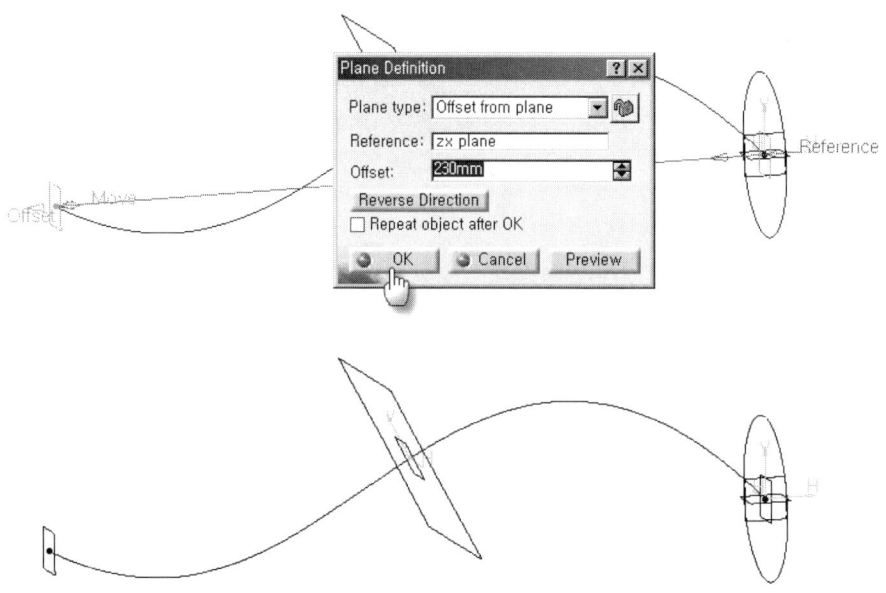

20. 방금 작업한 평면을 클릭한 후 Sketch를 클릭하여 2차원 스케치 평면으로 들어갑니다. 여기서는 새로 생성된 평면이 XZ 평면과 평행하므로, V, H축, 원점이 같은 자리에 놓일 것이므로 굳이 Positioned Sketch를 사용하지 않아도 됩니다.

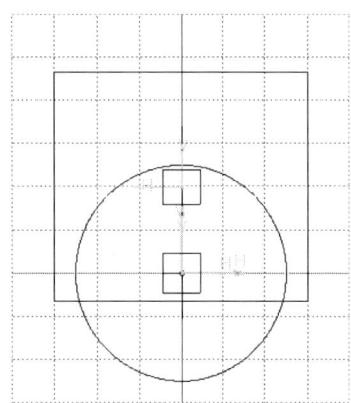

21. Circle과 Constraints를 이용하여 원점을 중심으로 한 지름 50mm의 원을 그립니다.

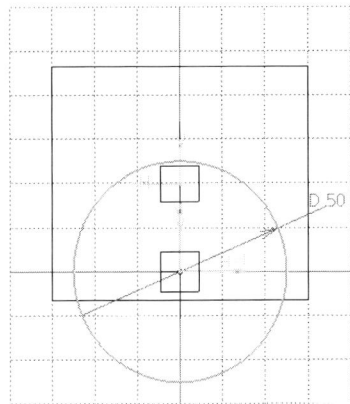

22. Exit Workbench 를 이용하여 3차원 공간으로 나가보면 완성된 형상을 볼 수 있습니다.

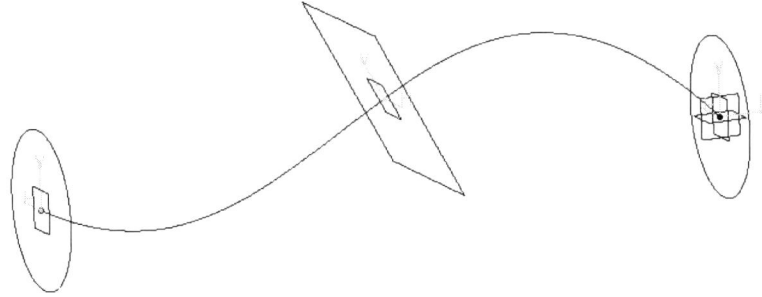

Part 03
Part Design

3. Part Design

1. Solid Modeling

솔리드 모델링이라 함은 형상에 대한 정보를 외부 형상뿐만 아니라 내부까지 가지는 모델링을 말합니다. CATIA에서 파트 디자인 Workbench란 솔리드 모델링 방식의 설계 작업을 하는 공간이라고 할 수 있습니다. 솔리드 모델링 방식은 주로 기준 면을 통해 들어간 작업 면에서 그린 프로파일을 이용하여 높이 값을 부여하여 적층 형태로 형상을 만들어냅니다. 즉, 형상의 일부를 만들어 내고 그 것에 또 다른 형상을 만들어 계속해서 쌓아나가거나 파내는 방식이라고 할 수 있습니다. 이와 함께 불리언 연산(Boolean operation)이라 불리는 Multi-Body를 이용한 Body들 간의 연산 작업을 지원하여 고수준의 형상 모델링까지 가능합니다.

2. Body 란?

CATIA의 Part 도큐먼트에는 반드시 한 개 이상의 Body가 존재해야 합니다. 이 Body를 통해서 형상 모델링 작업에 사용되는 모든 정보를 기록하고 또 차례를 재 정렬하거나 다른 Body들 간의 조합 연산을 수행할 수도 있습니다. Body는 작업자가 현재 파트 도큐먼트에 작업하는 내용이 순서대로 기록되기 때문에 Parent/children 관계를 확실히 고려해야 합니다. 즉, 상위 링크되는 작업 순서를 인위적으로 바꾸거나 현재 시점에서 자신 보다 나중에 만들어진 형상을 이용하여 현재의 작업 요소를 수정할 수 없다는 것입니다. 또한 Body는 그 자체만으로 독립적인 도큐먼트로서의 역할이 가능합니다. 따라서 여러 개의 Body를 만들어 작업한 후에 각각의 Body들을 서로 다른 part 도큐먼트로 저장시킬 수도 있으며 여러 개로 만들어진 도큐먼트들을 하나의 Part 도큐먼트에 불러 모으는 것도 가능합니다. Body 단위로 형상을 복사하고자 할 경우에 CATIA는 Paste Special을 통해 3가지 방식의 붙여 넣기 기능을 제공하고 있습니다.

현재 Body의 트리 구성을 그대로 가져오면서 복사하거나(As specified part document) 또는 Spec Tree가 없이 형상에 대한 정보를 원본 Body로부터 링크하여 가져오게 할 수 있습니다.(As results with link) 이 경우에는 원본 형상이 변경되는 것에 따라 복사해온 Body도 함께 변경된다는 것을 기억하기 바랍니다. 마지막으로 복사하고자 하는 Body의 현재 형상을 그대로 복사하면서 링크나 Spec Tree없이 복사해 오는 방법도 있습니다.(As results) 이 세 가지 방식은 저마다 고유한 작업이 시 이점과 특성이 있으므로 분류하여 사용하여야 합니다.

3. Part Design Exercise
(1) Exercise 1 - Part Design 1

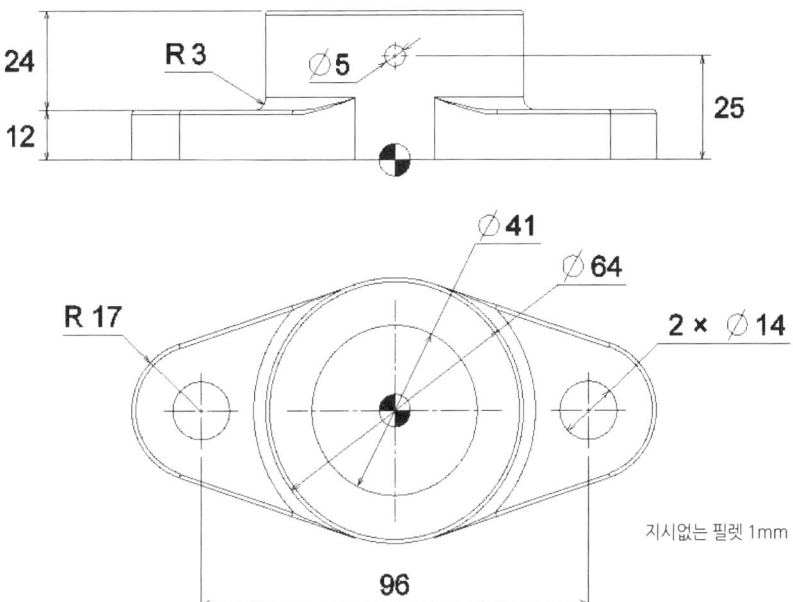

Part Design Workbench에서 첫 번째로 작업해볼 3차원 Solid 형상은 위와 같습니다. 도면을 살펴보면 위쪽은 형상을 옆에서 봤을 때의 모습이고, 아래쪽은 형상을 위에서 봤을 때의 모습입니다.

보통 3차원 Solid형상을 만들 때에는 Sketch를 기초로 하여 작업하는 Sketch-Based Toolbar를 사용하여 전체적인 형상을 만든 다음, Dressed up Toolbar를 이용하여 형상을 다듬는 순으로 작업합니다.

작업하기 전 어떠한 순서로 작업을 해나갈지 생각해 봅니다. 여기서는 맨 아래쪽의 형상을 그린 후 그 위에 차례대로 쌓아 전체적인 형상을 만든 다음 세부적인 작업을 해나가면 될 것입니다.

01. CATIA를 실행시킨 뒤 프로그램이 실행되면 다음과 같이 Start ⇨ Mechanical Design ⇨ Part Design 을 선택합니다.

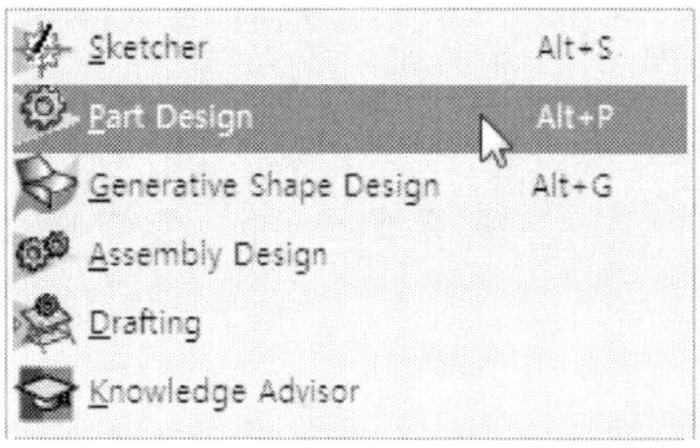

02. 처음으로 작업할 맨 아래쪽의 형상을 그리기 위해 기본이 되는 Sketch를 하기 위해 평면을 선택합니다. XY 평면을 선택하여 2차원 작업공간으로 들어옵니다.

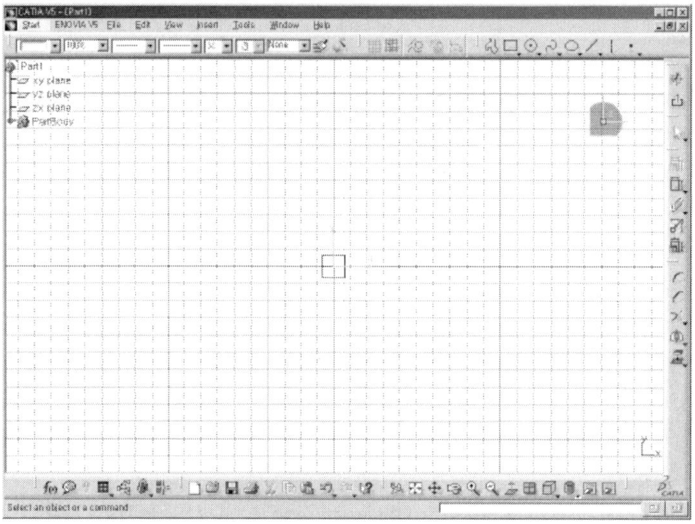

03. 여기에 도면의 제일 아래쪽에 있는 밑판의 형상을 그립니다. 이 형상은 V축에 대해 대칭을 이루고 있으므로 반만 그린 후 Mirror 를 이용해서 대칭시키도록 하겠습니다. 먼저 Arc , Circle , Constraints 를 사용하여 다음과 같이 만듭니다.

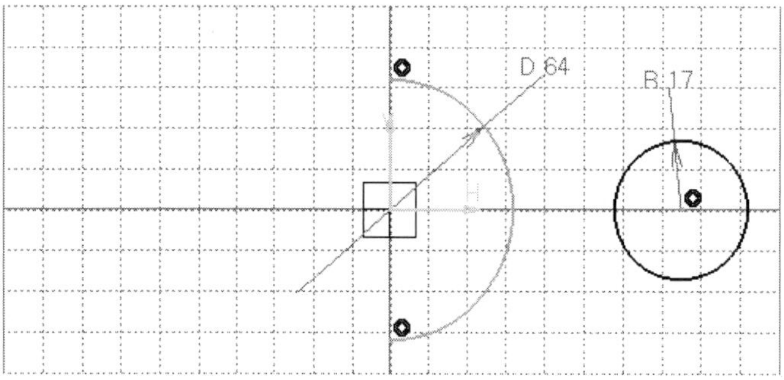

04. Constraints ▯를 이용하여 원점과 오른쪽 원의 중심 사이의 거리를 48mm로 구속시켜 줍니다.

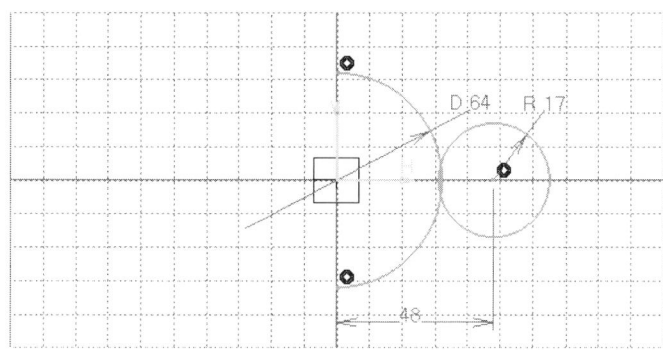

05. Bi-Tangent Line ✗을 이용하여 호와 원에 접하는 두 직선을 만듭니다.

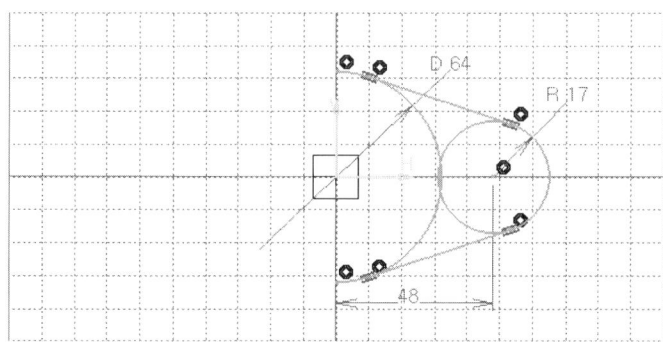

06. Quick Trim ⌀을 이용하여 필요없는 요소를 지워줍니다. 이 때 호와 원이 교차하는 부분부터 지워줘야 전체적인 구속이 깨지지 않습니다.

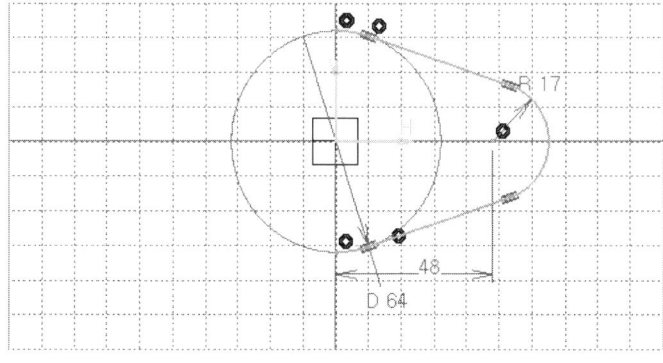

07. 방금 그린 요소들을 선택한 후(이 때 Contextual Menu의 Auto Search기능을 사용하면 편리합니다.) Mirror ▯▯를 이용하여 V축에 대해 대칭시킵니다.

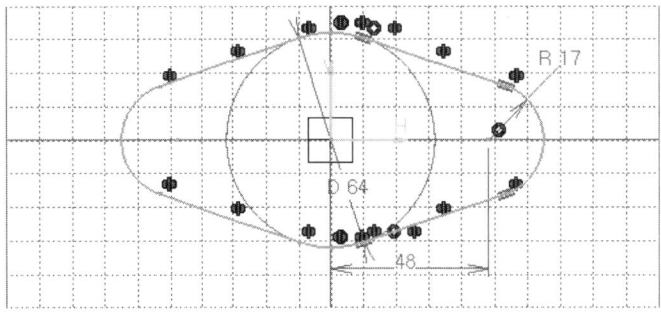

08. Exit Workbench 아이콘을 클릭하여 3차원 공간으로 나갑니다.

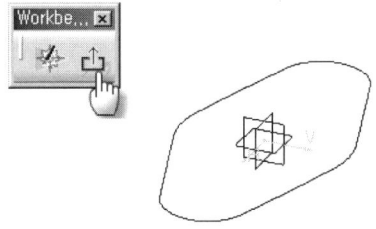

09. 이제 방금그린 스케치에 수직한 방향으로 높이를 주어 아랫부분의 형상을 만들겠습니다. 이 때 Pad 라는 명령을 사용합니다. 스케치를 선택한 후 다음과 같이 아이콘을 클릭합니다.

10. 그림 다음과 같이 Pad Definition이라는 창이 나타납니다. 여기서 Type은 Dimension으로 둔 채 Length 창에 우리가 만들고자 하는 높이인 12mm를 입력해줍니다. Dimension Type은 가장 기본적인 Type으로 지금처럼 입력한 길이대로 Pad시킬 때 사용합니다.

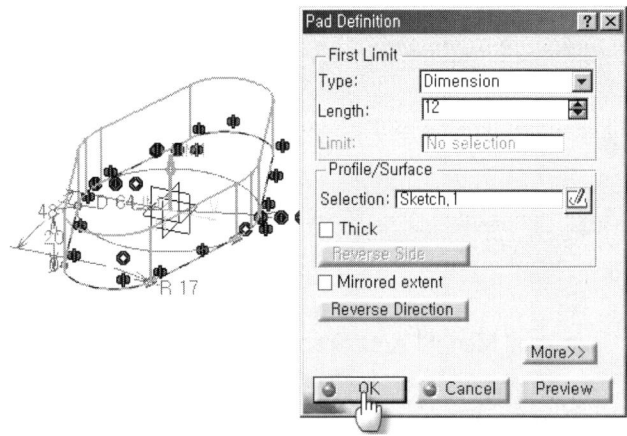

11. 아직 도면에서처럼 다듬어지지는 않았지만 대략적인 아랫부분의 판 형상이 만들어졌습니다. 이제 가운데부분에 있는 원통모양의 형상을 만들기 위해 아래의 두 가지 방법 중 편한 방법을 택하여 XY 평면으로 다시 들어갑니다.

12. XY 평면에 들어와 보면 다음과 같이 Solid의 밑면이 보입니다. 이에 기본이 되는 Sketch 역시 XY 평면에 했지만 이는 Spec Tree안에서 Sketch1의 영역에 들어가 있는 것이고, 현재의 Sketch는 동일한 평면이지만 Sketch2라는 영역으로 Sketch1과는 독립되어 있습니다. 현재의 Sketch영역에서는 Sketch1의 세부적인 스케치 라인이 보이는 것은 아니지만, Solid의 테두리를 이루는 전체적인 스케치는 이용할 수 있습니다.

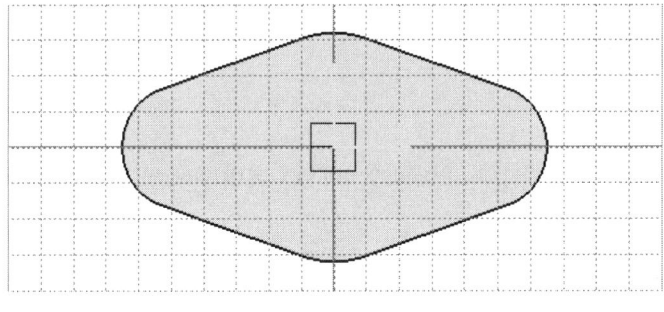

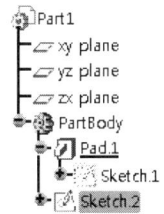

13. 가운데부분 형상에 필요한 스케치로 예를 들면 원점을 중심으로 원을 하나 그린 후, Sketch1의 지름 64mm부분의 Arc와 원을 동시에 선택한 후 Constraint Defined in Dialog Box 에서 Coincidence 를 선택하면 다음과 같이 구속되는 것을 볼 수 있습니다.(물론 원을 그린 후 Constraints 를 사용해서 직접적으로 구속해도 상관없습니다.)

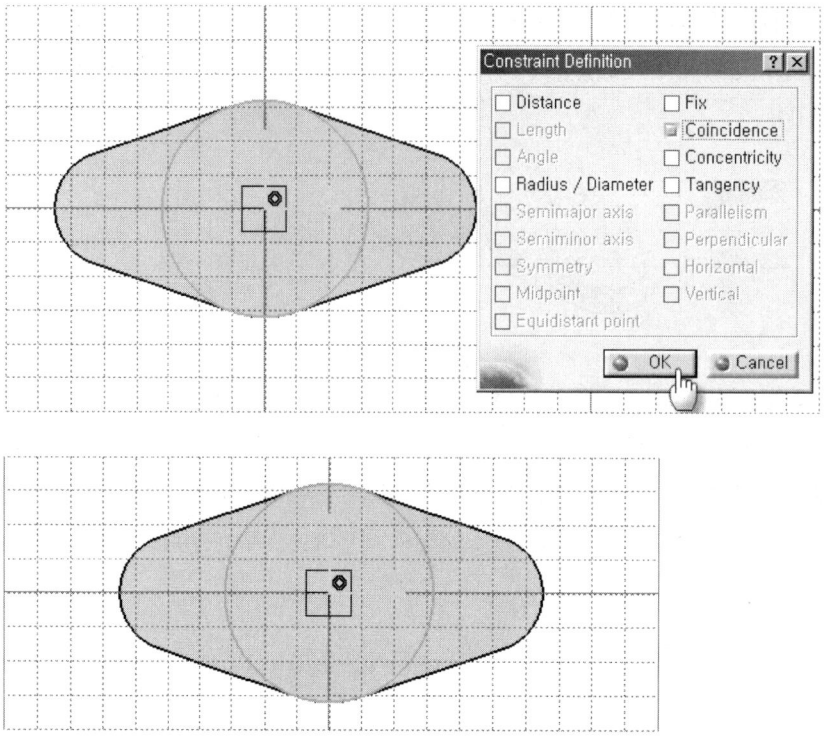

14. Exit Workbench 아이콘을 클릭하여 3차원 공간으로 나갑니다. XY 평면 위에 방금그린 Sketch가 나타나 있습니다.

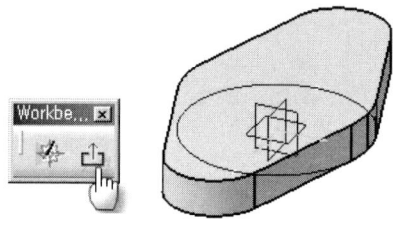

15. 원 형상의 스케치에 높이를 주어 가운뎃부분의 Solid 형상을 만들기 위해 Sketch2를 선택한 후 Pad 를 실행시킵니다. 이 때 스케치를 밑판 Solid의 윗면에 한 것이 아닌 XY 평면과 일치하는 아랫면에 그렸기 때문에 Length는 36mm(12mm + 24mm)가 되겠습니다.

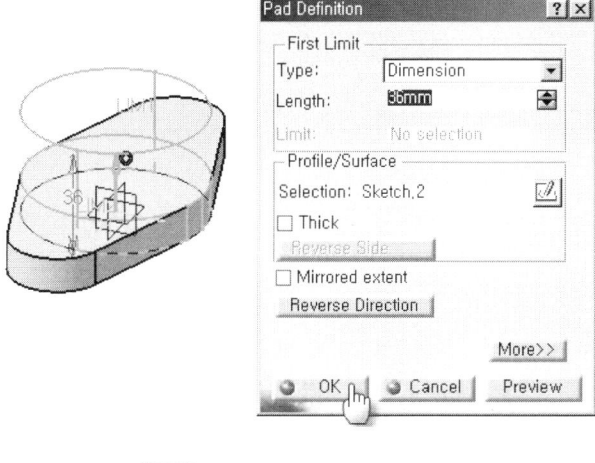

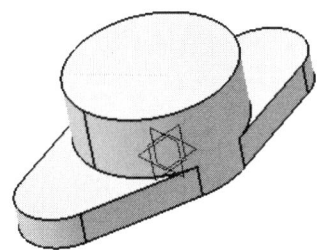

16. 이제 가운데 원통형상 Solid를 지름 41mm의 원으로 파줍니다. 이때도 역시 기본적으로 Sketch를 먼저 그리는데 이 경우에도 XY 평면으로 들어가서 원점을 중점으로 한 지름 41mm의 원을 그립니다.

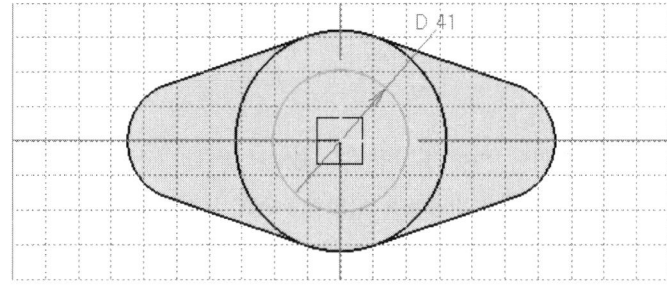

17. Exit Workbench 아이콘을 클릭하여 3차원 공간으로 나온 후, 방금그린 스케치를 선택한 후 Pocket 명령을 실행시킵니다. Pocket 은 Pad 명령의 반대 개념으로 Solid의 안쪽 방향으로 스케치의 모양의 지정하는 만큼의 깊이를 주는 명령입니다.

3. Part Design **203**

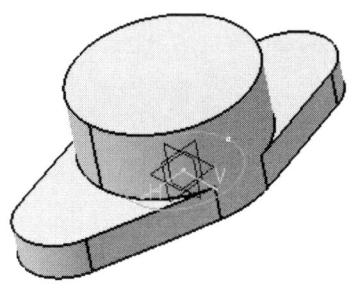

18. Pocket ![icon] 명령을 실행시키면 다음과 같이 Pocket Definition 창이 나타나며 Solid 형상에 결과가 어떻게 될 것인가에 대해 나타나 있습니다. 다음 그림에서 보면 결과가 표시된 모양이 깊이를 주고자 하는 방향의 반대 방향입니다. 이때는 아래 그림과 같이 반대 방향으로 바꾸고자 하는 화살표를 클릭해 주거나, Pocket Definition 창의 맨 아래쪽 부분의 Reverse Direction을 눌러주면 됩니다.

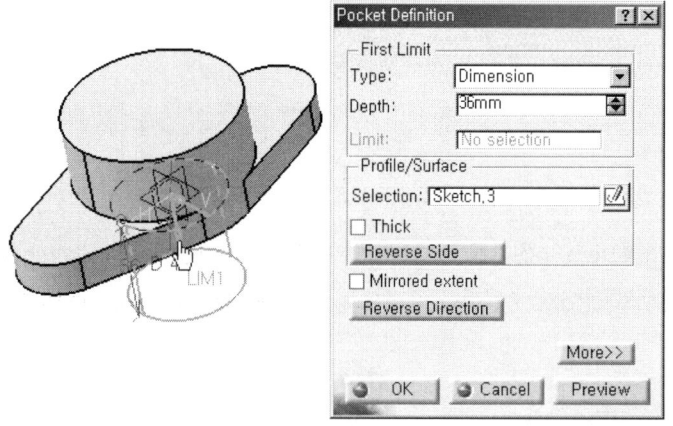

19. 그럼 이제 방향은 원하는 방향으로 돌아왔습니다. 이제 얼마만큼의 깊이를 줄 것인지를 입력해주어야 하는데 여기서도 역시 Dimension Type을 선택한 후 36mm로 입력해주어도 되지만 Up to Next Type을 사용해보겠습니다. 이 Type은 따로 수치를 입력하는 것이 아니라 스케치가 있는 면의 다음 Solid 면까지 Pocket해 줍니다. 지금과 같은 경우에서 가운데 부분의 원통 형상은 밑판을 작업한 다음에 밑판의 밑면으로부터 Pad시켜 주었기 때문에 스케치의 다음 Solid 면이 원통 형상의 윗면이 되어 원하는 형상이 나오게 됩니다.

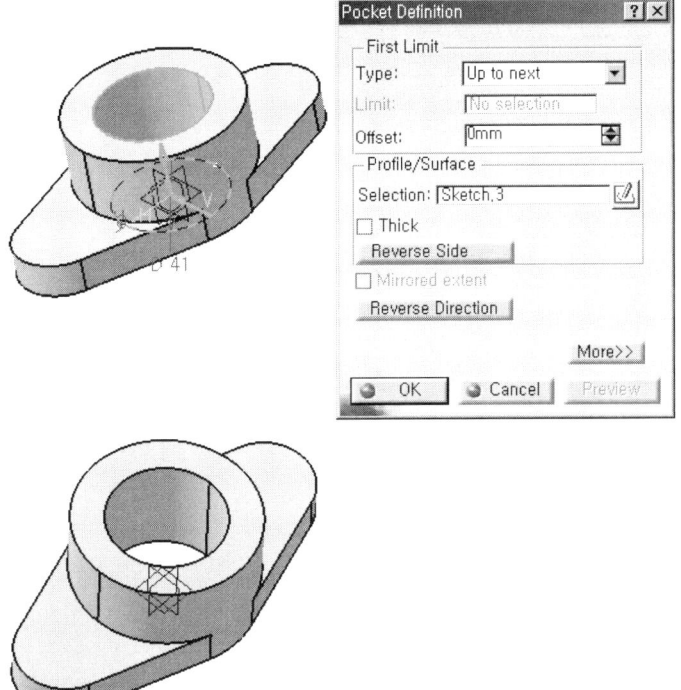

20. 이제 밑판 양쪽의 지름 14mm의 원으로 뚫려있는 형상을 만들겠습니다. 일단 XY 평면으로 들어가서 Pocket 명령의 기초가 되는 스케치를 합니다.(여기서는 오른쪽 원만 그린 후 Mirror 를 이용하여 V축에 대해 대칭시켰습니다.)

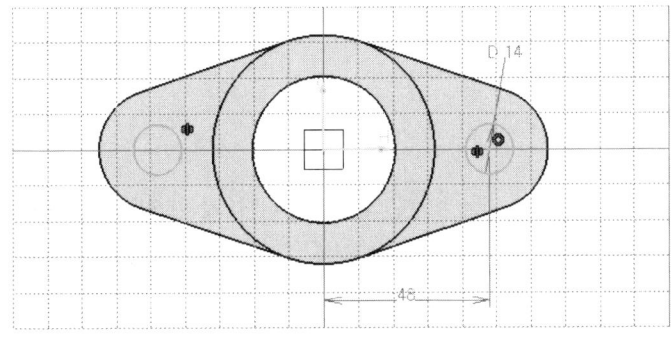

21. 3차원 공간으로 나온 후 Pocket 을 실행시킵니다. 만약 방향이 반대로 되어 있다면 위에서 언급한 것과 같이 화살표를 클릭하거나 Reverse Direction으로 방향을 바로잡아 준 후 Up to Next Type을 선택한 후 OK를 누릅니다.

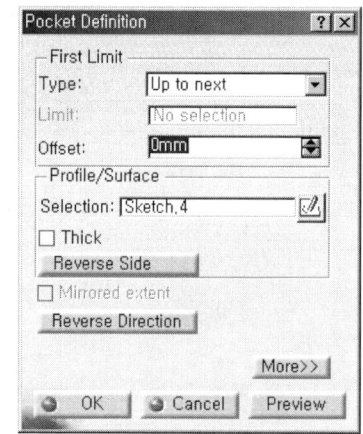
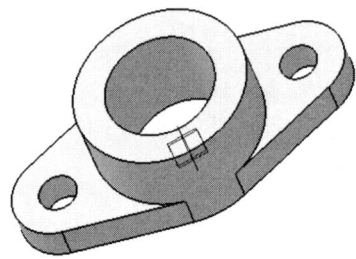

22. 이제 원통형 옆 부분에 지름 5mm의 원으로 파여 있는 부분을 만들겠습니다. 이번에는 ZX 평면으로 들어가서 스케치를 해줍니다.

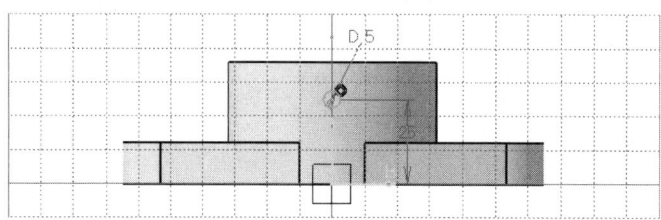

23. 3차원 공간으로 나간 다음 스케치를 선택한 후 Pocket 을 실행시킵니다. 지금 경우와 같이 Pocket 시키고자 하는 끝이 곡면이거나 거리를 정확히 알지 못하는 경우에 Up to Next Type은 유용하게 쓰입니다.

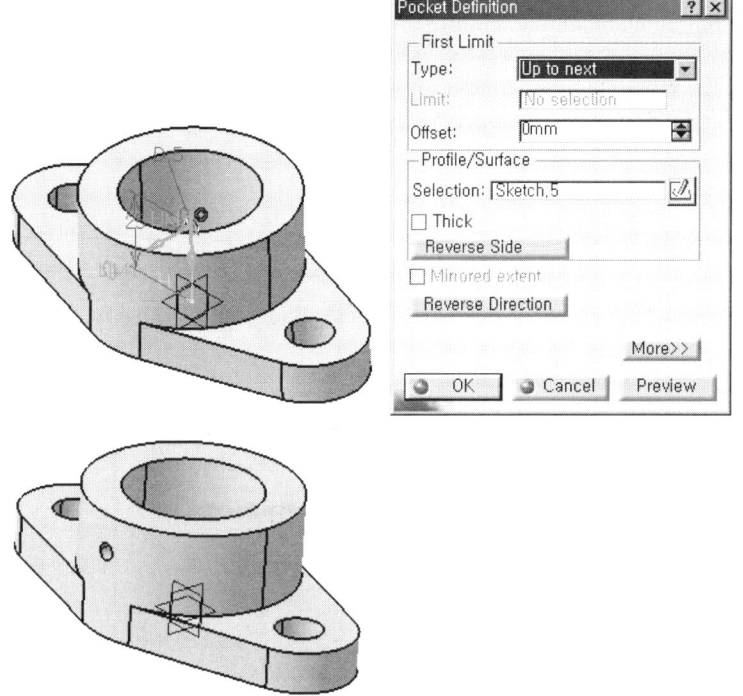

24. 이것으로 전체적인 형상은 완성되었습니다. 이제 도면에서와 같이 각 모서리들에 곡률을 주어 다듬는 작업이 남았습니다. 이는 Edge Fillet 명령을 사용합니다. 도면을 보면 크게 곡률이 3mm인 부분과 따로 지시되지 않은 1mm인 부분이 있습니다. 여기서는 3mm인 부분부터 작업하도록 하겠습니다. 먼저 Edge Fillet 명령을 실행합니다.

25. Edge Fillet Definition 창이 나타나면 Radius에는 3mm를 입력해준 후, Fillet을 시키고자 하는 두 곡선을 클릭해주면 Object to fillet에 2 element라고 나옵니다. 이 명령은 복수선택이 가능한 명령이기 때문입니다. 다 선택한 다음 OK를 누릅니다.

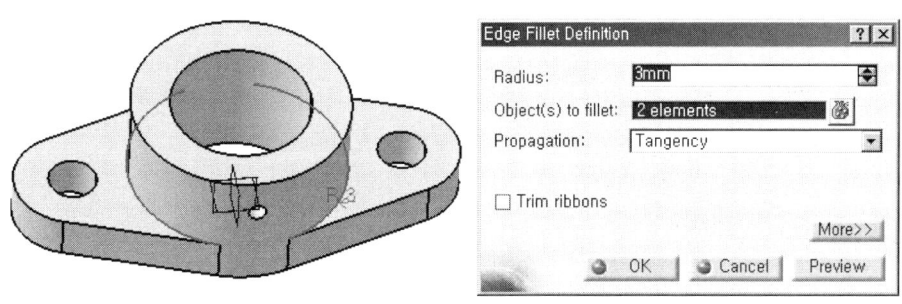

3. Part Design **207**

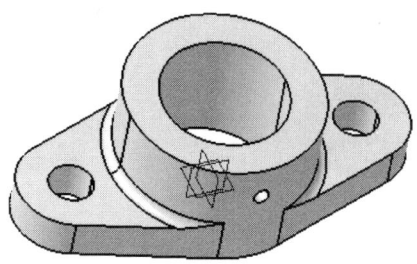

26. 이제 나머지 곡률이 1mm인 부분을 Fillet시키기 위해 다시 Edge Fillet 명령을 실행합니다. Radius 에 1mm를 입력한 후, Fillet시키고자 하는 부분을 선택해줍니다.

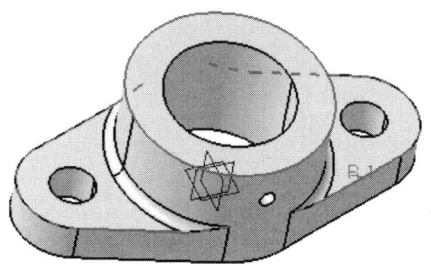 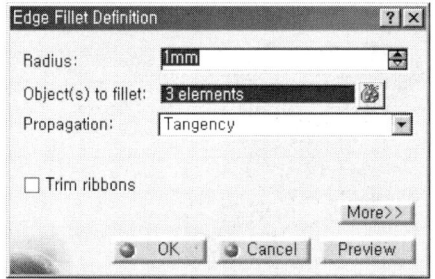

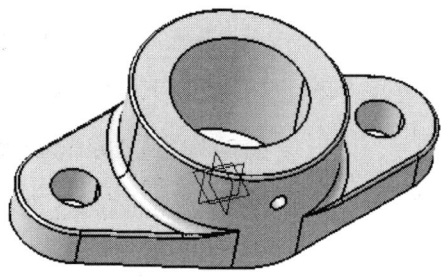

27. 완성된 형상은 다음과 같습니다.

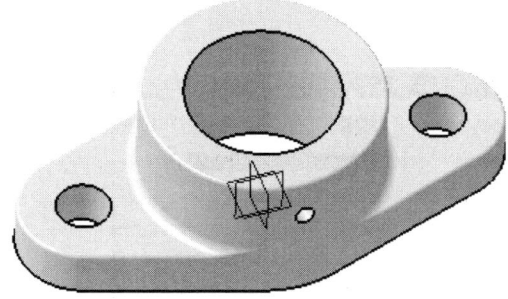

(2) Exercise 2 - Part Design 2

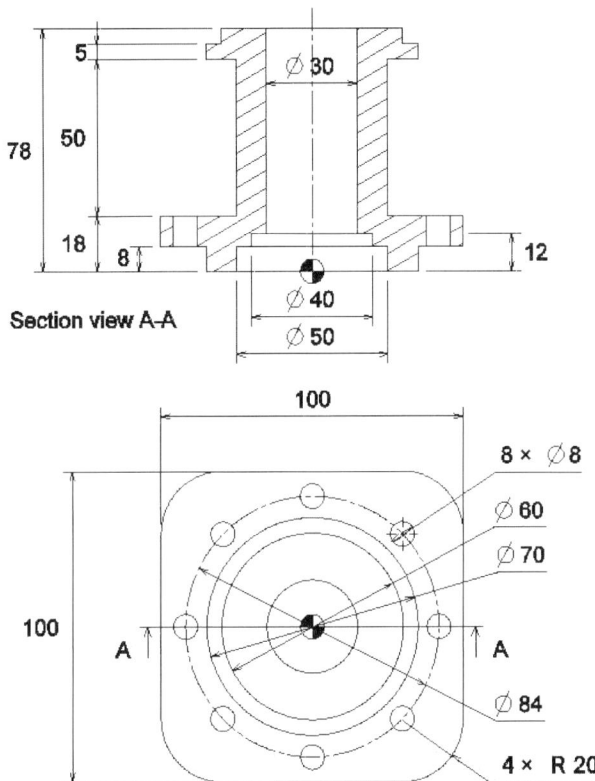

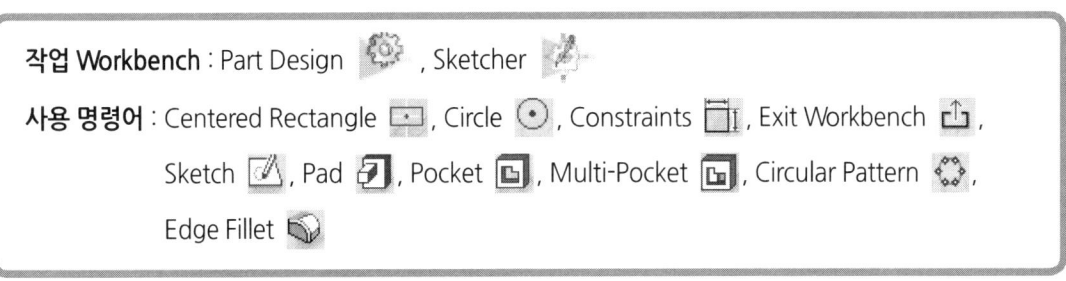

Part Design Workbench에서 두 번째로 연습해볼 도면입니다. 이번 도면의 경우 위쪽 부분은 형상을 옆에서 본 단면도이고, 아래쪽 부분은 형상을 위에서 본 모습입니다. 먼저 대략적으로 작업의 순서를 생각해 보면, 크게는 앞 도면과 마찬가지로 Sketch-Based Toolbar로 전체적인 형상을 만들고, Dressed-up Toolbar로 다듬어나가면 될 것입니다. Sketch-Based Toolbar 안에서도 Pad 작업, Pocket 작업의 순으로 해나가면 될 것입니다.

01. CATIA를 실행시킨 뒤 프로그램이 실행되면 다음과 같이 Start ⇨ Mechanical Design ⇨ Part Design 을 선택합니다.

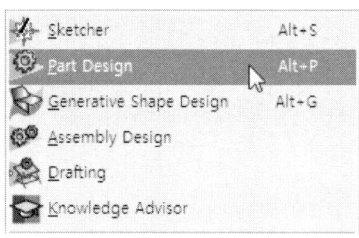

02. 먼저 형상을 위에서 본 모습의 도면 아랫부분에 보이는 길이 100mm의 정사각형을 Centered Rectangle 을 이용하여 XY 평면에 먼저 그립니다.

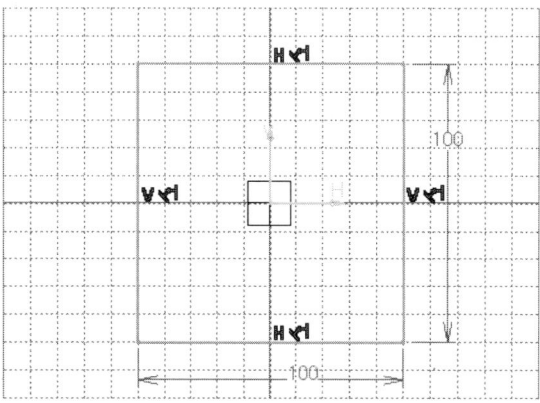

03. Exit Workbench 를 이용하여 3차원 공간으로 나간 후 Pad 를 실행하여 방금그린 스케치를 높이 10mm를 가지는 Solid로 만들어줍니다.

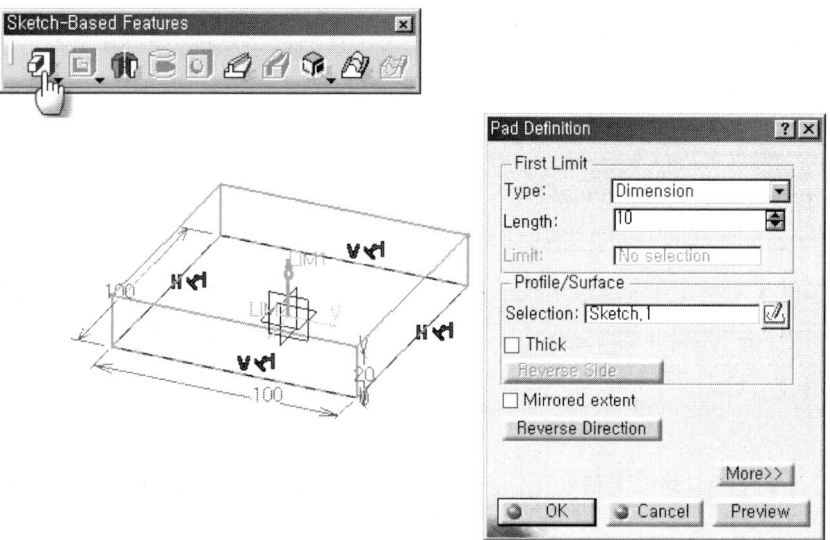

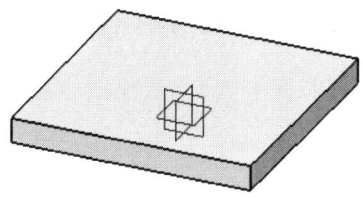

04. 가운데부분의 원통 형상을 그리기 위해 XY 평면으로 들어간 후 가장 뼈대가 되는 지름 50mm의 원부터 그립니다.

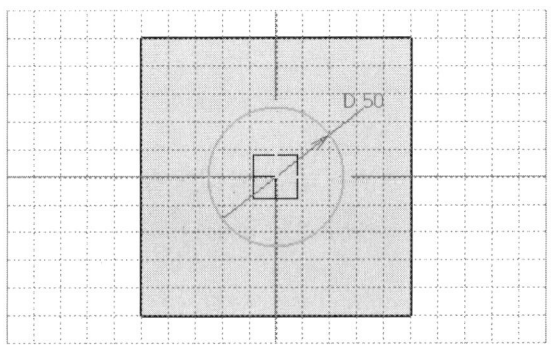

05. 3차원 공간으로 나간 후 Pad 를 실행하여 높이 70mm를 가지도록 만들어줍니다. 이는 도면의 윗부분에서 볼 때 맨 아랫부분이 XY 평면에 놓여 있는 것이 아니라, 가로 세로 100mm의 정사각형 판이 XY 평면에 놓여 있는 것이므로 78mm에서 8mm가 빠진 것입니다.

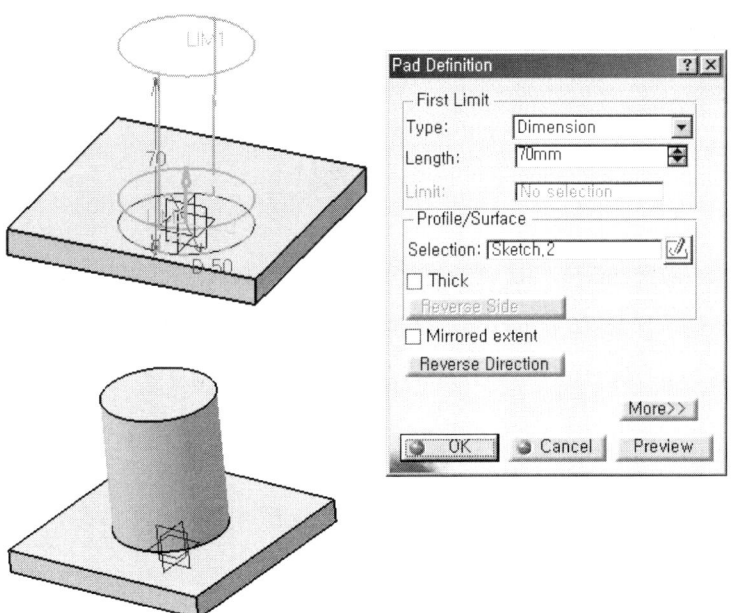

3. Part Design **211**

06. 다음으로 원통형 윗부분의 지름 70mm의 고리모양 형상을 만들겠습니다. 이를 위해 XY 평면에 다음과 같이 Sketch합니다.

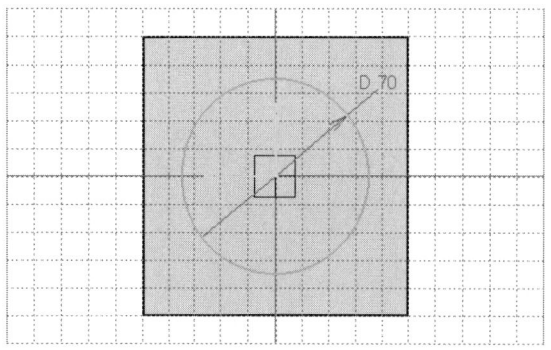

07. 3차원 공간으로 나와, Pad 명령을 실행시킵니다. 이 경우 여태까지와 같이 Length를 입력한다면 원하는 모양을 만들 수 없습니다. Pad Definition 창이 나타나면 일단 Pad시키고자 하는 전체 길이 65mm를 입력한 다음 아래 그림과 같이 More를 누릅니다.

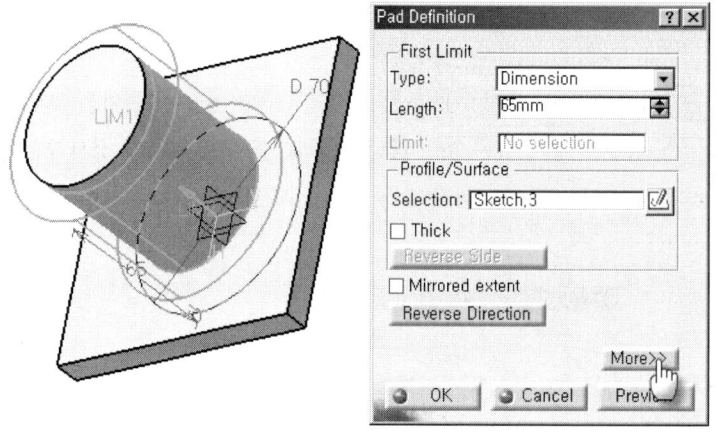

08. 그러면 다음 그림과 같이 Second Limit에 대해 입력할 수 있는 창이 나타납니다. Second Limit의 Length에 반대방향을 의미하는 -를 붙여 -60mm를 입력합니다. 수치를 입력해준 다음 OK를 클릭하면 끝부분은 바닥으로부터 65mm에 있지만 두께는 5mm가 되는 Solid가 생성됩니다.

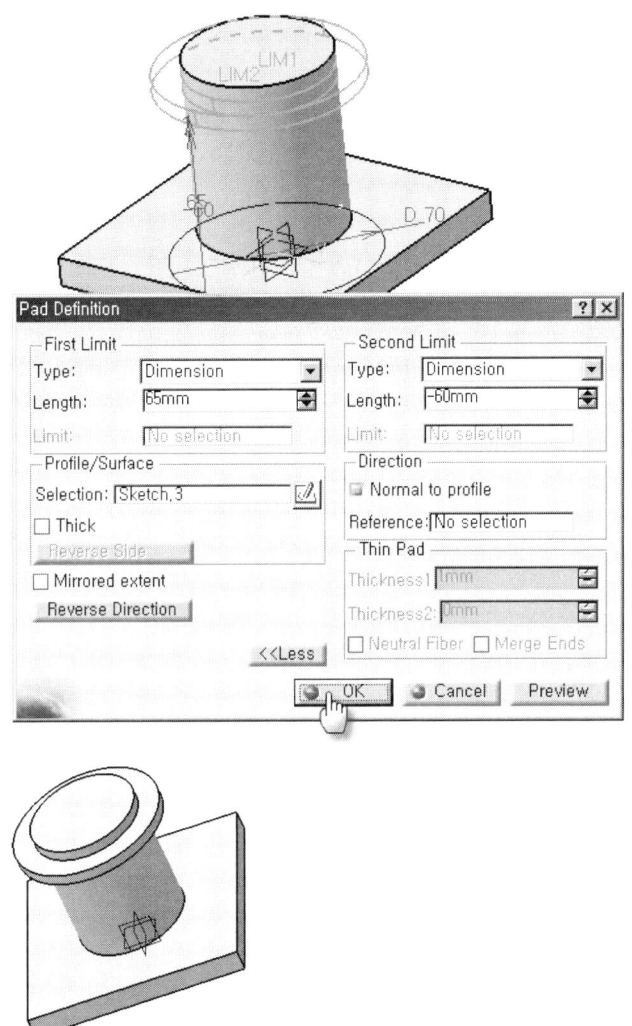

09. 다음으로 방금 작업한 Solid 위쪽의 지름 60mm 원판 형태의 Solid를 만듭니다. 이때에는 방금 작업한 70mm의 원판의 위쪽 면을 선택한 후 Sketch 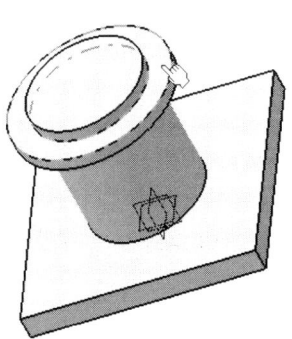 아이콘을 클릭합니다.

10. 2차원 작업공간으로 들어온 다음 지름 60mm의 원을 그립니다.

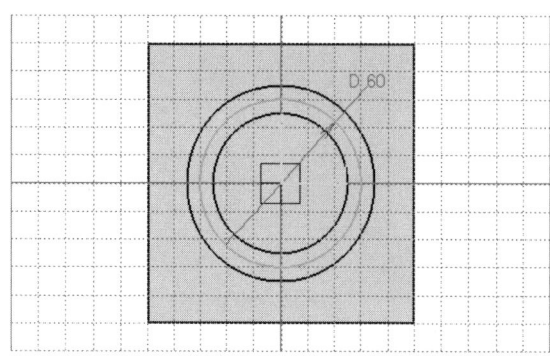

11. 3차원 공간으로 나온 후 Pad 를 실행시켜 위쪽방향으로 5mm만큼 Solid를 생성합니다.

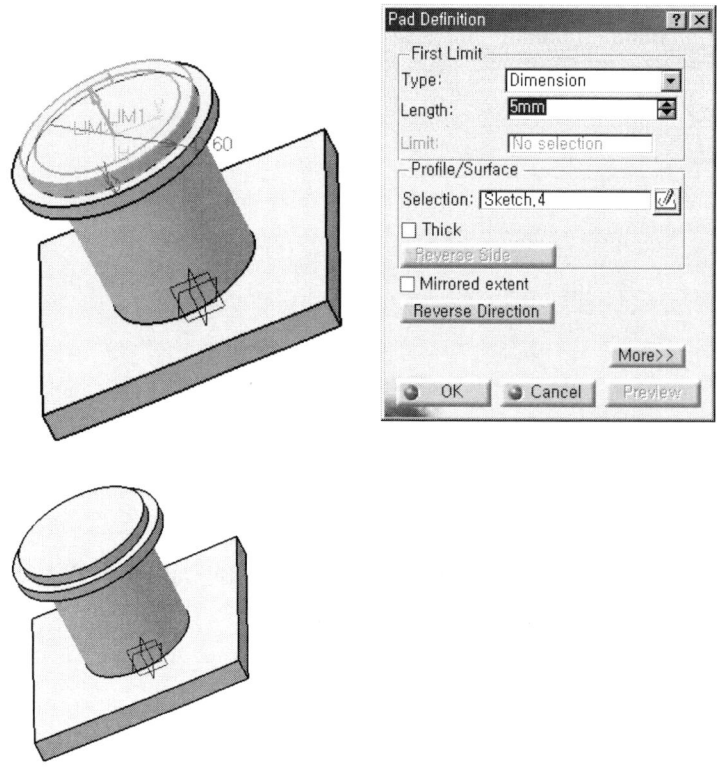

12. 다음으로 100mm 정사각형 모양의 밑판 아래쪽에 지름 70mm의 원판 형상의 Solid를 만듭니다. 먼저 XY 평면으로 들어간 후 지름 70mm의 원을 그립니다.(이 때 다음 그림과 같이 나와 보기 헷갈린다면 Normal View 아이콘을 클릭하여 아래쪽 그림과 같이 작업 면을 반전해 줄 수 있습니다.)

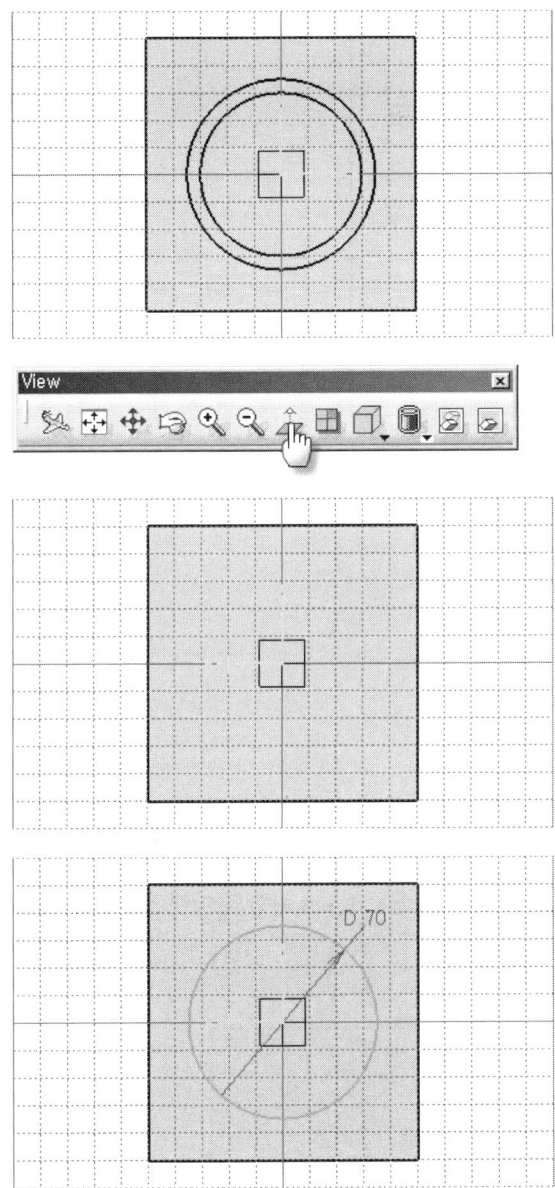

13. 3차원 공간으로 나온 후 Pad ![icon] 를 실행시켜 아랫방향으로 8mm만큼 Solid를 만들어줍니다.

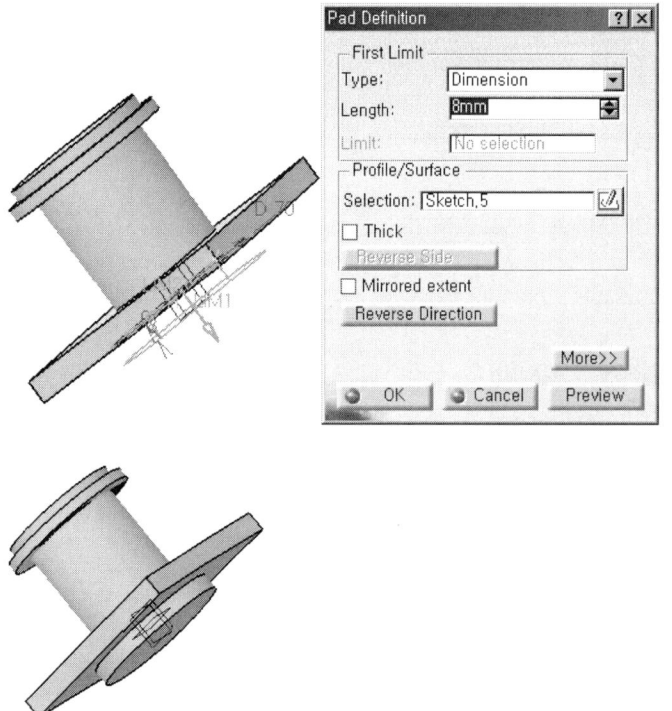

14. 도면을 보면, 원통형 부분은 지름 30mm, 40mm, 50mm로 중앙이 비워져 있습니다. 이 때 Pocket 을 사용할 수 있지만, 이 경우 한 평면에 3개의 스케치를 한 다음 Multi-Pocket 이라는 기능을 사용하여 한꺼번에 작업할 수 있습니다. 먼저 방금 작업한 지름 70mm 원판의 아랫면에 3개의 원을 스케치를 합니다.

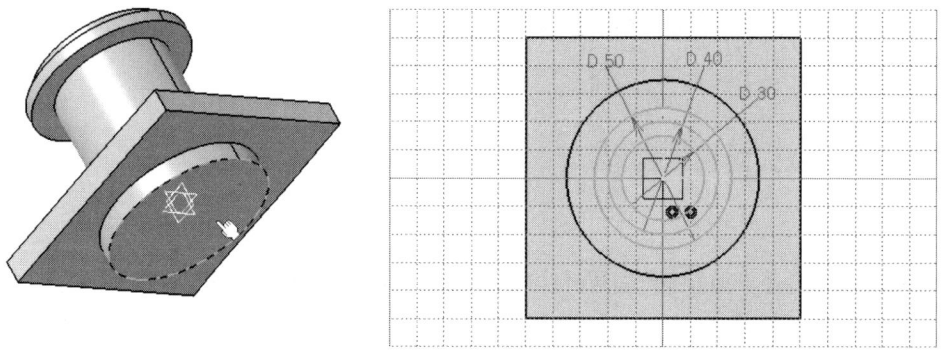

15. 3차원 공간으로 나온 후 방금 그린 스케치를 선택하고 Multi-Pocket 을 실행시킵니다.

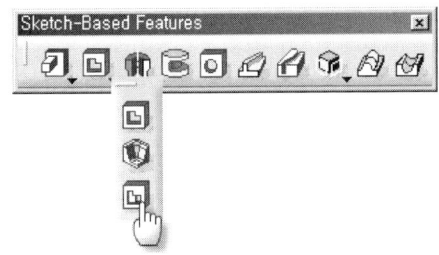

16. 그럼 다음과 같이 Multi-Pocket Definition이라는 창이 나타납니다. 아래쪽의 Domains의 창에서 1번을 클릭하면 지름 30mm의 원이 파란색으로 바뀝니다. 1번은 지름 30mm의 원을 나타낸다는 것이고, 이 원은 끝까지 뚫어야 하므로 위쪽 First Limit 창의 Depth에 78mm를 입력하여 줍니다.

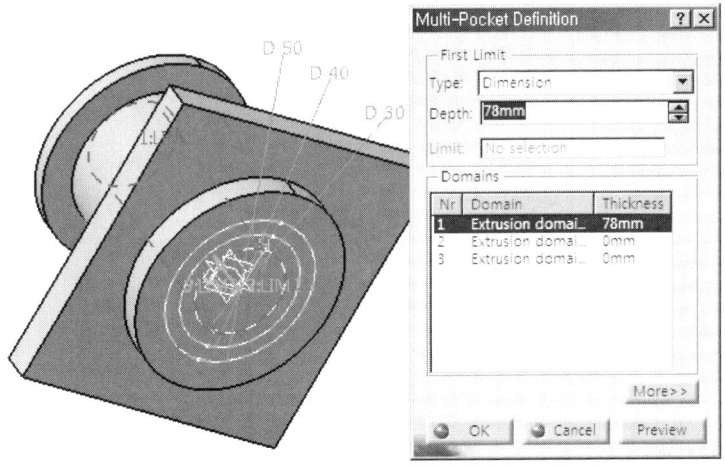

17. 지름 40mm, 지름 50mm의 원도 Depth 창에 각각 12mm, 8mm로 입력해줍니다.

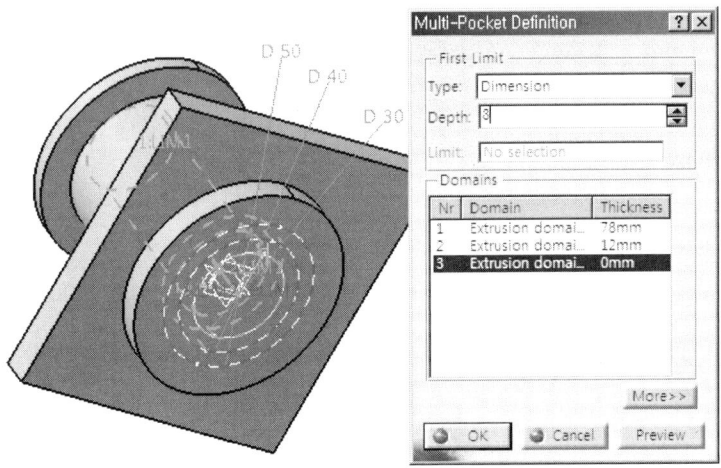

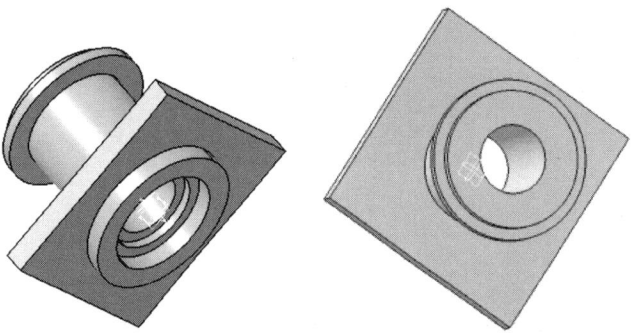

18. 아래쪽 100mm 정사각형판 위의 지름 8mm의 8개의 구멍을 만들기 위해, XY 평면에 스케치를 합니다. 이 때 8개의 원은 모두 지름 84mm의 원 위에 중심을 놓고 있는데, 이러한 경우 하나만 그린 후 나머지 7개를 만들 수 있습니다. 먼저 하나의 8mm원을 그립니다.

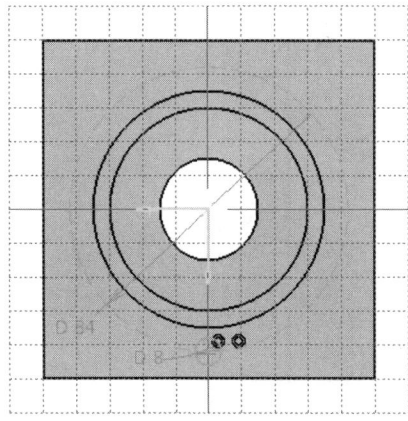

19. 3차원 공간으로 나간 후 Up to Next Type을 이용해서 기준이 될 한 개의 구멍을 만들어줍니다.

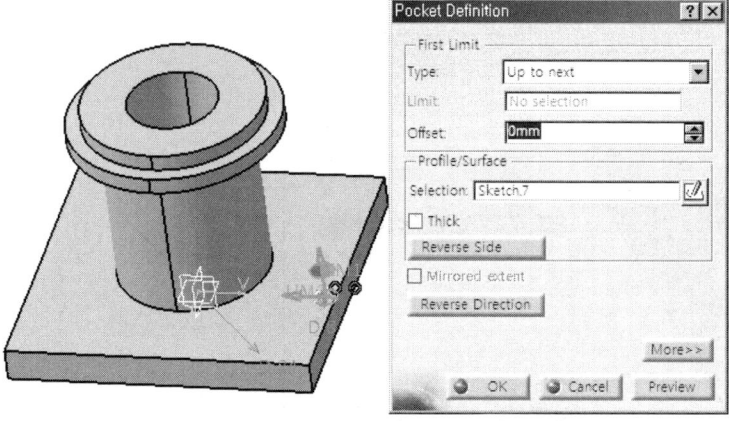

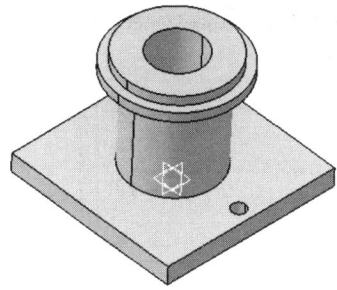

20. Spec Tree에서 방금 작업한 Pocket을 선택한 다음 Circular Pattern 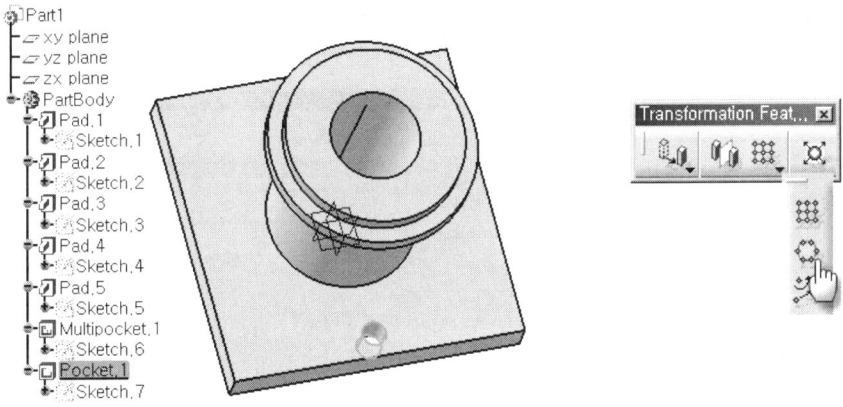을 실행시킵니다.

21. Circular Patter Definition 창이 나타나면 Instance에 총 개수 8을 입력한 다음 아래쪽의 Reference Direction창에서 Reference element 옆의 No selection을 클릭한 후 Pattern이 생길 면을 클릭해준 후 OK를 누릅니다.

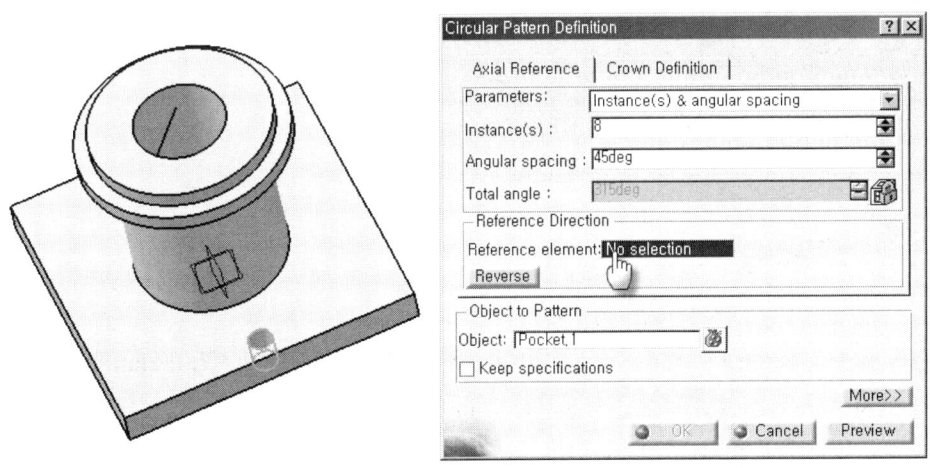

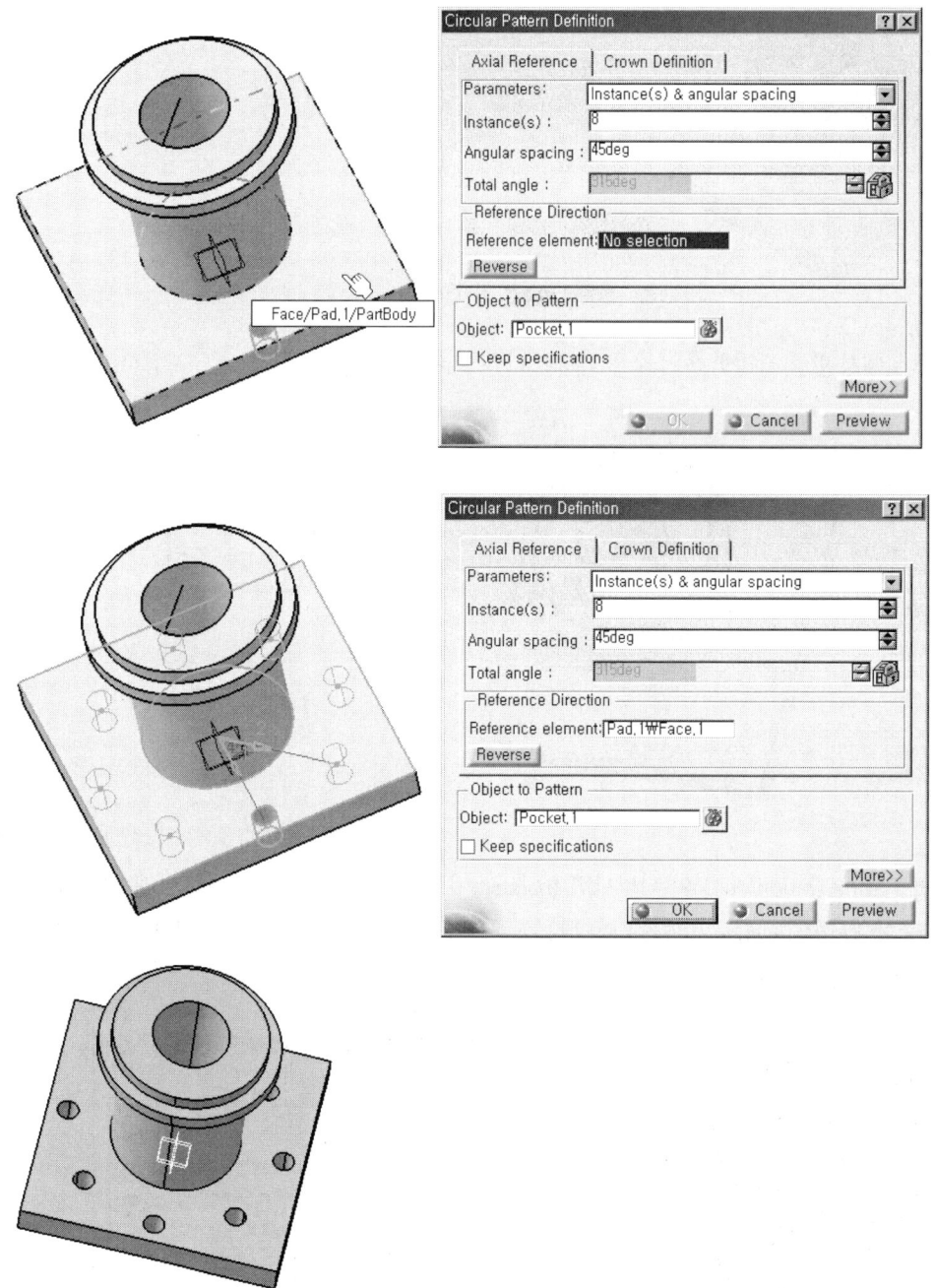

22. 마지막으로, Edge Fillet 을 사용하여 정사각형 판의 각 꼭짓점부분을 반지름 20mm로 라운드처리 해줍니다. 먼저 Edge Fillet 명령을 실행시킨 후 Radius에 20mm를 입력합니다. 그런 다음 각 모서리를 차례대로 클릭해준 후 OK를 클릭합니다.

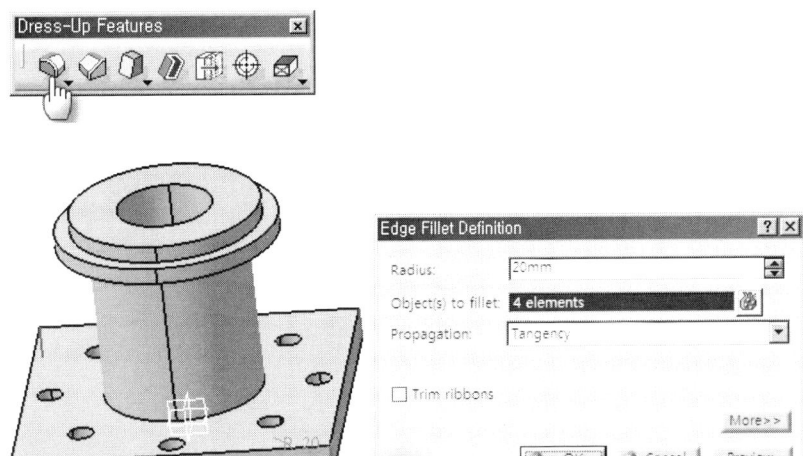

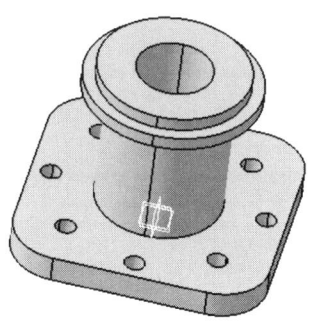

23. 완성된 형상은 다음과 같습니다.

(3) Exercise 3 - Part Design 3

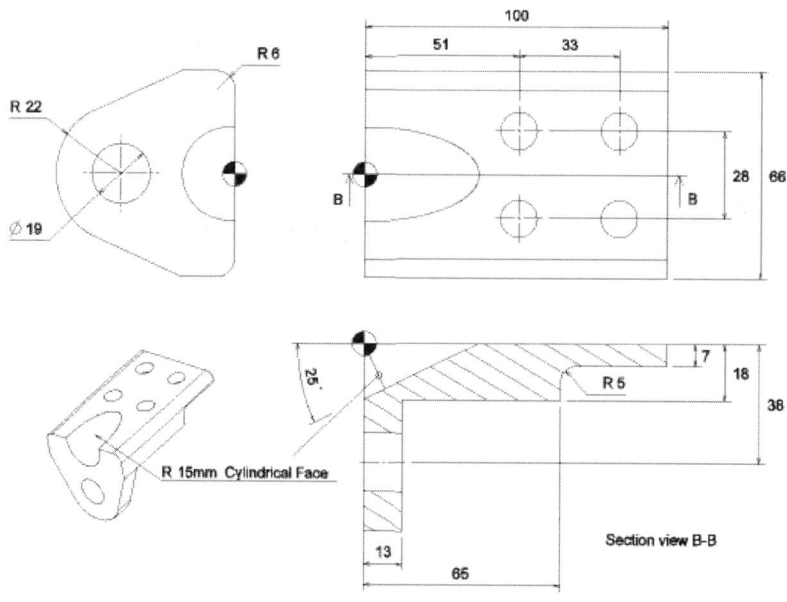

> **작업 Workbench** : Part Design
> **사용 명령어** : Rectangle , Circle , Bi-Tangent line , line , Constraints ,
> Constraints Defined in Dialog Box , Quick Trim ,
> Construction/Standard Elements , Exit Workbench , Sketch ,
> Positioned Sketch , Pad , Pocket , Mirror , Plane ,
> Slot , Edge Fillet

Part Design Workbench에서 3번째로 연습해볼 도면입니다. 먼저 스케치를 기초로 하여 Pad 명령을 사용하여 전체적인 형상을 만듭니다. 이 때 지름 12mm 4개의 원은 직사각형 판을 XY 평면에 그릴 때 XZ 평면에 대해 대칭이 되게 됩니다. 이 때 스케치 Workbench에서 Mirror 를 사용했던 것처럼 3차원 공간에서도 Mirror 를 사용해서 대칭시킬 수 있습니다. 이를 위해 직사각형의 스케치를 할 때 XZ 평면에 대해 대칭이 되도록 주의해서 그려야 합니다.

전체적인 형상의 앞쪽 편에 Cylindrical Face로 도면에 표시된 부분을 작업하기 위해 Sketch Workbench의 뒷부분에서 다루었던 평면을 만드는 방법을 실제로 Solid Modeling을 하는데 써보게 될 것입니다. 또한 어떤 Profile의 형상을 Guide line을 따라 파낼 수 있는 Slot 이라는 기능 역시 다루게 됩니다.

01. CATIA를 실행시킨 뒤 프로그램이 실행되면 다음과 같이 Start ➪ Mechanical Design ➪ Part Design 을 선택합니다.

02. 먼저 XY 스케치 평면으로 들어간 후 Rectangle □ 을 이용하여 직사각형을 그립니다. 이 때 직사각형 의 한 변은 V축 상에 있도록 합니다.

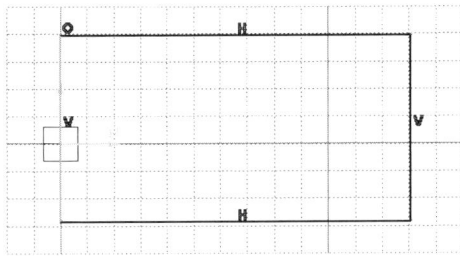

03. Constraints □ 로 윗변과 아랫변의 길이를 나타낸 후, 클릭하지 않고 마우스 오른쪽을 클릭하여 Allow Symmetry line을 선택한 후 H축을 클릭하여 대칭이 되도록 합니다.

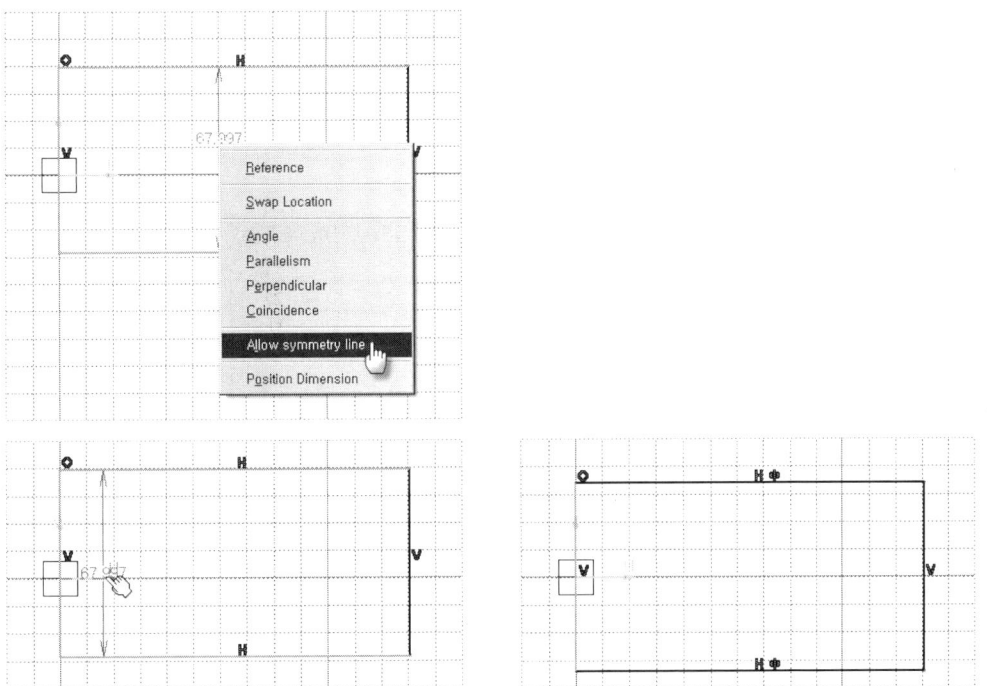

04. Constraints □ 를 이용하여 가로길이 100mm, 세로길이 66mm로 구속합니다.

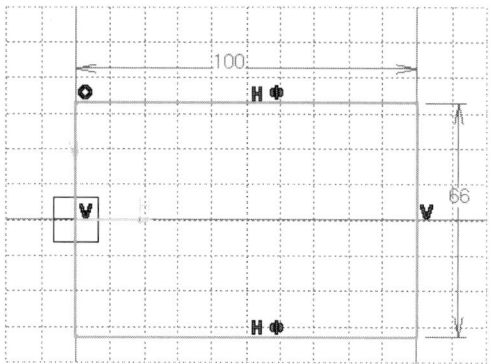

05. Exit Workbench 를 이용하여 3차원 공간으로 나와 스케치를 선택한 후, Pad 를 실행시킵니다.

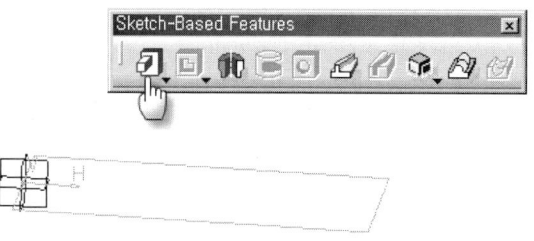

06. Pad Definition 창이 나타나면 Length에 18mm를 입력하여 줍니다. 이 때 아랫방향으로 높이를 주어 Solid를 생성하도록 합니다.

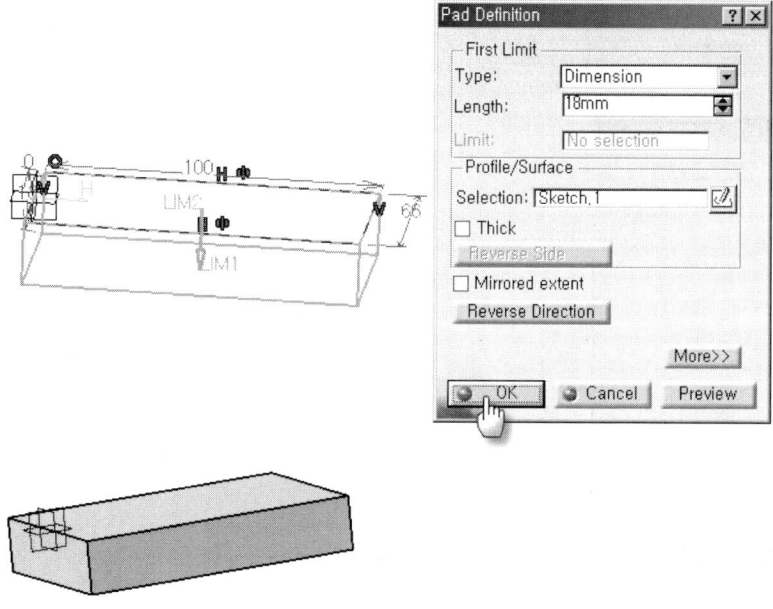

07. 다음으로 YZ 스케치 평면으로 들어가서, 도면 위의 왼쪽 편에 있는 형상의 스케치를 합니다. 먼저 Circle ⊙, Constraints 🔲 를 이용하여 V축 연장선상에 중심을 함께하는 지름 19mm, 반지름 22mm 의 두 원을 그립니다.

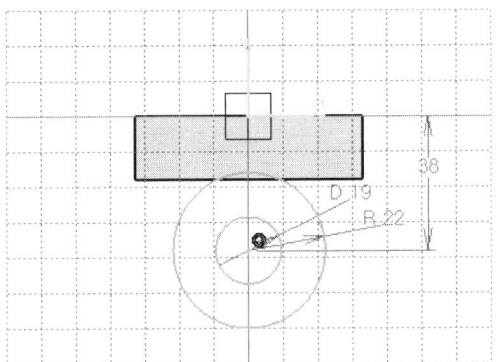

08. Bi-Tangent line 📐 을 이용하여 Solid의 투영된 직사각형의 양 끝 모서리와 원이 접하는 선을 긋습니다. Solid의 각 변을 사용하기 위해 현재 스케치 면에 투영시켜야 합니다. 이를 위해 Project 3D Elements 📥 명령을 실행시킵니다.

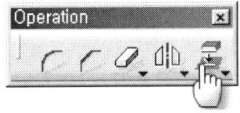

09. 마우스 두 번째 버튼을 누른 채, 세 번째 버튼을 누르고 드래그하여 화면을 돌린 뒤, 투영시킬 모서리를 클릭합니다.

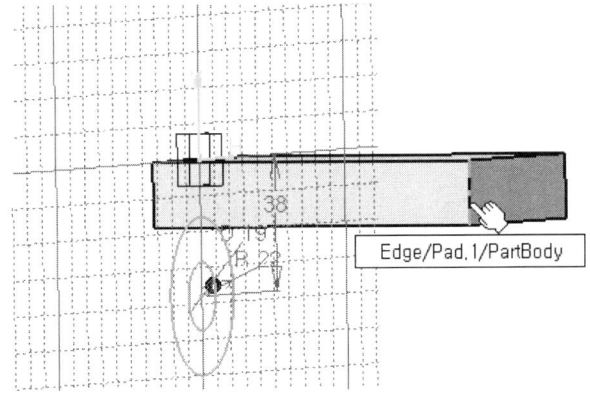

10. Normal View 📐 를 클릭하면 원래의 화면으로 돌아옵니다. 투영된 변이 노란색으로 나타나는 것을 알 수 있습니다.

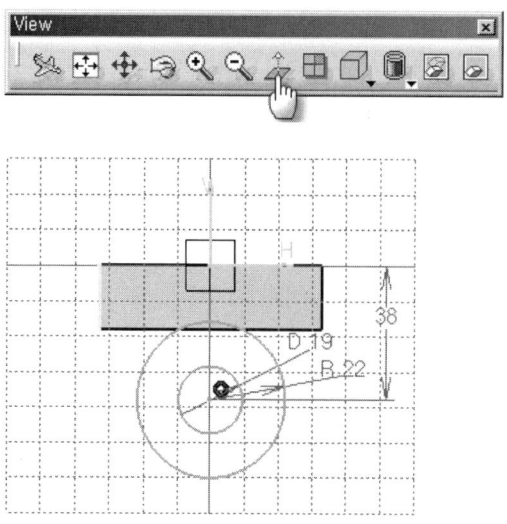

11. 나머지 한 변도 투영시킵니다.

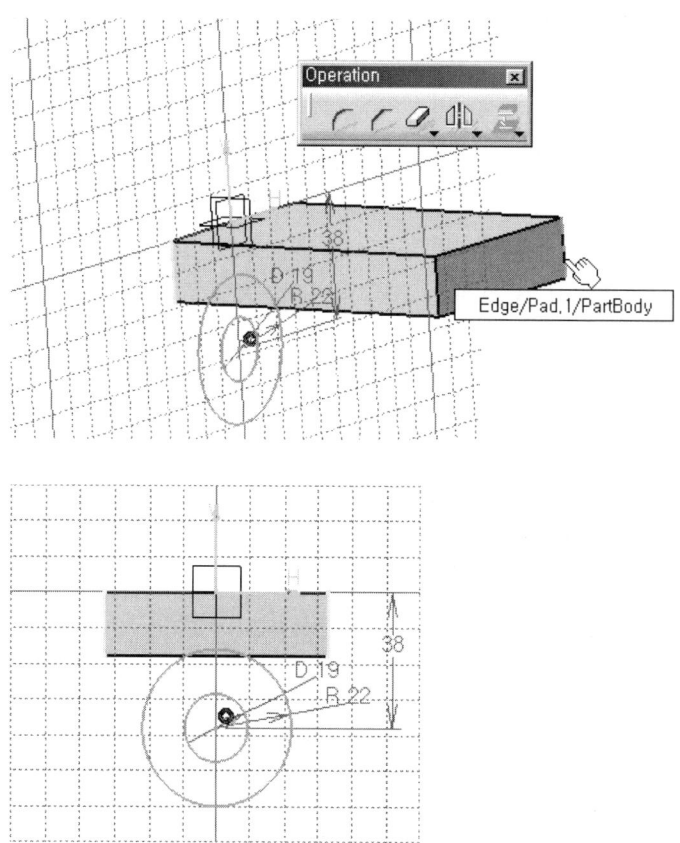

12. Bi-Tangent line 을 이용하여 투영된 변의 끝점과 원을 접하게 잇는 두 직선을 그립니다.

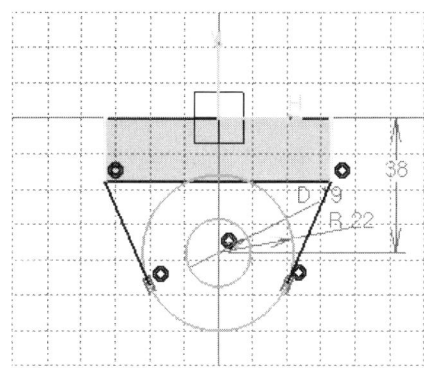

13. 3차원 공간으로 Sketch를 가져갔을 때 일반적으로는 Profile이 닫혀 있어야 Pad가 되므로 Line 을 이용하여 양 끝점을 잇는 직선을 그립니다.

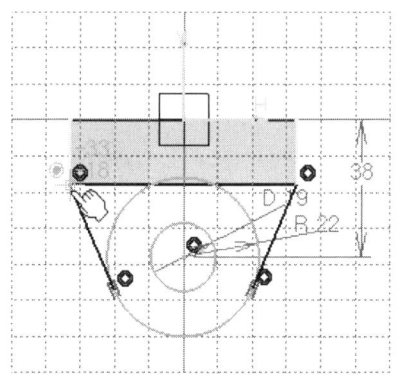 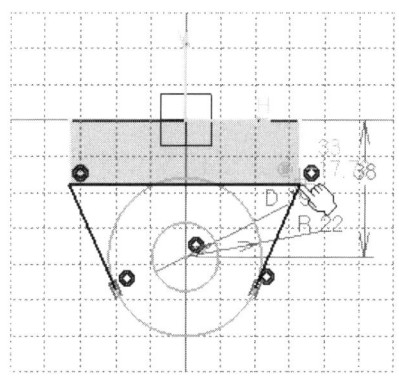

14. 앞서 그려준 직선과 Solid의 밑변을 동시에 선택한 후 Constraints Defined in Dialog Box를 선택한 후 Coincidence 에 클릭하여 줍니다.

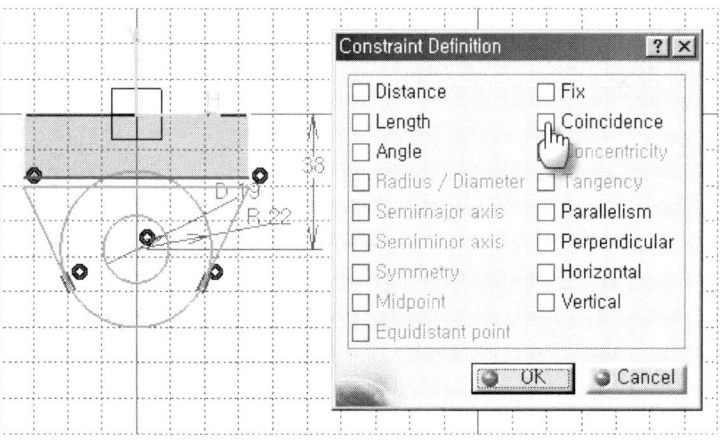

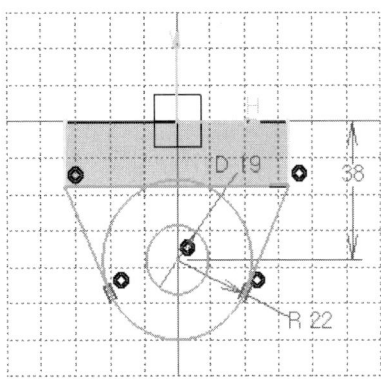

15. Quick Trim ⌀ 을 이용하여 필요 없는 부분들을 제거합니다.

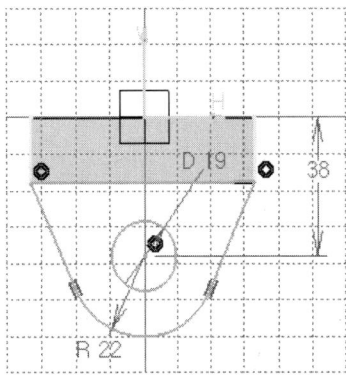

16. 투영시킨 두 직선은 형상이 열린 Profile로 만들어주므로, Construction/Standard Elements ⌀ 를 이용하여 3차원 공간에서는 효력이 없도록 만들어줍니다.

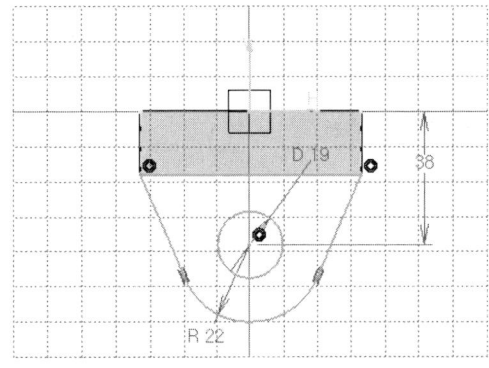

17. Exit Workbench ⌀ 를 이용하여 3차원 공간으로 나간 후 Pad ⌀ 를 실행시켜 13mm만큼의 Solid를 생성하여 줍니다.

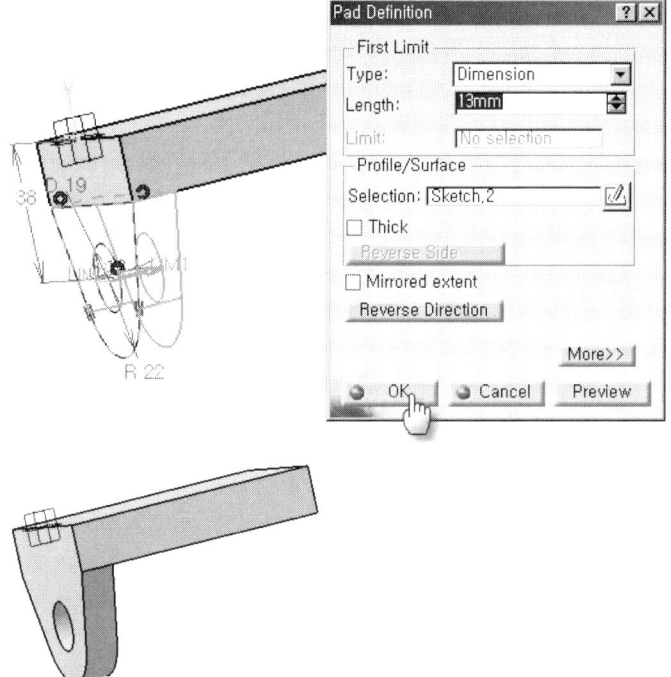

18. 직사각형판 끝부분의 움푹 들어간 부분을 작업하기 위해 우선 XZ 평면으로 들어갑니다.

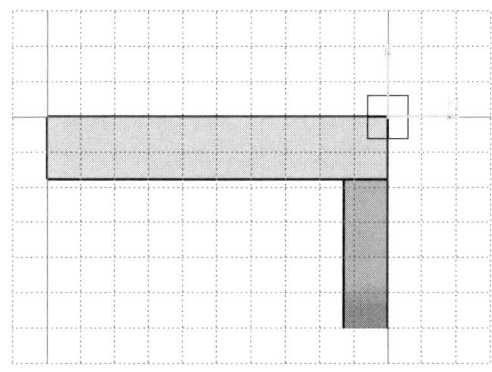

19. Profile ⌂ 과 Constraints ⊟ 를 이용하여 다음과 같이 3차원에서의 Pocket ⬜ 작업의 기초가 될 스케치를 합니다.

3. Part Design   **229**

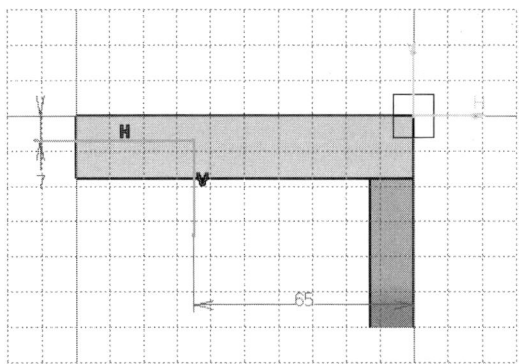

20. Exit Workbench 를 이용하여 3차원 공간으로 나간 후, Pocket 을 실행시킵니다. 이 때 다음과 같이 의도하지 않은 방향으로 화살표가 향해 있다면, 화살표를 클릭하여 방향을 제대로 잡아준 후 작업하도록 합니다.

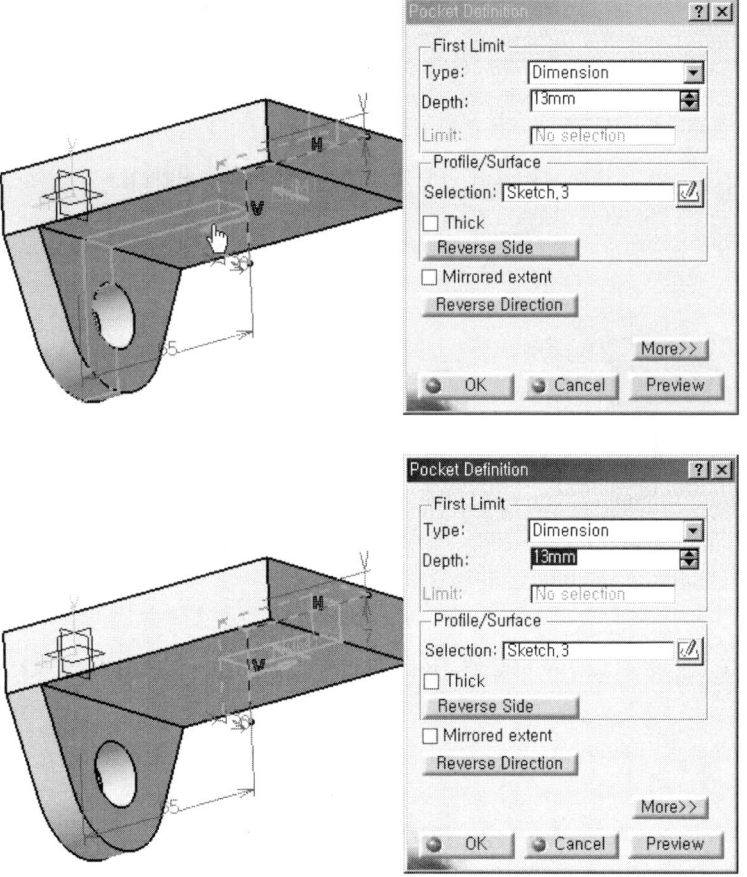

21. Pocket ![icon] 작업의 기초가 되는 스케치는 직사각형판의 중앙에 그려졌으므로, 양쪽으로 뚫어주어야 합니다. 이런 경우, 먼저 Length에는 한쪽방향의 길이 33mm를 입력해준 후 아래쪽의 Mirrored extent를 체크해주면 양쪽으로 작업이 됩니다.

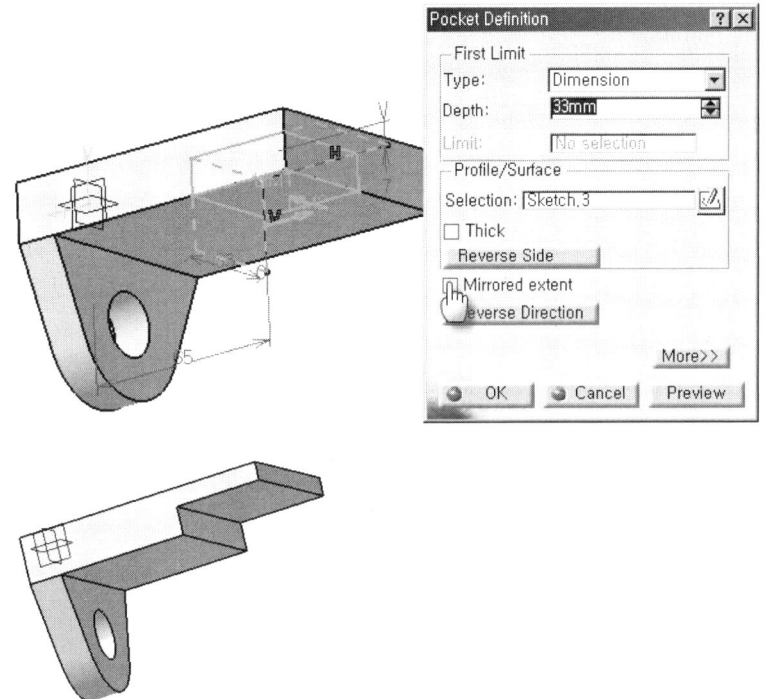

22. 다음으로 직사각형 판 위 4개의 원을 작업합니다. 이 때 앞에서도 언급했듯이 XZ 평면을 기준으로 한쪽만 작업한 후 대칭시키도록 하겠습니다. 먼저 직사각형판의 윗면을 클릭한 후 Sketch ![icon] 아이콘을 클릭하여 스케치평면으로 들어갑니다.

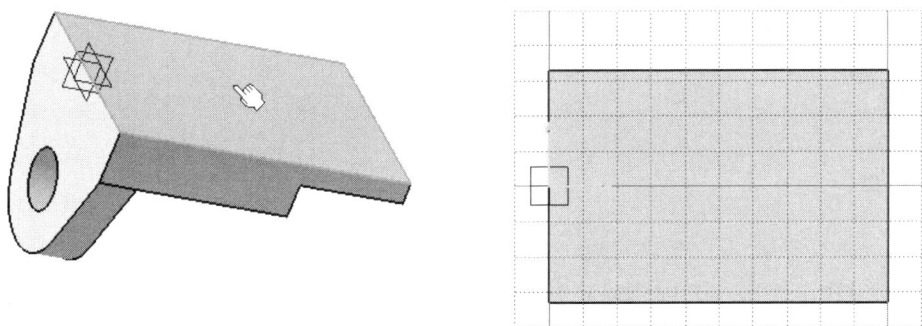

23. Circle ![icon], Constraints ![icon]를 이용하여 다음 그림과 같이 XZ 평면에 대해 한쪽면만 스케치합니다.

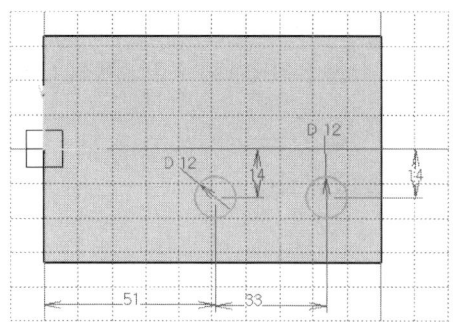

24. Exit Workbench 를 이용해서 3차원 공간으로 나간 후 Pocket 을 실행시킵니다. 두 개의 원은 같이 한꺼번에 스케치 되었으므로 한꺼번에 뚫리게 됩니다. 이때는 다음 Solid면까지 뚫으면 되므로 Up to next type을 선택한 후 OK를 클릭합니다.

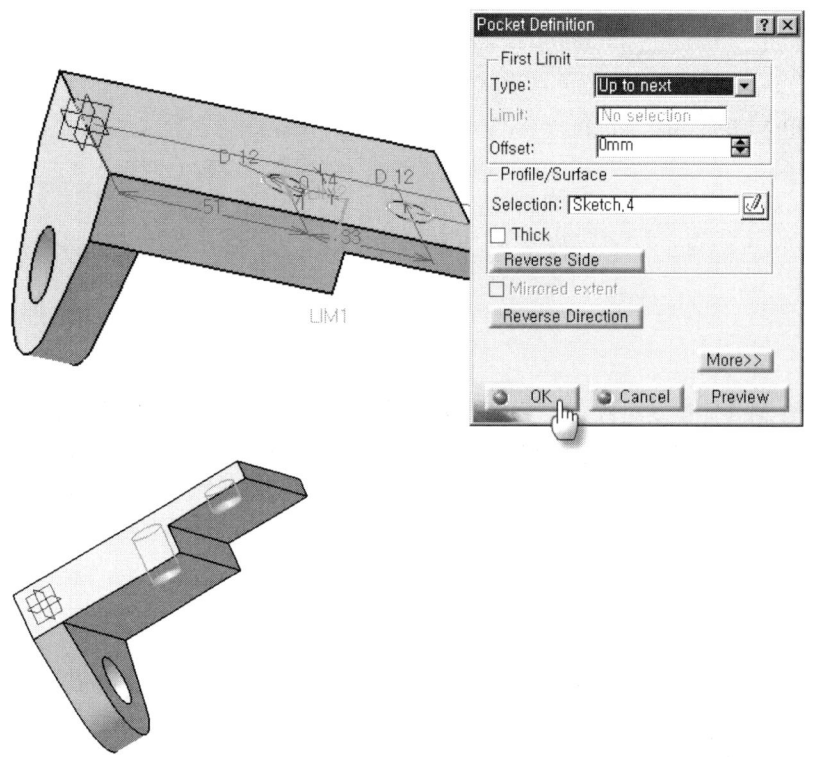

25. 이제 방금 작업한 것을 XZ 평면에 대해 대칭시킵니다. 먼저 Spec Tree에서 방금 작업한 Pocket을 선택한 후 Mirror 를 실행시킵니다.

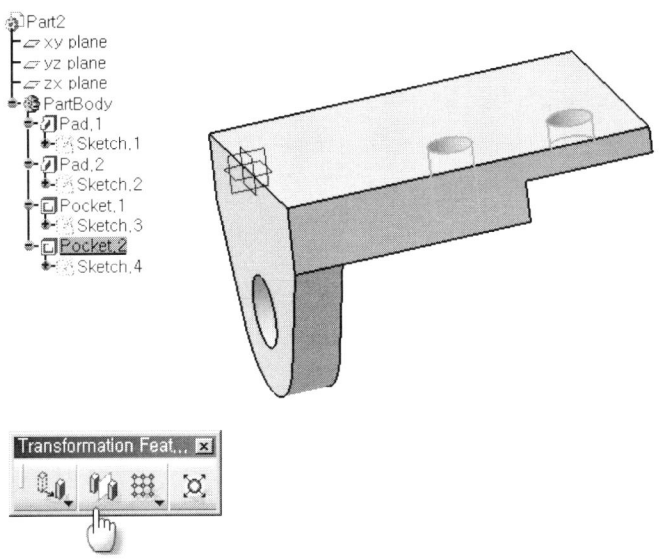

26. Mirror Definition 창이 나타나면 대칭시킬 ZX 평면을 클릭한 후 OK를 눌러줍니다.

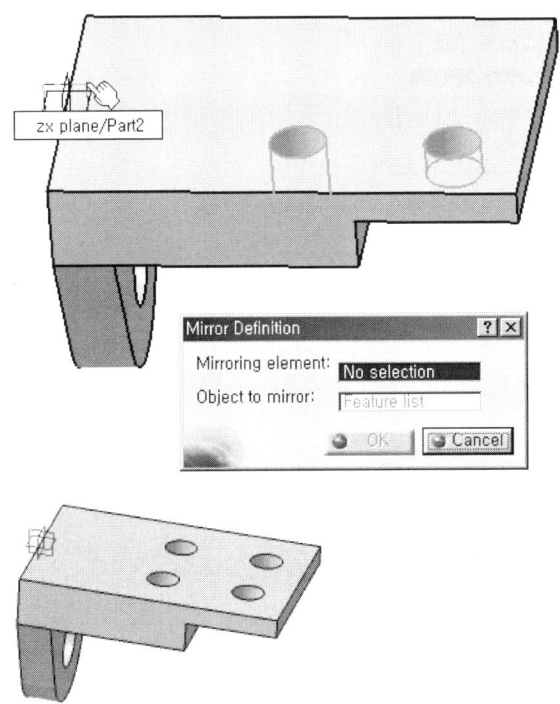

27. 이제 형상을 작업하는 데에 있어 마지막으로 길쭉하게 파여 있는 부분을 만듭니다. 이를 위해서 평면을 하나 만들어야 하는데 이 전에, 평면을 만들 때 기준이 될 선인 동시에 길게 파이는 부분의 Guide line이 되어줄 선을 스케치합니다. 먼저 ZX 평면으로 들어간 후 Line 과 Constraints 를 이용하여 다음과 같이 그립니다.

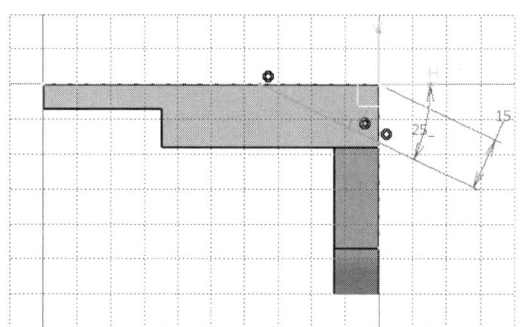

28. Exit Workbench 를 이용하여 3차원 공간으로 나간 후 Plane 을 실행합니다. 방금 그린 직선에 수직한 평면을 만들 것이므로, Normal to curve type을 선택한 후 직선을 클릭해줍니다.

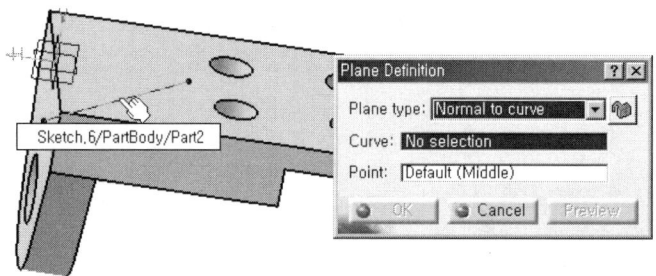

29. 평면은 직선의 끝점에 만들어지므로 다음으로 새로운 평면의 원점이 될 점을 클릭해 준 다음 OK를 누릅니다.

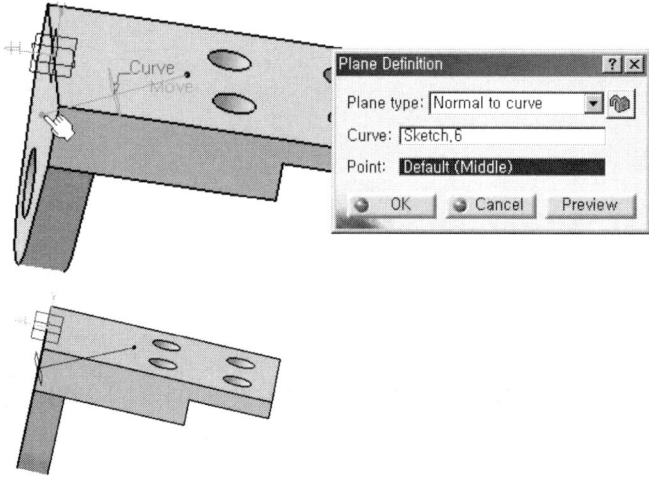

30. 이제, 새로운 평면 위에 반지름 15mm의 원을 그립니다. 이를 위해 Positioned Sketch를 실행합니다. Sketch Positioning 창이 나타나면 기준이 되는 평면인, 새로 작업한 평면을 클릭하고 원점을 결정해줍니다. 여기서는 직선의 끝점이 존재하므로, Origin에서 Projection point type을 선택한 다음 직선의 끝점을 클릭해 준 후 OK를 누릅니다.

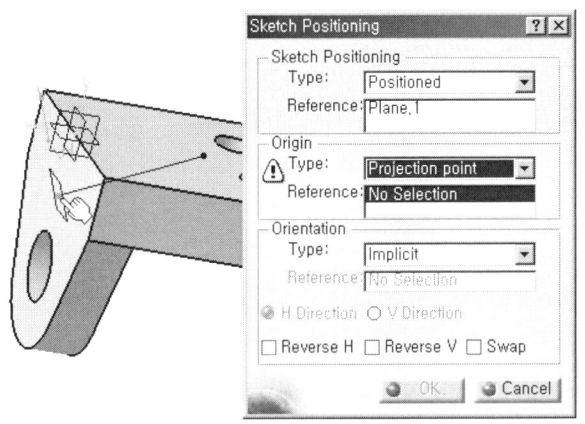
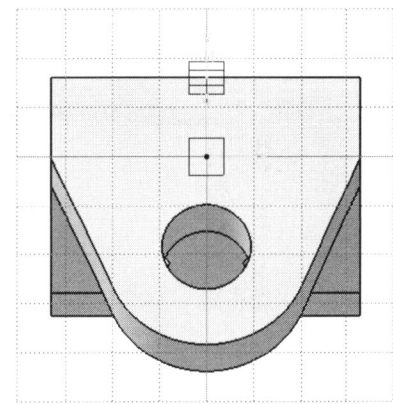

31. Circle 과 Constraints 를 이용하여 반지름 15mm의 원을 그립니다. 이 때 원의 중심은 V축 상에 있으며, 원의 한 점은 원점과 Coincidence해야 합니다.

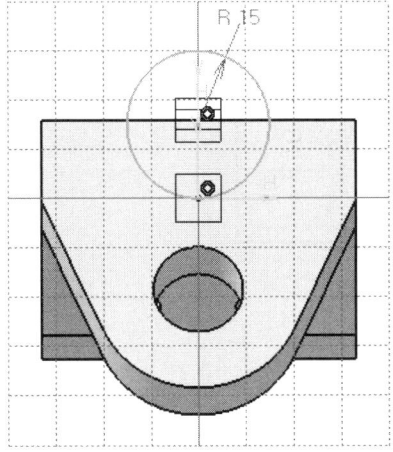

32. Exit Workbench 를 이용하여 3차원 공간으로 나온 다음, Slot 을 실행시킵니다. 이 명령은 어떤 Profile을 Guide line을 따라 파주는 명령입니다.

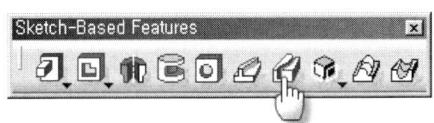

33. Slot Definition 창이 뜨면 먼저 Guide line을 따라 파낼 Profile을 선택합니다. 이 경우에는 반지름 15mm의 원을 클릭해줍니다.

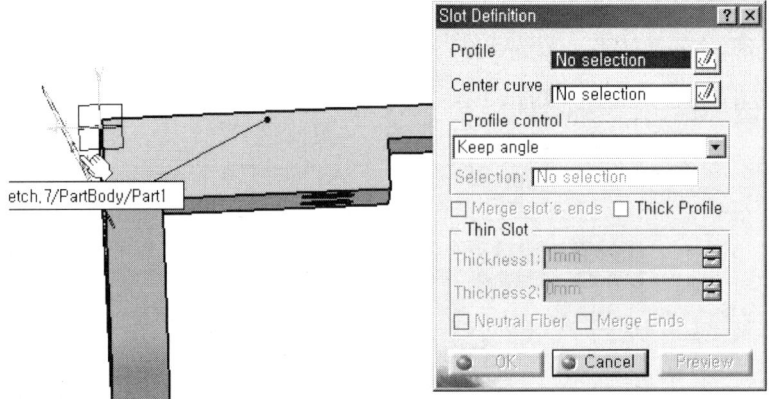

34. 다음으로 Guide line이 되는 Center curve인 직선을 클릭해준 후 OK를 클릭합니다.

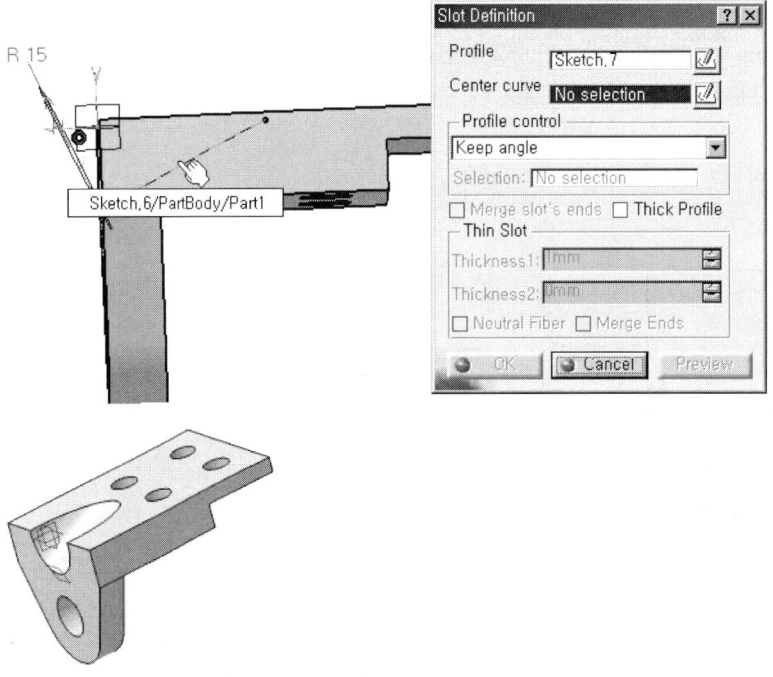

35. 마지막으로 Edge Fillet 을 사용하여 모서리를 다듬습니다. Edge Fillet 을 실행한 후 먼저 5mm의 라운드 처리를 하기 위해, Radius에는 5mm를 입력해준 후 Fillet하고자 하는 변을 클릭한 다음 OK를 클릭합니다.

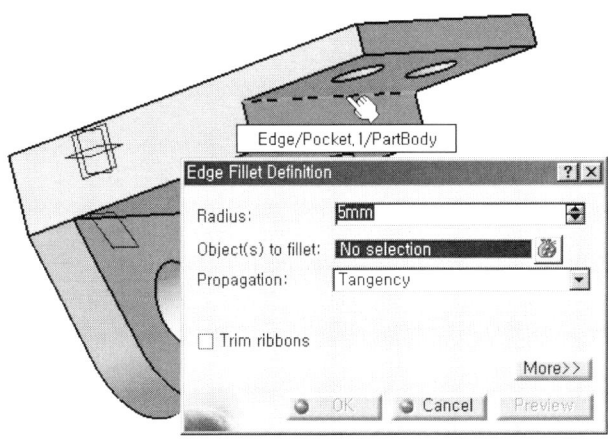

36. 다시 한 번 Edge Fillet 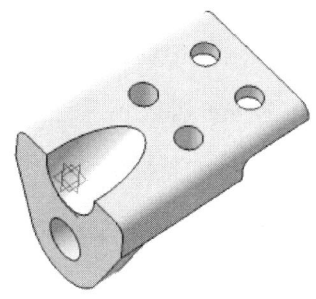 을 실행시킨 후 이번에는 Radius에 6mm를 입력한 후, Fillet하고자 하는 변을 차례로 클릭해준 후 OK를 클릭합니다.

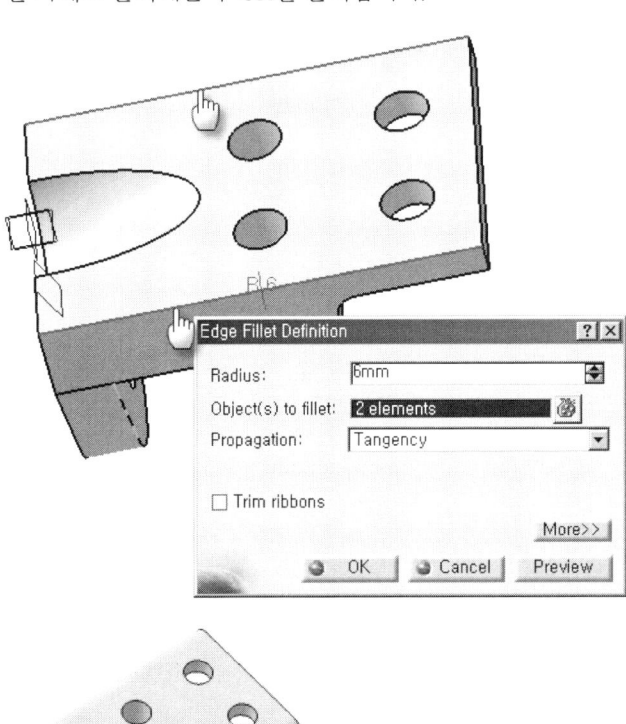

37. 완성된 형상은 다음과 같습니다.

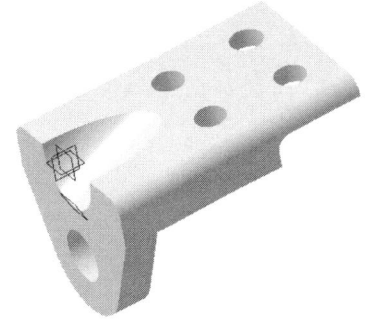

(4) Exercise 4 - Part Design 4

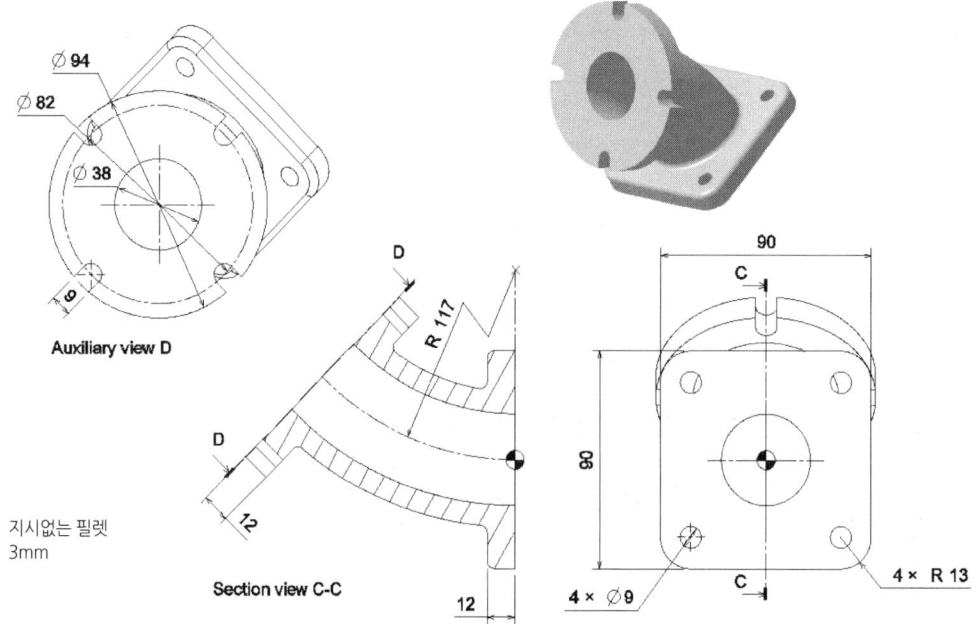

지시없는 필렛
3mm

작업 Workbench : Part Design

사용 명령어 : Centered Rectangle, Circle, Arc, line, Elongated Hole,
Quick Trim, Construction/Standard Elements, Mirror,
Constraints, Exit Workbench, Sketch, Positioned Sketch,
Pad, Pocket, Plane, Rib, Slot, Circular Pattern,
Edge Fillet

01. CATIA를 실행 시킨 뒤 프로그램이 실행되면 Start ⇨ Mechanical Design ⇨ Part Design을 선택합니다.

02. 맨 밑쪽의 판을 작업하기 위해 XY 스케치 평면에 들어간 뒤 Centered Rectangle ,Constraints 를 이용하여 가로세로 90mm의 정사각형을 그립니다.

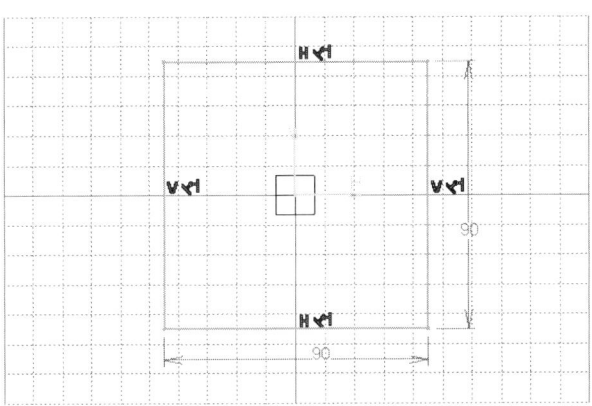

03. Exit Workbench 를 이용하여 3차원 공간으로 나간 후 Pad 를 이용하여 정사각형의 Profile을 12mm 높이의 Solid로 만들어줍니다.

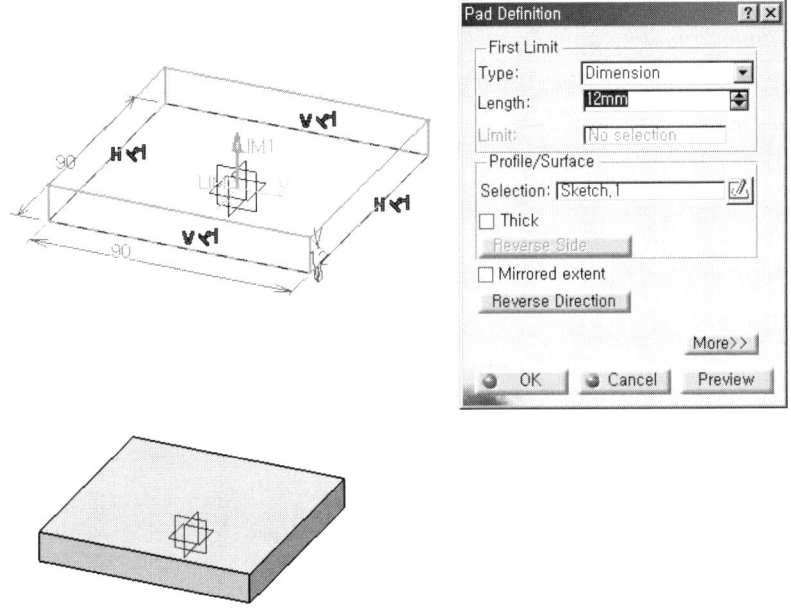

04. E3. 정사각형 모양의 밑판에서 Curve를 그리며 이어지는 형상을 작업하기 위해 먼저 기초가 되는 곡선을 작업해주어야 합니다. 먼저 ZX 스케치 평면에 들어갑니다.

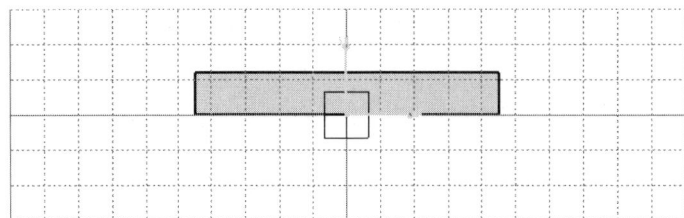

05. Arc ⊙ 를 이용하여 중점을 H축선 상에, 한 끝점을 원점에 두는 호를 그린 후 Constraints 를 이용하여 반지름 117mm로 구속합니다. (도면에서 Section view C-C에서 수치를 확인할 수 있습니다.)

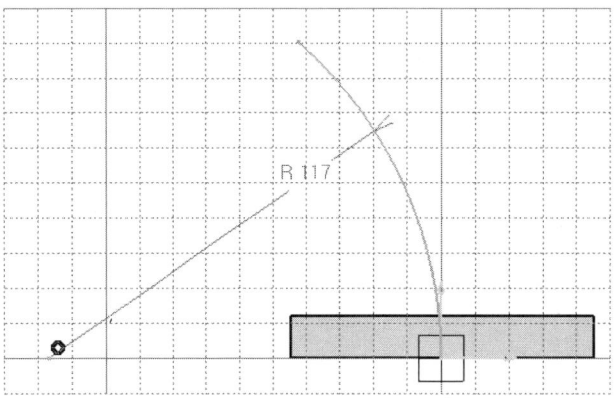

06. Line 으로 호의 중점과 위쪽 끝점을 잇는 선을 그린 후 Construction/Standard Elements 로 점선을 만들어줍니다. 그런 다음 Constraints 로 점선과 H축 간의 각도를 45°로 구속시켜 줍니다.

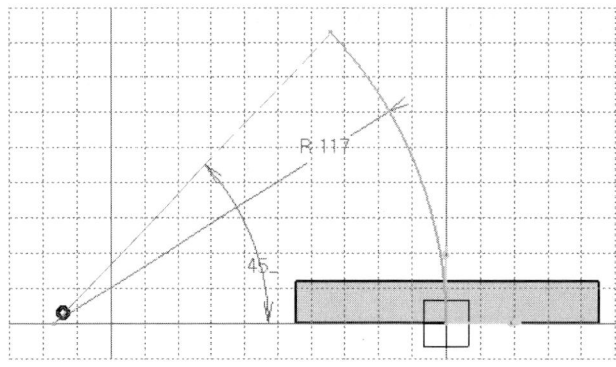

07. Exit Workbench 로 3차원 공간으로 나간 후, Plane 을 실행합니다. 방금 그린 곡선에 수직하고, 원판 형상의 요소들을 작업할 평면을 만들 것입니다. Normal to curve type을 선택한 후 차례로, 곡선, 끝점을 클릭해준 후 OK를 눌러줍니다.

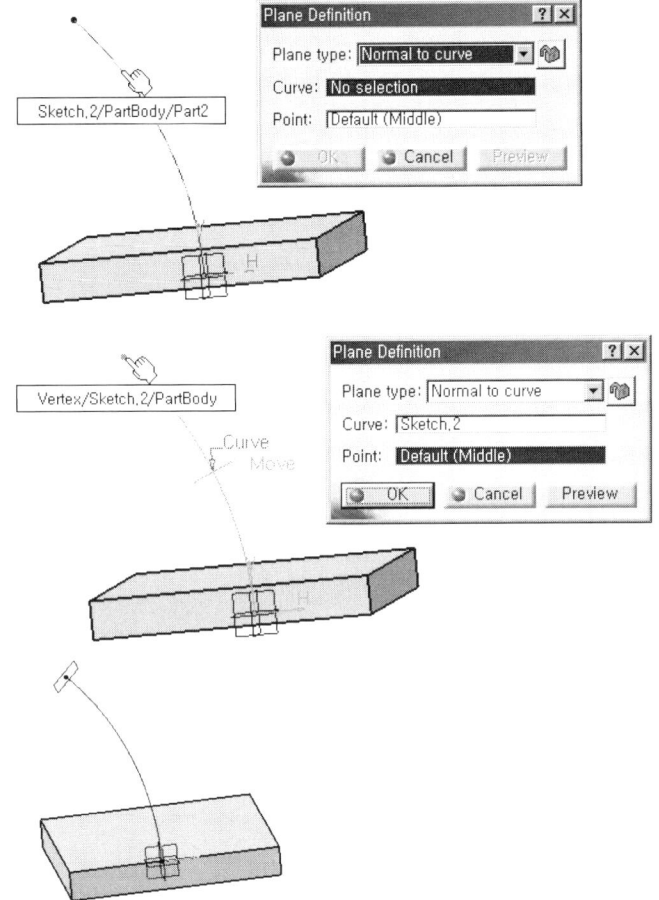

08. Positioned Sketch 를 이용하여 방금 만든 평면에 스케치를 합니다. Reference에 기준이 되는 방금 만든 평면을 클릭하고, 원점을 정의하기 위해 원하는 점을 직접 클릭할 수 있도록 해주는 Projection point type을 선택한 후 곡선의 끝점을 클릭해줍니다.

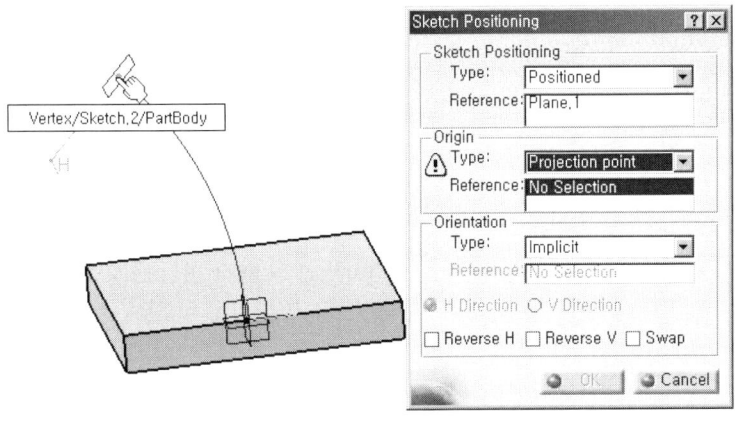

3. Part Design 241

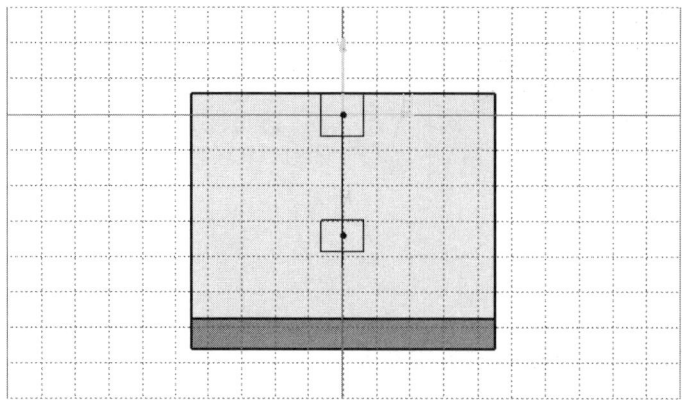

09. 곡선을 따라 생기는, 위쪽 원판 모양의 형상과 정사각형 밑판을 이어주는 형상을 그리기 위해 원점을 중심으로 가지는 지름 56mm의 원을 그립니다.

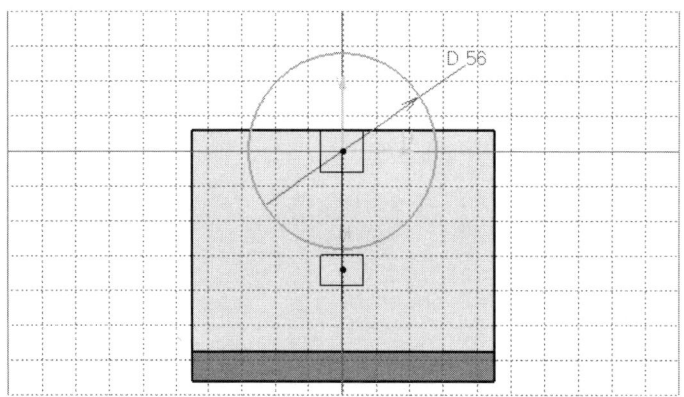

10. 3차원 공간으로 나간 후 Rib 를 실행시킵니다. 이 명령은 3번 도면에서 나온 Slot 에 반대되는 개념으로, 어떤 Center Curve를 따라 Profile의 형상대로 Solid를 만들어 주는 명령입니다.

11. Rib Definition 창이 나타나면 Profile 창에 지름 56mm의 원을 클릭한 후, Center curve 창에는 반지름 117mm의 호를 클릭해주고 OK를 눌러줍니다. 원이 호를 따라가면서 Solid가 형성된 것을 볼 수 있습니다.

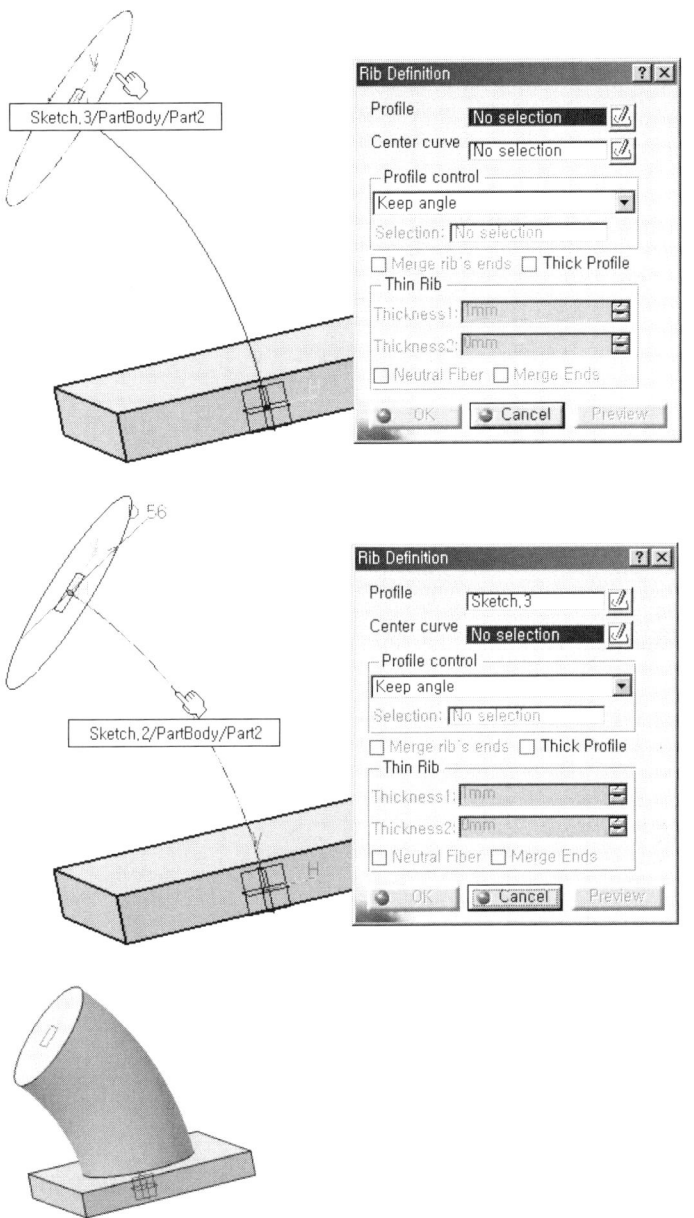

12. Positioned Sketch 를 이용하여 새로 만든 평면에 원판형상이 될 스케치를 그립니다. 그 전에 평면의 원점을 지정해 주기 위해 Rib 작업할 때 사용했던 Center curve가 필요한데, 현재 Hide 상태로 되어 있어 보이지 않습니다. Spec Tree에서 Center curve 스케치에 마우스 오른쪽을 클릭한 후 Hide/Show를 클릭하여 보이게 합니다.

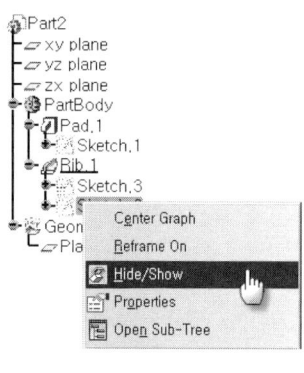 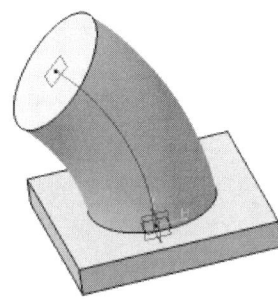

13. Plane ⬜ 을 실행시킵니다. Reference에 평면을, Origin은 Projection type을 선택한 후 Curve의 끝점을 찍어줍니다.

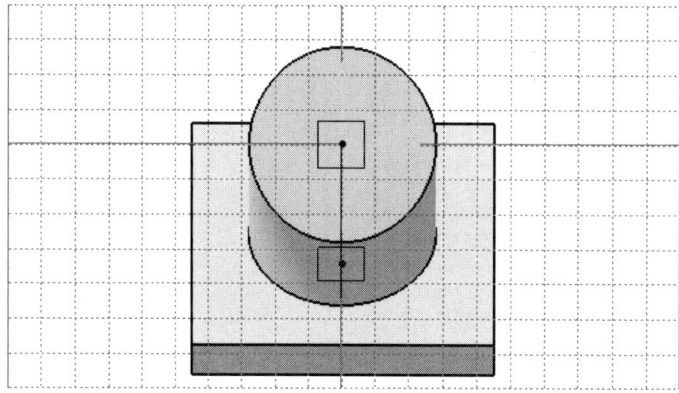

14. 원점을 중점으로 한 지름 91mm의 원을 그려줍니다.

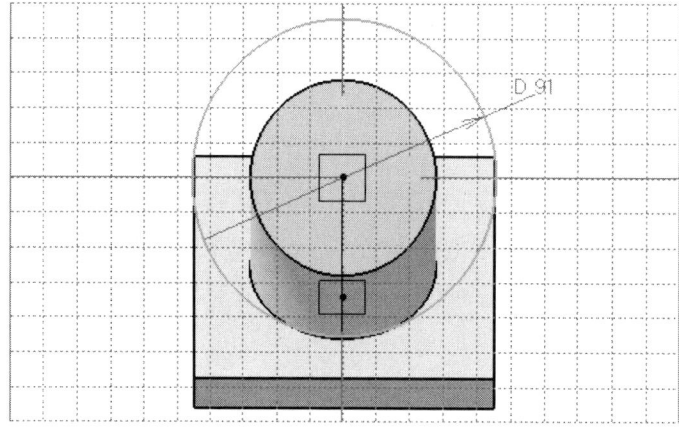

15. 3차원 공간으로 나간 후, Pad [아이콘] 로 12mm 만큼의 Solid를 만들어줍니다. 이 때 도면에서 보면 Rib [아이콘]의 Center curve 끝이 원판의 윗면이 되므로, Pad [아이콘]는 아랫방향으로 해야 합니다.

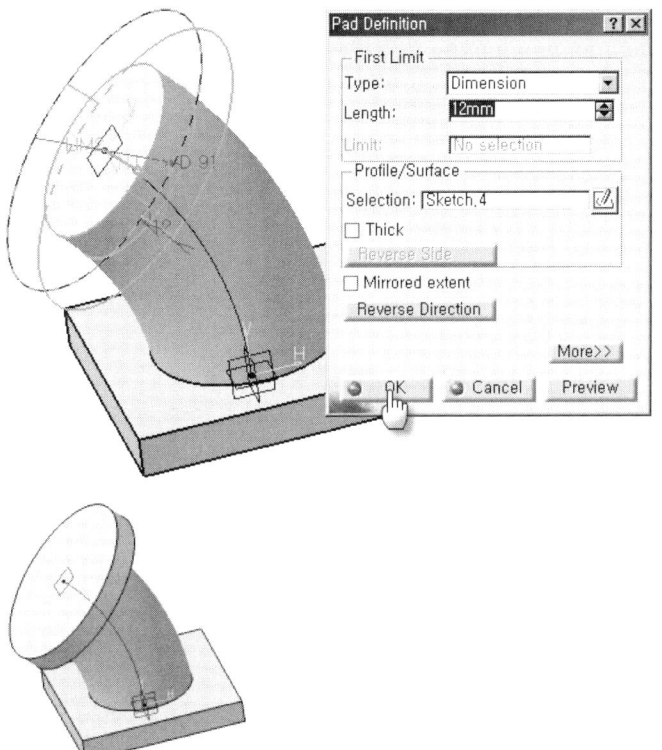

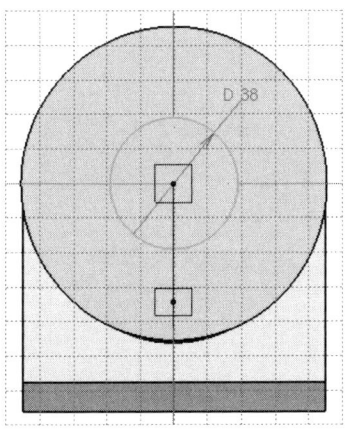

16. 다음으로 Positioned Sketch [아이콘]를 이용하여 새로 만든 평면으로 들어가서 지름 38mm의 원을 그립니다.

17. 3차원 공간으로 나온 후 Slot을 실행시킵니다. 방금 그린 원을 Profile로 가지고 Rib때 사용했던 Center curve를 따라 파내는 작업을 하기 위해서입니다. Slot Definition 창이 나타나면 Profile 창에, 지름 38mm의 원을 Center Curve에 반지름 117mm의 호를 클릭해준 후 OK를 누릅니다.

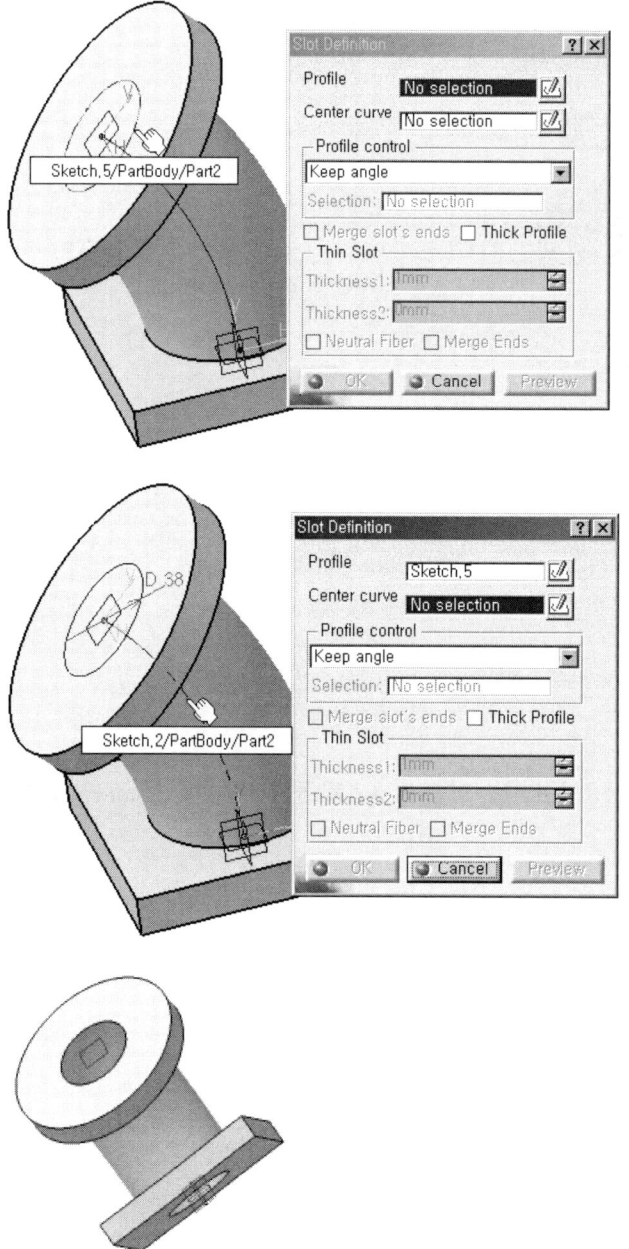

18. 다시 Positioned Sketch 를 통해 새로 만든 평면의 스케치공간으로 들어갑니다. 이 때 Slot 작업을 하면서 Center Curve가 숨겨져 있으므로 나타나게 한 후 작업합니다. 원판형상 둘레로 파져 있는 4개의 형상을 작업하는데, 여기서는 하나만 작업한 후 2번 도면에서 사용했던 Circular Pattern 을 사용하도록 하겠습니다. 먼저 지름 82mm의 보조원을 그립니다.

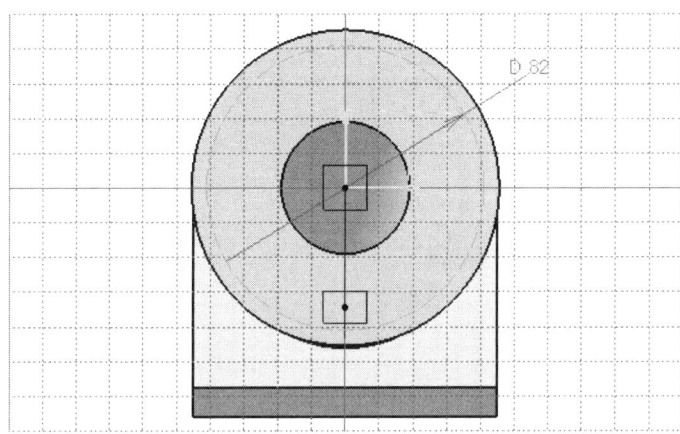

19. Elongated Hole 을 이용하여 반지름이 4.5mm인 형상을 그립니다. 이 때 한 기준점은 지름 82mm 보조선의 위에 있으며 두 기준점 모두 V축 상에 있어야 합니다.

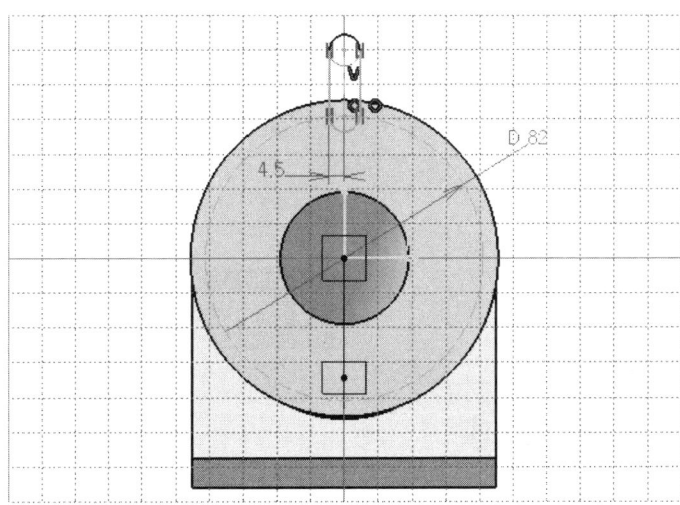

20. 3차원 공간으로 나온 후 Pocket 을 실행합니다. 이 때 Up to next type을 이용해서 작업합니다.

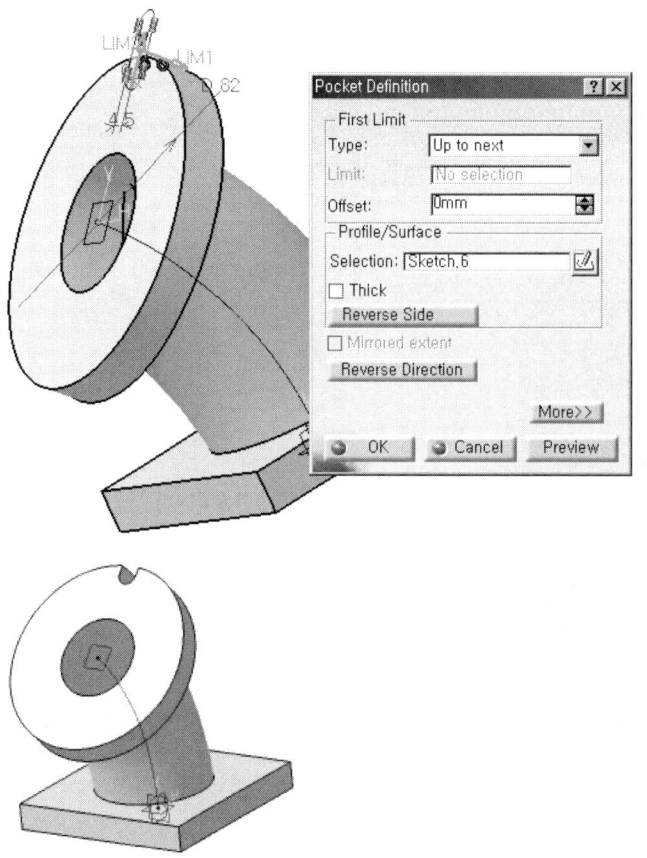

21. 방금 작업한 Pocket을 Spec Tree에서 선택한 다음 Circular Pattern 을 실행시킵니다.

22. Circular Pattern Definition 창이 나타나면 만들고자 하는 개수 4를 Instance에 입력하여 주고, 각 요소들 간의 각도 90을 Angular Spacing에 입력해줍니다. 그런 다음 Reference Element 창을 클릭한 다음 요소들이 위치하는 원판의 면을 클릭해준 후 OK를 눌러줍니다.

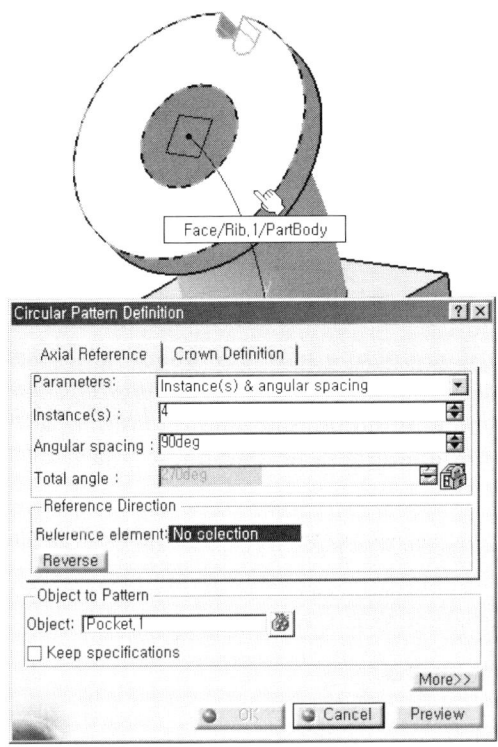

23. 이제 XY 평면으로 들어가서 지름 9mm의 원을 그립니다.

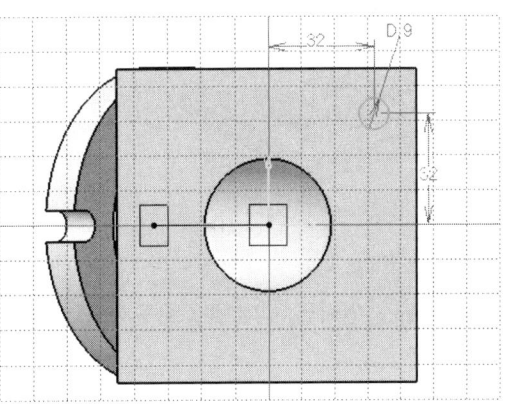

24. Mirror 를 이용해서 H축, V축으로 각각 대칭시켜 줍니다.

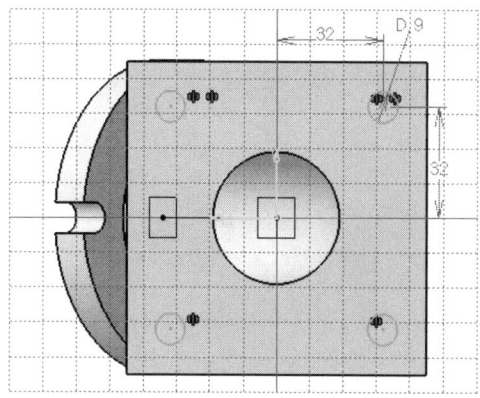

25. 3차원 공간으로 나간 후 Pocket 의 Up to next type으로 작업해줍니다.

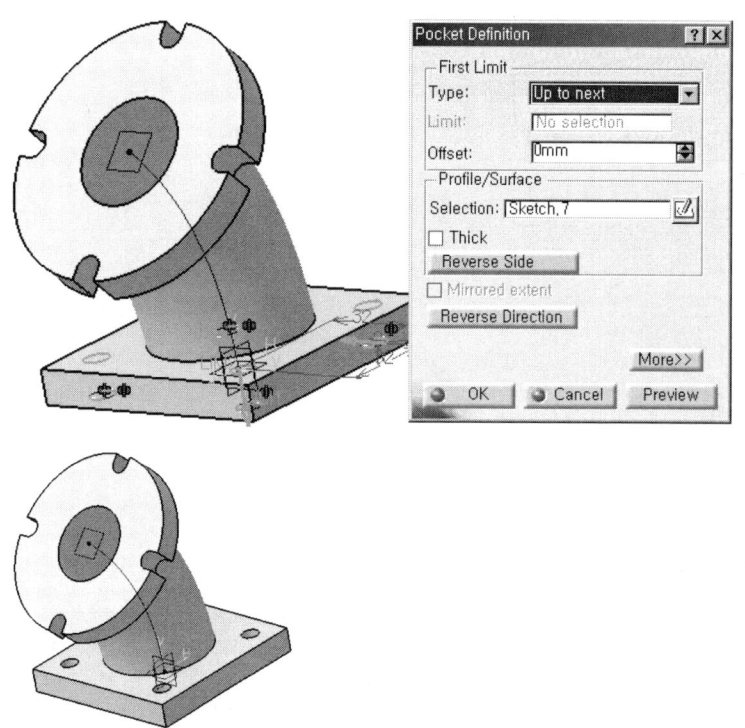

26. Edge Fillet 을 실행합니다. 먼저 정사각형 판의 네 모서리를 라운드처리 해줍니다. Radius 창에 13mm를 입력한 후 네 변을 클릭해준 후 OK를 누릅니다.

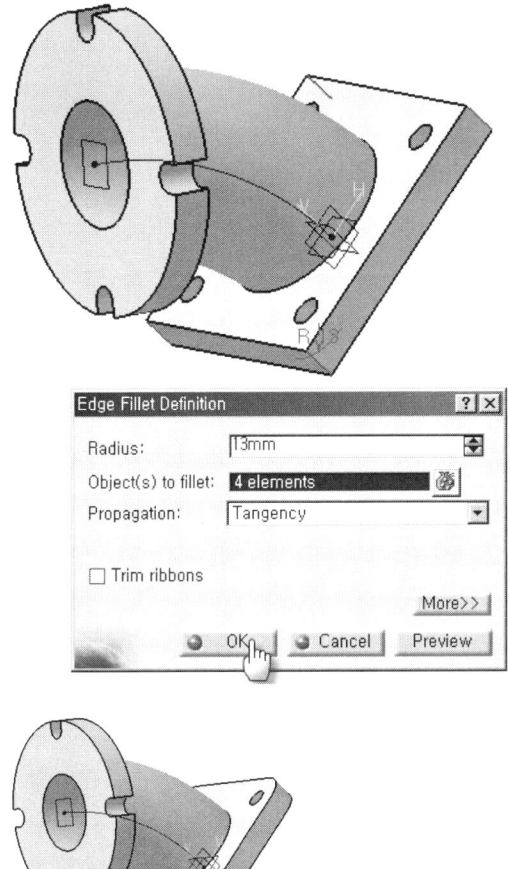

27. 다시 Edge Fillet 을 실행시켜 3mm의 Fillet을 해줍니다. 이때는 한 변만 선택해도 다 접하게 연결되어 있으므로 한꺼번에 라운드처리 됩니다. 이는 아래쪽의 Propagation이 Tangency로 되어있기 때문입니다.

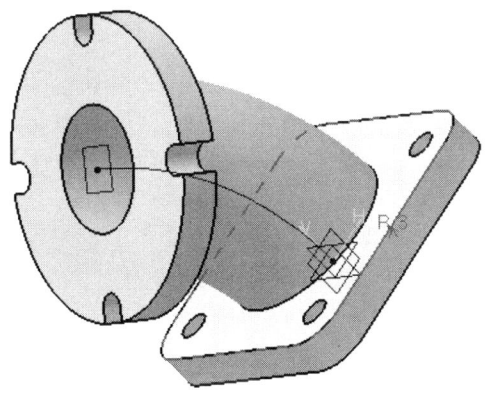
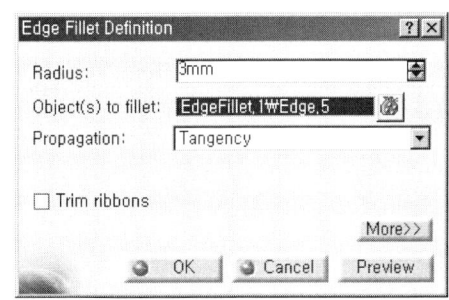

3. Part Design 251

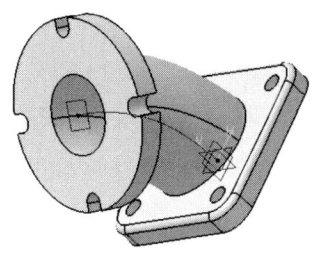

30. 완성된 형상은 다음과 같습니다.

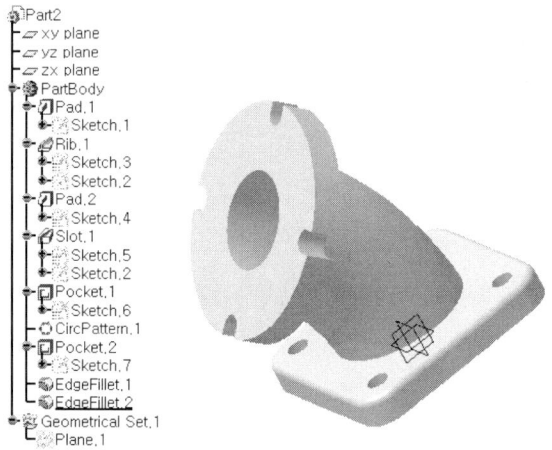

(5) Exercise 5 - Part Design 5

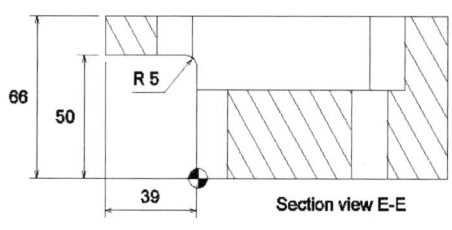

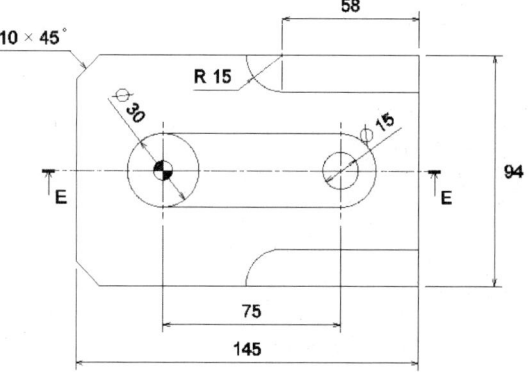

> 작업 Workbench : Part Design
>
> 사용 명령어 : Rectangle ⬜, Profile, Elongated Hole, Constraints,
> Project 3D Element, Construction/Standard Element,
> Exit Workbench, Sketch, Pad, Pocket, Mirror,
> Chamber, Edge Fillet

Part Design Workbench에서 다섯 번째로 연습해볼 도면입니다. 언뜻 보기에 전체적인 형상이 복잡해 보이지만, 전체적으로 큰 직육면체를 만든 다음 다듬어 가는 순서로 작업하면 간단하게 작업할 수 있습니다.

01. CATIA를 실행시킨 뒤 프로그램이 실행되면 다음과 같이 Start ⇨ Mechanical Design ⇨ Part Design 을 선택합니다.

02. XY 평면으로 들어간 뒤 Rectangle을 이용해서 직사각형을 그려줍니다. 이 때 Contextual Menu의 Allow symmetry line을 사용하여 H축에 대해서는 대칭하게 하고 V축에 대해서는 도면의 원점표시를 기준으로 수치를 구속해줍니다.

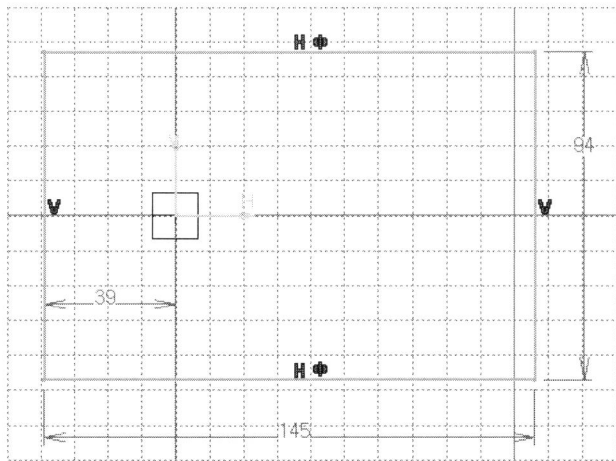

03. 3차원 공간으로 나간 후 Pad를 이용하여 66mm의 높이로 Solid를 만들어줍니다.

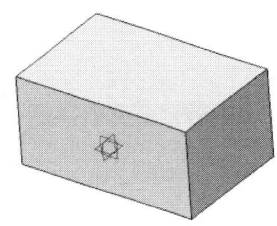

04. ZX 스케치 평면으로 들어간 후 Profile 을 이용해서 다음과 같이 스케치합니다. 이때, 수직선은 V 축과 일치합니다.

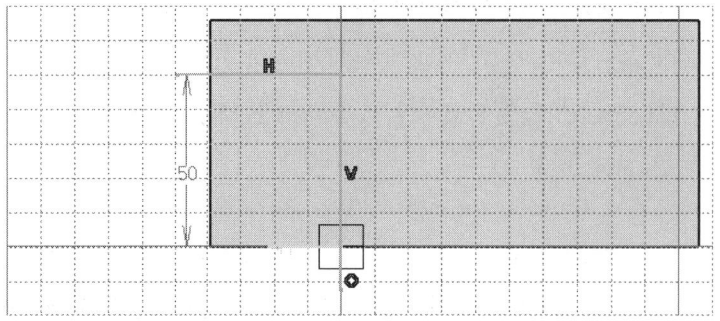

05. 3차원 공간으로 나간 후 Pocket 을 실행시킵니다. 이 때 스케치를 중앙에 그렸으므로 Mirrored Extent를 클릭하여 양쪽으로 Pocket이 되도록 합니다.

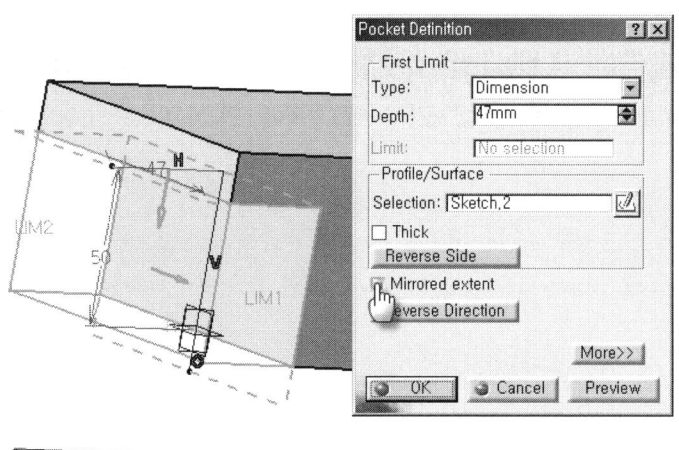

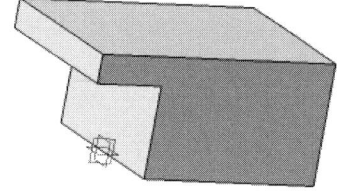

06. 다음으로 XY 스케치 평면으로 들어옵니다. Project 3D Element 를 이용하여 맞은편 변을 투영 시킵니다.

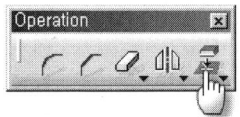

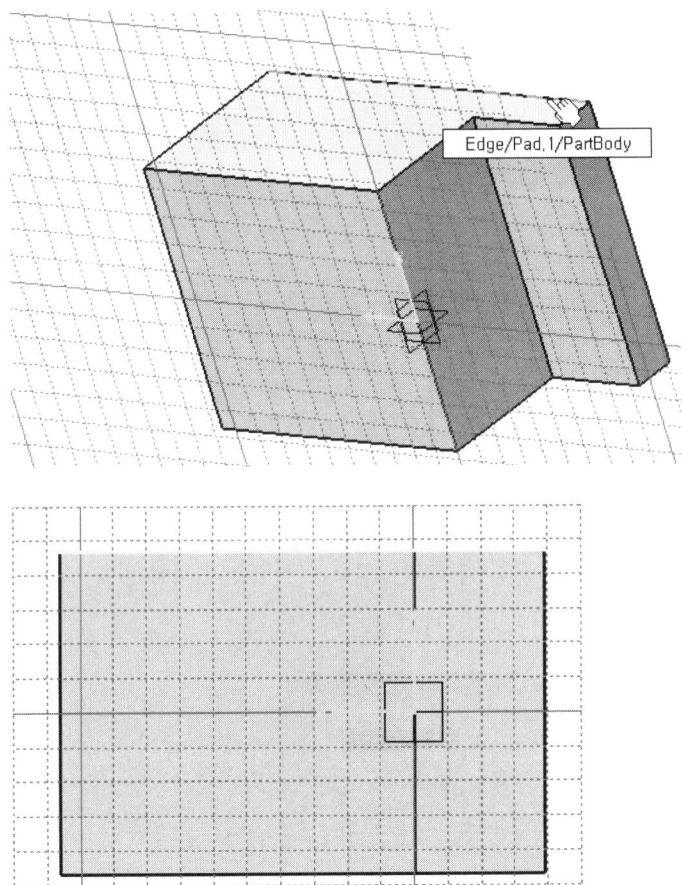

07. Construction/Standard Element 로 투영된 변을 보조선으로 만든 다음 Elongated Hole 을 그립니다. 이 때 한 기준점은 투영된 직선의 왼쪽 끝점과 일치합니다.

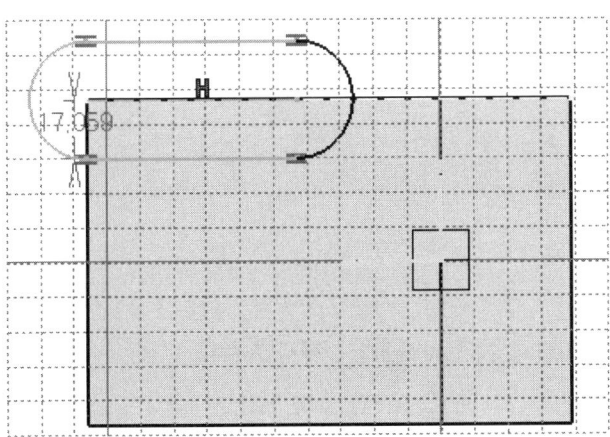

08. Elongated Hole ⚬⚬ 의 반지름을 15mm, 두 기준점 사이의 거리를 58mm로 구속합니다.

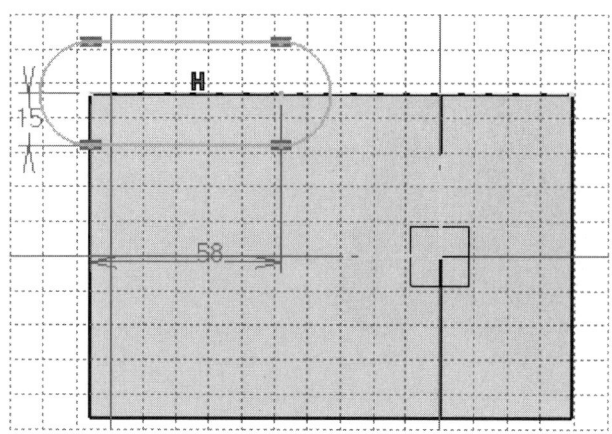

09. 3차원 공간으로 나간 후 Pocket 을 실행시킵니다. 방금그린 스케치를 선택한 다음 Up to next type을 선택한 후 OK를 클릭합니다.

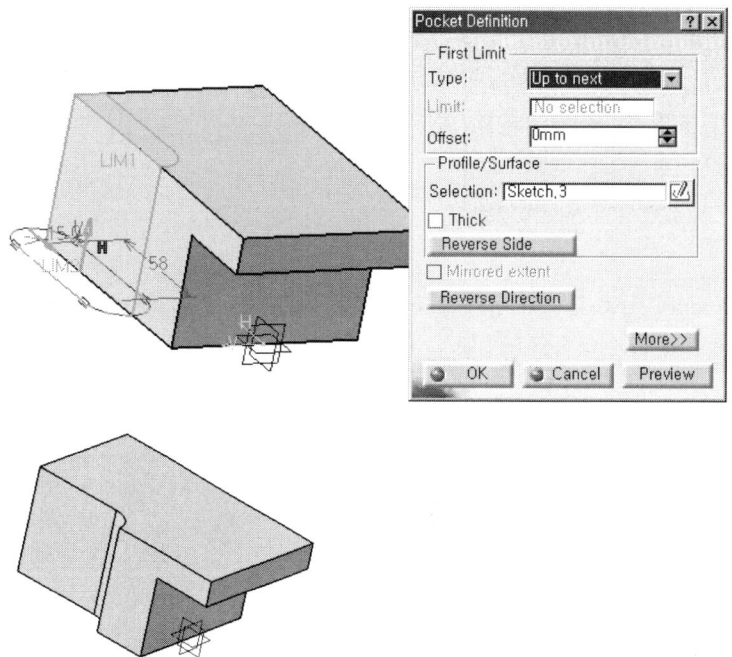

10. Spec Tree에서 방금 작업한 Pocket을 클릭한 후 Mirror 를 실행시킵니다.

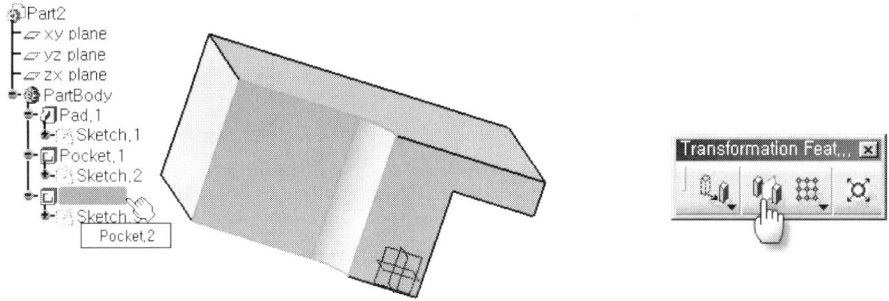

11. Mirror Definition 창이 나타나면 대칭시키는데 기준이 되는 평면인 ZX 평면을 선택해준 다음 OK를 클릭합니다.

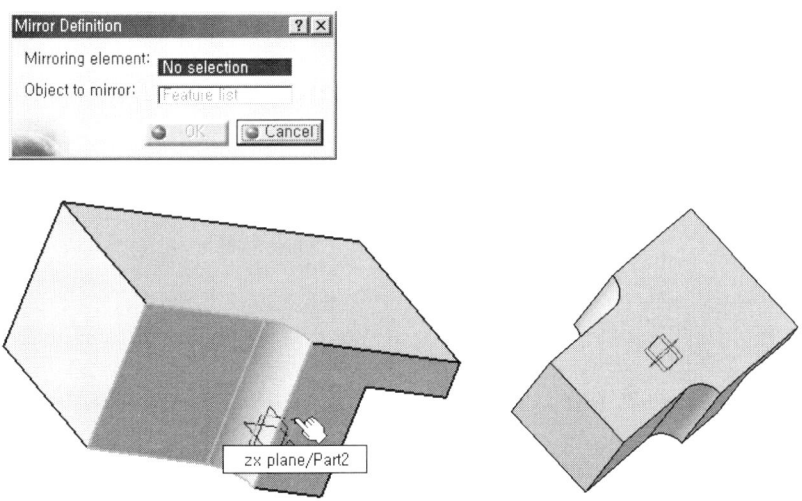

12. 형상의 위쪽 평면을 선택한 다음 Sketch 아이콘을 클릭하여 스케치평면으로 들어갑니다. 그런 다음 반지름 15mm, 기준점 사이 75mm인 Elongated Hole 을 만듭니다. 이 때 한 기준점은 원점과 일치합니다.

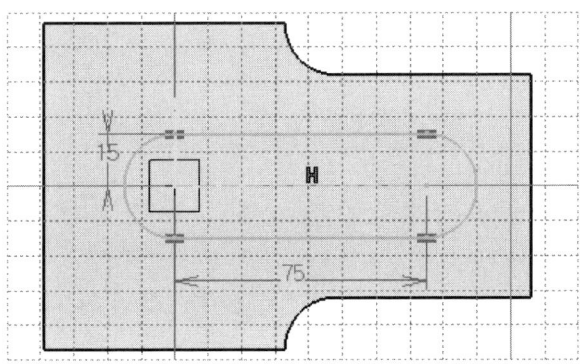

13. 3차원 공간으로 나간 후 Pocket 으로 30mm만큼 Solid를 제거합니다.

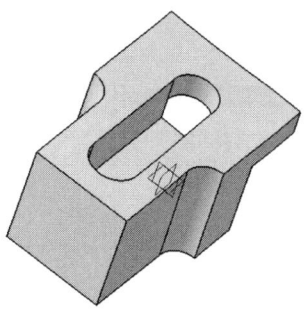

14. Elongated Hole 형태로 파인 안쪽 면을 선택한 다음 Sketch 아이콘을 클릭합니다.

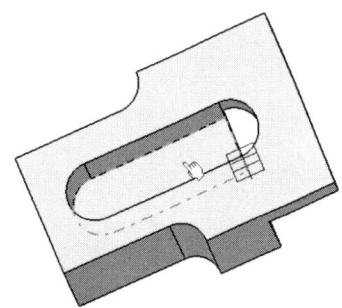

15. H축 상에 중점을 두는 지름 15mm의 원을 그립니다. 원점과 중점 사이의 거리는 75mm로 구속해줍니다.

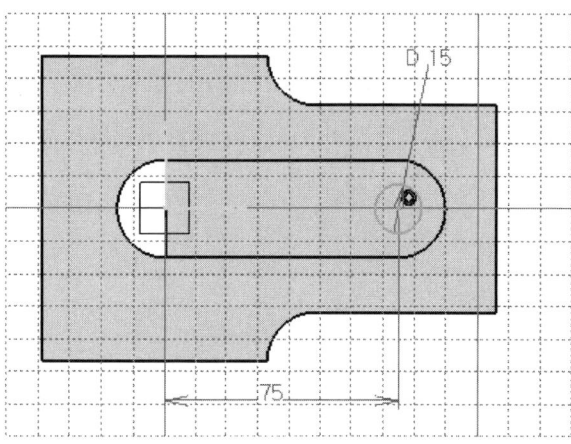

16. 3차원 공간으로 나온 다음 Pocket 의 Up to Next type을 이용해서 바닥면까지 뚫어줍니다.

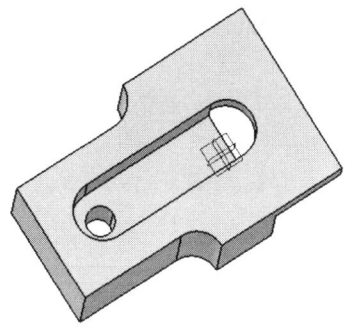

17. 지름15mm 원을 그린 면을 다시 선택한 후 Sketch 아이콘을 클릭하여 스케치평면으로 들어가서 원점에 중점을 두는 지름 30mm의 원을 그립니다. 이 때 같은 면이긴 하지만 지름 15mm의 원과는 다른 공간에 있게 됩니다.

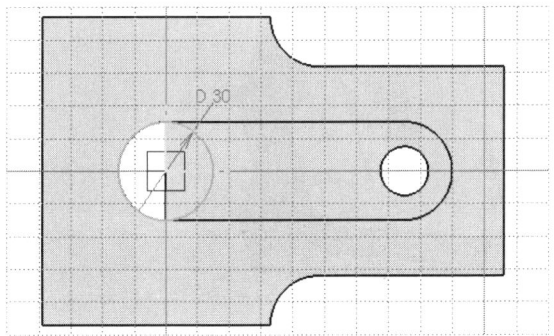

18. 3차원 공간으로 나간 후 Pocket 의 Up to Next type을 사용하여 바닥면까지 뚫어줍니다.

19. 다음으로 Chamfer 를 실행시킵니다. 이 명령은 모서리를 깎아 내주며, 모따기라고도 합니다.

3. Part Design **259**

20. Chamber Definition 창이 나타나면 도면에 표시된 대로, Length에는 10mm를 Angle에는 45°를 입력해 준 후 깎아내고자 하는 모서리를 클릭해주고 OK를 클릭합니다.

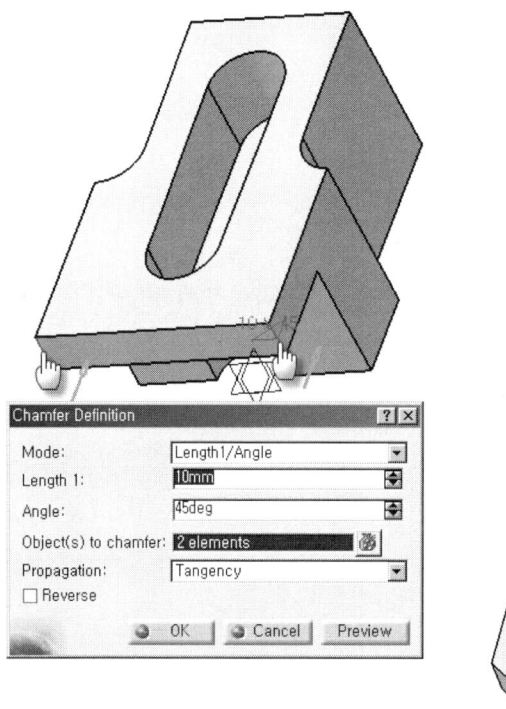

21. 마지막으로 Edge Fillet 으로 5mm만큼 라운드 처리를 해줍니다.

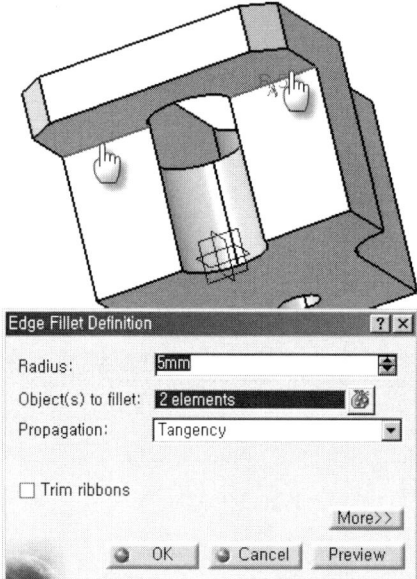

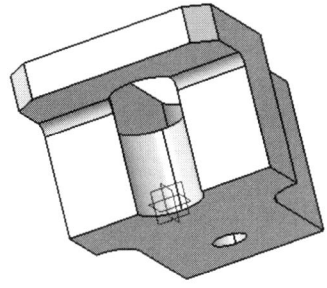

22. 완성된 형상은 다음과 같습니다.

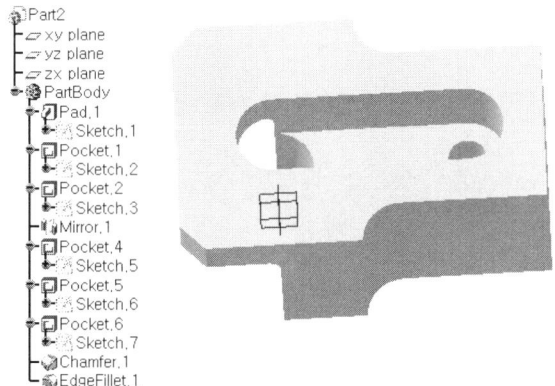

(6) Exercise 6 - Part Design 6

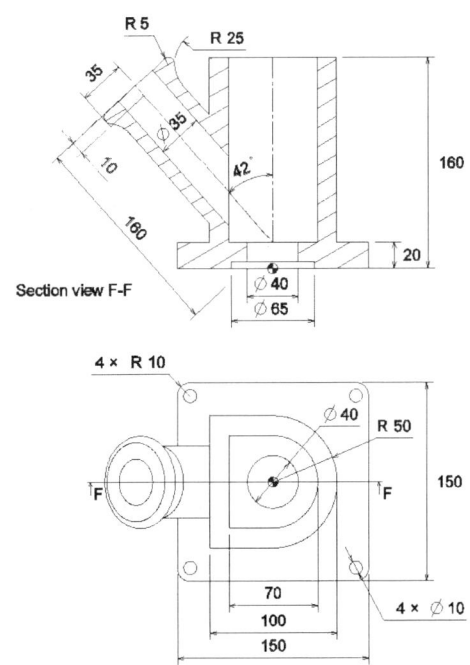

> **작업 Workbench** : Part Design
>
> **사용 명령어** : Centered Rectangle , Elongated Hole , Break , line ,
> Construction/Standard Element , Mirror , Constraints ,
> Constraints Defined in Dialog Box , Sketch , Positioned Sketch ,
> Pad , Pocket , Plane , Edge Fillet , Tritangent Fillet

01. CATIA를 실행시킨 뒤 프로그램이 실행되면 다음과 같이 Start ⇨ Mechanical Design ⇨ Part Design 을 선택합니다.

02. XY 평면으로 들어간 후 Centered Rectangle 로 원점을 중심으로 한 가로 세로 150mm의 정사각형을 그립니다.

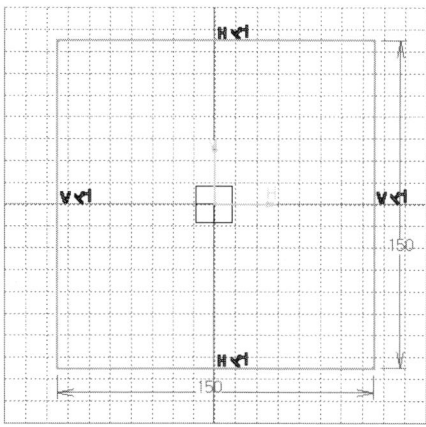

03. 3차원 공간으로 나온 후 Pad 로 20mm만큼 Solid를 생성시켜줍니다.

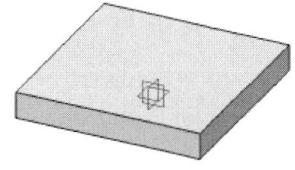

04. XY 스케치 평면으로 들어간 후, 반지름이 50mm인 Elongated Hole 을 그립니다. 이 때 한 기준점은 원점과 일치합니다.

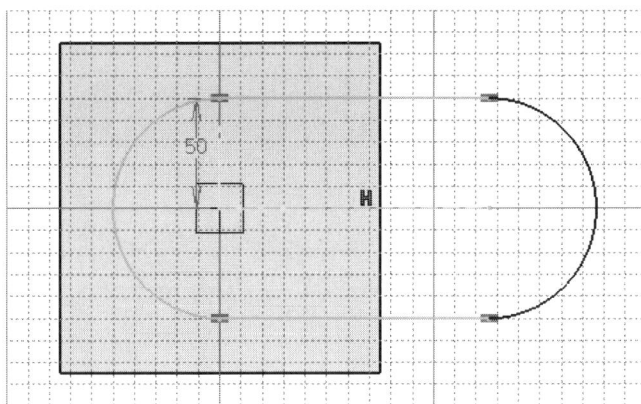

05. Line ✏️ 으로 Elongated Hole 🔘 의 윗변과 아랫변을 잇는 수직선을 그려 우리가 필요한 형상을 대략적으로 만들어 준 후, 왼쪽 반원과 직선의 거리가 100mm가 되도록 합니다.

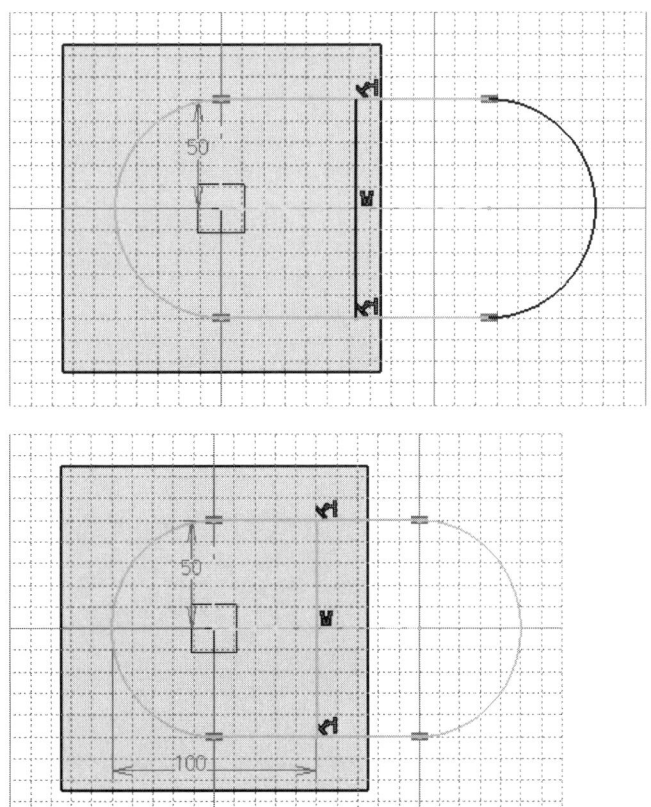

06. 반으로 나눠진 영역 중 필요 없는 오른쪽 영역만을 보조선으로 만들어주기 위해 Break ✏️ 를 이용하여 윗변과 아랫변이 새로 그어진 수직선에 의해 나눠져 각각 선택되도록 만들어줍니다.

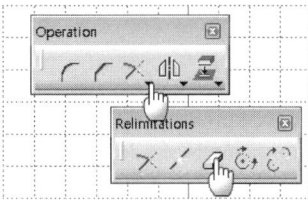
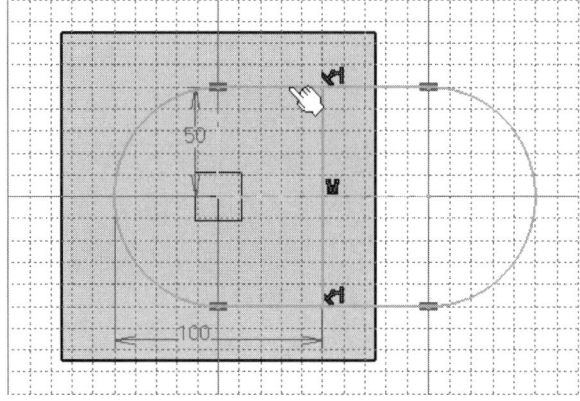
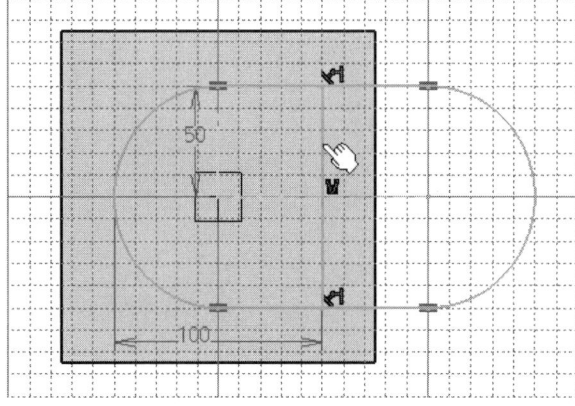
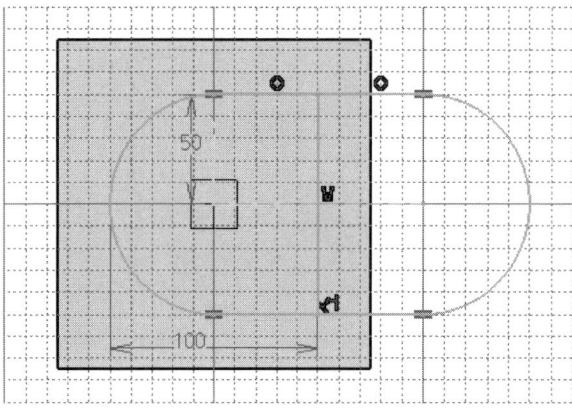

07. 아랫변도 Break ![icon] 해준 후, Construction/Standard Element ![icon] 를 이용하여 오른쪽 영역을 점선으로 만들어줍니다.

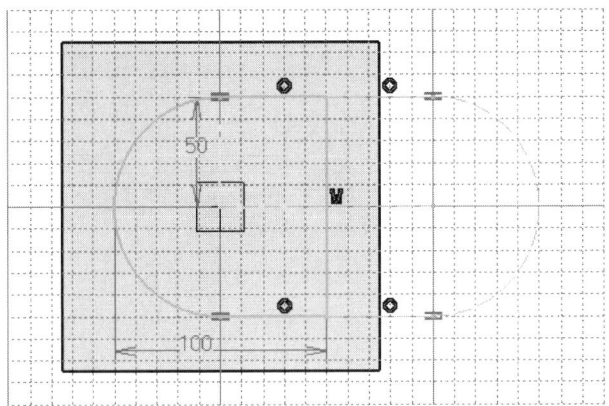

08. 3차원 공간으로 나온 후 Pad ![icon] 를 이용하여 Length에 160mm를 입력한 후 More 버튼을 클릭합니다.

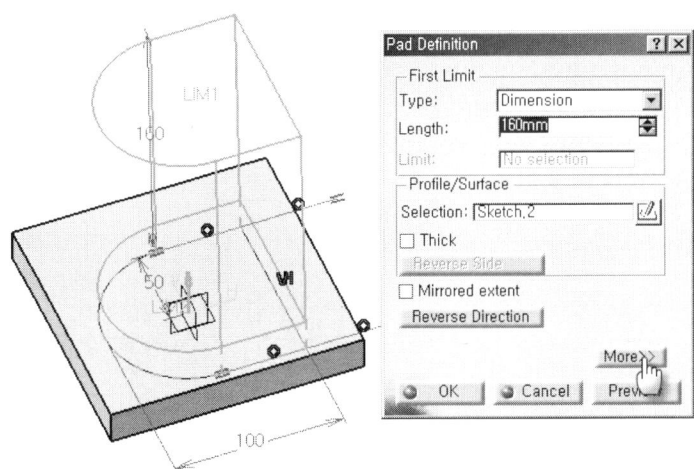

09. 창이 확장되면 왼쪽 창의 Thick를 클릭해준 후 안쪽으로의 두께 15mm를 오른쪽 창 아래쪽 Thickness1에 입력해줍니다.

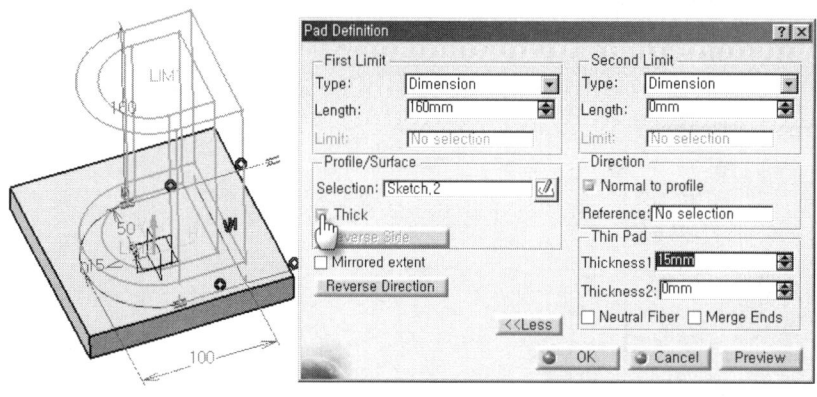

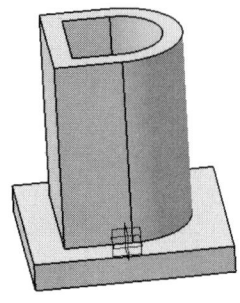

10. 다음으로 ZX스케치 평면으로 들어갑니다. 평면을 만들기 위해 Line 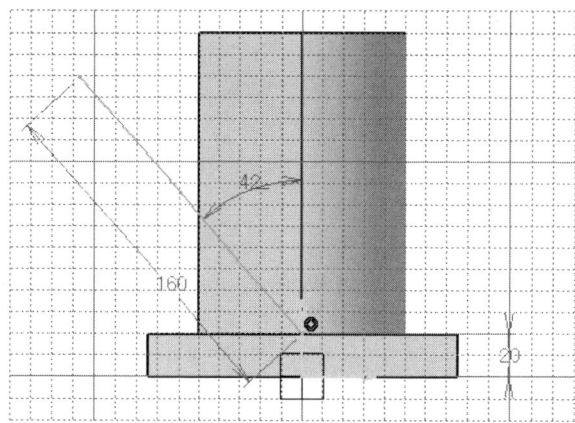 으로 다음과 같이 기초가 되는 선을 그어줍니다.

11. 3차원 공간으로 나와 Plane 을 실행합니다. Normal to Curve type을 선택한 후 방금 그린 직선을 클릭한 후, 원점이 될 직선의 끝점을 클릭해줍니다.

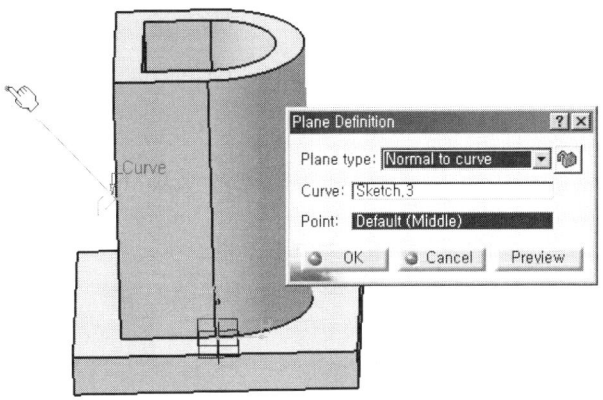

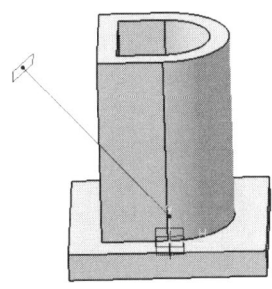

12. Positioned Sketch 를 이용하여 방금 그린 평면으로 들어온 후 원점을 중심으로 한 지름 55mm의 원을 그립니다.

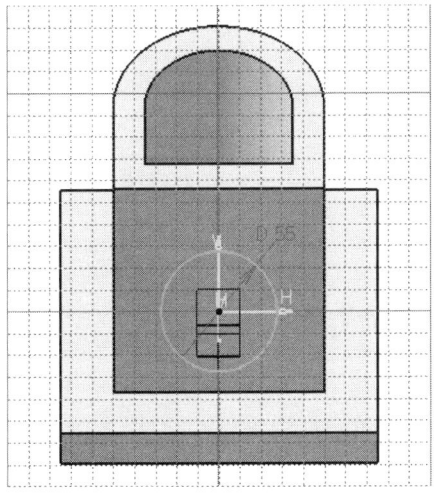

13. 3차원 공간으로 나온 후 Pad 를 실행시킵니다. 이 때 Up to Next type을 선택하여 다음 Solid 면까지 자연스럽게 Solid가 만들어지도록 합니다.

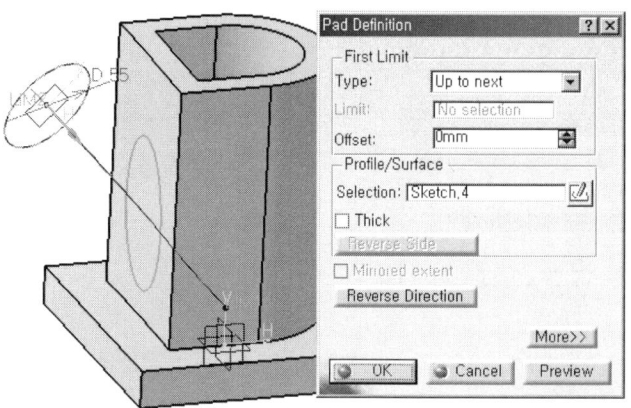

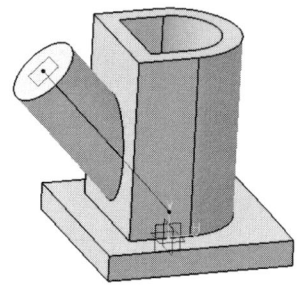

14. Positioned Sketch 를 이용해서 다시 새로 만든 평면으로 들어간 뒤 원점을 중심으로 한 지름 70mm의 원을 그립니다.

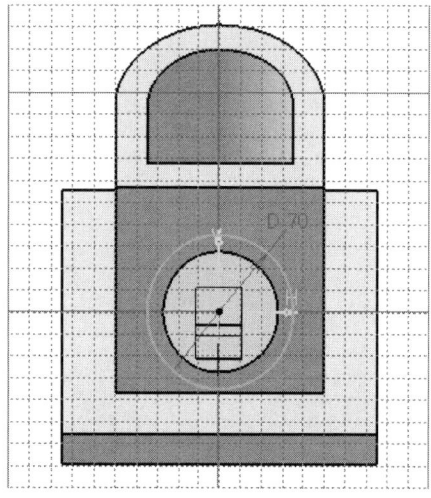

15. 3차원 공간으로 나간 후 Pad 를 이용하여 10mm만큼 Solid를 만들어줍니다. 이 때 평면이 형상의 끝이므로 안쪽방향으로 잡아줍니다.

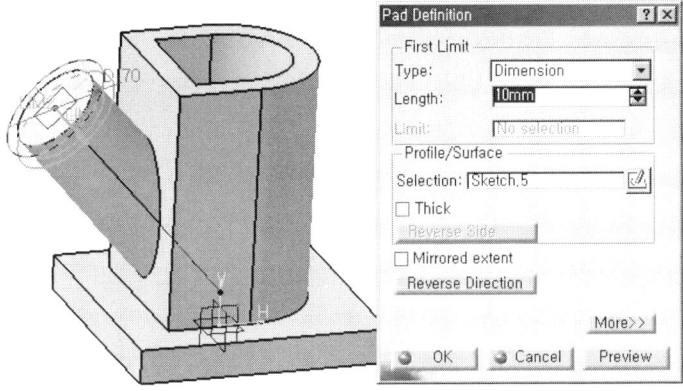

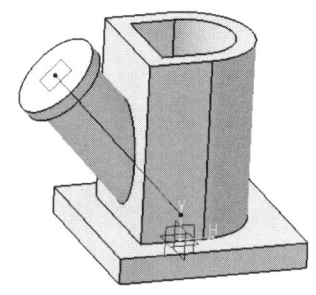

16. Positioned Sketch 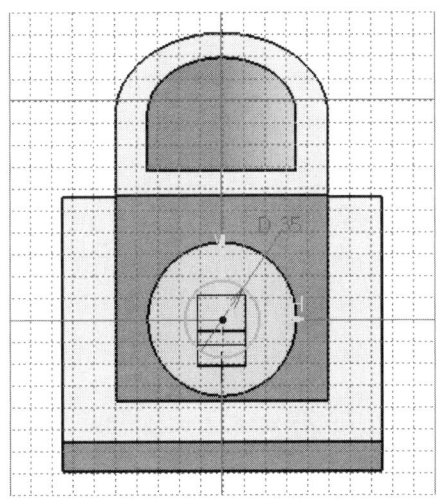로 새로 만든 평면의 스케치로 들어가 원점을 중심으로 하는 지름 35mm의 원을 그립니다.

17. 3차원 공간으로 나온 후 Pocket 을 실행하여 Up to Next type을 이용하여 다음 Solid 면까지의 Profile대로 형상을 제거해줍니다.

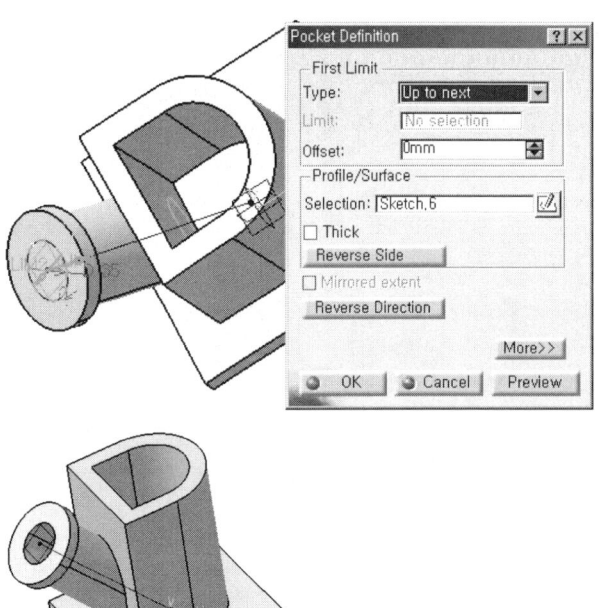

18. XY 평면으로 들어간 뒤 원점을 중심으로 한 40mm의 원을 그린 다음, 3차원 공간으로 나와 Pocket 의 Up to Next type을 사용하여 밑판을 뚫어줍니다.

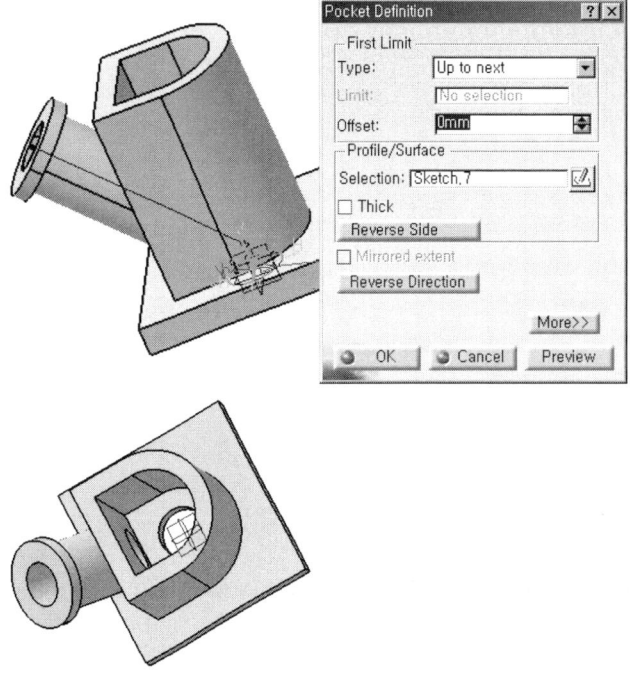

19. 다시 XY 평면으로 들어가 원점을 중심으로 지름 65mm의 원을 그린다음, 3차원 공간에서 Pocket 을 실행시켜 밑면으로부터 5mm만큼 뚫어줍니다.

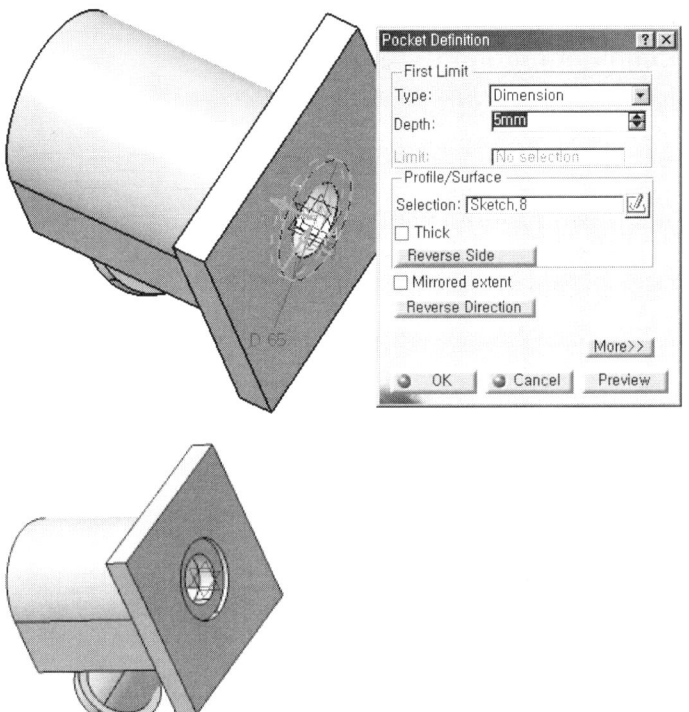

20. Edge Fillet 으로 정사각형 판의 네 모서리를 반지름 10mm로 라운드 처리해줍니다.

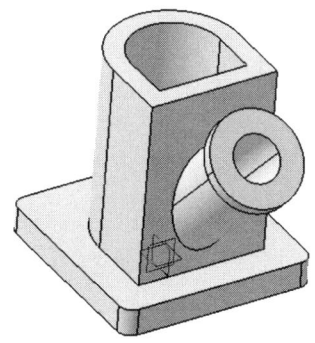

21. XY 스케치평면에 지름 10mm의 원을 그린 다음, 방금 Fillet해준 반지름 10mm의 호와 동시에 선택한 후 Constraints Defined in Dialog Box 를 실행하여 호와 원의 중심을 일치하도록 하는 Concentricity를 체크해줍니다.

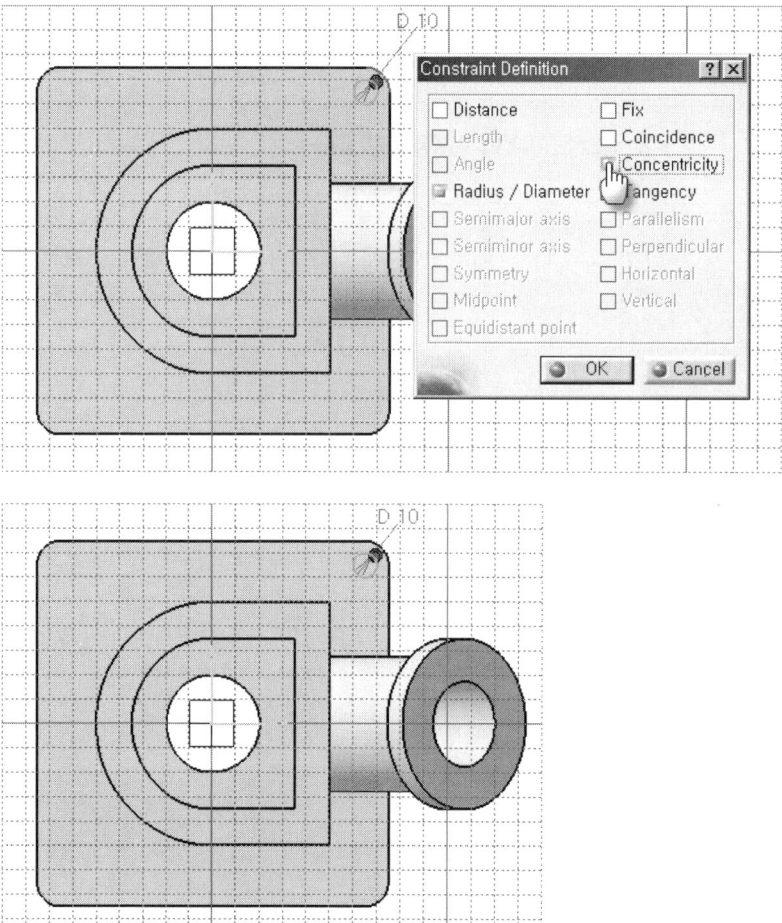

22. Mirror 를 이용하여 지름10mm 원을 H축, V축에 대해 각각 대칭시킵니다.

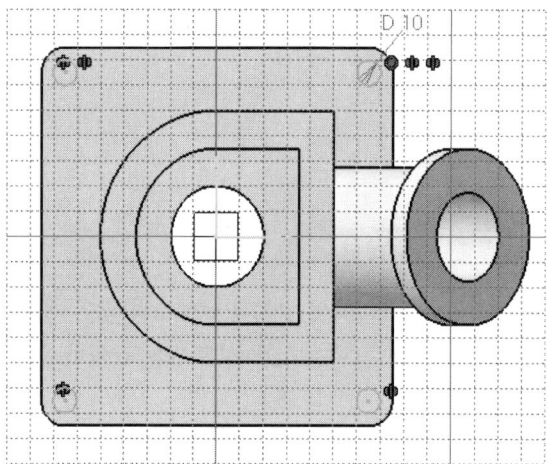

23. 3차원 공간으로 나간 후 Pocket 의 Up to Next type으로 판의 윗면까지 뚫어줍니다.

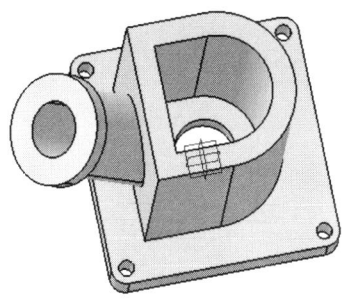

24. Tritangent Fillet 을 실행합니다. 이 명령은 3개의 면에 대해 Tangent하게 Fillet을 시켜주는 명령입니다.

25. Tritangent Fillet Definition 창이 나타나면, 처음으로 Faces to fillet 창에는 라운드 처리할 면 양 옆면을 선택해줍니다.

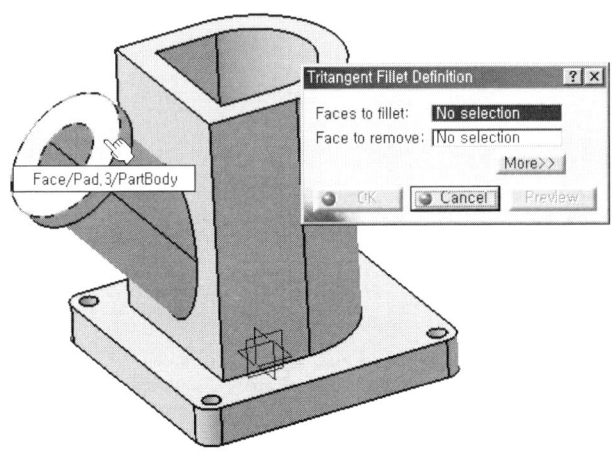

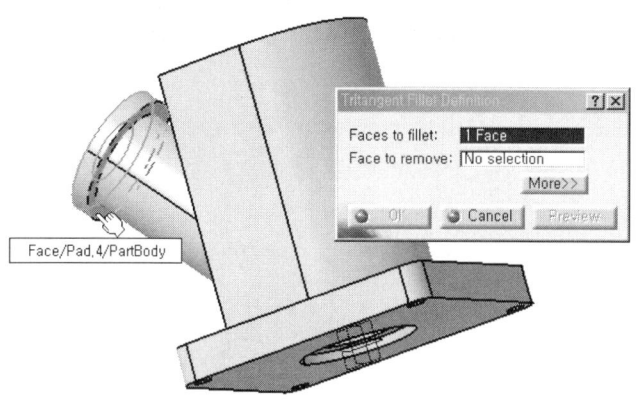

26. Face to remove창에는 Fillet이 생길, 방금 선택한 2 면의 가운데에 있는 면을 클릭해줍니다.

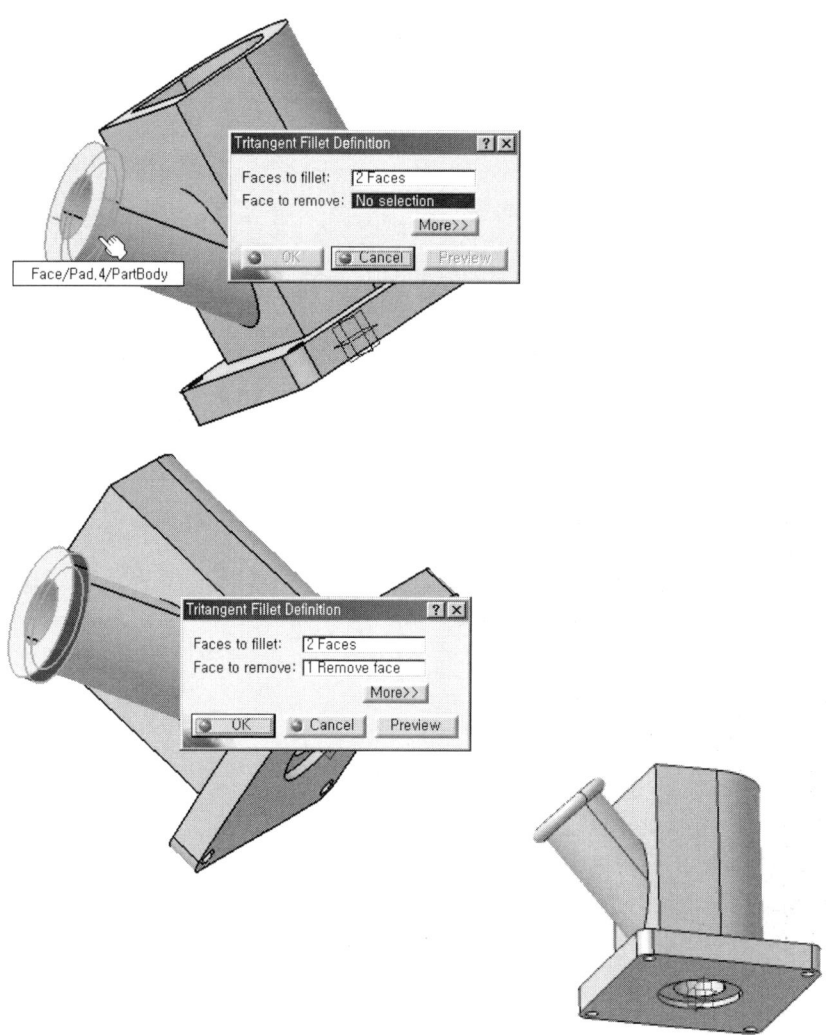

27. Edge Fillet 으로 반지름 25mm의 라운드 처리를 해줍니다.

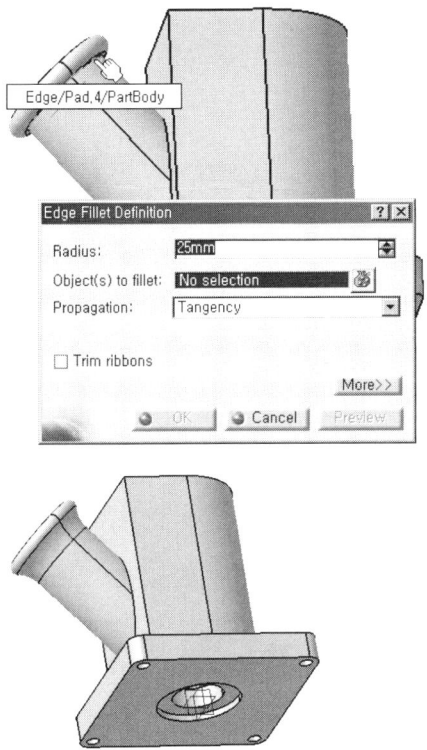

28. 완성된 형상은 다음과 같습니다.

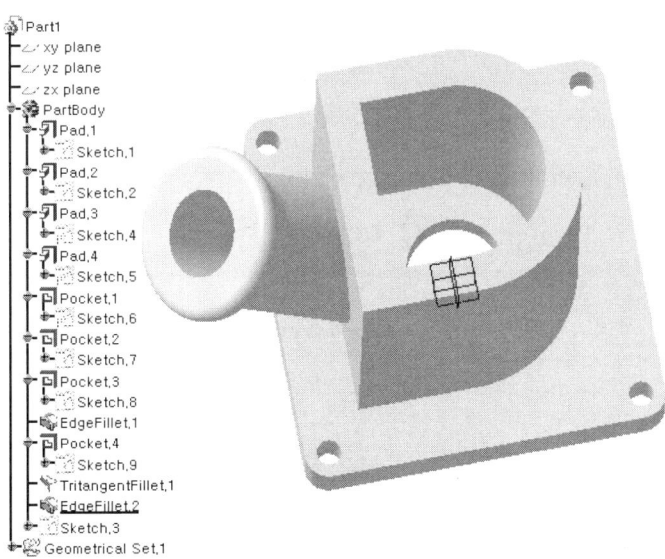

(7) Exercise 7 - Part Design 7

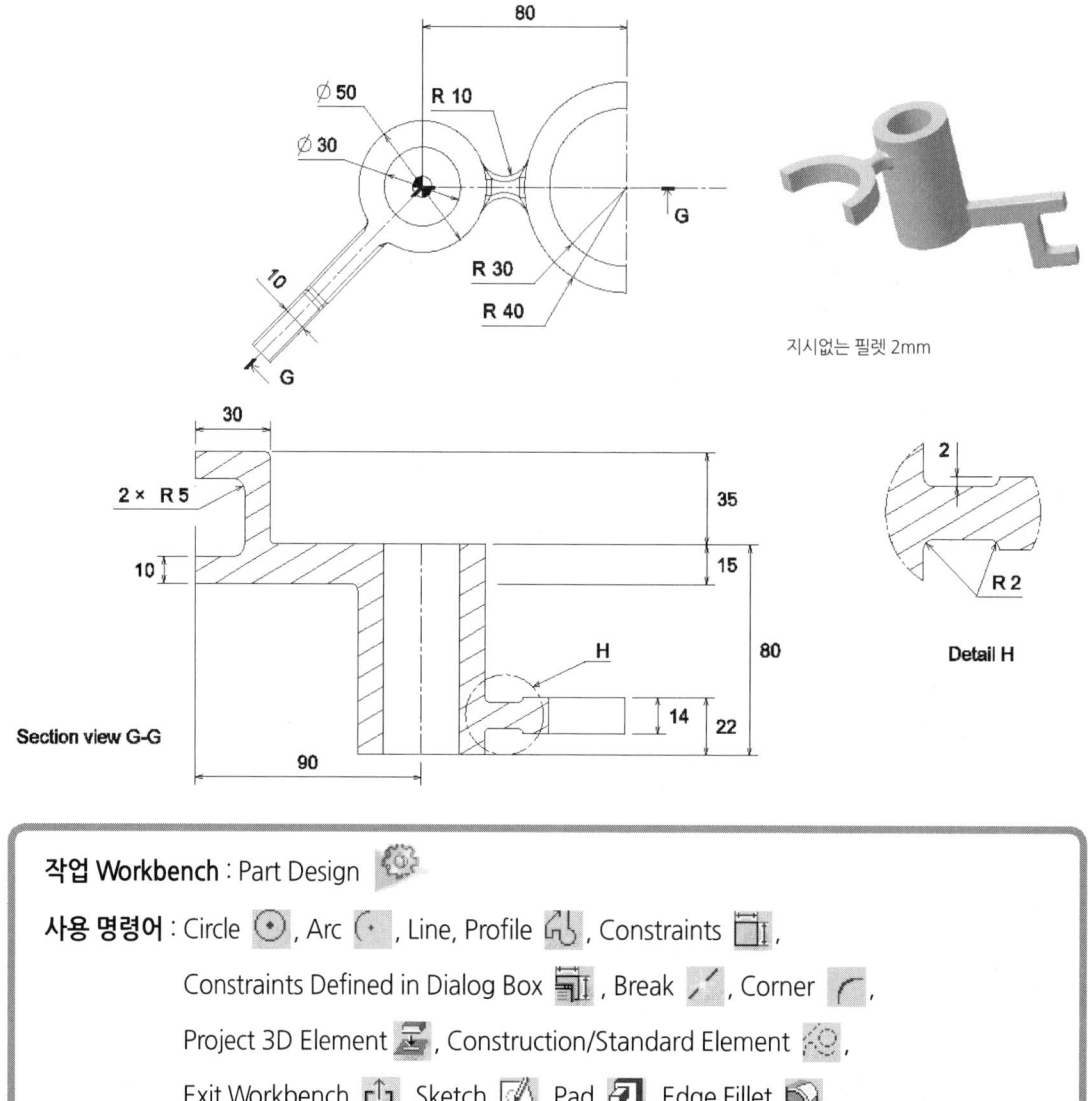

지시없는 필렛 2mm

작업 Workbench : Part Design

사용 명령어 : Circle , Arc , Line, Profile , Constraints ,
Constraints Defined in Dialog Box , Break , Corner ,
Project 3D Element , Construction/Standard Element ,
Exit Workbench , Sketch , Pad , Edge Fillet

01. CATIA를 실행시킨 뒤 프로그램이 실행되면 다음과 같이 Start ⇨ Mechanical Design ⇨ Part Design 을 선택합니다.

02. XY 평면으로 들어간 뒤 원점을 중점으로 하는 지름 30mm, 50mm의 원을 그립니다.

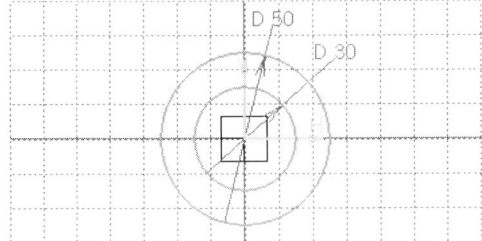

03. 3차원 평면으로 나온 후 Pad 로 80mm 만큼 Solid를 만들어줍니다.

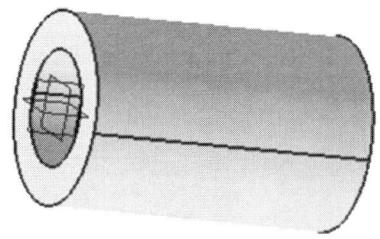

04. 다시 XY 평면으로 들어간 후 원점으로부터 80mm만큼 떨어진 곳에 중점을 두는 반지름 40mm의 반원을 그립니다.

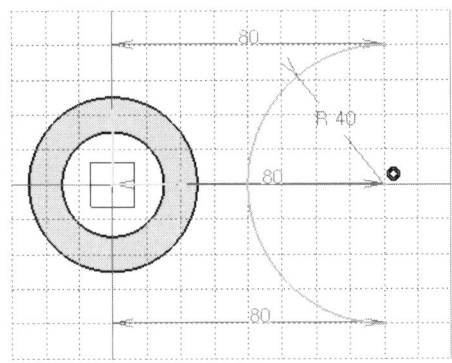

05. 3차원 공간으로 나와 스케치를 선택한 채로 Pad 를 실행시키면 다음과 같은 창이 나오는데, OK를 클릭해줍니다.

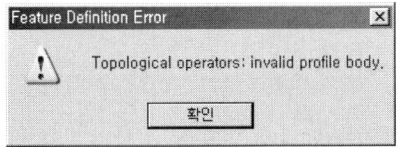

06. Pad Definition창이 나타나면 방향을 아래로 해준 후 Length에 22mm를 입력한 후 Thick를 체크합니다. 열린 Profile이므로 두께를 준 다음에야 Length에 입력한 길이만큼 Solid를 만들 수 있기 때문입니다.

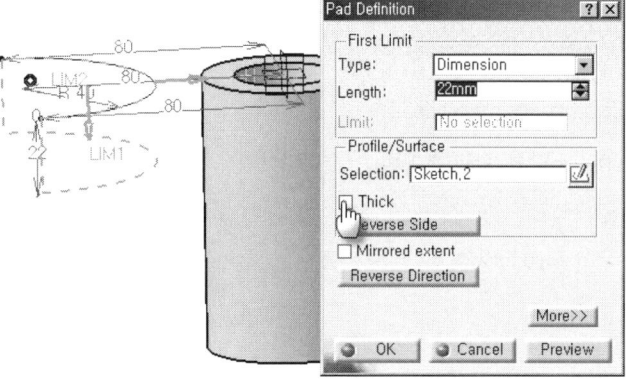

07. Thick를 체크하게 되면 옆쪽으로 창이 확대됩니다. Thickness1에 반지름 40mm와 30mm의 차이인 10mm를 입력해준 다음, Second Limit에 22mm중 필요 없는 8mm를 - 값으로 입력해줍니다.

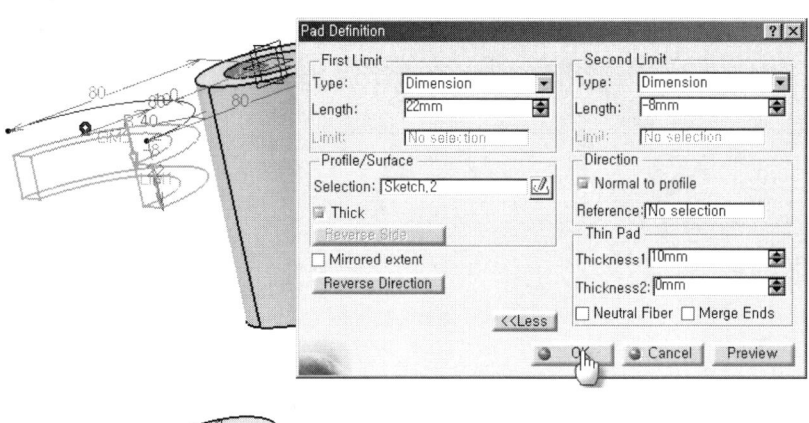

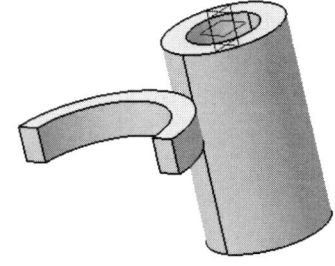

08. 다시 XY 평면으로 들어간 뒤 두 형상을 연결하는 형태의 스케치를 합니다. 먼저 두 형상의 바깥 원 (혹은 호)를 Project 3D Element 로 투영시킵니다.

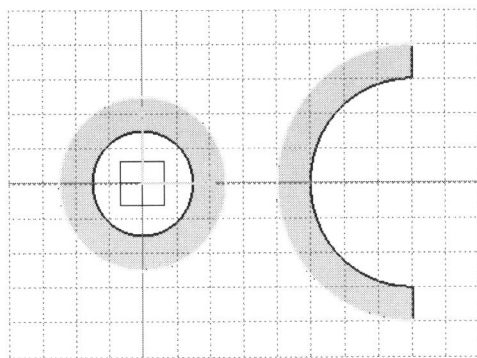

09. Corner ⌐의 No Trim type으로 두 곡선을 연결하는 반지름 10mm의 호를 그려줍니다.

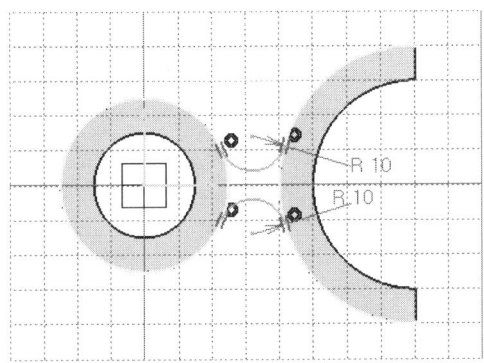

10. Break ✂를 이용해 Corner된 곳을 기준으로 끊어준 다음 Construction/Standard Element ⚙로 필요없는 부분을 점선으로 만들어줍니다.

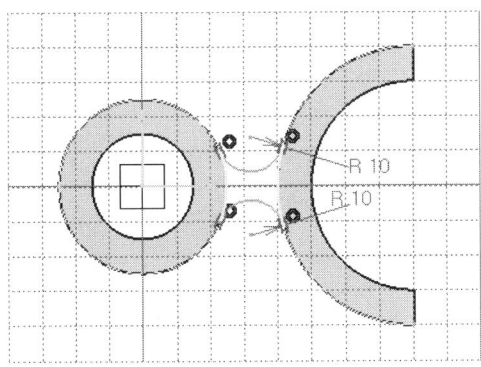

11. 3차원 공간으로 나간 뒤 아까와 마찬가지로 Pad ⬚를 실행시켜 Length1과 Length2를 입력해줍니다. 이 경우 반원고리형태의 Solid보다 위아래 각각 2mm씩 얇으므로 전체 20mm를 Pad시킨 다음 8mm에 2mm만큼 더해 10mm만큼의 -값을 Length2에 입력합니다.

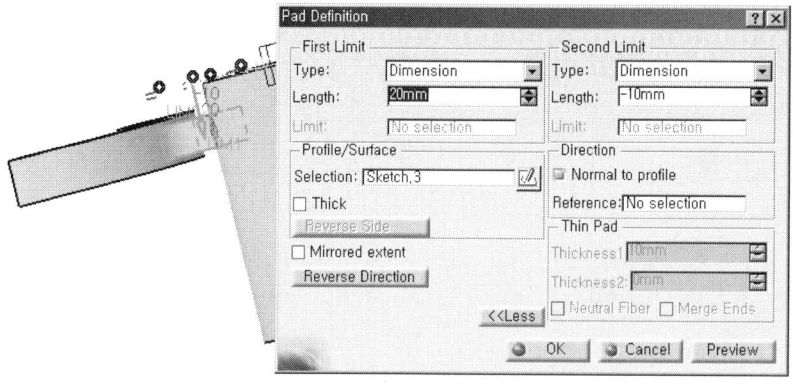

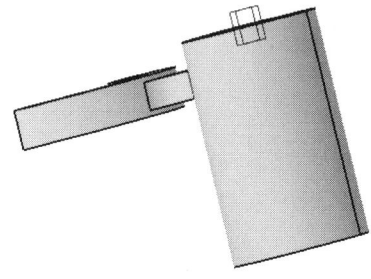

12. 다음으로 원통형상의 아랫면을 클릭한 후 Sketch 아이콘을 클릭합니다.

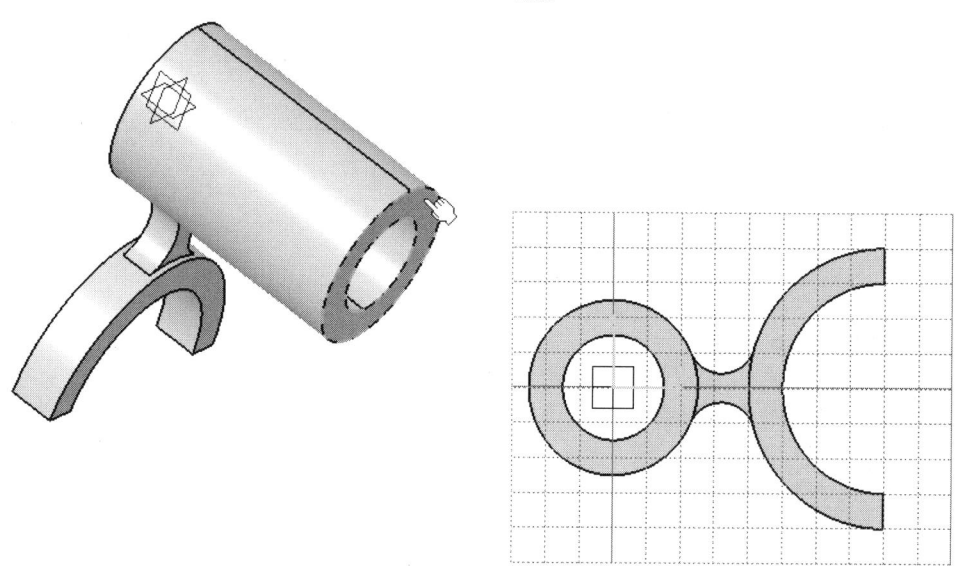

13. Line 으로 원점으로부터 시작하는 길이 60mm에 45°로 기울어진 직선을 그립니다.

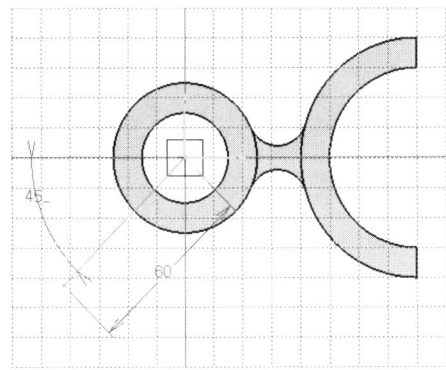

14. Break 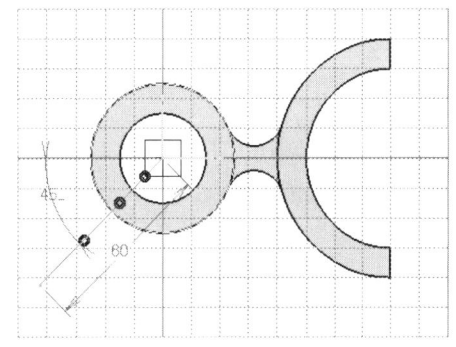 를 이용해 바깥 원을 기준으로 직선을 나눠 줍니다. 그 전에 Break 작업의 기준이 될 바깥 원 요소를 투영시킵니다. 그런 다음 Construction/Standard Element 로 필요없는 부분을 점선으로 만들어줍니다.

15. 3차원 공간으로 나온 후 Pad 를 실행시킵니다. Length에 15mm를 입력한 다음 역시 Open profile이므로 두께를 주는 Thick을 체크합니다. 이 때 Thickness1에 두께 10mm를 입력해주는데 Neutral Fiber를 체크하여 직선을 기준으로 한쪽으로 10mm의 두께가 생기는 것이 아닌 양 옆으로 5mm씩 두께를 주어 총 10mm가 되도록 합니다.

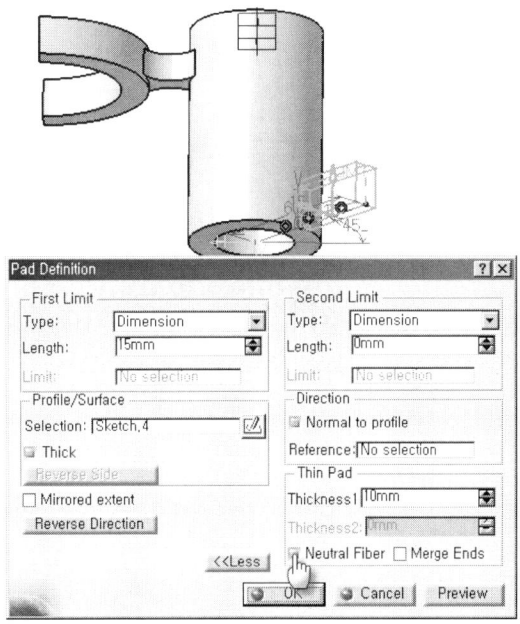

3. Part Design **281**

16. 방금 형성한 Solid의 한쪽 옆면을 클릭한 후 Sketch 아이콘을 누릅니다.

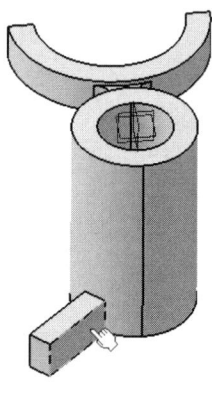

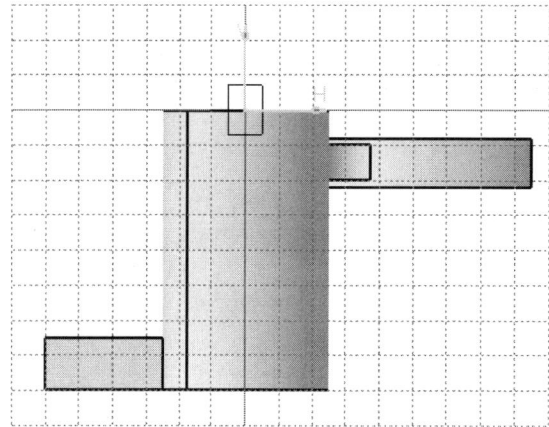

17. Profile 을 이용하여 아래와 같은 거꾸로 된 ㄷ자 형태를 스케치합니다. 이 때 Constraints Defined in Dialog Box 를 이용하여 스케치의 오른쪽 수직 변과 위쪽 수평변이 Solid 형상에 일치되도록 구속해줍니다.

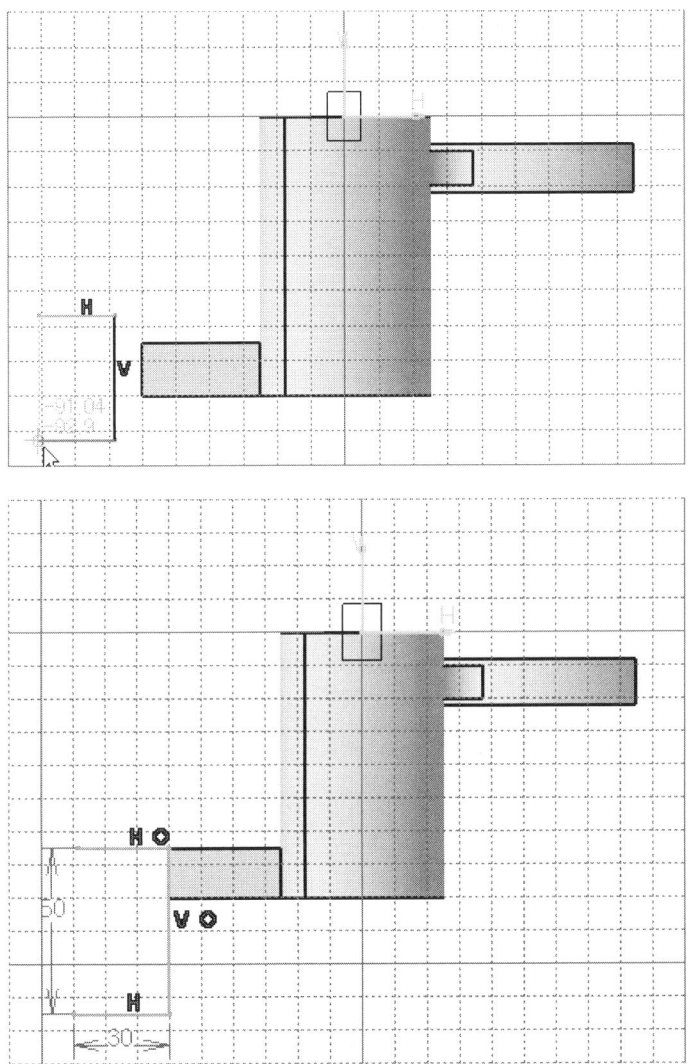

18. Pad 를 실행시킨 후, Length에는 10mm, Thickness1에도 10mm를 입력합니다. 이 때 Thickness1 은 안쪽방향의 두께생성을 의미합니다.

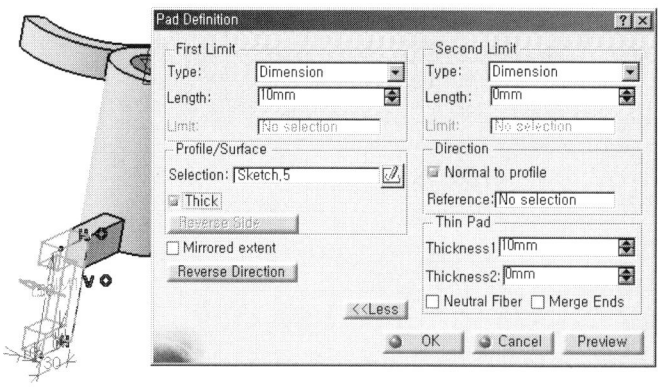

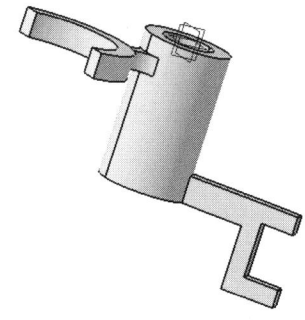

19. Edge Fillet 으로, 먼저 5mm의 라운드 처리를 해줍니다.

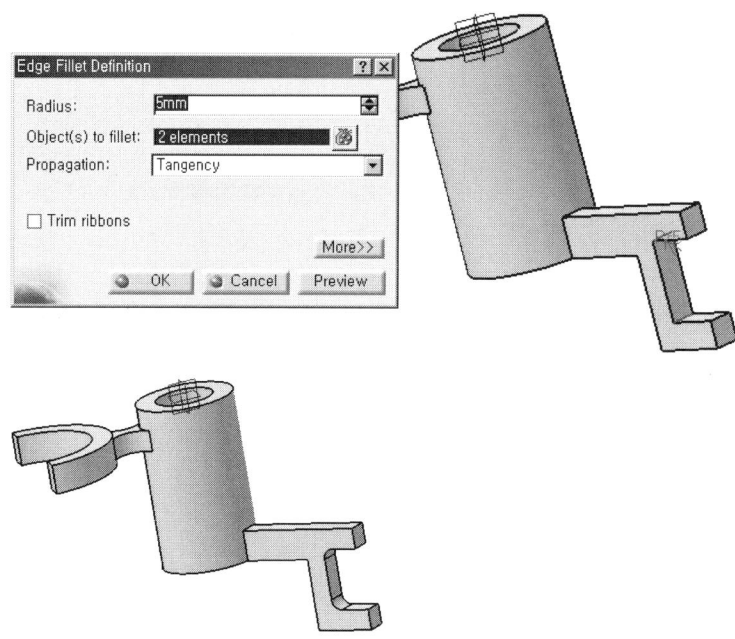

20. Edge Fillet 으로 2mm부분의 라운드 처리를 해줍니다.

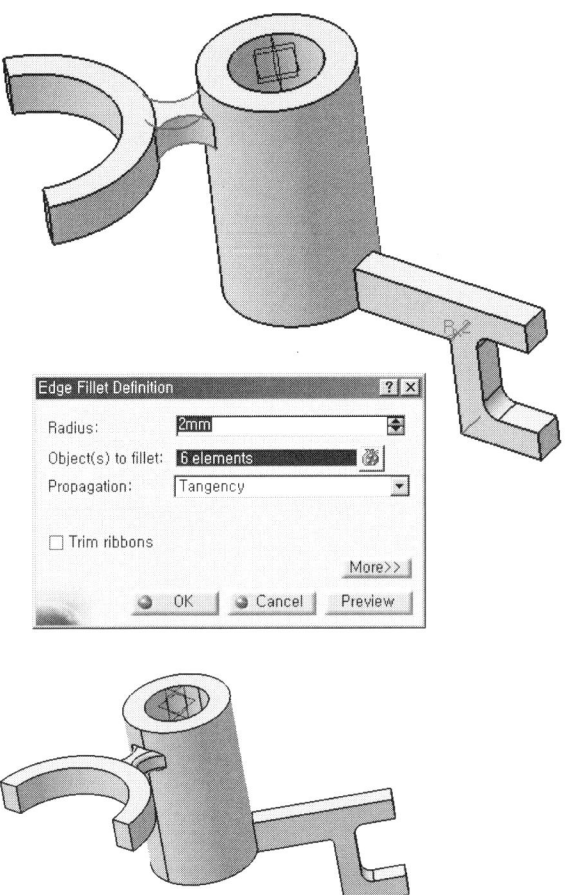

21. 1mm부분의 라운드 처리를 해줍니다.

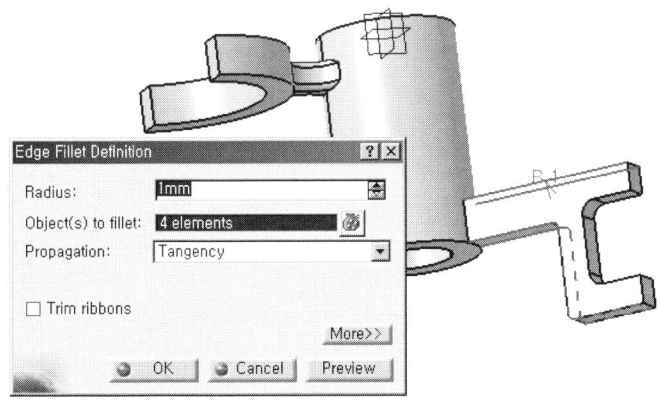

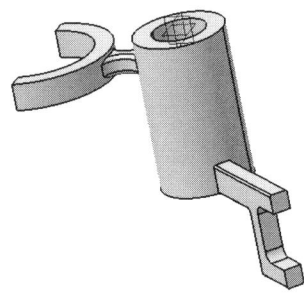

22. 마지막으로 3mm부분의 라운드 처리를 해줍니다.

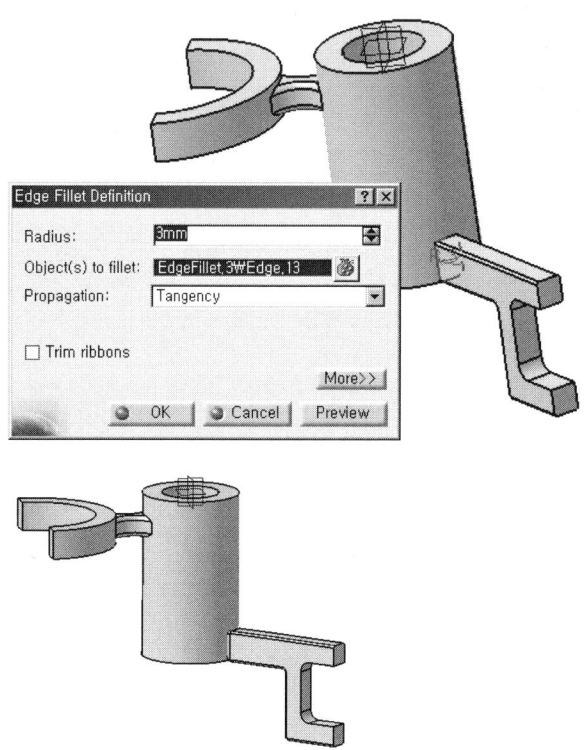

23. 완성된 형상은 다음과 같습니다.

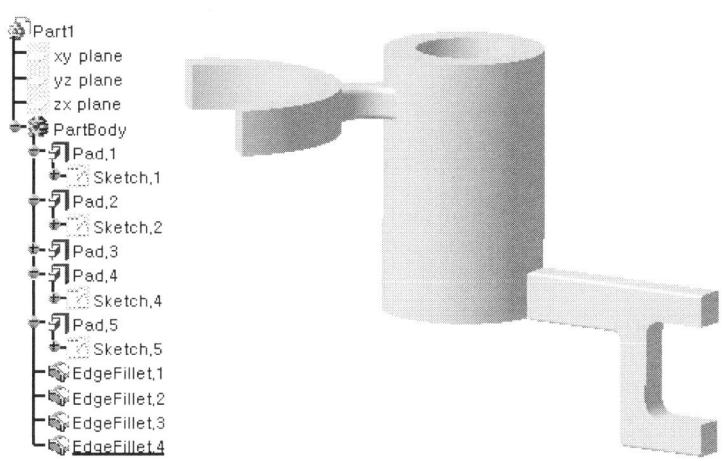

(8) Exercise 8 - Part Design 8

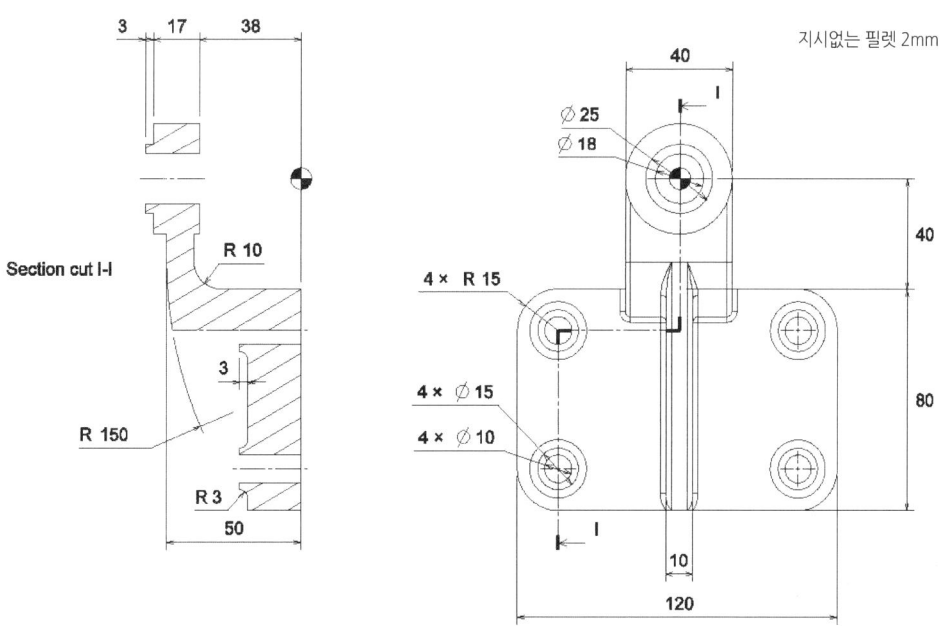

지시없는 필렛 2mm

작업 Workbench : Part Design

사용 명령어 : Rectangle , profile , Circle , Line , Constraints ,
Constraints Defined in Dialog Box , Mirror , Project 3D Element ,
Construction/Standard Element , Exit Workbench , Sketch ,
Positioned Sketch , Pad , Pocket , Stiffener , Edge Fillet

01. CATIA를 실행시킨 뒤 프로그램이 실행되면 다음과 같이 Start ⇨ Mechanical Design ⇨ Part Design 을 선택합니다.

02. XY 스케치 평면으로 들어간 뒤 Rectangle 을 이용하여 오른쪽 변이 V축과 일치하는 가로 80mm, 세로 120mm의 직사각형을 그립니다. 이 때 윗변과 아랫변을 Contextual Menu의 Allow Symmetry line을 이용하여 H축에 대해 대칭이 되도록 합니다.

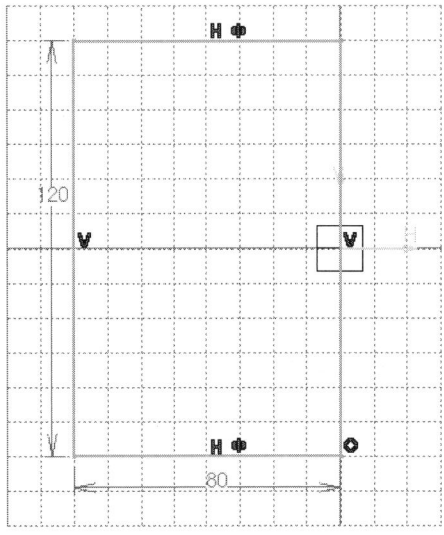

03. 3차원 공간으로 나와 Pad 를 이용해서 높이가 20mm가 되는 Solid를 만들어줍니다.

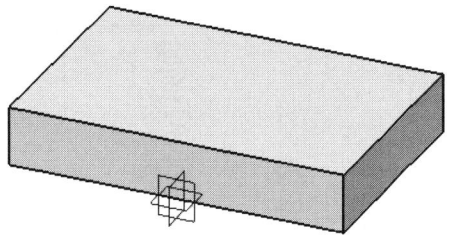

04. ZX 스케치 평면으로 들어간 뒤 profile 의 Line 과 Tangent Arc Type을 이용하여 원점으로부터 시작하는 다음과 같은 형상을 그립니다.

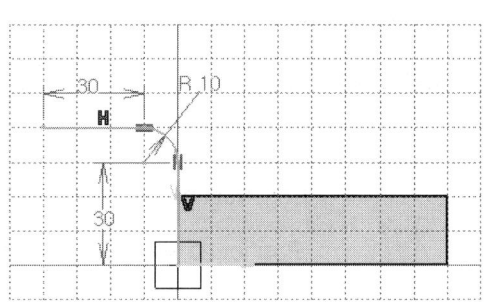

05. 3차원 평면으로 나온 후 Pad 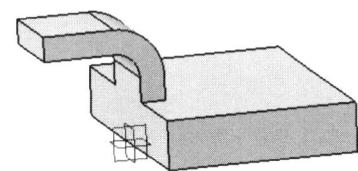를 실행시킵니다. 이 때 Open profile이므로 Thick을 체크하는데, 이 경우 Profile의 바깥방향으로 두께가 생겨야 하므로 Thickness2에 두께 10mm를 입력합니다. 그런 다음 Solid를 만들만큼 Length 20mm를 입력하고, 양쪽으로 Pad 되기 위해 Mirrored extent를 체크해줍니다.

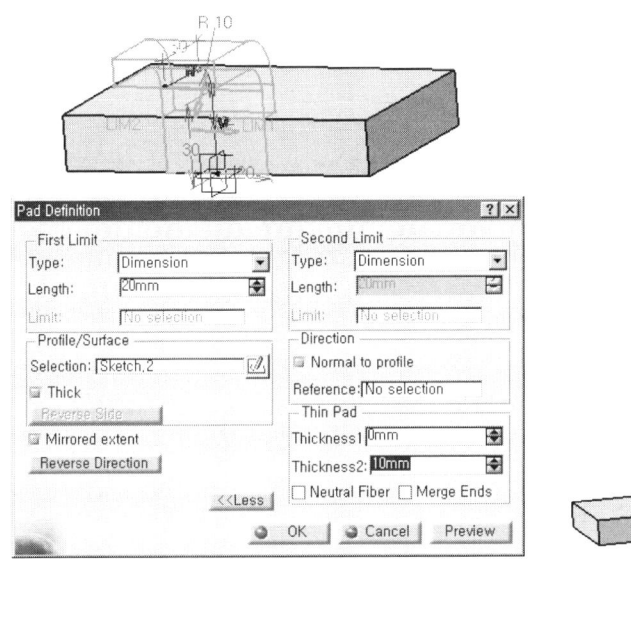

06. ZX 스케치 평면으로 들어가 Project 3D Element 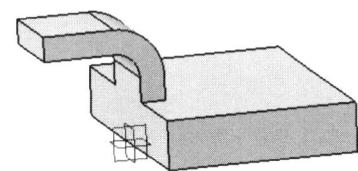로 한 개의 점과 한 개의 변을 투영시킵니다.

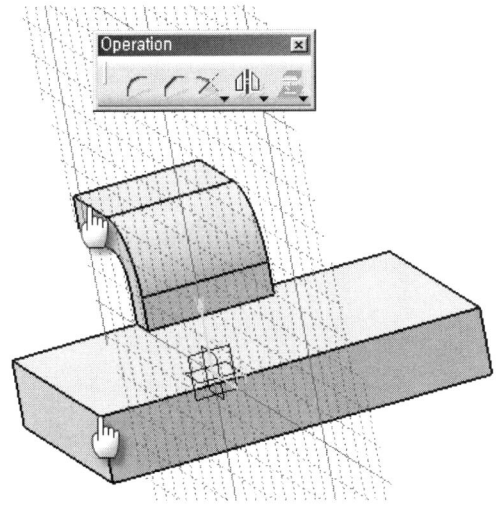

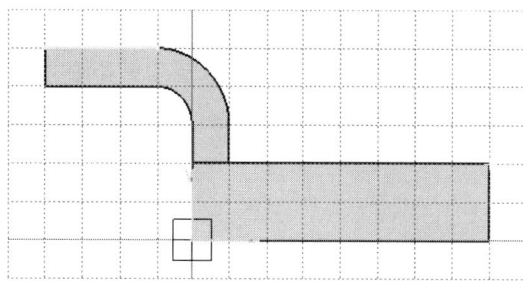

07. Profile ![icon]을 이용하여 투영된 변의 왼쪽 끝점에서부터 시작하여 Solid의 곡선이 생기는 부분부터 Tangent Arc type을 이용하여 오른쪽 끝은 투영시킨 점과 일치하도록 합니다.

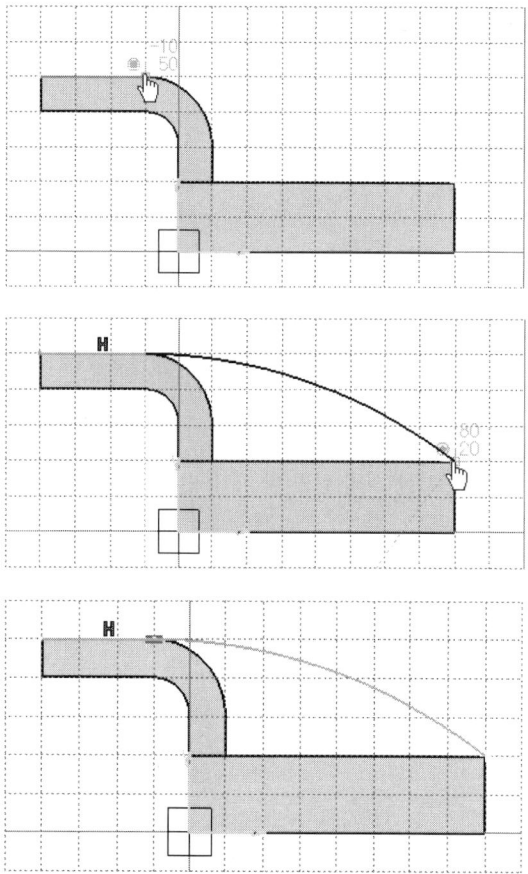

08. 그런 다음 Construction/Standard Element ![icon]로 왼쪽의 수평선 부분의 투영된 변, 새로 그린 변 둘 다 점선으로 만듭니다.

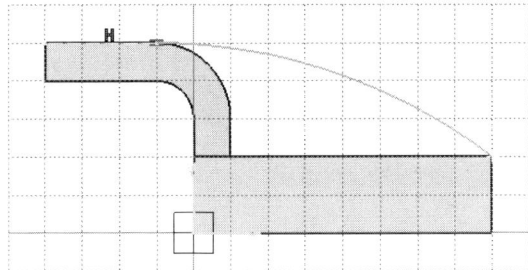

09. 3차원 공간으로 나간 후 Stiffener 를 실행시킵니다.

10. Stiffener Definition 창이 나타나면 스케치를 선택해준 후 두께 Thickness1에 10mm를 입력해줍니다. 이 때 체크되어 있는 Neutral Fiber는 스케치를 기준으로 양 옆 5mm씩 나누어 보강재를 만들어줍니다.

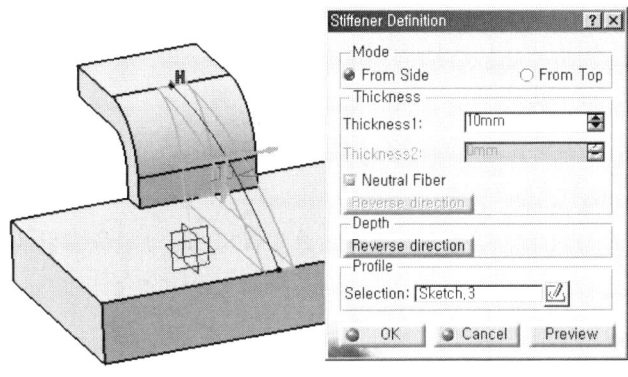

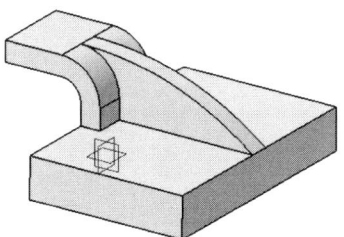

11. Positioned Sketch 를 실행시킵니다. 기준면이 될 Reference는 다음 그림과 같은 면을 선택한 후 원점을 정의하기 위해 Middle point를 선택한 후 끝에 있는 변을 선택하면 이 변의 중심점이 원점이 됩니다.

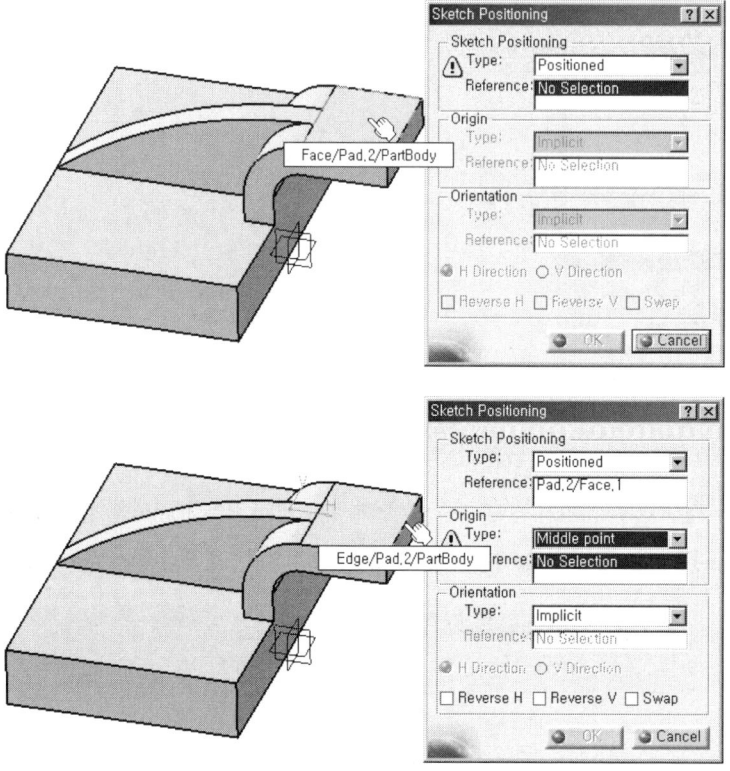

12. 새로 정의된 원점을 가진 스케치 평면에 들어오면 원점을 중심으로 한 지름 40mm의 원을 그립니다.

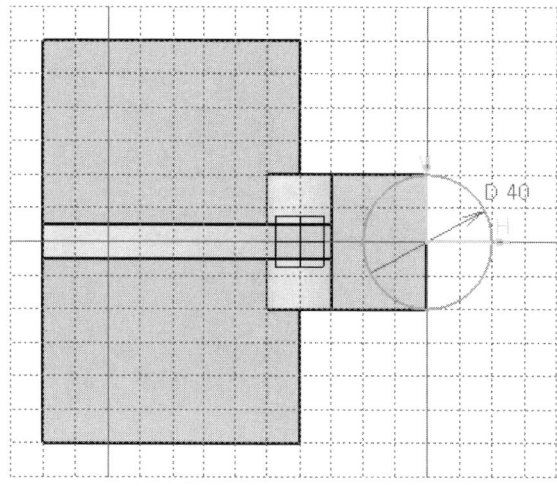

13. 3차원 공간으로 나와 Pad 를 실행시킨 뒤 우선 Length에 12mm를 입력한 다음 위쪽 방향으로 5mm를 더 만들기 위해 More를 클릭해줍니다. 창이 확장되면 Length2에 위쪽 방향으로의 길이 5mm를 입력해준 다음 OK를 클릭합니다.

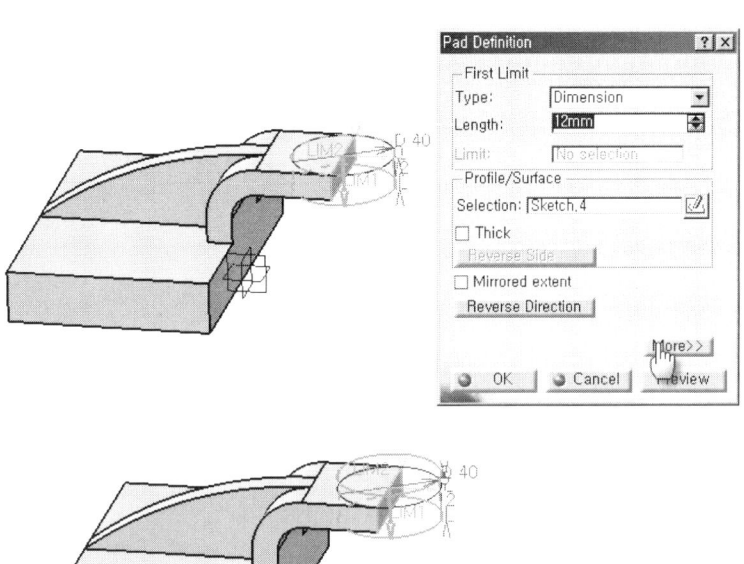

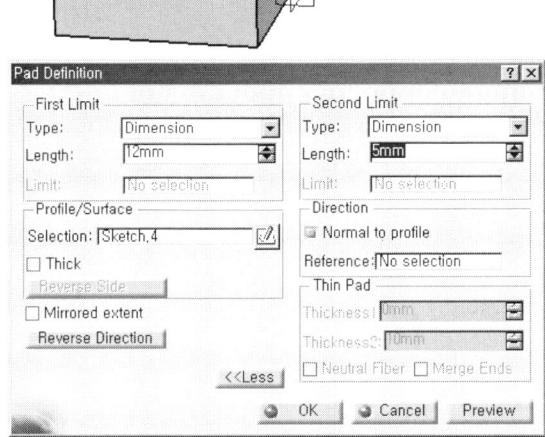

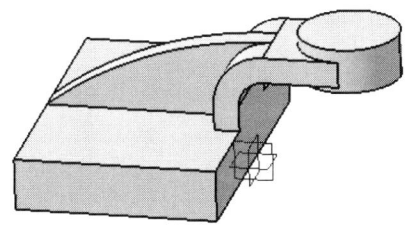

14. Positioned Sketch를 실행시킵니다. Reference에는 방금 만든 Solid의 윗부분 면을 선택하고, 원점을 정의하기 위해 Middle point type을 사용합니다. 이 때 윗면 원의 중점을 원점으로 정의하기 위해 Solid의 옆면을 클릭합니다. 옆면에 마우스를 이동하였을 때 길게 생기는 점선은 Solid의 중심을 나타내줍니다.

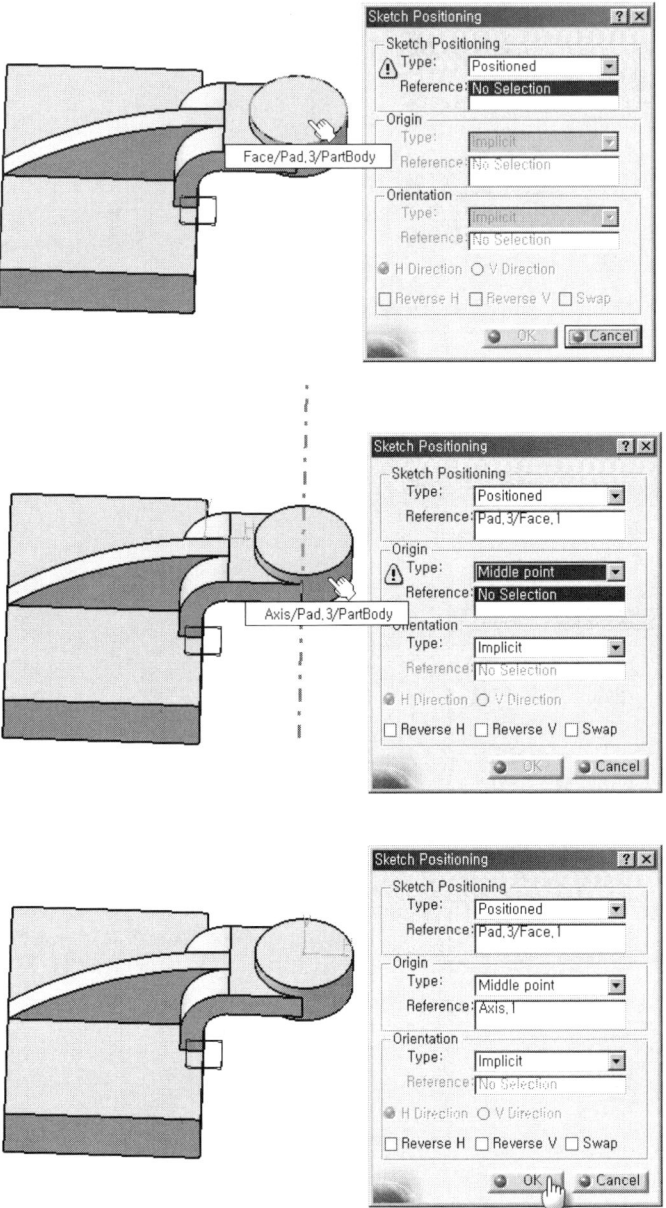

15. 원점을 중심으로 한 지름 25mm의 원을 그립니다.

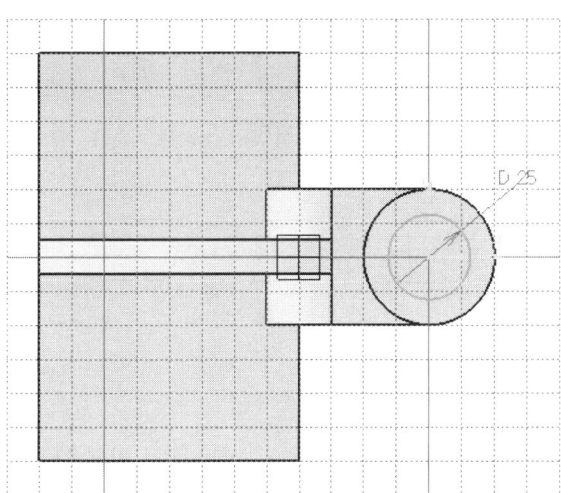

16. 3차원 공간으로 나간 뒤 Pad 를 이용해서 윗 방향으로 3mm 높이의 Solid를 만들어줍니다.

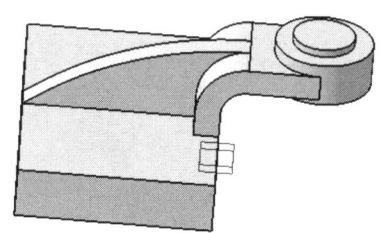

17. Positioned Sketch 를 이용하여 기준평면은 방금 만든 Solid의 윗면을 선택하고 원점은 앞 경우와 같은 방법으로 원의 중점을 선택하여 스케치 평면에 들어옵니다. 그런 다음 원점을 중심으로 하는 지름 18mm의 원을 그립니다.

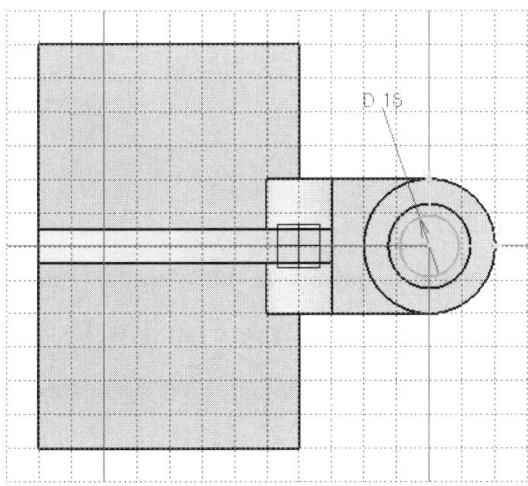

18. 3차원 공간으로 나가 Pocket 을 실행시킨 다음 Up to next type으로 다음 Solid면까지 Profile의 형상대로 제거해줍니다.

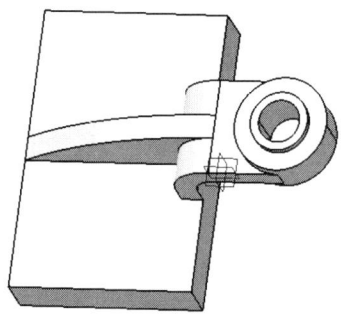

19. Edge Fillet 을 사용하여 직사각형 밑판의 네 모서리를 반지름 15mm로 라운드 처리해줍니다.

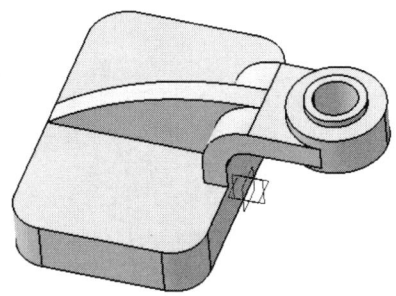

20. 직사각형 판의 윗면을 클릭한 후 Sketch 아이콘을 클릭합니다.

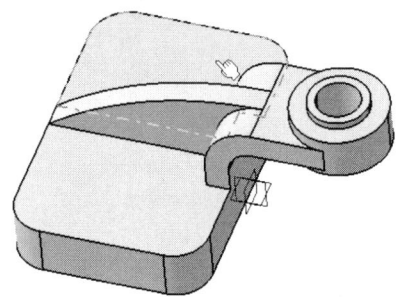

21. 지름 15mm의 원을 그린 후 원과 밑판의 Corner부분을 동시에 선택한 후 Constraints Defined in Dialog Box 를 실행합니다. 원과 호의 중점을 일치하게 만드는 Concentricity를 체크한 후 OK를 클릭합니다.

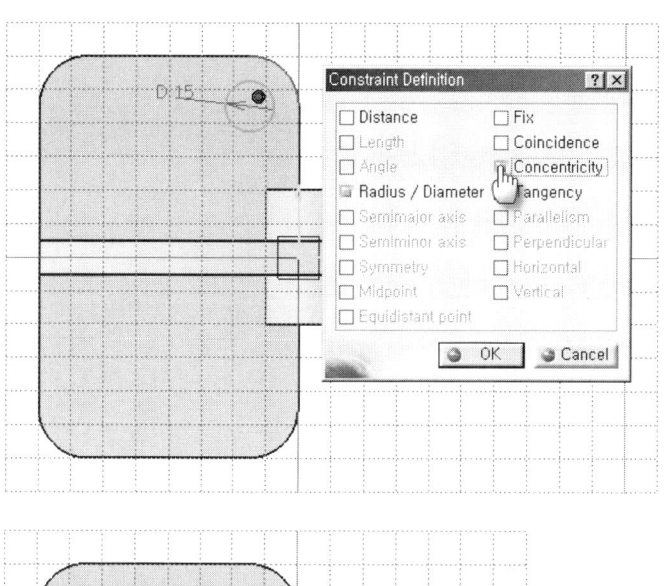

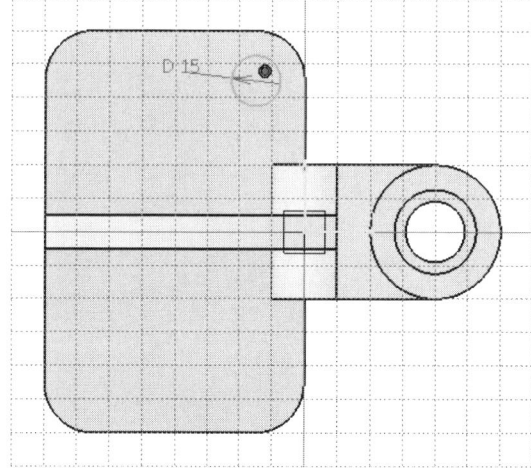

22. Line /과 Construction/Standard Element 을 이용해서 점선인 수직선을 만듭니다. 그런 다음 Solid의 양 옆 변과 수직선을 동시에 선택한 다음 Constraints Defined in Dialog Box 를 실행시켜 Symmetry를 체크해줍니다.

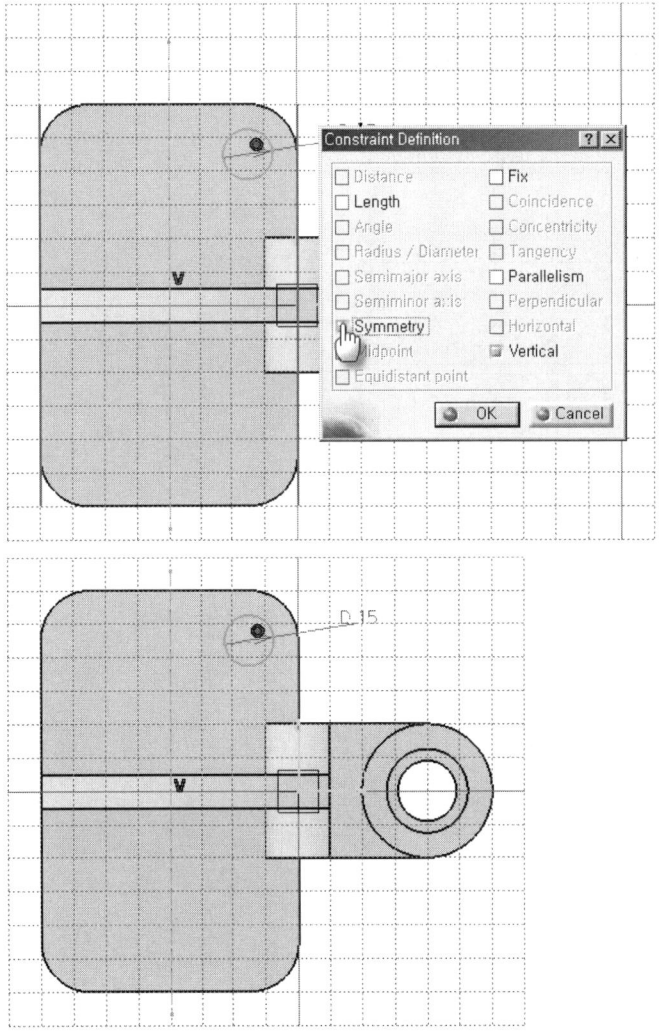

23. Mirror 를 이용하여 H축, 새로 만든 수직선에 대해 각각 대칭시킵니다.

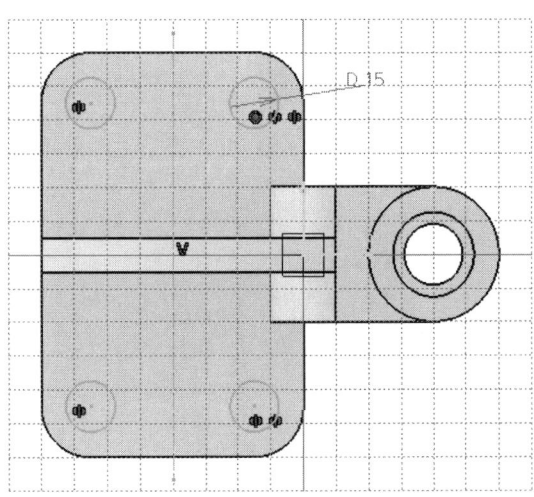

24. Pad ⬚ 를 이용해서 위쪽 방향으로 3mm만큼 Solid를 만들어줍니다.

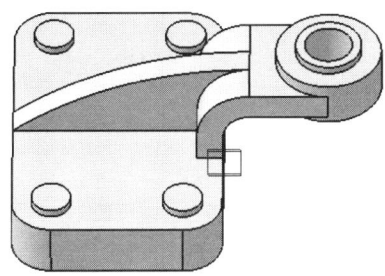

25. 방금 만든 Solid의 윗면을 선택한 후 Sketch ⬚ 아이콘을 클릭합니다.

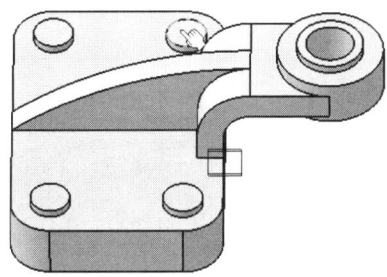

26. 지름 10mm의 원을 그린 다음 지름 15mm의 원과 중심이 일치되게 한 뒤, 앞의 방법과 마찬가지로 수직선을 그리고 구속한 다음 H축, 수직선에 대해 대칭시켜줍니다.

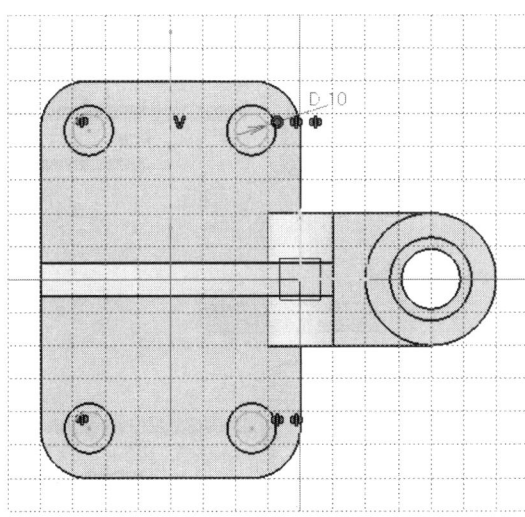

27. 3차원 공간으로 나간 후 Pocket ⬚ 의 Up to Next type으로 작업해줍니다.

3. Part Design **299**

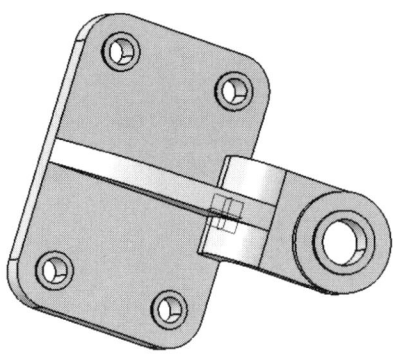

28. Edge Fillet 을 실행시켜 아래 그림과 같이 4개의 요소를 선택한 다음 3mm로 Fillet시킵니다.

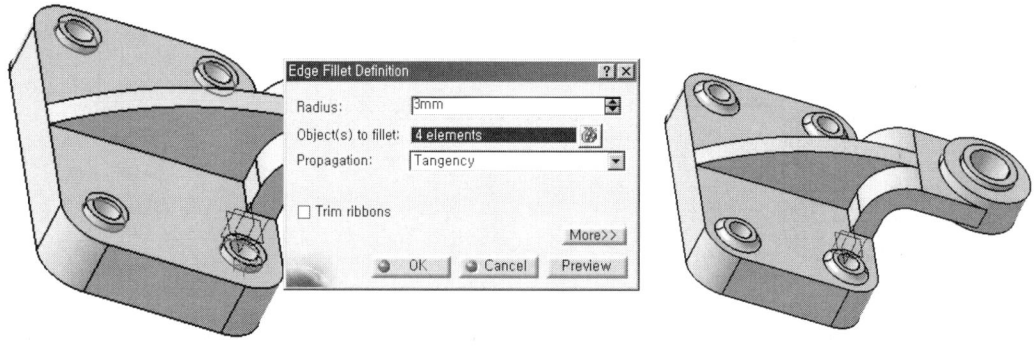

29. 아래 그림들과 같은 순서대로 2mm로 Fillet 해줍니다.

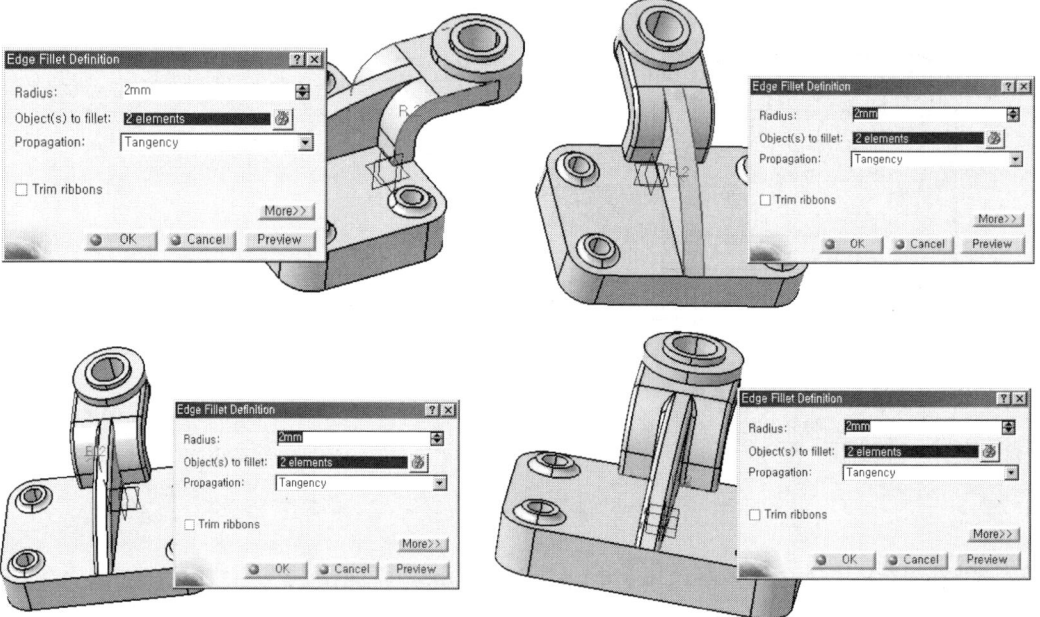

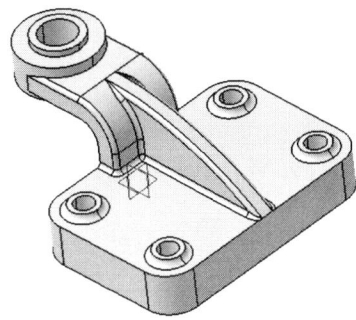

30. 완성된 형상은 다음과 같습니다.

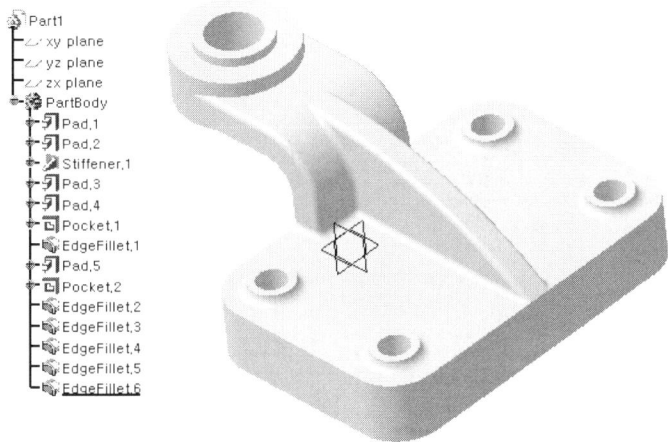

(9) Exercise 9 - Part Desing 9

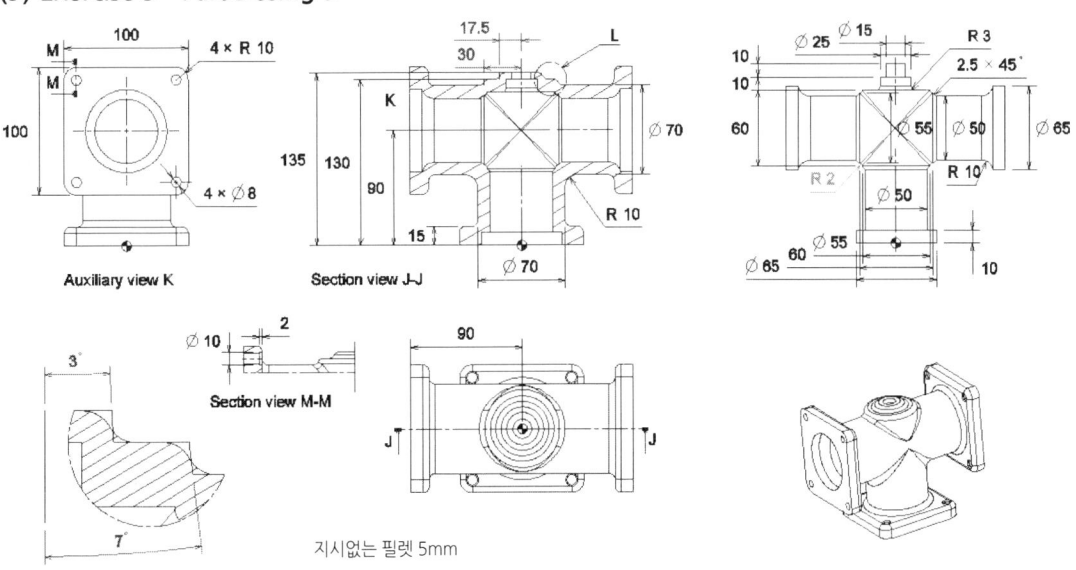

지시없는 필렛 5mm

작업 Workbench : Part Design
사용 명령어 : Centered Rectangle , Circle , Constraints ,
Constraint Defined in Dialog Box , Mirror , Exit Workbench ,
Sketch , Positioned Sketch , Pad , Pocket , Mirror ,
Edge Fillet , Draft , Chamfer

01. CATIA를 실행시킨 뒤 프로그램이 실행되면 다음과 같이 Start ➪ Mechanical Design ➪ Part Design 을 선택합니다.

02. 먼저 바깥쪽의 형상을 그리겠습니다. XY 스케치 평면으로 들어가서 Centered Rectangle 을 이용하여 원점을 중심으로 하는 가로 세로 100mm의 정사각형을 그립니다.

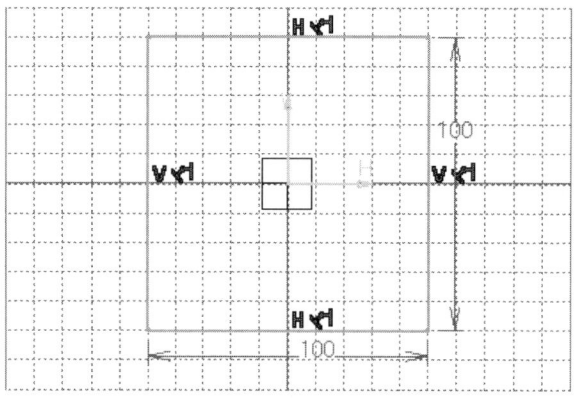

03. Pad 를 이용하여 15mm높이의 Solid를 만들어줍니다.

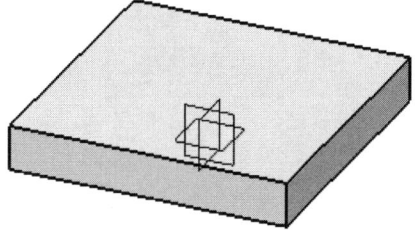

04. 정사각형 판의 윗면을 선택한 후 Sketch 아이콘을 클릭하여 스케치 평면으로 들어가서 원점을 중심으로 한 지름 70mm의 원을 그립니다.

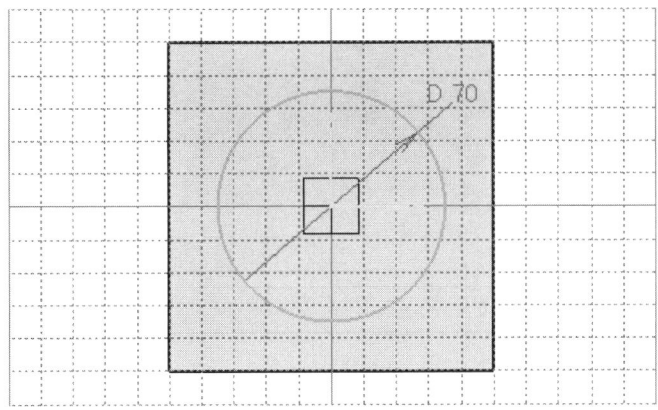

05. Pad ⬚를 이용하여 높이 75mm인 Solid를 만들어줍니다.

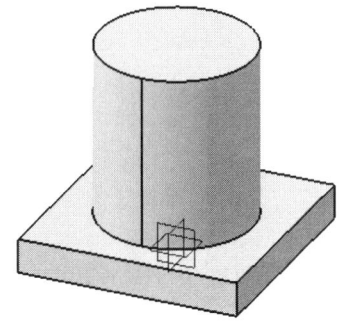

06. YZ 평면으로 들어간 후, 중점이 원점으로부터 90mm 위쪽에 있는 지름 70mm의 원을 그립니다.

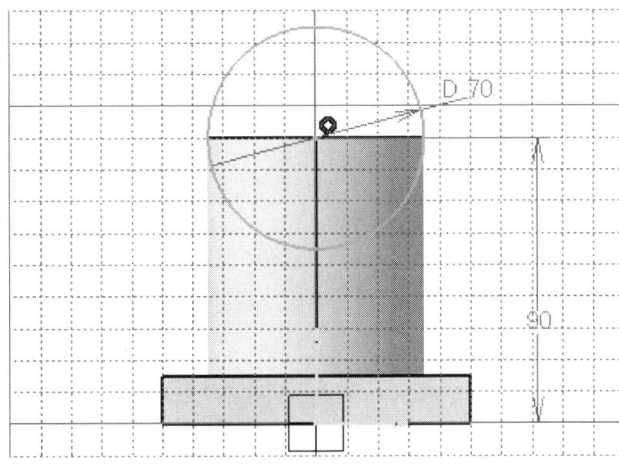

07. Pad ⬚를 실행시켜 Length에 75mm를 입력해준 후, 양쪽으로 Solid를 만들어주기 위해 Mirrored extent를 체크해줍니다.

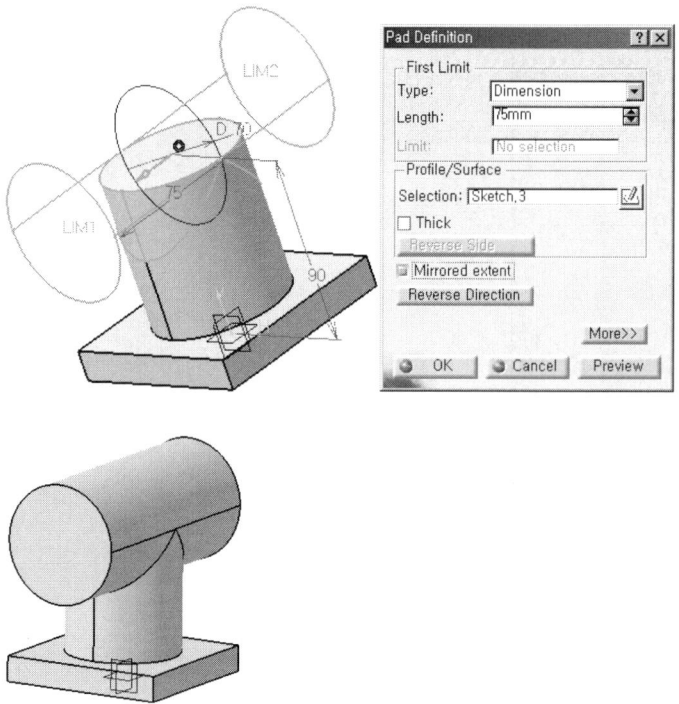

08. Positioned Sketch 를 실행시켜 방금 만든 Solid의 옆면을 기준으로, 원의 중심을 원점이 되도록 합니다.

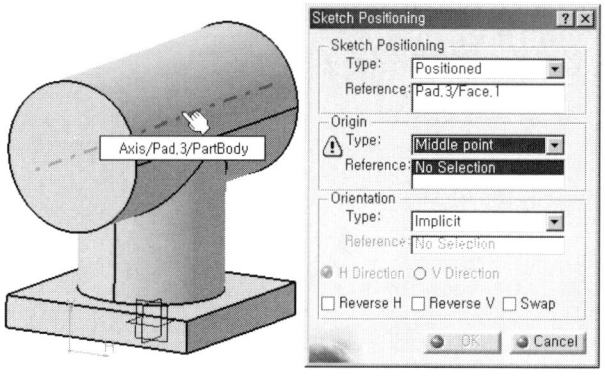

09. Centered Rectangle 을 이용하여 원점을 중점으로 한 가로 세로 100mm의 정사각형을 그립니다.

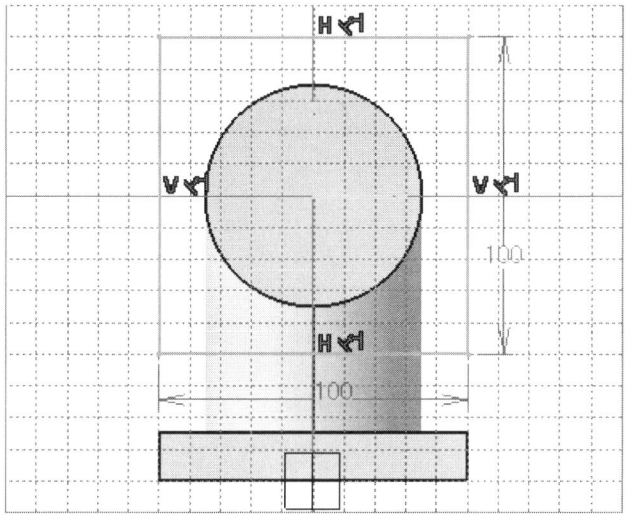

10. Pad 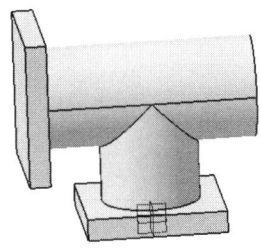를 이용하여 원통형 Solid의 바깥쪽으로 15mm만큼 Solid를 만들어줍니다.

11. 방금 만든 Solid를 Spec Tree에서 선택한 후 Mirror를 실행시킵니다. Mirror Definition창이 나타나면 대칭시킬 평면인 YZ 평면을 클릭한 후 OK를 선택해줍니다.

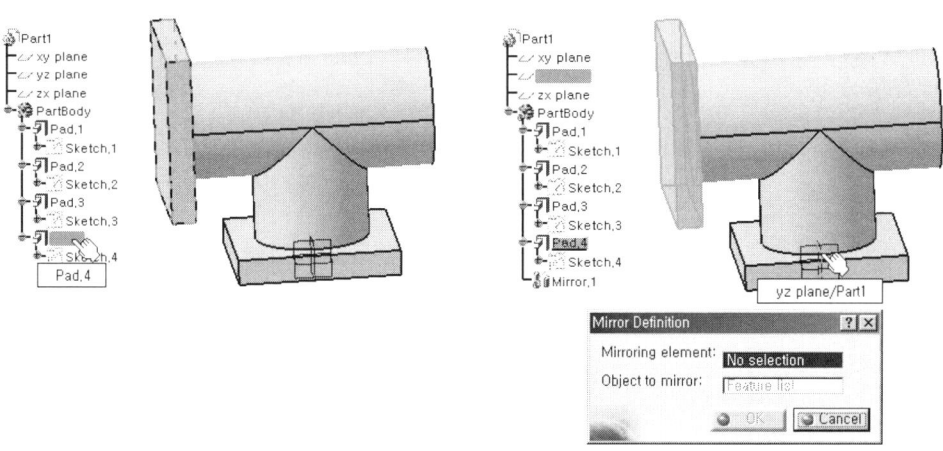

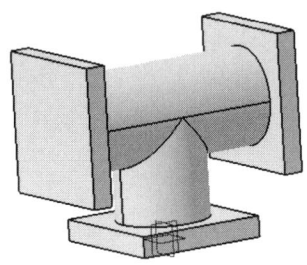

12. Edge Fillet 을 실행시켜 각 정사각형 판의 Solid의 모서리를 10mm로 Fillet해줍니다.

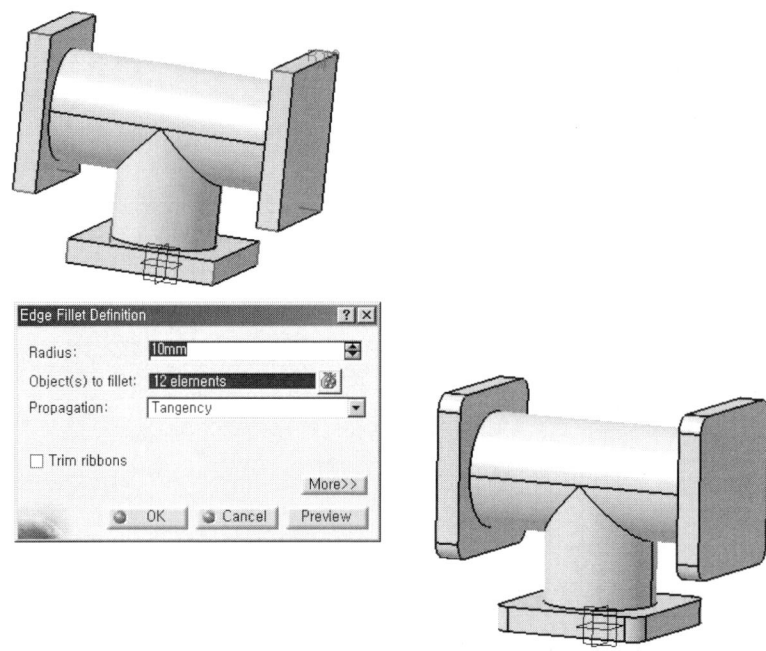

13. Edge Fillet 으로 다음 그림과 같이 3개의 요소를 5mm로 Fillet해줍니다.

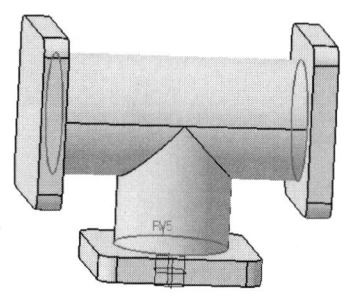
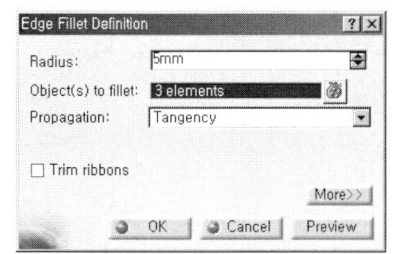

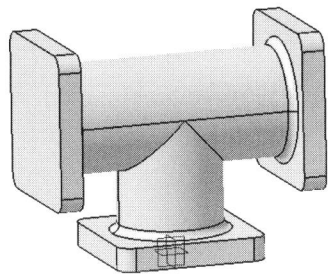

14. Positioned Sketch ![icon]를 실행시켜 옆쪽의 정사각형 판의 중점을 원점으로 하도록 합니다. 원점을 정의할 때는 앞의 경우와 같이 Middle point type을 선택하여 원통형의 옆면을 클릭합니다.

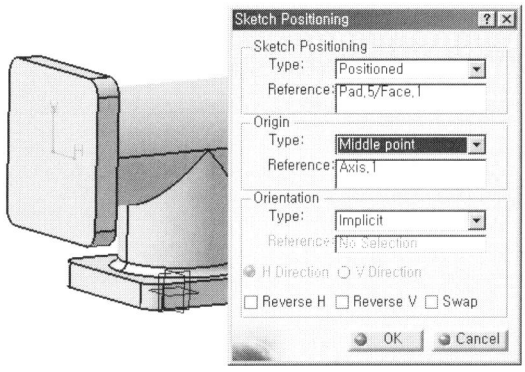

15. 지름 8mm의 원을 그린다음 원과 Fillet된 호를 동시에 선택한 후 Constraint Defined in Dialog Box ![icon]를 실행시켜 둘의 중심을 일치시키도록 하는 Concentricity를 체크해줍니다.

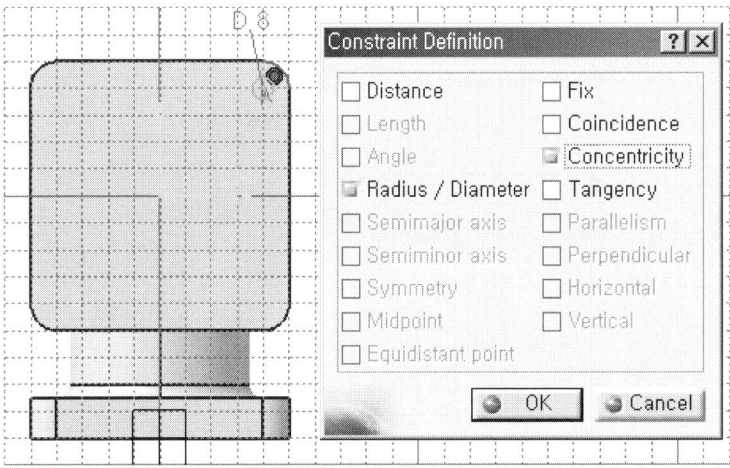

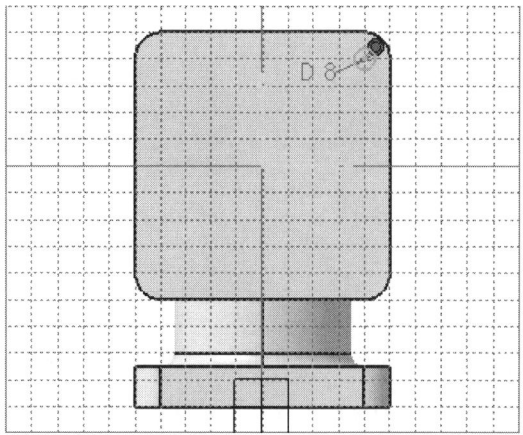

16. Mirror 로 지름 8mm의 원을 H축, V축에 대해 각각 대칭시킵니다.

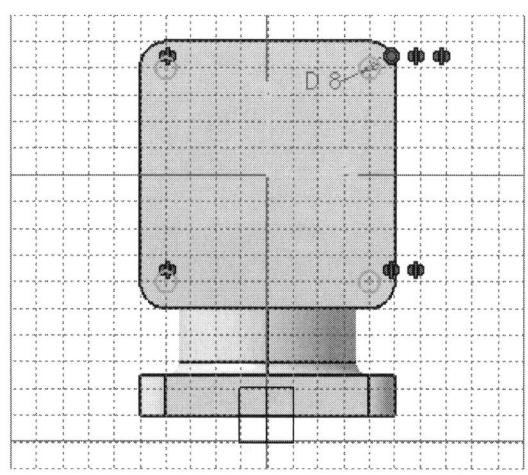

17. Pocket 의 Up to last type을 선택하여 반대쪽 면까지 뚫리도록 작업합니다.

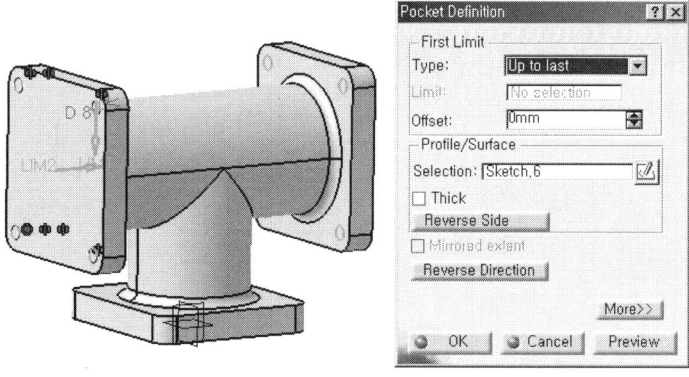

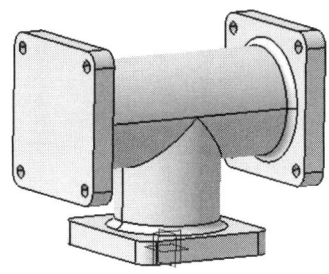

18. Positioned Sketch ✏️ 을 실행하여 정사각형 판의 안쪽을 기준면으로, 원통형의 옆면을 클릭하여 원의 중심을 원점으로 하도록 합니다.

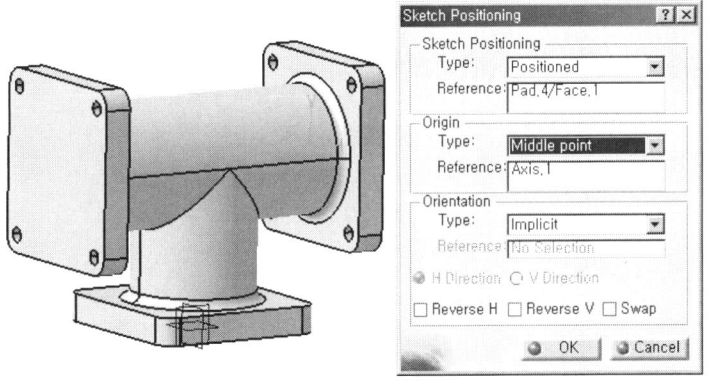

19. 임의로 원을 그린 후 지름 8mm의 원과 동시에 선택한 후 Constraint Defined in Dialog Box 📐 를 실행시켜 두 원의 중심을 일치하도록 합니다. 그런 다음 두 원의 반지름 차이가 1mm가 나도록 구속합니다.

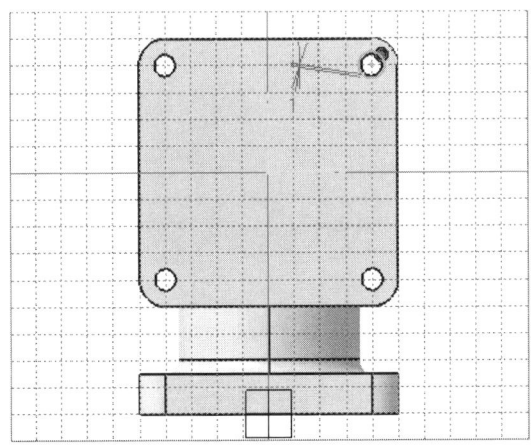

20. Mirror 🪞 로 H축, V축에 대해 각각 대칭시켜 줍니다.

3. Part Design **309**

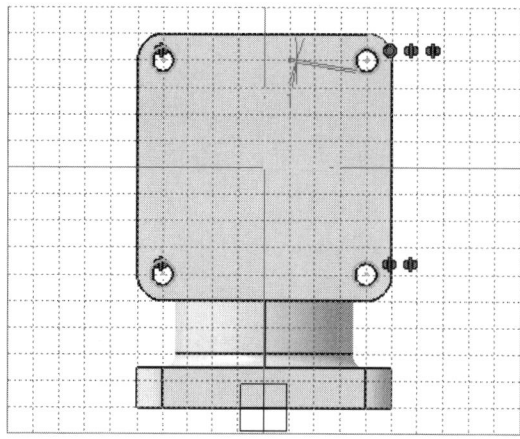

21. Pocket ⬜ 의 Dimension type을 사용하여 형상의 바깥쪽으로 2mm만큼 파내줍니다.

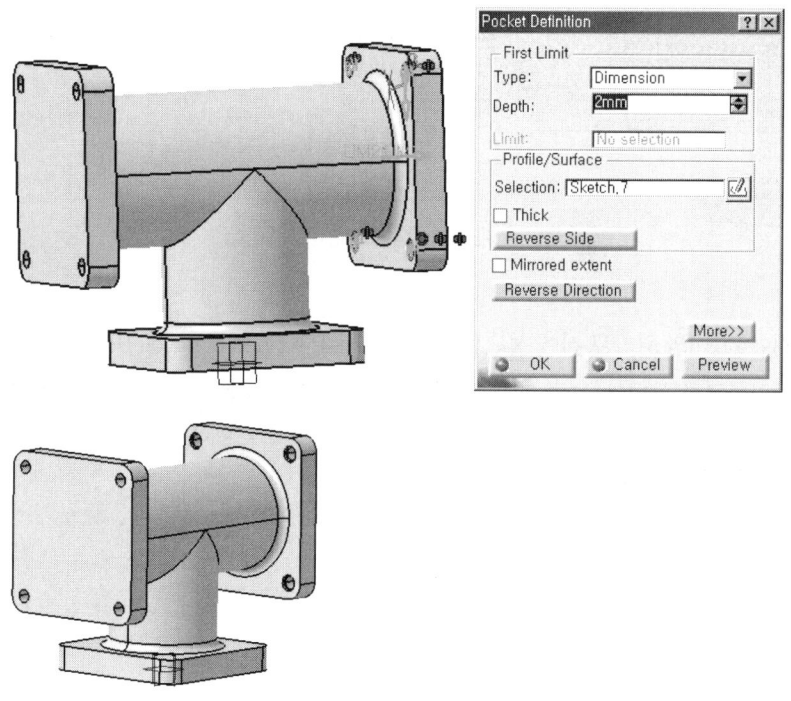

22. Spec Tree에서 방금 작업한 Pocket을 선택한 다음 Mirror ⬜를 실행하여 대칭시킬 평면인 YZ 평면을 클릭해줍니다.

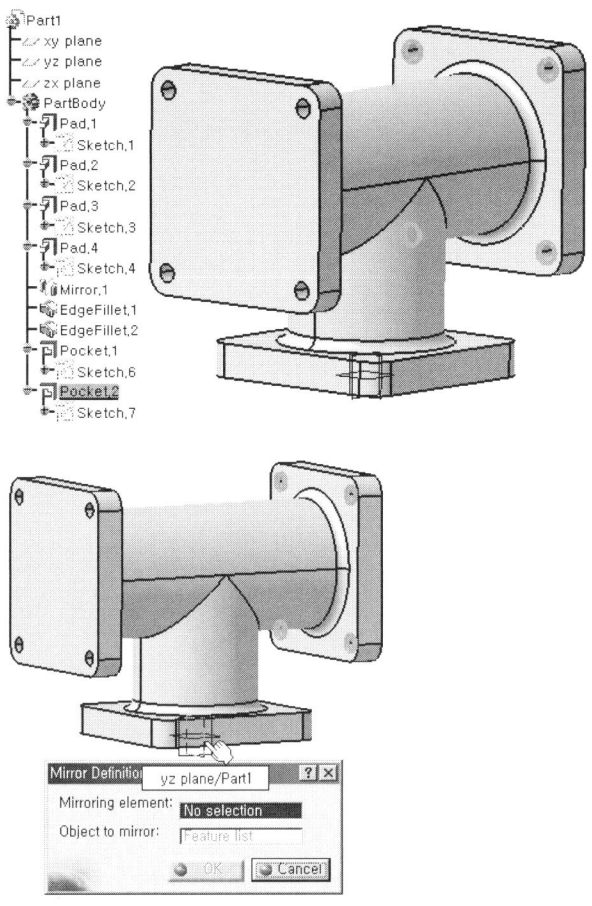

23. XY 스케치 평면으로 들어간 뒤 지름 8mm의 원을 그려 Fillet된 바깥 호와 중심을 일치하도록 해준 후 H축, V축에 대해 대칭시킵니다.

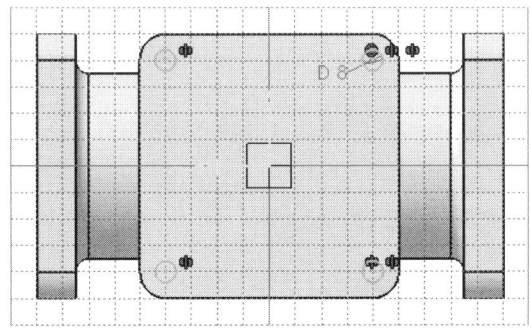

24. Pocket 의 Up to Next type을 이용하여 작업합니다.

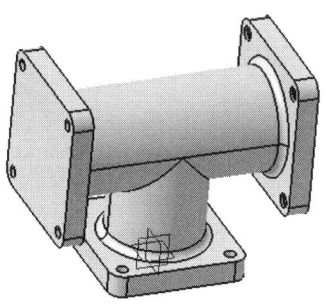

25. 밑면을 이루고 있는 정사각형 판의 윗면을 클릭한 후 Sketch 아이콘을 클릭해줍니다. 임의로 원을 그려준 후 Pocket 작업되어 있는 지름 8mm의 원과 중심을 일치시키고, 반지름의 차이를 1mm로 구속해준 후 Mirror 를 이용하여 H축, V축에 대해 각각 대칭시킵니다.

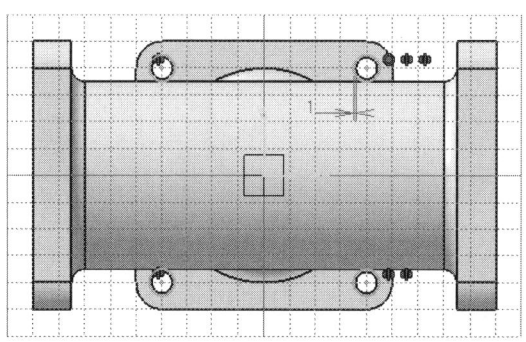

26. Pocket 의 Dimension type을 이용하여 아랫방향으로 2mm만큼 뚫어줍니다.

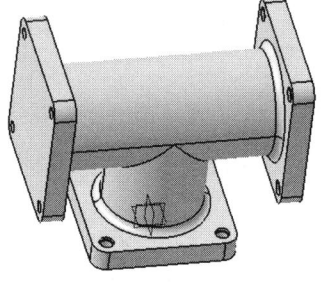

27. Edge Fillet 으로 5mm만큼 라운드 처리해줍니다.

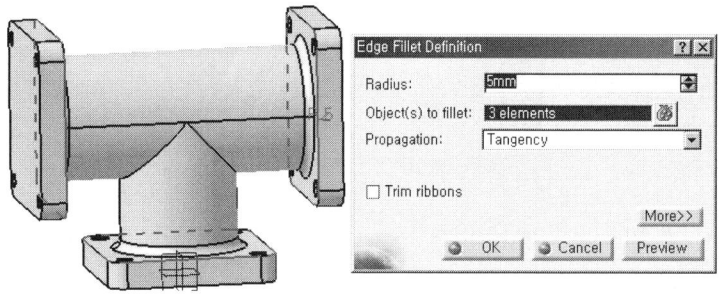

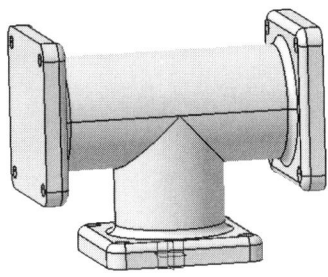

28. Edge Fillet 으로 10mm만큼 라운드 처리해줍니다.

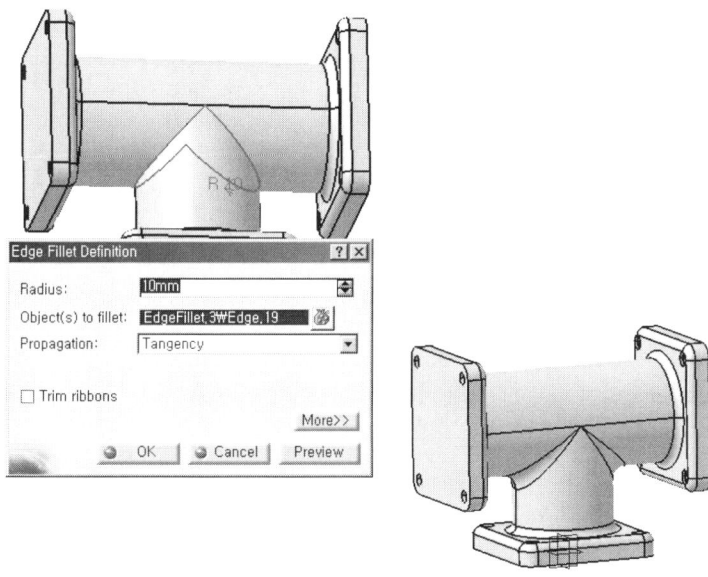

29. XY 스케치평면으로 들어간 후 원점을 중점으로 하는 지름 35mm의 원을 그려줍니다.

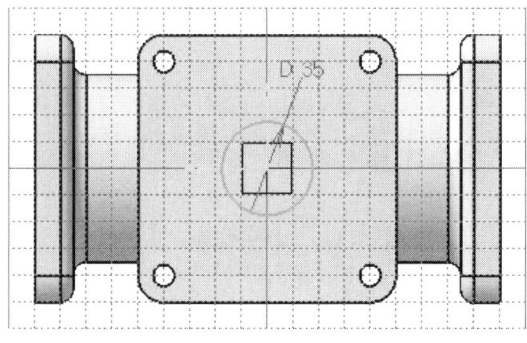

30. Pad 를 이용하여 135mm만큼 Solid를 생성시켜줍니다.

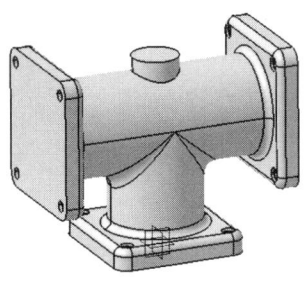

31. 방금 만든 원통형 Solid의 윗면을 클릭한 후 Sketch 아이콘을 클릭합니다. 그런 다음 원점을 중심으로 가지는 지름 60mm의 원을 그립니다.

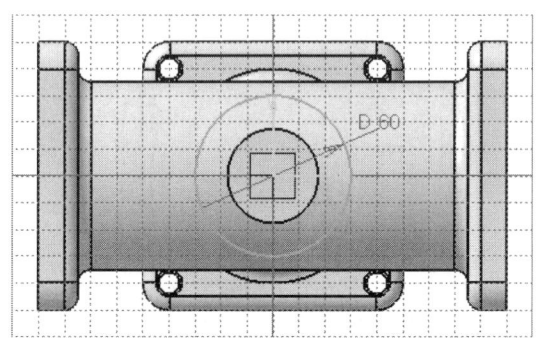

32. Pad 를 이용하여 아랫방향으로 33mm를 입력한 다음 More를 클릭하여 Second Limit의 Length에 스케치로부터 아랫방향으로 5mm만큼 빼주기 위해 −5mm를 입력해줍니다.

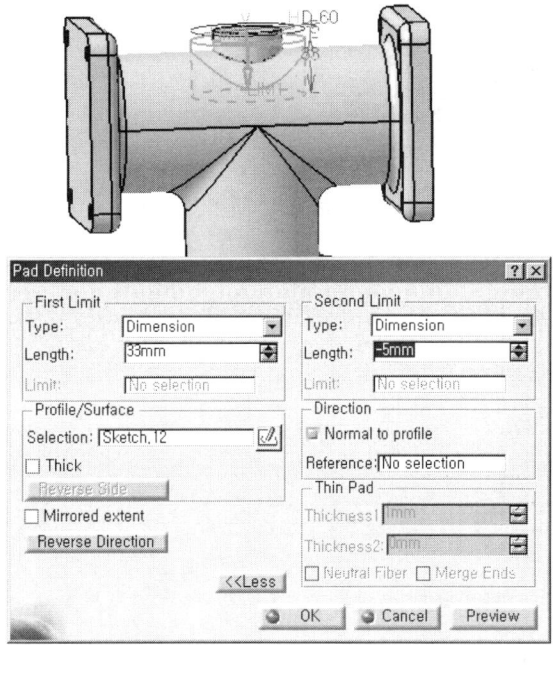

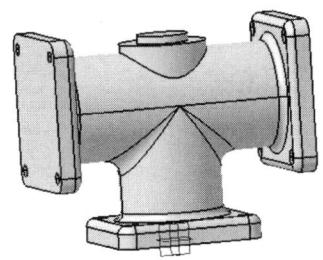

33. Solid의 면에 경사를 주도록 하는 명령인 Draft 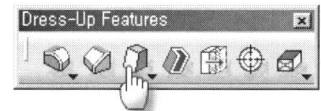 를 실행합니다.

34. Draft Definition창이 나타나면 Angle에 3°를 입력해준 다음 각도를 줄 Face to draft에 다음 그림과 같이 선택해줍니다.

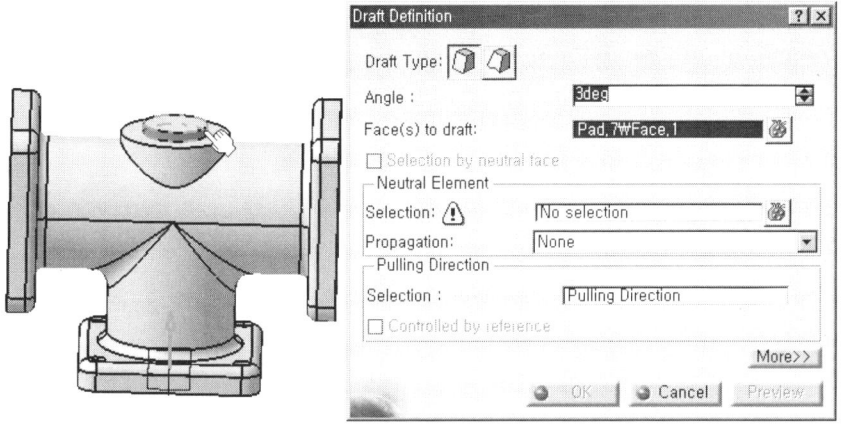

35. Neutral Element의 Selection창에는 기준이 될 윗면을 선택해줍니다. 이 때 화살표의 방향은 클릭하여 윗방향으로 하고 OK를 클릭합니다.

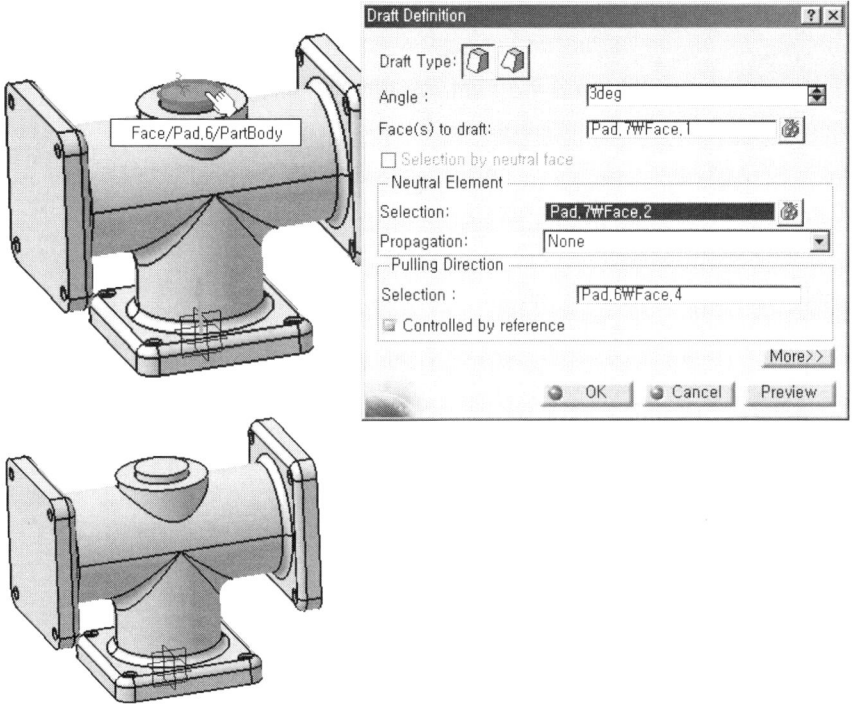

36. Edge Fillet 으로 5mm만큼 라운드 처리해줍니다.

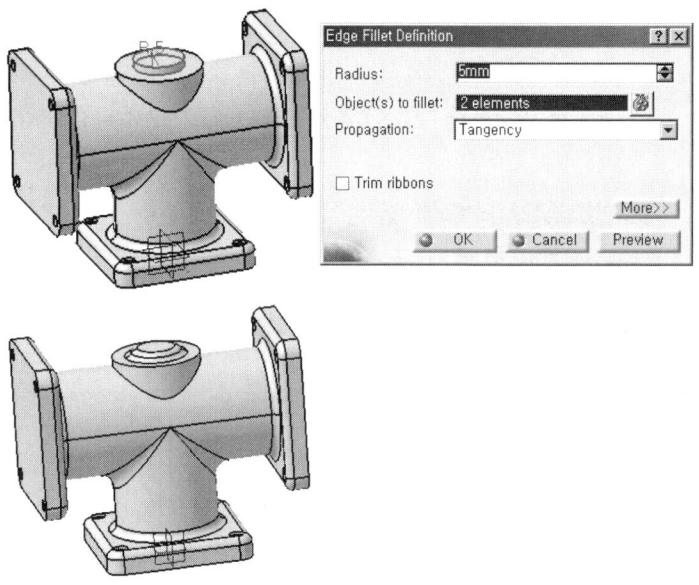

37. Draft 를 실행시켜 7°를 입력해준 후 Draft시켜줄 면에 옆면을 선택한 후 기준이 될 면에 윗면을 선택한 후 OK를 클릭해줍니다.

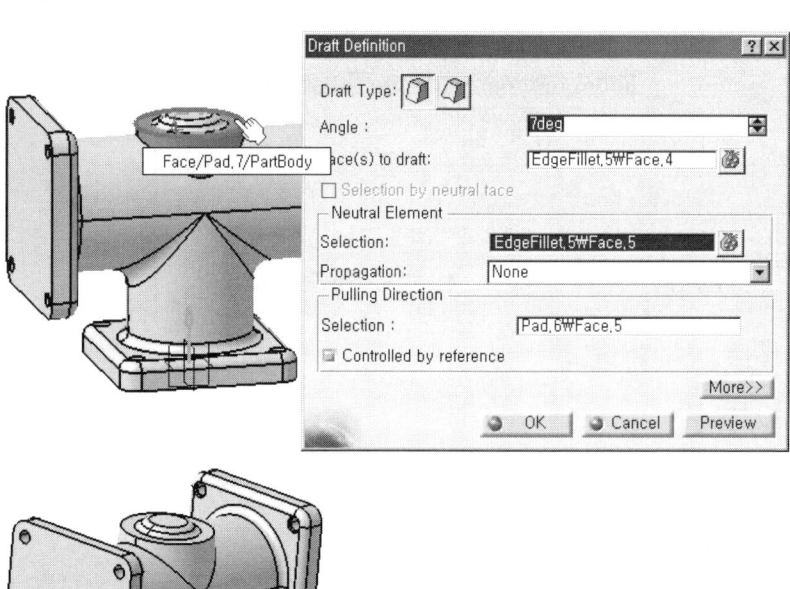

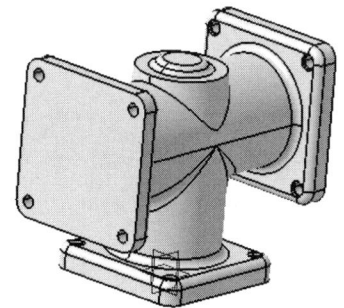

38. Edge Fillet 으로 5mm만큼 라운드 처리해줍니다.

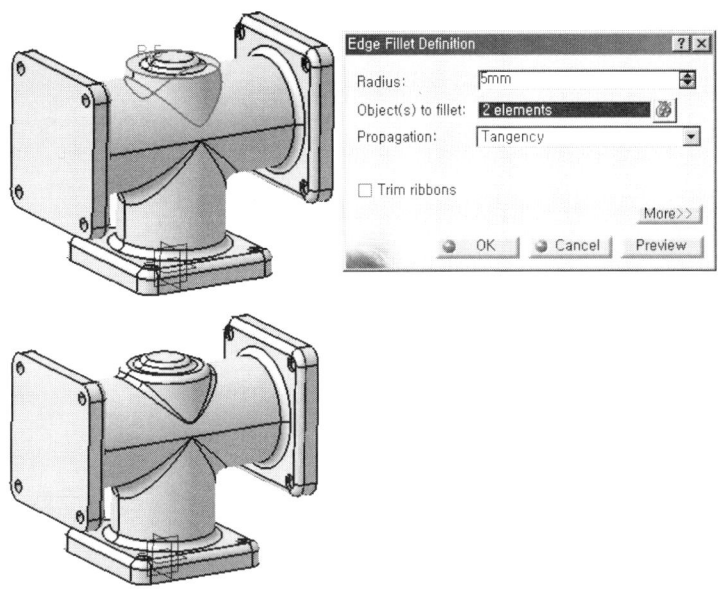

39. 안쪽의 형상을 만들기 위해 Pulldown Menu의 Insert-Body를 클릭해줘서 새로운 Body를 만들어줍니다. 그런 다음 안쪽의 형상을 작업하는 데에 편리하게 하기 위해 바깥쪽의 형상이 있는 PartBody에 두고 마우스 오른쪽을 클릭하여 Hide를 클릭해주어 바깥쪽 형상이 보이지 않도록 합니다. 이제부터 Body2에서 작업할 것이므로 그것을 표시해주는 밑줄이 되어있어야 합니다.

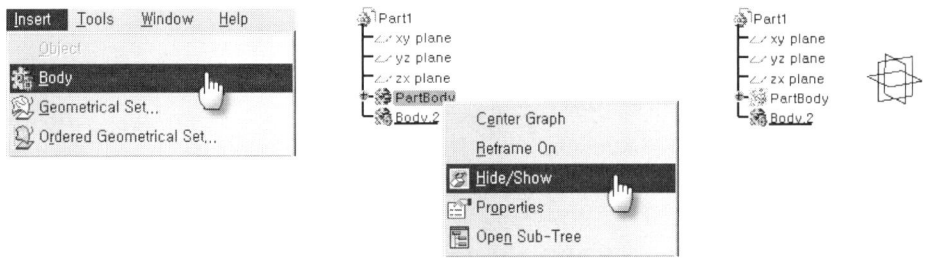

40. XY 평면에 들어간 후 원점을 중심으로 하는 지름 50mm의 원을 그립니다.

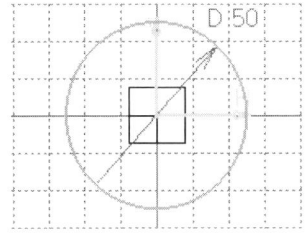

41. Pad 를 이용하여 높이 120mm의 Solid를 만들어줍니다.

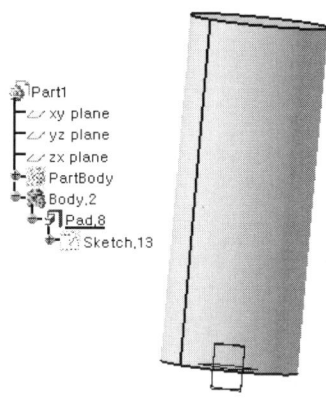

42. 원통형 Solid의 윗면을 선택한 후 Sketch 아이콘을 클릭합니다. 그런 다음 원점을 중심으로 하는 지름 25mm의 원을 그립니다.

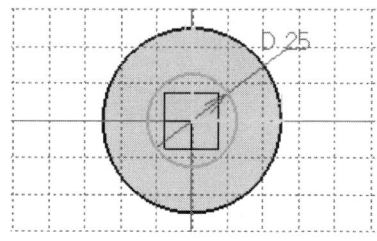

43. Pad 를 이용하여 위쪽방향으로 10mm만큼의 Solid를 만들어줍니다.

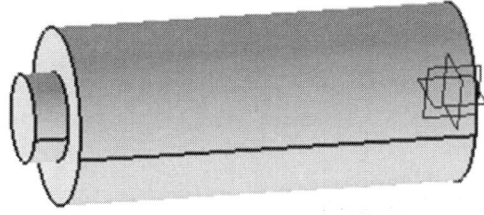

44. XY 평면으로 들어가서 원점을 중심으로 하는 지름 65mm의 원을 그립니다.

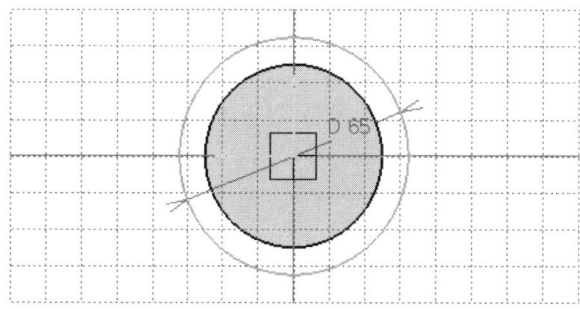

45. Pad 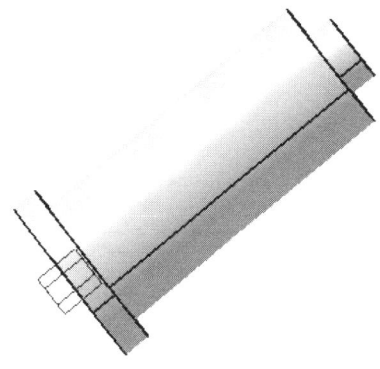를 이용하여 위쪽 방향으로 10mm만큼 Solid를 만들어줍니다.

46. YZ 스케치 평면으로 들어간 후 원점으로부터 90mm위쪽 V축 상에 중점을 두는 지름 50mm의 원을 그립니다.

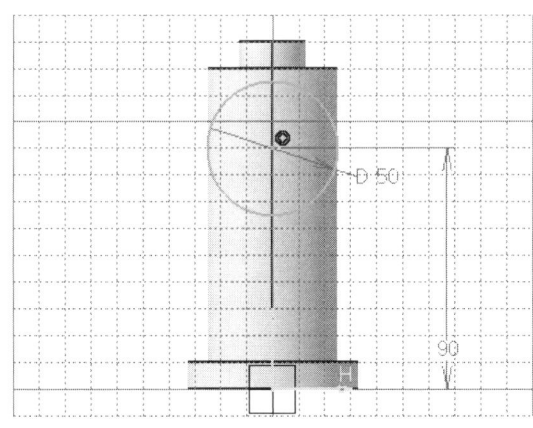

47. Pad 를 실행한 후 Length에 90mm를 입력합니다. 그런 다음 양쪽으로 Solid를 만들기 위해 Mirrored extent를 체크해줍니다.

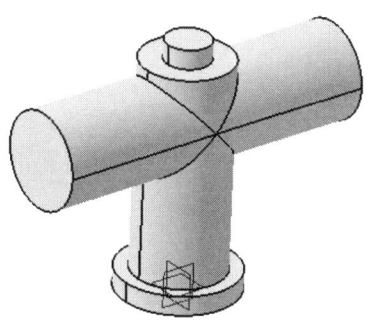

48. Positioned Sketch 를 실행한 다음 방금 만든 원통형 Solid의 옆면을 기준으로 하고, 원의 중심을 원점으로 합니다.

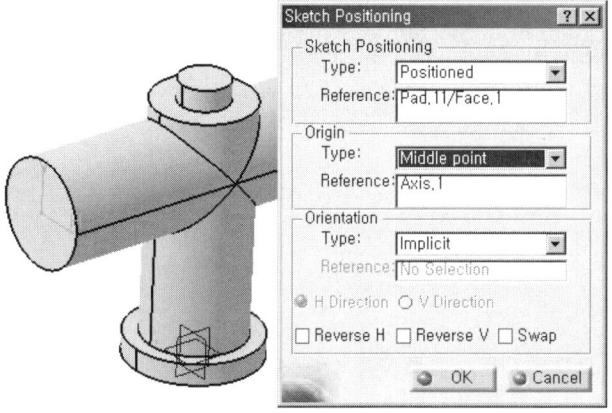

49. 원점을 중심으로 한 지름 65mm의 원을 그립니다.

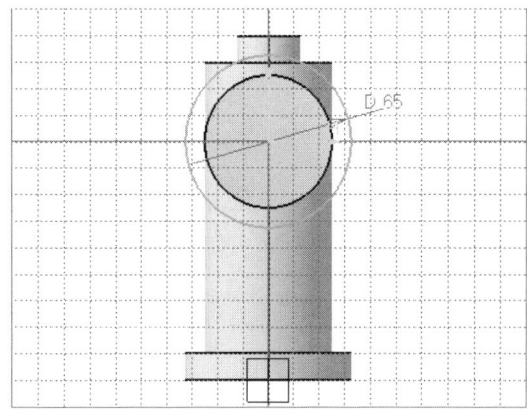

50. Pad 로 10mm만큼 형상의 안쪽방향으로 Solid를 만들어줍니다.

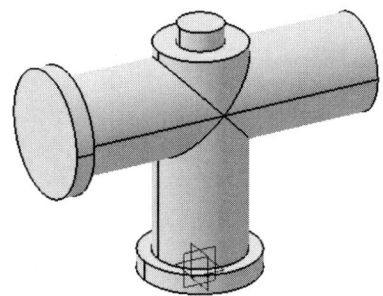

51. Spec Tree에서 방금 작업한 Pad를 선택한 다음 Mirror를 실행시킨 후 대칭시킬 평면인 YZ평면을 클릭한 후 OK를 누릅니다.

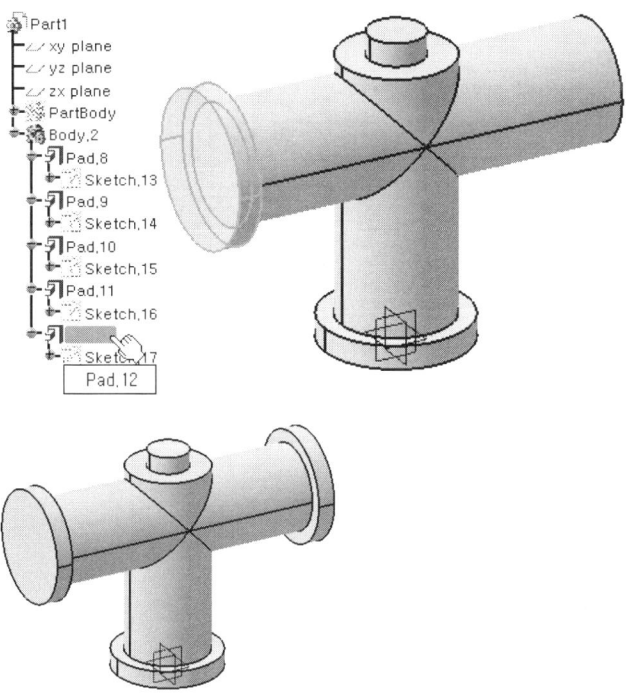

52. Edge Fillet 으로 3mm만큼 라운드처리 해줍니다.

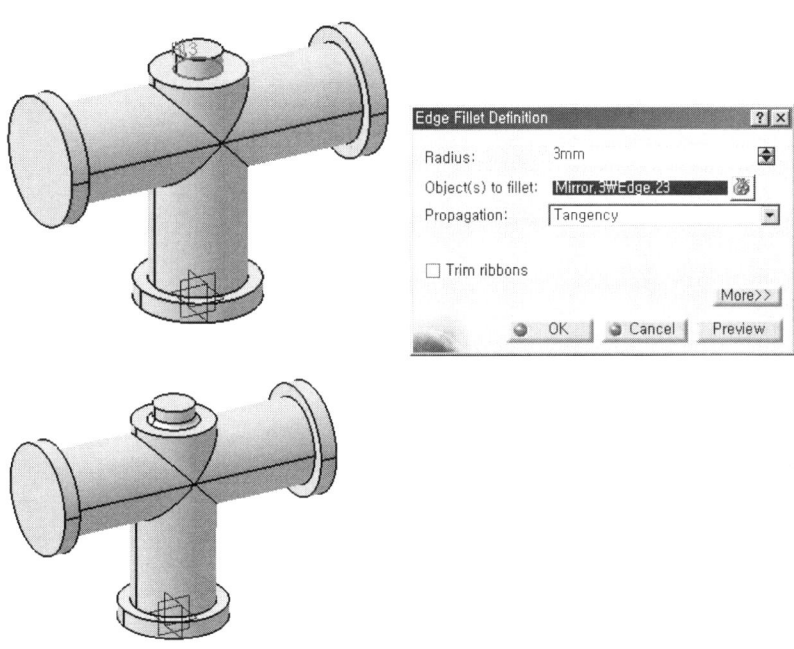

53. Edge Fillet 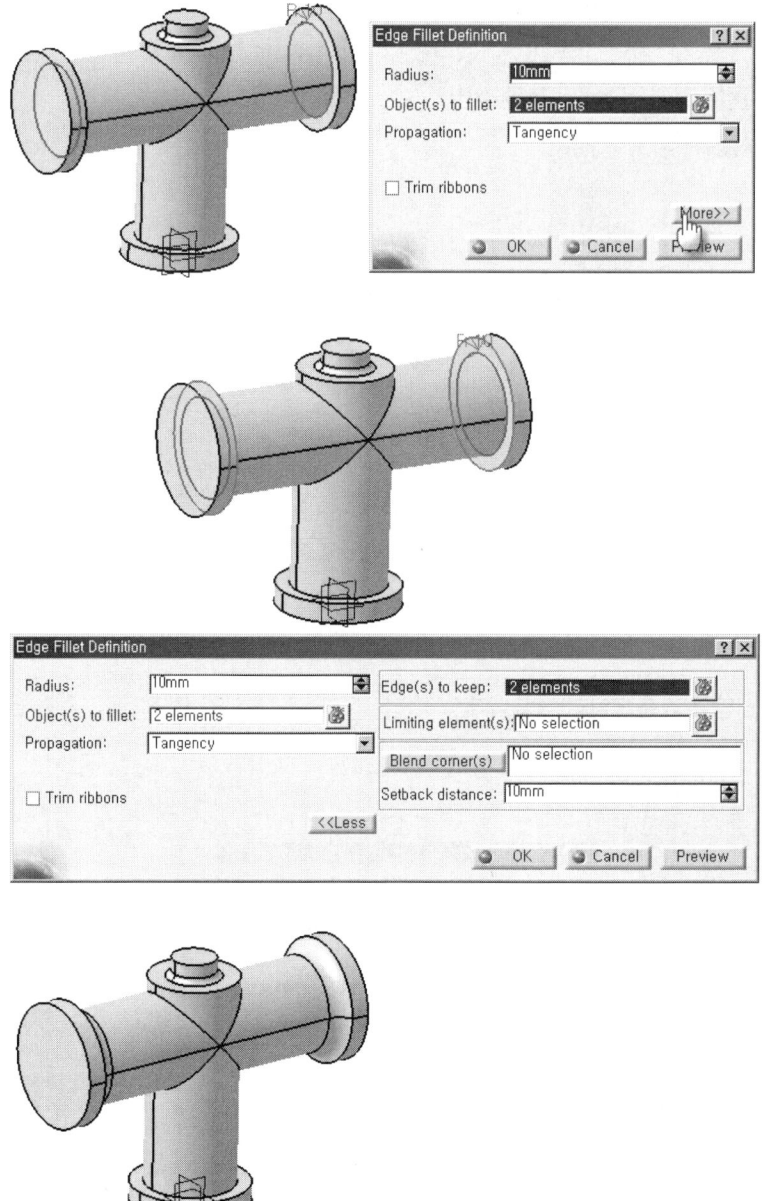 을 실행한 후 다음 그림과 같이 두 요소를 선택하고 10mm를 입력합니다. 하지만 10mm라는 값은 끝 쪽 형상의 두께 때문에 제한이 됩니다. 이러한 경우 More를 클릭하여 제외하고자 하는 모서리를 선택해주어 작업할 수 있습니다.

54. 아래 그림과 같이 형상의 위쪽 면을 선택한 후 Sketch 를 클릭해줍니다.

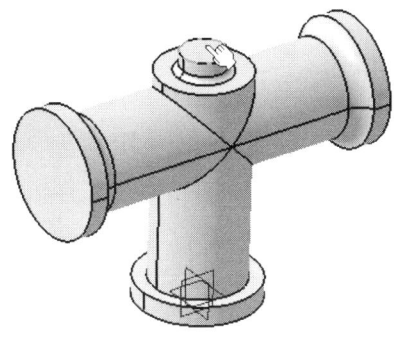

55. 원점을 중심으로 하는 지름 15mm의 원을 그립니다.

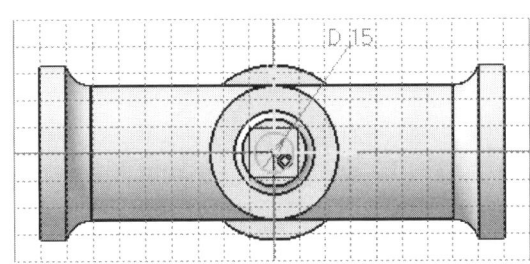

56. Pad 🗗를 실행한 후 위쪽 방향으로 10mm만큼 Solid를 만들어줍니다.

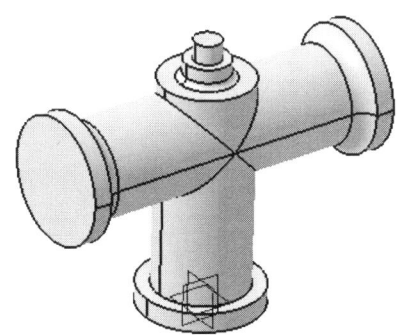

57. 다음 그림과 같은 면을 선택한 다음 Sketch 🖉 아이콘을 클릭해줍니다.

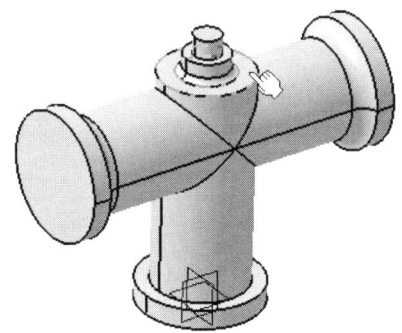

58. 원점을 중심으로 한 지름 55mm의 원을 그립니다.

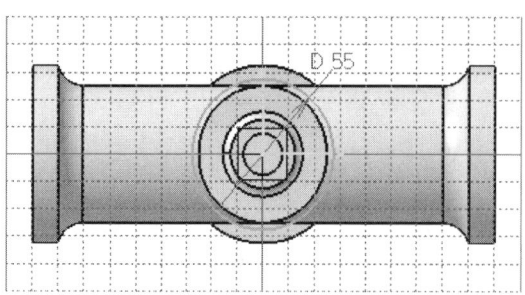

59. Pad 를 실행시킨 후 아랫방향으로 60mm만큼의 Solid를 만들어줍니다.

60. YZ 방향 스케치 평면으로 들어간 후 원점으로부터 위쪽으로 90mm만큼 떨어진 V축 상에 원점을 두는 지름 55mm의 원을 그립니다.

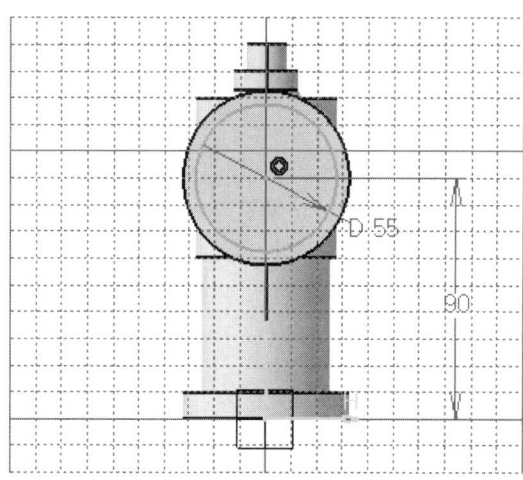

61. Pad 를 실행시킨 후 Length에 30mm를 입력하고 양쪽으로 Solid를 만들어주기 위해 Mirrored extent를 체크해줍니다.

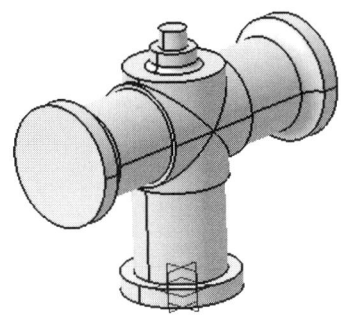

62. 다음으로 Chamfer 를 실행시켜 도면에서와 같이 Length에 2.5mm, Angle에 45°를 입력합니다. 그런 다음 Chamber할 3개의 요소를 선택해줍니다.

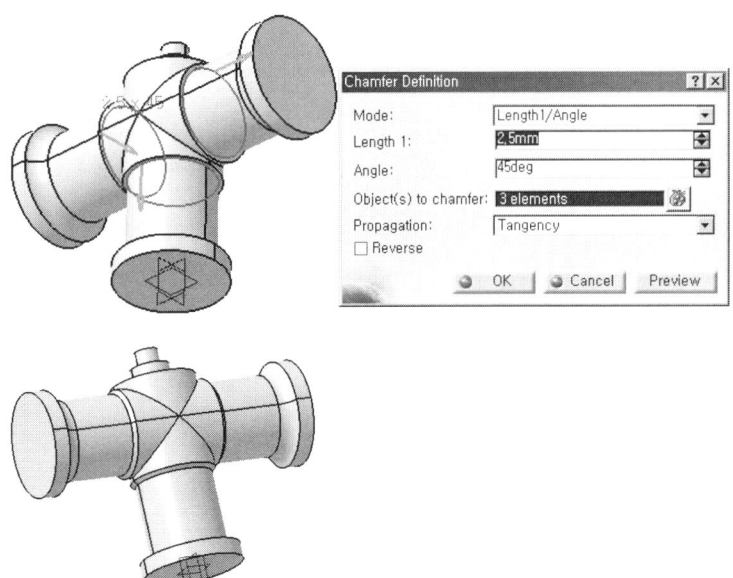

63. Edge Fillet 을 실행한 다음 아래 그림과 같이 4개의 요소를 선택한 후 2mm로 Fillet해줍니다.

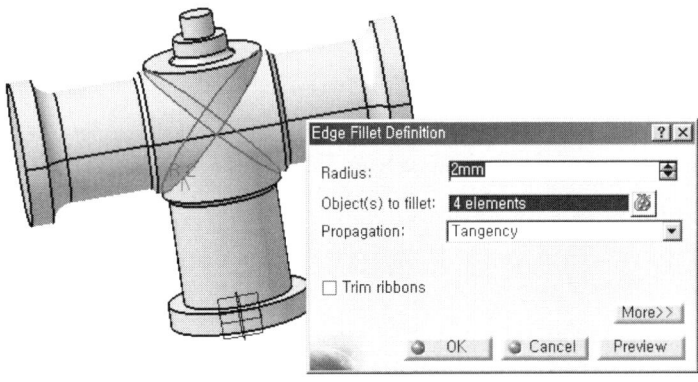

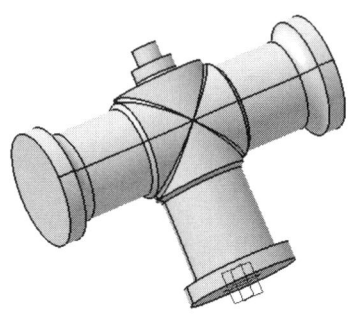

64. 이제 안쪽 형상이 완성되었으므로 바깥쪽 형상을 나타나게 합니다.

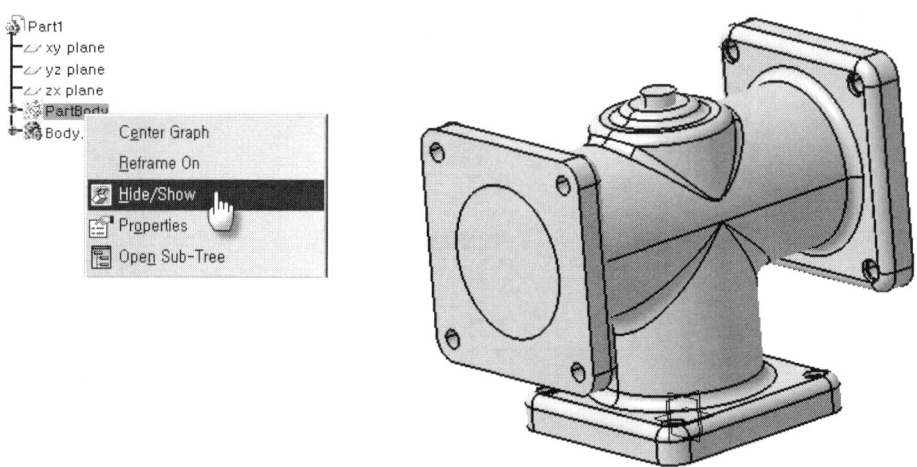

65. Spec Tree의 제거할 안쪽 형상이 들어있는 Body2에 갖다 대고 마우스 오른쪽을 클릭하여 Body2. object의 Remove를 클릭해줍니다. 이 명령은 두 형상이 겹치는 부분을 제거해줍니다.

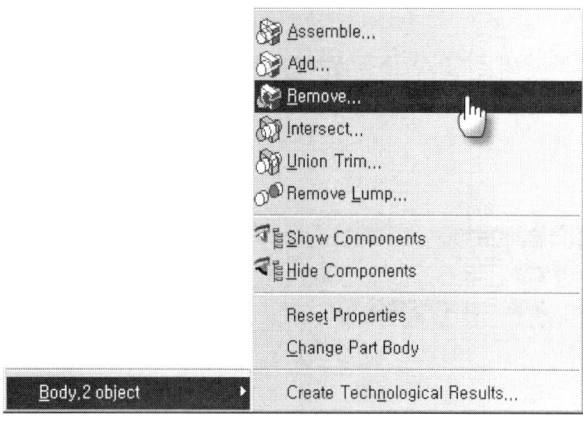

66. Remove에 의해 안쪽 형상이 제거된 완성된 형상은 다음과 같습니다.

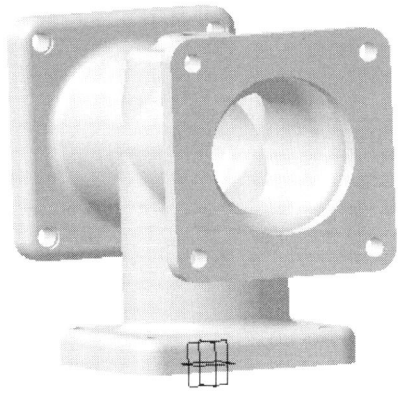

(10) Exercise 10 - Part Design 10

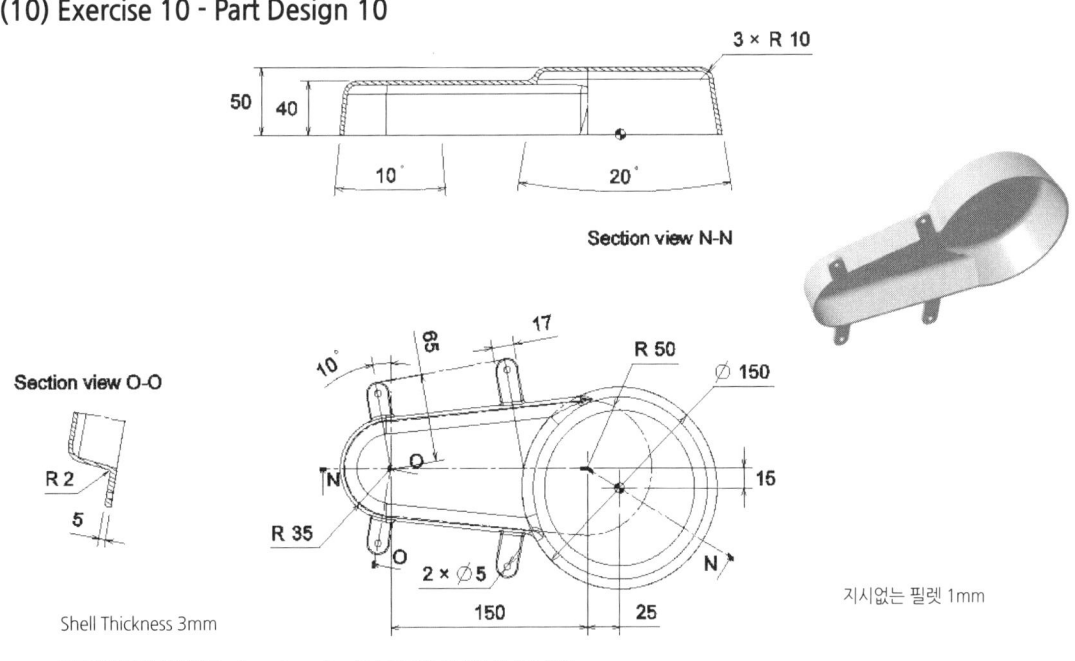

Shell Thickness 3mm

3개의 바디를 이용한 Boolean Operation을 사용하여 형상을 완성하시오

작업 Workbench : Part Design , Sketcher

사용 명령어 : Sketch , Positioned Sketch , Pad , Edge Fillet , Draft , Shell , Body , Union Trim

이번 예제에서는 여러 개의 Body를 이용해 더하기, 빼기 등의 연산을 할 수 있는 Boolean 기능에 대해 배웁니다.

01. XY 평면으로 Sketch Workbench에 들어갑니다. 지금 100, 70짜리 원 두 개를 같은 직선상에 그려줍니다.

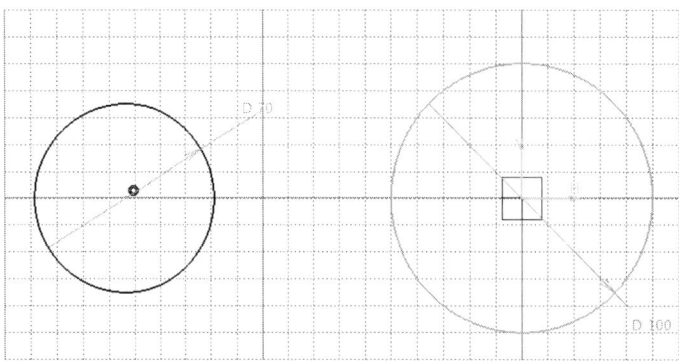

02. Line 으로 각 원을 이어주는 두선을 그립니다. 이때 Tangency 표시(선 두 개)가 보일 때 클릭합니다.

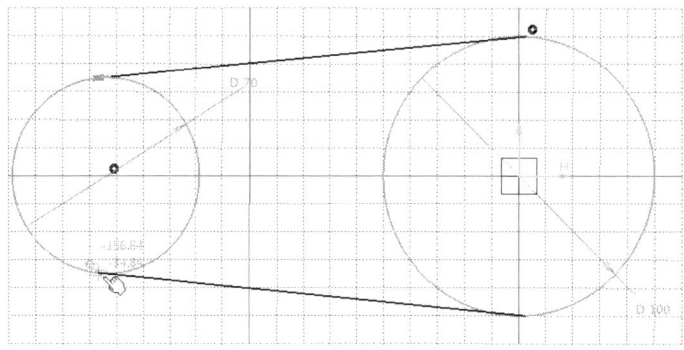

03. Control 키로 원과 직선을 같이 잡고 Constraints Defined in Dialog Box 를 클릭하여 Tangency를 클릭합니다.

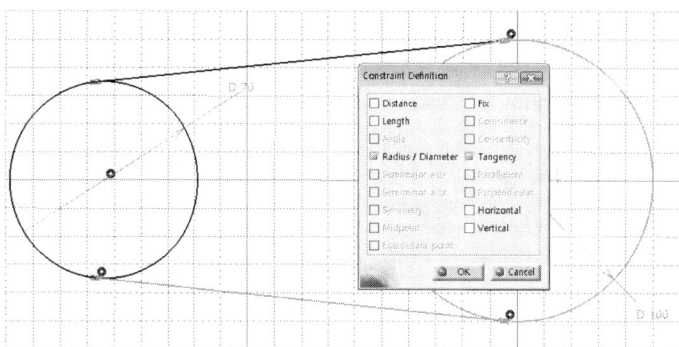

04. 원점 사이의 거리를 150으로 주고 Quick Trim 으로 안쪽에 선을 지워줍니다.

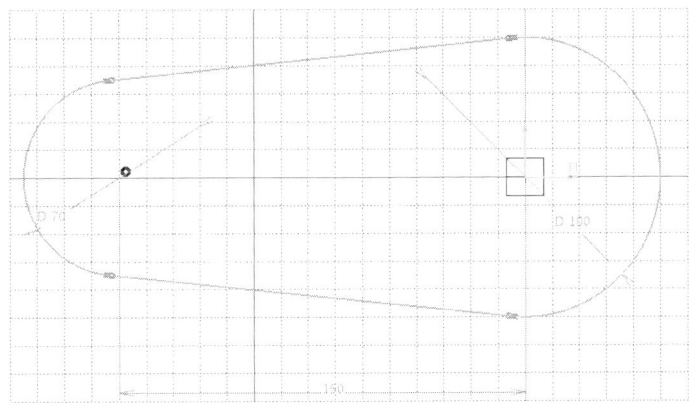

05. Part Design Workbench로 나와서 40mm만큼 Pad 시켜줍니다.

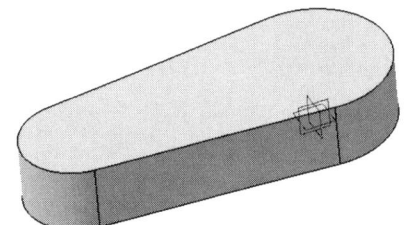

06. Draft Angle 로 기울기를 줍니다. Face to draft에 옆면을 클릭하고, Neutral Element Selection에 윗면을 클릭합니다.

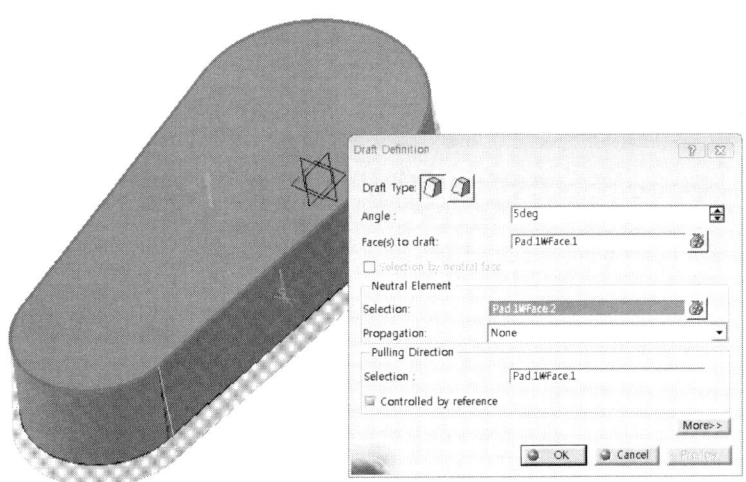

07. 윗면을 반지름 10mm 로 Edge Fillet 을 줍니다.

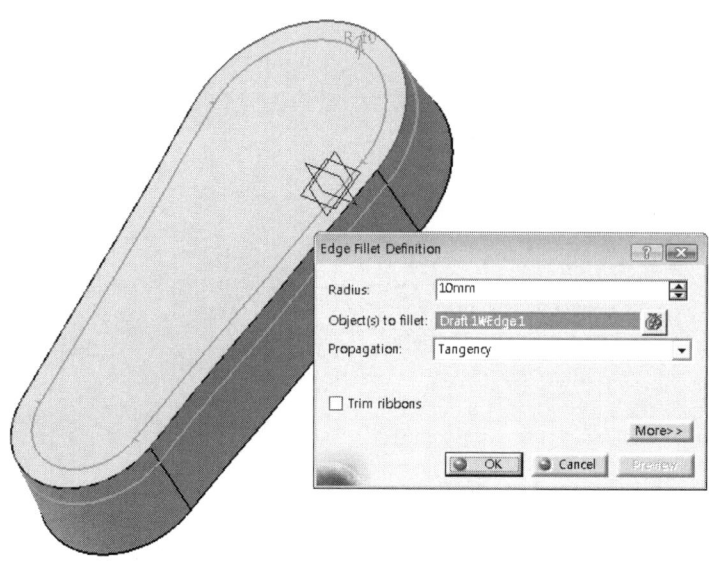

08. 두께 3mm로 밑면에 Shell 을 줍니다.

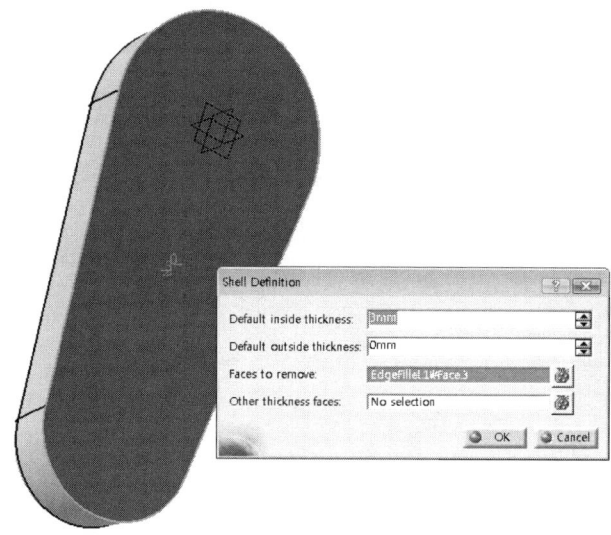

09. 메뉴에서 Insert 에 Body를 클릭하여 두 개의 Body를 추가합니다.

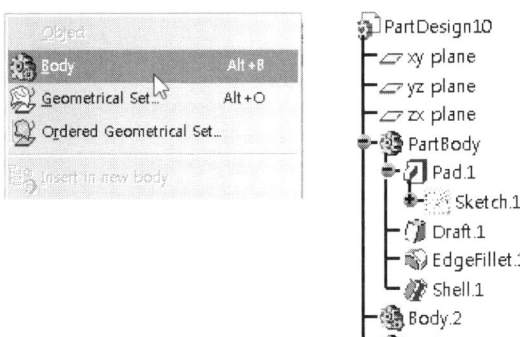

10. Body2를 오른쪽 마우스 키를 클릭하여 Contextual Menu에서 Define In Work Object를 클릭합니다. 지금부터 하는 작업은 모두 Body2에 들어갑니다.

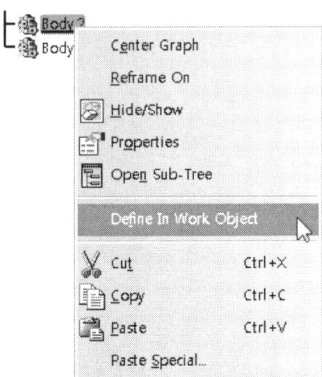

11. XY 평면으로 들어가서 지름 150인 원을 그려줍니다.

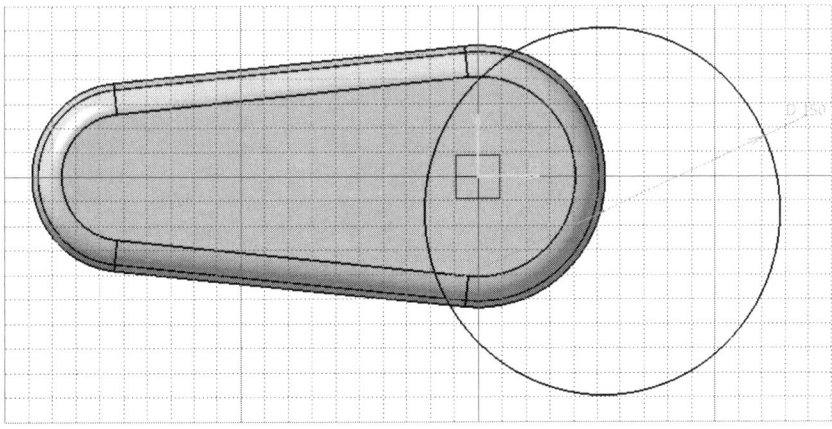

12. 원 중심을 원점으로부터 X축으로 25 , Y축으로 15 만큼 거리구속을 줍니다.

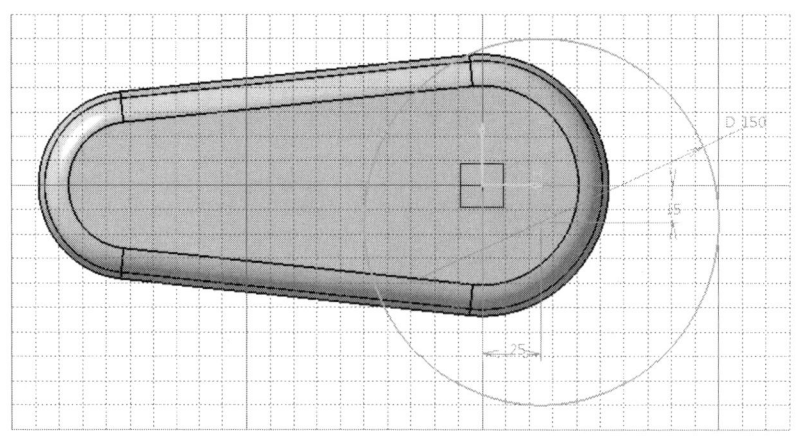

13. 높이 50mm만큼 패드해줍니다.

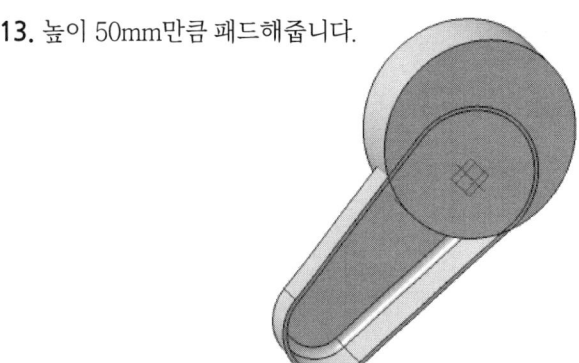

14. 각도 10deg로 Draft를 줍니다. Face to draft는 옆면, Neutral Element Selection은 윗면을 해줍니다.

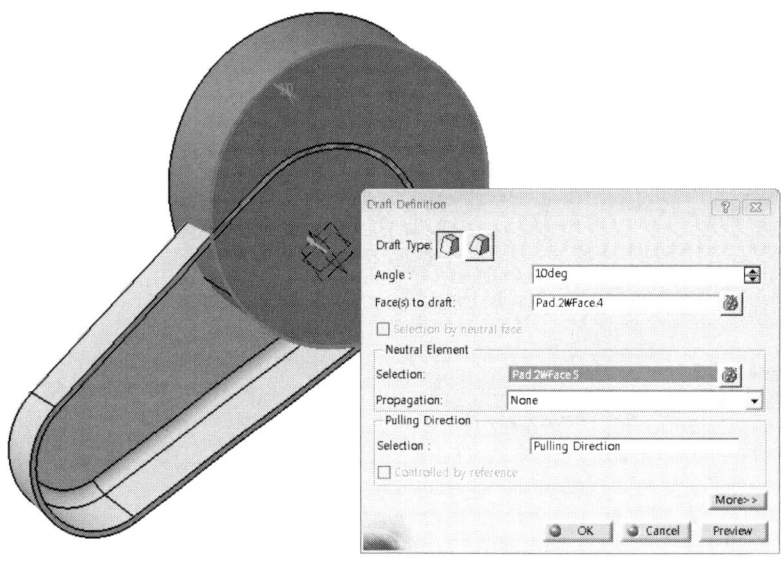

15. Edge Fillet 10mm만큼 윗 모서리만 줍니다.

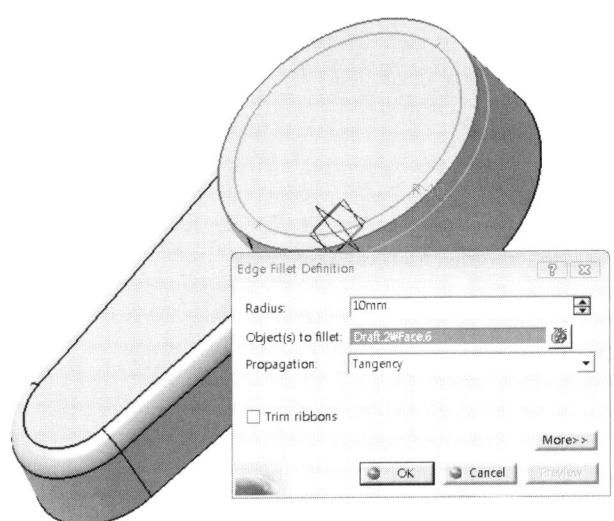

16. 아랫면에 Shell로 두께 3mm로 파줍니다.

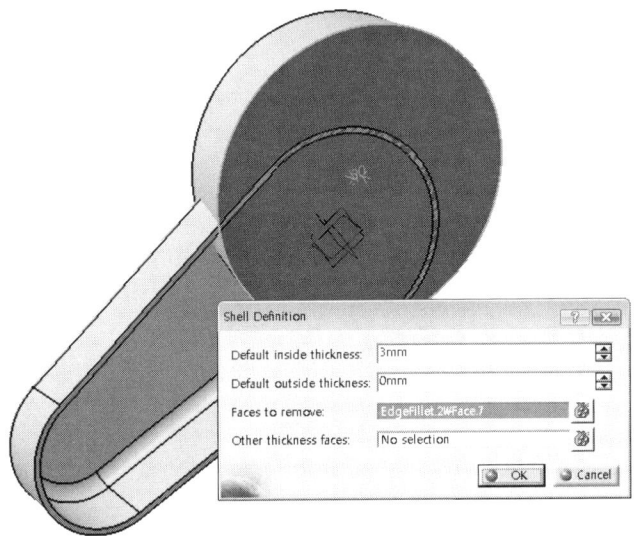

17. 안에 얽혀 있는 부분을 없애주기 위해서 Boolean Operations Toolbar에 Union Trim 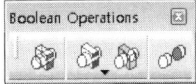을 이용합니다.

18. 아이콘을 클릭하고 Body2를 클릭하면 Trim Definition 창이 뜹니다. 처음 만든 PartBody를 클릭하면 with 칸에 PartBody가 들어갑니다. 그리고 Faces to remove를 클릭하고 없애고 싶은 면 두 개를 클릭하고 OK하면 됩니다.

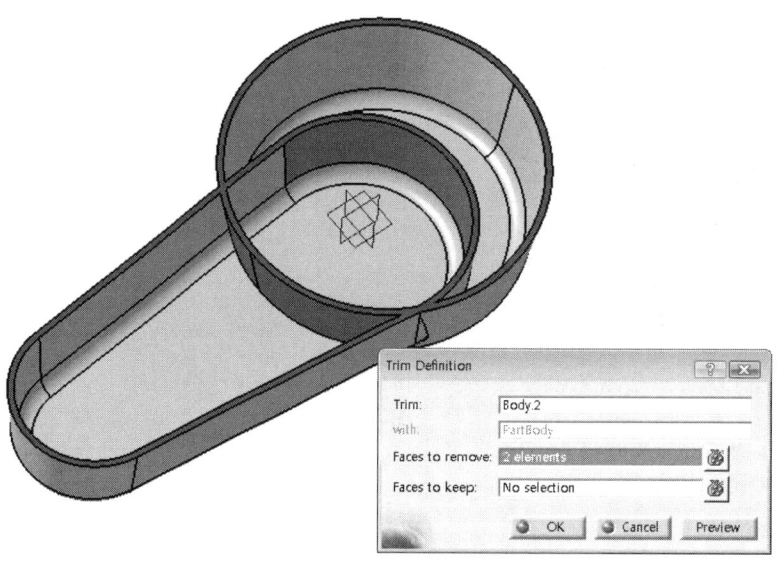

다음과 같이 속이 비었습니다. 또한 Tree에서 Body2가 Trim1밑으로 들어가게 됩니다.

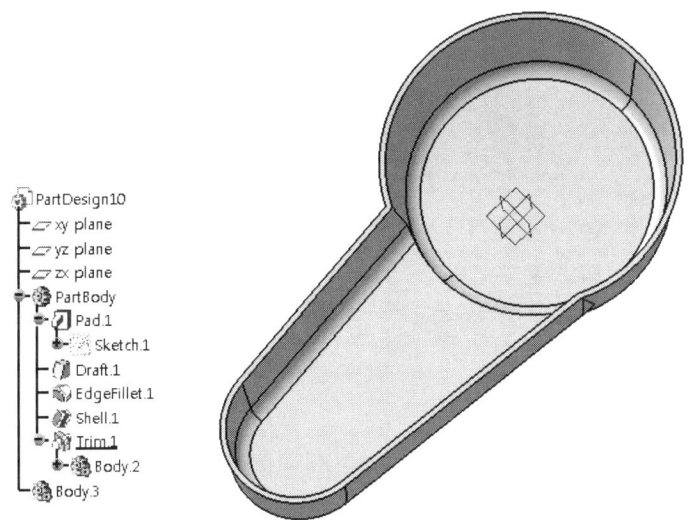

19. 가운데 부분을 매끄럽게 하기위해 반지름 10mm로 Edge Fillet을 줍니다.

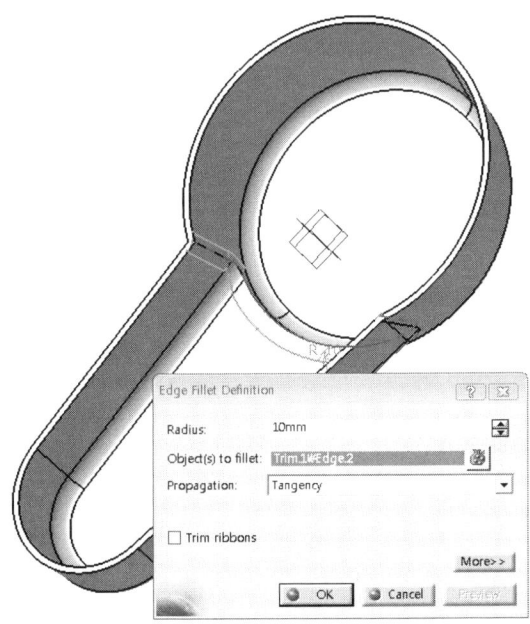

20. Body3를 만들기 위해서 Body3의 Contextual Menu에서 Define in Object를 클릭합니다.

21. Sketcher Toolbar에 Positioned Sketch 를 클릭합니다. 이 기능을 이용하여 내가 원하는 원점에 Sketcher Workbench로 들어갈 수 있습니다.

22. 아이콘을 클릭하고 Reference가 될 부분을 클릭합니다.

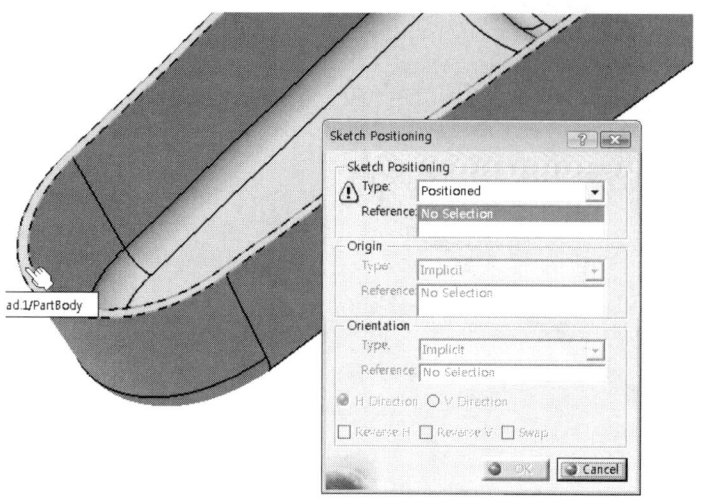

23. Origin Type을 Middle Point로 바꾸고 구면 근처에 가면 중심축이 잡힐 때 클릭하면 중심에 원점이 생깁니다.

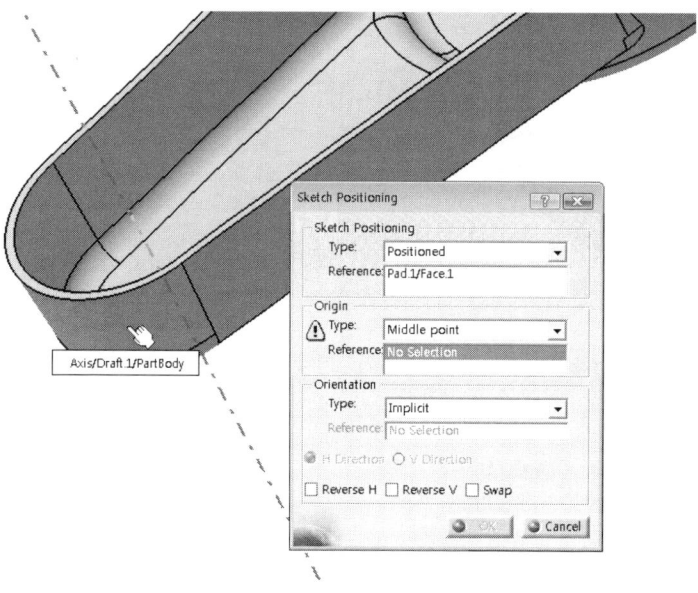

24. 중심이 우리가 원하던 위치로 위치한 채로 Sketcher Workbench로 들어왔습니다.

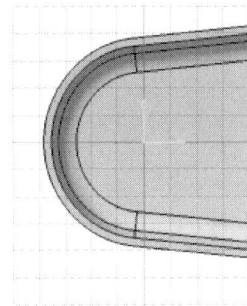

25. 원점으로부터 길이 65인 선을 그립니다. Y축으로부터 10도 기울어지도록 구속을 줍니다. 이 선으로부터 거리 100mm 만큼 떨어진 지점에 X축에서 시작하는 선을 그립니다.

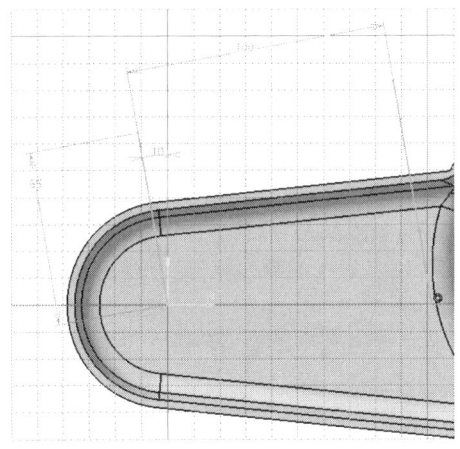

26. Axis 로 두 선을 잇는 축을 그리고 축과 오른쪽 선을 Control로 같이 잡아서 Perpendicular 구속을 줍니다.

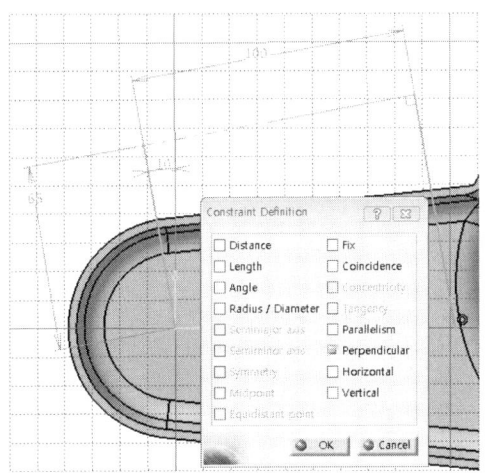

27. 5mm로 Pad하여줍니다. 선이므로 Thick을 클릭하고 More을 클릭하여 두께 17mm를 줍니다. 또한 Neutral Fiber를 체크하여 양쪽으로 패드 되도록 합니다. Body에서 화살표를 클릭하여 방향을 아래쪽으로 바꾸어줍니다.

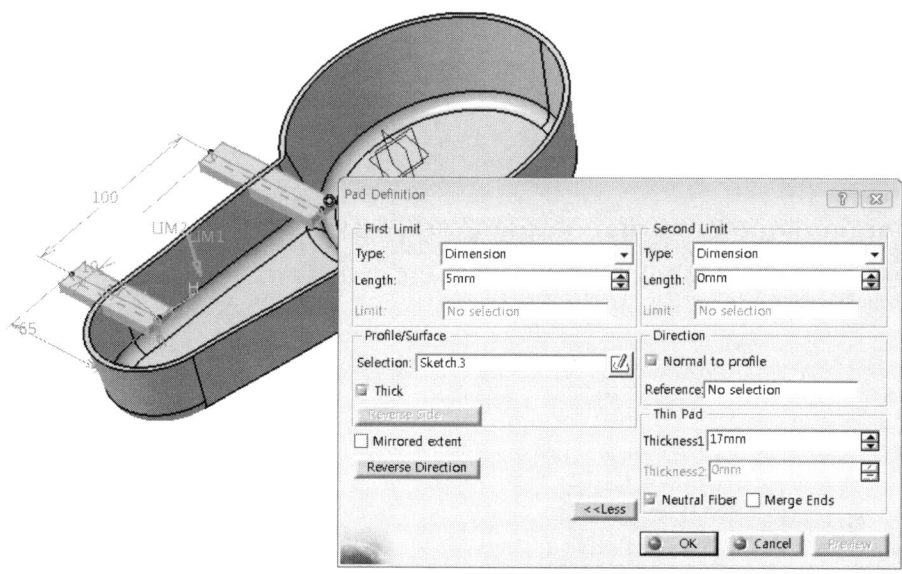

28. 끝을 둥글게 하기 위해 Triangular Fillet 을 이용하겠습니다. 아이콘을 클릭하면 Tritangent Fillet Definition 창이 뜨고 Faces to fillet에 옆에 두면을 클릭합니다.

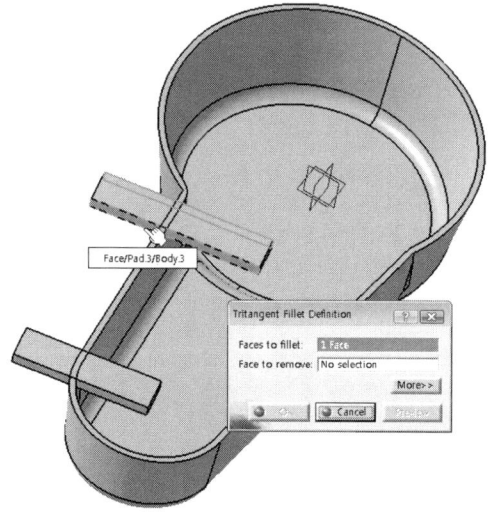

29. Face to remove는 Fillet할 윗면을 클릭합니다.

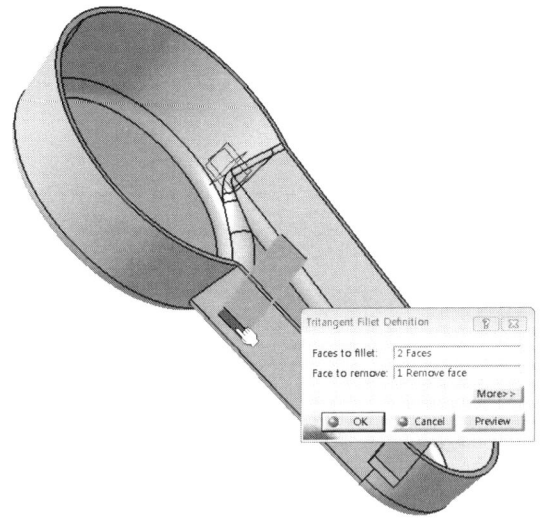

30. 아래 막대도 같은 방식으로 Fillet 합니다.

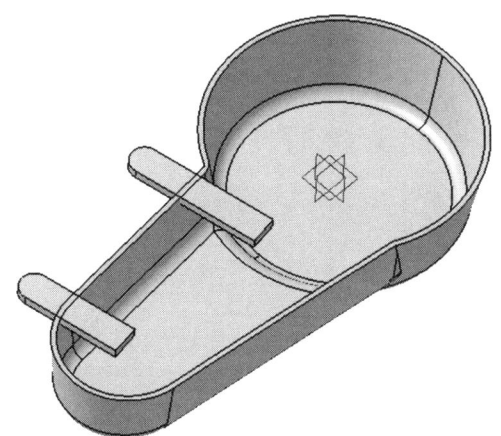

31. Fillet한 둥근 막대 부분에 구멍을 뚫어 주기 위해 Positioned Sketch 로 끝 둥근 부분의 중심으로 하여 스케치 Workbench로 들어갑니다.

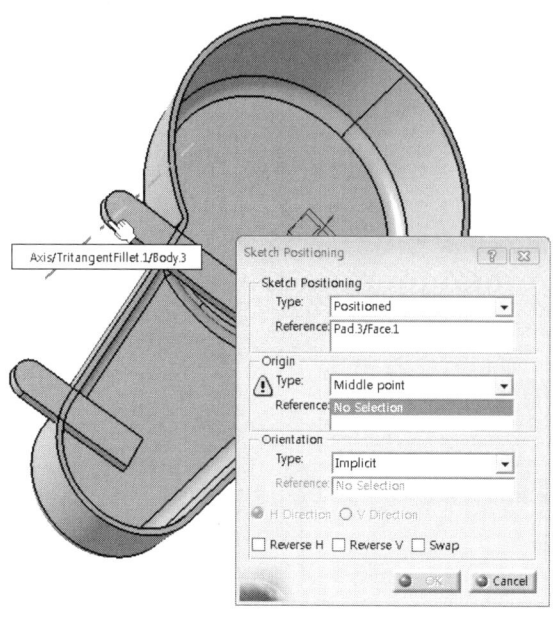

32. 지름 5mm인 원 두 개를 Fillet 한 부분과 중심이 일치되도록 그립니다.

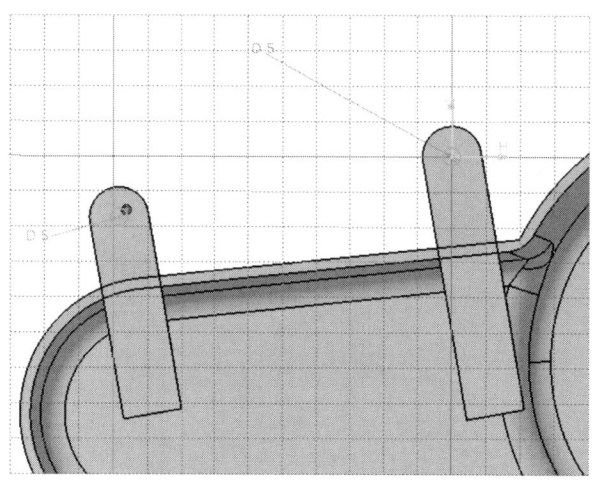

33. 트리에서 Pad3부터 Pocket까지 모두 잡고 YZ평면에 대해 Mirror해줍니다.

34. 안쪽 부분을 없애주기 위해서 앞에서 배웠던 Boolean 연산 중 Union Trim 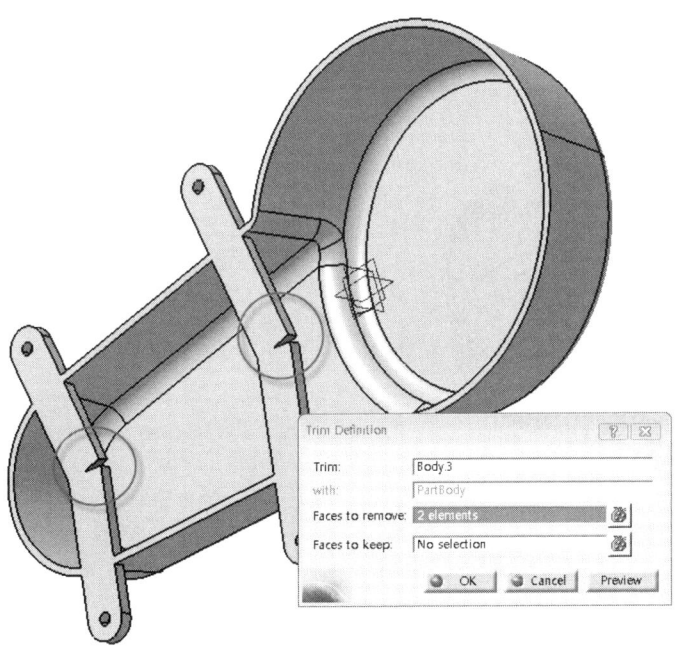 을 이용합니다. 아이콘을 클릭하고 Body3을 클릭합니다. Faces to remove 에 안쪽 두면을 클릭합니다.

35. Edge Fillet으로 마무리합니다.

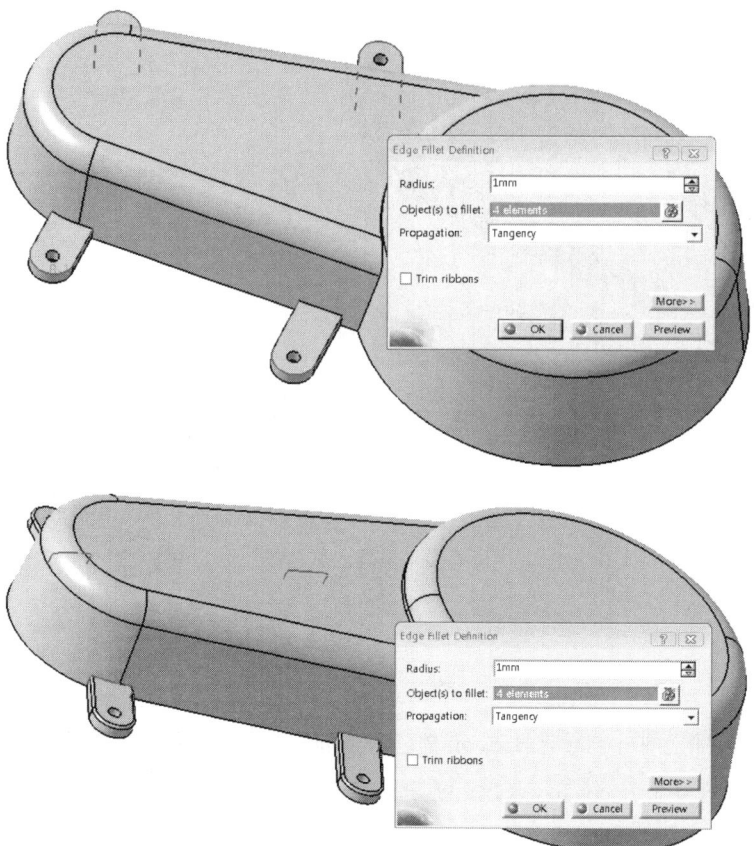

35. 다음과 같이 완성 되었습니다.

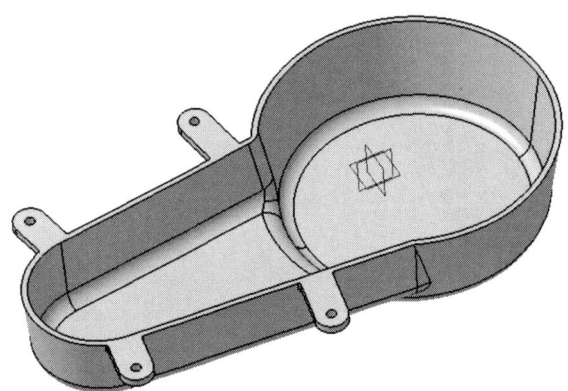

(11) Exercise 11 - Part Design 11

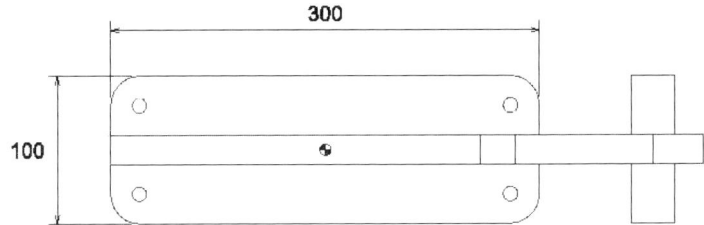

DWG 파일을 직접 이용한 모델링

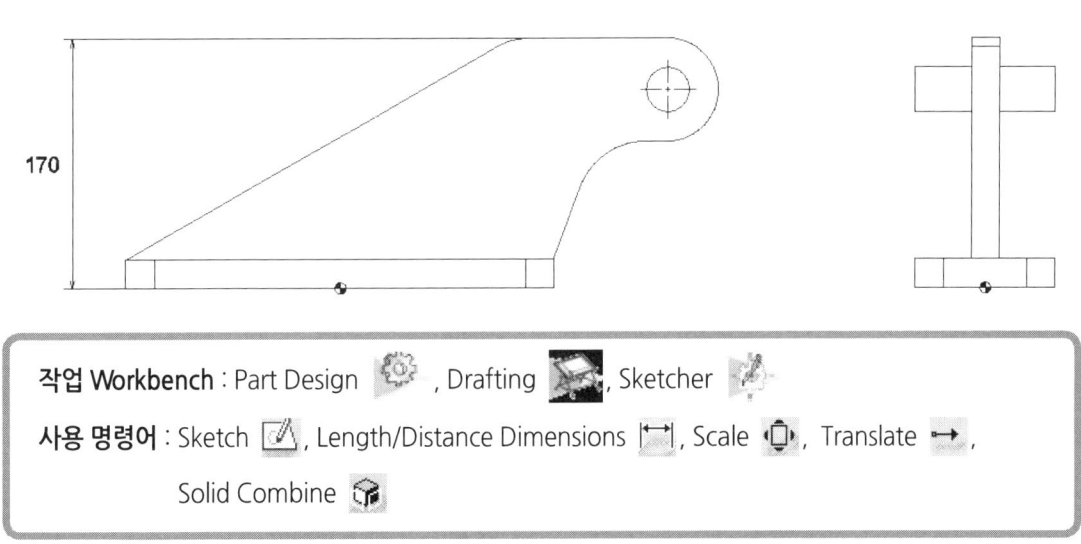

작업 Workbench : Part Design , Drafting , Sketcher

사용 명령어 : Sketch , Length/Distance Dimensions , Scale , Translate , Solid Combine

이번 예제는 다른 2D 프로그램에서 만들어진 DWG 도면에서 각 평면도를 가져와 바로 3차원화 하는 방법을 배워보겠습니다.

01. PartDesign 폴더에서 확장자가 DWG인 도면을 엽니다.

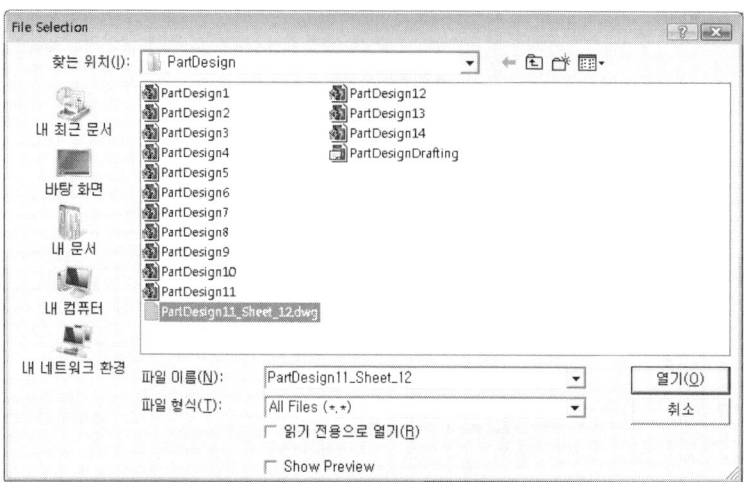

다음과 같이 DWG 파일의 형상이 Drafting Workbench에서 도면이 열리게 됩니다.

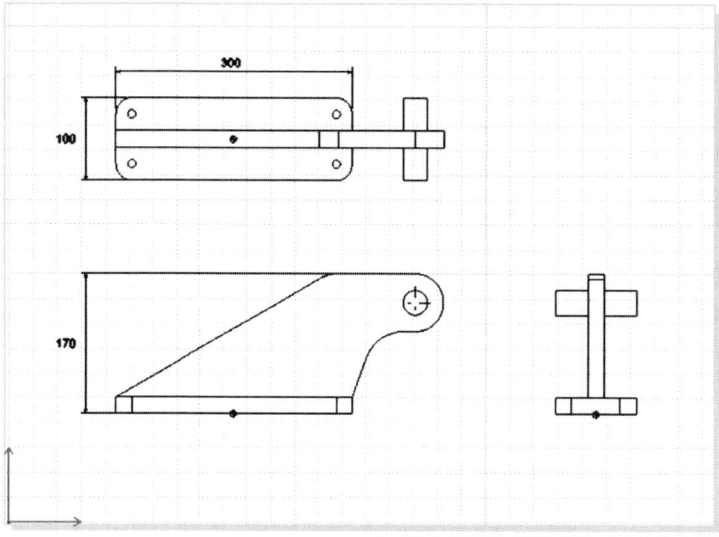

02. Sketcher로 도면을 복사해가기 전에 우선 Scale이 되지 않았는지 체크해봅니다. Dimensioning Toolbar에 Length/Distance Dimensions ⊢⊣로 나와 있는 치수와 일치하는지 체크해봅니다.

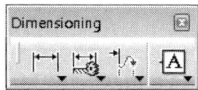

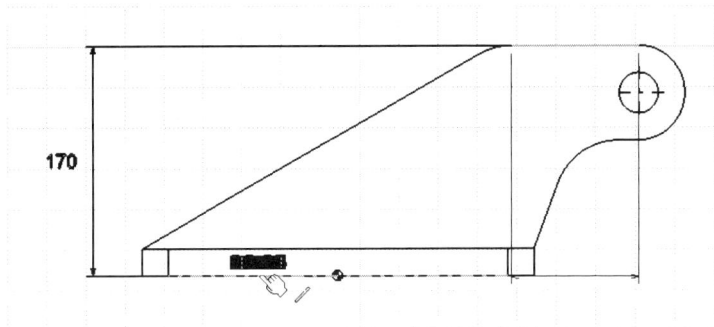

03. 보는바와 같이 기록되어 있는 치수와 실제 치수가 다른 것으로 보아 Scale이 필요합니다.

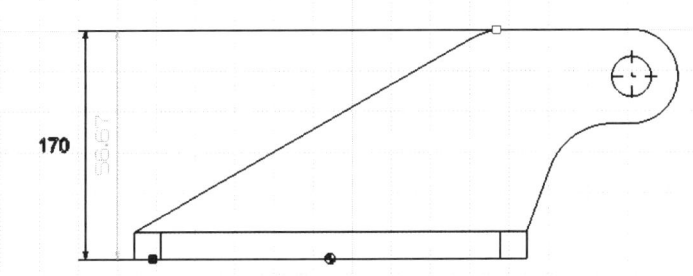

04. 마우스로 드래그 하여 전체 도면을 잡은 다음 Scale 을 클릭합니다. 중심이 될 임의의 한 점을 클릭하고 Value에 3을 넣습니다.

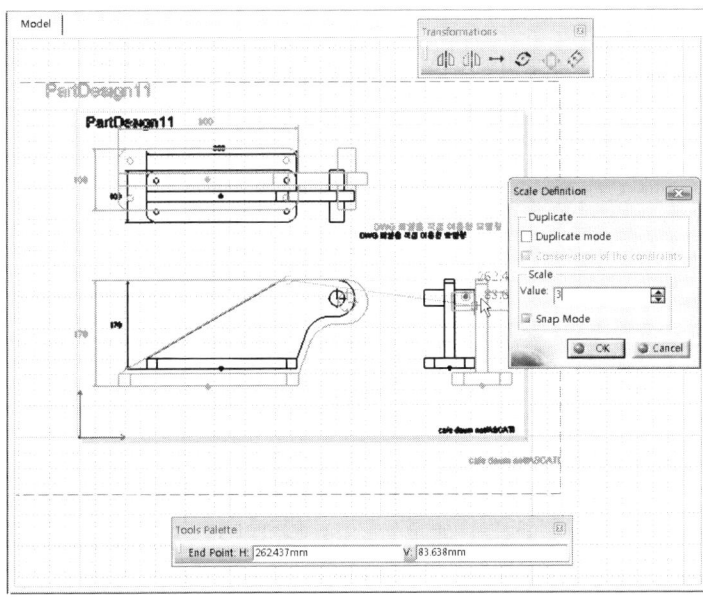

05. Length/Distance Dimensions 로 다시 길이를 측정하여 일치함을 확인합니다.

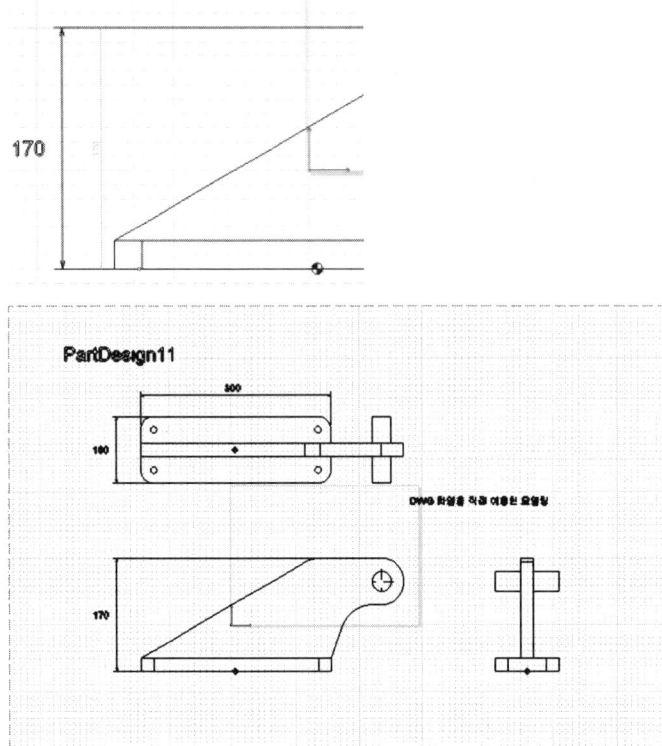

06. 새로운 Part Design Workbench를 열고 XY 평면에 들어갑니다. Bottom View를 DXG 도면에서 복사하여 붙입니다. (Control +C, Control +V)

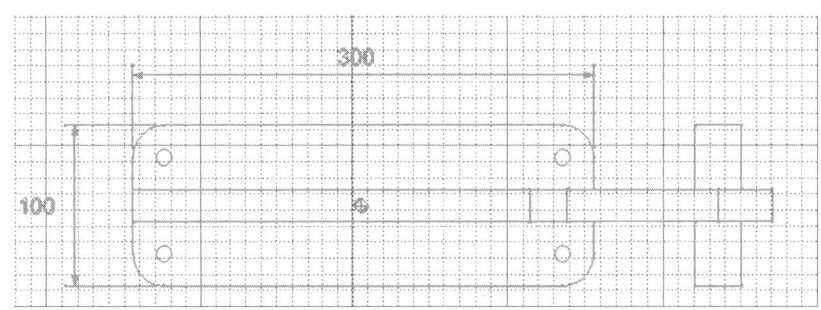

07. 도면의 중심으로 이동시키기 위해 도면의 전체가 선택되어져 있는 상태에서 Operation Toolbar에 Translate 를 클릭합니다.

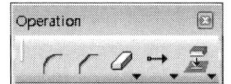

08. Duplicate mode를 해제하고 중심을 클릭합니다.

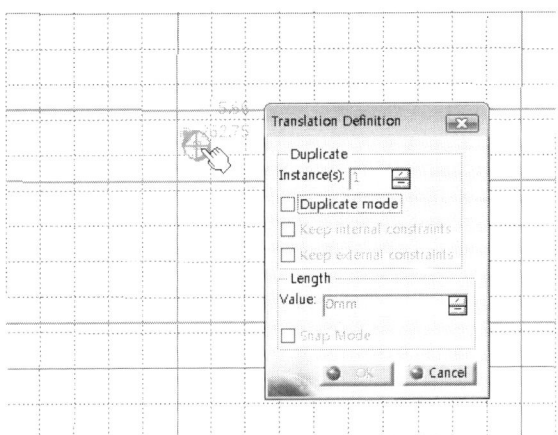

09. Sketcher 중심을 클릭하여 중심으로 이동시킵니다.

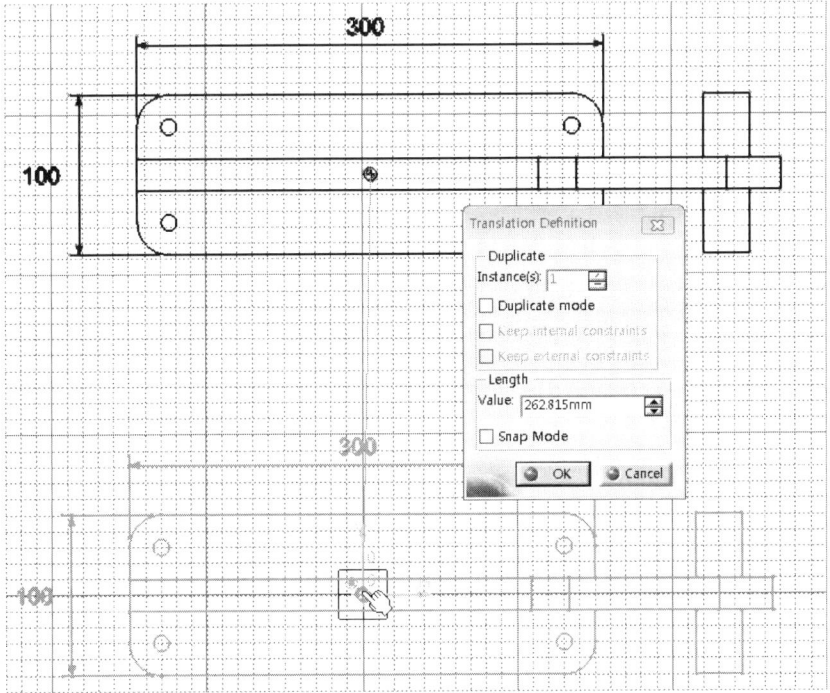

10. 수치선과 중심 표시로 그려져 있던 원을 지워줍니다.

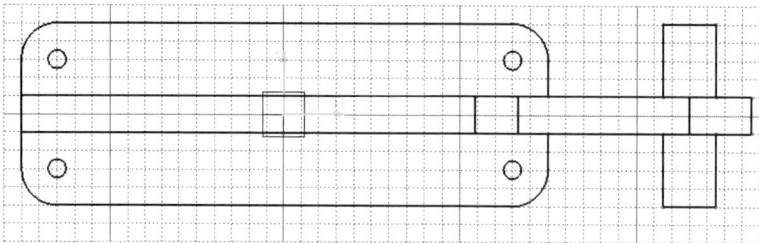

11. 이번엔 ZX 평면의 Sketcher로 들어가서 옆면을 붙여넣기 합니다.

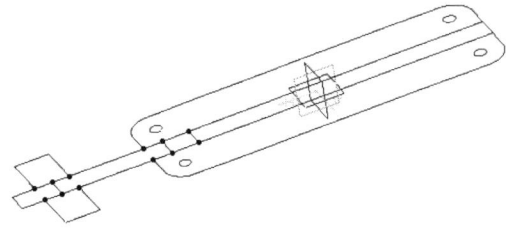

12. 앞에서처럼 Translate ↦ 를 이용하여 중심으로 이동시킵니다.

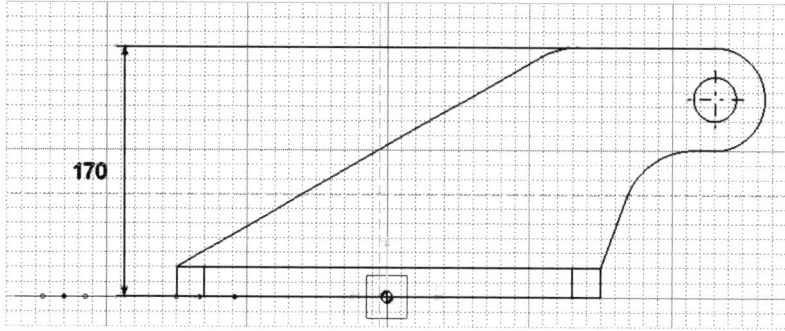

13. 하지만 Bottom View와 방향이 반대임을 알 수 있습니다.

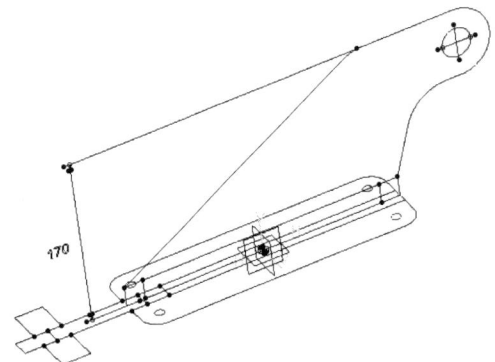

14. 뒤집어 주기위해 전체 스케치를 선택한 후 Symmetry 를 클릭합니다. 대칭시킬 축을 클릭합니다.

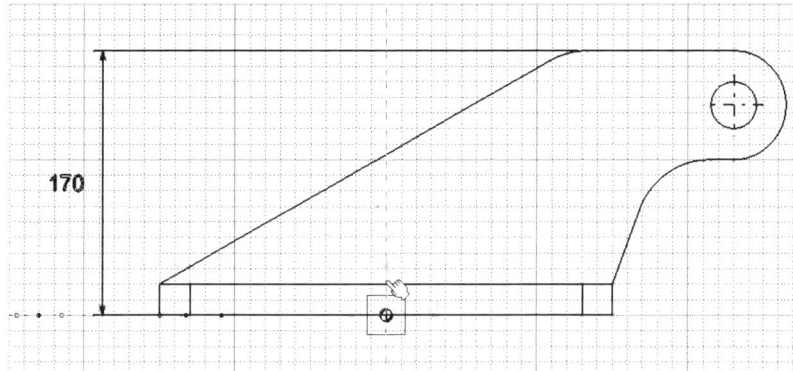

다음과 같이 밑면과 방향이 일치됨을 확인할 수 있습니다.

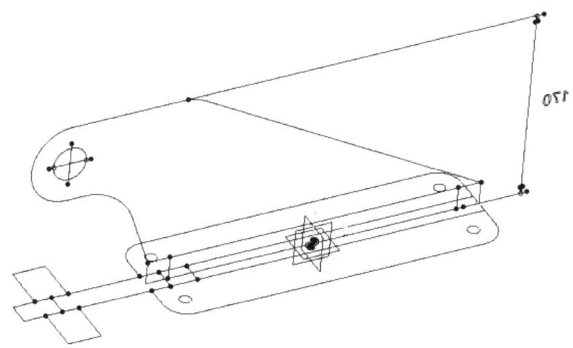

15. 불필요한 치수선을 지워줍니다.

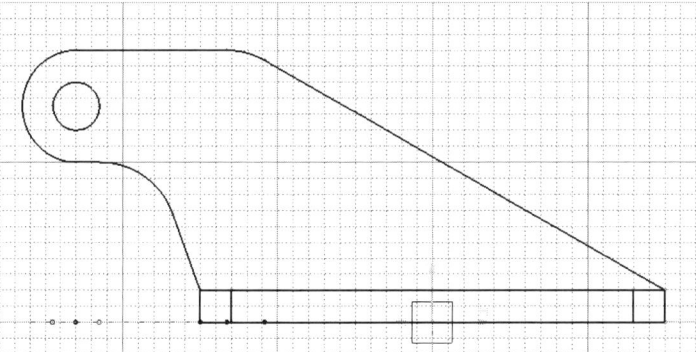

16. YZ평면도 다음과 같이 복사하여 붙인 Transfer를 이용하여 원점에 일치시킵니다.

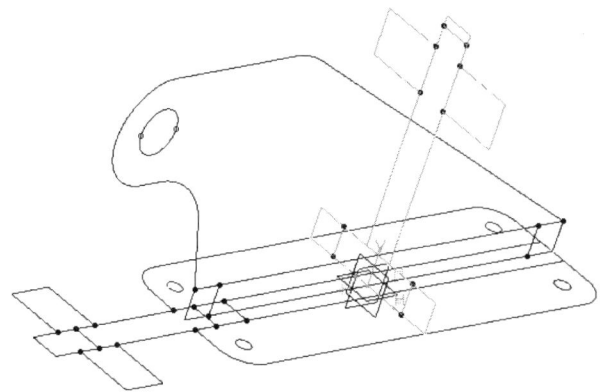

17. 밑면 형상을 만들기 위해 끊어진 부분을 잇는 선을 그려줍니다.

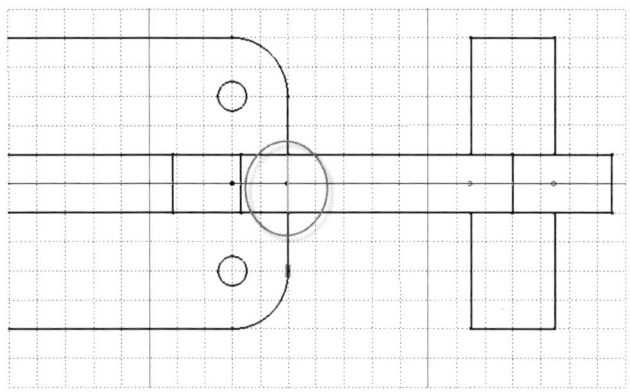

18. Sketch-Based Features Toolbar에 Solid Combine 기능을 이용하면 각각 다른 View를 이용하여 3차원의 형상을 만들 수 있습니다. 예를 들어 Front View 와 Bottom View를 이용하여 3D 부품을 만들 수 있습니다.

19. 아이콘을 클릭하면 Combine Definition 창이 뜹니다. First component Profile에 마우스를 대고 오른 쪽 키를 누르면 Go to profile definition을 선택할 수 있습니다.

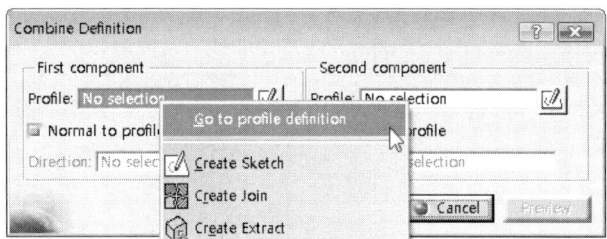

20. 모서리를 하나 클릭하면 그에 연결되어 있는 선이 모두 선택되어집니다.

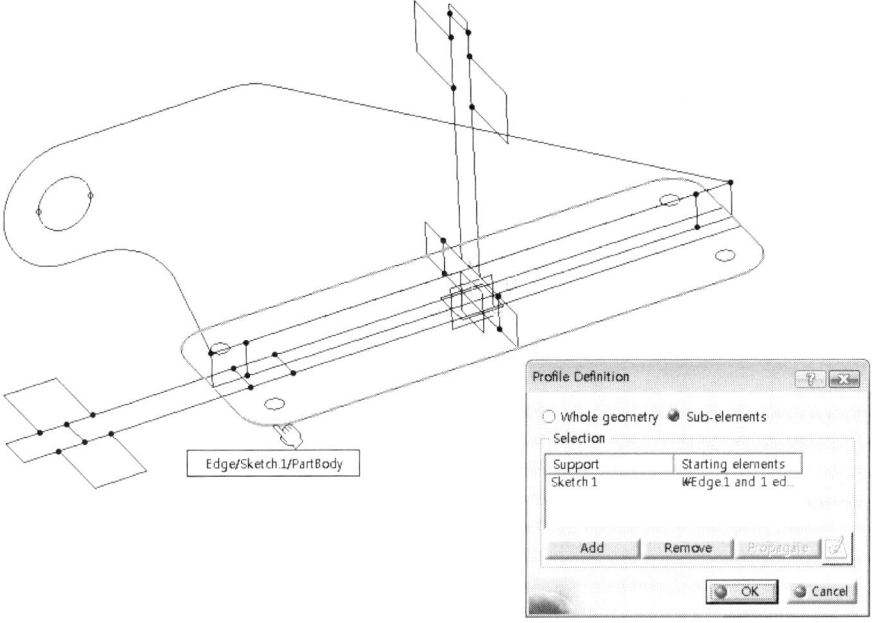

21. Second Component도 같은 방식으로 Go to Profile을 이용합니다. 하지만 선이 중간 중간 점으로 끊어져 있으므로 선택할 부분을 모두 클릭하여줍니다.

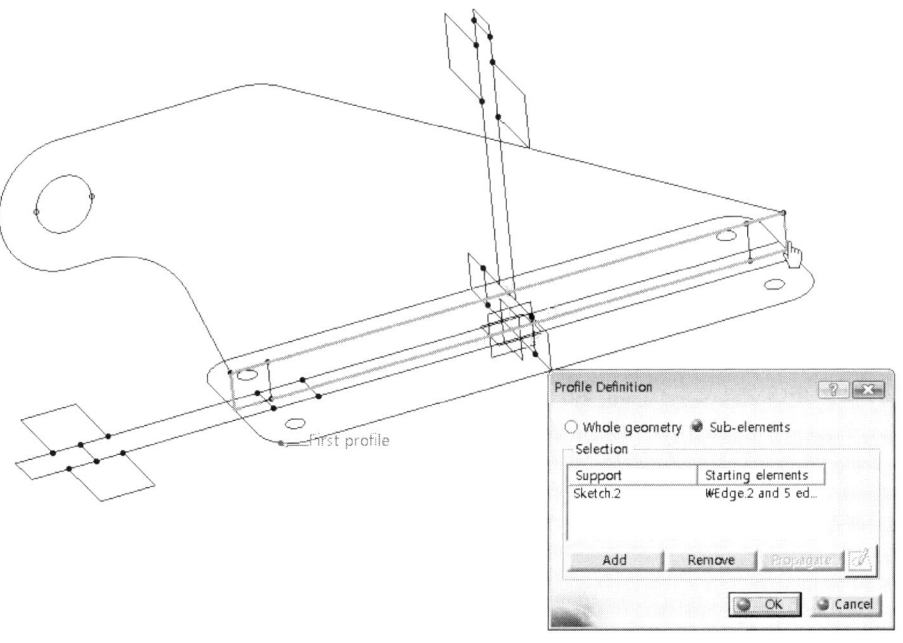

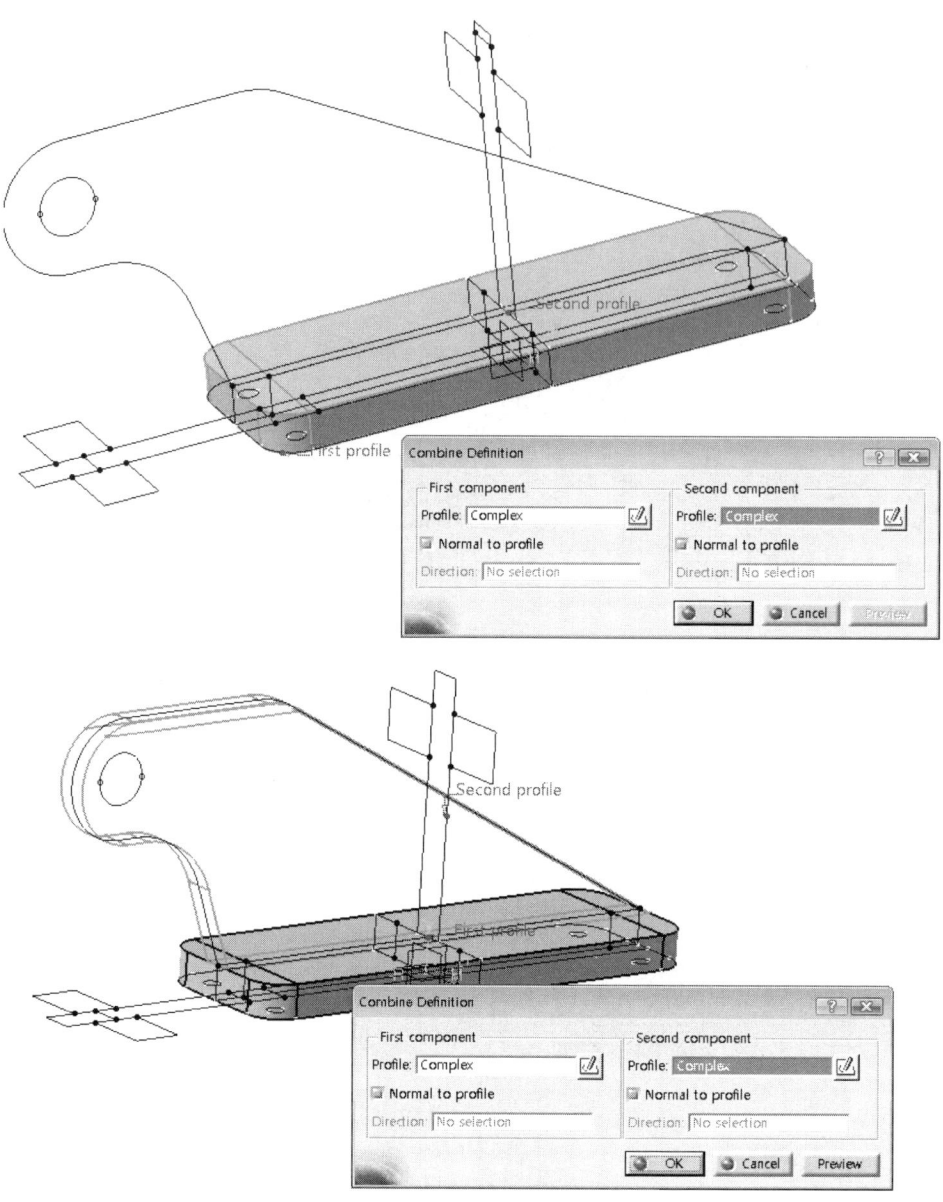

22. 다른 형상도 같은 방법으로 Solid Combine 을 이용하여 3D화 합니다.

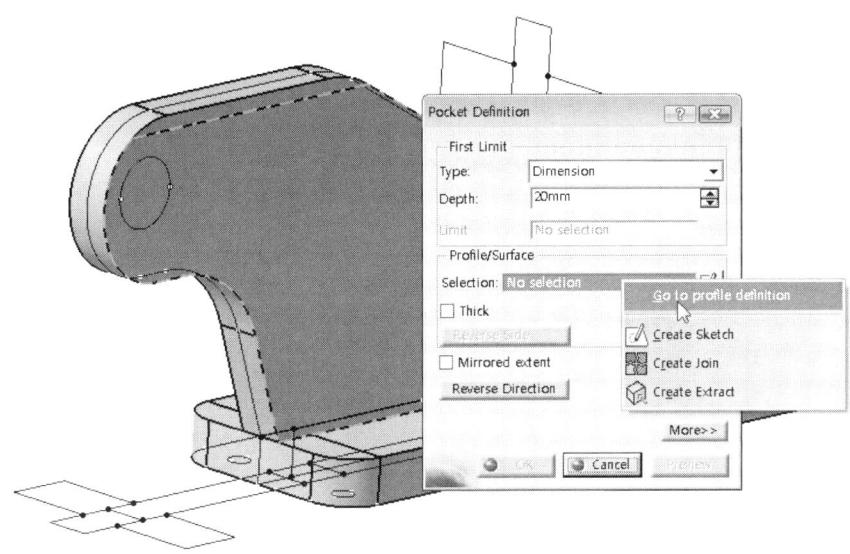

23. Pocket으로 구멍을 뚫어줍니다. Profile Selection에서 오른쪽 마우스 키로 Go to profile definition을 클릭하여 스케치 중에 원만 선택하도록 합니다.

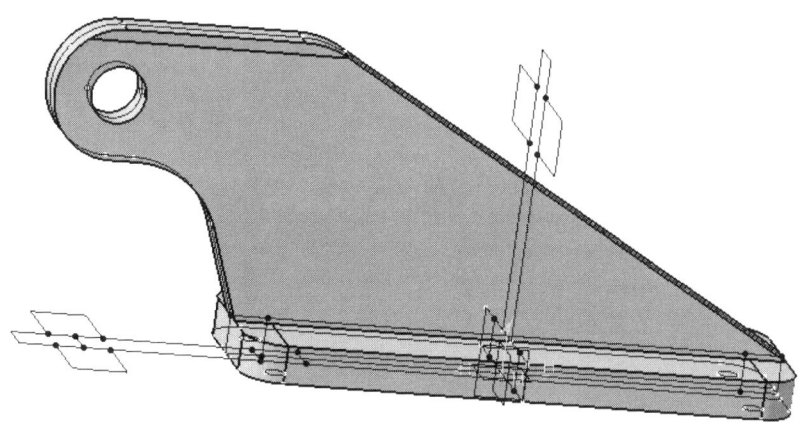

24. 구멍사이로 Solid Combine을 이용해 원통을 만들어주기 위해 Sketcher에서 선을 이어줍니다.

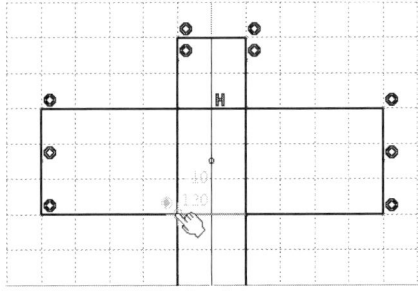

25. Solid Combine 클릭 후 Go to Profile Definition에서 원하는 Profile을 선택하여줍니다.

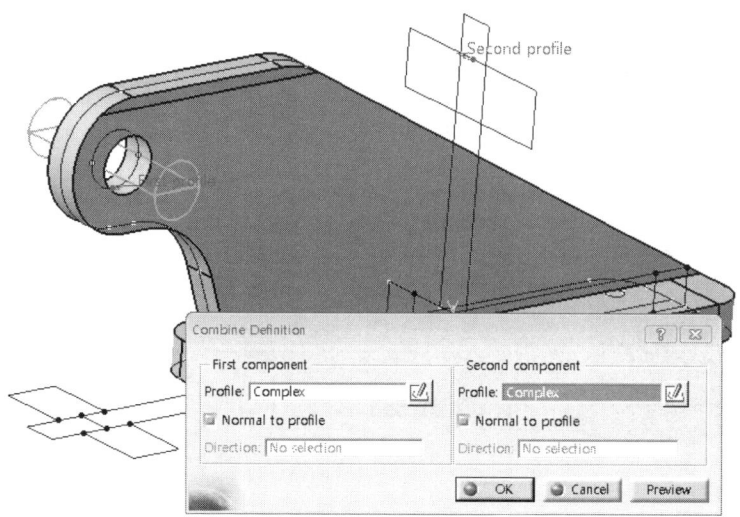

26. 밑에 구멍까지 뚫으면 어느 Vies에서나 일치하는 3D 형상이 완성됩니다.

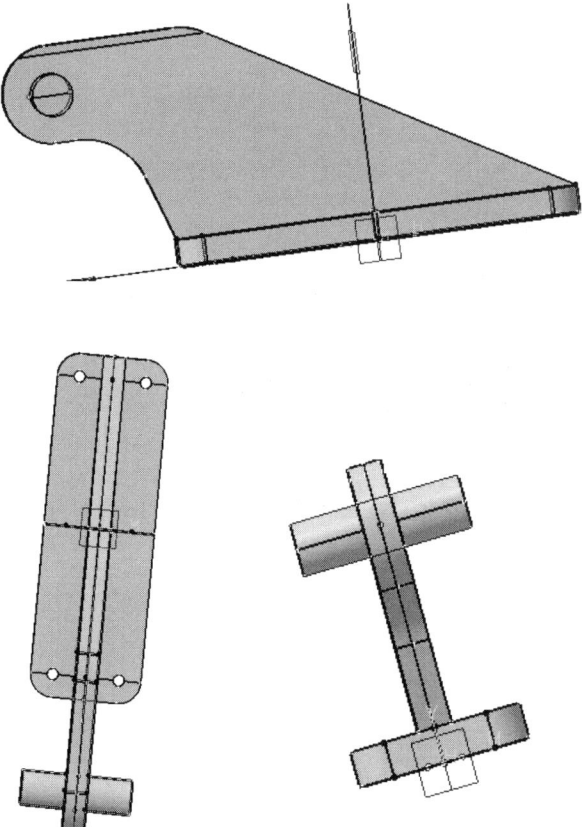

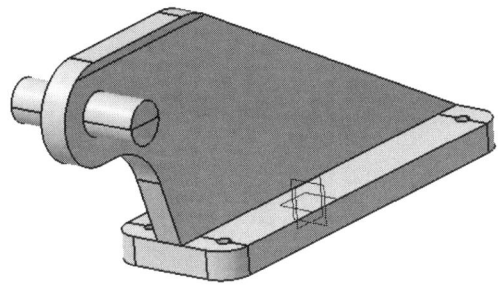

(12) Exercise 12 - Part Desgin 12

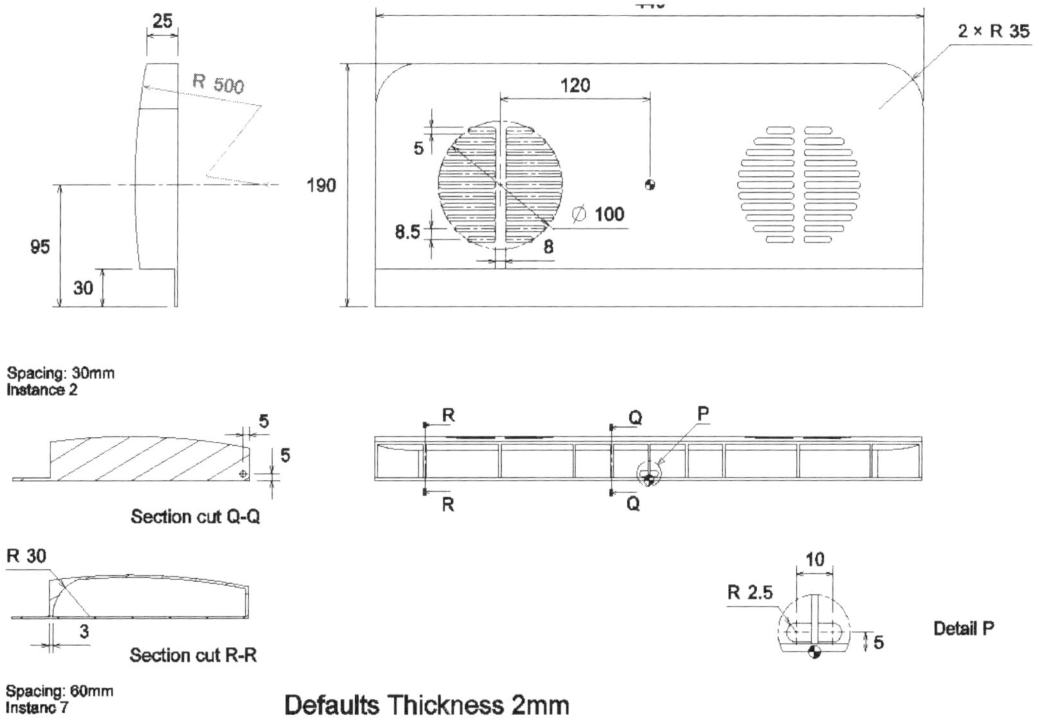

Defaults Thickness 2mm

> 작업 **Workbench** : Part Design , Sketcher
> 사용 명령어 : Sketch , Translate , Rectangular Pattern , Stiffener

01. YZ 평면의 Sketcher로 들어가 다음과 같은 선을 그립니다. 수평으로 길이 190mm, 오른쪽 길이 25mm 만큼 위로 그려줍니다.

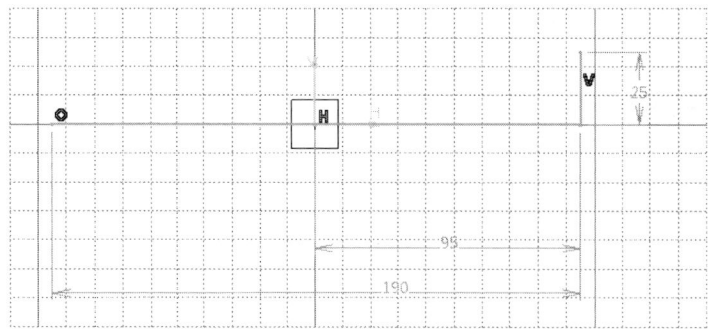

02. 원 중심이 수직선 위에 있으면서 오른쪽 끝점과 일치되도록 하는 반지름 500짜리 원을 그립니다.

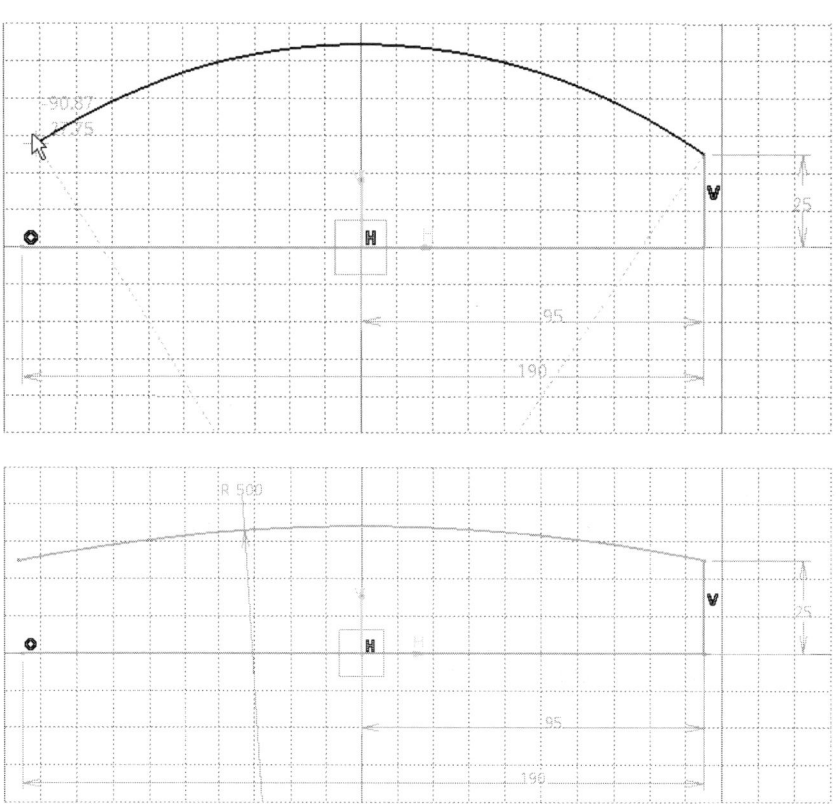

03. 왼쪽 2mm 연결되는 부분이 30mm 되도록 Profile로 연결해줍니다.

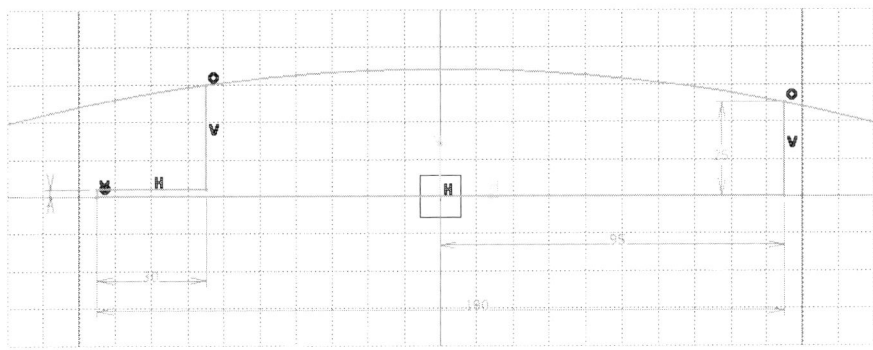

04. Quick Trim으로 원의 바깥 부분을 지워줍니다.

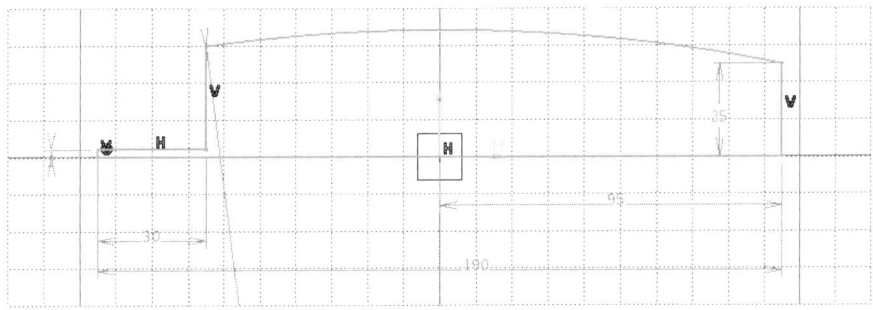

05. 220mm 만큼 Mirrored extent로 패드시킵니다.

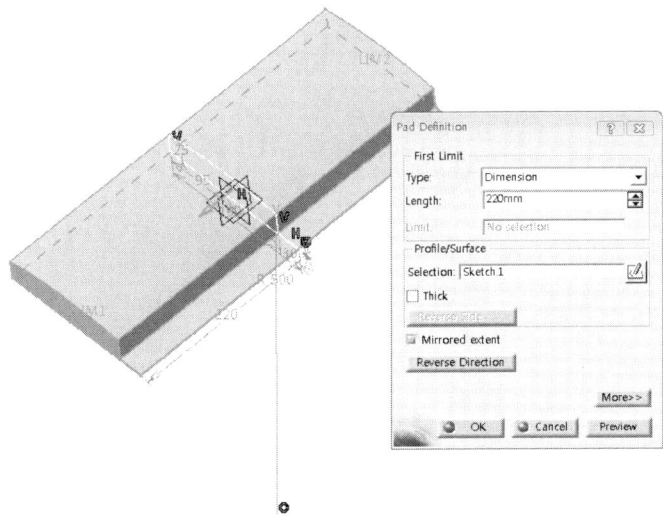

06. Edge Fillet으로 뒷부분을 반지름 35mm의 Fillet을 해줍니다.

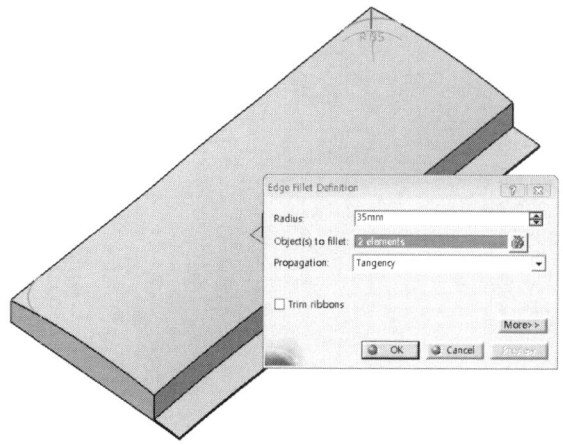

07. 두께를 2mm로 하여 Shell로 파줍니다.

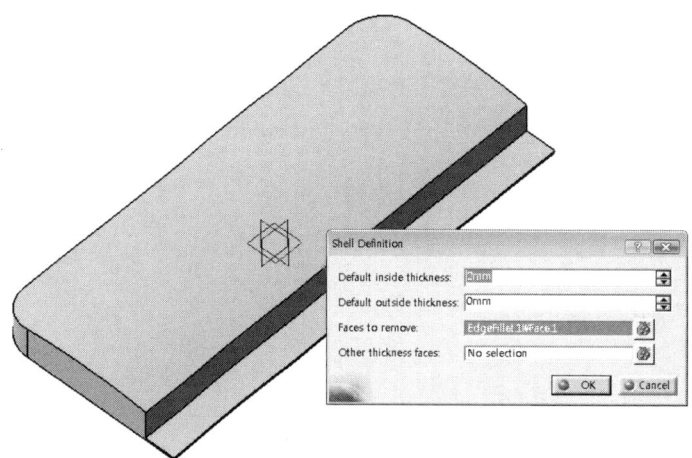

08. 바닥면을 선택하여 Sketcher Workbench로 이동합니다.

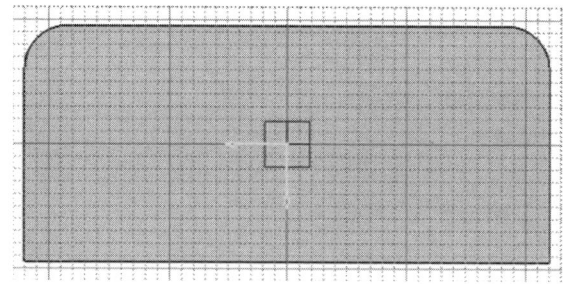

09. 중심으로부터 수직방향으로 120mm 떨어진 곳에 지름 100mm인 원을 그립니다.

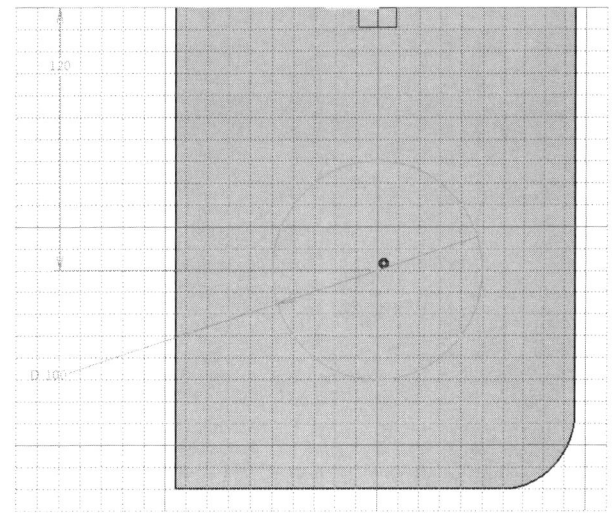

10. 잘 보이지 않으므로 우선 앞에서 패드 한 형상을 잠시 Hide시킵니다. 원 중심을 지나는 축을 하나 그립니다.

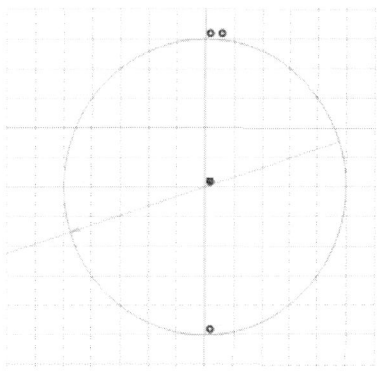

11. Translate ↔를 이용해 방금 그린 선을 Duplicate mode 8.5mm 간격으로 5개씩 양쪽으로 만듭니다.

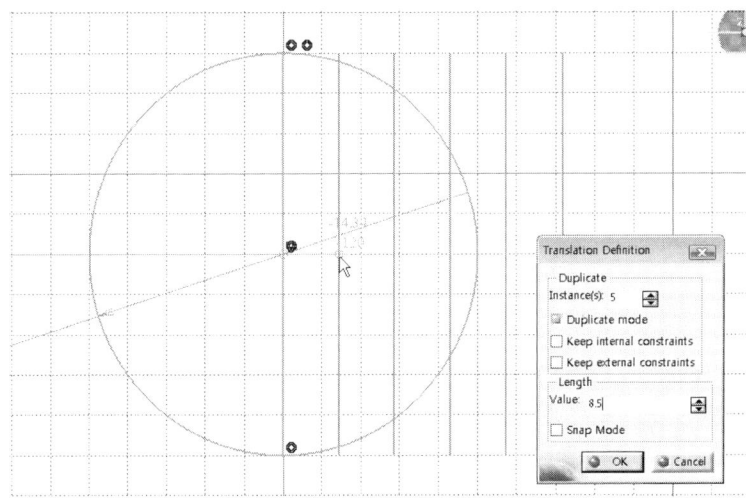

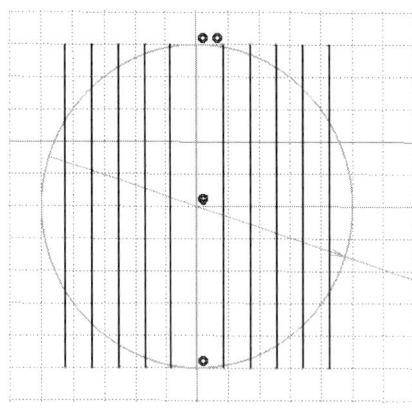

12. Axis ⋮ 로 원 중심을 가로로 지나는 선을 그리고 Allow Symmetry line을 삼아 8mm 떨어진 두 개의 선을 그립니다.

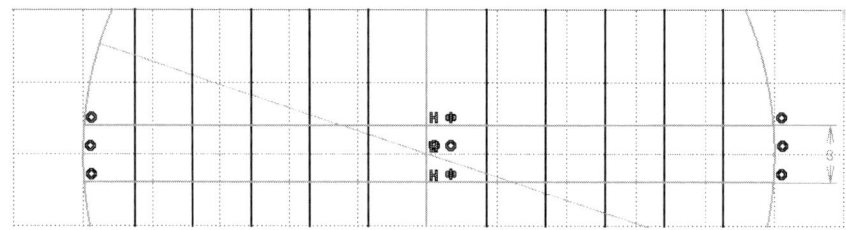

13. Quick Trim ⌀ 으로 불필요한 부분을 지워줍니다.

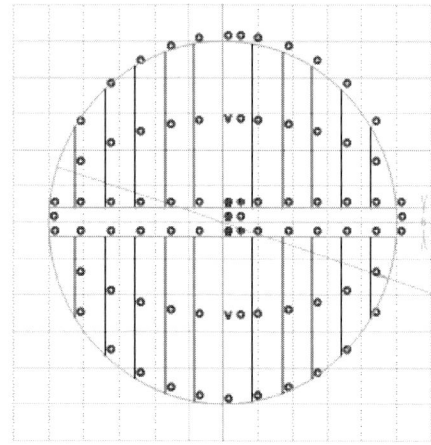

14. Construction/Standard Element ⊚ 로 원과 중심에 가로로 그린 두 Line을 Construction Element로 바꾸어줍니다.

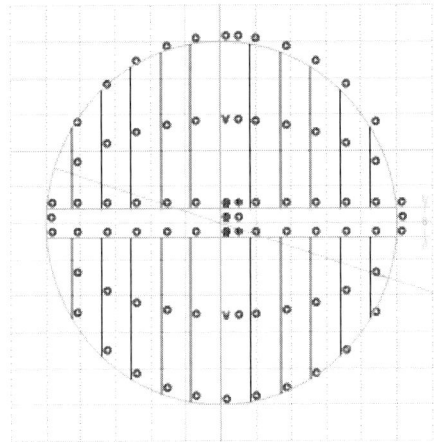

15. Pocket으로 Thick 5mm Neutral Fiber로 뚫어줍니다.

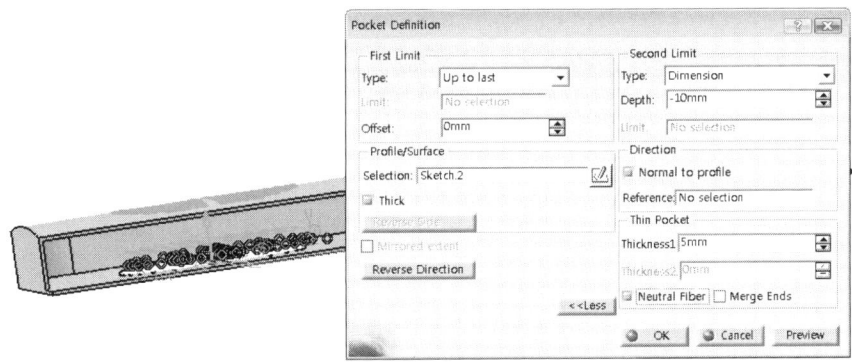

16. 반지름 2.5mm로 앞서 Pocket한 부분을 Edge Fillet을 줍니다.

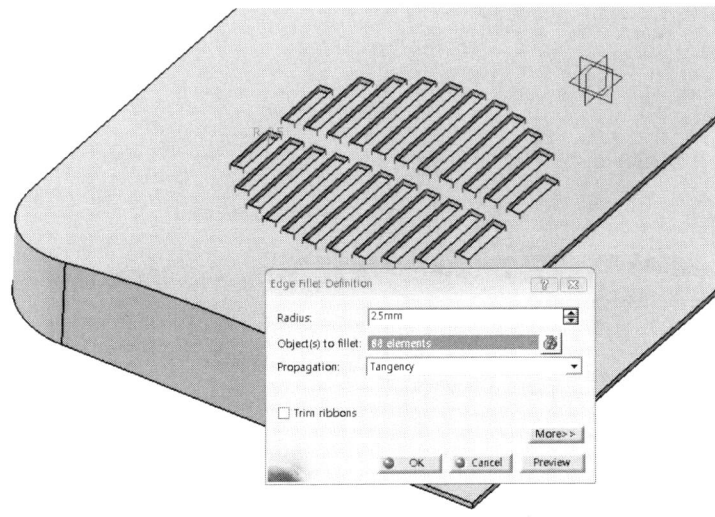

17. Tree에서 Pocket.1 과 Edgefillet.2를 같이 선택하여 ZX 평면에 대해 Mirror 합니다.

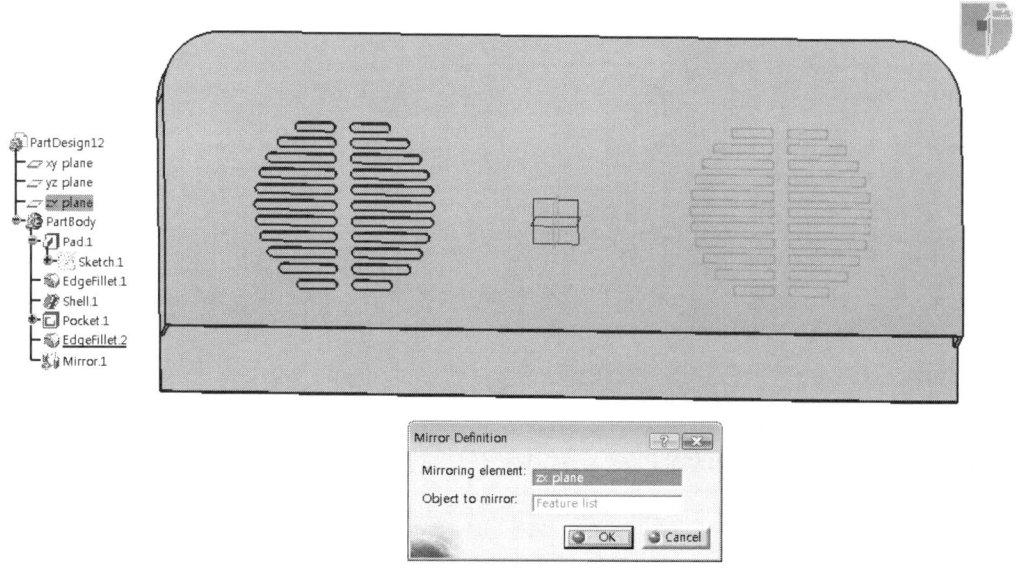

18. 가운데 칸막이를 그리기 위해 ZX 평면으로 스케치 Workbench에 들어갑니다.

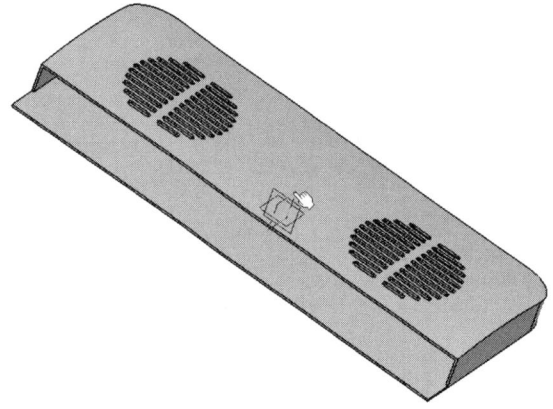

19. Project 3D Elements 로 안쪽 벽을 아래, 위로 클릭합니다.

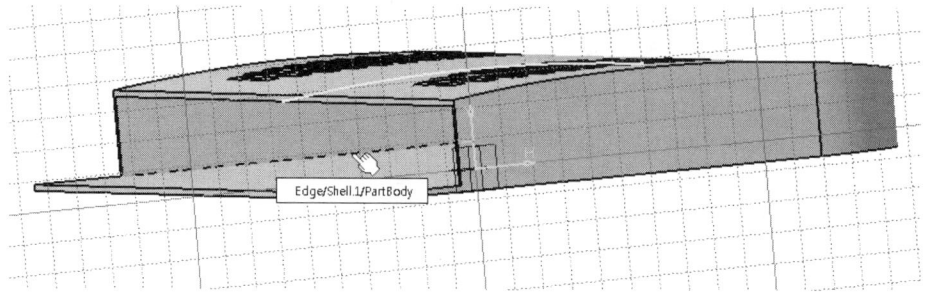

20. 아래위를 잇는 직선을 그리고 반지름 30mm인 Arc를 그립니다. Break 로 뒷부분을 끊은 다음 Construction/Standard Element 로 필요 없는 부분을 Construction Element로 만듭니다.

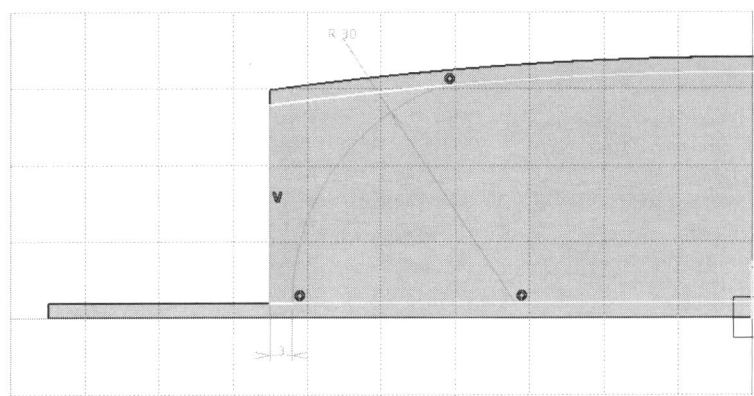

21. Pad를 이용하여 1mm로 Mirrored extent 합니다.

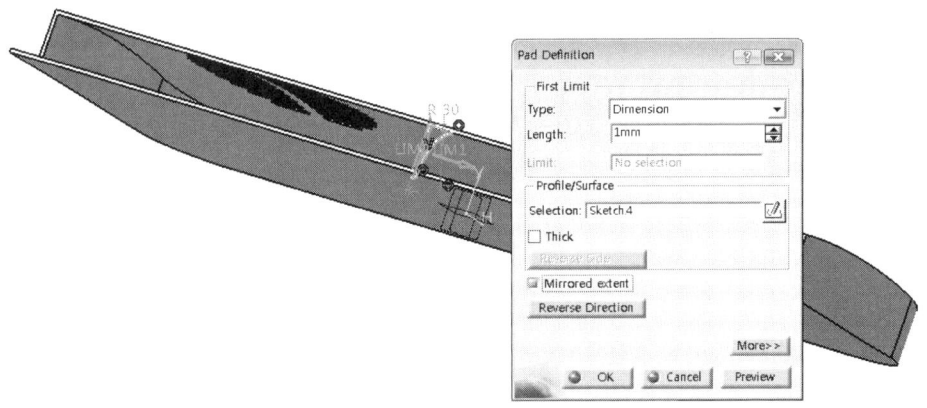

22. 방금 만든 칸막이를 Rectangular Pattern 합니다. Instances에 7개, Spacing 60mm 간격으로 합니다. Reference element에서 오른쪽 마우스 키를 클릭하여 Y Axis를 선택합니다. 한 방향으로만 패턴이 되므로 More를 눌러서 Row in direction에 1과 4를 넣어 양쪽으로 세 개씩 만들어지도록 합니다.

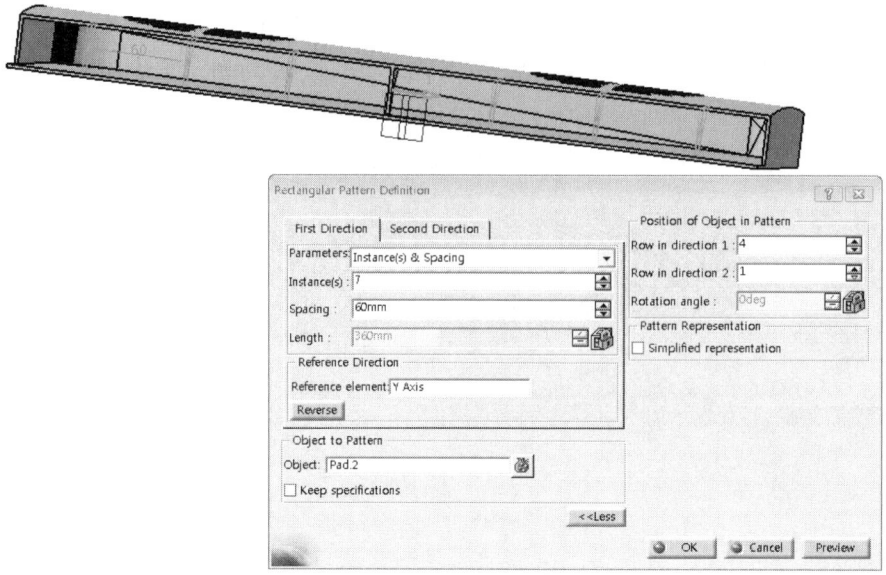

23. 안을 꽉 채우는 벽을 두 개 만들기 위해 앞면을 클릭하여 스케치 Workbench로 이동합니다.

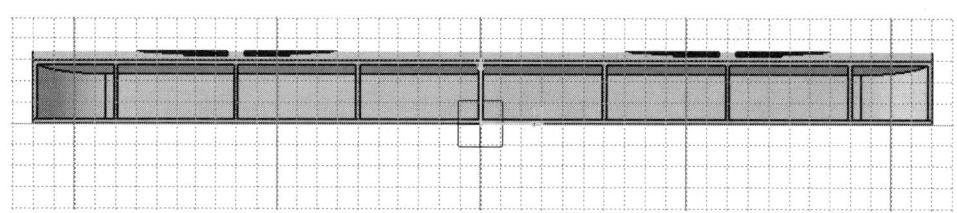

24. 중심에서 양쪽으로 30mm 떨어진 지점에 선을 그려줍니다.

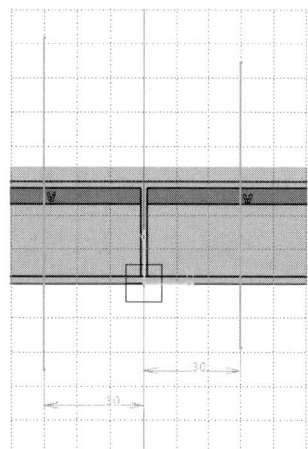

25. Part Design Workbench로 나와서 Stiffener를 클릭합니다. 바깥쪽으로 되어있는 화살표를 클릭하여 안쪽으로 방향을 바꿉니다. From Top 으로 두께 2mm를 줍니다.

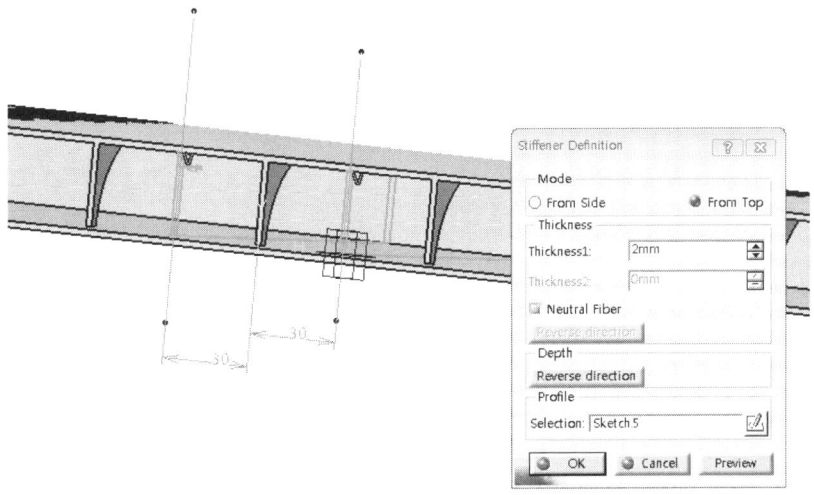

26. 이 벽에 구멍을 뚫어 주기 위해 ZX 평면으로 Sketcher에 들어갑니다. 오른쪽으로 90mm 위로 5mm 위치에 지름 5mm인 원을 그립니다.

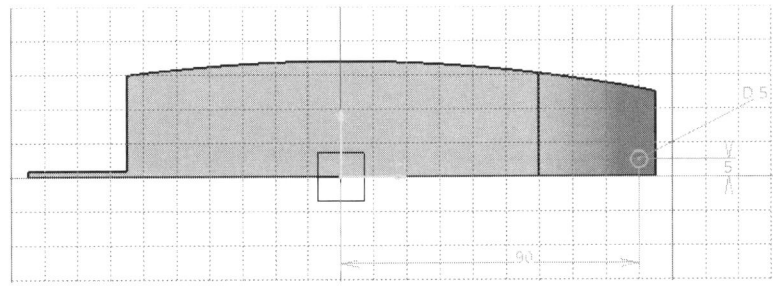

27. Pocket을 클릭하여 First Limit, Second Limit을 모두 Up to next로 하여 양쪽모두 뚫도록 합니다.

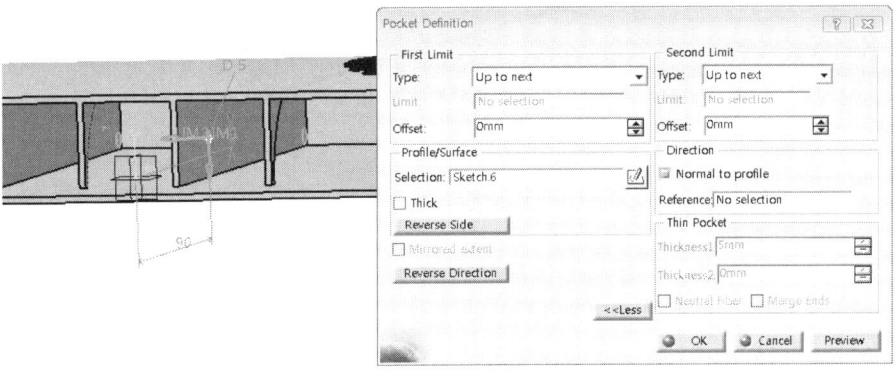

28. 마지막으로 뒤에 구멍을 뚫기위해 YZ 평면 스케치로 들어갑니다. 가로 10mm, 세로 2.5mm로 Elongated Hols 을 그립니다.

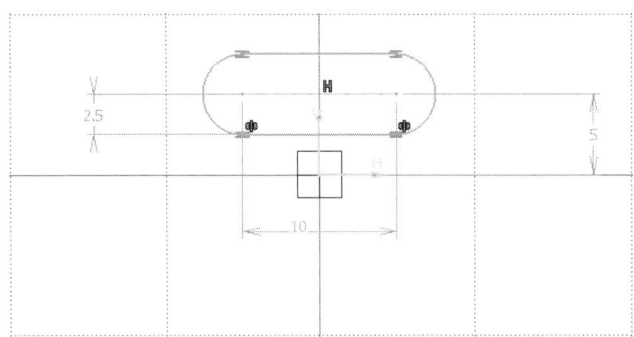

29. Pocket으로 뚫어줍니다.

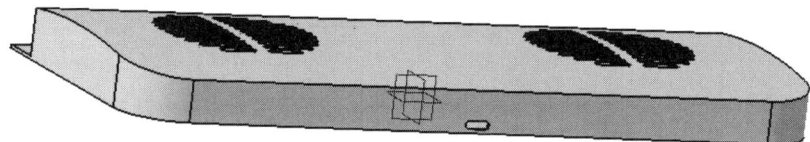

30. 다음과 같이 완성 되었습니다.

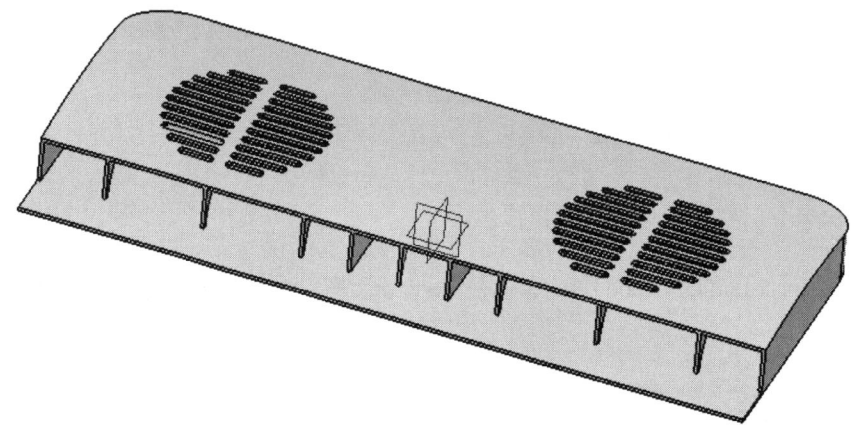

(13) Exercise 13 - Part Design 13

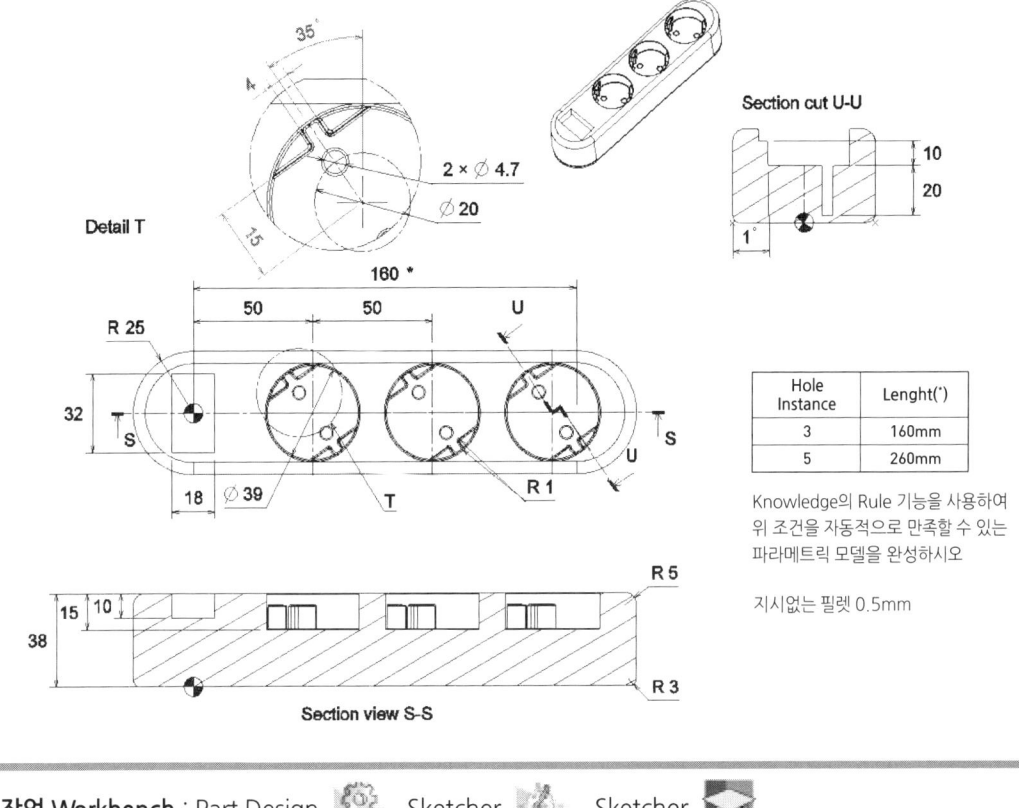

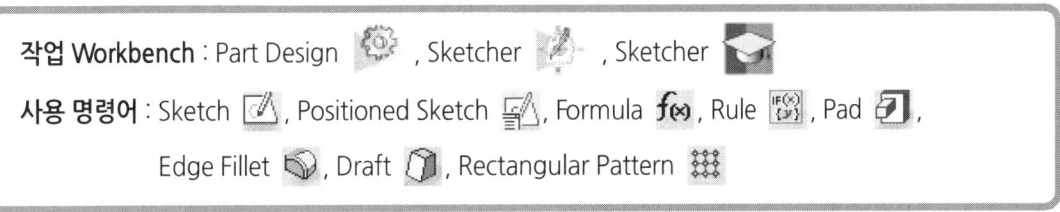

우선 위 도면의 작업을 하기에 앞서 이번 작업에서는 Knowledge Advisor라는 Workbench가 사용되는 점을 주목하기 바랍니다. 작업자가 Knowledge를 배우고 사용하기 시작하는 간단한 Knowledge Toolbar를 벗어나 이제 직접적으로 knowledge 관련 Workbench에서 작업하는 첫 작업이 될 것입니다. 위 도면의 형상은 이번 Knowledge를 설명하기 위해 생활 용품 중에 하나인 멀티 탭에서 형상을 고안하였습니다. 여기서 멀티 탭을 3구 타입과 5구 타입으로 두 개의 형상을 사용한다고 할 경우 각각의 형상을 일일이 만들지 않고 정의한 변수에 의해서 변수가 변경됨에 따라 동시에 형상이 변경될 수 있는 규칙(Rule)을 만드는 것이 이번 작업의 포인트입니다.

01. 우선 다음과 같이 새로운 Part 도큐먼트를 실행시킨 뒤에 Part Number를 PartDesign13으로 변경합니다.

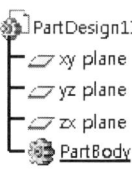

02. 그리고 Options에 들어가 다음과 같이 설정이 되어 있는지 확인합니다.

General ⇨ Parameter & Measure

Parameter Tree View
- With value
- With formula

Infrastructure ⇨ Part Infrastructure

Display In Specification Tree
- External References
- ☐ Constraints
- Parameters
- Relations
- Bodies under operations
- Expand sketch-based feature nodes at creation

03. 설정을 확인한 후 Formula를 이용하여 두 개의 Parameter를 만들어줍니다.

Parameter Of Type	Name	Value
Length	160mm	L
Real	3	Instance

04. 방법은 다음과 같습니다. Formula $f(x)$ 를 실행시킵니다. 그럼 다음과 같은 창이 나타납니다.

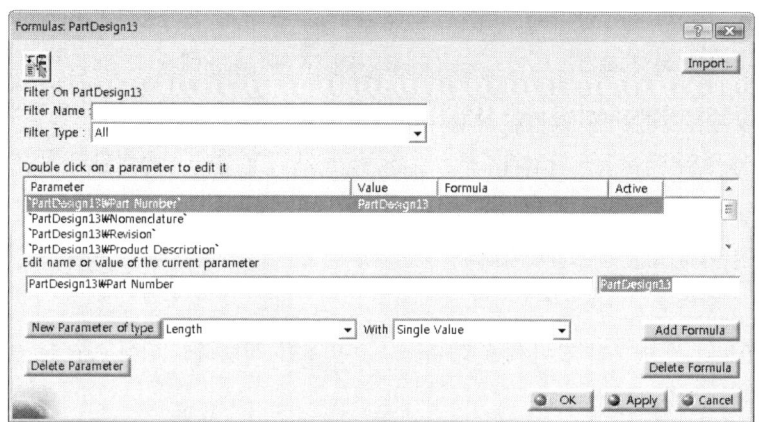

05. 여기서 하단의 'New parameter of type' 버튼이 있는 곳에서 Type을 Length로 선택한 후에 'New parameter of type' 버튼을 클릭합니다.

06. 여기서 하단의 'New parameter of type' 버튼이 있는 곳에서 Type을 Length로 선택한 후에 'New parameter of type' 버튼을 클릭합니다.

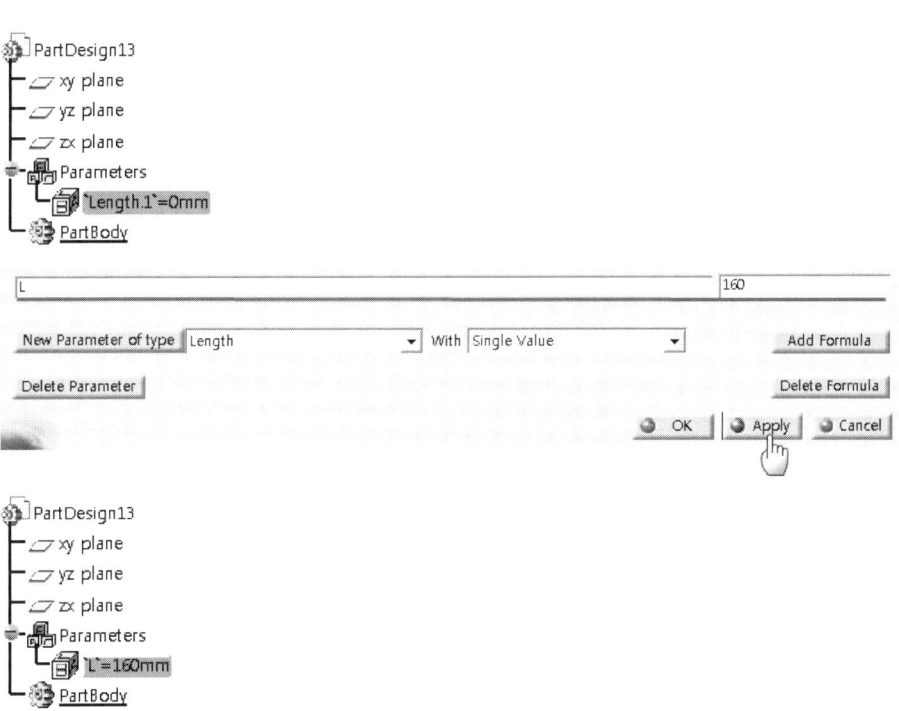

07. 마찬가지 방법으로 이번에는 Parameter type을 Real로 선택한 후에 'New parameter of type' 버튼을 클릭합니다. 그리고 그 값을 3으로 입력해줍니다. Spec Tree에서 값이 맞게 만들어졌는지 확인합니다.

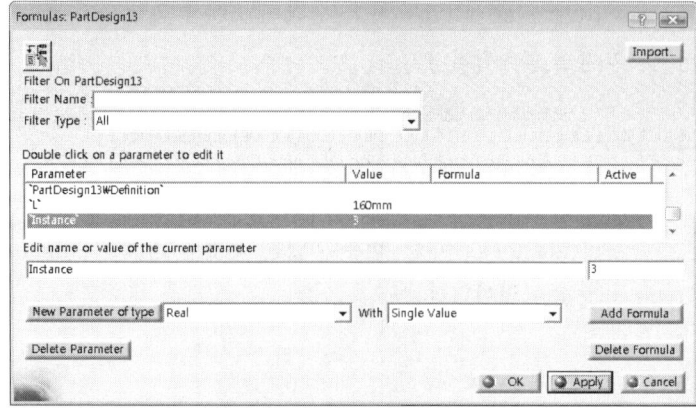

08. 다음으로 Workbench를 Knowledge Advisor 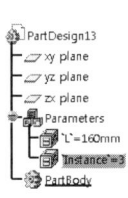 로 이동합니다.

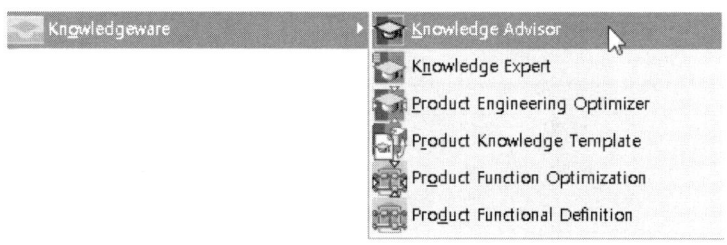

09. 여기서 Rule 명령을 실행시킵니다. Rule Editor 창이 나타나면 기본 정보를 확인하고 OK를 누릅니다.

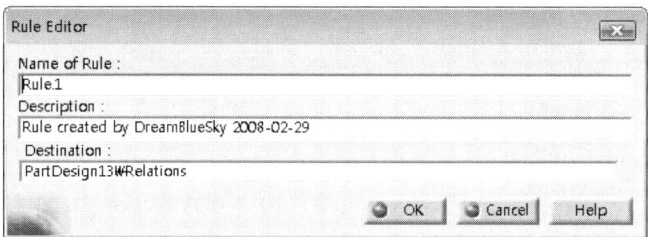

10. 아래와 같이 Rule Editor 창이 열리면 앞서 만들어준 두 개의 Parameter를 이용하여 다음과 같은 구문을 직접 입력하도록 합니다.

```
if `Instance` == 3
{
        `L` = 160mm
        Message("3 Hole Type")
}
else if `Instance` == 5
{
        `L` =260mm
        Message("5 Hole Type")
}
else if `Instance` <> 3 or `Instance` <> 5
{
        `L` = 160mm
        Message("Wrong Instance!")
}
```

이 구문의 경우 if문을 사용하여 원하는 조건에 맞을 경우 괄호안의 동작을 수행하게 하는 간단한 조건문의 형태를 꾸민 것입니다. 여기서 독립 변수로 사용하는 것은 Real 값인 Instance 이며 종속 변수로는 Length 변수 L입니다. 부가적으로 Message("")를 사용하여 작업 화면에 메시지를 출력하여 작업자가 조건문으로 만들어진 형상의 변화를 확인할 수 있도록 하였습니다. 세 번째 구문은 3 또는 5를 Instance로 입력하지 않을 경우 잘못된 값을 입력하였음을 알리며 Length 변수를 디폴트값인 160mm으로 고정하도록 합니다.

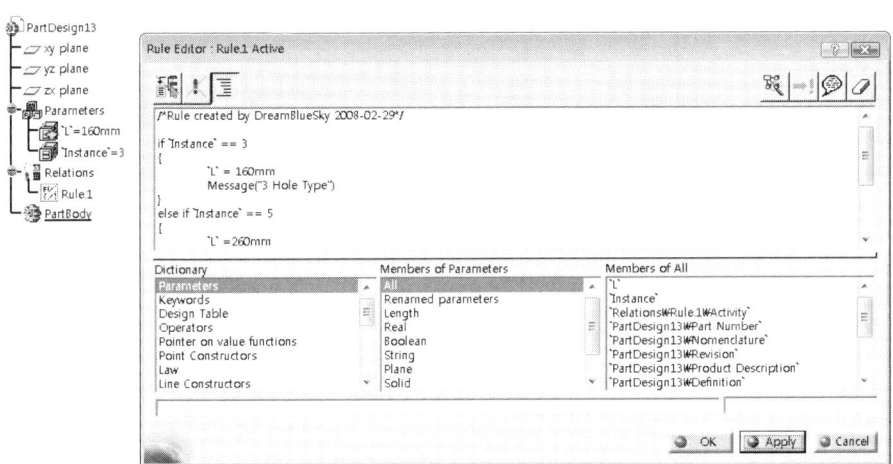

11. 구문을 입력한 후에 Apply를 눌렀을 때, 에러 메시지가 나오지 않는지 확인합니다. 만약에 에러 메시지가 나오는 경우 자신이 입력한 정보가 바르게 입력되었는지 확인합니다. (오타 및 변수 이름에 대해서 신중히 체크하기 바랍니다.) 맞게 구문이 입력되었다면 처음 Apply를 클릭할 때 다음과 같은 메시지가 뜰 것입니다.

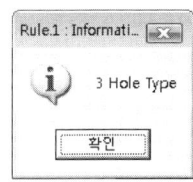

12. Rule이 맞게 입력되었는지 확인하기 위해 다음과 같인 Instance 값을 5로 변경해봅니다.

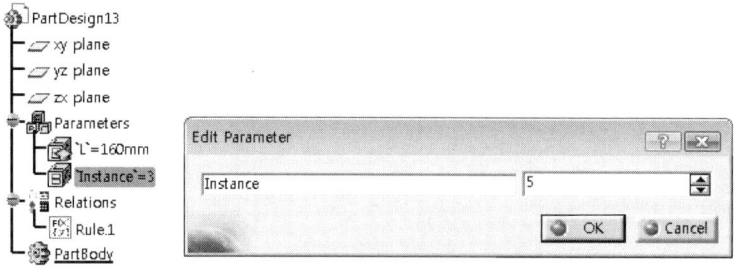

OK를 누르게 되면 다음과 같은 메시지를 확인할 수 있어야 합니다.

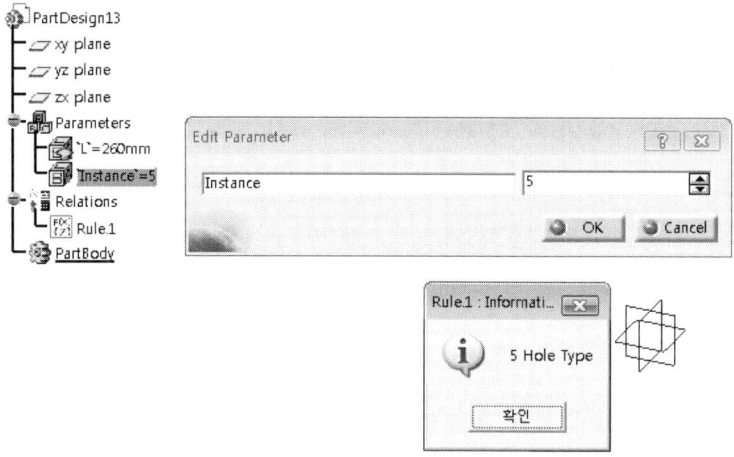

확인이 되었다면 다시 Instance 값을 3으로 변경해 놓고 다음 단계를 진행합니다.

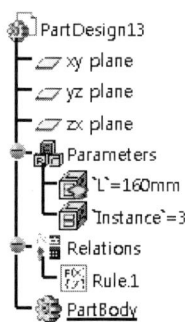

13. 다음으로 위 Rule을 실제 형상에 적용하기 위해 형상을 그리도록 할 것입니다. XY 평면에 다음과 같이 Elongated Hole 형상을 그려줍니다.

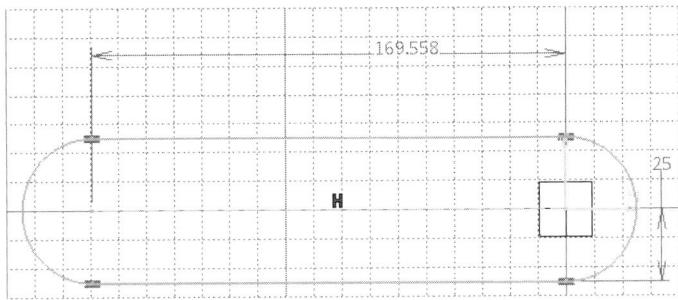

14. 치수를 입력하는 과정에서 두 중심 간의 거리에 앞서 정의한 Parameter 'L'을 Constraints를 입력한 후 Edit Formula를 이용하여 대입시킵니다.

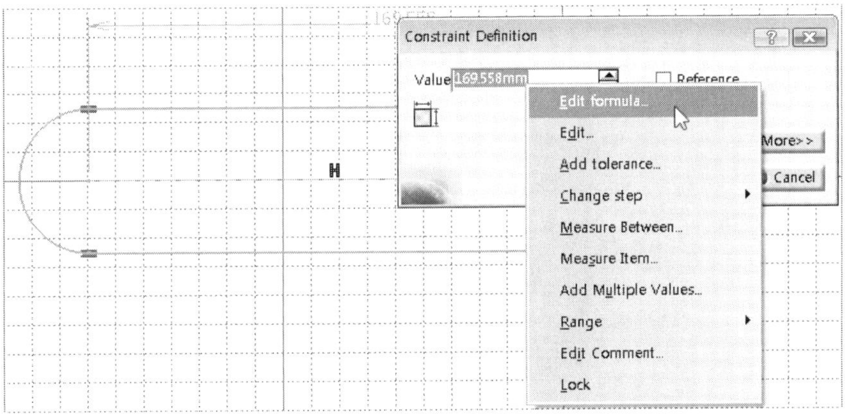

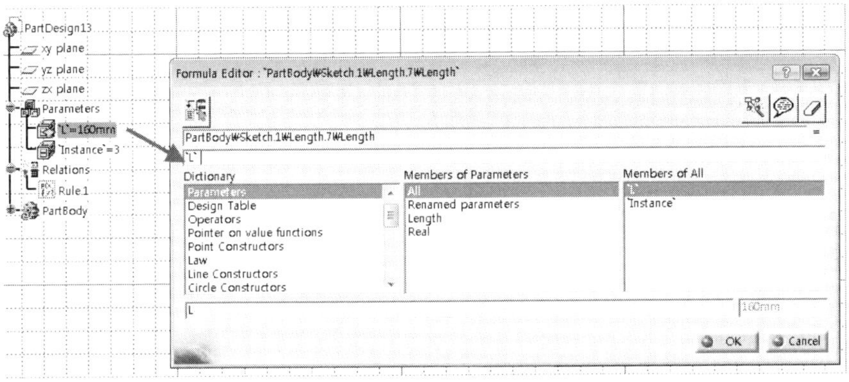

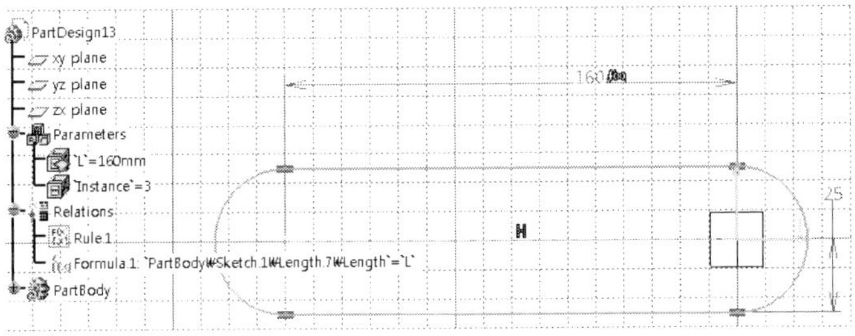

15. 이 Sketch.1을 38mm만큼 Pad해 줍니다.

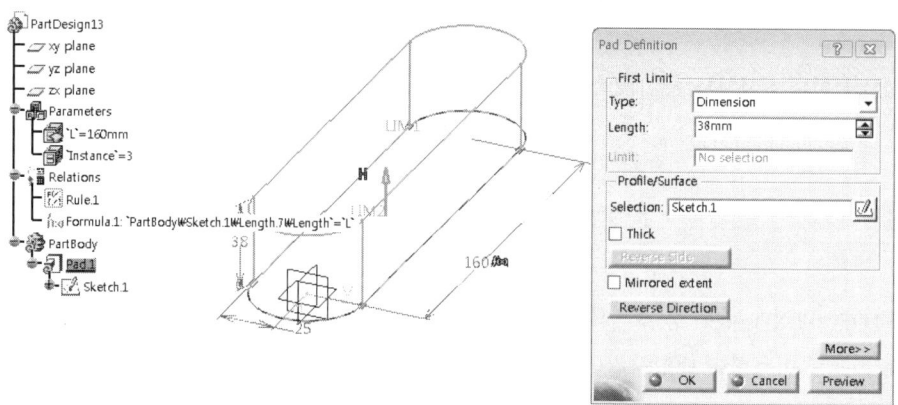

16. Pad한 형상의 윗면을 선택하여 다음과 같이 Sketch해 줍니다. 그리고 10mm로 Pocket해 줍니다.

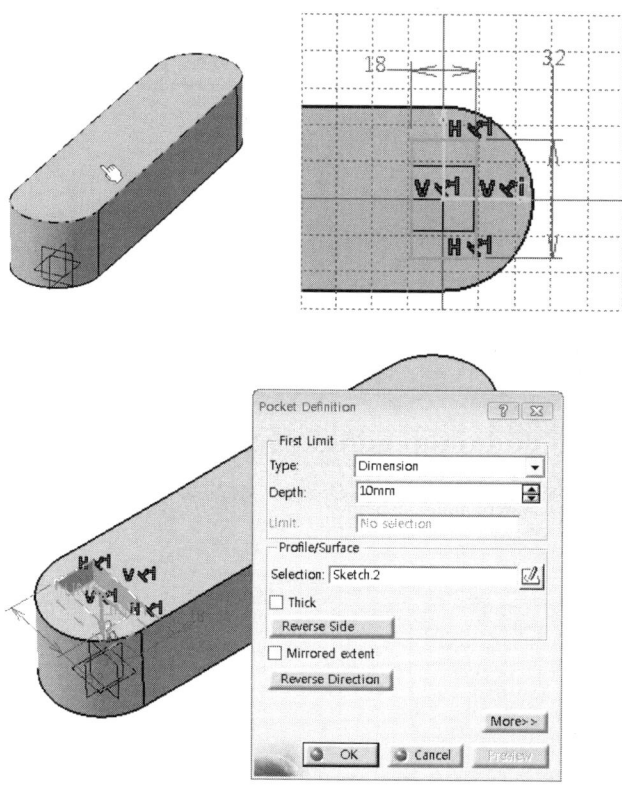

17. 다음으로 형상의 둘레를 Edge Fillet해 줍니다. 위쪽은 5mm로 아래쪽은 3mm로 해줍니다.

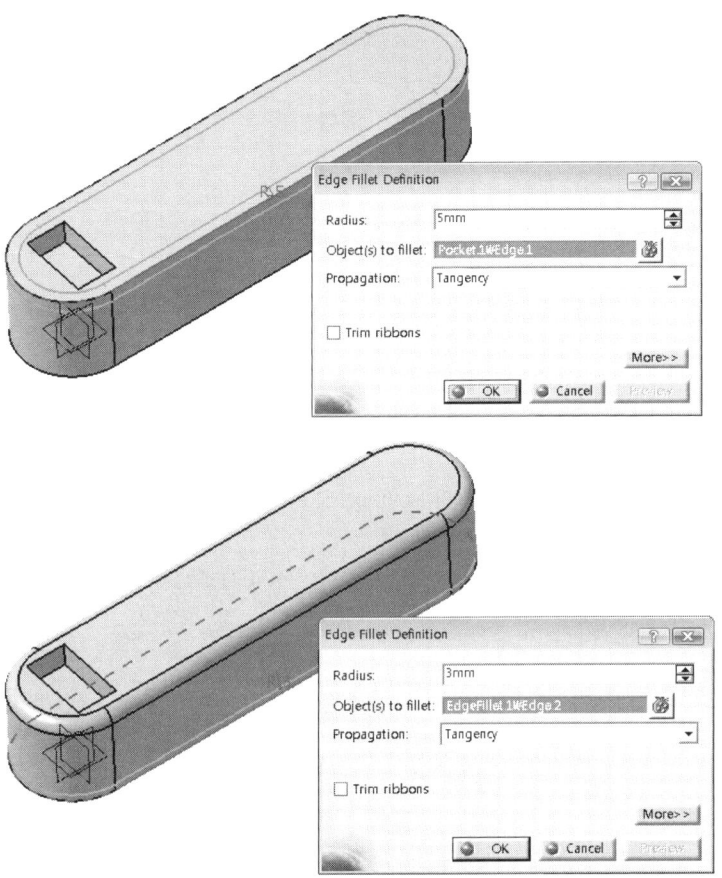

18. 이제 형상의 윗면에 스케치를 들어가 다음과 같이 원을 그려주고 구속합니다.

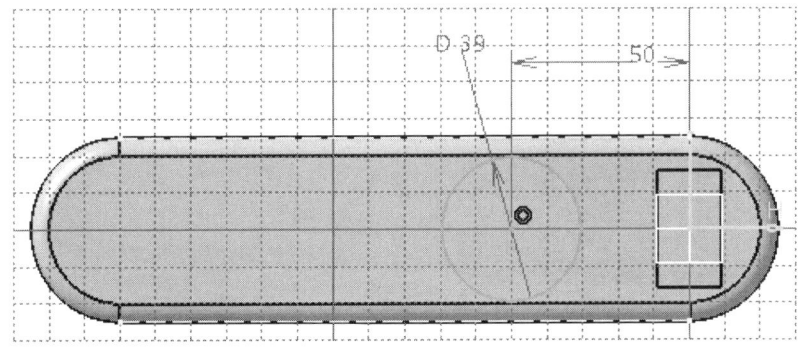

19. Pocket을 이용하여 15mm로 Sketch.2를 제거해줍니다.

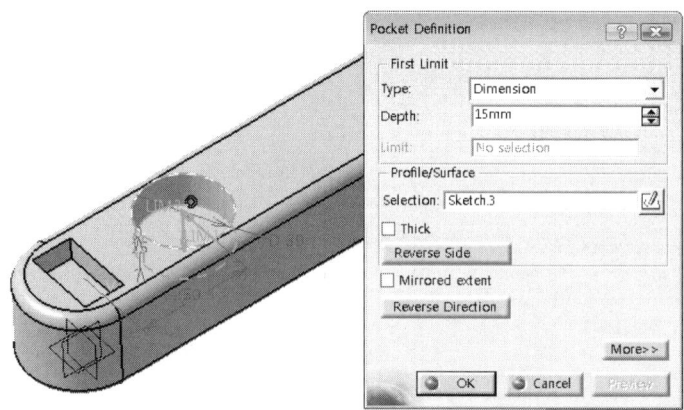

20. 앞서 만든 원형 구멍의 아래 면을 선택하여 다음과 같이 Position Sketch 해주도록 합니다.

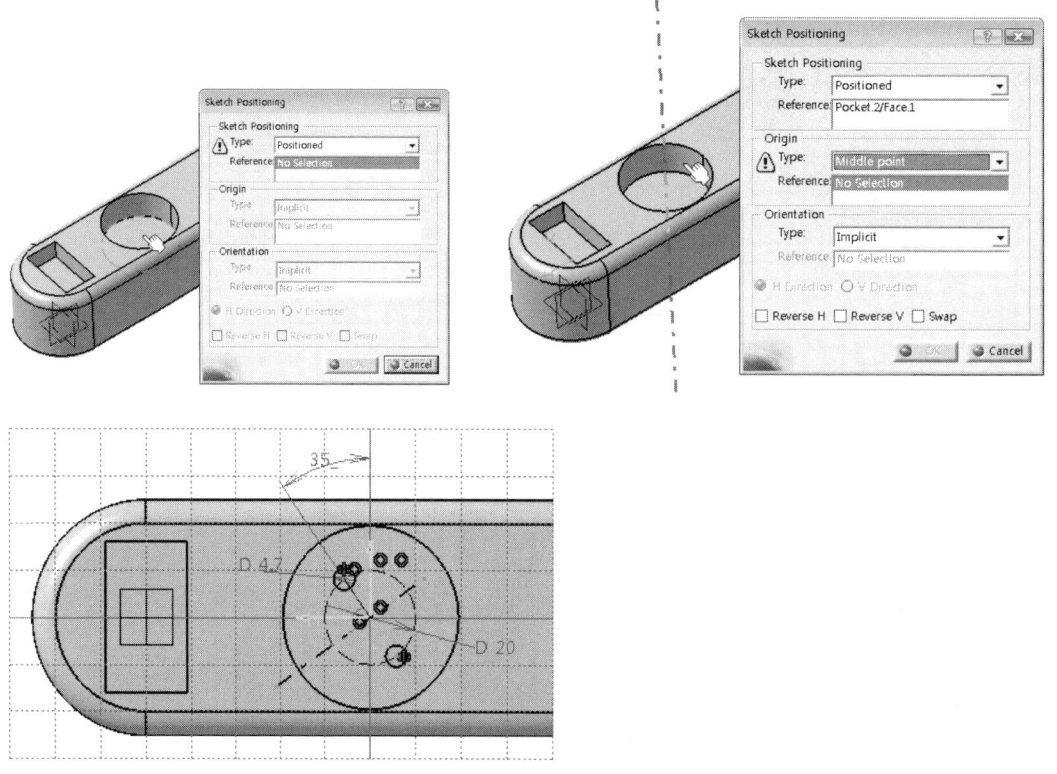

21. 그리고 이 스케치한 형상을 깊이 20mm로 제거해 줍니다.

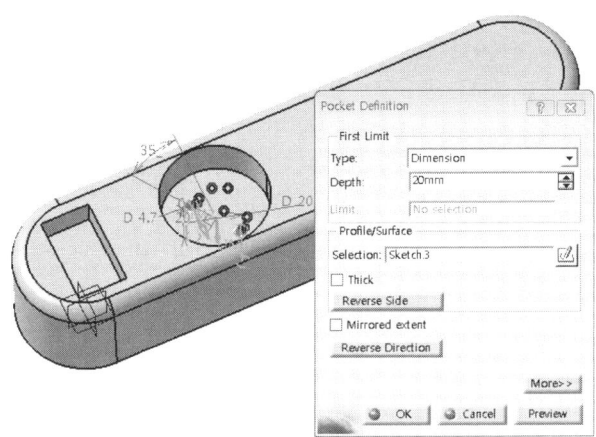

22. Positioned Sketch를 이용하여 이번에는 다음과 같이 Sketch한 후에 Pad를 10mm해 줍니다.

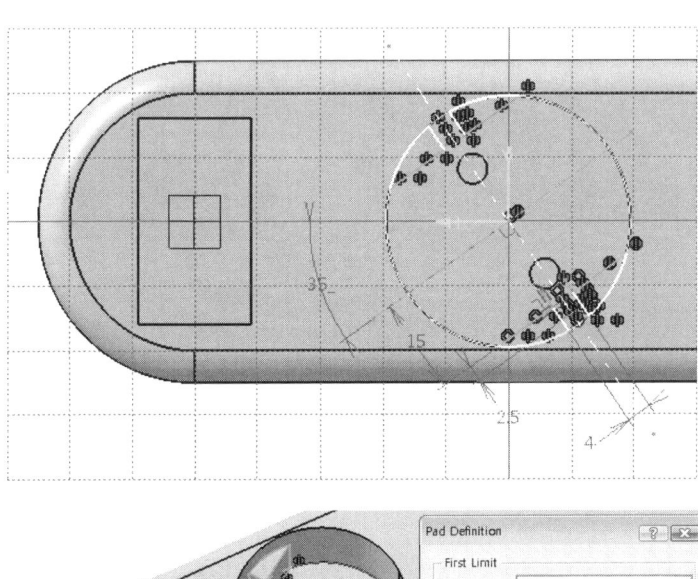

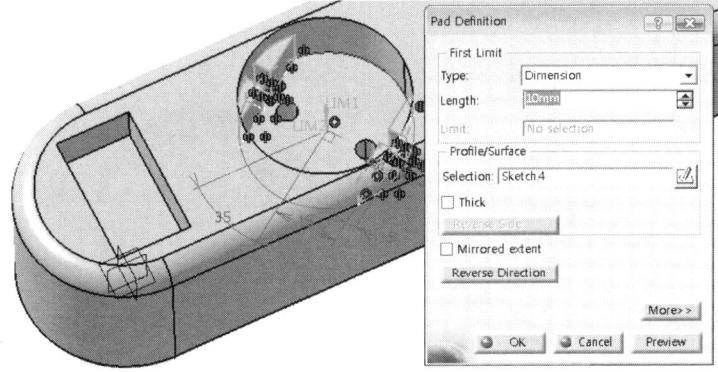

23. 앞서 Pad한 면을 Draft를 이용하여 1도 만큼 경사를 줍니다.

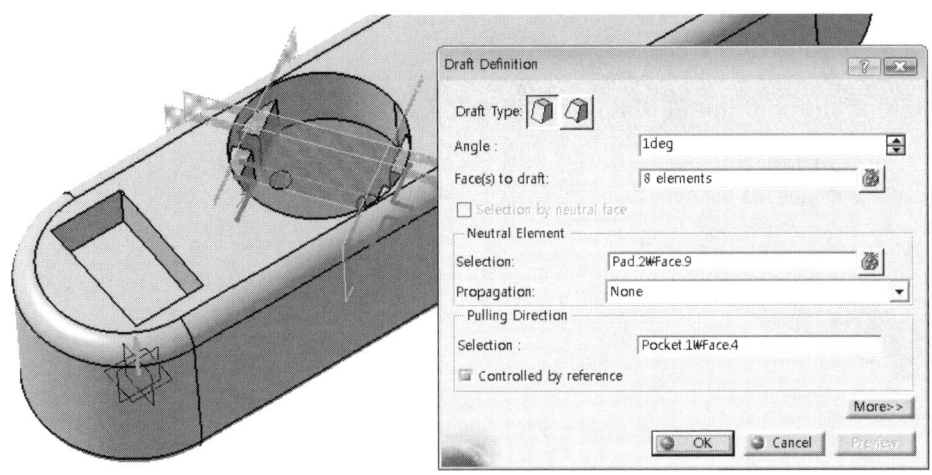

24. 다음과 같이 형상의 안쪽을 각각 Fillet해 줍니다.

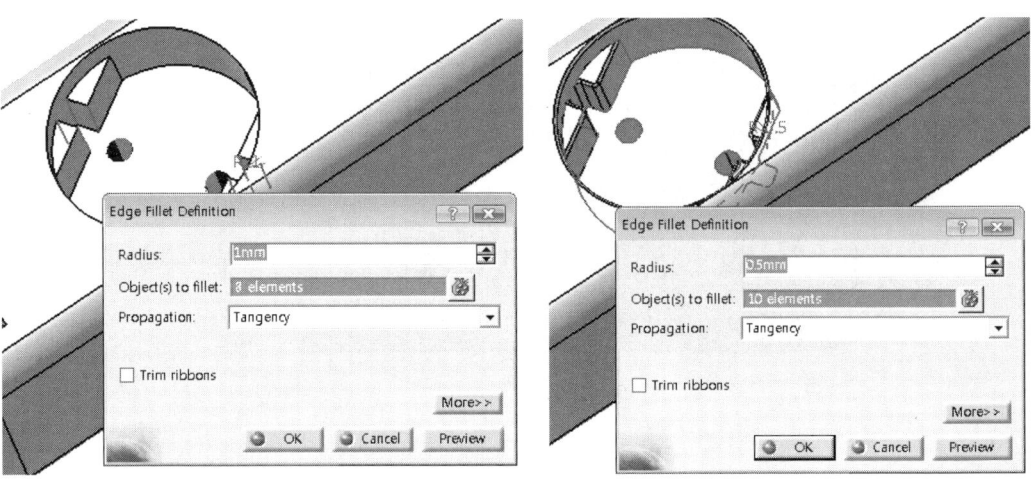

25. 이제 Rectangular Pattern을 이용하여 플러그가 들어가는 형상 전체를 Pattern하도록 할 것입니다. Spec Tree에서 다음과 같이 Pattern 하고자 하는 형상을 CTRL 키를 이용하여 모두 선택합니다.

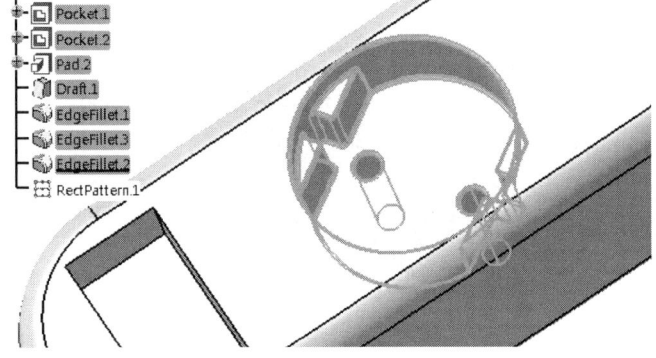

26. Rectangular Pattern 을 실행하여 Pattern을 만들어줍니다. 여기서 Instance에는 앞서 만들어준 Parameter를 Edit Formula를 이용하여 대입해줍니다. Spacing은 50mm로 해줍니다.

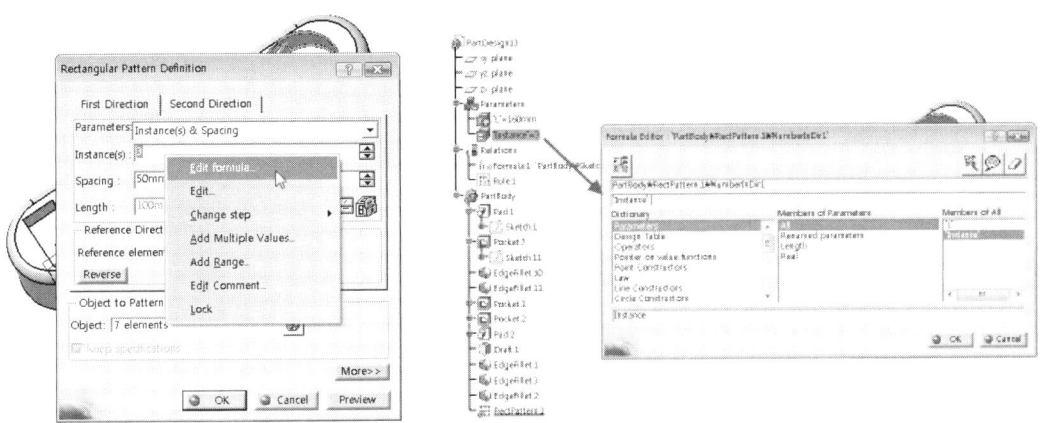

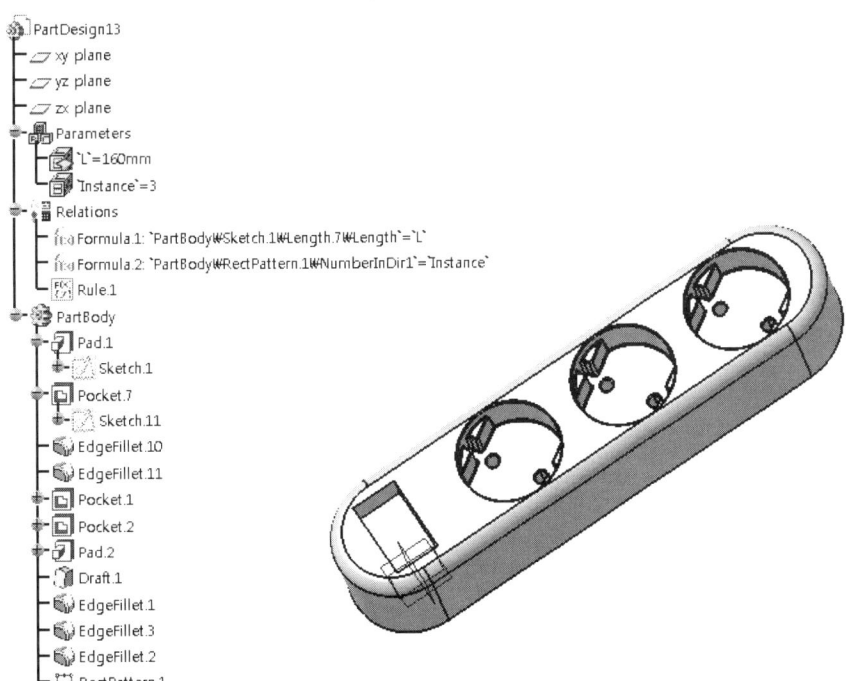

27. 이제 Spec Tree에서 Instance의 값을 5로 변경해 입력해봅니다. 형상이 맞게 변경되는지 확인합니다.

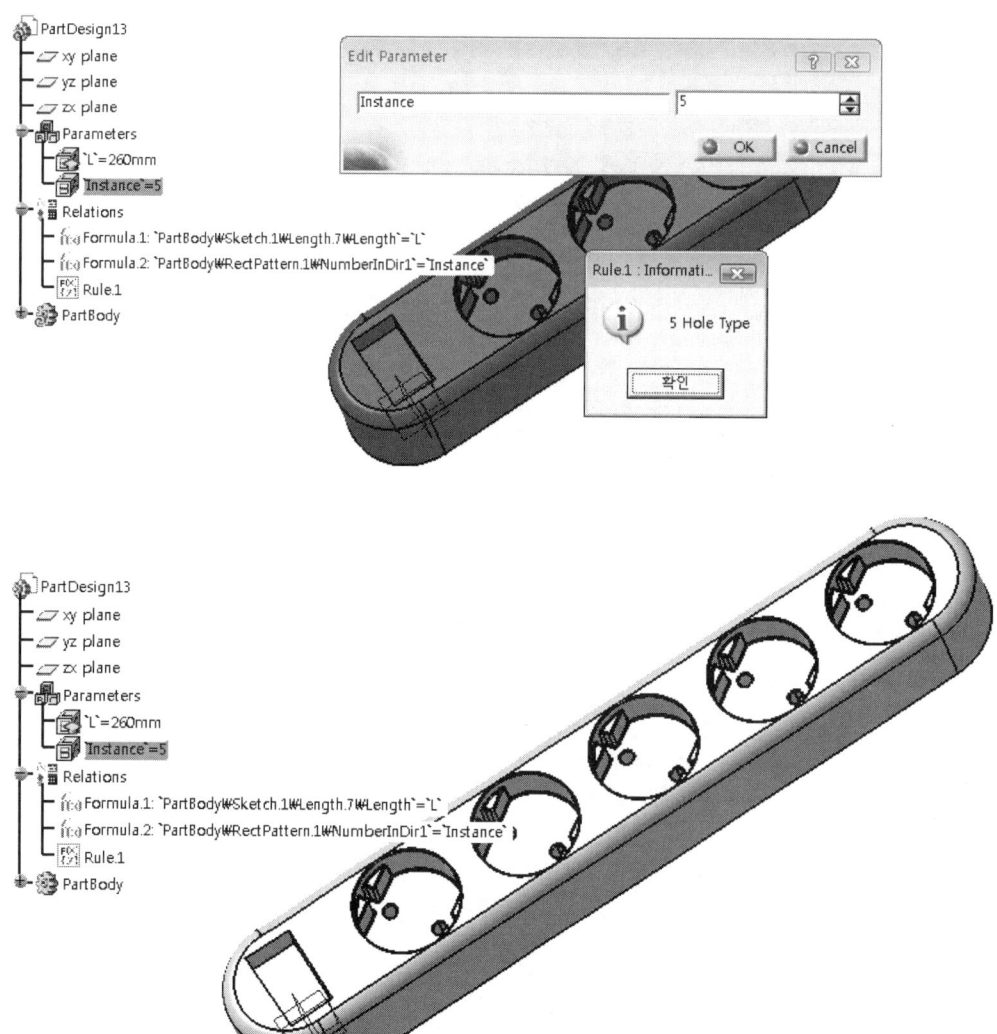

(14) Exercise 14 - Part Design 14

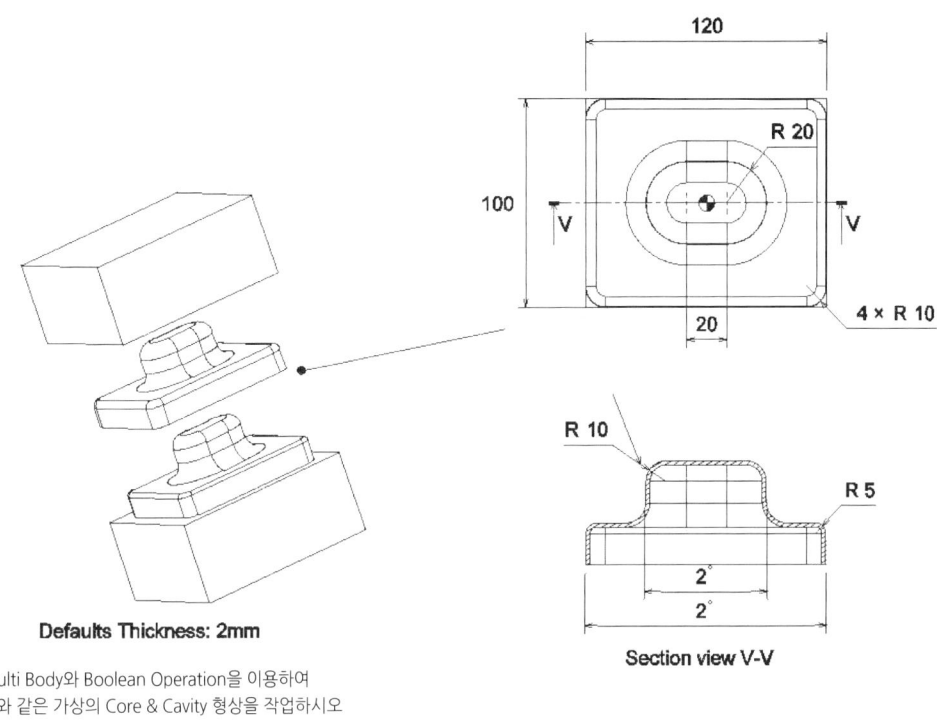

Defaults Thickness: 2mm

Multi Body와 Boolean Operation을 이용하여
위와 같은 가상의 Core & Cavity 형상을 작업하시오

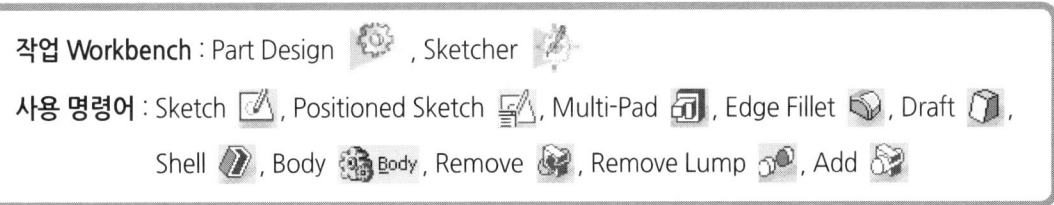

앞 예제에서 Boolean Operation 중에서 Union Trim 을 사용하여 봤습니다. 이번 예제에서는 이외에도 Add 와 Remove 를 사용하여 금형을 만들어보겠습니다.

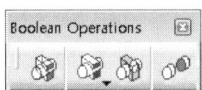

01. XY 평면으로 들어가서 가로 100, 세로 120인 사각형을 그립니다.

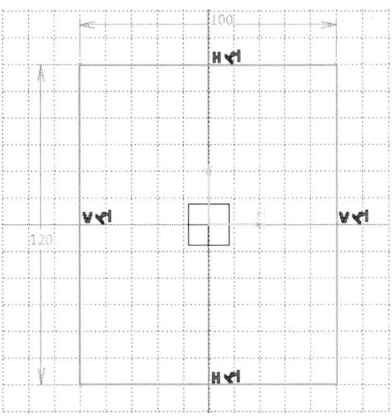

02. 반경 20mm, 두 중심간 거리가 20mm인 Elongated Hole을 그립니다.

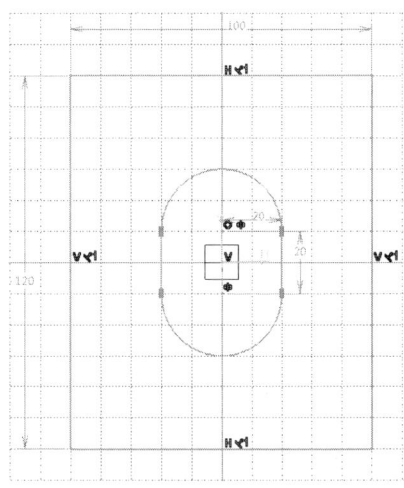

03. Multi Pad 로 직사각형은 20mm Elongated Hole은 50mm 높이만큼 Pad시킵니다.

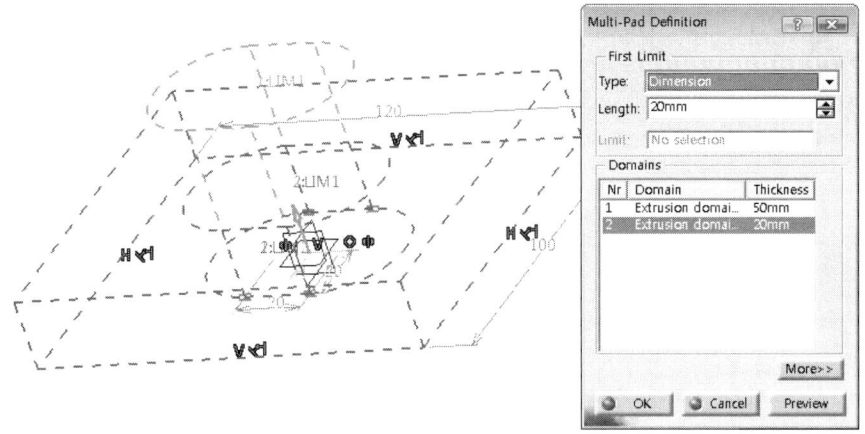

04. Draft Angle 로 Elongated Hole의 옆면을 1도 Draft 합니다. Neutral Element는 직육면체의 윗면을 선택합니다.

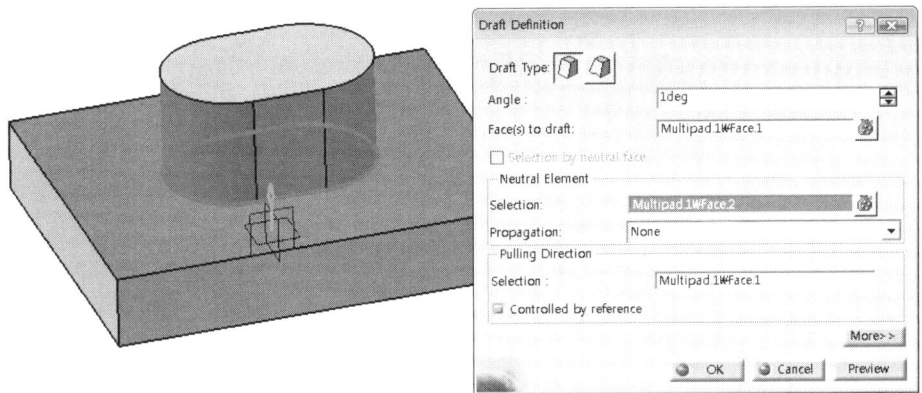

05. 직육면체의 옆면을 반지름10mm 만큼 Edge Fillet 합니다.

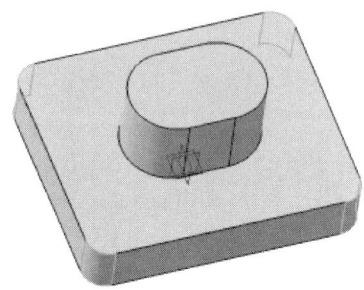

06. 직육면체의 옆면도 바닥면을 Neutral Element 로 하여 1도만큼 Draft를 줍니다.

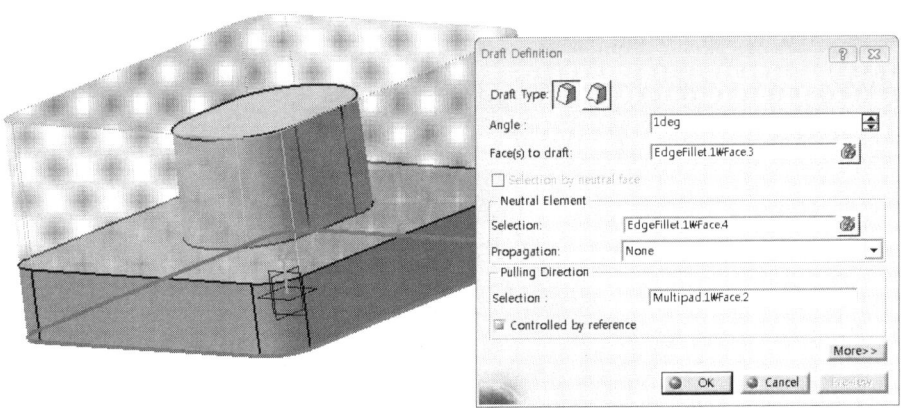

07. Elongated Hole의 아래 위 모서리를 Radius 10mm만큼 Fillet 해줍니다.

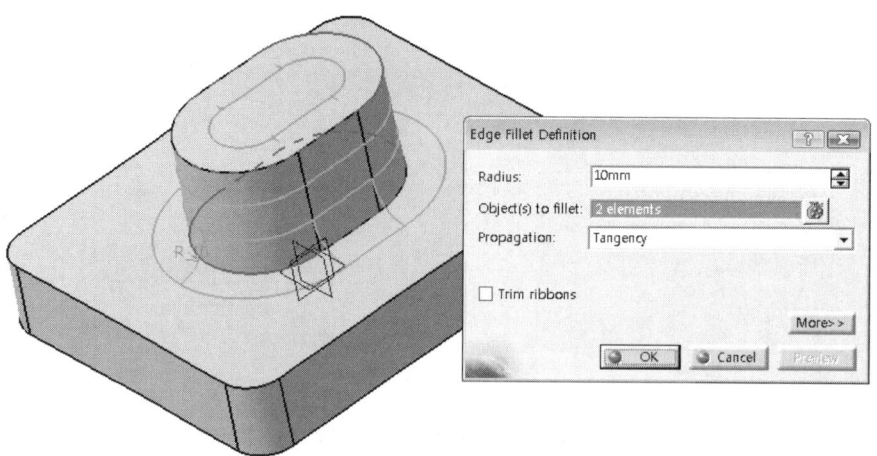

08. 직육면체의 윗 모서리도 5mm 만큼 Edge Fillet을 줍니다.

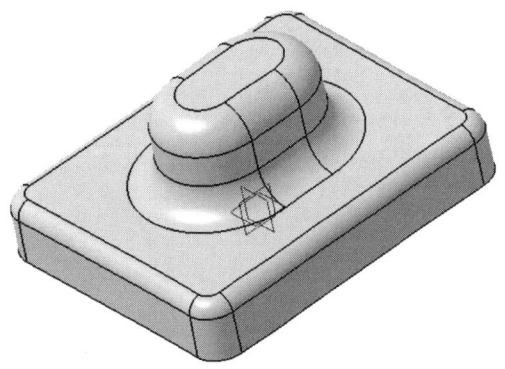

09. Shell 로 바닥면을 클릭하여 2mm 두께를 남기고 파냅니다.

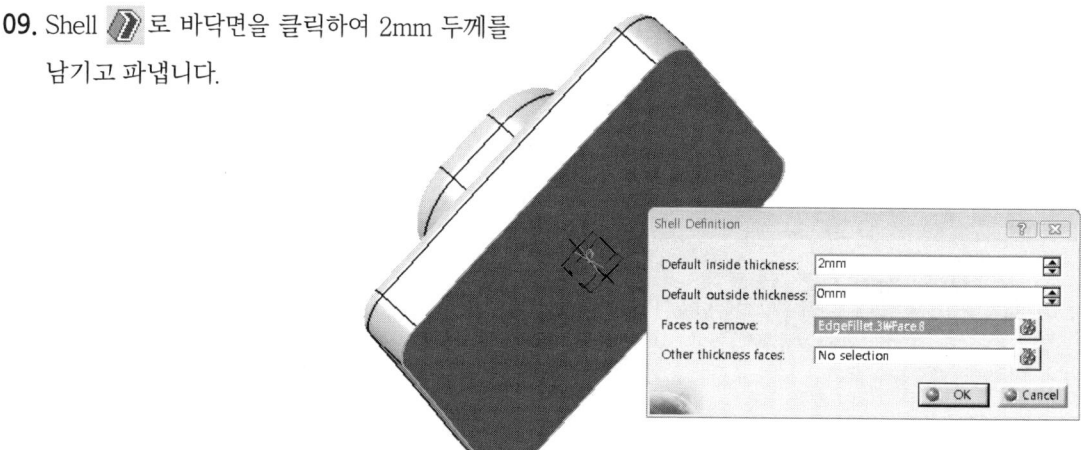

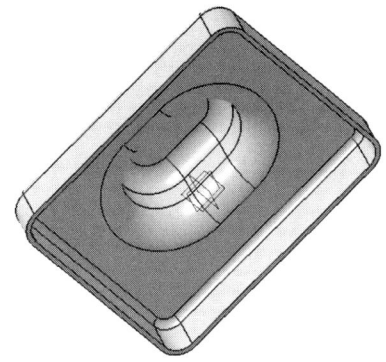

10. 메뉴에서 Insert를 이용해 Body 2개를 추가합니다. 속성 창에서 Upper와 Lower로 이름을 바꿉니다.

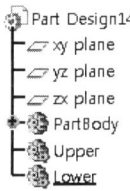

11. 기존에 만들었던 PartBody를 Upper 와 Lower에서 이용하기 위해서 복사하여 두 개더 만듭니다. PartBody를 오른쪽 마우스 키를 클릭하여 Contextual Menu에서 Copy를 클릭합니다. 붙여넣기를 할 부분인 Part Design 14의 Contextual Menu에서 Paste Special을 클릭합니다.

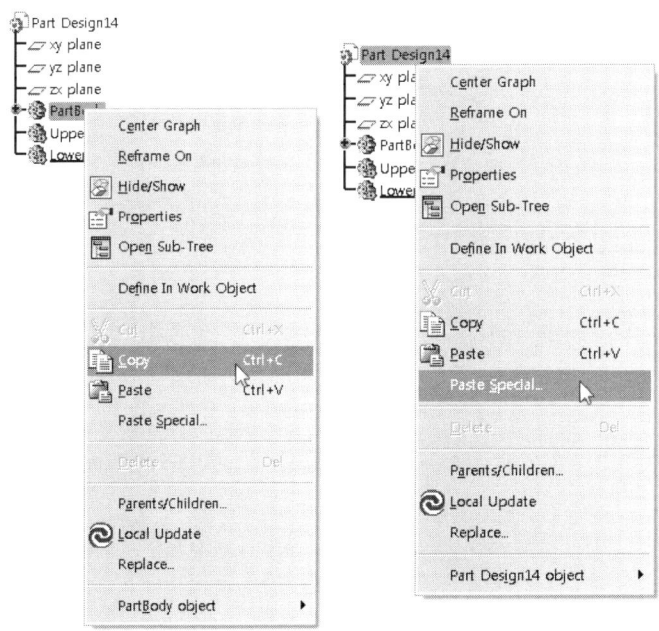

3. Part Design

12. Paste Special 창이 뜨고 As Specified in Part Document , As Result with Link, As Result 이렇게 세 가지 선택 사항이 있습니다. 첫 번째는 만들어진 순서대로의 구체적 트리를 그대로 전부 가져와 붙여 넣기를 하는 것이고, 두 번째는 만들어진 결과 즉, 껍데기만 가져오는데 복사되어진 부품과 Link 되어 있기 때문에 원본이 바뀌면 같이 바뀌게 됩니다. 마지막은 결과만을 가져 오는 것으로 원본이 수정되어도 복사된 결과는 수정되지 않습니다. 우리는 As Result with Link를 선택하여 두 개 만들겠습니다.

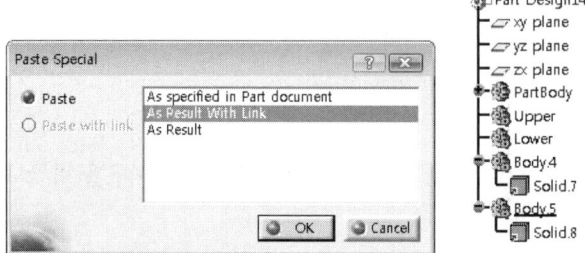

Spec Tree에서 보는 바와 같이 Solid 형상 결과만 생성되었습니다. 또한 파란색 화살표는 링크가 되어 있음을 알 수 있습니다.

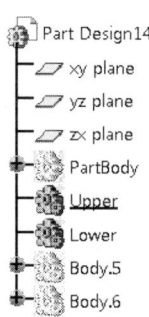

13. Partbody, Body.5, Body.6를 Hide시키고 Upper에서 Define In Work Object로 작업할 Body를 선택하여 줍니다.

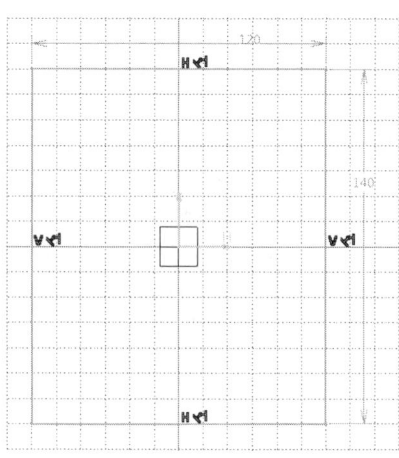

14. XY 평면에서 가로 120, 세로 140mm인 직사각형을 그립니다.

15. 높이 60mm 만큼 Pad해주고 Body.5를 Show 합니다. Upper의 직육면체를 투명도를 주면 그 안에 Body.5가 있는 것이 보입니다.

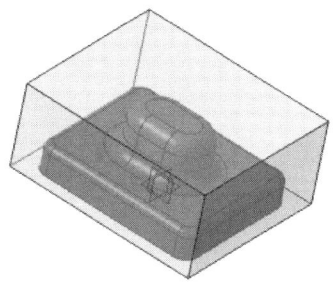

16. Remove 로 Upper로부터 Body.5를 빼는 Boolean 연산을 하겠습니다. Body.5 모양대로 빠지는 것입니다.

17. 하지만 이렇게 바닥 부분이 찌꺼기로 남아 있을 경우 Remove Lump 로 제거해줍니다.

18. Faces to Remove 에 바닥면을 클릭하여 줍니다.

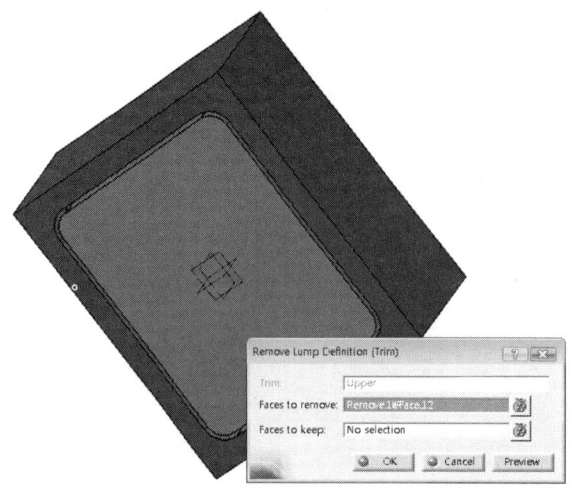

19. 다음과 같이 Body.5 모양대로 안이 제거됐습니다.

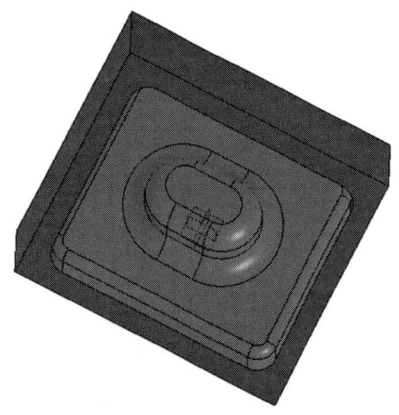

20. 이번엔 Lower Body를 만들겠습니다. XY 평면에서 3D Project Elements로 Upper 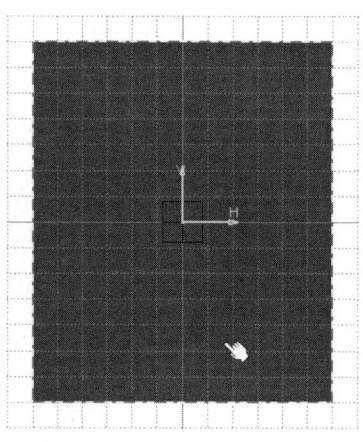 에서 만든 직육면체의 투영선을 만듭니다.

21. 아래 방향으로 바꾸어 60mm 만큼 Pad시켜줍니다.

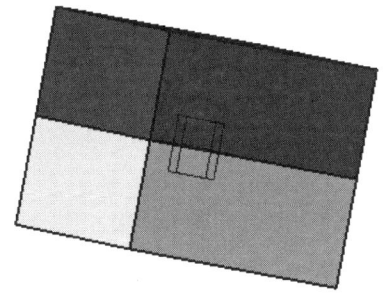

22. Upper를 Hide 시키고 Body.6를 Show 합니다.

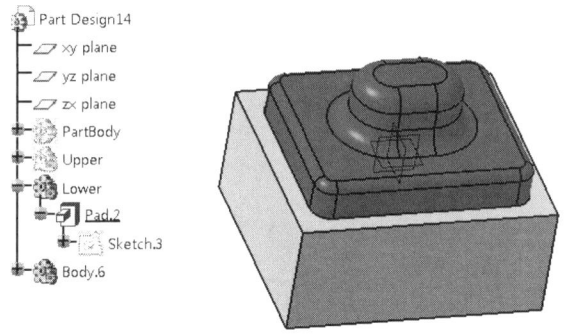

23. Add 로 두 Body를 합하여 줍니다. Add에 Body.6를 To에 Lower를 클릭하여 줍니다. 트리에서 보다 시피 Lower 안에 Body.6가 속하게 됩니다.

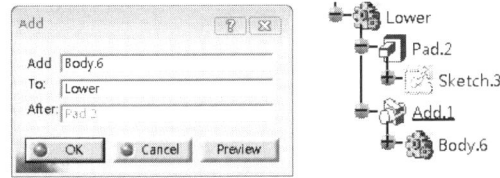

24. Body를 모두 Show시켜도 겹쳐져 있어서 다음과 같이 보이므로 Translation 으로 Body들을 떨어뜨리겠습니다.

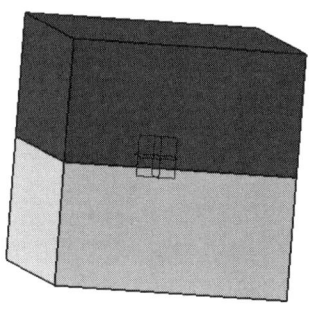

25. 먼저 Knowledge Toolbar에 있는 Formula $f_{(x)}$ 로 거리를 정해 주겠습니다. Formula를 이용하면 반복하여 계속 쓰게 되는 수치를 어떤 이름으로 지정해 놓고 계속 가져다 쓸 수 있습니다.

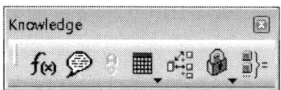

26. 아이콘을 클릭하면 다음과 같은 창이 뜨고 기존에 Part Design 14라는 Part가 가지고 있는 Parameter 들의 리스트를 볼 수 있습니다. 여기에 우리는 각 바디를 Translation으로 이동시키고자 하는 거리를 Length 타입의 70mm로 'Distance' 라는 새로운 Parameter를 만들겠습니다.

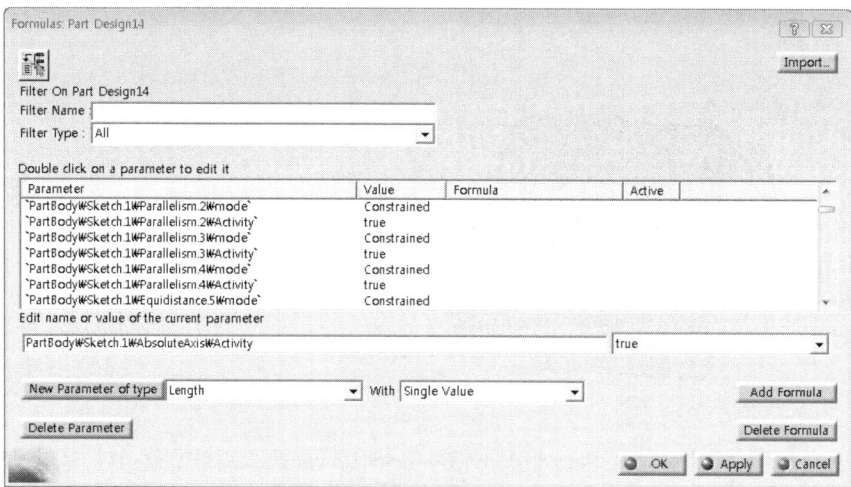

27. New Parameter of Type을 클릭하여 이름과 길이를 줍니다.

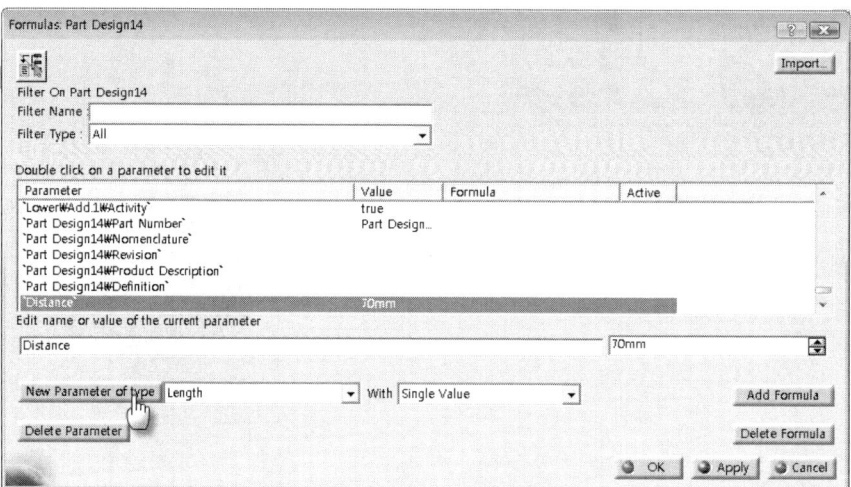

28. 트리에 Parameters 아래에 Distance라는 길이 Parameter가 생성 되었습니다.

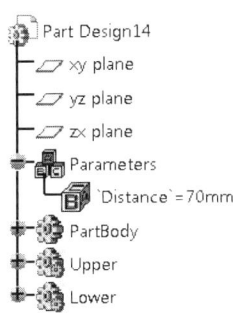

29. Define In Work Object를 Upper로 선택하고 Translation 을 클릭합니다. Direction에서 오른쪽 마우스를 클릭하여 Z Axis를 선택합니다.

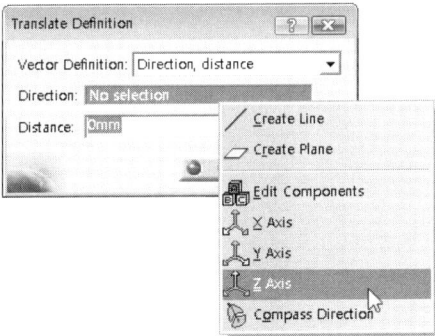

30. Distance 에서도 오른쪽 마우스 키를 클릭하여 Contextual Menu에서 Edit formulas를 선택합니다.

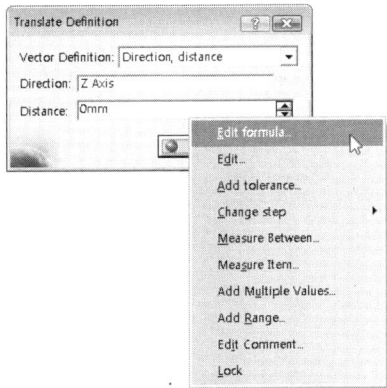

31. Formula Editor 창이 뜨면 Length에서 아까 만든 Distance를 더블클릭합니다.

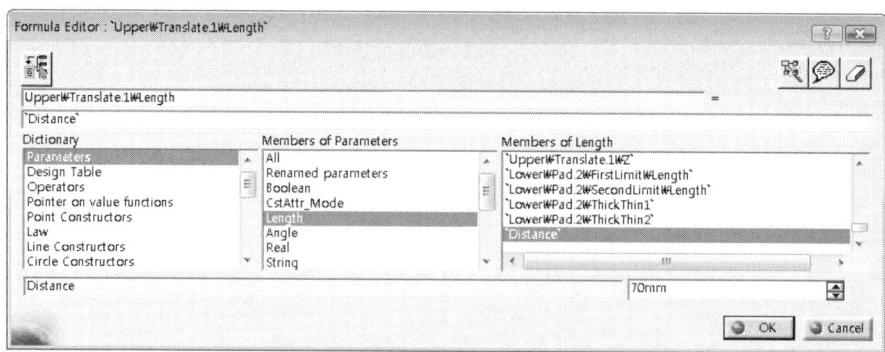

32. Distance 옆에 Formula 표시의 작은 아이콘이 생겼습니다. 또한 숫자가 비활성화 되었는데 Formula를 이용하였기 때문에 이 상태에서는 숫자를 변경할 수 없고 Formula Edit을 통해서만 수정이 가능합니다.

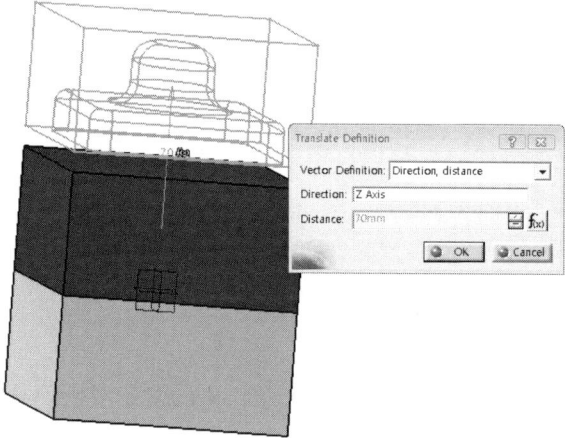

33. Lower 바디도 같은 방식으로 Translate 해줍니다. 이때에 Formula Editor에서 'Distance' 앞에 -를 붙여서 방향이 반대가 되도록 합니다.

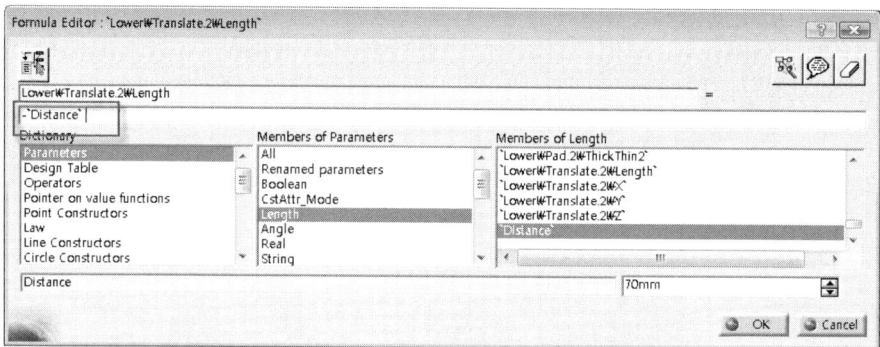

34. 다음과 같이 각 Body가 70mm 만큼 이동되었습니다. 또한 트리에 Relations라는 것이 생겼는데 Formula가 이용된 관계들을 보여줍니다.

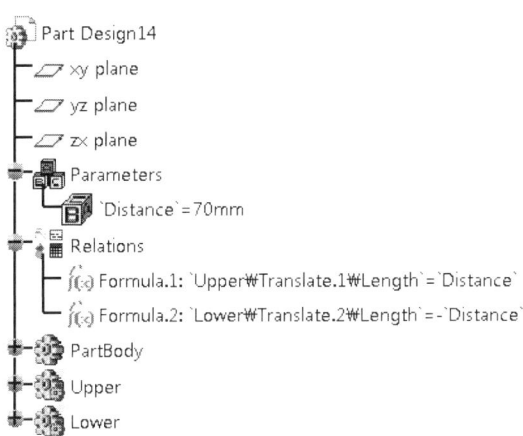

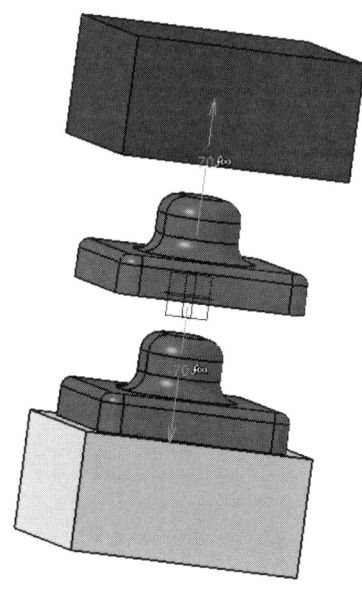

Part
04
Generative Shape Design

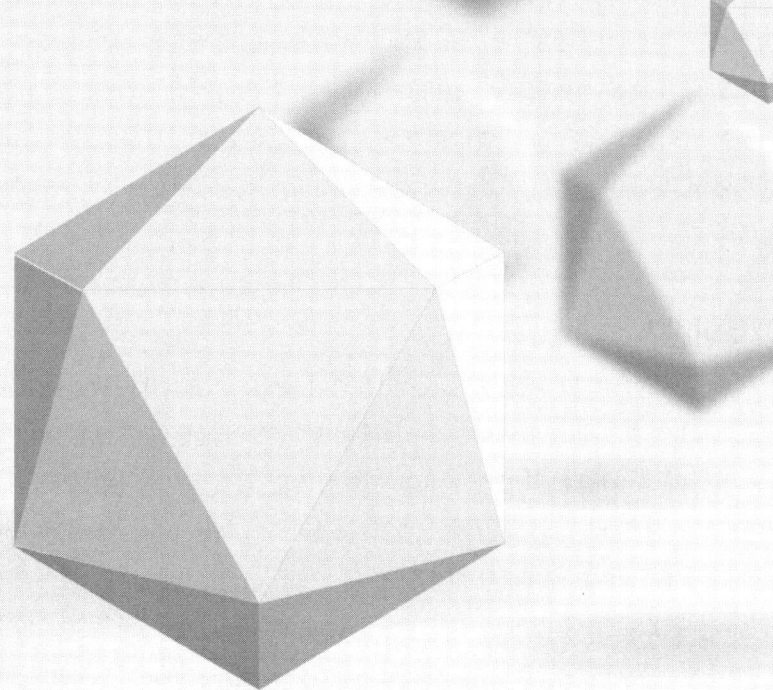

4. Generative Shape Design

1. Surface Modeling

서피스 모델링이란 형상의 정보를 외부의 형상만 담고 있는 모델링입니다. 즉 내부의 두께와 같은 정보가 없이 오로지 외형을 가리키는 정보만으로 이루어진 형상입니다. 내부가 비어있다는 점을 제외하면 솔리드 모델링과 별반 차이가 없다고 생각하는 분들이 있을 수 있습니다. 그러나 서피스 모델링은 만드는 방법에서부터 활용에까지 솔리드 모델링과 상당히 큰 차이가 있습니다. 솔리드 모델링의 주된 작업 방식이 프로파일 생성 후 솔리드를 하나씩 쌓아나가는 방식이라면 서피스 모델링에서는 프로파일 형상과 가이드 형상을 적절히 조절하여 3차원 형상이 만들어 지는 면을 하나씩 만들어주고 이들이 경계에서 교차하는 지점 등을 기준으로 잘라내고 이어주는 작업을 반복하여 최종 형상을 만들어냅니다. 즉, 종이와 같은 곡면을 풀과 가위를 이용하여 배경 그림과 같은 Wireframe 요소를 기준으로 잘라내고 붙이는 과정을 반복하여 형상을 만들어내는 것입니다.

또한 서피스 모델링의 장점은 완전히 닫힌 프로파일에 의해서 만들어지는 솔리드와 달리 열린 프로파일을 가이드를 이용하여 자유롭게 형상을 만들어낼 수 있습니다. 또한 내부가 비어있기 때문에 형상을 표현하는데 있어 더욱 풍부한 표현이 가능합니다. 또한 각 서피스들과 Wireframe 요소들은 서로 합쳐주는 작업을 하지 않는 독립적인 요소로 남기 때문에 이들을 몇 번이고 재사용할 수 있습니다.(솔리드 모델링에서는 하나의 Body안에 만들어지는 솔리드 형상은 모두 하나로 합쳐지는 것과 비교해 생각하시기 바랍니다.) CATIA가 자동차와 항공 분야에서 많이 사용되는 이유 중에 하나로 서피스 형상 구현능력이 우수하기 때문인 것을 생각할 수 있을 것입니다.

2. Geometrical Set 이란?

일반적으로 서피스 모델링의 경우 작업은 Geometrical Set을 이용하여 작업하게 됩니다. 하나의 Part 도큐먼트에 하나의 Body(PartBody)가 반드시 존재해야 하는 것과는 달리 Geometrical Set은 하나도 없어도 되고 수십 개가 있어도 상관이 없습니다. 작업의 필요를 위해서라면 얼마든지 사용이 가능하다는 것입니다. Geometrical Set은 Body와 달리 작업 순서에 상관없이 서피스와 Wireframe 요소를 담아두는 공간입니다. Geometrical Set과 Geometrical Set사이에 형상 요소들을 옮기는 일도 가능하며 하나의 Geometrical Set에 다른 Geometrical Set을 저장하는 것도 가능합니다. Geometrical Set은 일종의 작업 꾸러미 상자와 같이 형상 요소들을 분류하고 정리하는데 사용합니다. Geometrical Set은 Body의 개념과 달리 하나의 형상을 정의하는데 있어 종속적이지 않은 형상들끼리는 작업 순서에 영향을 받지 않습니다. 따라서 이미 만들어진 형상 요소라면 언제든지 사용할 수 있습니다.

Geometrical Set을 이용하면 전체 서피스 모델링에 대한 작업 그룹을 만들어 구조적 체계를 갖춘 모델링 Tree를 만들 수 있습니다. 일반적으로 서피스 모델링에서 Geometrical Set의 사용은 필요한 만큼만 불러와 사용하는 것이 좋습니다. 여기서 필요한 만큼을 결정짓는 요소는 하나의 Geometrical Set을 열었을 때 한눈에 들어올 정도의 정보를 담게 하는 것입니다. 일부에서는 그래서 하나의 Geometrical Set에 10개 내외씩으로(Geometrical Set을 열었을 때 한눈에 형상 요소들이 눈에 들어올 정도) 구성하기를 권장합니다. Geometrical Set을 체계적으로 구성하려는 이유는 물론 수정의 용이성을 위해서입니다. Geometrical Set과 서피스 모델링의 특성상 작업 순서에 구애를 받지 않기 때문에 작업 후 수정을 위해서는 짜임새 있는 Tree 정리가 필요한 것입니다. 따라서 서피스 모델링에서는 각 추가된 Geometrical Set을 이용하여 작업을 구조화하고 설계하는 일이 가장 중요한 일이 됩니다. 이점을 감안하여 Geometrical Set을 이용한 Tree 정리 연습을 서피스 모델링을 하는 과정에서 익혀두시기 권합니다.

다음은 기본적인 Geometrical Set을 다루는 방법입니다.

◐ 도큐먼트에 Geometrical Set 추가하기

Geometrical Set의 추가는 풀다운 메뉴의 Insert ⇨ Geometrical Set를 선택하면 현재의 Part 도큐먼트로 추가가 가능합니다. 서피스 모델링을 하다보면 Geometrical Set을 사용하는 경우가 매우 빈번하기 때문에 단축키를 지정해서 사용하기를 권장합니다.

단축키는 풀다운 메뉴의 Tools ⇨ Customize에서 설정해주도록 합니다.

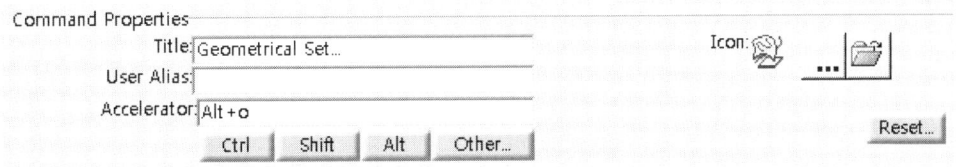

또한 Part 도큐먼트를 시작할 때 마다 Geometrical Set을 첨부한 상태로 시작하기 위해서는 풀다운 메뉴의 Tools ⇨ Options ⇨ Infrastructure ⇨ Part Infrastructure ⇨ part Document 탭에서 다음과 같이 선택해 주도록 합니다.(Axis 설정도 함께해줍니다.)

- Create an axis system
- Create a Geometrical Set

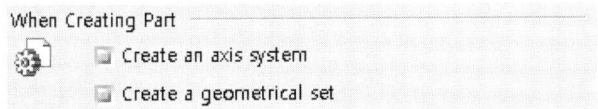

설정 후에 새로 part 도큐먼트를 실행하면 다음과 같이 Spec Tree가 나타날 것입니다.

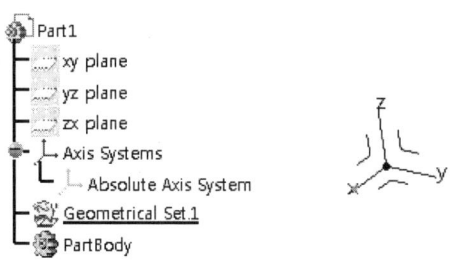

이제 Geometrical Set을 현재의 Part 도큐먼트에 불러보도록 하겠습니다. Geometrical Set은 하나의 Geometrical Set의 하부로 들어갈 수도 있으며 또는 기존 Geometrical Set의 상위로 입력될 수 있습니다. 따라서 Geometrical Set들을 이용하여 Tree 구조를 만들 수 있습니다. 우선 새로운 Part 도큐먼트를 실행시키고 Geometrical Set을 추가하기위해 Alt + o를 입력하면 다음과 같이 Insert Geometrical Set창이 나타나는 것을 확인할 수 있습니다.

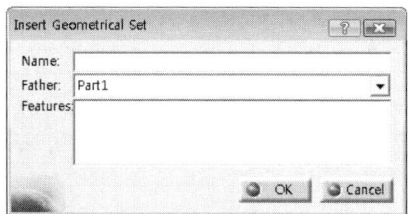

이 창이 뜬 상태에서 그대로 OK를 누르게 되면 현재 Tree에 새로운 Geometrical Set이 그대로 추가됩니다.

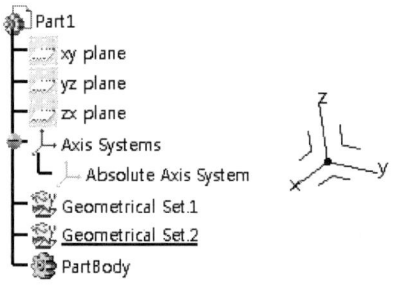

그러나 Insert 창이 뜬 상태에서 임의의 Geometrical Set을 선택하면 다음과 같은 메시지가 출력되는 것을 확인할 수 있습니다.

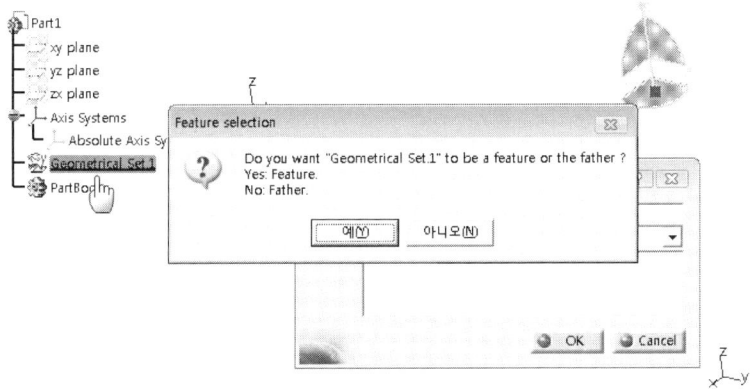

여기서 Yes를 선택하면 현재 추가하는 Geometrical Set을 앞서 선택한 Geometrical Set의 상위로 올릴 수 있으며 No를 선택하면 현재 추가하는 Geometrical Set을 앞서 선택한 Geometrical Set의 하위로 정렬할 수 있습니다.

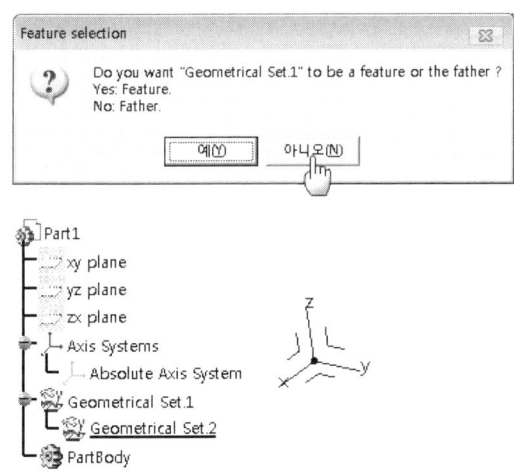

Insert Geometrical Set 창이 뜬 상태에서 Geometrical Set의 이름을 적절하게 변경해주는 것도 중요합니다.

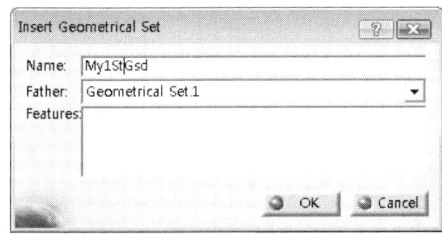

이와 같은 Geometrical Set 추가 방법을 익히고 다음과 같이 Spec Tree를 구성해보기 바랍니다.

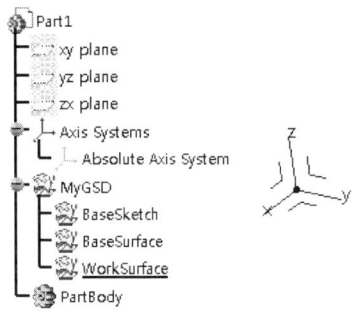

◐ Geometrical Set과 Children 이동하기

이렇게 만들어진 Geometrical Set에 이제 작업하는 형상들을 분류하여 집어넣는 일이 필요할 것입니다. 원하는 Geometrical Set을 선택해서 Define In Work object를 클릭, Geometrical Set 활성화한 후에 모델링 작업을 수행합니다. 그리고 필요에 따라 작업하면서 각각의 Geometrical Set을 이동해가는 연습이 필요합니다.

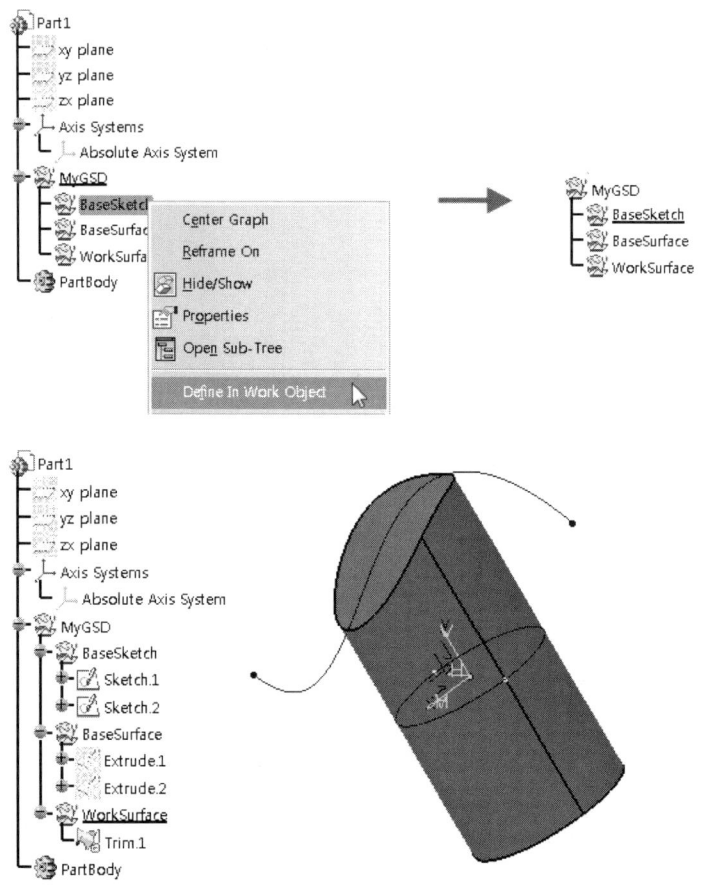

Geometrical Set으로 원하는 작업 형상들을 분류하는 작업은 처음에는 실수로 또는 빠르게 작업을 하다가 놓치는 경우도 많은데요.

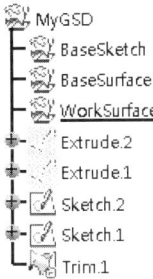

이런 경우에는 작업 후에 형상 요소들을 Geometrical Set으로 이동시켜주면 됩니다. 방법은 다음과 같습니다. 이동시키고자하는 형상 요소를 선택합니다. 만약에 여러 개의 형상 요소를 동시에 이동시키고자 한다면 CTRL 키를 이용하여 복수 선택하도록 합니다.

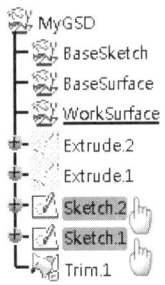

다음으로 마우스 오른쪽 Contextual menu로 들어가 아래와 같이 가장 하단의 Change Geometrical Set을 선택합니다.

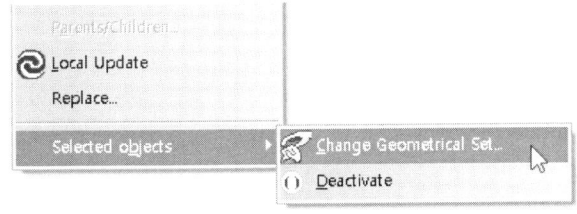

그럼 다음과 같은 창이 나타나게 됩니다.

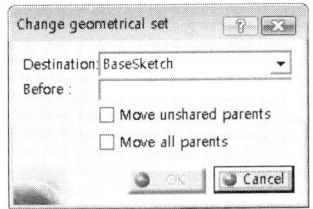

여기서 이동시키고자 하는 Geometrical Set을 선택해줍니다. 그리고 OK를 누릅니다.

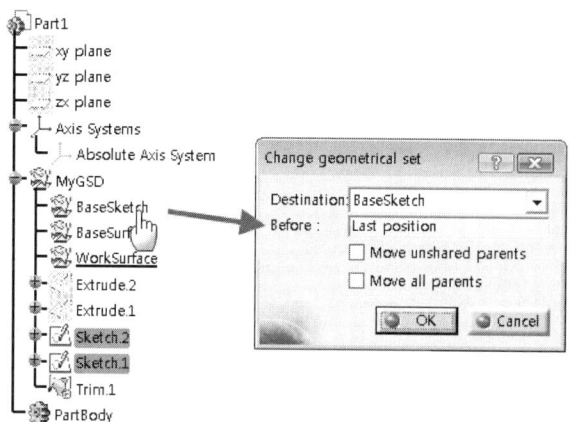

그럼 다음과 같이 형상 요소가 이동되는 것을 확인할 수 있습니다.

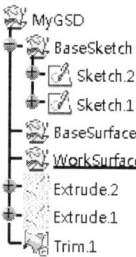

같은 방법을 사용하여 나머지 형상 요소들도 정해진 위치로 이동을 시켜보기 바랍니다.

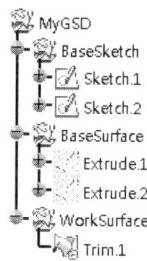

> Tree의 형상 요소들을 마우스로 선택해서 드래그 하는 방식으로도 Geometrical Set에 형상을 옮기는 것이 가능합니다. 그러나 이런 경우 형상이 Parents/Children 관계를 가지고 있는 다른 형상 요소와 링크가 깨져 에러가 발생할 수 있으므로 지양하기 바랍니다.

◐ Geometrical Set을 Group으로 만들기

모든 모델링 작업을 마무리한 단계나 작업 중간에 Geometrical Set이 지나치게 길어지거나 내부의 Component들을 수정하는 일이 없을 경우, Geometrical Set을 보다 간결하게 정리할 수 있습니다. 바로 Group으로 만드는 것입니다.

모든 작업이 마무리된 Geometrical Set을 선택하여 마우스 오른쪽의 Contextual menu를 선택하면 다음과 같이 하단의 Object에서 Create Group을 확인할 수 있을 것입니다.

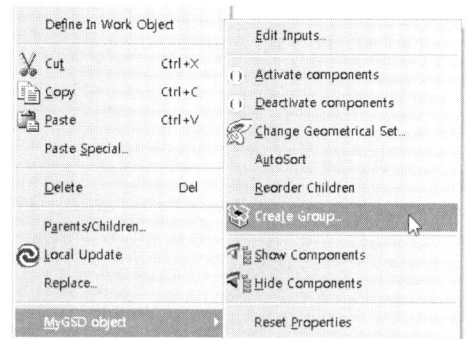

이것을 선택하게 되면 Group 정의 창이 나타나며 다음과 같이 OK를 눌러주면 Geometrical Set이 Group으로 변경되는 것을 확인할 수 있습니다.

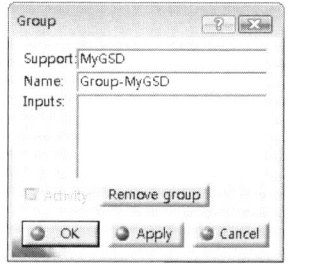 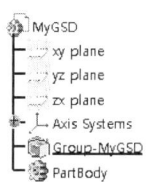

Group으로 만들어진 Geometrical Set은 내부의 Tree를 숨겨놓게 되는데 만약 수정이나 추가 작업을 위해 Tree를 보고자 한다면 다음과 같이 마우스 오른쪽 Contextual menu에서 Expand Group를 선택합니다.

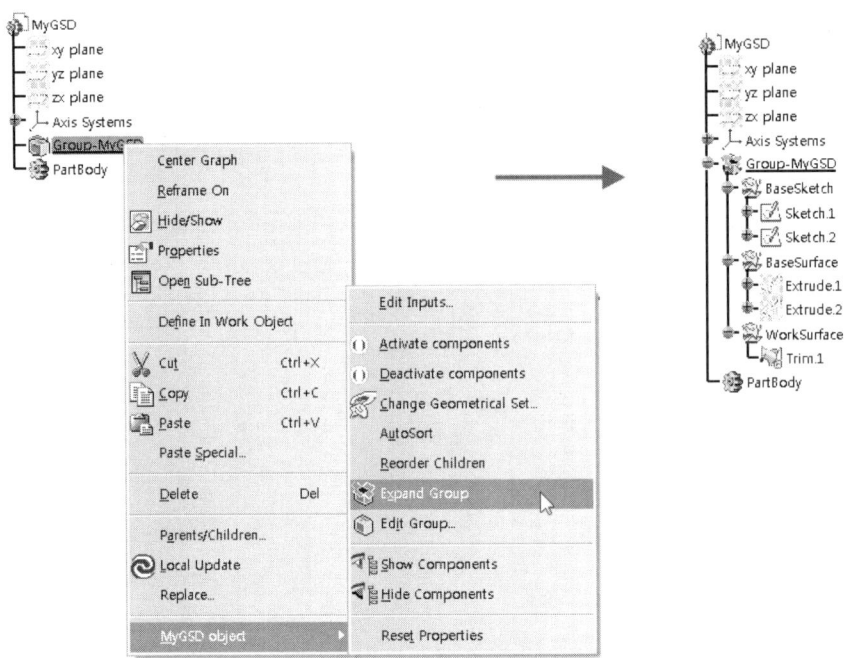

다시 이 Group의 Tree를 감추려면 같은 메뉴에 들어가 이번엔 Collapse Group을 선택합니다.

● Geometrical Set의 Children 정렬하기

Geometrical Set에서 작업을 하는 경우 작업의 순서가 Parents/Children 관계를 위반하지 않는 이상 순서나 다른 Geometrical Set으로의 이동이 자유롭다는 것은 앞서 설명하였습니다. 따라서 작업자의 작업에 맞게 Geometrical Set의 Children을 정렬하는 방법을 알고 있어야 합니다. 특히 작업을 하는 중간에 Tree의 구조가 변경되게 되면 이를 수정해 주어야 하기 때문입니다.

Geometrical Set의 Children을 재 정렬하기 위해서는 Geometrical Set을 선택하고 마우스 오른쪽의 Contextual menu에서 object의 Reorder Children을 선택합니다.

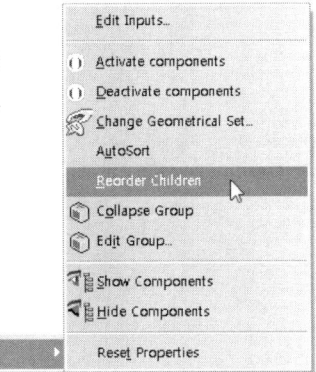

그럼 다음과 같은 창이 나타나는 것을 확인할 수 있습니다.

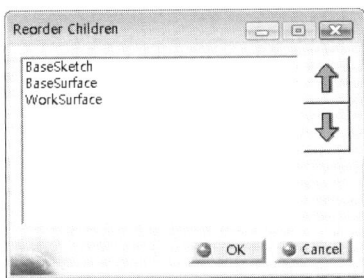

여기서 화살표를 이용하여 이동하고자 하는 Children 요소를 선택하여 이동시킬 수 있습니다.

> Reorder Children을 수행할 때 선택한 Geometrical Set의 하부 요소만이 출력되기 때문에 만약에 하위에 다른 Geometrical Set이 있을 경우 그 Geometrical Set이 가지고 있는 Geometrical Set은 표시되지 않습니다.

3. GSD Exercise
(1) Exercise 1 - GSD Exercise 1
서피스 모델링 연습을 위한 첫 번째 형상은 아래와 같습니다.

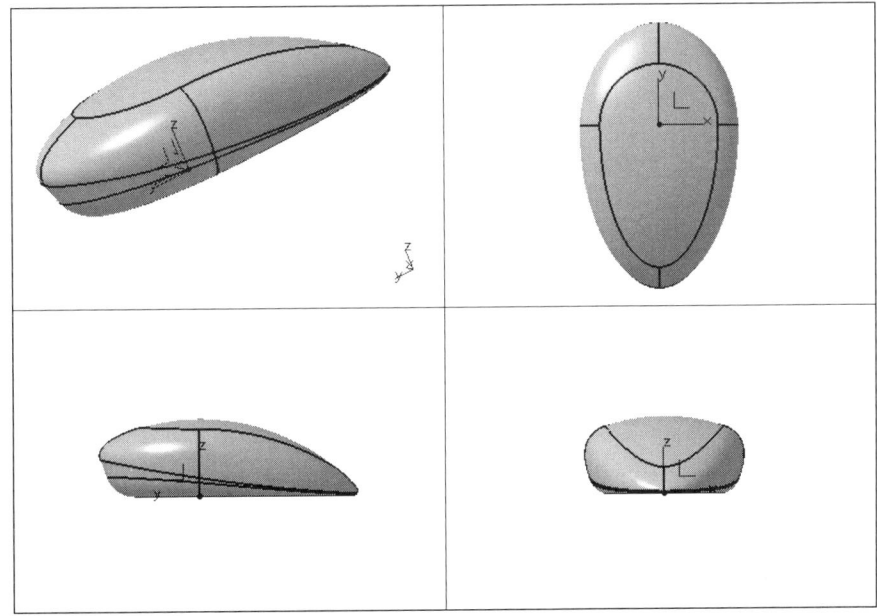

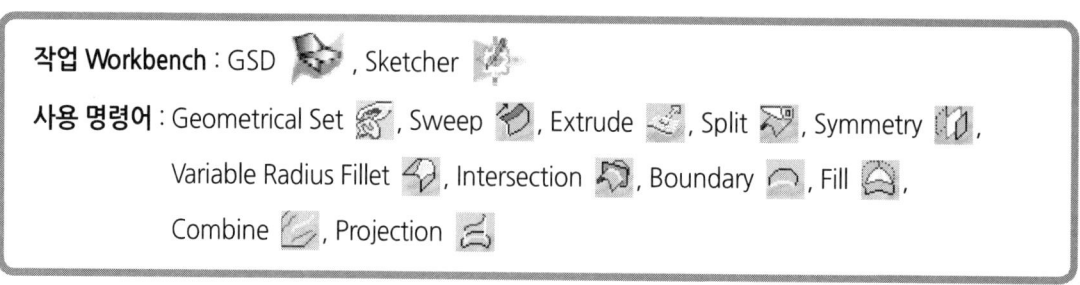

형상은 마우스에서 유추하였습니다. 전체적인 형상이 곡면으로 이루어진 형상이기 때문에 솔리드 모델링에서는 구현하기 어려운 점이 있습니다. 따라서 서피스 모델링을 통하여 형상을 만들어보도록 할 것입니다.

01. 우선 Geometrical Set 을 이용해 다음과 같이 Spec Tree를 구성합니다.

여기서 Base Sketch부분에는 작업을 하면서 스케치한 형상들을 담을 것입니다. Base Surface에는 작업을 하면서 처음에 기본적인 스케치나 Wireframe 골격에 의한 초기 서피스를 담을 것입니다. 그리고 이러한 서피스들을 이용한 서피스끼리의 작업은 Worked Surface에 담을 것입니다.

> Spec Tree의 구조는 작업하는 형상과 특성, 개인적인 작업 기호에 의해 달라질 수 있으므로 작업 구조에 맞추어 처음 이렇게 정의를 하고 시작하는 것이 좋습니다.

02. BaseSketch Geometrical Set 에 Define을 걸고 다음으로 XY 평면에 다음과 같이 스케치합니다.

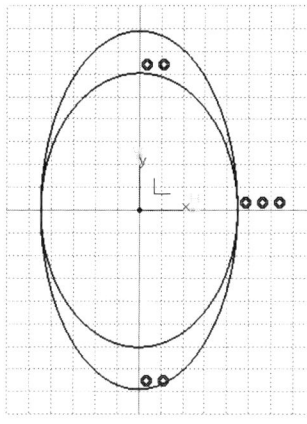 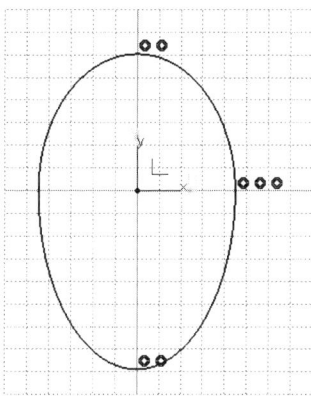 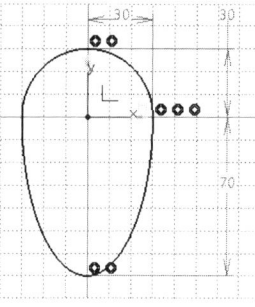

03. 다음으로 ZY 평면에 들어가 다음과 같이 호를 그려줍니다. 여기서 호 양 끝의 길이는 반드시 2과정에 그려준 형상보다 커야 합니다.

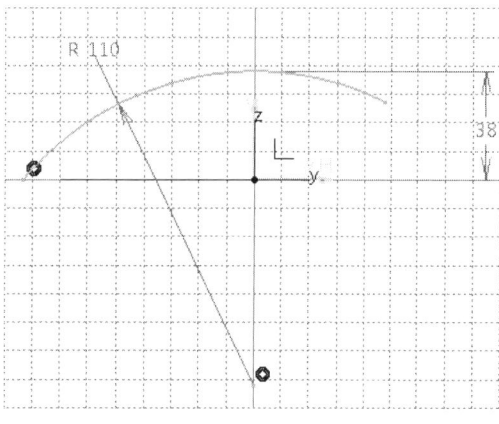

04. 그 다음으로 ZX 평면에 다음과 같이 스케치 합니다. 이렇게 3개의 스케치를 완성하면 다음과 같이 3차원 상에 스케치가 나타나야 합니다. 스케치를 그리면서 방향을 유의하기 바랍니다.

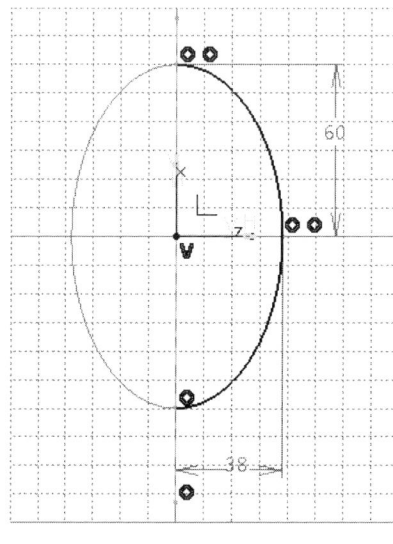 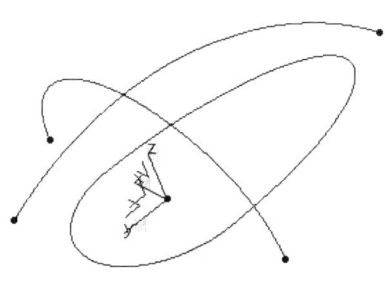

4. Generative Shape Design **407**

05. 이제 Geometrical Set을 Base Surface로 Define 해줍니다.

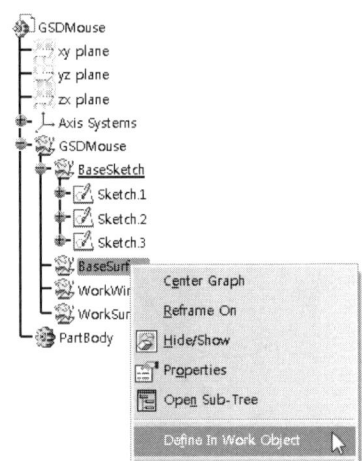

06. 그리고 Sweep 을 사용하여 다음과 같은 서피스를 만들어줍니다. Profile type은 Explicit으로 해주고 Subtype은 With reference surface로 해줍니다.

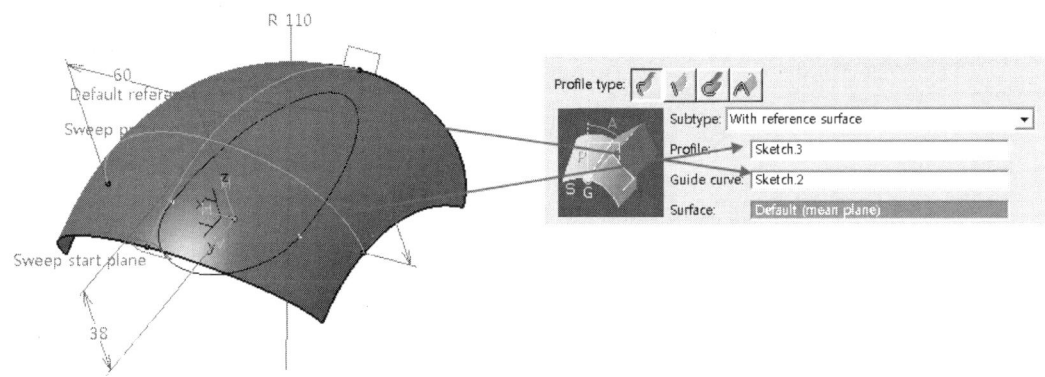

여기서 Geometrical Set 단위로 형상의 색상을 변경해 놓으면 작업하는데 있어 시각적으로 구분을 할 수 있어 편리합니다.

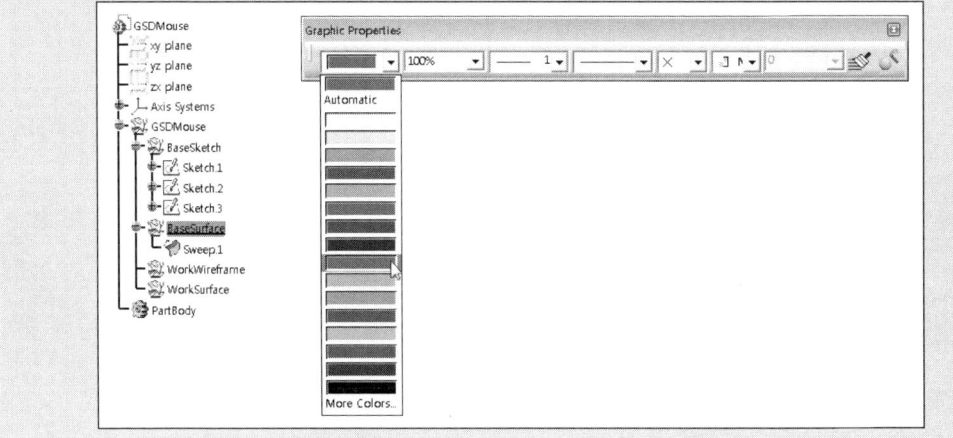

07. 다음으로 XY 평면에 다음과 같은 2과정과 같은 모양의 스케치를 하나 더 만들어줍니다.

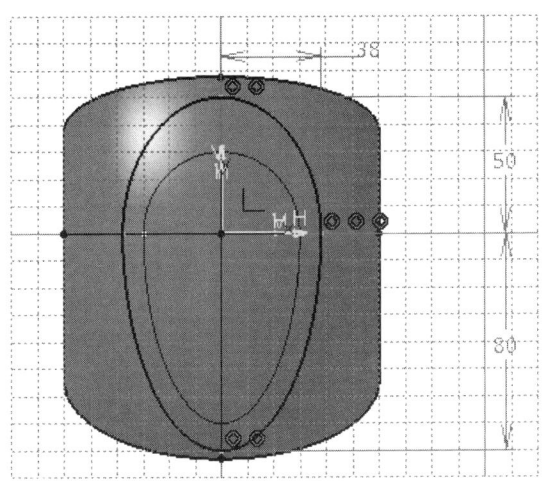

08. 그리고 ZY 평면에 다음과 같은 호 형상을 그려줍니다.

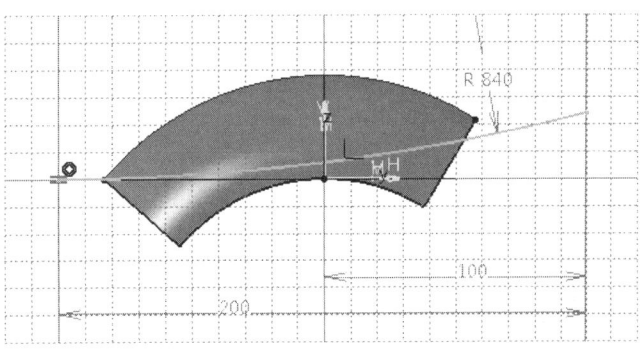

09. 다음으로 WorkedWireframe Geometrical Set에 Define을 걸고 Combine을 이용하여 다음과 같이 7, 8과정에서 만들어준 스케치 요소를 교차시킵니다. 그럼 다음과 같이 두 스케치의 특성을 모두 지닌 새로운 곡선이 만들어집니다.

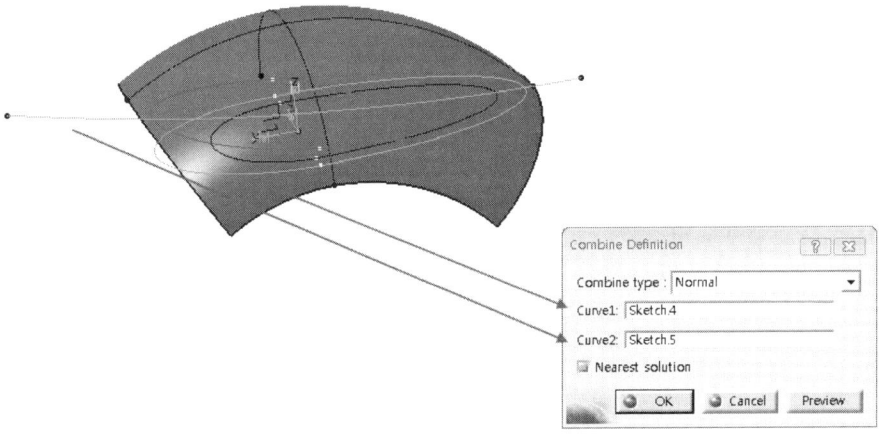

서피스를 이용한 모델링에서는 스케치나 Wireframe 요소를 사용해 서피스를 만들어도 솔리드 모델링 처럼 자동적으로 숨기기가 되지 않게 사용하기 때문에 불필요한 형상 요소는 자신이 직접 숨기기 해주어 야 합니다. 따라서 위의 Combine 작업 후 두 스케치를 Hide 해줍니다.

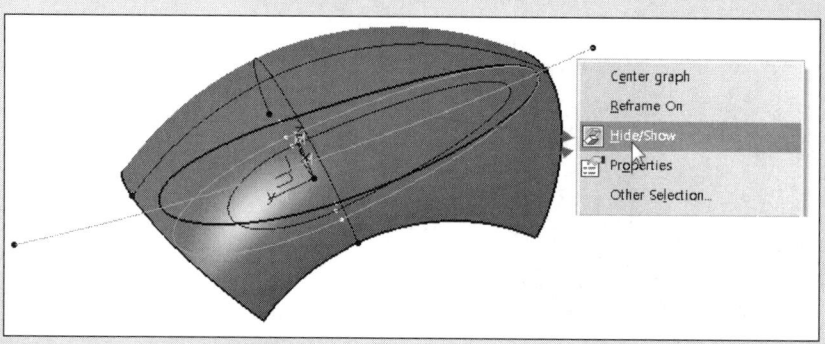

절대로 불필요하다고 해서 형상 요소들을 삭제해서는 안 된다는 것을 명심하기 바랍니다.

10. 이제 다시 BaseSurface Geometrical Set에 Define을 걸고 Sweep 을 이용하여 9과정에서 만들어 준 Combine Curve를 사용해 서피스를 만들어줍니다. 여기서 Sweep의 Profile type은 Line type이며 Subtype으로 With draft direction으로 선택합니다.

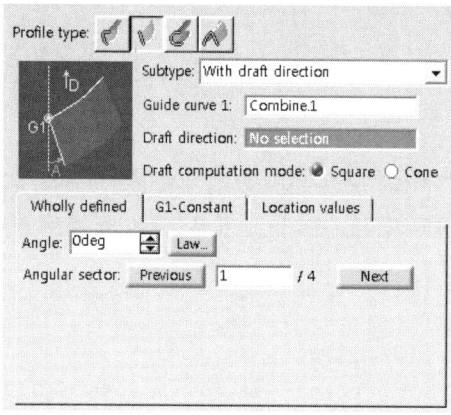

11. Draft Direction은 Z축을 선택해줍니다. 작업 화면에서 보이는 Axis의 Z축을 선택해줄 수도 있으며 또는 아래 그림에서처럼 방향을 입력하는 란에 마우스 오른쪽을 클릭하여 Contextual menu에서 Z axis 를 선택해줄 수도 있습니다.

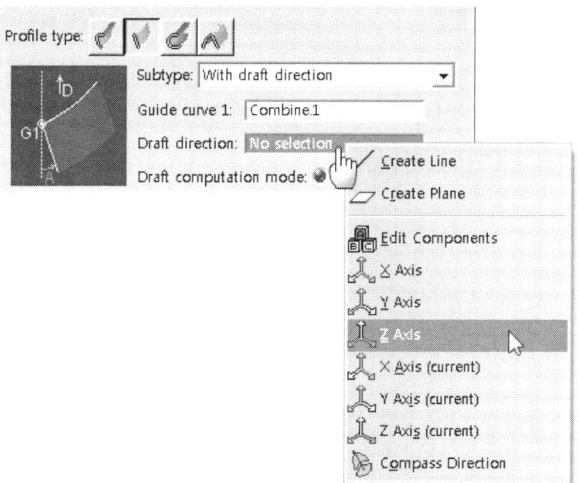

12. 다음으로 Draft Angle을 입력해줍니다. 여기서는 20도를 입력해줍니다.

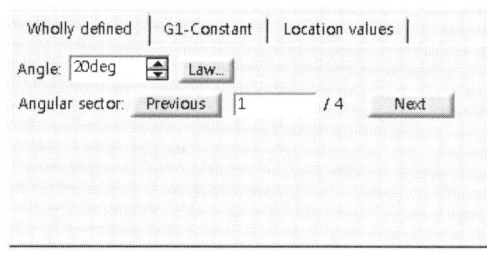

13. 그리고 미리보기를 실행하면 다음과 같이 Sweep 서피스가 만들어지는 방향을 확인할 수 있습니다. 여기서 아래와 같은 방향으로 서피스를 선택해줍니다. 화면에 나타나는 파란 화살표를 이용해 선택해줄 수도 있으며 또는 Angular sector에서 Previous와 Next 버튼을 이용하여 선택해줄 수 있습니다.

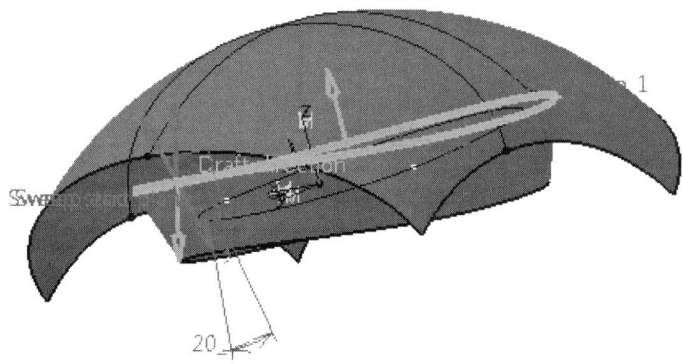

4. Generative Shape Design **411**

14. 이제 마지막으로 Sweep 서피스를 만들기 위한 마지막 설정으로 서피스의 길이 제한을 잡아줍니다. 여기서는 From/Up로 설정하여 Relimiting element 1에 XY 평면을 선택해줍니다. 이것 역시 작업 화면에서 XY 평면을 선택하거나 또는 Contextual menu를 사용할 수 있습니다.

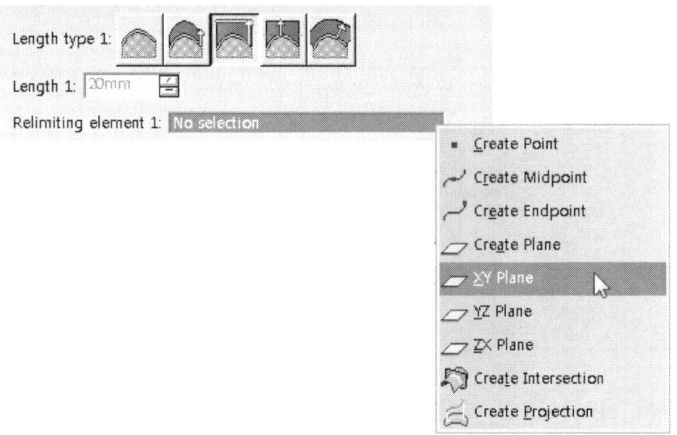

15. 이제 미리보기를 해보면 다음과 같은 서피스가 만들어집니다. 작업 후 사용한 Combine curve는 숨겨둡니다.

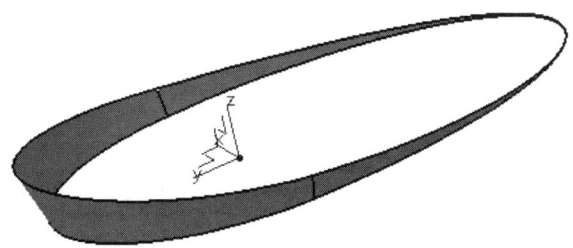

16. 다음으로 WorkedWireframe에 Define을 걸고 앞서 6과정에서 만들어준 서피스에 Projection 을 사용하여 2과정에서 만들어준 스케치를 투영시킵니다. Projection type을 Along a direction으로 변경하고 Direction을 Z axis로 잡아줍니다. 마찬가지로 작업 후 XY 평면에 그려주었던 스케치는 숨겨둡니다.

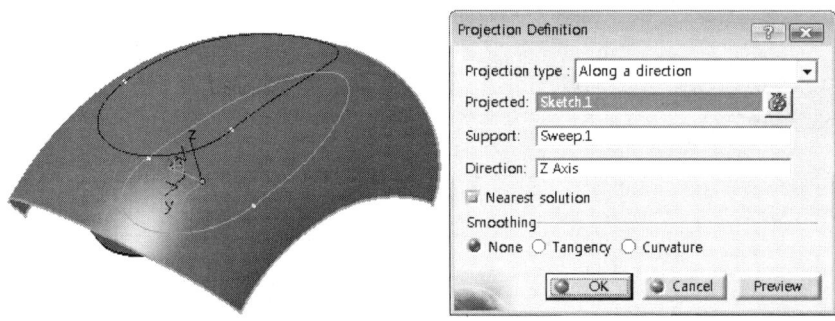

17. 그리고 WorkedSurface에 Define을 걸고 Split 를 이용하여 6과정의 서피스를 안쪽만 남기고 잘라 냅니다. 남아있을 서피스의 선택은 가운데 Other side 버튼을 이용하여 선택해줄 수 있습니다. 형상을 확인한 후에 Project한 Wireframe은 숨겨둡니다.

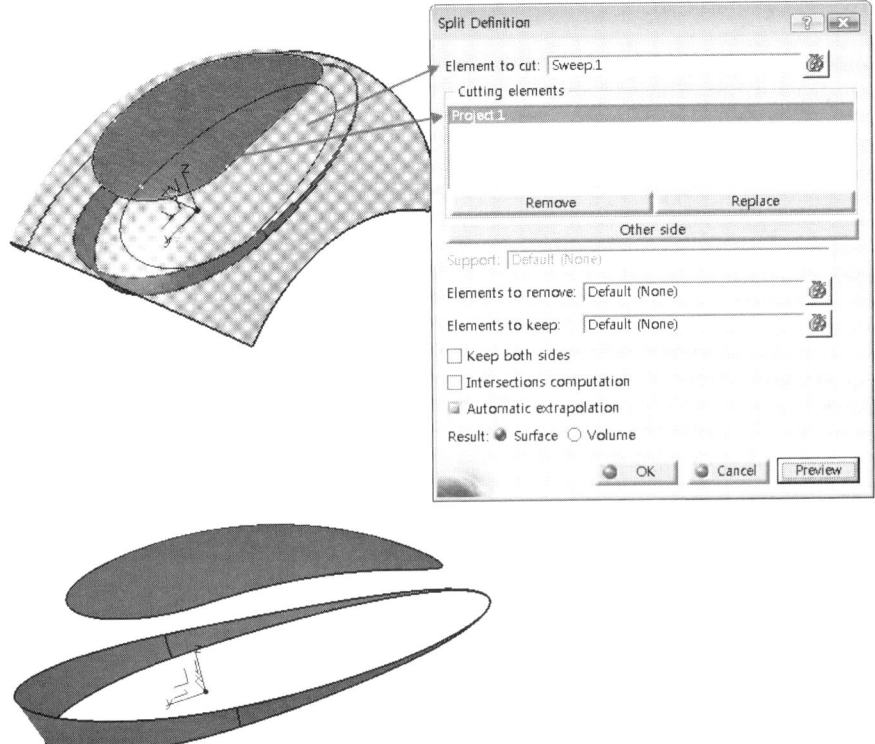

18. 중간 단계로 Spec Tree를 다음과 같이 정리가 되었는지 확인합니다. 만약에 Tree가 바르게 정렬되지 않았다면 앞서 공부한 Geometrical Set을 정리하는 방법을 통하여 정리하기 바랍니다.

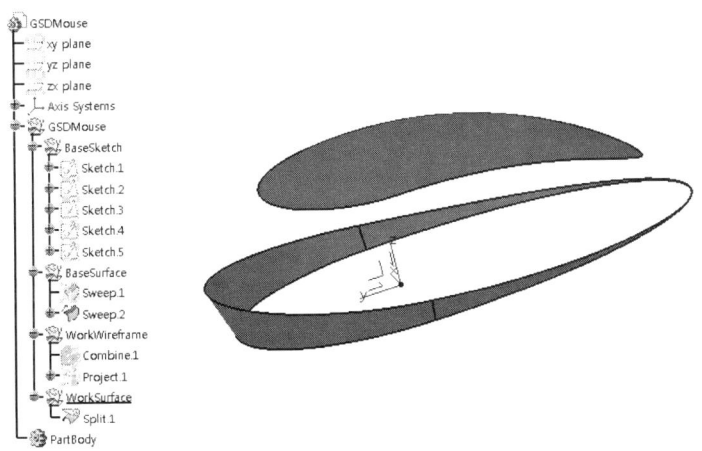

> 작업 중간 중간마다 Tree 정리를 해두는 습관을 들이지 않는다면 Geometrical Set을 이용한 작업이 무의미 할 것입니다. 번거롭더라도 익숙해지는 연습이 필요합니다.

19. 이제 다시 작업을 시작하여 WorkedWireframe에 Define을 걸고 다음과 같이 Boundary ⌒를 사용하여 두 서피스의 경계를 각각 Wireframe요소로 추출합니다.

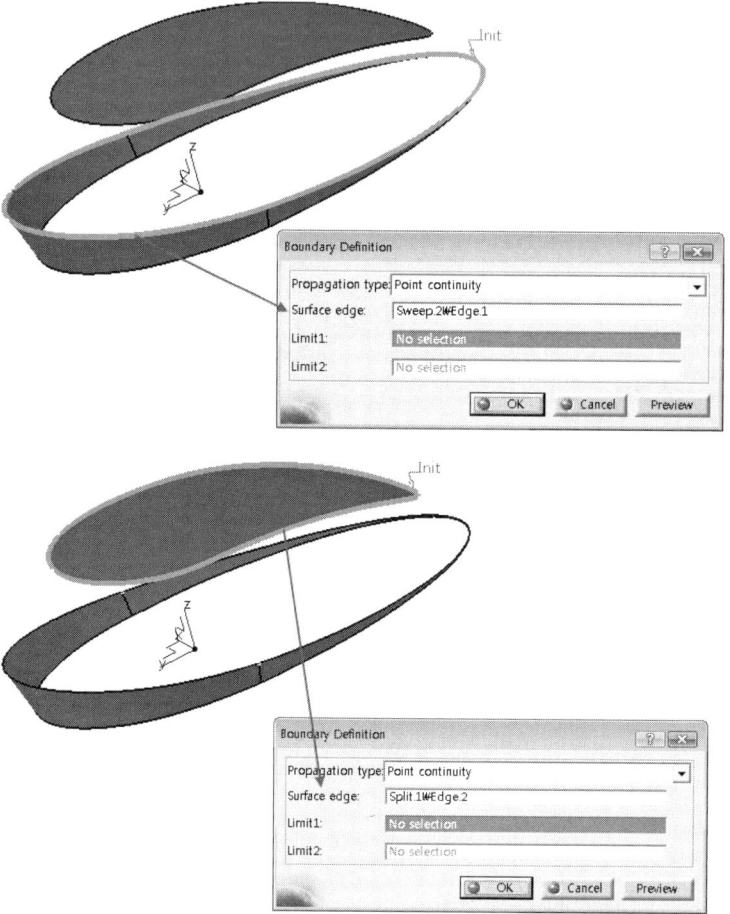

20. 앞서 만들어준 두 개의 Boundary curve를 Split 🗡를 사용하여 ZY 평면을 기준으로 절단합니다. Split 명령을 실행시키고 Element to cut 옆에 있는 다중 선택 버튼 🎨을 클릭하고 다음과 같이 두 Boundary curve를 선택해줍니다.

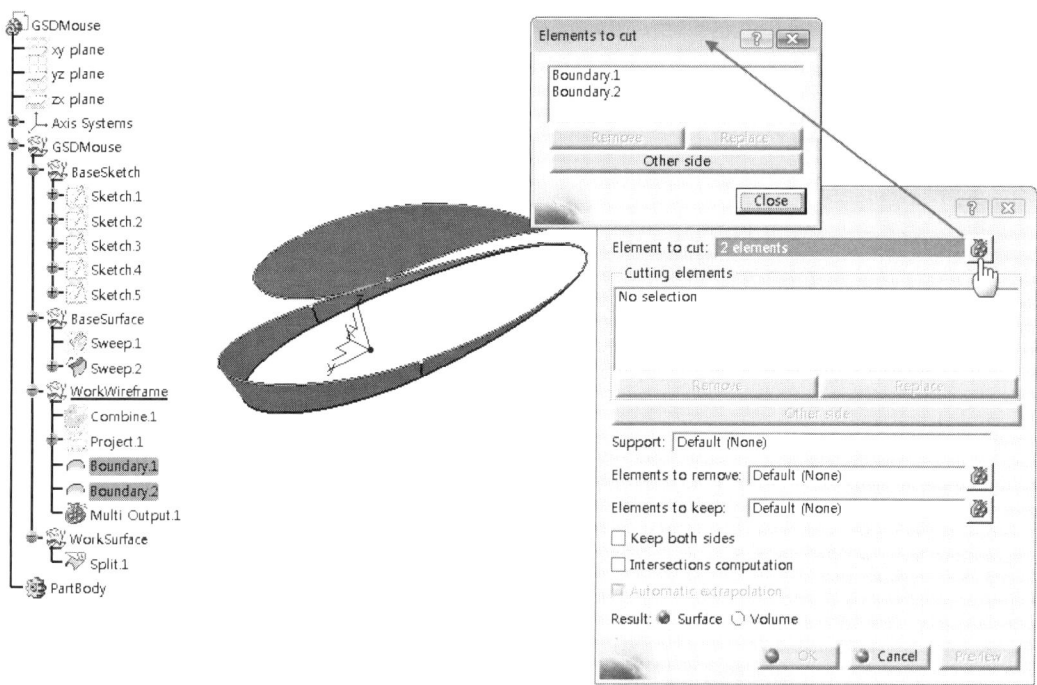

21. 다음으로 Cutting elements에 ZY 평면을 선택해줍니다. 그리고 OK를 누르면 다음과 같이 두 개의 Curve가 동시에 절단되는 것을 확인할 수 있습니다.

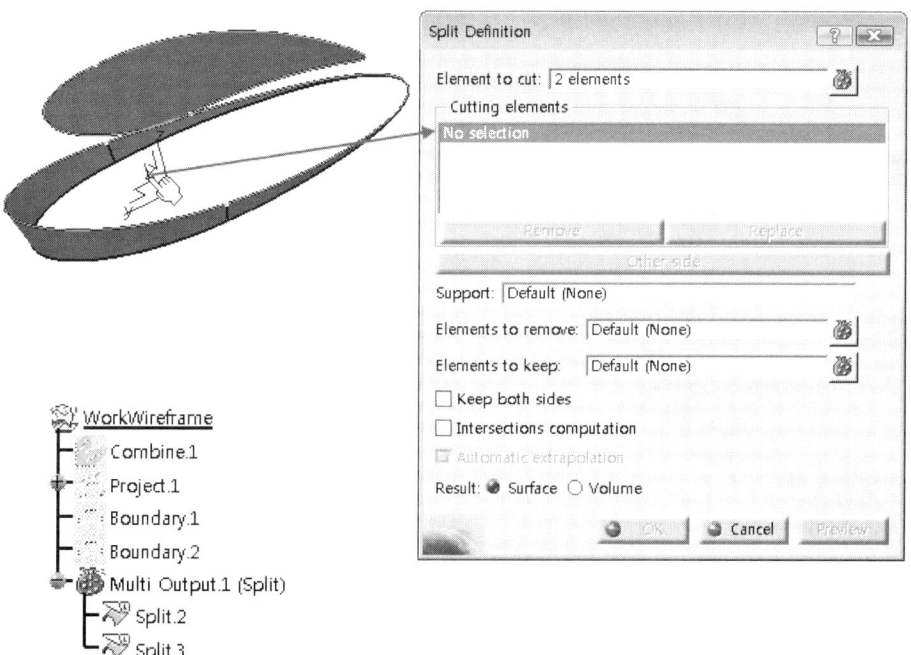

22. 이제 BaseSurface에 Define을 걸고 Sweep을 이용하여 새로운 서피스를 만들어줍니다. Sweep의 Profile type을 Conic으로 해주고 Subtype을 Two guide curves로 해줍니다.

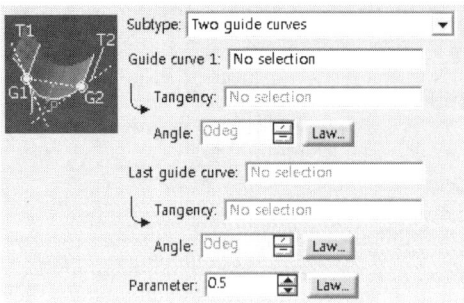

23. 다음으로 앞에서 절단한 Boundary를 각각 선택해줍니다. 그리고 동시에 두 개의 Tangency요소로 각 서피스를 선택해줍니다. 형상은 아래와 같이 나옵니다.

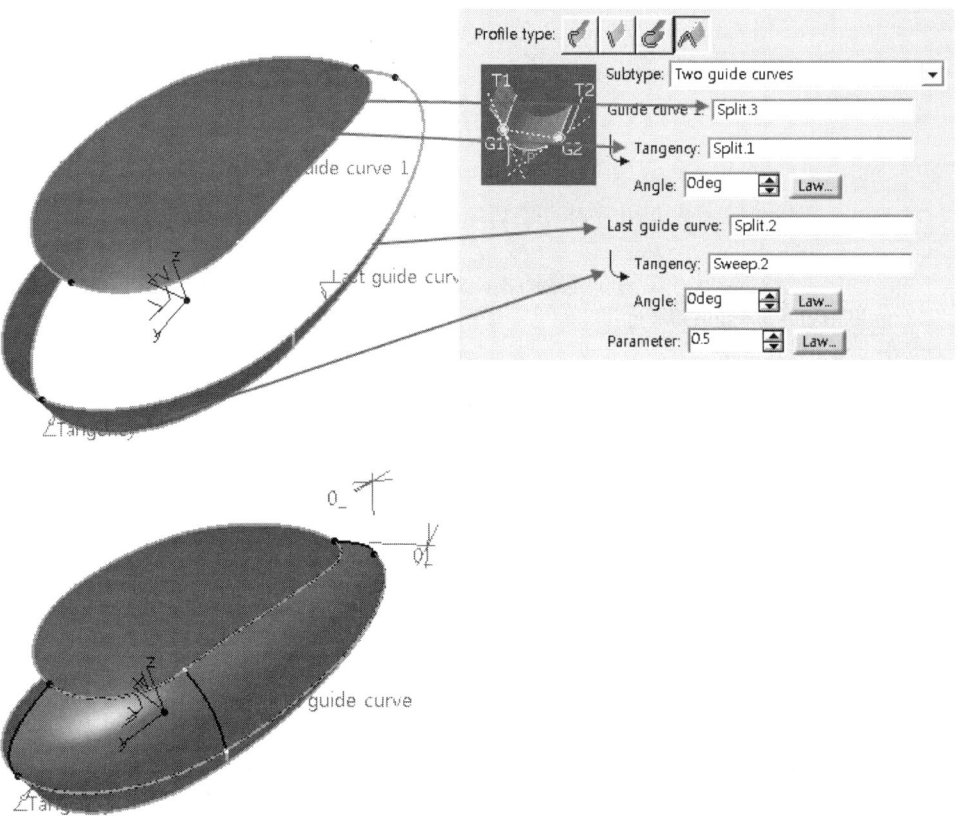

24. WorkedSurface에 Define을 걸고 방금 만들어준 Sweep 서피스를 Symmetry 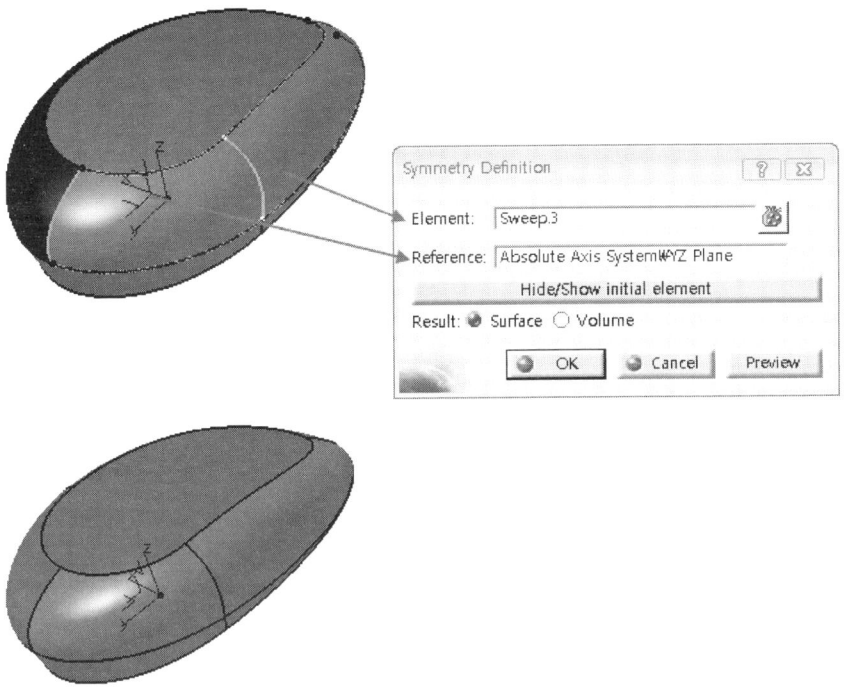해줍니다.

25. 다음으로 하단의 비어있는 부분을 Fill을 이용하여 서피스로 채워줍니다. Fill을 하기위해서 서피스의 모서리를 선택할 때 직접 모서리를 선택하지 않고 Boundary 를 사용하여 모서리를 Wireframe으로 추출하여 Fill 을 해주도록 합니다.

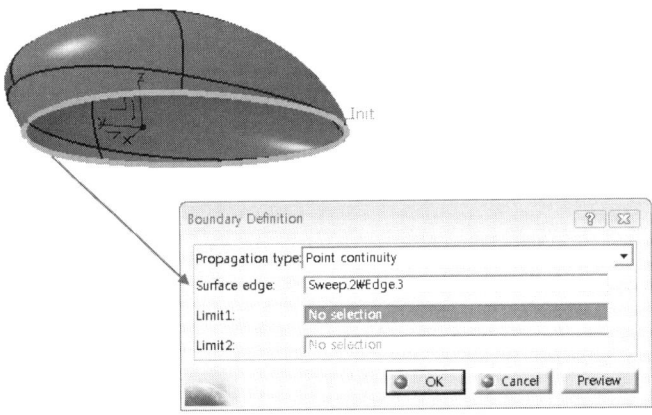

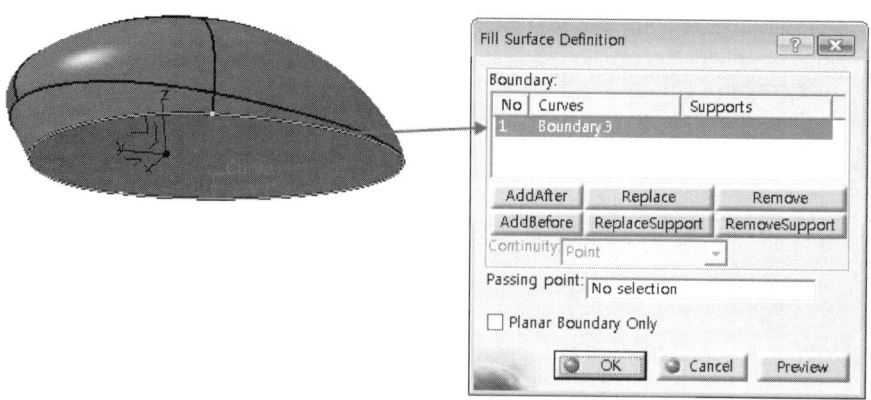

26. 이렇게 만들어진 서피스들은 하나로 합쳐진 것이 아니라 서로 독립적인 조각들이기 때문에 하나의 서피스로 만들어주기 위해서는 Join 이라는 명령을 사용하여 하나의 서피스로 만들어주어야 합니다. Join을 실행하여 앞서 만들어준 각각의 서피스들을 선택해줍니다.

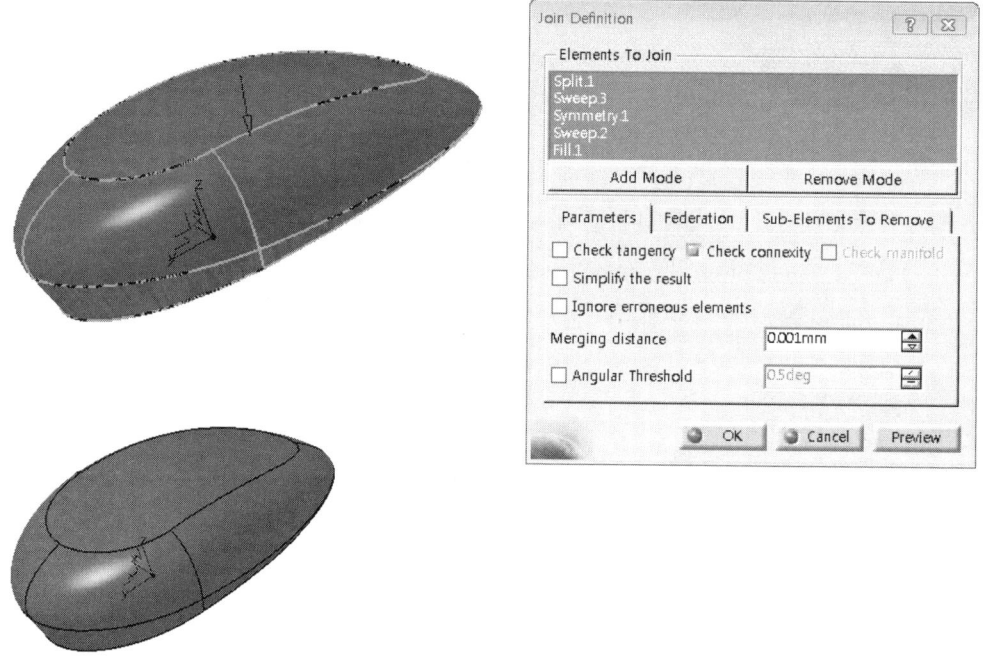

이제 서피스들이 하나로 만들어졌습니다.

> 만약에 서피스들을 Join하는 과정에서 녹색의 경계선이 서피스들 사이에 나타나거나 에러메세지가 뜨는 경우 합치려는 형상들 사이에 유격이 있거나 겹치는 부분이 있다는 뜻이기 때문에 합치려는 서피스들을 수정해주어야 합니다. Join에 대한 자세한 설명은 CATIA 기초서를 참고하기 바랍니다.

27. 마지막으로 Variable Radius Fillet을 통하여 서피스의 날카로운 부분을 라운드해줍니다. Variable Radius Fillet을 해주기 위해 명령을 실행시키고 다음과 같이 모서리를 각각 선택합니다.

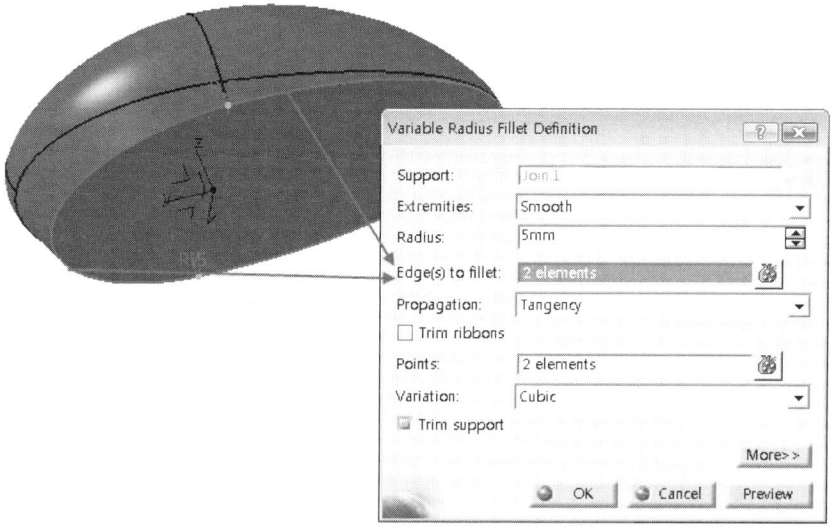

28. Variable Radius Fillet은 선택한 모서리에 대해서 곡률을 하나 이상 입력할 수 있습니다. 곡률이 변하는 지점을 만들기 위해서는 포인트 요소가 필요한데 여기서는 ZY 평면과 모서리가 교차하는 지점을 기준으로 곡률이 변하게 할 것이기 때문에 Intersection 을 사용할 것입니다. 우선 현재 선택된 두 개의 포인트를 다음과 같이 Contextual menu를 사용하여 제거합니다.

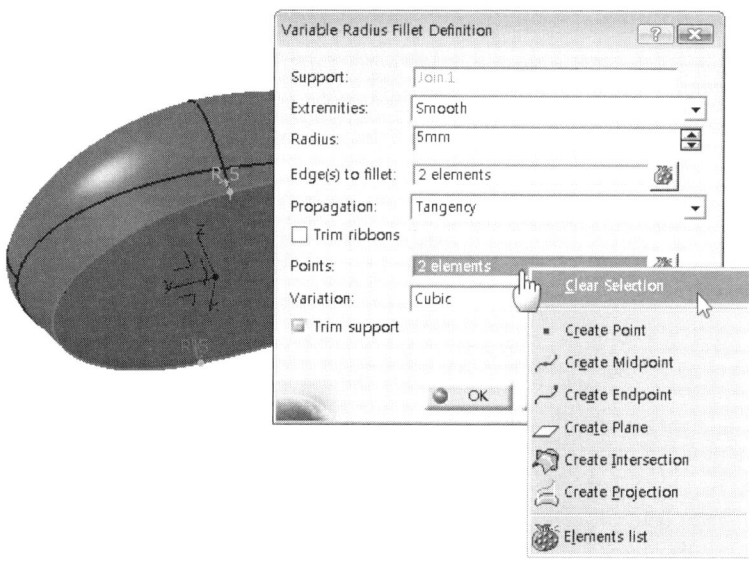

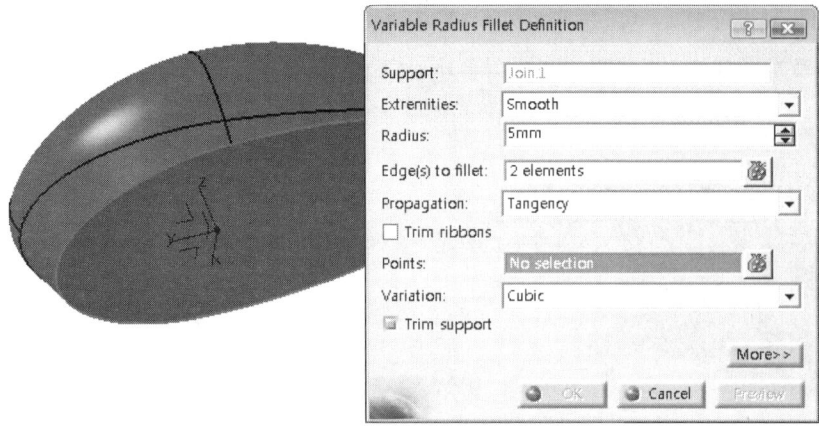

29. 다음으로 Points 선택 란 옆에 있는 파란색의 다중 선택 버튼 을 클릭하고 Contextual menu를 사용하여 다음과 같이 Intersection을 선택합니다.

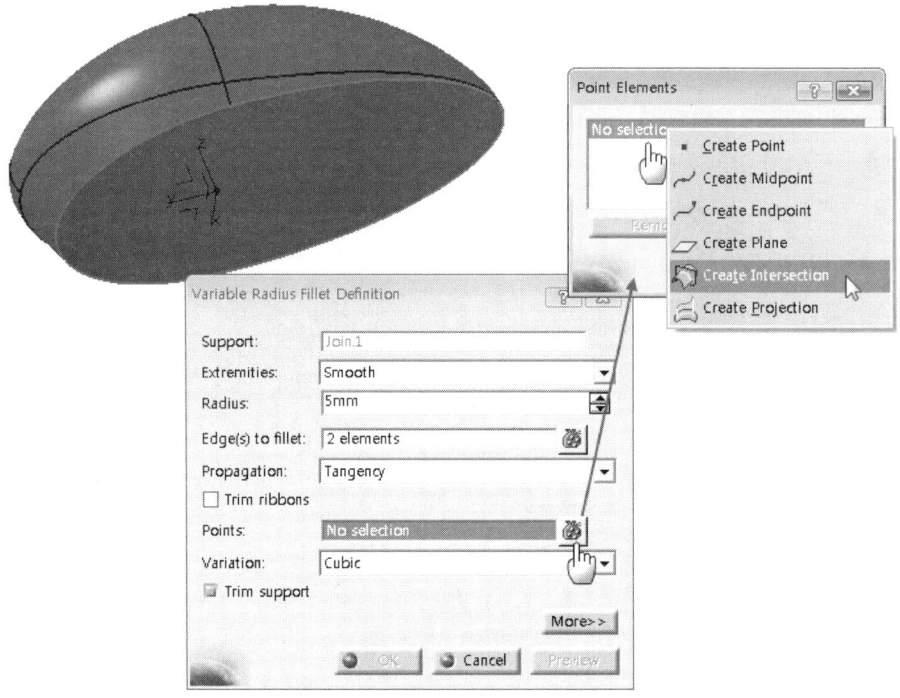

30. 다음과 같이 Intersection 창이 나타나면 Fillet하고자 하는 모서리와 ZY 평면을 선택하여 다음과 같이 Intersection Point를 만들어줍니다.

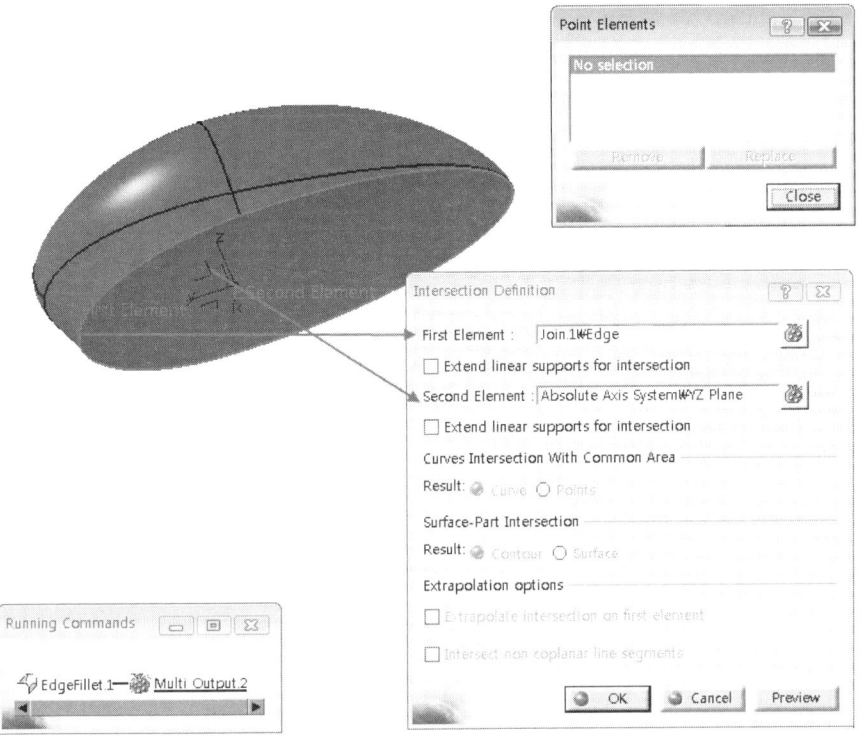

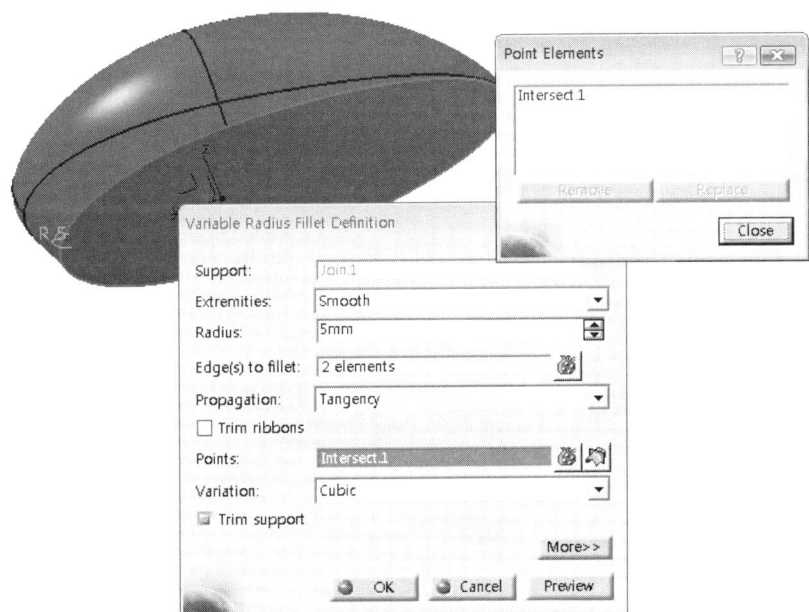

4. Generative Shape Design

31. 다시 한 번 Contextual menu를 사용하여 다음과 같이 Intersection Point를 잡아줍니다.

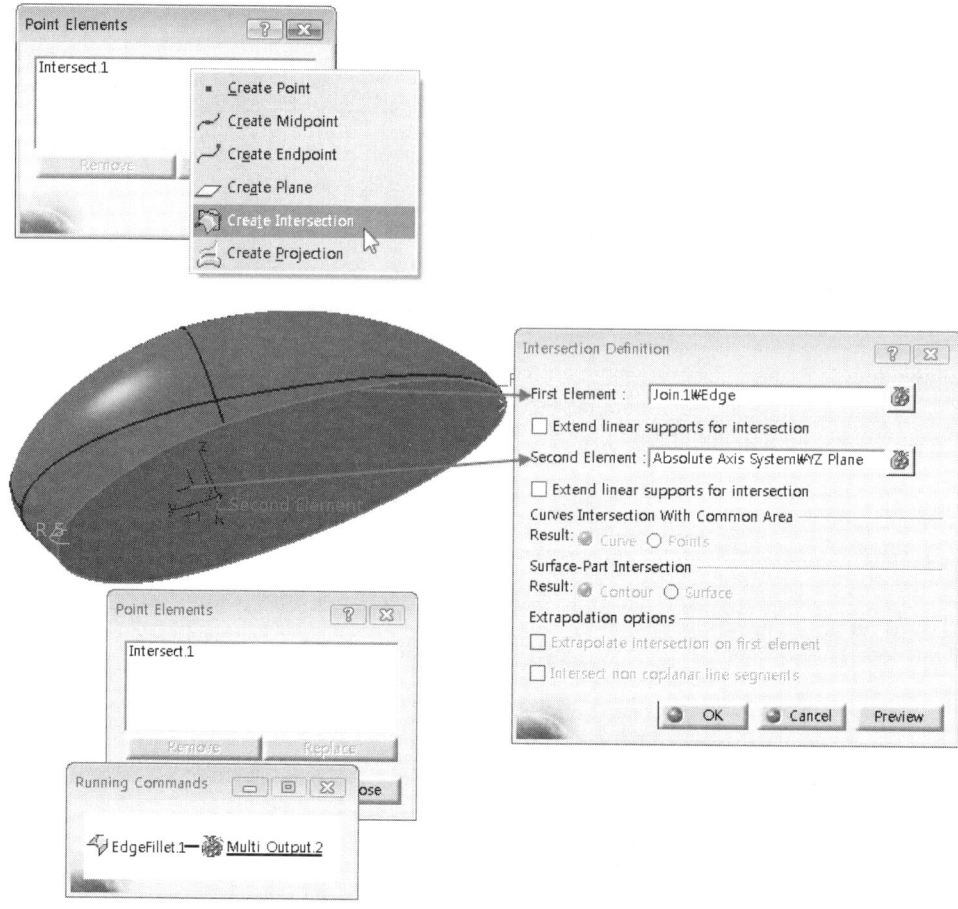

32. 앞서 만들어준 두 Intersection 지점에 각각 다음과 같은 곡률을 입력하여 형상을 마무리 합니다.

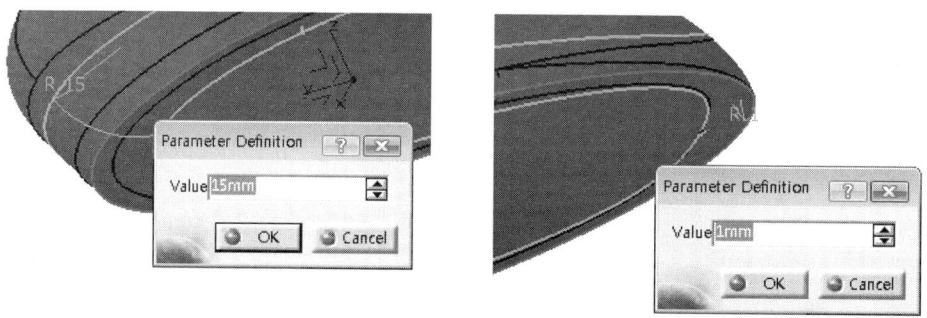

33. 최종 형상과 Spec Tree는 다음과 같습니다.

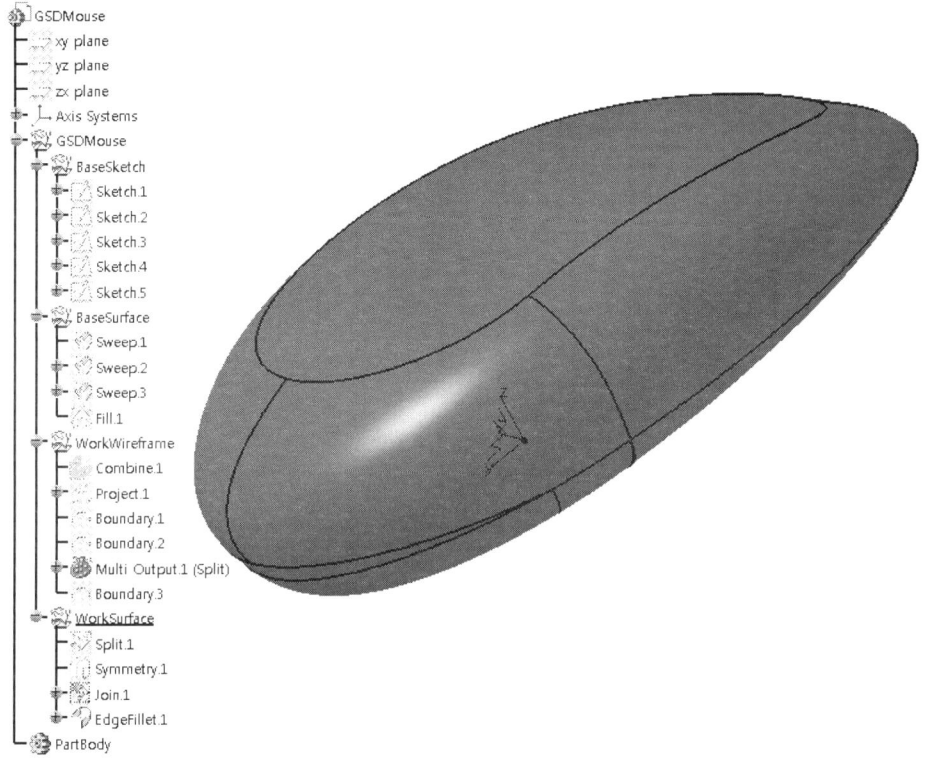

33. 이제 최상위 Geometrical Set을 Group 해줍니다.

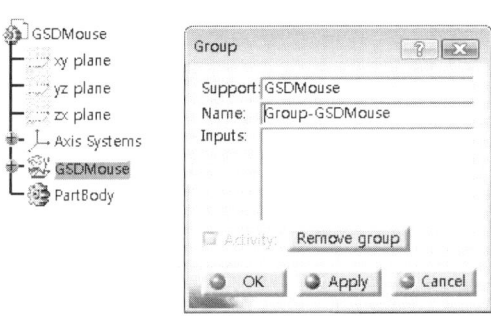

(2) Exercise 2 - GSD Exercise 2

서피스 모델링 연습을 위한 첫 번째 형상은 아래와 같습니다.

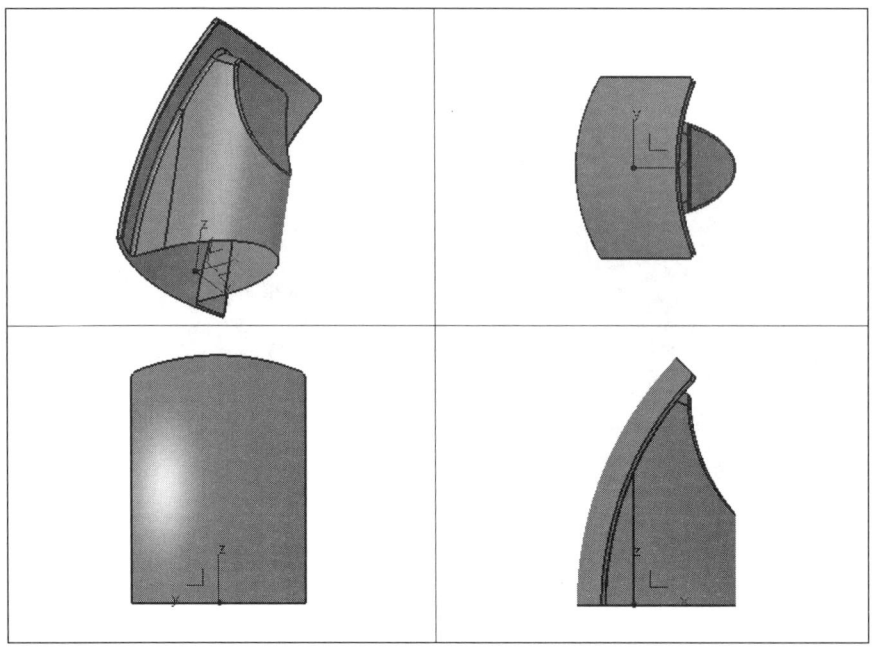

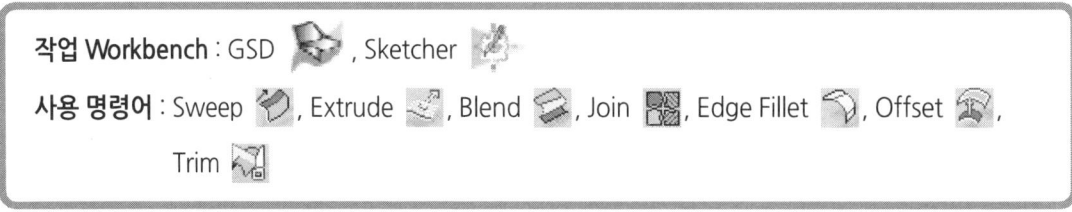

작업 **Workbench** : GSD , Sketcher

사용 명령어 : Sweep , Extrude , Blend , Join , Edge Fillet , Offset , Trim

작업 형상은 주위에서 쉽게 발견할 수 있는 컴퓨터 스피커의 형상을 이용하였습니다.

01. 작업에 앞서 다음과 같이 Geometrical Set을 이용하여 Spec Tree를 구성합니다.

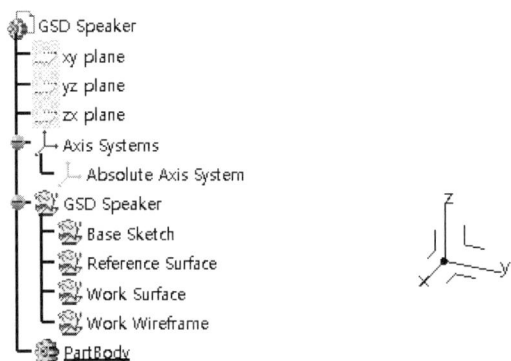

02. Base Sketch에 Define을 걸고 XY 평면에 다음과 같이 스케치 합니다.

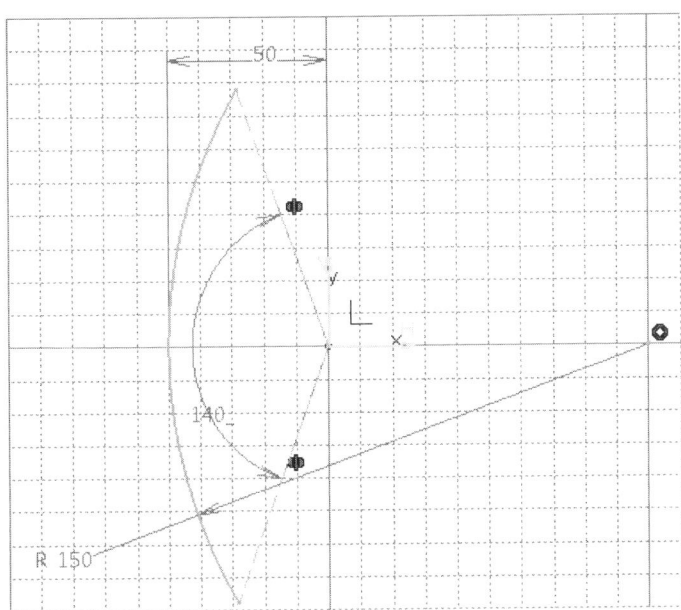

03. 다음으로 ZX 평면에 다음과 같이 호 형상을 그려줍니다.

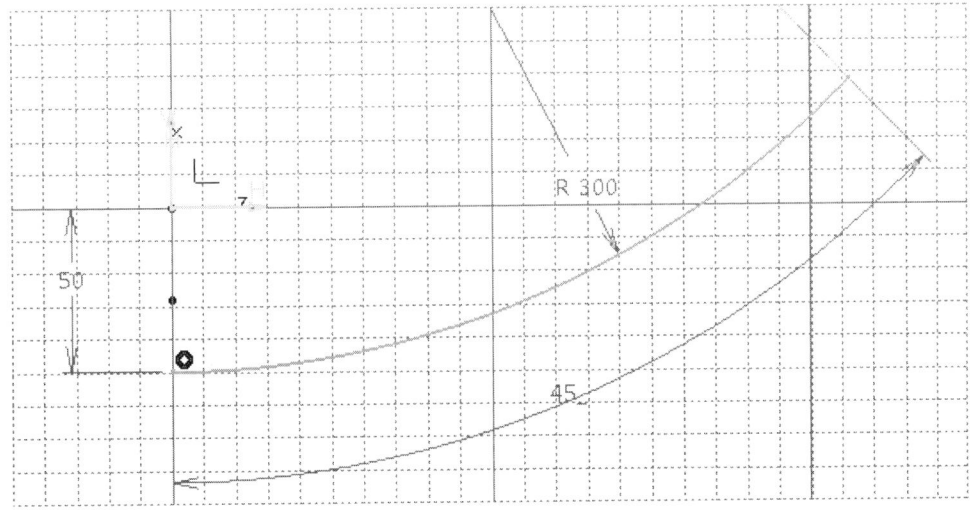

04. 그리고 다시 XY 평면에 다음과 같이 타원을 이용한 형상을 이용한 스케치를 그려줍니다.

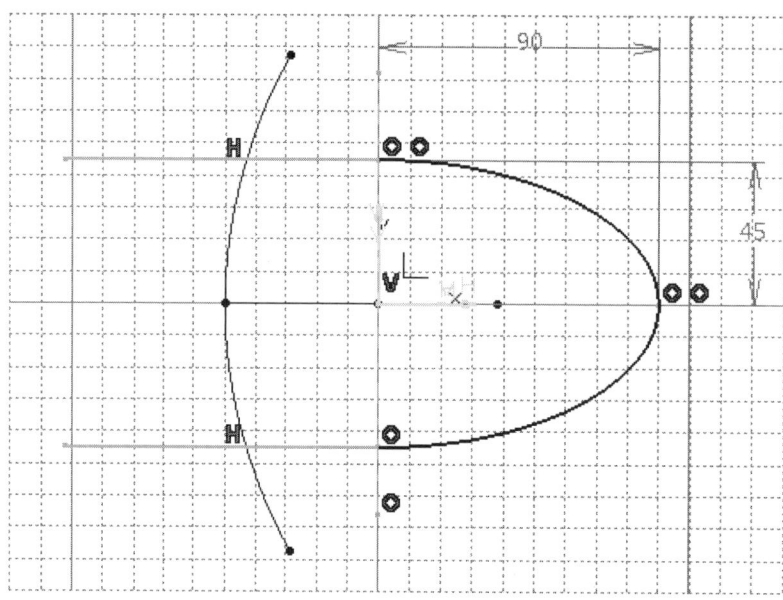

05. 이번에는 ZX 평면에 다음과 같은 스케치 형상을 그려줍니다. Profile을 이용하면 쉽게 형상을 만들 수 있습니다.

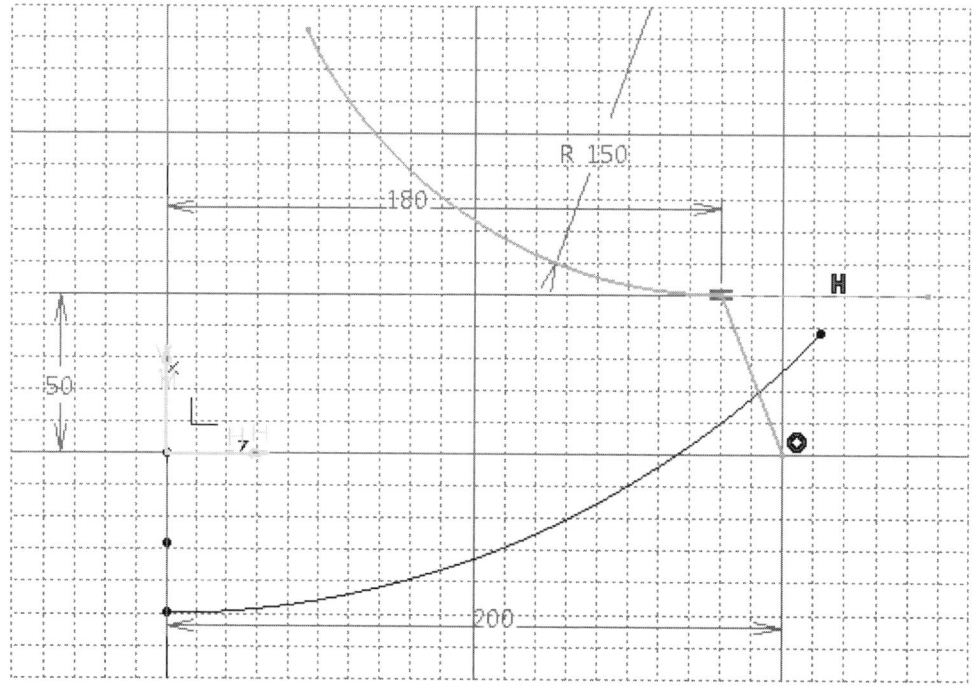

06. 중간 점검으로 다음과 같이 스케치의 위치와 Spec Tree를 맞추고 다음 작업에 들어가도록 하겠습니다.

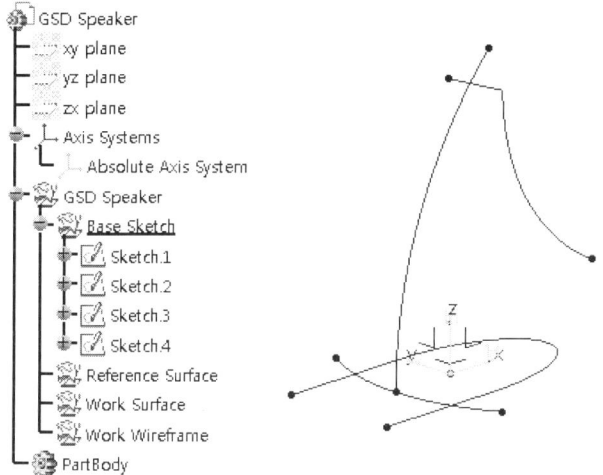

07. 이제 Geometrical Set을 Reference Surface로 Define하고 다음과 같이 Sweep 을 사용하여 서피스를 만들어줍니다. Profile type은 Explicit으로 하고 Subtype은 With reference surface로 해줍니다.

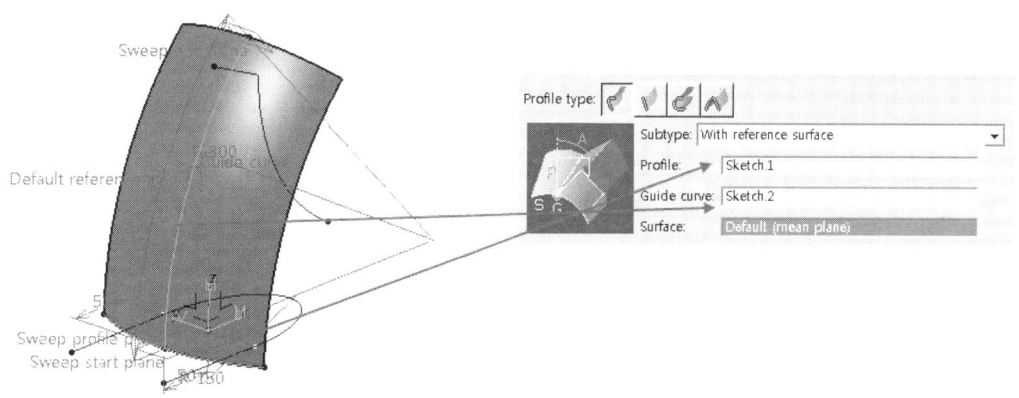

08. 다음으로 Extrude 를 사용하여 다음과 같이 두 스케치로 각각 서피스를 만들어줍니다.

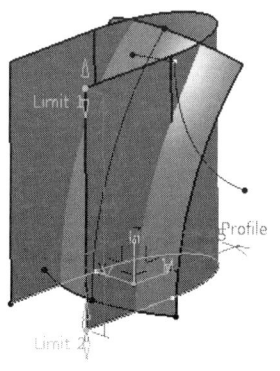 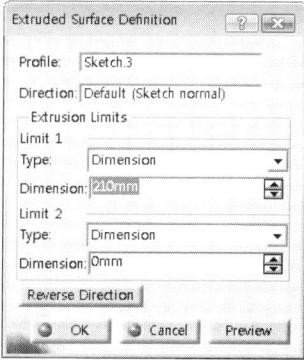

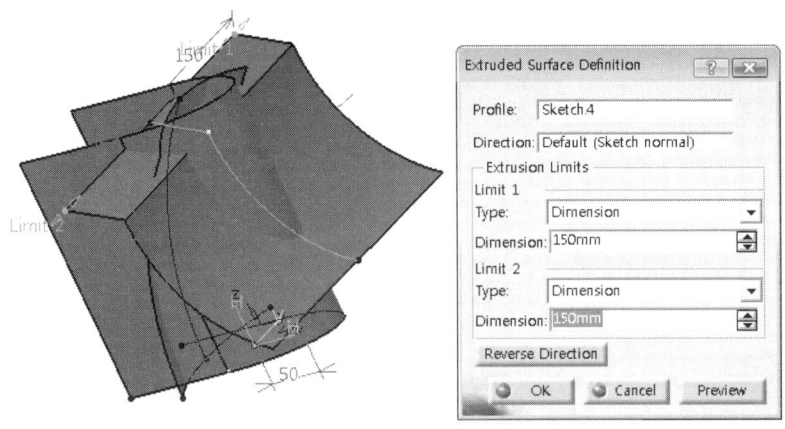

09. Work Surface에 Define을 걸고 다음과 같이 두 서피스를 Trim 을 이용하여 서로를 경계로 하여 불필요한 부분을 제거하고 하나의 서피스로 합쳐줍니다.

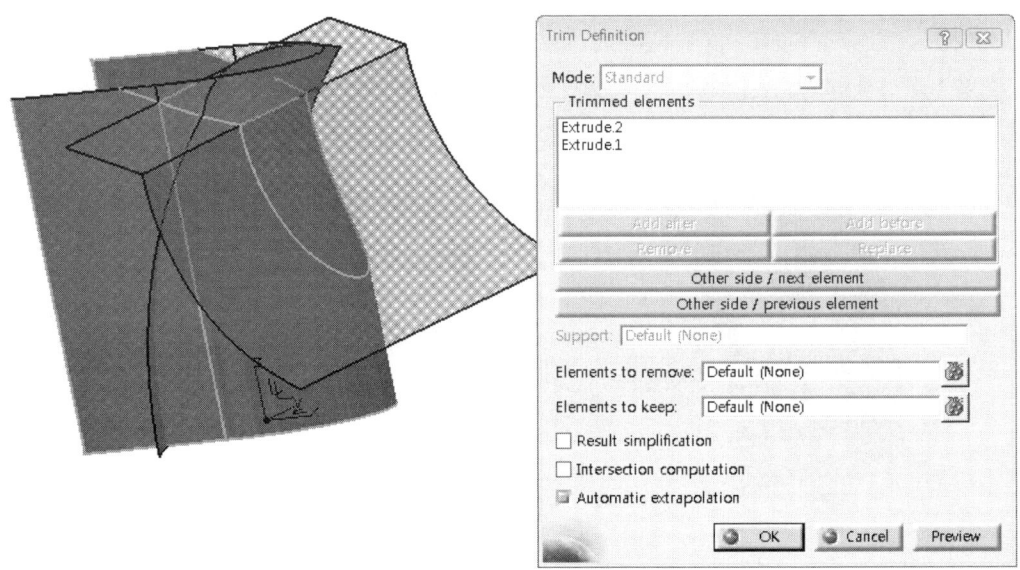

10. Offset 명령을 사용하여 다음과 같이 앞서 Sweep으로 만들어준 서피스를 안쪽 방향으로 5mm만큼 떨어진 서피스를 만들어줍니다.

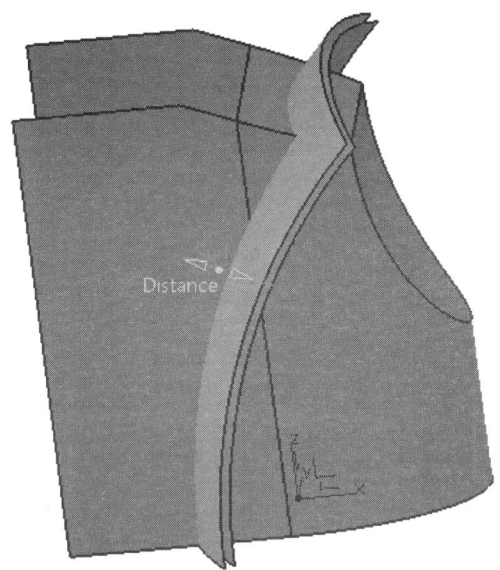
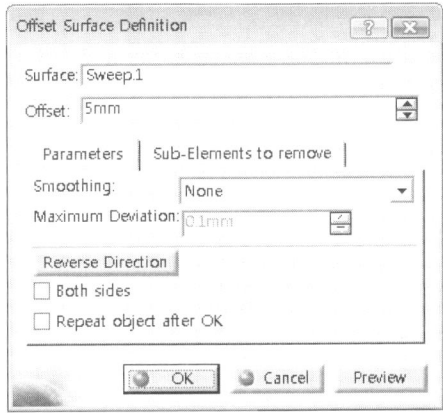

11. 이제 다시 Trim 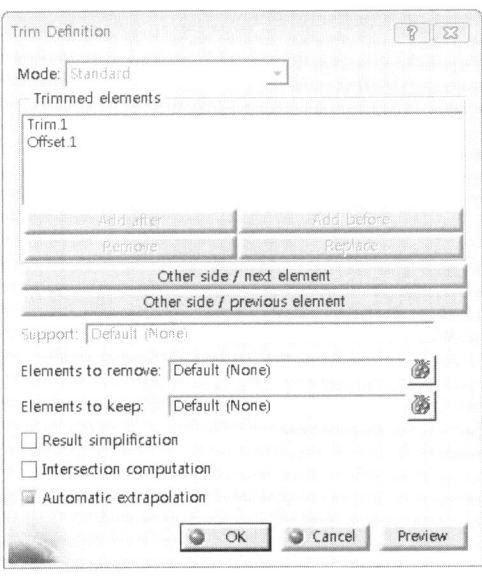을 사용하여 9과정에서 만들어준 서피스와 앞서 Offset 서피스를 하나의 서피스로 만들어줍니다.

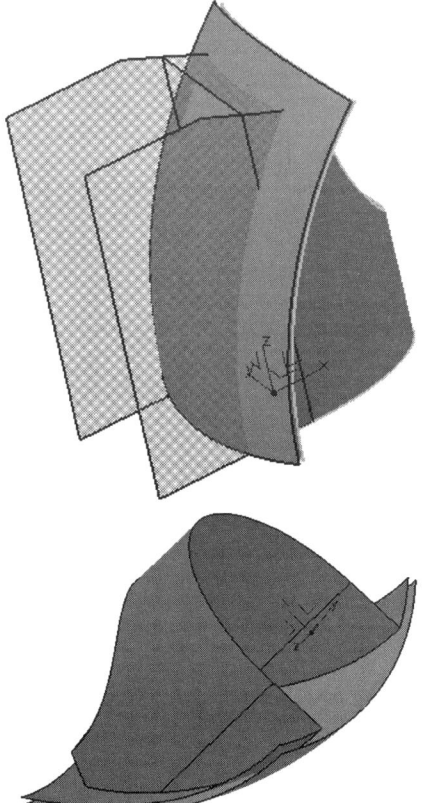

12. 다음으로 Blend 를 사용하여 Trim한 서피스와 Sweep 서피스 사이에 서피스를 만들어줍니다.

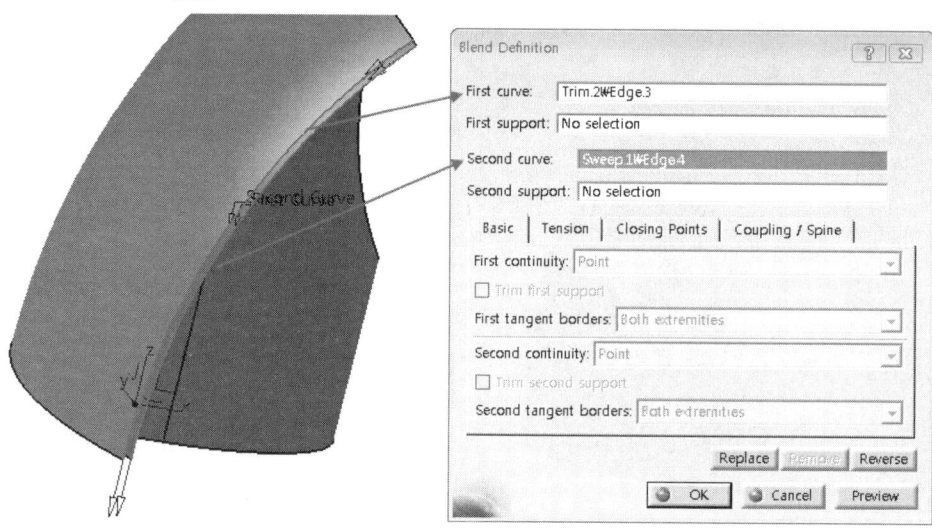

13. 반대편 서피스의 경우도 마찬가지로 Blend 를 사용하여 서피스를 만들어줍니다.

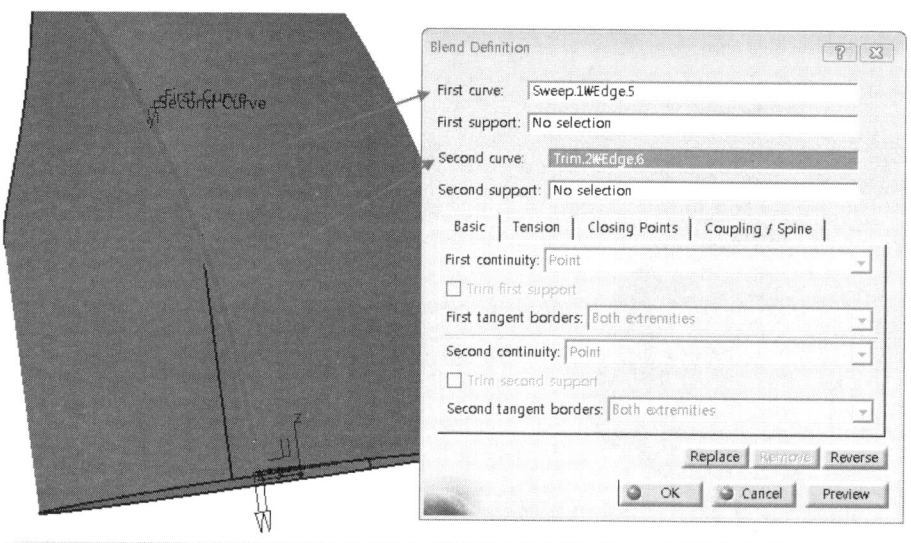

또는 Symmetry를 사용하여 대칭 복사해 주어도 됩니다.

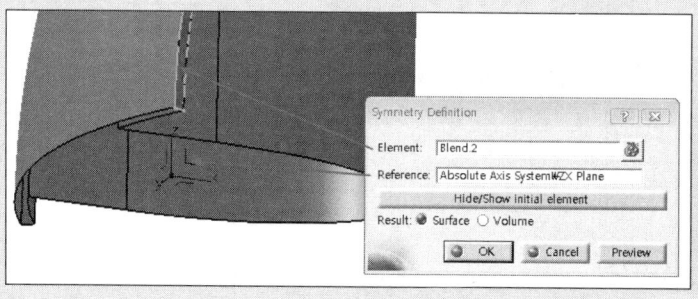

14. 윗부분의 틈의 경우도 마찬가지로 서피스를 채워줍니다. 마찬가지로 Blend 를 사용하여도 되며 또는 Fill 을 사용하여 틈을 채워주어도 됩니다.

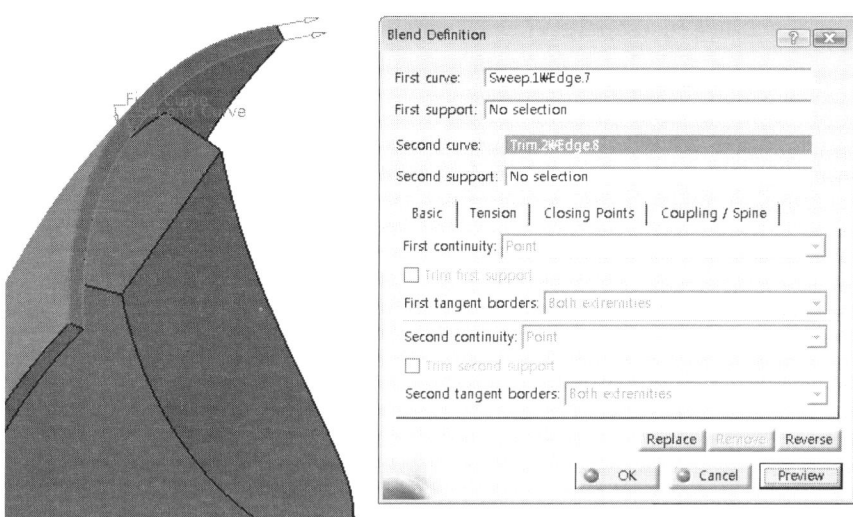

15. 이제 각 서피스들을 하나의 서피스로 합치기 위해 Join 명령을 사용합니다.

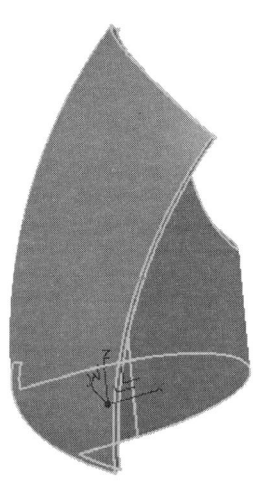
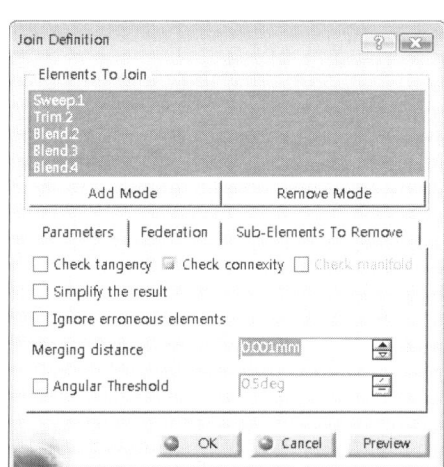

16. 이제 Fillet을 사용하여 다음과 같이 형상을 라운드 처리해줍니다.

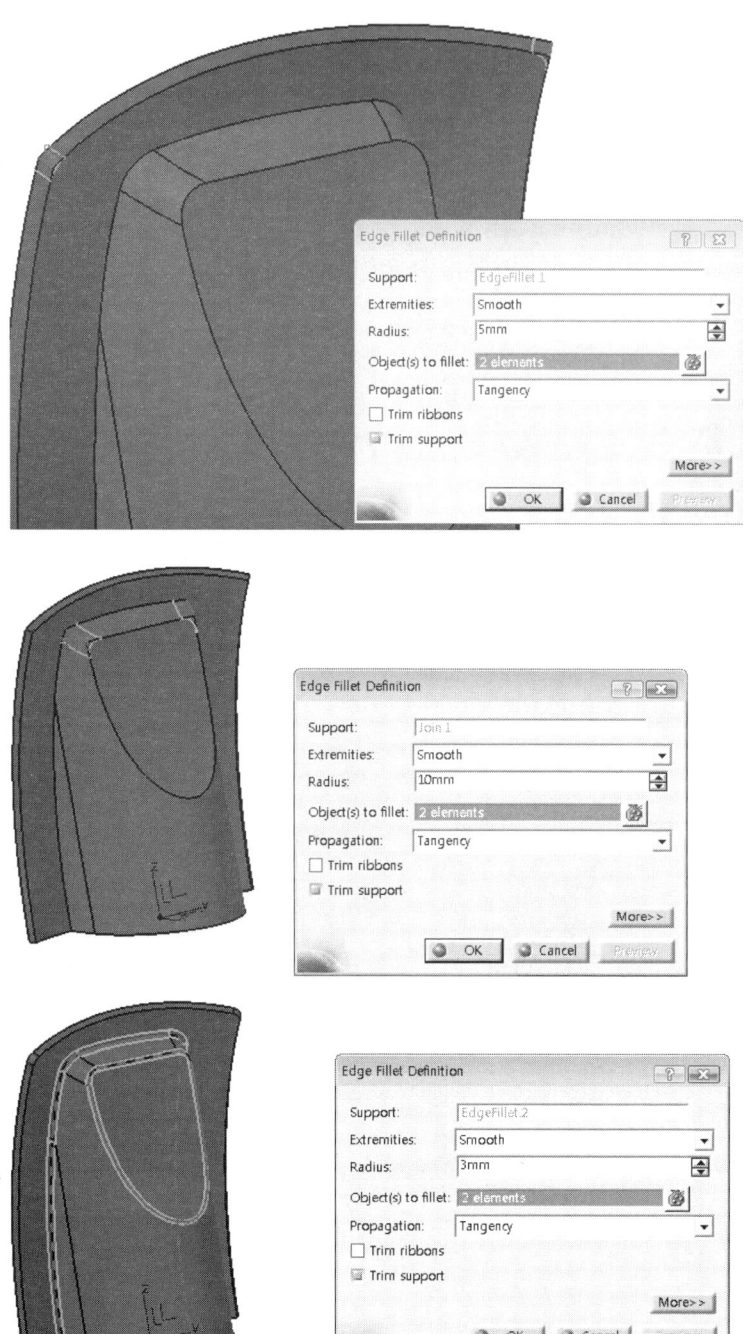

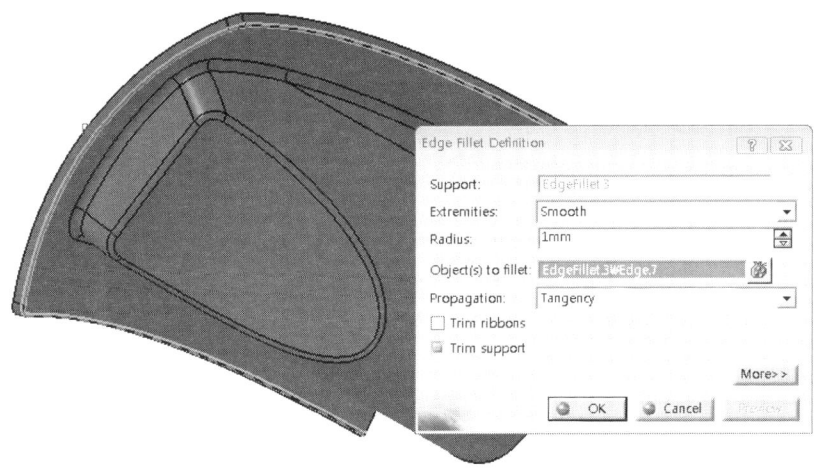

17. 다음과 같이 완성된 형상과 Spec Tree를 확인하기 바랍니다.

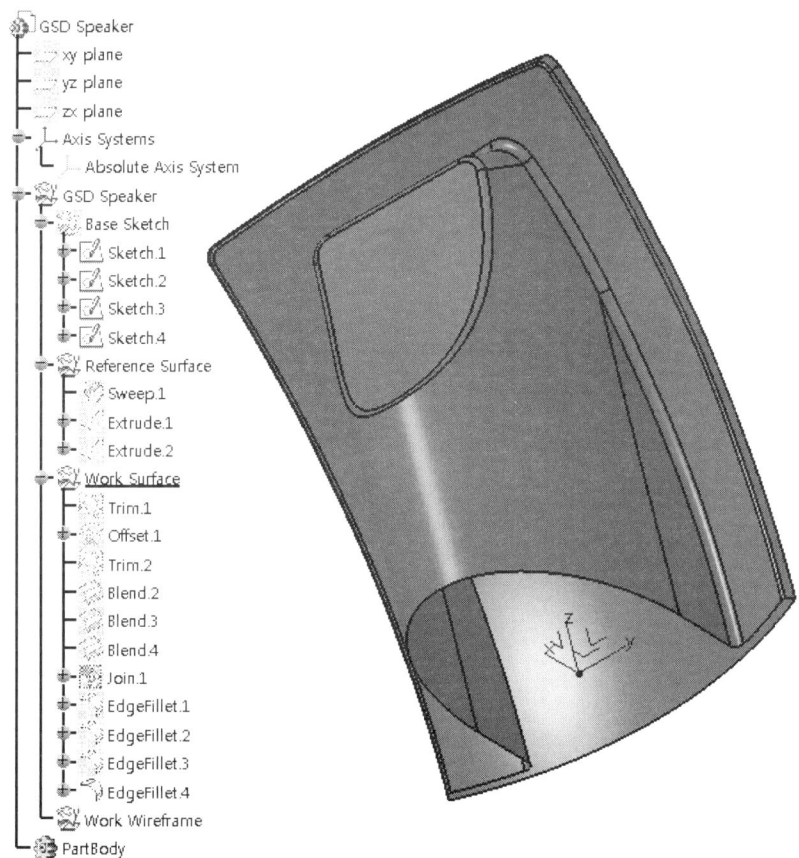

18. 이제 상위 Geometrical Set을 Group해 줍니다.

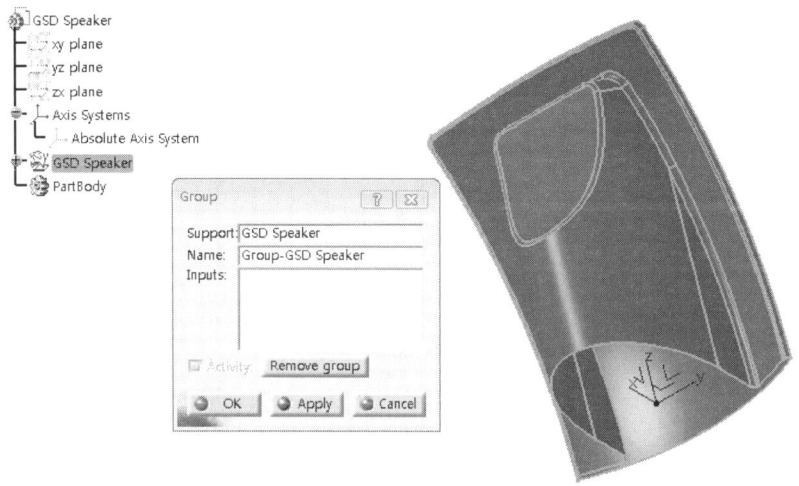

(3) Exercise 3 - GSD Exercise 3

이번에 서피스 모델링 연습을 위한 형상은 아래와 같습니다.

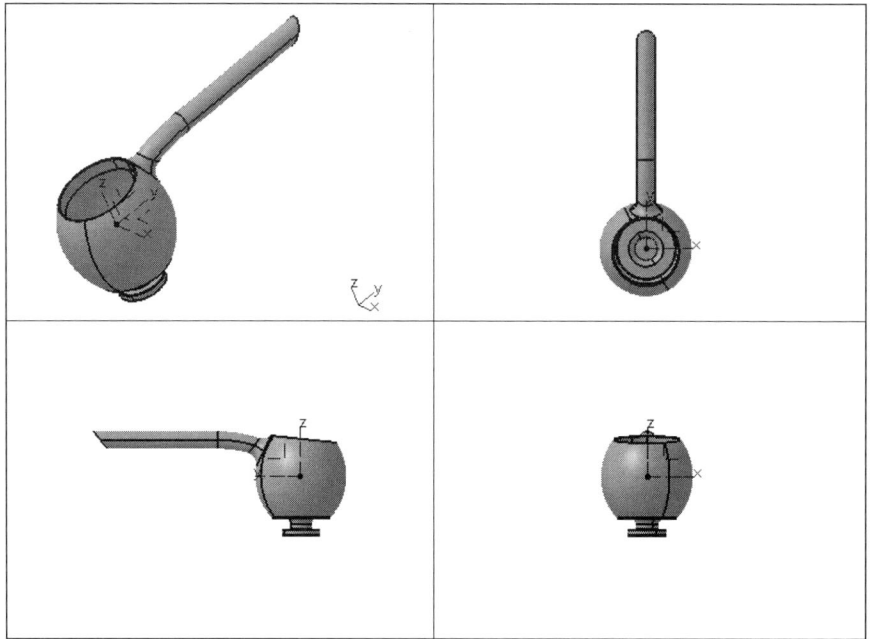

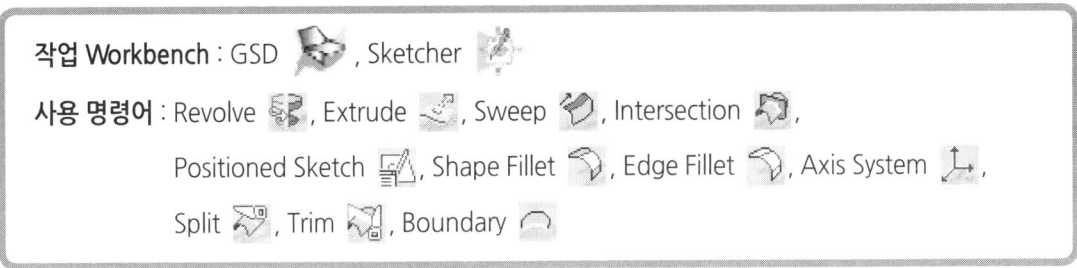

위 형상은 이어폰 형상으로부터 착안한 형상입니다.

01. 우선 본 작업에 앞서 다음과 같이 Spec Tree를 설정합니다.

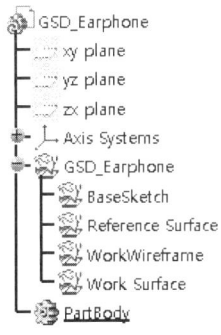

02. Base Sketch에 다음과 같이 ZY 평면에 스케치합니다.

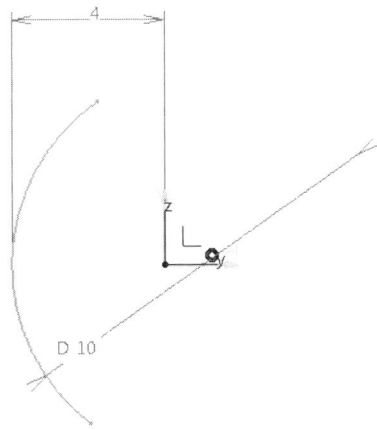

03. 다음으로 ZY 평면에 다음과 같이 스케치합니다.

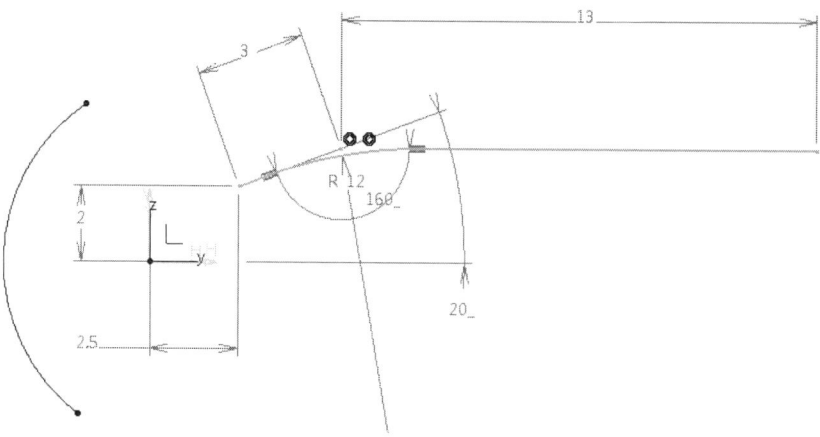

04. 상위 Geometrical Set에 Define을 하고 3과정에서 만든 스케치의 끝에 다음과 같은 평면을 만들어줍니다.

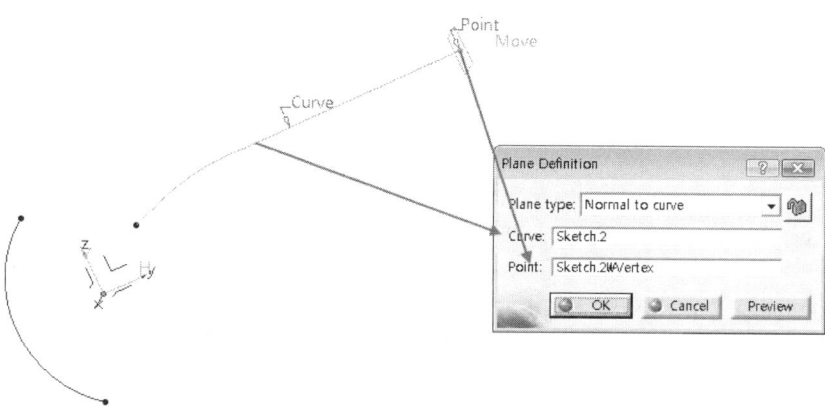

05. 앞에서 만들어준 평면에 Positioned Sketch 로 다음과 같이 원을 그려줍니다.

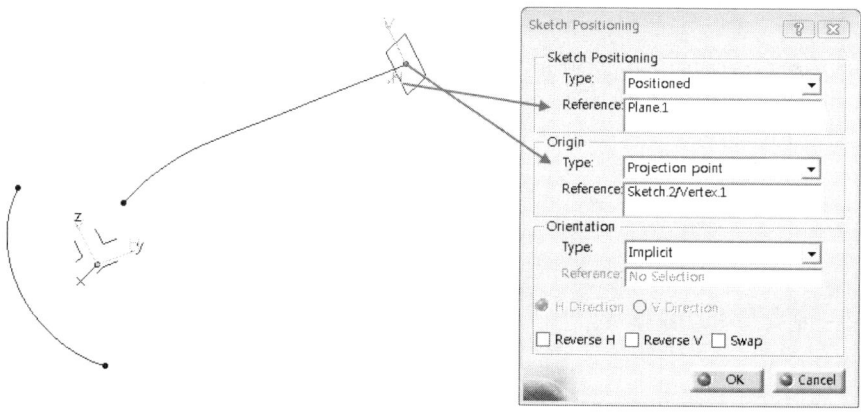

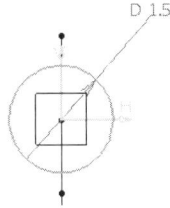

06. 다음으로 ZY 평면에 다음과 같이 스케치합니다.

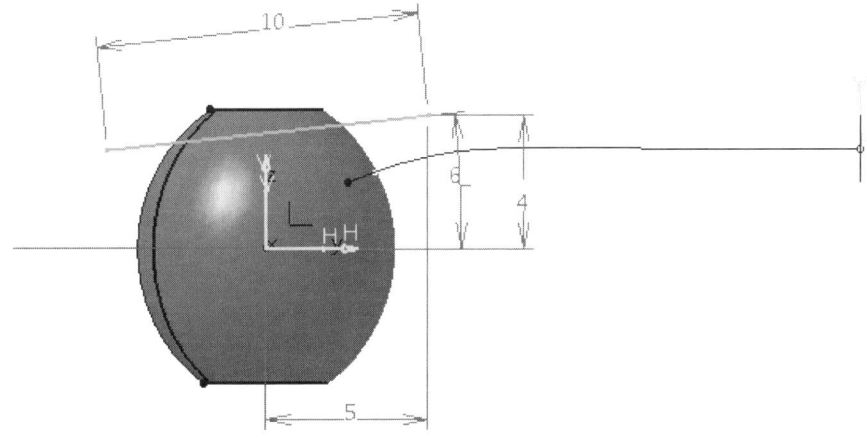

07. Geometrical Set을 Reference Surface에 Define하고 다음과 같이 2과정에서 만들어준 스케치를 Revolve 로 회전체 서피스로 만들어줍니다.

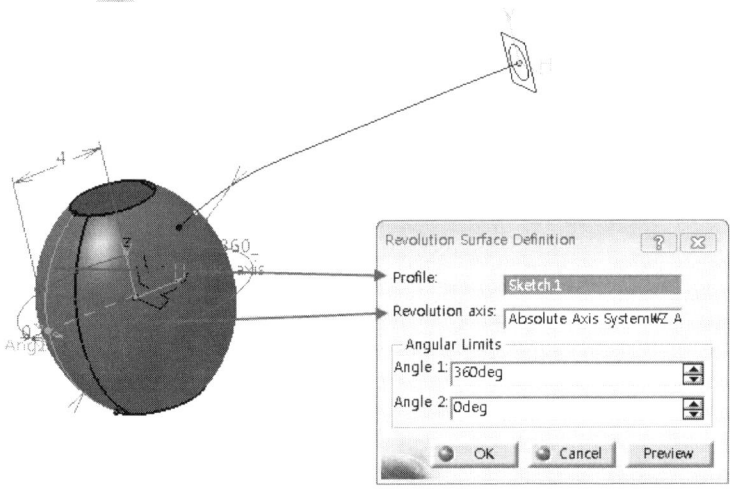

08. Work Wireframe에 Define을 걸고 Intersection 을 이용하여 다음과 같이 두 선 요소들의 교차하는 지점에 포인트를 만듭니다.

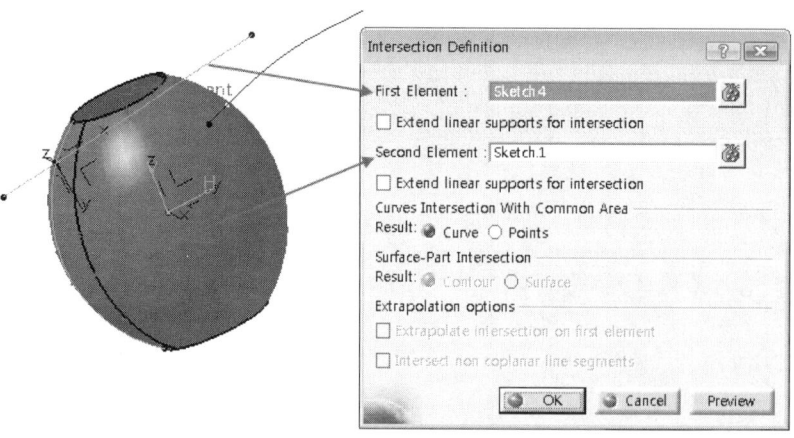

09. 이 포인트를 기준으로 새로운 Axis system 을 만들어 줍니다. 여기서 다음과 같이 X 축을 앞서 그려준 스케치의 직선 방향으로 잡아줍니다.

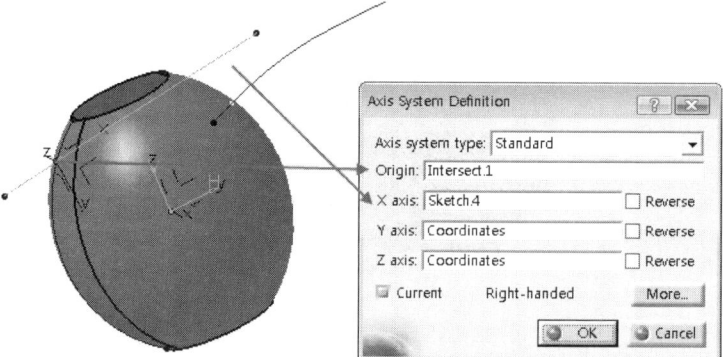

10. 이제 Split 를 이용하여 Revolve로 만든 서피스를 새로 만든 Axis의 ZX 평면으로 잘라냅니다.

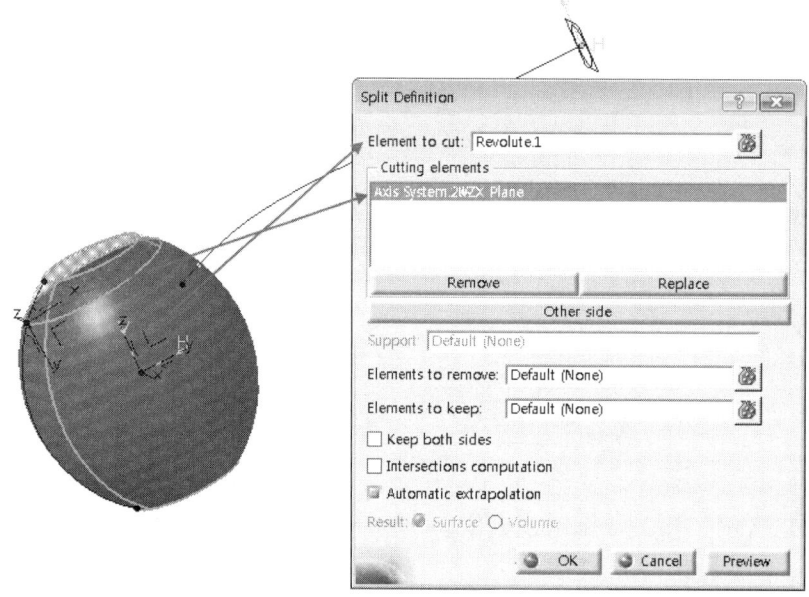

11. Work Wireframe에 Define을 걸고 앞서 Split로 잘라낸 부분을 Boundary ⌒로 추출합니다. Work Surface에 Define을 걸고 이 부분을 Extrude 명령을 사용하여 서피스로 만들어줍니다. 여기서 Extrude의 방향은 새로 만든 Axis의 Y축을 선택합니다.

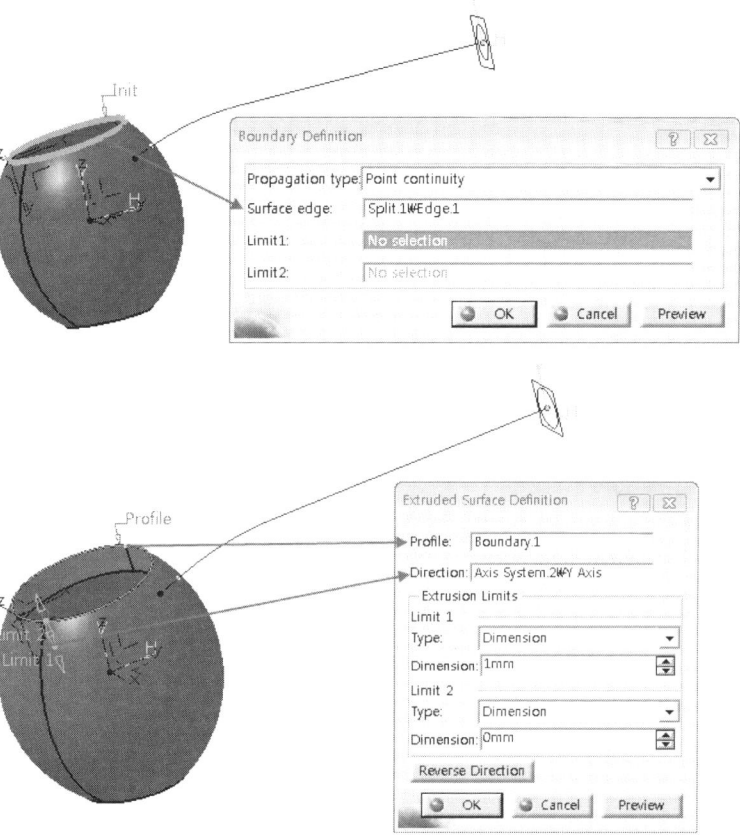

12. 다음으로 Reference Surface에 Define을 걸고 Sweep 을 사용하여 다음과 같이 원 형상을 가이드를 따라 서피스를 만들어줍니다.

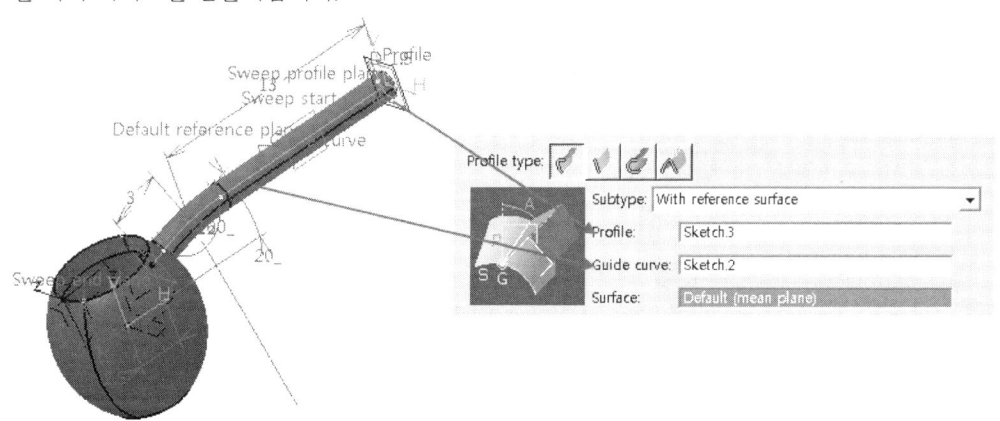

13. Work Surface에 Define을 걸고 Shape Fillet 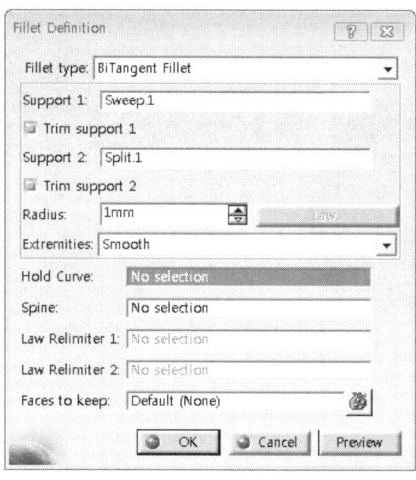을 사용하여 다음과 같이 두 서피스를 하나로 합쳐줍니다. 동시에 Fillet 값을 주어 둘 사이에 1mm의 곡률을 줍니다. 여기서 각 Element의 방향을 서피스 밖으로 선택해주어야 합니다.

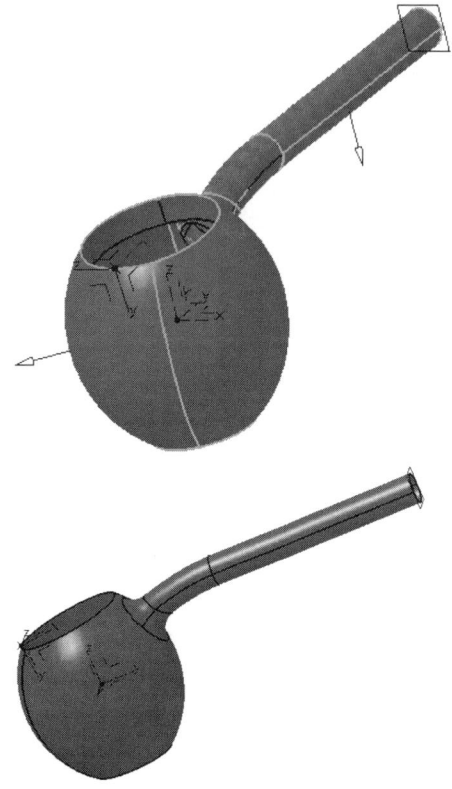

14. 다시 한 번 Shape Fillet을 사용하여 Join 없이 두 서피스를 Fillet과 함께 합쳐줍니다.

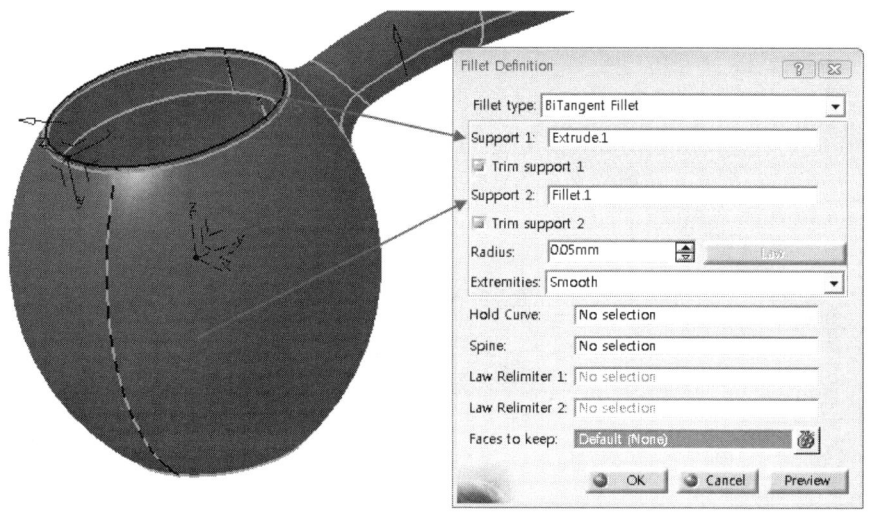

15. Base Sketch에 Define을 걸고 ZY 평면에 다음과
같이 단면 형상을 그려줍니다.

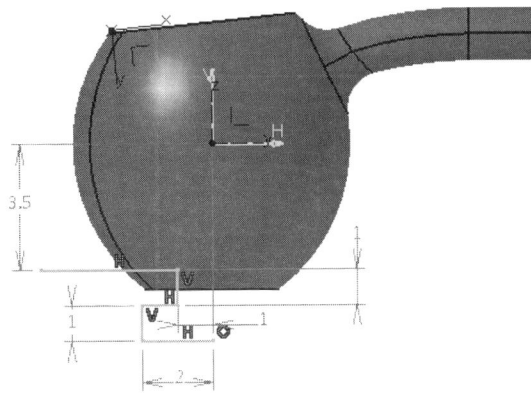

16. Reference Surface에 Define을 걸고 다음으로 Revolve 를 사용하여 다음과 같이 단면 형상을 회
전시켜 서피스를 만들어줍니다.

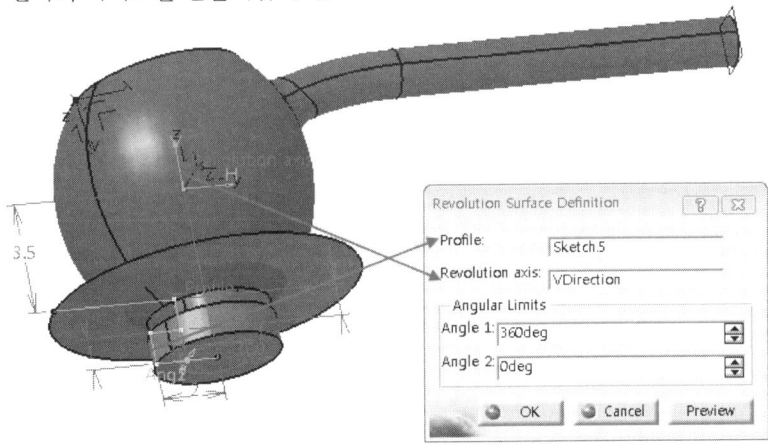

17. Work Surface에 Define을 걸고 Trim 을 해주어 하나의 서피스로 만들어줍니다.

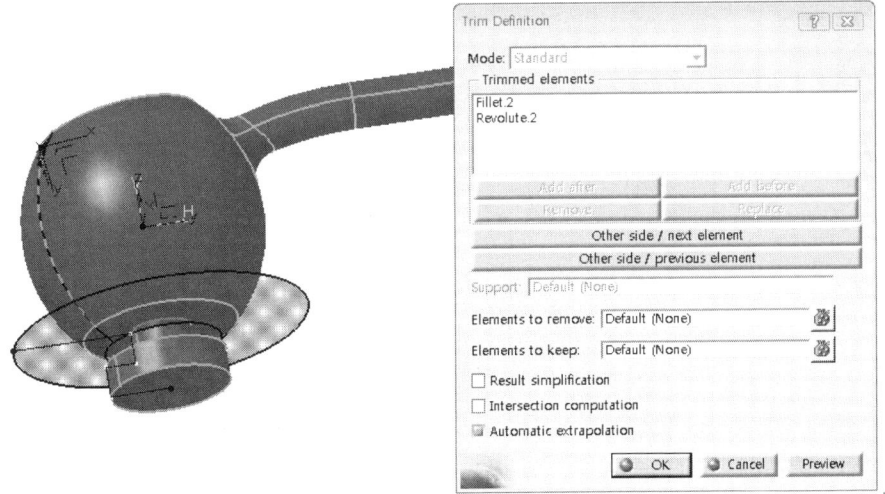

4. Generative Shape Design **441**

18. 위에서 만들어준 서피스의 모서리를 Edge Fillet 으로 Fillet 해줍니다.

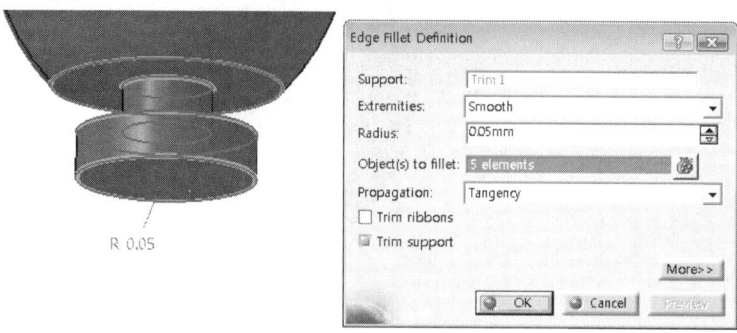

19. Base Sketch에 Define을 걸고 ZY 평면에 다음과 같이 단면 형상을 스케치 하고 Reference Surface에 Define을 건 다음 Extrude 해줍니다.

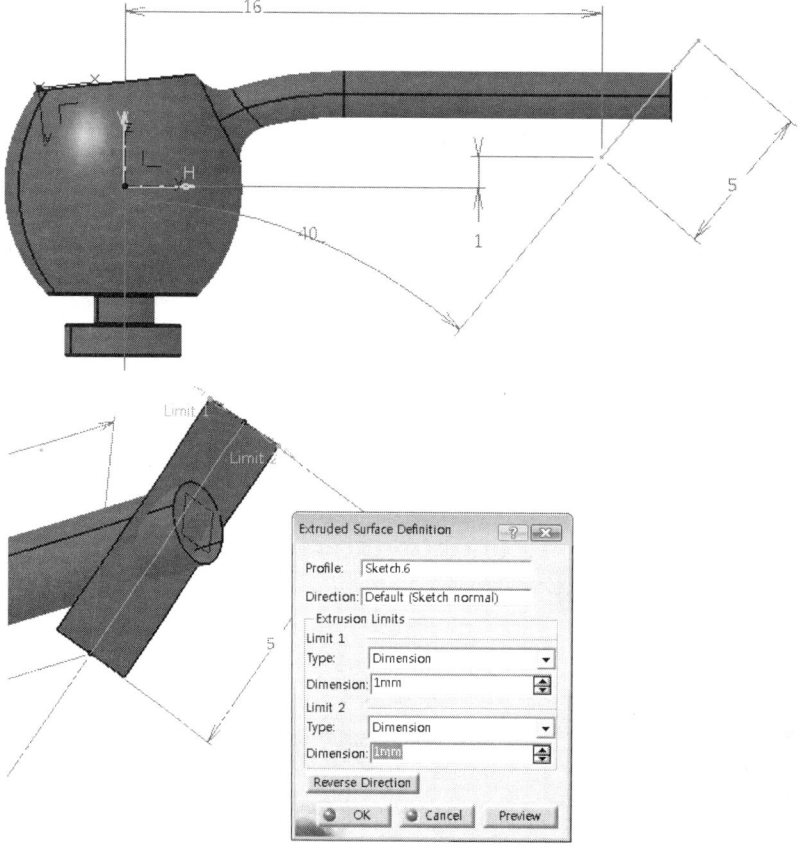

20. 이제 Split 를 이용하여 다음과 같이 전체 형상에 불필요한 부분을 제거해줍니다. 불필요한 서피스는 Wireframe이나 스케치와 마찬가지로 숨겨둡니다.

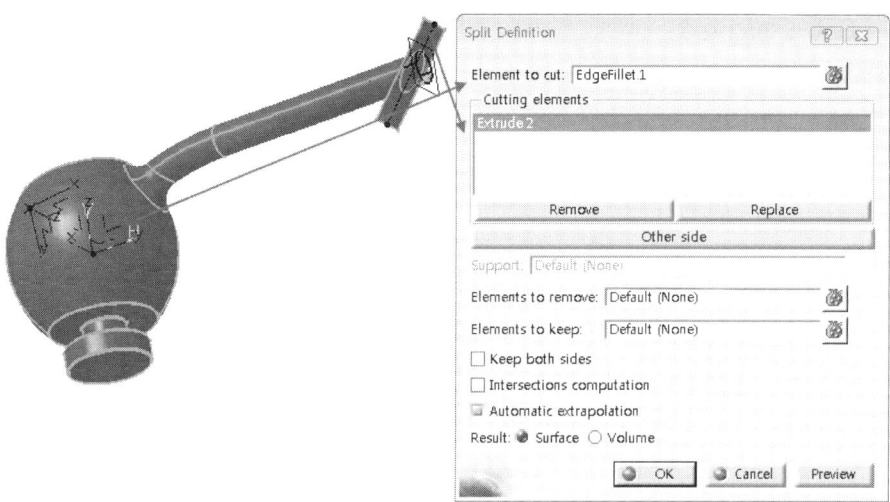

21. 완성된 Spec Tree와 형상입니다.

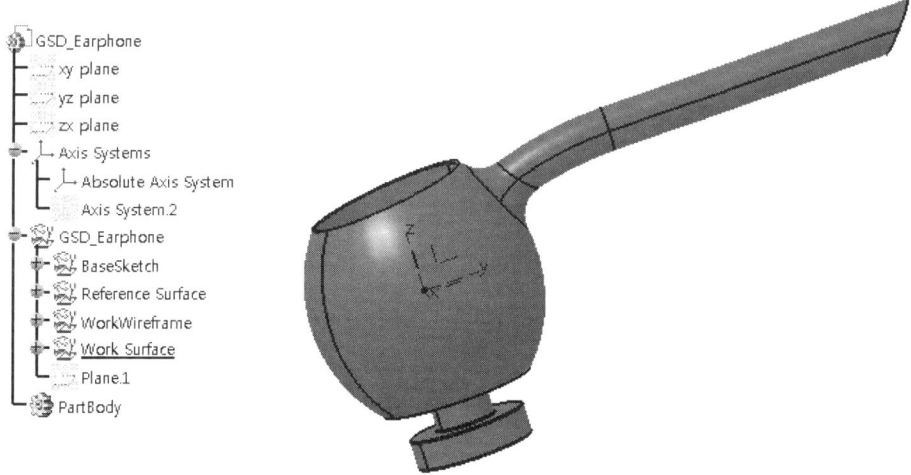

(4) Exercise 4 - GSD Exercise 4

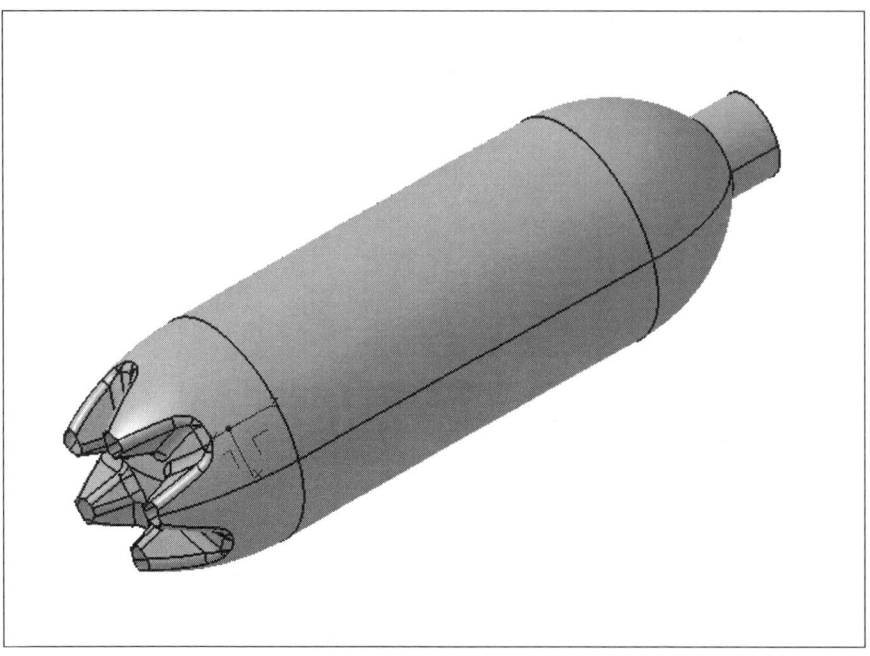

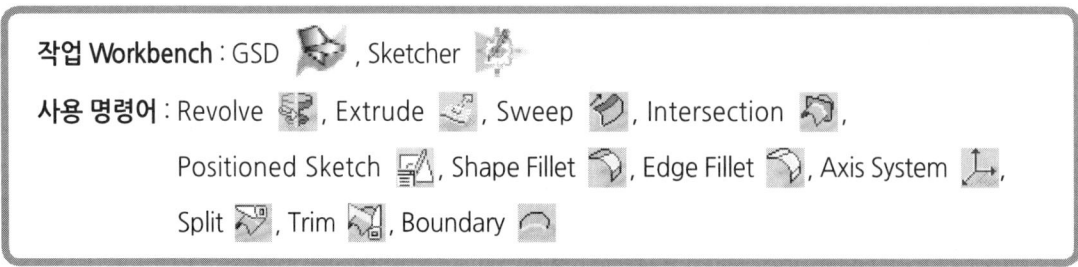

위 형상은 일반적으로 사용하고 있는 PET 병에서 형상으로부터 착안하였습니다.

01. 본 작업을 시작하기에 앞서 다음과 같이 Spec Tree를 구성합니다.

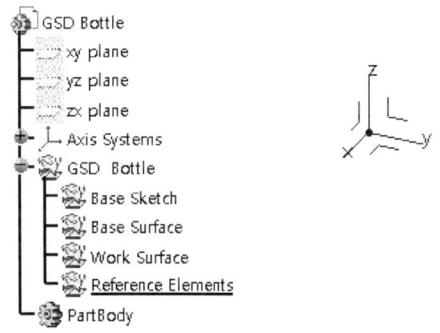

02. 이제 Base Sketch에 Define을 걸고 ZY 평면에 다음과 같은 스케치 형상을 그립니다.

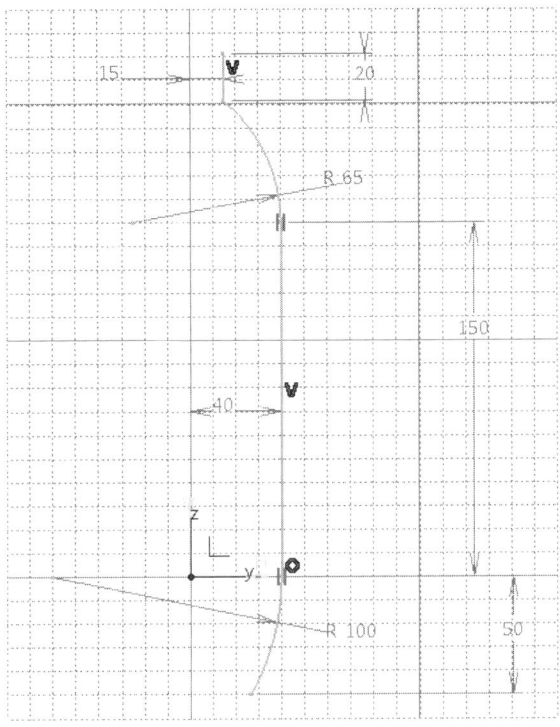

03. 다음으로 Reference Element에 Define을 걸고 Plane 명령을 사용하여 앞서 그린 스케치의 끝점에 Parallel through point type으로 평면을 생성해줍니다.

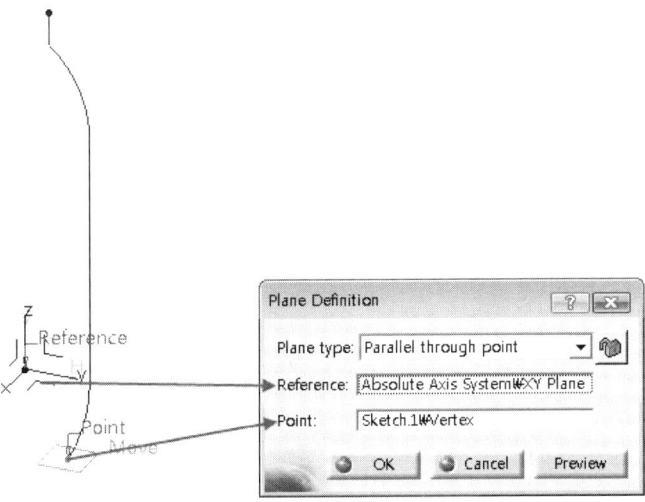

04. 다시 Base Sketch에 Define을 걸고 Positioned Sketch를 사용하여 앞서 만들어준 Plane으로 스케치를 들어가 다음과 같은 스케치 형상을 그려줍니다. 형상을 그려주고 나서 스케치가 맞게 그려졌는지 방향을 꼭 확인하기 바랍니다.

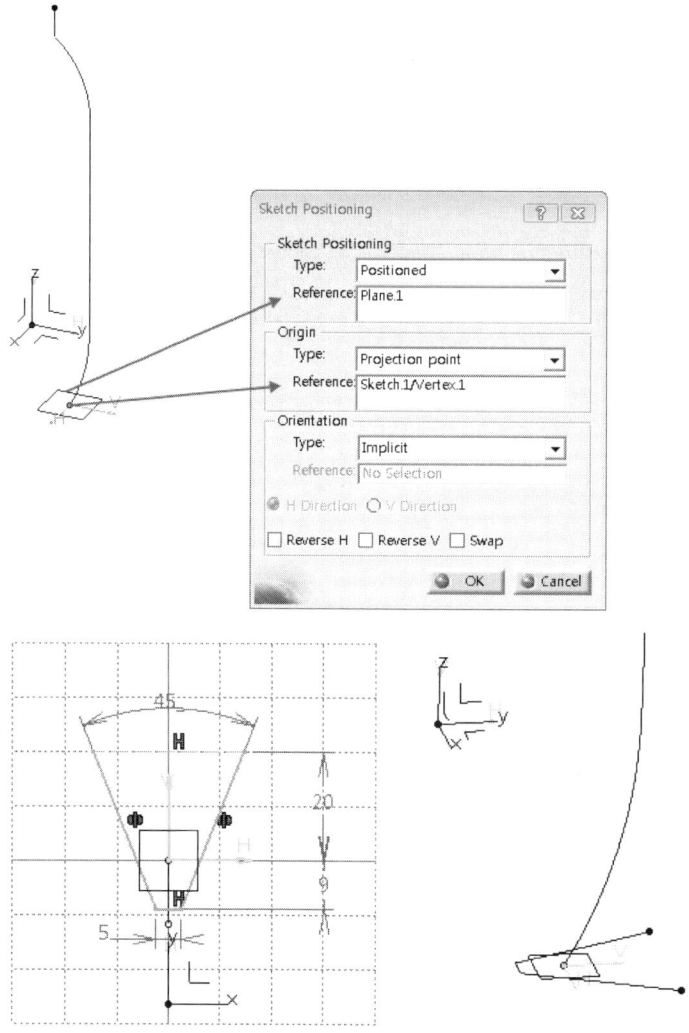

05. 그리고 ZY 평면에 다음과 같은 호 형상을 그려줍니다. 호의 중심은 V축과 일치하게 그리며 호의 길이는 앞서 그려준 두 개의 스케치보다 클 수 있도록 충분히 길면 됩니다.

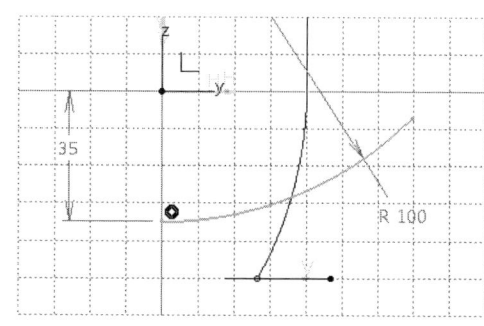

06. 이제 Base Surface에 Define을 걸고 다음과 앞서 2과정에서 그려준 단면 스케치를 Revolve 를 사용해 회전체 서피스를 만들어줍니다.

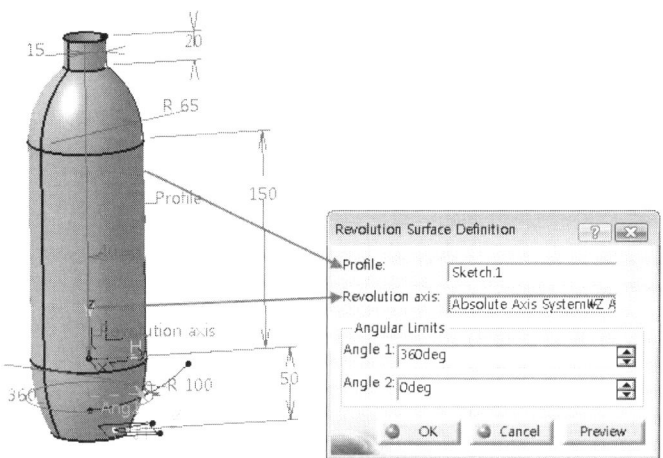

07. 다음으로 Positioned Sketch로 그려준 형상을 Sweep 을 사용하여 다음과 같은 서피스를 만들어줍니다. Profile type은 Line type으로 해주고 Subtype은 With draft direction으로 해줍니다. Draft할 각도는 15도 이며 XY 평면까지 서피스가 만들어지도록 합니다.

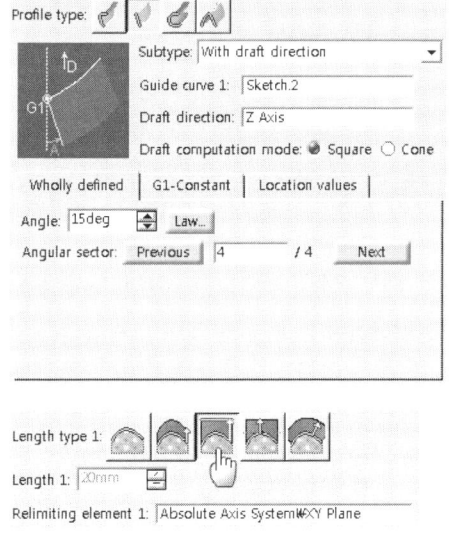
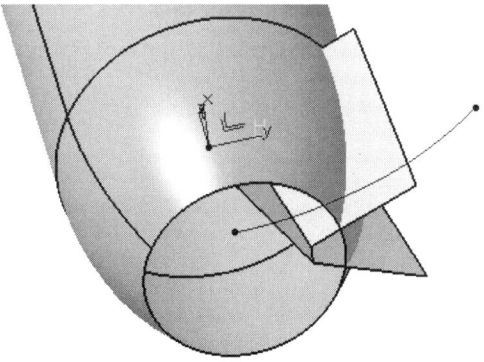

08. 호 형상도 앞서 단면 형상과 마찬가지로 Revolve 를 사용하여 회전체로 만들어줍니다.

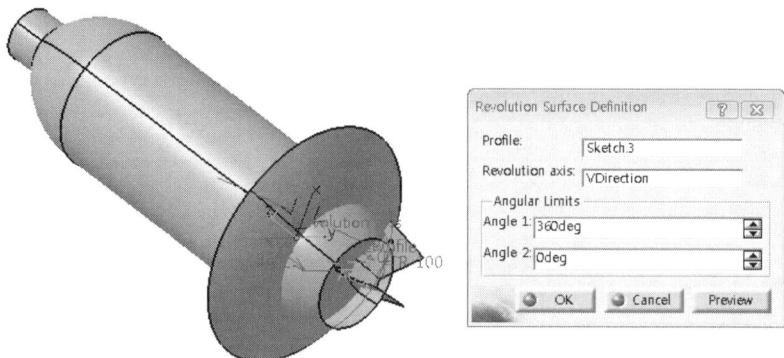

09. 이제 Work Surface에 Define을 걸고 Sweep으로 만들어준 서피스의 모서리를 Edge Fillet 으로 다듬어줍니다.

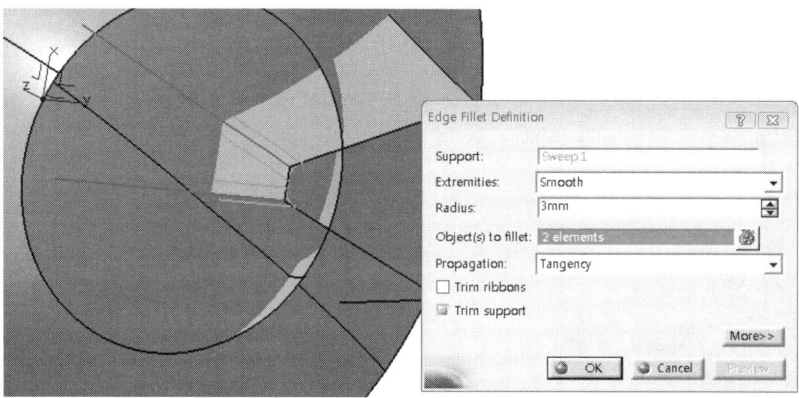

10. 그리고 이 서피스를 Circular Pattern 을 사용하여 복사 Z축을 중심으로 회전 복사해줍니다. Pattern을 해주기 위해서는 명령을 실행시키고 대상을 선택해야만 Definition 창이 나타납니다. Z축을 중심으로 5개가 복사되며 각 간격은 72도로 해줍니다.

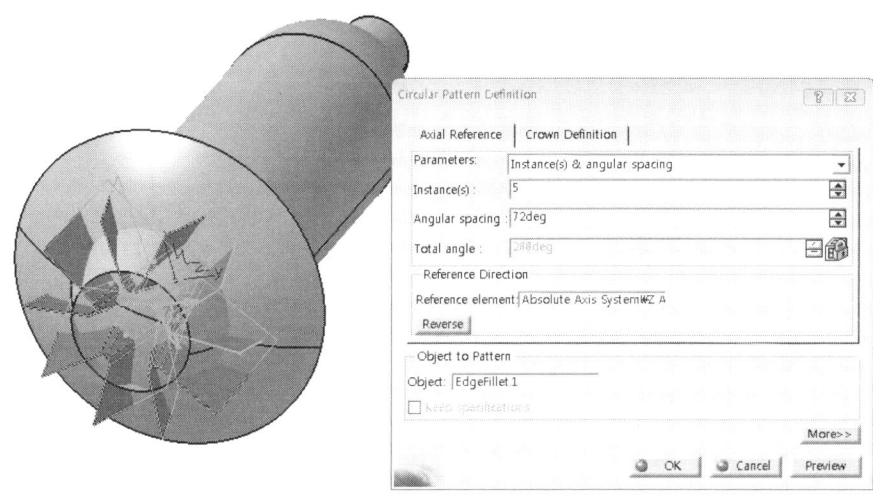

11. 앞서 Pattern으로 만들어준 형상과 원본 형상을 Join 을 이용해서 하나의 서피스로 묶어줍니다. 여기서 Connectivity check가 켜있으면 에러가 날것입니다.

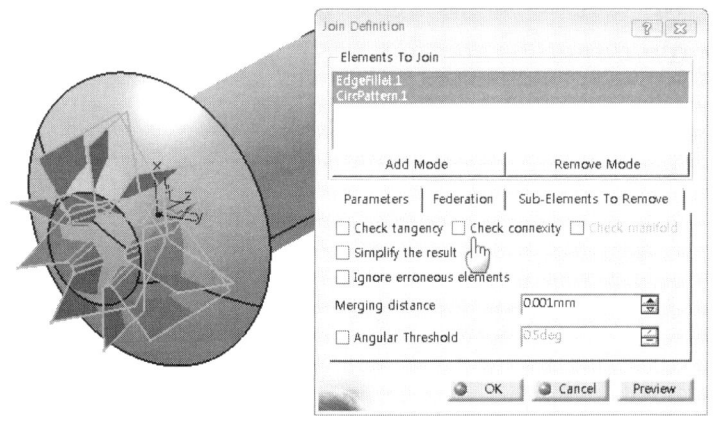

이와 같이 연속적으로 이어져 있지 않은 서피스를 Join 으로 묶어줄 경우에는 Connectivity check를 꺼 주고 작업 합니다. 그러나 일반적으로 연속적으로 이어진 서피스들을 하나의 서피스로 합쳐줄 경우에는 반드시 체크되어 있어야 합니다.

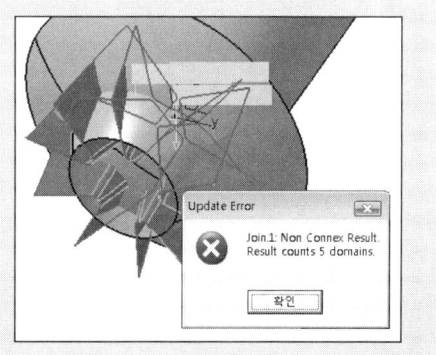

4. Generative Shape Design **449**

12. 이제 Trim을 사용하여 다음과 같이 서피스들을 절단하며 동시에 묶어주도록 합니다. 순서는 앞서 Join한 서피스들과 회전한 호 형상을 먼저 Trim 해주고 그 다음으로 병 외부 형상과 Trim 해줍니다.

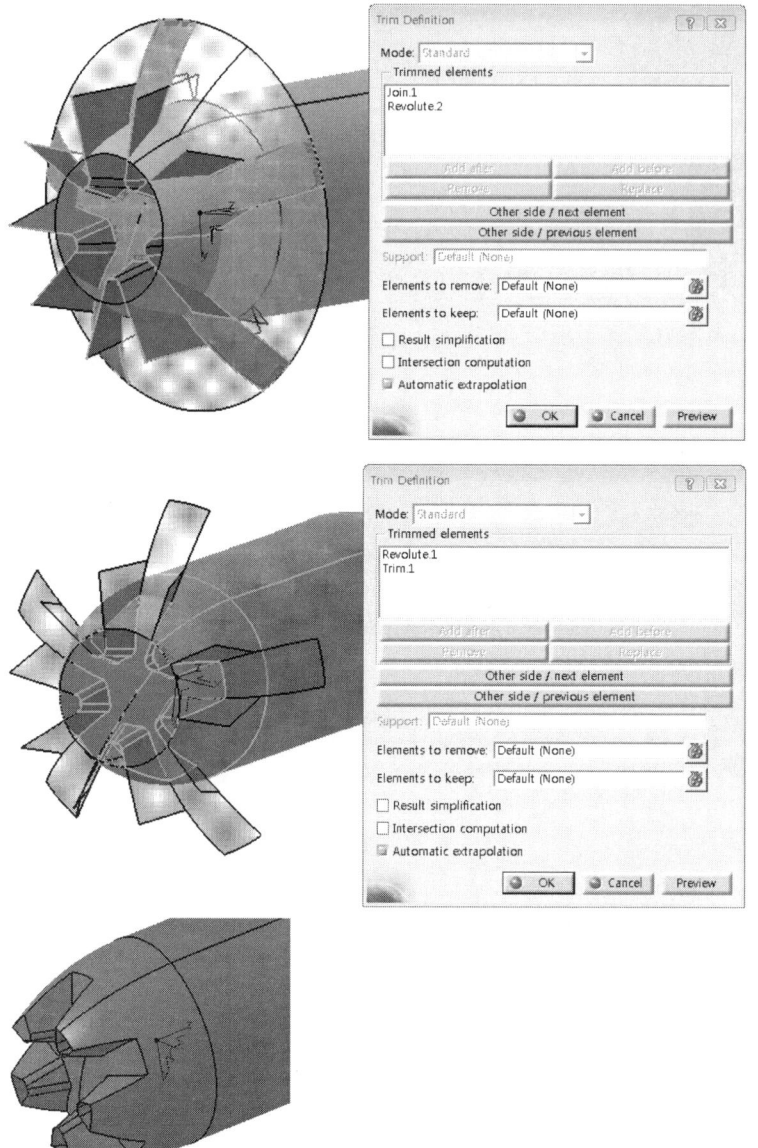

13. 2차례의 Trim이 끝나고 이제 남은 형상에 대해서 Edge Fillet 으로 형상을 다듬어주도록 합니다.

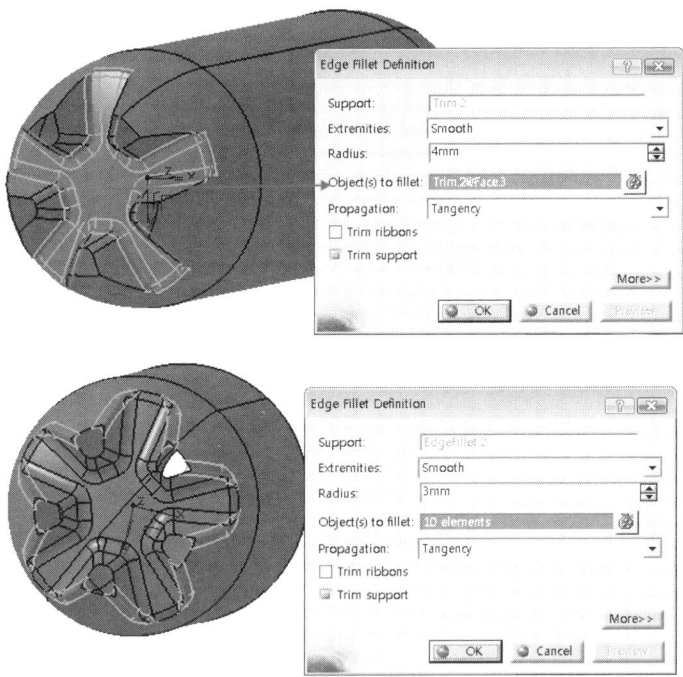

14. Fillet 작업을 마친 후의 최종 형상과 Spec Tree입니다.

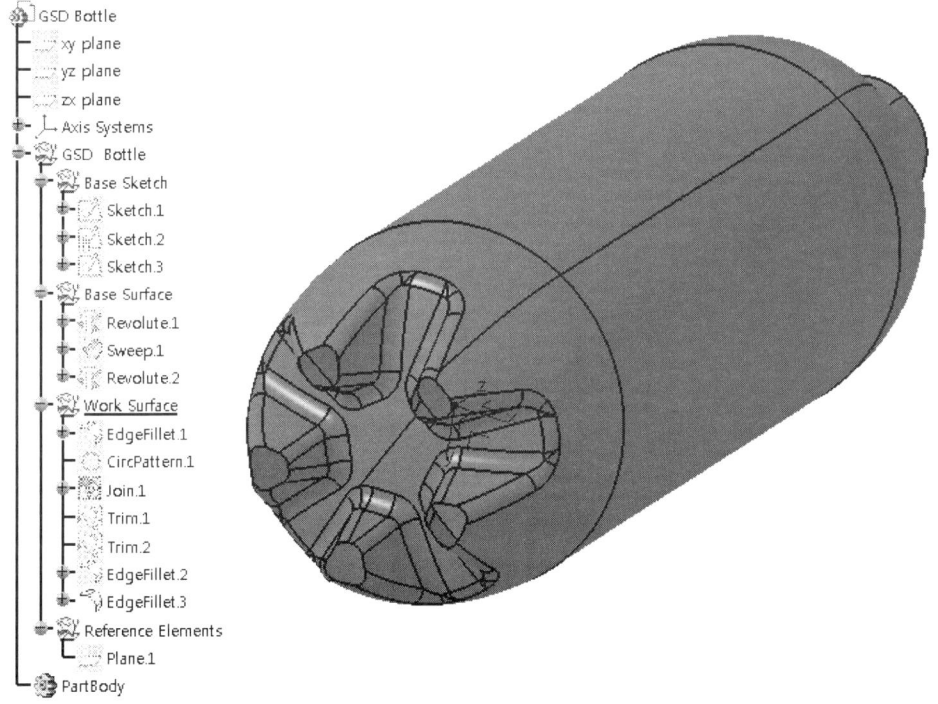

(5) Exercise 5 - GSD Exercise 5

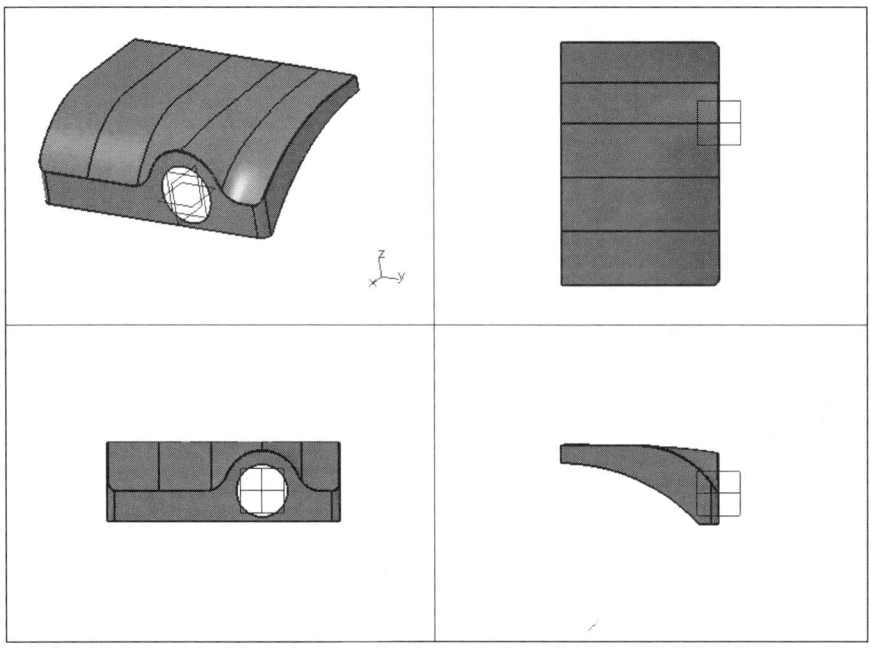

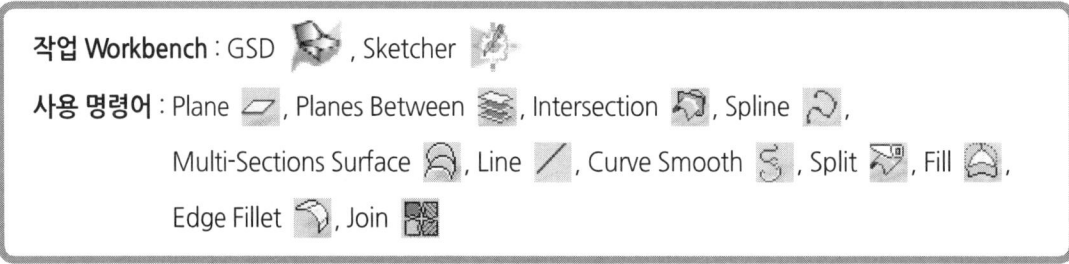

위 형상은 빔 프로젝터 형상의 상판 커버에서 착안한 형상입니다. 이 형상을 만드는 과정에서는 Multi-Sections Surface에 대해서 배우게 될 것입니다.

01. 우선 다음과 같이 Spec Tree를 구성합니다. 이번에 작업하고자 하는 형상에서는 형상의 각 부분을 일정 파트로 작업한 후에 나중에 전체 파트로 마무리하는 방식으로 형상을 작업할 것입니다.

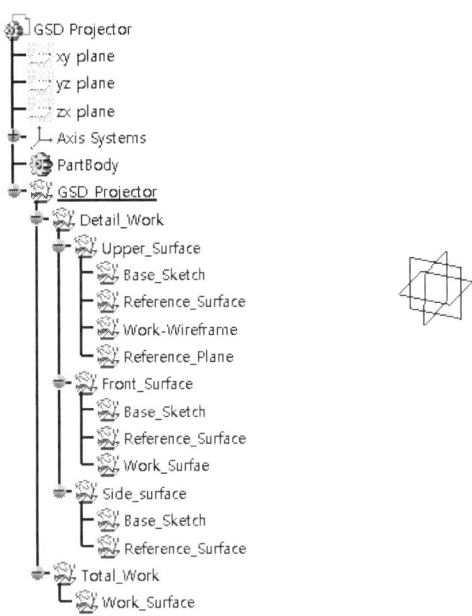

02. Reference Plane에 Define을 걸고 다음과 같이 ZX 평면에서 각각 200mm, 100mm만큼 떨어진 Plane 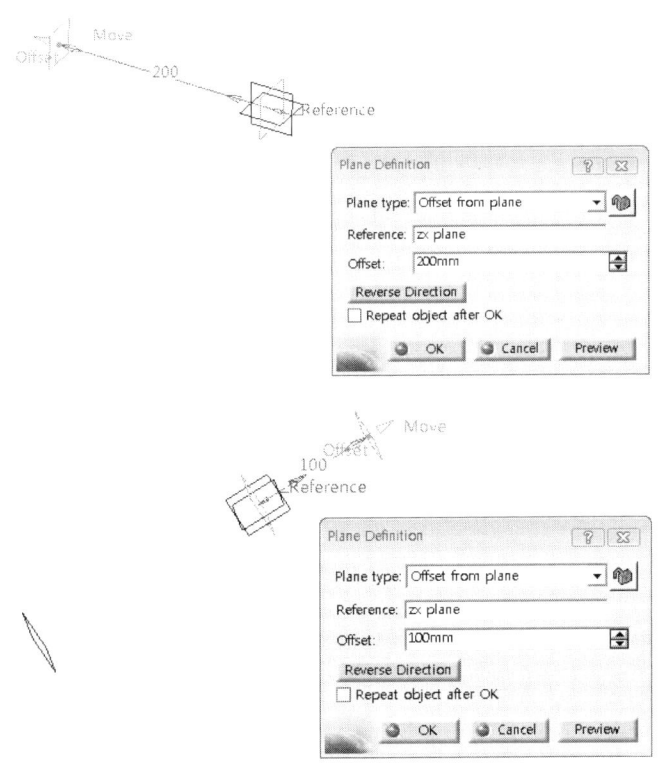 을 만들어줍니다.

03. 다음으로 ZY 평면에서 200mm만큼 떨어진 Plane 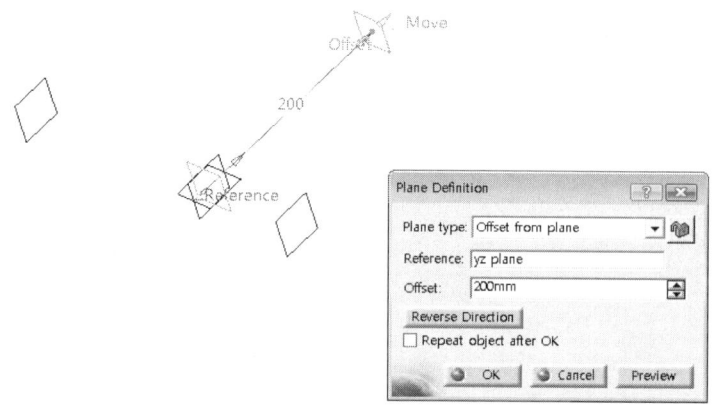 을 만들어줍니다.

04. 그리고 Base Sketch에 Define을 걸고 다음과 같이 ZY 평면에 스케치해줍니다. 스케치의 양 끝은 앞서 만들어준 두 개의 평면과 일치를 시켜 완전히 구속시킵니다.

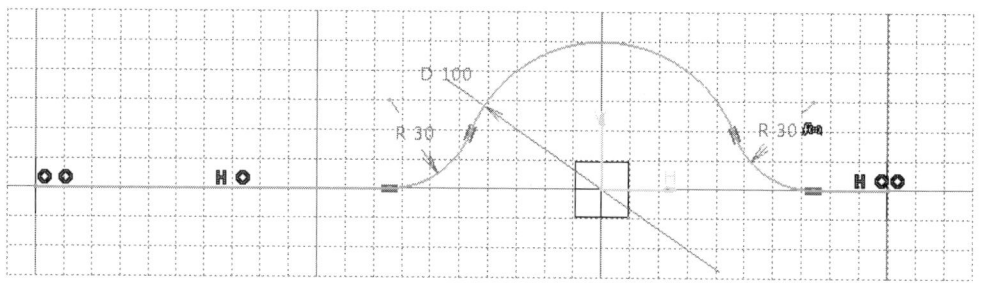

05. 3과정에서 만들어준 평면에 다음과 같이 직선을 스케치합니다. 마찬가지로 스케치의 양끝은 앞서 만들어준 평면과 일치시켜 완전히 구속합니다.

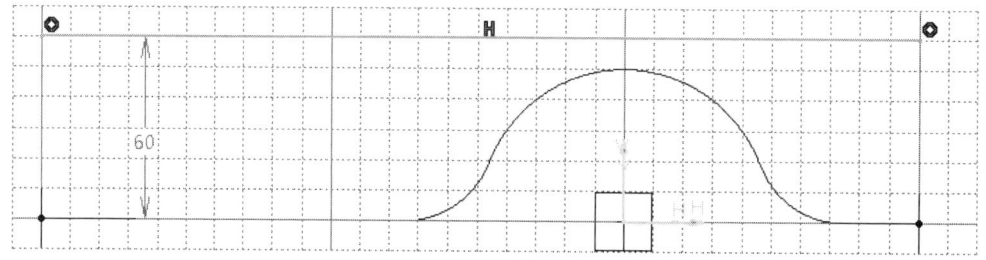

06. 이제 2과정에서 만들어준 두 개의 평면에 다음과 같이 스케치합니다. 여기서 프로파일 형상의 양끝이 앞서 그려준 스케치와 일치하도록 유의해서 그립니다.

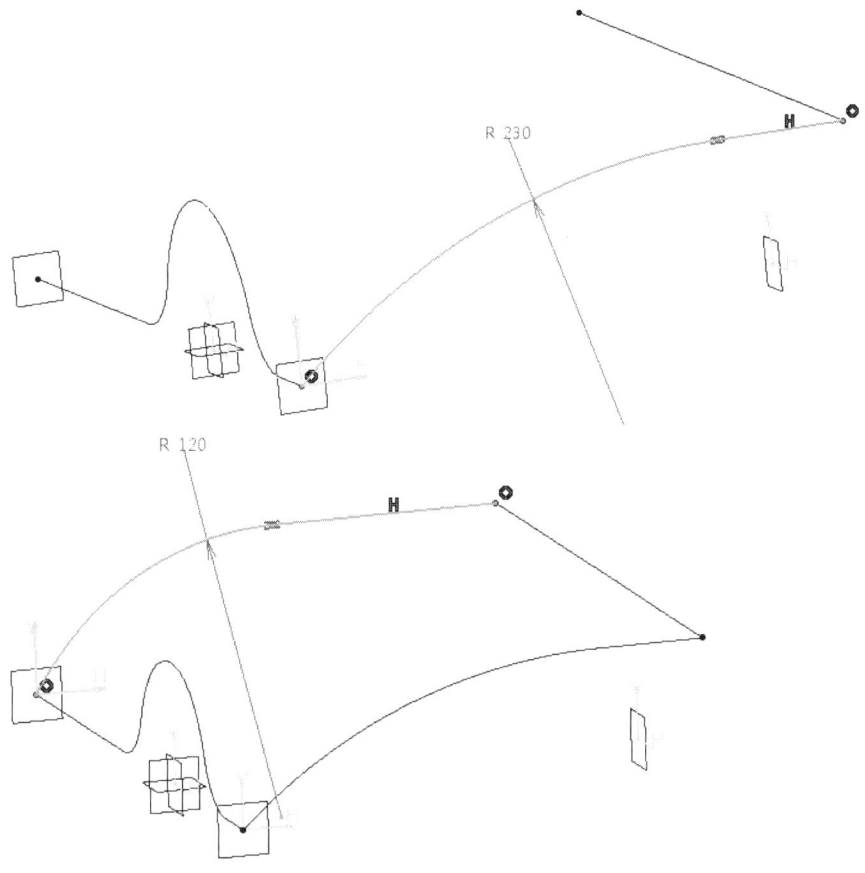

07. Reference Plane에 Define을 걸고 Planes Between 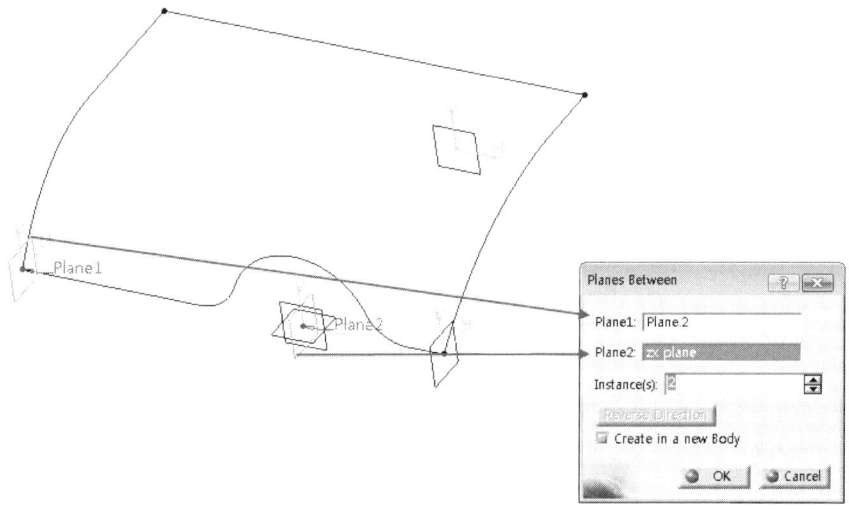 명령을 사용하여 다음과 같이 두 평면 사이에 등 간격으로 평면들을 만들어 줍니다. Planes Between 은 3번 사용합니다. 그림에 보이는 형상에 맞추어 평면 수를 입력합니다. (순서대로 2개, 1개, 4개입니다.)

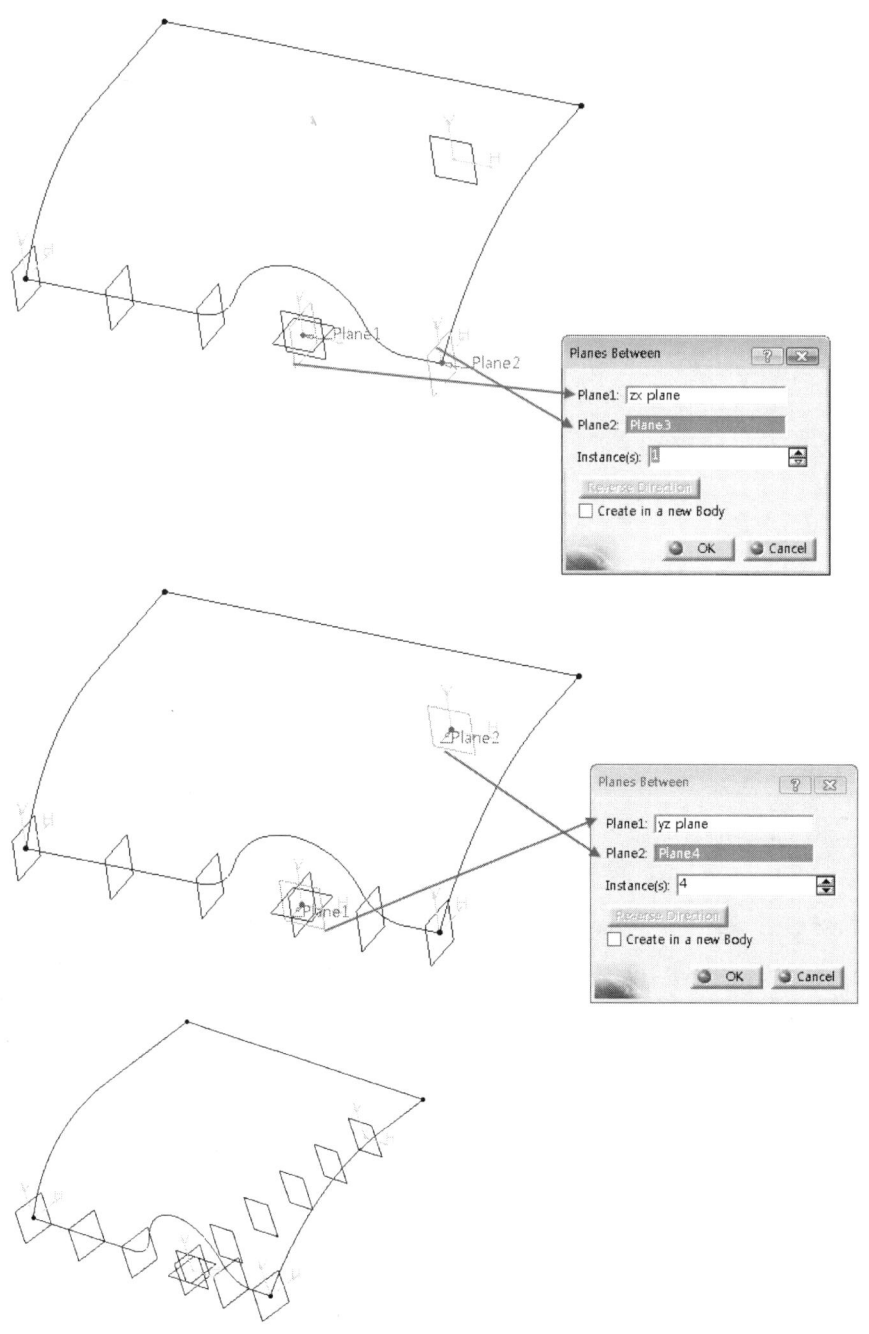

08. Work Wireframe에 Define을 걸고 6과정에서 만들어준 두 개의 스케치와 7과정에서 만든 평면들을 Intersection 하여 교차하는 지점에 포인트를 생성합니다. 다중 선택 주머니를 이용하여 여러 개의 요소들을 동시에 선택하여 한 번에 작업해줍니다.

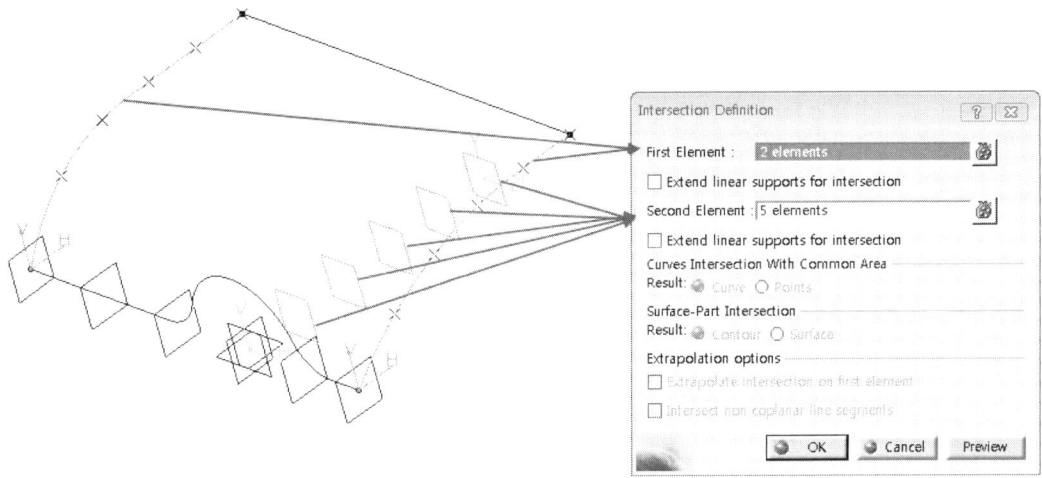

09. 다음으로 Base Sketch에 Define을 걸고 각 평면에 들어가 앞서 만들어준 포인트들과 양 끝이 일치하도록 다음과 같이 스케치합니다.

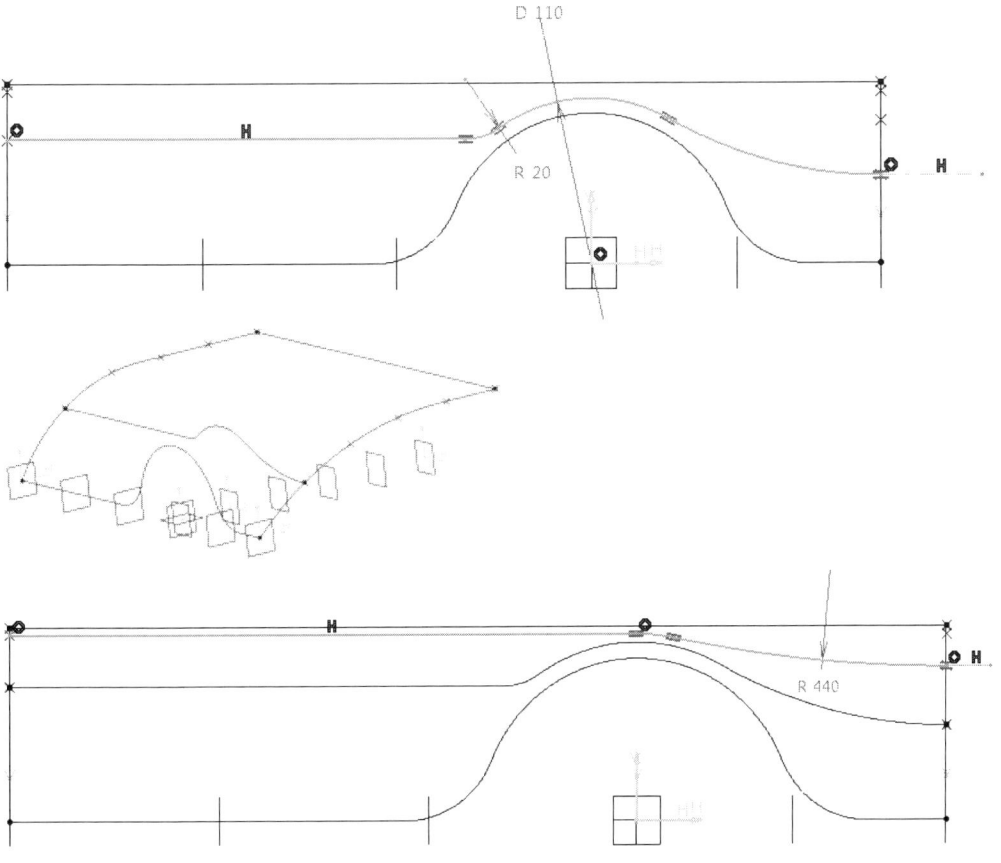

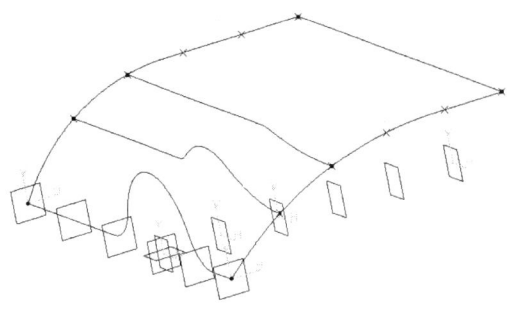

10. 남은 두 곳의 단면은 직선 형상을 이루기 때문에 굳이 스케치를 사용하지 않고 Line ╱ 명령을 사용하여 쉽게 그려줄 수 있습니다. Work Wireframe에 Define을 걸고 다음과 같이 두 개의 직선을 그려줍니다.

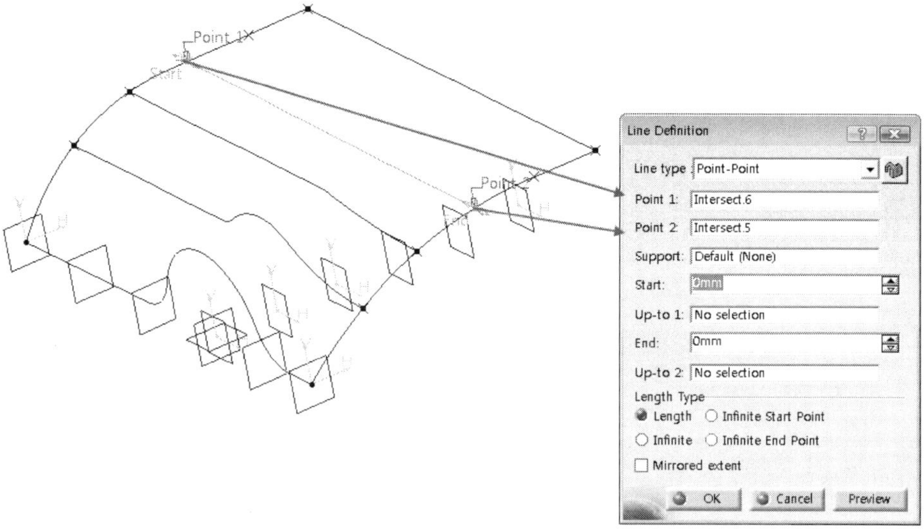

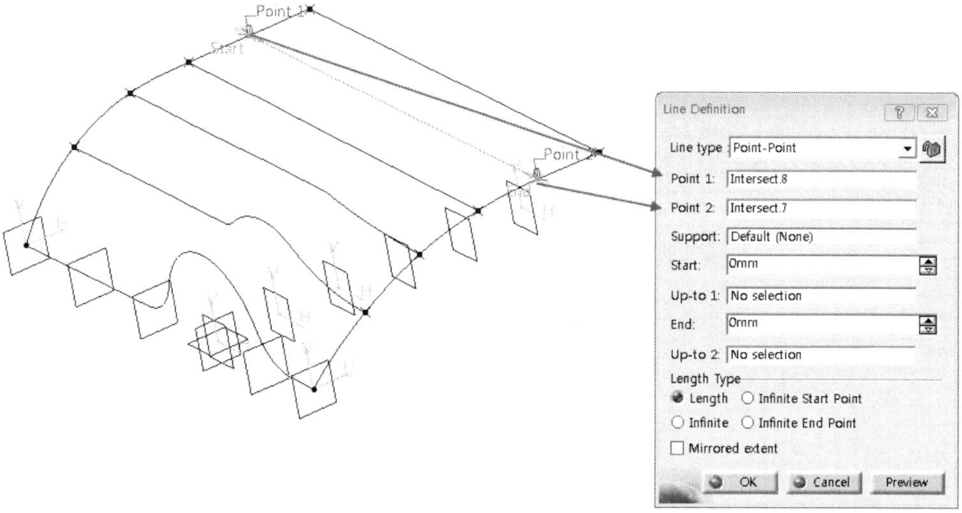

11. Curve Smooth 명령을 사용하여 앞서 만들어준 스케치들의 불필요한 마디를 제거하고 부드럽게 곡선을 만들어줍니다. 여기서 Continuity type은 Curvature로 합니다. 이와 같은 작업을 3개의 단면 스케치 모두에 해줍니다.

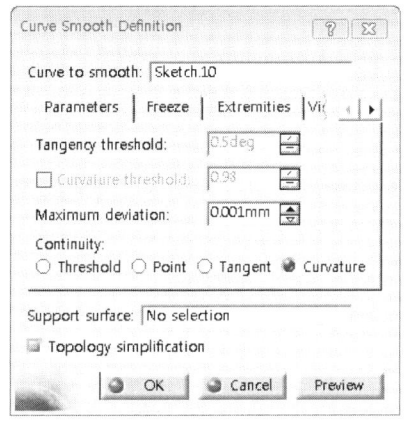

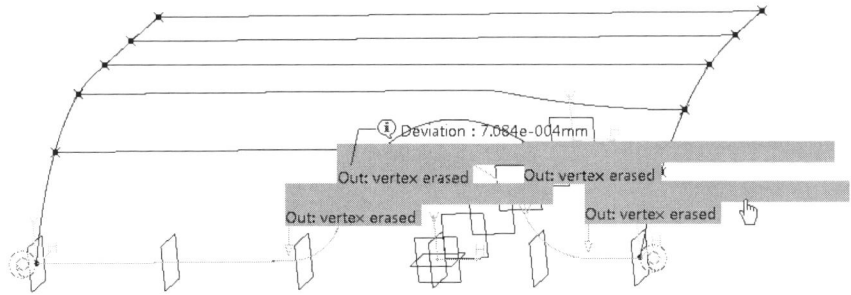

Curve Smooth 를 해주는 이유는 스케치 작업으로 만드는 형상에서 여러 개의 마디로 구성된 형상을 서피스로 만들어줄 때 이 부분들이 서피스 형상에 영향을 주기 때문입니다. Curve Smooth를 사용하고 나서 서피스를 만든 경우와 그렇지 않은 경우를 비교해 보기 바랍니다.

12. 같은 방법을 이용하여 앞서 만들어준 두 개의 가이드 스케치에 대해서도 Curve Smooth 를 수행합니다.

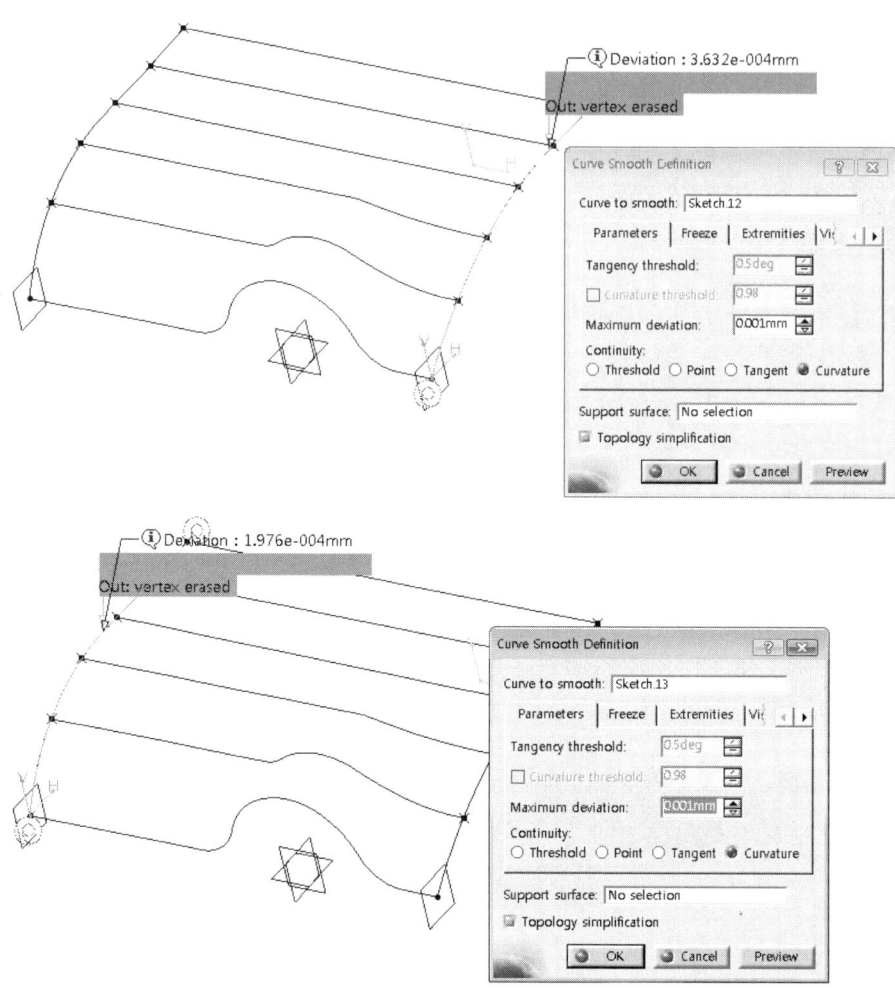

13. 다시 아래 보이는 두 스케치를 평면들과 Intersection 하여 교차하는 지점에 Point를 만들어줍니다.

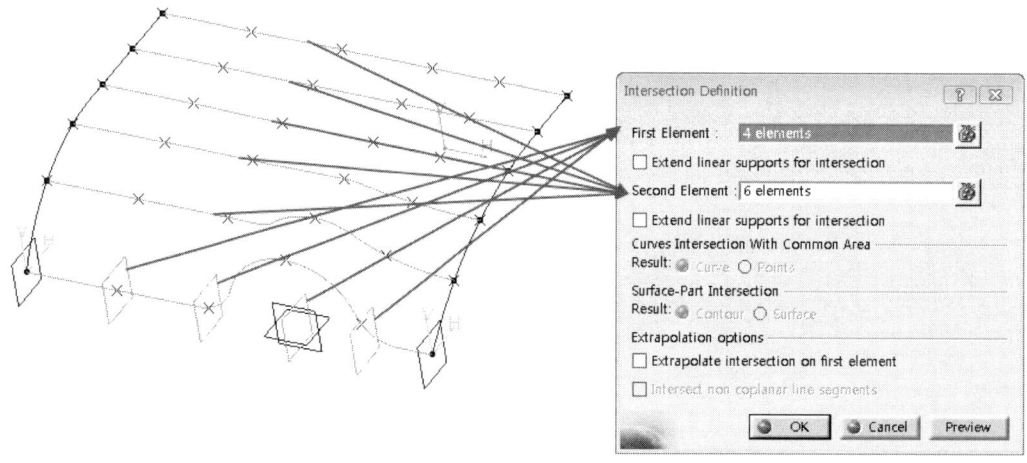

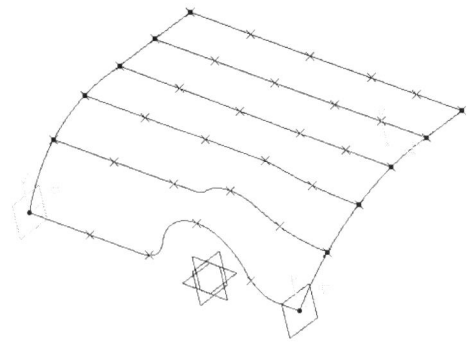

14. 이렇게 만들어진 포인트들을 이용하여 Spline을 사용하여 다음과 같이 가이드 곡선을 만들어줍니다. Spline은 총 4개를 만들어줍니다.

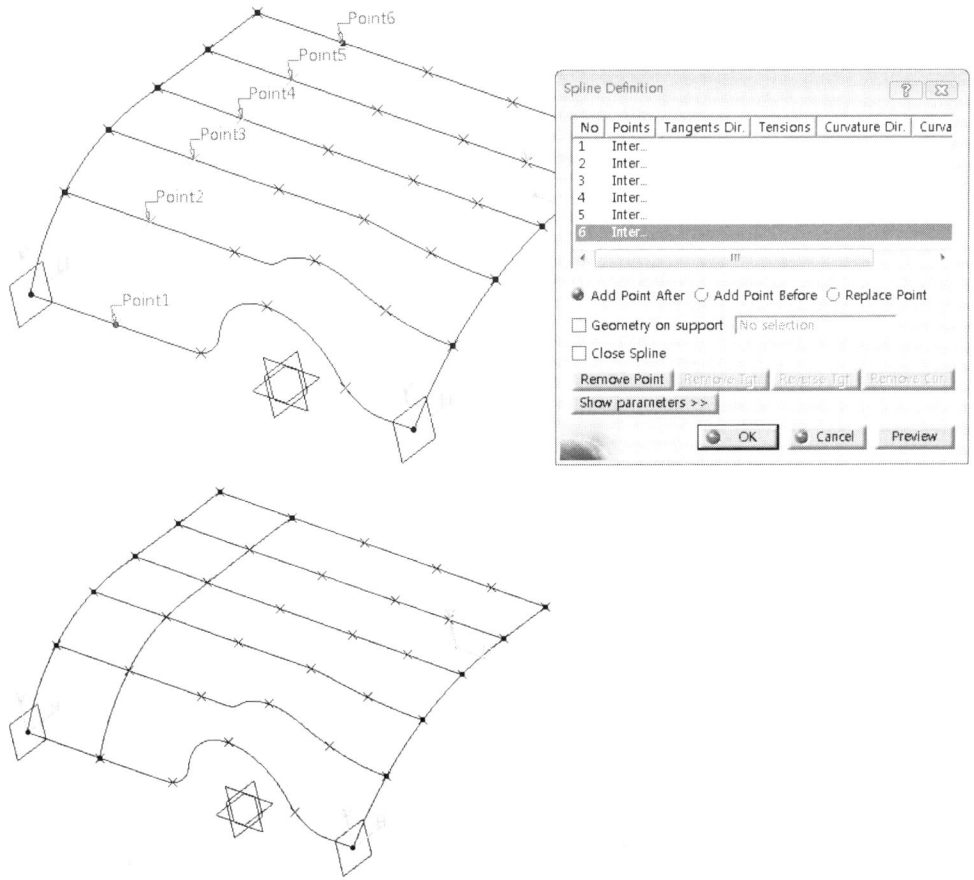

4개의 Spline을 작업하면 다음과 같은 결과가 나와야 합니다.

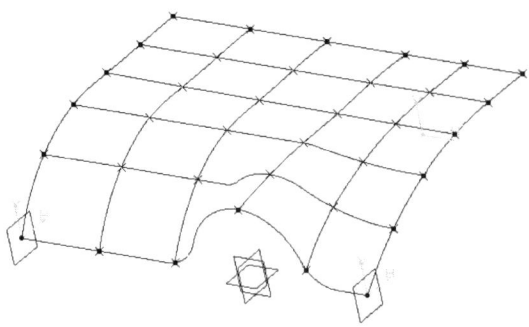

15. 이제 Reference Surface에 Define을 걸고 Multi-Sections Surface ☒를 사용하여 다음과 같이 각 단면과 가이드를 선택하여 서피스를 만들어줍니다. 우선 각 단면 형상들을 선택해주며 단면 선택 시 각 단면들의 방향을 한 방향으로 일치시켜 주어야 합니다. 그 다음으로 가이드 커브들을 순차적으로 선택해줍니다.

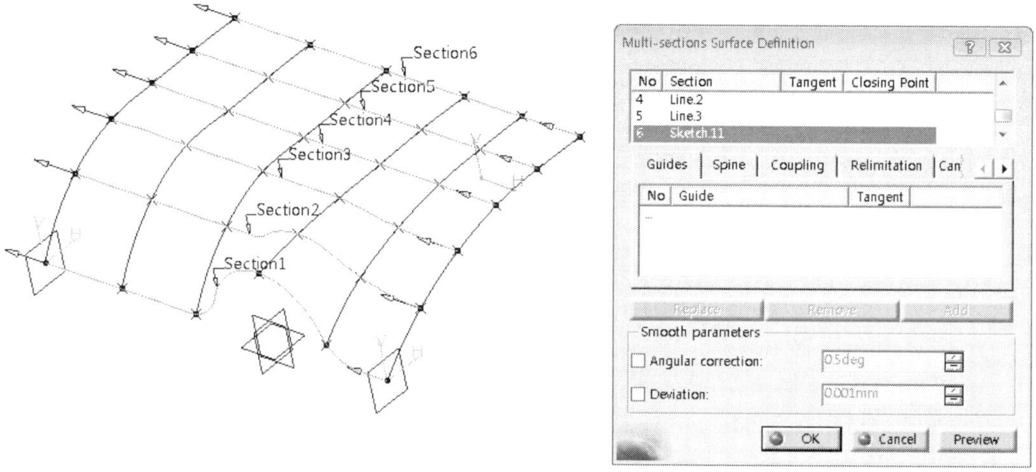

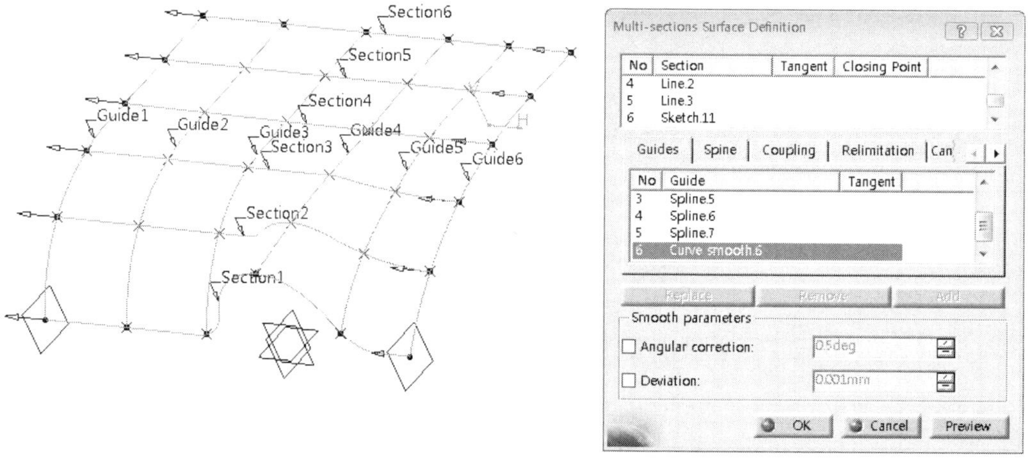

16. Multi-Sectioned Surface는 다음과 같은 형상으로 만들어질 것입니다.

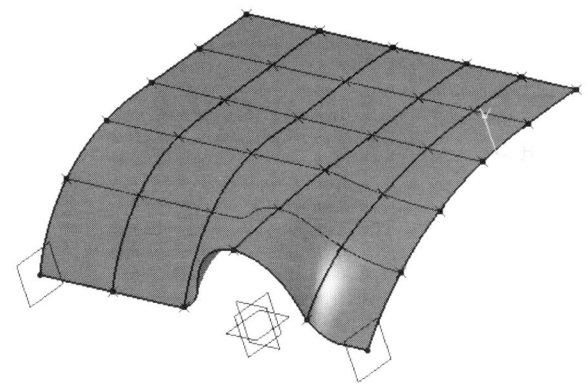

17. Upper Surface에서의 작업을 마치고 다음과 같이 Front Surface로 이동하여 Base Sketch에 Define을 걸고 ZY 평면에 다음과 같이 스케치합니다. 마찬가지로 이 부분을 스케치하는데 있어 양쪽의 편면 요소와 형상의 끝점에 일치할 수 있도록 구속을 주어야 합니다.(Upper Surface 부분을 작업하기에 앞서 불필요하게 화면에 나타난 요소들을 숨겨둡니다.)

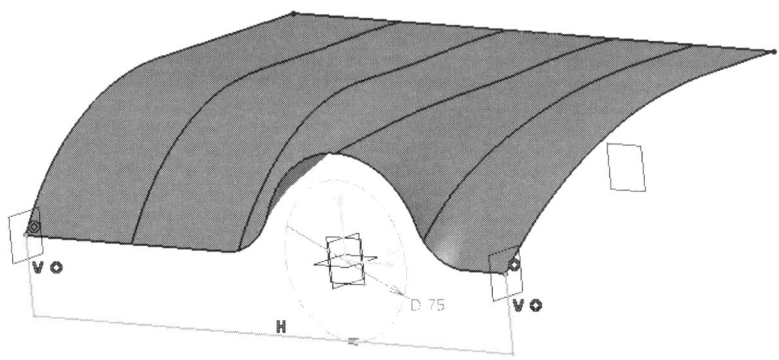

18. 그리고 ZY 평면에 다음과 같이 지름 65mm 원을 한 번 더 스케치합니다.

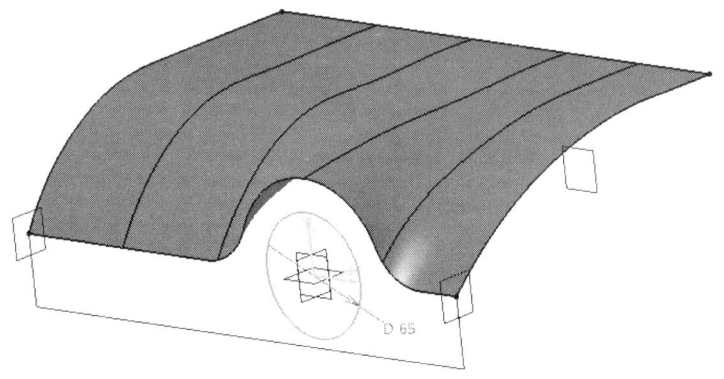

19. Reference Surface에 Define을 걸고 Fill을 이용하여 다음과 같이 서피스를 만들어줍니다.

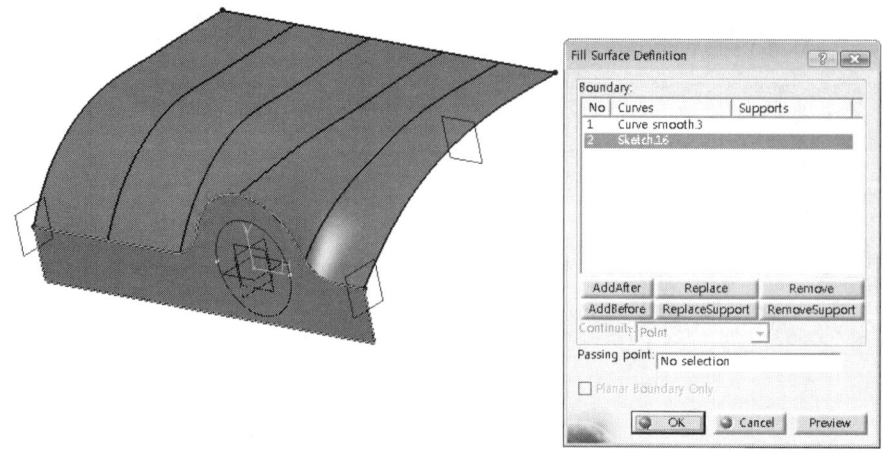

20. 그리고 Split 를 사용하여 위에서 만들어준 Fill 서피스에 원형으로 형상을 제거합니다.

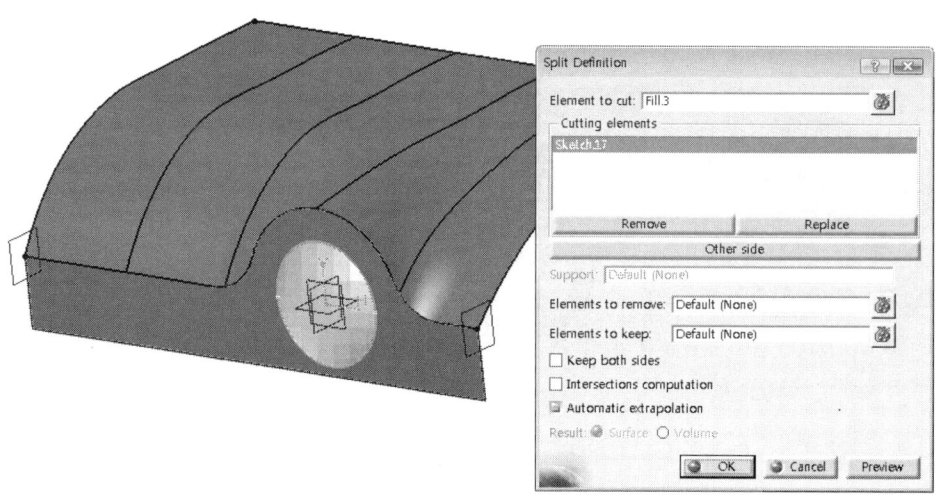

21. 이제 Side Surface로 이동하여 Base Sketch에 다음과 같이 양쪽 끝 평면에 각각 스케치합니다.

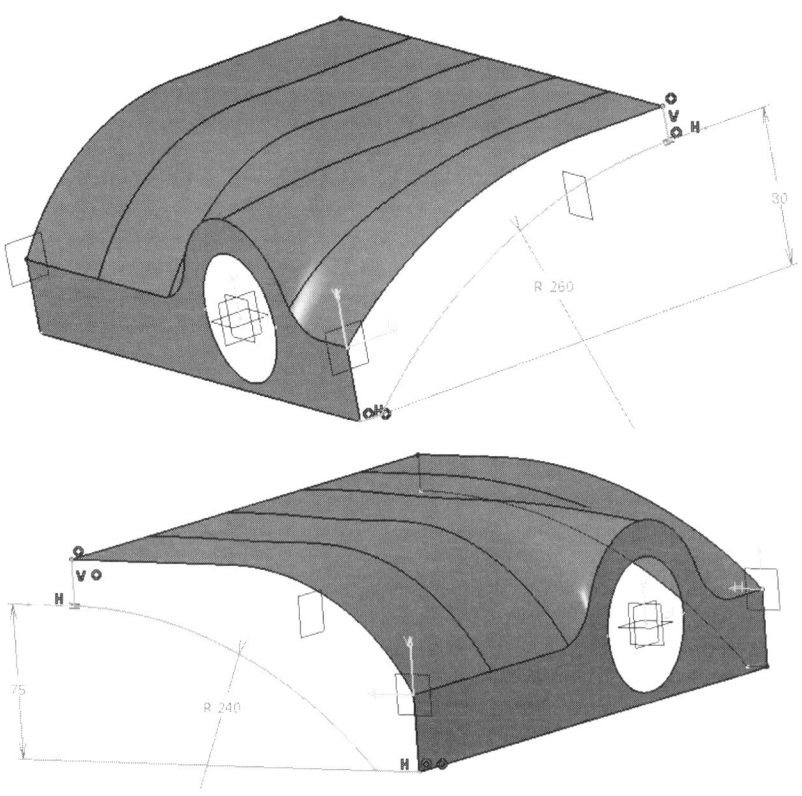

22. Reference Surface에 Define을 걸고 Fill을 사용하여 두 곳에 서피스를 만들어줍니다.

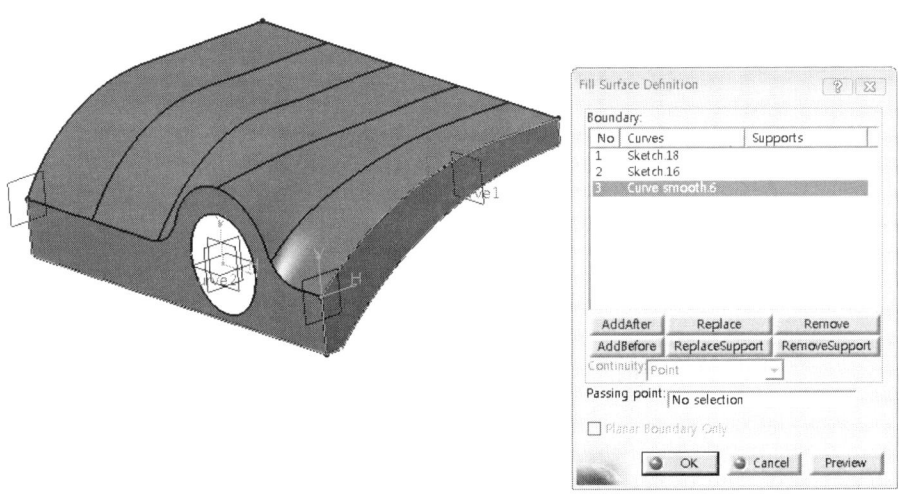

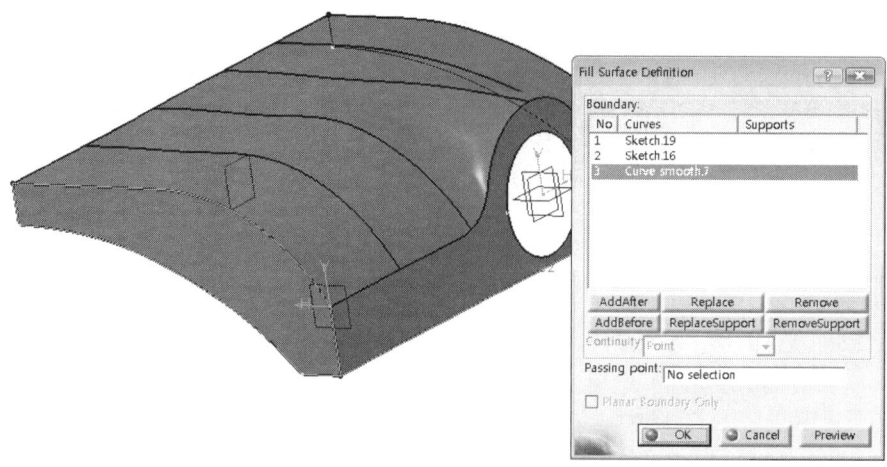

23. 이제 각 파트로의 작업을 마치고 Total Work으로 이동합니다. 여기서 Work Surface에 Define을 걸고 앞서 만들어준 서피스들을 Join 을 사용해 합쳐줍니다.

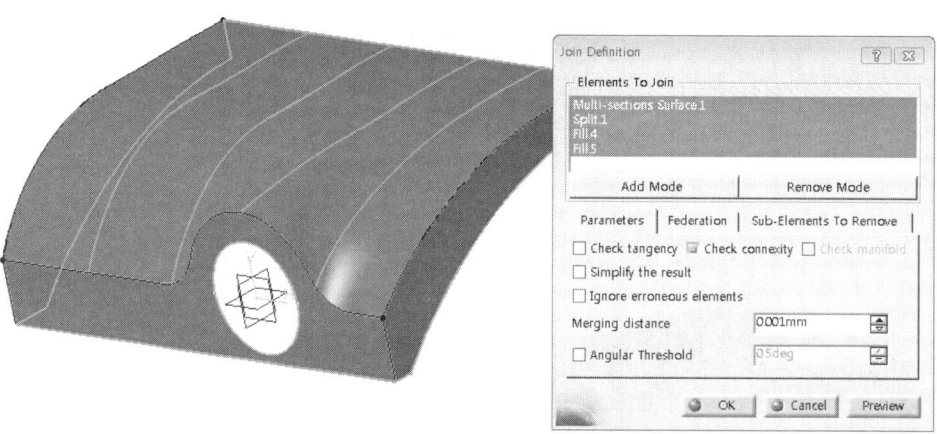

24. 그리고 마무리 단계로 Edge Fillet 을 사용하여 형상을 마무리 합니다.

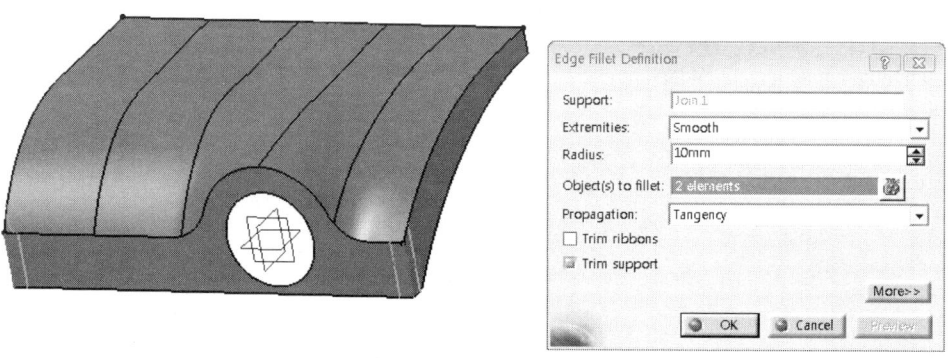

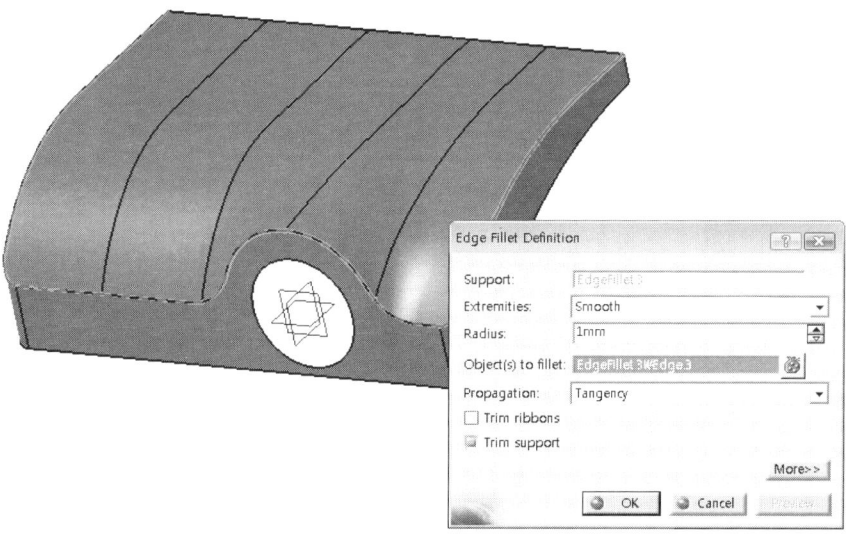

25. 전체 완료된 형상과 Spec Tree입니다.

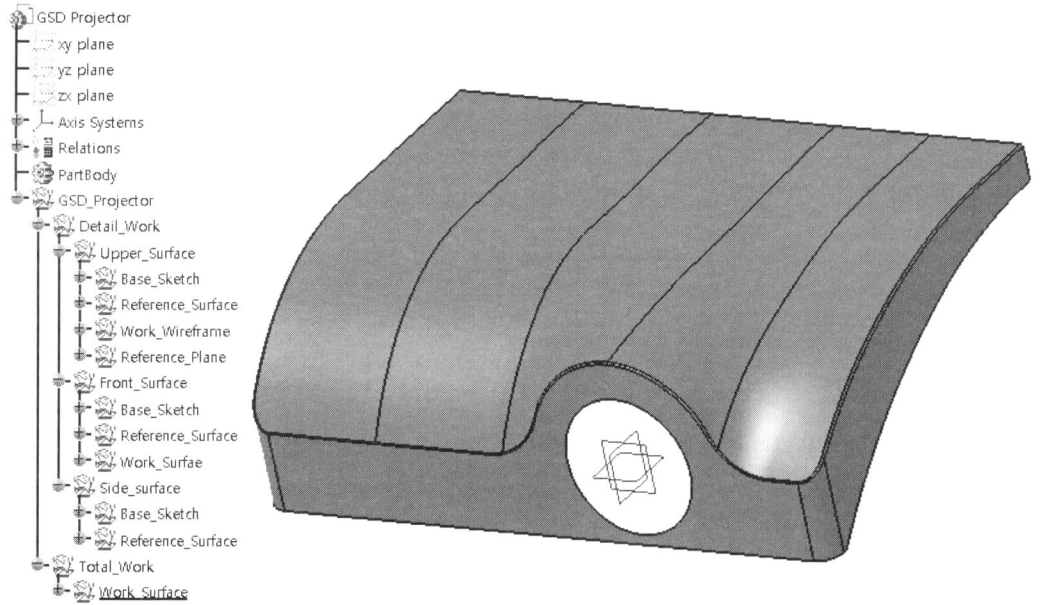

4. Generative Shape Design

(6) Exercise 6 - GSD Exercise 6

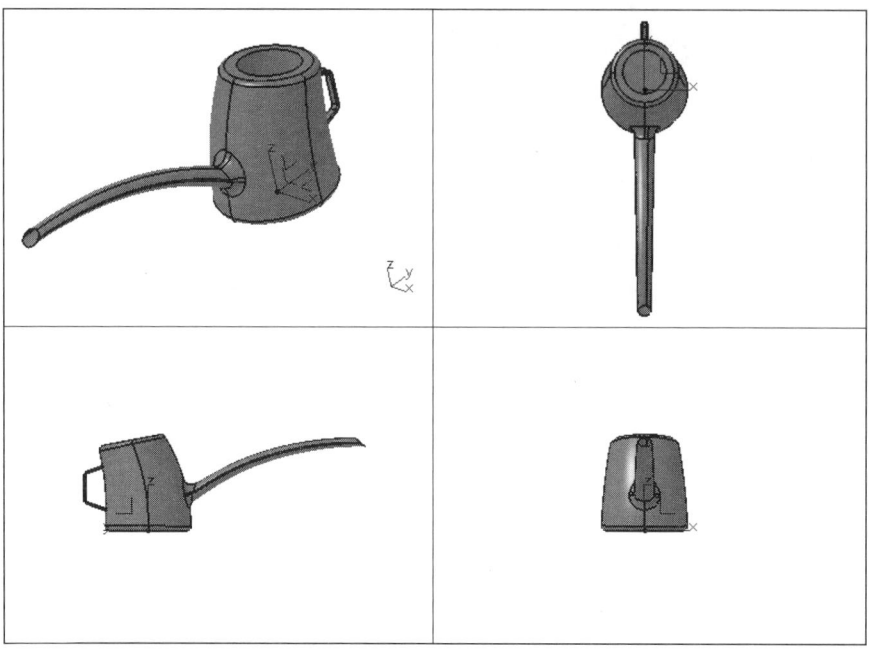

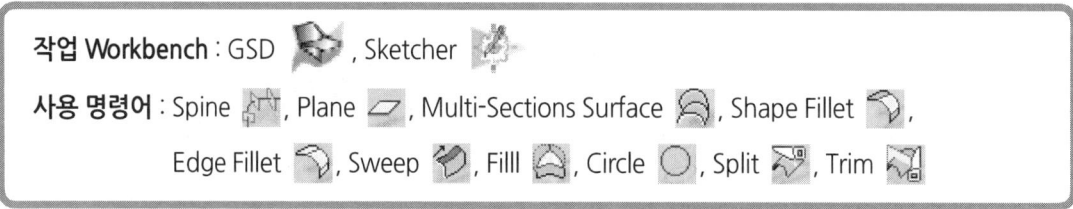

작업 Workbench : GSD, Sketcher
사용 명령어 : Spine, Plane, Multi-Sections Surface, Shape Fillet, Edge Fillet, Sweep, Filll, Circle, Split, Trim

위 형상은 화분에 물을 주는 물 조루 형상에서 착안하였습니다.

01. 본 작업에 앞서 다음과 같이 Spec Tree를 구성합니다.

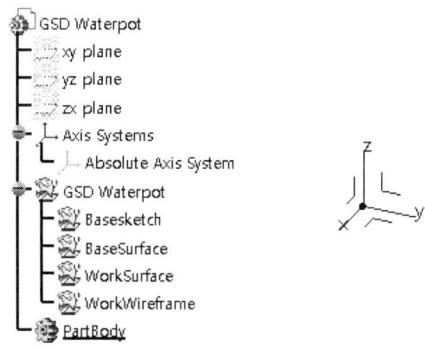

02. Base Sketch에 Define을 하고 XY 평면에 다음과 같이 스케치합니다.

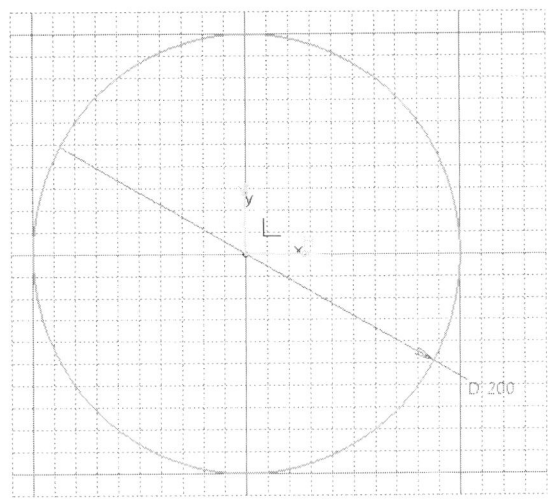

03. 다음으로 ZY 평면에 앞서 그린 원 형상에 맞추어 호 형상을 두 개 각각의 스케치에 그려줍니다.

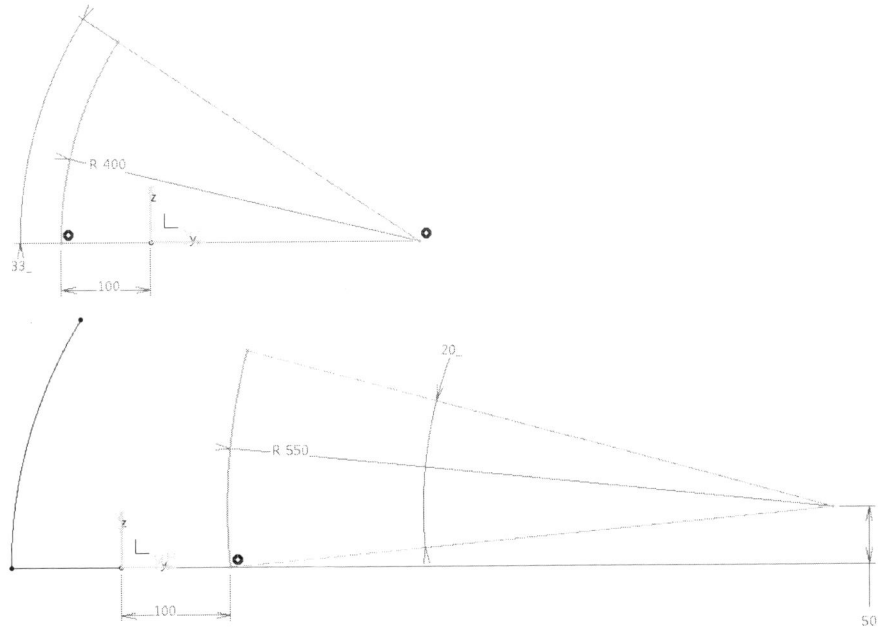

04. 다음으로 Work Wireframe에 Define을 걸고 Spine 명령을 사용하여 다음과 같이 두 개의 호 형상의 중심을 지나는 선을 만들어줍니다. Spine을 실행시키고 Definition 창에서 Section이 아닌 Guide 부분에 두 개의 커브를 입력합니다.

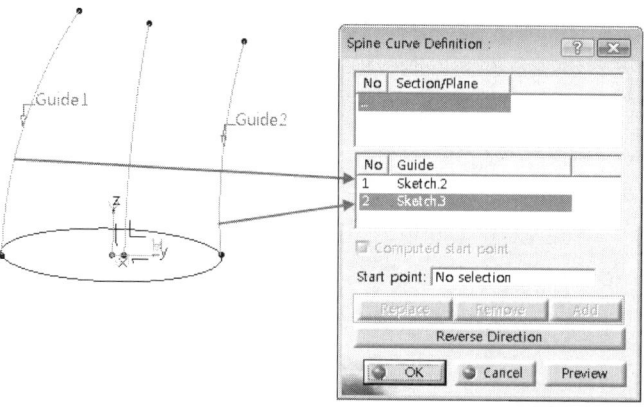

05. 여기서 새로운 Geometrical Set을 만들어줍니다. Reference Planes으로 명명합니다.

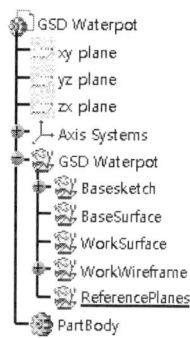

06. 이제 새로 만든 Reference Plane에 Define을 걸고 Plane ⬚ 을 사용하여 다음과 같이 평면을 만들어 줍니다. 평면은 Normal to curve Type으로 만들어줍니다.

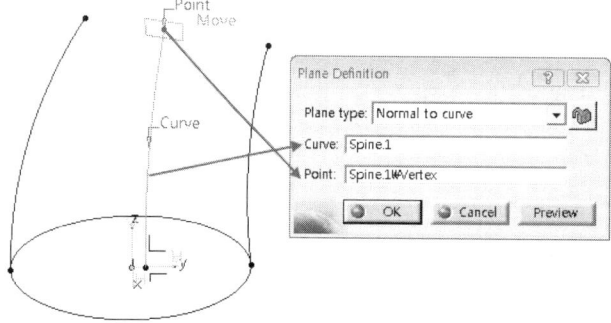

07. Base Sketch에 Define을 걸고 Positioned Sketch로 앞서 만들어준 평면에 스케치를 들어가 두 개의 가이드 선에 일치하도록 원을 그려줍니다.

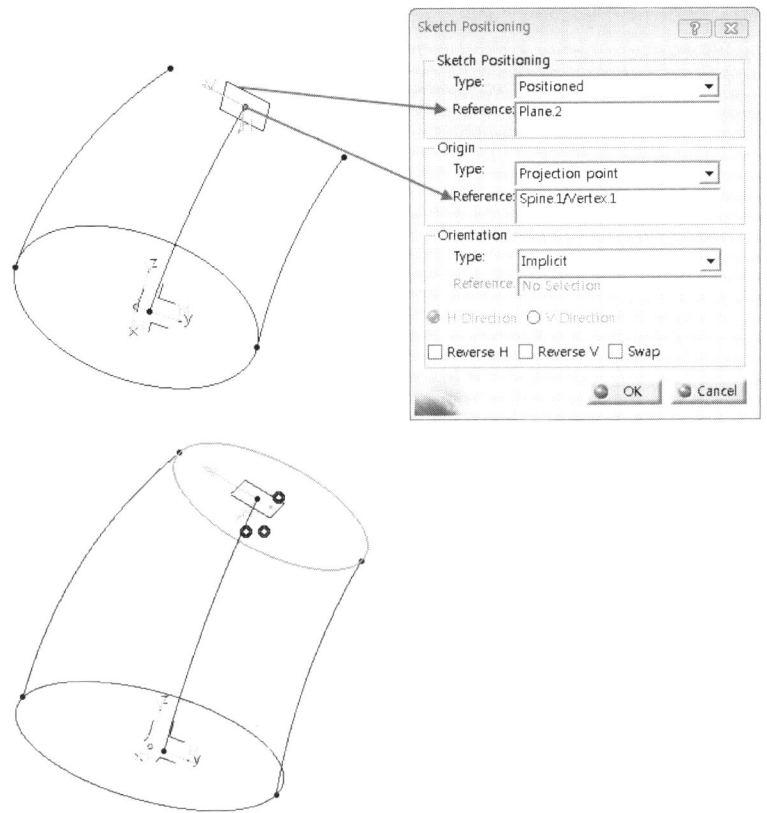

08. 다음으로 ZY 평면에 다음과 같이 호 형상을 그려줍니다.

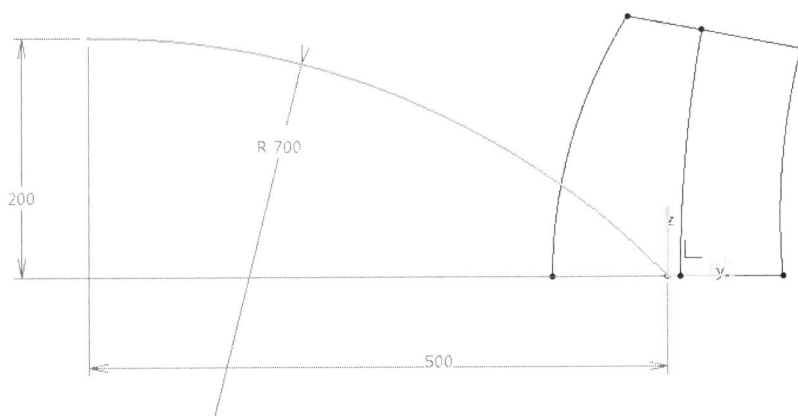

09. Reference Planes에 Define을 걸고 Plane 을 사용하여 다음과 같이 평면을 만들어줍니다. 이 평면은 Parallel through point Type으로 XY 평면을 Reference로 잡아줍니다.

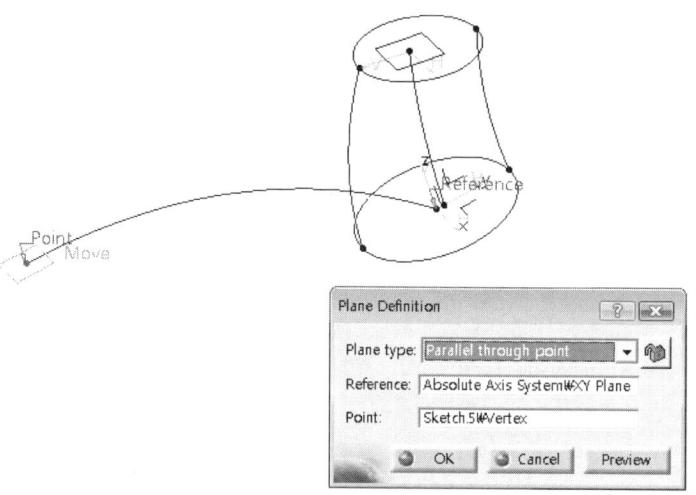

10. 여기서 새로운 평면 하나를 더 만들어주도록 하겠습니다. 앞서 만들어준 평면을 기준으로 일정 각도 기울어진 평면을 만들어줄 것입니다. 우선 Plane 명령을 실행시킵니다. 그리고 Plane type을 Angle/Normal to plane을 선택합니다.

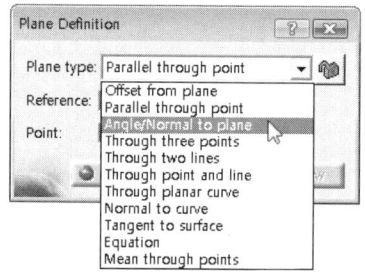

11. 기준이 되는 평면으로부터 일정한 각도를 주어 회전을 시킨 평면을 만들기 위해서는 회전의 중심이 되는 축이 필요한데 여기서는 다음과 같이 Contextual menu를 통해서 간단히 직선을 만들도록 할 것입니다. Axis를 선택하는 부분에서 Contextual menu를 선택하여 Create Line을 선택합니다.

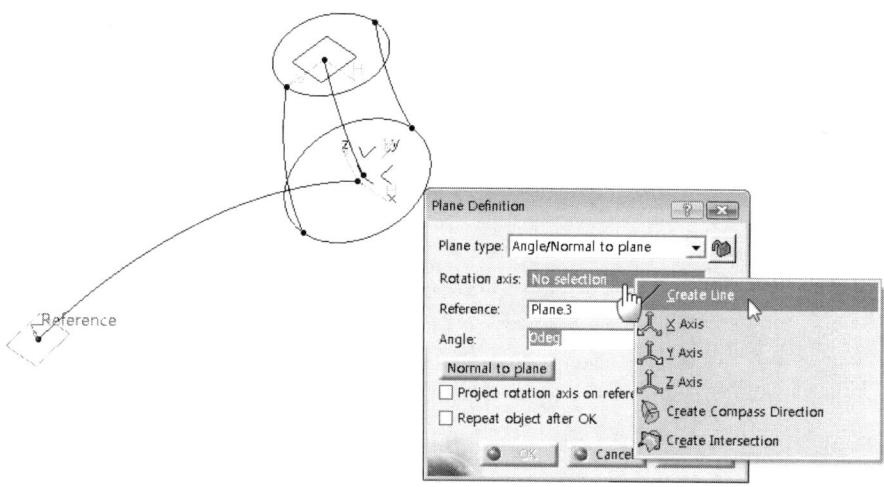

12. 그럼 다음과 같은 Line 정의 창이 나오게 됩니다. 여기서 Line type을 Point-Direction으로 변경해줍니다. 그리고 앞서 그려준 호 형상의 끝점을 선택해 줍니다. 방향으로는 X축 방향을 선택해줍니다. 그리고 다른 것은 가만히 놔둔 채 OK를 누릅니다.

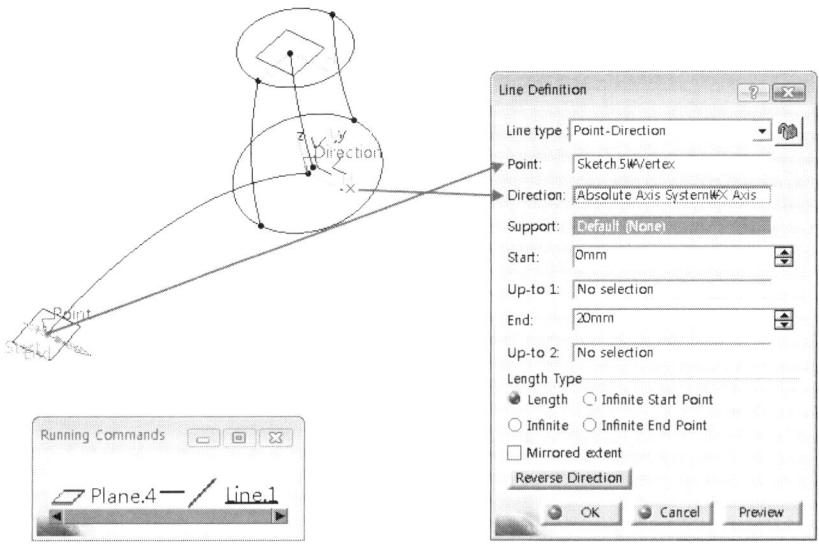

13. 그럼 Line Definition창에서 나와 다시 Plane 정의 창이 나타나는 것을 확인할 수 있습니다. 이제 기준 면과 축이 결정되었으므로 각도를 입력해 평면을 완성합니다. 40도를 입력합니다.

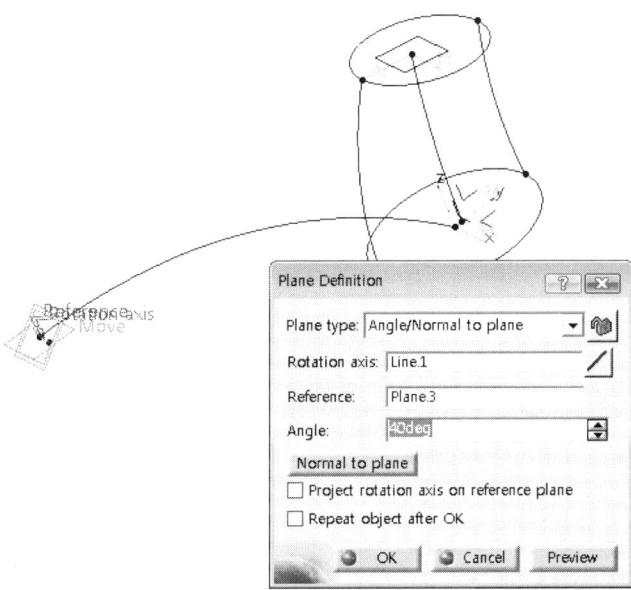

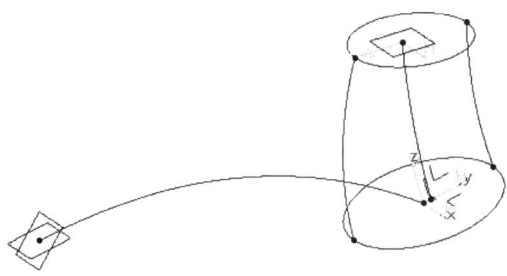

14. 다음으로 Base Sketch에 Define을 하고 Circle ◯을 이용하여 3차원 상에서 원을 그려줍니다. 지름 30mm를 입력합니다.

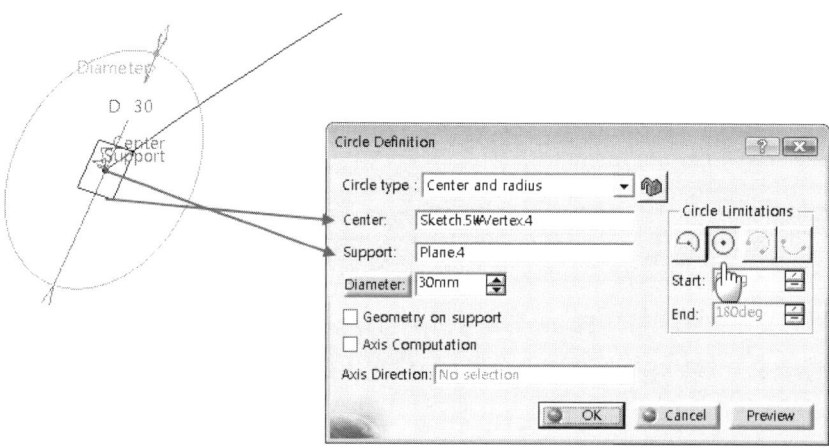

15. 그리고 호 형상의 다른 한쪽 끝에도 XY 평면을 기준으로 Circle ◯을 그려줍니다. 지름 50mm를 입력합니다.

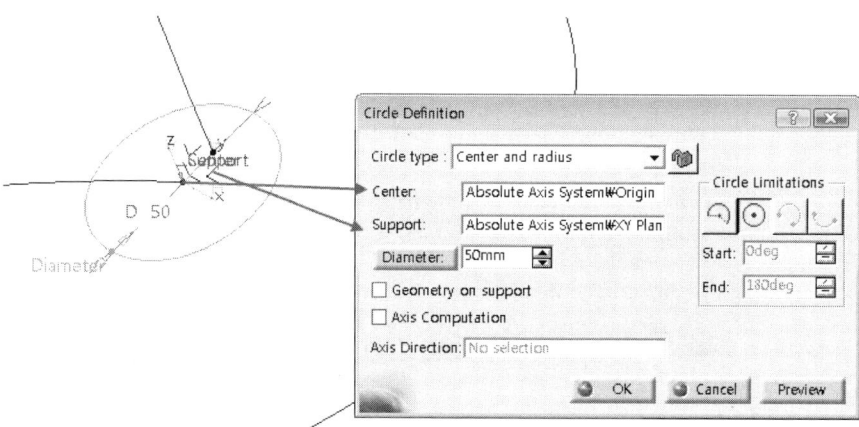

16. 다음으로 ZY 평면에 다음과 같이 스케치해줍니다.

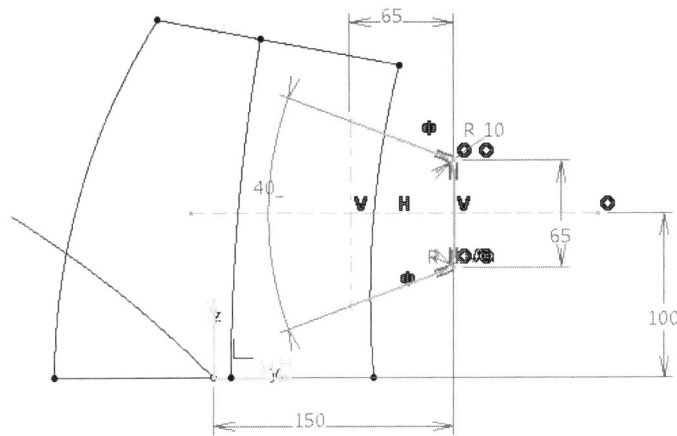

17. Reference Planes에 Define을 걸고 위에서 만들어준 스케치의 끝에 평면을 만들어줍니다. (Normal to Curve)

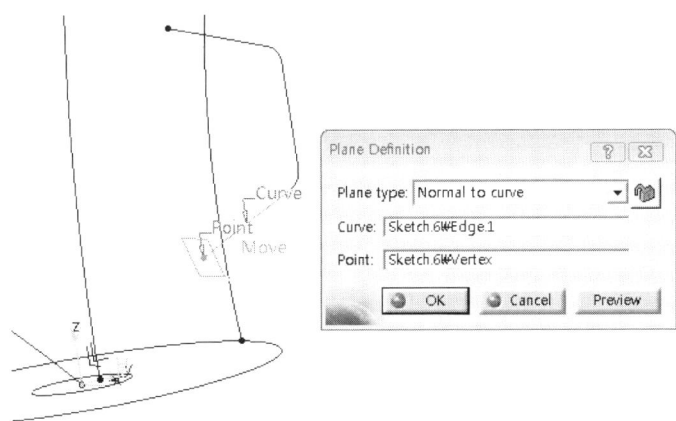

18. 그리고 Base Sketch에 Define을 하고 Positioned Sketch를 사용하여 다음과 같이 Centered Rectangle 로 스케치해줍니다.

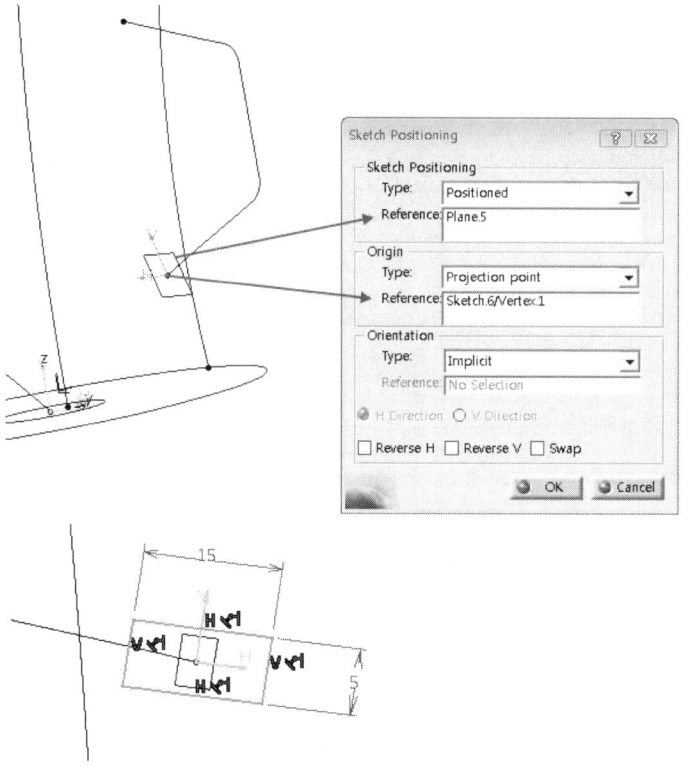

19. 그리고 다시금 Circle ◯ 을 사용하여 다음과 같이 Spine 끝에 만들어진 평면에 지름 100mm짜리 원을 만들어줍니다.

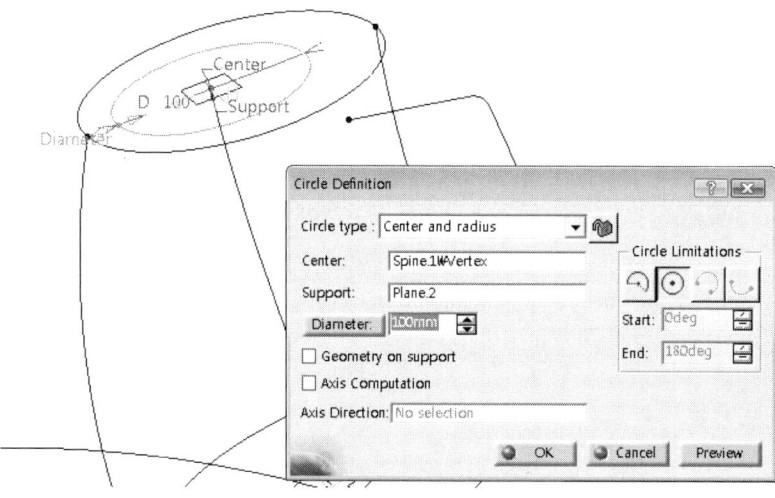

20. 이제 Base Surface에 Define을 걸고 다음과 같이 Multi-Sections Surface 를 이용해 서피스를 만들어줍니다. 두 단면을 선택하고 각각의 Closing Point를 다음과 같은 방법으로 위치를 다시 잡아줍니다. Section 목록에서 Contextual menu를 클릭 Replace Closing Point를 선택합니다.

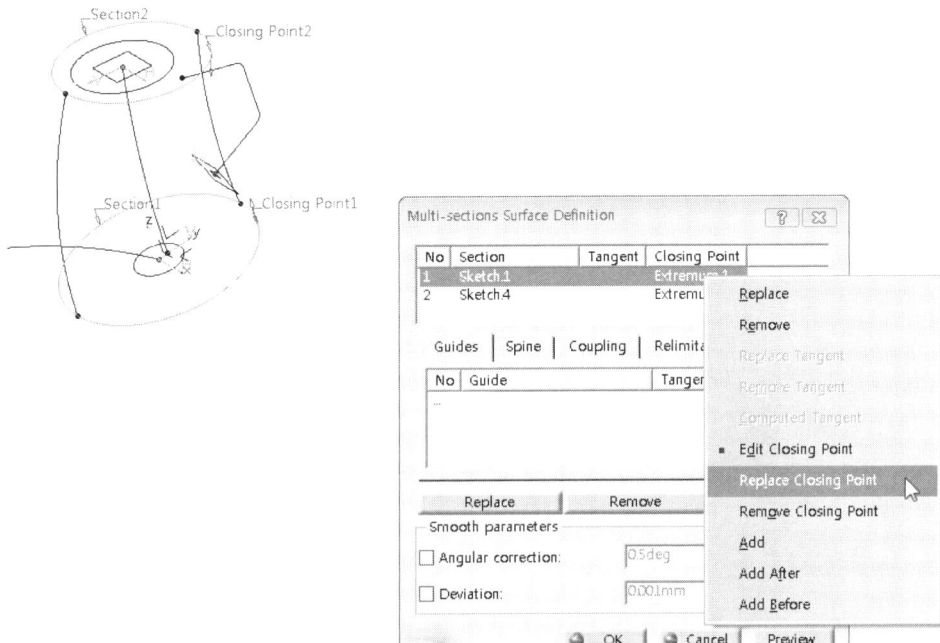

21. 그리고 다음과 같이 앞서 그린 호 형상의 끝 점을 선택합니다. 그러면 선택한 끝 점으로 Closing Point가 옮겨지는 것을 확인할 수 있습니다. 같은 방법으로 두 번째 단면도 Closing Point를 같은 위치의 점으로 이동시킵니다.

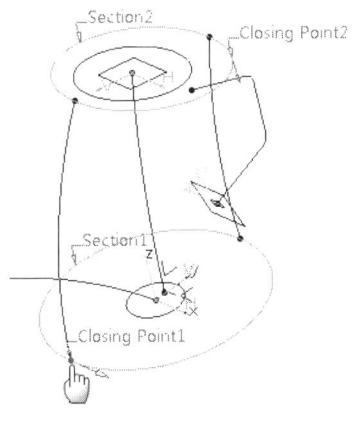
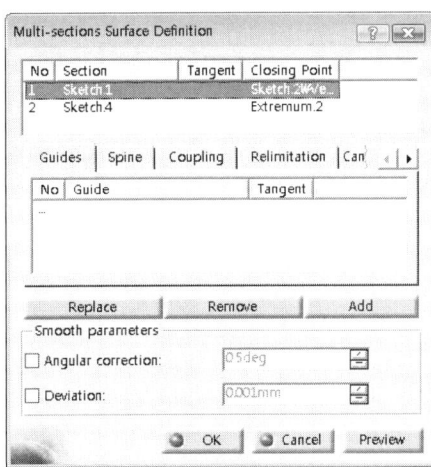

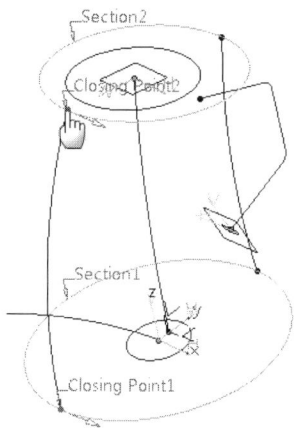 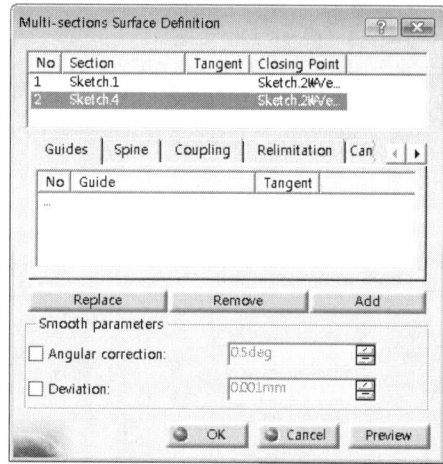

22. 다음으로 두 개의 가이드 그리고 Spine을 모두 입력해 형상을 완성시킵니다.

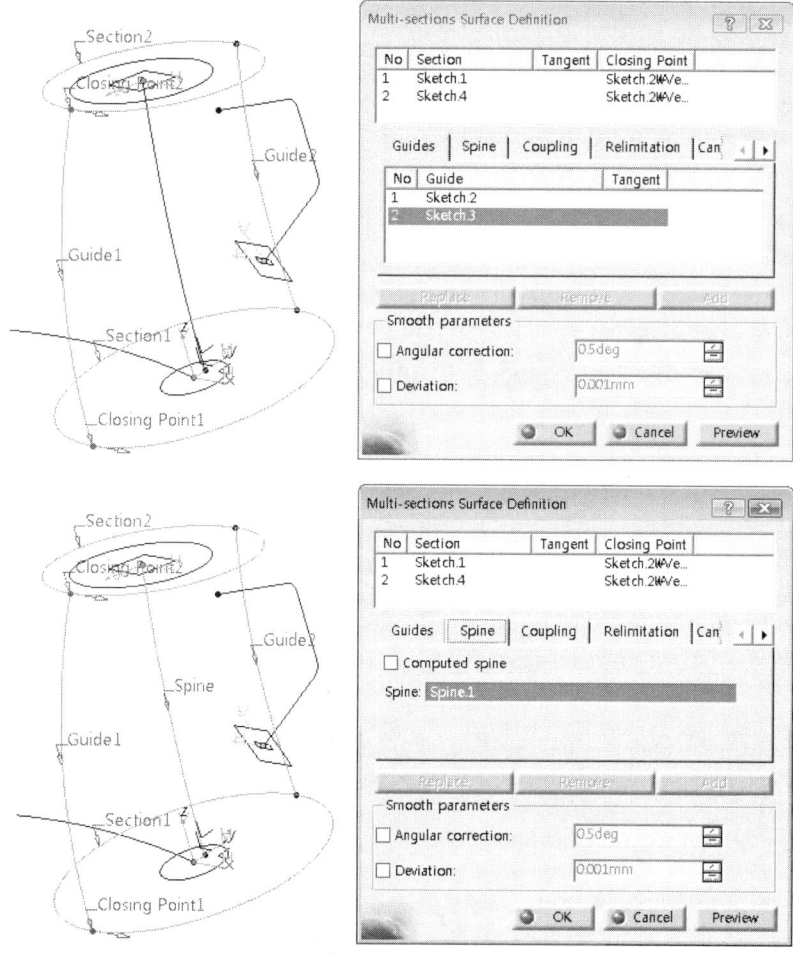

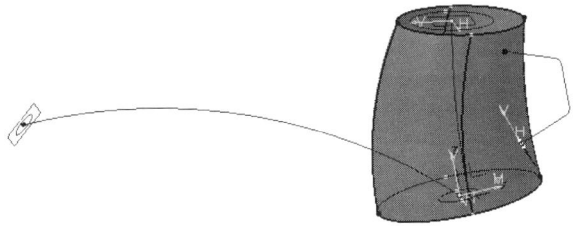

23. 다음으로 Fill 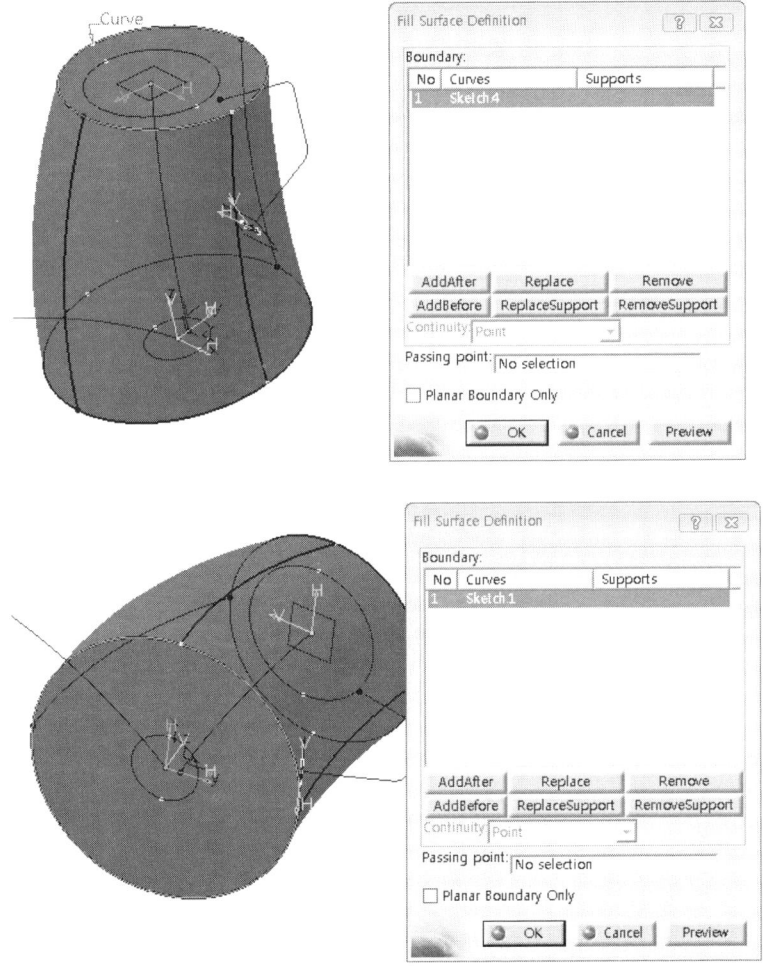 을 이용하여 하단과 상단의 원 형상을 각각 서피스로 채워줍니다.

24. 그리고 Multi-Sections Surface 로 다음과 같은 서피스를 만들어줍니다. 여기서도 Spine을 사용합니다.

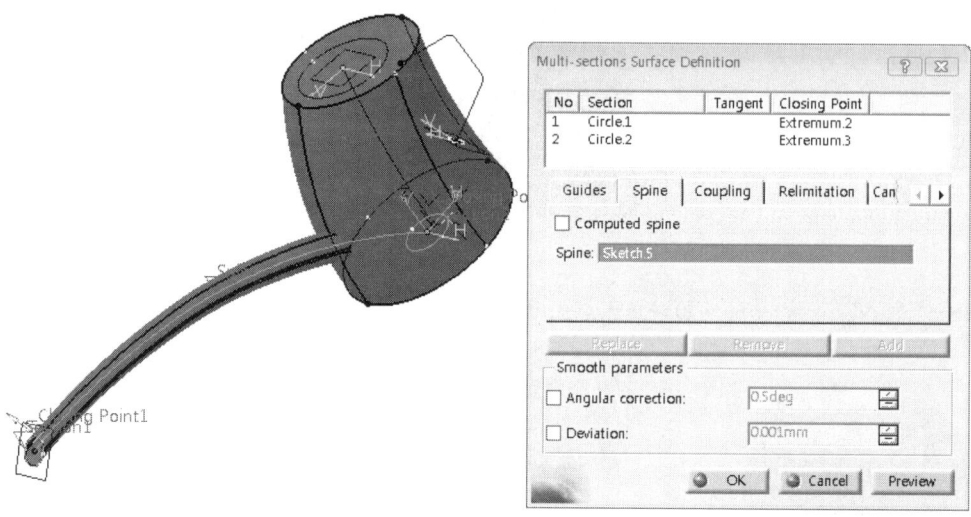

25. Sweep 을 사용하여 다음과 같이 손잡이 부분의 형상도 서피스로 만들어줍니다.

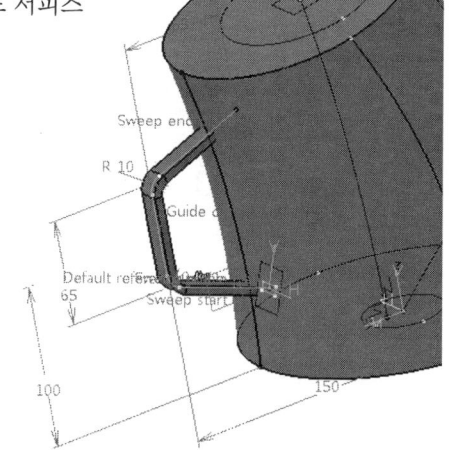

26. Work Surface에 Define을 걸고 그리고 이 손잡이 부분을 Edge Fillet 해줍니다.

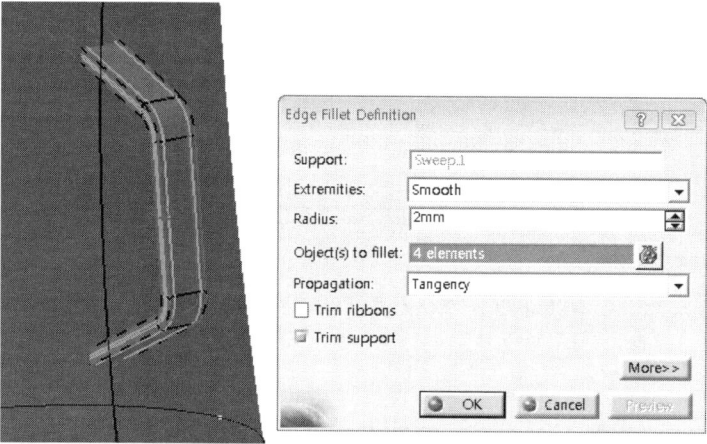

27. 다음으로 Shape Fillet 을 사용하여 다음과 같이 몸통의 서피스와 상단과 하단의 원형 형상을 10mm Fillet과 함께 각각 합쳐줍니다. Shape Fillet 을 두 번 사용합니다.

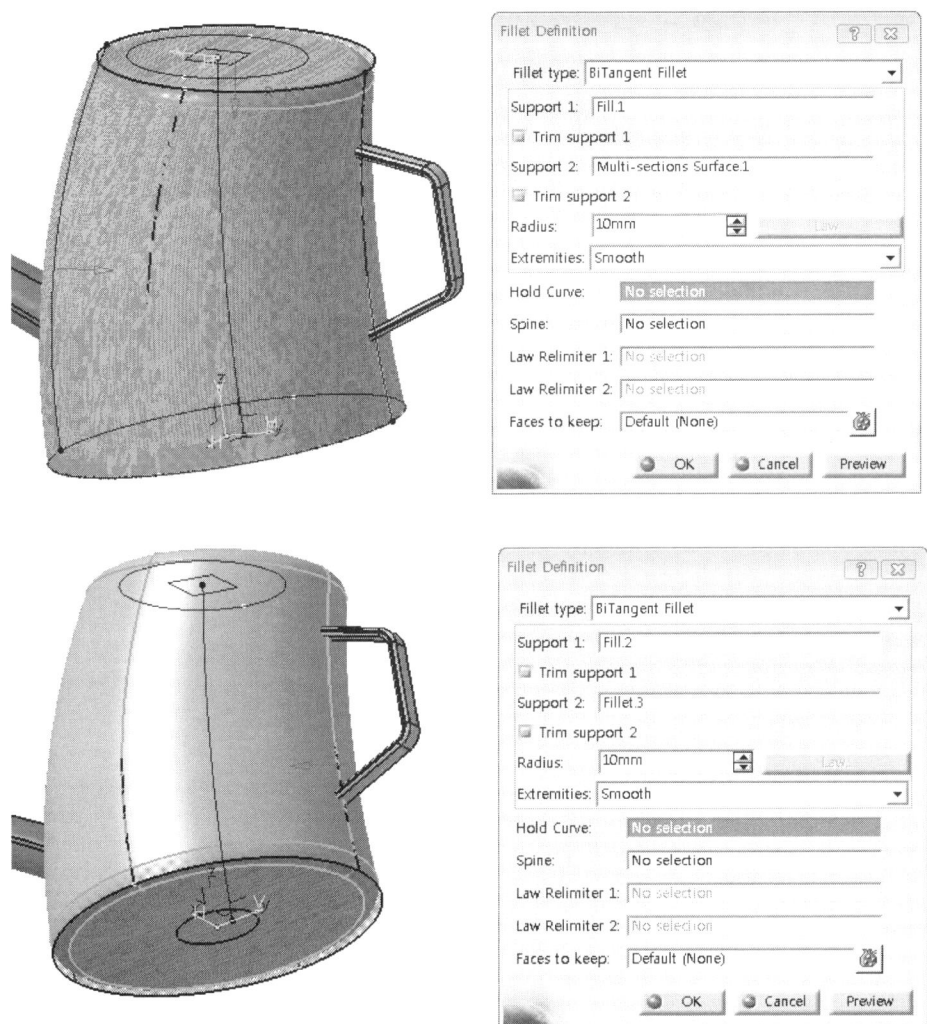

28. 그리고 물 조루의 입구 부분도 마찬가지로 Shape Fillet 으로 20mm의 Fillet과 합치는 작업을 다음과 같이 해줍니다.

29. 이번에는 Trim을 이용하여 손잡이 부분을 몸통 서피스와 합쳐줍니다.

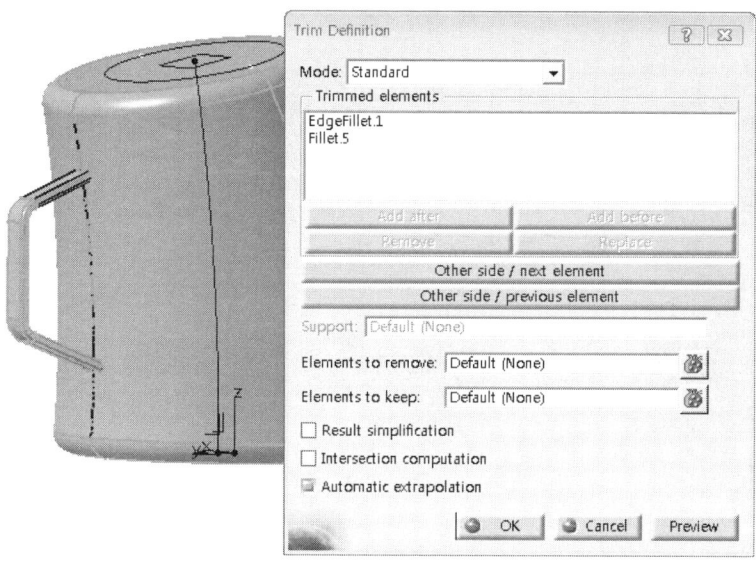

30. 그리고 Split 을 사용하여 앞서 그려준 작은 원을 기준으로 서피스를 잘라냅니다.

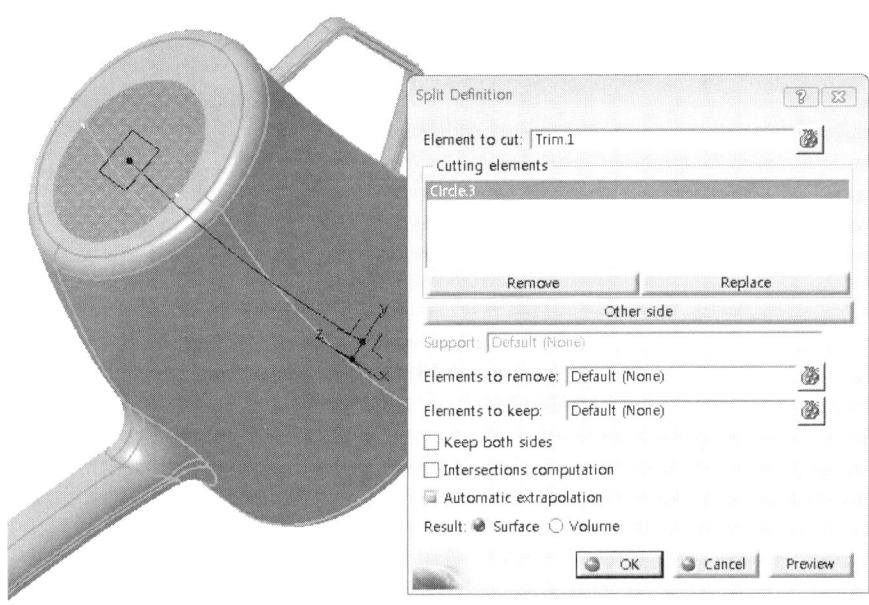

31. 마무리 단계로 손잡이 부분에 Edge Fillet 으로 작업을 마무리 합니다.

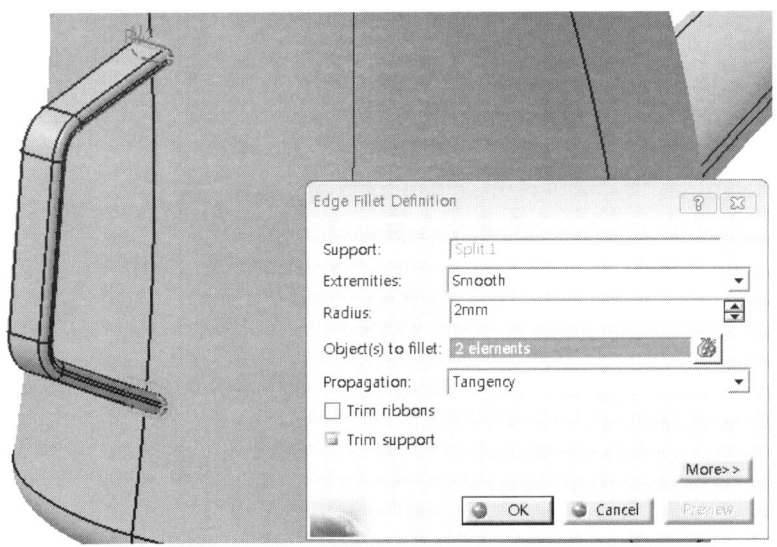

32. 완성된 형상과 Spec Tree는 다음과 같습니다.

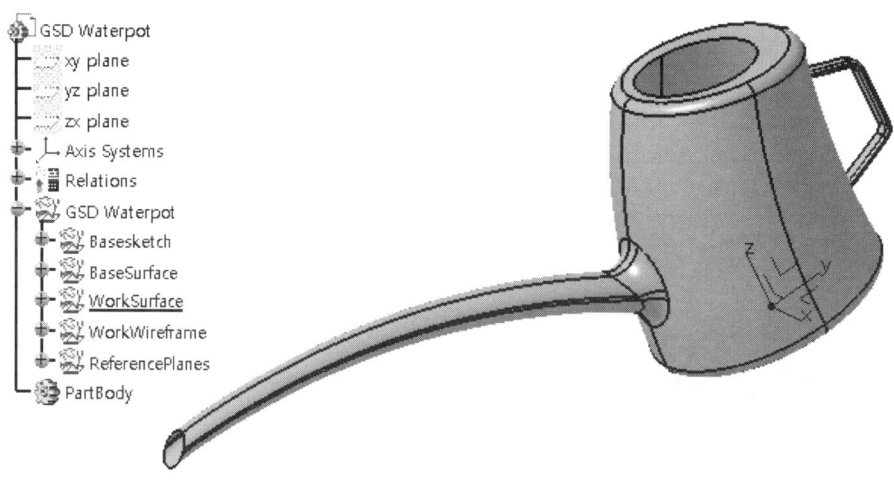

(7) Exercise 7 - GSD Exercise 7

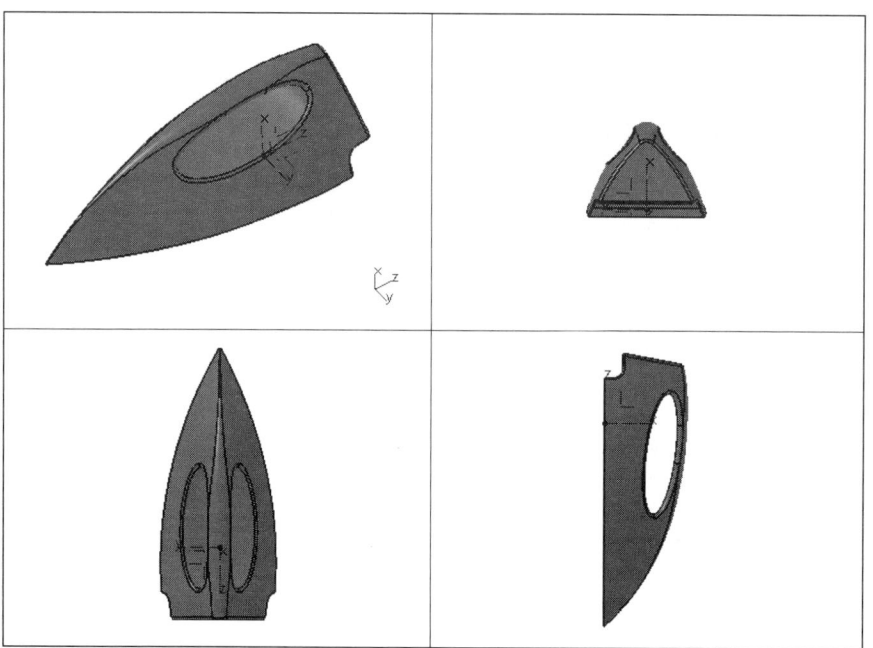

작업 Workbench : GSD , Sketcher

사용 명령어 : Sweep , Extrude , Trim , Symmetry , Variable Radius Fillet , Join , Edge Fillet

위 형상은 다리미 형상으로부터 착안한 형상입니다.

01. 본 작업을 시작하기에 앞서 다음과 같이 Spec Tree를 구성합니다.

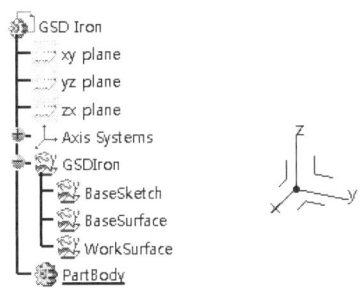

02. Base Sketch에 Define을 하고 다음과 같이 ZX 평면에 호를 그려줍니다.

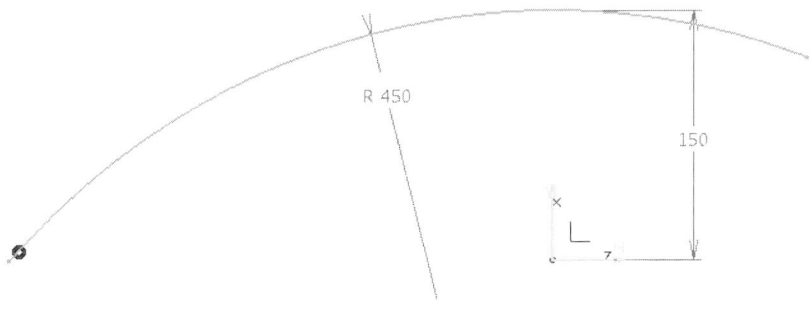

03. 이번에는 ZX 평면에 다음과 같이 스케치 합니다.

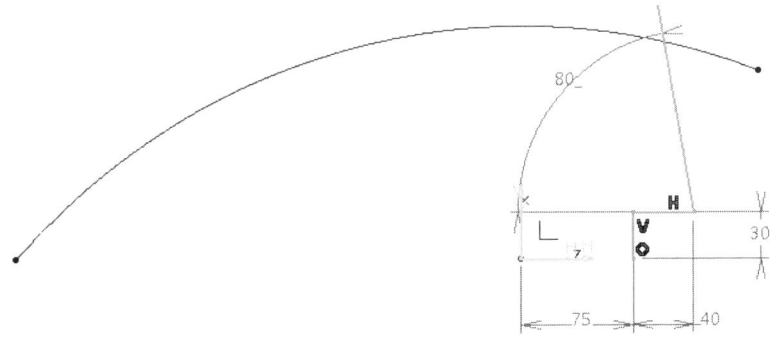

04. 다음으로 ZY 평면에 Positioned Sketch를 이용하여 아래와 같이 호 형상을 그려줍니다. 호 형상의 길이는 앞서 그려준 두 스케치 보다 충분히 크게 그려주어야 합니다.

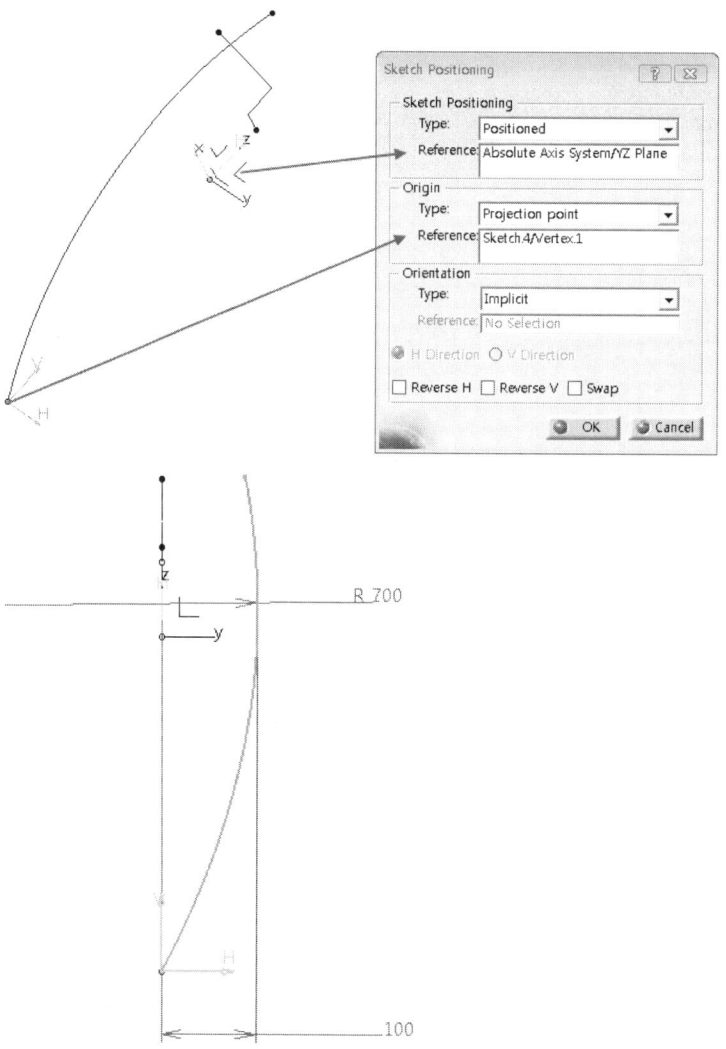

05. 다시 ZX 평면에 다음과 같이 타원 형상을 그려줍니다. 여기서 타원 형상은 완전히 구속한 것은 아니라는 점을 감안하기 바랍니다.

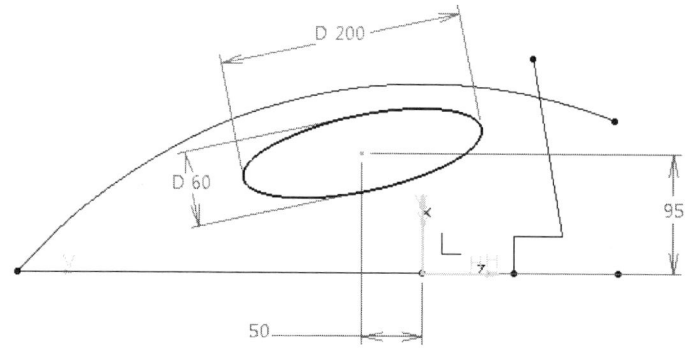

06. Base Surface에 Define을 하고 Sweep 명령을 사용하여 다음과 같이 서피스를 만들어줍니다. Profile Type은 Circle로 하고 Subtype은 Two guides and radius로 해줍니다. 곡률 값은 300mm로 해주며 따로 Spine은 잡아주지 않습니다.

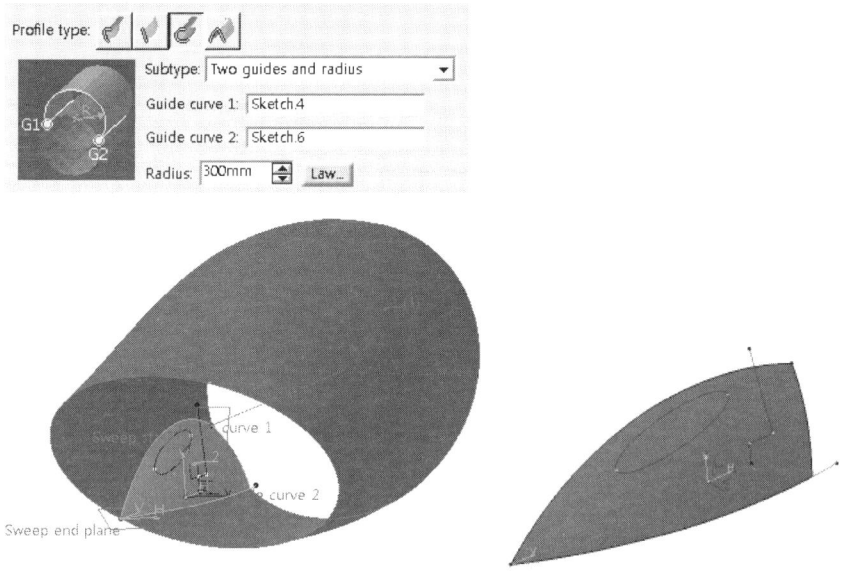

> 주어진 조건에 의해 나올 수 있는 결과물이 하나 이상인 경우에는 작업자가 직접 그 결과 중에서 맞는 형상을 골라주어야 합니다. 주황색으로 나타나는 형상이 현재 작업자가 선택한 형상입니다.

07. 다음으로 Extrude 를 사용해 다음과 같이 ZX 평면에 그려준 두 개의 스케치로 서피스를 각각 만들어 줍니다. (Extrude를 두 번 사용합니다.)

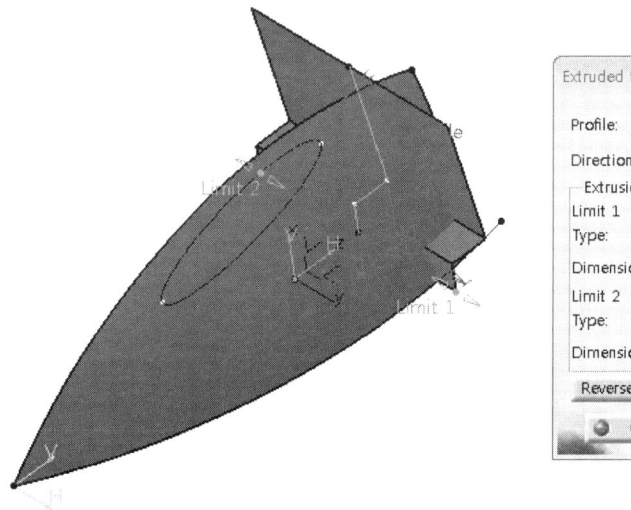 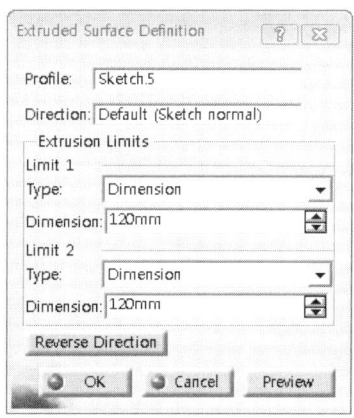

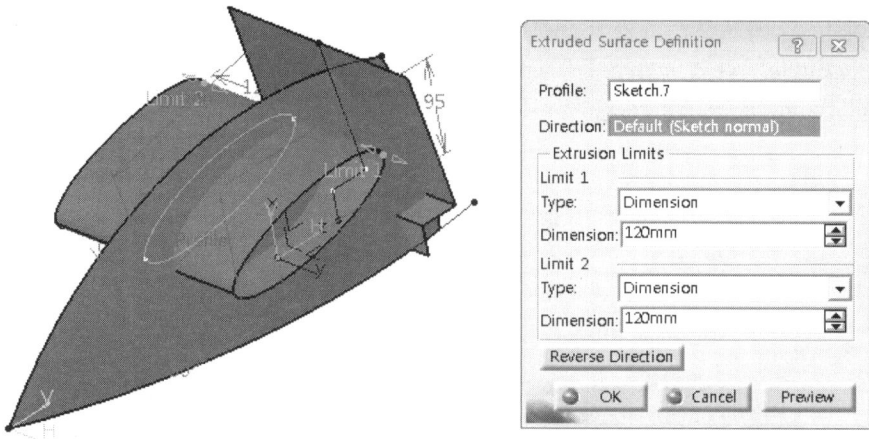

08. Work Surface에 Define하여 앞서 만들어준 Sweep 서피스를 Symmetry 를 사용해 대칭 복사해줍니다.

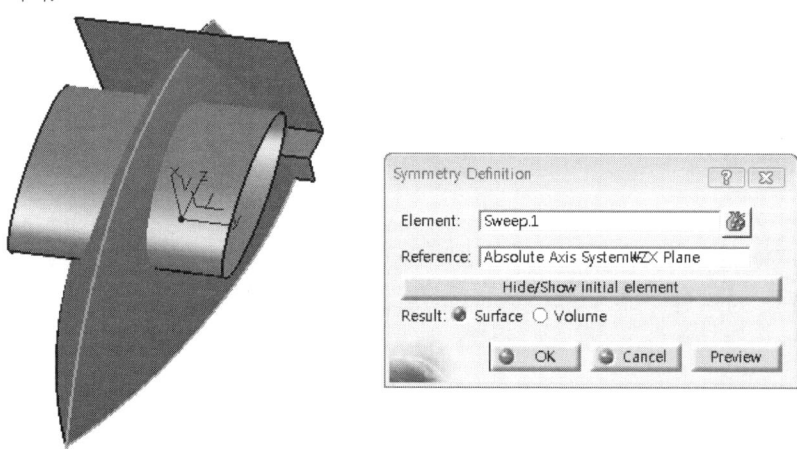

09. 다음으로 Join 을 사용하여 두 서피스를 하나로 합쳐줍니다.

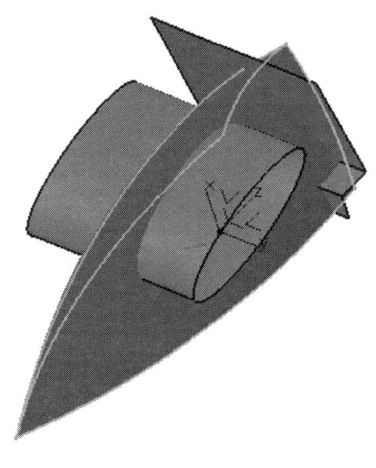
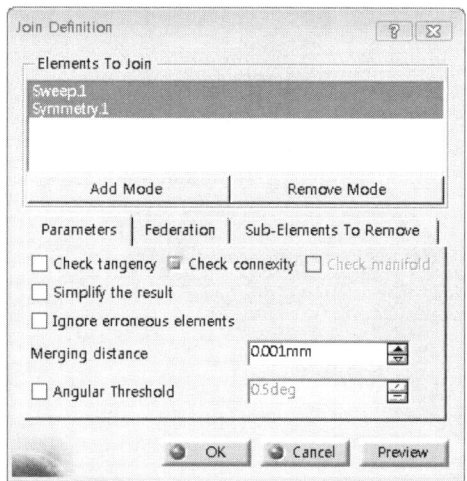

10. 그리고 Trim을 사용하여 다음과 같이 서피스 형상의 불필요한 부분을 제거하고 하나로 합쳐줍니다. Trim에서 3개의 서피스를 모두 선택하고 각각을 한번에 Trim 해줄 수 있습니다.

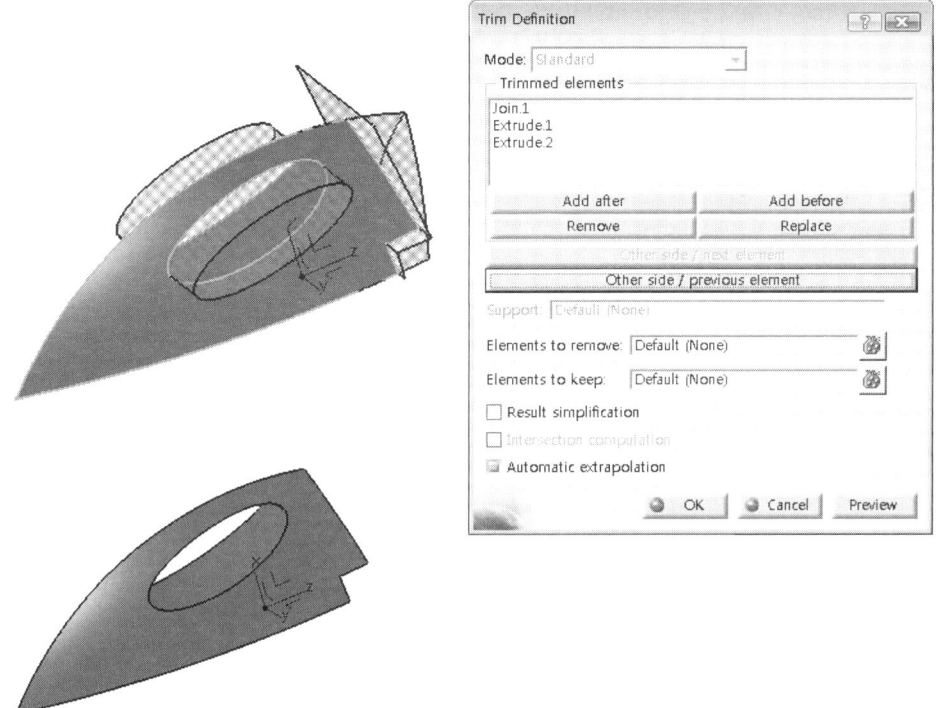

11. 다음으로 형상을 다듬어 주기위해 Variable Radius Fillet 을 사용하여 형상의 윗부분을 다듬을 것입니다. Variable Radius Fillet 명령을 실행시킵니다. 그리고 다음과 같이 모서리를 선택해줍니다.

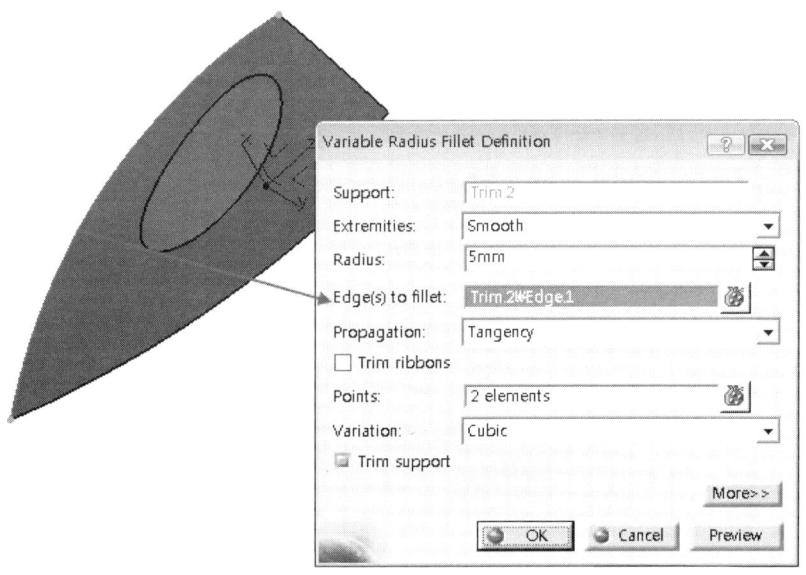

12. 여기서 곡률이 변하는 지점을 잡아주어야 하는데 기준에 잡혀있는 두 곳 외에 다음 위치를 추가해 주도록합니다. Point를 입력하는 위치에서 Contextual menu를 선택 Create Point를 이용하여 선택한 모서리의 0.5, 0.25지점에 포인트를 잡아줍니다.(On curve의 포인트 타입에서 시작 위치를 잘 확인하기 바랍니다.)

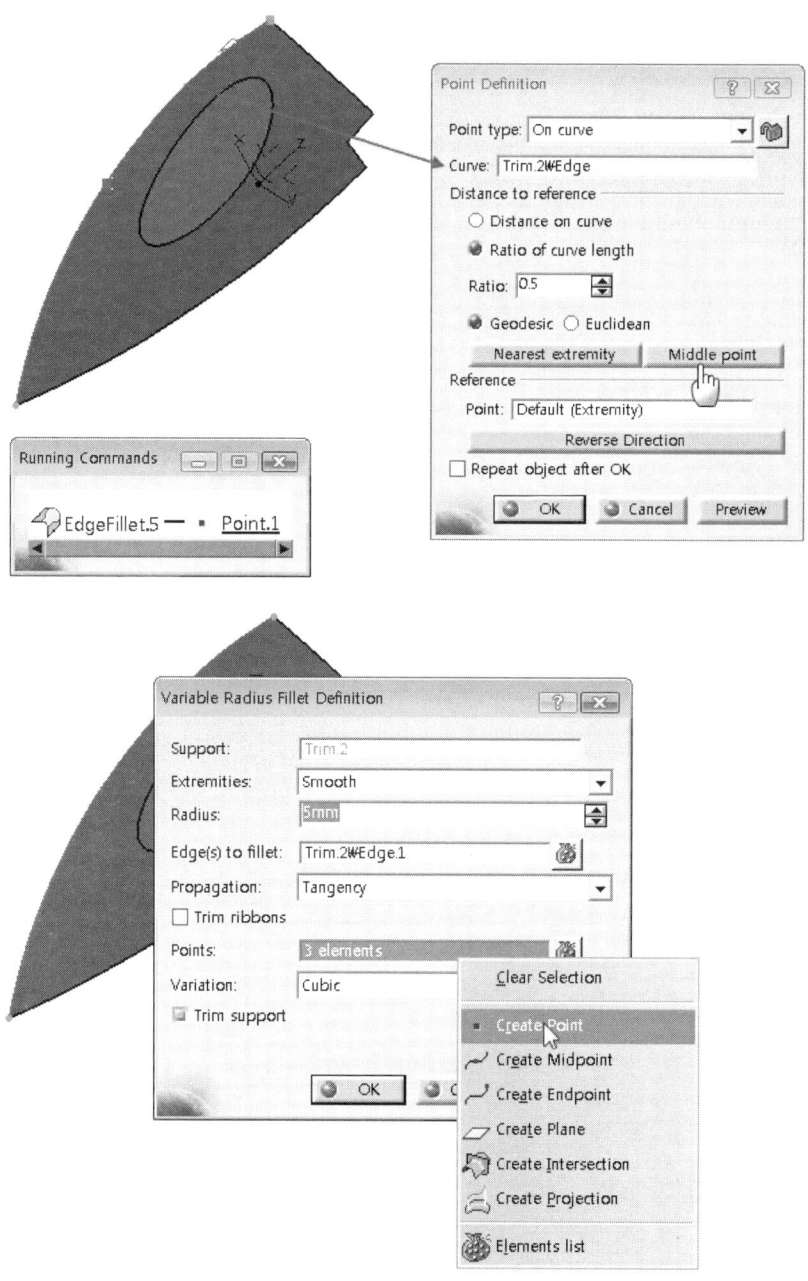

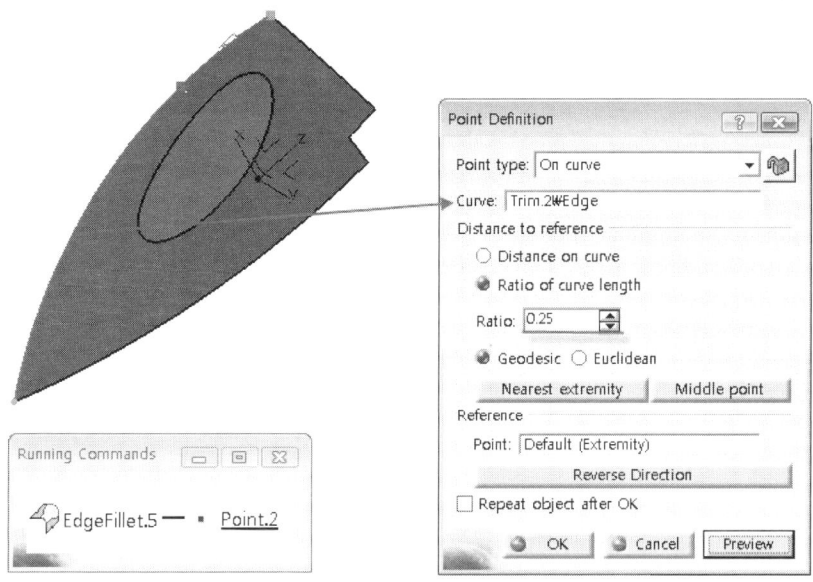

13. 이제 이 포인트 위치에 각각 원하는 곡률 값을 입력합니다.

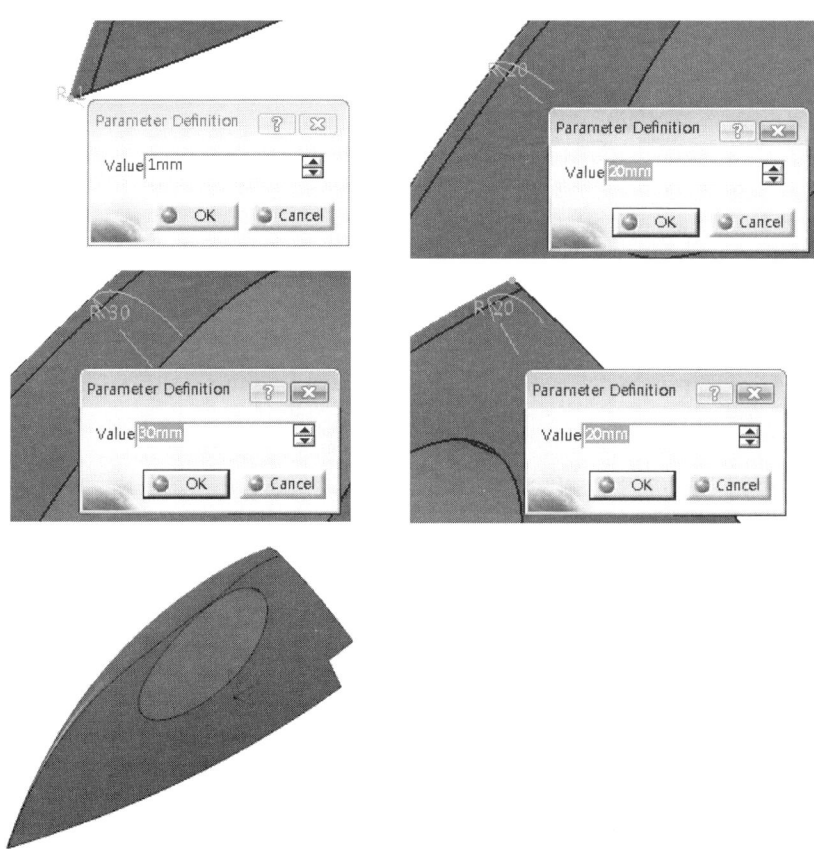

14. 다음으로 나머지 부분에 대해서 Edge Fillet 으로 서피스를 다듬어 주면 형상이 완성됩니다. 순서대로 각각 15mm, 2mm, 10mm, 5mm의 곡률입니다.

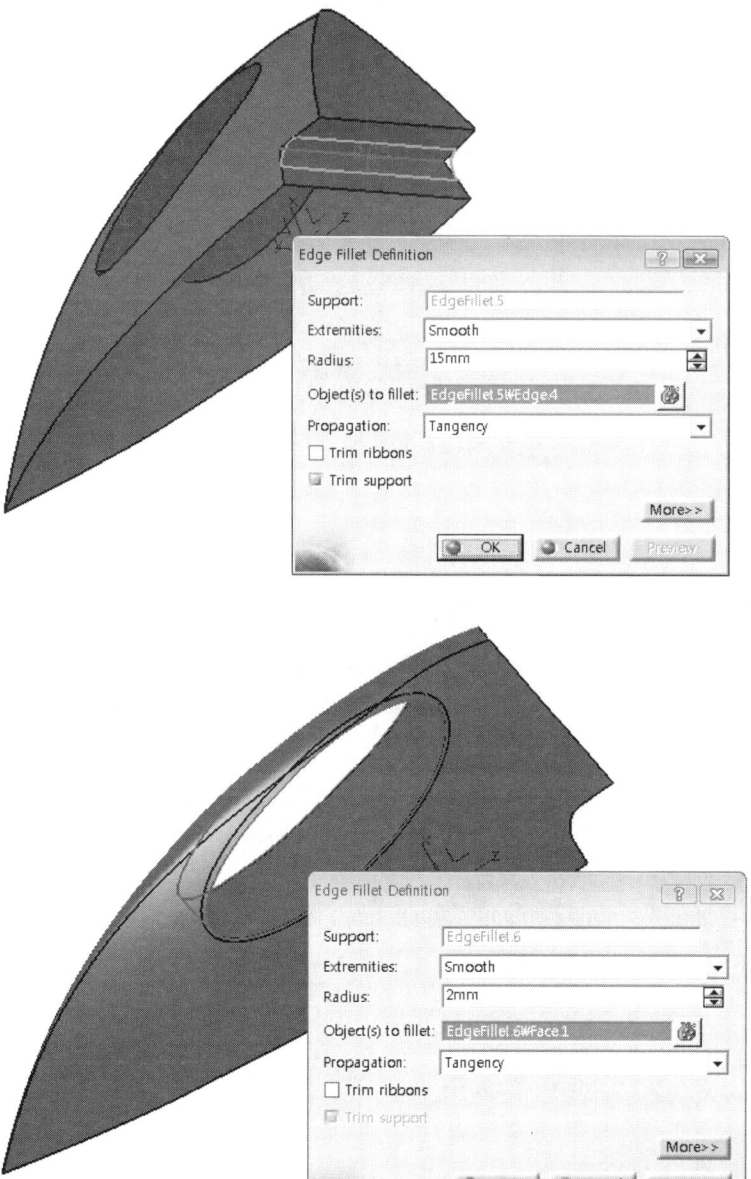

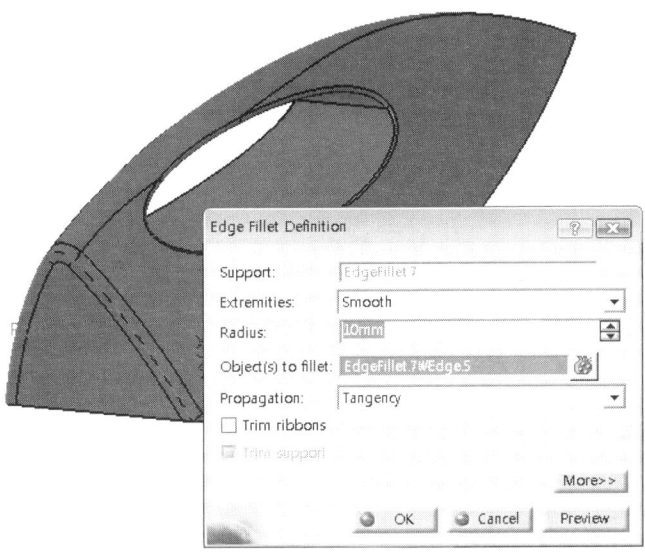

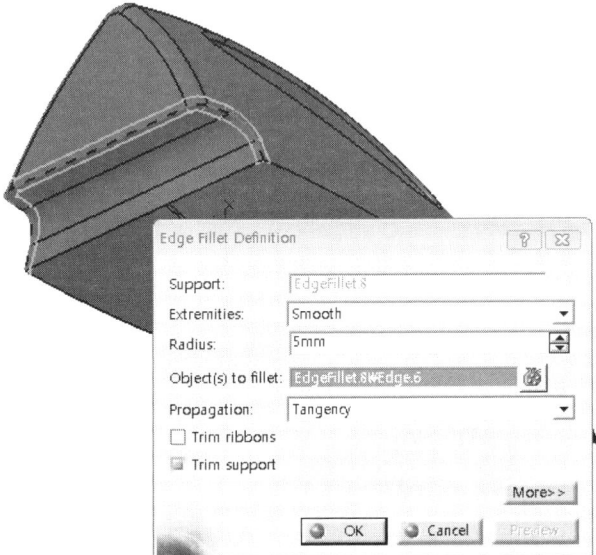

15. 완성된 형상과 Spec Tree의 모습입니다.

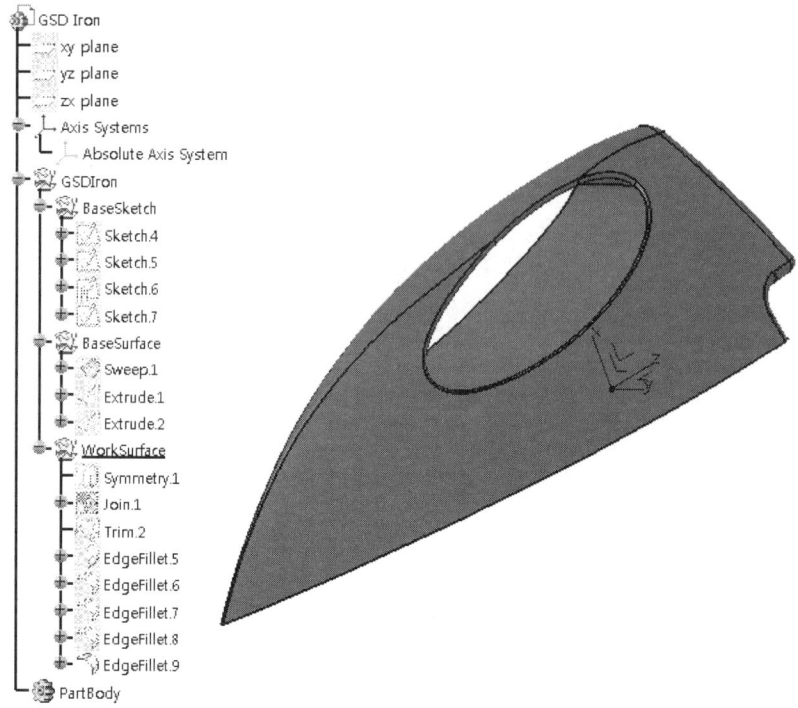

(8) Exercise 8 - GSD Exercise 8

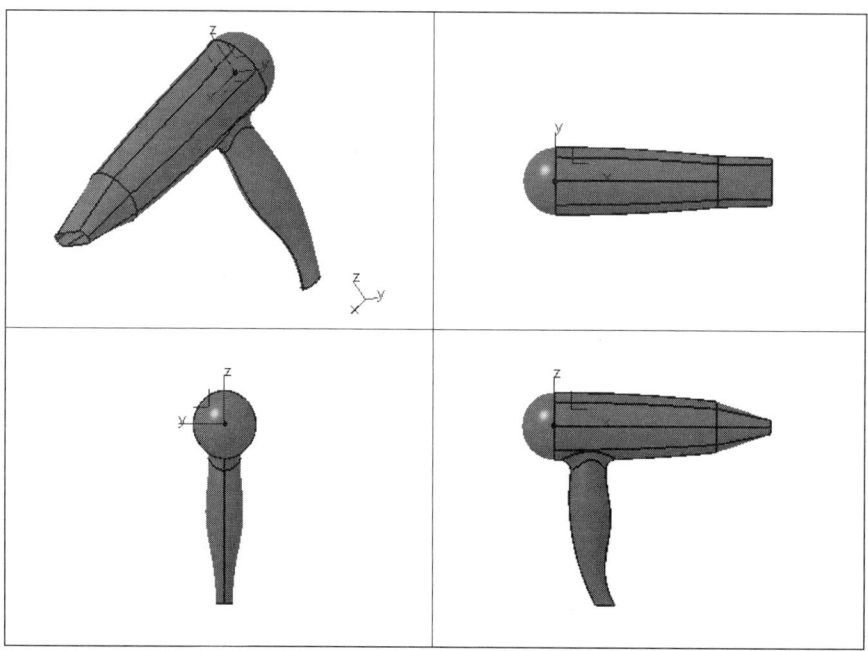

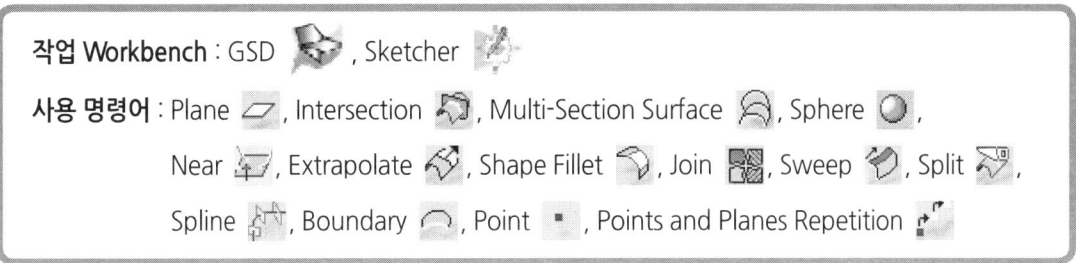

위 형상은 헤어드라이기 형상으로부터 착안한 형상입니다.

01. 본 작업에 앞서 다음과 같이 Spec Tree를 구성합니다.

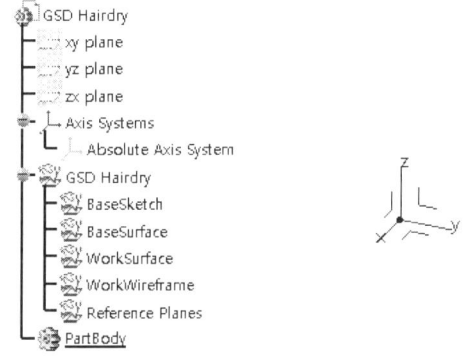

02. 다음으로 Reference Planes에 Define을 하고 ZY 평면을 기준으로 Plane 을 사용해 평면을 만들어 줍니다.

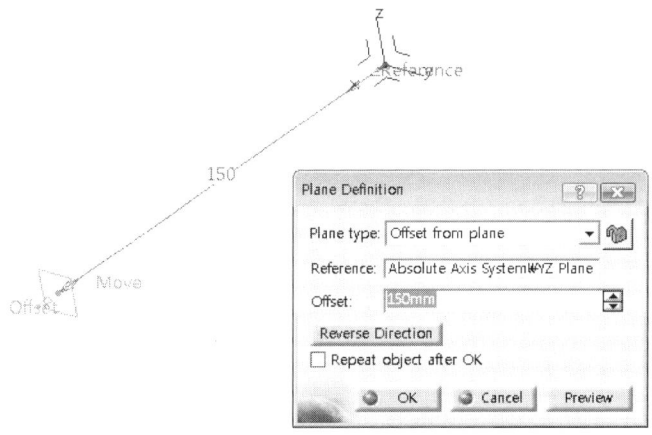

03. 그리고 Base Sketch에 Define을 걸고 앞서 만들어준 평면에 지름 45mm의 원을 그려줍니다.

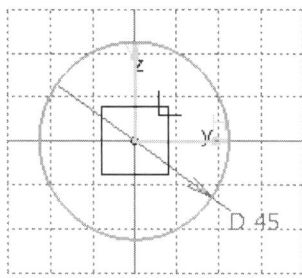

04. 다시 Reference Planes에 Define을 걸고 새로운 평면을 Plane ⬜ 을 사용해 만들어줍니다.

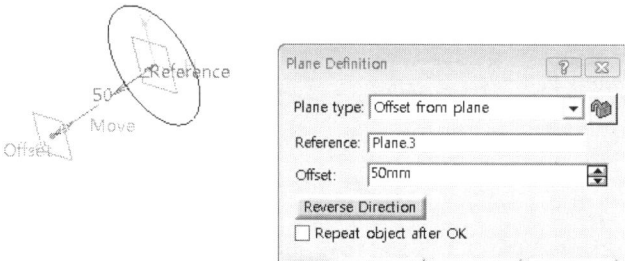

05. Base Sketch에 Define을 걸고 이번에는 4과정에서 만든 평면에 Elongated Hole 형상을 그려줍니다.

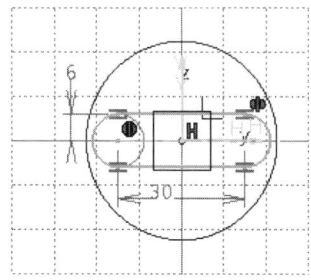

06. 그리고 Base Sketch에 Define을 걸고 ZX 평면을 기준으로 다음과 같은 호 형상을 그려줍니다.

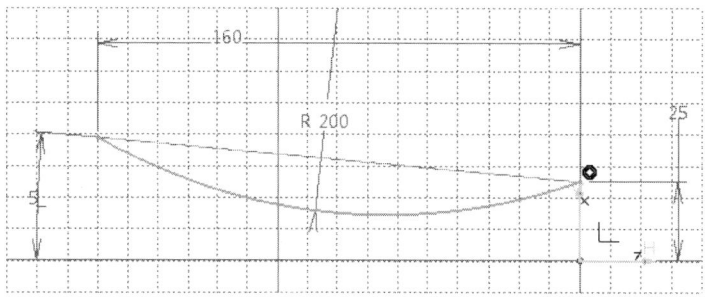

07. 두 번째로 ZX 평면에 다음과 같은 Spline 형상을 그려줍니다. 양 끝단의 치수를 제외하고 나머지 부분은 그림과 유사하게 그려줍니다.

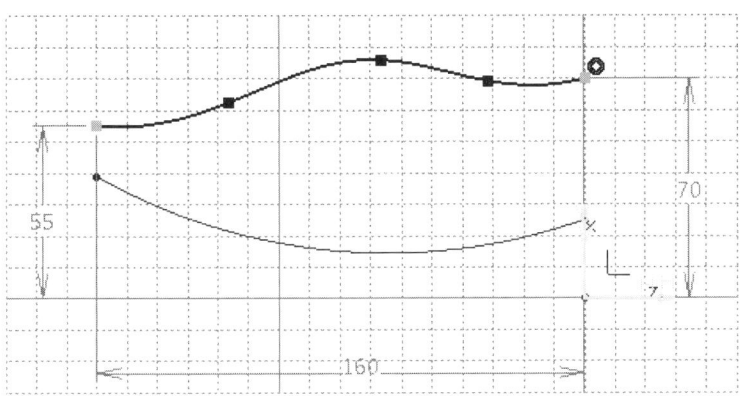

08. 다시 Reference Planes에 Define을 걸고 이번에는 XY 평면을 기준으로 Plane 을 사용하여 다음과 같이 160mm만큼 떨어진 평면을 만들어줍니다.

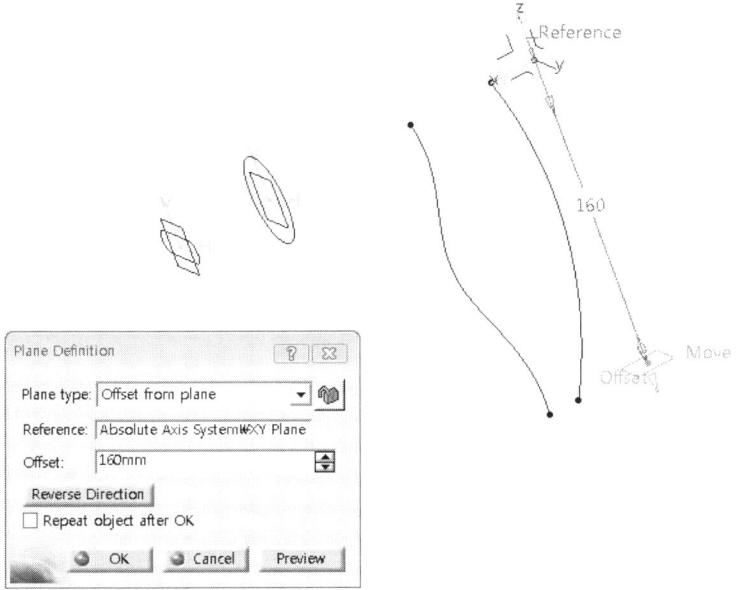

09. 그리고 Base Sketch에 Define을 걸고 위에서 만들어준 평면에 다음과 같이 두 가이드 라인에 접하는 원을 스케치합니다.

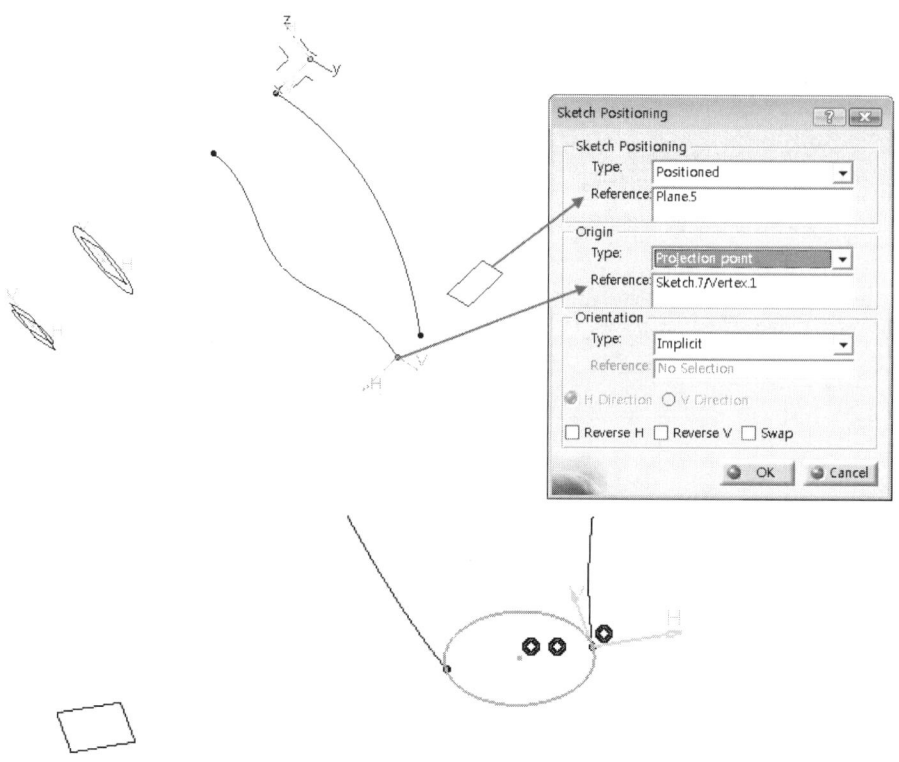

10. 이제 Base Surface에 Define을 걸고 아래와 같은 구 형상을 Sphere ⬤ 를 이용하여 만들어줍니다. 반경은 30mm로 합니다.

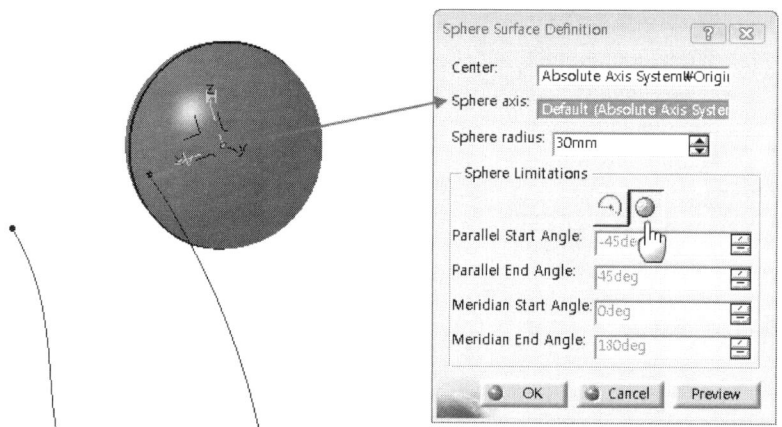

11. 그리고 이번에는 Sweep 🗲 을 사용하여 다음과 같은 손잡이 모양의 서피스를 만들어줍니다. Profile Type은 Explicit으로 하고 Subtype은 With two guide curves로 해줍니다.

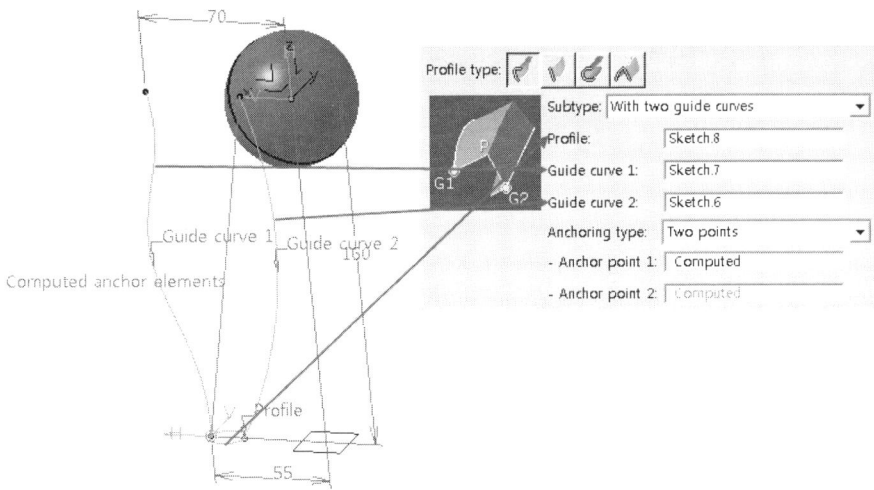

12. 여기서 Spine을 만들어주어야 하는데 다음과 같이 Spine을 입력하는 곳에서 Contextual menu를 실행하여 Create Spine을 선택하면 Spine 정의 창이 나타납니다. 여기서 앞서 그려준 두 개의 가이드 커브를 선택해줍니다. 그리고 OK를 누르면 Sweep 서피스가 만들어집니다.

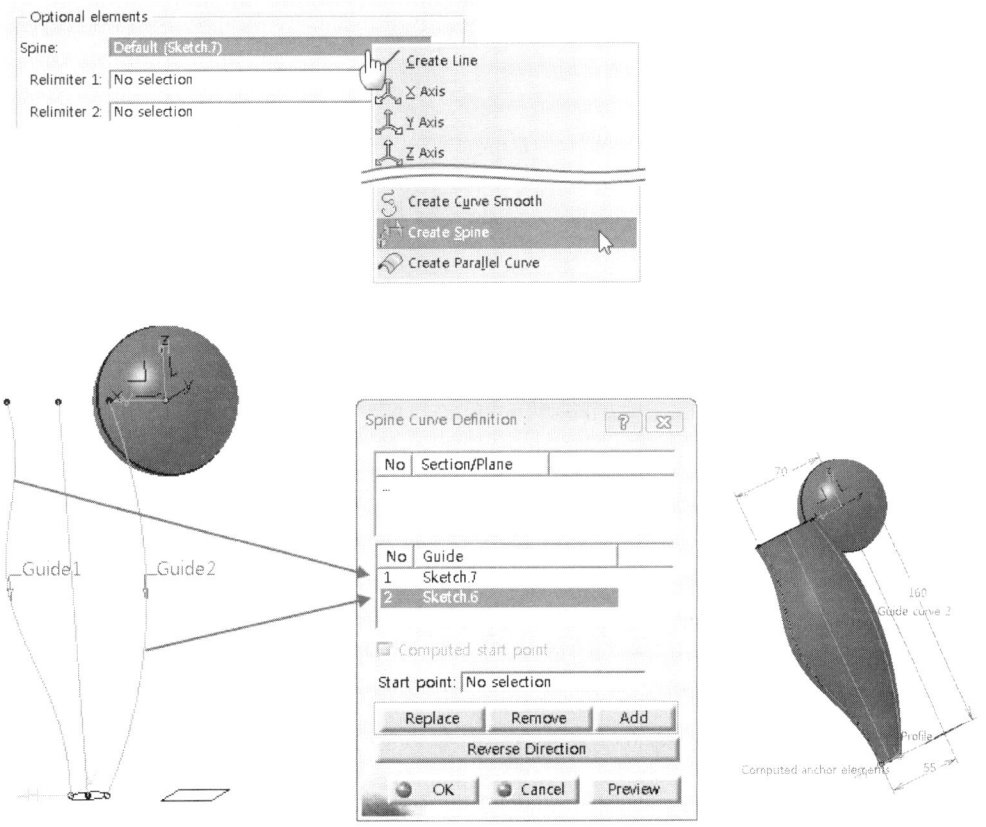

> Spine을 만들어줄 때 스케치를 이용할 경우에는 Spine Definition 창에서 Section/Plane 이 아닌 Guide 에 각 성분들을 입력해주어야 합니다. 잊지 마세요.

13. 다음으로 Work Surface에 Define을 걸고 Split 을 사용하여 앞서 만들어준 구 형상을 ZY 평면을 기준으로 잘라냅니다.

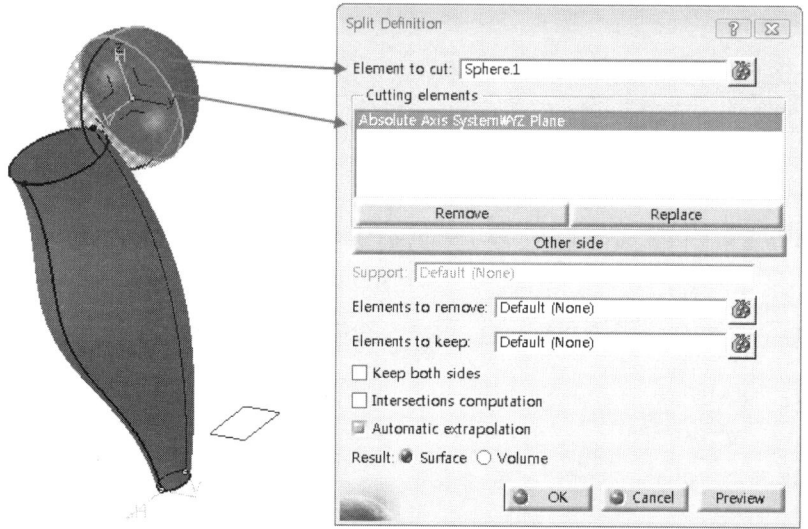

14. Work Wireframe에 Define을 걸고 앞서 만들어준 반 구 형상의 원 경계를 Boundary 를 사용하여 Wireframe 요소로 추출합니다.

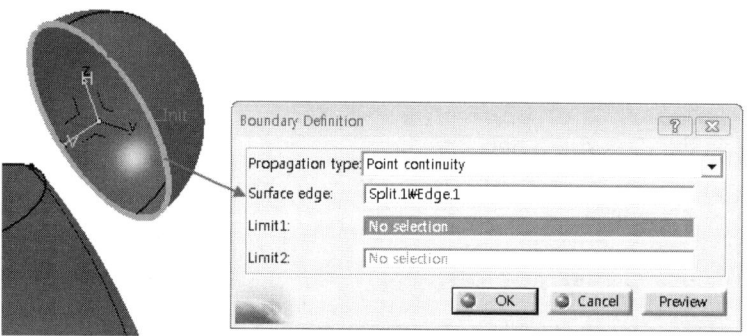

15. 다음으로 Intersection 을 사용하여 앞의 원 스케치 형상과 ZX 평면이 교차하는 지점에 포인트를 생성해줍니다.

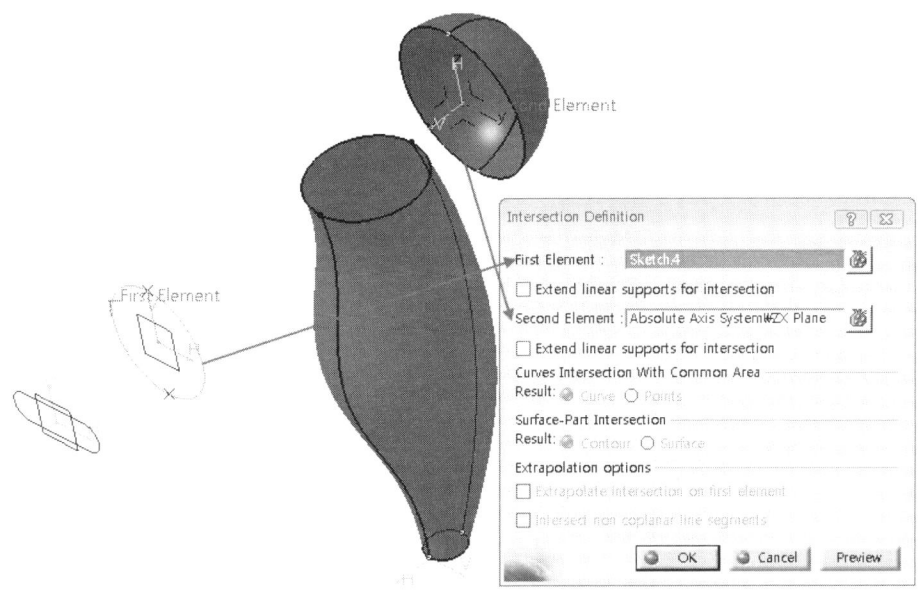

16. 여기서 두 개의 포인트가 만들어지기 때문에 Near를 사용하여 이 중에 자신이 원하는 포인트만을 선택해주도록 합니다. Near 명령은 Intersection을 수행하고 나서 결과 형상이 독립적인 두 개 이상의 결과물로 만들어질 때 나타나는 Multi-Result Management 창에서 keep only one sub-element using a Near를 선택해줍니다.

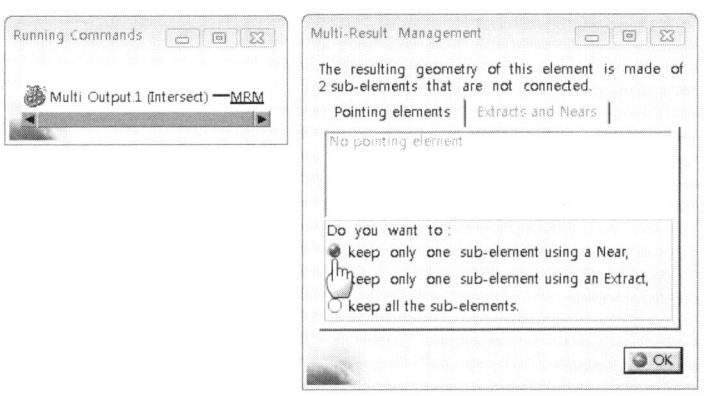

Near 명령을 따로 사용하고자 할 경우 디폴트의 경우 툴바에는 없고 풀다운 메뉴 바에서 확인할 수 있습니다.

17. 그럼 다음과 같은 Near Definition 창이 나타납니다. 여기서 Reference Element로 현재 남기고자 하는 형상에 가까운 형상 요소를 아무것이나 선택해주어야 합니다. 여기서는 두 개의 포인트 중에 위쪽

의 포인트를 사용할 것입니다. 일반적으로 이 기준 요소로 포인트 요소를 선택해주는데 현재 형상 중에서는 위쪽의 포인트와 가까운 요소가 없으므로 Contextual menu를 사용하여 임의의 형상 요소를 만들어줍니다. Contextual menu를 선택하고 Create Extrapolate 을 선택합니다.

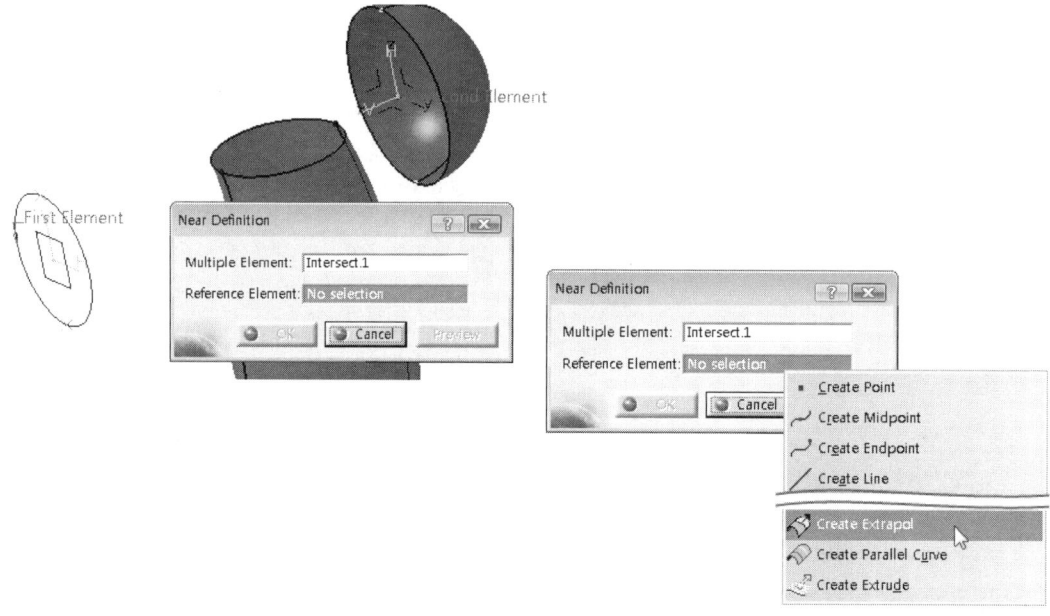

18. 그리고 다음과 같이 앞서 Sweep 형상의 가이드로 사용하였던 스케치의 끝점을 Boundary로 Extrapolated로 스케치를 선택해 약간의 길이만 연장시켜줍니다.

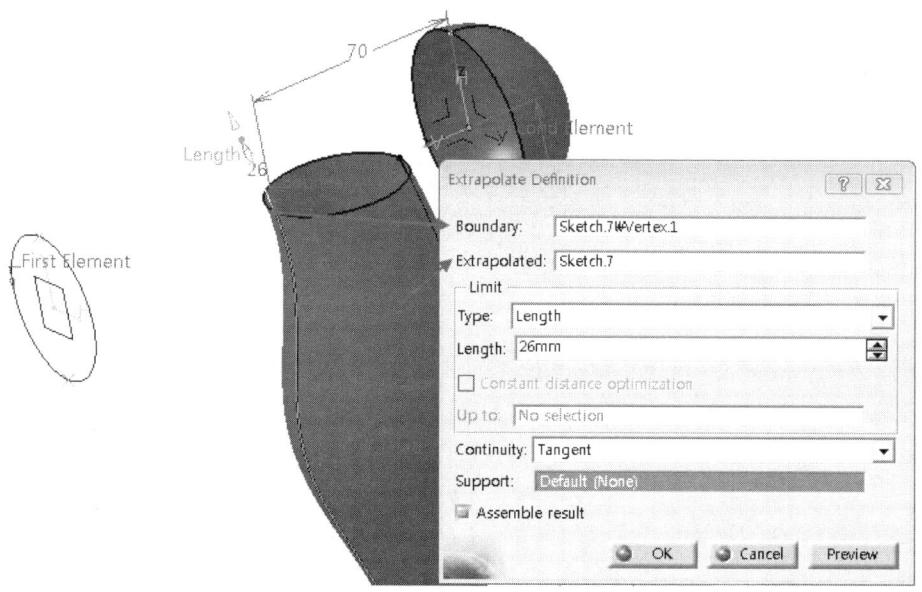

19. 이제 Near 명령으로 만들어진 하나의 포인트를 확인할 수 있을 것입니다.

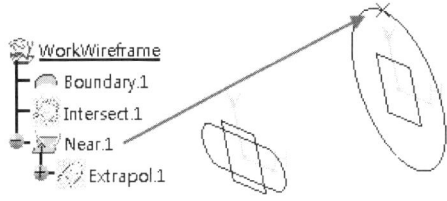

Contextual menu를 통하여 하나의 작업 안에서 다른 작업 명령을 실행할 경우 위의 그림에서 볼 수 있듯이 안에서 작업한 명령은 기존 명령의 하위에 들어가 나타납니다. 따라서 Contextual menu를 사용한 작업을 하면 Spec Tree를 조금 더 가볍게 보일 수 있습니다.

20. 위에서 만들어준 Point ▪ 를 이용하여 다음과 같은 비율로 0.125떨어진 지점(1/4)에 포인트를 만들어줍니다. 여기서 Reference에 앞서 만들어준 Near 포인트를 선택해주어야 합니다. 그리고 포인트가 만들어지는 방향을 아래 그림과 같은지 확인해야 합니다. 만약에 방향이 다른 경우 Reverse Direction 버튼을 눌러 방향을 변경해주기 바랍니다.

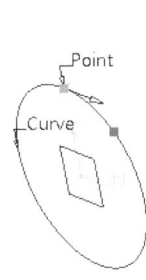
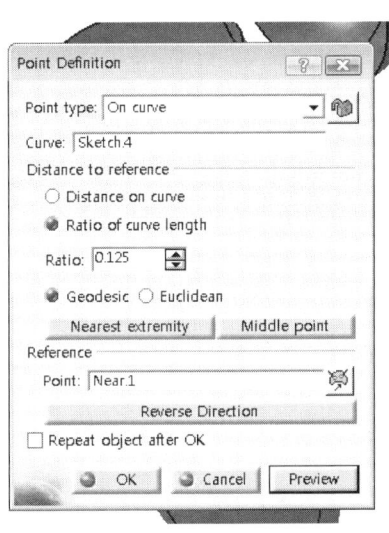

21. 다음으로 20과정에서 만들어준 포인트를 기준으로 등간격으로 포인트를 만들어줍니다. Points and Planes Repetition 명령을 사용하여 다음과 같이 설정하고 OK를 누릅니다.

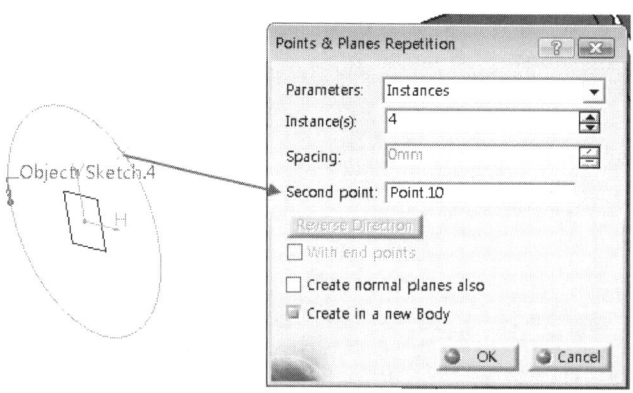

22. 그럼 다음과 같이 4곳에 등간격으로 포인트가 만들어집니다.(앞서 만들어준 Near 포인트와 0.125 떨어진 지점의 Point는 숨겨둡니다.)

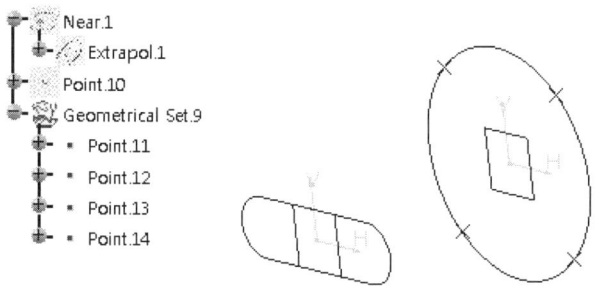

이렇게 새로운 바디로 만들어진 Point들의 묶음은 작업상 편의를 위해 다음과 같이 Group으로 변경하여 Spec Tree에 일일이 노출시키지 않고 묶어서 보관하여도 좋습니다.

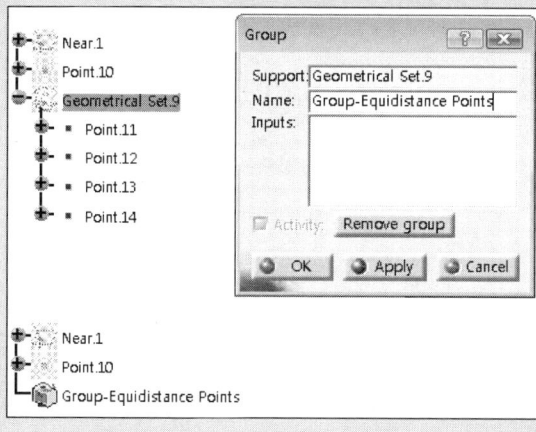

23. 앞서 만들어준 Boundary 원 형상 위에도 위와 같은 방법을 사용하여 Intersection 을 하고 Near 로 원하는 위치로 포인트를 잡아줍니다.

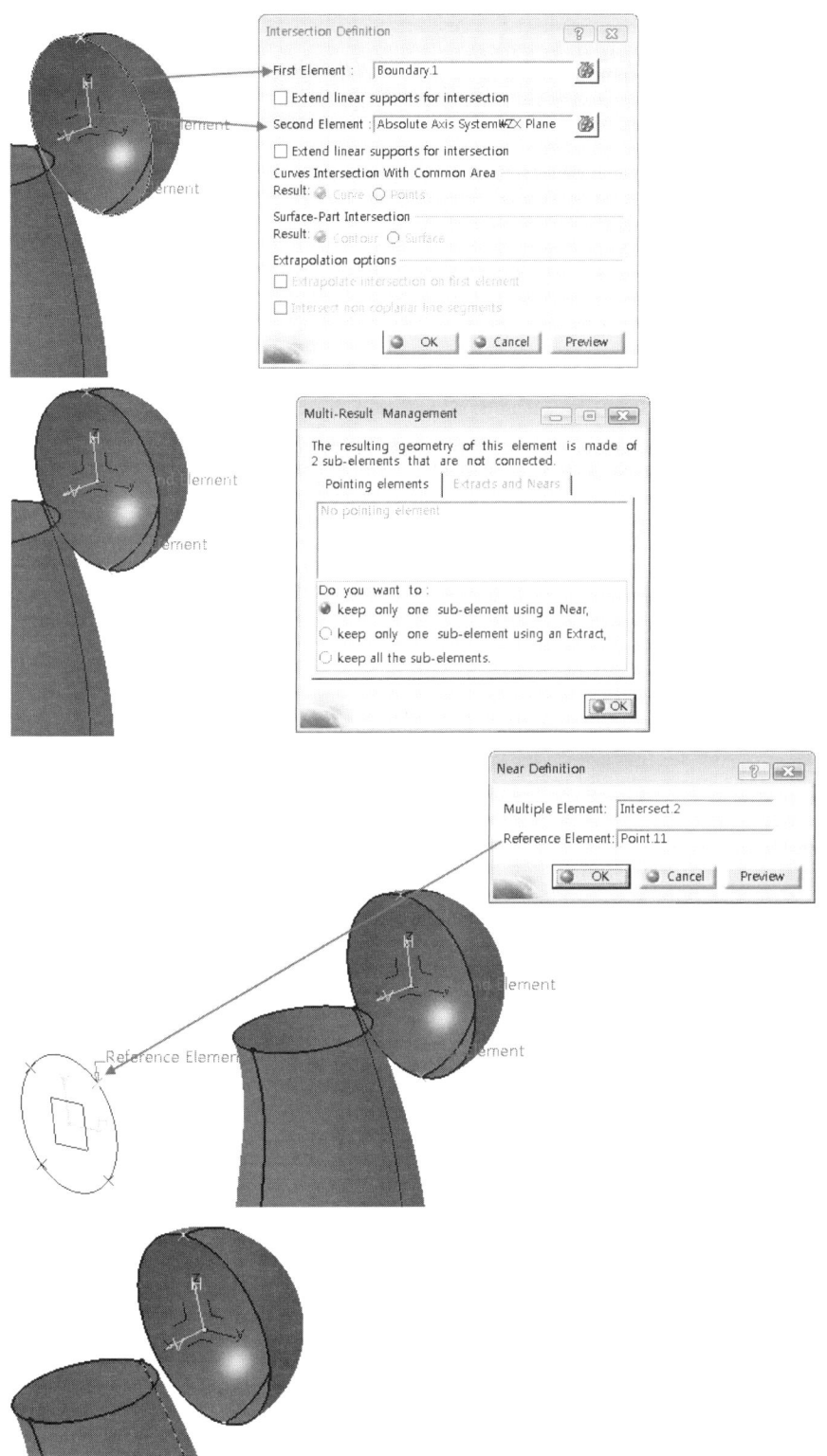

24. 그리고 이 포인트를 기준으로 0.125만큼 떨어진 Point ■ 를 만들고 다시 이 포인트를 기준으로 원 위를 지나는 등간격의 포인트들을 만들어줍니다.

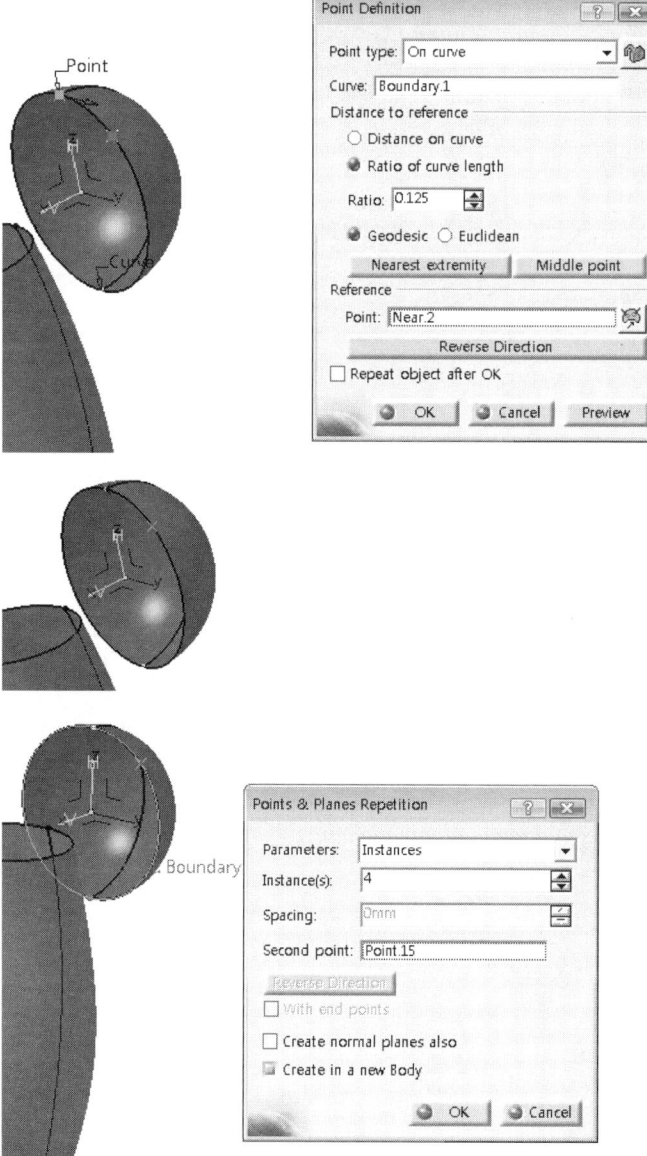

25. 다음으로 Base Surface에 Define을 걸고 앞서 두 원형 단면을 Multi-Sections Surface ⌒ 를 이용하여 서피스를 만들어줍니다. 여기서 두 단면의 Closing Point를 모두 다음과 같이 Replace Close Point를 사용해 변경해줍니다.

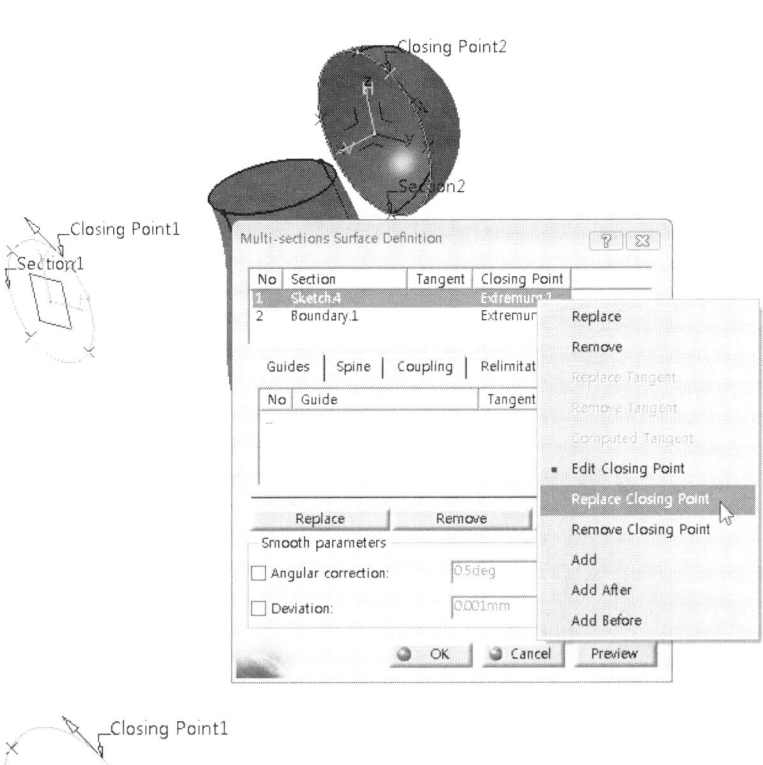

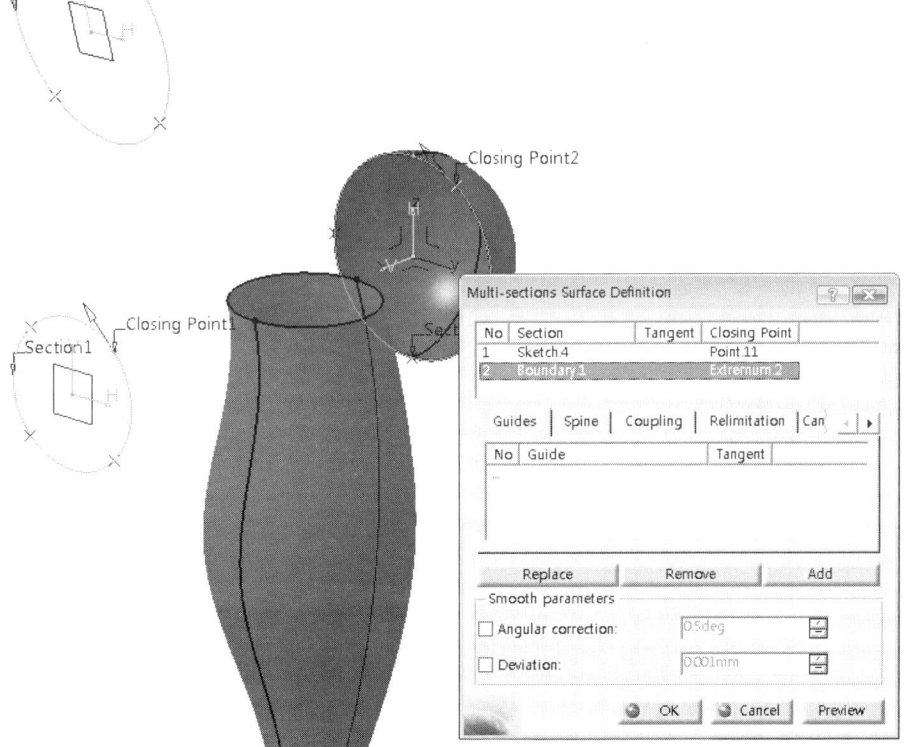

4. Generative Shape Design

26. 그리고 Coupling에서 Ratio를 선택하고 다음과 같이 각 포인트들을 같은 위치의 것들로 이어주어 서피스를 완성합니다. Coupling 포인트의 선택은 Section 1의 포함된 포인트를 먼저 선택하고 Section 2의 포인트를 선택해주어야 합니다. Section 2의 포인트를 먼저 선택하면 에러가 나타날 것입니다. Section 1의 포인트를 찍고 Section 2의 포인트를 선택하면 녹색 선으로 마디의 짝을 이루는 포인트들을 이어서 보여줍니다. 아래 그림과 같이 총 4개의 Coupling을 만들어줍니다.

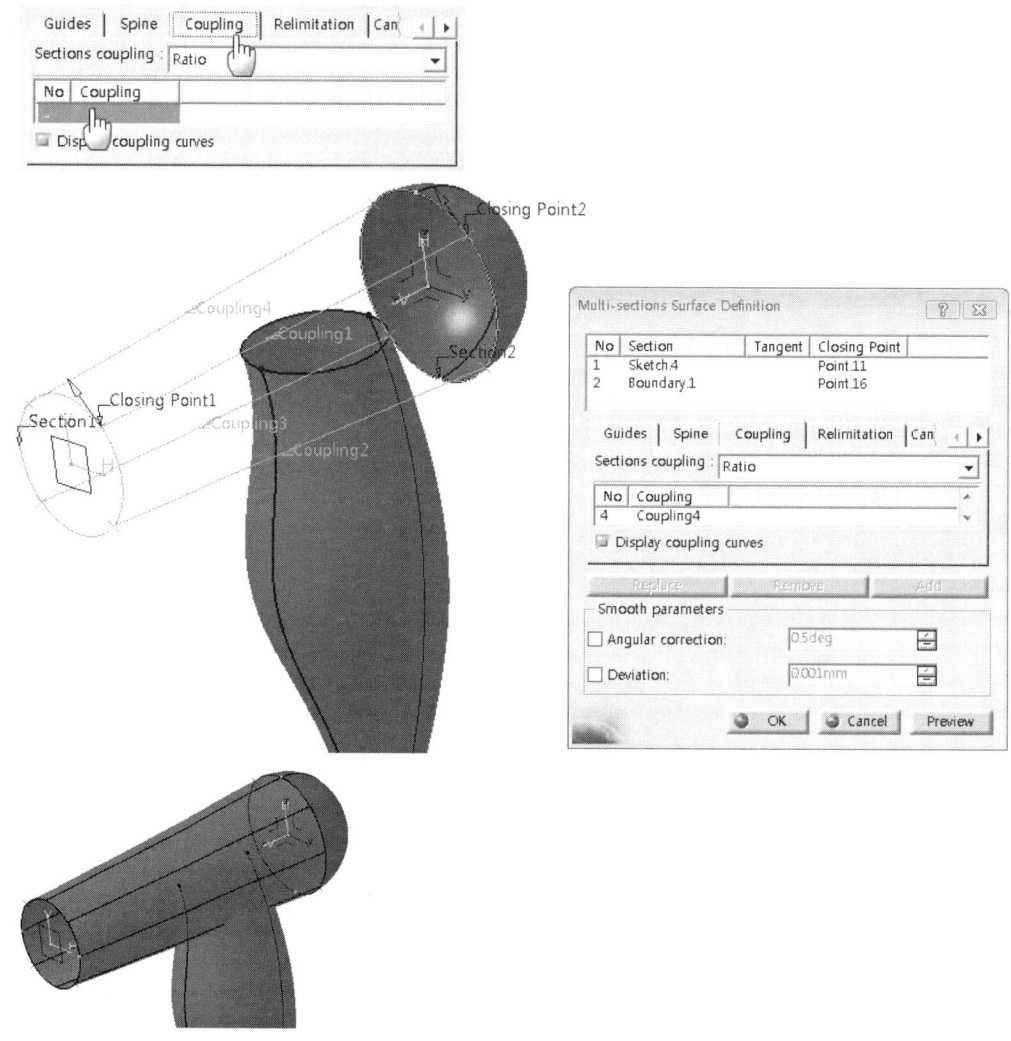

앞서 복잡하게 여러 개의 포인트를 이용하여 Coupling을 잡은 이유는 위와 같이 Multi-Sections Surface의 형상을 만들 때 단면에 만들어진 마디들로 인해 서피스의 형상이 잘못 나올 수 있기 때문에 어느 정도 인위적으로 조절을 해주어야 하기 때문입니다. Multi-Section Surface를 이용하여 서피스를 만들 때 위와 같은 단면의 마디 특성을 잘 이해하고 작업하기 바랍니다.

27. 같은 방법을 사용하여 이번에는 앞부분의 Elongated Hole 형상과 원형 단면을 Multi-Sections Surface 를 사용하여 서피스로 만들어줍니다.

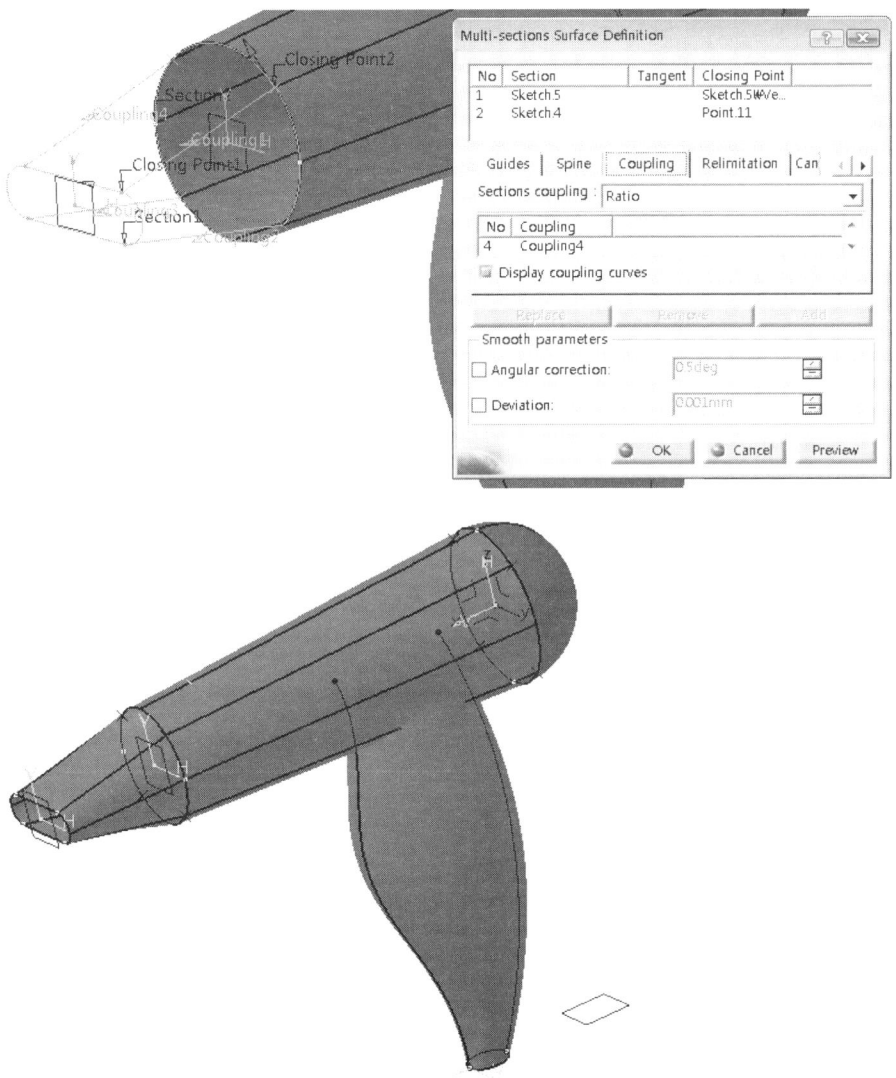

28. Work Surface에 Define을 걸고 Join 을 사용하여 두 Multi-Sections Surface와 반구 서피스를 하나의 서피스로 합쳐줍니다.

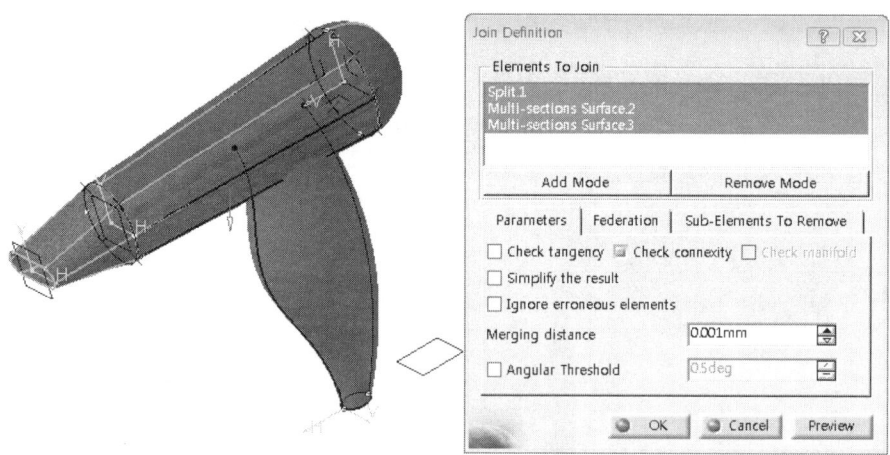

29. 다음으로 Shape Fillet 을 사용하여 다음과 같이 두 서피스를 Fillet과 함께 하나의 서피스로 Trim 해줍니다. Radius는 10mm로 해줍니다.

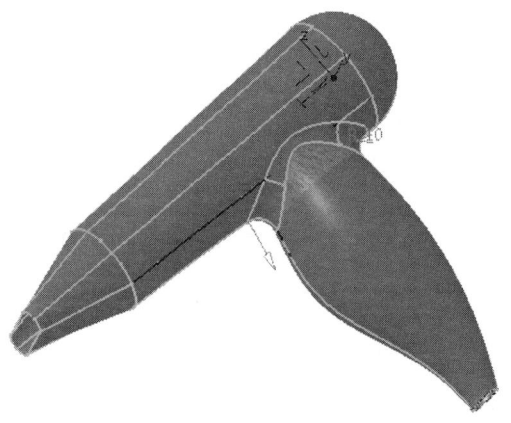
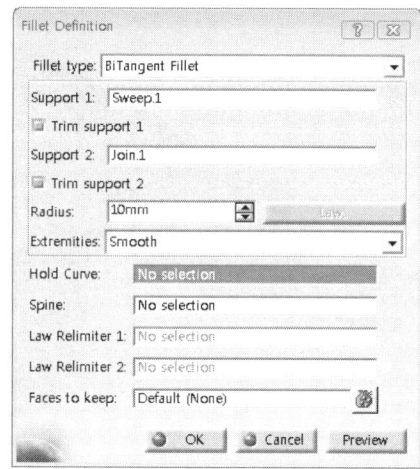

30. 완성된 형상과 Spec Tree의 모습입니다.

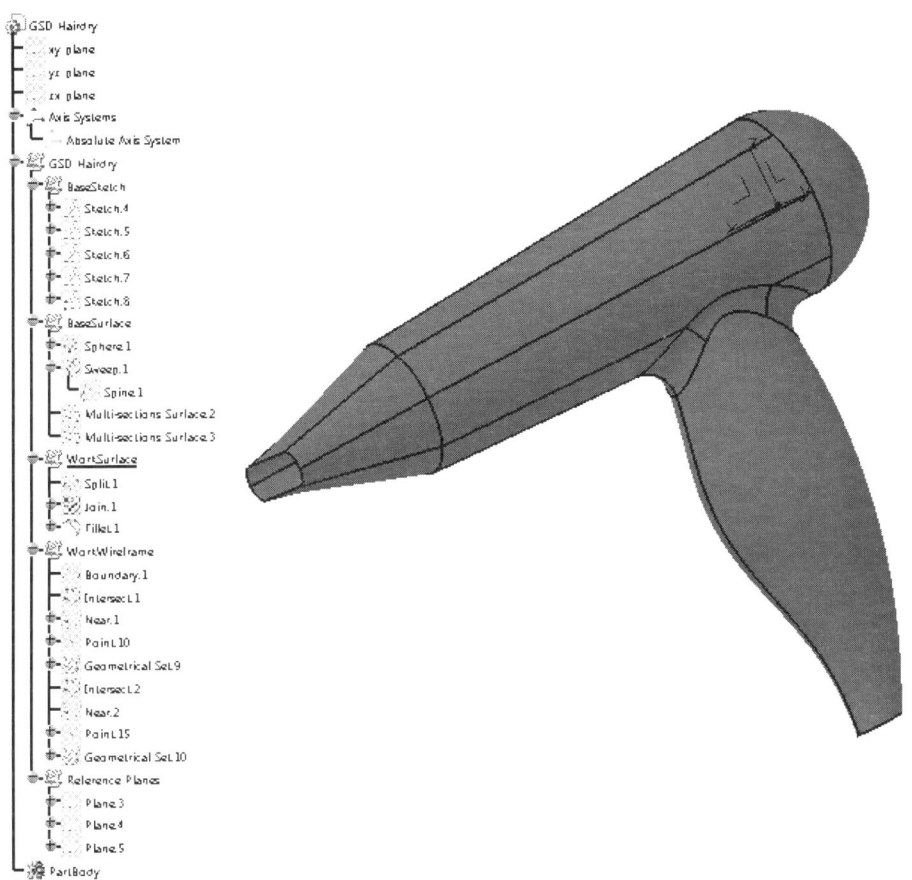

4. Hybrid Design

Hybrid라는 단어를 많은 부분에서 사용하고 있는데 CATIA에서 3차원 모델링에서의 Hybrid Design이란 솔리드 모델링 방식과 서피스 모델링 방식의 조합을 의미합니다. 즉, 이 두 가지 작업 방식을 적절히 조합하여 보다 효율적인 모델링 결과를 얻으려는 것입니다. Mechanical Design에서는 주로 Part Design Workbench와 GSD Workbench의 혼합된 모델링 방식을 Hybrid Design으로 취급하기도 하는데 이는 두 Workbench 간에 복합 작업이 가장 많고 또 이를 맞춰 고안된 명령어들도 있기 때문입니다. Hybrid Design 방식으로 모델링을 함으로써 Part Design에서 구현하지 못했던 솔리드 형상을 GSD에서 만들어 내고 마지막에 솔리드화 하는 작업을 거치거나 또는 GSD에서 서피스 작업에 필요한 형상 요소를 Part Design에서 만들 솔리드 요소로부터 가져올 수 있습니다. 일반적으로 이 두 가지 방식을 잘 나누어 사용하는 것을 알고 난 후에 이 둘의 혼합 방식을 구현하여 사용하는 방법을 배우기를 권장합니다.

다음은 Part Design에서 서피스 관련 명령과 혼합하여 사용할 수 있는 명령들입니다.

- Split ⬚ : 솔리드 형상을 서피스 면을 기준으로 잘라낼 때 사용합니다.
- Thick Surface ⬚ : Surface에 두께를 주어 솔리드 형상을 만드는데 사용합니다.
- Close Surface ⬚ : 닫혀 있는 서피스 형상의 내부를 솔리드로 채우는 데 사용합니다. 이 명령을 사용함으로써 서피스로 만들어 낸 형상을 완전한 솔리드 형상으로 만들어냅니다.
- Sew Surface ⬚ : 솔리드와 서피스 사이의 솔리드를 채우거나 솔리드 밖으로 나오는 불필요한 부분을 제거하는데 사용합니다.

그리고 다음은 GSD Workbench에서 자로 사용되는 솔리드와 관련된 명령입니다.

- Boundary ⬚ : 3차원 형상의 경계를 선 요소로 추출하는데 사용합니다.
- Extract ⬚ : 3차원 형상의 면을 서피스로 추출해 내는데 사용합니다.
- Multiple Extract ⬚ : 3한 번에 3차원 형상의 여러 면을 서피스로 추출해냅니다. 이렇게 동시에 추출되는 서피스들은 서로 묶여 하나로 인식됩니다.

5. Hybrid Design Exercise

(1) Exercise 1 - Hybrid Exercise

Hybrid Design 방식으로 모델링 하는 방법을 위해 다음과 같은 예제 형상을 준비하였습니다.

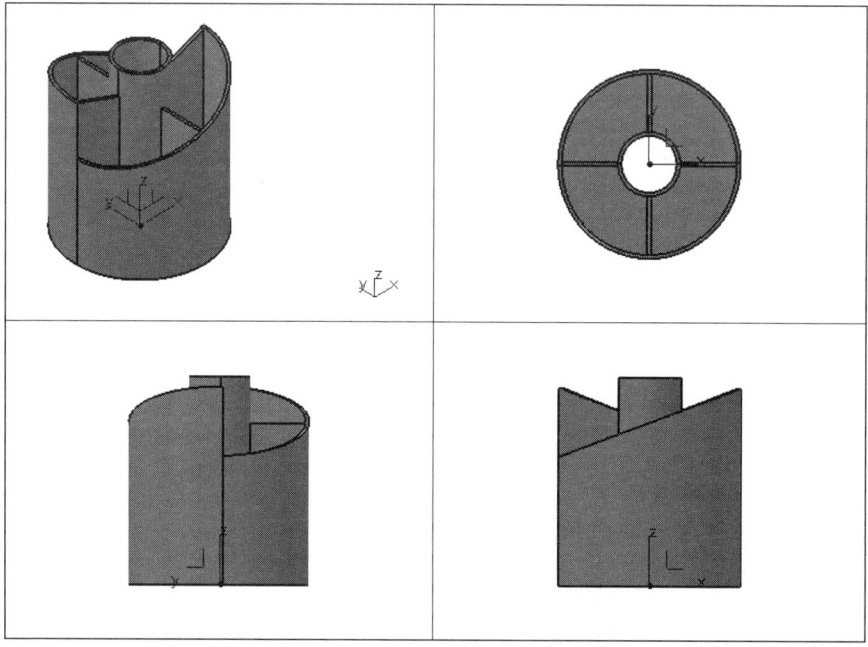

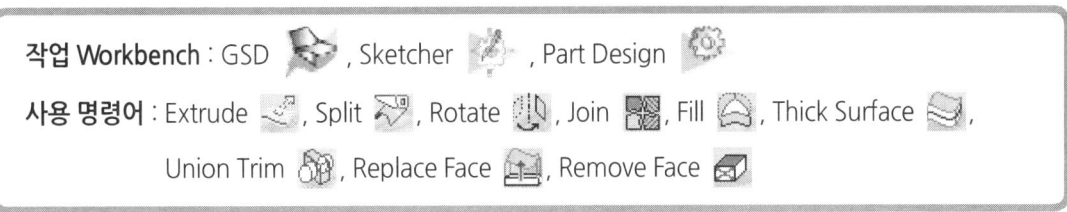

본 작업을 수행하는데 있어 메인은 GSD에서 작업이며 마무리 단계로 서피스 형상을 솔리드로 만들고 다듬는 과정으로 진행이 될 것입니다.

01. 우선 외형 형상을 만들기 위해 다음과 같이 Geometrical Set을 구성합니다.

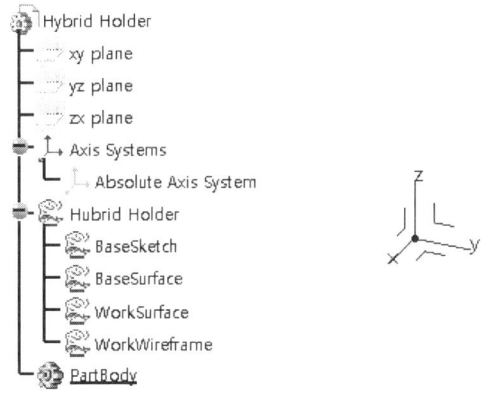

02. Base Sketch에 Define을 걸고 다음과 같이 XY 평면에 지름 30mm짜리 원을 그립니다.

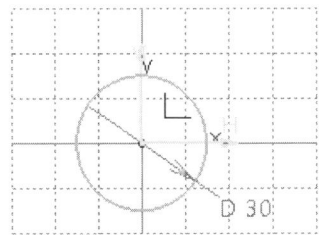

03. 다음으로 다시 XY 평면에 다음과 같이 반원 형상을 스케치 합니다.

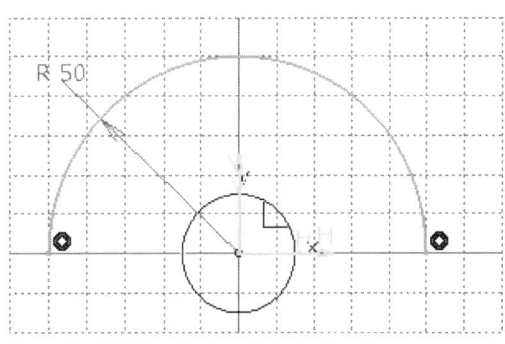

04. 마지막으로 XY 평면에 다음과 같이 원점을 지나는 직선 형상을 그려줍니다. 길이는 정확히 구속할 필요는 없으나 앞서 그려준 반 원 형상보다는 커야 합니다.

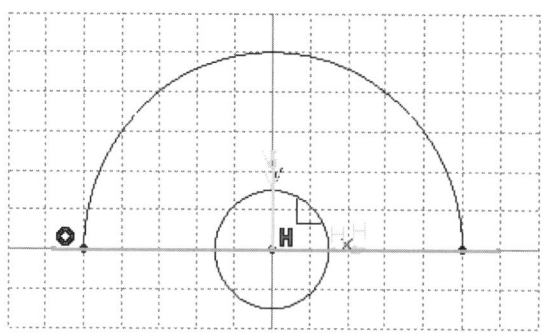

05. 그리고 ZX 평면에 다음과 같이 기울진 직선을 그립니다.

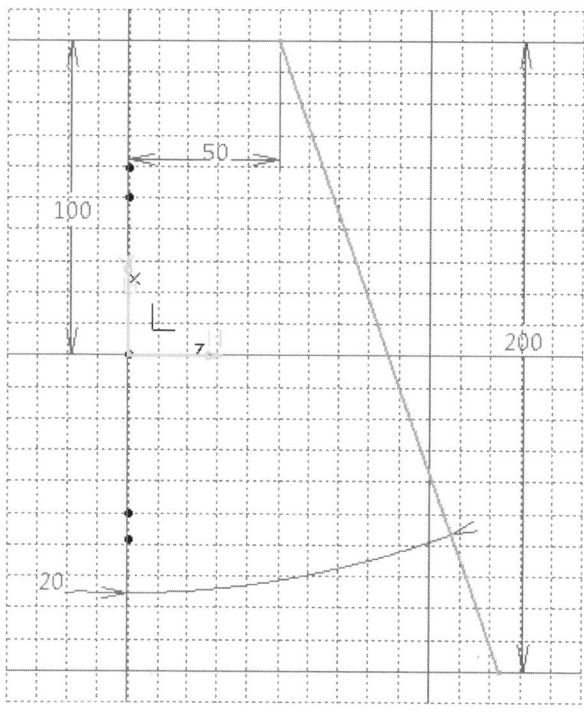

06. 다음으로 앞서 그려준 스케치들을 각각 Extrude 해 서피스로 만들어줍니다. 각각 순서대로 110mm, 150mm, 104mm입니다.

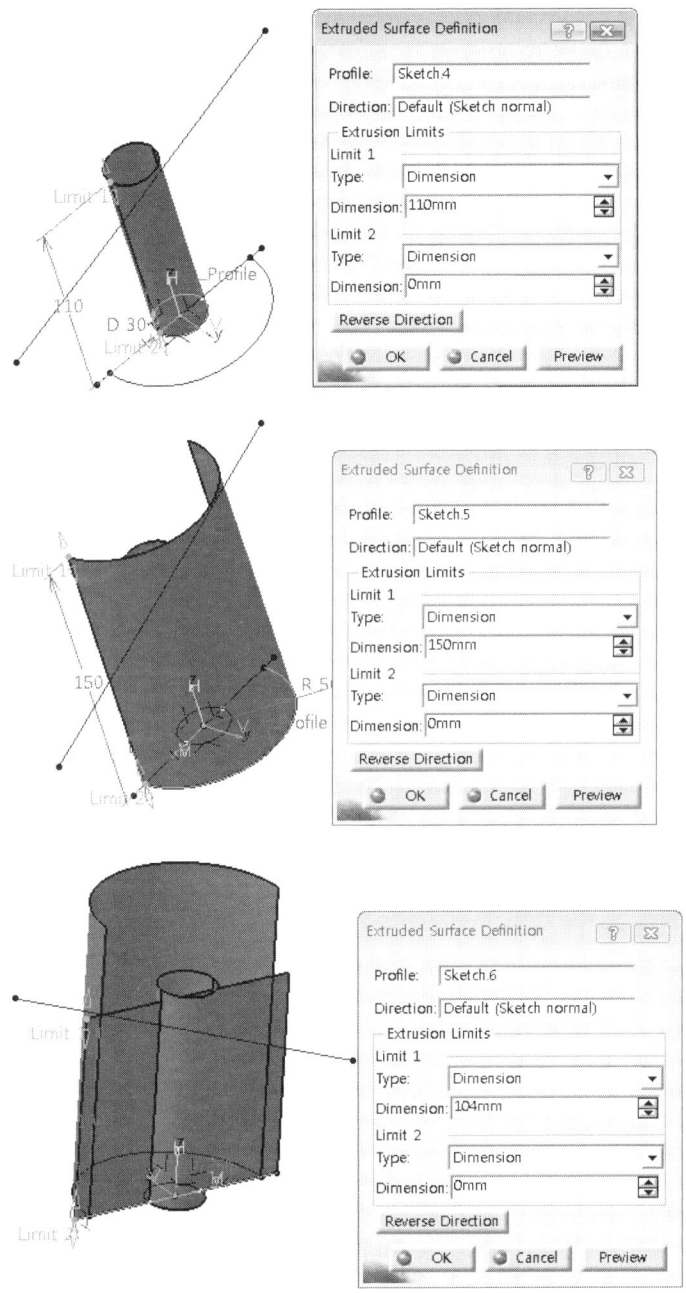

07. 그리고 사선 방향의 직선도 마찬가지로 Extrude 하여 서피스를 만들어줍니다. 길이는 좌우 각각 60mm으로 해줍니다.

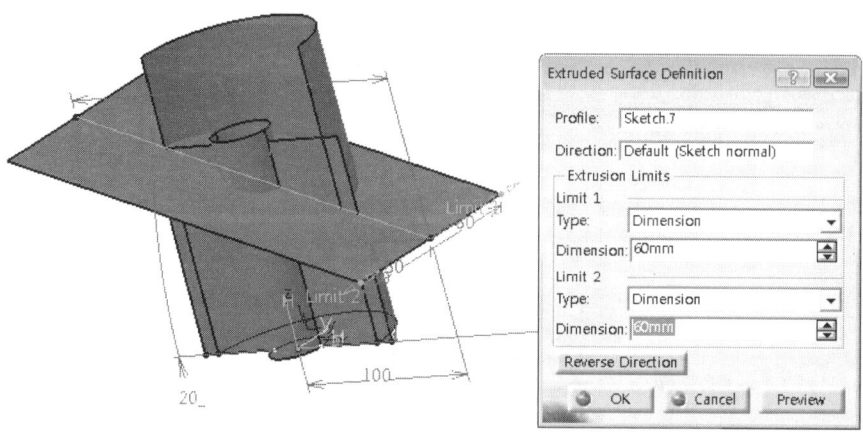

Base Sketch와 관련된 모든 작업이 끝나면 일일이 스케치를 숨기지 말고 Geometrical Set 자체를 숨기는 방법이 편리합니다.

08. Work Surface에 Define을 걸고 반원 형상의 서피스를 사선의 서피스로 Split 을 사용하여 잘라냅니다.

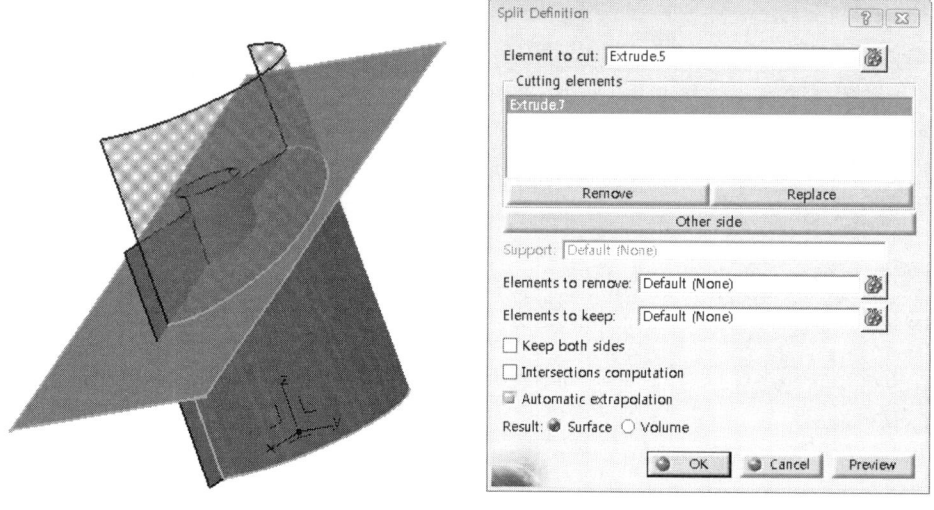

09. 다음으로 Rotate 를 사용하여 앞서 만들어준 절단된 원통 서피스를 Z축을 중심으로 180도 회전 복사해줍니다.

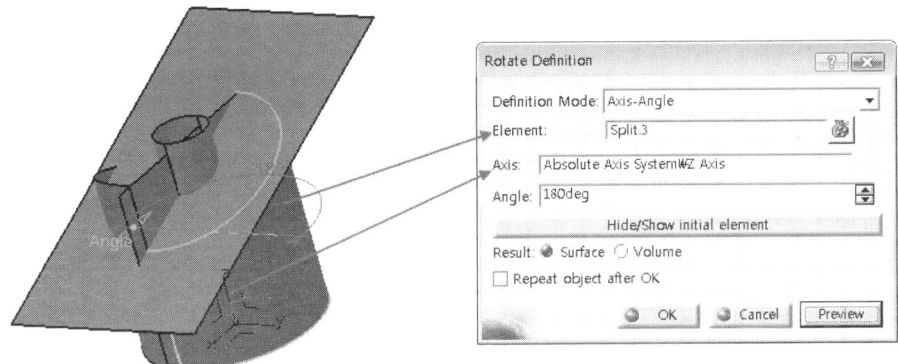

10. 그리고 Join을 이용하여 두 서피스를 하나로 합쳐줍니다.

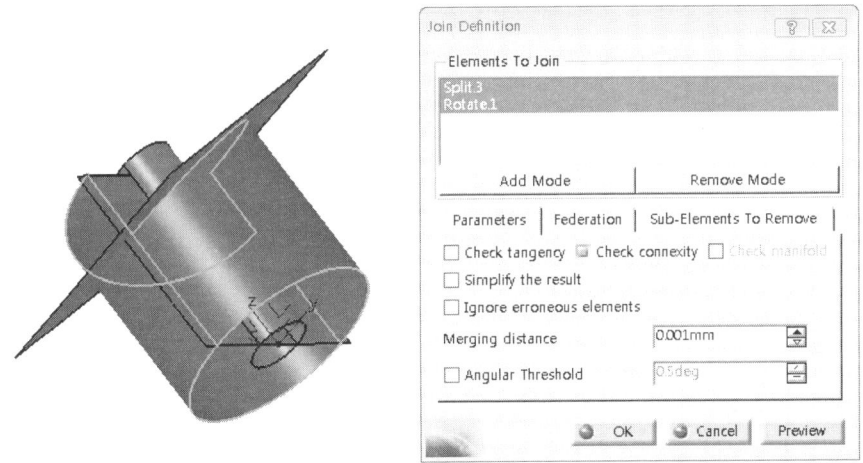

11. 다시 Base Surface에 Define을 걸고 Fill을 사용하여 앞서 Join한 서피스의 아래 부분을 서피스로 채워줍니다.

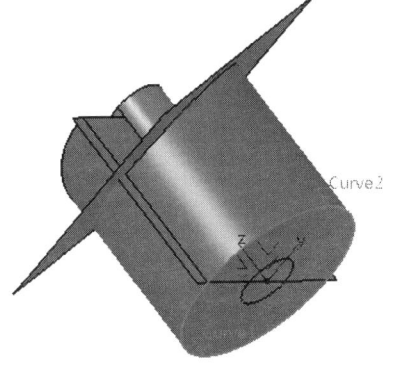
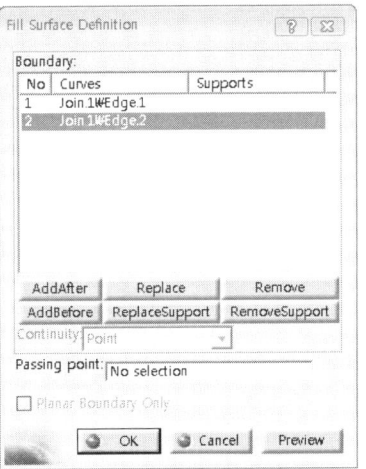

4. Generative Shape Design

12. Work Surface에 Define을 걸고 Split 를 사용하여 다음과 같이 작은 원을 이용하여 Fill로 만든 서 피스의 안쪽을 제거합니다.

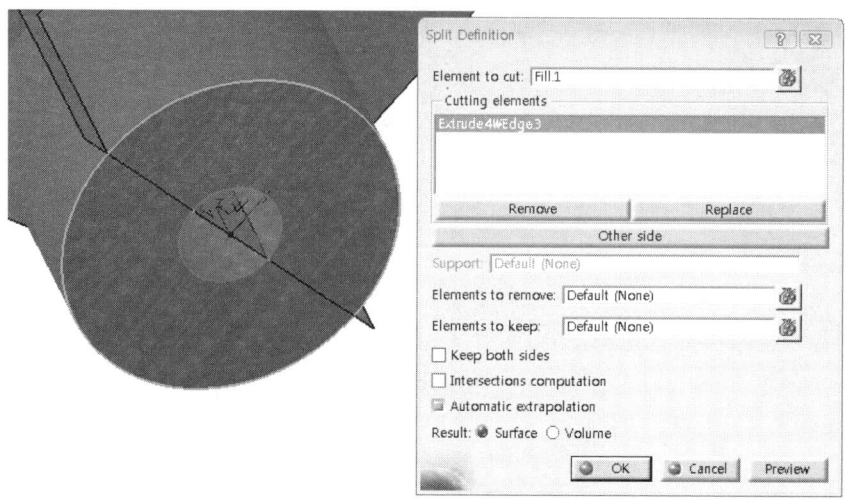

13. 다음으로 Join 을 사용하여 다음과 같이 사선으로 기울어진 서피스를 제외한 서피스들을 모두 하나로 합쳐줍니다.

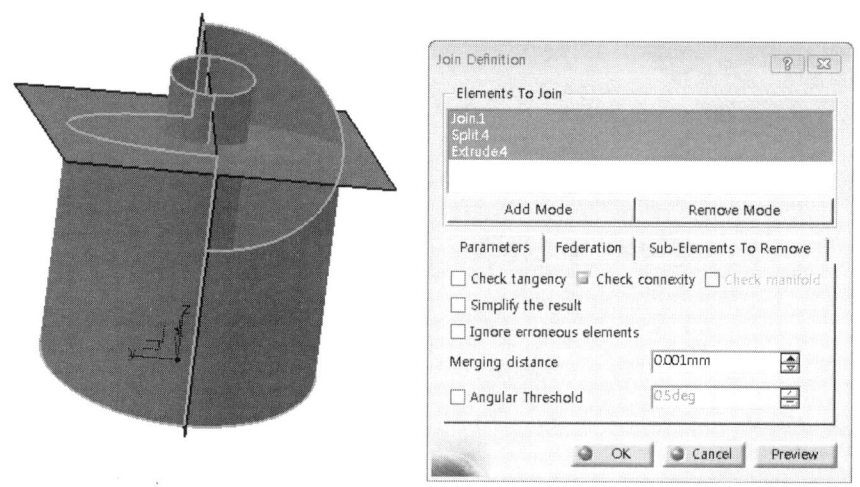

14. 앞서 XY 평면에 그린 직선을 Extrude한 서피스를 Rotate 를 사용하여 90도 만큼 회전 복사합니다.

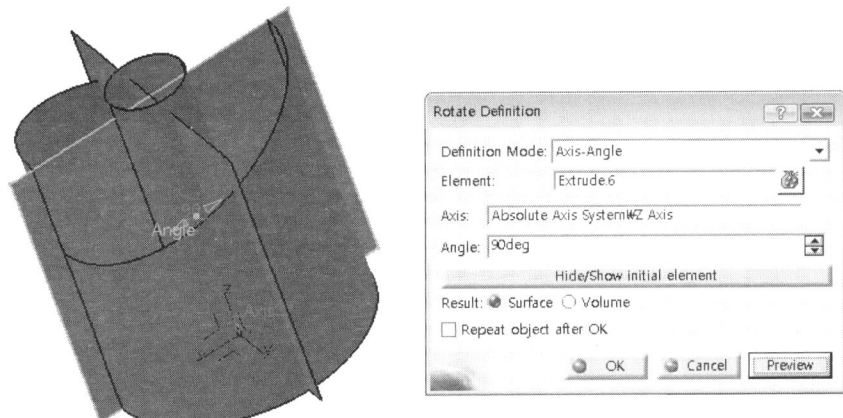

15. 여기까지가 서피스 부분에서의 작업이었고 이제 솔리드 상으로 이 형상을 가지고 오도록 하겠습니다. 앞서 작업한 Geometrical Set을 Group으로 만들어줍니다.

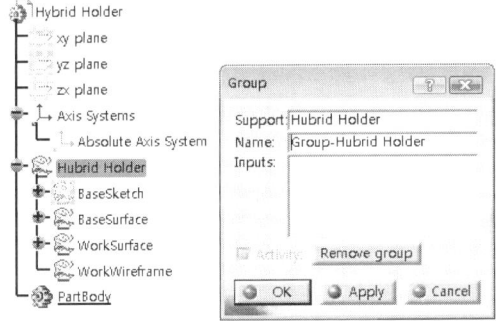

16. Workbench를 Part Design으로 이동합니다. 우선 PartBody에 Define을 합니다. 그리고 앞서 Join한 서피스를 Thick Surface 를 이용하여 서피스 형상에 두께를 줍니다.

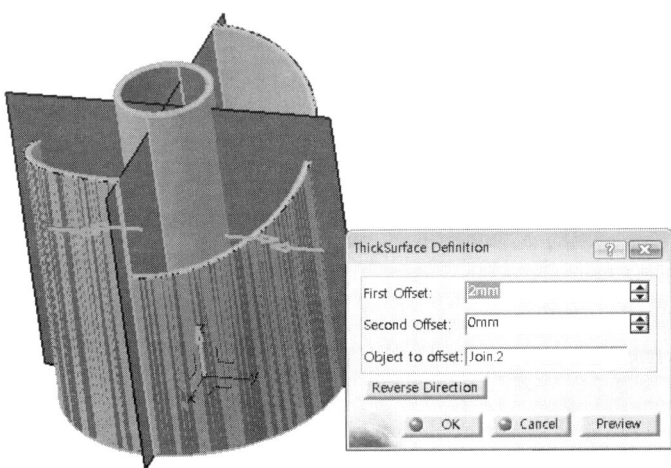

17. 그리고 새로운 Body를 풀다운 메뉴의 InsertbBody를 이용해 추가해줍니다.

18. 이제 이 새로운 Body에 Define을 걸고 앞서 Extrude로 만든 서피스와 그것을 회전시켜 만든 서피스를 각각 Thick Surface 로 좌우 1mm의 두께를 주어 솔리드화 해줍니다.

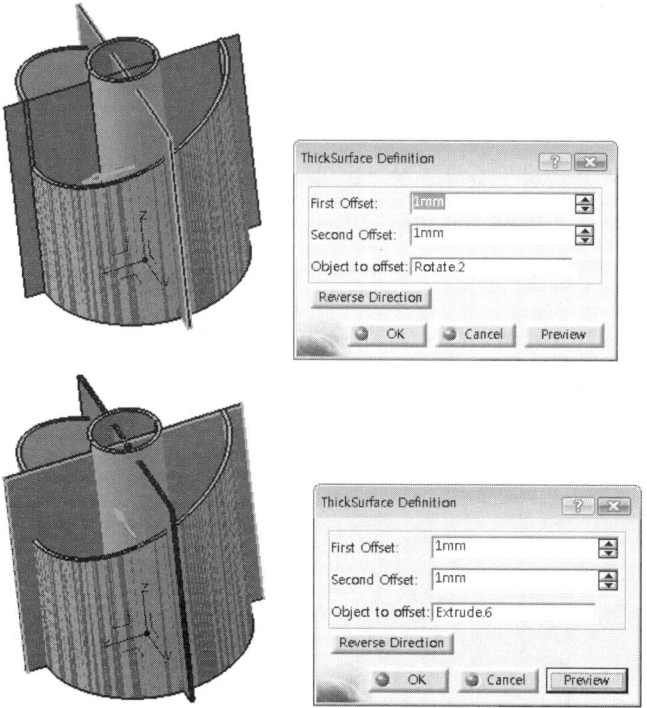

19. 이제 서피스와 관련된 작업은 모두 마무리 되었으므로 Group 전체를 숨깁니다. Boolean Operation중에 Union Trim 을 사용하여 다음과 같이 두 형상을 합치면서 불필요한 부분을 제거합니다.

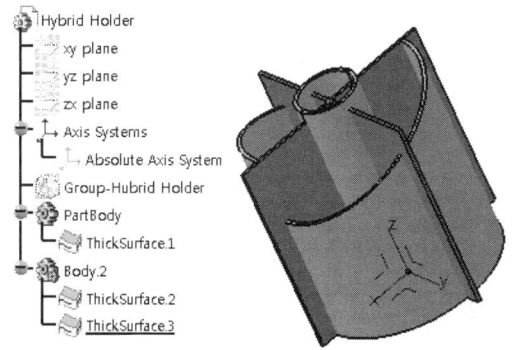

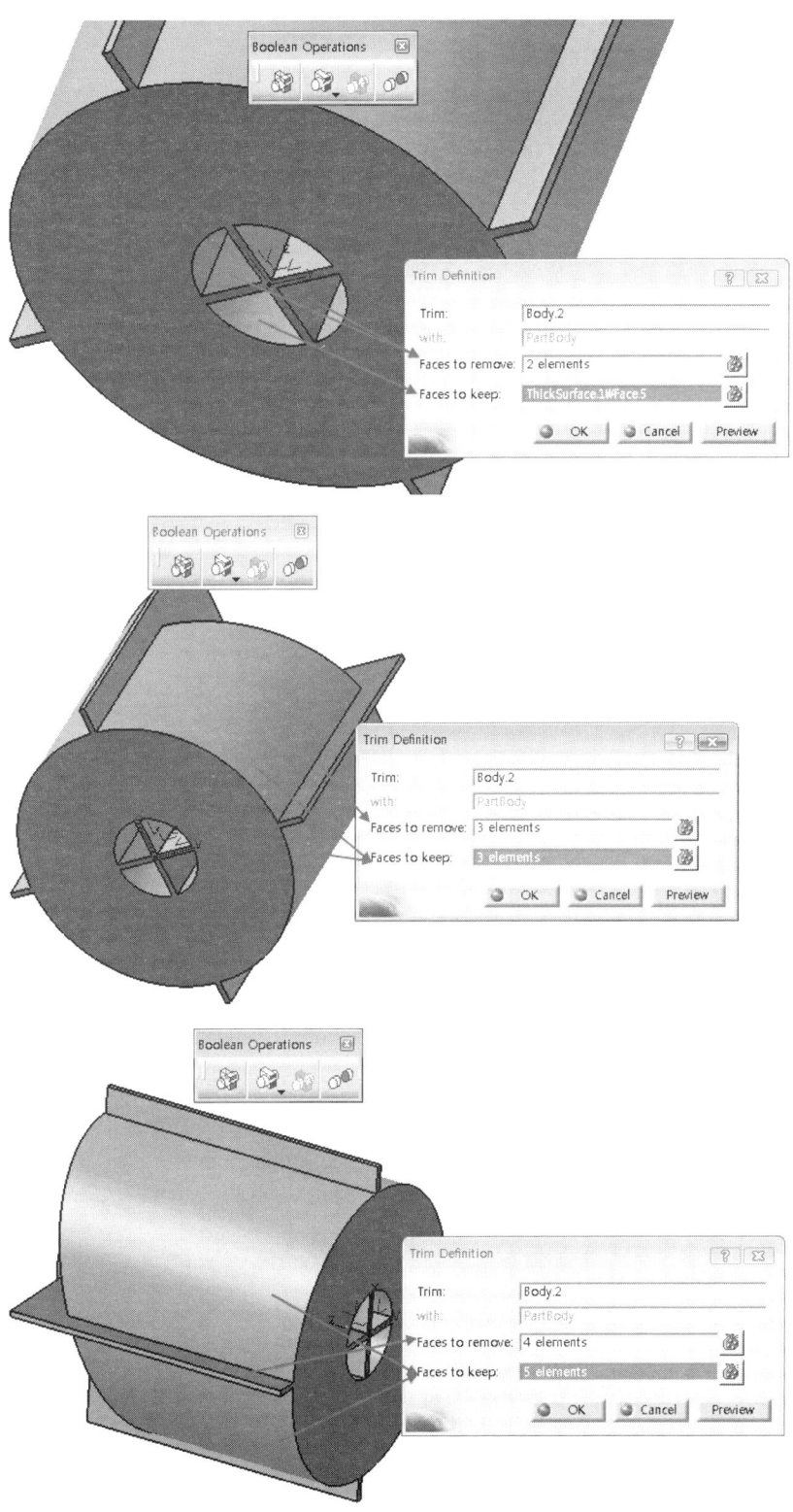

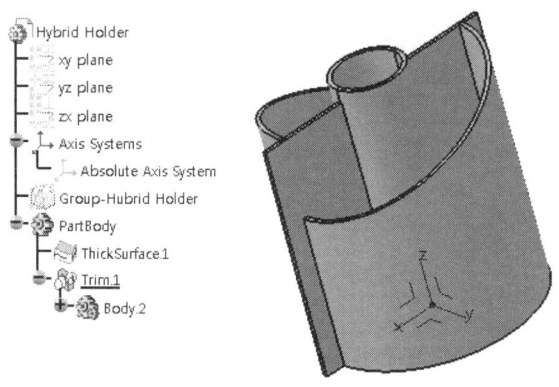

20. 마지막으로 작은 틈이 생기는 부분을 Replace Face 를 사용하여 다음과 같이 작업합니다. Replace Face는 먼저 변경될 새로운 면을 먼저 선택하고 그 다음으로 현재 형상의 면을 선택해줍니다. 화면에 나타나는 주황색 화살표의 방향을 바꾸고자 하는 형상의 방향으로 맞추어줍니다. 만약 방향이 틀린 경우 형상이 만들어지지 않을 것입니다.

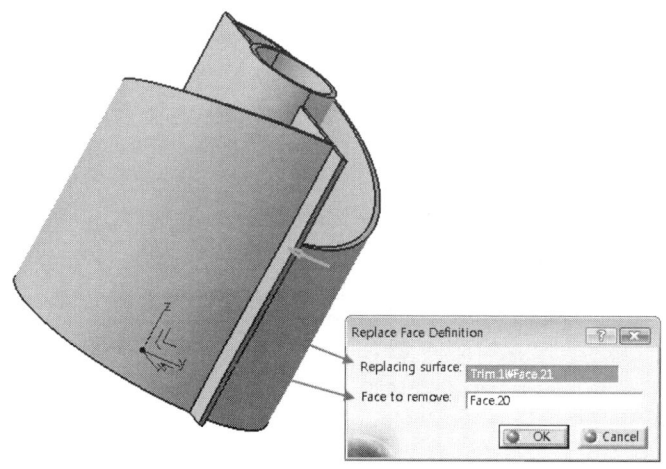

21. 반대편의 형상의 경우도 마찬가지로 Replace Face를 사용하여 불필요한 부분을 제거할 수 있습니다. 또는 아래와 같이 Remove Face 를 사용하여 불필요한 부분을 제거하는 연습을 해보는 것도 도움이 될 것입니다. 제거하고자 하는 형상의 면을 선택한 후에 이 부분을 제외한 경계 서피스들을 모두 선택해 주어야 합니다.

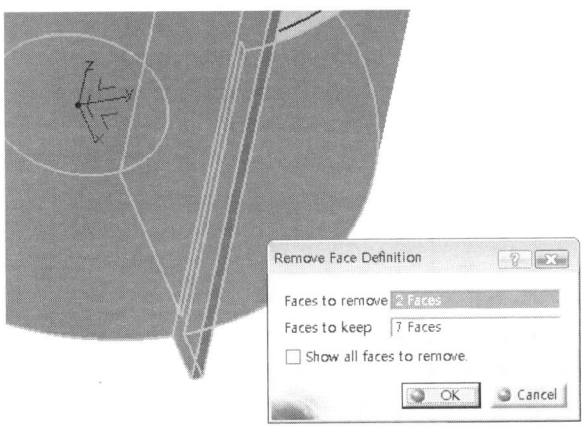

22. 다음과 같이 작은 부분도 Replace Face 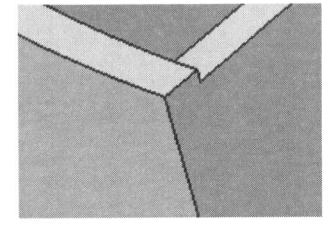를 사용해 마무리해줍니다.

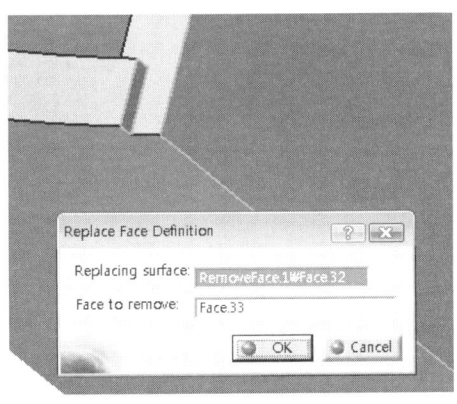

23. 완료된 형상과 Spec Tree입니다.

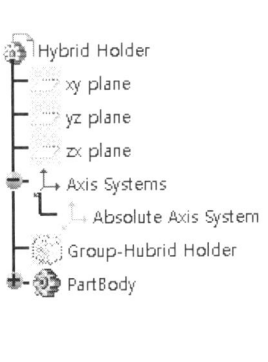
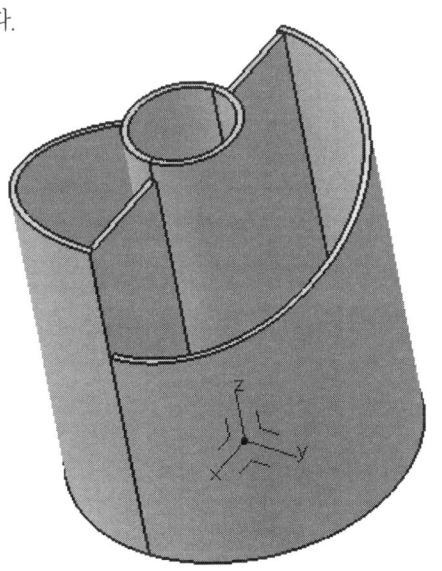

4. Generative Shape Design **523**

(2) Exercise 2 - Hybrid Design Exercise

Hybrid Design 방식으로의 작업은 복잡한 작업을 보다 쉽게 작업할 수 있다는 점이 장점입니다. 주로 서피스 관련 Workbench에서 형상을 구성하고 최종 작업 마무리를 위해 솔리드 Workbench에서 작업을 수행합니다.

앞서 GSD에서 작업한 형상을 이용하여 Hybrid Design으로 형상을 마무리하는 몇 가지 과정을 소개하도록 하겠습니다. 앞서 GSD에서 처음 작업하였던 마우스 형상을 예를 들어 보도록 하겠습니다.

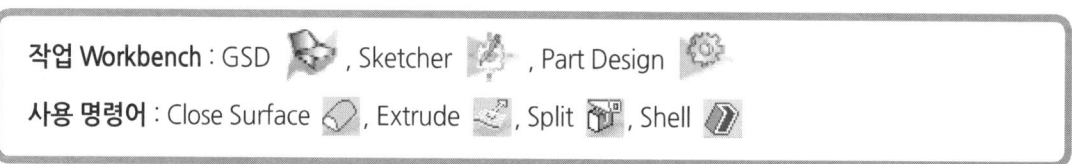

01. 우선 파일을 불러옵니다. 그리고 Part Design으로 Workbench를 이동합니다.

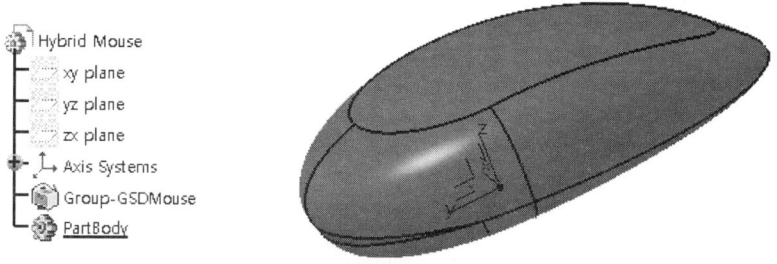

02. Part Body에 Define을 하고 다음과 같이 Close Surface 를 이용하여 서피스 형상의 안을 솔리드로 채워줍니다. 그리고 Geometrical Set의 Group은 숨겨둡니다.

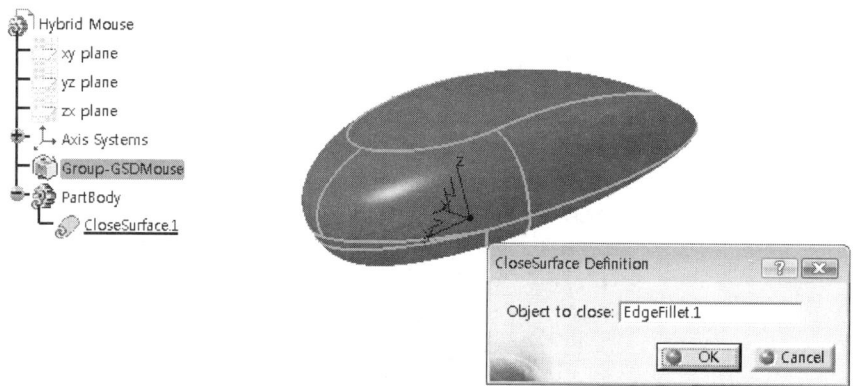

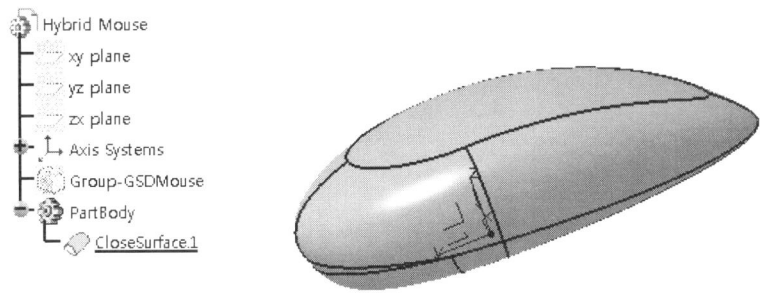

03. PartBody를 복사하여 현재 Part 도큐먼트에 붙여 넣기 합니다.

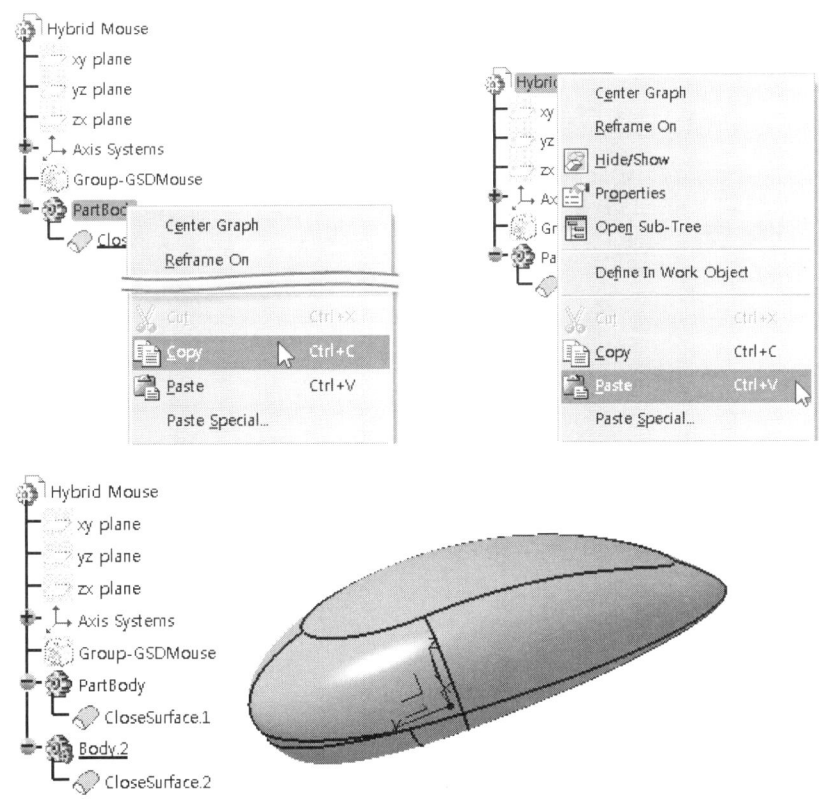

하나의 Part에 두 개의 Body에 각각 Close Surface로 형상이 들어 있기 때문에 위 경우에는 이제 같은 형상의 솔리드가 두 개 들어있는 상태입니다.

04. 다음으로 새로이 Geometrical Set을 추가하여 Hybrid로 명명합니다. 그리고 그 하부에 마찬가지로 Geometrical Set을 추가해줍니다.

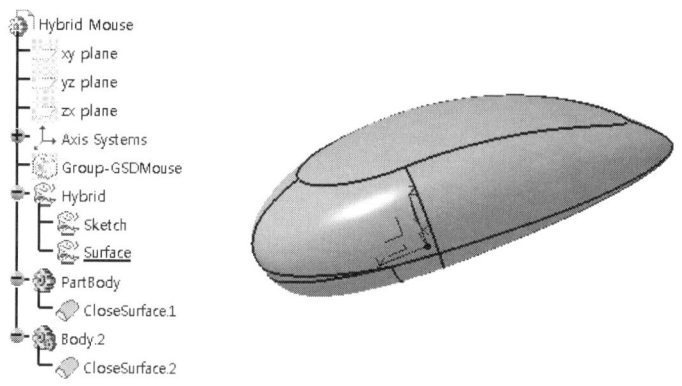

05. 그리고 Hybrid ⇨ Sketch에 Define을 걸고 ZY 평면에 다음과 같이 스케치합니다.

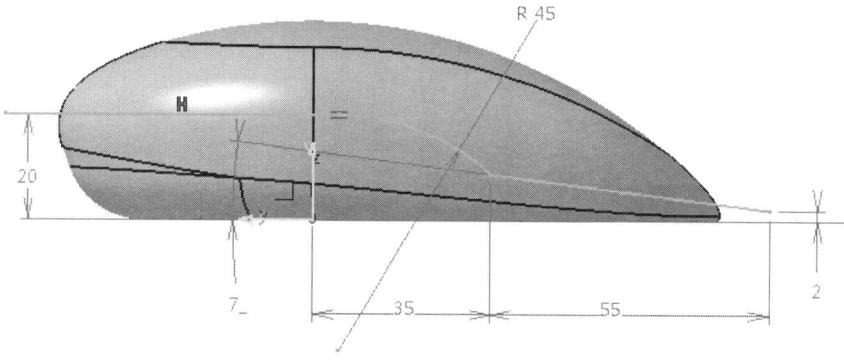

06. GSD Workbench로 이동한 후에 Hybrid ⇨ Surface에 Define을 걸고 위 스케치를 Extrude 하여 서피스로 만들어줍니다. 각 길이를 60mm로 해서 양쪽 모두 늘려줍니다.

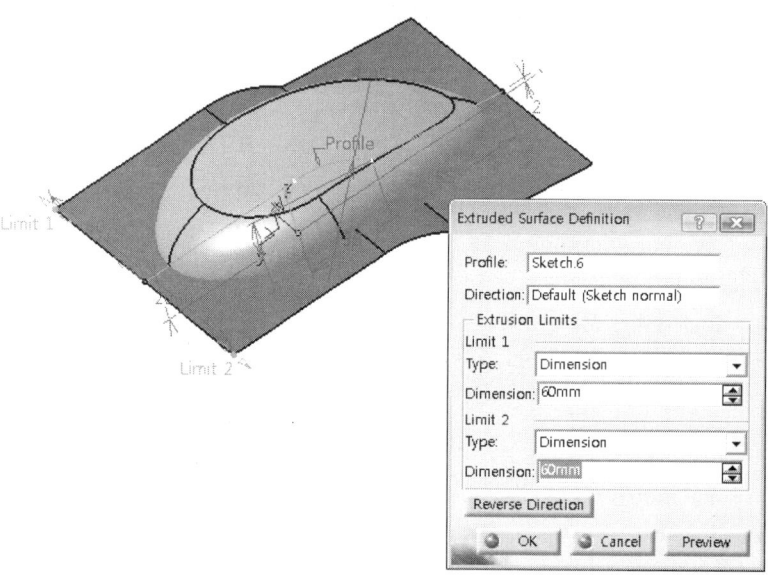

07. 이제 다시 Part Design Workbench로 이동하여 PartBody에 Define을 걸고 솔리드 Split을 사용하여 다음과 같이 형상을 잘라 냅니다. 여기서는 Split 방향을 아래쪽으로 향하게 합니다. Split 완료 후 PartBody를 숨겨둡니다.

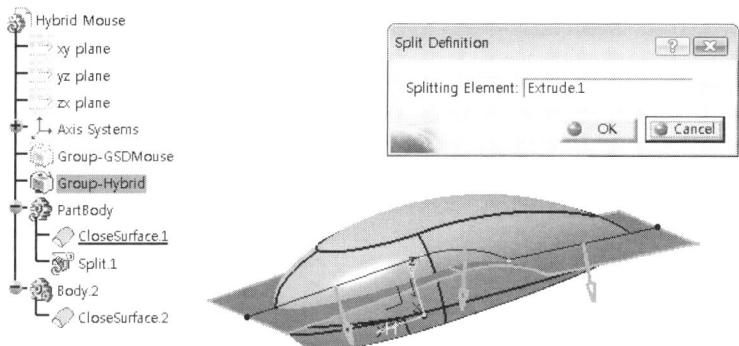

여기서 Split를 수행할 때 GSD의 Split가 아님을 명심해야 합니다. 솔리드 형상을 잘라내기 위해서는 Part Design Workbench에 있는 Split를 사용해야 합니다.

08. 다음으로 복사된 Body에 Define을 걸고 Split를 사용하여 앞서 사용한 서피스를 사용하여 윗 방향을 선택해줍니다.

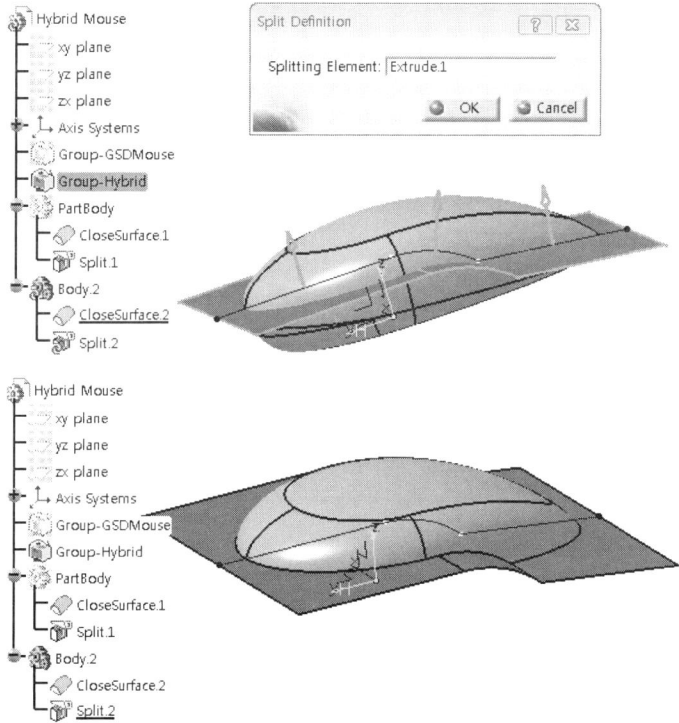

여러 개의 Body나 여러 개의 Geometrical Set을 사용하는 경우에는 Define In Work Object에 유의해야 합니다.

09. 이제 다시 위 쪽 형상을 가진 Body를 복사하여 현재 Part 도큐먼트에 붙여 넣기 합니다.

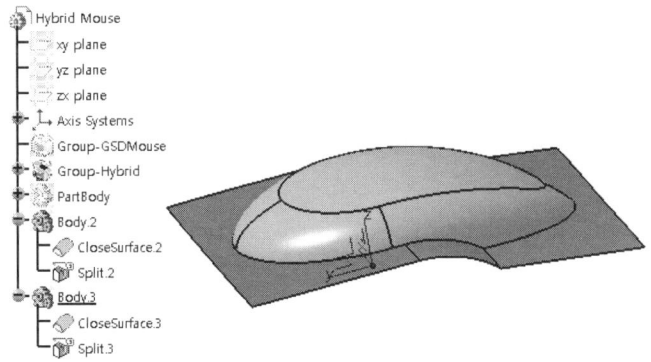

10. 그리고 다시 Hybrid ⇨ Sketch에 Define을 걸고 다음과 같이 스케치 합니다.

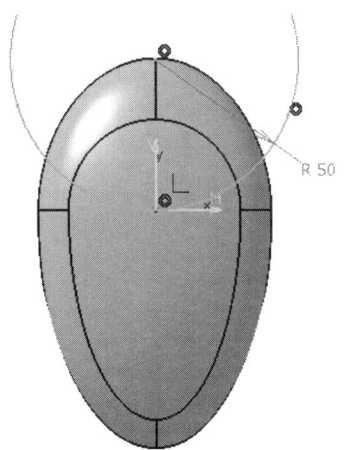

11. 그리고 Hybrid ⇨ Surface에 Define을 걸고 Extrude를 사용하여 서피스를 뽑아냅니다. 길이는 Limit 1방향으로만 60mm로 해줍니다.

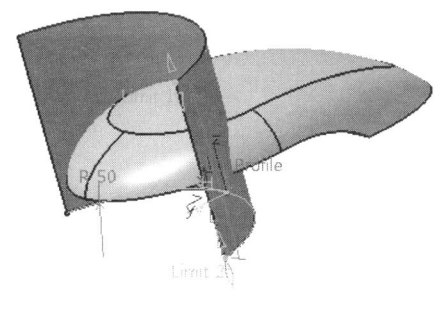
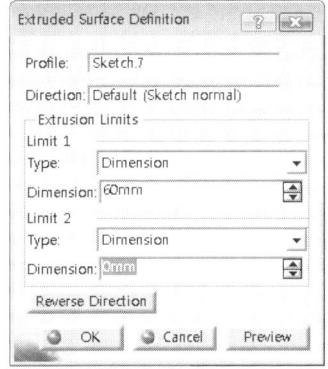

12. 이제 Body.2에 Define을 걸고 위 서피스를 기준으로 마우스 형상의 윗 판 형상을 Split 를 사용하여 다음과 같이 잘라 냅니다. Split를 완료한 후에 Body.2는 숨겨둡니다.

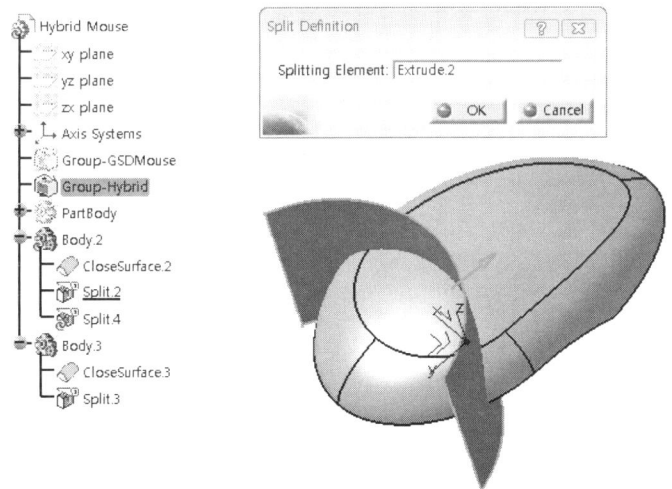

13. 다음으로 Body.3에 Define을 걸고 다음과 같이 반대 방향으로 Split 해줍니다.

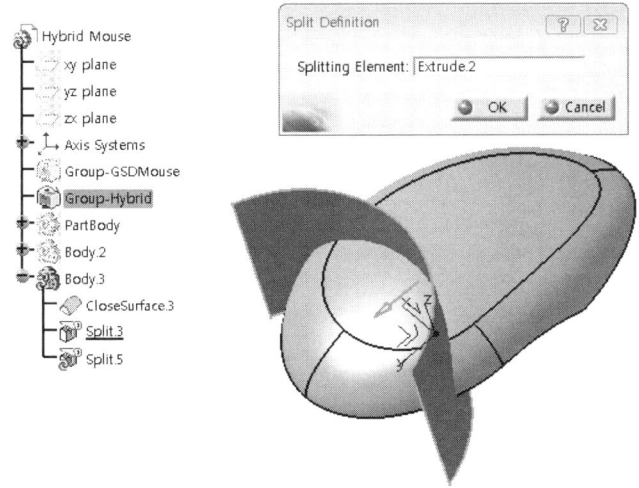

4. Generative Shape Design **529**

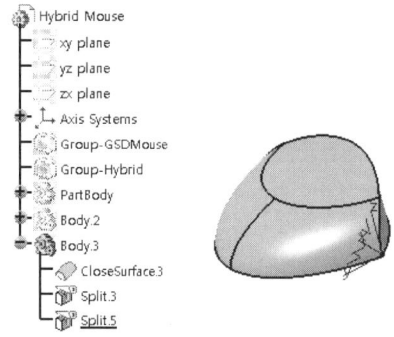

14. 이제 3개의 Body로 형상이 나누어지는 것을 확인할 수 있을 것입니다. 각 형상에 다시 Define을 걸어 각각 다음과 같이 Shell을 사용하여 내부를 일정 두께로 파내버립니다. Define과 Hide/Show를 적절히 이용하여 각 Body에 작업을 해주는 요령이 필요합니다. 각각의 Body에 Define을 걸고 Shell 을 수행합니다. 두께는 1mm입니다.

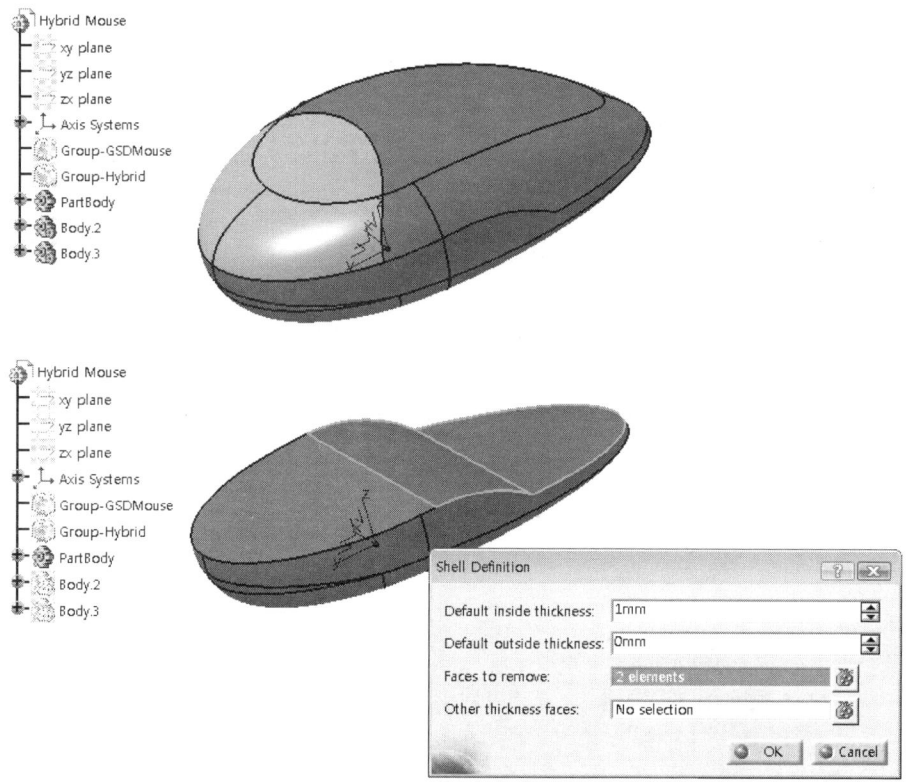

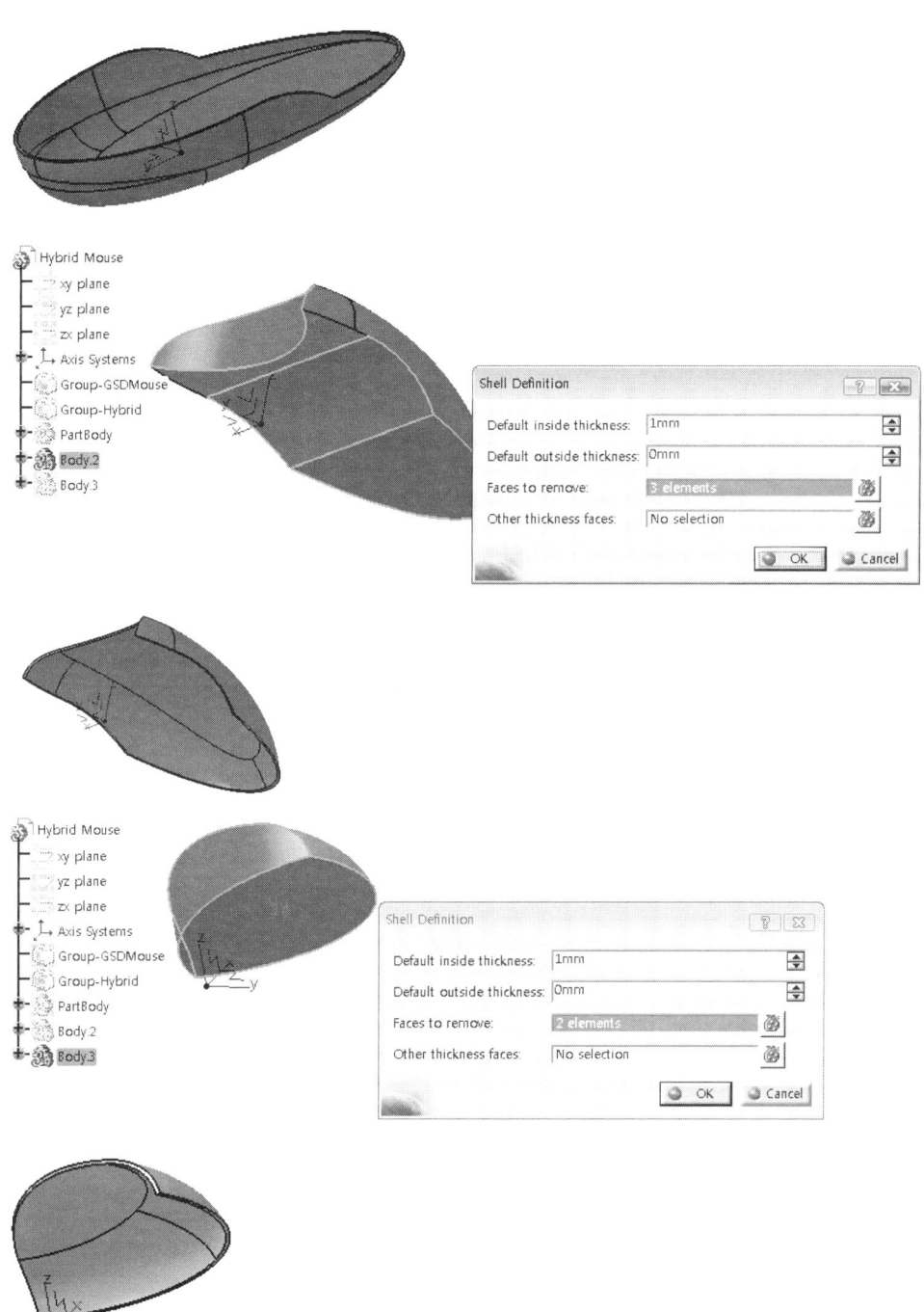

4. Generative Shape Design 531

15. 다음은 완료된 각 단품 형상입니다. 이와 같은 방법을 사용하여 완성된 서피스 형상을 솔리드 모델링 방법과 접목하면 보다 손쉽게 형상을 만들어낼 수 있습니다.

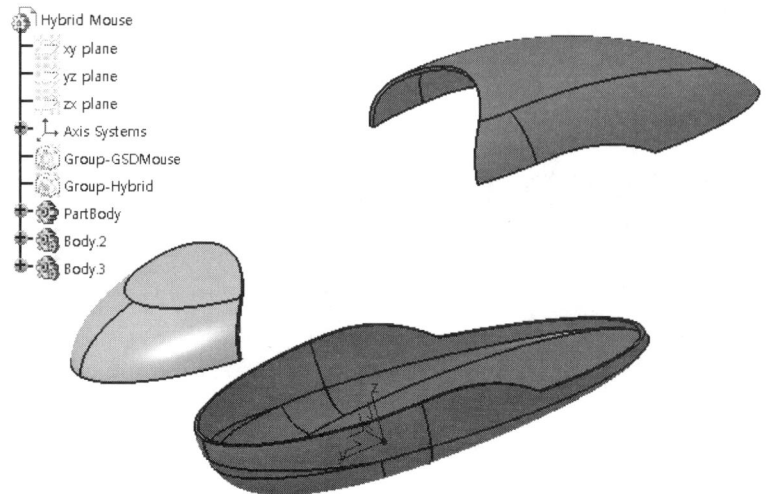

Part
05
Assembly Design

5. Assembly Design

1. Product Structure

이제부터 연습하는 Assembly Design에서는 Product도큐먼트를 사용하게 됩니다. Product도큐먼트는 그 자체로는 비어있는 상태입니다. Product는 형상에 대한 정보를 갖지 못하기 때문입니다. 따라서 Product를 구성하는 Component들을 앞서 Part도큐먼트에서 만들어준 후에 Product 내부로 불러와 첨부해 주어야 합니다. 이렇게 첨부된 Component들을 이용하여 Product에서 형상들에 대한 응용작업을 수행하게 됩니다. 여기서 한 가지 기억할 것은 Product로 Component들을 불러왔다고 해서 형상에 대한 정보가 Product에 만들어 지는 것은 아닙니다. 단지 링크되어 보이는 것이므로 만약에 도큐먼트를 정리하려면 Part도큐먼트와 Product도큐먼트를 함께 이동시켜야 합니다. 또한 도큐먼트들을 이동시키는데 있어서는 반드시 Save Management를 사용해야 합니다. 그렇지 않을 경우 링크 에러가 생기기 때문입니다.

Product는 다른 Product의 Component가 될 수 있습니다. 이러한 하위 Product를 Sub Product라고 합니다. 그리고 최상위 Product를 Root Product라 부릅니다. Sub Product를 이용하는 이유는 하나의 Root Product에 모든 Component들을 불러올 경우 불필요하게 Tree가 늘어날 뿐만 아니라 동시 작업이 아닌 분할된 협업을 위해서도 Sub Assembly를 이용한 방법이 추천되고 있기 때문입니다. 전체 Assembly를 하기 전에 중간 단계의 조립 군을 만들어 작업하는 방법을 잘 사용하게 되면 불필요한 작업 시간을 줄일 뿐만 아니라 작업에 효율성을 가져다줍니다.

Product도큐먼트를 이용한 작업은 형상 모델링 외에 Component들 간의 조립이나 시뮬레이션, 렌더링 등에 사용할 수 있으며 DMU와 같은 작업에서도 Product도큐먼트를 이용하게 됩니다. 또한 Product 단계에서 Component들을 설계해 나가는 Top-down 모델링 방식을 공부하게 되면 보다 고수준의 작업 스킬을 배우실 수 있으실 것입니다.

2. Move & Constraints

Product 상에서 Component들을 불러오게 되면 Component들 사이에 아무런 구속 관계가 성립되지 않았기 때문에 위치가 난잡하고 서로 엉키는 경우를 자주 보게 될 것입니다. 따라서 Product 상에서 Component들을 구속하기 위해서는 우선 가장 기준이 되는 Component를 불러와 이것을 Fix를 이용해 현재 위치에 고정 시킵니다. 작업에 따라서는 종종 빈 Part도큐먼트를 삽입하여 이것을 Fix시키고 이것의 Plane이나 Axis등을 기준 요소로 사용하기도 합니다.

그리고 이 고정된 Component를 기준으로 다른 Component들을 불러와 구속을 해주는 게 좋습니다. Product 상에서도 원점의 개념이 존재하기 때문에 Component들을 불러오고 마구잡이로 이동시키는 것은 삼가야 한다는 것을 기억하시기 바랍니다.

실제로 부품들을 움직이는 게 아니라 화면상에서 Component들을 이동시키는 것을 쉽게 받아들이기 힘들 수도 있습니다. Assembly 상에서 Component들을 움직이는 데에는 Move라는 Toolbar의 명령들을 사용합니다. 또는 3D Compass를 이용하여 형상을 이동시킬 수 있습니다. 이러한 Component들의 이동은 구속이 아닌 단순한 위치 이동이기 때문에 형상을 이동시킨 위치로 구속하기 위해서는 반드시 Constraints를 사용해야 합니다. Constraints를 이용하여 적절한 구속이 완전히 성립되어야만 Component들 간의 올바른 조립이 이루어지는지 확인할 수 있습니다.

Assembly 상에서 구속하는 과정에서 생기는 에러들을 통해서 형상 설계의 문제점이 없는지 파악하게 됩니다. 여기에 Clash 체크를 통해서 Component들 간의 충돌은 없는지 파악하는 작업이 Assembly 작업의 주요 관건이 됩니다. 각각의 단품을 애써 만든 후에 조립이 완전히 되는지 안 되는지를 파악하는 것이야말로 가상 설계에서 노리고자 하는 요점의 하나가된다는 것을 잊지 마시기 바랍니다.

3. Assembly Design Exercise
(1) Exercise 1

Assembly Design의 첫 번째 예제는 각 Component들을 Product에서 불러와 움직이는 방법을 설명하기 위한 예제입니다. 일반적으로 Assembly Design에서 수행되는 작업은 여러 개의 Component들을 불러와 서로간의 구속을 주어 각 Component들이 제 위치에 고정시키는 작업입니다. 여기에 Constrains와 Move의 개념이 사용되는데 각 Component들을 단순히 이동만 시키는 것이 Move이고 Component들을 원하는 위치에 조건 또는 수치에 맞추어 완전히 고정시키는 것이 Constraints입니다. 일반적으로 Move를 이용하여 Component들을 적당한 위치로 이동시키고 그 다음에 Constrains를 사용하여 고정을 시킵니다.

다음의 책상용 스탠드 형상의 예를 통하여 Move와 Constraints의 개념에 대해서 공부하기 바랍니다.

01. 다운로드 받은 예제파일의 Assembly Design 폴더에서 Assembly Design1 폴더의 다음 파일들을 확인합니다.

Rotator.CATPart   StandArm.CATPart   StandBody.CATPart   StandConnector.C...   StandLampHolder....

02. 이제 CATIA에서 어셈블리 Workbench를 엽니다. Start ⇨ Mechanical ⇨ Design ⇨ Assembly Design

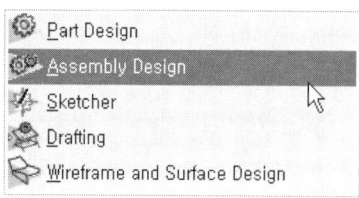

03. 다음과 같이 Product1이 생깁니다.

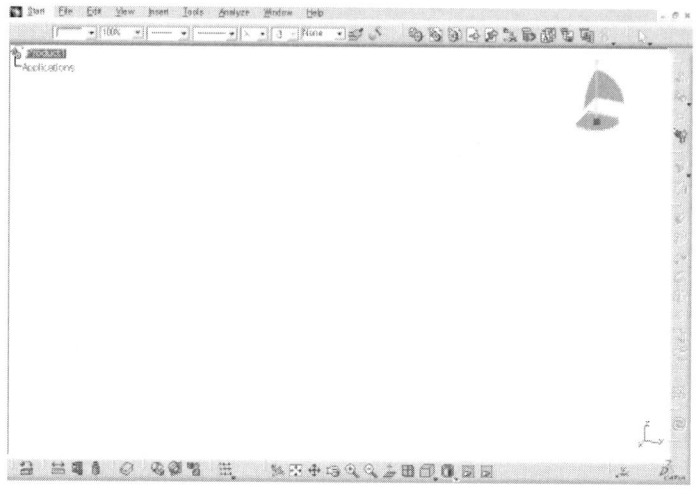

04. Product1의 이름을 바꾸어줍니다. Product1을 오른쪽 마우스 키를 클릭하여 Contextual Menu를 띄웁니다. 그 중 Properties를 클릭하면 Product1의 속성을 나타내는 Properties 창이 뜹니다. 또는 Product1을 클릭한 후 Alt + Enter를 눌러도 됩니다.

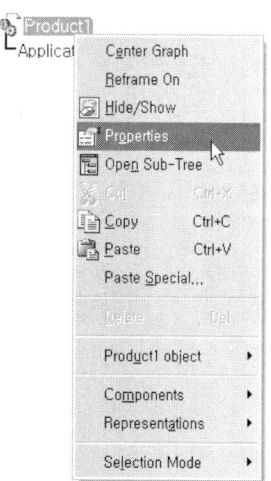

05. Product 탭에서 Part Number를 StandExercise로 바꾸어줍니다.

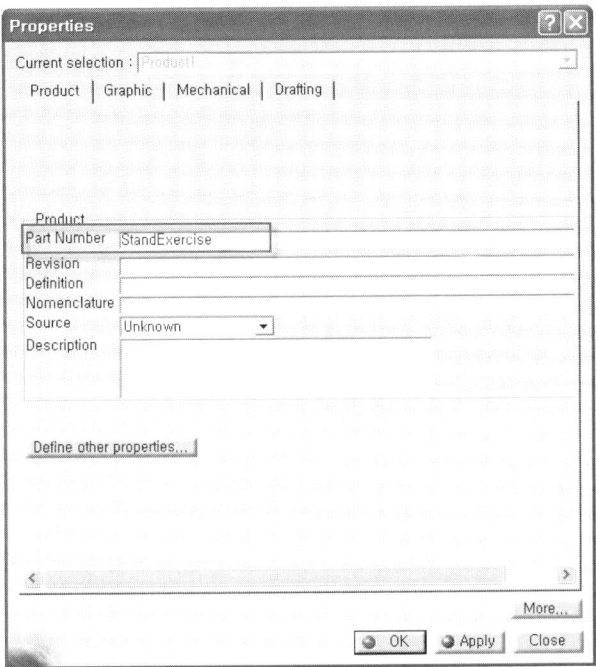

06. 조립에 필요한 부품들을 가져옵니다. Product Structure Tools 에 Existing Component 를 클릭합니다. 이 기능은 기존에 미리 만들어져 있는 Part 또는 Product를 가져오는 아이콘입니다. 아이콘 클릭 후 어떤 Product에 넣겠다는의미로 StandExcercise를 클릭합니다.

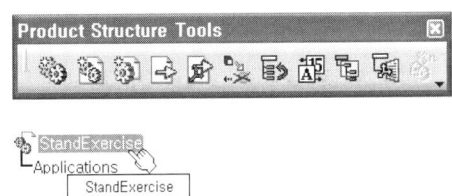

07. File Selection 창이 뜨고 CAT Part폴더에 있는 모든 도큐먼트를 선택하여 불러옵니다.

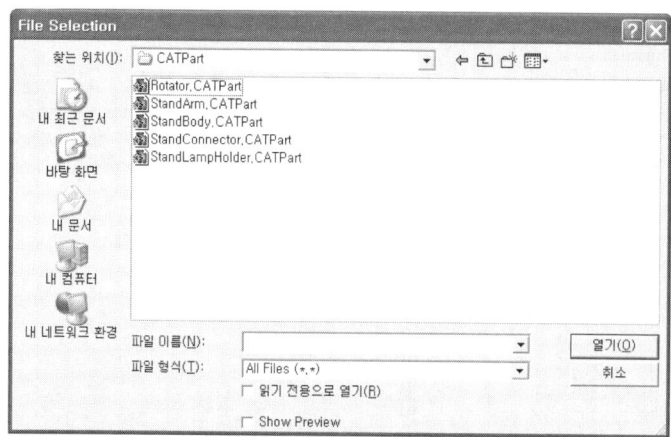

다음과 같이 다섯 개의 모든 부품을 불렀으나 모두 흩어져있습니다. 혹 제자리에 잘 맞춰서 마치 조립되어 있는 것처럼 보일 수도 있습니다. 하지만 아직 구속을 주지 않았기 때문에 조립되어 있는 상태가 아닌 그냥 블록을 쌓아 놓은 것과 같습니다. 즉 언제든 다른 위치로 이동이 가능하고 회전이 가능한 상태로 Free한 상태인 것입니다.

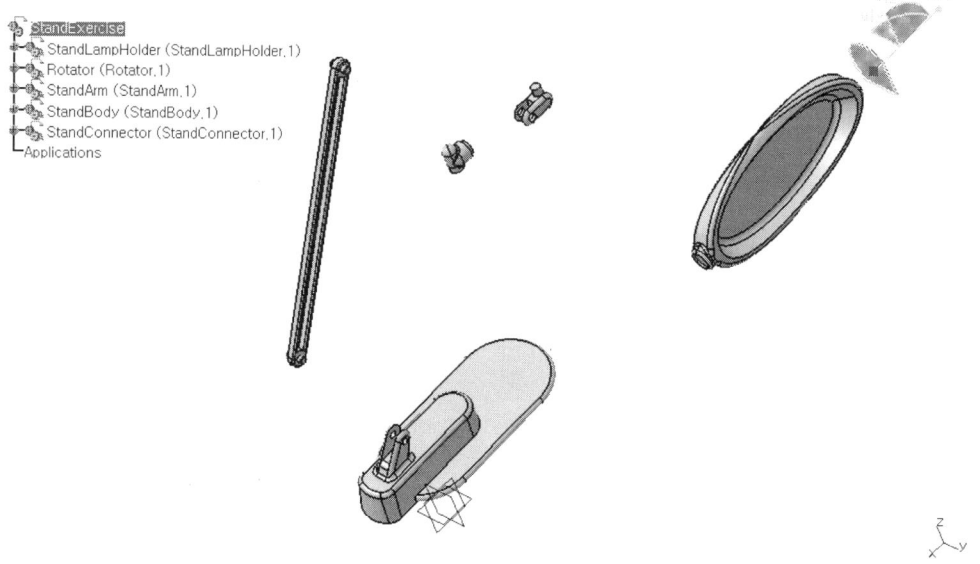

08. 이러한 구속을 주기 위해서 Constraints Toolbar에 있는 기능을 이용합니다.

09. 먼저 중심이 될 부품을 하나 정합니다. 저는 받침대를 중심으로 정하고 움직이지 못하게 Constraints Toolbar에 Fix Component ⚓ 로 고정시킵니다.

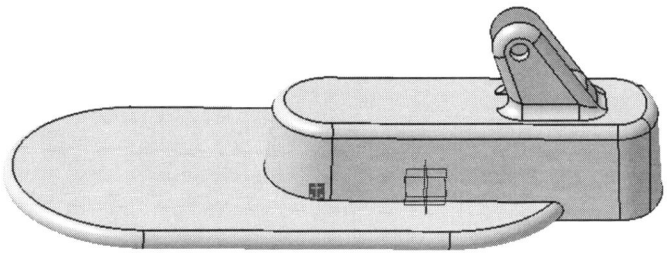

가운데에 고정되었다는 Fix ⚓ 구속 표시가 보입니다.

10. 이제 차례대로 나머지 부품을 고정시킨 받침대에 끼우고 구속을 시키면 됩니다. 이때에 부품을 회전시키거나 이동시킬 필요가 있을 때 두 가지 방법이 있습니다. 첫 번째 방법은 Compass를 이용하는 방법입니다. 화면의 오른쪽 위쪽에 있는 Compass에 마우스를 가져갑니다. Compass받침대의 중심에 마우스를 대면 다음과 같이 화살표가 십자 모양으로 모양이 바뀝니다. 이때 클릭한 후 드래그 하여 위치를 변화시키거나 회전시키고 싶은 부품위에서 마우스 키를 땝니다.

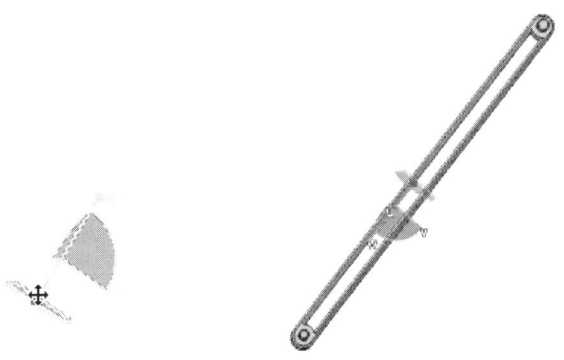

11. 위와 같이 Compass가 초록색으로 변하면 그 부품이 선택되고 이동이 가능하게 된 것입니다. Compass의 가장 꼭대기에 있는 점을 클릭하면 회전이 가능합니다.

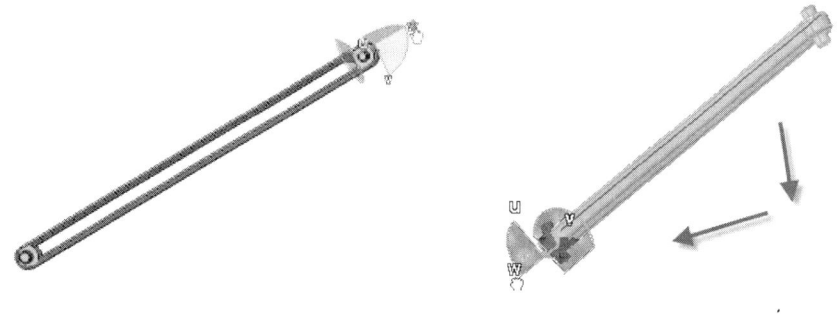

12. Compass의 가장 밑판이나 옆판의 면 자체를 클릭하면 어느 방향으로든 이동이 가능합니다.

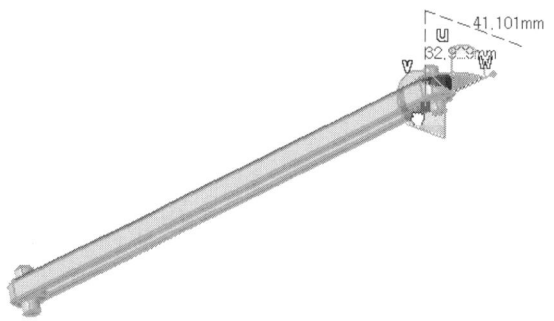

13. 판에서 모서리를 클릭하면 그 모서리 방향으로만 이동이 가능합니다.

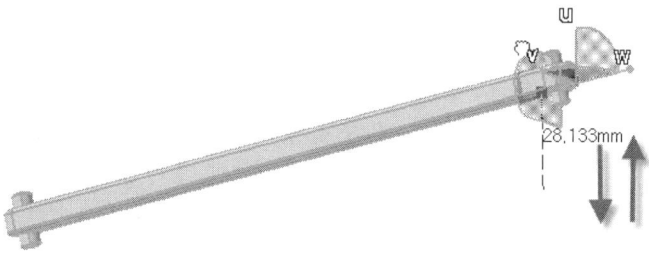

14. 또는 옆면에 둥근 모서리를 클릭하면 그 방향으로 회전이 가능합니다.

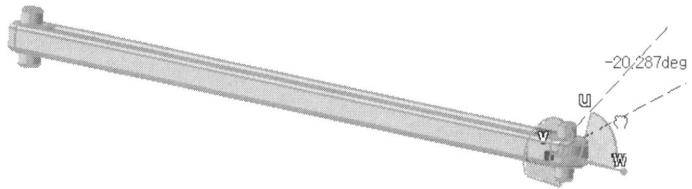

15. Compass로 조립하고자 하는 비슷한 위치에 적당히 각도를 잡습니다.

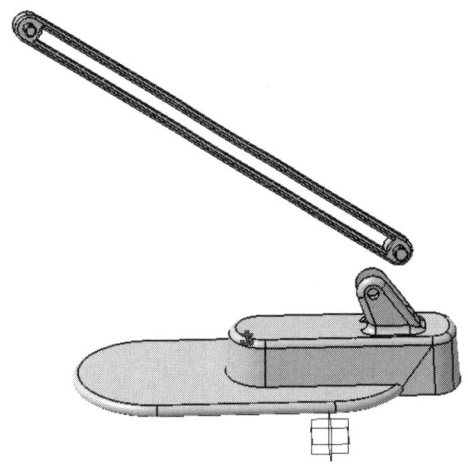

16. 스탠드의 팔 부분을 받침대에 조립하기 위해서는 구멍과 원통의 중심도 맞아야 하며 접촉도 되어 있어야 합니다.

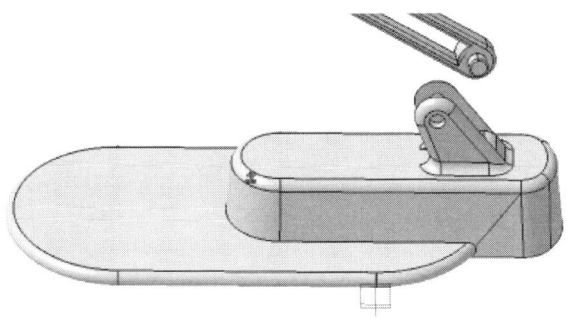

17. Constraints Toolbar에 Coincidence Constraint ⌀ 로 구멍과 원통의 중심을 일치시키는 구속을 줍니다. 아이콘을 클릭하고 구속을 원하는 원 근처에 마우스를 대면 주황색 중심축이 나타납니다. 이때 각각 클릭하여주면 됩니다.

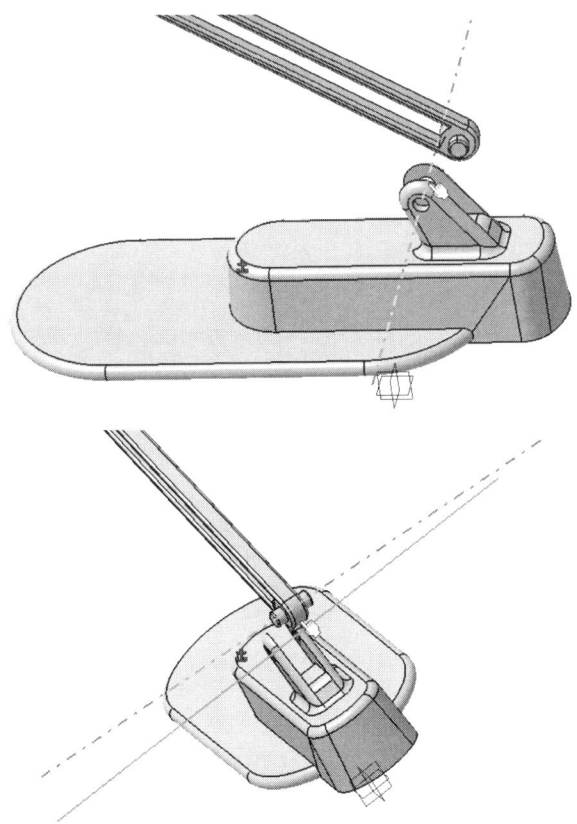

18. 다음과 같이 Coincidence 구속이 되는 표시로 작은 원이 각각 생겼습니다.

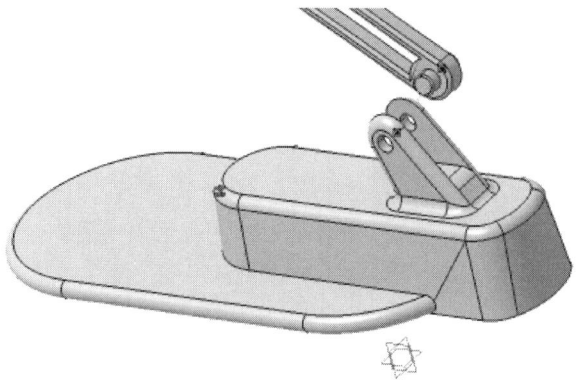

19. Update 를 클릭하거나 Control + U를 누르면 축이 일치되는 결과를 볼 수 있습니다.

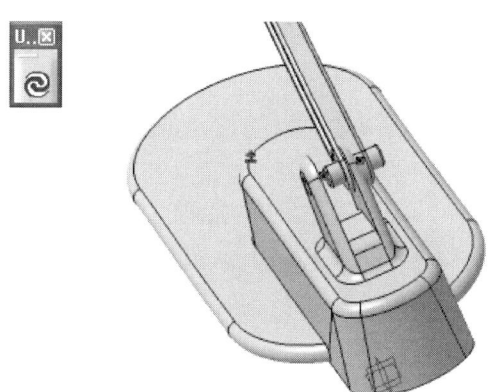

20. 축은 일치되었지만 보이는 것과 같이 아직 제대로 자리를 잡지 못하였습니다. 접촉이 되어야 할 부분을 찾아 Constraints Toolbar에 Contact Constraint 를 줍니다. 아이콘을 클릭하고 접촉시키고자 하는 부분을 차례로 클릭합니다.

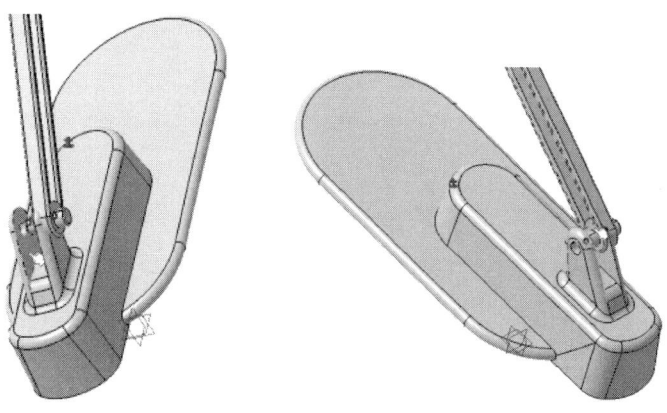

21. Contact구속이 되었다는 네모표시가 생기고 Update ⟲ 하면 다음과 같이 제대로 된 자리를 잡습니다.

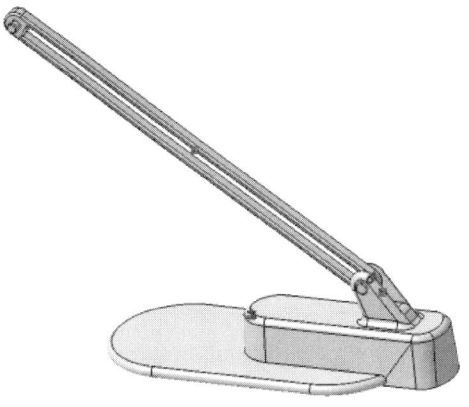

22. 다음은 스탠드의 등 부분을 먼저 조립하여 대에 끼우겠습니다. 스탠드의 등 부분과 회전을 위한 작은 부품을 조립합니다. Coincidence Constraint ⊘ 로 축을 일치시킵니다.

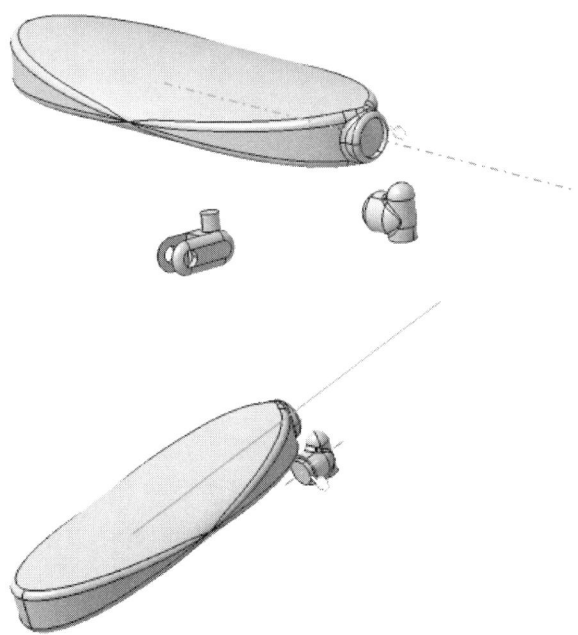

23. Contact Constraint ▦ 로 접촉되어야 할 부분에 구속을 줍니다.

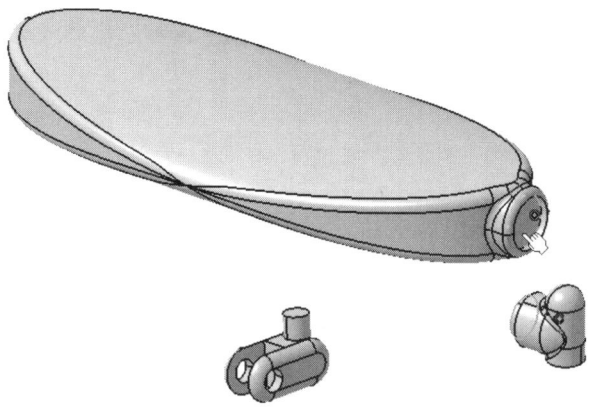

24. Control + U로 업데이트하면 다음과 같이 조립됩니다.

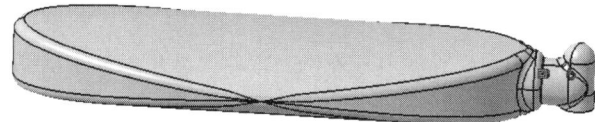

25. 앞에서 부품을 이동시키는 방법이 두 가지 있다고 하였습니다. 두 번째 방법은 Move Toolbar에 Manipulation 을 이용하는 것입니다.

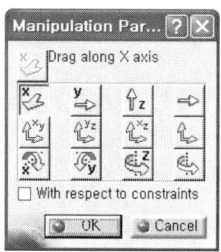

Manipulation 을 클릭하면 위와 같은 창이 뜹니다.

26. 원하는 축 방향을 클릭하고 부품을 클릭하면 그 방향으로 부품을 움직이거나 회전시킬 수 있습니다.

27. Coincidence Constraint 와 Contact Constraint 로 나머지 부품을 조립하고 업데이트하면 다음과 같이 완성이 됩니다.

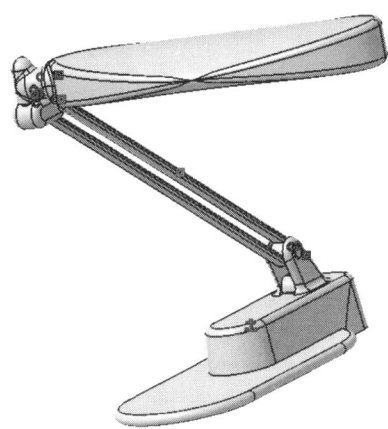

28. 연결부위를 Fix시킨 것이 아니라 접촉과 축 일치만을 시켰으므로 나중에 시뮬레이션을 통해 회전이 가능합니다. 우선 옆으로 꺾어져 있는 램프 등을 밑받침과 같은 방향으로 돌려보겠습니다.

29. Compass를 램프의 연결부위로 옮겨서 회전을 시킵니다.

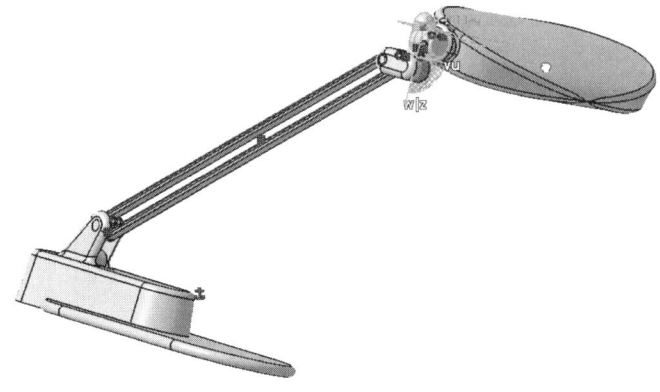

30. 그럼 다음과 같이 구속조건을 만족시키지 못하고 떨어져있으므로 업데이트가 필요합니다.

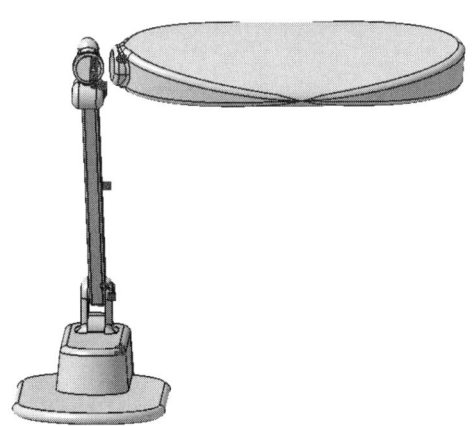

31. 업데이트를 하면 구속을 만족시키기 위해 램프의 등이 밑받침과 같은 방향으로 돌아가 있음을 볼 수 있습니다.

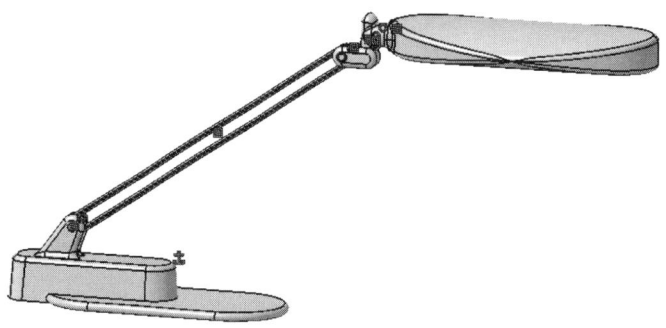

32. Assembly는 기존의 여러 부품들을 이용하여 새로운 Product 파일을 만드는 것입니다. 하지만 새로 생긴 Product는 또한 부품들과 Link 되어 있는 것이므로 모두 저장하기 위해서는 Save Management를 이용하여 빠짐없이 저장해줍니다.(File ⇨ Save Management)

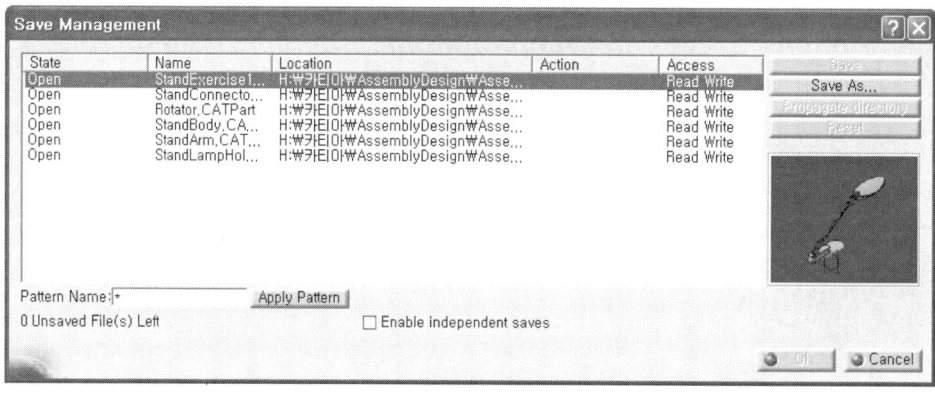

부품들은 CATPart에 저장하고 Product는 따로 저장하여 줍니다.

(2) Exercise 2

이번에 연습할 Assembly Design 예제에서는 Pattern을 이용하여 만들어진 Component를 이용하게 됩니다. 조립을 하면서 반복적으로 조립되는 Component들을 이 Pattern 작업을 재이용하여 Component를 불러오고 구속하게 하는 Reuse Pattern 기능을 중심으로 공부하게 됩니다. 즉, 반복적으로 일정 규칙을 가지면서 조립되는 형상들에 대해서 Pattern의 규칙을 그대로 이용해 Assembly를 수월하게 작업하는 방법입니다.

다음의 CD Case 예제를 조립하면서 Reuse Pattern을 사용해 보도록 하겠습니다.

01. 다운로드 받은 예제파일에서 Assembly Design 폴더의 Assembly Design1 폴더에 CATPart 폴더의도 큐먼트들을 확인합니다.

02. Assembly Design Workbench를 엽니다. Product1의 Contextual Menu에서 속성 창을 띄우고 Reuse Pattern으로 이름을 바꾸어줍니다.

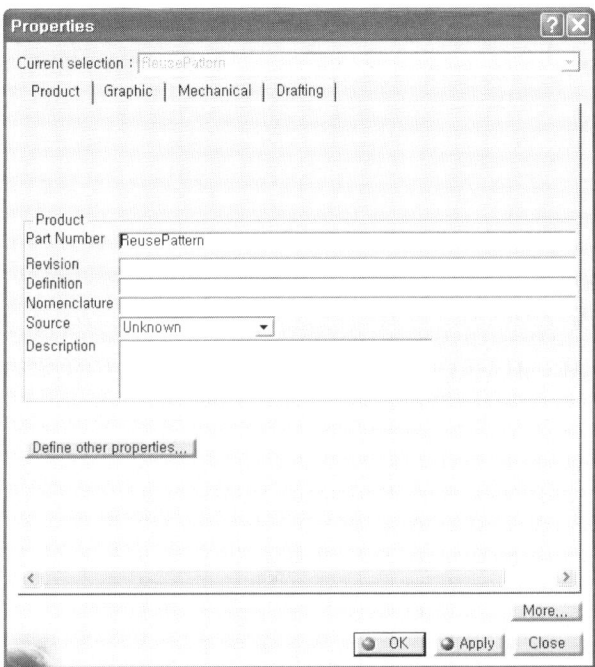

03. Product Structure Tools 에 Existing Component 로 필요한 부품을 모두 가져옵니다.

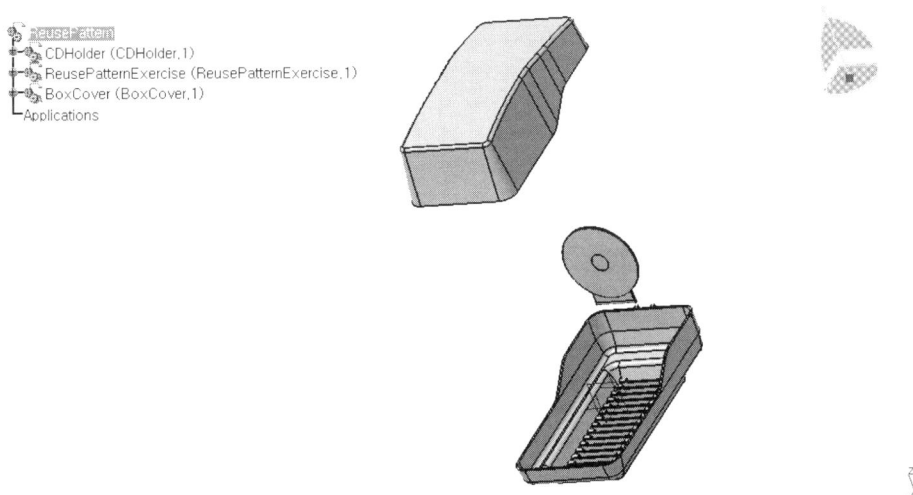

04. 먼저 중심이 될 밑받침을 Constraints Toolbar에 Fix Component 로 고정시킵니다.

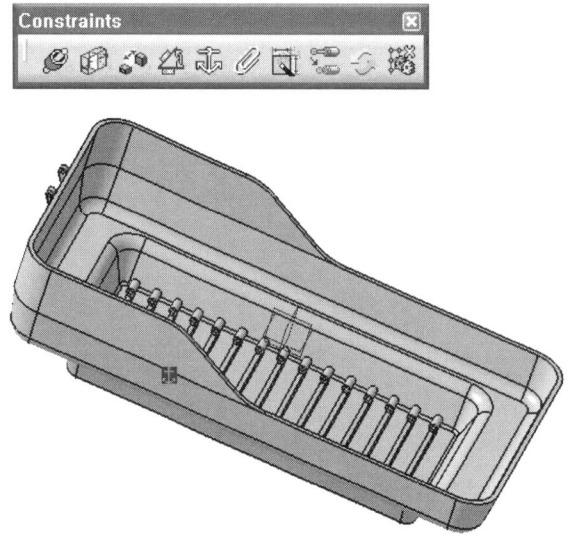

05. 이 부품은 Rectangular Pattern을 이용하여 만든 부품입니다. 이 패턴을 이용하여 CD Holder를 한 번에 쉽게 여러 개 조립할 것입니다.

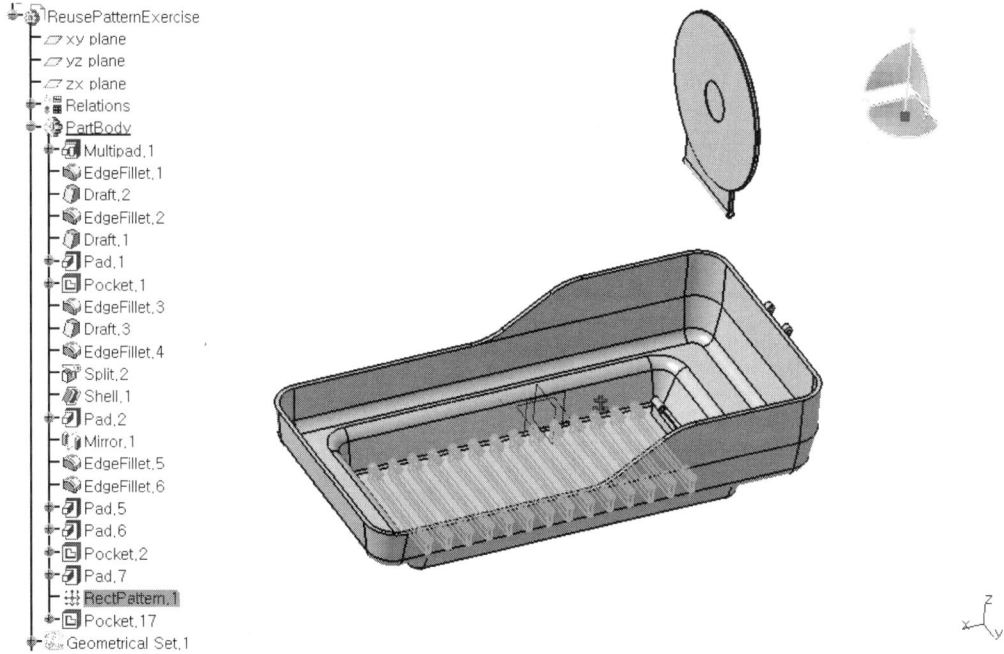

06. 첫 번째 CD 홀더를 조립합니다. Coincidence Constraint 로 첫 번째 칸에 중심축을 일치시킵니다.

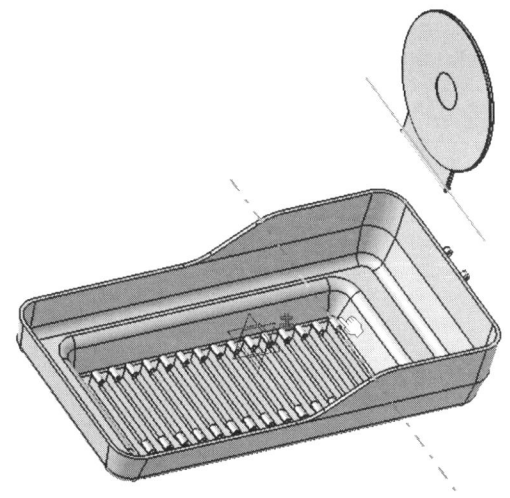

07. Contact Constraint 로 맞닿아야 할 부분에 구속을 줍니다.

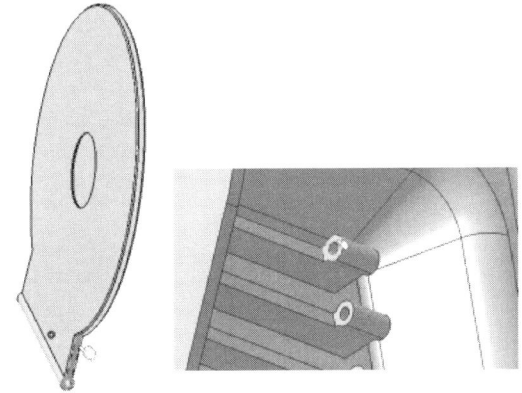

08. Update 하면 CD 홀더 한 개가 조립됩니다.

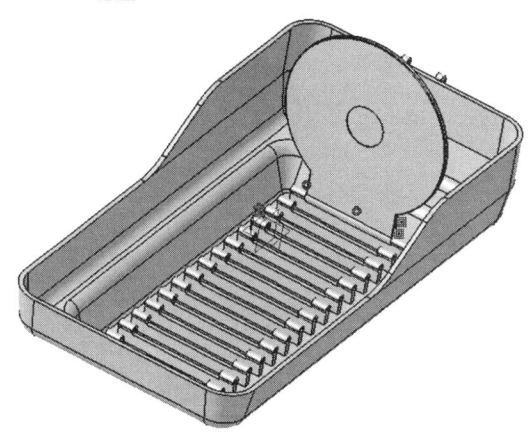

09. Constraints Toolbar 맨 끝에 있는 Reuse Pattern 을 이용하여 나머지 CD 홀더도 모두 조립하여 줍니다. 이 기능은 말 그대로 Pattern을 다시 이용하여 반복적인 조립을 한 번에 쉽게 해줍니다. 아이콘을 클릭하면 Instantiation on a Pattern 창이 뜹니다. Pattern시킬 CD holder를 먼저 클릭합니다.

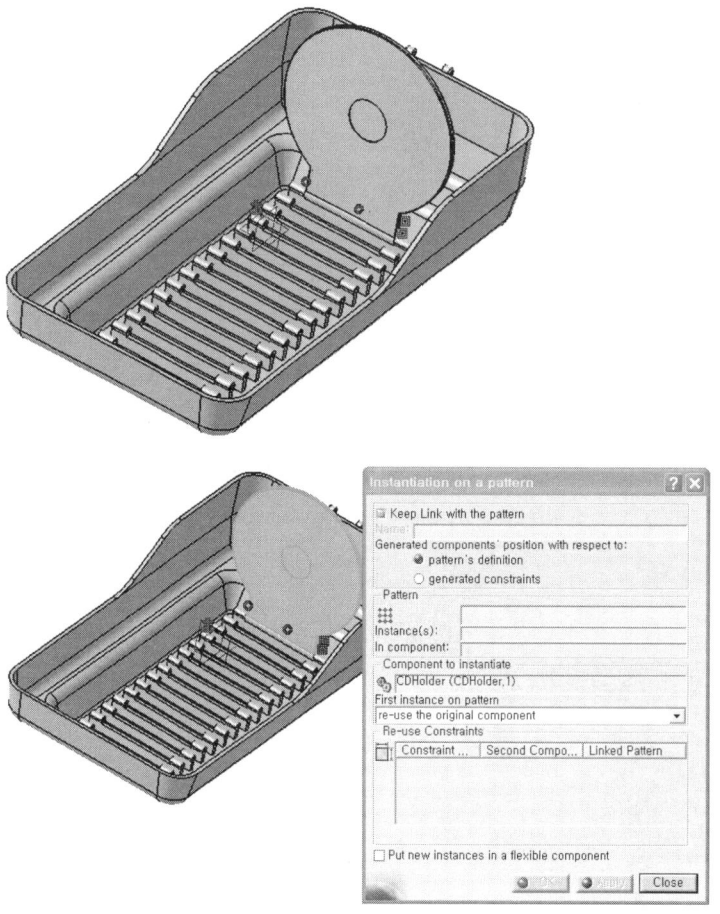

10. 패턴시킬 배경을 클릭합니다. Reuse Pattern이기 때문에 당연히 밑 부분에 Rectangular Pattern을 사용하여 만든 부분을 클릭하여야 합니다.

11. Re-use Constraints 칸에 앞에서 첫 번째 CD 홀더를 조립할 때 이용한 Coincidence와 Surface Contact 구속조건이 들어와 있습니다. 패턴 조립 시 이 구속조건을 이용하여 구속됩니다.

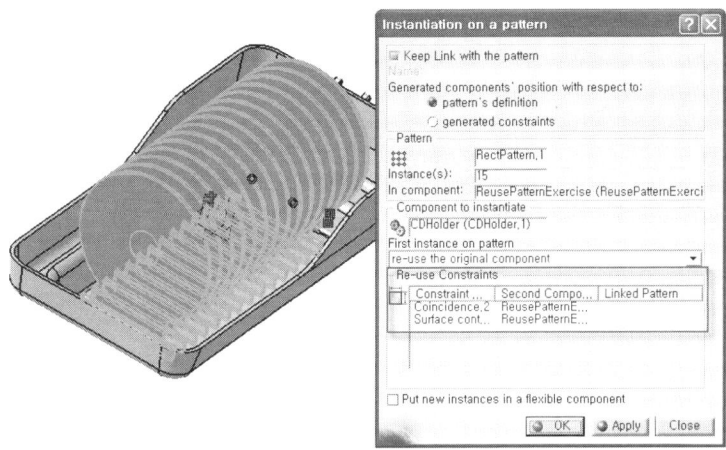

12. OK를 누르면 트리에 CD 홀더 15개가 보입니다. 새로운 부품이 생긴 것이 아니라 기존 CD holder를 여러 번 불러와 구속시킨 결과로 나타났습니다.

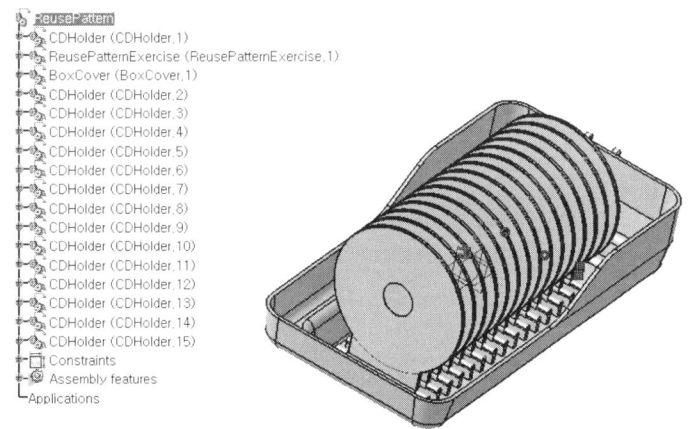

13. 만일 Compass를 이용해 이중 한 CD holder를 다른 곳으로 이동시키면 바로 Update가 활성화되어 Update가 필요로 함을 알립니다.

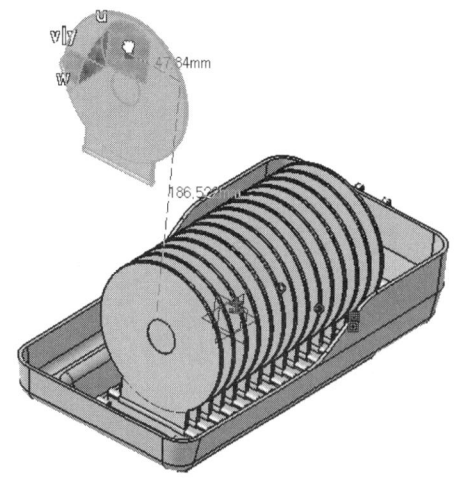

14. Update ◎ 하면 다시 제자리로 돌아옵니다. 즉 CD holder 하나하나가 구속되었음을 알 수 있습니다.

15. 뚜껑도 Coincidence Constraint ◎ 와 Contact Constraint ◎ 를 이용하여 구속합니다.

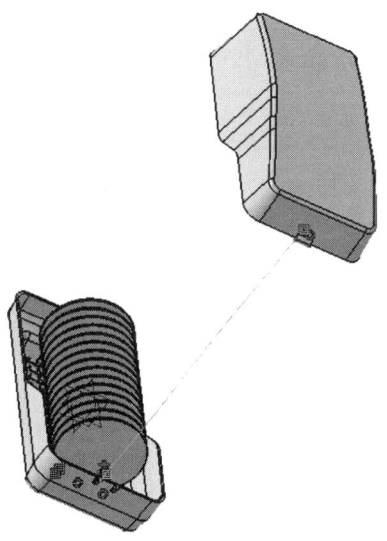

16. Update ◎ 하면 다음과 같이 뚜껑이 닫히고 완성이 됩니다.

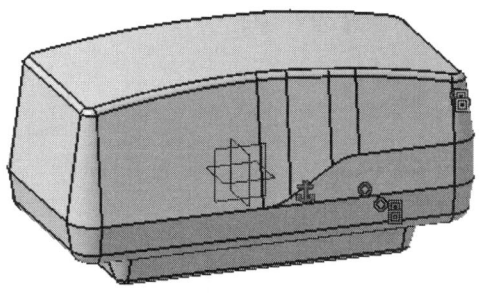

17. 뚜껑이 만일 투명 플라스틱 재질이라고 가정하고 투명도를 줘봅니다. 트리에서 뚜껑을 클릭하고 Graphic Properties에서 Opacity를 100%에서 75%로 바꾸어줍니다.

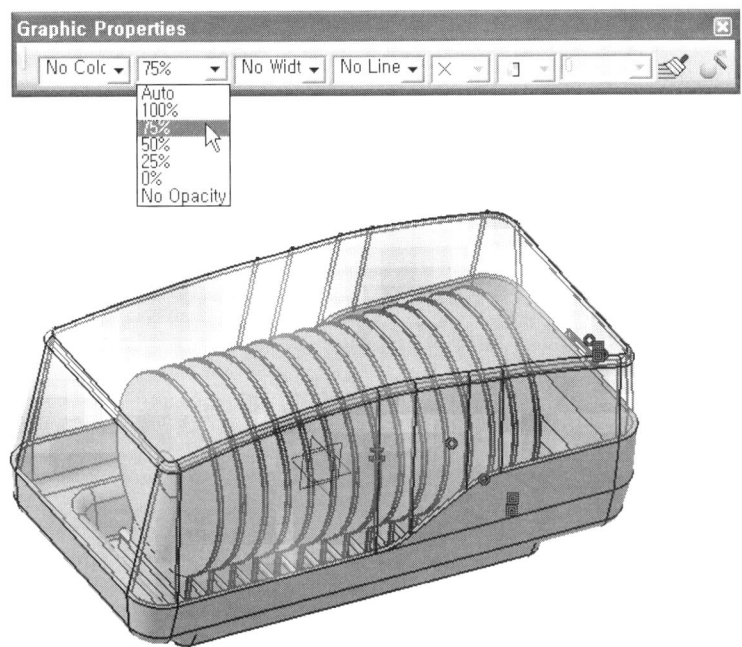

다음과 같이 안에 CD Holder들이 들여다보입니다.

18. 메뉴에서 File에 Save Management를 클릭합니다.

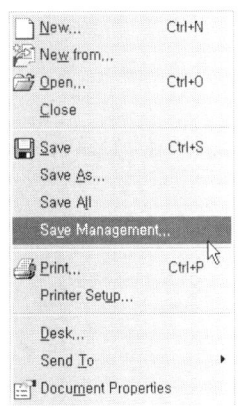

19. Save Management 창이 뜹니다. 새로 생긴 Product도 있고 수정된 부품도 있습니다. 모두 저장해 줍니다. 이때 Part는 기존 CAT Part 폴더에 저장하고 Product는 따로 저장합니다. 항상 Part와 Product를 따로 저장하도록 합니다.

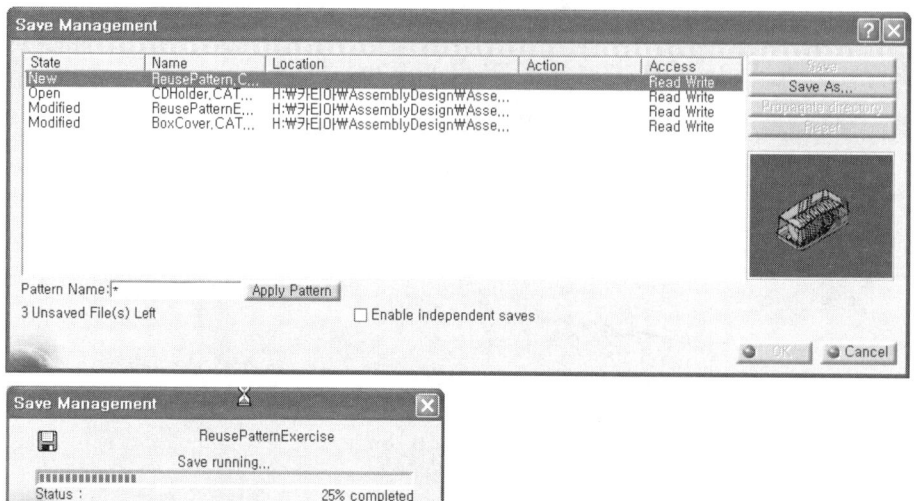

(3) Exercise 3

이번에 사용되는 예제에서는 Assembly Design의 Symmetry 기능을 이용하여 대칭인 형상을 일일이 만들지 않고 Assembly 상태에서 만들어 내는 방법을 설명하도록 할 것입니다. Assembly의 Symmetry 기능을 사용하면 선택한 Component에 대해서 대칭 복사된 새로운 Component가 만들어지는 것을 확인할 수 있습니다. 따라서 반드시 작업을 하면서 Save Management를 해주는 것을 명심해야 합니다.

다음의 책꽂이 예제를 통하여 Symmetry를 공부해 보겠습니다.

01. Assembly Workbench를 열어서 Bookholder라는 Product 파일을 만듭니다.

02. Product Structure Tools에 있는 Existing Component 로 다운로드 받은 예제파일의 Assembly Design ⇨ Symmetry ⇨ CATPart의 모든 부품을 가져옵니다.

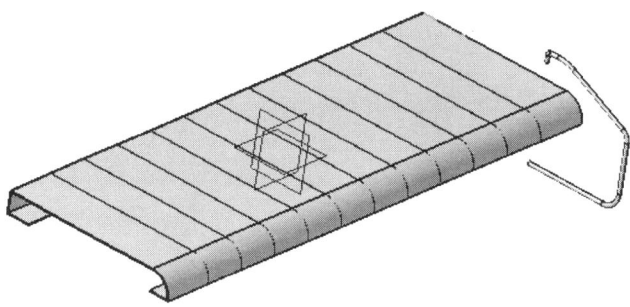

03. Bottom Plate를 움직이지 않도록 Fix Component 로 고정시킵니다.

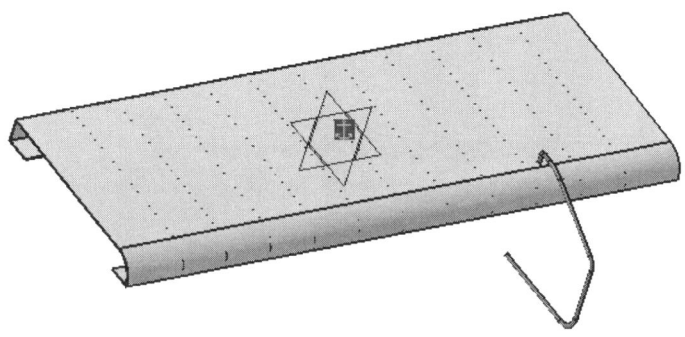

04. 옆에 Guide Part부터 조립합니다. Bottom Part를 정확히 끼워 넣을 수 있도록 홈을 파두었기 때문에 Contact Constraint 로 맞닿는 부분에 구속을 주면 조립이 됩니다. 홈이 너비가 매우 작으므로 확대 하여 잘 잡으면 점선으로 잡힙니다.

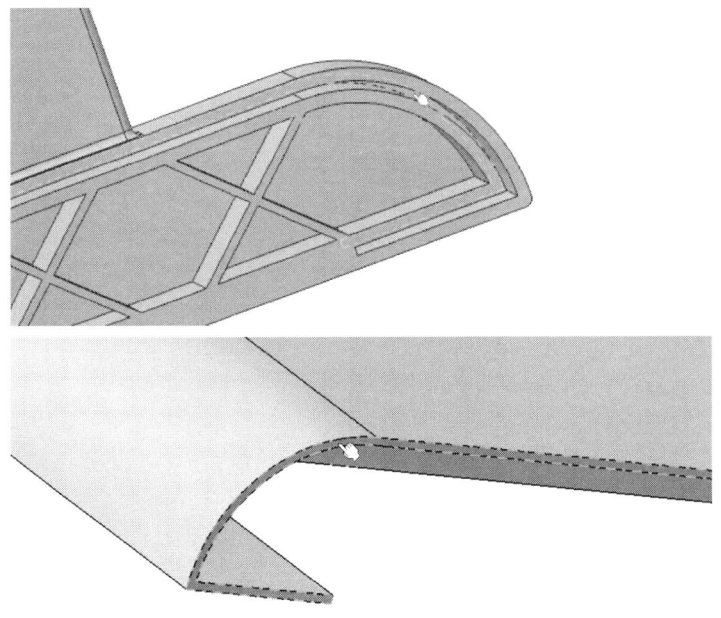

05. 옆면에도 접촉 구속을 줍니다.

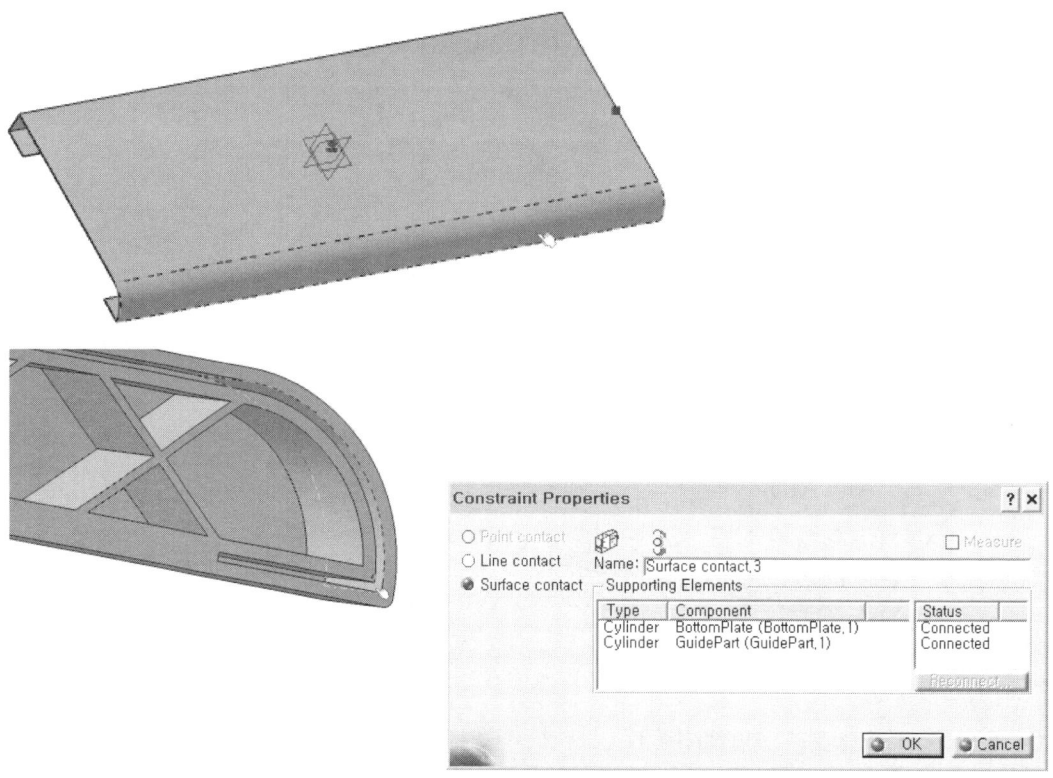

Surface 접촉인지 Line 접촉인지 물어보는 창이 뜨고 Surface Contact가 체크되어 있으므로 이 상태에서 OK를 누릅니다.

06. Update 하면 부품 간에 딱 맞게 끼워짐을 볼 수 있습니다.

07. 뒤에 Guide Bar를 Guide의 홈에 끼워줍니다. Bar를 깊이 10mm 딱 맞게 끼워 넣기 위해서 Offset Constraint 을 이용합니다. 아이콘을 클릭하고 간격차이를 줄 면을 각각 클릭합니다.

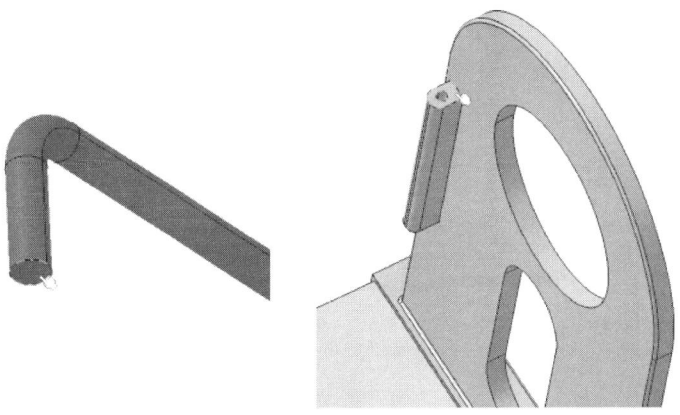

08. 높이 차이가 얼마인지 보여주는 Constraint Properties 창이 뜹니다. Offset에 -10을 넣어주면 됩니다.

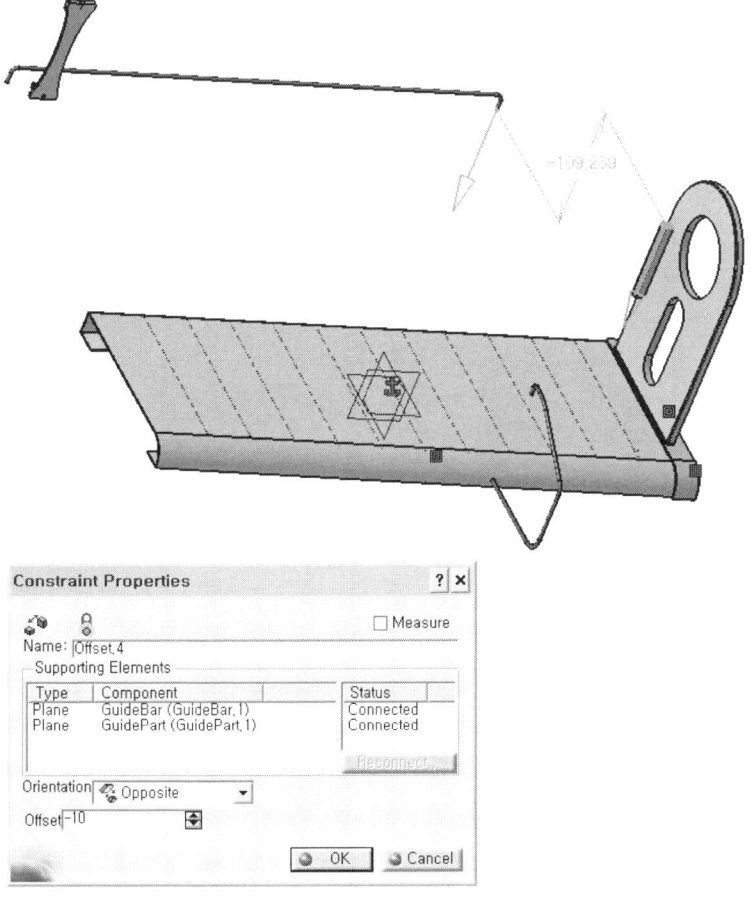

09. 높이 차이만 주게 되면 지금의 위치에서 높이만 줄어들게 됩니다. 그러므로 Coincidence Constraint 로 구멍과 Bar의 축을 일치시켜 줍니다.

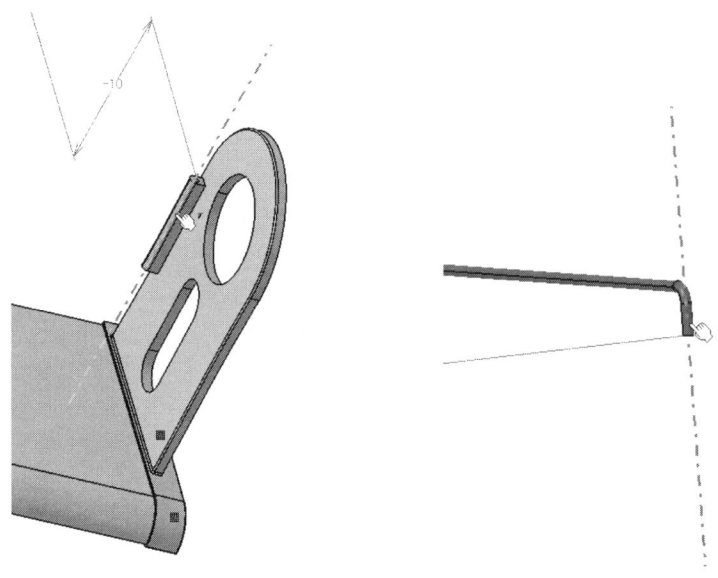

10. 업데이트 한 결과입니다.

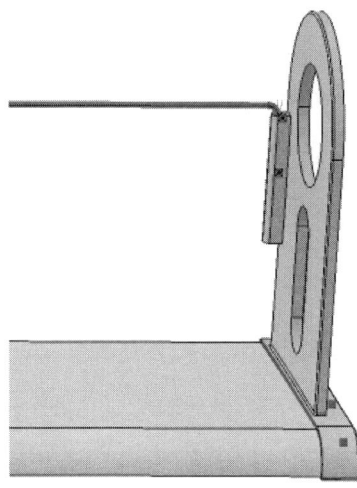

11. 책꽂이의 가운데 칸을 나누어줄 대를 끼워 넣기 위한 중간 부품을 조립합니다. 이때 앞서 끼운 긴 Bar의 어느 부분에 위치할지 정해주지 않으면 Bar에 끼워진 채 어느 곳으로 이동이 가능합니다. 저는 정중앙에 놓기 위해 평면과 중심축을 일치시켜줍니다. 혹, 중앙이 아닌 중앙과 얼마간 떨어진 곳에 두고 싶으면 Offset Constraint 로 Offset을 줍니다.

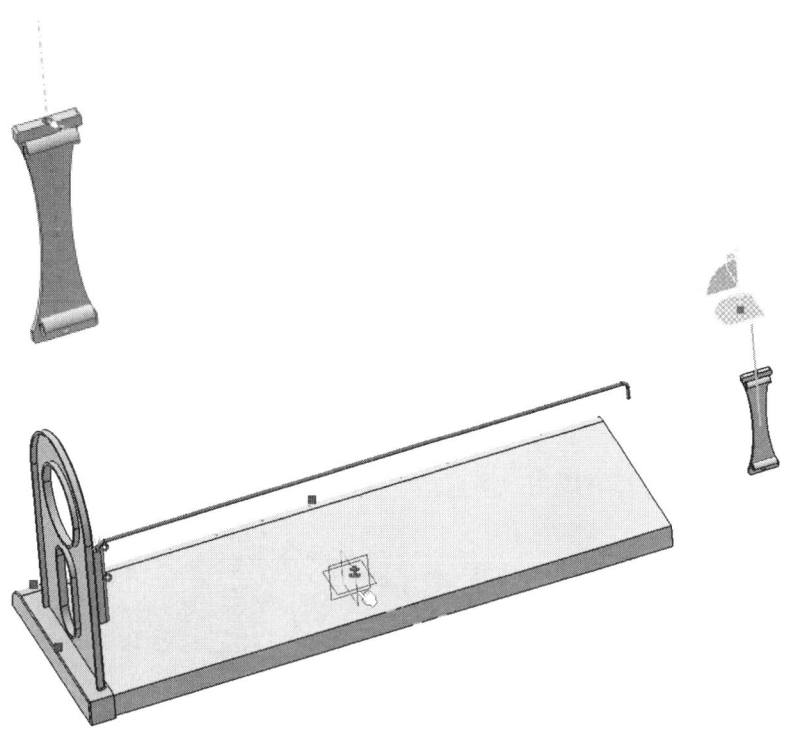

12. 업데이트 해보면 다음과 같이 정중앙에 옵니다. 하지만 아직 끼워지지는 않았으므로 옆 축을 Coincidence Constraint 으로 일치시켜줍니다.

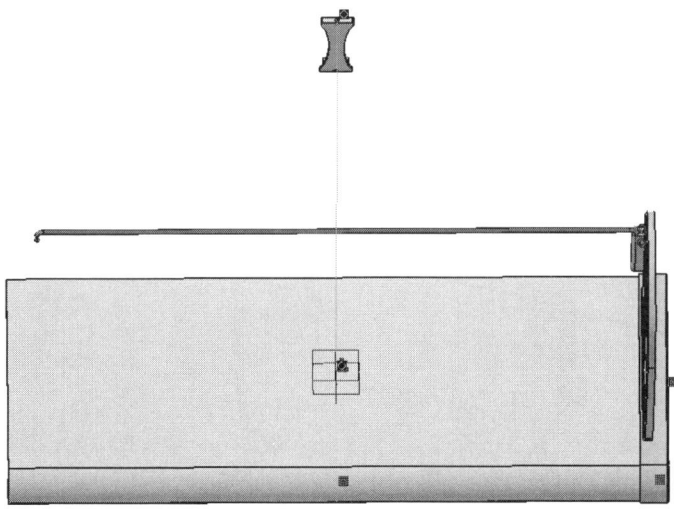

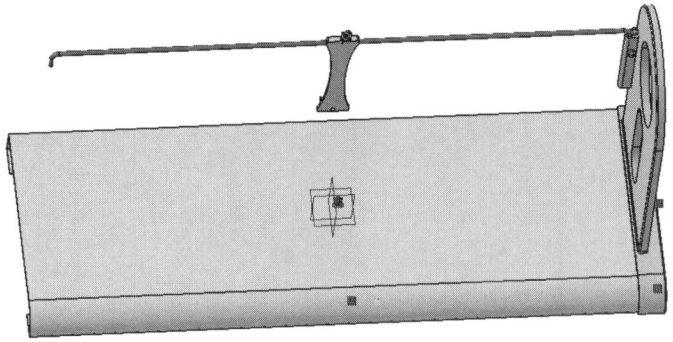

13. 책꽂이 가운데를 나누어줄 Bar를 Coincidence Constraint 로 두 개의 구멍에 축일치를 시켜 조립합니다.

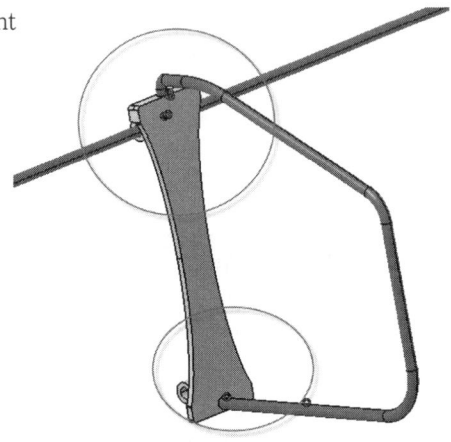

14. 뒤에 Bar를 하나 더 끼우기 위해 Existing Component 로 GuideBar를 하나 더 가져옵니다. 그럼 기존에 있는 GuideBar.1 과 같은 위치에 겹쳐져 있어서 보이지 않으므로 Manipulation 로 분리해 줍니다.

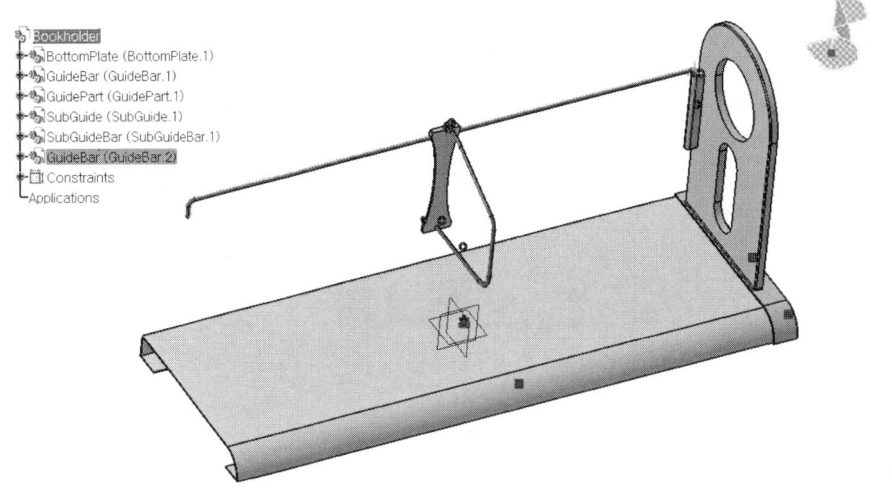

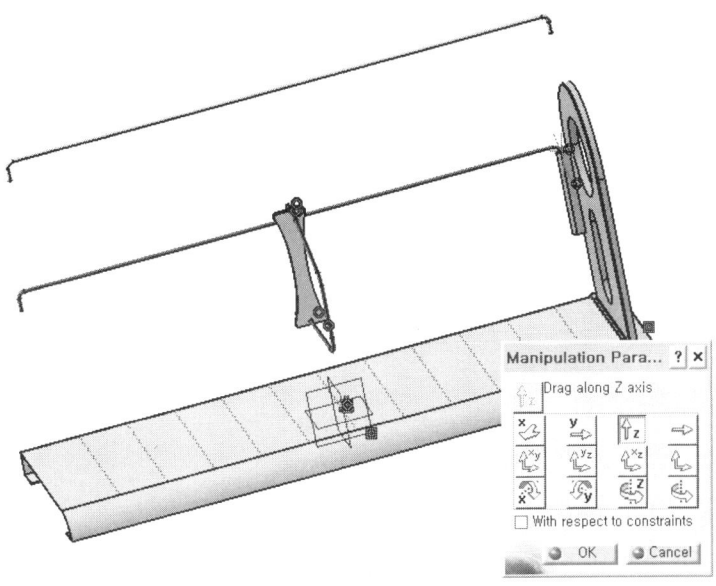

15. GuideBar.1과 마찬가지로 Coincidence Constraint 와 Offset Constraint 으로 간격 10mm를 주고 업데이트 하면 다음과 같이 반대로 끼워져 있음을 알 수 있습니다. 이를 수정하기 위해 10mm를 더블클릭하면 초록색 방향표시와 간격을 넣는 Constraint Definition 창이 뜹니다.

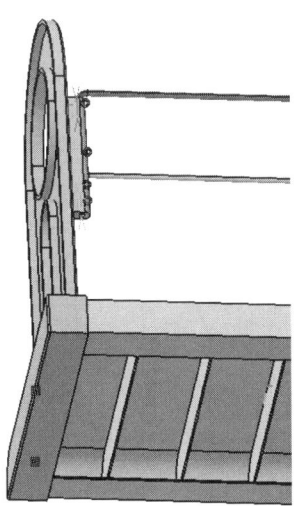

16. 화살표를 클릭하여 방향을 바꾸고 10mm에 '-'를 붙여 주고 업데이트하면 뒤집을 수 있습니다.

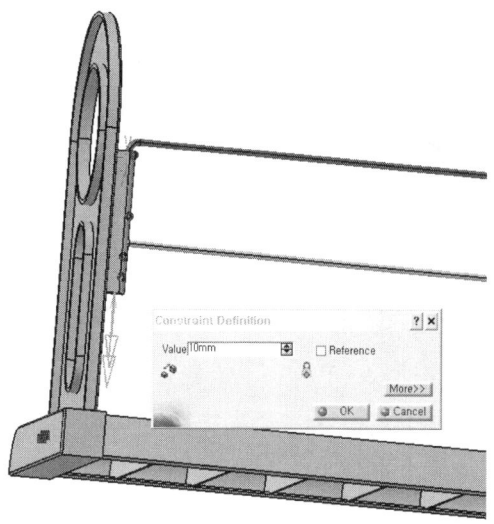

17. 하지만 결과적으로 반대쪽으로 뻗어 있습니다.

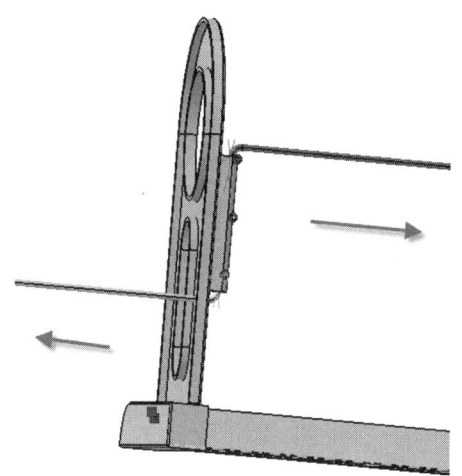

18. 반대쪽으로 돌리기 위해 위에 GuideBar.1와 반대쪽 끝의 축을 일치시킵니다.

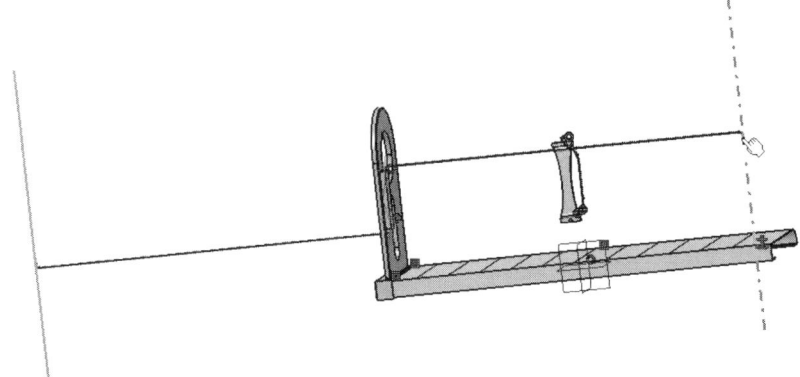

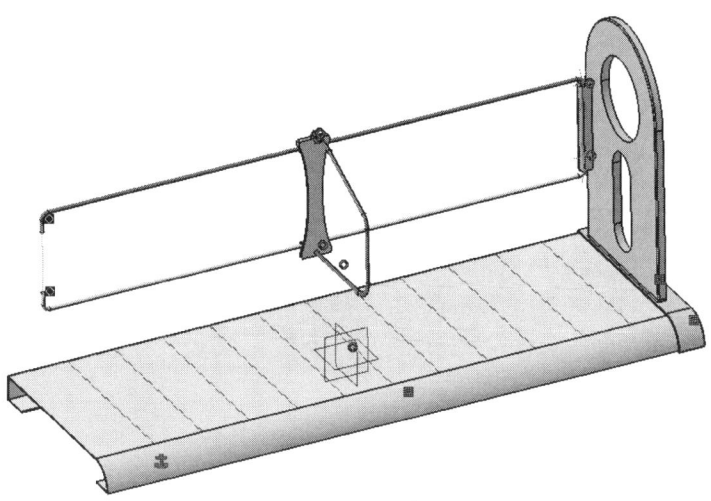

19. 마지막으로 왼쪽 옆면이 될 GuidePart가 필요합니다. 오른쪽에 있는 기존 GuidePart와 모양은 같지만 거울로 보는 것처럼 좌우가 뒤집힌 형상이 되어야 합니다. 이러한 형상을 새로 만들 필요 없이 Assembly Features에 있는 Symmetry 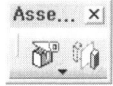 명령을 이용하면 쉽게 할 수 있습니다.

20. 아이콘을 클릭하면 다음과 같이 Assembly Symmetry Wizard가 뜨면 대칭이 될 평면, 대칭시킬 부품을 클릭하면 됩니다.

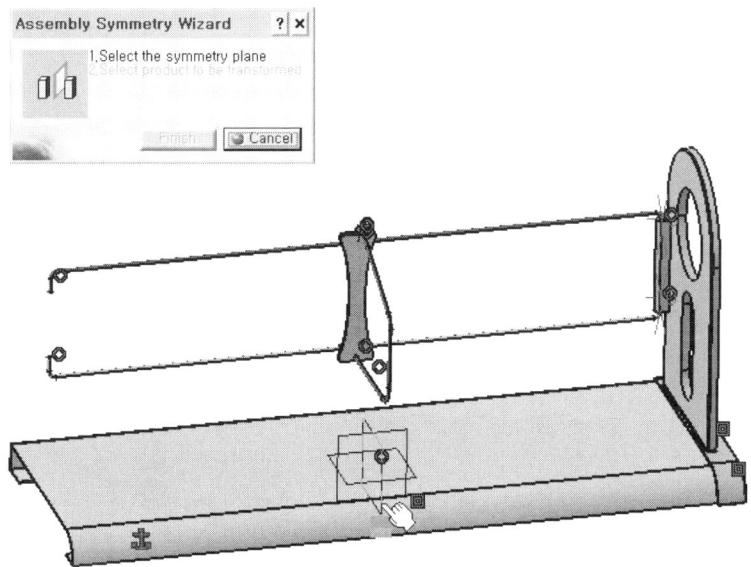

5. Assembly Design **563**

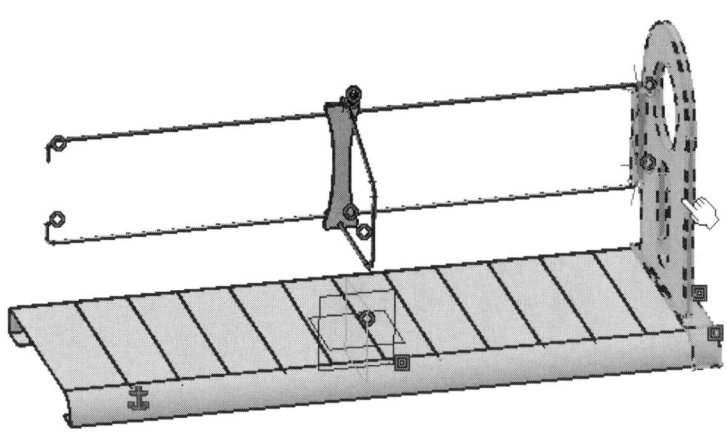

Assembly Symmetry Wizard 창이 뜨고 새로운 부품을 Part Body로 할 것인지, Body로 할 것인지 회전 시킬 것인지, Link를 줄 것인지 등등을 결정하는 창이 뜹니다. 우리는 기본 조건에서 OK를 클릭합니다.

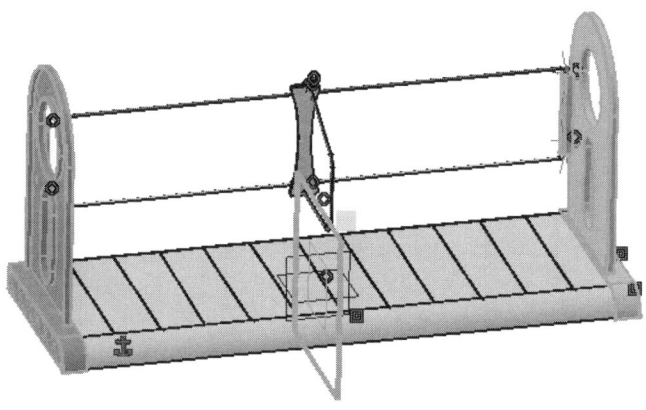

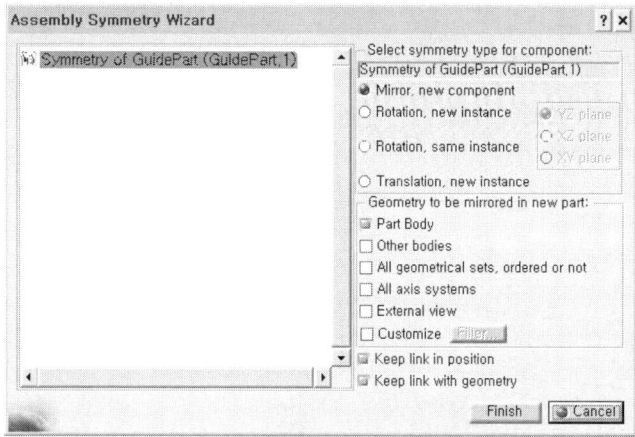

새로운 부품이 만들어지고 Product의 개수와 몇 개의 Component가 만들어졌는지를 보여주는 Result 창이 뜹니다.

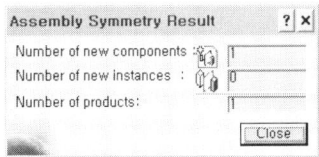

21. Symmetry of GuidePart라는 새로운 부품이 만들어졌습니다.

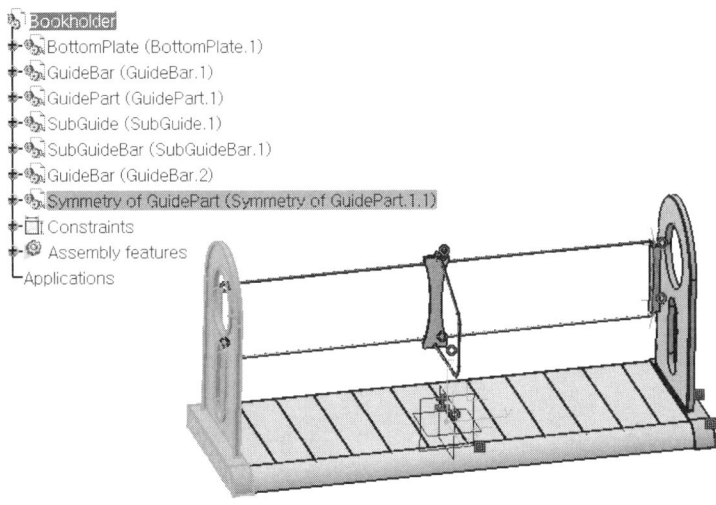

22. Save Management로 보면 새로운 Symmetry of GuidePart와 Bookholder라는 Product 파일이 생겼습니다. New와 Modified된 파일은 모두 저장해주어야 합니다.

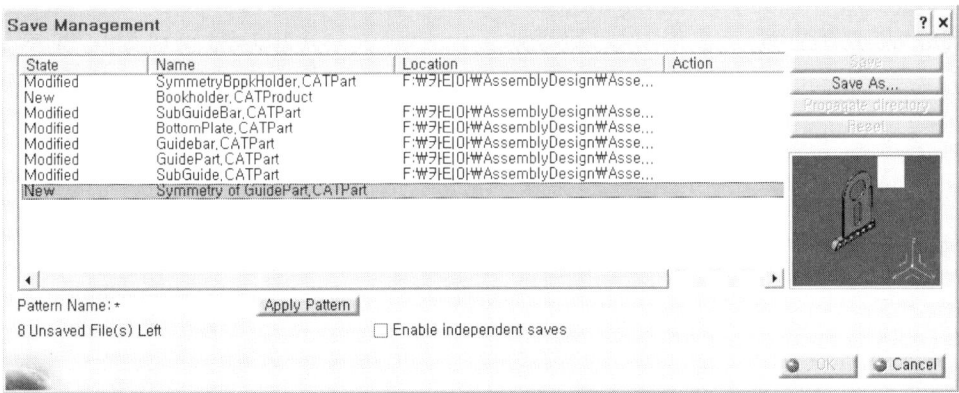

(4) Exercise 4

이번 예제에서는 Assembly에 Multi Instantiation 기능을 이용해 기존에 불러와 있는 부품을 Existing Component 를 통하지 않고 한 번에 여러 개 불러올 수 있는 기능을 배웁니다. 벽에 거는 일반 옷걸이를 가지고 공부해봅시다. 여러분 집에서도 쉽게 볼 수 있는 여러 개의 X 자 모양이 겹쳐져 있는 Hanger를 만듭시다. 단품은 긴 막대, 짧은 막대, 옷을 걸면서 막대를 연결해주는 둥그런 Joint 세 개로 만들 수 있습니다.

01. Assembly Workbench에서 우선 세 개의 부품을 Existing Component 로 다운로드 받은 파일의 Assembly Design ▷ MultiInstance ▷ CATPart 폴더에서 한 번에 모두 불러 옵니다. 하지만 이 세 개만으로는 옷걸이를 완성할 수가 없습니다.

02. 세 개의 마름모꼴로 만들기 위해서는 긴 막대와 작은 막대가 세 개, Pin이 9개 더 필요합니다. Product Structure Tools에 맨 끝에 있는 아이콘에 밑에 작은 화살표를 클릭하면 Define Multi Instantiation 을 찾을 수 있습니다. 이 기능을 이용해서 같은 부품을 한 번에 여러 개 불러올 수 있습니다.

03. 아이콘을 클릭하면 Multi Instantiation 창이 뜨고 더 만들고자 하는 부품을 클릭합니다. New Instance 에 만들 개수를 넣고 Spacing에 얼마만큼 떨어져서 만들 것인지를 정할 수 있습니다. 또한 Reference Direction에서 축 방향을 정할 수도 있습니다.

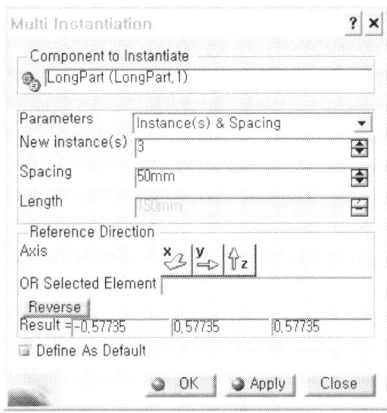 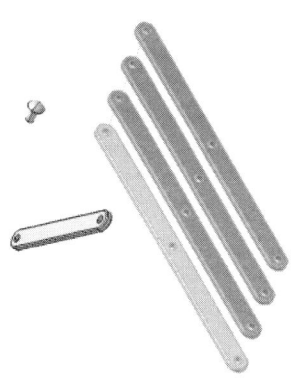

04. Tree에 다음과 같이 여러 개의 LongPart가 생겼습니다. 이것은 새로 만들어진 부품이 아니라 기존 부품을 여러 번 불러온 것과 같은 효과입니다.

05. ShortPart도 같은 방식으로 세 개가 필요하므로 Fast Multi Instantiation 을 이용합니다. 이 기능은 먼저 사용한 Define Multi Instantiation 의 정의 그대로 옵션의 변화 없이 빠르게 부품을 만들어 줍니다.

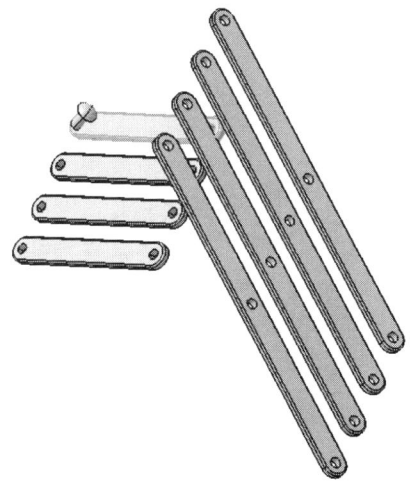

아이콘을 클릭하고 부품을 누르면 아무런 창도 뜨지 않고 바로 부품이 만들어집니다.

06. Pin은 3개가 아닌 9개가 필요하므로 Define Multi Instantiation 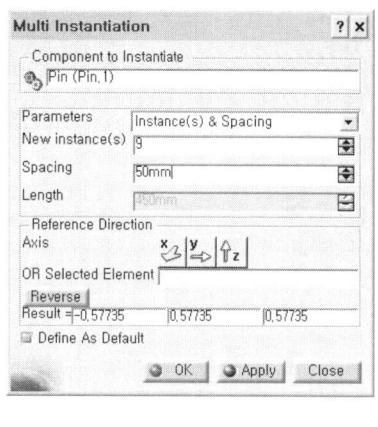을 이용하여 New Instance를 9개로 바꾸어줍니다.

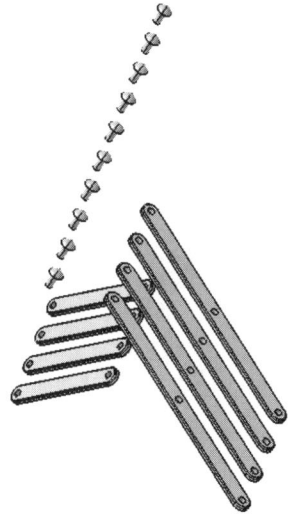

07. 필요한 부품을 다 불렀으면 Coincidence Constraint 와 Offset Constraint 로 조립을 합니다.

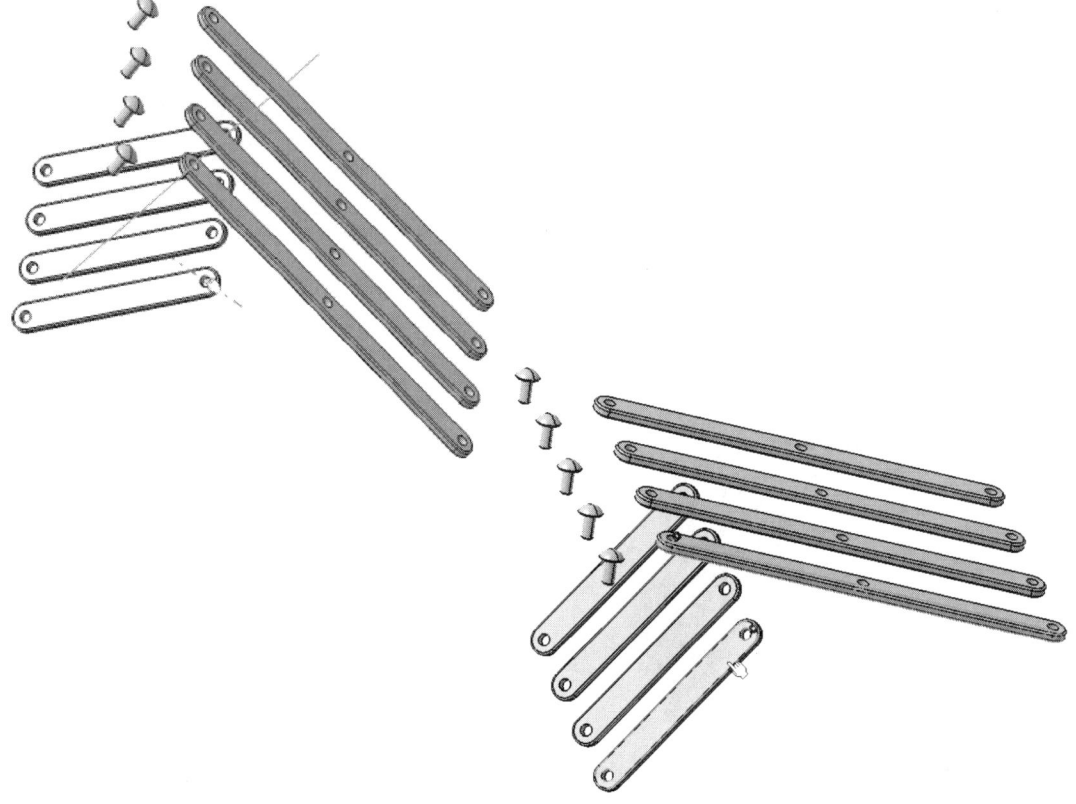

08. 업데이트 하면 다음과 같습니다. 나머지 부품도 모두 조립하면 형상이 갖추어집니다.

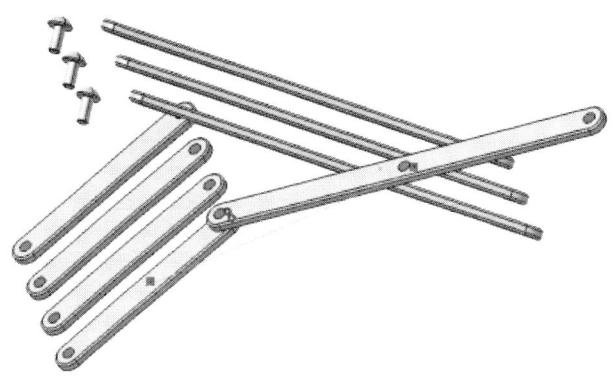

09. 조립하는 과정에서 아래와 같은 상태에서 남아있는 부분끼리 접촉 구속을 주면 아직 각도가 없기 때문에 다른 부품 밑으로 겹쳐지는 경우가 생길 수 있습니다.

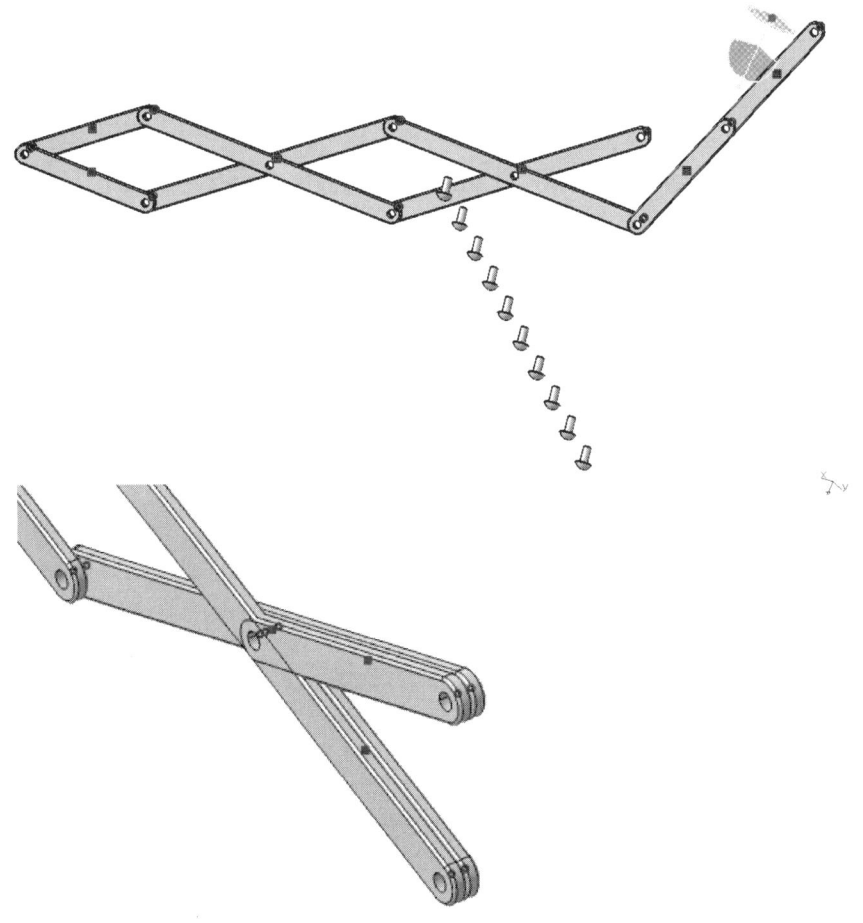

10. 이 경우 Control + z로 업데이트 전 상태로 되돌리고 Compass로 막대를 회전시킨 다음 업데이트합니다.

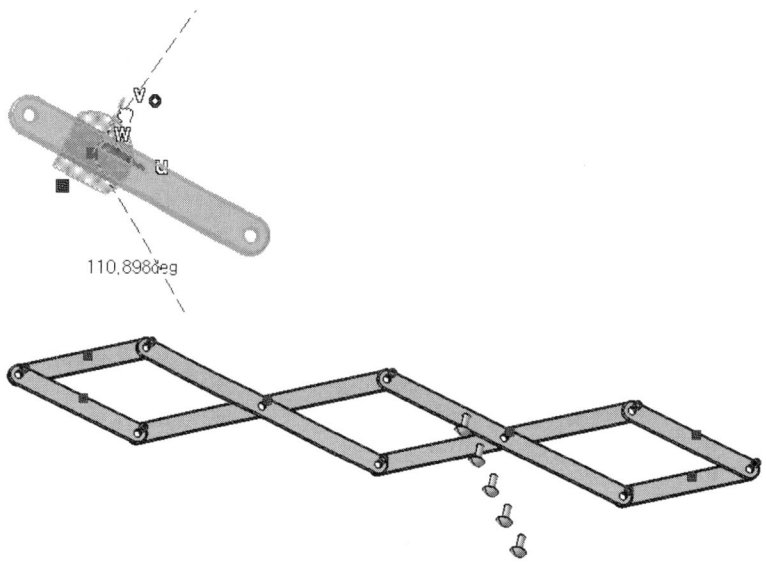

11. 각을 주기 위해 Constraint Toolbar에 Angle Constraint 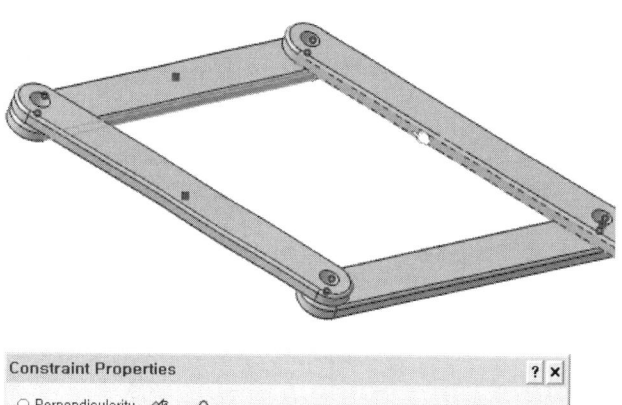를 이용합니다. 아이콘을 클릭하고 각각의 면을 찍으면 Constraint Properties 창이 뜹니다. Angle 부분에 60도를 넣습니다.

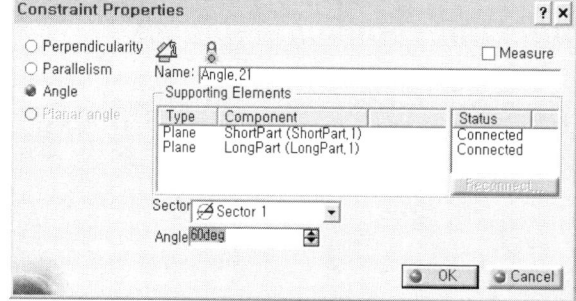

12. Sector도 Sector3으로 바꾸어 우리가 원하는 방향으로 각을 만들도록 합니다.

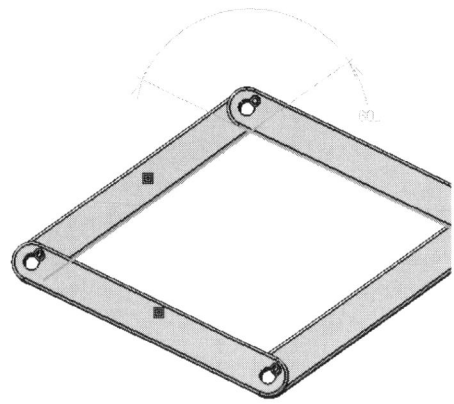

13. 업데이트 하면 다음과 같이 모양이 바뀌었습니다. 세 번째 마름모도 같은 방법으로 구속을 주어야 움직이지 않고 완벽한 구속이 됩니다.

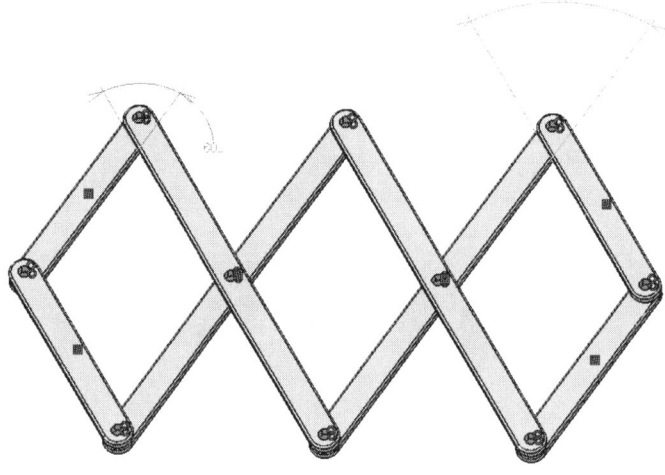

14. 나머지 Pin도 조립합니다.

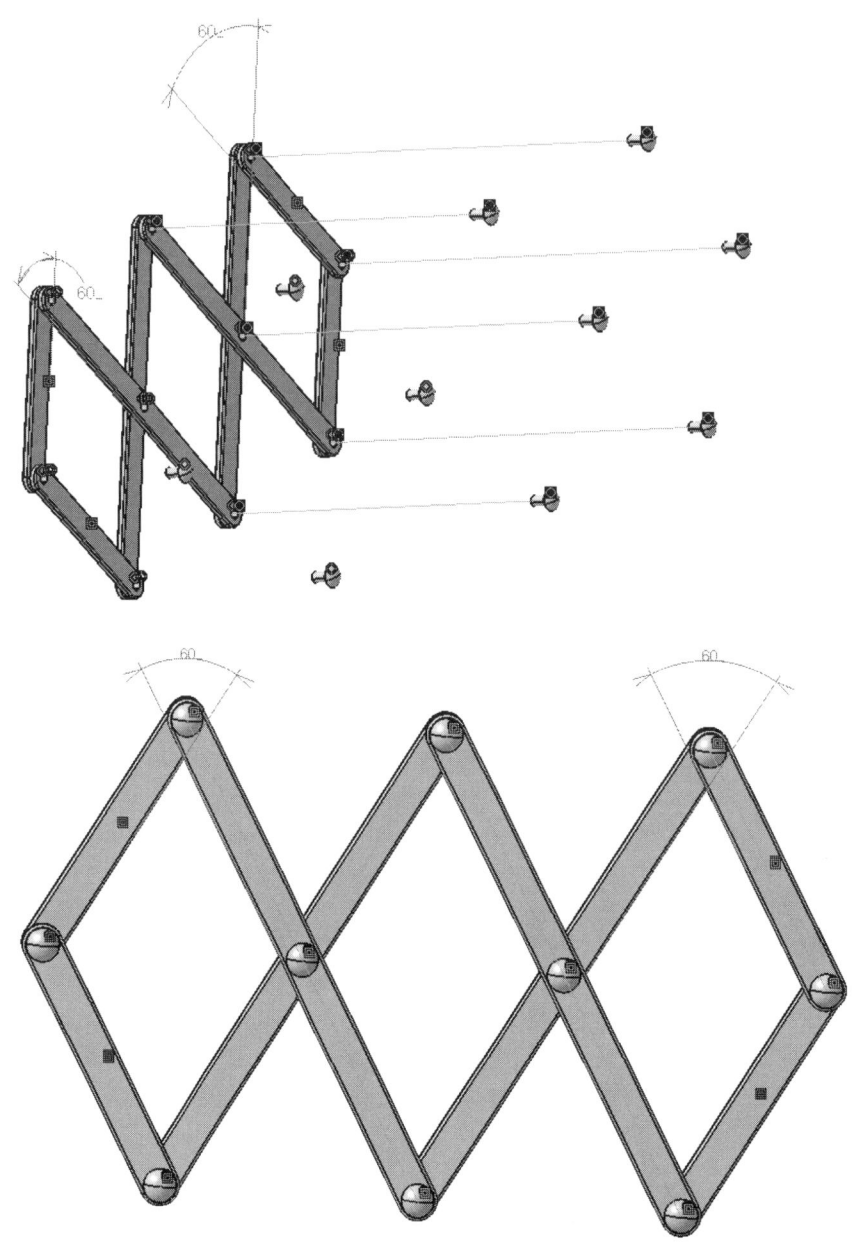

15. 이번엔 복잡한 트리를 Product Structure Tools에 있는 Graph Tree Reordering 로 정리합니다.

16. Hanger(Product)를 클릭하면 Graph tree reordering 창이 뜨고 화살표를 이용하여 순서를 바꿀 수 있습니다. 같은 부품끼리 모으도록 합니다.

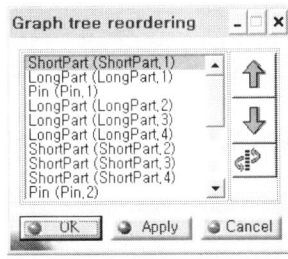
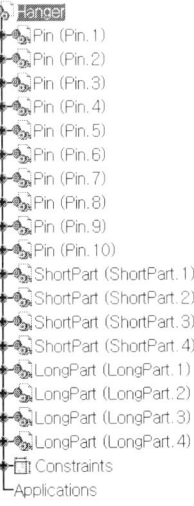

17. Save Management로 저장할 때 보면, 다른 부품들은 모두 같은 부품을 여러 번 부른 것이기 때문에 새로 생긴 파일은 Product 파일 밖에 없습니다.

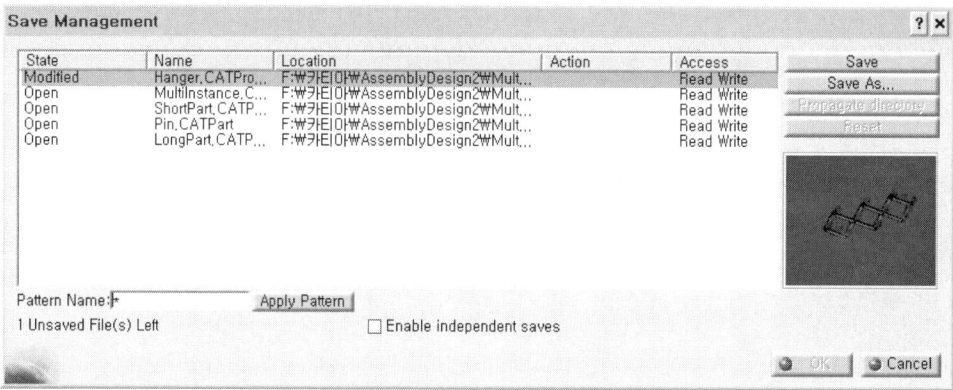

(5) Exercise 5

이번 예제는 앞에서 배운 기능들을 이용하여 주변에서 쉽게 볼 수 있는 발로 밟아서 여는 쓰레기통을 만들어 보겠습니다.

01. Assembly Workbench에서 Product1을 클릭하고 Alt + Enter를 쳐서 이름을 바꾸어줍니다. Part이든 Product이든 클릭하고 Alt + Enter를 누르면 속성 창을 열수가 있습니다.

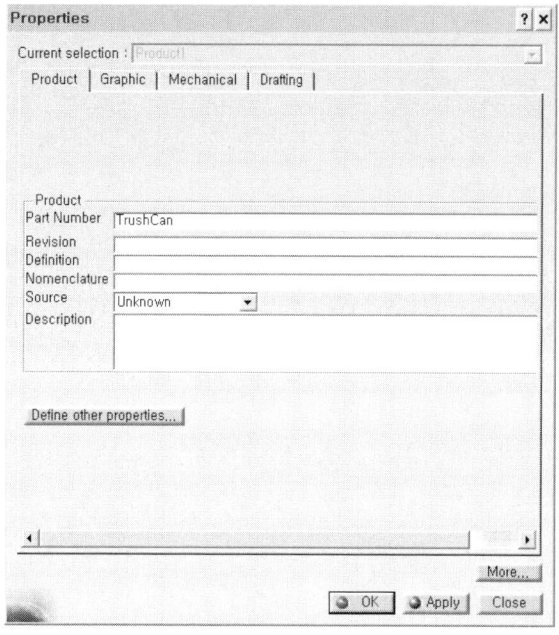

02. Existing Component 로 다운로드 받은 파일의 Assembly Design ⇨ TrushCan ⇨ CATPart의 모든 부품을 가져옵니다.

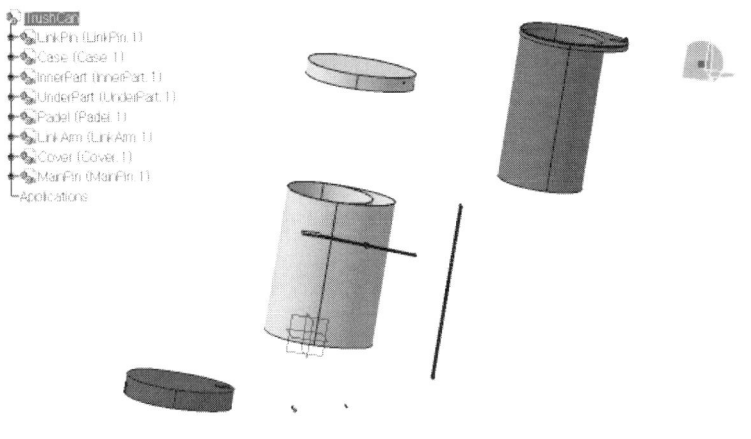

03. 저는 전체 몸통 부분인 Case를 중심으로 조립을 하겠습니다. 중심을 지키고자 하는 Case를 Fix시킵니다.

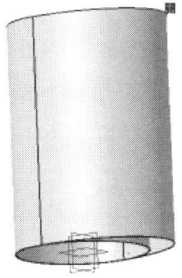

04. 먼저 발판과 뚜껑을 연결하는 대를 Pin을 이용하여 조립합니다. CATIA에서는 Pin이 없이도 Coincidence Constraint , Contact Constraint 만으로 조립이 가능하지만 실제 물건을 모델링하기 위한 것이므로 실제에서 필요한 Pin도 조립해줍니다.

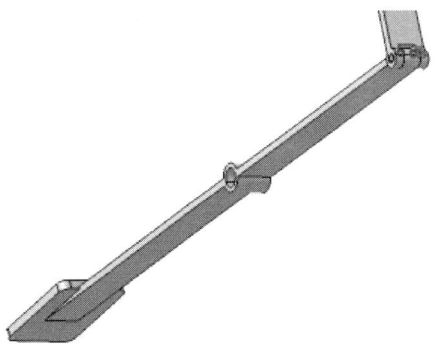

05. Pin이 구멍의 중심에 위치하도록 각 부품에서의 YZ 평면을 일치시킵니다. Contact 구속으로는 할 수 없고 Offset Constraint 를 이용하여 평면사이 거리를 0으로 줍니다.

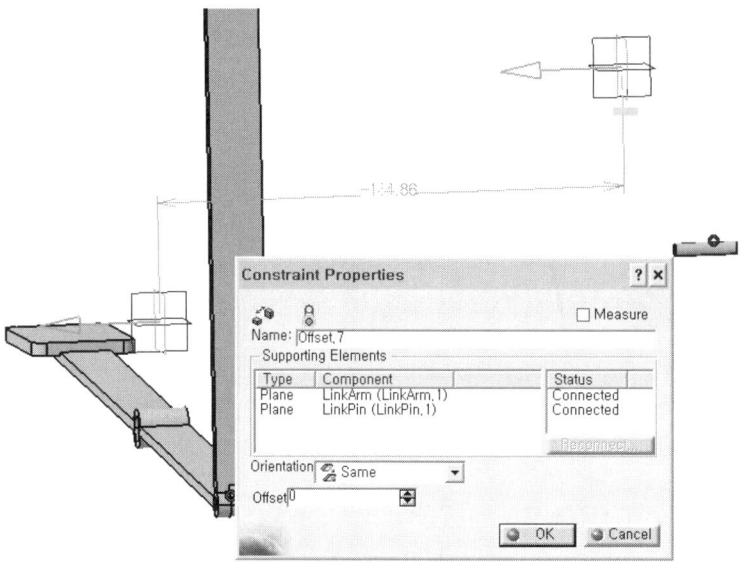

06. 다른 긴 Pin도 마찬가지 방법으로 조립합니다. 이 Pin은 Under Part 부분과 Pedal을 조립하기 위한 Pin입니다. 실제 현실에서 조립한다면 Pedal을 Under Part에 조립한 다음 Pin을 꼽아야 하지만 CATIA에서는 무관합니다. 하지만 복잡한 형상이나 제품완성 후 수정이 많이 필요하다면 부품 간에 유기적 관계를 잘 고려하여 순서대로 조립하는 것이 수정에 유리합니다.

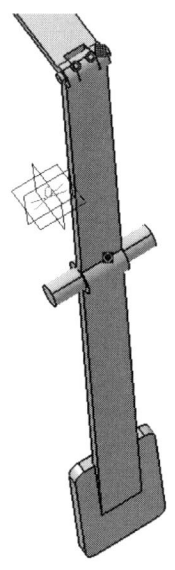

07. Under Part와 Pedal을 조립합니다.

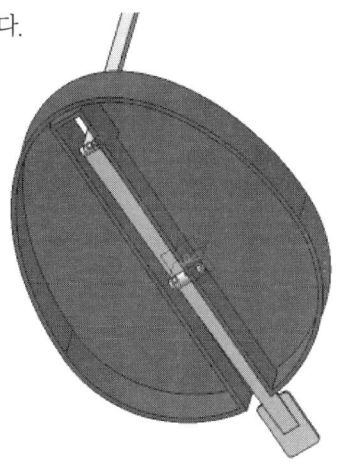

08. Case 안에 Inner Part를 넣습니다. Contact Constraint 로 겉면과 안면을 선택합니다.

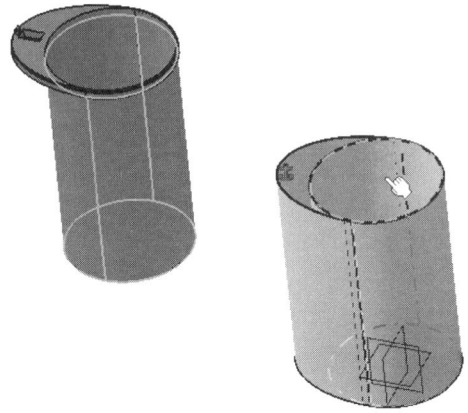

09. Contact Constraint 로 접촉되는 윗면도 구속을 줍니다.

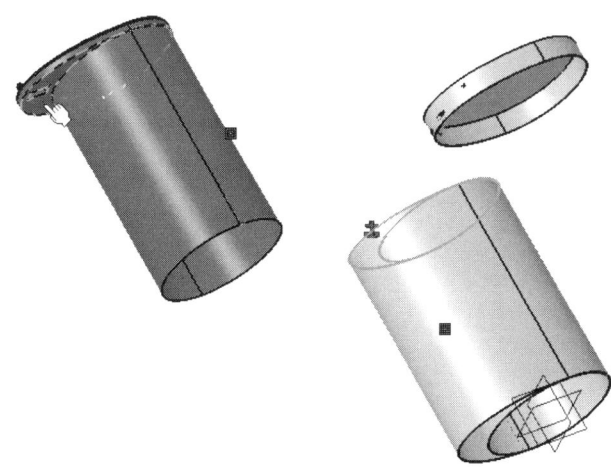

10. 업데이트하고 Case에 투명도를 주면 다음과 같이 앞에 조립되어 있는 Inner Part를 볼 수 있습니다.

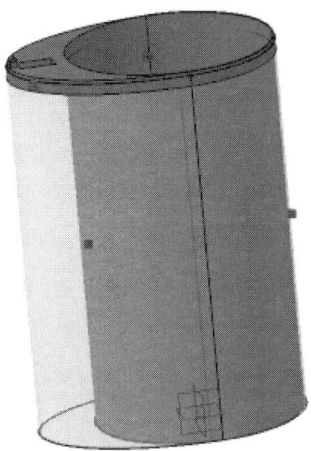

11. Cover를 통에 먼저 조립하면 연결 대와 조립하기가 용이하지 않기 때문에, 먼저 Cover와 Pedal부분을 조립합니다.

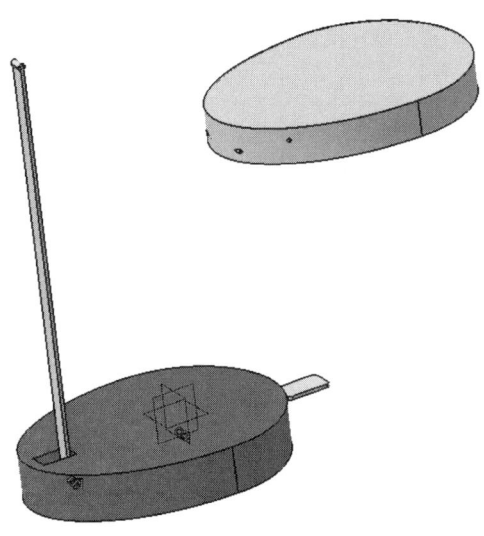

12. Coincidence Constraint , Contact Constraint 로 조립합니다.

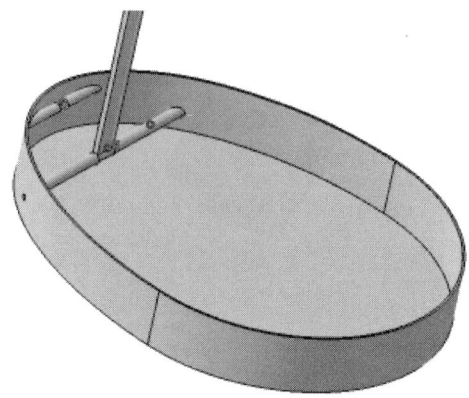

13. 각각 조립한 부분을 조립하여 완성합니다.

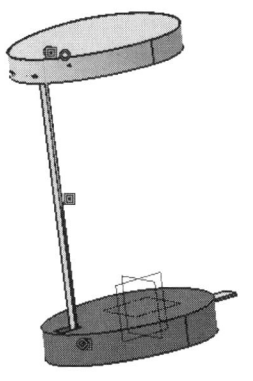 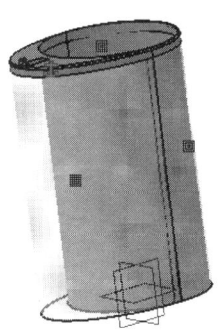

아래 원안에 부분을 조립하면 됩니다. 이 고리 연결만으로도 조립을 완성할 수 있기 때문에 다른 구속으로 중복하지 않도록합니다.

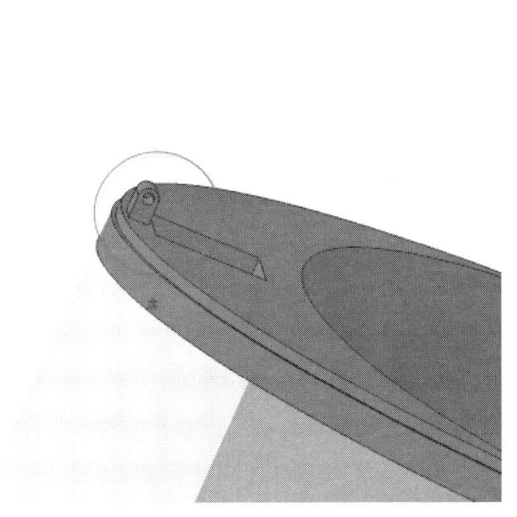 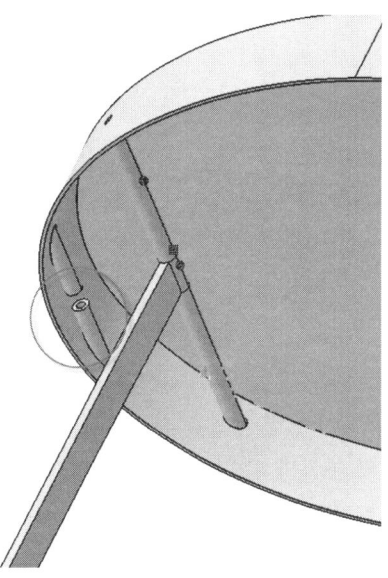

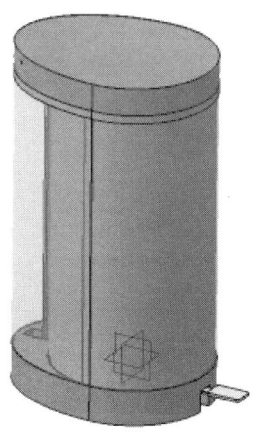

14. Save Management로 저장합니다.

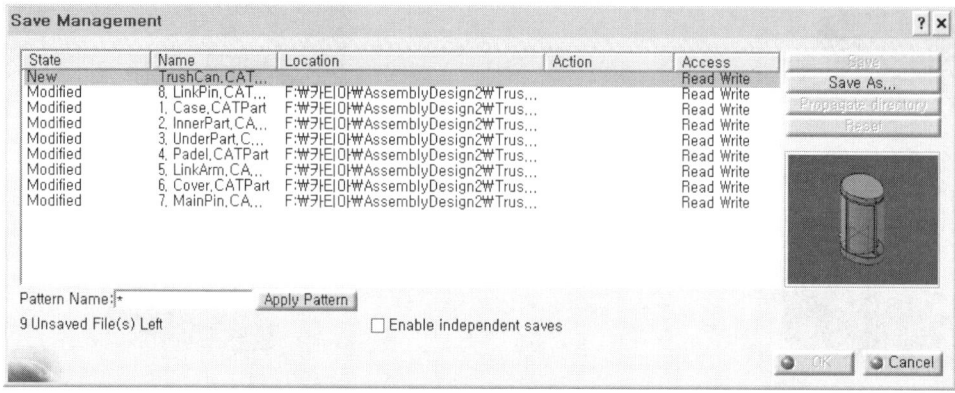

(6) Exercise 6

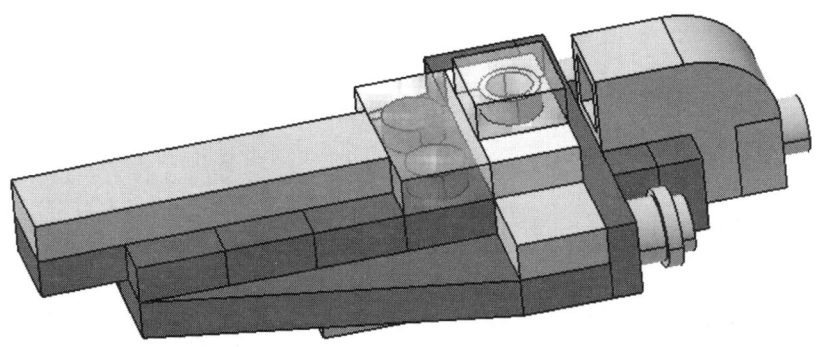

01. 전체적으로 조립할 형상의 모양을 생각하여 각각의 단품을 먼저 그립니다. 조립을 위해서는 각 부품 간에 연결 부분의 치수가 정확히 일치해야 합니다. 이점을 생각해서 Part Workbench에서 각각의 부품을 그려서 Part 폴더에 저장합니다. 저장 시 부품들의 특징을 고려하여 이름을 붙여주면 전체적인 조립과정에서 찾기도 보기도 편리합니다.

Product폴더도 만들어서 앞으로 만들게 될 Product 파일을 저장합니다.

02. 이 우주선에서는 Main plate를 시작으로 Sub 조립된 세 개의 Assembly를 이용하겠습니다.

03. 먼저 Assembly Design Workbench를 열면 Product1이 생성됩니다. Start ⇨ Mechanical Design ⇨ Assembly Design

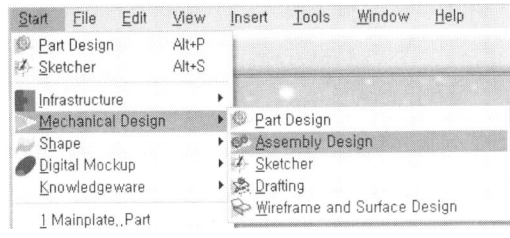

04. 다음은 앞으로 우리가 사용하게 될 Tool Bar들입니다.

Product Structure Tools, Move, Constraints, Assembly Features

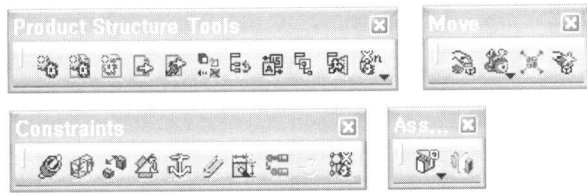

05. 먼저 이미 만들어진 부품들을 이용하여 전체 조립에 쓰일 Subassembly 세 개부터 만들어보도록 하겠습니다.

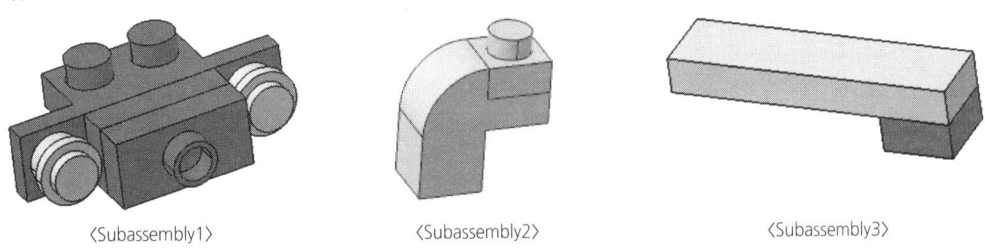

〈Subassembly1〉　　〈Subassembly2〉　　〈Subassembly3〉

06. 먼저 Subassembly1을 만들기 위해 필요한 모든 부품들을 불러오겠습니다. (Support 1, Back-onehole, Pole, Backtwohole)

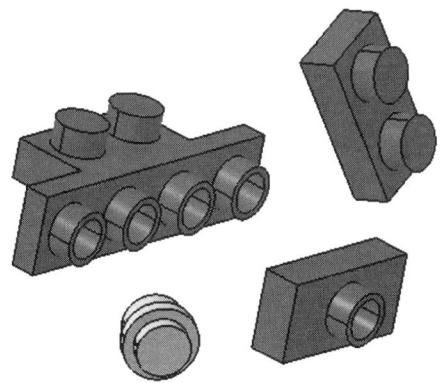

Product Structure Toolbar에 있는 Existing Component 클릭 후 Product1을 클릭하면 File Selection 창이 뜨고 원하는 부품들을 선택하면 됩니다. Show preview를 체크하면 현상을 미리 짐작하여 선택하는 것이 가능합니다.

07. 그럼 제멋대로 떨어져있는 부품들을 조립하여야 합니다. 이때 Constraints Toolbar에 있는 기능들을 이용하여 부품 간에 적합한 구속조건을 주어 조립을 합니다.

첫 째로 중심이 될 Support1을 Fix시켜 중심을 잡아줍니다. (Fix component)

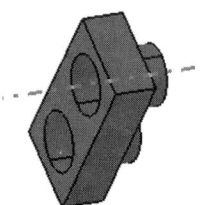

08. 초록색 두 개의 Block을 Support1에 끼우겠습니다. 우선 Block을 끼우기 위해서 어떤 구속조건을 주어야 고정될 수 있는지를 생각해봅니다. 예를 들어 첫 번째 초록색 Block의 경우 두 개의 구멍이 뒤쪽에 있으므로 Support1의 두 개의 볼록한 원부분과 원 중심을 각각 일치시키면 Block을 알맞은 위치로 Support1과 수평하게 위치시킬 수 있습니다.

Coincidence constraint 를 이용합니다. 처음 이 아이콘을 클릭하면 다음과 같이 아이콘에 관한 설명을 해주는 다음과 같은 창이 뜹니다. 다음부터는 보지 않기 위해서 Do not prompt in the future를 체크합니다.

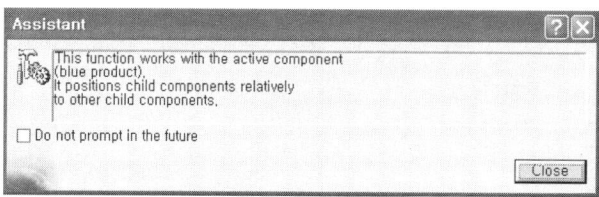

원하는 원 근처에 마우스를 가져가면 다음과 같이 주황색 원의 중심을 지나는 선이 나올 때 클릭합니다.

09. 그리고 다시 같이 구속을 줄 부분인 Support1의 원 중심 근처에서 중심선이 나올 때 클릭합니다.

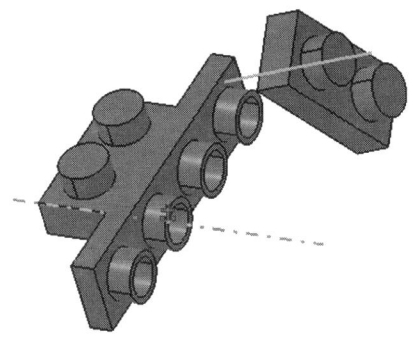

10. 다른 원끼리도 해주면 다음과 같이 원 중심이 일치되었다는 표시로 작은 원이 생깁니다.

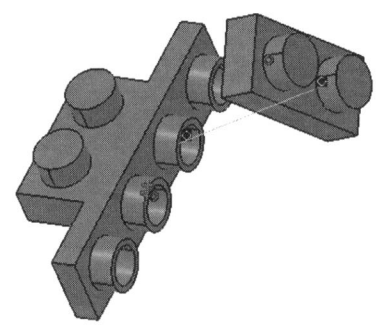

11. 그럼 이제 잘 일치되었나 보기위해 업데이트를 해봅니다. Update All ⟳ 을 클릭하거나 Control + u를 사용합니다.

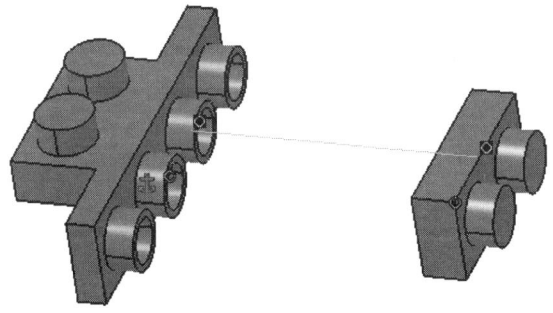

보는 바와 같이 아직 우리가 원하는 대로 조립되지는 않았습니다.

12. 마무리 하기위해 Contact constraint 🔲 를 이용하여 접촉의 구속을 줍니다. 마찬가지로 원하는 부분을 각각 클릭하면 됩니다.

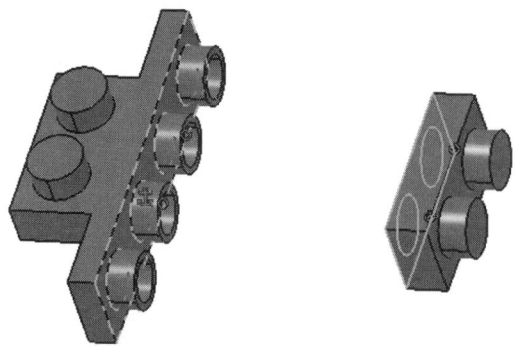

결과는 다음과 같이 Surface contact.4라는 사각형 표시가 나타납니다.

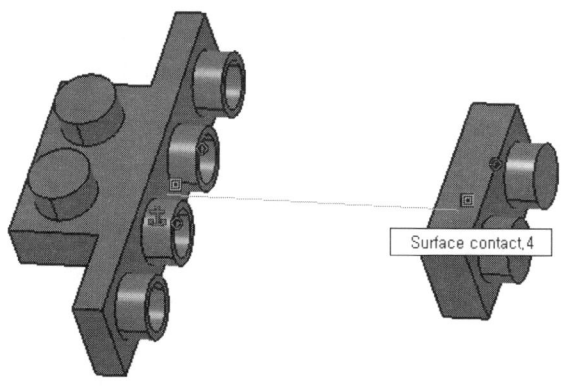

13. 다시 Update All 하면,

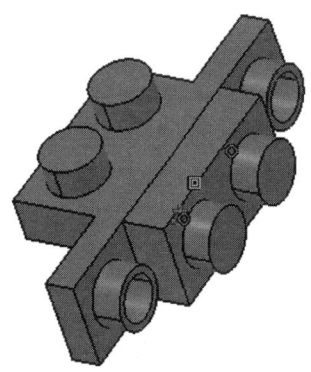

위와 같이 조립된 모습을 볼 수 있습니다.

이와 같이 조립을 위해 먼저 어떠한 구속 조건들을 주어야 내가 원하는 모양대로 조립이 되는지 생각하여 Over-constraint되지 않도록, 조건이 부족하지 않도록 합니다.

14. 두 번째 Block도 조립하겠습니다. 앞에서와 같은 방식으로 먼저 Coincidence constraint 로 두 원의 중심을 일치시킵니다.

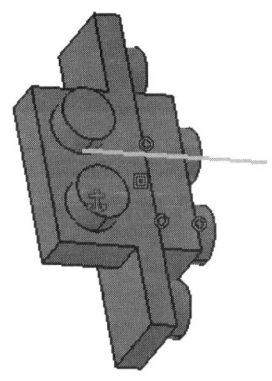 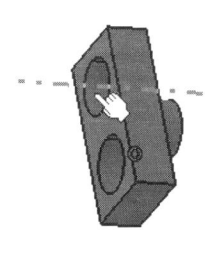

15. Contact constraint 로 접촉 구속을 줍니다.

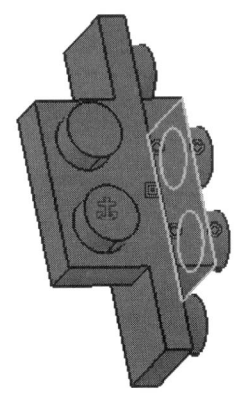 

16. Update All 클릭 또는 Control + u를 누르면 아래와 같은 형상이 나타납니다.

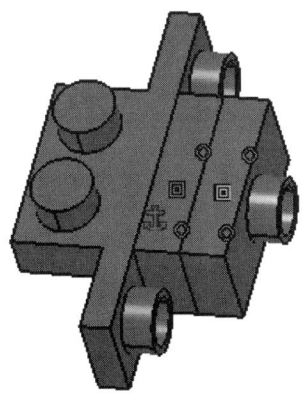

17. 이제 양 옆에 작은 원 Block을 끼우는 작업입니다. 마찬가지로 Coincidence constraint 와 Contact constraint 을 준 후 업데이트 하여 한쪽을 완성합니다.

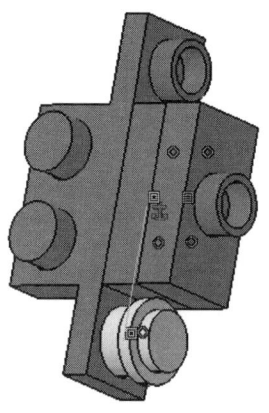

18. 반대쪽에도 같은 Block을 이용합니다. Product Structure Tools Bar에 맨 끝에 있는 Define Multi Instantitation 로 기존에 불러와 있는 파트를 여러 개 가져올 수 있습니다.

19. Define Multi Instantitation 을 클릭하면 다음과 같이 Multi Instantiation 창이 뜹니다. Component to Instantiate를 클릭하고 다시 불러 오고 싶은 파트를 화면에서 클릭합니다.

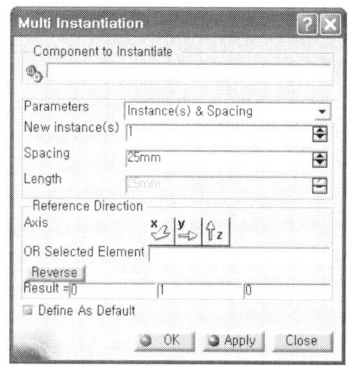 

20. 우리는 한 개만 더 필요하므로 New Instance에 1의 상태 그대로 OK를 누르면 됩니다.

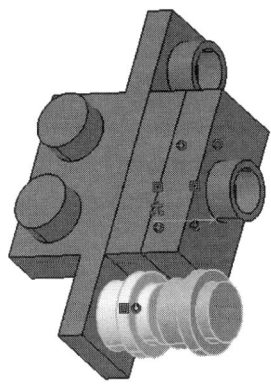

21. 마찬가지로 Coincidence constraint 와 Contact constraint 으로 반대쪽에 끼웁니다.

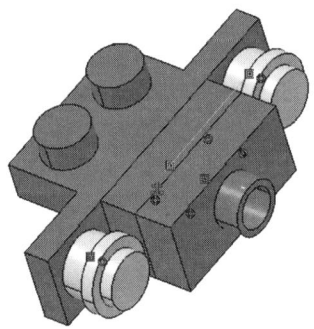

22. Subassembly1이 완성 되었습니다. 여러 개의 Par들로 이루어져 있으므로 Save Management를 이용해 저장합니다. (Fil ⇨ Save Management)

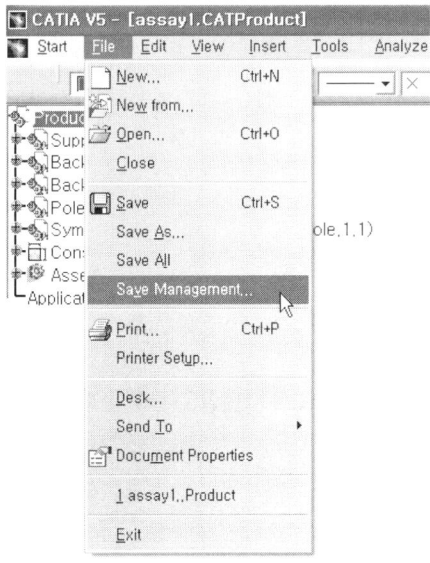

23. State를 누르면 상태에 따라 정렬이 됩니다. Modified(수정된 파일), New(새 파일), Open(불러온 파일) Symmetry로 생긴 원 Block은 New 상태로 Save as로 저장이 필요합니다. 또한 Modifed이 Part 들은 수정된 것이므로 저장이 필요하고 Open 한 부품들은 조립 시 수정되었으므로 Save를 통해 모두 저장해주어야 합니다. 저장 시 부품은 Par 폴더에 Product는 Product 폴더에 저장합니다.

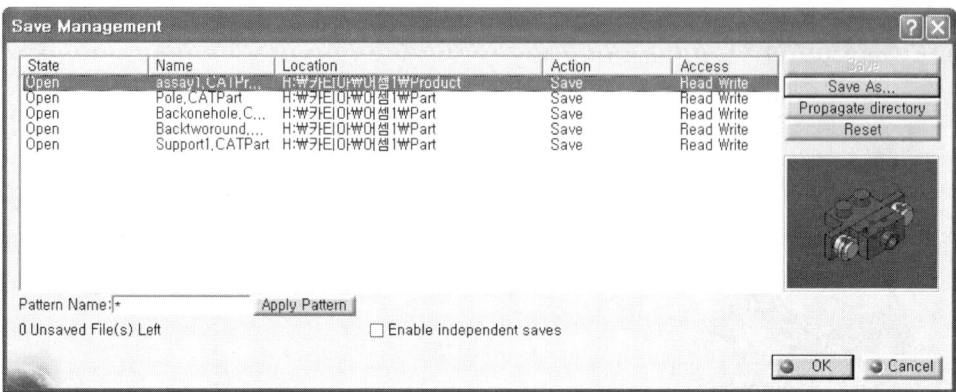

24. 모두 저장하면 OK 버튼이 활성화됩니다. 클릭하면 다음과 같이 저장이 됩니다.

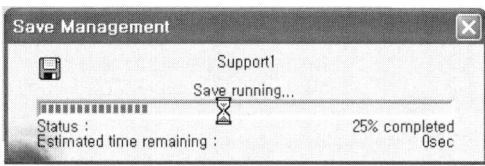

25. Subassembly 2와 Subassembly 3도 앞에서 배운 것을 이용하여 같은 방식으로 저장을 합니다.

26. 필요한 Subassembly를 모두 만들어주었으면 전체적인 조립을 시작하겠습니다. 먼저 필요한 부품 두 개를 읽겠습니다.

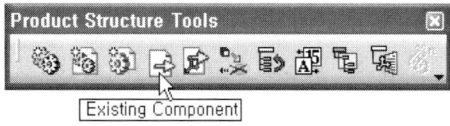

27. 부품을 이동하는 방법을 보겠습니다. 먼저 MoveToolbar에 Manipulation 을 이용하는 방법입니다.

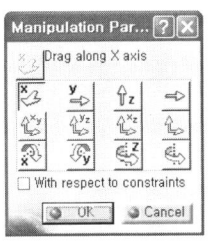 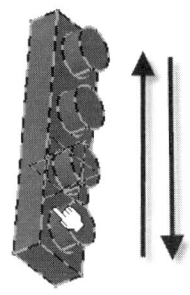

예를 들어 Drag along X axis를 클릭하고 원하는 부품을 클릭하면 X방향으로 마우스를 움직이는 만큼 움직일 수 있습니다. 원하는 방향의 아이콘을 클릭 후 부품 클릭, 마우스로 이동.

28. 다른 방법은 화면 오른쪽 위에 있는 Compass를 이용하는 방법입니다. Compass 중앙에 마우스를 가운데로 가져가면 마우스 화살표 모양이 다음과 같이 바뀔 때 클릭을 하고 Drag하여 원하는 부품위에 올려놓습니다.

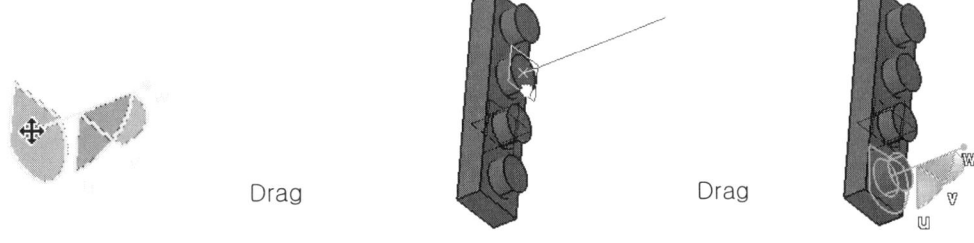

29. Compass에 X, Y, Z축 또는 곡선위에 마우스를 가져가서 주황색으로 변했을 때 클릭 후 원하는 방향으로 Drag&Drop하여 줍니다. 부품을 불러들였을 때 너무나 엉뚱한 곳에 떨어져 있거나 조립하는데 어렵게 배치되어 있을 때 위와 같이 Manipulation 이나 Compass를 이용하여 이동 혹은 회전합니다.

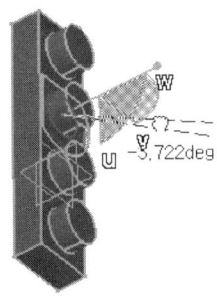

30. 이제 조립을 하겠습니다. 메인으로 사용할 Block을 기준으로 하기 위해 Fix 합니다.

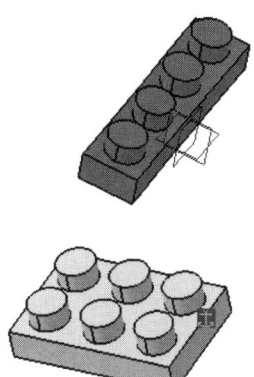

31. 이번엔 Coincidence constraint ⊘ 와 Offset Constraint 🧊를 이용하여 조립해보겠습니다. Coincidence constraint를 이용해 두 원의 중심을 일치시킵니다.

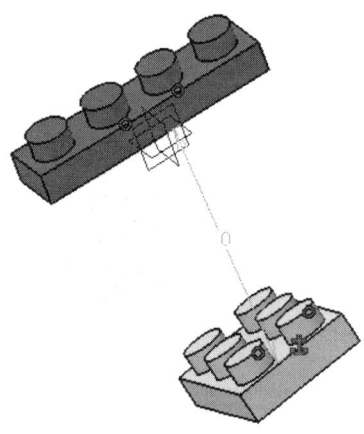

32. Offset Constraint 🧊 아이콘 클릭 후 거리조건을 주고 싶은 모서리를 클릭합니다.

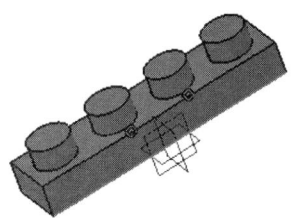

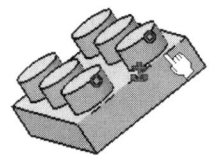

33. 두 모서리 사이의 거리 치수가 나오고 Constraint Properties 창이 뜹니다. Offset 부분에 원하는 거리를 넣고 OK 버튼을 누릅니다.

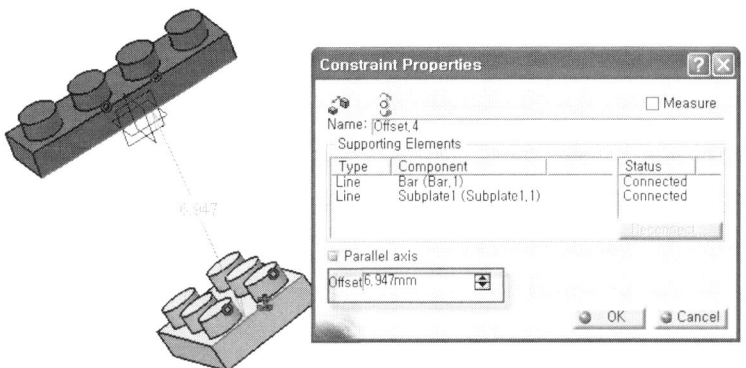

34. 업데이트합니다.

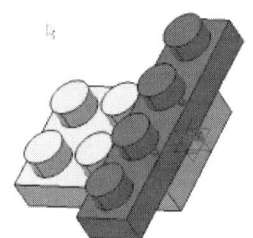

35. 앞에서 배운 구속조건들을 이용하여 다음 Block을 조립합니다.

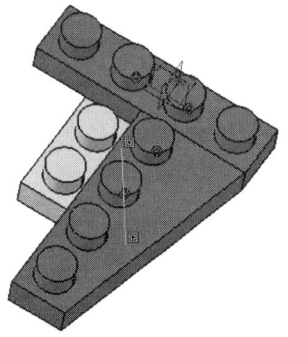

36. 사다리꼴 모양의 블록은 대칭적으로 하나 더 필요하므로 Assembly Toolbar  에 있는 Symmetry를 합니다.

37. Symmetry 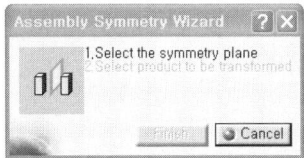를 클릭하면 다음과 같이 Assembly Symmetry Wizard 창이 뜹니다. 대칭될 평면을 먼저 클릭하고, 대칭을 부품을 클릭합니다.

38. 그러면 다음과 같은 창이 나오고 Finish를 클릭합니다.

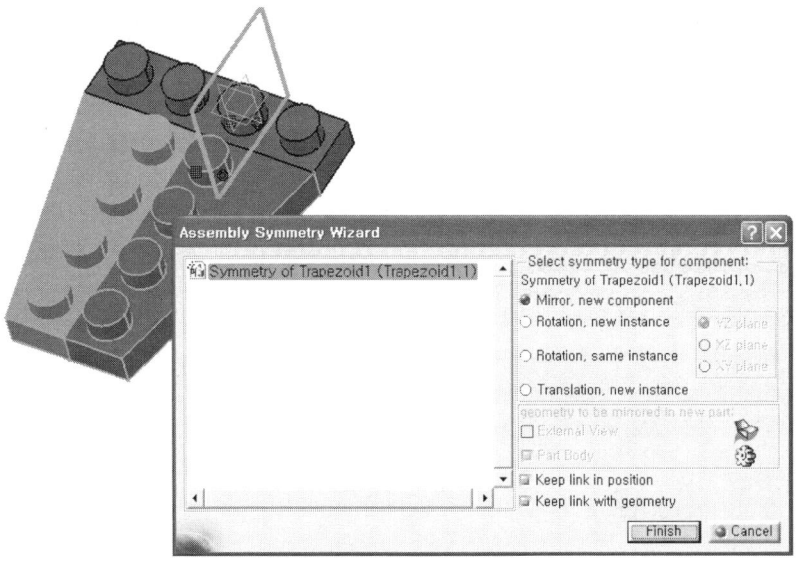

39. 마지막으로 Assembly Symmetry Result 라는 창이 뜨고 새로운 Component가 한 개 생겼음을 알려줍니다.

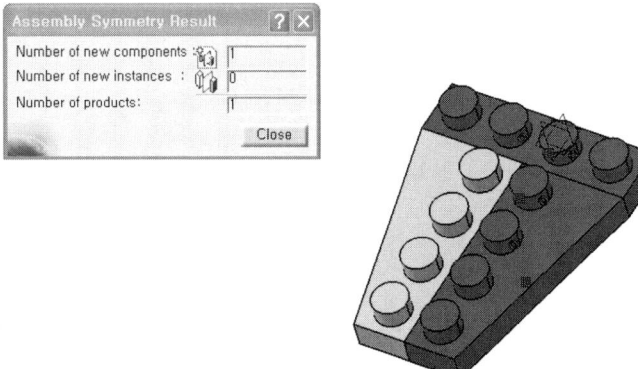

40. Tree에 Symmetry라는 이름으로 새로운 Component가 생겼습니다. 나중에 Save Management에서 저장 시 꼭 새고 생긴 부품이므로 저장해주어야 합니다.

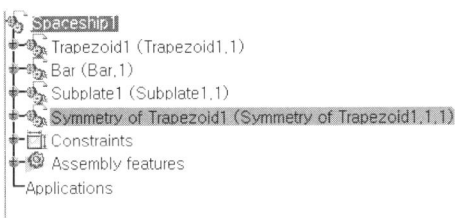

41. Subassembly1도 조립합니다. 다른 Part들을 읽어 들인 것처럼 Existing Component 를 이용하면 앞에서 조립한 그대로의 형상을 불러올 수 있고 Subassembly는 조립되어진 상태 통째로 이동합니다.

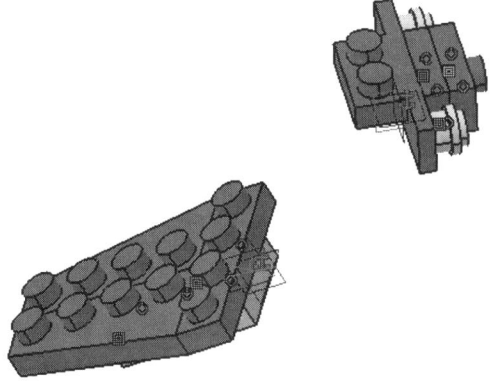

42. Coincidence, Contact 조건을 주어 조립합니다.

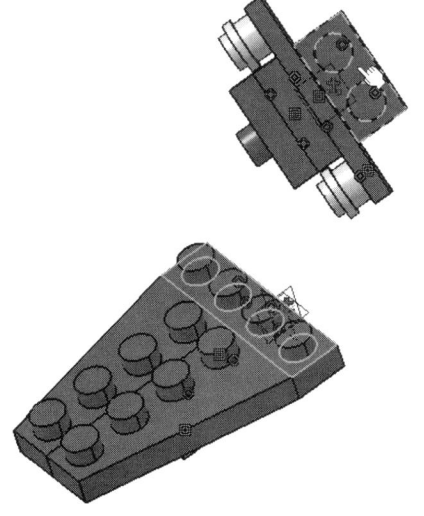

43. 다른 두 Block도 구속조건을 이용하여 조립합니다.

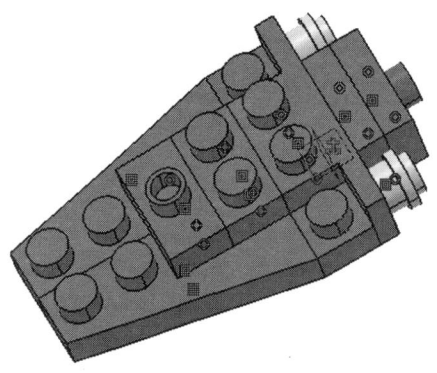

44. 아래의 흰 원안에 있는 Block이 반복되어 두 개더 필요하므로 Product Structure Toolbar에 Define Multi Installation 을 이용하겠습니다.

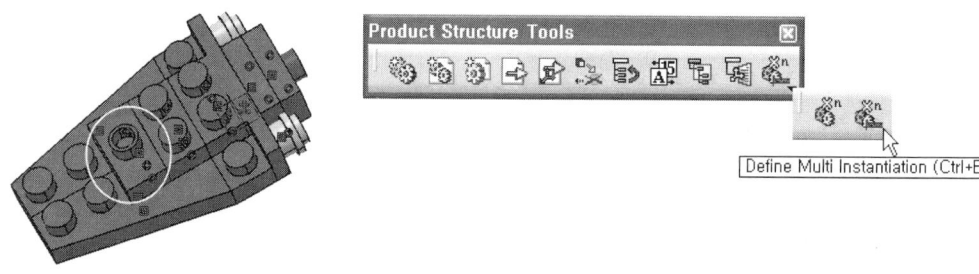

45. Multi Installation창이 뜨면 복제 하고픈 Block을 클릭합니다.

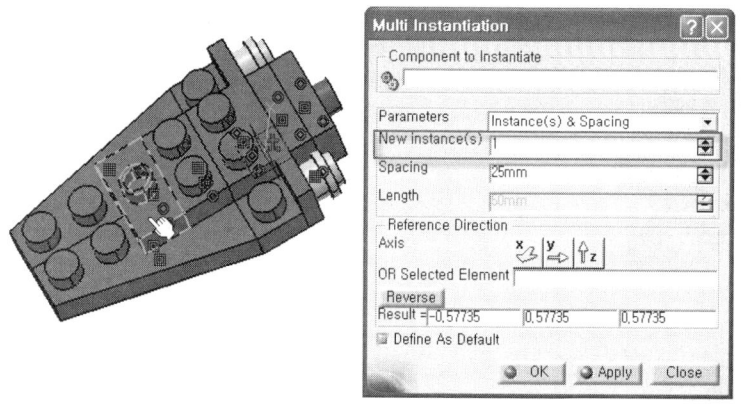

46. New Instance 창에 원하는 개수 (2)를 넣습니다.

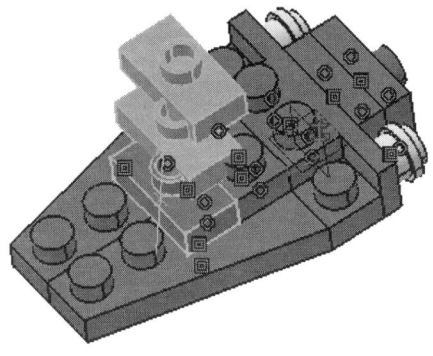

47. 복제한 Block들을 구속조건을 이용하여 조립합니다.

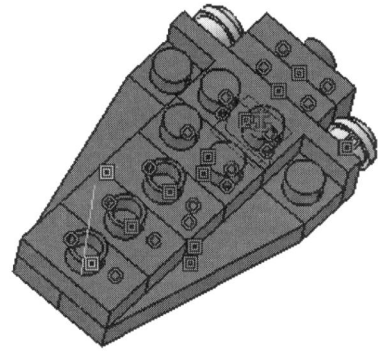

48. 나머지 필요한 모든 부품과 Subassembly 2, 3를 부릅니다.

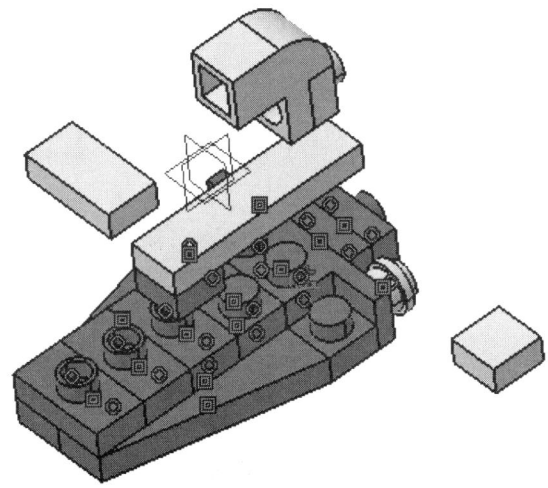

49. 이미 불러온 부품 중에 다시 필요한 부품을 Define Multi Installation 을 이용하여 복제합니다.

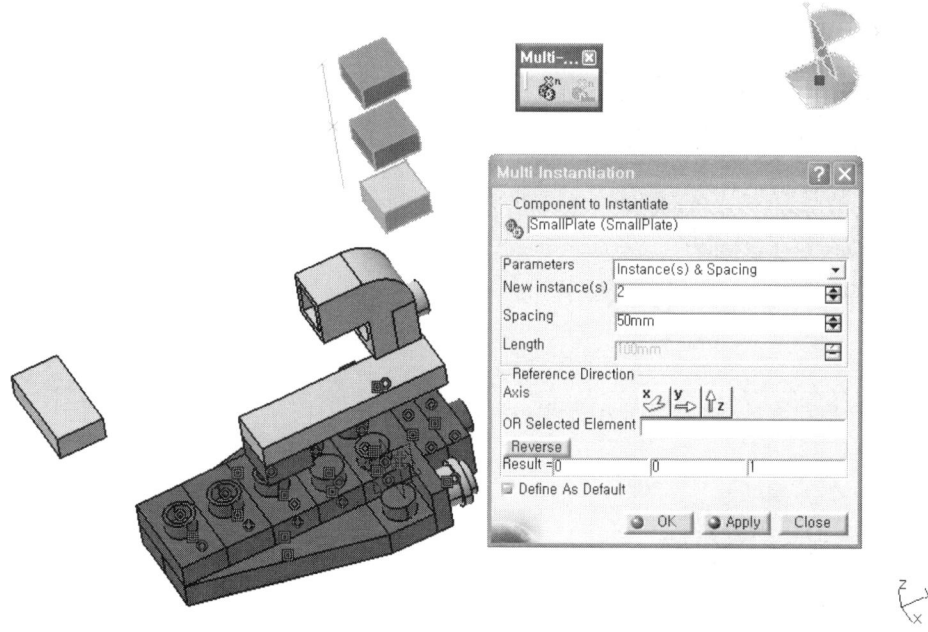

50. Manipulation 을 이용하여 겹쳐있어 구속을 주기에 불편한 부품들을 적절히 띄어 놓습니다.

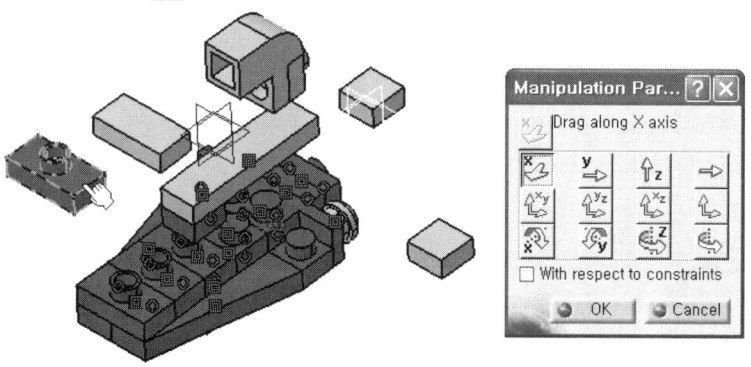

51. Constraints Toolbar를 이용하여 모든 부품을 조립합니다.

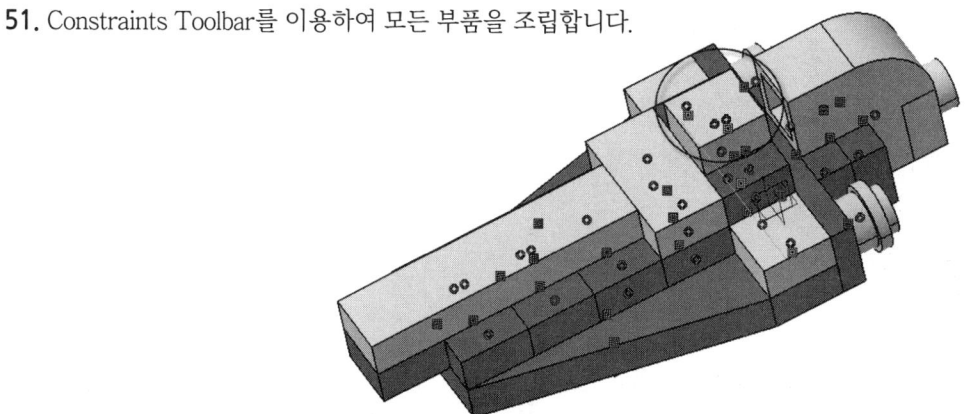

위 그림에서 원안에 있는 부품을 투명하게 하기 위해(Opacity) 불투명도를 줍니다.

52. 부품 클릭 후 75%의 불투명도를 클릭합니다.

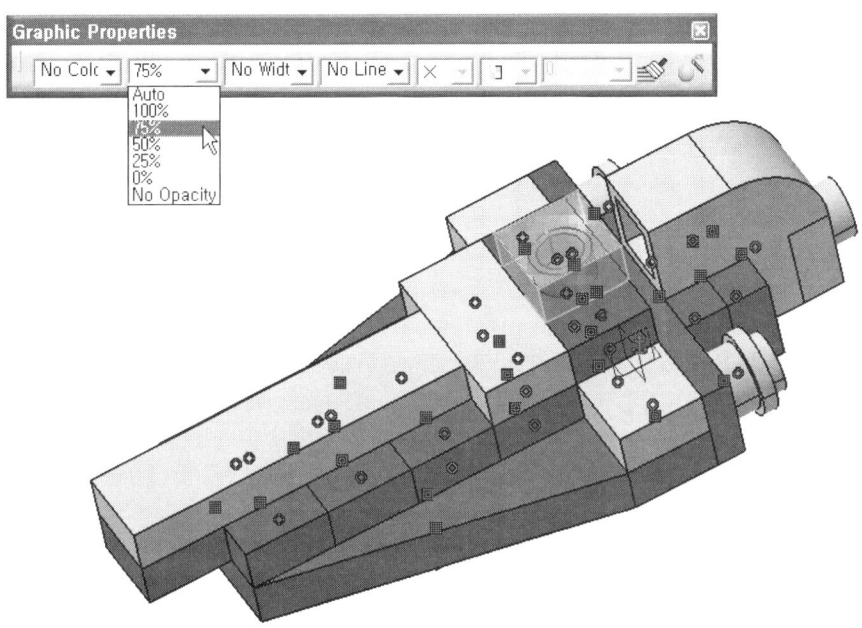

53. 모든 구속조건과 평면을 감추기 하면 다음과 같이 완성되었습니다.

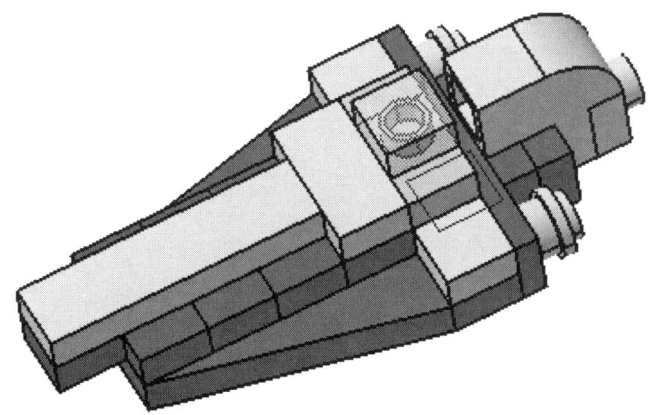

54. Tree 안에 구속 조건들이 Constraints 안에 들어있고 Assembly Features 안에 불러온 Subassembly 들이 들어있습니다.

5. Assembly Design **597**

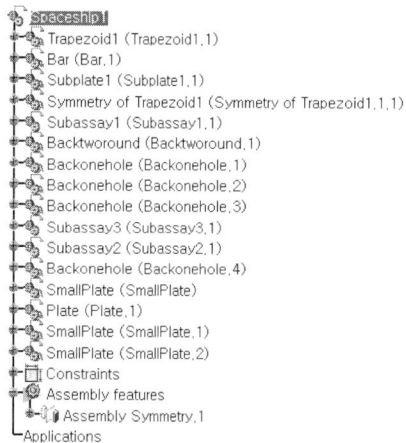

55. 이제 보기 좋게 Tree 정리를 하겠습니다. Product Structure tools에 Graph tree Reordering 을 클릭 후 Product 클릭.

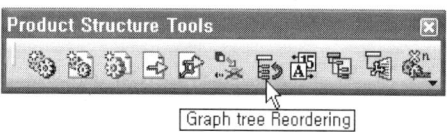
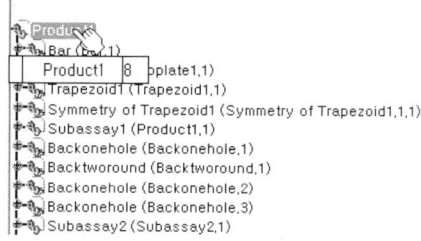

56. 다음과 같은 창이 뜨면 화살표를 이용하여 원하는 순서대로 바꾸면 됩니다. 저는 Subassembly를 가장 위로 Symmetry 된 부품을 가장 밑으로 정렬하겠습니다.

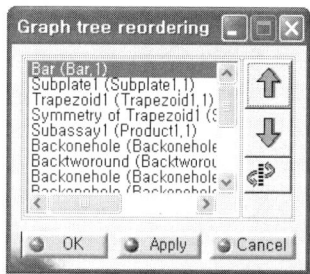

57. 아래와 같이 트리가 정렬되었습니다.

58. 이제 마지막으로 Save Management로 Part는 파트 폴더에 Product는 Product 폴더에 저장을 합니다.

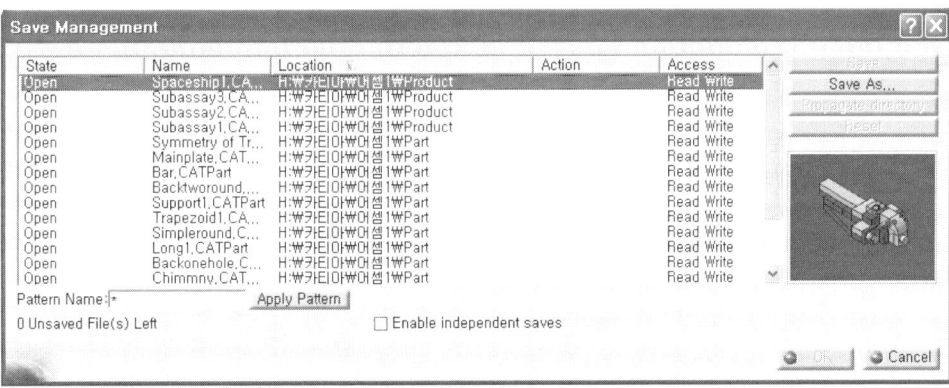

(7) Exercise 7

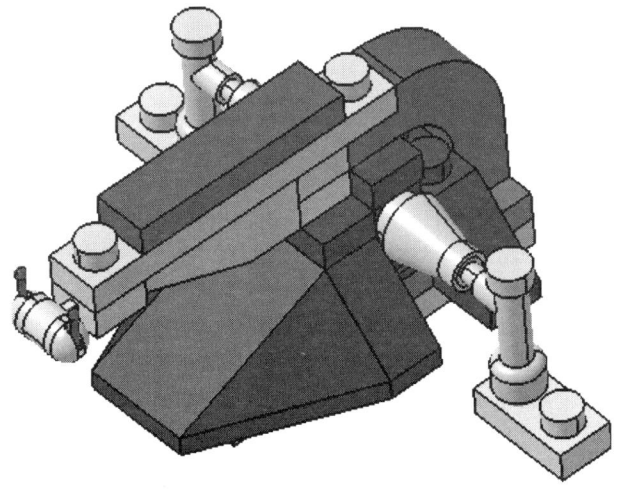

앞에서 배운 내용을 반복하여 조립해보겠습니다. 먼저 필요한 Part들을 모두 만들어서 Part 폴더에 저장합니다. 앞에서 이용한 기능들을 이용하면 되므로 반복 사용되는 부품을 여러 개 만들 필요는 없습니다.
(Symmetry , Define Multi Installation)

01. 먼저 여기서 필요한 Subassembly 두 개를 만들기 위해 Assembly Design Workbench를 열도록 하겠습니다. (Start ⇨ Mechanical design ⇨ Assembly Design)

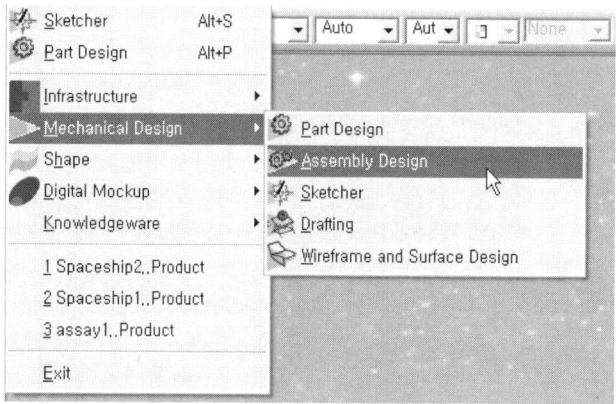

02. 이번엔 이름부터 바꿔보도록 하겠습니다. 다음 두 가지 방법입니다.

① Product1 클릭 ⇨ 오른쪽 마우스 클릭 ⇨ Properties

② Product1 클릭 ⇨ Alt + Enter

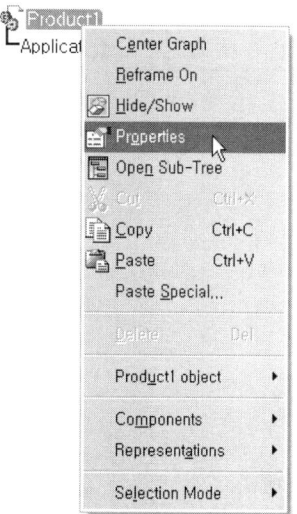
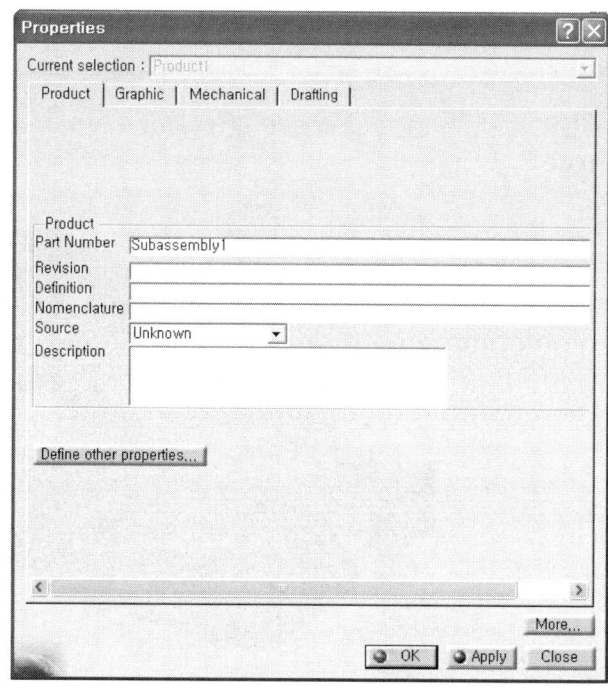

Product 탭에 Part Number 부분에 원하는 이름을 넣고 OK 합니다.

이렇게 바뀝니다. 중간 중간 위험에 대비에 저장을 하기 위해서 알맞은 이름을 미리 지정해줍니다.

03. Existing Component  를 이용하여 필요한 부품들을 불러옵니다.(다운로드 받은 파일 ⇨ Assembly Design ⇨ Assembly 7 ⇨ Part)

04. 부품을 제가 원하는 색깔로 바꾸겠습니다. 먼저 트리에서 색을 바꾸고자 하는 부품의 이름을 클릭합니다. 부품을 직접 클릭하면 한모서리나 한 면만 선택될 수 있으므로 트리에서 선택하도록 합니다.

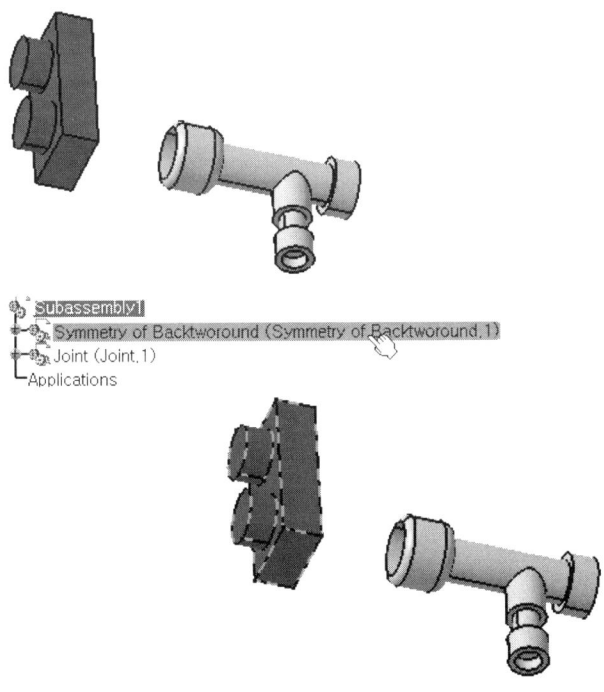

05. Graphic Properties Toolbar에서 원하는 색깔을 골라서 클릭합니다.

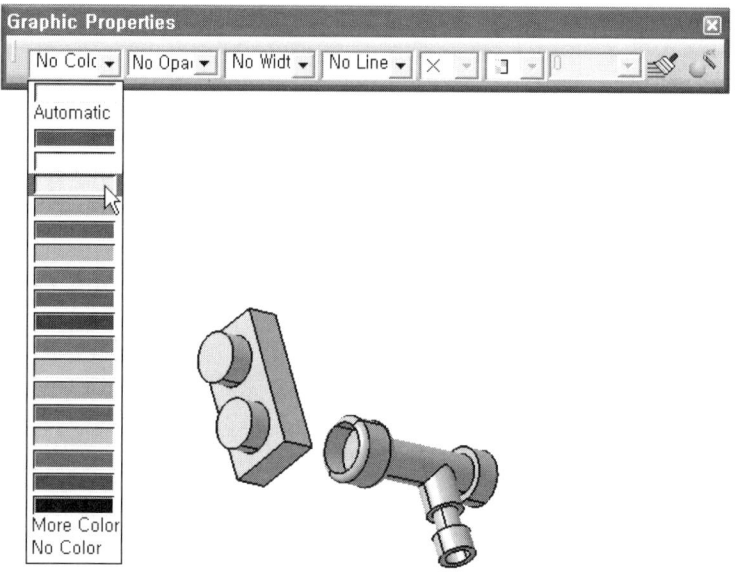

06. Block을 조립하다 보니 원 중심 일치가 많습니다. 역시 Coincidence constraint 를 이용합니다. 또한 Contact constraint 를 이용하여 접촉구속을 줍니다. 이 때 회색 Block의 밑 부분이 둥글기 때문에 밑 부분을 이용해서는 Surface Contact를 할 수 없으므로 안쪽 Surface와 접촉 조건을 주겠습니다. 만약 파인 부분의 높이와 노란색 Block의 볼록한 부분의 높이가 일치하지 않는다면 Offset Constraint 를 이용하여 거리를 주어도 됩니다.

07. 업데이트 하면 다음과 같습니다.

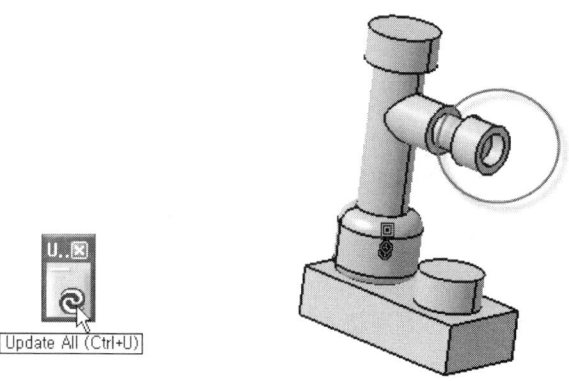

그러나 빨간 원 안에 부분이 다른 부품과 조립되기 위해서는 반대로 돌려져야 합니다.

08. Move Toolbar에 있는 Snap 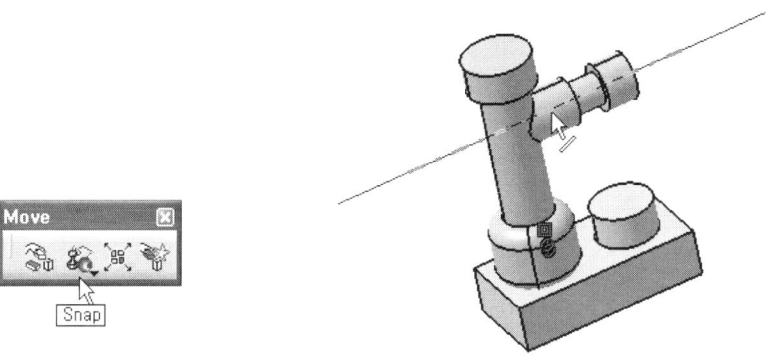을 이용하여 회전시킵니다. 스냅 클릭 후 회전을 원하는 물체의 주변에 가서 마우스를 대면 축을 표시하는 검은 선이 보일 때 원하는 중심축을 두 번 클릭합니다.

09. 다음과 같이 초록색 화살표가 나타났을 때 화살표를 클릭하면 반대로 회전을 합니다.

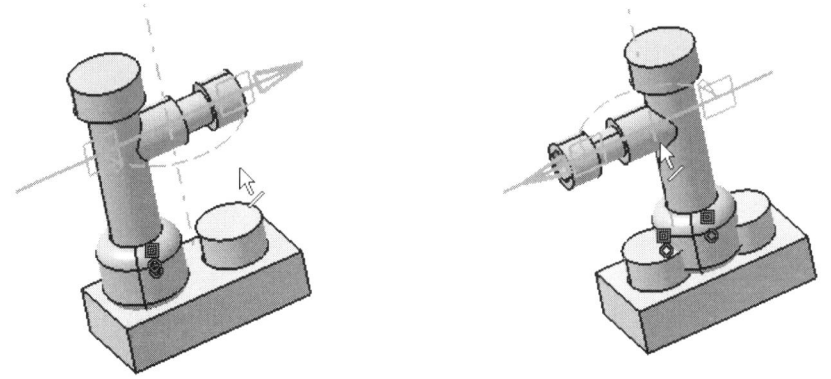

빈 공간을 클릭하면 초록색 화살표가 사라지면서 이동을 마칩니다.

10. 업데이트 하면 원래 자리로 자리를 잡고 이를 고정시키기 위해 다른 구속 조건을 주어야 합니다. 저는 튀어나온 부분과 밑에 Block의 끝 모서리 간에 Offset Constraint 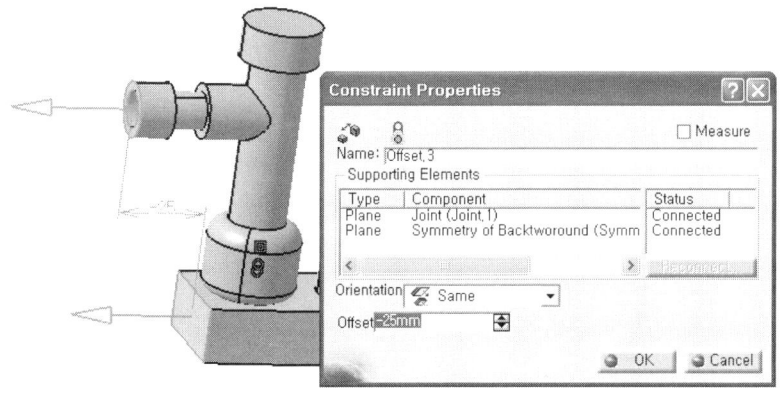를 주도록 하겠습니다.

5. Assembly Design **603**

현 상태를 유지하기 위한 구속 조건이므로 -25mm 거리 그대로 두고 OK합니다.

11. 완성된 Tree에서 Constraint를 클릭 ⇨ 오른쪽마우스 클릭 ⇨ Hide를 클릭하여 보기 좋게 숨겨줍니다.

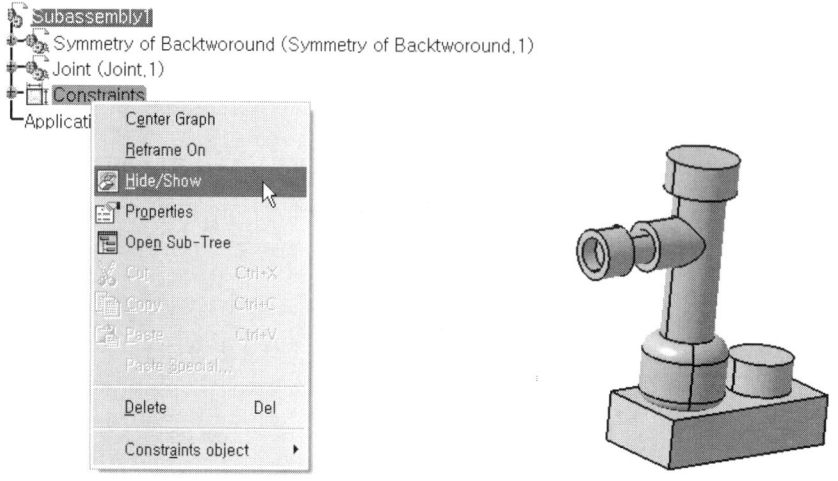

12. File ⇨ Save Management를 이용해 모든 부품을 저장해줍니다.

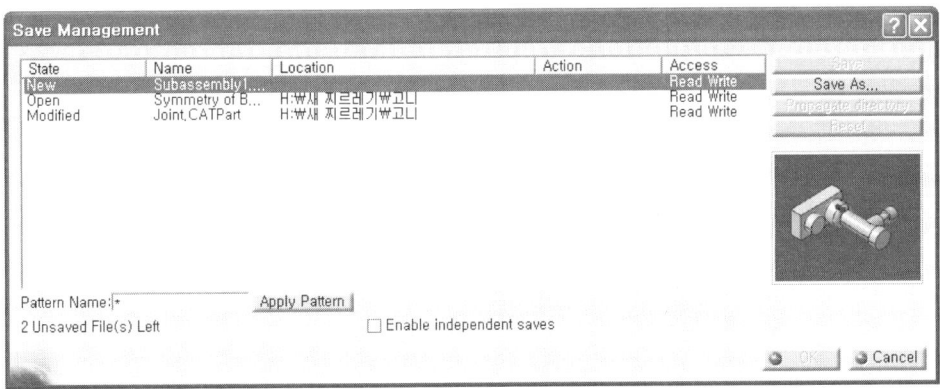

13. Subassembly2를 조립하기 위해 앞에서처럼 Product1의 이름을 바꾸고 필요한 모든 부품을 불러옵니다.

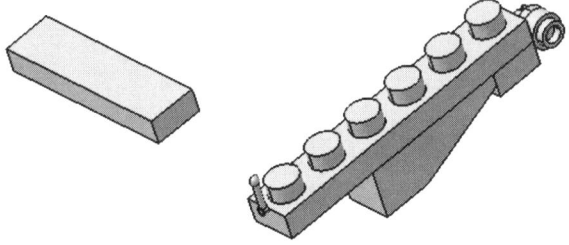

처음 불러오면 위와 같이 부품이 여기저기 겹쳐있거나 떨어져 있을 수 있으므로 View Toolbar에서 Fit All in ⊞ 을 이용하여 화면 안에 모든 부품이 있는지 확인합니다.

14. Compass를 이용해 겹쳐서 조립하기 불편한 부품들을 모두 떼어 놓습니다.

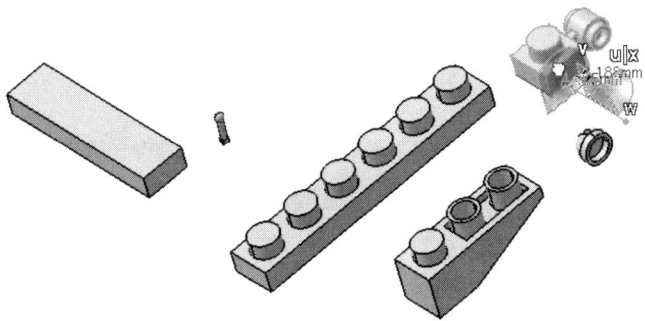

15. Tree에서 원하는 부품을 선택하여 색깔도 바꿔줍니다.

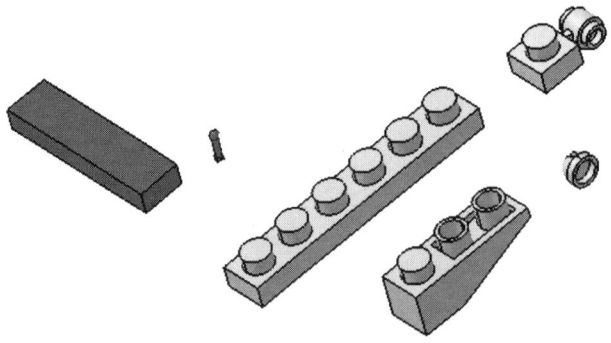

16. 앞에서 배운 구속 조건들을 이용하여 부품들을 조립합니다. 결과 노란색 부품의 회전이 필요하므로 다시 Snap 을 이용해보겠습니다.

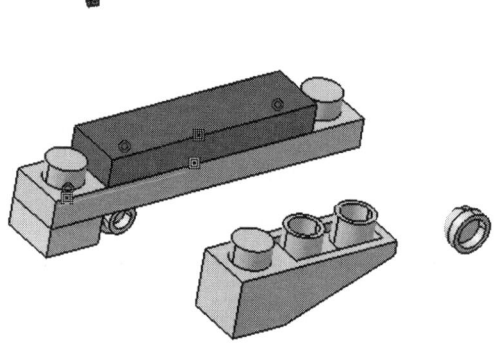

17. Snap 클릭 후 회전을 원하는 물체 주변으로 가서 회전하고자 하는 방향의 검은 선이 생겼을 때 두 번 클릭합니다.

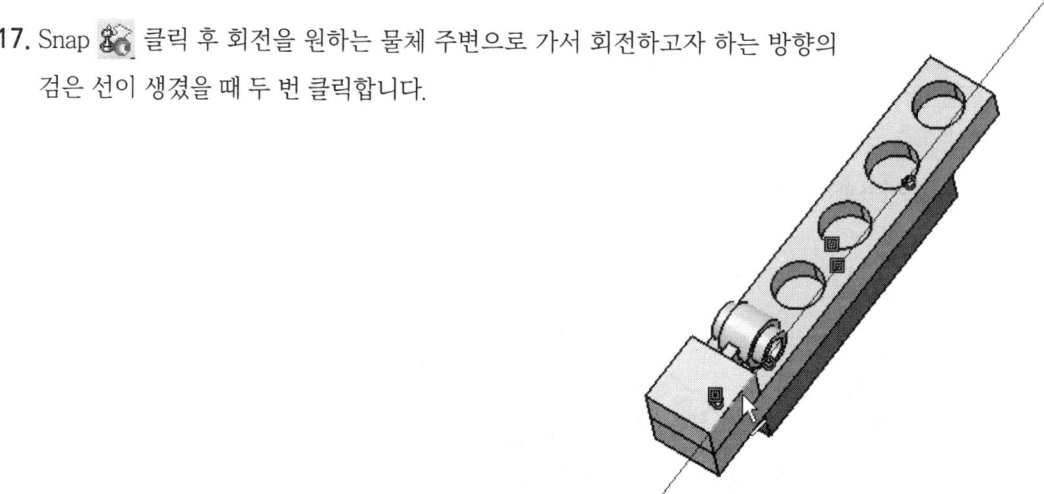

18. 초록색 화살표가 생기면 화살표를 클릭하면 회전하고 빈 공간을 클릭하면 화살표는 없어집니다.

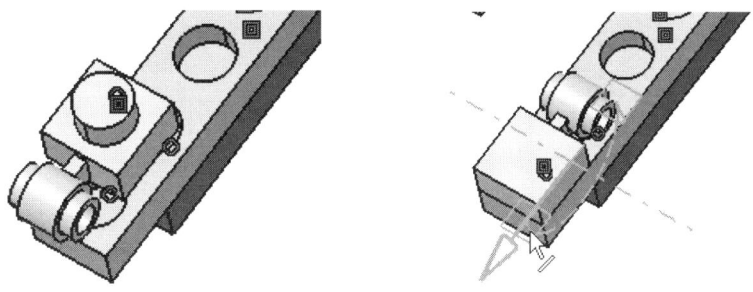

19. 업데이트하면 원하는 자리로 돌아오고 고정시키기 위해 Offset Constraint 을 줍니다.

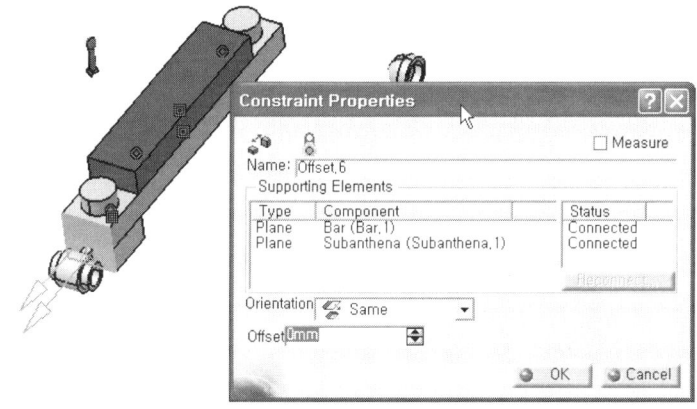

20. 나머지 부품을 모두 조립하고 대칭적으로 다시 중복 필요한 부품을 Define Multi Installation 로 불러와 조립합니다.

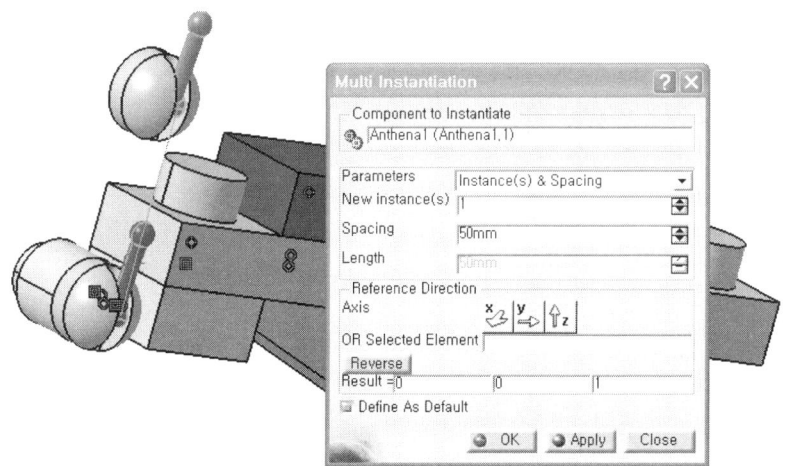

21. 구속 조건들을 Hide시키고 Save Management를 이용하여 모두 저장합니다.

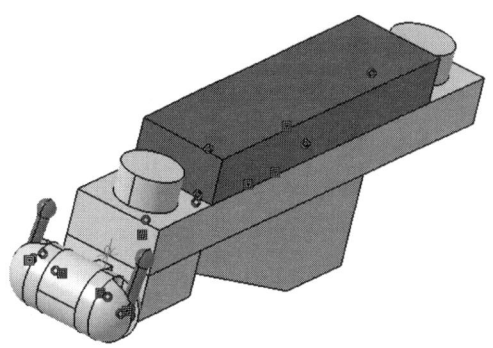

22. 이제 전체적인 조립을 하겠습니다. Product 이름을 Property를 이용해 Spaceship2로 바꾸고 먼저 필요한 부품들을 불러옵니다. 전부 한꺼번에 불러오면 복잡하기 때문에 적절이 몇 개만 불러 오도록 하겠습니다.

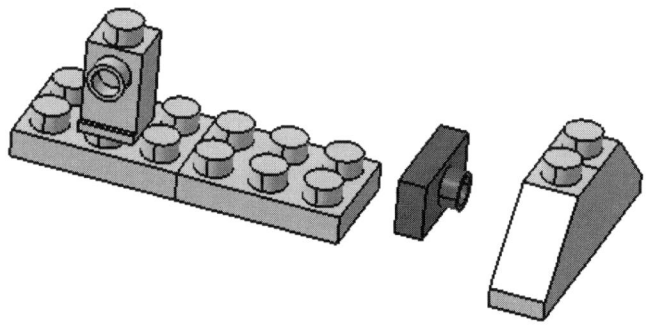

23. 이번엔 Manipulation 을 이용하여 부품들을 떼어 놓겠습니다.

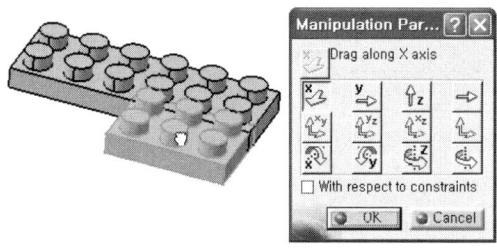

24. 먼저 Main plate를 (Fix component)를 이용해 고정시켜 기준으로 삼고 나머지 부품들을 조립합니다.

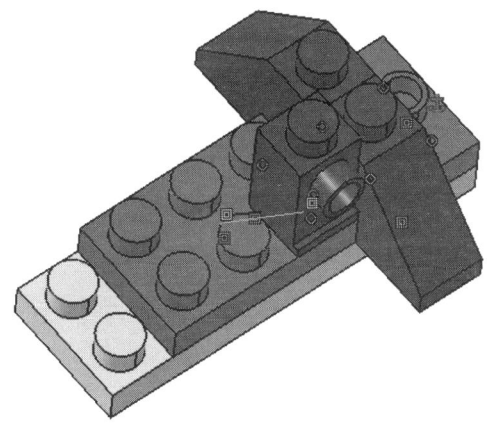

25. 중복되는 부품을 Define Multi Installation 으로 불러 구속을 줍니다.

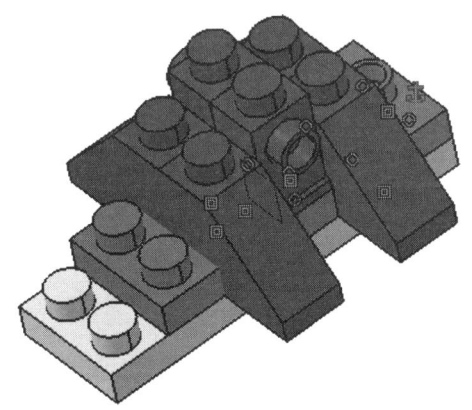

26. 나머지 부품도 모두 조립하고 불투명도를 주면 다음과 같습니다.

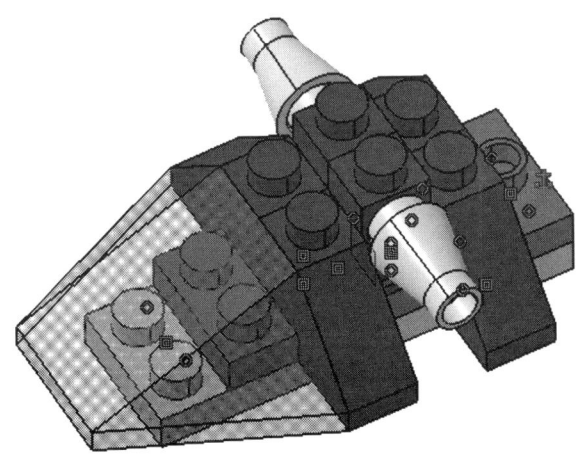

27. 이미 불러와 있는 부품 중에서 여러 개 반복적으로 필요한 부품을 Define Multi Installation 으로 두 개 만듭니다.

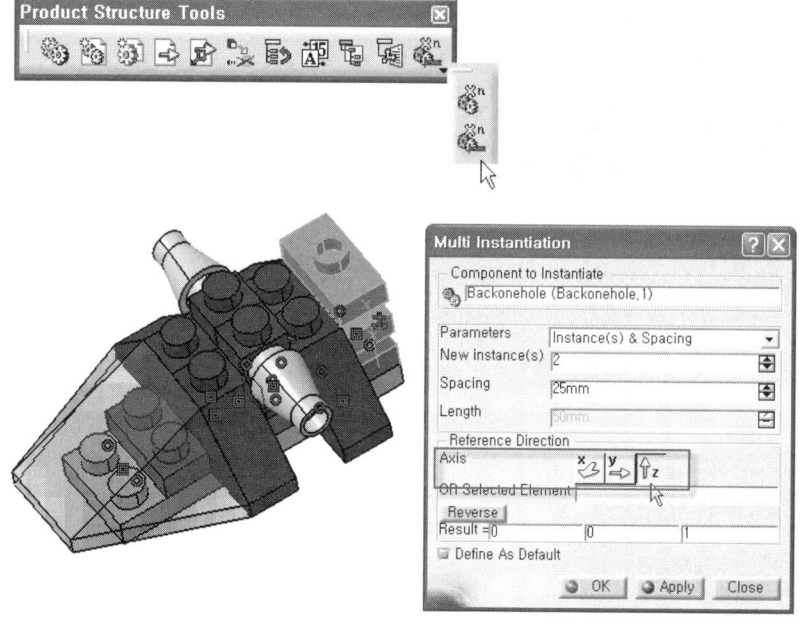

아이콘 클릭 후 복제할 부품을 클릭합니다. New instance에 2를 넣으면 잘 보이지 않게 부품들 안쪽으로 생기게 되는데 밑에 Reference Direction에 Axis에서 원하는 방향을 클릭하면 그 방향으로 복제된 부품들이 생깁니다.

28. 다른 부품도 조립합니다. Coincidence constraint 로 중심일치, Contact constraint 로 접촉 구속을 줍니다.

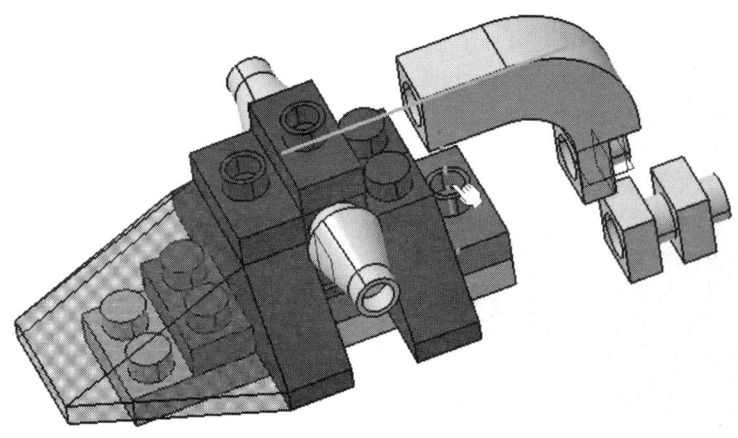

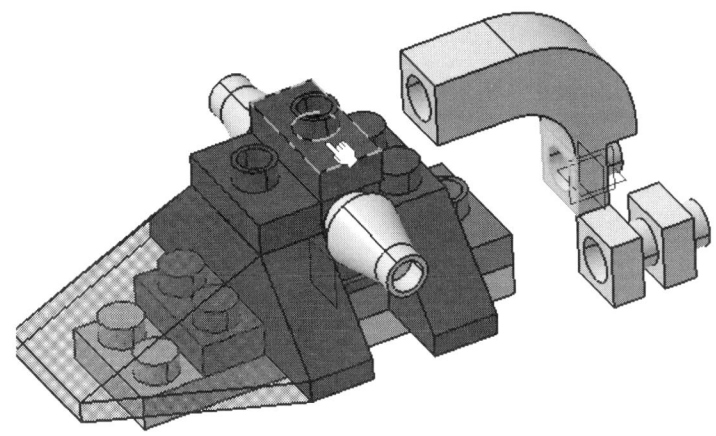

29. 업데이트 합니다.

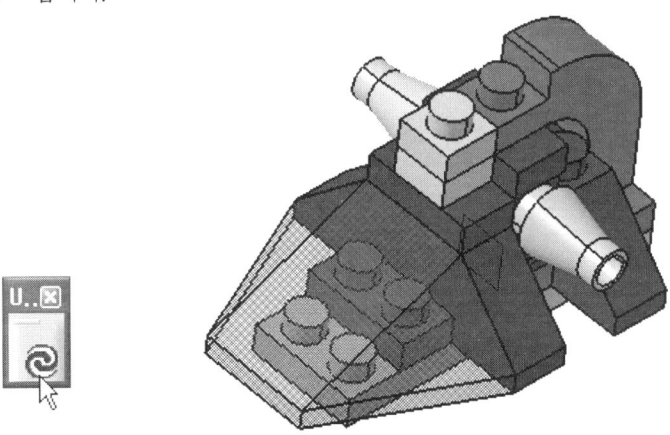

30. Subassembly2도 조립합니다. Coincidence와 Contact 구속을 주고 업데이트 하였더니 다음과 같은 모양이 되었습니다.

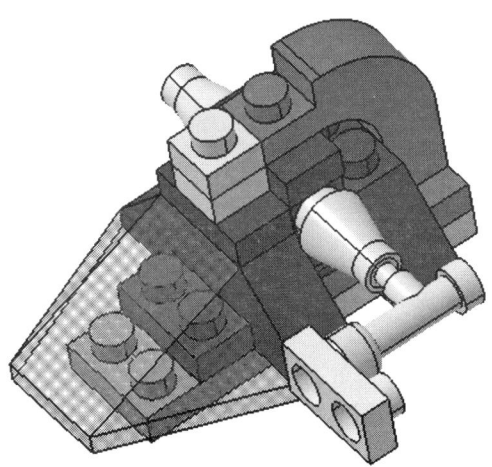

노란 Block이 Main plate와 평행해야 하므로 Angle 을 이용하여 평행 구속을 주겠습니다.

31. Constraints Toolbar에 Angle 을 클릭합니다.

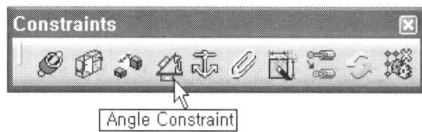

각 구속을 주고 싶은 모서리나 면을 클릭하면 다음과 같은 창이 뜹니다.

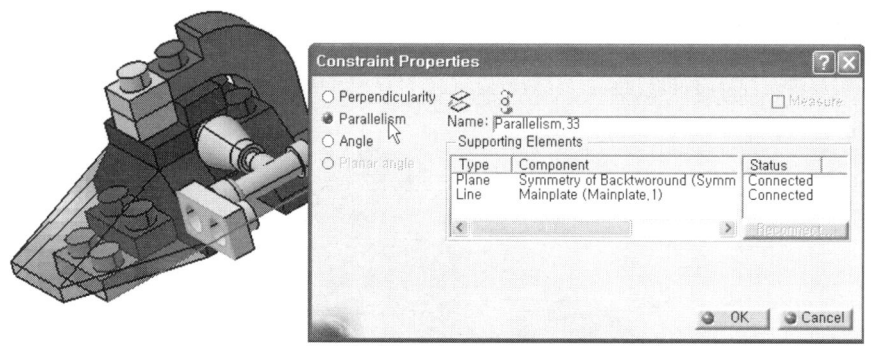

Parallelism을 클릭하여 평행 구속을 줍니다.

32. Offset Constraint 로 마무리 합니다.

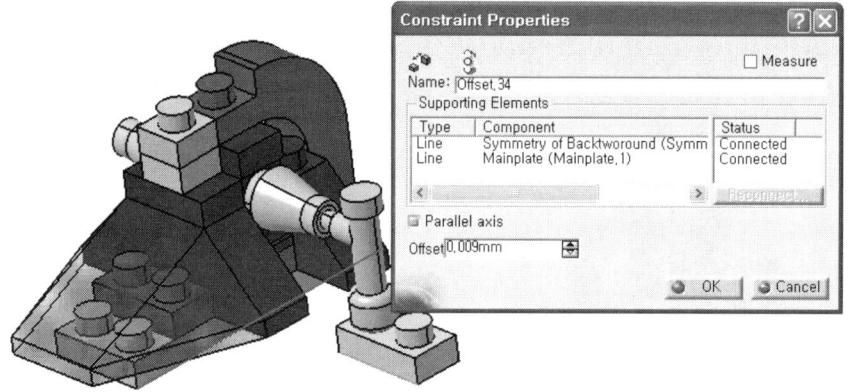

33. Subassembly3도 Coincidence, Contact 구속을 줍니다. 또 바른 방향을 위해 Offset 구속을 줍니다.

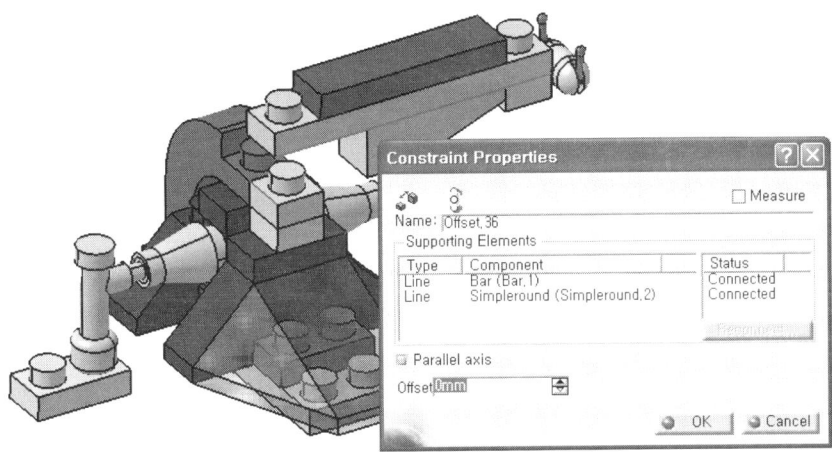

34. 다음과 같이 완성되었습니다.

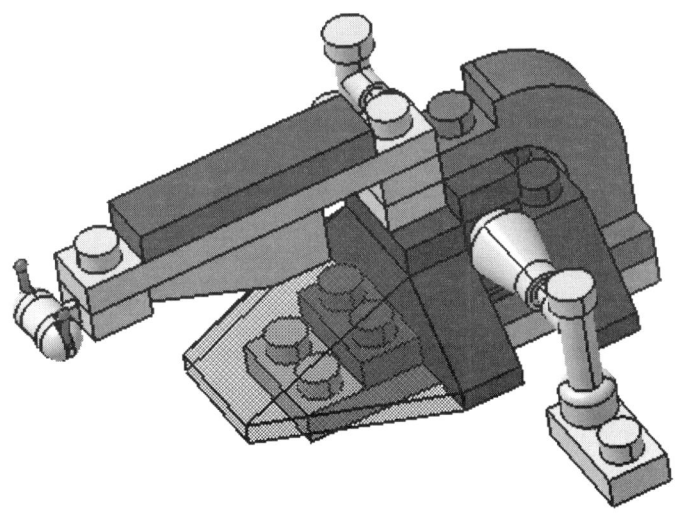

35. Tree 정렬을 해보겠습니다.

Graph tree Reordering 을 클릭하고 Product인 Spaceship2를 클릭합니다.

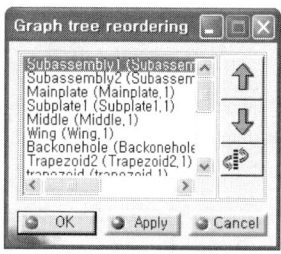

화살표를 이용해 정리합니다. Subassembly는 위쪽으로 대칭으로 생긴 Symmetry 부품은 가장 아래로 정렬합니다.

36. Save Management를 이용하여 Part와 Product 폴더에 잘 나누어 저장을 합니다.

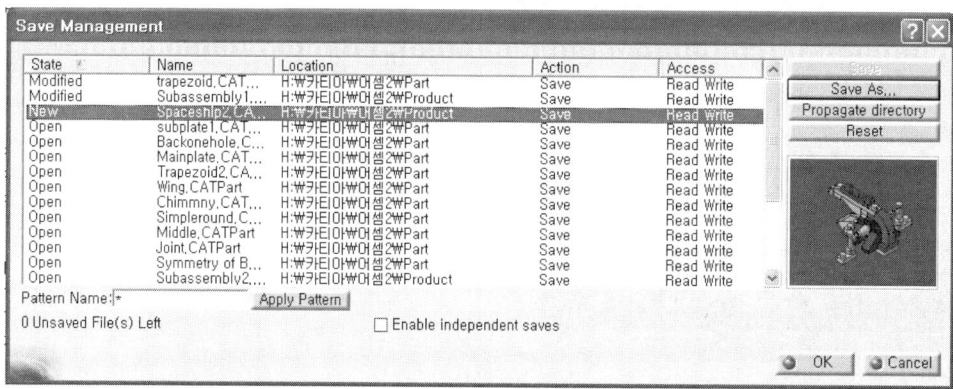

4. Bill Of Material(B.O.M : 자재 명세서)

여러 개의 Component들을 Product에서 담게 되면 내부를 구성하는 전체 구성 요소들에 대한 정보를 필요로 합니다. 실제 이 형상을 만드는데 있어 사용된 단품들의 목록과 개수가 필요로 하게 되는데요. 이러한 제품들의 목록을 작성하는 기능이 바로 Bill Of Materials 입니다. BOM을 작성하는 것은 단순히 제품의 사용된 목록과 리스트를 얻는데서 끝나는 것이 아니고 자재 소요 계획 및 제품의 규모를 예측하는 중요한 자료로서 활용됩니다. Assembly 상에서 만들어진 Product의 B.O.M은 외부 파일 형태로 저장이 가능하며 또는 Drafting에 테이블로 첨부가 가능합니다.

(1) Exercise

이번 예제는 여러 개의 관절로 이루어져 있는 로봇 손을 조립해 보겠습니다. 로봇 손 자체를 하나의 Part로 만들지 않고 여러 개의 관절을 따로 부품으로 만들어 조립함으로써 나중에 Kinematics를 이용해 움직이는 손을 구현할 수 있습니다. 또한 Bill of Material 이라는 기능을 이용해 조립에 사용된 부품 내역을 확인 하고 따로 문서화하는 방법을 배웁니다.

01. 필요한 부품들을 만들어 CATPart 폴더에 묶고, Robot Hand라는 CATProduct 파일을 만들어 따로 저장합니다. 부품 저장 시 부품이 무엇인지 혹은 특징을 알 수 있도록 적당한 이름을 붙여 저장하여 많은 부품 중에 원하는 부품을 찾거나, 조립할 때 용이하도록 합니다.

02. Existing Component ![icon] 로 만들어놓은 Part들을 모두 가져옵니다.

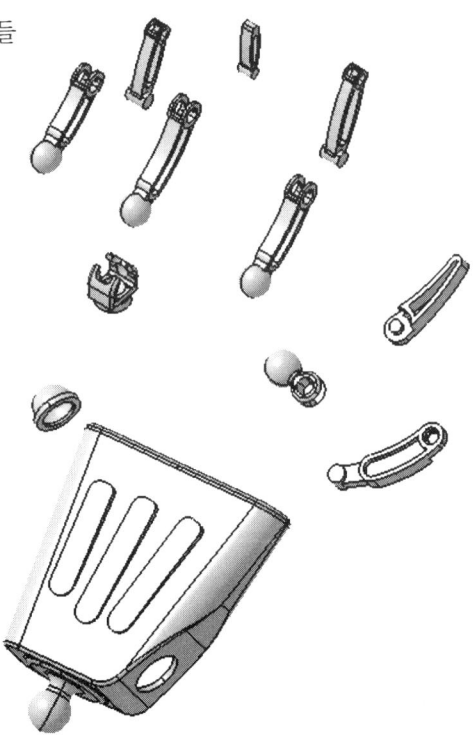

03. 다섯 개의 손가락을 조립할 것입니다. 각 부품이 보기에 비슷하기 때문에 우선 이름으로 구별을 할 수는 있지만 부품으로 구별하기 복잡하므로 연결될 부분끼리 색깔을 바꾸어줍니다. Graphic Properties 로 엄지가 될 부품은 엄지가 될 부품끼리, 약지가 될 부품은 약지가 될 부품끼리 같은 색으로 바꾸어줍니다.

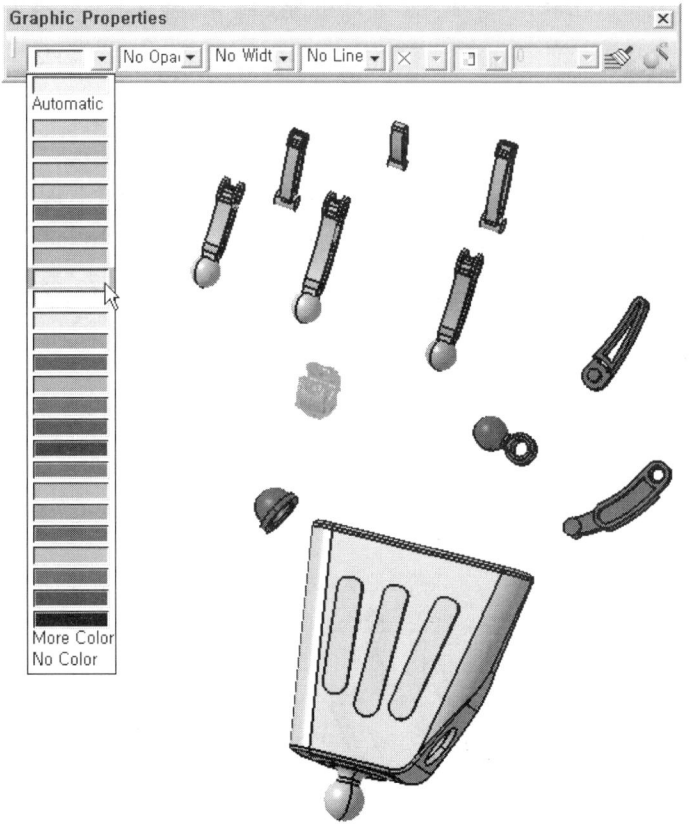

04. 중심이 될 손바닥을 Fix 시키고, 엄지손가락부터 조립을 시작합니다. Coincidence Constraint 와 Contact Constraint 로 첫 번째 부품을 조립합니다.

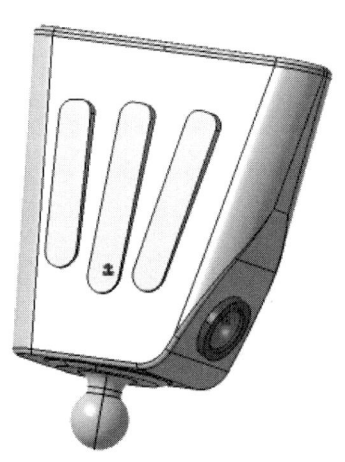

05. Contact Constraint ⬚ 로 연결 고리의 구면과 끼워질 부분의 홈 면을 클릭합니다.

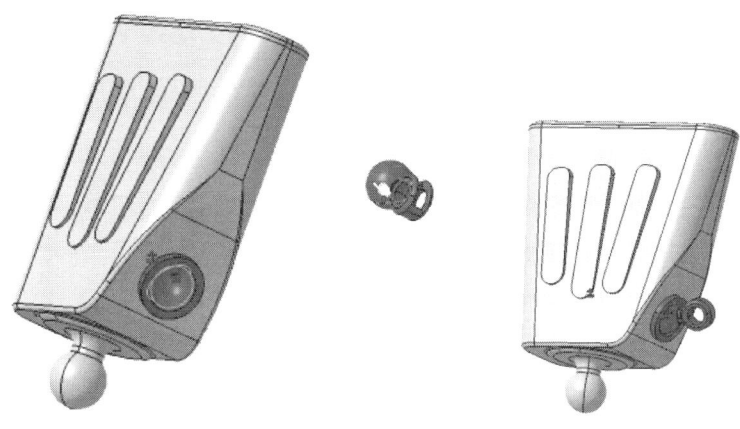

06. 만약 Compass를 이용해 고리를 전혀 다른 방향으로 회전시킨 다음 업데이트 ⟳ 하면 돌아간 각도가 유지되면서 접촉함을 볼 수 있습니다. 즉 단지 접촉이 구속일 뿐이므로 후에 회전이 가능 한 것입니다.

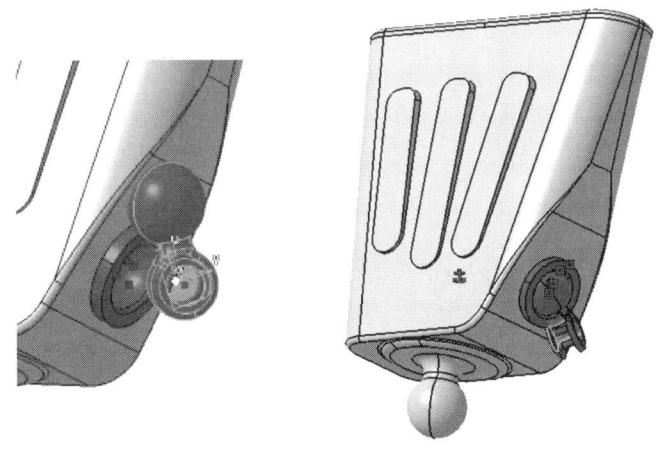

07. 나머지 손가락 부분도 마저 조립합니다.

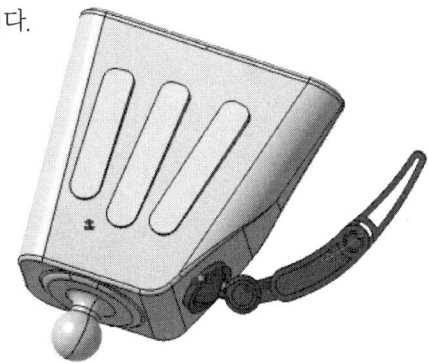

08. 검지손가락도 조립합니다. 이제 다음 손가락을 조립하려면 단품이 모자라는 것을 알 수 있습니다. 어셈블리의 장점은 같은 부품을 여러 개 만들 필요 없이 한 부품을 여러 번 불러서 이용할 수 있다는 점입니다. 그만큼 용량도 적게 쓸 수 있습니다.

09. 손가락과 손바닥을 연결하는 같은 부품이 세 개 더 필요하므로 Define Multi Instantiation 을 이용합니다.

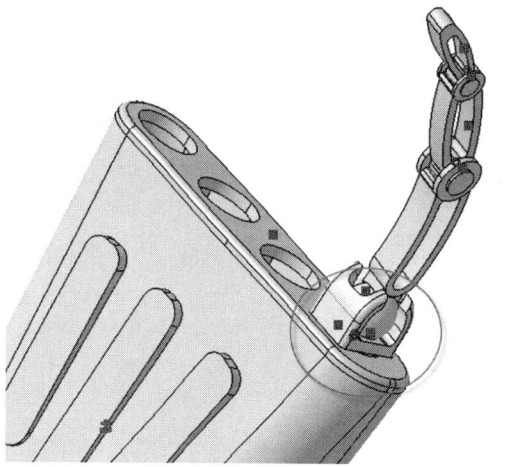
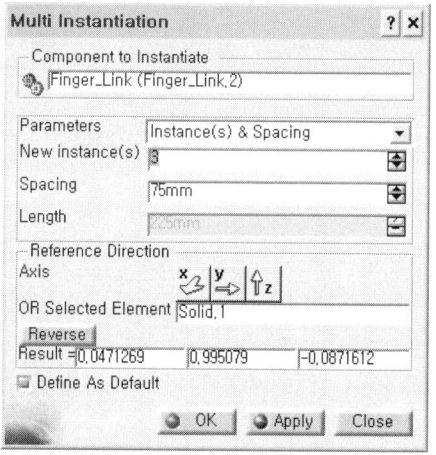

10. 몇 번째 손가락에 쓰일지 정하여 색깔을 바꾸어줍니다.

11. 손바닥에 각각 위치에 맞추어 조립합니다. 구별을 위하여 각 색깔을 달리 하였으므로 같은 색깔을 맞추어 순서대로 조립하면 됩니다.

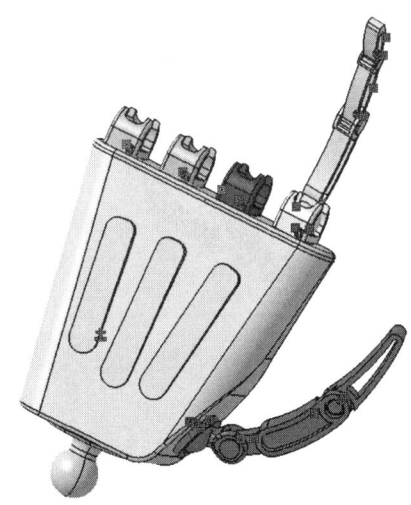

12. 나머지 부품도 조립합니다. 같은 손가락 관절이 필요할 경우 Define Multi Instantiation 으로 더 필요한 부품을 클릭하여 불러옵니다.

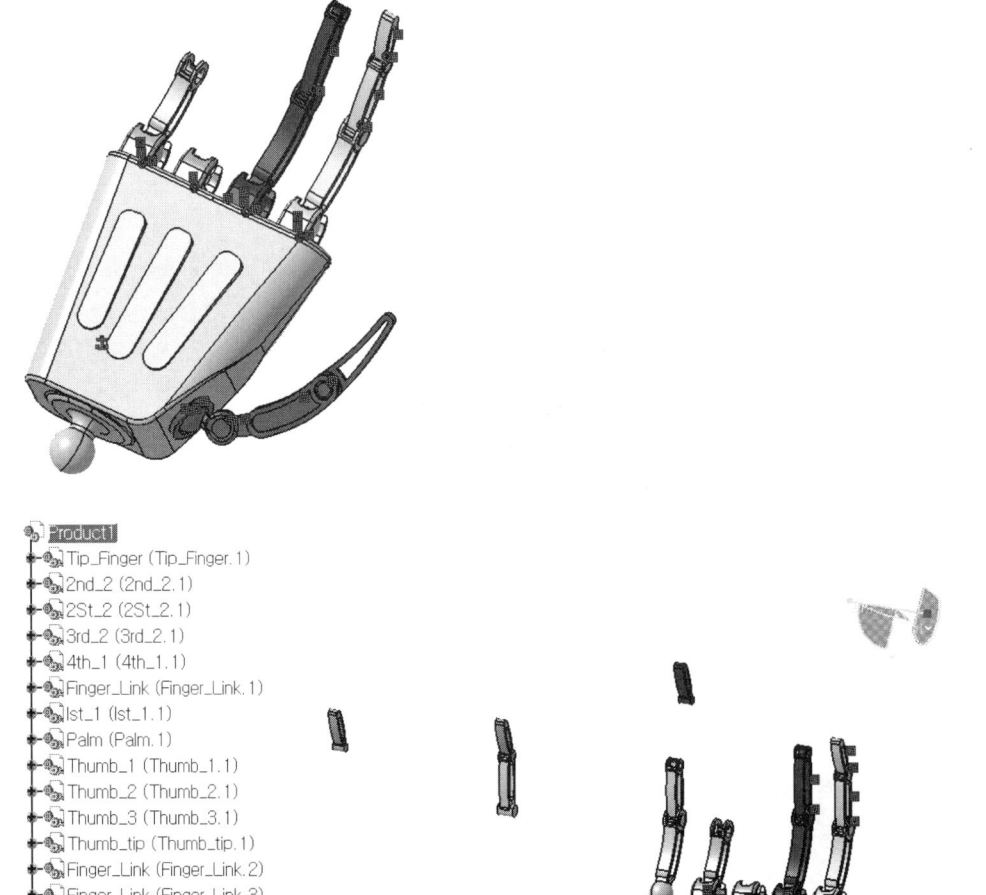

13. 불러온 부품을 모두 조립하면 로봇 손이 완성됩니다.

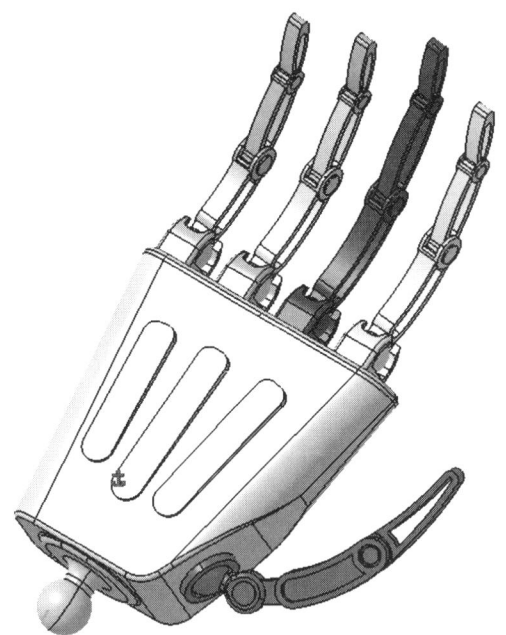

14. 두서없는 Tree를 정립합니다. Product Structure Tools에 있는 Graph Tree Reordering 을 클릭하고 Robot Hand라는 Product 이름을 클릭합니다. 같은 부품끼리 모으도록 순서를 정리합니다.

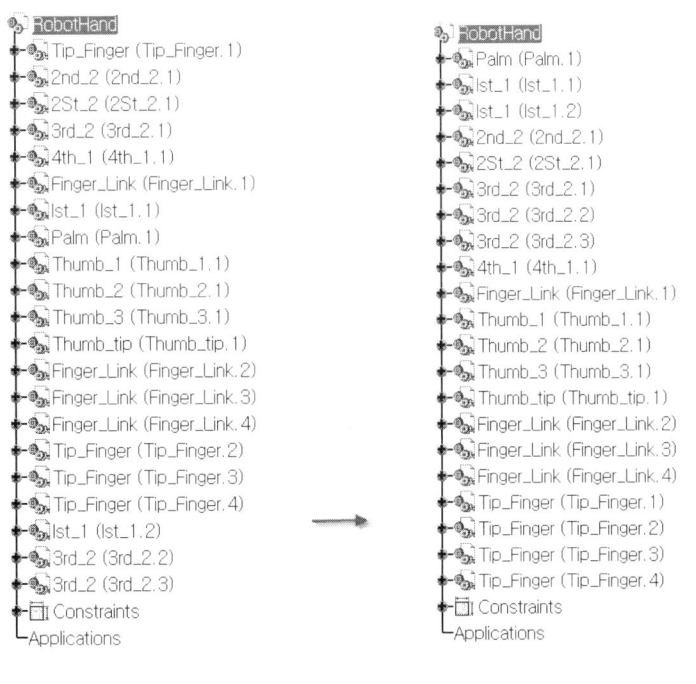
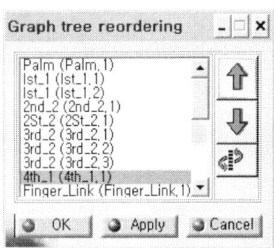

15. File에 Save Management로 새로 생긴 Product를 따로 저장해주고 수정된 부품이 있으면 그러한 부품도 꼭 저장해줍니다.

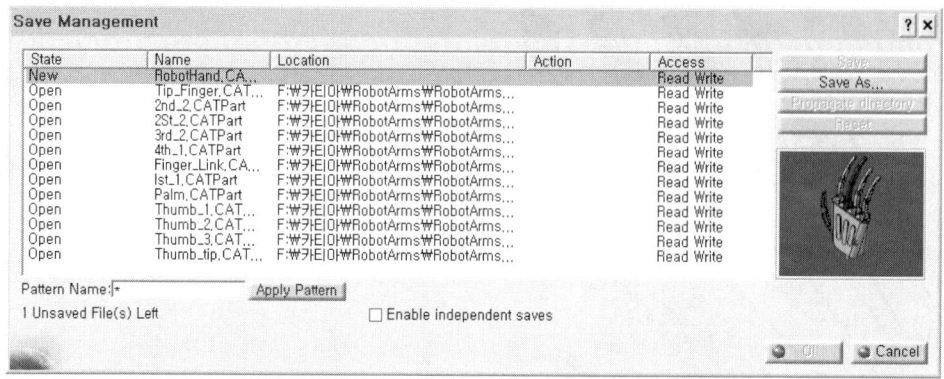

16. 부품내역을 확인하는 작업을 하겠습니다. 윗줄 메뉴에서 Analyze를 클릭하고 Bill of Material을 클릭합니다.

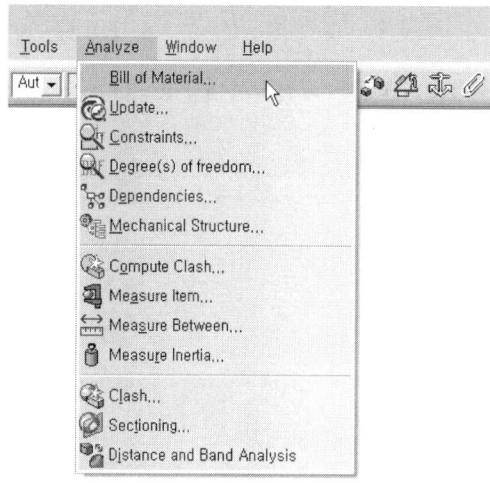

17. 다음과 같이 Robot Hand의 Bill of Material 창이 뜹니다. 각 파트가 몇 개나 사용되었는지 Product가 조립에 사용되었다면 또한 그것 또한 몇 개 사용되었는지 표시해줍니다. Robot 손은 12개의 다른 부품을 사용하였고 반복 사용된 것을 합하여 전체 21개의 부품이 이용되었습니다.

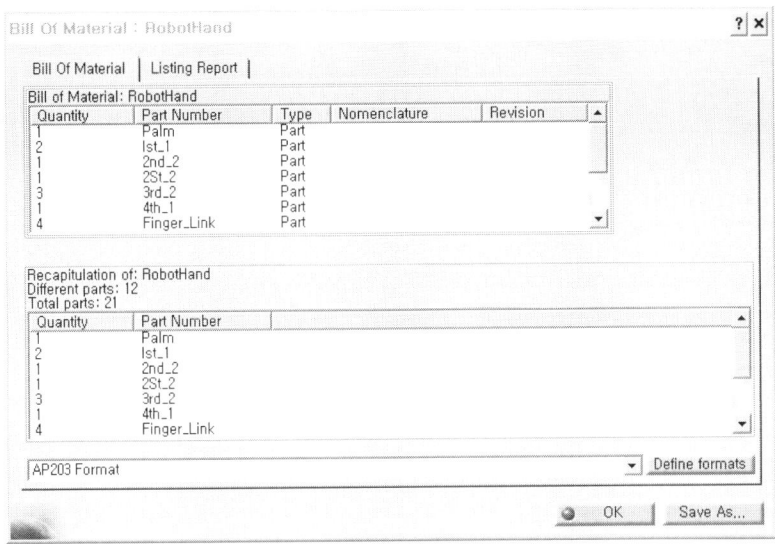

Listing Report는 부품의 리스트를 만든 시각을 보여주고 리포트 형식으로 부품 내역을 보여줍니다.

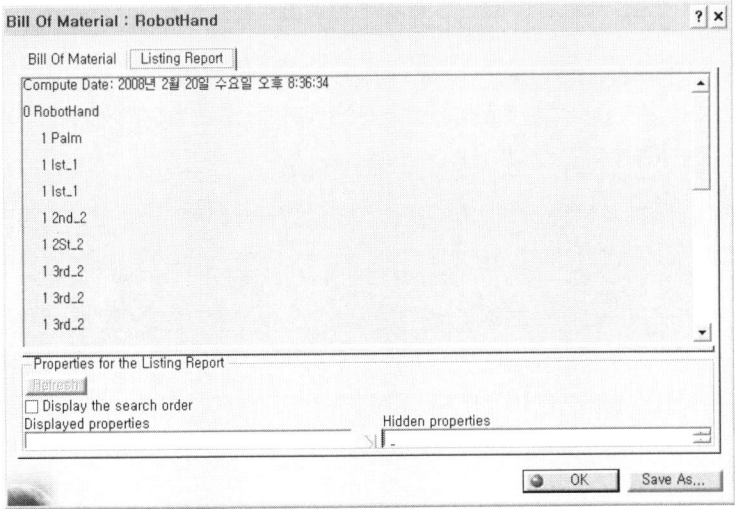

18. Bill of Material 탭에서 오른쪽 밑에 Define Formats를 클릭하면 다음과 같은 창이 뜹니다. Selected Format에서 여러 개의 Format을 만들거나 제거할 수 있습니다. 화살표를 이용하여 부품내역에 추가하고 싶은 Properties를 추가할 수 있습니다. 또 Recapitulation 즉 요약부분에도 추가하거나 제거하고 싶은 Property를 화살표를 이용하여 결정할 수 있습니다. 이 상태에서 제가 Bill of Material에서 Nomenclature, Revision을 빼고 Default Representation Source를 추가 하겠습니다.

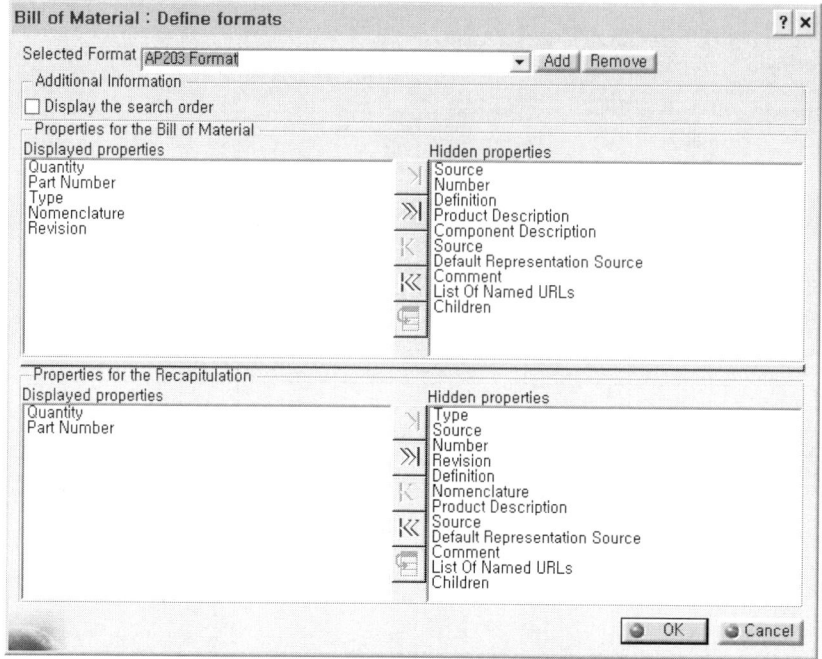

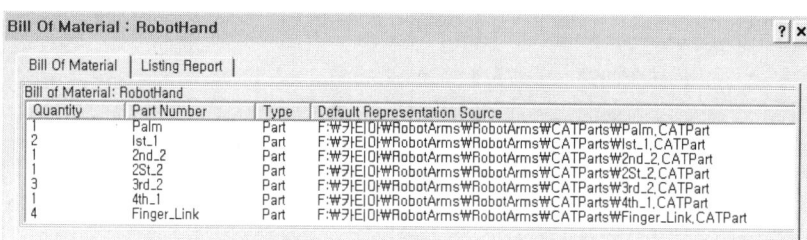

19. 마지막으로 Save as를 클릭하면 부품 목록을 따로 저장할 수 있는 창이 뜹니다. 파일형식도 텍스트, Html, 엑셀 형식으로 저장할 수 있습니다.

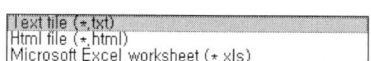

다음은 텍스트 파일로 저장한 결과입니다.

```
 RobotHand.txt - 메모장                                              _ □ ×
파일(F) 편집(E) 서식(O) 보기(V) 도움말(H)
= Bill of Material: RobotHand                                   =
==================================================================

+----------+--------------------+----------+----------------------------+
| Quantity | Part Number        | Type     | Default Representation So  |
+----------+--------------------+----------+----------------------------+
| 1        | Palm               | Part     | F:₩카티아₩RobotArms₩RobotArm |
| 2        | Ist_1              | Part     | F:₩카티아₩RobotArms₩RobotArm |
| 1        | 2nd_2              | Part     | F:₩카티아₩RobotArms₩RobotArm |
| 1        | 2St_2              | Part     | F:₩카티아₩RobotArms₩RobotArm |
| 3        | 3rd_2              | Part     | F:₩카티아₩RobotArms₩RobotArm |
| 1        | 4th_1              | Part     | F:₩카티아₩RobotArms₩RobotArm |
| 4        | Finger_Link        | Part     | F:₩카티아₩RobotArms₩RobotArm |
| 1        | Thumb_1            | Part     | F:₩카티아₩RobotArms₩RobotArm |
| 1        | Thumb_2            | Part     | F:₩카티아₩RobotArms₩RobotArm |
| 1        | Thumb_3            | Part     | F:₩카티아₩RobotArms₩RobotArm |
| 1        | Thumb_tip          | Part     | F:₩카티아₩RobotArms₩RobotArm |
| 4        | Tip_Finger         | Part     | F:₩카티아₩RobotArms₩RobotArm |
+----------+--------------------+----------+----------------------------+


==================================
= Recapitulation of: RobotHand   =
= Different parts: 12            =
= Total parts: 21                =
==================================

+----------+--------------------+
| Quantity | Part Number        |
+----------+--------------------+
| 1        | Palm               |
| 2        | Ist_1              |
| 1        | 2nd_2              |
| 1        | 2St_2              |
| 3        | 3rd_2              |
| 1        | 4th_1              |
| 4        | Finger_Link        |
| 1        | Thumb_1            |
| 1        | Thumb_2            |
| 1        | Thumb_3            |
| 1        | Thumb_tip          |
| 4        | Tip_Finger         |
+----------+--------------------+
```

BOM에 관련하여서는 CATIA를 관리자 모드에서 실행하여 설정해줄 수 있는 부분이 더 중요할 수 있기 때문에 간단히 CATIA를 관리자 모드로 실행하여 Drafting 관련 Standard를 설정하는 다음의 방법을 6장에서 참고해 보기 바랍니다.

Part
06
Drafting

6. Drafting

1. Drafting

Mechanical Design에서 마지막 단계로 수행되는 단계는 바로 2차원 도면을 생성하는 Drafting Workbench입니다. 2차원 상의 도면을 이용하여 각 단품 형상의 정보를 담은 도면을 실제 제작이나 검토를 목적으로 새성할 수 있습니다. 이러한 도면을 이용하여 다른 작업자는 형상을 모델링하는데 사용할 수 있습니다. 또한 조립품에 대해서 전체 어셈블리를 도면화 하여 조립에 대한 설명을 문서화하는 작업에도 Drafting은 사용될 수 있습니다. 오늘날 3차원 데이터를 그대로 외부와 공유하여 작업을 하는 환경이 많이 일반화 되어 도면을 내리는 작업이 점차 감소하고 있는 추세이긴 하지만 앞으로도 실 작업을 위한 것이나 문서화 하기위한 최소한의 도면화 작업이 필요할 것입니다. 도면화 작업에서 가장 중요한 것은 도면의 필요한 정보를 입력하는 것입니다. 단순히 형상뿐만 아니라 형상에 필요로 하는 치수와 주석 등을 기입하여 전달하면 다음 작업자가 쉽게 읽을 수 있도록 가독성을 높이는 것이 도면 작업의 핵심입니다.

CATIA의 Drafting에는 두 가지 방식이 있습니다. 일반적으로 생각하는 도면작업이라 할 경우에는 실물의 형상의 각 View를 Sheet에 그리는 작업이라 할 수 있을 것입니다. 이러한 방법을 CATIA에서는 Generative Drafting이라합니다. 그러나 CATIA는 보다 강력한 Drafting 방식을 지원하고 있습니다. 오늘날 3차원 기반의 CAD 프로그램이 그러하듯이 CATIA도 3차원 형상을 완성하고 이 완성된 3차원 형상으로부터 2차원 도면에 필요로 되는 각 View들을 그대로 불러올 수 있습니다. 즉, 3차원 형상만 만들게 되면 도면 만드는 데에서 형상을 또 다시 그릴 필요 없이 바로 Drafting 작업에 들어 갈 수 있다는 것입니다. 이러한 도면 제작 방식은 CATIA에서는 Generative Drafting이라합니다. 앞으로의 주된 도며 작업은 이러한 Generative Drafting 방식이 될 것입니다.

2. Drafting Exercise
(1) Exercise 1
이번 Drafting 작업을 연습하기 위해 사용할 형상은 다음과 같습니다.

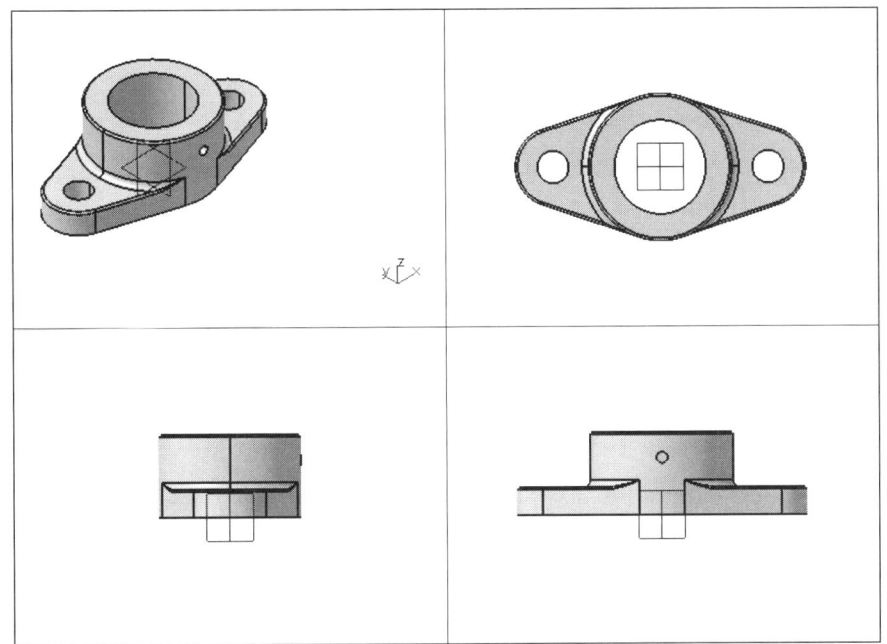

01. 이제 앞서 만든 부품들의 도면을 만들어 보겠습니다. Drafting Workbench를 이용하여 새로운 Document에 2D 도면을 만듭니다. 최대한 간략하고 정확한 치수 기입으로 다른 사람이 이 도면을 보고 부품을 그대로 만들 수 있도록 생각해서 도면을 만듭니다. 이 형상은 두 개의 View만으로도 부품의 형상을 모두 표현할 수 있습니다.

02. PartDesign 폴더에서 PartDesign1.CATPart 파일을 엽니다.

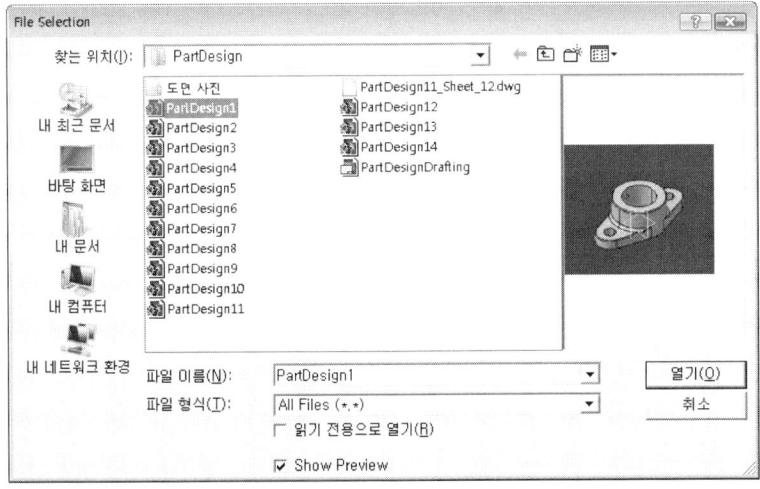

03. Drafting Workbench를 열면 다음과 같이 New Drawing Creation 창이 뜹니다. 이창에서는 새로운 Document의 용지 종류와 규격, 가져올 View들을 지정합니다.

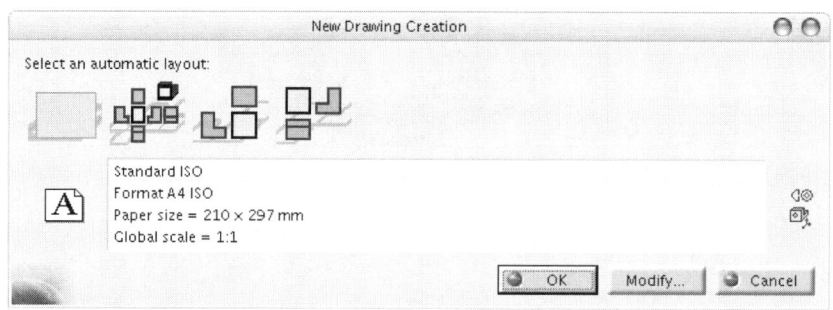

04. 왼쪽부터 순서대로 Empty sheet/ All views / Front, Bottom and Right / Front, Top and Left의 상태로 Drafting을 시작할 수 있게 해줍니다. 여기서 작업자 스스로가 View를 선택해서 View를 만들고자 한다면 Empty sheet로 시작합니다.

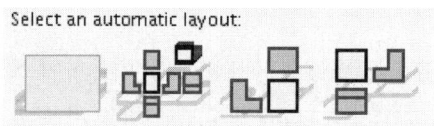

05. Modify 버튼을 누르면 New Drawing 창에서 용지 규격(Standard), 용지 사이즈(Sheet Style)를 지정해줍니다. 우리는 ISO 국제 표준 규격에 A4용지를 사용하겠습니다.

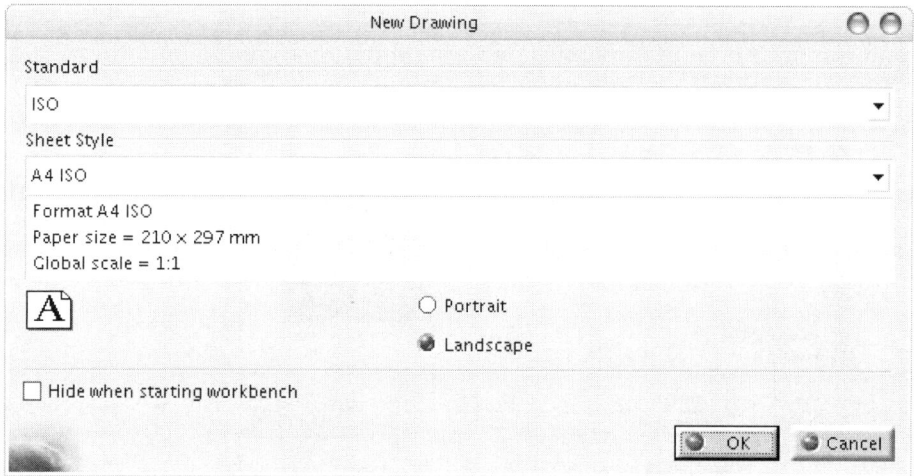

06. OK를 누르면 다음과 같이 빈 Drawing 도큐먼트에 빈 Sheet가 하나 생성됩니다. 우리는 이 도큐먼트 하나에 여러 개의 Sheet들을 넣어 한 Sheet당 한 부품의 도면을 그리도록 하겠습니다.

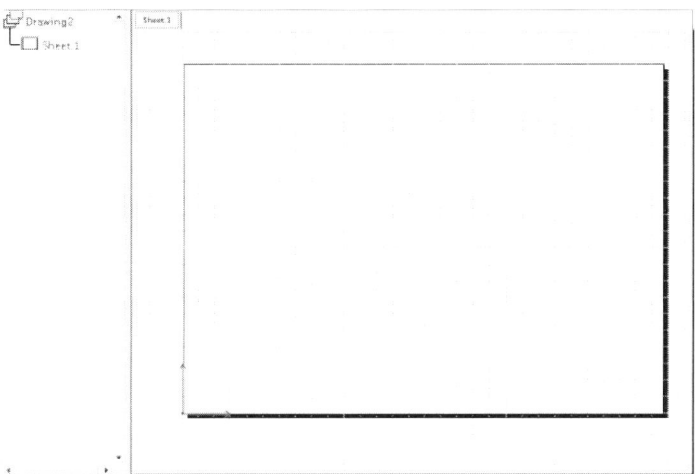

07. 먼저 Sheet의 이름을 바꿉니다. 현재 작업 중인 Sheet를 클릭 후 Alt + Enter를 입력해 Properties 창을 띄웁니다.(또는 Sheet를 선택한 후에 마우스 오른쪽을 클릭, 직접 속성을 선택합니다.) Name 입력란에 PartDesign1이라고 입력합니다.

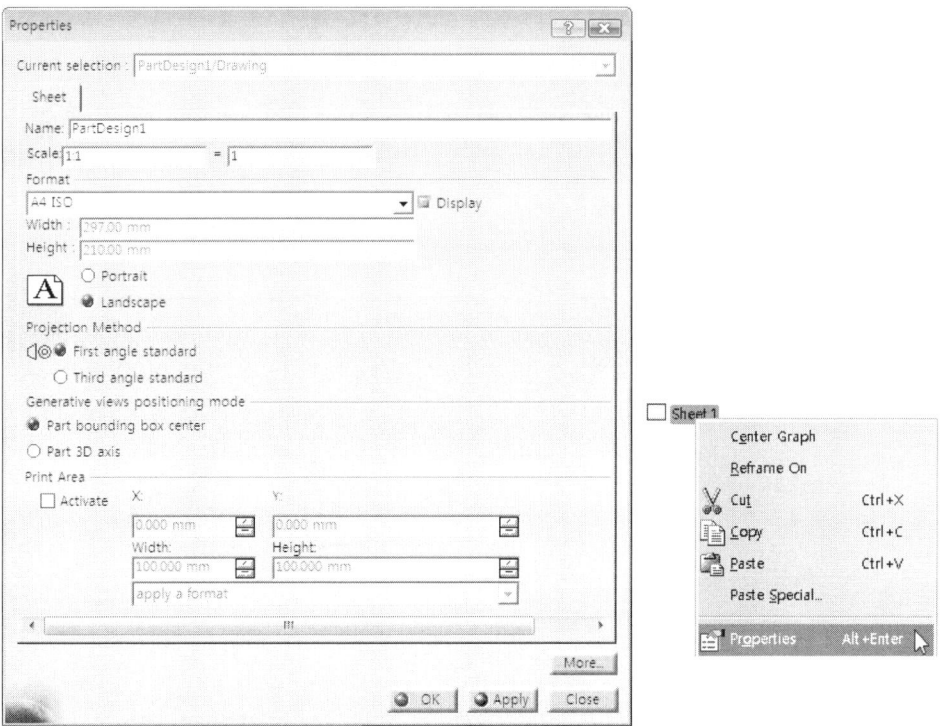

08. 이제 Views Toolbar를 이용하여 원하는 View를 불러옵니다.

09. Front View 로 정면도를 불러 오겠습니다. 아이콘 클릭으로 활성화시킨 후 Control + Tab을 이용하여 Part Design document로 이동하여 정면도로 사용하고자 하는 면을 클릭합니다. 원하는 면에 마우스를 가져가면 다음과 같이 가져올 형상의 모습이 오른쪽 아래 나타납니다.

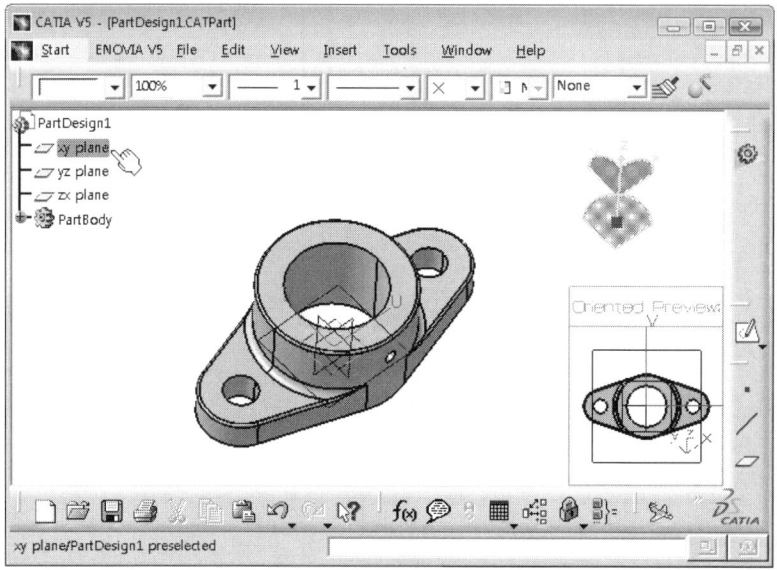

10. 클릭하면 Drawing Document에 다음과 같이 View가 생성되고 오른쪽 위에 방향을 회전할 수 있는 다이얼이 생성됩니다.

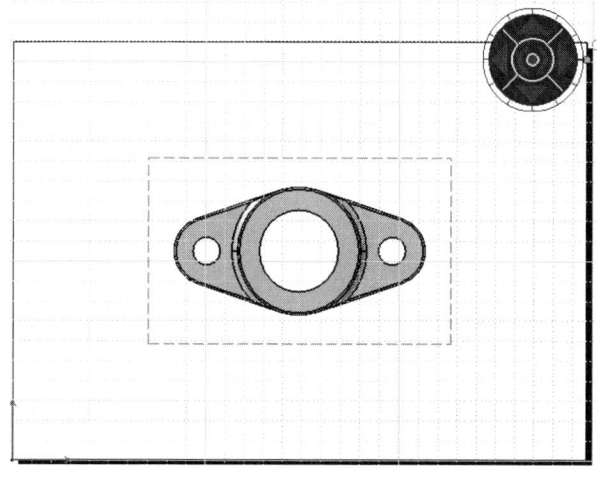

중앙에 있는 원을 클릭하거나 빈 공간을 클릭하면 이 모양 그대로 View가 생성됩니다.

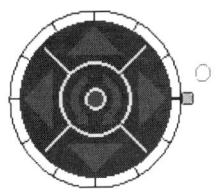

11. 다른 View를 부르기 위해 Front View 아래 화살표를 클릭하면 다음과 같이 Projection Toolbar가 나타납니다. 이 중 Projection View 를 이용하겠습니다. Projection Viewv 는 지금 그려져 있는 Front view의 주위에 마우스를 가져가면 방향별로 Left, Right, Top, Bottom View가 나타나고 그중 원하는 View가 나타났을 때 클릭을 하면 됩니다.

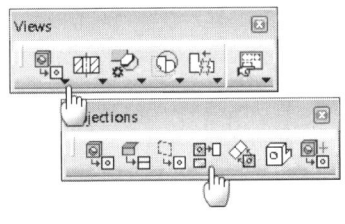
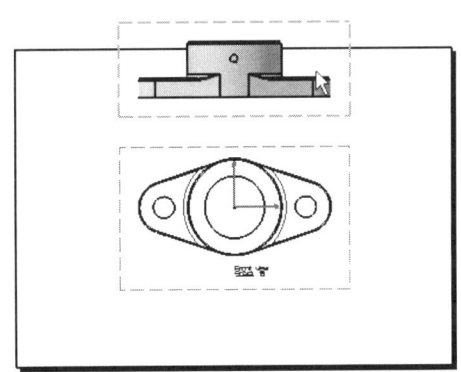

Front View가 맨 처음 만들어진 기준이고 Bottom View는 Projection View 를 통해 딸려 만들어진 것이므로 Front View를 클릭 후 드래그로 이동시키면 Bottom View도 같이 이동합니다.
Bottom View만 이동시키려면 Bottom View를 클릭 후 드래그하면 이동이 됩니다. 하지만 Front View와 같은 Line 선상에 있어야 하기 때문에 만들어진 방향대로 위, 아래로만 이동이 되고 좌우로는 이동이 되지 않습니다.

12. 알맞은 위치에 View를 정렬 하였으면 이제 수정을 통해 수치기입, 설명들을 넣어주어야 할 차례입니다. 원하는 View의 수정을 위해서 더블클릭으로 활성화해주면 다음과 같이 외곽선이 붉은 색으로 변합니다.

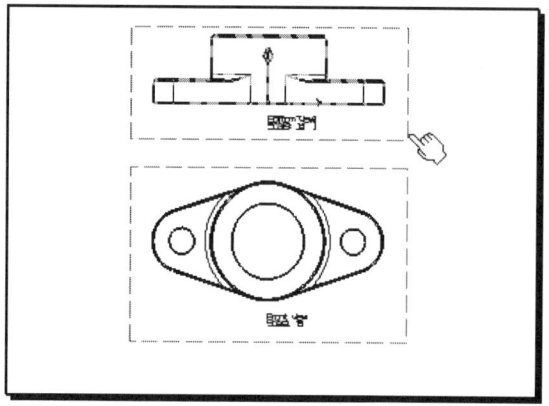

13. 우선 자동적으로 생긴 필요 없는 글씨를 Delete키로 삭제합니다.

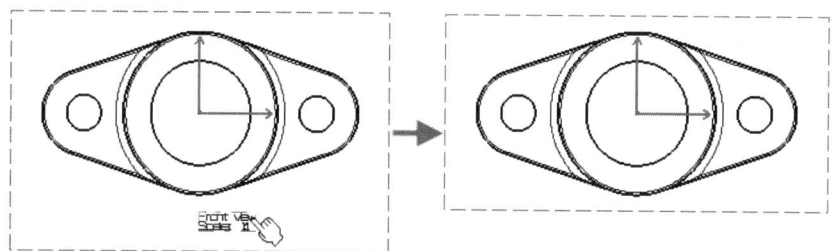

14. 각 View에서의 원점을 표시하기 위해 작은 원을 만듭니다. 이 원점 표시는 앞으로 자주 사용할 것이므로 한번 만들고 계속 불러다 쓰는 방식으로 합니다.

먼저 Drawing Toolbar에서 New Detail Sheet 로 2D Component를 만들 새로운 Sheet를 추가합니다.

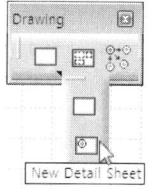

15. Grid의 크기보다 작은 원을 그리기 위해 Tools 바에 있는 Snap to Point 를 꺼서 자유로운 치수 조절을 합니다.

16. 여기서도 Sketch에서 그렸던 것처럼 Geometry Creation Toolbar의 Circle 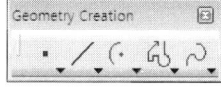 을 이용해 원을 그립니다.

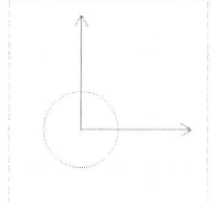

17. Line  을 이용해 십자 모양의 선도 그립니다.

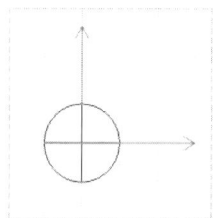

18. Dress up Toolbar에 Area Fill 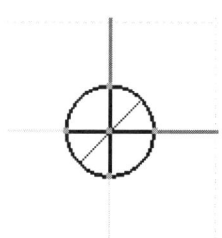 클릭 후 원안에 나눠진 네 부분 중 대각선 두 부분을 채웁니다.

그렇지만 보는 봐와 같이 채워진 부분이 사선으로 채워져 있어 육안으로 구별하기가 어렵습니다.

19. 두 Pattern을 Control키로 동시에 잡고(또는 원 형상 전체를 드래그합니다.) Graphic Properties Toolbar에서 오른쪽 끝단의 Pattern을 보면 사선 모양의 Pattern이 설정되어 있는 것을 볼 수 있습니다.

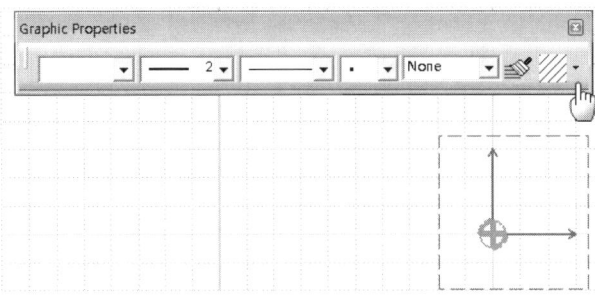

20. 옆에 화살표를 누르면 Pattern Chooser 창이 뜹니다. 이중 Black을 고르고 OK 합니다. 아래와 같은 원점 표시가 만들어졌습니다.

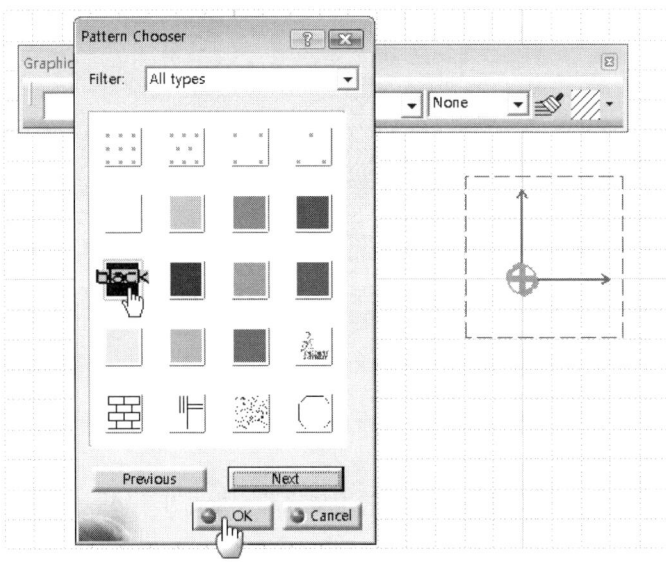

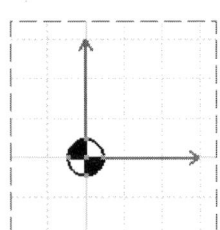

여기에 추가적으로 선 요소와 점 요소의 굵기와 크기를 조절해 주면 보다 깔끔한 결과를 만들 수 있습니다. 선의 굵기나 점 요소의 크기와 같은 속성의 변경은 Graphic Properties Toolbar에서 설정해줄 수 있습니다.

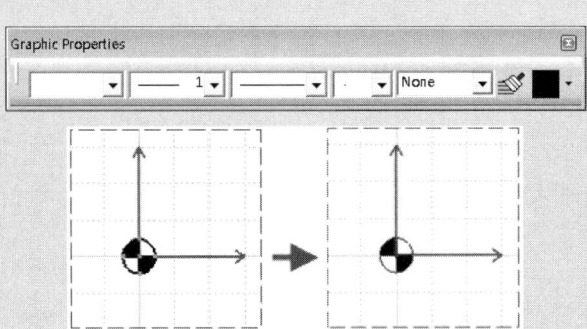

이밖에도 Detail Sheet 안에 Drawing Toolbar에 New View 를 이용해 여러 개의 2D Component 를 만들어 다른 Sheet 안에서 자유롭게 선택적으로 가져와 사용할 수 있습니다.

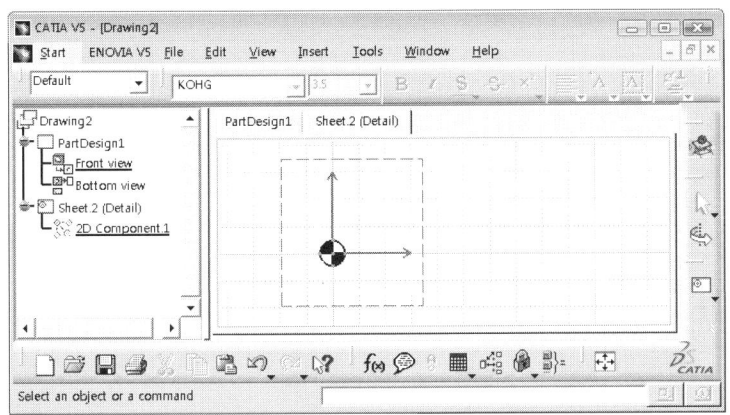

21. 이제 다시 Part Design1 Sheet로 돌아와서 방금 만든 원점 표시를 가져옵니다.
먼저 더블클릭으로 2D Component를 붙일 View를 활성화시킵니다. 그러면 파란색 X축, Y축 표시가 나오고 쉽게 원점에 붙일 수 있습니다.

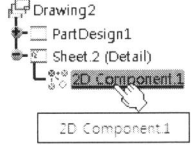

22. Drawing Toolbar에 Instantiate 2D Component 클릭 후 사용하고자 하는 2D Component를 Tree 에서 클릭하면 마우스 위치에 앞서 정의한 원점 표식이 나타납니다. 마우스를 이동하여 원하는 위치에 잘 맞춰 클릭합니다.

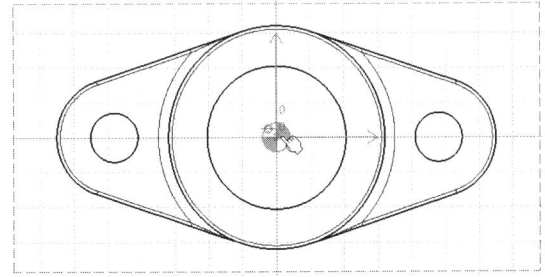

다른 View에도 같은 방법으로 2D Component를 붙입니다.

23. 클릭하면 다음과 같이 2D Component 사방에 작은 검은색 사각형들이 나타납니다. 이 점을 찍고 마우스를 움직여서 Component의 크기를 조절할 수 있습니다.

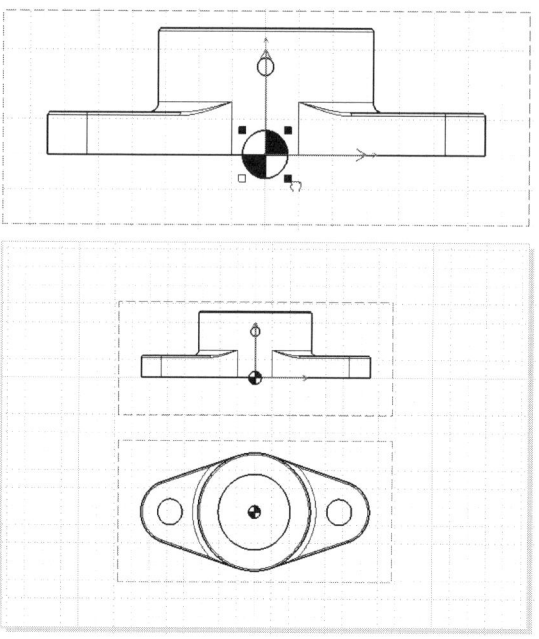

24. 다음은 치수 기입의 용이함을 위해 각 원에 Center Line을 넣습니다. Dress-up Toolbar에 Center Line ⊕ 클릭 후 원하는 원을 클릭하면 원에 중심선이 생성됩니다.

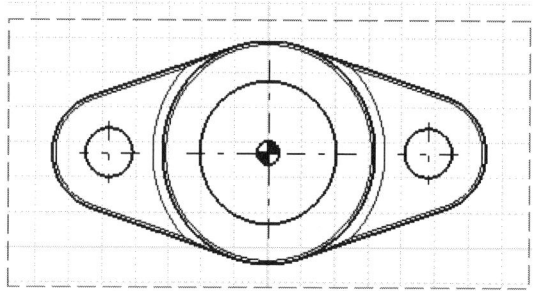

25. 이제 Bottom View부터 Dimensions Toolbar에 있는 기능들을 이용하여 치수를 기입해봅니다. View 끼리 중복되는 치수가 없도록 혹은 부품 설명에 빠지는 치수가 없도록 정확하고 간단히 합니다.

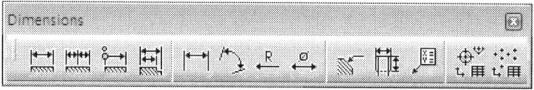

26. Dimensions ⊨로 높이를 표시합니다. 아이콘 클릭 후 높이가 될 각 선을 클릭하면 높이 치수가 기입됩니다.

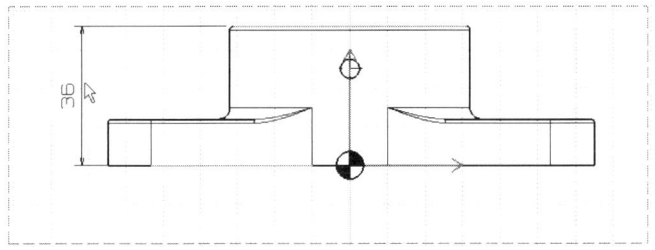

치수를 원하는 위치로 이동하고자 할 경우 Tools ⇨ Options ⇨ Mechanical Design ⇨ Manipulators 탭에서 Modifications 부분을 모두 Checking하면 체크되어있는 기능의 수정을 할 수 있습니다.

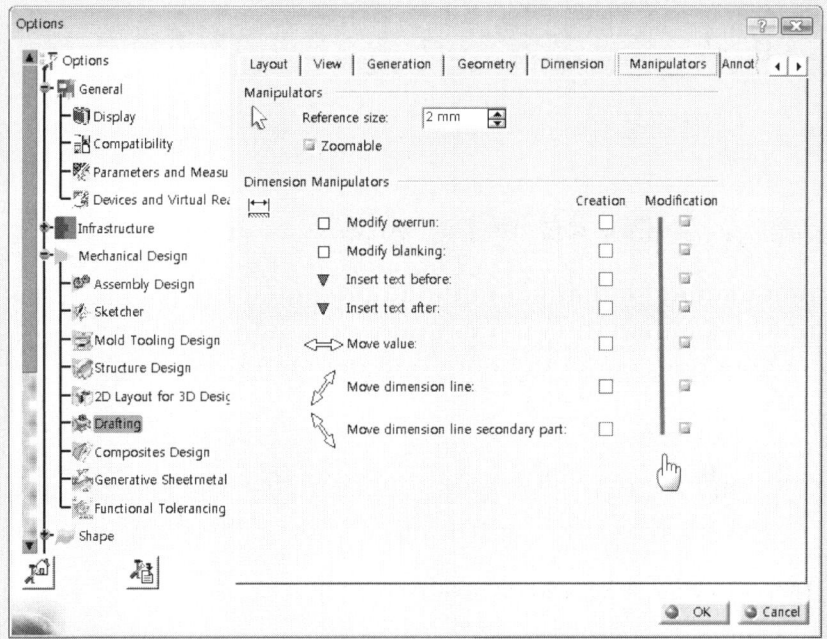

이제 치수를 클릭하면 다음과 같이 숫자 주위에 수정, 이동 가능한 화살표들이 생겨 자유롭게 치수의 위치를 잡을 수 있습니다.

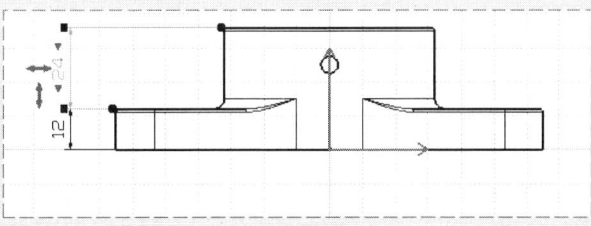

27. 밑 부분 높이 기입을 할 때에 치수를 기존 36이 있는 치수선 근처로 가져가면 Coincidence 표시로 작은 원이 생성됩니다. 이때 클릭하면 기존 수치선과 같은 선상에 수치가 정렬됩니다.

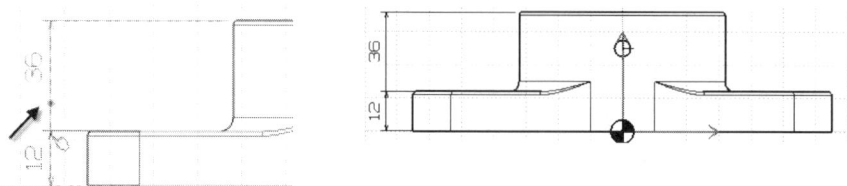

28. 다음은 Dimensions [아이콘]로 Hole의 높이를 표시해줍니다. 앞에서 넣은 Center Line과 바닥 선을 클릭합니다.

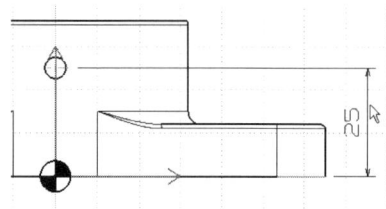

29. Diameter Dimensions [아이콘]로 원의 지름을 표시합니다.

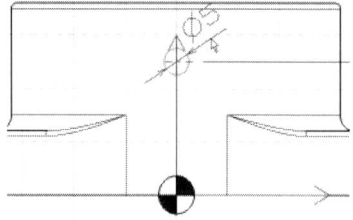

30. Radius Dimensions [아이콘]로 Fillet의 반지름을 표시합니다.

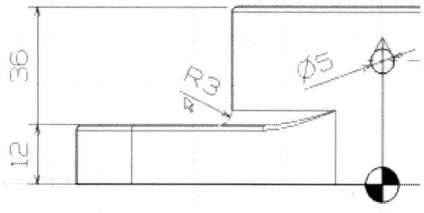

31. 이제 Front View에 치수를 기입하기 위해 Front View를 더블클릭하여 활성화합니다.

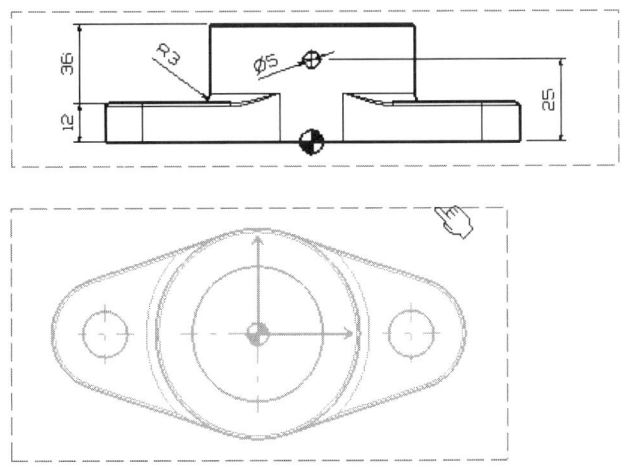

32. Diameter Dimensions ⌀ 를 이용해 원의 지름들을 기입합니다.

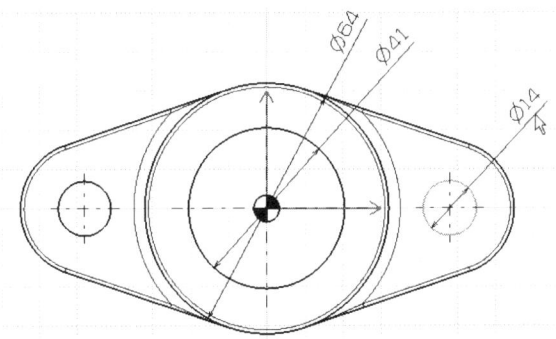

33. Radius Dimensions R 로 호의 반지름 기입합니다. 양쪽 호를 모두 표시하는 것이 아니라 중복되는 치수는 한쪽만 기입합니다.

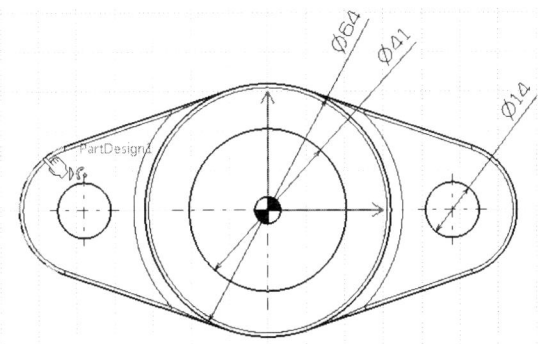

34. Dimensions 로 양쪽의 대칭된 작은 원 중심사이의 거리를 기입합니다. 아이콘 클릭 후 원을 클릭하지 말고 앞에서 만든 Center line을 각각 클릭합니다.

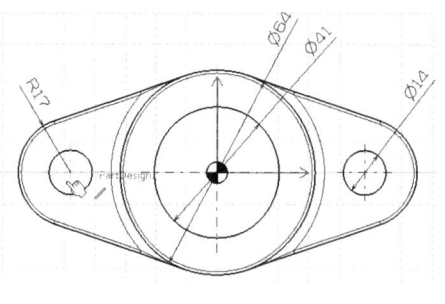 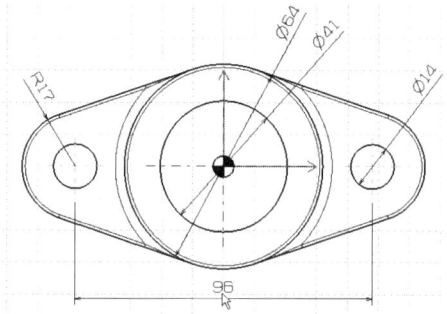

35. 정렬을 위해서 치수보조선을 따라서 기울어져 있는 호나 원의 치수를 Dimension Properties Toolbar를 이용해서 꺾어줍니다. 가장 왼쪽에 Dimension line 에 화살표를 누르면 밑으로 여러 가지 수치Line의 모양의 Toolbar가 나타납니다.

36. Dimension Line 중에서 두 번째 수치 Line 모양으로 바꿉니다. 우선 바꾸고자 하는 치수선을 Control 키를 누른 상태에서 모두 클릭하여 한꺼번에 지정하고 Dimension Line 을 클릭합니다.

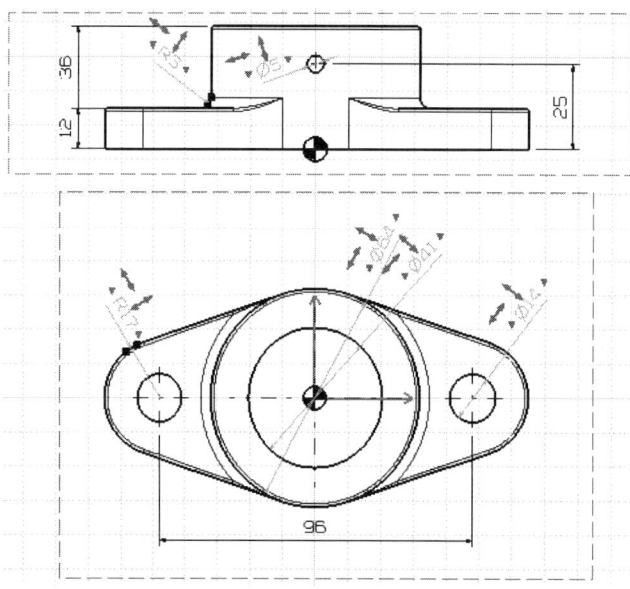

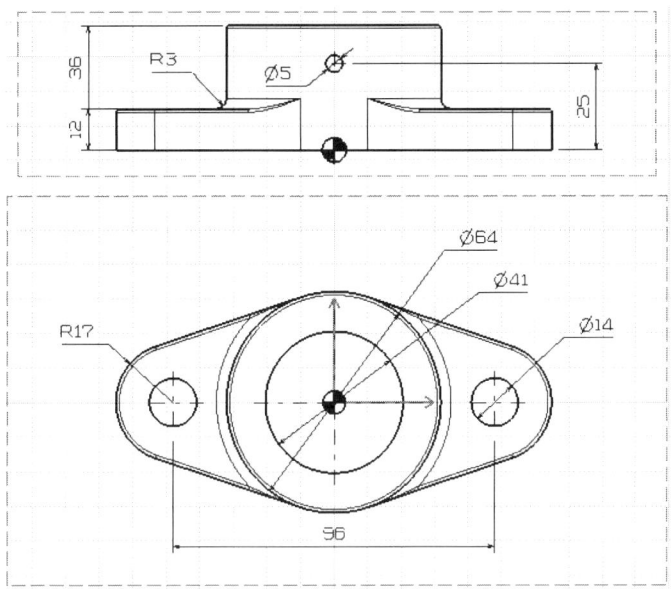

37. 또한 90도 돌아가 있는 높이 치수를 보기 좋게 바로 세웁니다. 먼저 각각 치수를 Control 키와 함께 클릭하여 지정한 후 Alt +Enter 로 Properties 창을 띄웁니다.

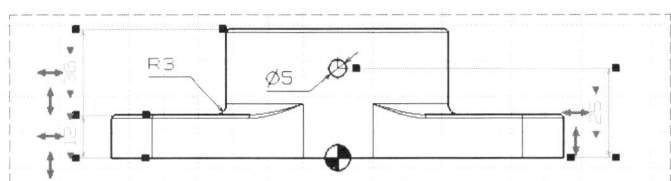

Properties창에서 Value Orientation에서 Orientation의 설정을 Parallel에서 Perpendicular로 변경하여 방향을 바꾸어줍니다.

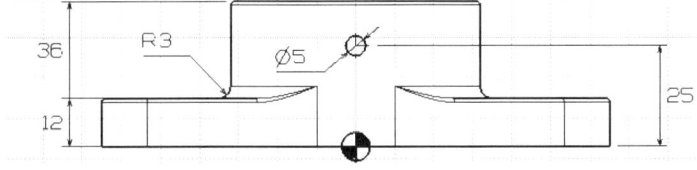

38. 이번엔 치수 앞에 '2×'를 기입하여 같은 원이 양쪽에 두 개임을 표시해줍니다.

숫자를 클릭하면 옆에 빨간색으로 여러 개의 화살표가 나옵니다. 이중에서 숫자 바로 왼쪽과 오른쪽에 아래로 향하는 화살표시가 있는데 앞에 것은 앞에 글을 쓰도록, 뒤에 것은 뒤에 글을 쓰도록 하는 것입니다. 우리는 앞에 '2×'를 넣습니다.

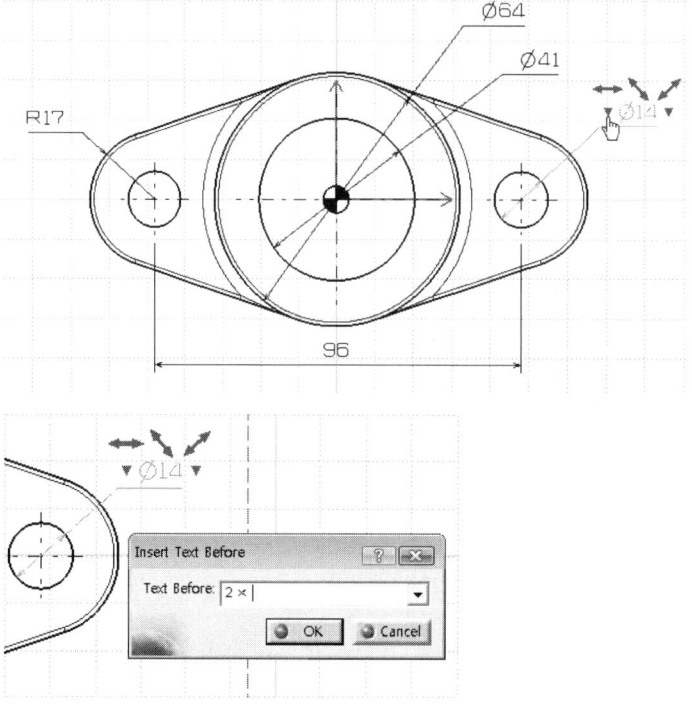

39. 앞으로 삐져나온 '2×'를 옆으로 밀기 위해서 아래 화살표를 클릭 & 드래그하여 정리합니다.

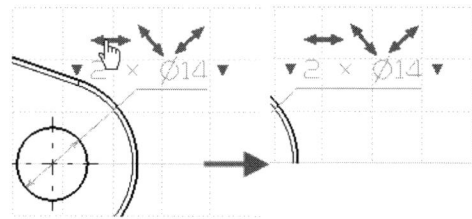

40. 치수는 모두 정리 되었으니 마지막으로 제목이나 중복되는 치수 설명을 써 넣습니다. Annotations Toolbar에 Text **T** 클릭 후 원하는 위치에 클릭하면 Text Editor 창이 뜹니다.

창안에 Text를 넣습니다.

Text를 더블클릭하면 Text Editor 창이 다시 뜨고 수정할 수 있습니다.

41. 모든 치수와 Text를 같은 글씨체로 바꾸기 위해 마우스로 도면 전체를 드래그로 잡습니다.

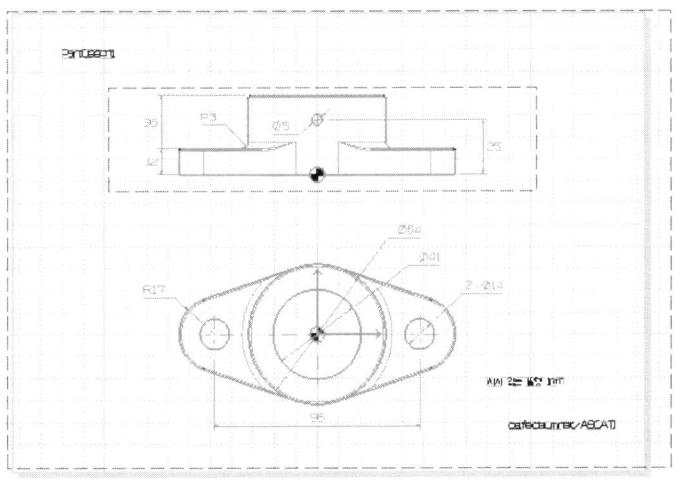

Text Properties에서 Areal(True Type)으로 바꿉니다.

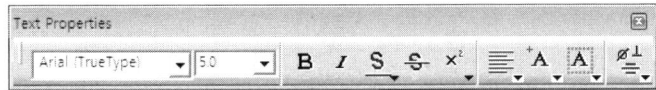

42. Text Properties에서 치수도 바꿉니다. 저는 제목은 7.0, 카페 이름은 3.5, 나머지는 5로 바꾸었습니다. 다음과 같이 도면이 완성되었습니다.

CATIA BASIC MDM 예제집 V5 R25

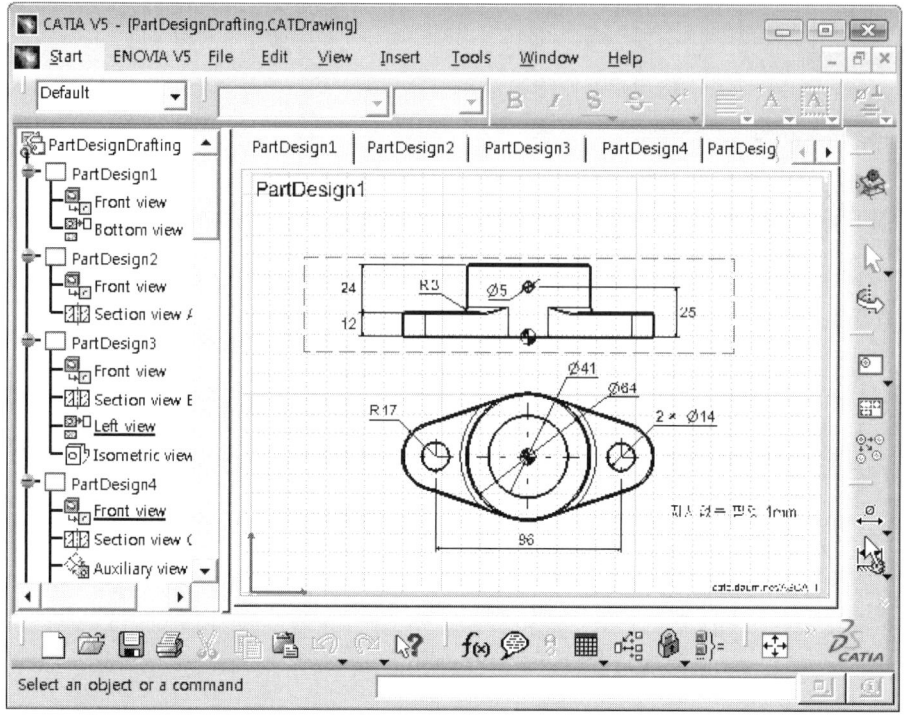

(2) Exercise 2

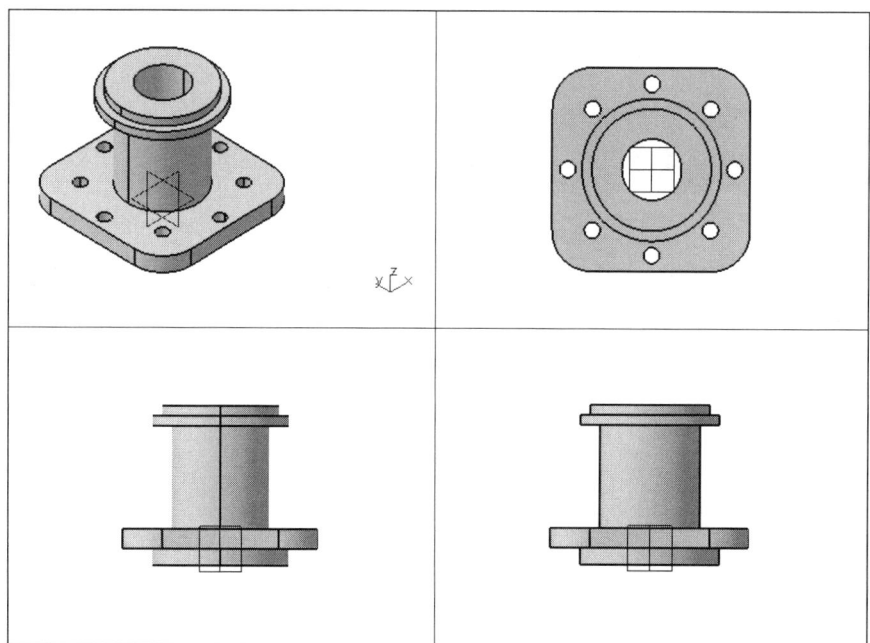

앞에서 배운 기능들을 상기하면서 두 번째 부품의 도면을 만듭니다. 이 부품 또한 두 개의 View만으로 형상표현이 가능합니다.

01. 앞에 만든 파일에 Drawing Toolbar에 New Sheet 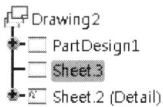 로 Sheet를 추가하여 PartDesign2를 그리겠습니다.

02. Alt + Enter로 Properties 창에서 이름을 PartDesing2로 바꾸어줍니다.

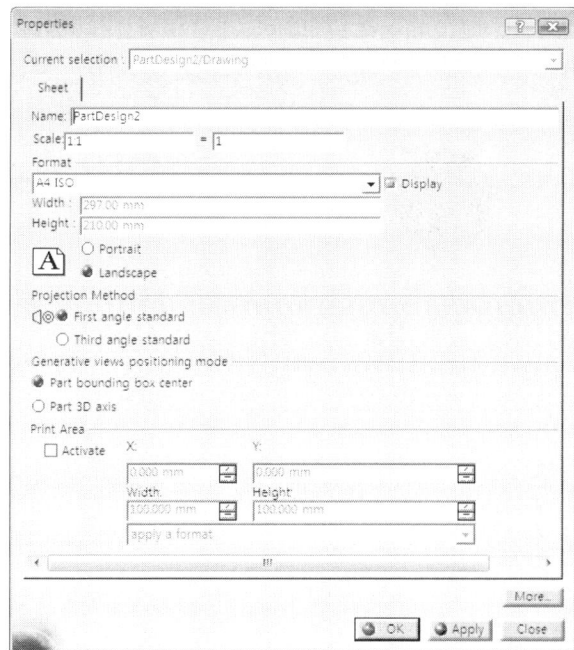

03. Views Toolbar에서 Front View 로 정면도를 그립니다. 아이콘 클릭 후 Control + Tab 또는 Windows에서 Part Design Workbench로 넘어갑니다.

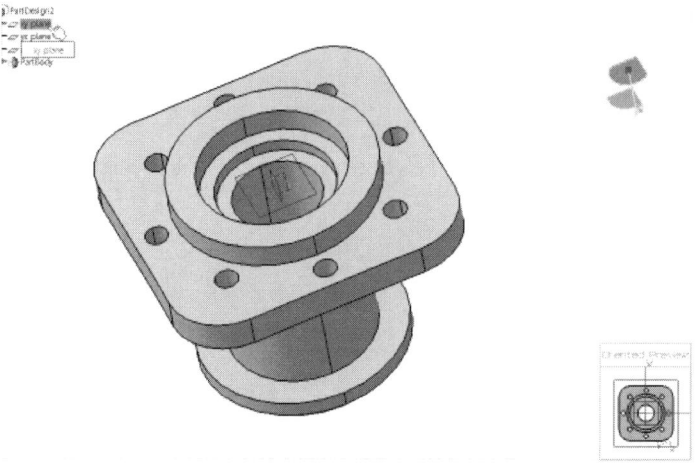

이때 부품의 면을 찍는 것보다는 좌측 트리에서 원하는 평면을 클릭해야 View가 찌그러지거나 돌아가지 않고 안전하게 정면도를 가져올 수 있습니다.

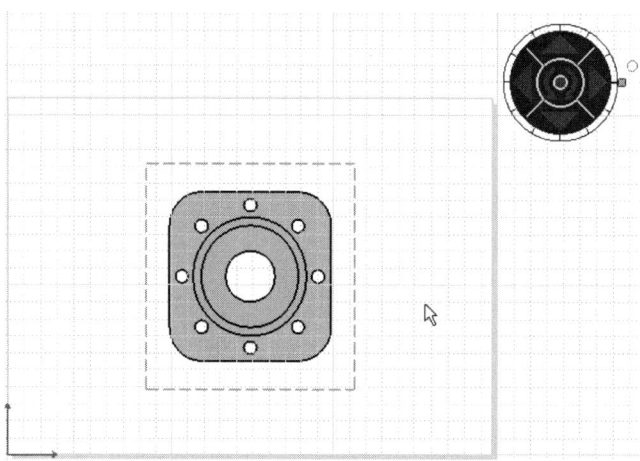

빈 공간을 클릭하여 View를 확정합니다.

04. 부품의 형상이 원통이기 때문에 밑바닥을 Front View로, 나머지는 가운데 반을 잘라 단면도를 보입니다. Views Toolbar에 있는 Offset Section View 를 클릭합니다. Front View에서 가운데 수평 Line을 그리고 끝에서 더블클릭으로 끝을 맺으면 측면도가 생성됩니다.

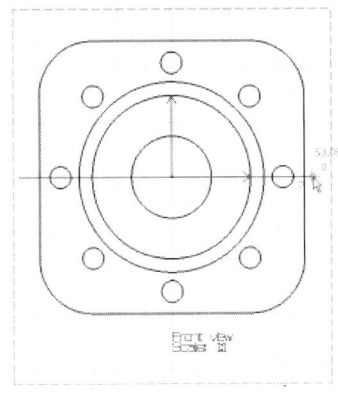

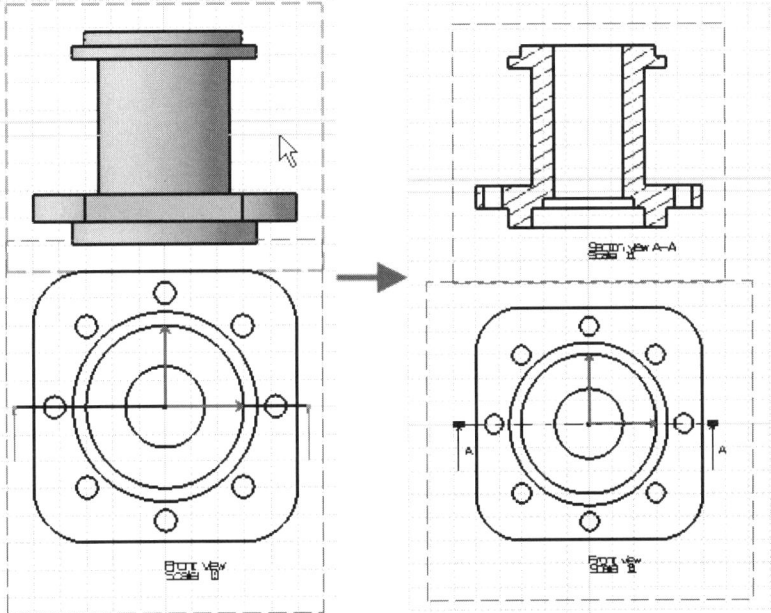

원하는 위치에 놓고 클릭하여 완성합니다.

05. 그런데 View의 크기가 너무 커서 용지의 크기를 넘어서므로 비율을 바꾸어줍니다. 작업 중인 Sheet를 선택하고 Alt + Enter로 Sheet의 Properties 창을 엽니다. Scale 값을 1:1에서 2:3으로 고쳐 줍니다.

Scale: 2:3 = 0.66667

06. 이제 용지 안에 모든 View가 들어오는 것을 확인할 수 있습니다.

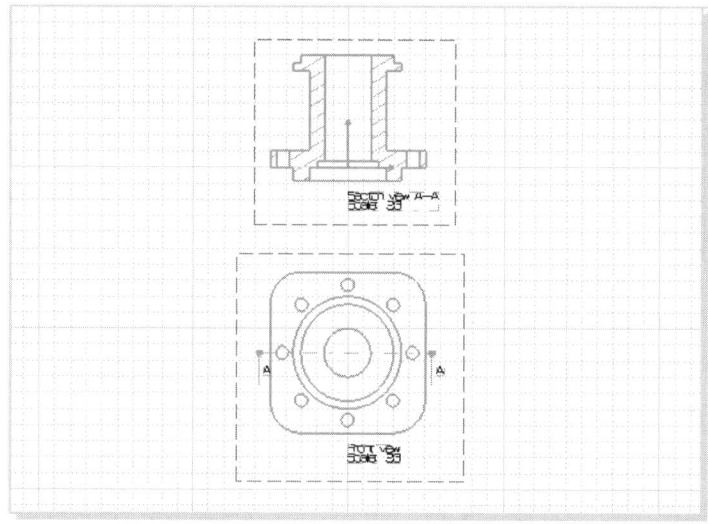

Drafting을 작업하는데 있어 처음 정의한 Sheet의 크기보다 형상이 큰 경우에는 Scale을 이용하여 형상을 Sheet의 안으로 맞추는 작업이 반드시 필요합니다. Drafting 도큐먼트에 나타나는 회색의 사각형으로 표시되는 부분이 현재 Sheet의 크기입니다. 따라서 인쇄를 하거나 그림 파일등의 외부 형식으로 Drafting을 저장을 할 경우에 이 회색 사각형 안에 있지 않은 형상들은 모두 생략된다는 것을 기억하기 바랍니다.

07. 필요없는 Text는 삭제합니다. 하지만 단면도의 Text는 더블클릭하여 수정합니다. Section View A-A는 단면도라는 표시를 위해서 그대로 두고 나머지는 삭제합니다.

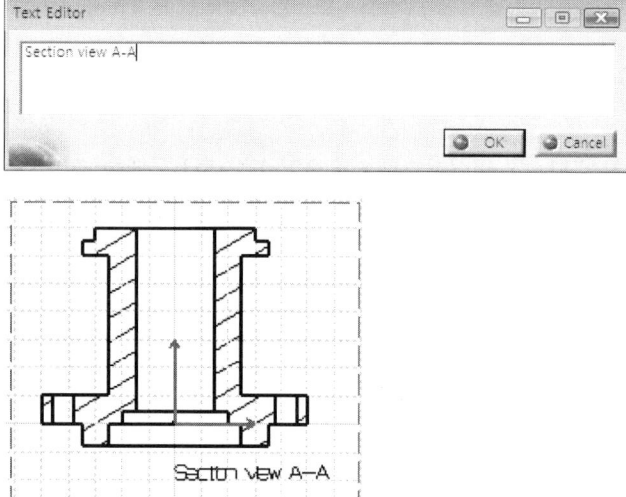

08. 측면도에 치수를 기입합니다. Dimensions Toolbar에 Dimensions 로 각각의 높이를 기입합니다.

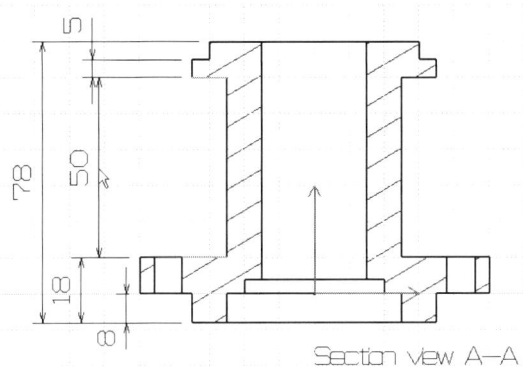

> 또는 Chained Dimension 명령을 사용해 보기 바랍니다. Chained Dimension 명령은 같은 방향의 치수들을 연속적으로 만들어줄 수 있습니다.

09. 어지러운 보조선을 정리하기 위해 이동시키고자 하는 치수의 보조선 클릭, 오른쪽 마우스 키로 Contextual menu에서 Line-up 을 클릭합니다.

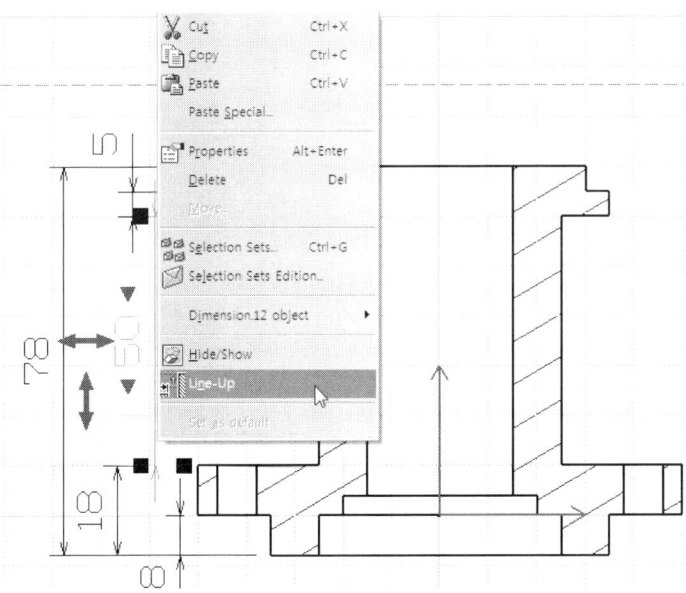

10. 그리고 같이 정렬하고 싶은 기준이 될 치수선을 클릭합니다.

6. Drafting **651**

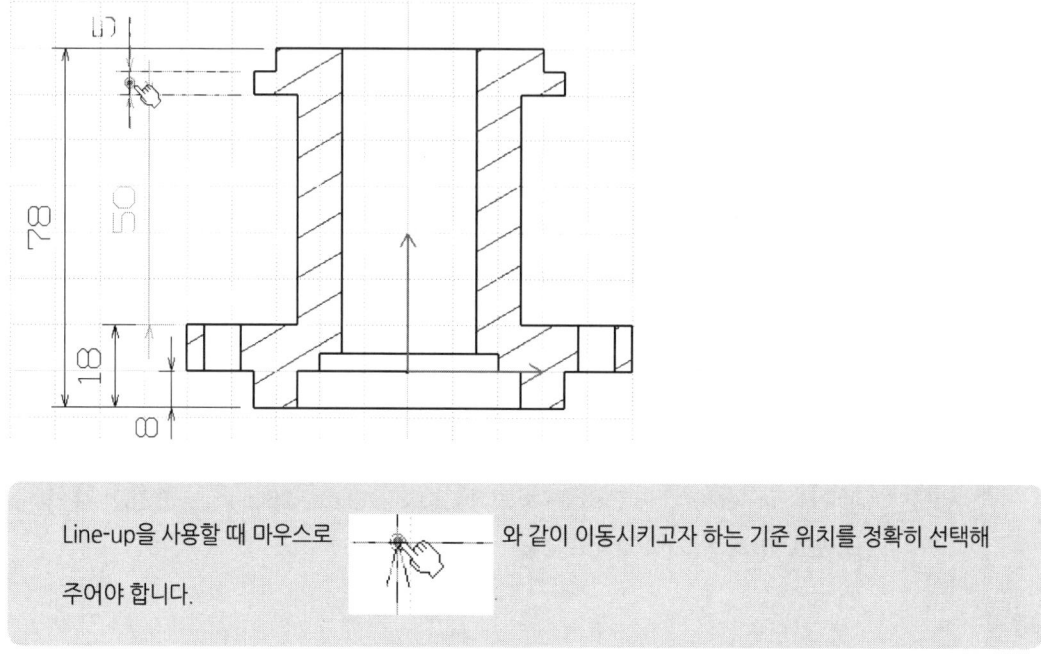

Line-up을 사용할 때 마우스로 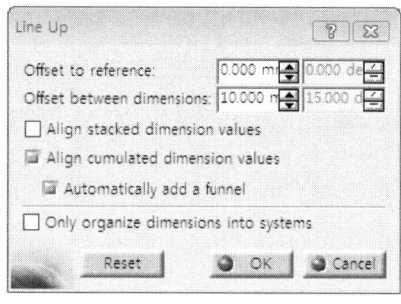 와 같이 이동시키고자 하는 기준 위치를 정확히 선택해 주어야 합니다.

11. 다음과 같이 Line-up창이 뜨고 Offset을 넣을 수 있지만 그대로 OK를 선택해 현재 선택한 지점과 완전히 일치되어 이동하도록 합니다.

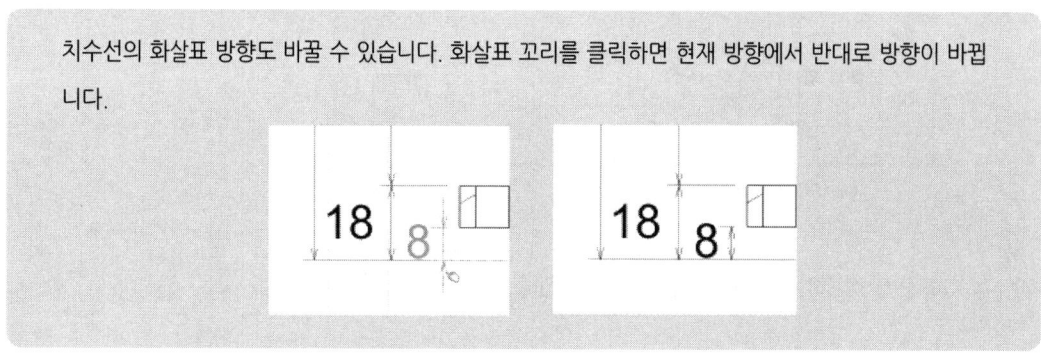

치수선의 화살표 방향도 바꿀 수 있습니다. 화살표 꼬리를 클릭하면 현재 방향에서 반대로 방향이 바뀝니다.

12. 다음과 같이 치수선을 정리 합니다.

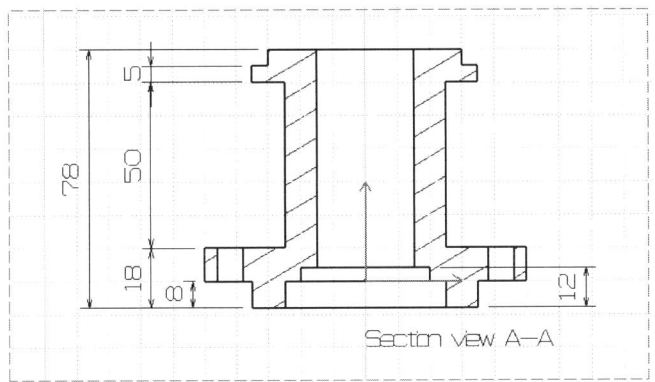

13. 원통에 지름을 넣기 전에 중심선을 표시하는 보조선을 넣습니다. Dress up Toolbar에 Axis Line 을 클릭 후 중심축을 넣고 싶은 원통의 옆선을 클릭합니다.

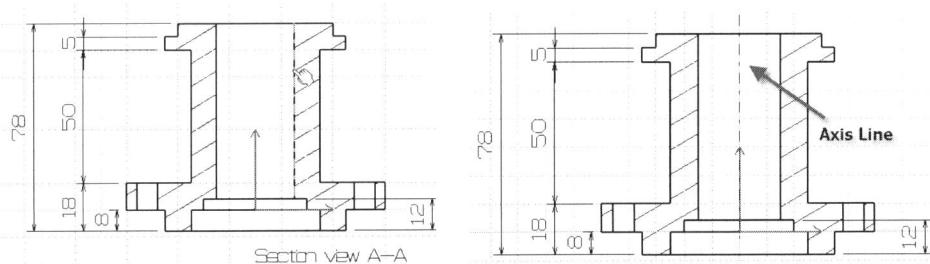

14. 이제 Dimensions Toolbar에 Diameter Dimensions 로 원통의 직경을 기입합니다. 이 아이콘은 원뿐만 아니라 원통의 단면에서도 옆선을 클릭하면 직경이 나옵니다.

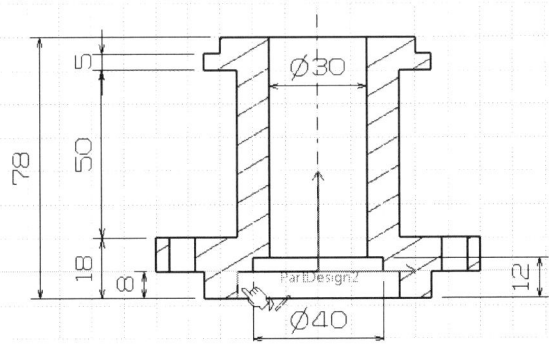

15. 다음은 Front View의 수정을 위해 더블 클릭 또는 오른쪽 마우스 키로 Contextual mene에서 Activate View를 클릭합니다.

6. Drafting **653**

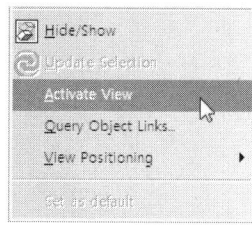

16. 먼저 Dimensions 로 사각형의 가로 세로를 표시합니다.

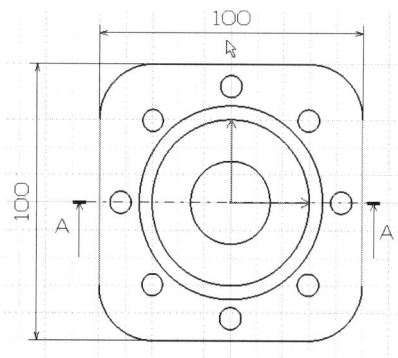

17. 작은 원들의 중심으로부터의 위치를 나타내기 위해서 임의로 보조선을 그려줍니다. Geometry Creation Toolbar의 Circle 로 원을 그립니다. 원을 그려줄 때 Smart Pick 기능을 사용하여 작은 원의 중점과 일치하는 지점에 맞추어 만들어줍니다.

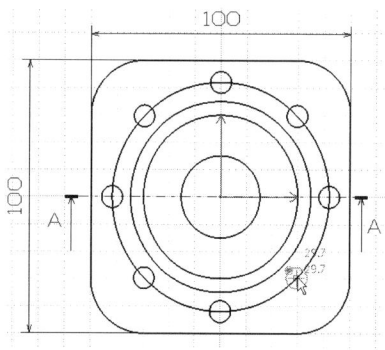

18. Graphic Properties 창에서 선의 두께와 모양을 바꾸어 보조선 모양으로 바꾸어줍니다.

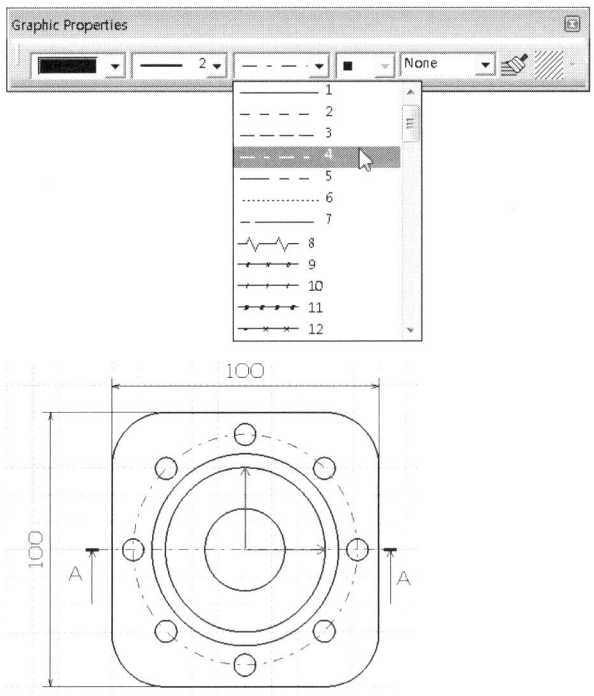

19. Diameter Dimensions ⌀ 로 원들의 지름을, Radius Dimensions R 로 반지름을 표시합니다.

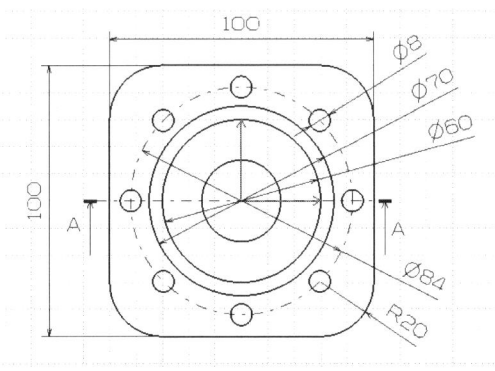

20. A-A단면을 나타내는 길이가 너무 길기 때문에 화살표를 클릭 후 Properties 창을 띄워 길이를 조절합니다. Arrow length로 길이를 조절할 수 있습니다. 이외에도 보조선 모양이나 화살표 머리의 길이나 각도 모양, 또한 바꿀 수 있습니다.

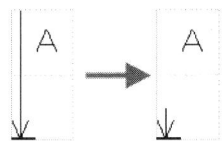

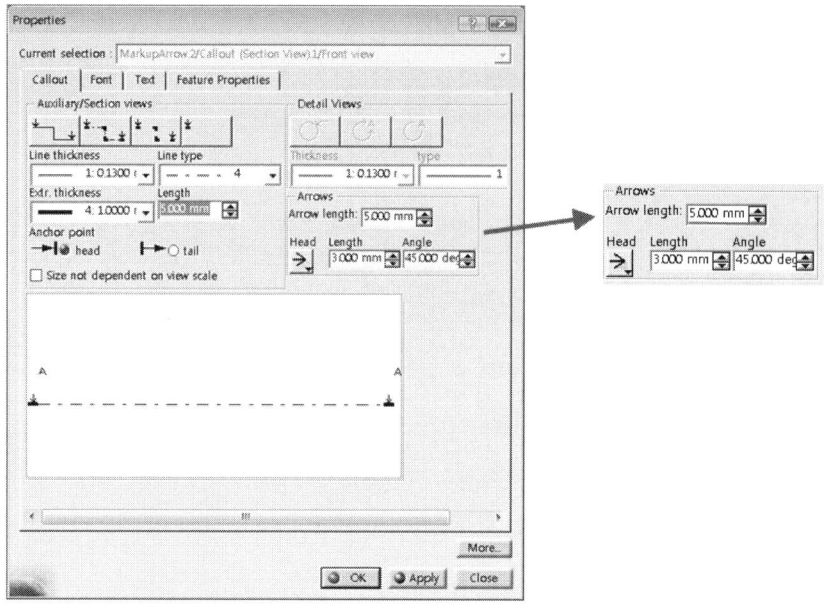

21. 지름이나 호를 나타내는 치수선을 정리하기 위해 Control 키로 모두 잡고 Two part 로 치수선을 꺾어줍니다.

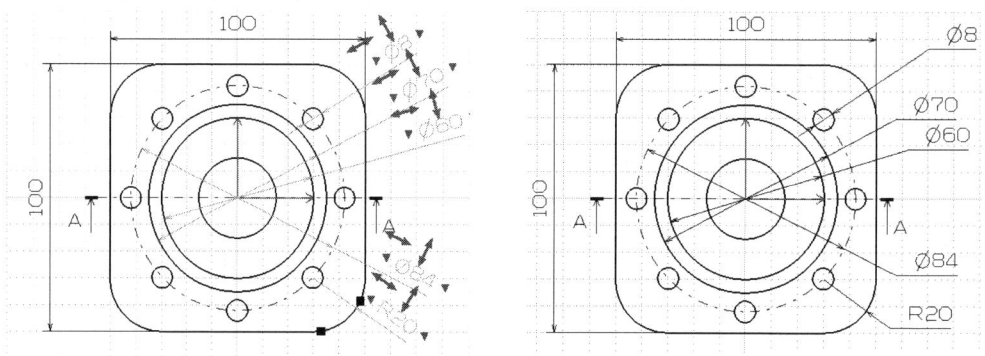

22. 중복되는 여러 개의 원의 치수를 하나로 표현하기 위해서 앞에 개수만큼 배수 표시를 합니다.

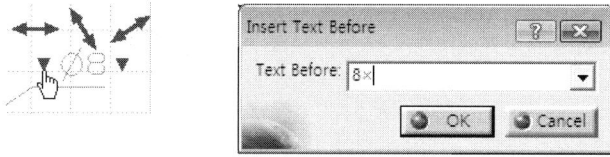

화살표로 적당히 튀어나온 Text를 이동시켜줍니다.

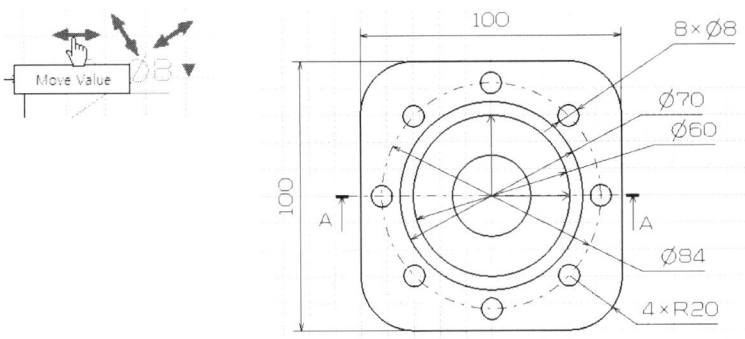

23. 이번엔 높이 치수의 방향을 바꾸어줍니다. 바꿀 치수를 Control Key와 함께 모두 잡고 Properties 창을 띄웁니다.

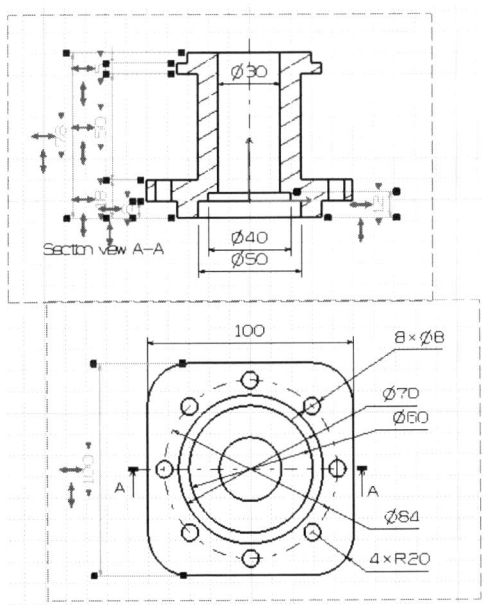

24. Value Orientations의 Orientation을 Perpendicular로 바꿉니다.

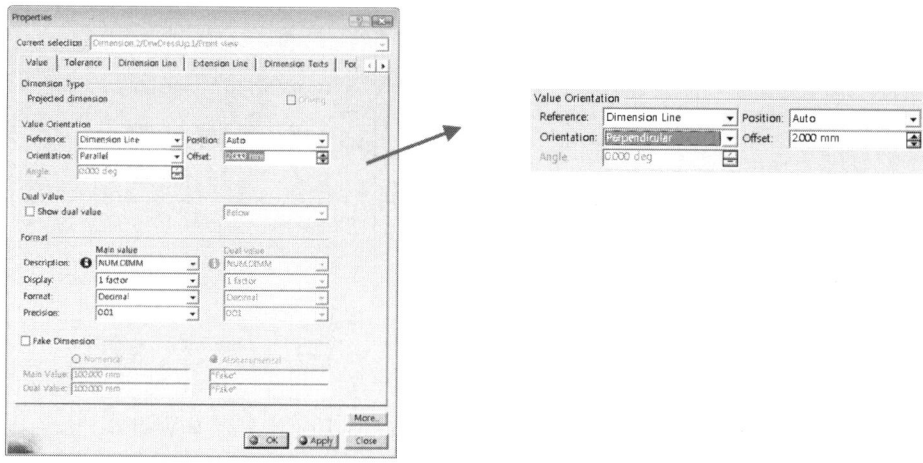

25. 이제 치수 기입은 마치고 원점을 넣습니다. 앞에서 이미 만들어 놓은 2D Component를 사용합니다. Drawing Toolbar에 Instantiate 2D Component 클릭 후 Detail Sheet에서 2D Component를 클릭하여 마우스로 원점에 가져다 놓습니다.

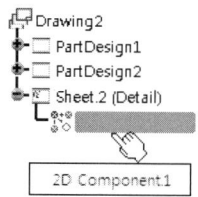

26. 다음과 같이 치수는 모두 기입되었고 제목과 출처를 기입합니다.

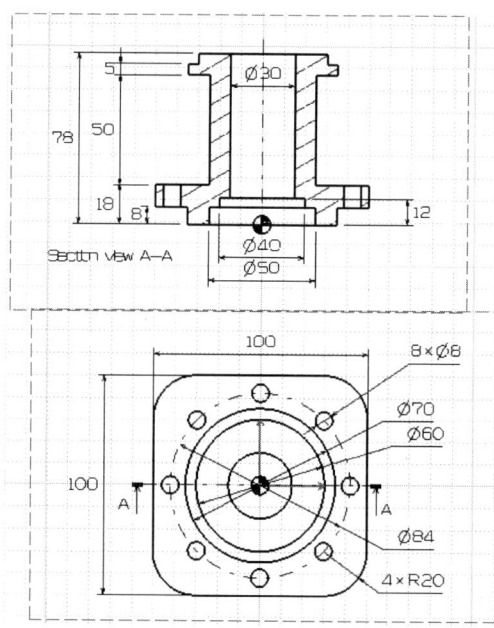

27. Annotations Toolbar에 Text **T** 로 Text Editor 창을 이용해 제목을 입력합니다.

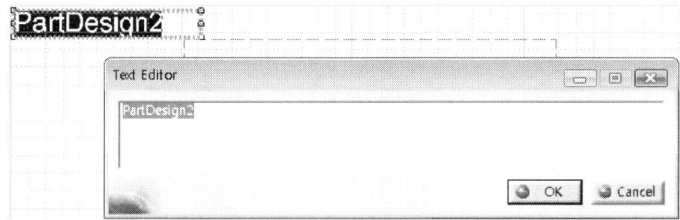

28. Text Properties Toolbar를 이용해 글씨체, 크기를 적당히 바꾸면 다음과 같이 완성됩니다.

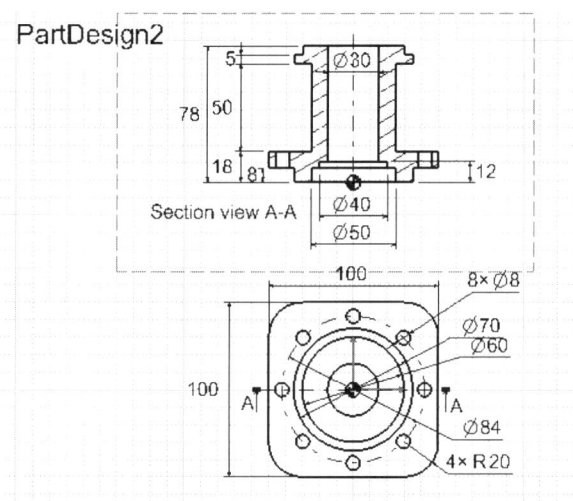

(3) Exercise 3

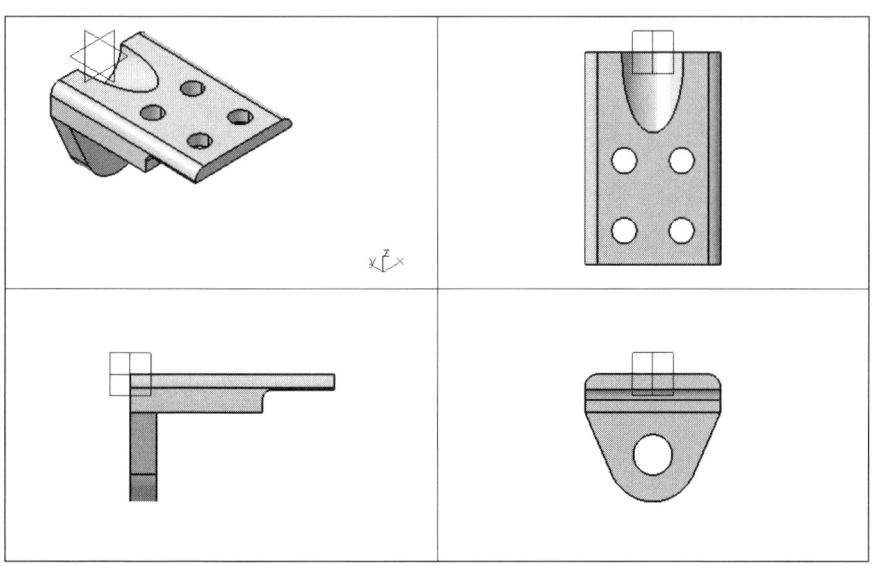

01. 기존 도큐먼트에 New Sheet로 새로운 Sheet를 추가합니다. Sheet를 선택하여 Alt + Enter키로 Properties 창에서 이름을 PartDesign3로 바꾸어줍니다.

02. 위에서 보듯이 이 부품은 Front, Left, Isometric, Section View를 필요로 합니다. 원하는 여러 도면을 한꺼번에 가져 오기 위해서 Views Toolbar에 View Creation Wizard 를 이용합니다.

다음과 같이 View Wizard 창이 뜨면 원하는 View 구성을 넣을 수 있습니다. 좌측에 여러 개의 View 로 구성되어 있는 아이콘들이 있습니다.

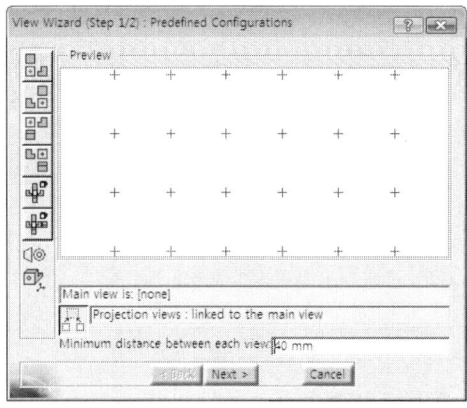

03. Bottom, Isometric, Right, Front, Left, Rear, Top View를 담을 수 있습니다. 밑에 설명에 Main view is front view, Projection views : linked to the main view 라고 쓰여 있습니다. 메인 View는 Front view이고 이 메인 View에 다른 View들이 링크되어 있습니다.

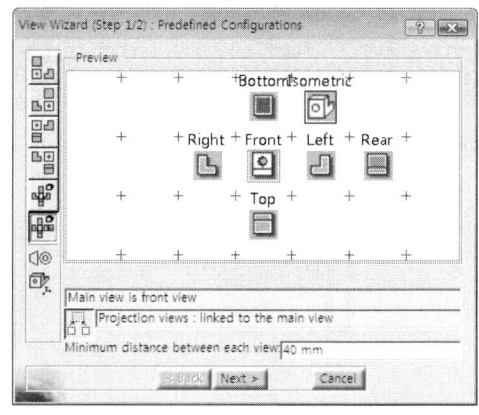

즉, 앞에서 Front View 를 따로 가져오고 나머지 View는 Projection view 를 이용했던 것과 같은 효과입니다. Main view를 움직이면 다른 모든 View가 같이 움직이고 Projection view는 생성된 방향으로만 이동합니다.

04. 지우고 싶은 View를 오른쪽 마우스 키를 클릭하여 Delete합니다.

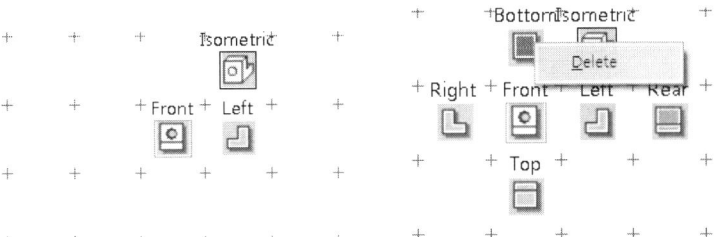

05. 또는 Next를 클릭하여 Clear Preview 로 View를 모두 지우고 원하는 View를 하나하나 넣을 수도 있습니다. 혹은 처음부터 아무런 아이콘도 클릭하지 말고 Preview 창을 비운 상태로 Next로 넘어가서 하나하나 선택할 수도 있습니다.

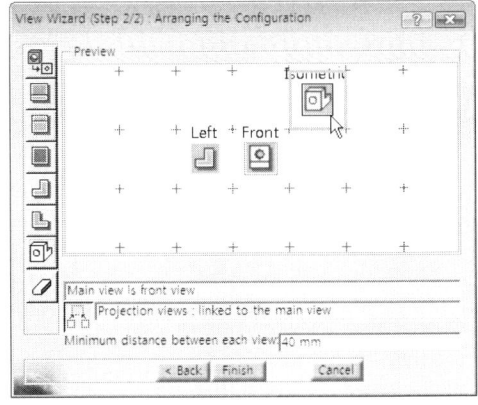

06. 마우스로 옮겨서 위치를 정렬하고 Finish 합니다.

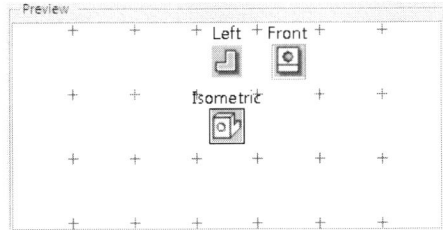

07. Control + Tab으로 Part Design Workbench로 이동하여 Front View가 될 기준면을 클릭합니다. Front View가 Main View이기 때문에 Front View만 클릭하면 나머지 View가 저절로 생성됩니다.

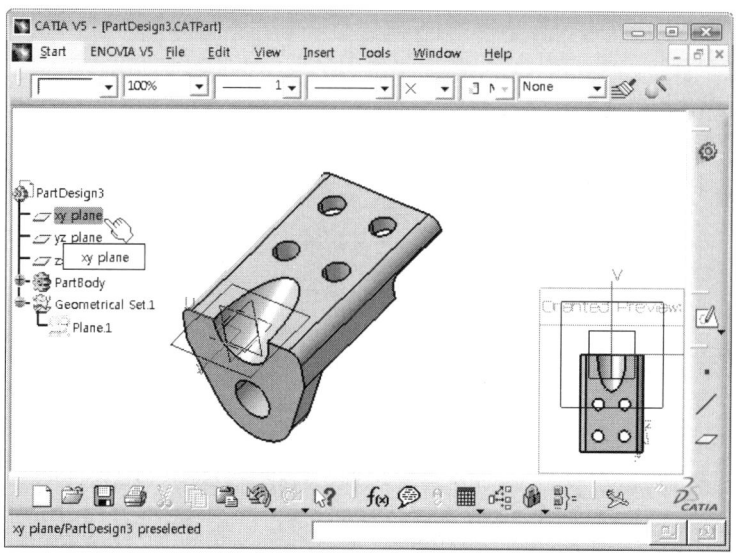

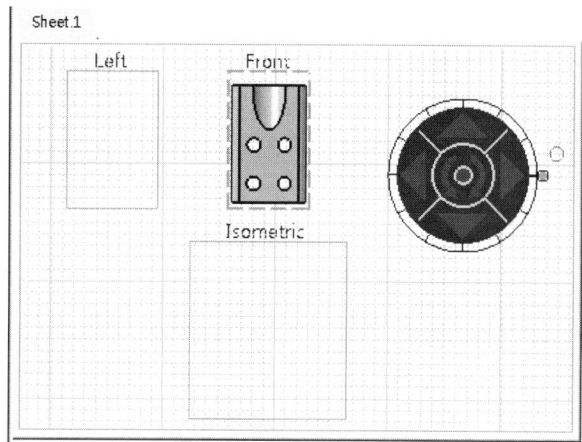

08. 하지만 정면도가 세워져 있어서 Left View가 우리가 원하는 View가 아닌 다른 View가 나오므로 오른쪽에 파란색 원판에서 Front View를 회전시켜줍니다.

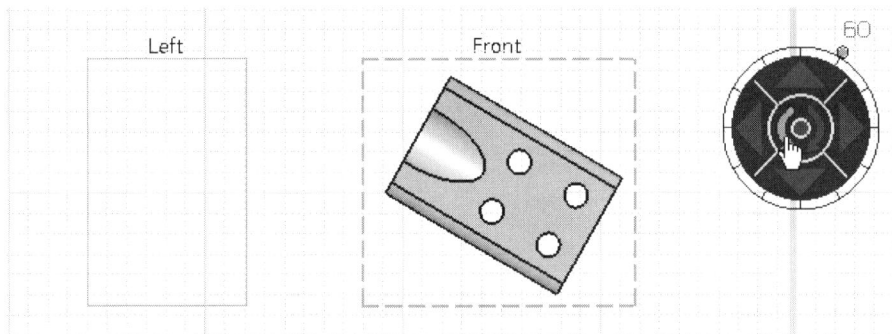

09. 90도 회전하고 빈 공간이나 가운데 파란색 작은 원을 클릭하면 확정된 View가 만들어집니다.

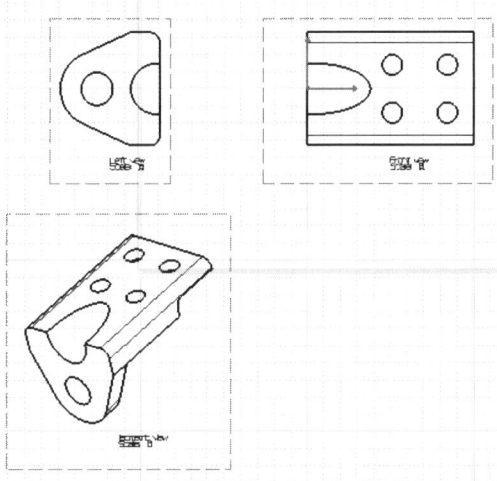

10. View들을 용지 안으로 가져와 알맞게 배치합니다. 하지만 Isometric View가 너무 크기 때문에 적당한 크기로 줄입니다.

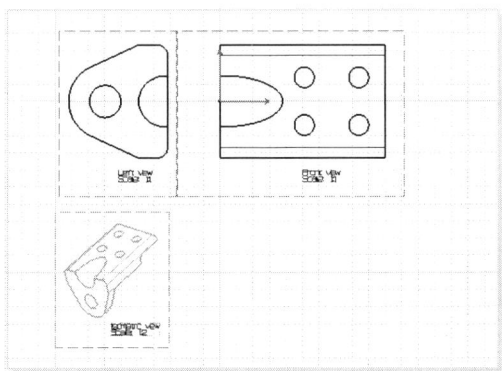

11. Isometric View 하나만을 선택하고 Alt + Enter로 Properties창에서 Scale을 1:2로 바꾸어 줍니다.

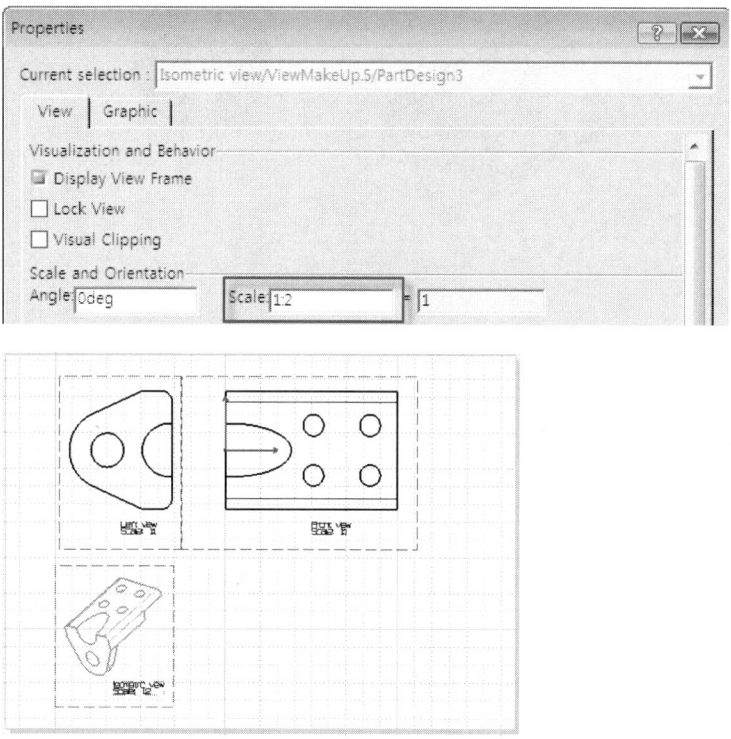

12. 이번엔 마지막으로 Views Toolbar에 있는 Offset Section View 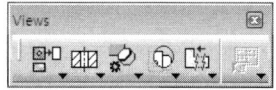 로 단면도를 만듭니다.

13. 자르고 싶은 부분을 선을 그리듯 클릭하고 끝에 더블클릭으로 마무리하면 마우스를 움직이는 방향에 맞춰 측면도를 보여줍니다.

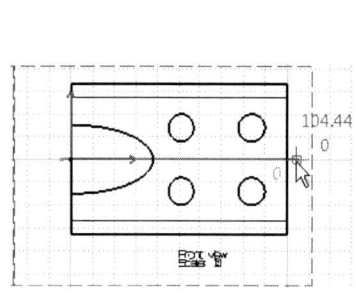 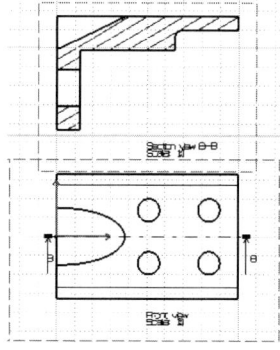

14. 마우스로 새로 생긴 Section View를 용지 안으로 적당히 옮깁니다.

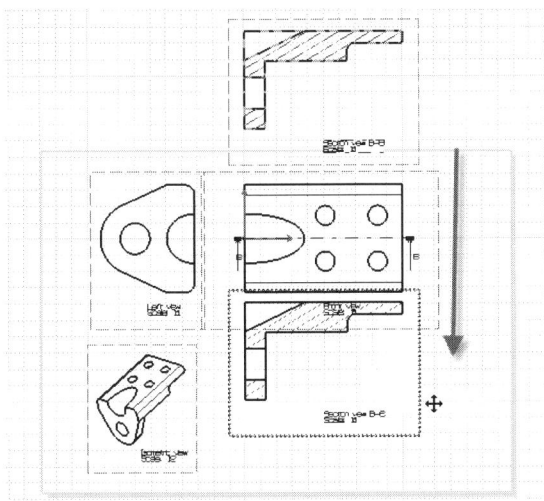

15. 필요없는 Text를 삭제합니다.

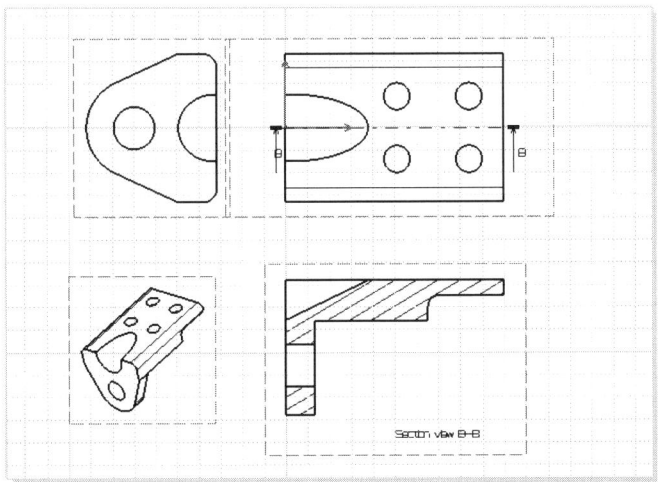

16. 2D Component인 원점을 Instantiate 2D Component 로 가져와 붙여줍니다. 이때 꼭 붙이고자 하는 View를 활성화시킨 다음에 각각 넣습니다.

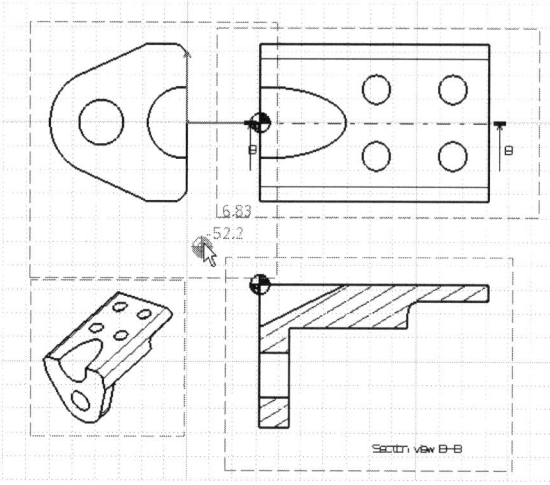

17. 치수 기입에 도움이 되고자 보조선을 넣습니다. Dress-up Toolbar에 Axis and Treads Toolbar에 있는 기능을 이용하여 Center Line ⊕, Axis Line 을 넣습니다.

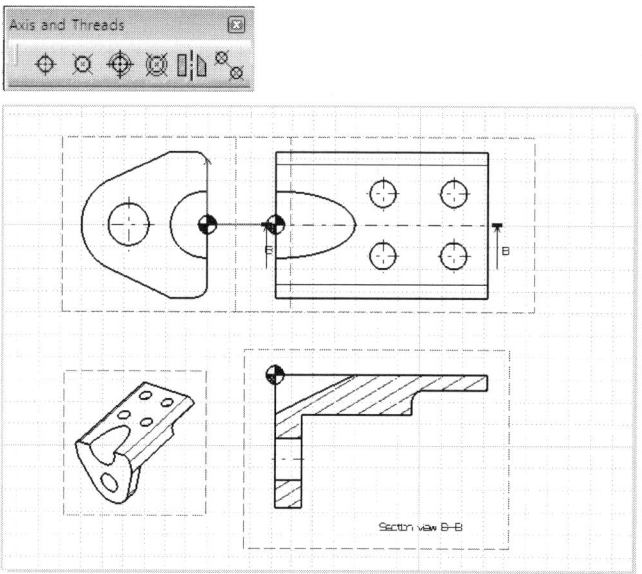

18. 이제 Left View부터 차례로 치수를 기입합니다. Radius Dimensions , Diameter Dimensions 을 이용합니다.

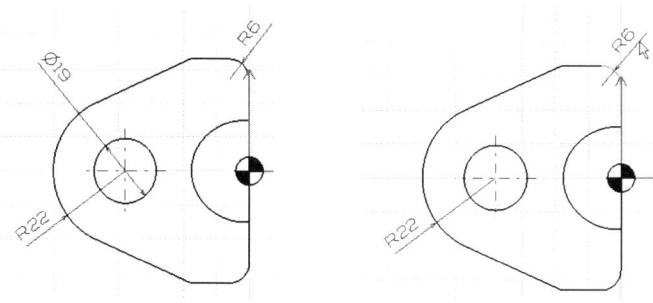

19. 이번엔 Front View부터 차례로 Dimensions [아이콘]로 거리 치수를 넣습니다. 51과 33은 같은 Line 상에 오도록 33을 만들 때 이미 만들어져 있는 치수 51선과 맞춰서 동그란 원이 나왔을 때 놓습니다.

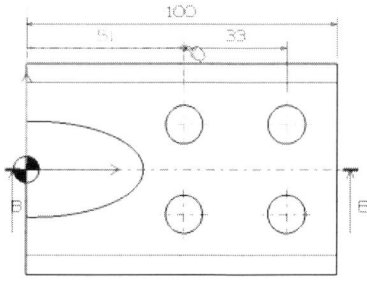

20. Section View 표시임을 알려주는 화살표의 길이가 너무 길므로 클릭하고 Alt + Enter로 속성 창을 띄웁니다.

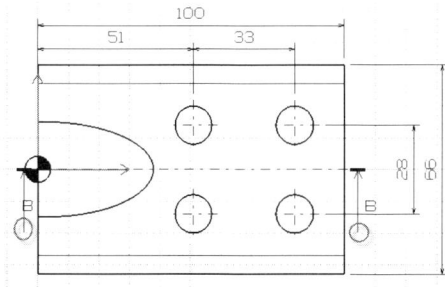

21. Arrow length의 값을 조정하여 길이를 줄입니다.

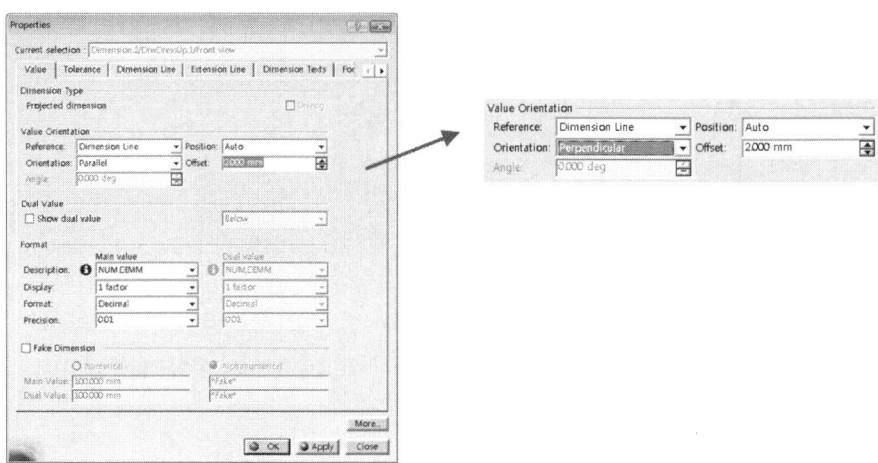

22. 알파벳 B도 마우스로 클릭하여 이동시키거나 옆에 사각형을 이용하여 크기 조절도 할 수 있습니다. 이 동시킬 때 Shift를 같이 누르면 좀 더 부드럽게 이동할 수 있습니다.

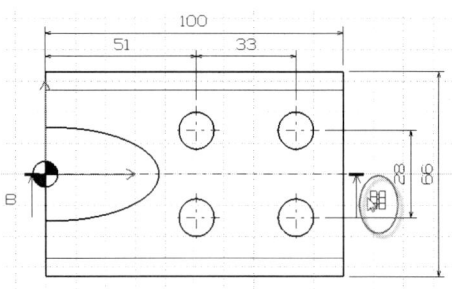

23. 다음은 Section View에서 치수를 넣습니다. Angle Dimensions 로 각도를 넣습니다. 아이콘 클릭 후 각을 구하고자 하는 두 선을 클릭합니다.

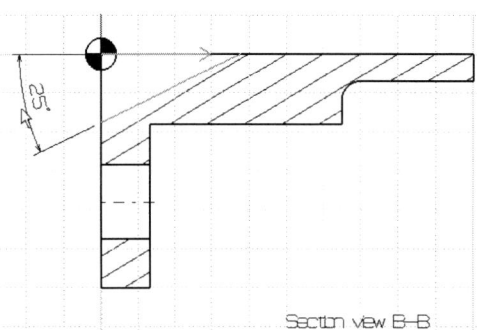

24. Dimensions ![icon], Radius Dimensions ![icon] 로 나머지 치수를 넣습니다.

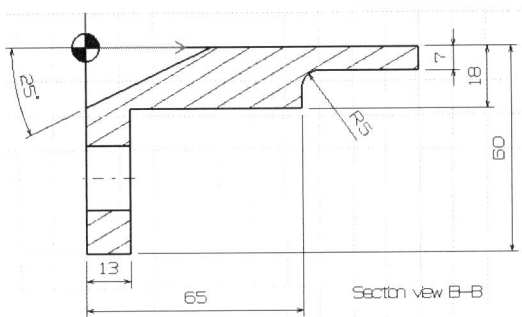

25. 보기 좋게 하기 위해서 밖으로 나와 있는 화살표의 머리를 클릭하여 치수선 안쪽으로 방향을 바꿉니다.

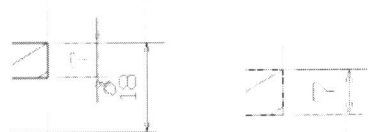

26. 이번엔 Isometric View ![icon]에 설명을 넣겠습니다. Annotation Toolbar에서 Text Toolbar를 열면 Text with Leader로 화살표와 함께 설명을 넣을 수 있습니다.

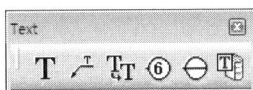

27. 아이콘 클릭 후 설명을 넣고 싶은 부분에 클릭을 하고 쭉 **빼면** 글을 넣을 수 있는 Text Editor 창이 뜹니다.

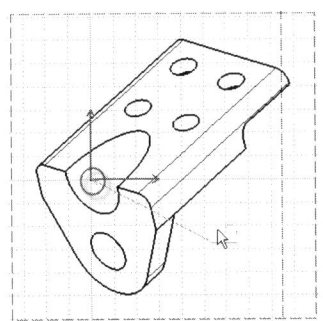

28. 원통의 한 단면의 반지름이 15mm임을 써줍니다.

29. 이제 모든 치수선을 예쁘게 정리합니다. 반지름과 지름 치수를 Two part 로 꺾인 모양으로 바꿉니다.

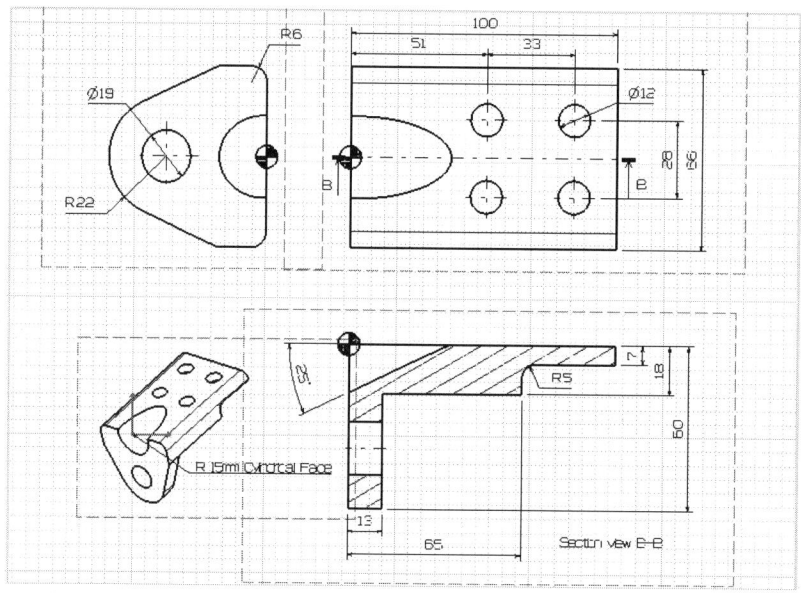

30. Text with Leader 로 Cylindrical Face 설명을 옆에 측면도에서도 같이 표시해 주기 위해서 임의로 화살표를 하나 더 넣어 같이 표시해줍니다. 화살표를 넣기 전에 Geometry Creation Toolbar에 Line 으로 수선을 그어 정확히 표시해줍니다.

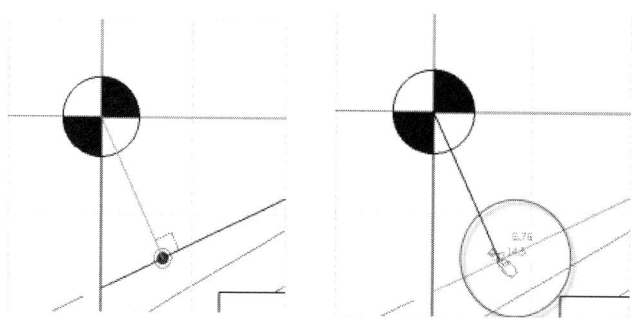

선을 따라 가다보면 수직 표시가 나올 때 클릭하면 됩니다. 직각 표시를 Hide시키고 선 Type을 가장 얇은 선으로 하여 오해가 없도록 합니다.

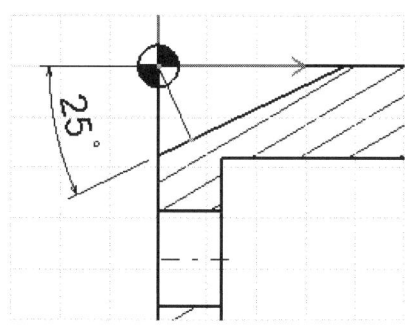

31. Dress-up Toolbar에 Arrow 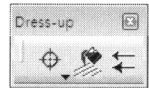를 클릭하여 시작점과 끝점을 클릭합니다.

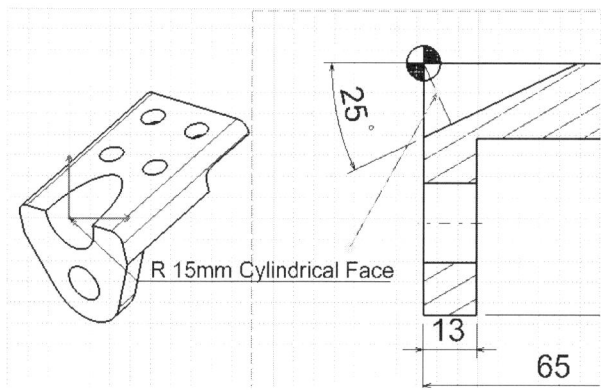

32. 화살표의 모양을 바꾸기 위해 노란 네모에서 오른쪽 마우스를 눌러 Contextual Manu에서 Symbol Shape을 클릭합니다. 다음과 같이 여러 가지 모양 중에서 Transparent Circle을 클릭하여 빈 동그라미로 모양을 바꿉니다.

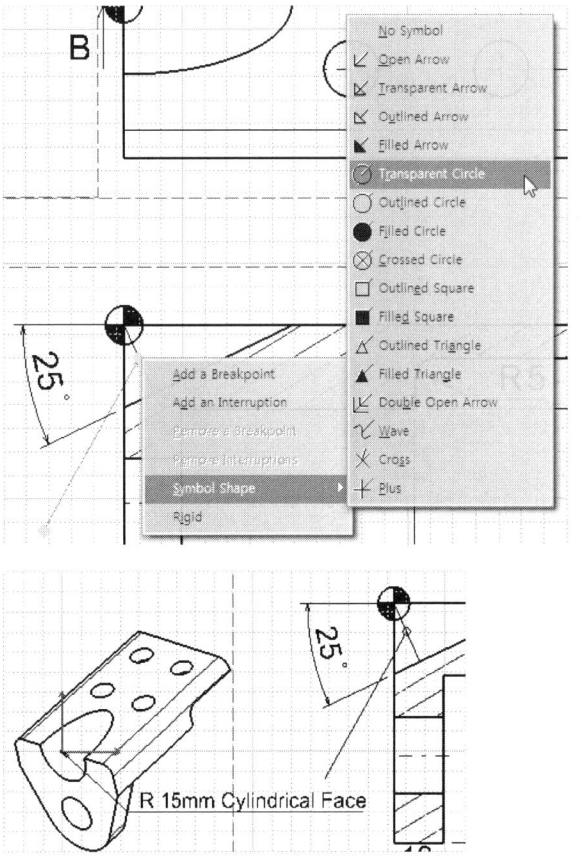

33. 각도표시 보조선과 방금 그린 화살표가 겹치므로 각도 보조선의 길이를 줄입니다. 각도 치수선을 클릭하여 검은 네모를 클릭하여 작게 줄입니다.

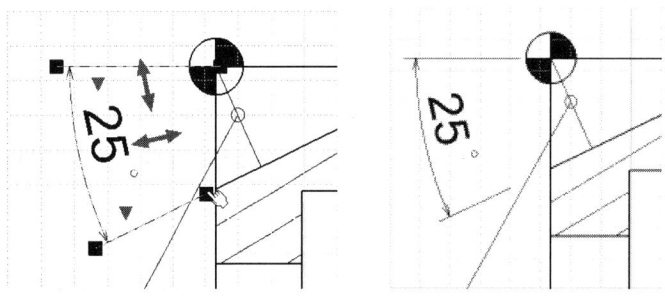

34. 90도 돌아가 있는 높이를 나타내는 치수들은 Properties 창에서 Orientation을 Perpendicular로 바꿉니다.

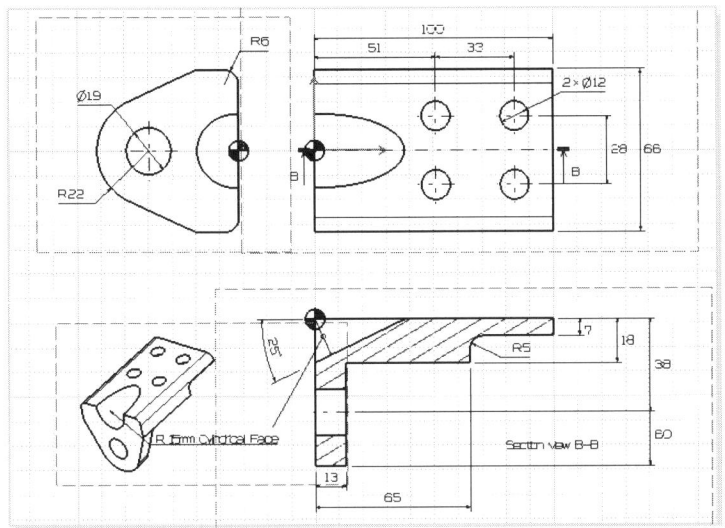

35. 네 개의 원이 모두 같은 치수임을 나타내기 위해 앞에 화살표를 클릭하여 Insert Text Before 창에 4 × 를 넣습니다.

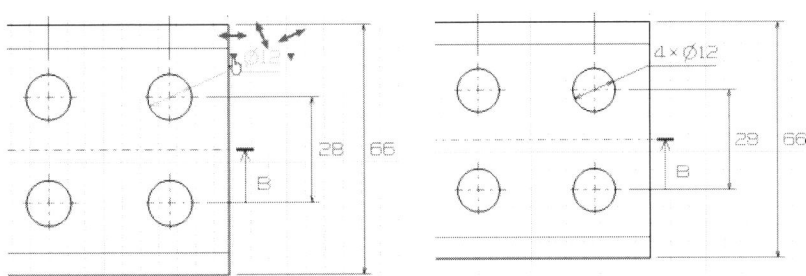

36. 이번엔 Text T 로 제목과 출처를 적습니다.

37. Control 키를 누른 상태에서 마우스로 전체 도면을 잡고 글씨체를 Arial로 바꿉니다.

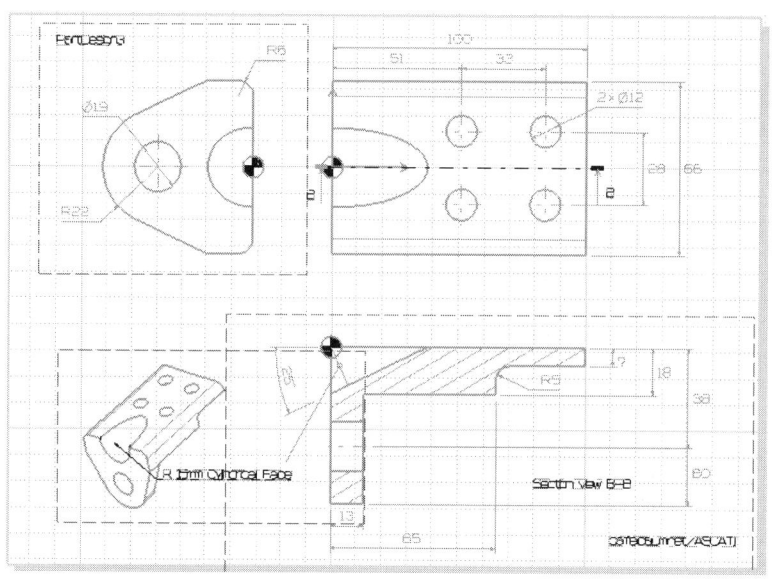

38. Text Properties Toolbar에서 각 글씨체와 크기를 바꾸어줍니다.

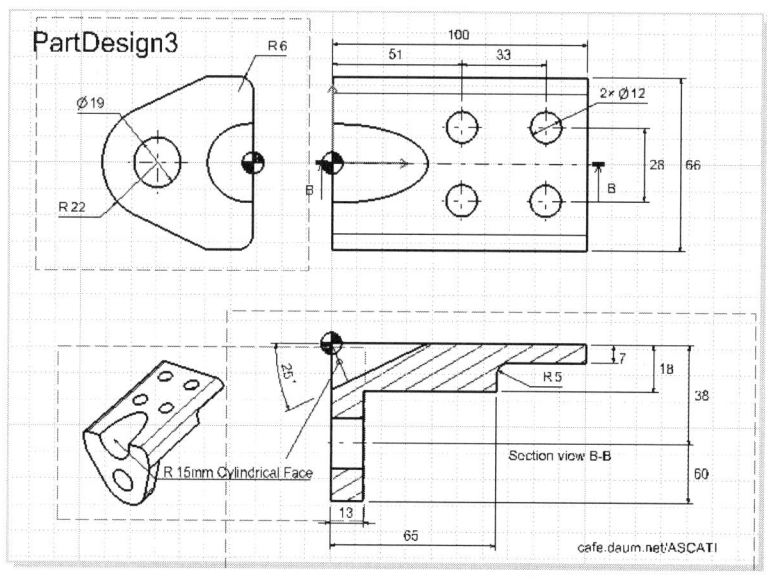

이렇게 완성된 도면은 실제 부품과 Link되어 있기 때문에 부품의 수정이 생길 경우 도면도 같이 수정됩니다.

(4) Exercise 4

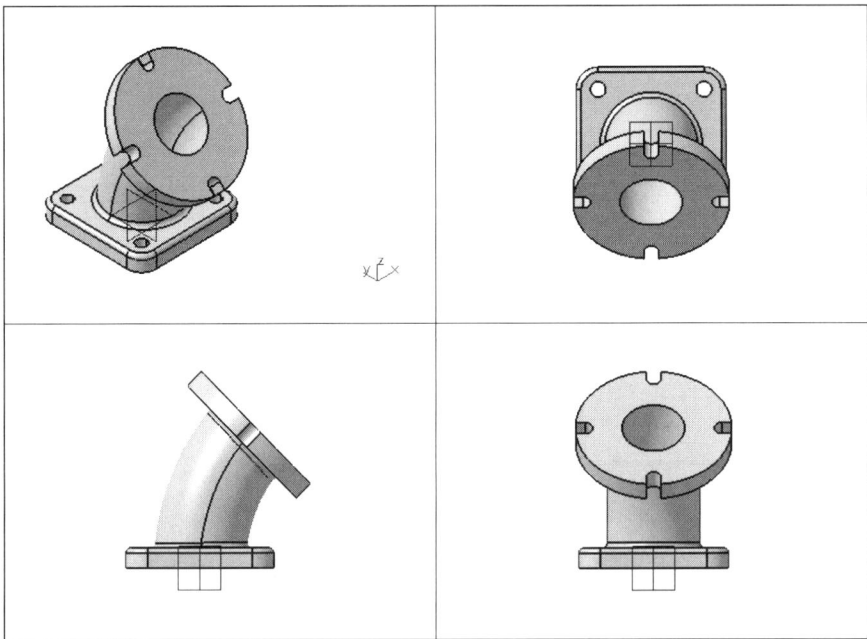

앞에서 사용하지 않았던 새로운 View들을 이용해 보겠습니다.

01. 먼저 New Sheet ▢ 로 Sheet를 추가하여 PartDesign4로 이름을 바꿉니다.

02. Front View 로 XY 평면을 클릭하여 정면도를 가져 옵니다.

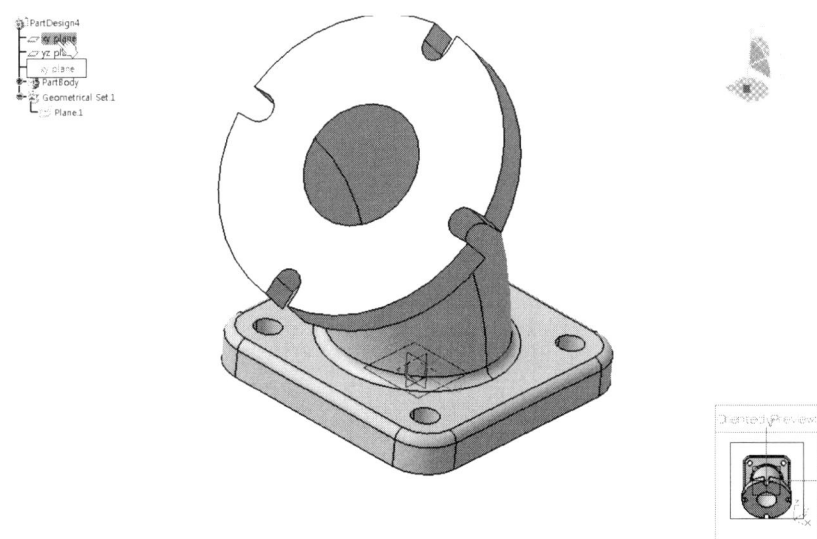

6. Drafting **675**

03. Text Properties Toolbar에서 각 글씨체와 크기를 바꾸어줍니다.

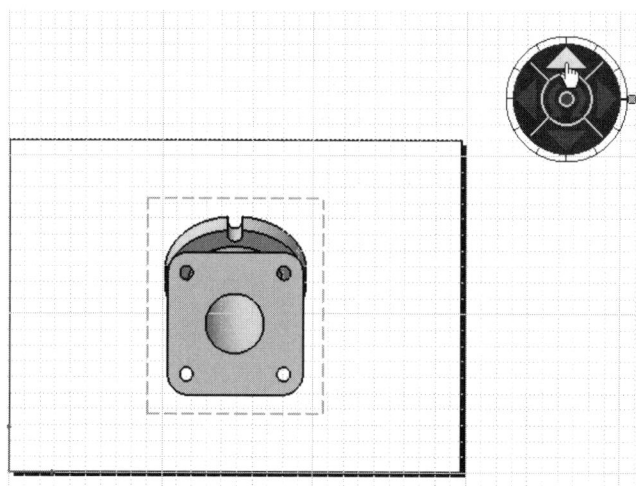

04. 빈 공간을 클릭하여 View를 확정 짓습니다. 이번엔 Offset Section View 로 Main View에서 중앙을 잘라 단면도를 만듭니다.

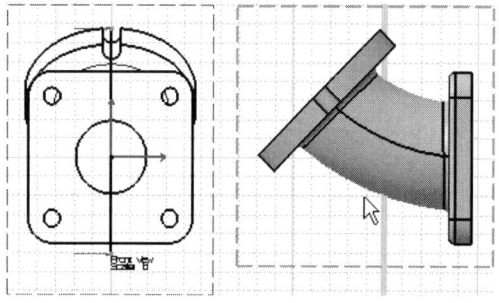

05. 클릭하여 확정하고 Main View에서 나온 단면임을 보이기 쉽게 또 겹쳐지는 부분이 한 방향으로 오게 하기 위해 드래그 하여 Main View의 왼쪽으로 이동시킵니다.

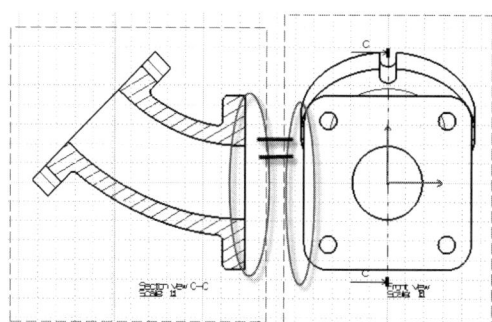

06. 이번엔 View Toolbar에 있는 Projection Toolbar에서 Auxiliary View  로 선택 기준 방향으로 보이는 View를 만들 수 있습니다.

07. 아이콘을 클릭하고 View를 얻고자 하는 선을 따라 그려서 더블클릭으로 마치면 마우스 방향에 따라 단면이 나옵니다.

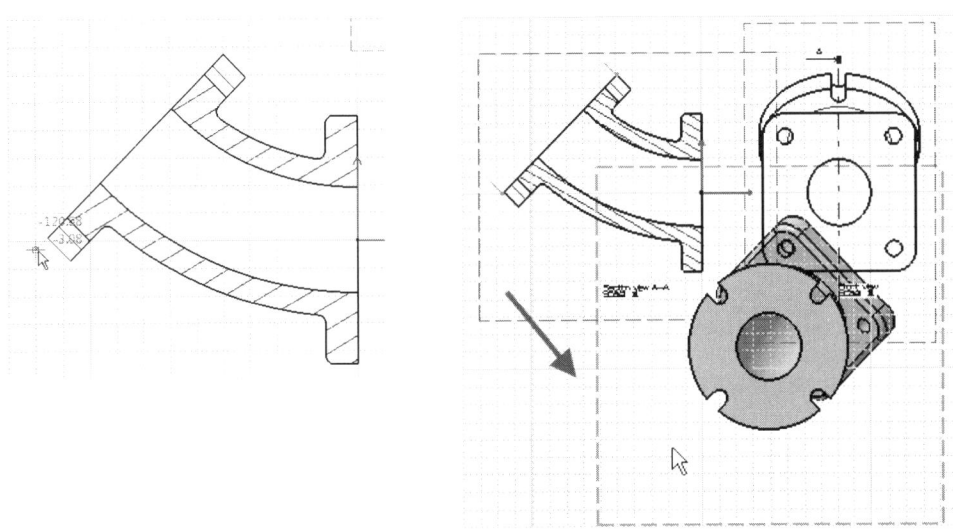

원하는 모양이 나올 때 클릭하여 선택하여 View를 생성하고 View를 원하는 위치로 옮기면 됩니다.

08. 단면도의 Projection 된 View이고, 생성 시 대각선 방향으로 만들어졌기 때문에 대각선 방향으로만 움직임이 가능합니다.

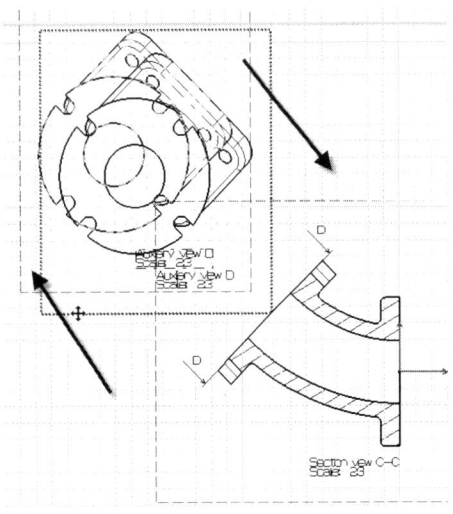

다른 View와 연결 관계로 인하여 View의 이동이 자유롭지 않은 View를 자유롭게 이동시키고자 할 경우에는 다음과 같이 View를 선택하여 Contextual menu에서 View Positioning ⇨ Position Independently of Reference View를 클릭합니다.

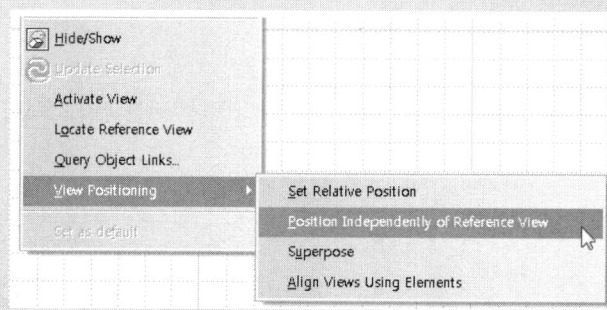

이제 View를 움직여 보면 연결 관계에 상관없이 View를 이동시킬 수 있음을 확인할 수 있을 것입니다.

09. 마지막으로 Isometric View 를 가져옵니다. 아이콘을 클릭하고 Control + Tab 키로 Part design Workbench로 이동하여 원하는 모습대로 부품을 회전하여 자리를 잡습니다. 그 상태에서 부품의 면을 클릭하면 그 모습 그대로 View로 가져옵니다.

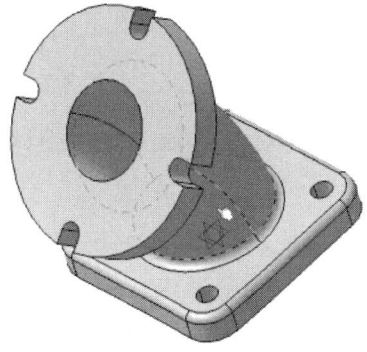

만약에 Isometric View로 가져오고자 하는 View의 모양을 조절하고자 한다면 형상을 클릭하기 전에 위치를 잡고 나서 클릭해줍니다.

10. 다음과 같은 Isometric View가 만들어집니다. 여기서 Isometric View의 속성 창을 띄웁니다. (Alt + enter 키)

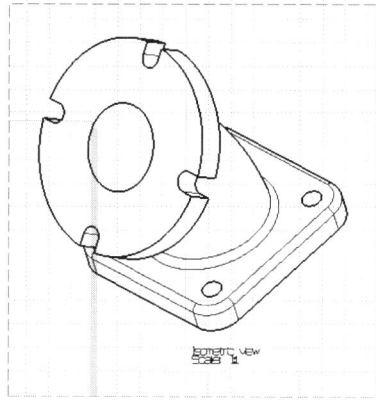

11. View 탭에 맨 밑에 View generate mode를 Raster 모드로 바꿉니다.

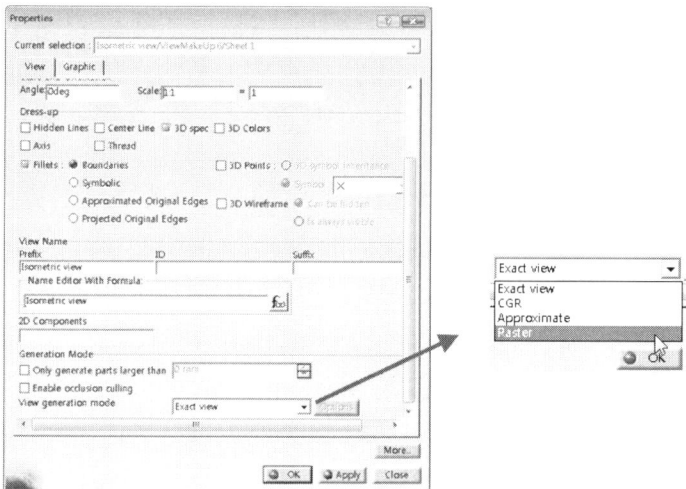

12. 그러면 옆에 Option 아이콘이 활성화되고 누르면 Generation mode options 창이 뜹니다. Raster Mode를 Shading으로 For visu, For print를 Hight quality로 바꾸어줍니다.

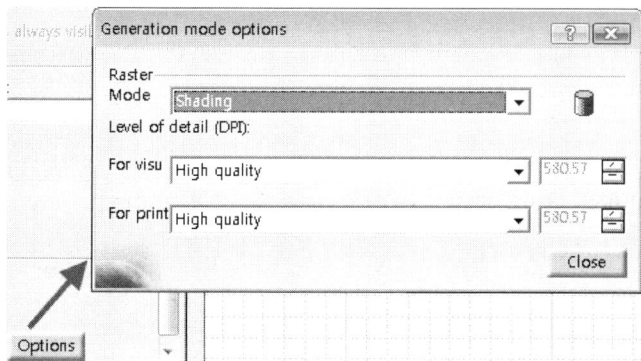

13. 확인을 누르면 다음과 같은 Isometric View가 만들어집니다.

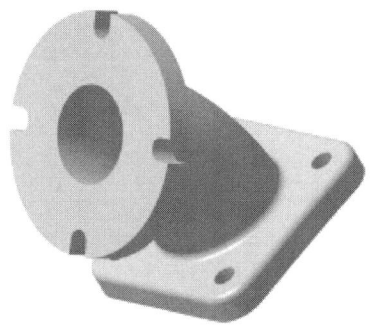

14. View들이 도면 밖으로 나오기 때문에 현재 작업 중인 Sheet를 선택하여 Properties 창을 띄워 스케일을 2:3으로 바꿉니다.

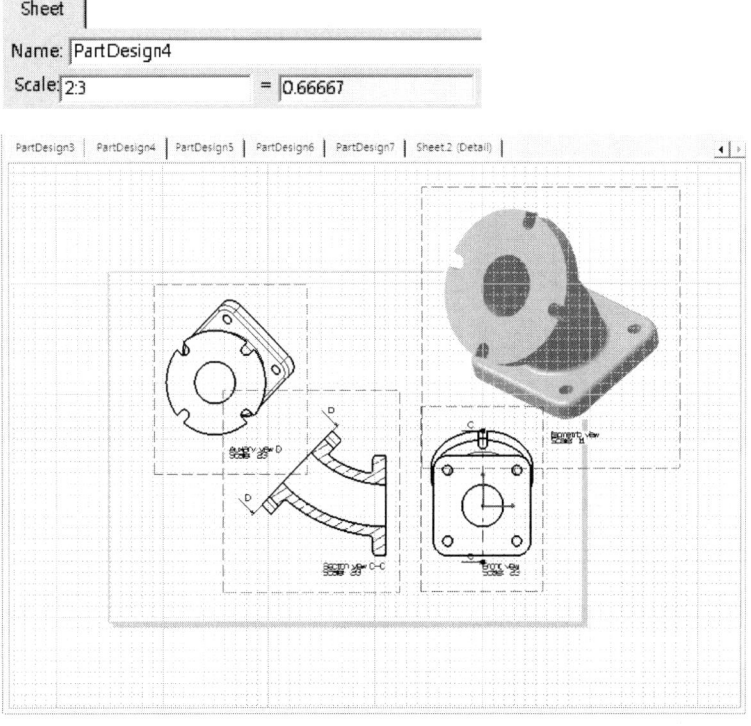

15. Isometric View는 치수 기입을 하지 않을 것이기 때문에 더 작게 Scale을 1:2로 바꾸어줍니다. 그러면 다음과 같이 한 도면 안에 모든 View가 들어옵니다.

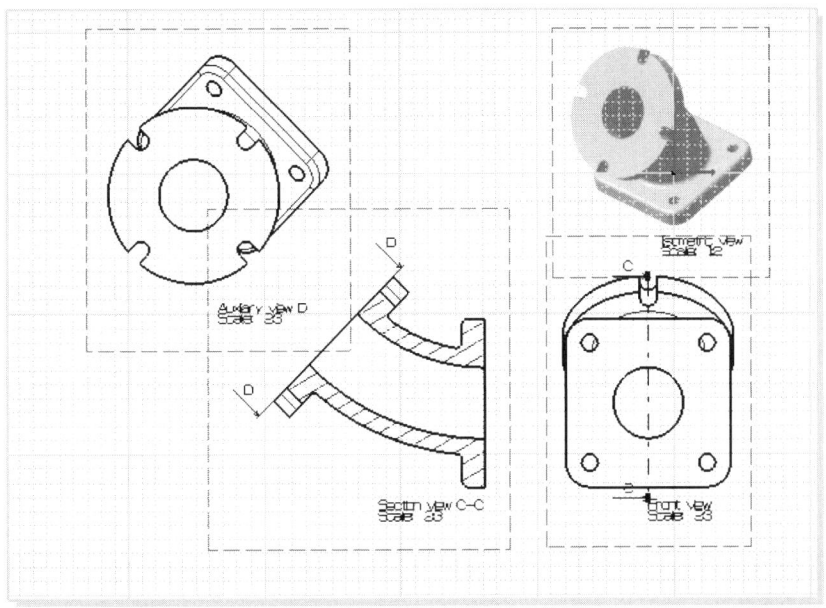

16. 2D component를 가져와 원점 표시를 넣습니다.

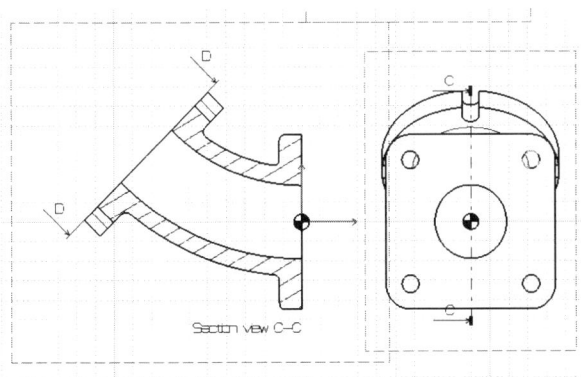

17. 이제 치수기입을 합니다. 먼저 Axillary View에 지름을 넣기 위해 원에 Center line ⊕ 을 넣습니다. 또 임의의 원을 그려서 원 둘레에 패턴으로 파여 있는 부분의 수치기입을 돕습니다. LineType을 4번으로 두께를 가장 얇은 것으로 바꿔줍니다.

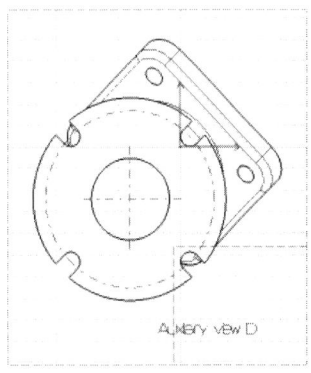

18. 옆에 작은 홈에도 Center line을 넣고 치수 표시를 합니다.

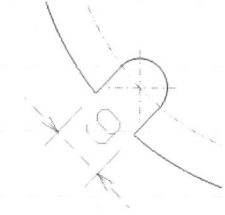

19. 나머지 지름도 넣습니다.

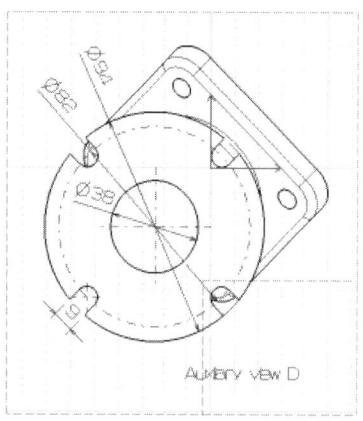

20. 이번엔 단면도의 원통 안에 Three Point Arc ⟳로 중심축과 옆선을 그립니다. LineType 또한 보조선에 맞게 바꿔줍니다.

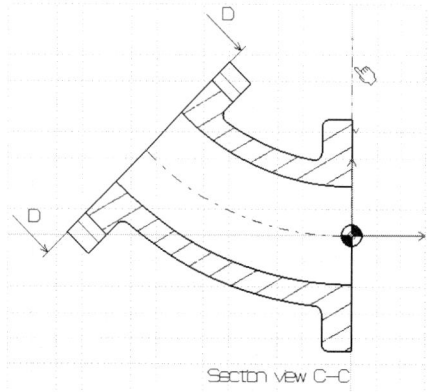

21. Radius Dimensions ⌐R 로 중심축의 반지름을 표시합니다.

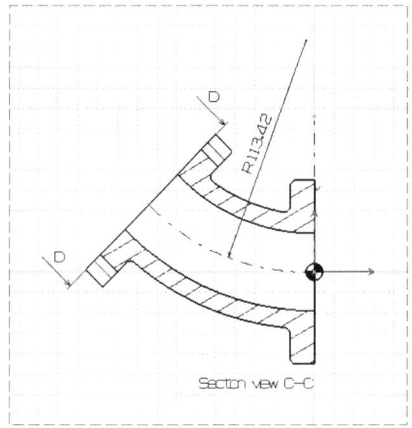

22. 화살표의 선 모양을 바꾸어주기 위해 화살표를 클릭하고 Properties 창에 들어갑니다. Dimension Lines 탭에서 Foreshortened와 Position extremity point manually를 체크합니다. Forshortened는 오른쪽에 보이는 모양대로 화살표가 만들어지는 것이고 Position extremity point manually는 화살표의 꼬리를 내가 원하는 곳으로 이동시킬 수 있는 기능입니다.

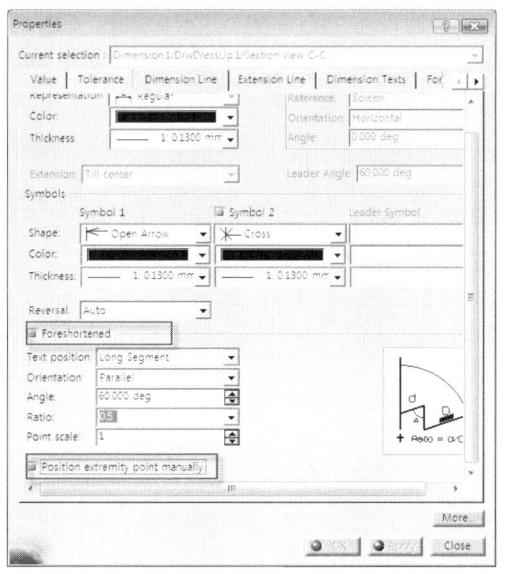
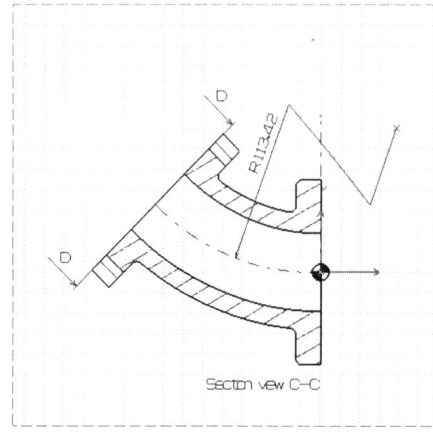

23. 치수의 속성 창을 띄우고 Value 탭에서 Fake Dimension을 체크하고 수치를 넣으면 크기는 변하지 않지만 작업자가 넣은 가짜 수치를 보여줍니다.

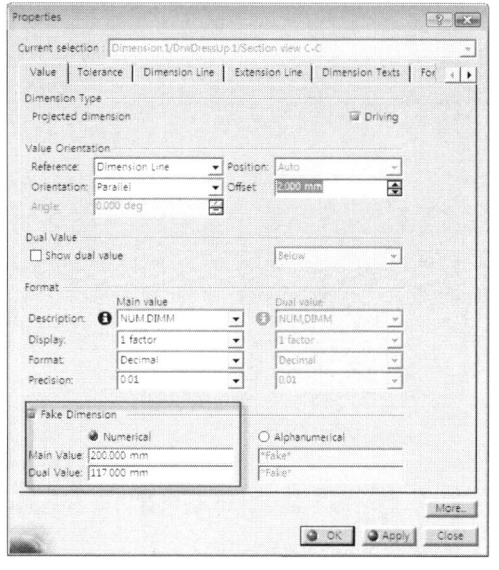
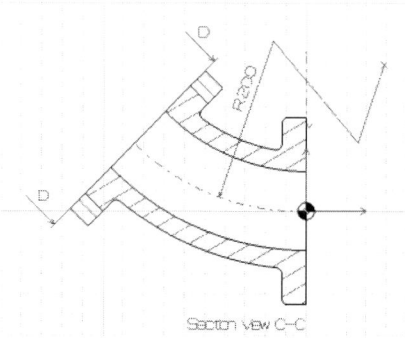

> Fake Dimension은 작업자가 필요한 경우에 실제 치수가 아닌 작업자가 입력한 치수를 사용하게 할 수 있습니다.

24. 화살표의 꼬리를 보기 좋게 부품의 밑면 선상에 놓기 위해 아까 그린 선에 맞춰 놓습니다. 화살표를 클릭하여 꼬리에 노란 네모를 클릭하여 움직이면 됩니다. 여기서 Shift 키를 누른 상태로 마우스를 움직이면 좀 더 부드럽게 이동이 가능합니다.

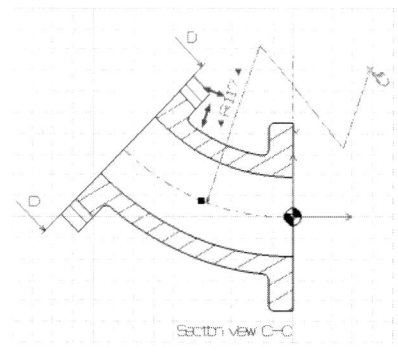
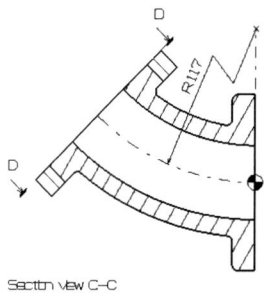

25. 나머지 다른 치수도 넣어줍니다.

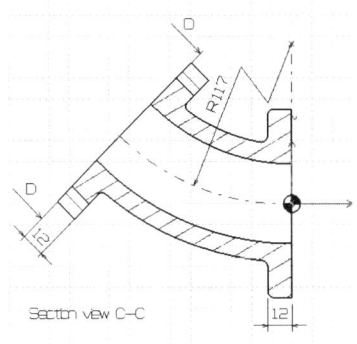

26. 마지막으로 Front View에 수치를 넣습니다. 먼저 원에 보조선인 Center line ⊕을 넣고 수치를 넣습니다.

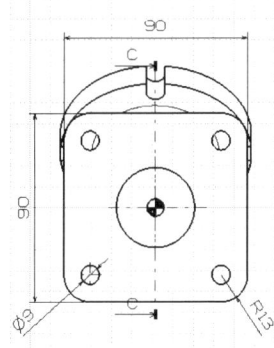

27. 수치 기입이 모두 끝났으면 반지름, 지름 표시 선을 Two part 로 치수선을 꺾어줍니다.

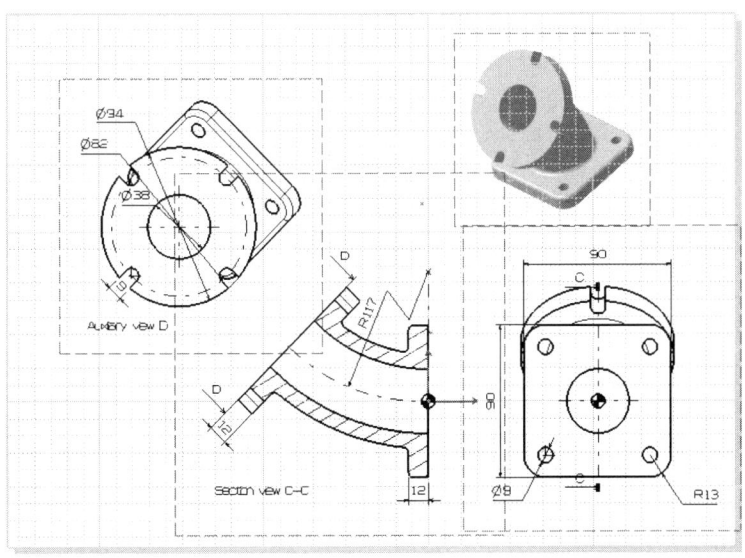

28. 수치 기입의 중복을 피하기 위해 배수표시를 해줍니다.

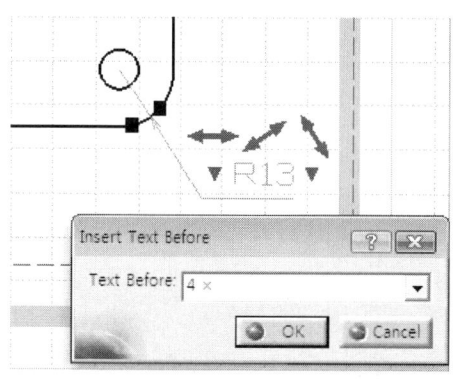
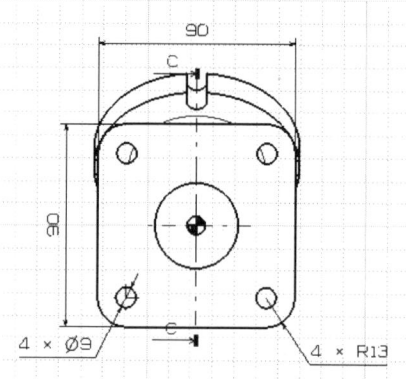

29. 지시 없이 여러 부분에 필요한 것은 Text T를 사용하는 것이 도면을 더욱 간결하게해 줍니다.

30. 글꼴, 크기 등을 바꾸어 정리합니다.

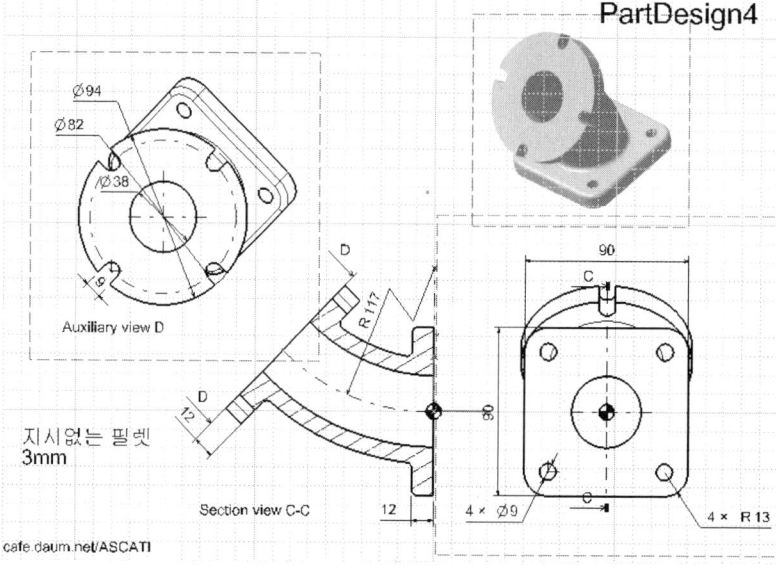

(5) Exercise 5

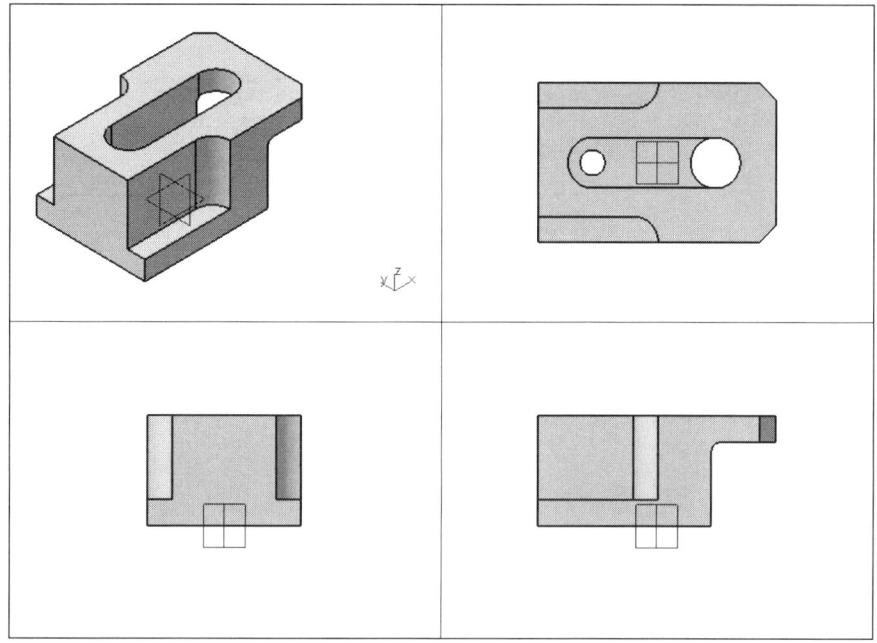

Main View, Section View, Isometric View 이렇게 세 개의 View를 만들겠습니다.

01. 앞에서처럼 새로운 도면을 그리기 위해 새 Sheet를 추가하고 이름을 PartDesign5로 바꾸어줍니다.

02. Front View 로 Main view를 먼저 가져옵니다. 원하는 방향대로 180도 회전시킵니다.

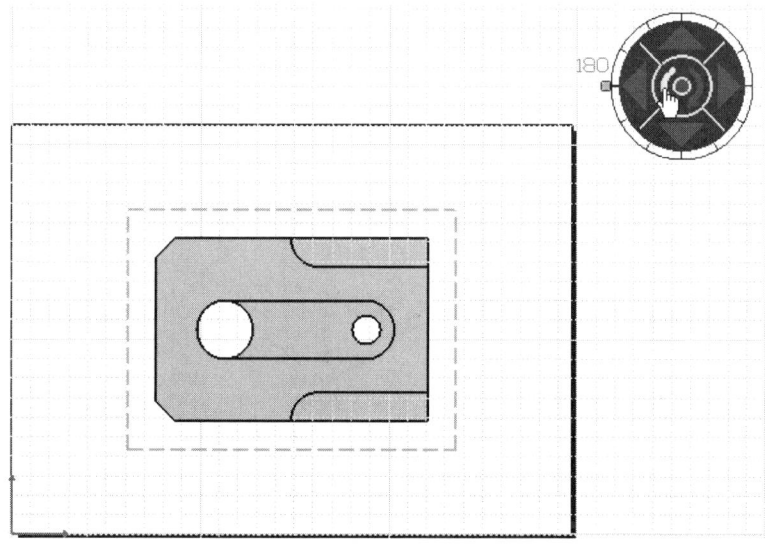

03. Isometric View 클릭 후 Part Design Workbench로 이동하여 얻고자 하는 모양대로 부품을 돌려 놓은 다음 부품의 임의의 면을 클릭하면 다음 같이 View가 생성됩니다.

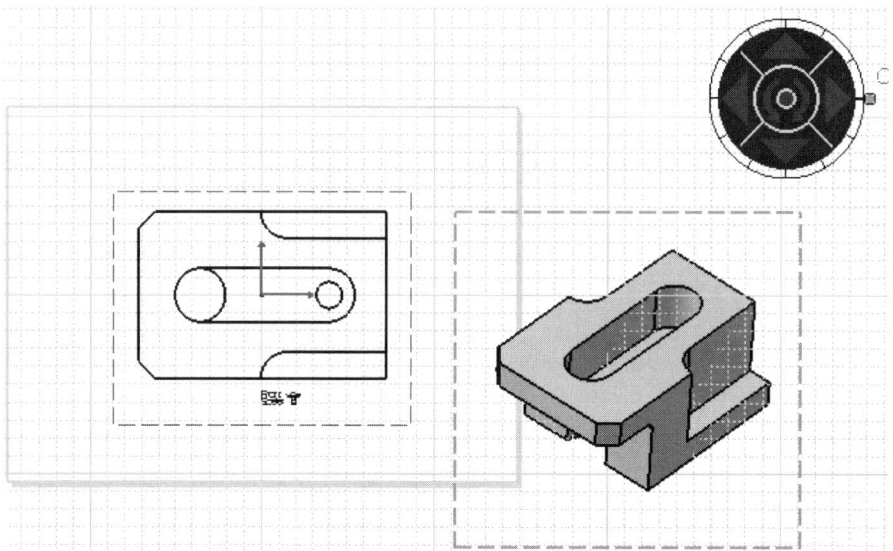

04. 마지막으로 Offset Section View 로 단면도를 만듭니다. 정면도의 중앙에 선을 긋고 더블클릭으로 마치면 다음과 같이 단면도가 나타납니다.

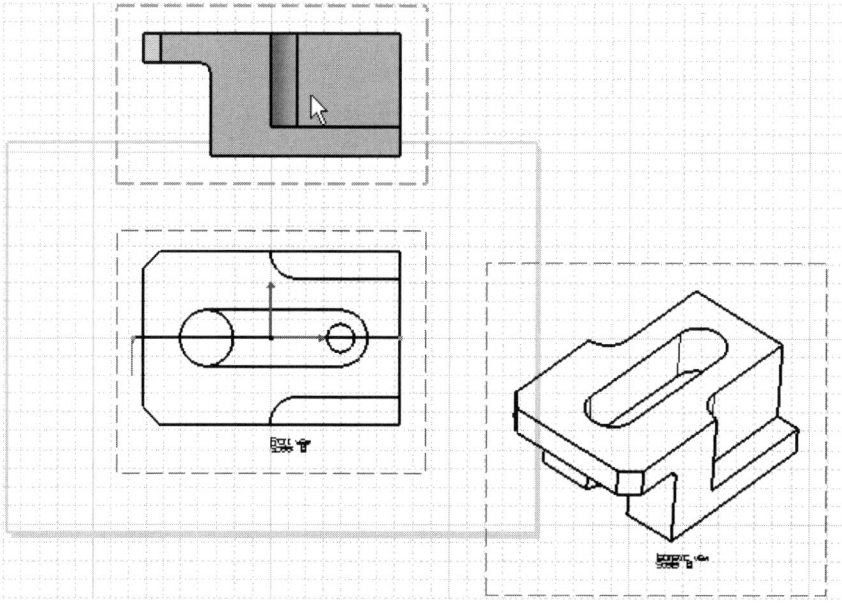

05. 필요없는 Text를 삭제합니다.

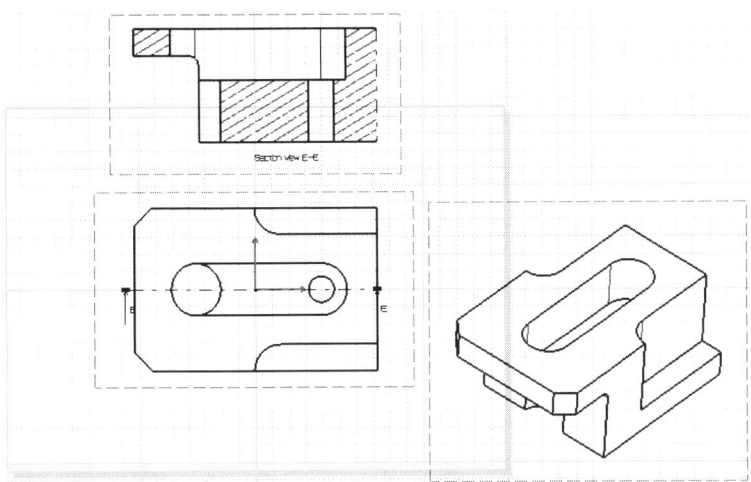

06. View들이 용지 밖으로 벗어나므로 Properties 창에서 Scale을 바꿔줍니다. Front View와 Section View는 2:3으로 Isometric View는 2:5로 바꿉니다.

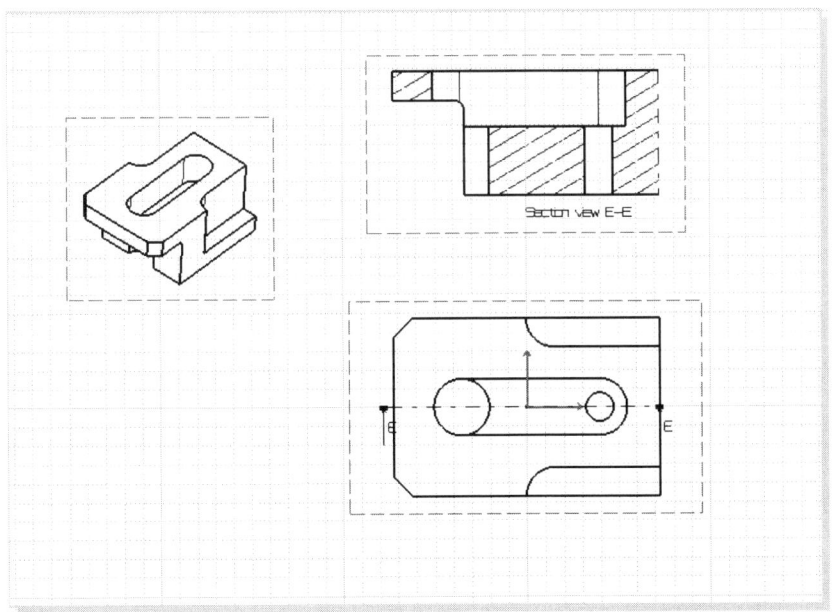

07. Isometric View를 실제처럼 보이게 하기 위해 Properties 창을 띄워 설정을 바꿉니다. View Generation Mode를 Raster로 바꾸고 Option을 클릭합니다.

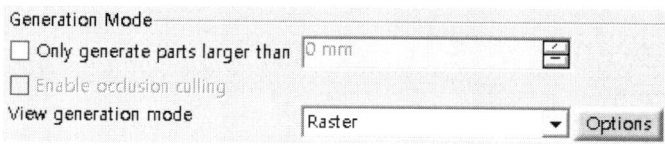

08. Generation mode options 창에서 Mode를 Shading, For visu, For print를 High quality로 바꿉니다.

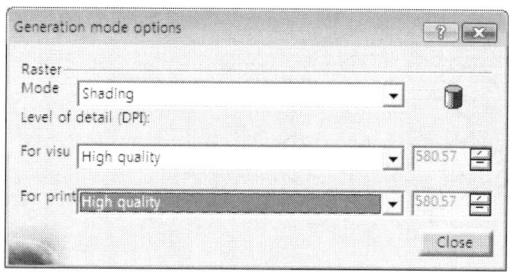

09. 다음과 같이 실제 부품의 모습과 흡사한 Isometric View가 생성되었습니다.

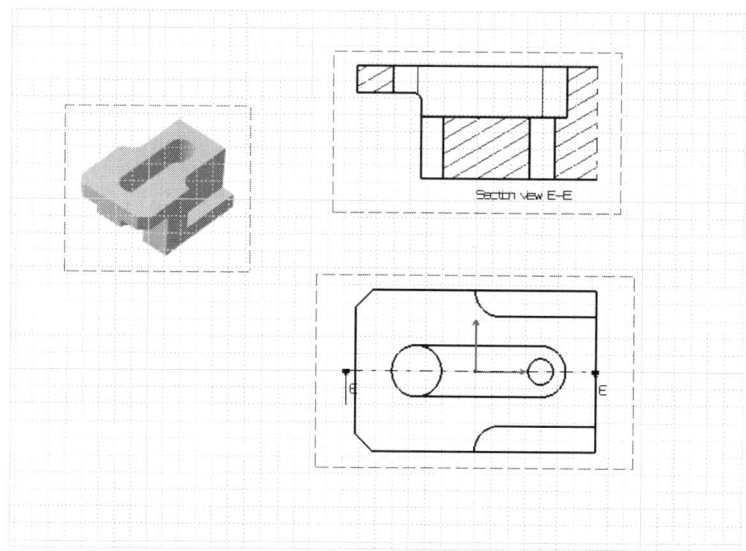

10. 이제 각 View에 Instantiate 2D Component 로 원점 표시를 넣습니다.

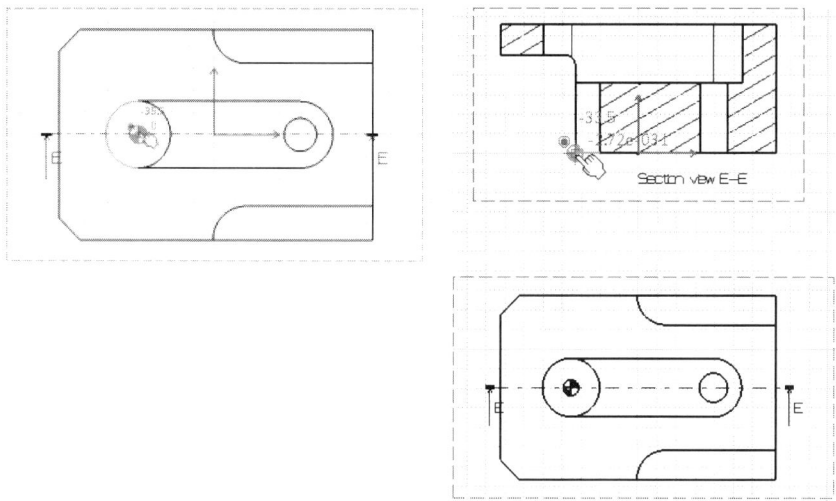

모두 같은 지점에 원점 표식이 되어야 합니다. Main view에서 원 중심에 했으면 Section View에서도 그 위치에 해당하는 부분에 원점 표시를 해야 합니다.

11. 단면도부터 Dimensions ⤦, Radius Dimensions ⤦ 로 치수를 기입합니다.

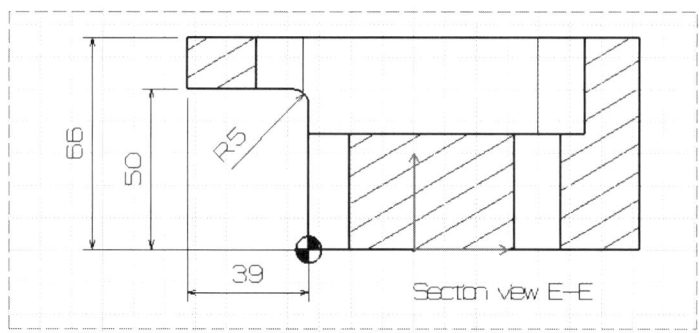

12. Main View에 치수를 기입하기 전 원에 보조선 Center Line ⊕ 을 넣습니다. 옆쪽에 $\frac{1}{4}$ 원도 클릭하여 Center line을 그립니다.

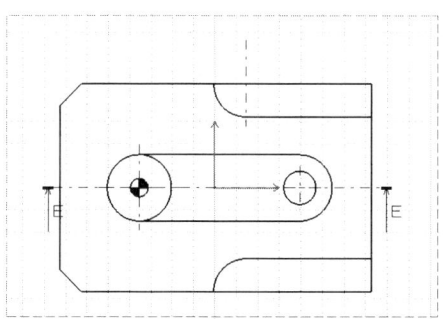

13. 원 사이의 거리를 기입하기 위해 Dimensions ![icon]를 클릭하고 방금 그린 각 Center Line을 클릭합니다.

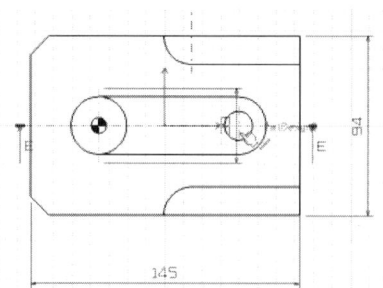

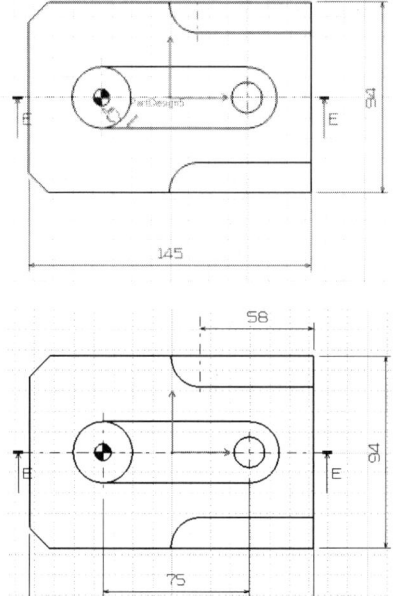

14. 나머지 원의 지름, 반지름을 기입합니다.

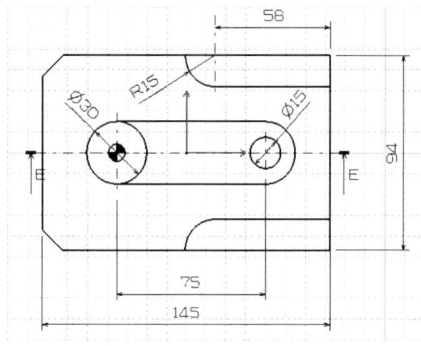

15. Dimensions Toolbar에 Chamfer dimensions ![icon]로 Chamfer 치수를 기입합니다. 아이콘을 클릭하면 다음과 같은 창이 뜨는데 원하는 치수의 형태를 골라 체크합니다. 여기서는 Length × Angle 형태로 넣겠습니다.

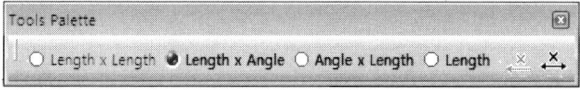

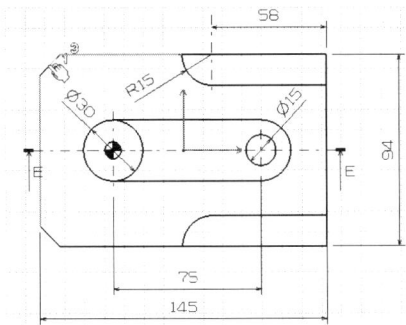

16. 치수 기입을 마치고 Sheet를 정리합니다. 우선 반지름과 Chamfer를 Two part로 해줍니다.

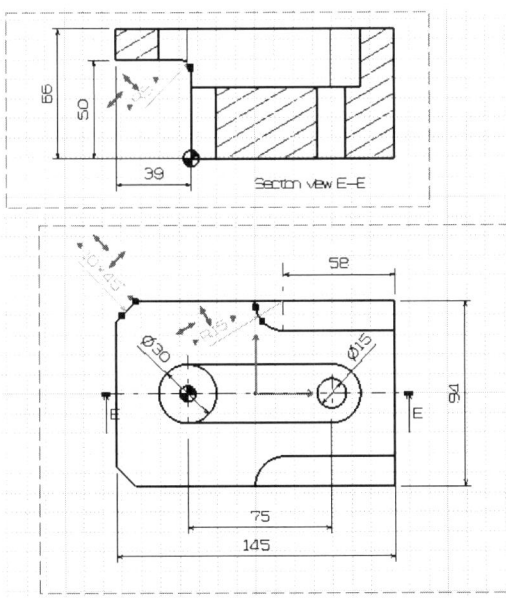

17. 높이를 나타내는 치수들을 Properties 창을 띄워 Perpendicular로 바꾸어 직각으로 회전시켜줍니다.

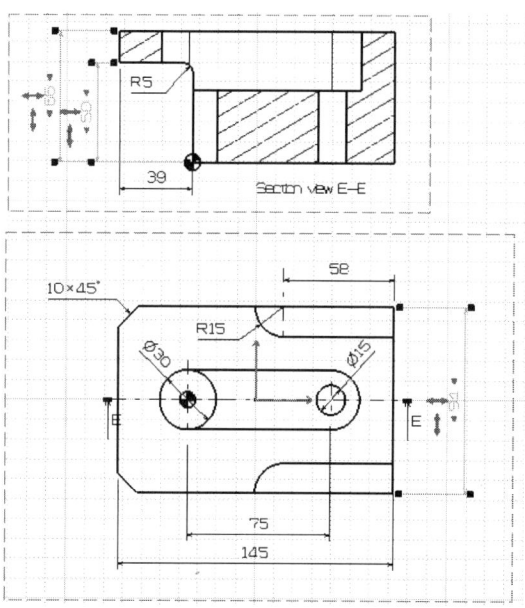

18. 마지막으로 Text T 로 제목을 적고 Text Properties로 글자체와 글씨 크기를 모두 바꿉니다.

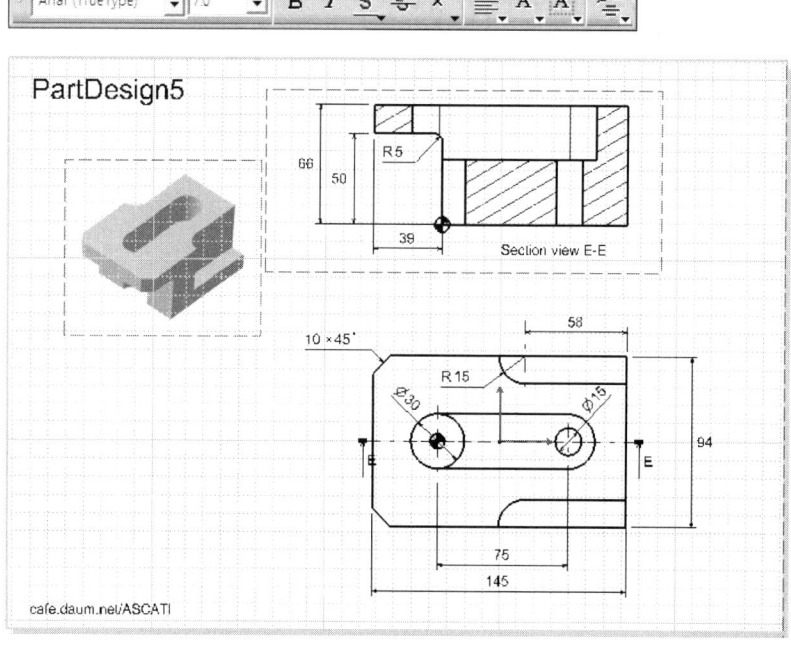

(6) Exercise 6

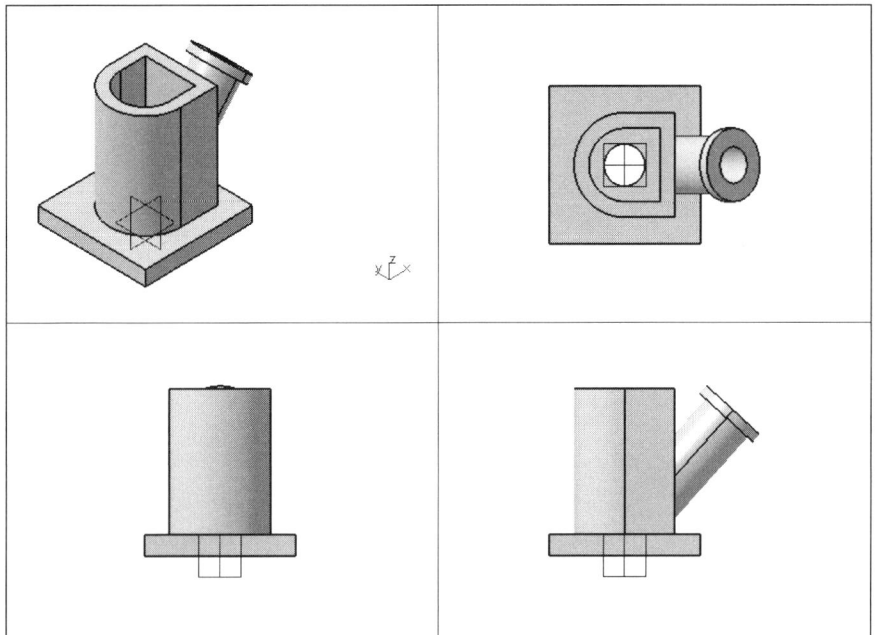

두 번째 도면과 비슷하게 Main View와 단면도 하나로 형상 설명을 할 수 있습니다.

01. 새 Sheet를 추가하고 이름을 수정합니다.

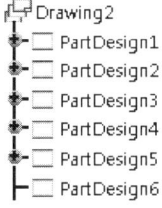

02. Front View 를 가져옵니다.

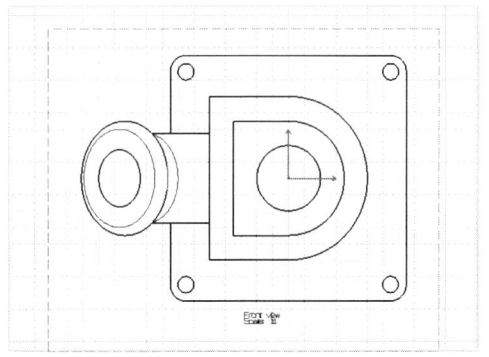

03. Offset Section View 로 단면을 만듭니다.

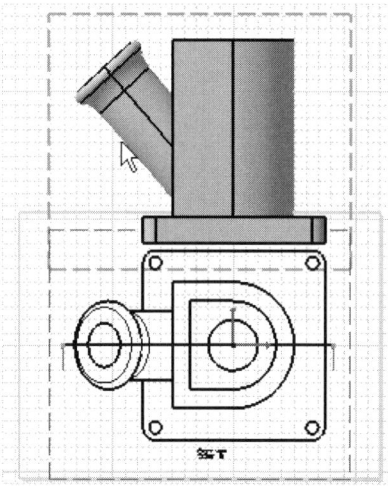

04. View의 크기가 용지를 벗어나므로 Properties 창에서 Scale을 2:5로 바꾸어줍니다.

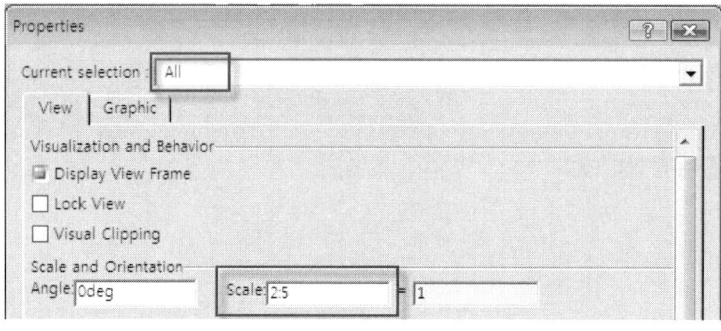

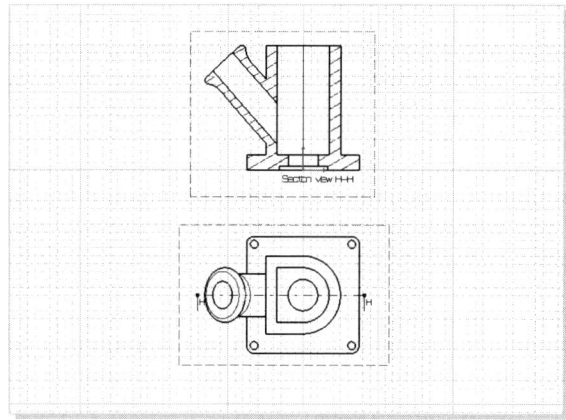

05. 각 View마다 원점 표식을 넣어줍니다.

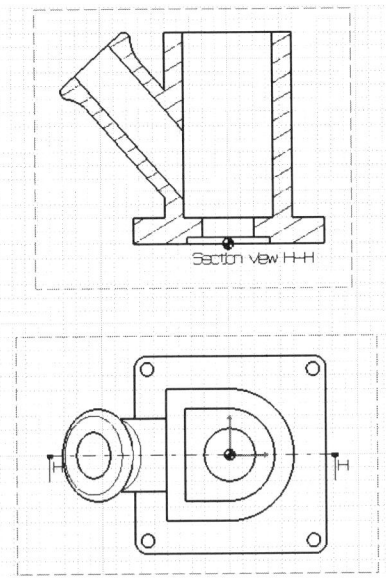

06. 먼저 Section View부터 치수기입을 하겠습니다. Axis Line 으로 원통의 중심축을 표시해줍니다.

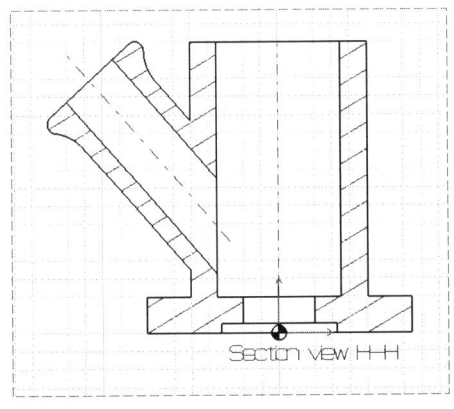

07. 방금 넣어준 중심축을 클릭하면 양 끝에 네모가 나오고 이것으로 길이 조절을 할 수 있습니다. 하지만 양방향 똑같은 길이가 늘어나므로 저는 Line 으로 임의의 선을 그려서 중심까지 선을 잇겠습니다.

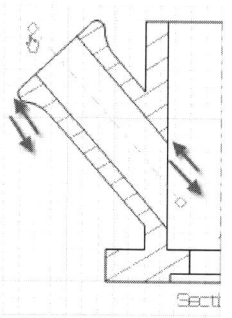 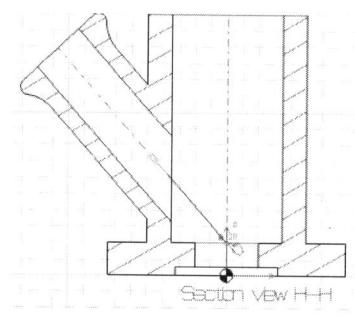 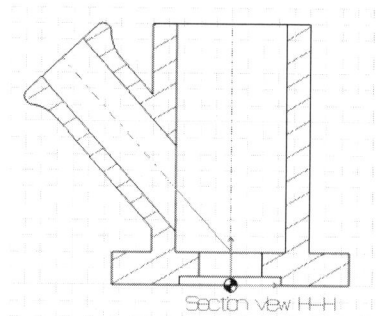

08. 위에 따로 패드 하여 Fillet한 부분을 기존 구속만으로는 표시해줄 수 없으므로 Pad한 높이만큼 길이 10만큼 임의의 사각형을 그려 보조선으로 사용합니다.

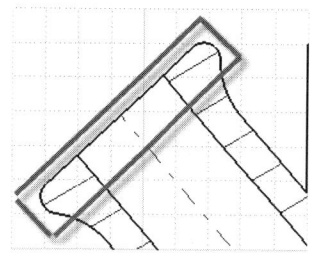

09. Profile 을 이용하여 그리고 가장 얇은 선 Type으로 바꾸어줍니다.

 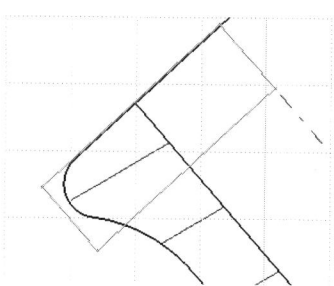

10. Dimensions 로 높이를 줍니다.

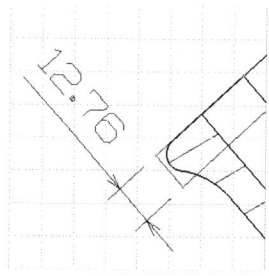

11. 더블 클릭하여 Drive Geometry로 높이를 10mm로 바꾸어줍니다.

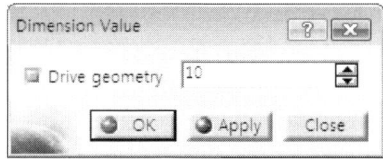 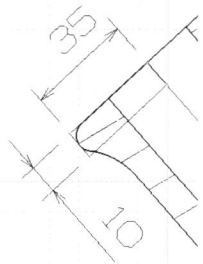

12. 나머지 치수를 기입합니다. 두 중심축 사이의 각도를 넣어줍니다.

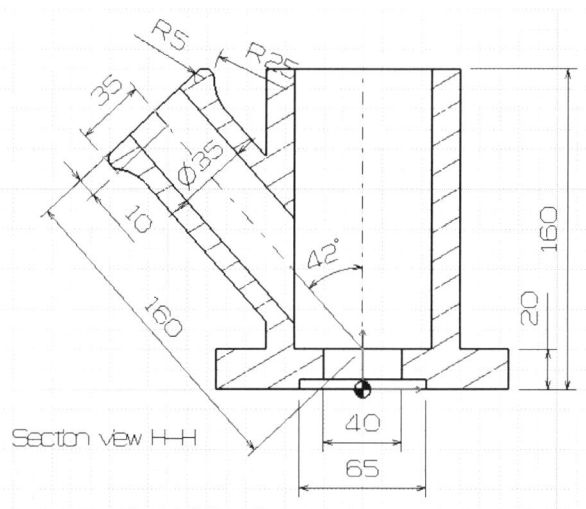

13. Tools Toolbar에 있는 Analysis Display Mode 를 클릭하면 앞에서 작업자가 만들어낸 수치는 파란색으로 바뀝니다. 이 기능으로 원래 도큐먼트에서 가져온 수치와 임의로 넣은 수치를 구별해 낼 수 있습니다.

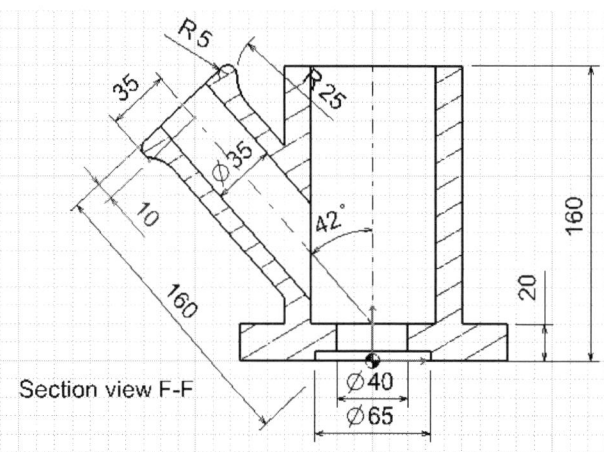

14. 이번엔 Front View의 수치를 넣습니다. Dimensions 로 너비를 표시합니다. 하지만 오른쪽에 둥근 면 때문에 수치로 잡힐 면이 여러 개이기 때문에 엉뚱한 곳에 점이 잡혔습니다.

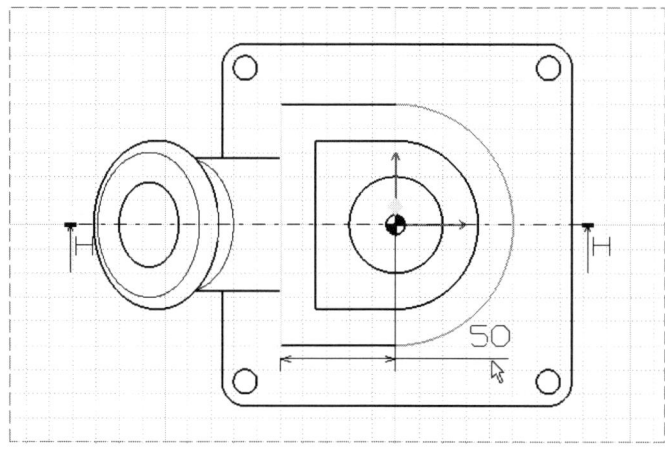

15. 양끝 너비를 나타내는 수치로 바꾸기 위해서 오른쪽 마우스 키를 클릭하여 Contextual Menu를 부릅니다. 그중 Extension Lines Anchor를 클릭하면 다음과 같이 또 다른 메뉴가 뜨고 여러 개의 Anchor, 즉 기준 점이 나옵니다. 이중 원하는 적당한 점을 고르면 됩니다. 어떤 Anchor가 원하는 것인지 알 수 없을 경우에는 순서대로 변경해주어 확인할 수 있습니다.

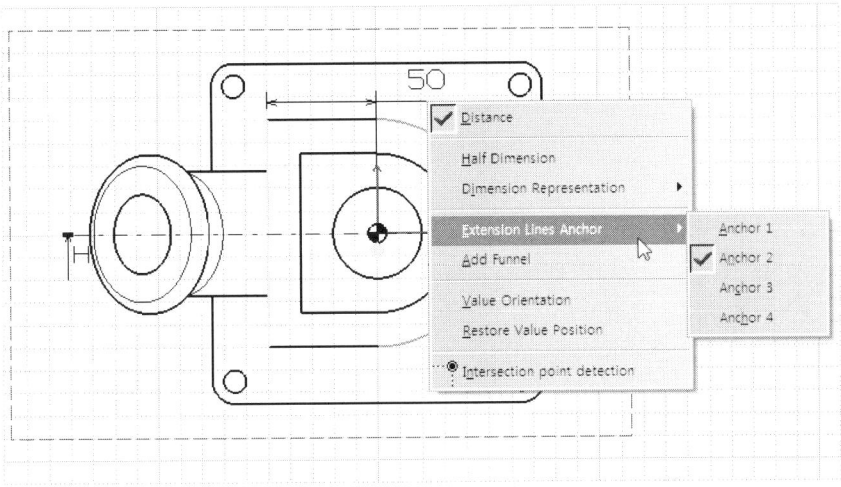

16. Anchor4를 클릭하면 다음과 같이 너비 표시를 할 수 있습니다.

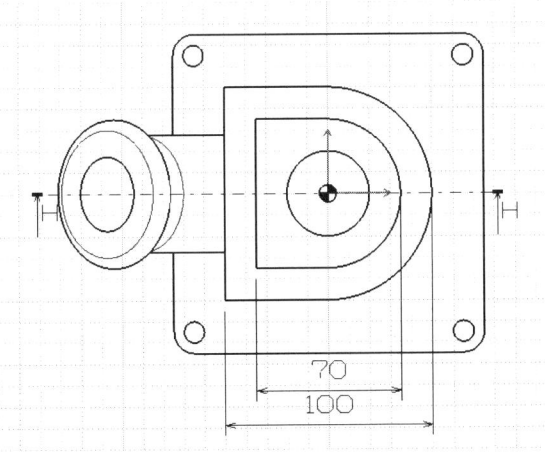

17. 나머지 수치도 기입합니다.

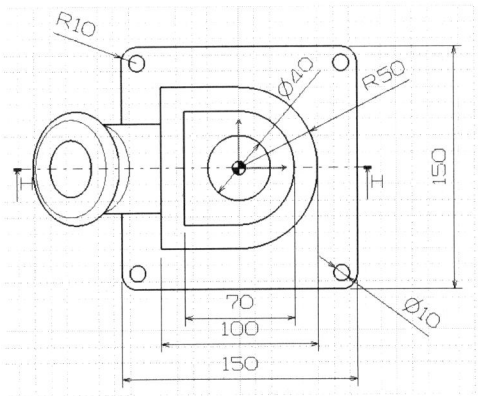

18. 반지름과 지름을 Two part 으로 꺾어줍니다. 또한 기울어져 있는 높이 수치를 속성에서 Perpendicular로 방향을 바꾸어줍니다.

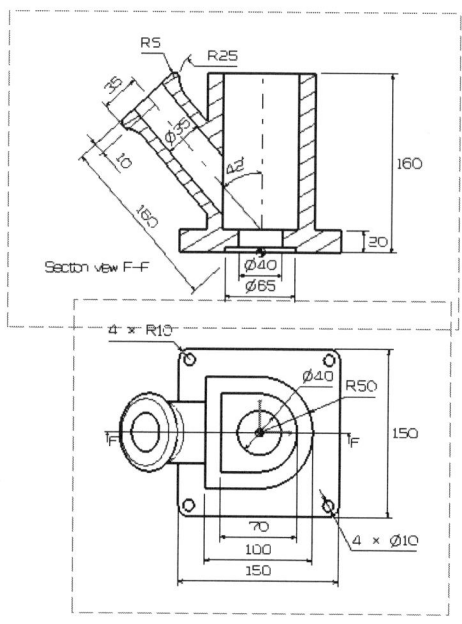

19. 제목과 설명을 넣고 보기 쉬운 글씨체로 바꾸어줍니다.

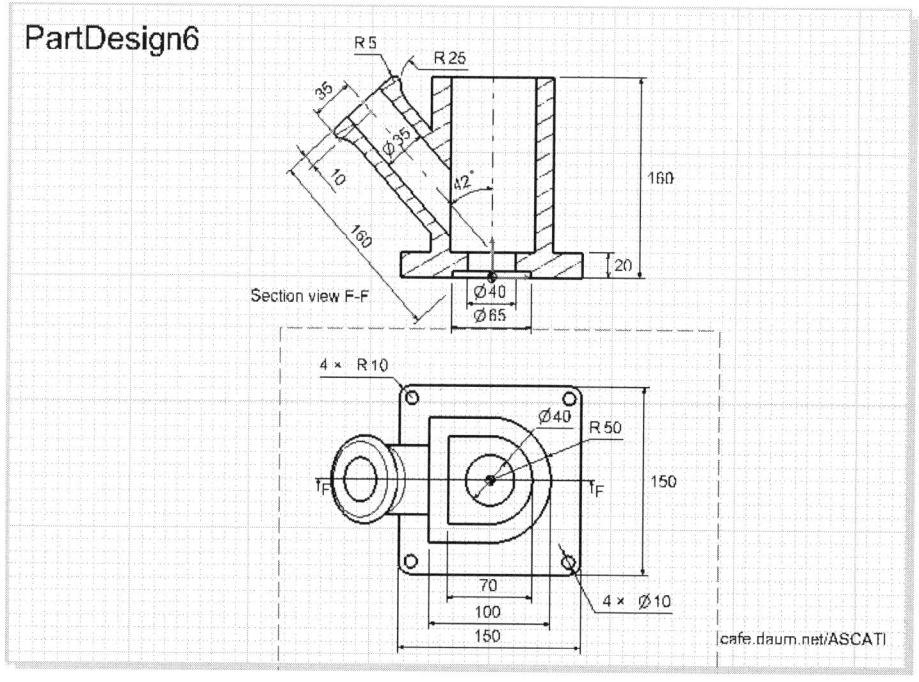

(7) Exercise 7

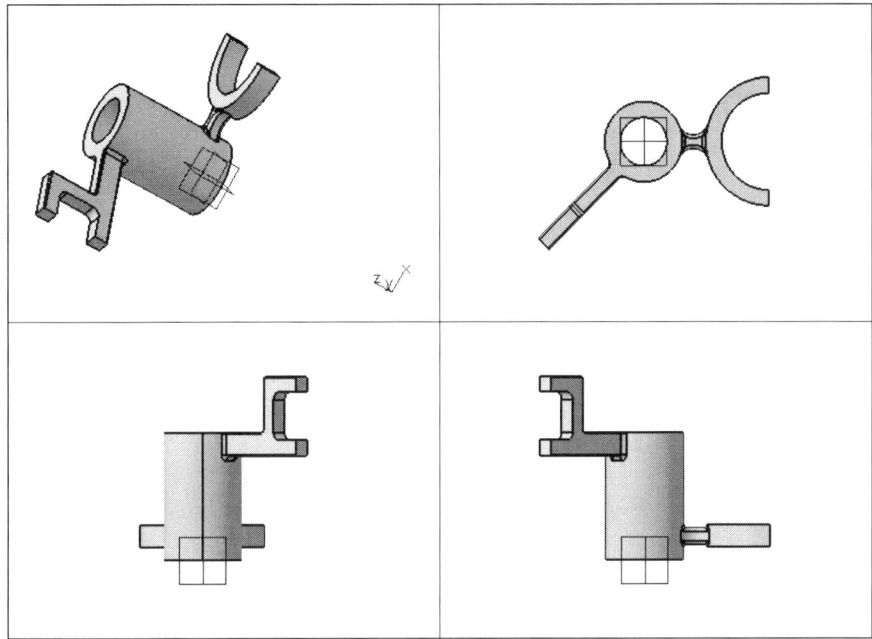

이제 앞의 예제들을 통해 많은 연습을 하였을 것입니다. 이번엔 Detail View도 넣어보겠습니다.

01. New Sheet ☐ 를 추가하고 이름을 PartDesign7으로 변경합니다.

02. Front View 로 Main View를 가져옵니다. 항상 물건의 특징을 가장 잘 보여줄 수 있는 평면을 골라 Main View로 정하고 가장 먼저 가져 옵니다. 앞에서 배웠듯이 Main View를 이용하여 다른 View를 Projection 한다든지 단면도를 만들 수 있습니다.

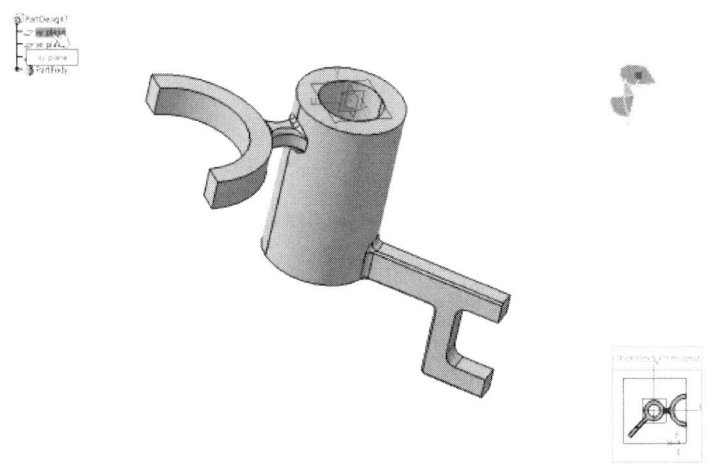

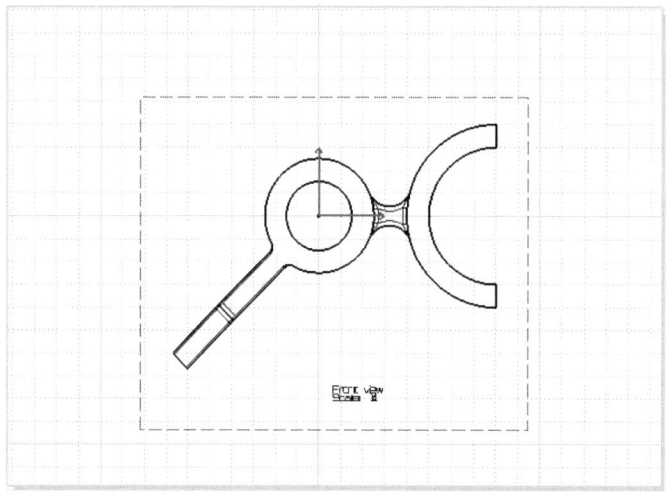

03. 원통이면서 옆에 복잡하게 3차원으로 붙어 있는 부품으로 정면도, 측면도 같은 것으로만은 형상을 쉽게 표현 할 수 없습니다. 따라서 Main View를 이용하여 단면도를 만들고 Isometric View로 실물 모습과 가까운 View를 만들어주면 이해하기 쉬울 것입니다.

04. 먼저 View중에서 Sections Toolbar에 Aligned Section View 를 이용합니다. 원하는 방향으로 선을 꺾어서 지나가는 선 방향을 펼쳐서 모두 단면도로 만들어줍니다.

05. 아이콘을 클릭한 다음 절단하고자 하는 단면이 될 부분을 선으로 그려줍니다.

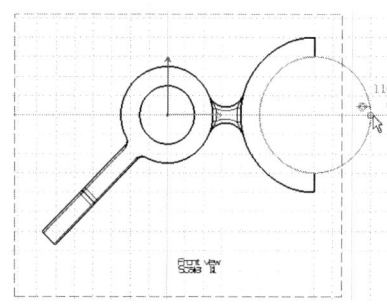
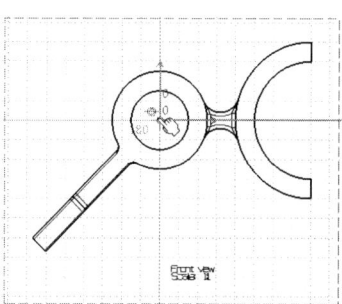

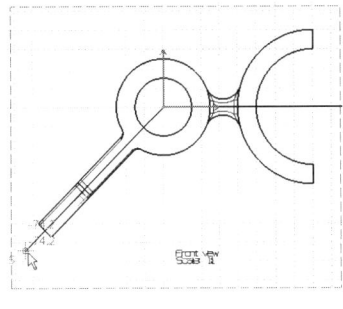
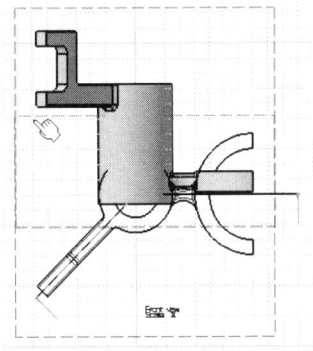

06. 마우스를 클릭하면 다음과 같이 단면도가 생성됩니다.

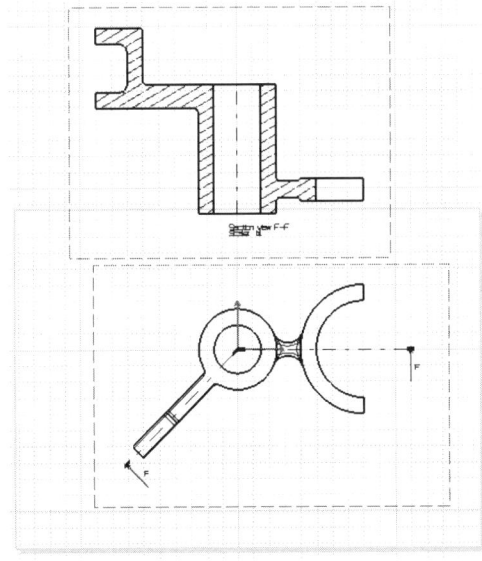

07. Isometric View 는 보이는 각도대로 물체의 면을 찍으면 2.5D의 형상 표현을 할 수 있습니다.

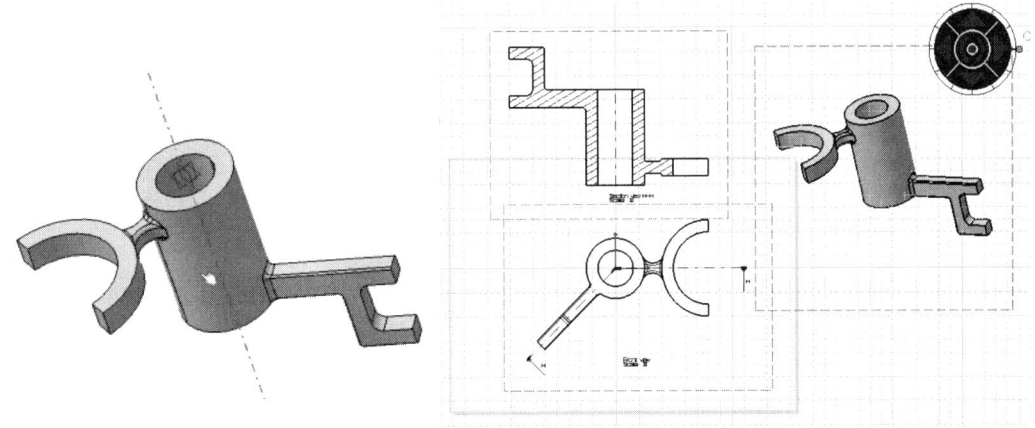

08. 필요없는 Text를 지우고도 View들이 종이를 벗어나므로 Properties 창에서 스케일을 바꾸어줍니다. Front View, Section View 는 2:3, Isometric View는 2:5 로 바꾸어주었습니다.

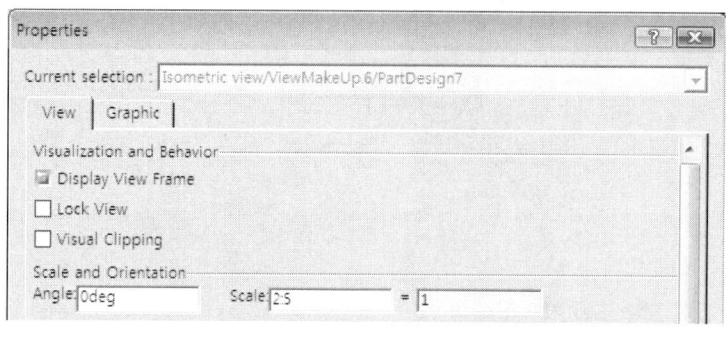

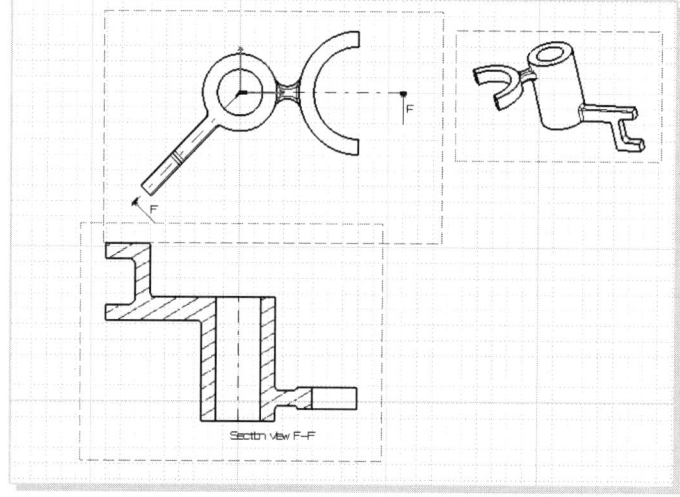

09. View의 한 부분을 확대하여 자세한 View를 보여주기 위해 View Toolbar에 Detail View 를 클릭합니다. 클릭하기 전에 Detail View를 가져올 View를 활성화해주어야 합니다. 다음 원하는 부분을 클릭하여 원하는 크기만큼 원을 그립니다.

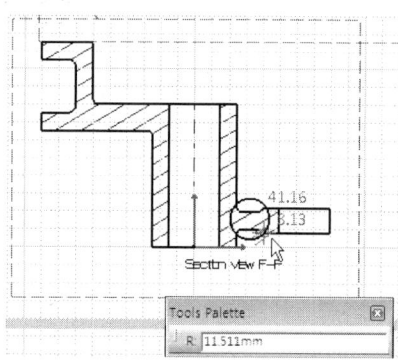

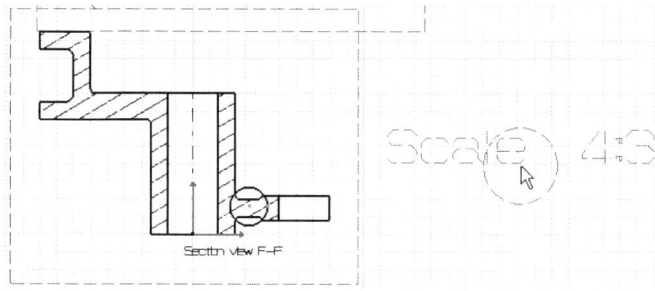

10. Isometric View의 속성을 바꾸어 도면 스타일이 아닌 Raster 형식으로 표시되도록 합니다. View Generation Mode를 Raster로 바꾸고 그에 따른 Option을 다음과 같이 바꾸어줍니다.

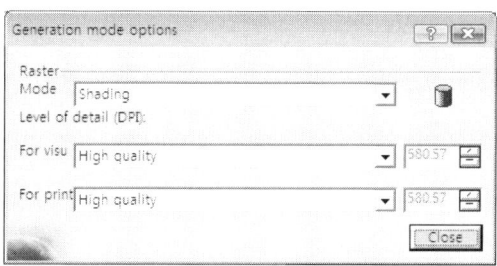 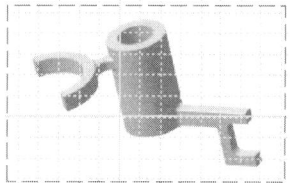

11. 이제 View 하나하나를 수정합니다. 먼저 Main View를 더블클릭하여 활성화하고 Drawing Toolbar에 Instantiate 2D Component 로 원점을 붙입니다.

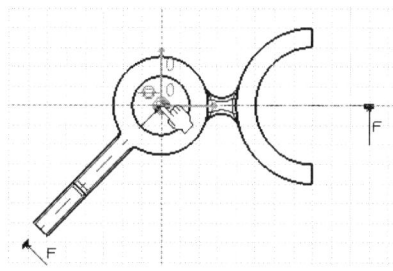

12. 치수기입의 편의를 위해서 반원에 Center Line 으로 중심선을 넣습니다. 반원 Line을 클릭하면 됩니다.

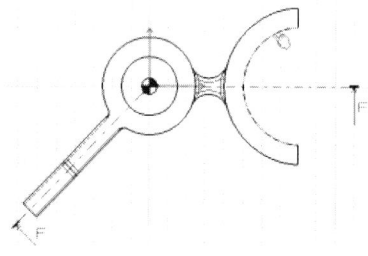

13. 반지름, 지름, 거리, 치수를 넣습니다.

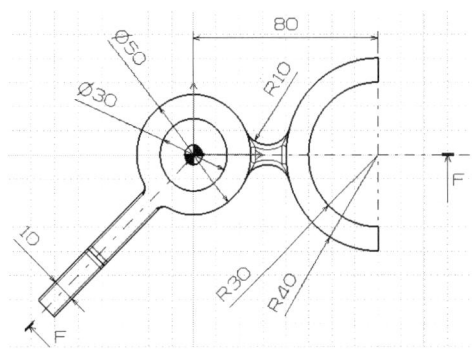

14. 다음은 Section View에 반지름, 높이, 가로, 길이 등을 넣습니다.

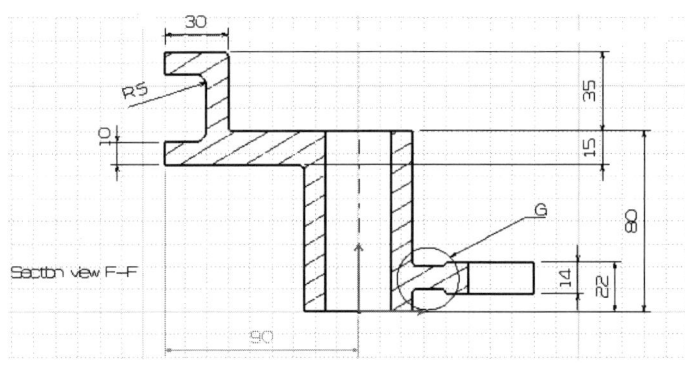

15. Detail View에서 표현하고자 하는 치수를 넣습니다.

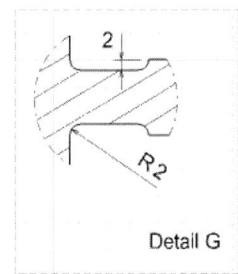

16. Dimension을 이용하지 않고도 화살표를 따로 원하는 것에 그릴 수 있습니다. Dress-up Toolbar에 Arrow ⬅ 를 클릭하여 반지름 R2가 양쪽에 같음을 표시해줍니다. 꼬리가 될 부분을 먼저 클릭하고 반지름을 클릭하여 머리가 반지름을 향하도록 합니다.

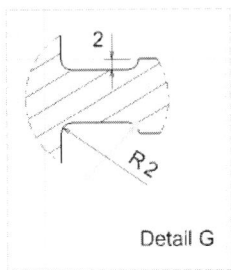 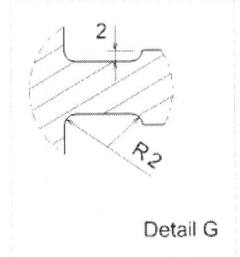

만들어진 화살표를 클릭하여 노란색 네모로 길이와 위치를 조절합니다. 이때 Shift 키를 누르면서 마우스를 움직이면 매끄럽고 자리를 잡고 마우스 키를 놓은 다음 Shift키를 떼야 잡은 자리가 움직이지 않습니다.

17. 반지름, 지름 수치 선을 Dimension Properties에서 Dimension line의 모양을 바꾸어줍니다.

90도 돌아간 수치도 속성 창 Value 탭에서 Perpendicular로 바꾸어줍니다.

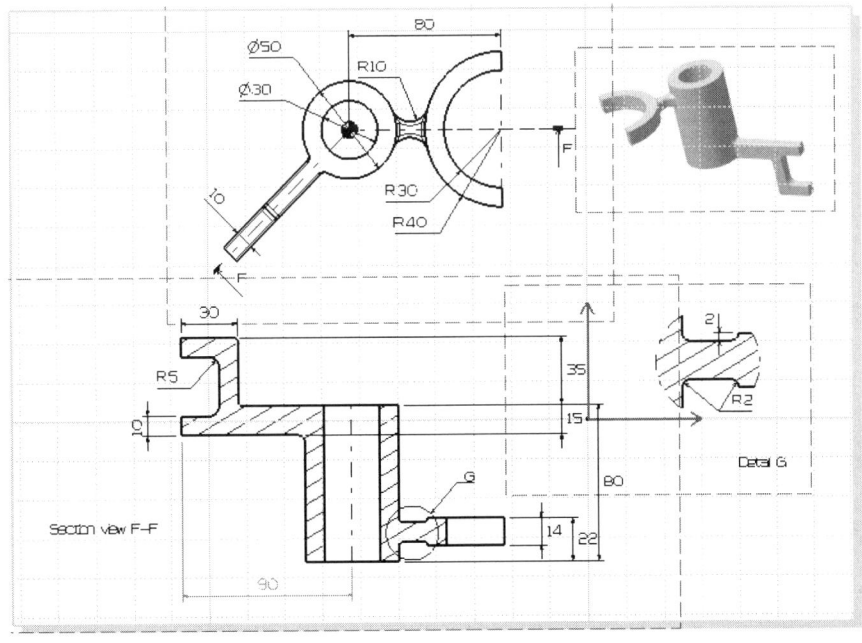

18. 치수선이 부품 위로 겹쳐져 있어 부품 모양과 헷갈릴 수 있으므로 수치선을 클릭하고 끝에 검은 네모를 클릭하여 드래그하면 길이를 조절할 수 있습니다.

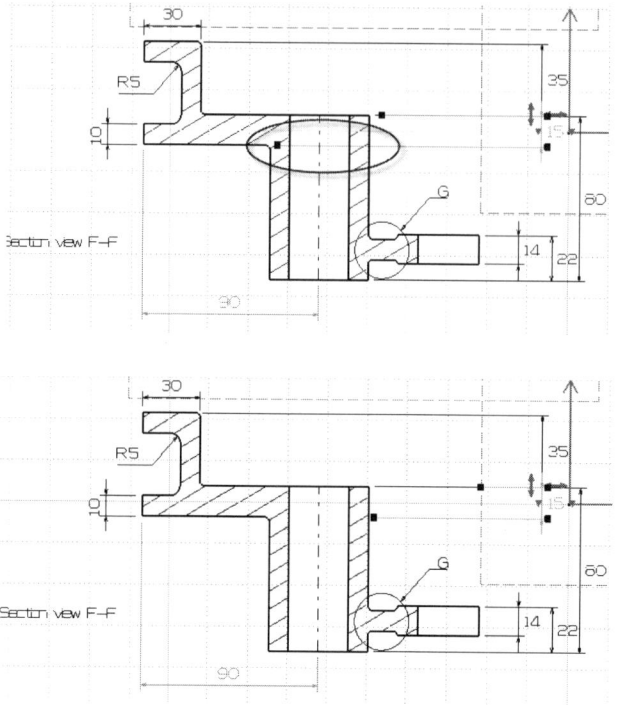

19. 좁은 거리 때문에 화살표가 치수 보조선 밖으로 나와 있어서 지저분한 부분의 화살표 머리를 클릭하면 방향이 안으로 바뀝니다.

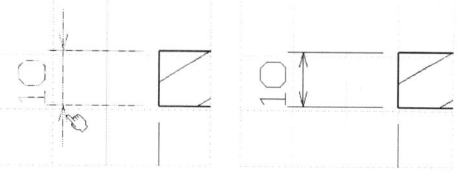

20. Fillet 두 부분이 같다는 것을 표현하기 위해 앞에 화살표를 눌러 Insert Text Before 창에 2×를 써줍니다.

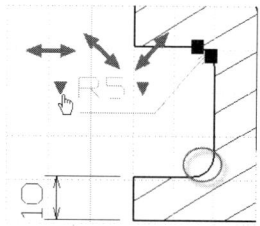 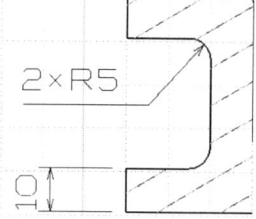

21. Detail View를 나타내는 작은 원의 Line Type을 Graphic Properties에서 4번으로 바꾸어서 보조선임을 확실히 보여줍니다.

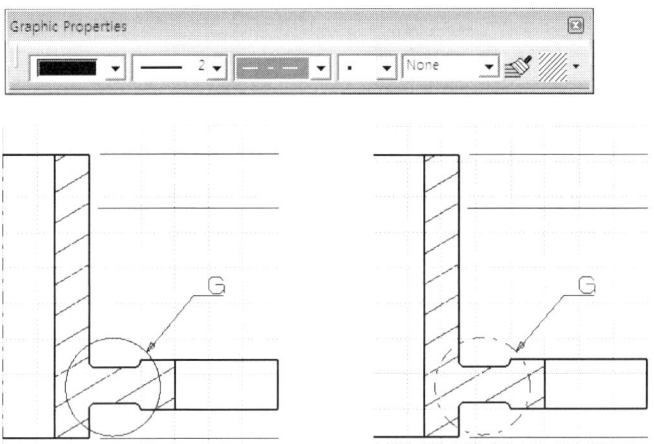

22. 치수를 모두 정리하였으면 Text T 를 이용하여 제목, 필요한 설명 등을 넣고 Font와 크기를 조절합니다.

23. 다음과 같이 완성 되었습니다.

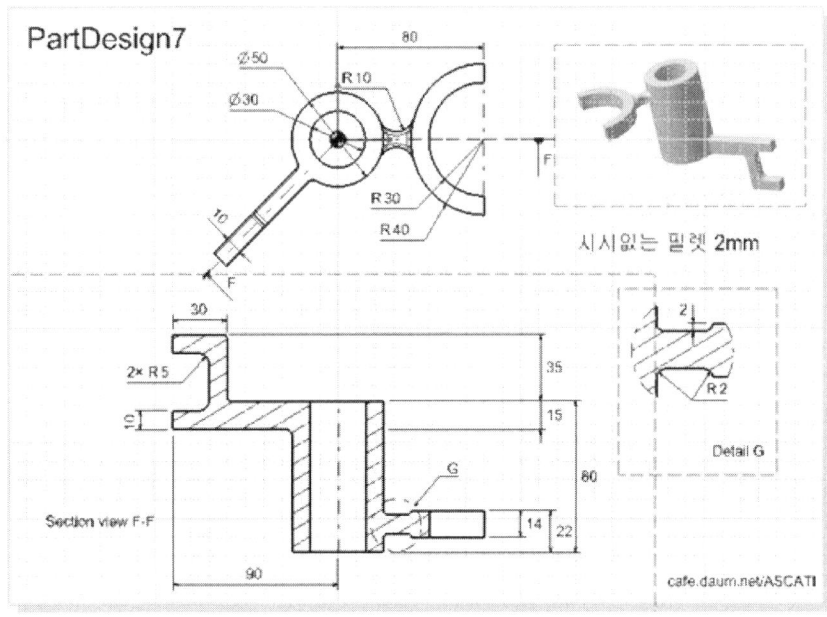

(8) Exercise 8

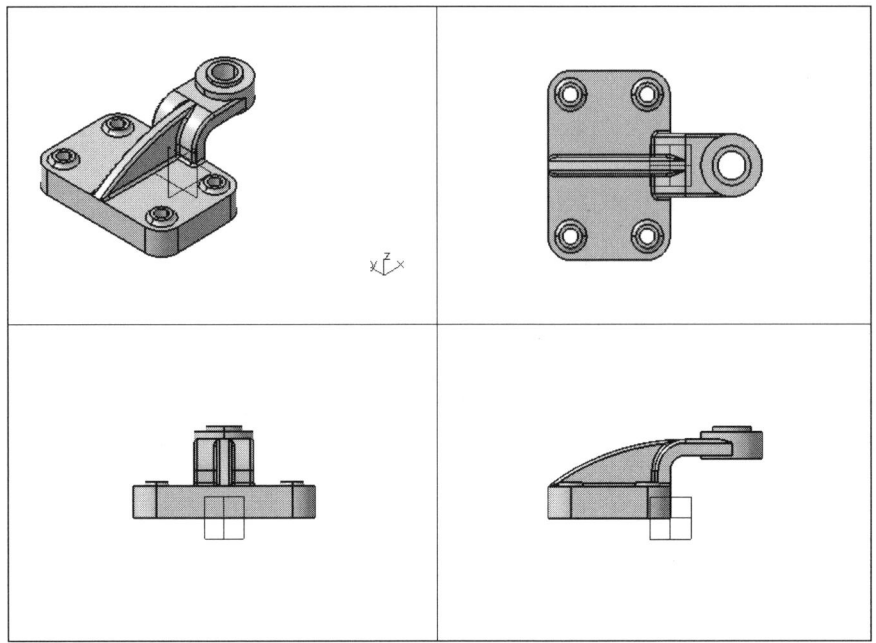

모양이 조금 복잡해 보이지만 정면도와 측면도만으로 형상 표현을 할 수 있는 형상입니다.

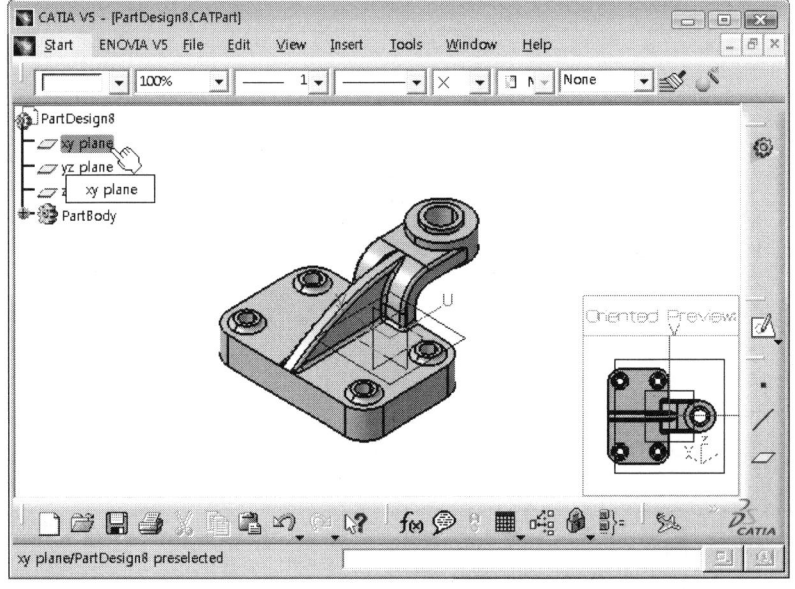

01. 새로운 Sheet에 Front View 로 정면도를 가져옵니다.

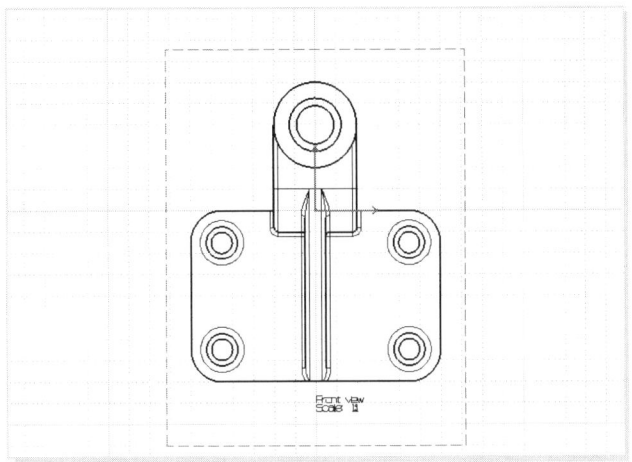

02. Views Toolbar에 Sections중에서 세 번째인 Offset Section Cut 은 잘린 단면만을 보여주는 View 입니다. Offset Section View 는 잘린 단면뿐만 아니라 보이지 않는 뒤의 모습까지 보여주었지만 Cut은 잘린 단면만을 보여줍니다.

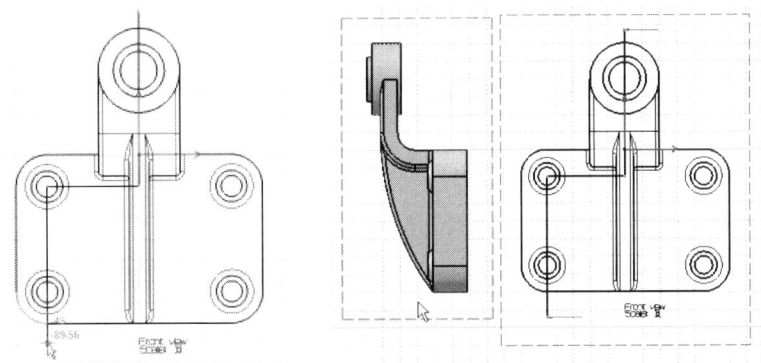

잘린 단면만을 보여주기 때문에 다음과 같이 연결되지 않고 Hole 부분이 끊겨있는 것을 볼 수 있습니다.

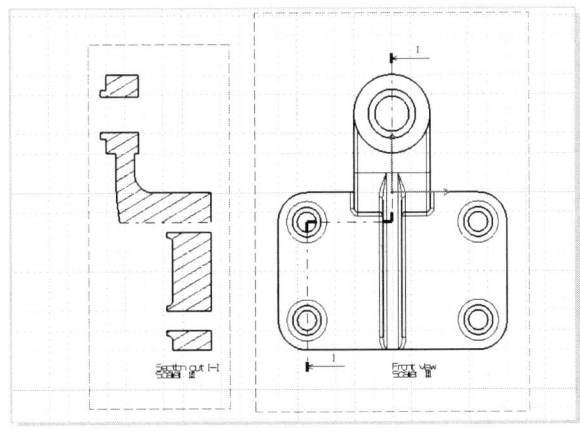

03. 크기 조절을 위해 속성에 들어가 Scale을 3:4 로 바꾸어줍니다.

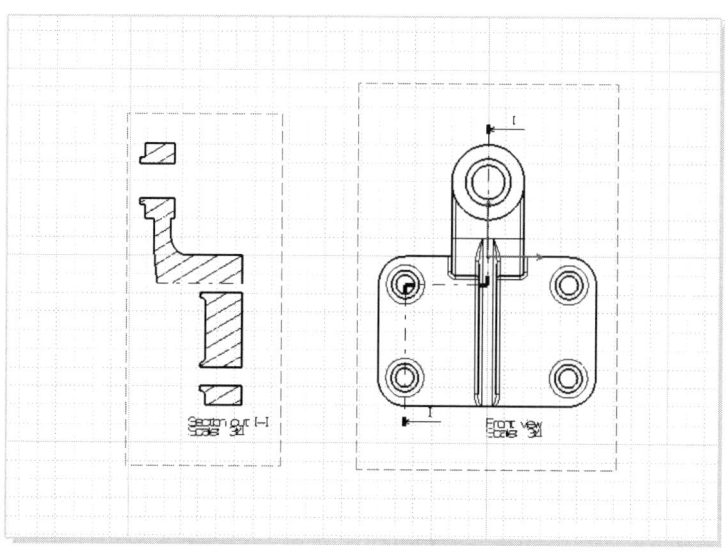

04. View마다 같은 부분을 맞추어 원점 표시를 넣어줍니다.

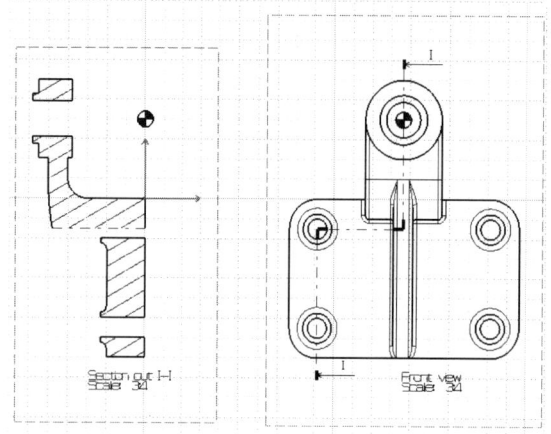

05. 잘린 단면만을 보여주기 때문에 더욱이 원통의 한부분임을 알 수 없으므로 Axis Line 으로 Hole의 중심축을 표시합니다.

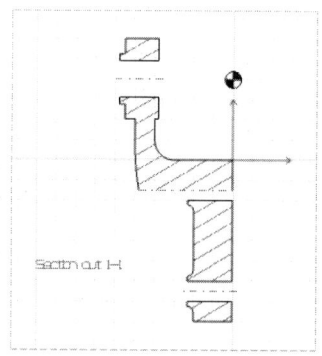

06. 수치를 빠짐없이 기입합니다. 같은 선상에 가능한 수치는 동그란 일치 표시가 나타날 때 마우스에서 손을 때면 Line이 정렬됩니다. View끼리 겹쳐지는 수치는 한 View에만 기입하여 중복되지 않도록 합니다.

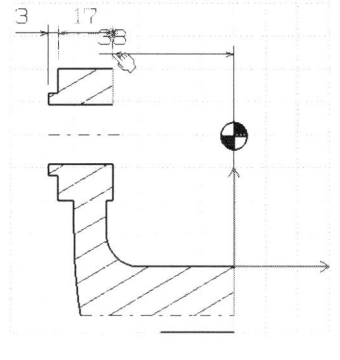
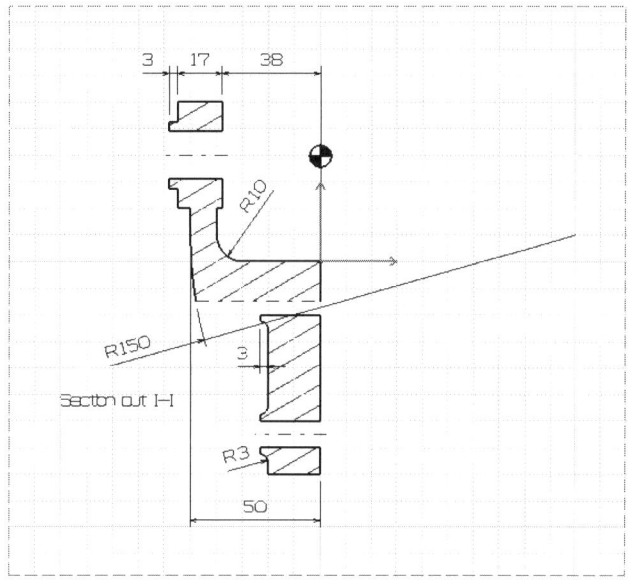

07. 반지름 150 표시의 수치선이 중심부터 길게 뻗어 있어서 지저분하고 자리를 많이 차지하므로 속성 창에서 설정을 바꾸어줍니다. Dimension Line 탭에서 Extension을 Till center에서 Not till center로 바꾸어줍니다.

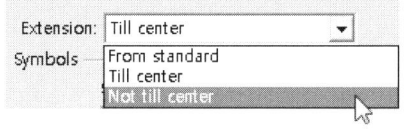
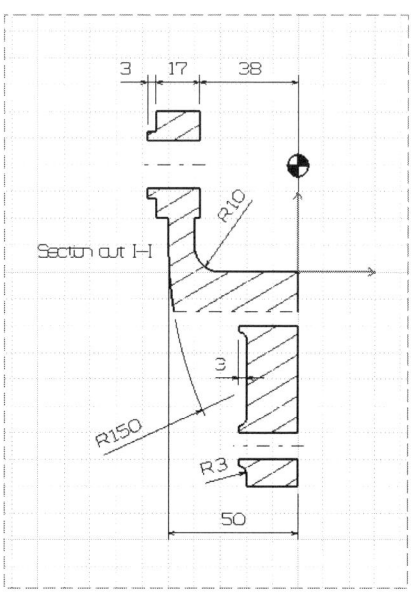

6. Drafting **715**

08. 이번엔 정면도에 수치를 기입하기 전에 Center line 으로 원에 중심축을 넣어줍니다.

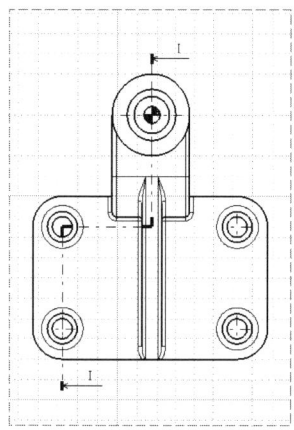

09. 빠짐없이 치수기입을 합니다.

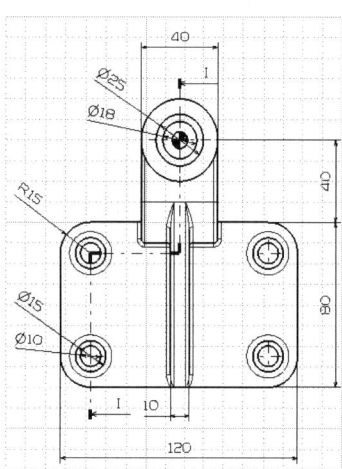

10. Dimension line으로 반지름, 지름 선을 꺾어줍니다.

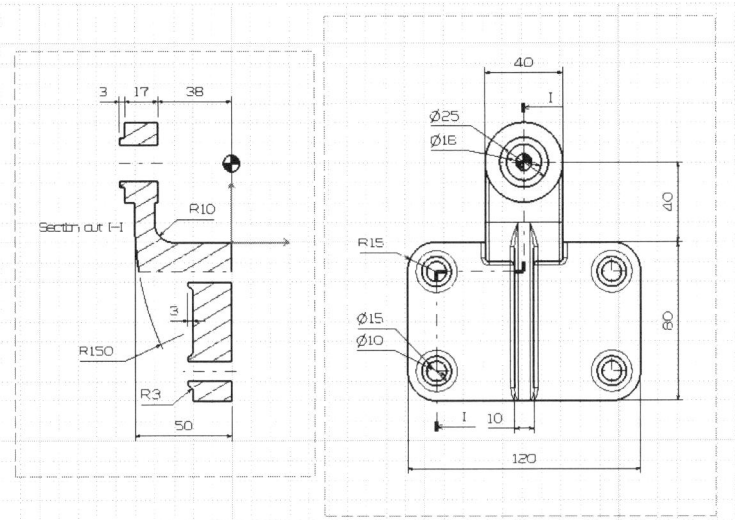

11. 치수가 작아서 삐져나온 10도 치수선 안으로 넣어줍니다. 또 화살표의 머리를 클릭하여 방향을 안쪽으로 넣어줍니다.

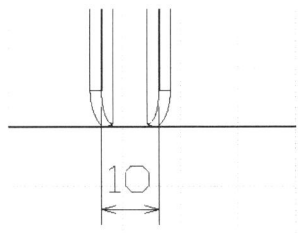

12. 네 개의 같은 치수의 Hole이 반복됨을 나타내기 위해 앞에 화살표를 클릭하여 4배수 표시를 해줍니다.

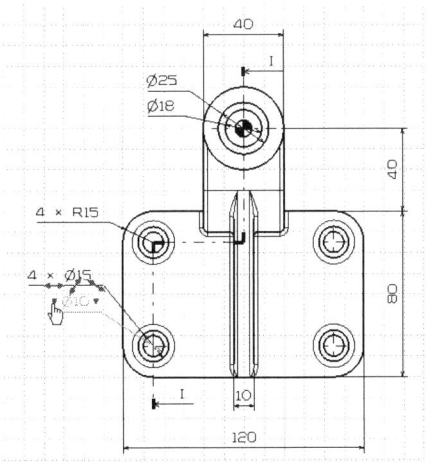

13. 반복적으로 설명하기 불필요한 부분은 주석을 달아줍니다.

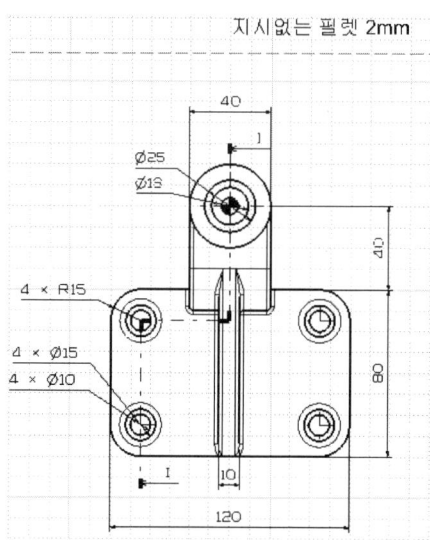

14. 제목도 넣고 Font와 크기를 조절하면 완성됩니다.

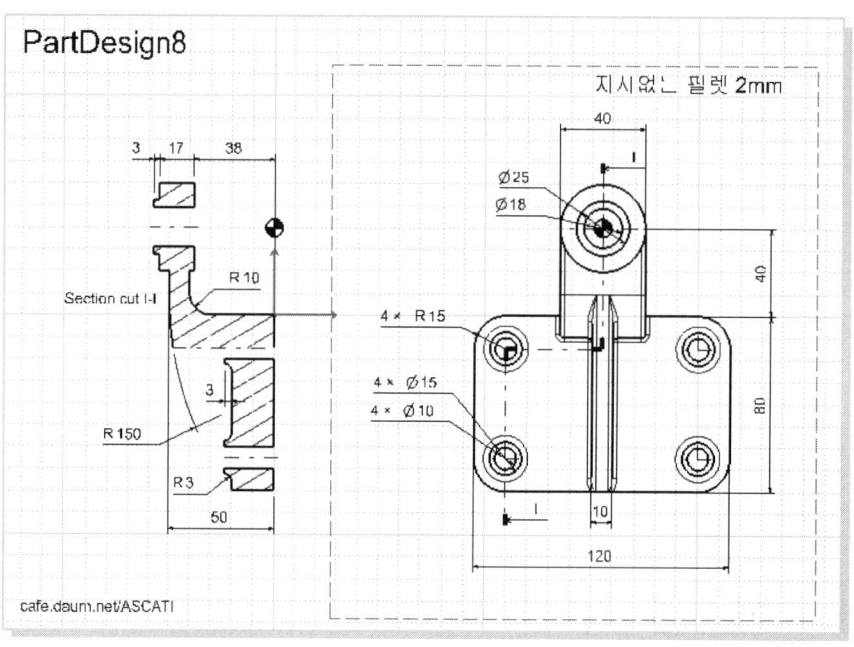

Tip - CATIA 관리자 모드로 실행하기

CATIA를 실행하는 것은 일반적으로 사용자 모드에서 작업입니다. 그러나 사용자 모드 상태에서는 사용자 정의나 옵션은 수정할 수 있어도 기본적인 Standard 설정을 변경할 수는 없습니다.

풀다운 메뉴에서 Tools을 보면 확인할 수 있을 것입니다. Drafting과 같은 반복적인 플랫폼을 사용해야 하는 작업에서 매번 Font나 선의 굵기, 스타일 등을 일일이 변경해준다면 매우 번거롭고 힘든 일일 것입니다. 그래서 우리는 관리자 권한에서 설정할 수 있는 방법을 알아둘 필요가 있습니다.

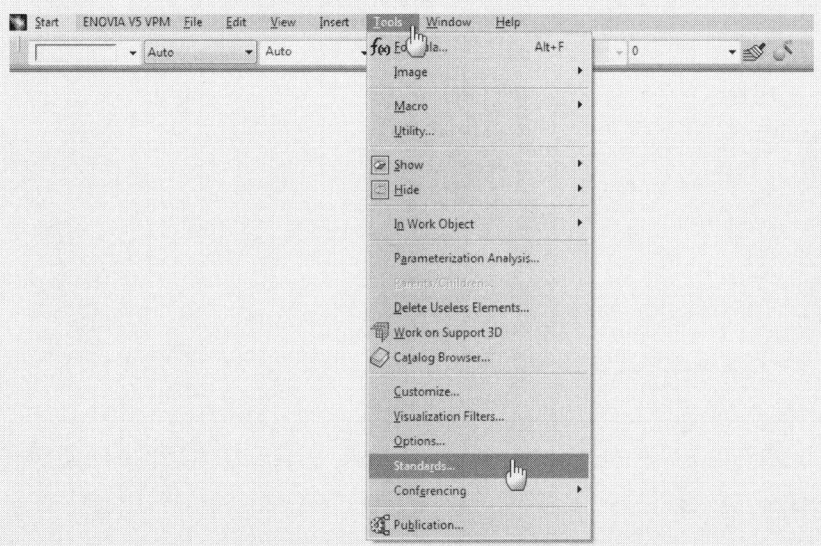

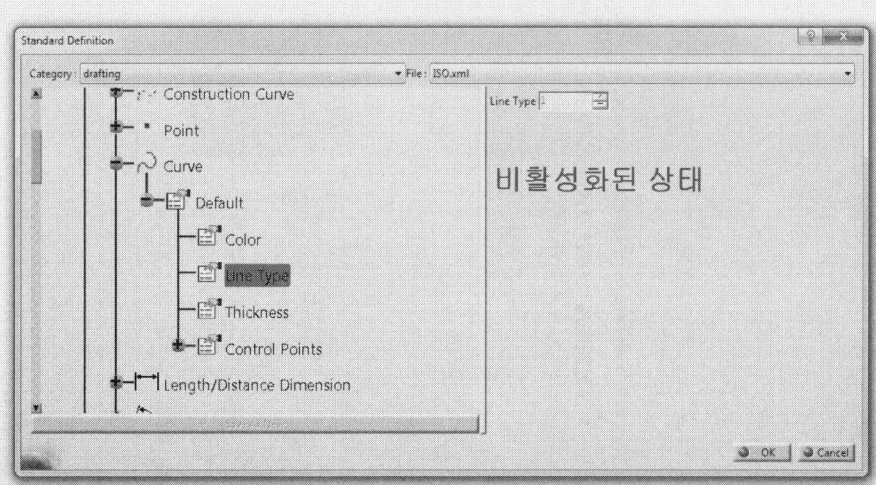

이제 관리자 모드를 생성해 보겠습니다. 우선 자신의 CATIA Setting 파일이 저장된 위치의 주소를 복사하도록 합니다.

C:\Users\ASCATI\AppData\Roaming\DassaultSystemes\CATSettings

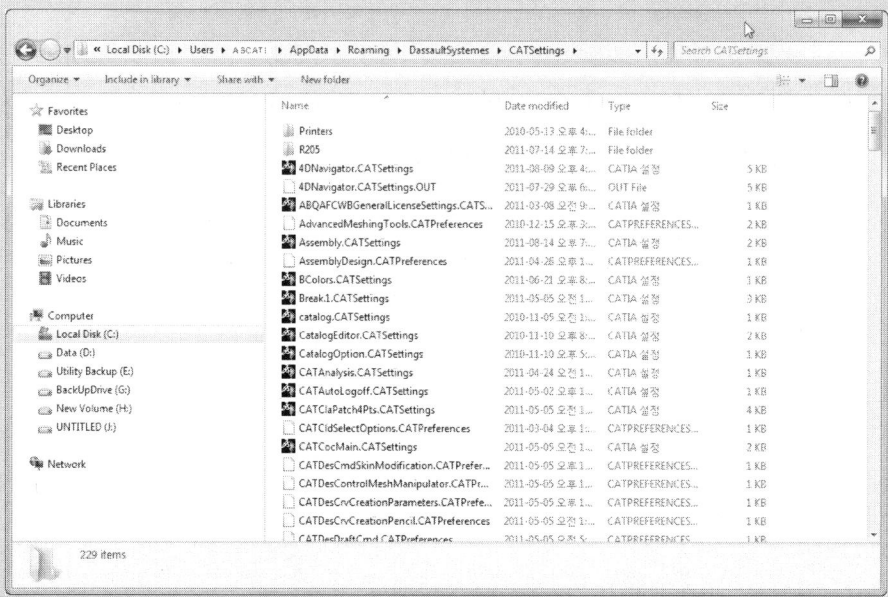

다음으로 윈도우 시작 메뉴에서 Environment Editor를 실행합니다. 관리자 권한으로 실행을 하여야 수정할 수 있습니다.

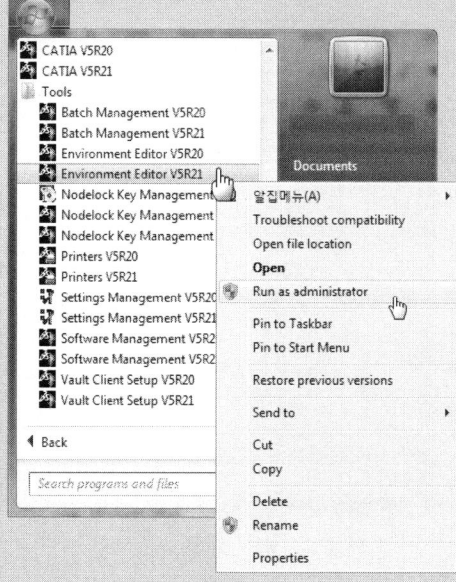

이제 Environment Editor에서 New를 선택하여 admin이라는 이름으로 환경을 추가합니다.

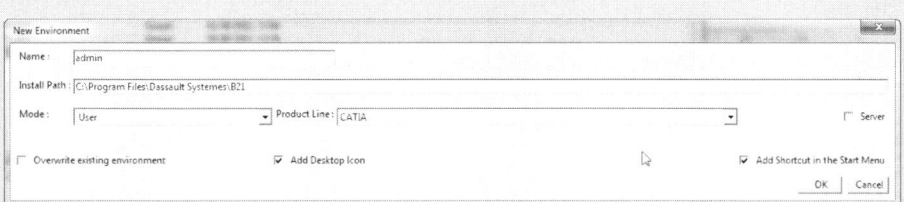

이제 여기서 아래와 같은 항목 중에 CatReferenceSettingPath, CatUserSettingPath, CatCollectionsStandard 항목을 찾아 각각의 Value 값에 앞서 복사한 Setting 폴더 주소를 붙여넣기 합니다.

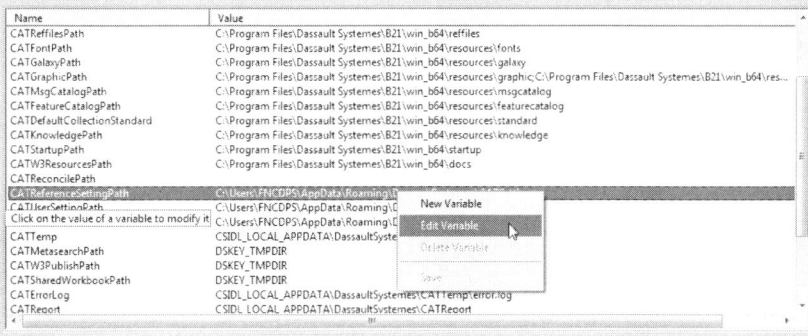

이제 Environment Editor를 저장하고 닫은 후에 바탕 화면에 생긴 아이콘의 Contextual Menu에 들어가 속성을 선택합니다.

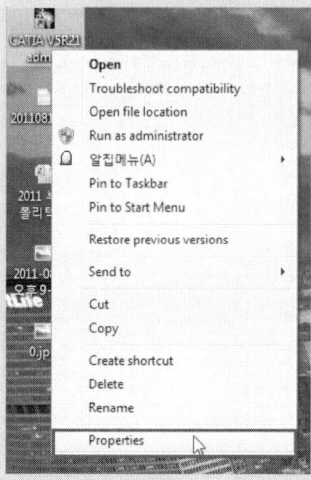

다음으로 '대상' 부분에 다음과 같이 항목을 추가해줍니다.

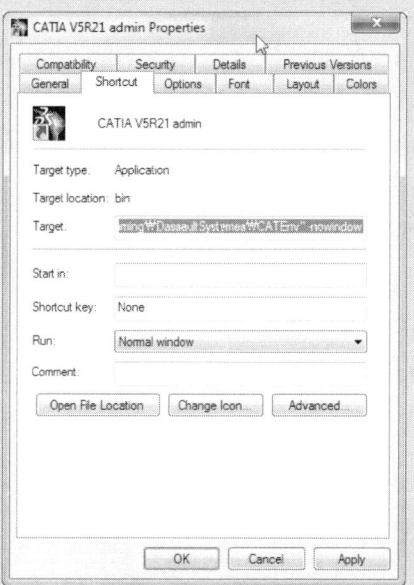

"C:₩Program Files ₩Dassault Systemes ₩B21 ₩win_b64 ₩code ₩bin ₩CATSTART.exe" -run "CNEXT.exe -admin" -env admin -direnv "C:₩Users₩계정 이름 ₩AppData ₩Roaming ₩DassaultSystemes ₩CATEnv" -nowindow

이제 속성 창을 닫고 바탕 화면 관리자 아이콘을 실행합니다. 그럼 다음과 같은 창이 나타나야 합니다.

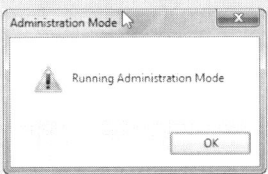

이제 풀다운 메뉴의 Standard에 가보면 다음과 같이 설정과 수정이 가능함을 확인할 수 있을 것입니다.

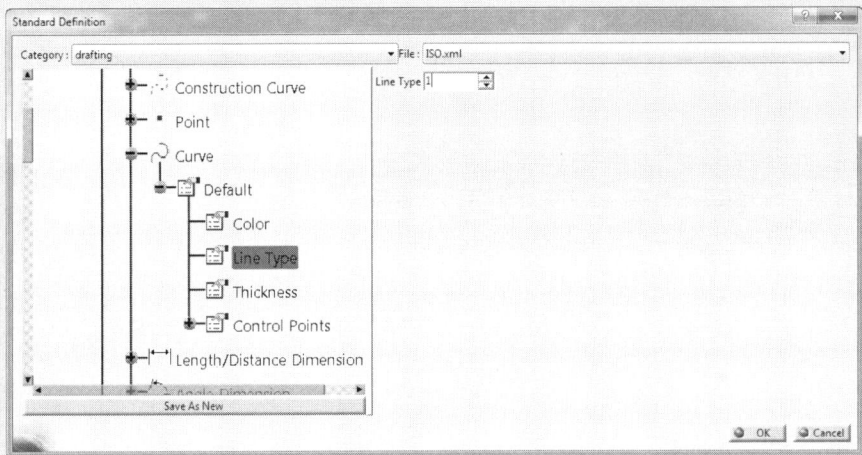

Part
07
Power Copy

1. Power Copy란?
2. Power Copy 만들기
3. Power Copy 사용하기
4. Power Copy Exercise
5. User Features

Extra Exercise

Extra Step에서는 Mechanical Design의 기본 작업 수준을 넘어 중급 사용자 과정이라 할 수 있는 고급 기능들을 배우게 됩니다. 특히 실무에서 단순한 형상 모델링에서 벗어나 고수준의 도큐먼트 관리 기술을 배우게 될 것입니다. CATIA에서는 이 부분을 Proficient User를 위한 부분으로 따로 취급하기도 합니다. 또한 제품의 꾸미기 기능에 속하는 Photo Studio를 통하여 CATIA 내에서 제품의 이미지 렌더링을 익히게 될 것입니다.

7. Power Copy

1. Power Copy란?

Power Copy란 형상을 모델링에서 사용했던 명령과 형상에 관련된 작업을 복사하여 새로운 작업 요소에 손쉽게 불러와 사용할 수 있는 기능입니다. 일반적인 복사가 아닌 가장 고급 수준의 복사 기능(Advanced Replication)이라고 생각하시면 이해하기 쉬울 것입니다. 하나의 작업으로 기초 형상을 만들고 이러한 형상을 복잡한 작업의 일부분으로 불러와 적용시킬 수 있으며 불필요하게 손이 많이 가는 작업을 반복하여 사용할 때 같은 작업을 반복하지 않고 원본 형상으로부터 불러와 사용할 수 있습니다.

Power Copy를 구성하는 핵심 요소는 복사 형상과 입력 요소, 그리고 Parameter입니다. 하나의 작업을 완성하고 이것을 Power Copy로 만들기 위해서는 결과물로 복사하고자 할 복사 형상을 정의해야 합니다. 그리고 이러한 복사 작업을 하는데 있어 변경의 소지가 있거나 기준이 되는 대상을 입력 요소로 선택해야 합니다. 여기서 정의하는 입력요소를 원본과 현재 작업하는 새로운 도큐먼트에서 매치(Match)시킨 후에야 Power Copy로 작업할 때 원본 형상을 불러올 수 있습니다. 가령 원본에서 하나의 평면을 기준으로 어떠한 형상을 만들었다고 했을 때 이것을 Power Copy로 사용하고자 한다면 새로운 도큐먼트 상에 원본의 평면과 매치시킬 요소를 미리 만들어 두어야 합니다.(평면과 매치시킨다고 한다면 같은 평면이나 3차원 형상의 면을 선택할 수 있을 것입니다.) 만약에 여러 개의 입력 요소를 사용한다고 하면 이들에 대해서도 각각 대입할 수 있는 요소를 만들어 주어야 합니다.

따라서 새로이 도큐먼트를 구성하고 Power Copy 형상을 불러온다고 할 때 Power Copy를 실행하기에 앞서 이 입력요소를 만들어 놓아야 합니다. 입력요소로 사용되는 것은 주로 형상의 변형을 주고자 하는 형상 요소들로 스케치나 Surface, Plane, Point와 같은 모든 요소가 사용 가능합니다. 이러한 입력요소의 변경에 따라 불러와 지는 Power Copy 형상은 간단한 원본에서부터 복잡한 형상 응용에 이용되기도 합니다. 또한 Power Copy에서 변수들의 값을 외부로 공개시켜 형상을 복사해 오면서 변수의 값을 변경하는 것도 가능합니다.

Power Copy를 실행하는 과정은 다음과 같습니다.

1. Reproduction 하고자 하는 형상을 완성합니다.
2. Power Copy를 실행합니다.
3. 전체 형상에서 복사하고자 하는 전체 파트를 선택합니다.
4. 복사의 기준으로 사용할 입력 요소를 선택해줍니다. 여기서 각 입력 요소들에 대해서 이해하기 쉬운 일반 명칭으로 변경을 해주기도 합니다.
5. 복사해 오는 중에 변경하고자 하는 Parameter가 있는 경우 Publish(공개)해줍니다.
6. Power Copy가 만들어진 Part 도큐먼트를 저장합니다.

모든 형상에 대해서 반드시 동일한 조건으로 작업할 수 있는 것이 아니기 때문에 상황에 따라 작업 순서나 기준요소를 유동적으로 변경할 수 있는 설계 노하우를 기르는 것이 필요합니다.
다음은 Power Copy를 하면서 유의해야할 몇 가지 사항들입니다.

- 복사하고자 하는 형상의 작업 과정을 가능한 입력 요소에 맞춰 구성한 후 작업합니다. ⇨ 무작정 결과 형상만을 바라보고 작업하는 방식은 지양해야 합니다.
- 작업 시 기준을 잡을 때 Plane과 같은 기본이 되는 기준 요소를 사용합니다. ⇨ 작업을 위한 기준을 임의의 면을 사용할 경우 Power Copy에서 불러올 때 번거롭거나 에러가 발생할 확률이 높아집니다.
- Sketch의 경우 입력 요소에 따라 변경의 소지가 있는 경우에는 Positioned Sketch를 사용합니다. ⇨ 디폴트 원점을 기준으로 스케치를 하는 경우에는 변경된 기준을 인식하지 못하는 경우가 많기 때문에 반드시 Positioned Sketch로 스케치의 기준을 잡아주어야 합니다.
- 구속은 반드시 기준 요소인 원점, H, V축, Planes 등을 이용합니다. ⇨ 형상의 면이나 모서리, 꼭짓점과 같은 요소(내부 요소)들을 사용할 경우 새로 복사해 오는 과정에서 에러가 발생하기 쉽습니다.

2. Power Copy 만들기

이제 실제로 Power Copy를 배우기 위해 다음과 같은 간단한 형상을 예를 들도록 하겠습니다. 예제 파일은 다운로드한 Power Copy 폴더에서 선택할 수 있습니다.
도큐먼트를 열게 되면 다음과 같은 3차원 형상을 확인할 수 있을 것입니다.

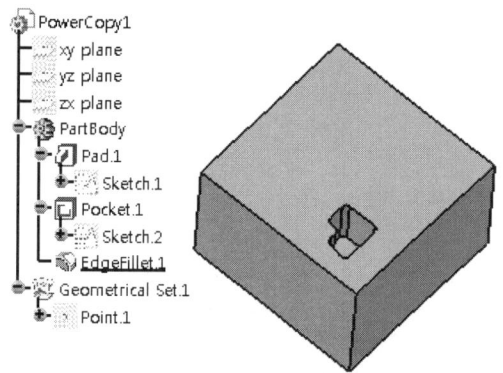

이제 이 도큐먼트에서 Power Copy로 복사하고자 하는 부분을 설정해보도록 하겠습니다. 여기서는 Pocket.1부터 EdgeFillet까지를 Power Copy의 결과로 만들 것입니다.

이 형상을 만드는데 있어 Pocket의 스케치 기준은 XY 평면을 사용하였으며 Positioned Sketch를 사용하여 임의의 Point를 생성한 후에 이 점을 원점으로 스케치 하였다는 것을 기억해 두시기 바랍니다.

풀다운 메뉴에서 Insert ⇨ Knowledge Templates ⇨ Power Copy를 선택합니다. 또는 Product Knowledge Template Toolbar에서 Power Copy 를 선택해도 됩니다.

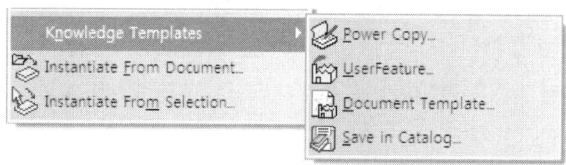

그림 다음과 같이 Power Copy Dialog box가 열리는 것을 확인할 수 있습니다.

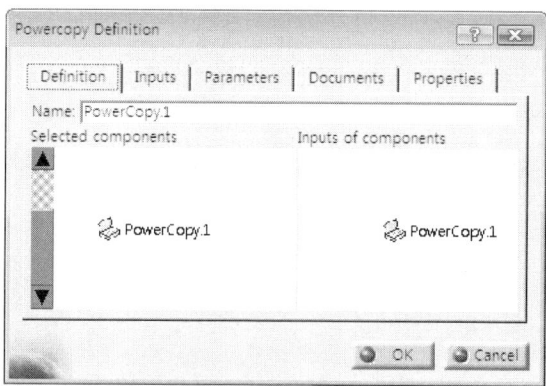

여기서 Spec Tree에서 복사하고자 하는 형상을 차례대로 선택해줍니다. 선택해야 할 대상은 다음과 같이 Pocket.1, Sketch.2 ,EdgeFillet.1입니다. 그럼 다음과 같이 Power Copy Dialog Box에 표시될 것입니다. (여기서 Pad한 형상은 복사하고자 하는 대상이 아니므로 선택해주어서는 안됩니다.)

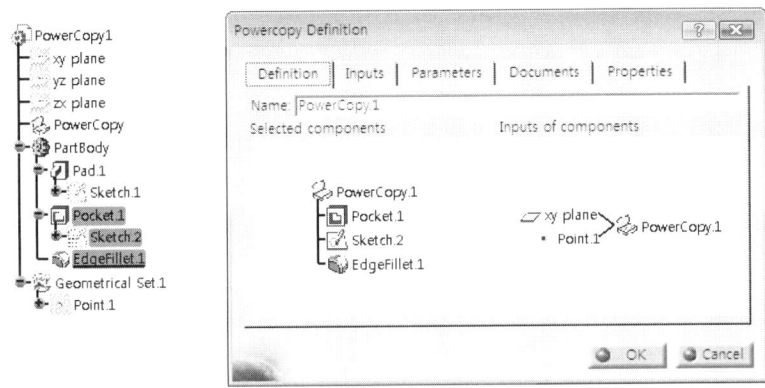

위와 같이 표시가 되면 Power Copy로 형상을 만든다고 하였을 때 좌측의 형상들이 우측의 입력 요소를 가지고 생성될 수 있다는 의미가 됩니다. 여기서 입력 요소인 Inputs of components의 값을 확실히 알고 있어야 Power Copy로 형상을 불러올 때 미리 이 요소들에 매치되는 형상을 만들어 놓을 수 있음을 명심하기 바랍니다.

추가적으로 여기서 Power Copy의 이름을 변경해줍니다. 그래야 여러 개의 Power Copy가 만들어진 경우라도 쉽게 구별할 수 있기 때문입니다.

Name: UserPocket1

이제 다음으로 Inputs 탭에 가서 입력 요소를 확인합니다. 여기서 입력 요소들의 이름을 변경해 줍니다. 이것 역시 쉽게 대상을 매치시키기 위해서 좀더 일반적인 이름을 사용하도록 하기 위함입니다. 다음과 같이 기본 명칭의 입력 요소들에 비교적 쉬운 이름으로 변경을 해줍니다.

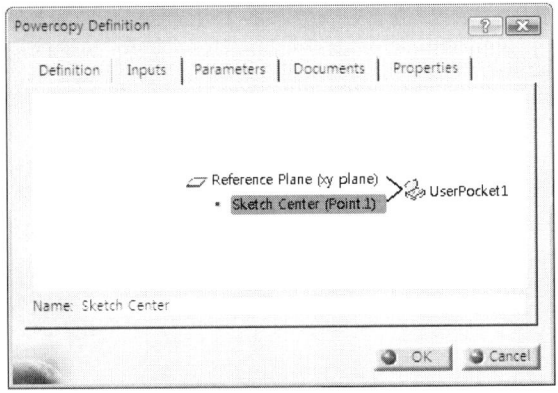

여기까지 작업으로 Power Copy를 만드는데 필요한 설정은 갖추어졌습니다. 그러나 여기서 다음으로 설명할 Parameters를 설정하면 Power Copy로 불러오는 과정에서 형상의 변수를 쉽게 조절할 수 있게 됩니다. 우선 공개하고자 하는 변수를 선택하고 아래의 'Published Name'을 체크합니다.

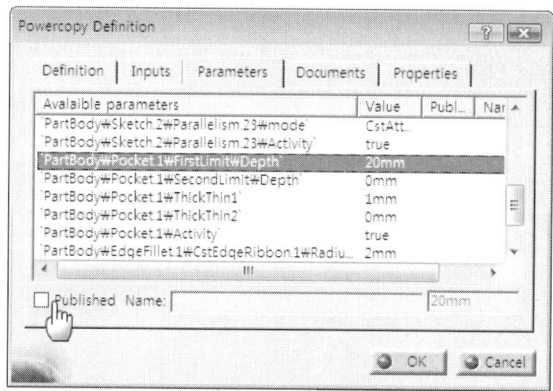

그러면 다음과 같이 선택한 변수의 이름을 변경할 수 있게 됩니다.

Name: UserPocket1

이렇게 공개된 변수는 나중에 Power Copy를 사용하는 과정에서 간편하게 변경이 가능합니다. 추가적으로 Pocket의 깊이 값 외에 바닥면 Fillet의 반경을 공개시키도록 하겠습니다. 다음과 같이 두 개의 변수를 공개 시킵니다.

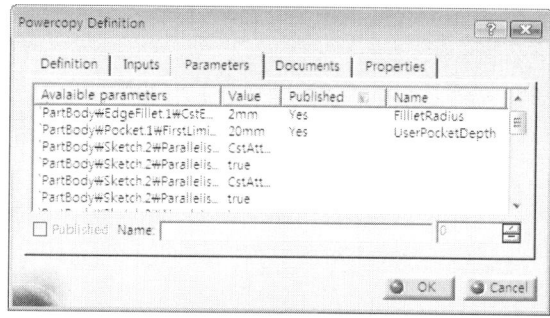

이제 Power Copy를 위한 설정은 다 끝이 났습니다. OK를 누르고 작업한 Power Copy를 저장하면 다음과 같이 Spec Tree에 표시되는 것을 확인할 수 있습니다.

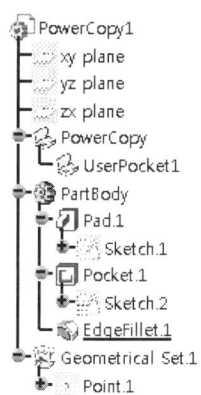

만약에 하나의 도큐먼트에 여러 개의 Power Copy가 만들어진다면 다음과 같이 Stec Tree에 나타날 것입니다.

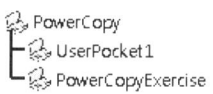

Power Copy를 만들고 나서 도큐먼트를 저장한 후에 원본 Power Copy가 있는 도큐먼트를 반드시 닫아 주기 바랍니다.

3. Power Copy 사용하기

앞서 작업한 Power Copy를 이제 새 도큐먼트에 불러와 작업하는 방법을 설명하도록 하겠습니다. 우선 다운로드한 파일에서 Power Copy 폴더에 있는 PowerCopy1_CopyReceive.CATPart 파일을 엽니다. 그럼 다음과 같은 형상을 확인할 수 있습니다.

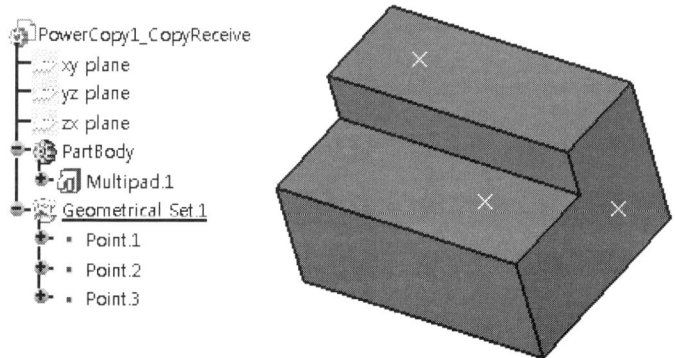

이 형상에서 3개의 Point가 있는 것을 확인할 수 있을 것입니다. 그림에서 유추할 수 있듯이 3개의 Point가 있는 지점에 Power Copy를 통하여 UserPocket1으로 명명한 작업을 복사해올 것입니다.

풀다운 메뉴에서 Insert ⇨ Instantiate From Document를 선택합니다. (Product에서 작업이라면 Catalog

Browser 아이콘을 이용할 수 있습니다.) 그럼 다음과 같이 도큐먼트를 열기위한 브라우저가 열릴 것입니다. 여기서 앞서 작업한 PowerCopy1.CATPart 도큐먼트를 선택합니다.

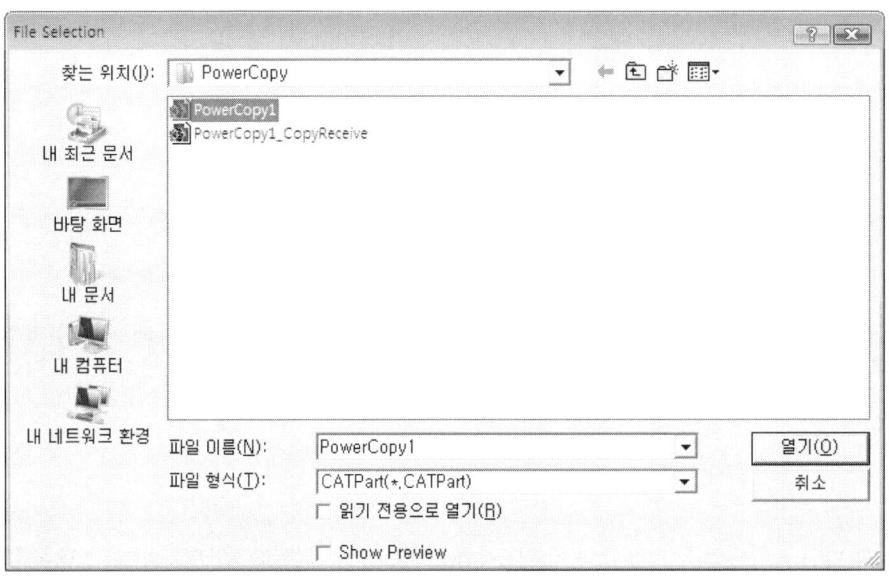

이렇게 도큐먼트를 선택하면 해당 도큐먼트가 그대로 열리는 것이 아니라 아래 그림과 같은 Insert Object 창이 나타납니다.

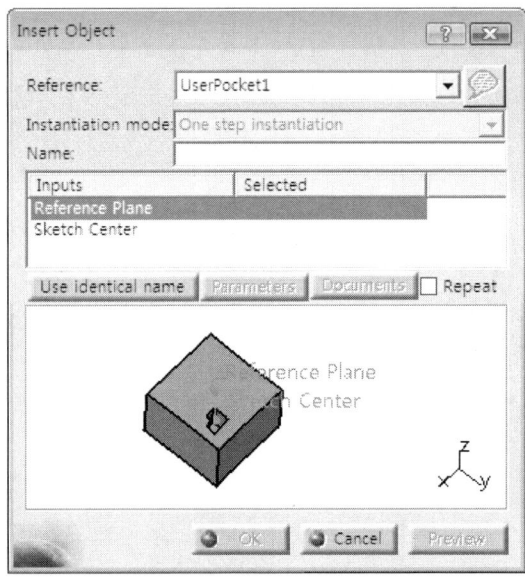

하나의 도큐먼트에 여러 개의 Power Copy가 만들어진 경우에는 이 창에서 나타나는 Reference를 작업자가 원하는 Power Copy로 변경해줍니다. 다음으로 가운데 보이는 두 가지 입력 요소를 현재 도큐먼트와 매

치시켜 주는 작업이 필요합니다. 이 작업이 가장 중요한 부분입니다. 매치가 잘못되게 되면 Power Copy 형상이 잘못 불러와 지거나 또는 생성이 아예 되지 않을 수 있기 때문입니다.

Power Copy를 불러오고자 하는 3개의 위치 중에 우선 첫 번째 위치에 매치를 시켜보도록 하겠습니다. 아래 그림과 같이 두 대상을 선택해줍니다.

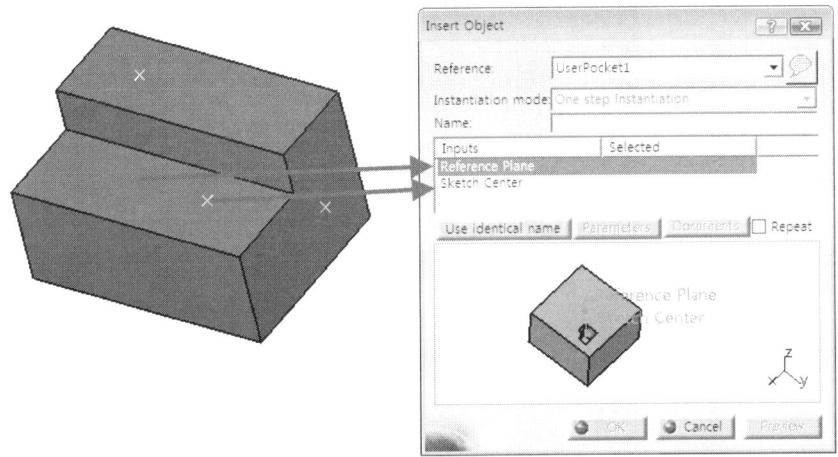

두 대상을 선택한 후에 미리보기를 선택해 보면 Power Copy가 바르게 불러와지는지를 확인할 수 있습니다. 여기서 Plane을 매치시키는 과정에서 본 작업에서는 Plane을 형상의 면을 선택해줄 수 있다는 것을 기억하기 바랍니다.

또한 면이나 서페이스와 같이 방향성을 지닌 요소에서는 매치시키는 과정에서 방향을 맞게 잡아주어야 합니다. 아래 그림과 같이 매치시키는 과정에서 방향이 틀린 경우에는 화면에 나타나는 화살표를 클릭하여 방향성을 조절할 수 있습니다.

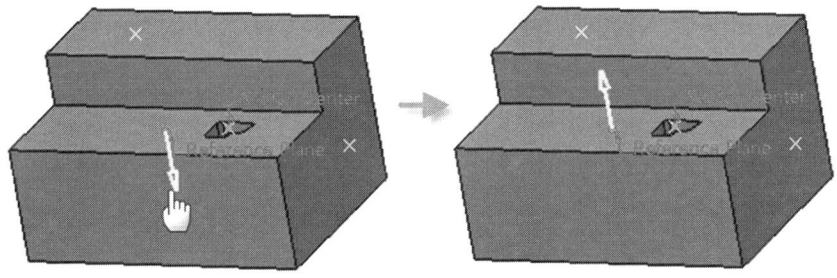

이제 미리 보기로 나타난 형상이 맞는다면 OK를 눌러 Insert Object를 종료합니다. 아래에서 확인할 수 있듯이 앞서 Power Copy에서 작업한 형상을 그대로 원하는 곳에 만들어줄 수 있는 것을 확인할 수 있습니다.

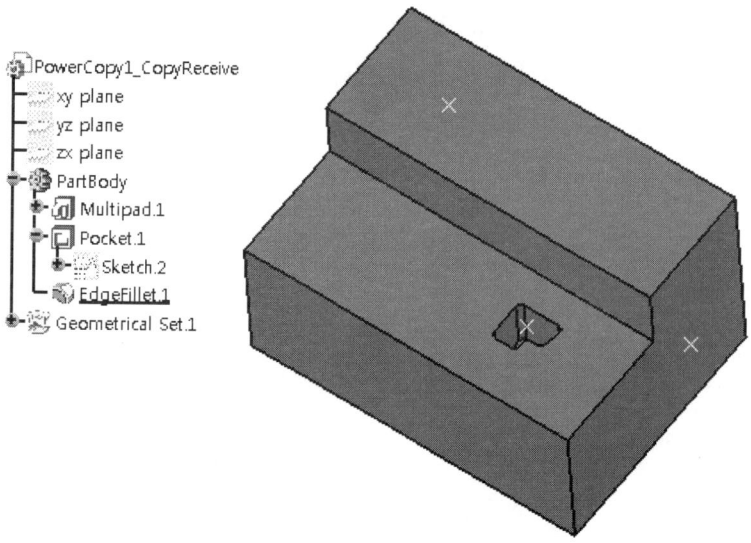

이제 다시 Power Copy를 사용하여 두 번째 지점에 UserPocket1을 불러오도록 하겠습니다. 앞서와 마찬가지 방법으로 Insert Object를 실행합니다. 그리고 이번에는 다음과 같이 매치시켜줍니다.

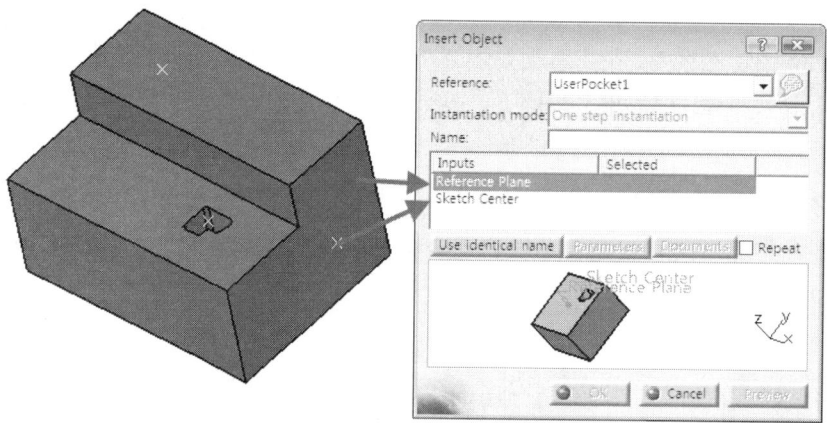

이렇게 매치를 시킨 뒤에 미리 보기를 해본 후 방향이 맞는다면 가운데 보이는 Parameters를 클릭합니다. 그럼 앞서 Power Copy를 만드는 과정에서 공개한 변수 값이 바로 노출되어 원하는 값을 손쉽게 변경해줄 수 있습니다.

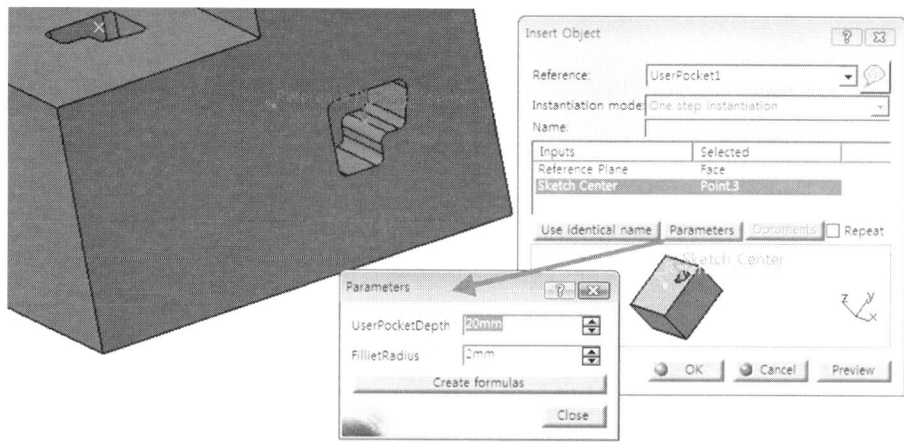

아래와 같이 변수 값을 변경해 주고 Close를 누릅니다.

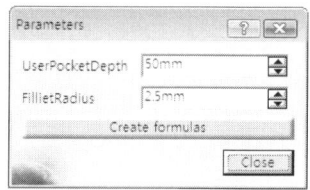

그럼 다음과 같이 복사한 형상이 변경된 상태로 나타나는 것을 확인할 수 있을 것입니다.

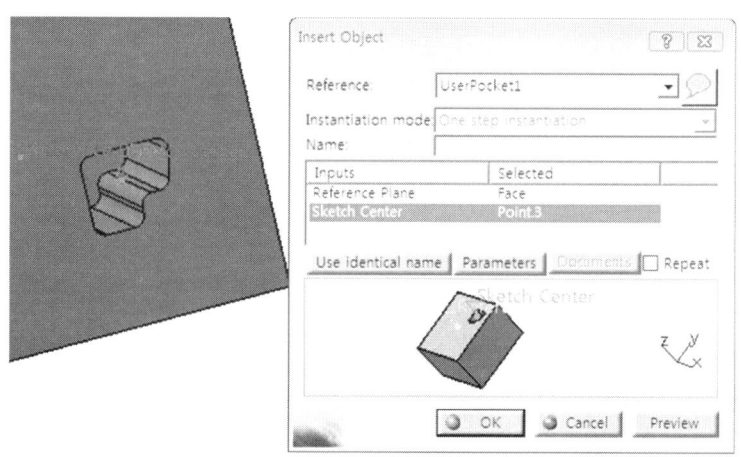

같은 방법을 사용하여 3번째 UserPocket1을 불러오면 다음과 같은 결과를 얻을 수 있습니다. 그림의 Spec Tree에서 볼 수 있듯이 Power Copy에서 결과 형상을 선택한 모든 요소가 Power Copy를 사용해 불러온 만큼 반복되어 만들어진 것을 확인할 수 있습니다.

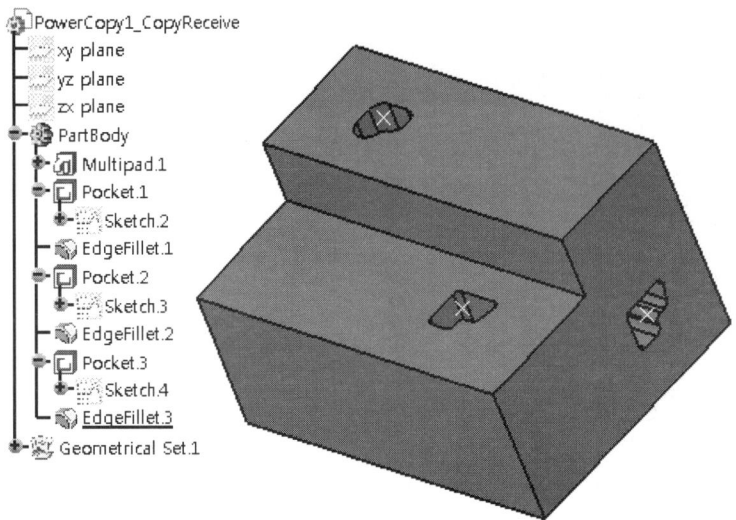

이와 같은 Power Copy를 작업하는 것은 반복적인 작업에 대해서 보다 손쉽고 능률적으로 작업하기 위한 것임을 잊지 않고 기억해 두기를 권장합니다. Power Copy는 작업에 따라 입력 조건과 변수들에 있어 상당한 차이가 있으므로 많은 연습을 통하여 경우에 맞는 작업 노하우를 익히기 바랍니다.

4. Power Copy Exercise

(1) Exercise 1

Power Copy를 연습하기 위한 처음 형상은 다음과 같습니다.

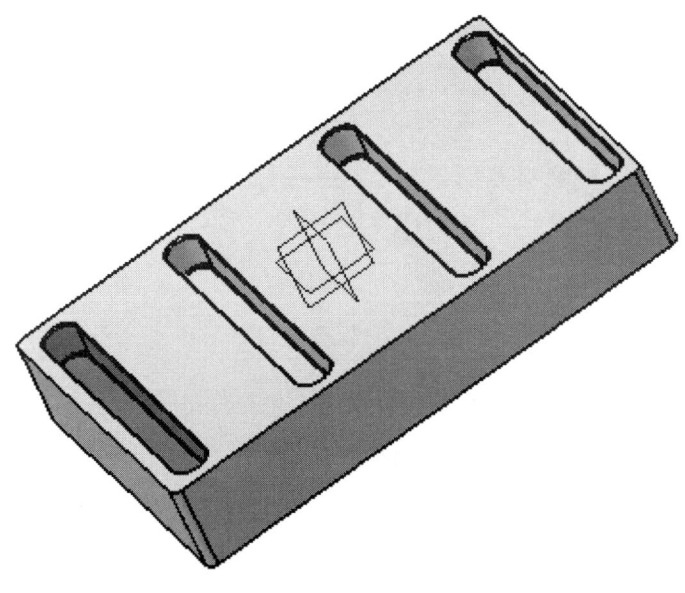

User Pattern을 이용한 형상을 Power Copy를 이용하여 새로운 Position으로 Pattern이 만들어지는 것을 연습해 볼 것입니다. 연습 과정은 앞에서와 마찬가지로 Power Copy를 만드는 과정과 Power Copy를 사용하는 과정으로 설명할 것입니다.

① Power Copy 만들기

> 사용 명령어 : Create a Power Copy

01. 다운로드한 파일에서 Power Copy Exercise 1 파일을 엽니다. 형상은 이미 다음과 같이 만들어져 있습니다. 육안으로 쉽게 Power Copy의 입력 요소가 무엇인지 파악하기 위해 Geometrical Set을 이용하여 분류를 해놓았습니다.

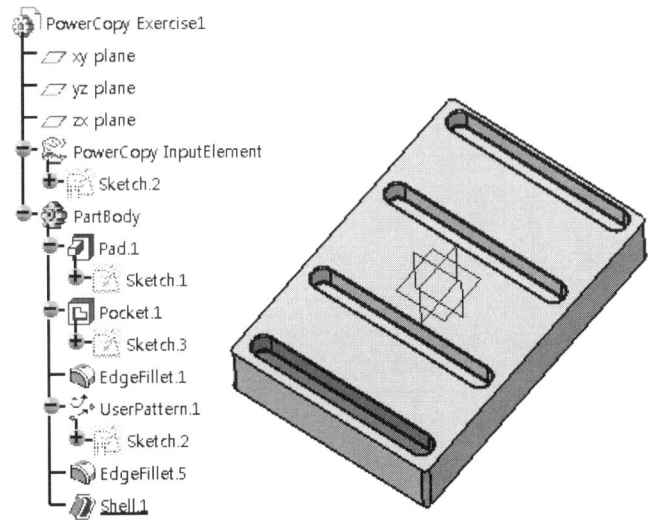

02. 다음으로 Power Copy 명령을 실행시킵니다. Part Design Workbench에서 Product Knowledge Template 툴바를 사용하거나 또는 풀다운 메뉴에서 Insert ⇨ Knowledge Template에서 Power Copy를 선택해줍니다.

03. 그림 다음과 같은 Power Copy 실행 창이 나타나는 것을 확인할 수 있습니다.

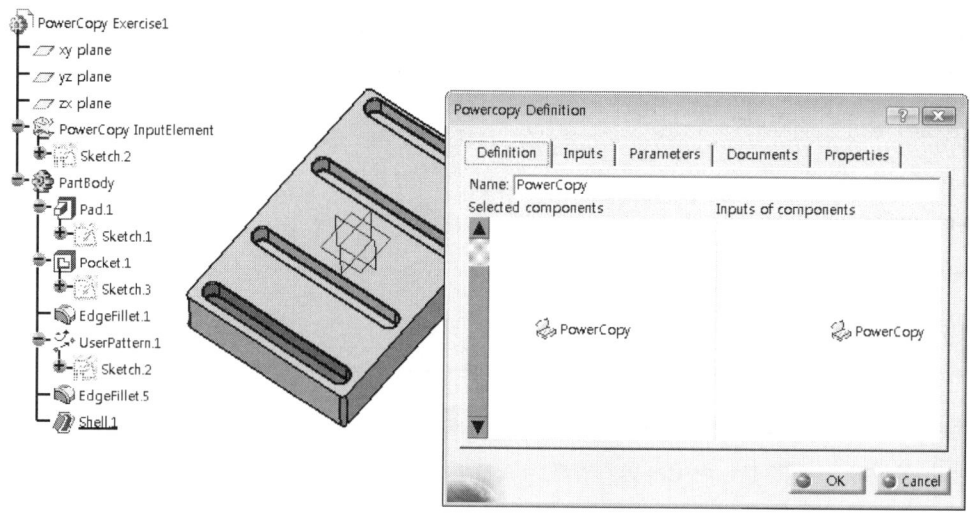

04. 여기서 PartBody를 클릭합니다. 그러면 PartBody에 포함되는 모든 형상이 Power Copy의 결과 형상으로 선택이 될 것입니다. 그리고 자동적으로 입력 요소로 XY 평면과 Sketch.2가 입력되는 것을 확인할 수 있을 것입니다.

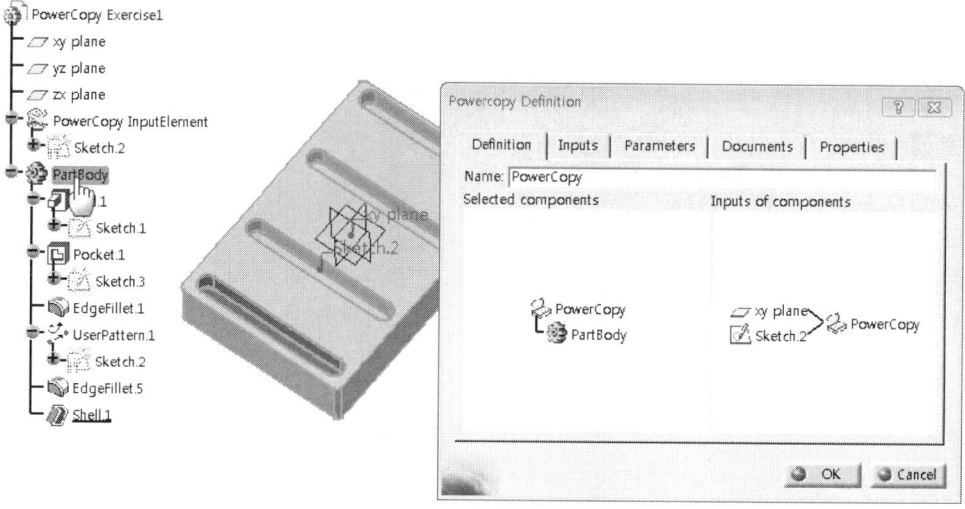

05. 여기서 OK를 클릭하면 Spec Tree에 다음과 같이 Power Copy가 생성되는 것을 확인할 수 있습니다.

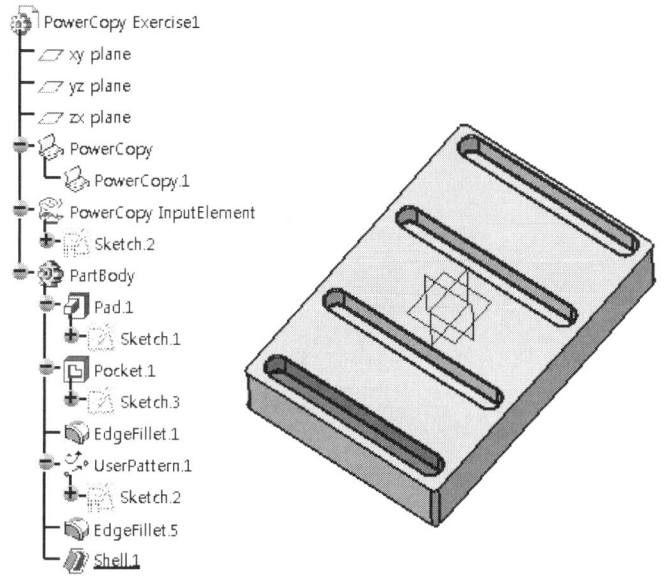

06. 현재 작업한 도큐먼트를 저장하고 종료합니다. 이렇게 하면 원본 도큐먼트를 이용한 간단한 Power Copy 형상이 만들어집니다.

> Power Copy 를 생성한 후에 작업한 도큐먼트를 반드시 닫아주어야 다음 형상에서 Power Copy를 통하여 형상을 불러올 수 있습니다. 이는 원본 형상을 담고 있는 도큐먼트가 열려있을 경우 수정이 가해질 경우 복사해 오는 형상에 문제가 발생할 수 있기 때문입니다.

② Power Copy 사용하기

> 사용 명령어 : Instantiate From Document

01. 다운로드한 파일에서 Power Copy Exercise 1 CopyReceive 파일을 불러옵니다.

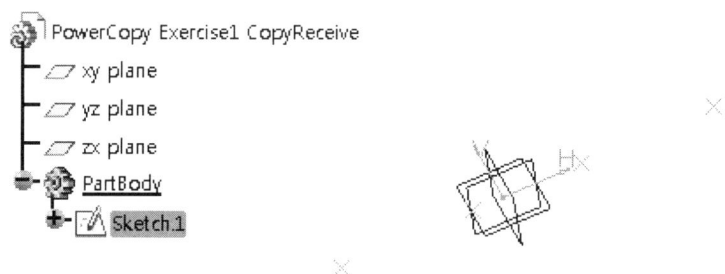

02. 여기에는 하나의 스케치를 확인할 수 있습니다. 스케치를 들어가 보면 XY 평면에 다음과 같은 포인트들만이 있는 것을 확인할 수 있습니다.

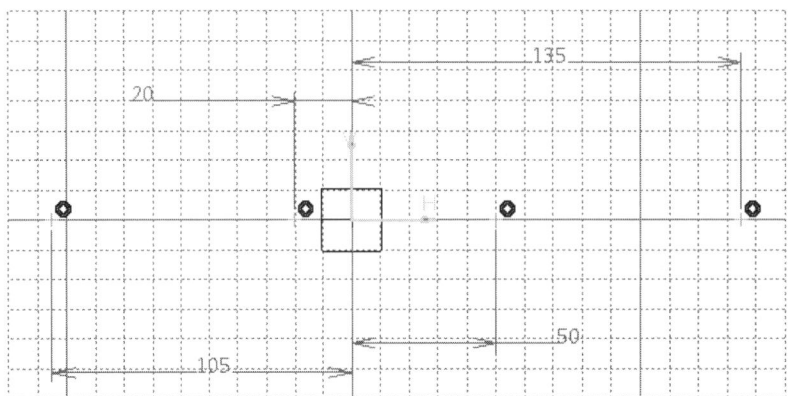

03. Instantiate From Document  명령을 실행합니다.

04. Insert Object 창이 뜨면 다음과 같이 XY 평면과 Sketch를 각각 매치시켜줍니다.

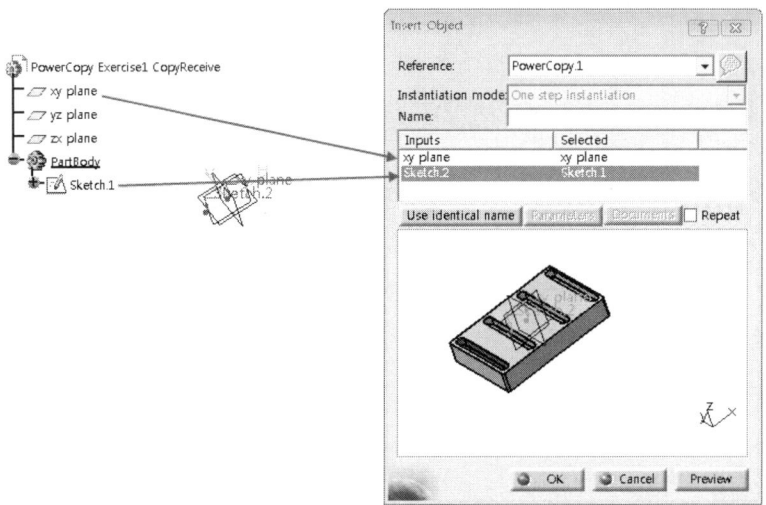

05. 그리고 미리 보기를 수행하면 앞서 Power Copy에서 결과 형상으로 입력한 형상이 나타나는 것을 확인할 수 있을 것입니다.

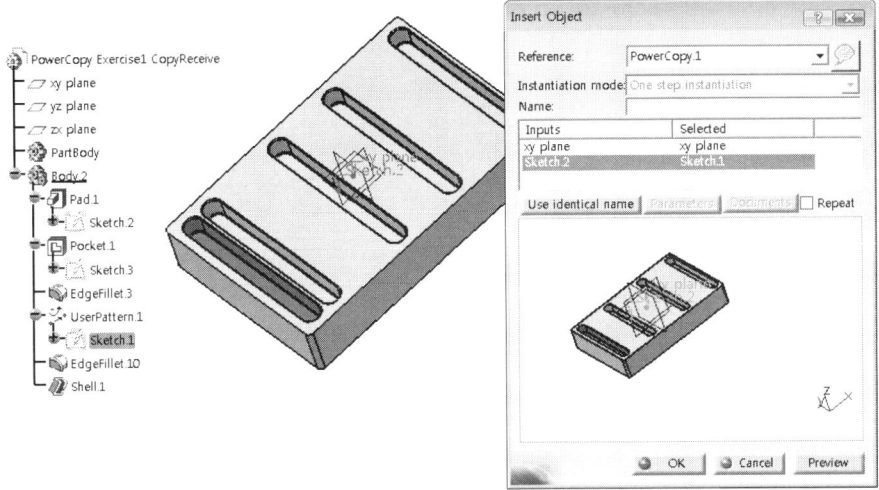

추가 팁으로 Power Copy로 형상을 복사해 올 때 결과 형상으로 하나의 Body 전체를 선택하게 되면 위에 보이는 것과 같이 기존의 PartBody에 형상이 불러와지는 것이 아니라 새로운 Body가 들어오게 됩니다. 따라서 만약에 불필요한 Body를 제거하고자 한다면 다음과 같이 Contextual menu에서 Object에 있는 Change Part Body를 선택해줍니다.

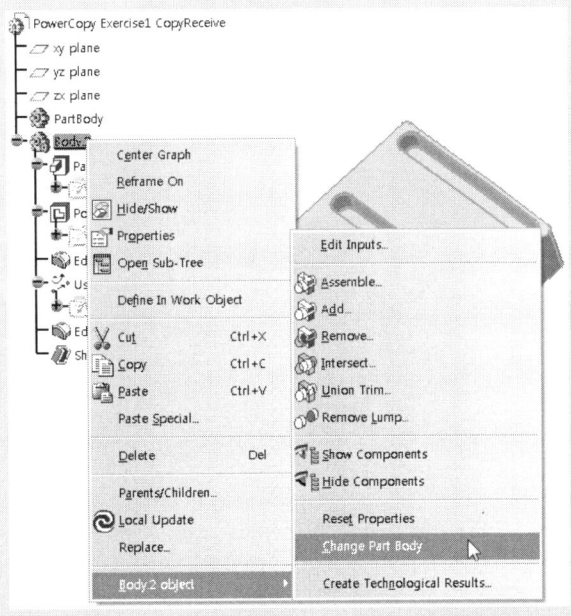

그럼 다음과 같은 메시지와 함께 Part Body가 변경되는 것을 확인할 수 있습니다.

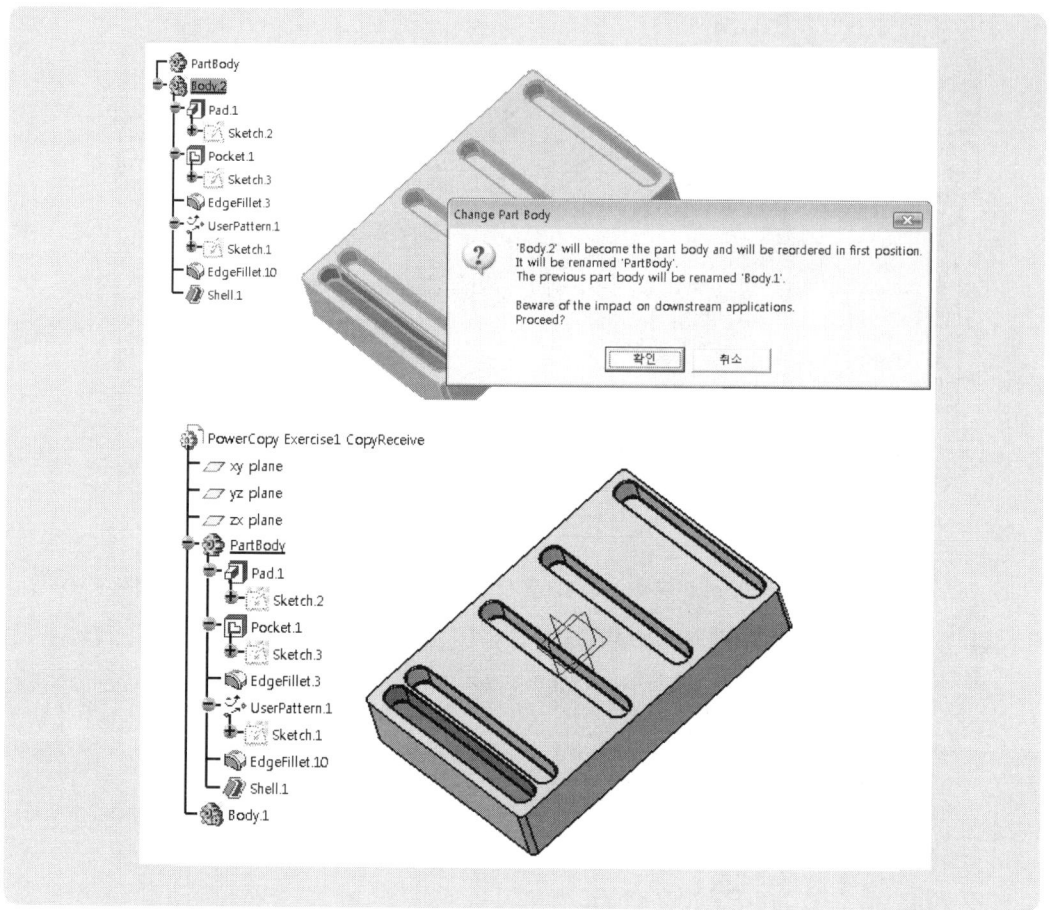

D.I.Y

위 예제에서 이번에는 Power Copy 입력 요소를 Pocket 형상의 스케치로 선택하고 위와 같은 과정을 작업해 보기 바랍니다.

(2) Exercise 2

Power Copy를 연습하기 위한 처음 형상은 다음과 같습니다.

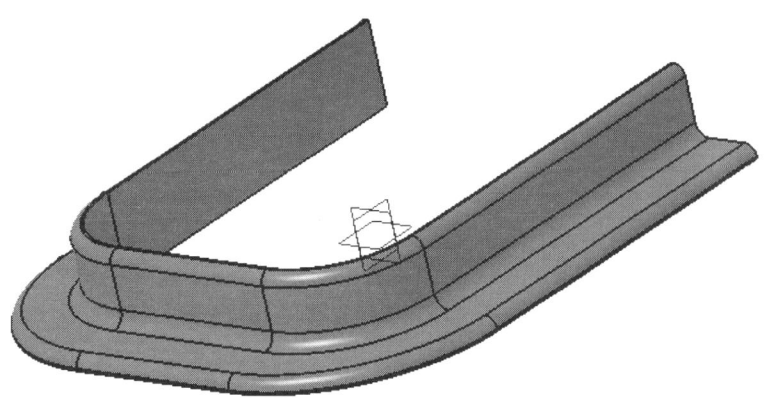

이 형상은 Lib 명령을 이용하여 만든 'L'자 빔 형상을 새로운 형상으로 옮기는 것을 연습할 것입니다. 연습 과정은 앞에서와 마찬가지로 Power Copy를 만드는 과정과 Power Copy를 사용하는 과정으로 설명할 것입니다.

① Power Copy 만들기

> 사용 명령어 : Create a Power Copy

01. 다운로드한 파일에서 Power Copy Exercise 2를 불러옵니다. 그럼 다음과 같은 형상을 확인할 수 있을 것입니다. 여기서 Lib 형상을 만들 때 Profile control을 그림에 보이는 서피로 잡아 주었습니다.

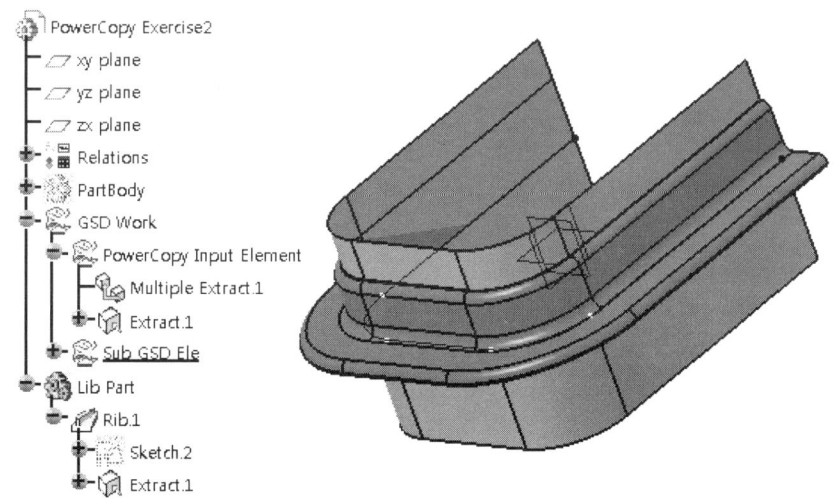

02. 이제 Power Copy ![icon] 를 실행시킵니다. 여기서 결과 형상에 Lib part라는 이름의 Body 전체를 선택합니다.

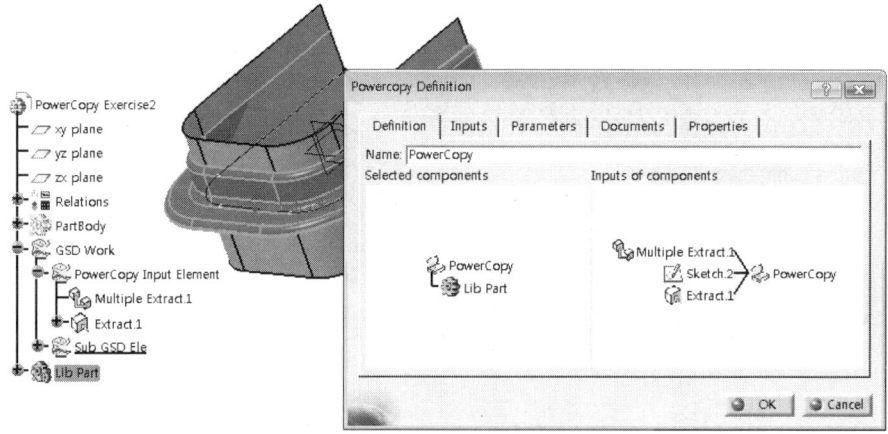

03. 그리고 입력 요소로는 다음과 같이 Lib 형상을 정의하는데 필요한 Center Curve 그리고 Reference Surface를 확인합니다. 여기서 'L'자 빔 형상의 단면 형상은 입력 요소에 추가할 것이 아니기 때문에 마우스를 클릭하여 제거해줍니다.

04. 빔 단면 스케치가 빠지는 대신에 다음과 같은 Vortex가 입력 요소로 들어옵니다. 이것은 빔 단면을 스케치할 때 사용하였던 Positioned Sketch에서의 Projection Point에 의한 것입니다. 따라서 이것을 제거해서는 Power Copy가 제대로 만들어지지 않을 것입니다. 대신에 Normal to Curve 타입으로 만들어준 평면은 클릭해서 제거해줍니다.

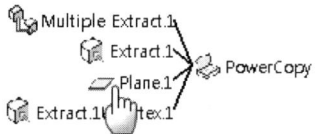

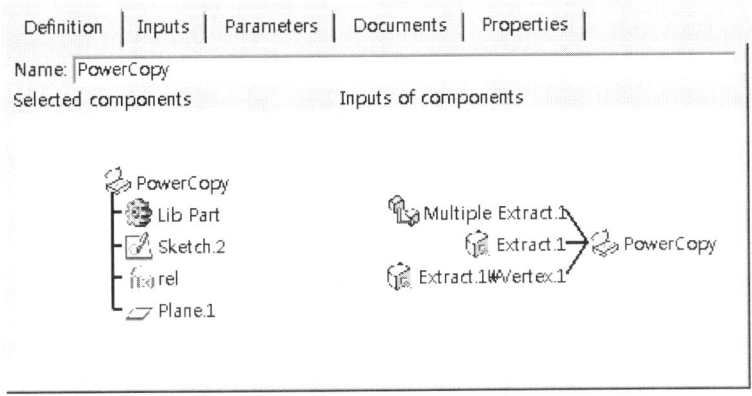

05. 이제 OK를 클릭하고 도큐먼트를 저장한 후 닫아줍니다.

② **Power Copy 사용하기**

> 사용 명령어 : Instantiate From Document

01. 다운로드한 파일에서 Power Copy Exercise2 CopyReceive 파일을 불러옵니다.

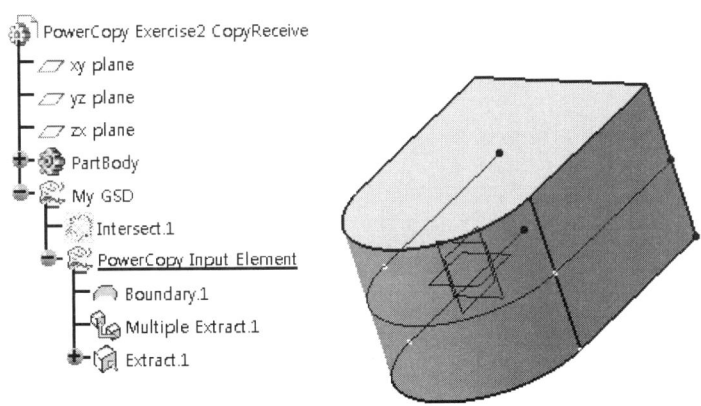

02. Instantiate From Document 명령을 실행합니다. Insert Object 창이 뜨면 다음과 같이 각 요소들을 매치시켜줍니다. 각 입력 요소들을 매치시켜 줄 때 방향이 나타는 요소들의 경우에는 이 방향 또한 맞춰 주어야 합니다.

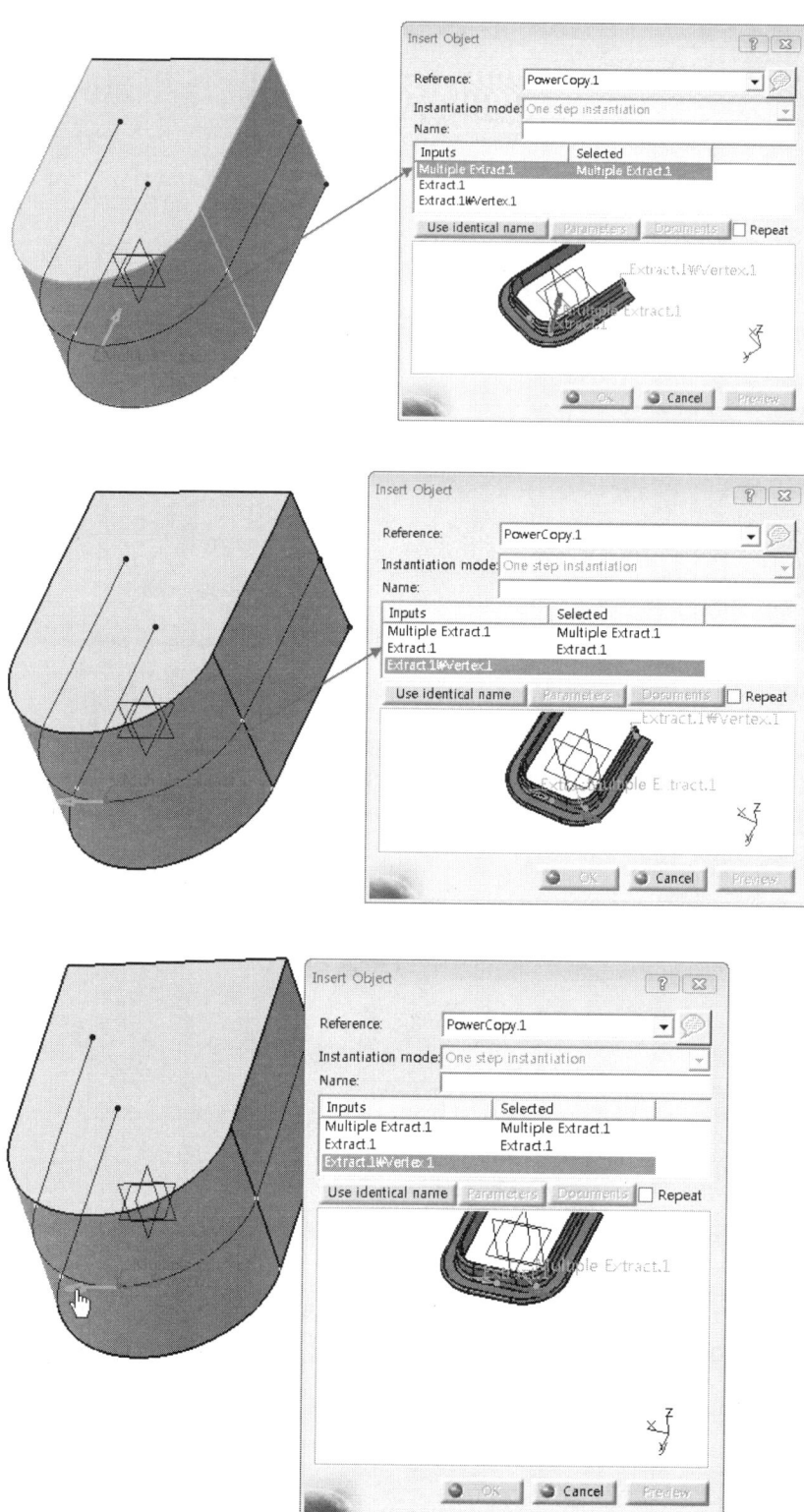

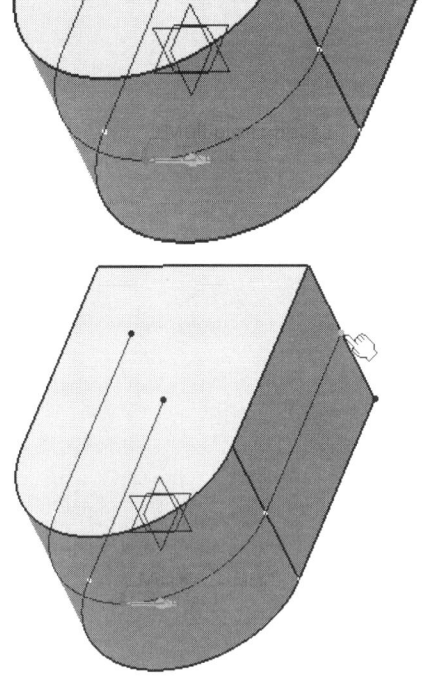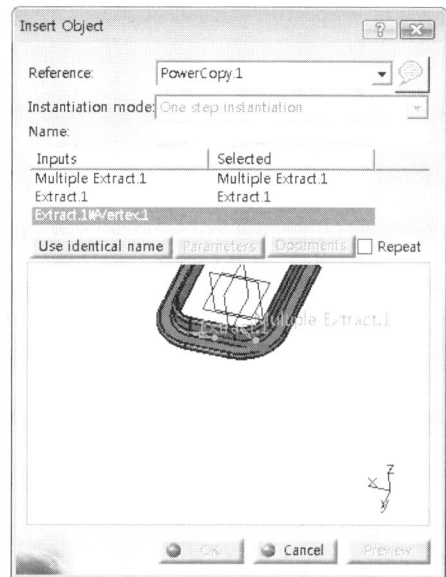

Power Copy로 형상을 복사하는 과정에서 방향성이 있는 형상을 복사하는 경우가 가장 까다롭고 복잡하게 작업을 해야 합니다.

03. 다음으로 Apply를 눌러서 형상이 맞게 복사 되었는지 확인합니다.

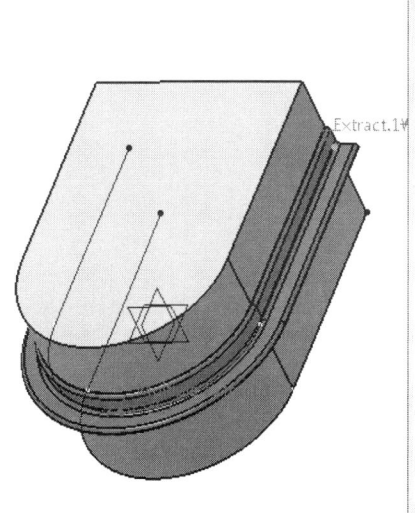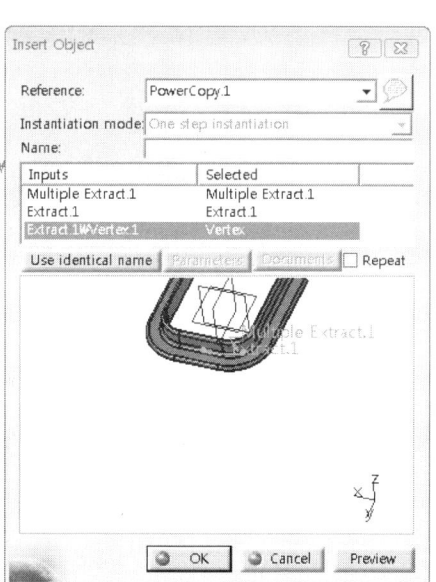

7. Power Copy **747**

04. 같은 방법을 사용하여 아래 Boundary로 커브를 만들어준 곳에도 Power Copy를 사용하여 형상을 만들어 봅니다.

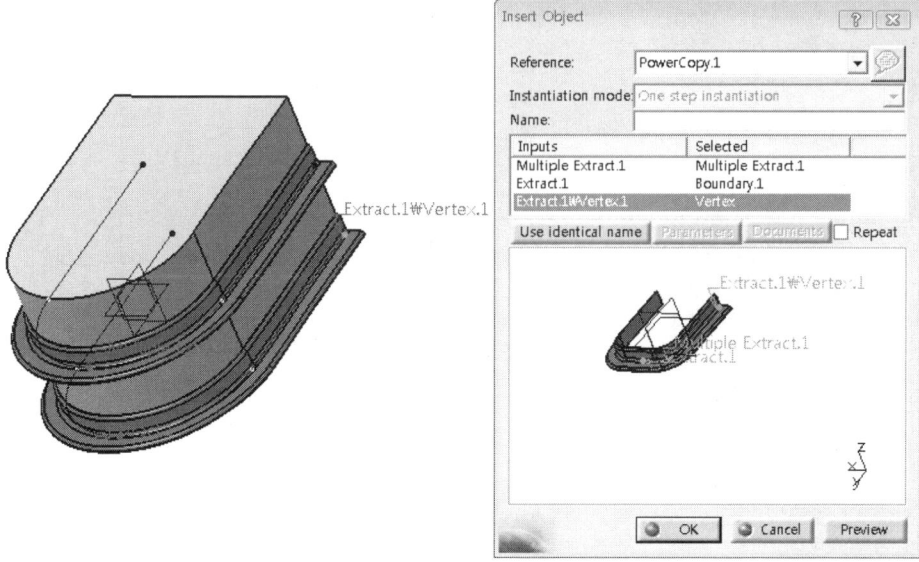

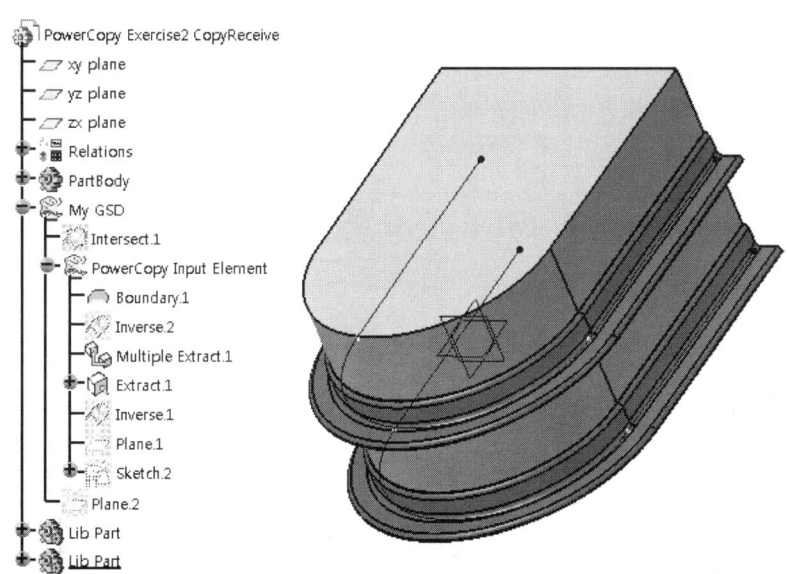

D.I.Y

위 예제의 형상을 이번에는 자신이 직접 만든 형상을 이용하여 빔 형상을 Power Copy로 불러와 보도록 하십시오.

5. User Features

이제 실제로 Power Copy를 배우기 위해 다음과 같은 간단한 형상을 예를 들도록 하겠습니다. 예제 파일은 부록 CD의 Power Copy 폴더에서 선택할 수 있습니다.

도큐먼트를 열게 되면 다음과 같은 3차원 형상을 확인할 수 있을 것입니다.

(1) User Feature 란?

User Feature는 Power Copy와 유사한 기능을 하는 고수준의 복사 기능입니다. 형상을 만들고 복사 형상과 입력 요소를 선택하는 작업이 모두 동일합니다. 그러나 User Feature를 사용하여 복사 형상을 만든 경우에는 복사된 형상에 대한 각 명령어들을 공개하지 않고 형상만을 복사해 올 수 있어 한결 간결한 작업이 가능합니다. 따라서 User Feature로 작업한 경우에는 마치 복사해 오는 형상이 하나의 명령을 실행한 결과로 보일 수 있습니다. User Feature에 나타나는 형상에는 입력 요소와 공개된 Parameter만이 나타납니다.

Power Copy와 같이 User Feature를 만들면서 복사하는 형상의 이름을 형상의 모습이나 용도에 맞게 변경해 주면 현재 작업 외에 나중에 다시 이러한 고급 복사 기능을 사용할 때 유용하게 사용할 수 있습니다.

User Feature의 Outputs 탭에서는 입력 요소와 복사 형상의 관계에 의한 결과 형상 외에 작업자가 임의로 복사하고자 할 형상을 추가해 줄 수 있습니다. 따라서 작업의 과정이나 순서에 필요로 되는 요소 이외에 복사 기능을 사용하면서 함께 불러오고자 하는 형상이 있는 경우에 추가해 주면 됩니다. 참고로 여기서 나타나는 Main result는 절대 삭제가 불가능하다는 것을 명심하시기 바랍니다.

또한 Power Copy나 User Feature 모두에서 공통적으로 적용될 수 있는 중요한 사항은 하나의 Part 도큐먼트에서 여러 개의 Power Copy, User Feature 형상을 만들어줄 수 있습니다.

(2) Exercise

◑ User Feature Exercise

Power Copy와 비슷한 개념으로 사용하는 User Feature를 연습하기 위해 앞서 수행한 빔 형상의 복사를 User Feature를 사용하여 해보도록 할 것입니다. User Feature를 실행하여 입력 요소를 선택해 주는 과정은 위의 Power Exercise2와 완전히 동일하므로 생략하도록 하겠습니다.

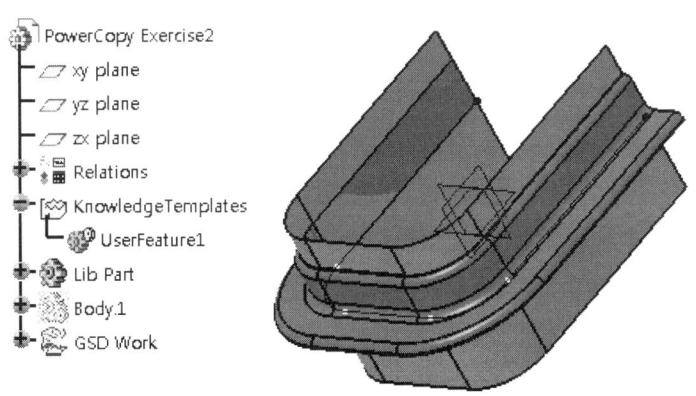

다만 결과 형상에서 Body를 선택할 수 없으므로 Lib 형상을 직접 선택해줍니다.

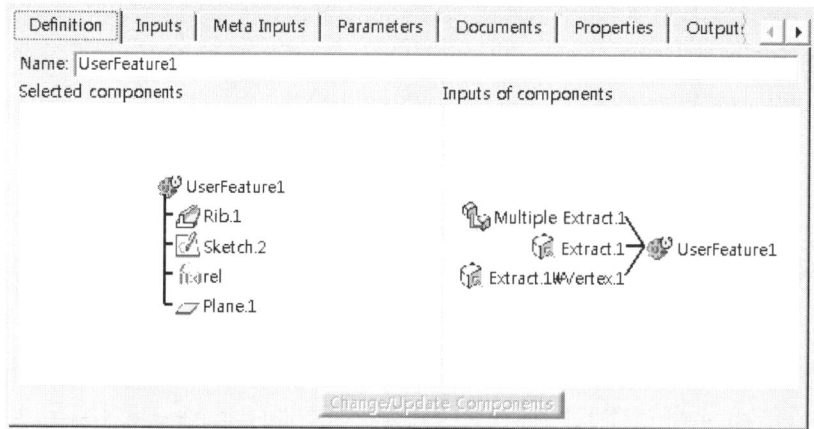

마찬가지로 모든 설정이 끝나면 도큐먼트를 저장합니다. 그리고 복사해오고자 하는 형상으로 Instantiate From Document 명령을 사용하여 불러온 뒤에 입력 요소를 매치시켜 주면 다음과 같은 결과를 얻을 수 있습니다.

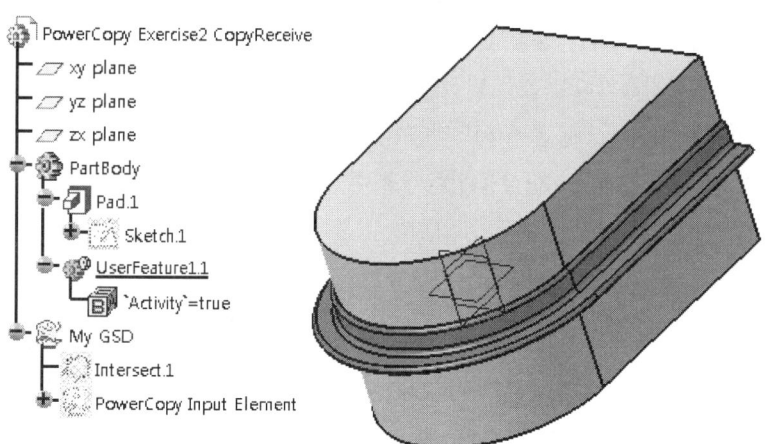

여기서 한 가지 특징적인 것은 복사로 불러온 형상의 내부 Tree가 보이지 않고 단순히 UserFeature로만 나타난다는 것입니다. 복사해 오는 형상의 Tree를 가지고 오지 않음으로 한결 정돈된 Spec Tree를 구성할 수 있습니다.

Part 08
Catalog Editor

8. Catalog Editor

1. Catalog란?

Catalog Editor는 CATIA의 사용자 정의 라이브러리를 만드는 워크벤치로 CATIA에서 가장 강력한 도큐먼트의 저장 및 분류(Storing & Classifying) 방식입니다. 즉, Catalog Editor란 각 타입에 따라 동일 형상의 서로 다른 치수 값들을 가지는 형상들을 라이브러리처럼 만들어 놓고 필요한 경우에 불러와 사용할 수 있게 하는 것입니다. 이와 같은 작업을 통하여 작업자는 자신이 작업하는 형상에 대해서 분류하고 세분화하여 제품 형상의 구성 요소들을 분류할 수 있습니다.

이러한 Catalog를 만들어 놓게 되면 동일 형상을 가지면서 치수만 다른 형상들을 매번 일일이 만들거나 또는 불러와서 수정하지 않고 하나의 Catalog 잡지에서 제품을 고르듯 원하는 치수들의 묶음을 가지는 일련의 타입을 선택해서 도큐먼트를 불러오기만 하면 됩니다. 따라서 Catalog는 동일 형상에 대해서 각 타입별로 치수가 이미 정해진 경우에 사용하는 것이 유용합니다. 이와 같은 Catalog의 이용은 동일 형상의 반복 사용 또는 간단한 치수 변경에 따른 형상의 Re-Design의 시간 낭비를 절약하여 보다 손쉽게 제품을 완성할 수 있습니다.

2. Catalog 만들기

Catalog Editor에서는 다음과 같은 작업 용어를 사용하므로 이를 알아두면 유용합니다.

- chapters : 하나의 Catalog를 구분하는 가장 큰 단위의 그룹입니다.
- families : Component들의 묶음으로 Chapter의 하위에 속합니다.
- part families : 이것은 오로지 Part 도큐먼트들의 Component 묶음으로 Design Table에 의한 각 Part 도큐먼트의 변수들을 목록화한 것을 저장합니다.
- components : 각 형상을 저장하고 있는 도큐먼트들을 말합니다.
- keywords : chapter와 Family를 구성하는 형상을 구성하는 각 주요 변수들을 뜻합니다.

Catalog를 구성하기 위해서는 원본 파일과 데이터 목록들이 들어있는 엑셀 파일(또는 메모장)이 구비되어 있어야 합니다. 따라서 기본적으로 MS Office나 메모장이 작업자의 컴퓨터에 설치되어 있는지를 확인해 두어야 합니다. (참고로 데이터 시트의 관리는 엑셀이 메모장보다 수월합니다.) 데이터가 든 엑셀 파일(또는 메모장)은 CATIA Knowledge 기술 중에 하나인 Design Table을 이용해서 만들 수 있습니다.

다음은 전반적인 Catalog 제작 과정입니다.

- CATIA 시작 메뉴에서 Infrastructure ➪ Catalog Editor를 선택합니다.
- Add Family 를 사용하여 선택한 Chapter에 묶음을 만듭니다.
- 만약에 현재의 Chapter가 아닌 새로운 Chapter를 구성하고자 할 경우 Add Chapter 를 이용하여 새로운 Chapter를 만들어줍니다.
- 만들어준 Family에 Component를 Add component 를 사용해 불러옵니다. 단품 형상으로부터 Component를 불러오고자 할 경우에는 Add part Family component 를 사용합니다.
- 불러온 형상에 이미 Design Table로 Keywords 가 구성이 되어있다면 따로 Keywords를 만들어 주지 않지만 그렇지 않은 경우에는 Keywords를 정의해줍니다.
- 작업하는 대상에 맞게 위와 같은 과정을 반복하여 하나의 제품 또는 한 작업군의 Component들을 목록화 합니다.

3. Catalog Exercise

(1) Catalog Exercise 1

Catalog Editor에서는 다음과 같은 작업 용어를 사용하므로 이를 알아두면 유용합니다.

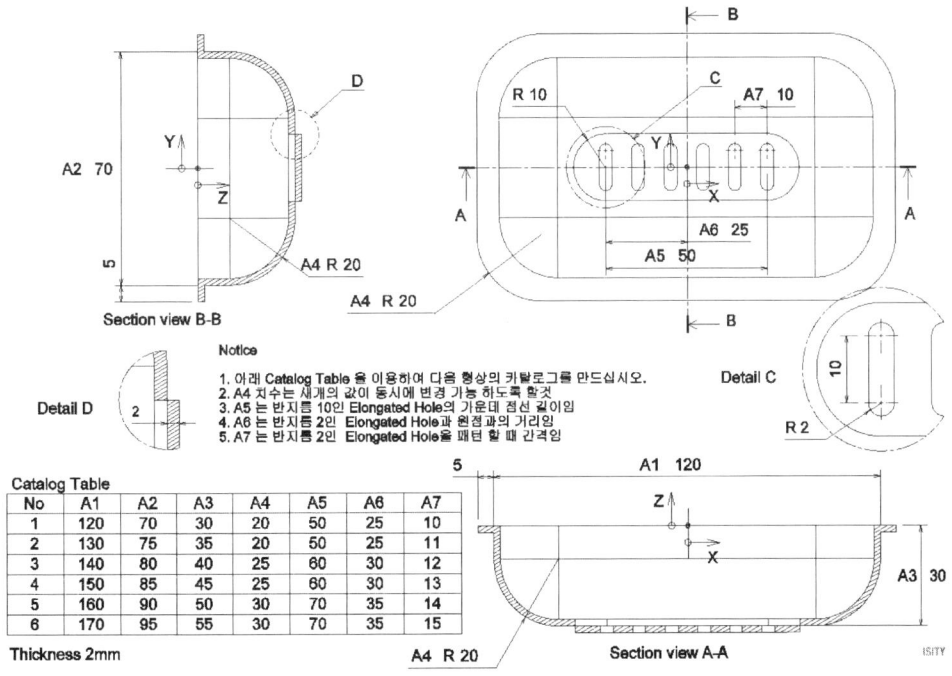

No	A1	A2	A3	A4	A5	A6	A7
1	120	70	30	20	50	25	10
2	130	75	35	20	50	25	11
3	140	80	40	25	60	30	12
4	150	85	45	25	60	30	13
5	160	90	50	30	70	35	14
6	170	95	55	30	70	35	15

Thickness 2mm

위와 같은 간단한 형상을 통해 Catalog의 개념을 잡아 보도록 할 것입니다. 도면에 보이는 형상에 일정 치수에는 A1, A2와 같이 표시가 되어 있을 것입니다. 이 각각의 표시는 도면의 좌측 하단에 있는 Table에 명시된 대로 각 번호에 따라 치수가 정해져있습니다. 따라서 이번 작업에서는 본 형상을 만듦과 동시에 Design Table을 활용한 형상 데이터 시트를 만들어야 합니다. 이러한 변수들을 잘 고려하여 모델링 방법을 생각해 보기 바랍니다.

01. 우선 XY 평면에 다음과 같이 스케치 합니다. Centered Rectangle을 이용하며 여기서 가로와 세로 치수는 각각 A1, A2 변수입니다.

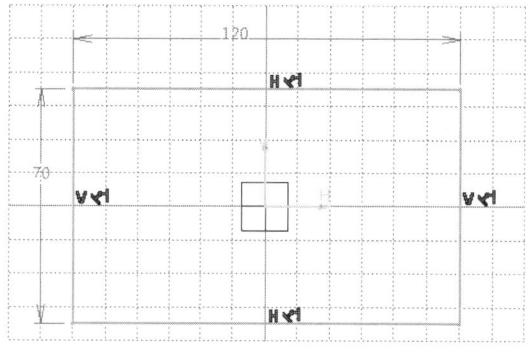

02. 그리고 Pad 해줍니다. 여기서 Length는 30mm로 하며 A3 변수로 입력될 것입니다.

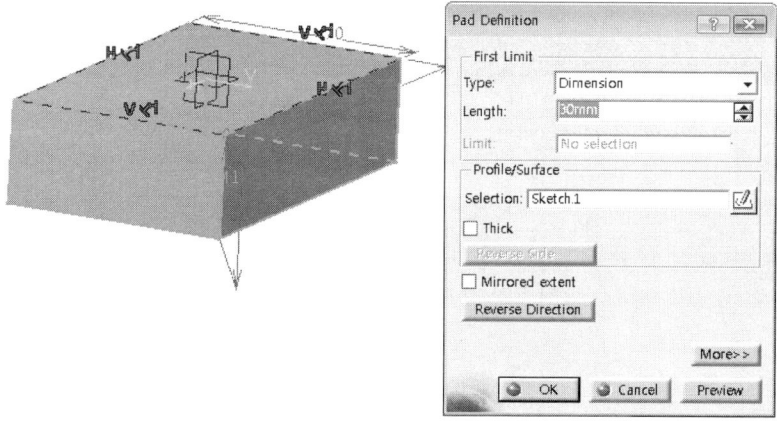

03. 다시 XY 평면에 스케치를 들어가 다음과 같이 Centered Rectangle로 사각형을 그려줍니다. 그런데 여기서의 치수 입력은 아래 보이는 바와 같이 앞서 그려서 만들어준 형상을 기준으로 일정 간격을 유지하도록 치수를 입력합니다. 이렇게 입력을 해주어야 나중에 Table에 의한 형상 치수가 변하더라도 다른 형상의 치수가 자동적으로 업데이트 될 수 있을 것입니다.

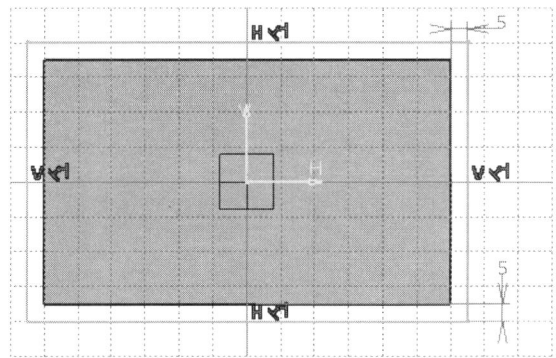

04. 마찬가지로 Pad를 해줍니다. Length를 2mm로 입력합니다.

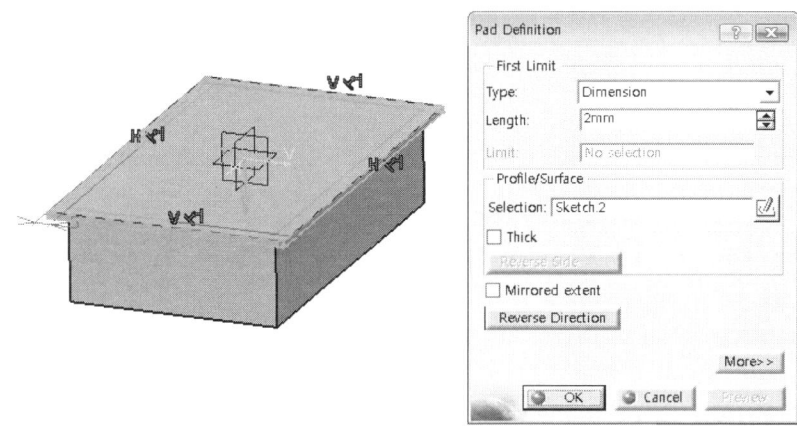

05. 다음으로 EdgeFillet을 사용하여 다음과 같이 선택한 부분을 동시에 라운드 처리해줍니다. 방금 동시에 선택한 부분들은 도면에서 확인할 수 있듯이 함께 치수가 변하는 부분이기 때문에 이렇게 작업 시에 묶어서 작업을 해주면 나중에 편리합니다. Fillet될 부분을 선택할 때 바닥 면과 8개의 각 모서리를 선택해줍니다. 여기서 곡률 값 20mm는 A5 변수가 됩니다.

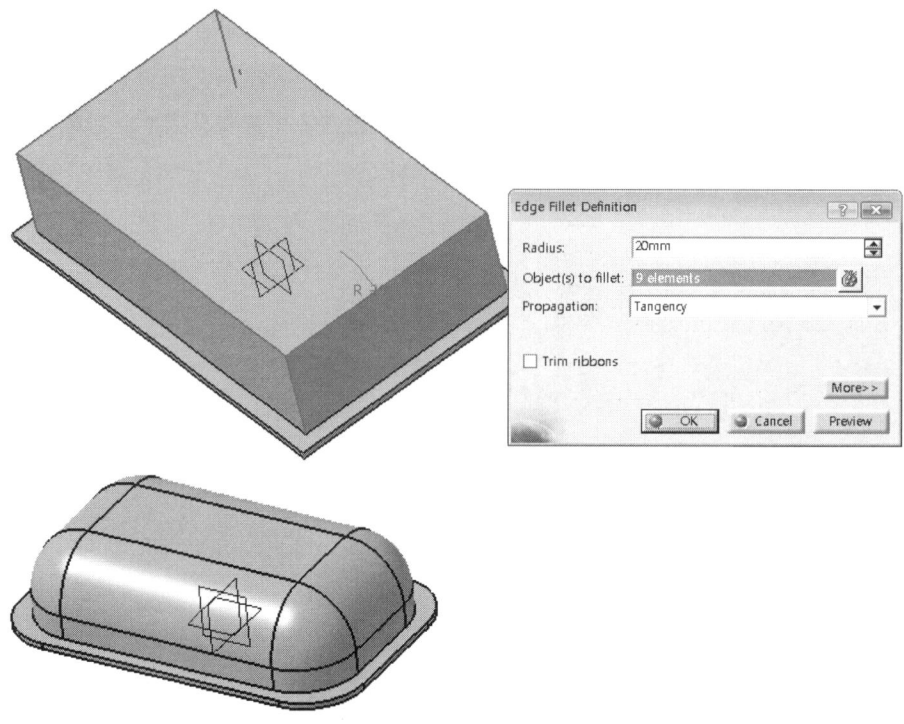

06. 다음으로 형상의 안쪽을 비우기 위해 Shell을 해줍니다. 두께는 2mm로 해줍니다.

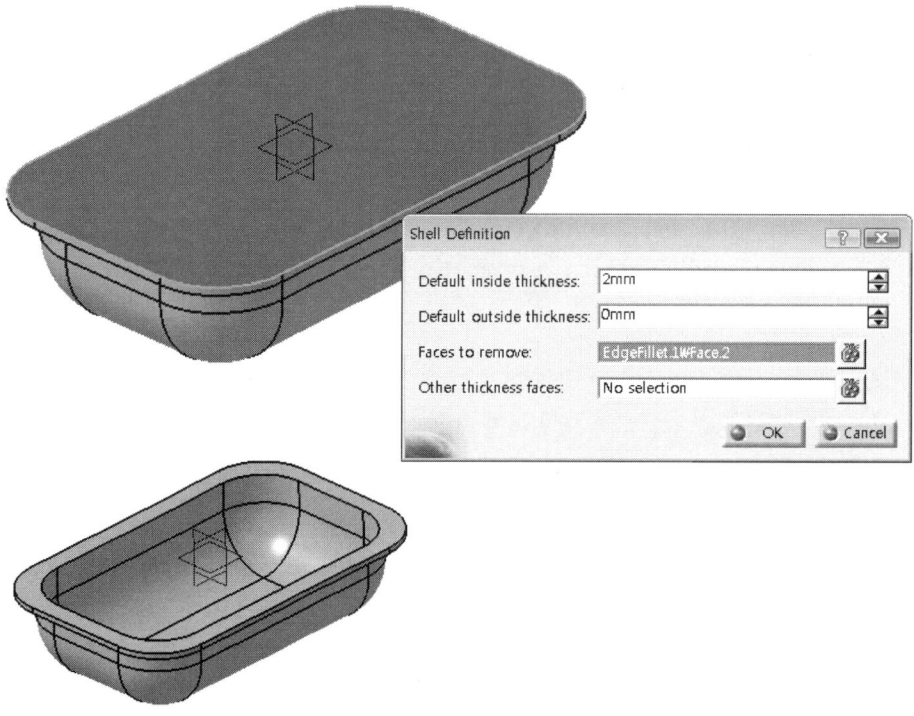

07. 형상의 바닥면을 선택하여 다음과 같이 Elongated Hole 형상을 그려줍니다. 여기서 두 중심 간의 거리가 A5 변수가 되며 형상을 그려줄 때 대칭 구속을 함께 주어야 형상이 완전히 구속됩니다.

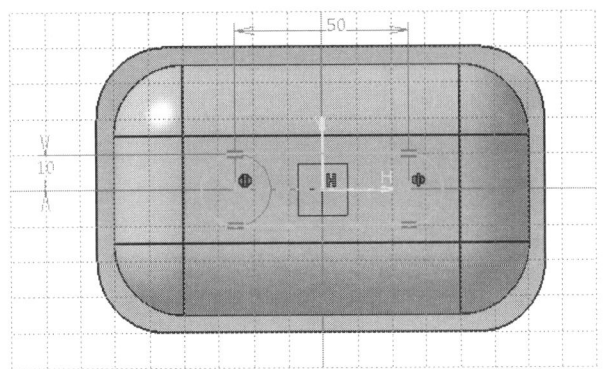

08. 위에서 이 형상을 기준으로 2mm로 Pad 해줍니다.

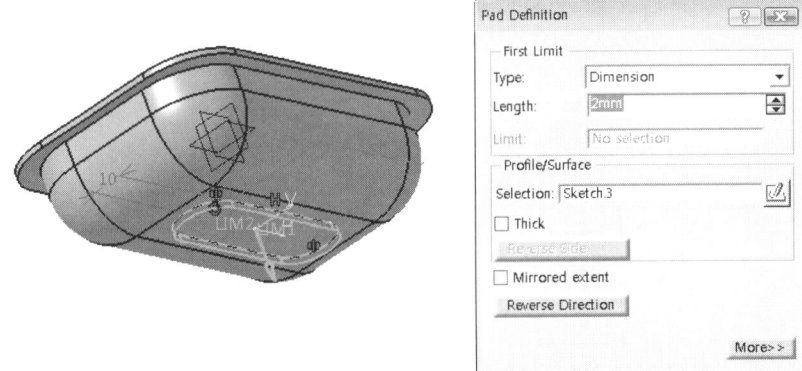

09. 그리고 다시 위에서 Pad해 준 Elongated Hole 형상의 스케치를 다시 선택하여 이 스케치를 다음과 같이 Pocket에 사용합니다.

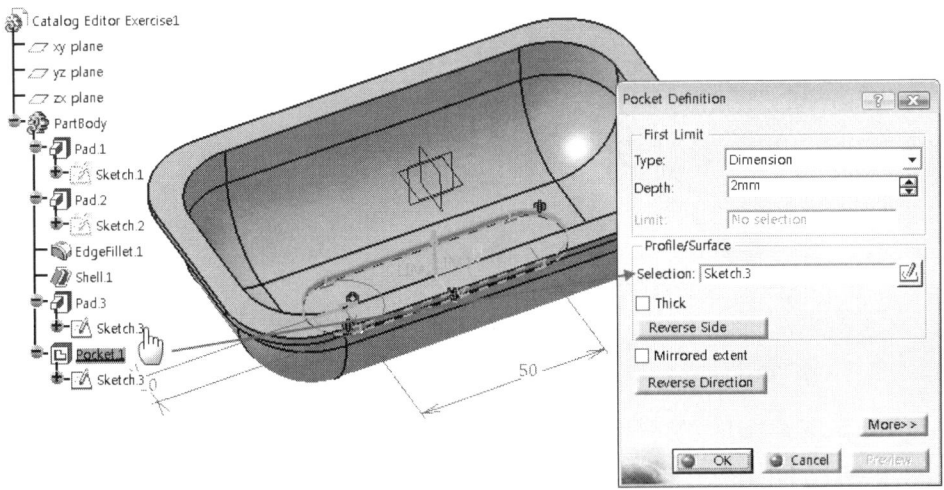

8. Catalog Editor **757**

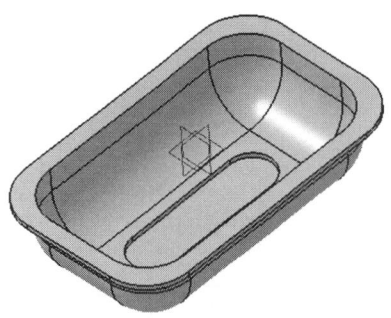

10. 다음으로 다시 형상의 바닥 면에 다음과 같은 Elongated Hole 형상을 그려주고 Pocket해 줍니다. 여기서 Table의 구속에 맞게 구속을 주어야 하는 점을 잊지 말기 바랍니다. 중심에서부터 이 형상까지의 거리가 A6 변수가 됩니다.

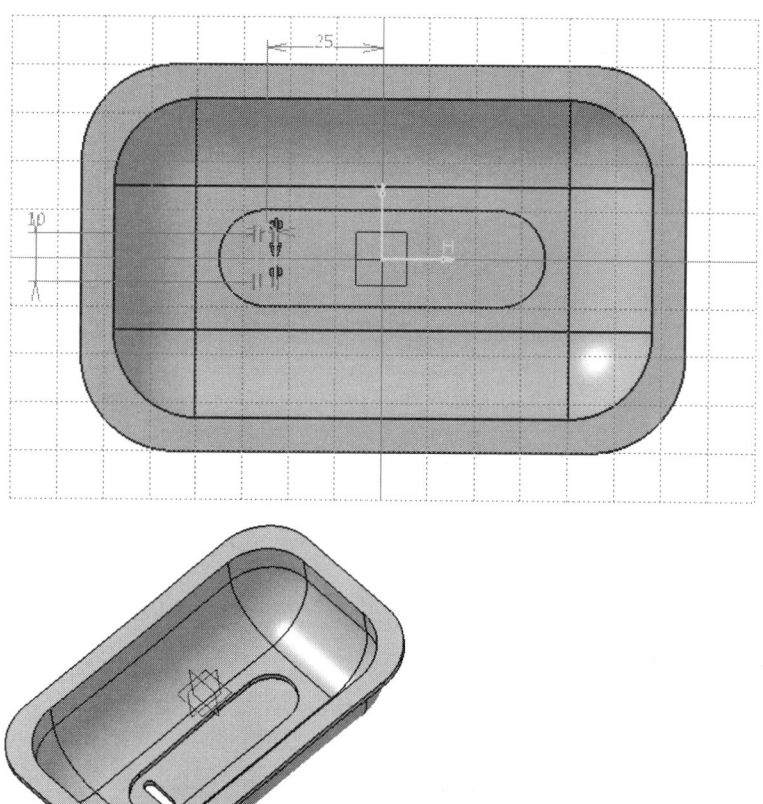

11. 다음으로 Rectangular Pattern을 이용하여 다음과 같이 형상을 완성합니다. 여기서 각 형상간의 거리가 마지막 변수인 A7이 될 것입니다. Instance는 6개를 입력하고 기준에는 XY 평면을 선택해줍니다.

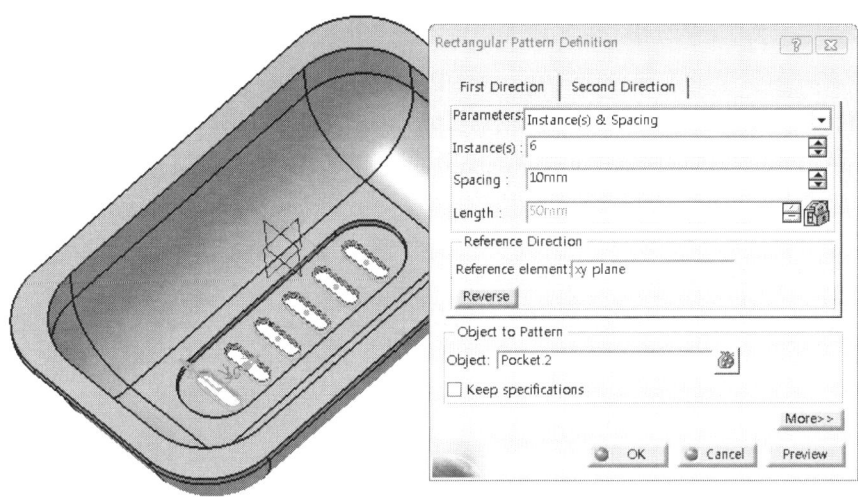

12. 이제 모델링이 모두 완료되었으므로 Design Table을 구성하도록 할 것입니다. Design Table ▦ 명령을 실행합니다. 그럼 다음과 같은 Creation of a Design Table 창이 나타날 것입니다.

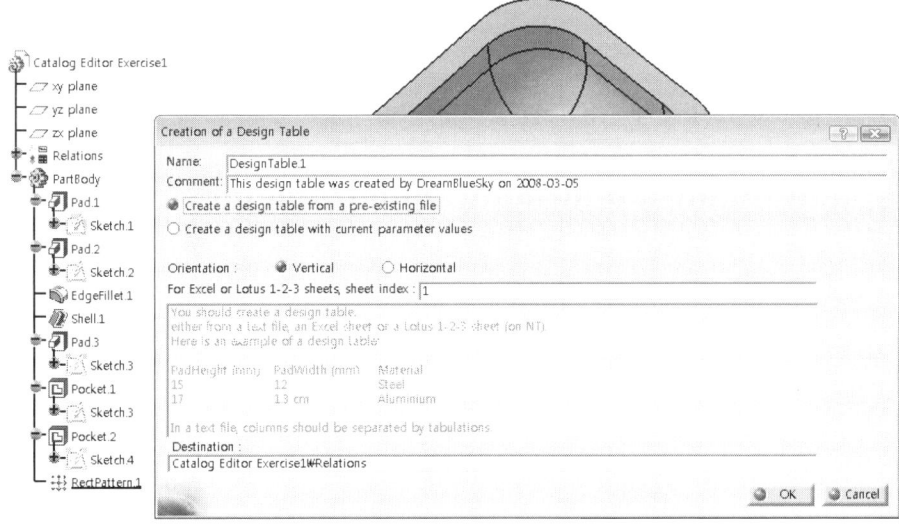

13. 여기서 Create a design table with current parameter value를 체크하고 OK를 누릅니다.

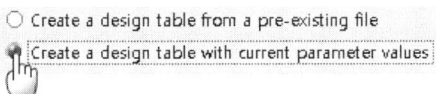

14. 그럼 다음과 같이 Design Table에 삽입할 변수를 선택하는 창이 나타납니다. 여기서 앞서 작업하면서 언급된 A1부터 A7까지의 변수를 왼쪽에서 찾아 오른쪽으로 ⇨ 를 이용하여 이동시켜줍니다. 변수를 일일이 선택하기 힘들 경우에 마우스를 사용하여 Spec Tree에서 형상을 선택하면 해당 변수가 노출 되므로 이렇게 노출된 변수를 선택해주어도 됩니다.

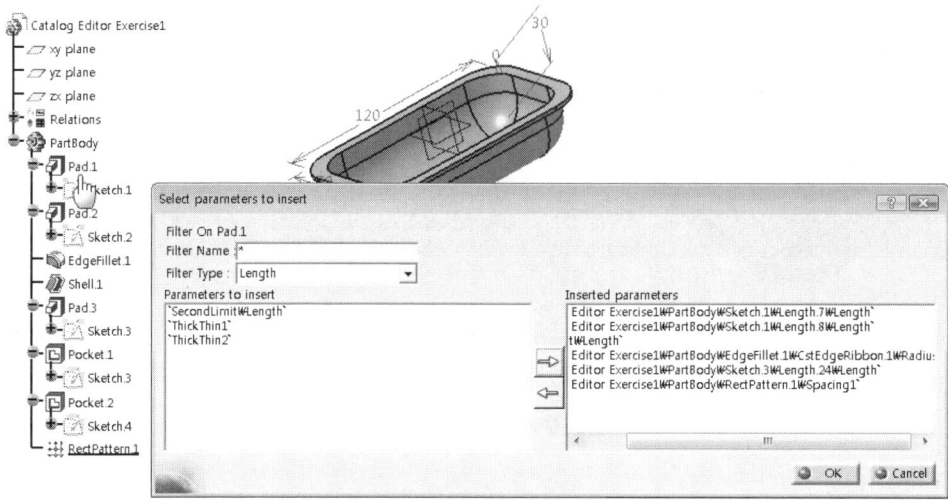

15. 다음과 같이 변수들이 선택되었는지 확인합니다. 순서도 아래와 같이 맞추어 주는게 좋습니다.

```
Inserted parameters
`Catalog Editor Exercise1\PartBody\Sketch.1\Length.7\Length`
`Catalog Editor Exercise1\PartBody\Sketch.1\Length.8\Length`
`FirstLimit\Length`
`Catalog Editor Exercise1\PartBody\EdgeFillet.1\CstEdgeRibbon.1\Radius`
`Catalog Editor Exercise1\PartBody\Sketch.3\Length.24\Length`
`Catalog Editor Exercise1\PartBody\RectPattern.1\Spacing1`
```

16. 이제 OK를 누르면 다음과 같이 Excel 파일을 저장하는 창이 나타납니다. 앞서 작업한 Design Table의 데이터가 저장되는 것이므로 주의 깊게 현재 작업한 도큐먼트가 있는 위치를 선택하여 저장해줍니다. 저장 파일명은 파트 도큐먼트에 맞게 적절히 변경해주는 게 좋습니다.

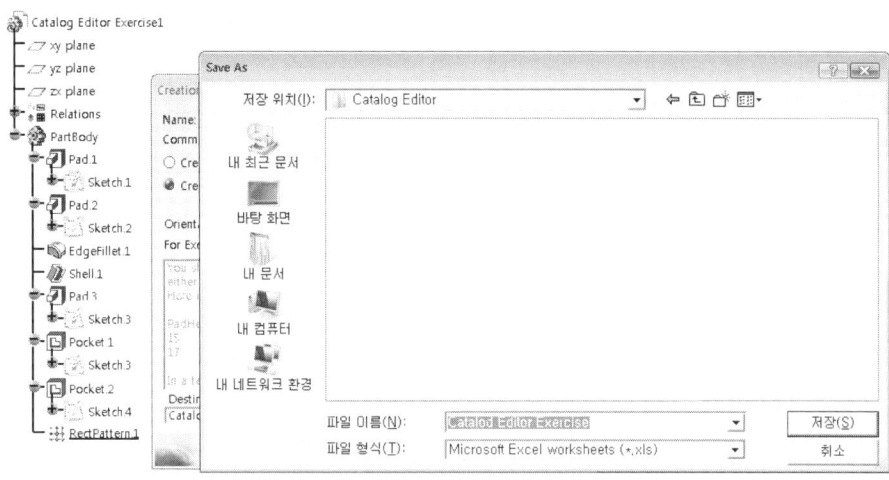

17. 저장을 누르면 잠시 후에 아래와 같이 앞서 입력한 변수가 입력된 창이 나타나는 것을 확인할 수 있을 것입니다.

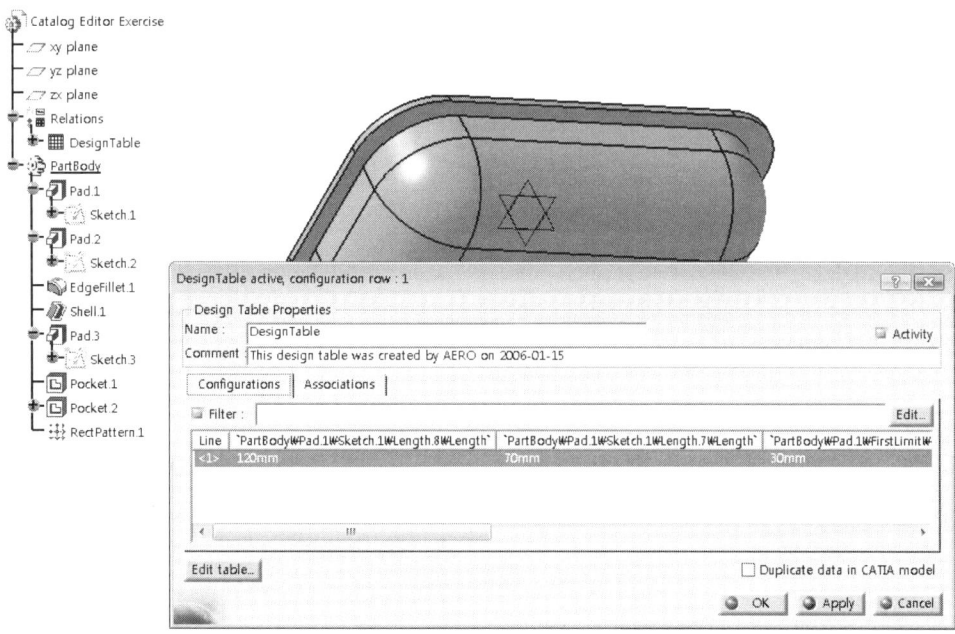

18. 여기서 좌측 하단의 Edit table 버튼을 클릭하면 다음과 같이 Excel 창이 열리는 것을 확인할 수 있을 것입니다.

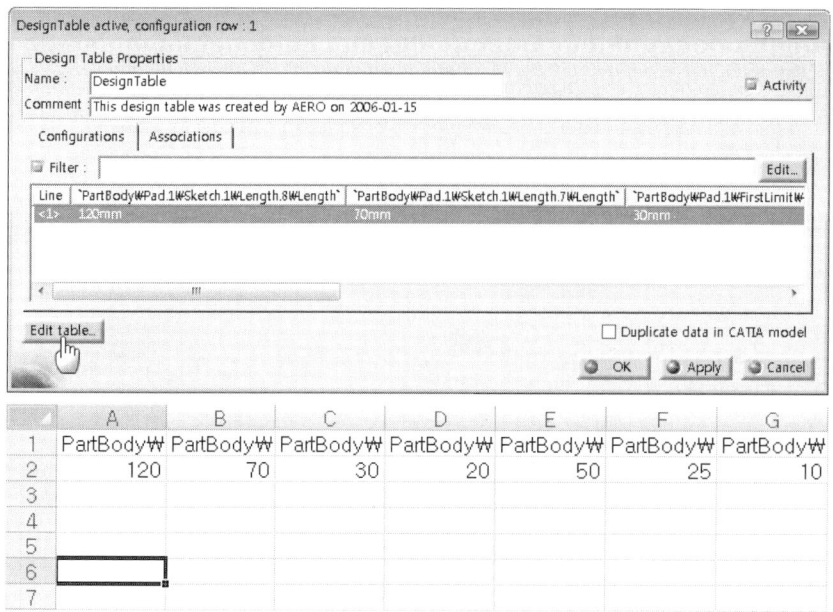

19. 이제 앞서 도면에 나온 모든 테이블 값을 Excel에 만들어줍니다. 각 테이블 값을 넣어줄 때 현재 시트의 끝에 다음과 같이 표시를 해주어야 하는 것을 잊지 말기 바랍니다.

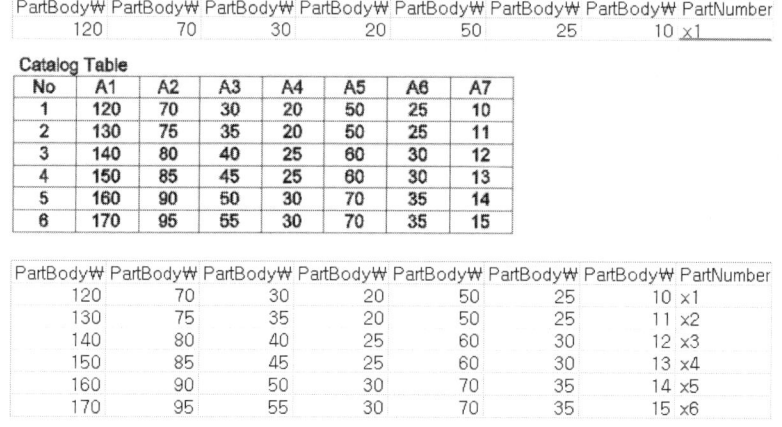

20. 그러고 나서 Excel 파일을 저장하고 닫으면 다음과 같이 Design Table 창에 각 변수들이 나타나는 것을 확인할 수 있을 것입니다.

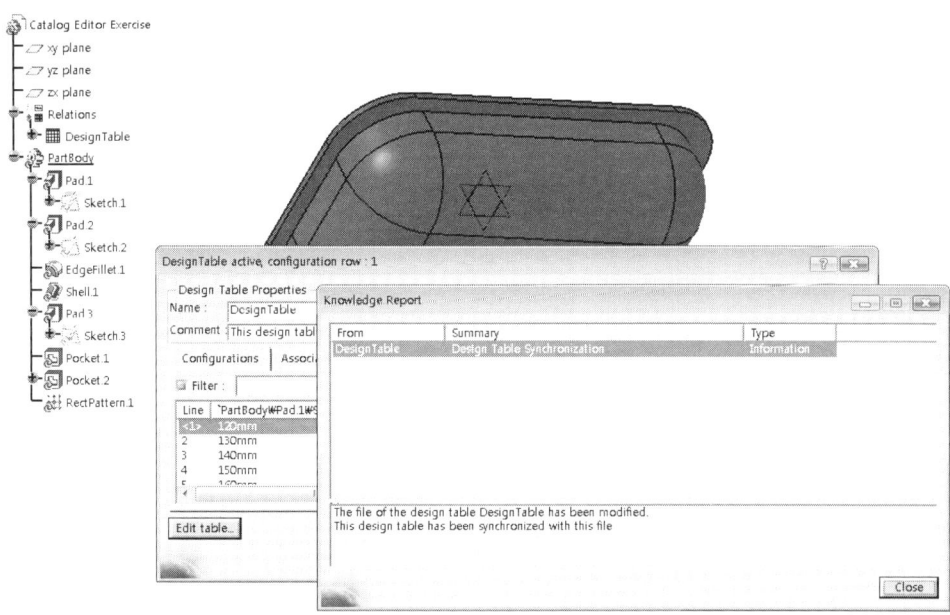

21. 이제 OK를 누르면 Design Table과 형상이 모두 완성됩니다. 다음 단계로 Catalog를 만들어보도록 하겠습니다. 앞서 작업한 모든 도큐먼트를 종료하고 다음과 같이 시작 메뉴에서 Infra Structure ⇨ Catalog Editor 에 들어갑니다. 그럼 다음과 같은 창이 나타날 것입니다.

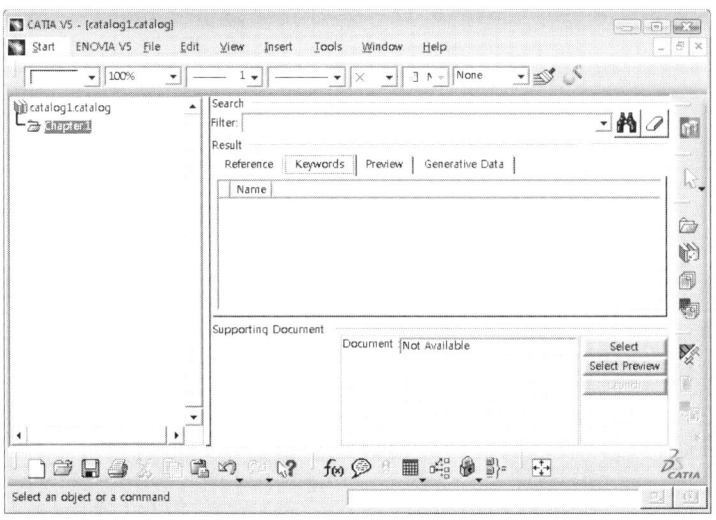

22. 현재 좌측 상단에 Chapter가 이미 있으므로 다음으로 이 Chapter 안에 Add Family 명령을 사용하여 새로운 그룹을 만들어줍니다. 새로운 Family의 이름은 작업에 맞게 변경해주어도 됩니다. 구분할 수 있는 쉬운 이름을 사용합니다.

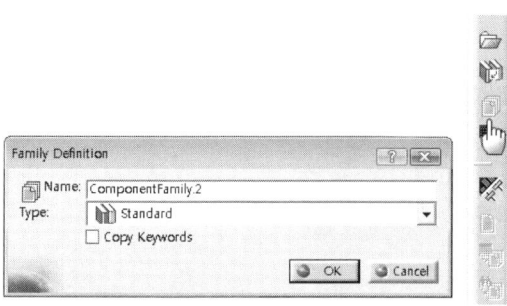

23. 그리고 이 Family를 더블 클릭하여 이번에는 Add Part Family Component 로 Component를 불러 옵니다. 그리고 여기서 Select Document 버튼을 클릭합니다.

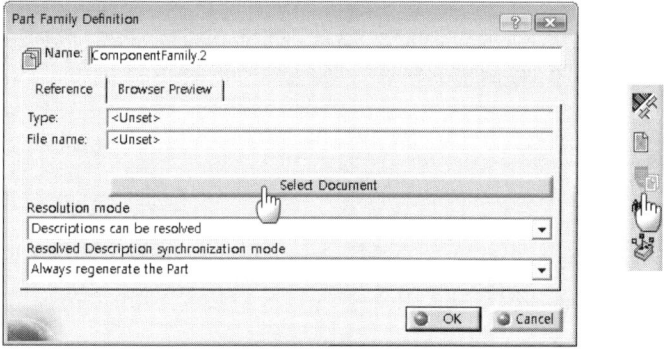

24. 그럼 다음과 같이 도큐먼트를 불러오는 창이 뜨는데 여기서는 Design Table이 들어간 Part 도큐먼트 를 선택해주는 것입니다. 앞서 만들어준 파일을 선택하고 열기를 누릅니다. 그럼 앞서 작업한 형상들 이 각 테이블 별로 나타나는 것을 확인할 수 있을 것입니다.(Preview 선택)

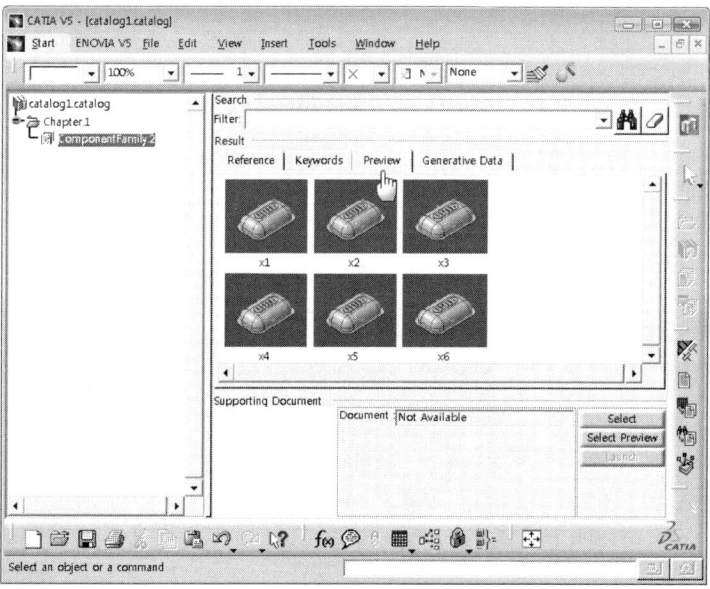

만약에 입력한 치수 값이 형상을 구성할 수 없는 조건이 된다면 화면에 나타나지 않을 것입니다. 이런 경우 Keywords에 가서 변수를 수정해줍니다.

25. 이제 이 Catalog 도큐먼트를 저장합니다. Catalog가 완성되고 이제 이 형상들을 불러오는 방법을 설명하도록 하겠습니다. Part 도큐먼트들을 불러올 수 있도록 새 Product를 실행합니다.(Assembly Design을 실행하면 됩니다.) 그리고 여기서 Catalog Browser 라는 아이콘을 찾습니다. 그리고 이것을 실행시키면 다음과 같은 창이 나타날 것입니다.

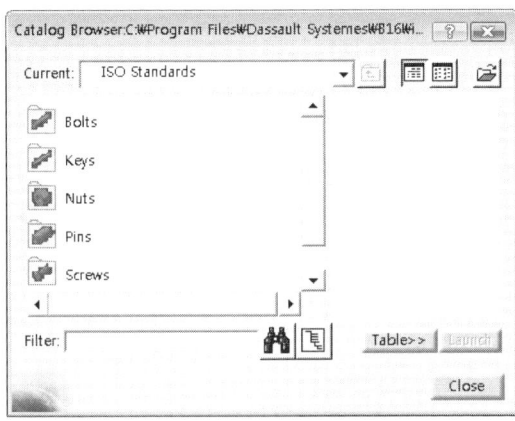

26. 현재 보이는 것들은 CATIA에서 기본적으로 가지고 있는 ISO 규격의 Catalog입니다. 기본적인 볼트나 너트, 핀과 같은 형상들을 만들어논 것입니다.(이것들을 사용하는데 제한은 없습니다.) 여기서 우측 상단의 열기 버튼(Browse another catalog)을 실행하면 다른 Catalog 파일을 찾아줄 수 있습니다. 여기서 앞서 만들어준 Catalog 파일을 선택해 엽니다. 그럼 다음과 같이 표시가 될 것입니다. 그럼 여기서 ComponentFamily2를 더블 클릭합니다.

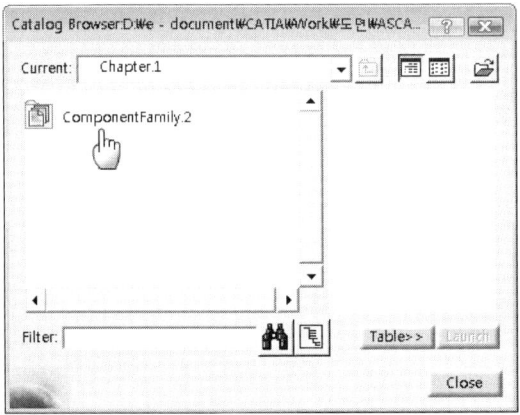

27. 이제 각 Component들을 확인할 수 있을 것입니다. 원하는 Type을 선택하여 더블 클릭해봅니다.

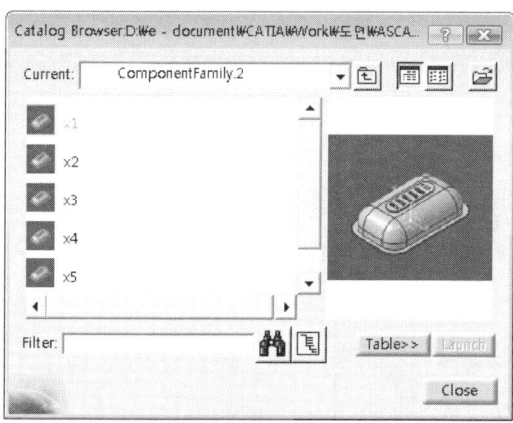

28. 그럼 아래와 같이 선택한 Component가 불러와지는 것을 확인할 수 있을 것입니다. 여기서 원하는 수만큼 각 Component들을 불러올 수 있으며 각 Type 별로 아무런 제한 없이 형상들을 불러와 작업에 이용할 수 있습니다.

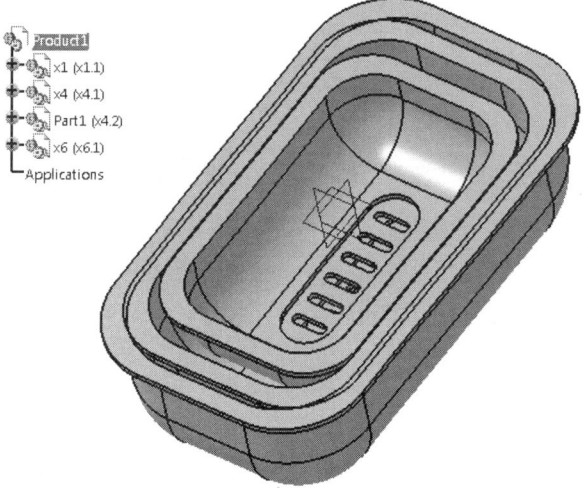

Part 09
Photo Studio

1. Materials
2. 사용자 정의 재질 만들기
3. Photo Studio
4. Rendering Exercise

9. Photo Studio

Photo Studio라는 Workbench는(Real Time Rendering Workbench도 동일) 완성된 Product에 이미지 작업을 해주는 곳으로 재질을 비롯한 형상 표면에 이미지 삽입 및 조명 효과 등을 이용하여 간단히 실사화된 Rendering 이미지를 만들어 낼 수 있습니다. 오늘날 시각적인 이미지를 중요시하기 때문에 완성품의 형상을 있는 그대로 보여주는 것 보다 이미지 작업을 거쳐 실물과 유사하게 Rendering을 한 사진을 내놓는다면 더욱 큰 효과를 거두게 될 것입니다.

1. Materials

CATIA에서는 형상에 대한 모델링 작업과 더불어 실제 형상에 대한 물성치를 부여할 수 있습니다. 이러한 물성치가 적용된 도큐먼트는 실제 형상이 가지는 무게를 가질 수 있으며 Rendering 작업이나 해석 작업과 같은 물성치를 이용한 작업에 활용할 수 있습니다.

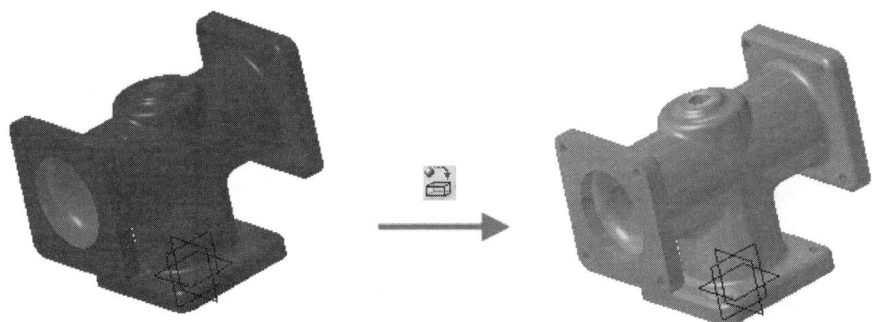

CATIA에서는 기본으로 구성된 몇 가지 재질이 있습니다. 따라서 작업자는 일반적인 작업의 경우 이 재질을 사용하여 도큐먼트에 재질을 입힐 수 있습니다. 도큐먼트에 재질을 입히기 위해서는 우선 현재 View mode를 Shade with materials 로 변경해줍니다.

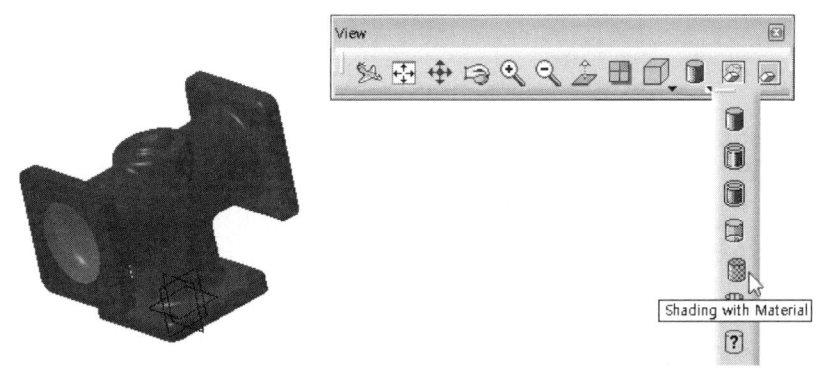

그 다음으로 Apply material 명령을 실행시킵니다. 그러면 다음과 같은 Material Library가 열리는 것을 확인할 수 있습니다. 재질들은 따로 Family로 나누어져 있으며 비슷한 속성을 가진 재질끼리 하나의 Family를 구성합니다.

이 Library 중에서 형상에 입히고자 하는 재질을 선택한 후에 형상의 면이나 Body를 선택해주고 Apply를 클릭해주면 선택한 재질이 형상에 입혀지는 것을 확인할 수 있습니다. 재질은 Part 도큐먼트에서는 Body 단위로 입력하는 것이 제일 좋습니다. 즉, 하나의 도큐먼트라 하더라도 Body가 다르면 서로 다른 재질을 입히는 것이 가능하다는 것입니다.

재질이 입혀지면 형상의 무게와 같은 물체가 가지는 물성치가 형상에 그대로 입력이 되며 디폴트 값이 아닌 마치 실물처럼 형상의 무게를 재고 무게 중심을 찾을 수 있습니다.

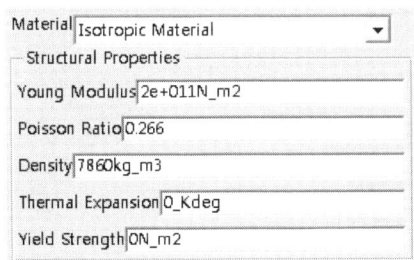

2. 사용자 정의 재질 만들기

그런데 여기서 주목할 것은 이 목록이 읽기전용으로 열린다는 것입니다.

Library (ReadOnly)

따라서 이 Material Library를 수정하고자 한다면 직접 이 파일을 찾아서 열어주어야 합니다. CATIA의 디폴트 Material Library의 파일 위치는 'C드라이브 ⇨ Program Files ⇨ Dassualt Systems ⇨ Bxx ⇨ win_b64 ⇨ startup ⇨ materials'에 가면 'Catalog'라는 이름의 CATIA Material 파일을 찾을 수 있을 것입니다.

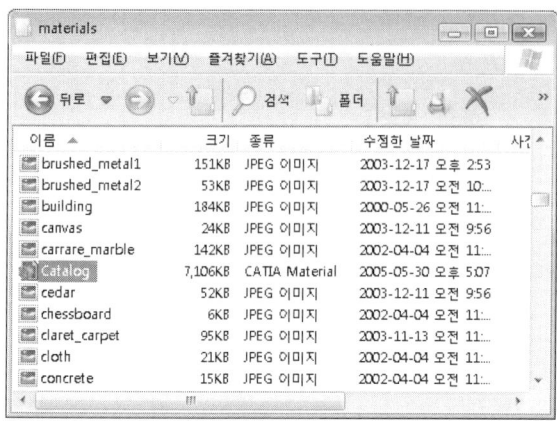

이 파일을 더블 클릭하여 열게 되면 더 이상 읽기 전용이 아닌 수정이 가능한 상태가 됩니다. 여기서 CATIA의 기본 재질 라이브러리에 추가로 재질을 만들거나 수정하는 작업이 가능합니다.

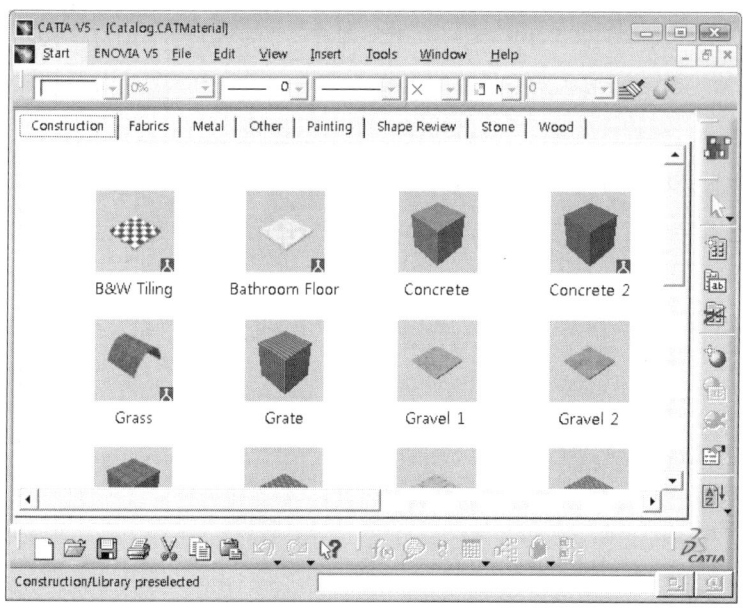

먼저 재질을 추가하기 위한 Family를 만들어주도록 하겠습니다. 재질의 새로운 그룹을 만들어주는 New Family 명령을 선택해줍니다.
그러면 다음과 같이 새로운 재질 그룹이 만들어지는 것을 확인할 수 있습니다.

다음으로 새로 만들어준 재질의 이름을 변경해 줍니다. Rename Family 를 선택하면 다음과 같이 그룹의 이름을 변경할 수 있는 창이 나타납니다. 여기에 원하는 이름을 입력해주면 됩니다.

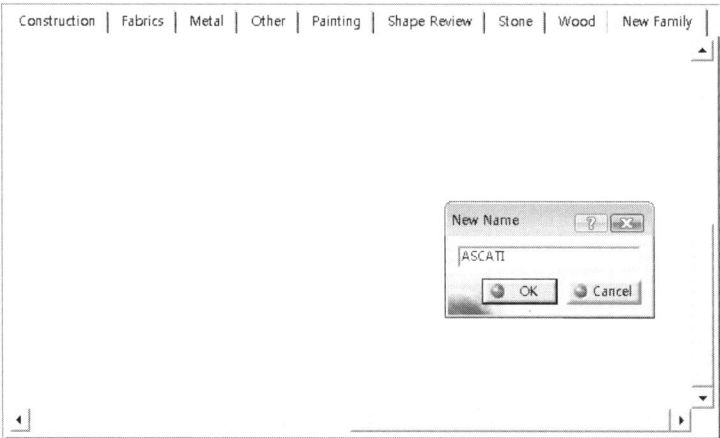

다음으로 여기에 새로운 재질을 추가해주도록 하겠습니다. New Material 을 실행하여 빈 재질을 하나 만듭니다.

이렇게 만든 재질에 원하는 물성치를 넣기 위해 빈 재질을 선택하고 Alt + Enter 키를 눌러 속성(Properties)에 들어갑니다. (또는 새로운 Material을 더블 클릭합니다.)

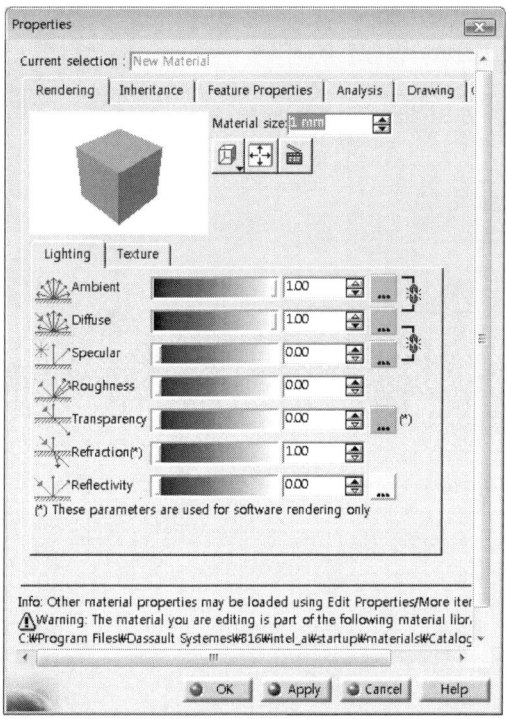

재질의 속성에 들어간 상태에서 원하는 정보를 넣어주도록 합니다. 재질의 이름은 물론 재질의 이미지 등을 입력해주도록 합니다. 질량 측정이나 해석 작업을 위해서라면 Analysis 탭에 있는 정보도 입력해 주도록 합니다.

◐ 재질 이미지

Rendering 탭에서는 형상의 이미지를 입히는 Mapping type을 변경해줄 수 있으며, 재질 이미지의 사이즈를 조절할 수 있습니다.

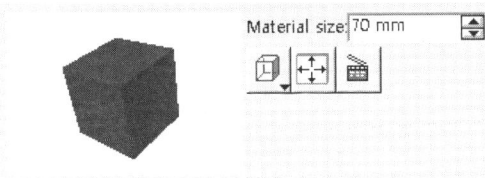

Texture에서는 Type을 Image로 변경한 후에 재질에 사용하고자 하는 이미지 파일을 엽니다. 이미지를 불러오면서 크기나 방향, 대칭성 등을 조절할 수 있습니다.

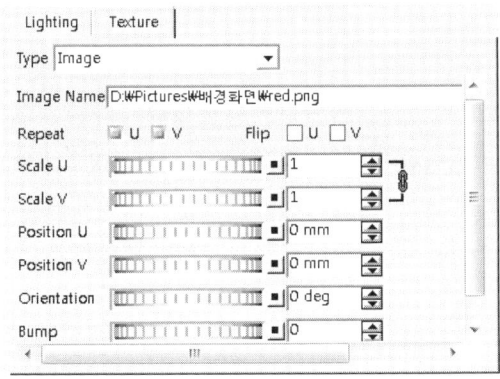

이미지를 입력한 재질은 다음과 같이 표시가 됩니다.

New Material

◐ 해석치

재질의 해석치 값은 다음과 같이 Analysis 탭에서 설정 가능합니다.

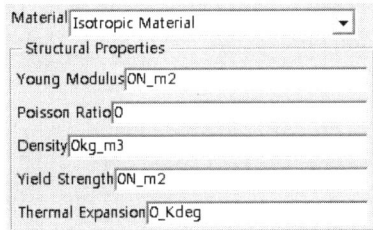

재질의 이름은 Rename Material 을 이용해서 변경도 가능합니다.

 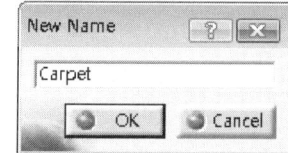

이렇게 재질을 만들어준 후에 이 Catalog 파일을 저장하고 닫은 뒤에 일반 Workbench에서 다시 Apply Material을 실행하면 앞서 새로이 만들어준 재질까지 나타나는 것을 확인할 수 있을 것입니다. 여기서 기억할 것은 이러한 CATIA 기본 파일의 설정을 변경하려면 관리자 모드에서 작업을 해야 하는 것을 잊지 마시기 바랍니다.

3. Photo Studio

Photo Studio는 3차원 형상에 대해서 이미지 작업을 위한 Workbench로서 형상 모델링이 완성 된 후 실물에 적용 되는 재질과 그림 등을 형상에 입힐 수 있습니다. 또한 실물에 적용되는 것처럼 조명이나 배경 등의 효과를 주어 마치 실물과 같은 이미지를 얻을 수 있습니다. Photo Studio를 이용하면 전문 Rendering 프로그램과는 다소 효과가 부족할 수 있으나 충분한 양질의 이미지를 얻을 수 있을 것입니다.

Photo Studio에서는 주로 다음과 같은 공통적인 작업 과정을 거치게 됩니다.

- 이미지 작업하고자 하는 Product를 불러옵니다.
- 각 Component에 이미지 작업을 위한 재질이 적용되지 않았다면 재질을 입힙니다.
- Component에 입히고자 하는 그림 이미지가 있는 경우, 해당 이미지를 불러와(Sticker) 형상에 입혀 줍니다.
- 형상 주위를 채워줄 배경 요소를 만들어줍니다. 인위적으로 배경으로 사용하고자 할 경우 새로운 Component를 만들어줄 수도 있고 또는 Photo Studio 내의 Background 를 이용하여 배경을 만들어줍니다.
- Component에 조명 을 불러옵니다. Photo Studio 상에서 만들어 지는 이미지에는 반드시 조명이 필요하다는 것을 기억하기 바랍니다. 광원의 종류와 위치, 방향, 세기 등에 따라 똑같은 형상이라 할지라도 전혀 다른 결과가 나온다는 점을 기억하기 바랍니다. 조명은 한 번의 이미지 제작 작업에서 여러 개를 동시에 사용할 수 있습니다.
- 형상의 이미지를 찍기 위해 Camera 의 Frame을 잡아주거나 또는 형상을 움직여 구도를 잡아줍니다. 여기서 각도가 중요합니다.

- 앞서 작업이 진행된 상태에서 Quick Render 를 사용하여 실제 Rendering 이미지를 뽑아내기 전에 간단히 현재 부여한 조건만으로 어떠한 이미지가 나오는지 감을 잡을 수 있습니다. 바로 Rendering에 들어가지 않고 Quick Render를 사용하는 이유는 실제 Rendering 이미지 하나를 뽑아내는데 소요되는 시간이 무척이나 길고 많은 컴퓨터 자원을 소모하기 때문입니다. 따라서 수정할 부분은 Quick Render에서 잡아내고 수정한 뒤에 다음 단계에 들어갑니다.
- Create Shooting 명령을 사용하여 최종 이미지 형상에 대한 속성을 결정해줍니다. Frame의 크기, 조명의 수, 이미지의 크기 및 정밀도 등의 설정을 해줍니다. 많은 조건과 고화질을 선택할수록 나중에 Rendering 이미지를 뽑아내는 과정에서 시간이 오래 소요됩니다.
- 마지막으로 Render Shooting 명령을 사용하여 최종 이미지 형상을 만들어냅니다. Shooting을 하기 전에 Setup에서 압축률을 조절해줍니다. 일단 Shooting을 시작하면 상당한 시간이 소요되는 점을 기억해 두기 바랍니다.

위와 같은 일련의 과정을 상기하면서 여기서는 본 교재의 Photo Studio 예제로 앞서 Main Step에서 작업한 형상들을 이용해 보도록 하겠습니다.

4. Rendering Exercise
(1) Photo Studio Exercise 1

Photo Studio를 이용한 Rendering 연습을 위한 형상으로 다음과 같은 Assembly 형상을 이용하도록 할 것입니다.

> 작업 **Workbench** : Photo Studio
>
> 사용 명령어 : Apply material , Apply Sticker , Spot light ,
> Create Box Environment , Quick Render , Create Camera ,
> Render Shooting , Create Shooting

다운로드한 파일로 부터 형상을 불러오도록 합니다. 본 형상은 앞서 Assembly Design를 공부하면서 사용하였던 형상입니다.

01. Workbench를 Infra Structure ⇨ Photo Studio 로 이동합니다.

02. 만약에 불러온 형상에 Assembly Design에서 사용한 Constraints나 Plane 등이 보인다면 숨겨둡니다.

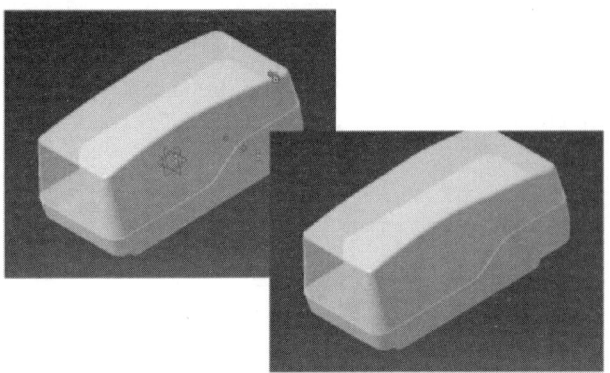

03. 가장 먼저 해줄 일은 형상에 재질을 입히도록 하겠습니다. 재질을 입히기에 앞서 View mode가 Shade with material로 되어 있는지 확인합니다. 만약에 그렇지 않을 경우 재질을 입혀도 확인을 할 수 없으므로 View mode를 변경해줍니다.

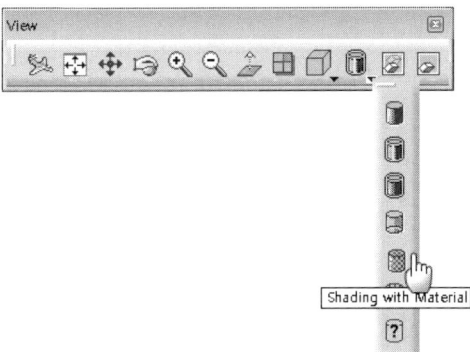

04. Apply Material 을 실행시킵니다. 그리고 내부의 Holder 형상의 재질을 부여하기 위해 방해가 되는 Cover 형상을 숨겨둡니다.

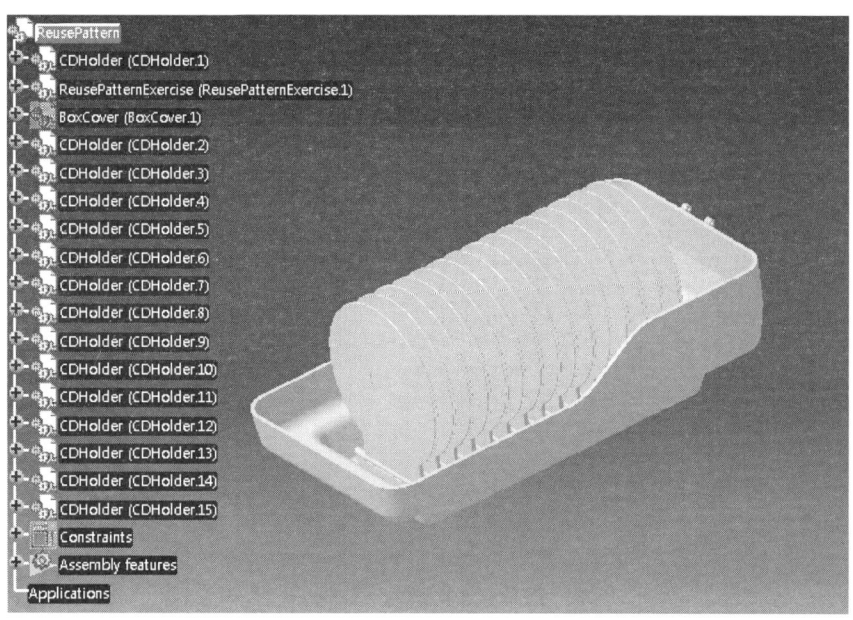

05. 여러 개의 Component를 가지고 있는 Product이므로 재질의 적용은 각 Component 별로 해주어야 합니다. 본 형상의 경우 같은 Component를 여러 번 불러와 동시에 사용하는 작업을 사용하였지만 각 Component들이 Product 상에서는 서로 독립적으로 재질을 입힐 수 있다는 점을 기억하기 바랍니다. 따라서 만약에 같은 Component들에 대해서 동시에 재질이 적용 가능하도록 하려면 Part 도큐먼트를 더블 클릭하여 Define한 후에 재질을 입히고 다시 Product에 Define을 하면 다음과 같이 동일한 Component들의 재질이 같이 업데이트 되는 것을 확인할 수 있습니다. 여기서는 CD Holder 부분에 어두운 색상으로 Painting 탭의 Purple Grey를 선택합니다.

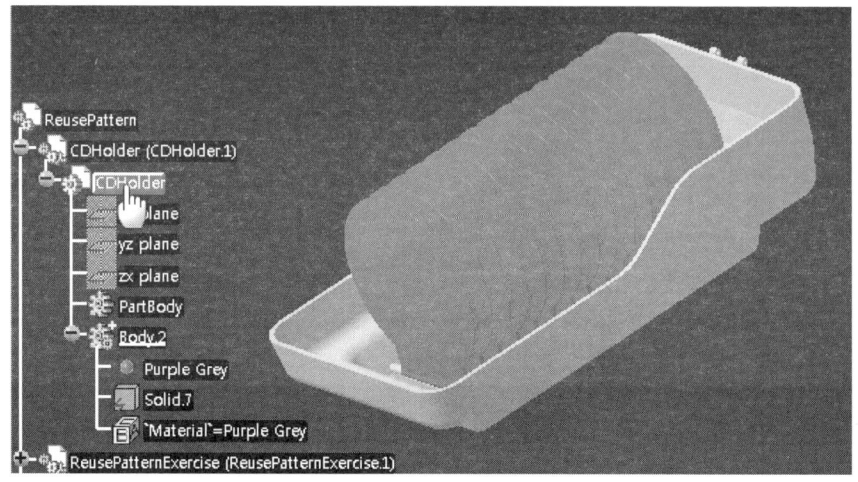

Part 도큐먼트의 내부 형상을 더블 클릭하면 Product에서 Part로 Define됩니다.

06. 이제 다른 각각의 Component들에 대해서도 재질을 입혀줍니다. Spec Tree에서 Cover를 다시 Show 시키고 Cover 형상의 경우에는 Painting 탭의 Grey Blue를 선택하고 바닥의 경우에는 Gold Metal을 각각 선택해줍니다. 이제 각 형상에 재질이 입혀진 것을 확인할 수 있습니다. 그러나 현재 보이는 대로 Rendering 이미지가 완전히 일치하는 것은 아닙니다.

도큐먼트 전체에 대해서 재질을 입힐 경우에는 Spec Tree에서 Component를 선택하여 재질을 입힙니다.

07. Cover 형상의 경우 완전히 탁한 색상일 경우 내부의 Holder가 보이지 않게 되므로 다음과 같이 재질을 더블 클릭하여 Rendering 탭에서 Transparency를 0.95로 변경합니다. 그럼 재질을 입은 Cover 형상의 투명도가 조절됩니다.

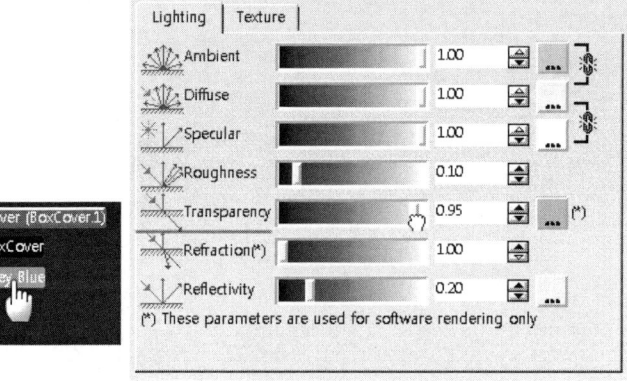

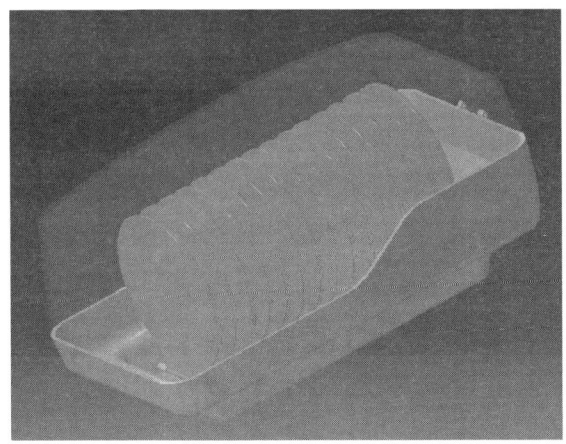

08. 다음으로 형상의 표면에 이미지 파일을 입혀줍니다. 형상 자체에 이미지를 만들어줄 수 없기 때문에 그림 파일을 불러와 형상의 표면에 입힐 수 있습니다. Apply Sticker 명령을 실행하고 이미지를 입히고자 하는 형상의 면을 선택해줍니다.

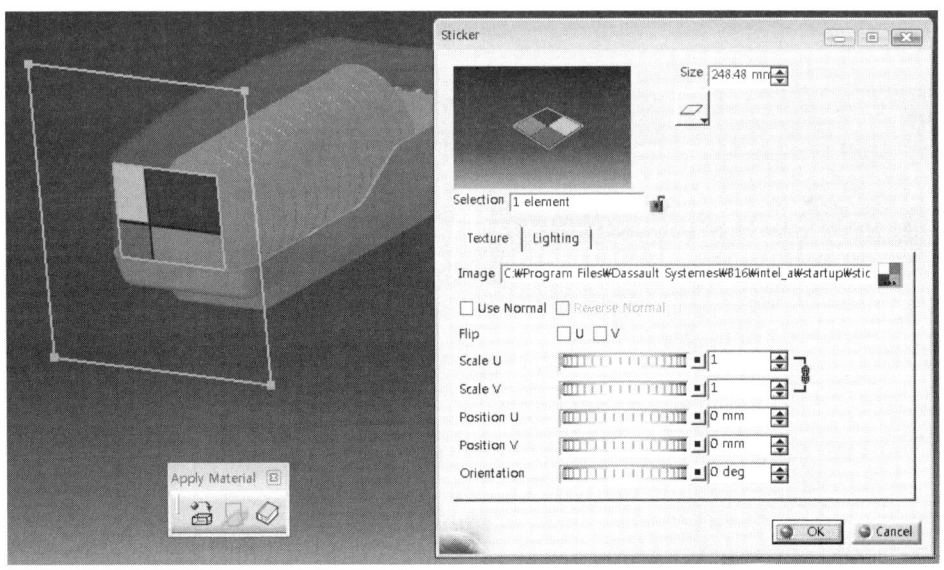

09. 다음으로 Image 란에 형상에 입히고자 하는 사진 파일을 불러옵니다. 여기서는 Dassualt CATIA 이미지를 사용하겠습니다.

9. Photo Studio **779**

10. 그럼 다음과 같이 선택한 이미지 파일이 형상의 면에 부착된 것과 같은 효과를 확인할 수 있을 것입니다. 그러나 완전히 형상이 의도한 대로 입혀지지는 않은 상태입니다.

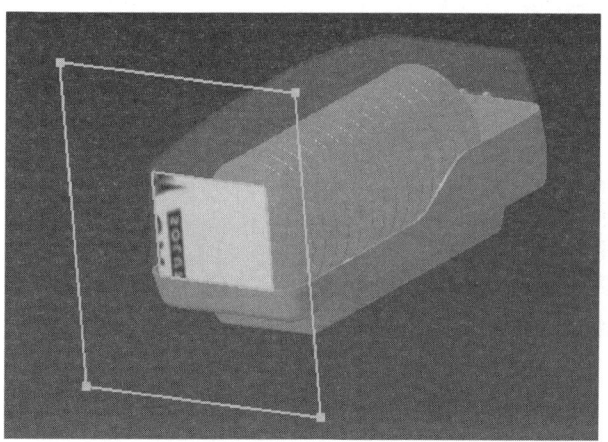

11. 여기서 Sticker Definition 창의 하단에 보이는 Flip과 Scale, Position, Orientation 메뉴를 사용하여 형상의 크기 및 방향등을 잡아줍니다. 또는 형상에 만들어진 주황색 사각형을 이용하여 조절이 가능합니다.

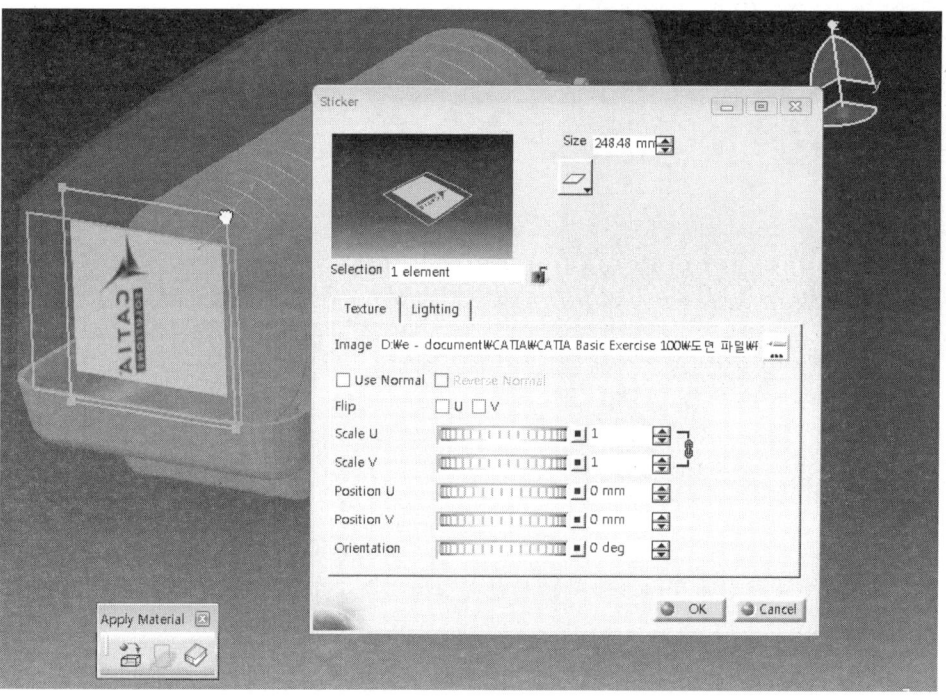

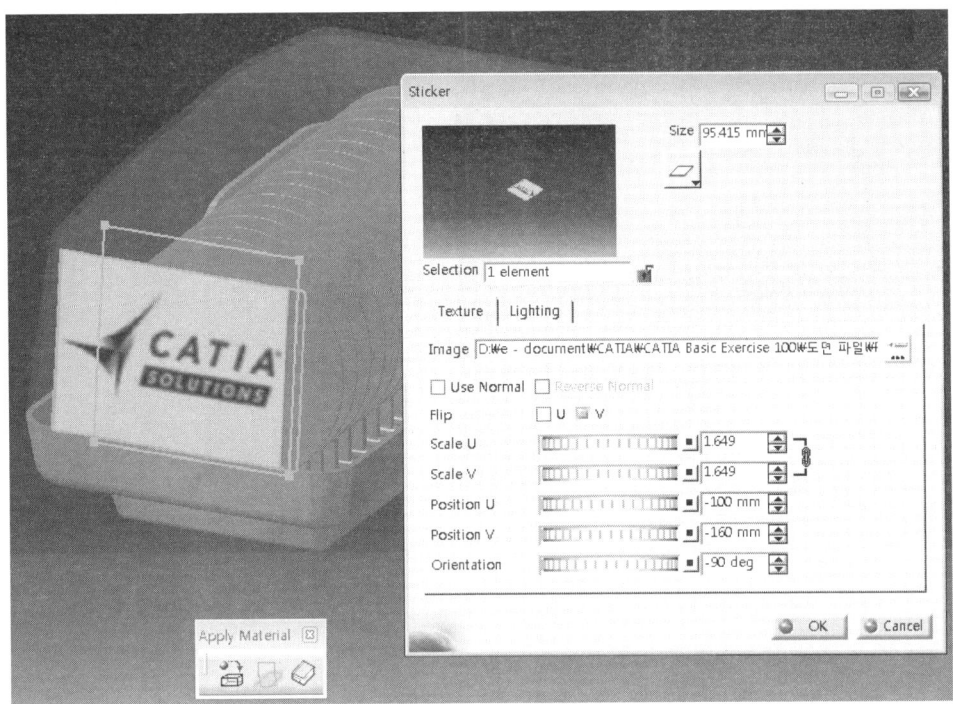

12. 다음으로 Lighting 탭의 값을 이용하여 이미지에 나타나는 조명 값을 조절해줍니다. 이 값의 조절에 따라 나중에 Rendering을 할 경우 형상 위에 나타나는 이미지의 값이 달라집니다.

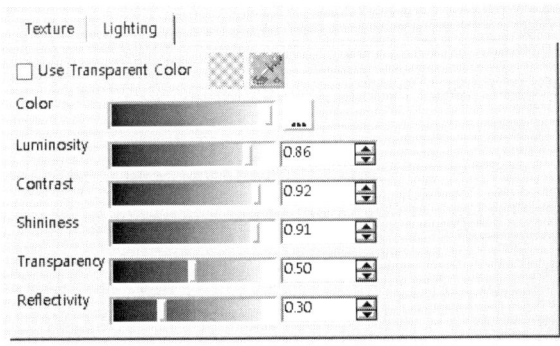

> 여기서 약간의 투명도(Transparency)를 준 것은 앞서 Cover 형상에 이미 투명도를 주었기 때문에 Rendering 작업에서 이미지 삽입에 의한 어색함을 없애기 위함입니다. 이러한 설정 값은 한 번에 완벽한 값을 구할 수 있는게 아니기 때문에 많은 시행착오를 겪게 됩니다.

13. 모든 값을 다 맞게 설정해 준 후에 OK를 눌러 Sticker를 종료합니다.

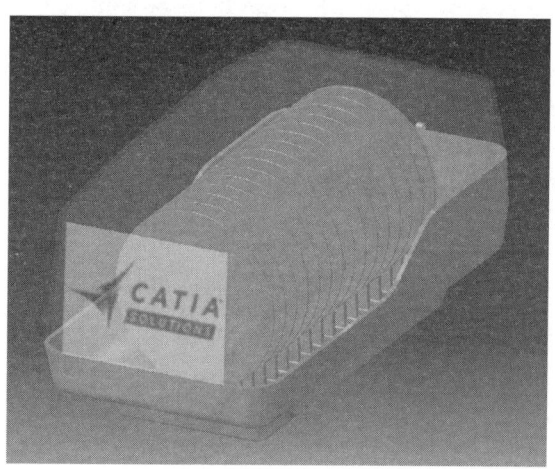

14. 다음으로 형상에 대한 조건을 마치고 이제 배경에 대한 설정을 하도록 하겠습니다. Create Box Environment 명령을 사용하여 형상을 감싸는 사각형 배경을 만들어줍니다. 아이콘을 클릭하면 형상에 맞추어 임의의 크기로 사각형의 배경이 만들어집니다.

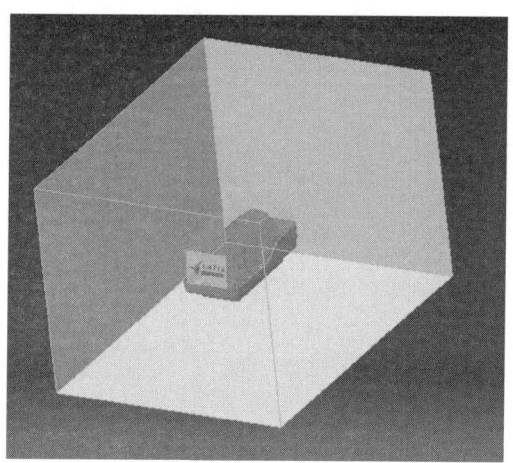

15. 이 배경의 크기를 마우스를 이용하여 적당히 조절합니다. 이동시키고자 하는 면을 선택하면 가느다란 화살표시가 나타날 것입니다. 이때 마우스를 이동하면 조절이 가능합니다. 크기가 너무 크거나 위치가 자신이 의도한 것과 다른 경우에 조절해주도록 합니다.

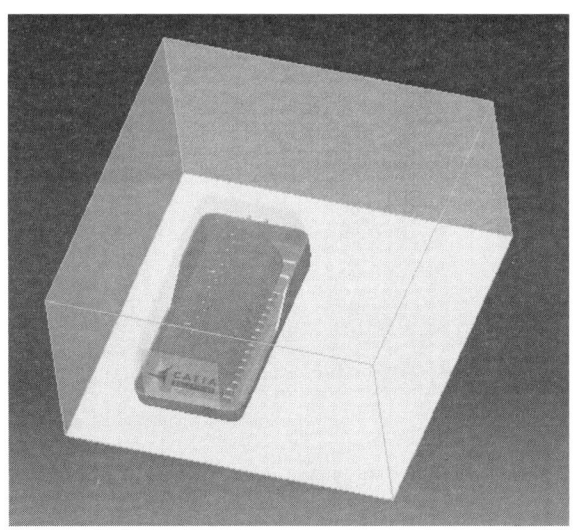

16. 여기서 만들어지는 사각형의 배경은 6개의 면이 모두 막혀있습니다. 따라서 조명이 들어가거나 Rendering으로 이미지를 찍어내기 위해서는 현재 자신이 바라보고 있는 위치에 나타난 배경을 숨겨 주어야 합니다.

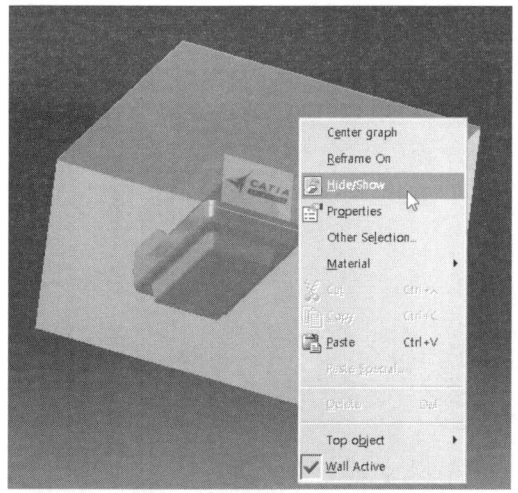

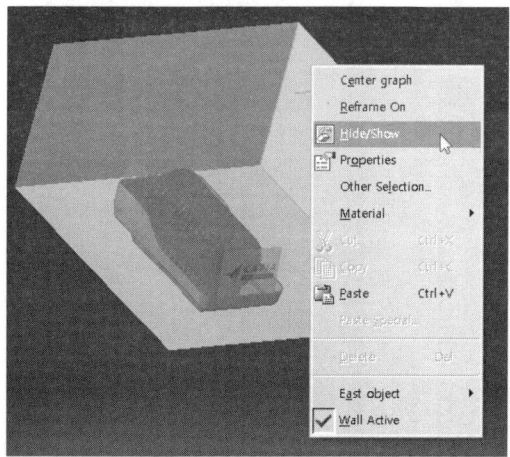
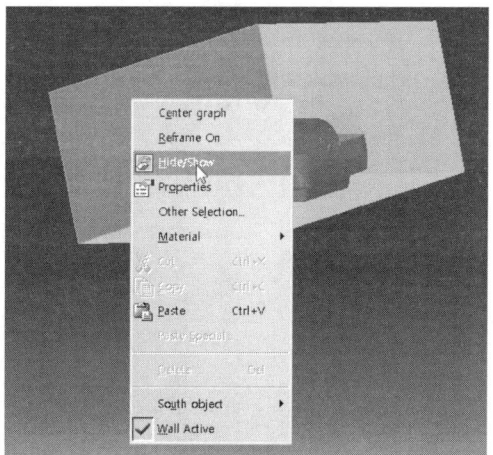

17. 이제 Apply Material 을 사용하여 배경 요소에 재질을 입력해줍니다. 그러나 여기서 모든 재질을 배경 요소에 입힐 수 있는 것은 아닙니다. 몇 가지 재질의 경우에는 배경 요소에 입혀지지 않는 점을 감안하기 바랍니다. 바닥면은 Construction의 Turf를 입히고 벽면은 Other의 Chessboard를 입혀줍니다.

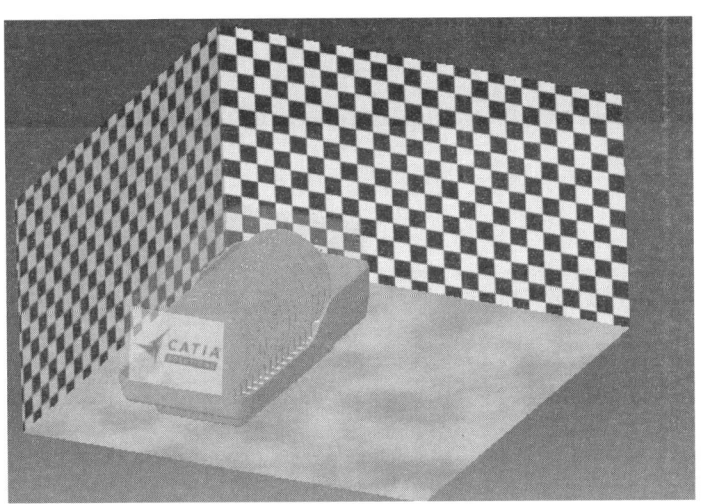

18. 다음으로 Create Light 툴바에 있는 조명 요소들을 사용하여 형상에 광원을 제공합니다. 우리가 일반적으로 캡처하는 이미지와 달리 Photo Studio에서 작업은 반드시 형상에 조명 요소가 있어야 합니다. 조명이 없다면 어두운 방안에서 형상을 보는 것과 같이 아무것도 나타나지 않습니다. 따라서 빛의 종류와 빛의 세기, 위치 등에 따라 무척이나 다른 결과가 나올 수 있다는 점을 알아두기 바랍니다. 우선 Spot Light 를 사용하여 광원을 생성합니다.

19. 다음으로 이 광원의 위치를 잡아 주도록 합니다. 그림에서 볼 수 있듯이 위쪽의 부분이 광원의 위치이고 아래 부분이 비추어지는 부분입니다. 아래 그림과 같이 화면에 표시가 될 때 마우스를 사용하여 각각의 위치를 다음과 같이 조절해줄 수 있습니다. 마우스를 사용하여 광원을 조절하는 것을 충분히 익힌 뒤에 다음과 같이 조명의 위치를 잡아보기 바랍니다. 절대로 한 번에 원하는 위치로 이동시킬 수 없으므로 화면을 회전해 가면서 각 방향에 맞추어 이동시키기 바랍니다.

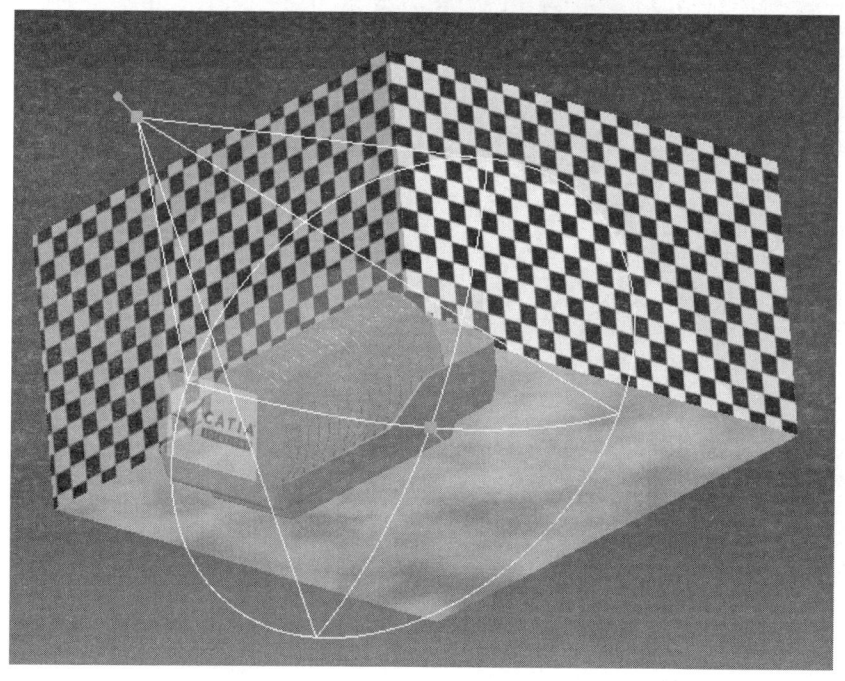

20. Spot Light의 경우 빛이 퍼지는 각을 조절해줄 수 있는데 마찬가지로 마우스를 사용하여 다음과 같이 각을 형상에 맞추어 조절해줍니다.

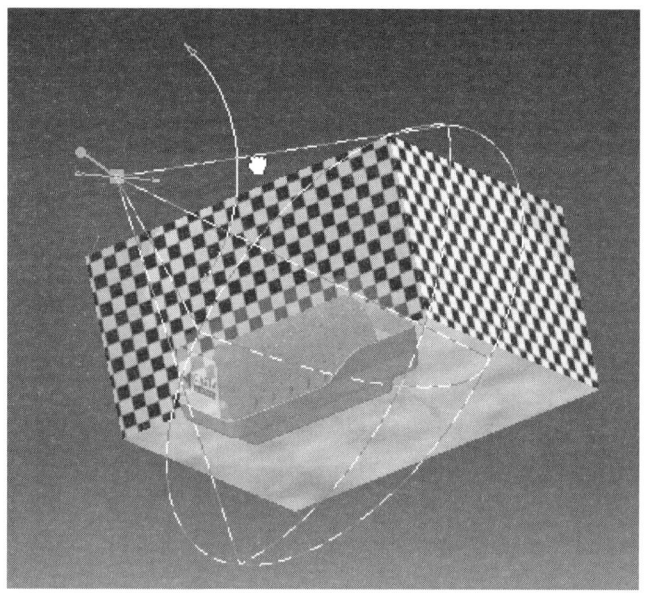

21. 그리고 나서 현재 조명이 형상에 어떻게 비춰주고 있는지 확인하고자 한다면 Quick Render 를 사용해 간단한 Rendering 이미지를 만들어보도록 합니다. Quick Render 명령을 실행시키기에 앞서 화면에 형상을 캡처하고자 하는 방향으로 잘 맞추어줍니다. 그리고 Quick Render 명령을 실행합니다.

22. 만들어진 이미지를 보고 빛이 너무 부족하거나 위치가 부적절하다면 형상과 조명을 이동시켜 보고 다시 Quick Render를 수행합니다.

> Quick Render 는 작업의 조건을 바꾸어줄 때마다 수시로 실행시켜 결과를 확인합니다. 여기서 형상의 조건뿐만 아니라 화면의 각도도 변화시켜 형상의 특성을 잘 나타내는 위치를 잡아줍니다. Quick Render는 일반적으로 화질이 좋지 않습니다.

23. 만약에 조명의 위치는 적절하나 빛의 세기가 약한 경우에는 다음과 같이 조명을 더블 클릭하여 Lighting에서 Start Ratio 값을 높여줍니다.

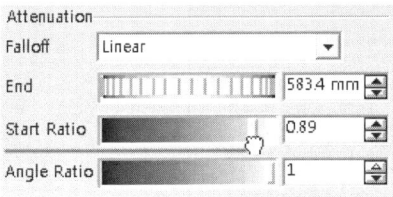
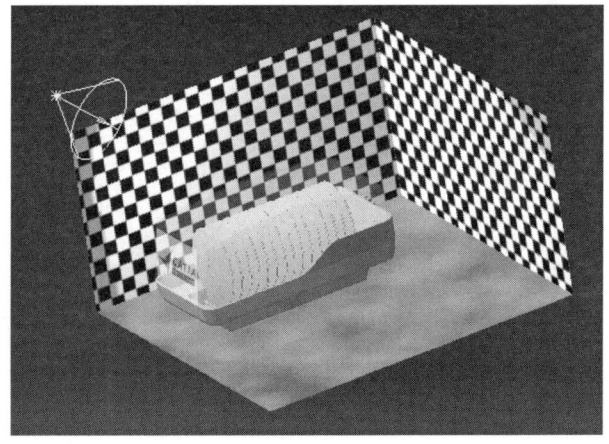

24. 다음은 위와 같은 방법을 거쳐 Light를 3개 추가한 모습입니다.

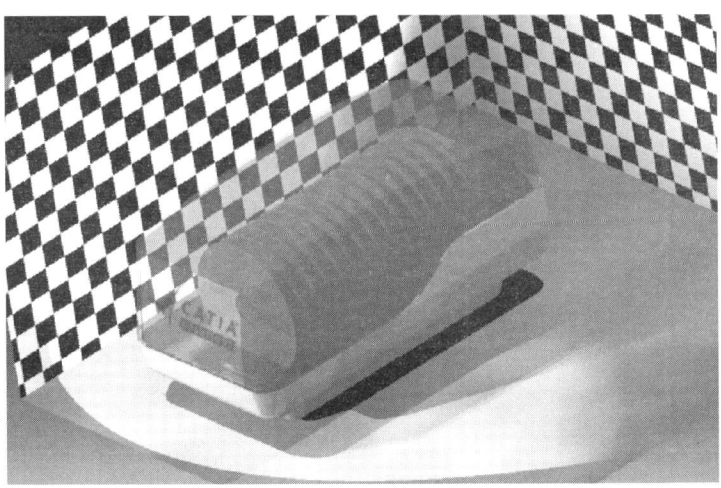

25. 이제 Create Camera 를 사용하여 Rendering 이미지에 사용될 위치를 만들어줄 수 있습니다. Rendering 이미지에 잡고자 하는 화면의 위치를 잡고 Create Camera를 클릭합니다. 그럼 그림과 같이 화면에 카메라의 앵글을 나타내는 모습이 나타날 것입니다.

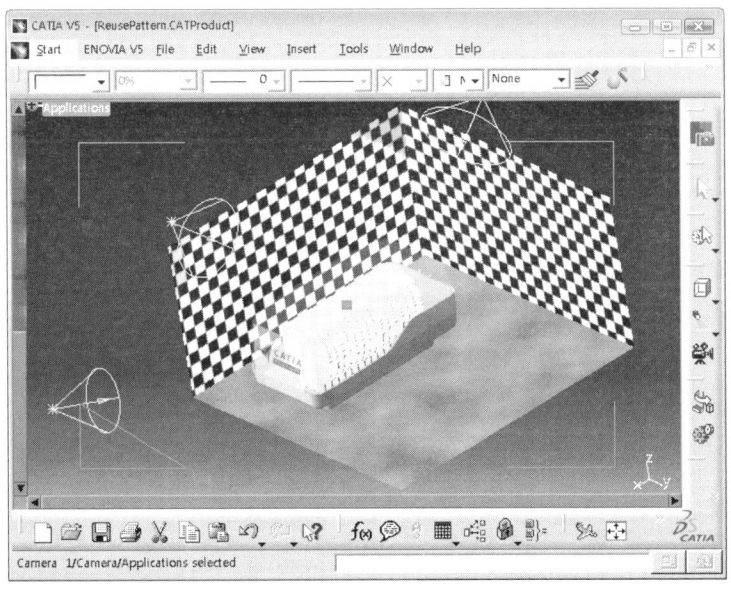

26. 이것을 이용하여 Rendering 시에 사용할 View의 위치를 잡아줄 수도 있습니다. 이 카메라의 프레임 위치를 이동하는 것도 조명을 이동시키는 것과 마찬가지로 마우스를 사용하면 됩니다.

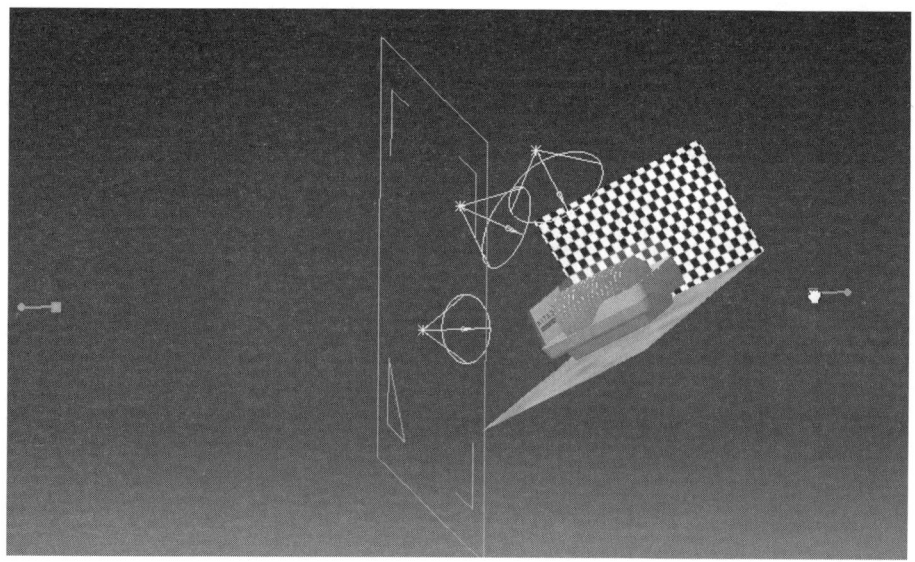

27. 다음으로 형상의 이미지를 실제로 Rendering 하기위한 설정을 위해 Create Shooting 명령을 실행합니다. 여기서 생성될 이미지에 필요한 변수를 선택하고 결과물에 대한 설정을 해줄 수 있습니다. Frame에서는 Rendering 이미지에 사용될 변수들을 선택할 수 있으며 이미지의 크기를 조절할 수 있습니다.

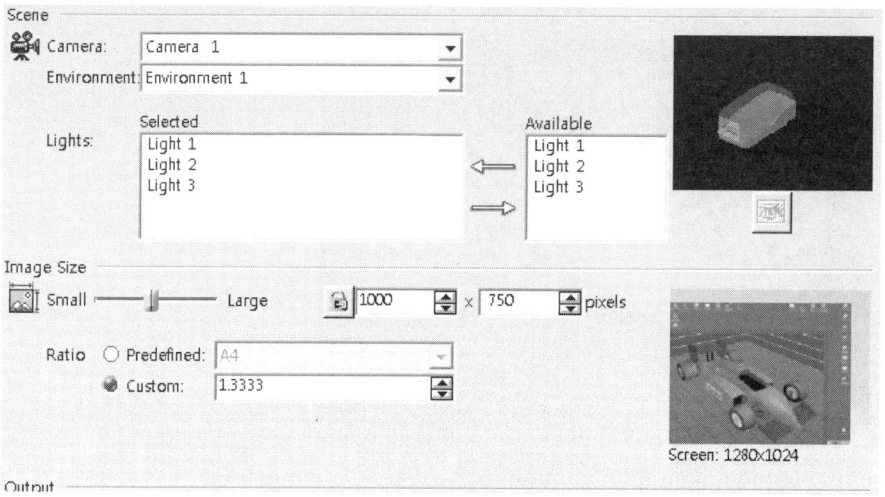

Camera가 Current View point로 되어 있으면 앞서 잡아준 Frame의 위치가 아니라 현재 화면으로 보고 있는 모습으로 Rendering 이미지가 만들어집니다.

28. Quality 탭에서는 이미지의 화질을 조절할 수 있습니다. 화질이 높을수록 이미지를 만드는데 오랜 시간이 걸리지만 대신에 양질의 이미지를 얻을 수 있습니다.

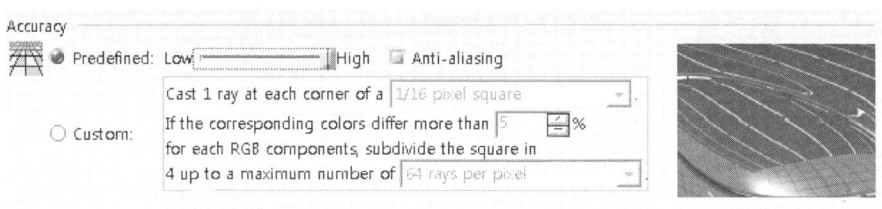

추가적인 설정 부분은 추후에 나올 교재나 실습을 통하여 설정해 보기 바랍니다.

29. 이미지 설정이 완성되면 다음과 같이 Render Shooting 명령을 사용하여 Rendering을 실시합니다. Render Shooting 명령을 실행하고 우측 하단의 Render Single Frame을 클릭합니다.

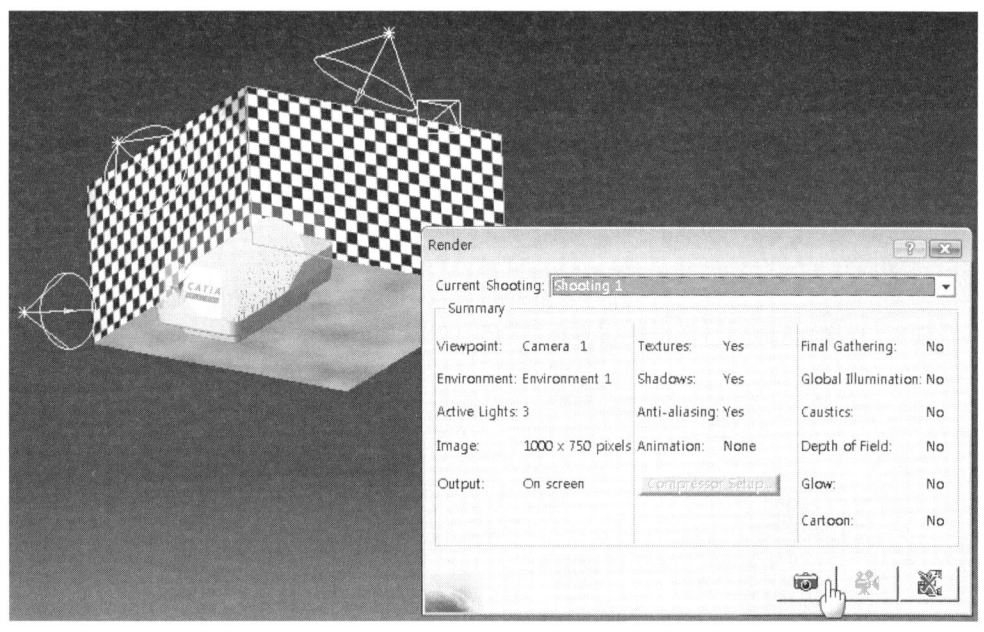

Turn Table들을 사용하여 형상에 대한 애니메이션을 만든 경우 Render Animation을 사용해야 합니다.

30. 그러면 다음과 같이 이미지 작업이 실행됩니다. 설정에 따라 상단 시간이 소요될 수 있다는 점을 감안하기 바랍니다.

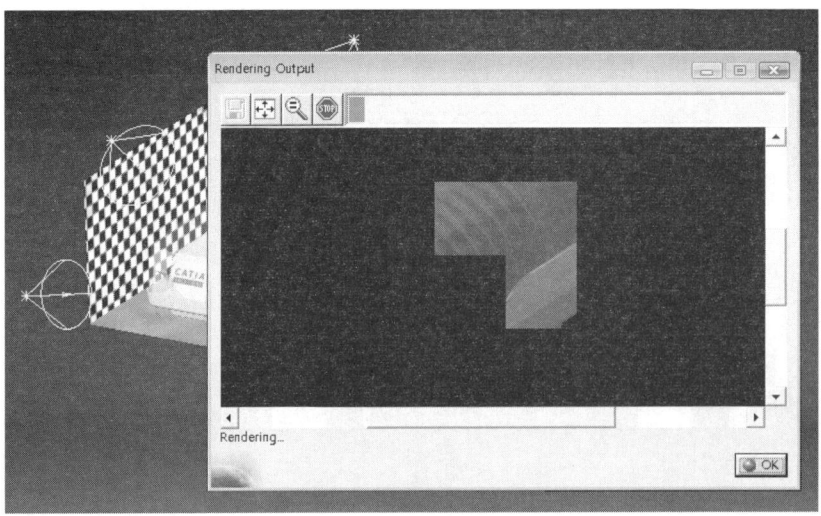

31. 이미지 작업이 마무리 되면 다음과 같이 결과를 확인해 볼 수 있습니다. 여기서 저장 버튼을 눌러 확실히 이미지를 저장해야 합니다.

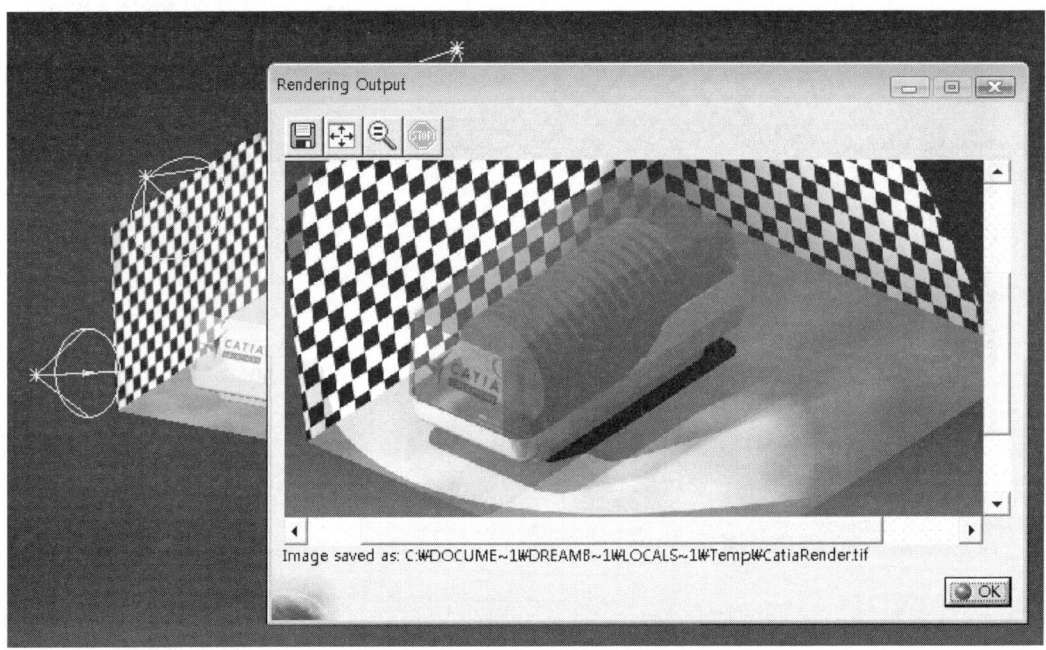

형상을 완성하는 것만큼이나 잘 포장하는 것도 중요하다는 말을 전하며 Photo Studio 설명을 마치도록 하겠습니다.

김동주

인하대학교 항공우주공학과 졸업
인하대학교 조선해양공학과 석사 졸업
인하대학교 공과대학 유동소음제어 연구실 연구원
한국생산기술연구원 성형기술연구그룹 연구원
인터넷 CATIA 동호회 다음 카페 ASCATI 카페 지기 (cafe.daum.net/ASCATI)
수원 직업 전문학교 CATIA 기초 과정 강의('07)
부평 UniForce 정보기술 교육원 CATIA 강의('08, '09)
전북대 TIC CATIA를 이용한 구조 해석 과정 강의('10)
국민대학교 자동차공학과 강의('11)
3D Digital Mock-Up Plant 설계 용역(프리랜서)
시사주간지 '일요시사' 인물탐구 634호ㅈ

주요저서

- CATIA를 이용한 Audi TT 만들기, 도서출판 북미디어, 2007년.
- CATIA Basic Mechanical Design Master 상, 하, 도서출판 과학기술, 2007년
- CATIA Basic Mechanical Design Master 예제집 출간, 도서출판 과학기술, 2008년
- KnowHow CATIA Knowledge Advisor 출간, 도서출판 과학기술, 2008년
- CATIA DMU kinematics Simulator 출간, 도서출판 과학기술, 2008년
- CATIA Imagine & Shape foe Designer 출간, 도서출판 과학기술, 2008년
- CATIA를 이용한 항공기 제도 출간, 도서출판 과학기술, 2008년
- CATIA Harness Assembly 출간, 도서출판 과학기술, 2008년
- CATIA Functional Molded Part 출간, 도서출판 과학기술, 2009년
- CATIA Sheet Metal Design 출간, 도서출판 과학기술, 2009년
- CATIA Mechanical Design 도면집 출간, 도서출판 과학기술, 2009년
- CATIA Structural Analysis 출간, 도서출판 과학기술, 2009년
- CATIA Surface Design Master 출간, 도서출판 청담북스, 2009년
- CATIA V5 R19 for Beginners 출간, 도서출판 청담북스, 2010년
- CATIA를 이용한 Audi TT 만들기 개정판 출간, 도서출판 청담북스, 2011년
- CATIA CAE Application 예제집 출간, 도서출판 과학기술, 2011년
- CATIA PartDesign Specialist 대비 안내서 출간, 도서출판 청담북스, 2011년
- CATIA를 이용한 굴삭기 만들기 출간, 도서출판 청담북스, 2011년
- CATIA Surface의 정석 출간, 도서출판 세진북스, 2011년
- CATIA V5 R21 For Beginners 출간, 도서출판 청담북스, 2012년
- CATIA 기계 제도 출간, 도서출판 과학기술, 2012년
- CATIA를 이용한 RC 헬리콥터 만들기 출간, 도서출판 과학기술, 2012년
- CATIA Core Tools, 맥그로힐, 공역, 2013년

김 정 성

인하대학교 항공우주공학과 졸업
인하대학교 항공우주공학과 비행동역학실험실 연구원
인터넷 CATIA 동호회 다음 카페 ASCATI 부운영자(cafe.daum.net/ASCATI)
부평 유니포스 교육원 CATIA 과정 전임 강의('08, '09)

- CATIA MECHANICAL DESIGN, 도면집 공저
- CATIA Surface의 정석, 공저
- CATIA V5 R21 for Beginners, 공저
- CATIA 기계제도, 공저
- CATIA Core Tools, 맥그로힐, 공역
- CATIA를 이용한 구조 해석 공저

양 길 진

중앙대학교 경제학과 재학 중
인터넷 CATIA 동호회 다음 카페 ASCATI 운영진 (cafe.daum.net/ASCATI)

- CATIA를 이용한 구조 해석 공저
- CATIA V5 for Beginner Vol.1, 2 공저
- CATIA를 이용한 AudiTT 만들기 개정판 공저

CATIA Basic MDM 예제집
V5-6R 2017까지 호환 가능

발행일 : 1판 1쇄 발행　　2018년 9월 20일
　　　　　　2판 1쇄 발행　　2024년 9월 10일

저자 : 김동주 · 김정성 · 양길진
발행인 : 박　용
발행처 : 도서출판 세화
주소 : 경기도 파주시 회동길 325-22
편집부 : (031)955-9333　**영업부** : (031)955-9331~2
FAX : (031)955-9334
웹사이트 : www.sehwapub.co.kr
등록번호 : 1978년 12월 26일 제1-338호
ISBN : 978-89-317-1287-2　93550　　**정가** : 35,000원

인 지
생 략

※저자와 협의하에 인지는 생략합니다.

이 책을 무단 복사, 전재, 배포시 저작권법에 따라 처벌 받을 수 있습니다.
잘못된 책은 교환해 드립니다.

네이버에서 제공한 나눔글꼴이 적용되어 있습니다.